하나님의 시나리오
"조선의 최후"

하나님의 시나리오 "조선의 최후"
― 섭리사관으로 본 韓日近代史

2022년 2월 22일 처음 펴냄

지은이   박호용
펴낸이   김영호
펴낸곳   도서출판 동연
등 록   제1-1383호(1992. 6. 12)
주 소   (03962) 서울시 마포구 월드컵로 163-3
전 화   (02)335-2630
전 송   (02)335-2640

ISBN 978-89-6447-761-8 03230

God's Scenario "The Last of Chosen"

하나님의 시나리오
"조선의 최후"

섭리사관으로 본 韓日近代史

박호용 지음

동연

이 책을
하늘의 별처럼 영원토록 빛날
詩人 尹東柱와 金敎臣 先生께
바칩니다.

오, 아바 아버지여, 구하옵나니
모세처럼 그렇게 민족을 사랑하게 하시고
요한처럼 그렇게 예수를 사랑하게 하소서!

세계가 다 내게 속하였나니
너희가 내 말을 잘 듣고 내 언약을 지키면
너희는 모든 민족 중에서 내 소유가 되겠고
너희가 내게 대하여 제사장 나라가 되며 거룩한 백성이 되리라
너는 이 말을 이스라엘 자손에게 전할지니라(출 19:5-6)

내가 너희 중에서 예수 그리스도와
그가 십자가에 못 박히신 것 외에는
아무 것도 알지 아니하기로
작정하였음이라(고전 2:2)

하나님이 쓴 최고 감동의 대하드라마

1. 역사에 대한 관심을 갖게 된 동기

필자가 역사에 대관 관심을 갖게 된 동기는 충격적인 한 사건에서 비롯되었다. 그것은 일명 '5.18 광주민주화운동'이라는 사건이다. 우리가 다 알듯이 그 사건은 신군부의 총칼에 의한 폭력적 진압으로 수천 명의 사상자를 내고 종결되었다. '핏빛 오월'은 단지 광주 시민에게만 지을 수 없는 깊은 상흔을 남긴 것이 아니라 피 끓는 젊은 대학생인 필자의 인생에도 지울 수 없는 영혼의 상처를 남겼다. 그리고 그것은 하나의 질문으로 나타났다. "역사는 과연 정의의 방향으로 올바르게 흐르고 있는가?"라는 질문이었다.

그 질문은 크리스천 대학 2학년 철학과 학생이 던진 '하나님의 정의'(神正論)에 대한 문제제기였다. 마치 유다 나라가 멸망하기 직전 고대 근동 세계의 패권자로 등장한 바벨론 세력의 강포에 대해 하나님께 불평하고 항의하면서 '하나님의 정의' 문제를 놓고 씨름한 선지자 하박국이 던진 질문과 같았다.[1] 이 같은 질문에 대해 하나님

---

[1] "여호와여 내가 부르짖어도 듣지 아니하시니 어느 때까지리이까 내가 강포로 말미암아 외처도 주

께서는 무엇이라고 대답하실지 선지자 하박국은 신앙의 초소에 서서 하나님의 응답을 간절히 기다렸다. 마침내 하나님의 응답이 그에게 임했다(합 2:2-4).

'하나님의 정의'에 대해 씨름한 하박국처럼 '역사의 정의'에 대한 질문에 답을 얻기 위해 5.18 사건이 종결되기 직전 종로서적에서 영국의 역사가 카(E. H. Carr)의 『역사란 무엇인가』[2]라는 책을 사서 역사 공부를 시작하였다. 또한 러시아의 철학자 베르쟈예프(N. A. Berdyaev, 1874~1948)의 『역사란 무엇인가』[3]라는 책도 사서 읽었다. 그리고 가을 학기에는 김형석 교수의 〈헤겔철학〉[4] 강의를 비롯하여 '역사의 정의' 문제에 대한 답을 얻고자 철학과, 사학과, 신학과를 넘나들며 역사에 대한 강의를 듣고, 역사 관련 서적을 두루 섭렵하면서 이 문제와 씨름하는 것으로 대학 시절 전부를 보냈다.

께서 구원하지 아니하시나이다"(합 1:2). "주께서는 눈이 정결하시므로 악을 차마 보지 못하시며 패역을 차마 보지 못하시거늘 어찌하여 거짓된 자들을 방관하시며 악인이 자기보다 의로운 사람을 삼키는데도 잠잠하시나이까"(합 1:13).

2 Carr는 역사를 "역사가와 사실 간의 상호 작용의 부단한 과정이며 현재와 과거 간의 그칠 줄 모르는 대화다"라고 정의했다. E .H. Carr, *WHAT IS HISTORY?* 『역사란 무엇인가』, 66-67.

3 이 책에서 베르쟈예프는 이렇게 말했다. "역사는 객관적, 경험적인 여건은 아니다. 역사는 신화이다. 신화라고 하는 것은 가공적인 사실이 아니라 하나의 실재이다. … 신화는 쉘링의 심원한 견해를 따르자면, 인류의 근원적 역사이다"(28쪽). "역사는 신앙을 요구하고 있다"(29쪽). "역사가는 자기 자신의 내부에서 고대 히브리 세계의 깊은 지층을 열어서 그 역사를 포착해야만 할 것이다"(30쪽). "역사적 신화 속에는 민족적 기억으로서 전승된 것이 포함되어 있다"(31쪽). "프랑스의 흥미 있는 한 사상가, 파브르 드리비에는 그의 저서 『인류의 철학사』가운데서 인간 사회의 역사에 있어서의 세 가지 원리의 존재를 인식하려 시도하고 있다. 즉, '운명', '섭리' 그리고 '인간의 의지'라는 세 가지 원리였다"(173-174쪽). N. Berdyaev, 『歷史란 무엇인가』(1981).

4 변증법적 유심론을 말한 헤겔(G. W. F. Hegel, 1770~1831)은 『법철학』 서문에서 "이성적인 것이 현실적인 것이요, 현실적인 것이 이성적인 것이다"라는 말을 했다. 그에게 '현실'은 '이성(理性)의 간지(奸智)'에 의해 절대정신이 궁극에 실현되는 '필연의 과정이었다. 다른 말로 하면 "세상은 일련의 우연으로 구성되어 있지만, 그것을 관통하는 필연적인 존재가 있다"는 말이다. 더 자세한 설명은 김형석, 『헤겔과 그의 철학』, 187-195을 참조.

1944년 6월 16일, 독일의 패망을 목전에 두고 리용 북방 50km 지점에 있는 한 벌판에서 총살형이 집행되었다. 프랑스가 자랑하는 역사가이며 명문 소르본의 교수를 역임했던 나이 쉰여덟의 마르크 블로흐(Marc Bloch)는 "프랑스 만세!"를 외치며 절명했다. "아빠, 역사란 무엇에 쓰는 것인지 제게 설명해 주세요." 아들의 질문으로 시작되는 이 책『역사를 위한 변명』은 이민족의 포악한 세력에 짓밟힌 조국 프랑스를 바라보는 한 위대한 역사가의 역사에 대한 정직한 회의와 반성, 즉 '역사가의 사명'을 담고 있다.[5]

신학의 길을 가기 위한 예비 학문으로 철학을 한 필자는 앞으로 신학 중에서 무엇을 전공으로 할 것인가 고민하다가 '구약학'을 전공하기로 결정하였다. 구약학은 '이스라엘 역사'를 배경으로 하고 있고, 이스라엘 역사를 주관하시는 분이 하나님이라면, 우리 한민족의 역사를 주관하시는 분도 하나님이라는 생각이 들었기 때문이다. 나아가 구약학 연구를 통해 이스라엘 역사를 공부하고 나면, 그것을 우리 한민족의 역사에도 적용할 수 있으리라는 막연한 생각에서였다. 그리고 이를 통해 한국교회와 한민족에게 진 사랑의 빚을 조금이나마 갚을 수 있으리라는 생각이 들었다. 그리고 40년의 세월이 흐른 지금 '신학자의 사명'을 생각하며 펜을 들었다.

2. "역사는 곧 해석이다. 해석을 잘하자"

세월은 유수같이 흘러 40년이 지났다. 그 사이에 목사(예장통합)가 되고, 교수(대전신학대학교)가 되고, 선교사(총회 파송 중국 선교사)

---

5 M. Bloch, 『역사를 위한 변명: 역사가의 사명』, 193.

를 다녀왔다. 그리고 다시 2018년에 대전신학대학교 교수로 복직하였다. 그리고 성서학자로서 신구약을 넘나들며 여러 권의 저서와 논문도 쓰고, 몇 권의 번역서도 내었다.

그러던 중 교수 은퇴를 1년여 앞둔 2020년 10월, 40년 전 필자가 품었던 한 가지 질문에 대한 대답을 해야 한다는 생각이 불현듯 들었다. 그리고 그 작업은 필자의 모든 경험과 학문이 결국 '한국학'으로 귀결되어야 한다는 생각과 맞아떨어지는 것이라는 생각이 들었다.

따라서 이 책은 필자의 신학 세계(天命學), 즉 뿌리로서의 '예수학'(Jesustics), 줄기로서의 '성서학'(Biblics), 꽃잎으로서의 '요한학'(Johannics)을 넘어 열매로서의 '한국학'(Coreanics)을 완성하는 의미를 갖는다.

"도대체 역사란 무엇인가?"[6]라는 질문에 대해 40년이 흐른 이 시점에서 내린 결론은 이러했다. "확실한 사실은 정확히 알 수 없다. 사실을 정확히 알았다 하더라도 그것을 어떻게 해석하느냐에 따라 결과는 전혀 달라진다. 따라서 모든 것은 결국 해석이다. 해석을 잘하자." 이것이 오랫동안 품어온 "역사란 무엇이냐?"[7]라는 물음에 대한 '자문자답'(自問自答)이다.[8]

---

6 『태백산맥』의 저자 조정래는 "소설은 인간에 대한 총체적 탐구"라고 말하면서 "역사는 인간이 살아온 이야기이되, 기록해야 할 필요가 있는 것만 간추려 엮어 놓은 기록이다"라고 말했다. 조정래, 『황홀한 글감옥』, 15.

7 『총, 균, 쇠』의 저자 재레드 다이아몬드는 이렇게 말한다. "역사란 결코 어느 냉소주의자가 말했던 것처럼, '지겨운 사실들의 나열'에 불과한 것이 아님을 깨닫게 되기를 바란다. 역사에는 광범위한 경향들이 존재하며, 그것을 설명하려는 탐구 과정은 흥미로울 뿐만 아니라 생산적이기도 하다." J. Diamond, 『총, 균, 쇠』, 44.

8 구약성경에서 지혜로운 사람 두 사람을 꼽는다면 요셉과 다니엘이다. 디아스포라 유대인의 성공담을 보여주는 이 두 사람은 왕들의 꿈을 잘 해석해 냈다는 공통점을 갖고 있다. "그들이 그에게 이르되 우리가 꿈을 꾸었으나 이를 해석할 자가 없도다 요셉이 그들에게 이르되 해석은 하나님께 있지 아니하니이까 청하건대 내게 이르소서"(창 40:8), "내가 이 은밀한 것을 나타내심은 내 지혜가 모든

20세기 초에 이탈리아의 크로체(B. Croce, 1866~1952)는 "모든 역사는 현대사(現代史)다"라는 이단적인 제의를 해서 사실(事實)에 복종하던 사학자들을 무척 놀라게 했다. 크로체의 이러한 주장은 역사란 것은 현재의 눈을 통해서 현재의 문제에 비추어 과거를 보는 데서 성립된다는 것이며, 역사가의 주된 일은 기록하는 것이 아니라 평가하는 일이라는 말이다.

결국 역사는 역사가(歷史家)가 창조하는 것이요, 그때에는 역사가의 평가 기준이 항상 문제가 된다. 콜링우드(Collingwood, 1889~1943)도 크로체의 역사철학을 계승하여 "어떤 역사가가 연구하는 과거는 죽은 과거가 아니라 어떤 의미에 있어서는 아직도 살아 있는 과거이다"라고 말했다.

그러나 과거의 사건들은 그것만으로는 참다운 역사가 되지 못하고, 역사가는 그 배후에 가로놓여 있는 사상(思想)을 이해해야 하며, 그렇지 않은 과거는 죽은 것, 즉 아무런 의미가 없는 것이니, 그러므로 '모든 역사는 사상(思想)의 역사(歷史)'다. 역사란 것은 역사가가 그 역사를 연구하고 있는 사상이 역사가의 마음에 재구성한 것, 그것이다. 이와 같이 역사가의 마음속에서의 '과거의 재구성'이 곧 사실의 선택과 해석을 지배하게 된다.[9]

사람보다 낫기 때문이 아니라 오직 (하나님이 주신) 그 해석을 왕에게 알려서 왕의 마음으로 생각하던 것을 왕에게 알려 주려 하심이니이다"(단 2:30). 어떤 해석이 좋고 잘된 해석인가? '하나님이 주신 해석', '하나님이 들어간 해석'이 아니겠는가. 결국 인생 공부나 역사 공부는 "해석을 잘하기 위한 노력이요 과정이다."

9 최동희 외, 『哲學』, 256-257. "'지나간 것을 알려 주었더니 닥쳐올 것까지 아는구나'(告諸往而知來者, 『논어』, 학이편)라고 말했던 것처럼 공자는 역사학이 미래학임을 알았던 인물이다." 이덕일, 『잊혀진 근대, 다시 읽는 해방前사』, 9.

필자는 이 책을 쓰면서 이런 질문을 던져보았다. 일제가 저지른 폭력과 만행의 역사 그리고 한국이 당한 수난의 현실이 "조선의 최후"의 객관적 사실이다. "조선의 최후"는 한국인들이 기억하고 싶지 않은 역사이고, 일본인들은 잊고 싶은 역사다. 그런데 그것을 다시 끄집어내어 무엇을 하자는 것인가? 그것은 그때 무슨 일이 있었는지 정확하게 알자는 것이다.[10] 그리고 그것을 오늘의 시점에서 냉정하게 생각하면서 다시 해석해 보자는 것이다.

어떤 사건의 단순한 사실 여부를 넘어 그 사건을 바라보는 해석적 관점에 따라 역사에 대한 의미와 평가가 달라진다면, 우리 민족사에서 가장 불행한 최악의 역사로 평가되는 '한일강제병합'(1910)의 역사도 전혀 다른 해석이 가능하다는 생각을 하게 되었다. 마치 인생을 한 편의 드라마로 비유한다면 그 드라마를 누가 썼느냐에 따라 작품의 가치는 달라진다. 내 인생 드라마를 남이 쓰면 졸작(拙作)이 되고, 내가 쓰면 평작(平作)이 되나, 최고의 작가인 하나님이 쓰면 최고의 명작이 된다. 한 편의 드라마 "조선의 최후"를 일본인에 의한 '식민사관'으로 쓰면 졸작이 되고, 한국인에 의한 '민족사관'으로 쓰면 평작이 되나, 우리 민족을 지극히 사랑하시는 선하신 하나님에 의한 '섭리사관'으로 쓰면 최고 감동의 명품 드라마가 된다.

그러니까 우리 민족사에서 가장 불행한 '한일강제병합'(1910)의 역사도 섭리사관의 관점에서 보면 하나님이 써 가신 최고 감동의 대하드라마라는 사실이다. "조선의 최후"는 선하신 하나님께서 새

---

10 드레퓌스 사건(1894년) 때 에밀 졸라는 "나는 규탄한다"라는 공개서한을 발표하여 거짓을 폭로하였듯이, 필자는 한일근대사와 관련된 모든 거짓과 불의에 분노하면서 철저히 폭로하고 고발해야 한다는 거룩한 사명감으로 이 책을 집필했다. '드레퓌스 사건'에 대해서는 차하순, 『西洋史總論』, 562-563을 참조.

언약 백성으로서의 한민족을 향한 비밀스러운 경륜적 섭리에 의거하여 시나리오를 쓰신 최고 감동의 명품 드라마요 하나님의 최선의 역사였다는 사실이다.

그렇다면 한민족의 역사가 세계사(世界史) 속에 들어가기 시작한 조선 말기의 근대사, 구체적으로 말하면 동아시아 삼국을 흔들어놓은 아편전쟁(1840)부터 일제의 패망과 한국의 해방(1945)까지의 105년의 역사는 이에 대한 가장 좋은 샘플이 될 것이다. 대하드라마 "조선의 최후"는 최고의 명품 드라마를 만들고자 눈물겹도록 줄기차게 분투, 노력하시는 하나님의 연출이 지극히 아름답고 감동적이다. 이 책을 쓰게 된 동기가 여기에 있다.

3. 일본 복음화를 위한 가교(架橋) 및 감사의 글

본서의 에필로그의 제목을 "일본 복음화(일본 선교)를 위하여"라고 했는데, 그 까닭은 이러하다. 2018년 접어들면서 중국 시진핑 정부는 대대적인 선교사 추방정책을 추진하였다. 이는 공산주의 체제인 중국 시진핑 정부가 중국기독교회의 부흥 및 1억 명이 넘는 그리스도인에 대한 두려움에 근거한 조치였다. 그런데 역사를 주관하시는 하나님의 관점에서 보면 그도 모르는 사이에 하나님의 선교 방향을 새롭게 바꾸고 있다는 생각이 들었다.[11]

2018년 2월, 필자는 중국 선교사로서의 사역을 마무리하고 다시 대학 교단에 교수로 섰다. 그리고 새 시대를 위한 세계선교 패러다

---

11 세계선교의 방향이 '만절필동'(萬折必東)에서 '만절필서'(萬折必西)로 바뀐 것에 대한 자세한 설명은 본서 1022쪽 이하를 참조.

임의 전환이 시진핑 정부를 통해 시작되었다는 확신을 갖게 되었다. 즉, 세계선교에 있어서 일본을 비롯한 태평양 시대가 시작되었다는 것이 필자의 확신이다. 항상 복음의 증인으로서의 선교적 사명을 최고의 가치로 삼고 살아온 필자는 새로운 선교 방향의 시대가 시작되었다고 보았다. 따라서 하나님께서 필자를 선교의 도구로 사용하여 일본 복음화(일본 선교)를 하라는 사인(sign)으로 믿고 순종하는 마음으로 펜을 들었다.

그 사이에 일본 선교와 관련된 많은 일들이 있었고, 많은 이들을 만나게 되었다. 온누리교회 일본어 예배에 나가게 되었고(6월 13일), 한일친선선교협력회 소속 이정곤 목사(당산동교회)와 일본인 교회의 요시다 고조(吉田耕三)[12] 목사도 만났다(7월 16일). 또한 「한국기독공보」에 "왜 지금 일본 선교인가?"라는 칼럼을 쓰기도 했다(7월 31일).

블레싱재팬(Blessing Japan)과 한국세계선교협의회(KWMA)와도 관계를 맺었으며(10월 4일), 영남신학대학교 추계신앙사경회 강사로 초빙되어 "한민족의 정체성: 일본 복음화"라는 주제로 말씀도 전했다(10월 25일). 이 시간은 필자를 비롯한 영신공동체 관계자들에게 일본 복음화를 위해 헌신하고자 하는 마음에 불을 지피는 계기가 되었다.

본서는 한일근대사 105년의 역사가 철저히 하나님이 쓰신 시나리오에 따라 전개된 역사라고 보고, 이를 삼등분하여 기술하였다. 첫 35년(1840~75)은 일본의 내부 준비, 중간 35년(1875~1910)은

---

12 '요시다 고조 목사'에 대해서는 『사랑을 잇다: 한국을 위해 다리가 된 일본인 10인』, 187-205을 참조.

일본의 조선 침략, 마지막 35년(1910~45)은 일본의 조선 식민 지배를 다루었다. 그리고 각각의 35년은 20년과 15년 단위로 다시 나누어 기술하였다. 그리고 같은 시기 일본의 역사와 한국의 역사를 동량(棟梁)시켜 비교하는 식으로 기술하였다.

그에 앞서 제1부에서는 '한일근대사의 전체상'을 그렸다. 제2부에서는 한일근대사 105년의 역사 이야기의 시작과 끝을 장식하는 한일 양국의 두 인물(요시다 쇼인과 시인 윤동주/ 후쿠자와 유키치와 김교신 선생)을 각각 다루었다. 그리고 매 장을 시작할 때 실은 단가(短歌)는 예수 그리스도를 향한 필자의 신앙고백이자 인생과 역사에 대한 필자의 단상(시어)이다.

난 이 책을 쓰는 동안 인간이 갖고 있는 모든 감정을 느꼈다. 특히 "필사즉생"의 이순신, "뵈지 않는 조선의 마음"의 언더우드, "조선혁명선언"의 신채호, 『아리랑』의 김산을 새롭게 다시 만나면서 한편으로는 고마움에, 다른 한편으로는 슬픔에 감사의 눈물, 비통함의 눈물을 흘리지 않을 수 없었다.

끝으로, 2022년 새해는 필자에게는 교수직을 은퇴하는 해인 동시에 신앙생활 50주년이 되는 희년(禧年)이기도 하다. 결국 이 책은 이 뜻깊은 해에 교수직 은퇴 기념 저서가 되었다. 지난 50년 동안의 신앙과 학문과 경험은 이 책 한 권을 쓰기 위한 준비과정이요 훈련기간이었다고 고백하고 싶다. 이 책은 오늘에 이르기까지 한없는 사랑과 그 크신 은혜로 인도해 주신 주님께 드리는 감사의 헌사다.

그동안 곁에서 필자에게 늘 격려를 아끼지 않으시고 추천사를 써 주신 박준서 교수님을 비롯한 민경배 교수님, 윤사무엘 총장님, 권용근 총장님, 박창수 선교사님(일본 니카타 신학교) 그리고 귀한 저서를 소개해 주신 김정모 선교사님께도 감사를 드립니다.

또한 책을 쓰느라 함께할 시간을 거의 갖지 못해 늘 미안한 마음이었는데 묵묵히 참 많이 참아준 아내(임연희 목사)와 딸(승아) 그리고 지난해 새 가정을 이룬 박도신(신하선) 전도사에게도 감사를 드립니다. 모든 영광을 하나님께 돌립니다.

2022년 1월 22일
봉천동 서재에서
맨발 박호용 쓰다

차례

머리말(프롤로그): 하나님이 쓴 최고 감동의 대하드라마 · 5

　1. 역사에 대한 관심을 갖게 된 동기
　2. "역사는 곧 해석이다. 해석을 잘하자"
　3. 일본 복음화를 위한 가교(架橋) 및 감사의 글

제1부 ｜ 하나님의 감춰진 속내: 새 언약 백성 만들기

Ⅰ. 일반사와 구원사(섭리사관) · 24
Ⅱ. 한국인과 일본인: 선비와 사무라이 · 38
Ⅲ. '십자가의 나라'(한국)와 '십자군의 나라'(일본) · 46
Ⅳ. 사고구조의 차이: 한국인(단일구조) · 일본인(이중구조) · 69
Ⅴ. 하나님의 시나리오: '새 언약 백성' 만들기 · 84
Ⅵ. 일본의 근대화와 한국의 복음화 · 100
Ⅶ. 영적 전쟁의 대서사시: 복음적(십자가-부활) 구조 · 115
Ⅷ. 한민족과 일본인의 민족적 정체성(아이덴티티) · 126
Ⅸ. 시인 윤동주와 김교신 선생의 재발견 · 143
Ⅹ. 새 언약 백성으로서의 '한국천명론' · 158

제2부 ㅣ 카이로스: 하나님의 시간표(105년의 역사)

A. 이야기의 시작과 끝(1): 요시다 쇼인과 시인 윤동주

제1장 ㅣ 일본 근대화의 선각자 요시다 쇼인(吉田松陰) · 181

이 장을 시작하며 · 배경적 고찰 · 요시다 쇼인의 생애 · 요시다 쇼인의 사생관: 한 편의 시 같은 인생 · 요시다 쇼인의 사상 · 요시다 쇼인의 사상의 문제점 · 이 장을 마치면서

제2장 ㅣ 변방 북간도의 크리스천 시인 윤동주 · 211

이 장을 시작하며 · 윤동주의 출생과 성장 · 북간도 출신의 세 친구 · 윤동주의 고향 북간도 · 기억해야 할 두 인물: 김약연과 정재면 · 이동휘의 사경회 및 여성 이름 짓기 · 윤동주의 정체성: 크리스천 멘탈리티 · 윤동주의 시 세계: 〈초 한 대 〉 · 〈무서운 時間〉과 〈십자가〉 · 〈별 헤는 밤〉 · 〈서시〉와 〈쉽게 씌어진 詩〉 · 윤동주의 생애와 죽음의 의미 · 이 장을 마치면서

B. 이야기의 시작과 끝(2): 후쿠자와 유키치와 김교신 선생

제3장 ㅣ 민본주의 국민교사 후쿠자와 유키치(福澤諭吉) · 263

이 장을 시작하며 · 후쿠자와의 출생과 성장 · 후쿠자와의 유교 비판 · 난학(蘭學) 및 영학(英學) 공부 · 해외 경험과 결혼 · 『서양사정』(西洋事情) · 『학문의 권장』(學問のすすめ) · 『문명론의 개략』(文明論之槪略) · 『후쿠자와 유키치 자서전』 · 후쿠자와의 '탈아론'과 조선관 · 후쿠자와의 종교관과 그 한계 · 이 장을 마치면서

제4장 ㅣ 신본주의 성경교사 김교신 선생 · 301

이 장을 시작하며 · 김교신의 출생과 성장 · 일본 유학 및 우치무라(內村) 선생과의 운명적 만남 · 생의 전환점: 지리박물과로 전과 · 참스승 김교신의 교사생활 · 김교신과 「성서조선」 · 김교신의 말기 활동과 죽음 · 김교신의 신앙관 · 김교신과 무교회주의 · 김교신과 성서 연구 · 김교신의 '섭리적 민족지리관' · 김교신의 부활신앙 · 이 장을 마치면서

제3부 | 일본 내부 준비 35년(1840~1875년)

C. 일본의 근대화와 조선의 복음화(1840~1860년)

제5장 | 일본 근대화의 서곡: 아편전쟁 및 페리 함대 내항 · 349

이 장을 시작하며 · 서양 문물과의 접촉 · 위기감의 차이 · 페리 함대 내항의 충격 · 아편전쟁이 가져온 충격 · 근대화에 박차를 가한 에도 막부 · 난학에 미친 대표적 두 사람 · 막부의 해방강화책 · 미일수호통상조약 · 안세이 대옥(安政大獄)과 그 여파 · 가톨릭(천주교)에 대한 첫 반응과 탄압 · 프로테스탄트(개신교) 선교 초기 역사 · 서양의 발견 · 중국에 대한 인식의 전환 · 이 장을 마치면서

제6장 | 조선 복음화의 서곡: 한민족 디아스포라 시작 · 379

이 장을 시작하며 · 근대화 이전의 조선의 자화상 · 대원군 이전의 '소년 왕들의 시대' · 근대화 이전의 조선: 지식 독재의 나라 · 약속의 땅 조선을 향하여 · 천주교 박해 · 태평천국(太平天國)의 난 · 동학(東學)의 출현 · 수운 선생의 '다시 개벽'의 참뜻 · 동학의 문제와 한계 · 이 장을 마치면서

D. 일본의 개화와 조선의 미망(1860~1875년)

제7장 | 제국으로 가는 길: 메이지유신 전후 15년 · 405

이 장을 시작하며 · 메이지유신(明治維新)의 배경 · 메이지유신의 사상적 뿌리: 미토학(水戶學) · 일본 근대 테러의 시작: '이이 나오스케' 암살사건 · 존왕양이운동과 '지사'들의 활약 · 메이지유신의 성공 요인 · 메이지유신 이후 · 일본인들의 해외 경험 · 언문일치의 성공 및 출판업의 성행 · 메이지 신정부의 개혁정책 · 일본의 발견 · 천황제도 · 군비 강화와 신무기 개발 · 우라카미(浦上)의 '숨은 그리스도인' · 개국 이전의 프로테스탄트 선교 · 개국 이후의 프로테스탄트 선교(교회 상황) · 이 장을 마치면서

제8장 | 망국으로 가는 길: 대원군 섭정 전후 15년 · 459

이 장을 시작하며 · 흥선대원군의 집권과 섭정 10년 · 천주교 박해와 쇄국정책 · 정치적 라이벌 '대원군과 민 황후' · 흥선대원군에 대한 평가(결정적 한계) · 한민족 디아스포라: 흩어짐의 초월적 섭리 · 이 장을 마치면서

제4부 ㅣ 일본 조선 침략 35년(1875~1910년)

E. 정한론의 일본과 응전에 실패한 조선(1875~1895년)

제9장 ㅣ 근대화를 넘어 제국주의로의 20년 · 491

이 장을 시작하며 · 농민 잇키 및 신흥 종교 붐 · 정한론(征韓論)의 대두와 무사 계급의 몰락(세이난전쟁) · 라스트 사무라이: 사이고 다카모리 · 자유민권운동 · 메이지헌법(대일본제국헌법) 제정 · 청일전쟁의 배경 · 청일전쟁의 역사적 의의 · 청일전쟁의 결과물 · 일본 교회의 비약적 성장 및 침체 · 이 장을 마치면서

제10장 ㅣ 개국에서 갑오개혁까지의 20년 · 529

이 장을 시작하며 · 한국, 그 은둔의 나라 · 강화도수호조약 체결 · 황준헌의 『조선책략』과 친미 인맥 형성 · 위정척사: 전통적 세계관의 고수 · 개화파의 형성 · 온건개화파: 동도서기론과 변법론 · 급진개화파: 전통을 넘어 서구적 근대로 · 조미수호통상조약(朝美修好通商條約) · 임오군란의 배경 · 임오군란의 전개와 결말 · 갑신정변(甲申政變)의 배경 · 갑신정변의 전개와 결말 · 갑신정변과 관련하여 짚고 넘어가야 할 것들 · 한성조약과 톈진조약 · 거문도 사건 · 동학농민전쟁의 전사(前史): 교조신원운동 · 동학농민전쟁 · 동학농민전쟁의 실패 요인 및 역사적 의의 · 전봉준: 불꽃 같은 삶 · 갑오개혁의 내용 · 프로테스탄트(개신교) 조선 선교 배경 · 미국 선교부와 한국 선교 · 알렌과 민영익 치료 사건 · 아펜젤러와 언더우드의 운명적 만남 · 언더우드 선교사의 위대한 생애 · 청사(靑史)에 길이 빛날 언더우드의 업적 · 초기 의료 선교사들 · 여성 교육 및 사립학교 설립 · 이 장을 마치면서

F. 조선을 접수한 일본과 일본에 나라를 바친 조선(1895~1910년)

제11장 ㅣ 제국 일본과 정한론의 완성까지의 15년 · 631

이 장을 시작하며 · 러일전쟁 이전의 러시아적 상황 · 러일전쟁 발발 · 러일전쟁의 역사적 의의 · 청일전쟁과 러일전쟁을 통해 본 미국의 한반도 정책 · 러일전쟁에 대한 일본인의 반응 · 러일전쟁의 결과 · 대미 관계의 악화 · 근대 일본의 비극의 근원 · 메이지 말기의 일본 교회 · 일본 교회의 조선 전도론 · 근대 이행의 세 갈래 · 이 장을 마치면서

제12장 ┃ 을미사변에서 한일합방까지의 15년 · 661

이 장을 시작하며 · 을미사변(명성황후 시해 사건) · 명성황후에 대한 평가 · 아관파천 (俄館播遷) · 독립협회 운동 및 「독립신문」 창간 · 을사늑약(을사보호조약) · 안중근 의 이토 히로부미 처단 · 한일합방 과정 · 한일합방에 대한 일본조합교회의 시각 · 한 국 병합의 풍경 · 한반도를 떠나는 사람들 · 개신교 성장 및 교회의 치외법권 · 전쟁이 가져다준 교회의 급성장 · 통감부시기 일제의 기독교 정책 · 1907년 평양 대부흥운동 · 백만 명 구령운동 · 개신교 선교사와 제2의 선교 대국 한국 · 『반일종족주의』와 『일 제종족주의』 · 조선 망국의 원인은 무엇인가? · 고종에 대한 평가 · 루비 켄드릭 선교 사 · 사무엘 무어 선교사 · 알렉산더 피터스 선교사 · 이 장을 마치면서

제5부 ┃ 일본의 조선 식민 지배 35년(1910~1945년)

G. 일제의 조선 통치 방식(1910~1930년)

제13장 ┃ 일본의 조선 식민 지배 첫 20년 · 753

이 장을 시작하며 · 제1차 세계대전 · 미국과 일본의 대립 · 간토대지진(關東大地震) 과 조선인 학살 · 일본 경제의 혼란 · 다이쇼 시대의 일본 기독교 · 삼교회동(三敎會 同) · 우치무라 간조(內村鑑三) · 우치무라의 불경사건(不敬事件) · 우치무라의 무교 회주의 · 우치무라의 일본론 · 우치무라의 조선론 · 우치무라의 '일본적 기독교'의 한계 와 그 비판 · 이 장을 마치면서

제14장 ┃ 식민지 백성의 절망과 저항 20년 · 799

이 장을 시작하며 · 태형제도 · 토지조사사업 · 한반도를 떠나는 사람들 · '안악사건'에 서 '105인사건'으로 · 3 · 1운동의 민족사적 의의 · 3 · 1운동의 배경 · 3 · 1운동의 전개 과정 · 3 · 1운동과 한국교회의 수난 · 3 · 1운동에 대한 선교사들의 태도 · 3 · 1운동에 대한 일본 교회의 반응 · 3 · 1운동과 한국 개신교 · '대한민국 임시정부'(임정) 출범 · 대한민국 임시헌장이 갖는 의미 · 일제하 '실력양성운동론' 및 자치론 · 일제의 '문화통 치'와 그 기만성 · 일제의 '친일파' 육성 · '민족개조론'이 아닌 '영혼개조론' · 사회주의 열풍 및 조선공산당 창당 · 1920년대의 한국교회의 모습 · '식민지 근대화론'에 대하 여 · 이 장을 마치면서

H. 대반전 드라마: 일본의 패망과 한국의 해방(1930~1945년)

제15장 ┃ 일본 근대화의 비극적 종언 15년·873

이 장을 시작하며 · 범아시아주의(대동아공영권론)의 허위(허상) · 세계 대공황 및 일본의 팽창 정책(만주사변) · 2·26쿠데타와 '도조 히데키'의 등장 · 중일전쟁의 발발 · 태평양전쟁 전야 · 태평양전쟁 발발 · 제2차 세계대전의 종결 · 전후 처리에 대한 미국의 실수 · 대역전 드라마를 연출하신 하나님 · 일제 말기의 기독교 상황과 일본 교회 · 일본기독교단 성립 · 쇼와기의 기독교회 탄압 · 일본 천황과 일본인의 태도 · 패전 일본인의 비참한 실상 · 이 장을 마치면서

제16장 ┃ 하나님이 쓴 대반전 드라마 15년·927

이 장을 시작하며 · 파멸을 향해 질주하는 일제 · '내선일체'와 황국신민화 정책 · 창씨개명의 강요 · 일제의 강제 징용 · 징병 및 사상범의 양산 · 고려인 강제 이주 · 일본군 위안부: 성노예 · 친일 협력과 전향: 친일파 문제 · 일제의 역사 왜곡: 식민사관 · 민족사관: 박은식과 신채호 · 비운의 혁명가 김산과 〈아리랑〉 · 임시정부(임정)와 독립운동 · 일제 말 한국교회의 모습: 교회 분열의 징후들 · "조선의 최후"의 클라이맥스: 신사참배 · 신사참배 강요의 역사 · 한국교회의 신사참배와 부일 협력 · 임박한 재림신앙과 천년왕국 사상 · 주기철 목사와 '일사각오'(一死覺悟) · 뜻밖에 기쁜 소식: 대반전 드라마 · 이 장을 마치면서

발말(에필로그): '일본 복음화'(일본 선교)를 위하여·1001

    1. 이웃 나라 일본, 그들은 누구인가?
    2. 한민족 디아스포라(흩어짐)의 초월적 섭리
    3. 한민족의 정체성: 일본의 복음화를 위한 불쏘시개

참고문헌·1025

제1부

하나님의 감춰진 속내
: 새 언약 백성 만들기

• • •

아리랑 아리랑 아라리오
아리랑 고개를 넘어간다.
아리랑 고개는 열두 구비
마지막 고개를 넘어간다.

청천 하늘에 별도 많고
우리네 가슴엔 수심도 많다.
아리랑 아리랑 아라리오
아리랑 고개를 넘어간다.

아리랑 고개는 탄식의 고개
한번 가면 다시는 못 오는 고개.
아리랑 아리랑 아라리오
아리랑 고개를 넘어간다.
이천만 동포야 어데 있느냐
삼천리 강산만 살아 있네.
아리랑 아리랑 아라리오
아리랑 고개를 넘어간다.

지금은 압록강 건너는 유랑객이요
삼천리 강산도 잃었구나
아리랑 아리랑 아라리오.
아리랑 고개를 넘어간다.[1]

---

1 님 웨일즈·김산, 『아리랑: 조선인 혁명가 김산의 불꽃 같은 삶』, 5.

I. 일반사와 구원사(섭리사관)

역사를 보는 관점을 '사관'(史觀)이라고 한다. 인간이 주어가 되어 써간 역사는 '인간의 역사'가 되고, 그것을 일반사(일반 역사)라 한다. 일반사는 주로 '왕조사'(王朝史)를 중심으로 써간다. 또는 주제를 중심으로 유물사관(唯物史觀, K. Marx), 문명사관(文明史觀, A. Toynbee), 영웅사관(英雄史觀, T. Carlyle), 민족사관(民族史觀), 민중사관(民衆史觀) 등 여러 사관이 있다. 그런데 그리스도인의 경전인 성서는 하나님이 주어가 되어 써간 역사, 즉 '하나님의 역사'를 말하고 있다. 따라서 그것은 '구원사'(구속사)이며 '섭리사관'(攝理史觀)을 말하고 있다.[1]

일반사는 세 구성요소, 즉 시간(時間), 공간(空間), 인간(人間)으로 구성된다. 세 개의 간(間)으로 구성된 일반사는 '3間의 역사'이다. 구원사는 일반사의 '3間의 역사'에다가 또 하나의 차원인 하나님(神)이 개입된 역사이다. 3間에 신이 개입된 것을 '신간'이라고 할 때, 결국 구원사는 '4間의 역사'라고 말할 수 있다.

'3間의 역사'는 3間(시간·공간·인간)이 '차이가 나는 역사'('차이나'의 역사)이지만, '4間의 역사'(시간·공간·인간·신간)는 '차원이 다른 역사'('本-차이나'의 역사)이다.[2] 즉, '4間의 역사'는 인간의 의지가 주

---

1 마르크 블로흐는 이렇게 말한다. "그리스도인의 성서는 사실상 역사책이며, 그것은 하나님의 지상에서의 삶에 관한 이야기나 교회와 성인들의 연대기를 기념하는 예배를 드린다. 어쩌면 또 하나의 의미에서 기독교는 역사적 종교다. 타락과 심판 사이에 놓여 있는 또 하나의 의미에서 기독교는 역사적 종교다. 타락과 시만의 사이에 놓여 있는 인간의 운명은 기독교적 입장에서 볼 때 하나의 긴 모험을 의미하고 있으며 각자의 운명, 작자의 개인적인 '순례'는 그 모험의 반영이다. 모든 기독교적 명상의 중심축인 죄악과 구원의 거대한 드라마는 시간 속에서, 따라서 역사 속에서 전개되고 있다." M. Bloch, 『역사를 위한 변명』, 24.
2 더 자세한 설명은 박호용, 『왕의 교체』, 65-88을 참조.

도하여 써가는 '땅의 역사'를 포함한 하나님의 의지가 개입된 '하늘의 역사'이기에 역사 이해(해석)를 온전케 한다. 그래서 역사(History)를 '그분(His)의 이야기(Story)', 즉 '하나님의 이야기'(God-story)라고 말하는 것이다.[3]

가령 조선의 역사를 일반사로 말할 경우, 시간적으로는 1392~1910년, 공간적으로는 한반도에서, 인간적으로는 한민족을 비롯한 주변 민족들과의 관계 속에서 이루어진 역사를 말한다. 그런데 조선의 역사를 구원사로 말할 경우, 이 같은 3間의 역사에다가 하나님이 개입된 역사가 된다는 점에서 전혀 다른 의미를 갖는 역사가 된다.[4]

그런데 한일근대사를 일본인의 관점에서 볼 경우와 한국인의 관점에서 볼 경우가 다르다. 거기에는 자기 민족의 눈으로 역사를 보기에 민족적 편견이 들어갈 수밖에 없다. 그런데 하나님을 주어로 한 구원사적 관점, 즉 일본인과 한국인을 동시에 사랑하시는 하나님의 눈으로 볼 경우 민족적 편견을 초극하는 '제3의 관점'을 갖게 된다. 이를 우리는 그리스도교적 역사관, 즉 '섭리사관'(攝理史觀)이라고 부른다.

그리스도인들은 성서라는 하나의 장대한 역사서를 가지고 있다. 인류의 타락과 최후 심판 사이에 벌어질 인류의 운명, 원죄와 속죄의

---

3 B. W. Anderson, *Understanding The Old Testament*(4th), 26.

4 일반 역사가 아닌 기독교 섭리론적 관점에서 "조선의 최후"를 다룰 때 크게 두 접근방식이 있다. 하나는 한국 기독교가 토착 종교(샤머니즘, 유교, 불교, 도교, 동학 등)와 어떤 관계를 갖고 어떤 과정을 거쳐 토착화되고 구형되었는가 하는 종교-문화적 접근방식이 있다. 또 하나는 한국 기독교가 국내 정치와 국제 외교 사이에서 어떻게 응전하면서 어떤 과정을 거쳐 토착화되고 구형되었는가 하는 정치-외교적 접근방식이 있다. 전자에 대해서는 옥성득의 최근의 저서 『한국 기독교 형성사: 한국 종교와 개신교의 만남(1876~1910)』을 참조. 본서는 주로 후자의 접근방식을 사용하고자 한다.

일대 드라마가 시간, 즉 역사라는 지평에서 전개되는 것이다. 그리스 도교는 그 자체가 하나의 역사적 종교다. 그리스도교는 그 근원적 교의를 역사적 '사건'에 기초를 두고 있다는 점에서 다른 어느 종교와 도 특이한 성격을 드러내 준다.5

우리는 일반적으로 역사 연구의 시작이 그리스에 있다고 생각하 고 있으나 콜링우드에 의하면 진정한 역사의식은 기독교적 사상의 영향으로부터 비롯된다는 것이다. 기독교적 사관의 중심은 예수 그 리스도의 역사적 생애에 있다. 이 사관에 의하면 그리스도의 탄생으 로 역사는 각기 독특한 특성이 있는 두 시기로 양분된다는 것이다. 첫째, '전찰적(前察的) 성격'(a forward-looking character)의 시대 로서 아직 출현하지 아니한 어떤 사건을 무조건 준비하는 시기이다. 둘째, '후찰적(後察的) 성격'(a backward-looking charter)의 시대 로서 방금 막 시작된 계시에 의존하는 시기이다. 이리하여 "역사는 암흑의 시기와 광명의 시기로 양분된다." 이렇게 양대 구분된 역사 시대는 다시 각각의 중요성에 비추어 세분되며, 이른바 '획기적 기원 을 이루는'(epoch-making) 사건들에 따라서 많은 역사시대로 구분 될 수 있다.

한마디로 말하면 인류 역사 과정이 그리스도의 탄생을 '전후하여' 구분된다는 계시적 역사관은 강한 역사의식의 경험, 즉 시간적 변화 또는 발전과정에 대한 감각을 표현한 것이라 볼 수 있다. 이와 같이

---

5 그리스도 자신이 하나의 역사적 인물이다. 그의 탄생을 기준으로 주전(BC)과 주후(AD)로 구분된 다. 한 가지 강조해 두어야 할 것은 고대 그리스 철학은 그 본질에 있어서 반역사적이라는 사실이 다. 그 까닭은 고대철학자들이 시간적이고 변화적인 것보다 항구적이고 불변적인 것에만 관심을 두었기 때문이다. 그래서 고대 그리스 철학은 역사철학을 갖지 못했다. 바로 여기에 서구의 역사철 학이 그리스도교 사상을 기반으로 하여 비로소 하나의 뚜렷한 체계를 이룰 수 있었던 이유이다. '기독교 역사관'에 대한 더 자세한 설명은 박성수, 『역사학개론』, 60-70을 참조.

'역사의식'이란 무엇보다도 시간적 차원에서 사물의 변화과정을 관찰하고 그 의미를 파악하는 태도라 할 수 있다.[6]

섭리사관이란 역사를 '인간의 역사'를 넘어 '하나님의 역사'로 보는 것을 말하며, '하나님의 눈'(하나님 아버지의 마음)으로 보는 것을 말한다. '하나님의 눈'으로 보는 역사는 '짧은 눈', 즉 단기적 안목(미시적 관점)으로 보기보다는 '긴 눈', 즉 장기적 안목(거시적 관점)으로 보는 것을 말한다. 역사를 짧은 눈으로 보는 것과 긴 눈으로 보는 것은 상당히 다를 수 있고, 심지어는 정반대일 경우가 많다. 섭리사관은 역사를 하나님의 눈, 긴 눈으로 보도록 이끈다.

가령 짧은 눈으로 보면 빌라도가 예수를 이겼으나 긴 눈으로 보면 빌라도는 영원한 패자이고, 예수는 영원한 승자이다. 또한 한민족의 역사에서 가장 불행한 '한일강제병합'은 짧은 눈으로 보면 일본이 이기고 한국이 패한 역사이지만 긴 눈으로 보면 거기에는 하나님의 깊은 뜻, 즉 경륜적 섭리가 있을 뿐만 아니라 근대적 관점을 넘어 복음적 관점에서 보면 일본이 패하고 한국이 승리한 역사이기도 하다.

뿌리는 보이지 않지만 없는 것이 아니다. 다만 자신을 감추고 있을 뿐이다. 보이지 않는 하나님이 인간 역사를 주관해 가신다는 섭리사관도 바로 이와 같다. 섭리사관을 다른 말로 표현하면 인간이 왕이 되어 통치하는 '세상 왕국'(세상 나라) 너머에 하나님이 왕이 되어 통치하는 '하나님 왕국'(하나님 나라)적 관점에서 역사를 해석하는 것을 말한다.

본서는 섭리사관, 즉 한국의 역사, 일본의 역사 및 하나님의 역사, 이 삼자의 역학관계로 한일근대사를 살펴보고자 했다. 그것이 현상

---

6 R. G. Collingwood, *The Idea of History* (1946), 50-52; 차하순, 『역사의 본질과 인식』, 113-114.

적으로 나타난 모습만이 아닌, 더 깊은 차원에서 역사의 의미와 교훈을 얻을 수 있다. 마치 주전 6세기, 바벨론 제국에 의한 '유다 나라의 멸망'이 이스라엘 역사상 가장 비극적 사건이지만, 하나님을 주어로 보았을 때는 이스라엘을 향한 하나님의 놀라운 계획과 주권적 섭리가 있었던 것처럼 말이다.

한일근대사를 한일 양국 간의 '승리와 패배'라는 이분법적 시각, 즉 단지 일본이 이기고 한국이 진 승리와 패배의 역사가 아니라 하나님이 뜻이 계셔서 조선을 일본에 넘겨주셨다고 한다면, 그럴 경우, 일본이 이긴 것도 한국이 진 것도 아니다.7 한일강제병합이 있었던 1910년의 관점에서 보면 일본이 이기고 한국이 진 것 같으나 35년 후인 1945년에 일본은 연합국에 의해 패망했고, 한국은 해방을 맞았다. 즉, 하나님을 주어로 한 섭리론적 관점에서 보면 이 사건은 한일 간에 이기고 지는 문제가 아니라 한국과 일본을 향한 하나님의 놀라운 역사 섭리가 있다는 사실이다.

따라서 주어를 인간(조선인)에서 하나님으로 바꿀 때 "조선의 최후"를 일제의 식민사관에 내포되어 있는 패배주의적 관점에 함몰되어, 원망과 불평을 일삼는 부정적 시각을 극복할 수 있다. 즉, "조선의 최후"를 하나님의 원대한 역사 경륜이라는 섭리적 시각으로 볼 때 거기에 한민족을 새 언약 백성으로 삼고자 하시는 하나님의 놀라우신 은혜가 깃들어 있으며, 그것이 진정한 의미에서 일제의 식민사관

---

7 이덕일은 이렇게 말한다. "역사라는 것이 이기지 않으면 지는, 곧 죽이지 않으면 죽는 제로섬 게임인 시절처럼 불행했던 때는 없었다. 상대를 공존이 아니라 지배의 대상으로 본 세월이 그랬던 것처럼. 그래서 이제 우리에게 근대는 넘어서야 할 대상이기도 하다. 죽이지 않으면 죽는 약육강식의 사회가 아니라, 약자를 보듬고 서로 공존하는 사회를 만들어야 모두가 행복할 수 있다는 교훈을 우리의 지난 100년이 뼈아프게 전해주지 않았던가." 이덕일, "아픈 역사 '근대', 그 100년의 시간 속으로," 『근대를 말하다』, 7.

을 극복하는 참된 길이라고 여겨진다.

함석헌(1901~89)은 소동파(蘇東坡, 1037~1101)가 여산(廬山)을 두고 읊은 시를 빗대어 '보는 자리'(觀點)의 중요성을 말했다. "모로 보니 재(嶺)인 듯, 옆에서 보니 봉(峰)인 듯 / 곳곳마다 보는 산서로 서로 다르고나 / 여산의 참얼굴 알아볼 수 없기는 / 다만 이내 몸 이 산 속에 있음이네."[8]

똑같은 산이지만 한쪽에서는 '재'(嶺)라 하고, 다른 쪽에서는 '봉'(峯)이라 한다. 이러한 차이는 저마다 여산을 '보는 자리'(觀點)가 다른 데서 기인한다. 여산의 참얼굴을 보려면 산속에 있어서는 도무지 안 되고, 온 산의 꼴을 다 볼 수 있는 자리에 올라서야 하듯이, 역사도 마찬가지로 우주와 인생을 굽어보는 자리에서 쓴 것이라야 참 역사이다.

이러한 의미에서 함석헌은 유물사관, 유심사관, 민족사관, 계급사관, 문화사관 등 여러 사관이 있을 수는 있지만, 그런 사관들은 여전히 산맥과 산봉우리에 머문 사관일 뿐, 그것을 넘지 못한다고 일갈했다. 따라서 우주와 인생 속에 몸담고 있으면서도 그것을 뛰어넘어 볼 수 있는 것은 종교의 자리밖에 없다.[9]

이렇게 해서 함석헌은 우리 민족의 고난을 하나님의 섭리로 설명하는 해석학적 눈을 뜨게 되었다. 그 눈으로 보니, 우리 민족이 당하는 수치와 곤욕은 예수의 십자가와 포개져, 일제가 강요한 식민사관 정도는 우습게 치부할 정도로 그 세계사적 의미가 확연해지더라는 것이다.[10]

---

8 함석헌, 『뜻으로 본 韓國歷史』, 39.

9 위의 책, 40.

그런데 여기서 우리가 분명히 해야 할 사실은 성서(기독교)가 말하는 섭리사관이란 자연을 창조한 창조주요 역사를 주관하시는 구속주로서의 '유일신(삼위일체) 하나님'의 역사 경륜적 섭리를 말한다. 동양의 삼교(유교, 불교, 도교)[11]는 인간을 주어로 한다는 점에서 무신론적 종교이다.[12] 따라서 기독교적 섭리사관과 동양 종교가 말하는 인본주의적 사관[13]은 근본적으로 다르다.

우치무라 간조(內村鑑三) 밑에서 성서를 배우고 나서 한국에 나와 1927년 「성서조선」의 동인이 된 김교신과 함석헌은 한민족의 역사와 지리에 대해 섭리론적 사관을 지니고 있었다. 함석헌의『뜻으로 본 한국역사』(1965)는 원래『성서적 입장에서 본 조선역사』를 대폭 수정하면서 제목을 바꾼 것이다. 이 책은 본래 1933년 2월부터 1935년 12월까지 「성서조선」에 실은 글을 모은 것이다.

일제의 식민지 상황에서 함석헌 선생은 내란과 외세의 침략을 포함하여 100회 이상의 전쟁을 치르고, 50번 넘게 외세에 무력하게 무릎을 꿇었던 우리 역사를 '고난의 역사'로 보았다. 그러면서도 우리 민족에게는 세상의 고통과 불의를 치유할 의무와 권리가 있다는

---

10 구미정,『십자가의 역사학』, 190.

11 중국 산서성 다퉁(大同) 남쪽 62km지점에 항산(恒山)의 현공사(懸空寺)에 가면 유불도(儒佛道) 삼교의 교주인 공자·석가·노자를 모신 三神像이 있다. 이는 세 성인이 같은 차원에 속하는 인간임을 시사한다.

12 불교가 '무신론'이라는 것에 대해서는 원의범,『인도철학사상』, 259-269; 김홍호,『푸른 바위 위에 새긴 글(벽암록 풀이)』, 116, 150을 참조.

13 가령 음양사상(陰陽思想), 즉 음과 양의 관계를 우주나 인간 사회의 모든 현상과 생성 소멸을 설명하려는 역이론, 또는 천명사상(天命思想), 즉 하늘은 항상 유덕자에게 명령하여 천자로 삼아 다스리며, 천자가 덕을 잃으면 천명에 따라 다른 유덕자로 새로운 천자를 삼는다는 사상 또는 새옹지마(塞翁之馬) 고사에 나오는 인생사 복이 화가 되고 화가 복이 된다는 고사 또는 범신론적 사상, 즉 신과 전 우주를 동일시하는 종교철학과 같은 것.

독특한 사명을 제시하였다. 그런데 이 글이 그 제목('성서[기독교]적
입장')처럼 일제 식민지 상황에서 '고난의 역사'를 살고 있는 한민족
에 대해 '유일신(삼위일체) 하나님'이 주관하시는 그런 역사를 말하고
있는지에 대해서 필자는 의구심이 든다.

그의 스승인 다석 류영모 선생은 동양 종교에 해박한 지식을 가진
대사상가로서 기독교를 포함한 종교다원주의적 세계관 속에 있었
던 사람이다. 즉, 모든 종교는 따지고 들어가면 보면 하나요 같다는
사상(syncretism)을 가지고 있었다.[14] 함석헌 선생은 스승 다석 선
생의 뒤를 따라 종교다원주의적 길로 나아갔다.[15]

그리하여 1961년에 개정판을 낼 때 『성서적 입장에서 본 조선역
사』을 『뜻으로 본 한국역사』로 간판을 바꾸어 세상에 내놓았다. 그
러면서 그는 이렇게 말하였다. "고난의 역사라는 근본 생각은 변할
리가 없지만 내게는 이제는 기독교가 유일의 참 종교가 아니요, 성경
만 완전한 진리도 아니다. 모든 종교는 따지고 들어가면 결국 하나
요, 역사철학은 성경에만 있는 것이 아니다."[16]

그러면서 함석헌은 이렇게 선언했다. "일천 구백 오십 삼년 칠월
사일 … 내 즐겨 이단자가 되리라. 비웃는다 겁낼 줄 아느냐. 못될까

---

14 류영모는 "하나를 알기 전에는 전부가 까막눈이다"라고 말하면서 이렇게 말했다. "모든 것은 절대
인 '하나'에서 나와서, 마침내 '하나'를 찾아 하나로 돌아갑니다. 대사상가나 대종교가가 믿는다는
것이나 말한다는 것은 다 '하나'를 구한다는 말이요 믿는다는 것입니다. 신선(神仙), 부처, 도의
(道義)를 얻는다는 것은 다 '하나'를 구한다는 뜻입니다. … 참은 '하나'일 것입니다. 이 '하나'는
둘이 아닐 것입니다. 절대가 그러합니다. 절대의 경지는 있다 없다는 말이 성립되지 않습니다.
… '원일물불이'(元一物不二), 이것이 부처요 여호와 하나님입니다. 나는 '원일물불이'를 믿습니
다." 다석학회, 『다석강의』, 740-747.
15 다석 류영모에 대한 비판에 대해서는 박호용, "다석 류영모─종교다원주의적 성인지학(聖人之
學)," 『유레카·익투스 요한복음』, 103-131을 참조.
16 함석헌, 『뜻으로 본 韓國歷史』, 18.

걱정이로다. … 기독교는 위대하다. 그러나 참은 더 위대하다"고 '대
선언'을 하였다.[17] 그는 '진리가 기독교보다 위대하다'는 생각으로
나아갔다.[18] 나아가 그는 내가 믿는 종교만이 옳고 다른 사람이 믿는
종교는 틀렸다는 배타주의를 철저히 거부하였다.[19]

그런데 또다시 말하지만, 기독교는 하나님을 주어로 하는 종교
요, 동양 종교는 인간을 주어로 하는 종교라는 점에서 근본적으로
하나로 묶을 수 있는 진리(사상)가 아니다. 그래서 당시에 종교다원
주의의 용어인 '하느님' 용어를 거부하고 철저히 '하나님'이라는 용
어[20]를 사용하면서 유일신(삼위일체) 신앙을 지킨 김교신의 섭리사
관[21]과 종교다원주의적 사고를 지닌 함석헌의 섭리사관은 근본적으
로 다르다.[22]

---

17 함석헌, "大宣言," 『함석헌전집 6』, 256-260; 김성수, 『함석헌평전』, 96-102.

18 함석헌과는 달리 『백치』의 작가 도스토예프스키(1821~81)는 한 편지에서 이렇게 말했다. "이
세상에 그리스도보다 더 아름답고 깊고 자비로우며 슬기롭고 용기있고 완전한 것은 없습니다.
누군가가 내게 그리스도는 진리 저편에 있고, 실제로 진리란 그리스도 외부에 있다는 것을 증명해
보인다 해도 나는 진리가 아니라 그리스도 곁에 머무를 겁니다." 그러면서 "지상에서 절대적으로
아름다운 유일한 인간은 바로 그리스도다. 이 상상할 수 없을 정도의 무한한 아름다움을 지닌
인간은 물론 그 자체로 무한한 기적이라 할 수 있다. 요한복음은 바로 이런 관점에서 쓰인 것이다."
Konstantin Muchulski, 『도스토예프스키 1』, 500.

19 함석헌기념사업회 편, 『민족의 큰 사상가 함석헌 선생』, 270-271. 기독교가 배타성을 지니는 것은
예수의 진리가 '차원이 다른 배타적 진리'이기 때문이지 타종교가 틀리기 때문이 아니다. 즉, 모든
종교는 그 나름의 진리를 갖고 있다. 단지 어떤 진리냐 할 때 주어가 3차원인 인간(나)인 진리(타종
교)와 주어가 4차원인 하나님(예수)인 기독교가 다르다는 것을 말하는 것이다.

20 노평구, 『金敎臣全集 1』, 27-28. 더 자세한 설명은 박호용, 『유레카 · 익투스 요한복음』, 104, n.
219를 참조.

21 김교신은 우리 민족의 높은 이상을 우리 역사와 지리의 긍정적 이해와 기독교의 섭리사관에서
이끌어 내고자 하였다. 김교신의 '섭리사적 한국민족관'에 대한 더 자세한 설명은 김정환, 『金敎
臣』, 36-39를 참조.

22 섭리사관을 말할 때 필자는 김교신의 손을 들어줄 수밖에 없다는 의미에서 "왜 함석헌이 아니라
김교신인가?"라는 질문을 받는다면, 그 이유는 김교신은 평생 성서(기독교)적 입장을 일관되게
견지했기 때문이라고 말하고자 한다.

함석헌은 예수 그리스도를 넘어서서 보다 넓은 길로 가고자 했지만, 일생을 성서적 진리에 입각해서 살고자 결심했던 김교신은 예수 그리스도라는 좁은 문으로 가는 것이 생명으로 인도하는 문(마 7:13-14)이라는 것을 확신했다. 김교신은 그의 유명한 '산상수훈' 연구를 통해 그 문은 '예수 그리스도의 문'(요 10:7, 14:6)이라는 사실을 정확히 읽어내고, 그 좁은 길로만 한평생 변함없이 걸어갔다.[23]

러시아 혁명가 네차예프(S. Nechaev, 1847~82)는 "혁명가는 오직 한 가지, 혁명밖에 생각하지 않는다"[24]는 말을 했다. 필자는 이렇게 말하고 싶다. "진정한 그리스도인은 오직 한 가지, 예수밖에 생각하지 않는 사람이다." 오직 성서와 예수밖에 생각하지 않은 김교신은 그런 의미에서 하나님을 기쁘시게 한 진정한 그리스도인이었다.

김교신의 제자였던 류달영은 훗날 스승 김교신이 좀 더 오래 살았다면 종래의 정통신앙보다 다석(류영모)의 종교다원주의적 비정통 신앙을 따라갔으리라는 견해를 피력하였다.[25] 그러나 필자는 하나님이 김교신 선생을 지극히 사랑하시고, 깊은 뜻이 계셔서 종교다원주의에 빠져 있는 다석을 따라가지 못하도록 일찍 데려가셨다고 생각한다. 김교신은 성서(하나님)를 가슴으로 만났기에 평생 한길로 갔고, 함석헌은 머리로 만났기에 결국 성서(하나님)를 떠나 종교다원주의로 갔던 것이다.[26]

---

23 김교신, "산상수훈 연구," 『金教臣全集 4』, 228-235.

24 김학준, 『러시아 혁명사』, 56.

25 박영호, 『진리의 사람 다석 류영모 上』, 323.

26 인류 역사는 예수 이전에는 예수께로 가는 역사, 예수 이후에는 다시 예수께로 돌아가는 역사이며, 예수에게서 멀어지면 진리에서 멀어진다는 것에 대해서는 박호용, "요한복음의 관점에서 본 인류사상사 개요: 天命 박호용의 역사철학," 『유레카·익투스 요한복음』, 1055를 참조.

성서(기독교)가 말하는 섭리사관은 주어를 유일신(삼위일체) 하나님으로 한다. 그리고 그리스도인이 되었다는 것은 주어가 바뀌었다는 것, 즉 '주어가 나에서 하나님으로 바뀐 것'을 말한다. 가령 "내가 했다"가 아니라 "하나님이 나로 하여금 하게 하셨다", "요셉이 형들의 시기에 의해 애굽에 팔려갔다"가 아니라 "하나님이 요셉을 애굽에 앞서 보내셨다", "요시다 쇼인이 1830년에 일본에서 태어났다"가 아니라 "하나님이 요시다 쇼인을 1830년에 일본에 보내셨다"가된다. "조선이 일본에 멸망했다"가 아니라 "하나님이 조선을 일본에 내어 주셨다", "일본이 태평양전쟁에서 패했다"가 아니라 "하나님이 일본을 태평양전쟁에서 패하게 하셨다."

여기서 주어가 하나님으로 바뀌었다는 것은 어떤 역사적 사건도 눈에 보이는 현상적인 측면에서의 인간적인 행위만 있는 것이 아니라, 눈에 보이지 않는 하나님의 뜻(섭리)이 내포되어 있음을 의미한다. 한일근대사에 있어서 "조선의 최후"라는 역사적 사건들을 인간이 주어가 아닌 하나님을 주어로 볼 때 '한국의 역사'와 '일본의 역사'는 전혀 다른 해석이 도출된다.

여기서 주의할 점은 '결정론적 역사'[27]로서의 하나님의 주권적 섭리론이 인간의 책임을 면제하거나 약화시켜서는 안 된다는 사실이다. 오히려 인간이 행한 모든 행위는 반드시 책임이 따르며, 그에 상응하는 재판장이신 하나님의 공의로운 심판이 반드시 따른다는 사

---

27 "클레오파트라(Cleopatra, 69~30 BC)의 코가 조금만 낮았더라면 세계의 역사는 달라졌을 것이다"라는 파스칼(B. Pascal, 1623~62)의 『팡세』의 명구는 역사가 우연한 사건에 의해서 지배된다는 '우연사관'(偶然史觀)을 표명한 것이다. 그러나 헤겔의 '이성의 간지'(理性의 奸智)나 마르크스의 '역사적 필연성'은 소위 '역사결정론'(歷史決定論)을 말한 것이라 할 수 있다. 최동희 외, 『哲學』, 262.

실을 주지해야 한다. 다만 그 심판이 징계 차원에서의 끝이 아니라 회복과 구원이라는 은혜의 차원이 있음을 동시에 고려해야 할 것이다.

여기서 문제가 되는 것은 결정론적 사관을 하나님의 선하신 역사 경영에 따른 주권적 섭리로 보느냐 아니면 자신의 잘못을 감추고 비호하기 위해 아전인수적으로 해석하거나, 또는 상대방을 비방하고 폄훼하기 위해 악의적으로 사용하느냐에 있다. 즉, 하나님을 배제한 결정론적 사관은 일본이 사용한 '식민사관'처럼 자기(민족) 이해에 기초한 부정적인 역사관을 도출해 낸다.

하지만 하나님이 들어간 결정론적 사관은 공의의 재판장이신 하나님께서 인간이 행한 모든 행위를 선악 간에 판단하신다는 점에서 긍정적인 역사관을 도출해 내는 것이다. 여기에 섭리론에 입각한 결정론적 사관의 의의와 중요성이 있다.

인간들은 자기 의지로 역사를 써가는 것으로 믿고 있지만,[28] 역사를 관장하는 신이 있다는 사실, 즉 더 높은 분의 섭리적 역사가 있다는 사실을 인정해야 한다. 역사를 관장하는 신은 개인을 소명하여 쓰다가 그 소임이 다 끝나면 가차 없이 버리듯이, 민족도 소명하여 쓰다가 그 소임이 다하면 가차 없이 버리시는 분이다.[29] 모든 역사는 다 하나님의 장중에 있다는 얘기다. 이 세상에 우연히 일어나는 것은

---

28 심용환은 이렇게 말한다. "시간은 보이는 것이 아니라 인지될 뿐입니다. 그런데 그것을 시간이라고 부르지 않고 역사라고 부르는 것은 시간의 흐름 가운데 인간이 의미 있는 행동을 하기 때문이에요. … 시간을 기초로 하는 학문인 역사는 흐름의 의미를 파악하기 위해 노력합니다. 조선 말기에서 일제 강점기로 흘러가는 과정은 참으로 고통스러웠습니다. 하지만 동시에 매우 역동적이며 새로운 역사의 물줄기를 만들어 내는 때이기도 했습니다." 심용환, 『단박에 한국사: 근대편』, 327.

29 계유정난(癸酉靖難, 1453)을 통해 수양대군을 세조로 등극시키는 데 장자방 역할을 한 한명회(韓明澮, 1415~87)는 하나님을 믿는 사람은 아니었으나 '역사를 관장하는 신이 있음'을 직관했다. 신봉승, 『소설 韓明澮』(제6권 인과응보), 146-147.

없다. 다 하나님의 뜻이 있다는 것이 섭리사관이다.

앤더슨은 이스라엘 민족의 뿌리 체험(root experience)인 출애굽 이야기는 "하나님이 직접 주인공이 되어 역사의 무대에서 활동했다는 이야기"로 이것을 신앙공동체에서는 '하나님의 이야기'(God-story), 앵글로색슨어로는 '복음'(godspel=god-spel)을 의미한다고 말했다.[30] 그러면서 출애굽 사건을 두고 이렇게 말한다.

"출애굽은 하나의 '뿌리 체험'으로, 완전히 인간 세계를 초월하신 거룩하신 하나님의 구원 능력을 드러내는 사건이었다. 그것은 하나님의 역사적인 현존의 사인이었고, 완전히 희망 없는 인간 상황에 대한 하나님의 개입이었다. 그러므로 출애굽 이야기는 진실로 '복음'(godspel, 'God-story')이다. 그것은 다른 차원. 곧 어떤 분이 말하기를 일반적인 역사로부터 '좀 더 높은 차원'에서 역사를 다루는 것이다."[31]

가령 19세기는 동아시아 문명의 중대한 전환기였다. 1840년의 아편전쟁과 1853년 미국 동인도함대 사령관 페리의 일본 내항, 1860년 영불 연합군의 베이징 공격, 1863년 일본 사쓰마(薩摩) 군벌과 영국의 전쟁, 1868년 일본의 명치유신 그리고 1876년 조선과 일본의 강화도조약 등에 의해 상징되듯이, 이 시기는 군사력을 앞세운 구미 선진 제국들이 개항과 통상을 요구함으로써 동아시아가 이른바 자본주의적 세계질서로 편입되어간 시기였다.

바로 이때 일본에 의해 개국된 조선은 1882년 처음으로 서구 여러 나라 중 미국에 문화를 개방했다. 일본이 미국에 문화를 개방한 지 28년이 지난 뒤였다. 그리고 바로 이 28년의 시간차가 근대 한일

---

30 B. W. Anderson, *Understanding the Old Testament*, 24.
31 위의 책, 26.

양국의 명암을 갈라놓는 중대한 요인이 되었다.[32]

그런데 여기서 짚고 넘어가고 싶은 것은 현상적으로 나타난 수많은 역사적 사건들을 단순히 나열하고 기술하는 것으로 그치지 않고, 한 걸음 더 나아가 그 속에 담긴 하나님의 섭리는 무엇일까 하는 질문이다. 즉, 하나님은 살아계시고 그분이 역사를 주관하신다고 믿는다면, 하나님은 이러한 사건들에 나타난 하나님의 감춰진 속내(하나님의 뜻)는 무엇인가를 다시 묻는 작업이 필요하다는 얘기다.

구체적으로 다시 말한다면, 동아시아 삼국(한·중·일)에 충격을 준 1840년 아편전쟁은 하나님의 섭리의 역사로 보면 어떤 의미를 지니는가? 1860년에 한·중·일과 관련된 여러 사건들[33]이 있었는데, 여기에 담긴 하나님의 섭리는 무엇일까?

1875년 운양호 사건이 있었고, 이듬해 한일 간에 강화도조약이 체결되었는데, 왜 하필 1875년에 그 많은 나라 가운데 일본과 맨 먼저 수교를 맺어야 했으며, 그로부터 35년이 지난 1910년 한국은 일본에 망하게 되었다면, 여기에는 어떤 하나님의 섭리가 깃들어 있는 것일까? 한국은 일본에 앞서 미국과 조약을 먼저 맺을 수 있는 기회(신미양요)가 있었지만, 그것은 성사되지 않았고, 오히려 일본에 맨 먼저 개국했고, 일본보다 28년이 늦게 그리고 구미 여러 나라 중에서 가장 먼저 미국과 수교를 맺었다면 여기에 감춰진 하나님의 섭리는 무엇일까?

---

32 양현혜, 『근대 한·일 관계사 속의 기독교』, 5-6.

33 조선에서는 수운 선생에 의한 동학이 창도되었고, 한민족 디아스포라(간도와 연해주)가 시작되었다. 일본에서는 문명개화의 선각자인 후쿠자와 유키치가 최초로 서양(미국) 방문길에 올랐다. 중국에서는 영·불 연합군의 베이징 공격하였다. 그리고 러·청 밀약 조약을 맺었다. 또한 바로 그 해에 시오니즘운동(팔레스타인 고토로 돌아가자는 운동)의 창시자 테오도르 헤르츨(T. Hertz)이 출생했으며, 유대인 로스차일드는 신대륙 미국에 진출하면서 이 운동을 준비했다.

II. 한국인과 일본인: 선비와 사무라이

"조선의 최후"를 담고 있는 한일근대사(1840~1945)는 한·일 양 국민의 정체성(아이덴티티)이 주형되는 시기라는 점에서 대단히 중요한 시기였다. 이때 하나님은 한국과 일본을 전혀 다른 길로 인도하심으로 '가깝고도 먼 나라'가 되게 하셨다. 한국과 일본이 전혀 다른 길을 걷게 된 것은 한국인과 일본인의 유전자(DNA)가 전혀 다르게 주형되었기 때문이다. 한국인은 '평화형의 인간'으로, 일본인은 '전시형의 인간'으로 주형시키셨다.[1]

그렇다면 한국인과 일본인이 전혀 다른 유전자로 주형되었다면, 한국과 일본을 이해하는 열쇠는 무엇일까? 한국은 '선비의 나라'이고, 일본은 '사무라이의 나라'라는 점이다.[2] 선비의 나라는 '붓의 민족'이고, '문사(文士)의 나라'인 반면, 사무라이의 나라는 '칼의 민족'이고, '무사(武士)의 나라'이다. 외형상 붓은 약함을 특징으로 하는 여성적 모습을 띄는 반면 칼은 강함을 특징으로 하는 남성적 모습을 띈다. 그리고 결국 붓의 민족은 사랑과 평화를 지향하는 반면, 칼의 민족은 힘과 침략 전쟁을 지향하게 된다.

이러한 모습을 근대 일본에 적용하면 다음과 같이 말할 수 있다. "일본은 기본적으로 '사무라이의 나라'이며, 그것이 얼굴을 바꾸어 나타난 것이 '천황의 나라'이다. 그리고 그것을 뒷받침하는 정신적

---

1 '전시형의 인간'과 '평화형의 인간' 용어는 전여옥, 『일본은 없다 2』, 7에서 가져옴.

2 일본인으로서 한국인으로 귀화한 호사카 유지(保坂祐二) 교수는 『조선 선비와 일본 사무라이』라는 그의 저서를 통해 필자와 같은 견해를 피력하고 있다. 그런데 그는 "선비와 사무라이는 성리학이라는 같은 뿌리에서 나온 동반자"라고 했다. 필자는 "줄기는 같을지 모르나 뿌리는 다르다"는 점에서 그와 견해를 달리한다.

지주가 '요시다 쇼인과 후쿠자와 유키치'이며,[3] 그것을 실행에 옮긴 집단이 '쇼와 육군'이다. 그리고 그 뿌리가 '야마구치현' 사람들이며, 그 후손이 바로 전 자민당 총재 '아베 신타로'이다. 그리고 그는 지난 날 '제국주의 일본'에 대한 향수를 지니고 있는 사람이다. 이것이 일본이다."

그러면 이제 한·일 역사의 라이벌, '선비와 사무라이' 속에 감춰진 서로 다른 유전자(DNA)의 놀라운 비밀을 추적해 보자.

조선시대를 이끈 한국의 정신은 선비정신이다. 선비란 우선 학식이 있는 사람, 즉 지식인을 가리키는 말이지만, 거기에 더하여 '덕성을 갖춘 인격체', 즉 예절이 바르고 의리를 지키는 인품을 지닌 사람이다. 인자하고 사회와 사람을 사랑하는 깨끗한 인격을 바탕으로 강인한 의지와 사명감을 갖고 비리와 타협하지 않으며 사회에 인도(人道)를 구현하는 사람을 말한다.

한편, 일본의 상징인 '사무라이'란 정확히는 '상류 무사'(武士)를 가리키는 말이다. 무사는 '사무라이'보다 넓은 개념으로 사용되어 하급을 막론하고 일본의 무인들 전체를 가리키는 말이다. 그래서 무사도(武士道)란 모든 무인이 상급 무사인 사무라이가 되기 위해 따라야 하는 규범을 가리키는 말이다. 즉, 무사가 추구해야 할 가치관과 그 경지에 이르는 길(무사도)로서의 규범이 있다.[4]

---

3 이 두 사람만이 아닌 우치무라 간조의 사상도 철저히 '사무라이 정신'에 기초하고 있다는 사실을 우리는 잊지 말아야 한다. 더 자세한 설명은 본서 787쪽 이하를 참조.

4 무사는 1. 주군에게 충성을 다해야 한다. 2. 부모에게 효도를 다해야 한다. 3. 스스로를 엄하게 다스려야 한다. 4. 아랫사람에게 인자하게 대해야 한다. 5. 사적 욕심을 버려야 한다. 6. 부정부패를 증오하고 공정성을 존경해야 한다. 7. 부귀보다 명예를 소중히 여겨야 한다. 8. 패배한 적에게 연민의 정을 베풀어야 한다. 9. 죽음을 두려워하지 않아야 한다. 호사카 유지, 『조선 선비와 일본 사무라이』, 26-27.

이러한 무사의 규범 중 '무사'를 '선비'로 바꾸면 선비의 정의와 일맥상통한다는 점에 주목해야 한다. 다만 다른 것이 하나 있다면 "패배한 적에게 연민의 정을 베풀어야 한다"는 조항만이 해당되지 않을 뿐이다. 왜냐하면 선비는 실제로 전쟁터에서 싸운 일이 거의 없었기 때문이다.[5] 여기서 우리는 한국인과 일본인의 유전자(DNA)가 다르게 형성된 역사적 과정을 추적해 보자. 호사카 유지는 선비와 사무라이를 통해 짚어보는 한 · 일 관계사에서 이렇게 말했다.

다른 사무라이의 영지를 침략하는 행위는 전국(全國)시대가 허락한 행동이었다. 때로 사무라이는 주군이 마음에 들지 않으면 하극상도 불사했다. 그런 정신을 가진 사무라이는 일본을 통일한 후, 그 연장선에서 조선을 집어삼키려고 했다. 그것이 도요토미 히데요시(豊臣秀吉)의 조선 침략이었다. 일본을 통일하여 가신들에게 줄 땅이 없어진 하데요시는 이웃 나라를 침략하여 그 땅을 가신들에게 하사하고자 조선 침략을 감행했다. 물론 언제 하극상을 일으킬지 모르는 위험한 무인들을 한반도에 보내, 전쟁터에서 죽게 만들어 보신하겠다는 목적도 숨어 있었다. 당시 일본의 사무라이는 그야말로 침략자였다. 그런데 신기하게도 히데요시의 시대가 끝나 도쿠가와 이에야스(德川家康)의 에도(江戸) 시대가 시작되자 일본에서는 전국시대의 침략성이 자취를 감춰버린다. 에도 막부(幕府)는 무인 정권이었음에도 불구하고 약 270년간이나 대내외적으로 평화 시대를 이루었다. 사무라이가 정권을 잡은 1192년 이래 에도 시대만큼 평화로운 시대는 없었다. 그 이유가 에도 막부 자체의 뛰어난 통치 능력 때문이라고 생각하는 일본인이 많다. 그러나 그것이 전부라고 생각하지

---

5 위의 책, 27-29.

않는다. 나는 임진왜란과 정유재란 때 일본으로 납치당한 조선 유학자들의 공로가 컸다고 생각한다. 에도 막부는 조선 유학자들에게 성리학을 배운 인사들을 막부의 사상 교육 책임자로 삼았다. 바로 에도 막부는 성리학을 막부의 정통사상으로 삼은 것이다. 그래서 같은 성리학을 국가이념으로 삼은 조선과 일본은 교린 관계를 맺고 긴 평화 시대를 이룰 수 있었던 것이다. 일본 사무라이는 조선 선비와 같은 이념을 가지고 무조건적으로 주군을 섬기는 것을 신하의 도리로 받아들였다. 조선 성리학의 힘이 없었다면 일본은 새로운 영지를 찾아 다시 조선이나 중국을 침략하는 데 나섰을 것이다. 이처럼 일본의 침략성을 주군에 대한 충과 부모님에 대한 효의 이념으로 흡수하게 만든 것은 조선 성리학의 도덕성과 윤리성이었다. 그런데 아이러니하게도 19세기 중반 이후, 다시 침략주의로 돌아간 일본의 사상적 계기도 성리학에 있었다. 선비와 사무라이는 형제처럼 비슷하지만, 사무라이는 칼을 숨기고 있었던 것이다.[6]

호사카 유지는 에도 시대가 평화 시대가 된 것은 임진왜란 이후 일본으로 납치되어 간 조선 유학자들의 성리학 전수에 기인하는 것으로 말하고 있다.[7] 그리고 19세기 중반 이후 일본이 다시 침략주의로 돌아간 이유도 성리학에 있다고 주장하면서 선비와 사무라이는 형제처럼 비슷하지만, 사무라이는 칼을 숨기고 있었다는 모순된 주장을 펼치고 있다.

그의 주장처럼 에도 시대 일본이 평화 시대가 된 데에는 조선

---

6 위의 책, 6-7.
7 대표적인 학자는 강항(姜沆)이다. 그는 일본에 3년 정도 체류하면서 후지와라 세이카(藤原惺窩, 1561~1619) 등에게 성리학을 전달하여 일본 내에서 성리학 계통을 만들어 냈다. 더 자세한 설명은 위의 책, 31-38.

성리학의 공로가 있을 수 있고, 선비와 사무라이는 형제처럼 비슷하다는 말에 일리가 있을 수 있다. 그런데 그의 말에서 우리가 놓쳐서는 안 될 말은 "사무라이는 칼을 숨기고 있었다"는 말이다. 일본은 그동안 칼을 숨기고 있었을 뿐이지 근본적으로 달라진 것은 없다. 일본은 본질적으로 '사무라이의 나라'이기 때문이다. 장장 250년 이상 잠재되어 있던 칼의 사람 사무라이의 본성이 일시에 폭발적으로 나타난 것이 정한론(征韓論, 1873)에서 시작하여 태평양전쟁(1945)에 이르기까지의 한일근대사이다.

한편, 조선 시대 한국인의 심성이 '선비정신'으로 주형되고, 에도 시대 일본인의 심성이 '사무라이 정신'로 주형된 데에는 오랜 역사 과정에서 기인한다. 먼저 조선부터 살펴보자.

조선 이전의 고려 시대(918~1392)는 통일신라 때부터 내려오는 불교를 국교로 삼은 시대이다. 불교는 기본적으로 살생을 금하는 종교이다. 그런데 고려는 불교의 부패와 타락으로 무너지게 되었다. 고려를 무너뜨린 조선 건국자들은 불교를 대체할 새로운 건국 이념으로 유교를 선택하였다.

유교는 기본적으로 예를 중시하며(克己復禮), 호학(好學)을 통한 성인지학(聖人之學)이자 경세지학(經世之學)이다. 이 같은 유교의 이념에 따라 사는 이상적인 사람을 '선비'라고 할 때, 선비는 학문의 사람이요 문사(文士)로서 칼과는 거리가 먼 붓의 사람들이다. 선비는 싸우더라도 붓으로 싸우지 결코 칼로 싸우는 법이 없다. 이러한 전통이 500년 동안이나 계속되었다. 따라서 붓의 사람으로서 문약(文弱)의 부정적 모습은 있으나 기본적으로 평화 지향적 심성을 갖게 되었다.

게다가 조선 건국의 설계자였던 정도전(1342~98)은 조선왕조를 민본사상을 기초로 하여 재상이 통치의 실권을 갖는 '신권(臣權)의 나라'로 설계하였다.8 그래서 조선은 정치 구조상 임금이 아무리 강력한 왕권을 구축하려 해도 사대부가 따라주지 않으면 성공할 수 없는 구조로 되어 있다. 이를 잘 보여주는 것이 효종의 북벌론의 실패이다. 병자호란 때 당한 삼전도의 수모를 갚기 위해 효종은 북벌을 감행하고자 군비 확장을 했으나 사대부들이 이에 호응하지 않아 무산된 것이 좋은 예이다. 그런데 섭리론적으로 보면 전쟁 지향이 아닌 평화 지향을 선택한 결과가 되었다. 결국 한민족은 오랜 세월 힘이 아닌 평화를 사랑하는 민족적 정체성을 주형해 갔던 것이다.

반면에 일본은 역사적으로 한국과 전혀 반대의 길을 걸었다. 우리나라의 고려 시대에 해당하는 시기(1192)에 사무라이(무사) 정권인 가마쿠라 막부가 수립되었다. 이때부터 메이지유신(1868)으로에도 막부가 무너질 때까지 거의 700년 동안 무사 정권이 이어졌다. 선비가 붓의 사람이라면, 사무라이는 칼의 사람이다. 붓으로 싸우는 선비와 달리 사무라이는 칼로 겨누는 사람들이다. 따라서 칼은 강자의 상징이며 칼은 폭력과 전쟁으로 귀결될 수밖에 없다.

또한 사무라이들은 싸움에서 이기지 않으면 그것으로 끝장이 난다. 그래서 참으로 무섭고 잔인할 수밖에 없다. 따라서 칼을 찬 자 앞에서는 무조건 복종할 수밖에 없다. 대들기라도 하면 그것으로 목숨이 달아날 수도 있기 때문이다. 칼 앞에서는 모든 생각을 비워야 한다.9 여기서 주종(상하)관계가 자연스럽게 형성되게 된다.

---

8 더 자세한 설명은 한영우, 『왕조의 설계자 정도전』, 139-147, 175-186.

9 조찬선·최영은 이렇게 말했다. "무섭고 잔인한 사무라이의 지배하에서 살아남기 위해서 일본인들

이러한 전통이 거의 700년 동안이나 계속되었다. 그리하여 일본인의 정체성은 무강(武剛)을 특징으로 하는 칼의 민족이자 사무라이의 나라로 주형되어 갔고, 그것은 결국 힘을 사랑하고 전쟁을 지향하는 침략주의로 귀결될 수밖에 없었던 것이다.

따라서 호소카 유지가 말한 것처럼 선비와 사무라이는 같은 뿌리인데, 19세기 중반 이후 다시 나타난 것이 아니라 그동안 숨기고 있던 사무라이의 칼이 드러난 것이며, 그것은 한국인과 일본인의 심성의 뿌리가 전혀 다른 역사적 경험의 차이에서 비롯된 것이다. 단지 일본이 한국이 전해 준 유교(성리학)를 받아들이면서 선비와 사무라이의 겉모습이 비슷하게 보인 것뿐이다. 즉, 뿌리는 달라도 줄기는 같아 보였지만 결국 꽃잎(일본의 근대화와 한국의 복음화)과 열매(침략주의와 식민 지배)는 19세기 중반 이후 전개되는 한일근대사를 통해 극명하게 나타났던 것이다.

호소카 유지는 이렇게 말한다. "일본은 자신의 행동을 정당화할 명분을 내세우는 나라가 되었다. 청일전쟁, 러일전쟁 등을 비롯하여 태평양전쟁에 이르기까지 일본은 자신의 군사행동이 정당하다는 것을 늘 세계 여론에 호소해 왔다. 그것은 일본이 조선 성리학을 받아들이면서도 조선 성리학의 중심이 된 심성론을 깊이 받아들이지 않았기 때문이다. 일본과 일본인이 인간 심성의 중요성을 깨달아야 우리는 아시아와 세계평화에 대한 믿음을 비로소 가지게 될 것이다."10

위에서 언급한 한국인과 일본인의 유전자(DNA)를 주형한 결정

은 스스로 자기 머릿속을 비웠다. 자기 주관과 의견 없이 사무라이들이 시키는 대로 묵묵히 살아갈 수밖에 없는 독특하고도 불행한(?) 민족이 되었다. 이렇게 하여 일본인들은 전 세계에서 전체주의 조직에 가장 잘 순응하는 국민이 되었다." 조찬선·최영, 『일본의 죄악사』, 143.
10 호소카 유지, 『조선 선비와 일본 사무라이』, 212.

적 차이가 오랫동안의 역사적 경험의 추적에서 비롯된 것이라면, 이것을 성서적(그리스도교적) 입장에서 살펴보고자 한다.

III. '십자가의 나라'(한국)와 '십자군의 나라'(일본)

성서적(기독교적) 섭리사관으로 본 한일근대사는 하나님의 시나리오에 따라 연출된 한편의 장쾌한 대하드라마이다. 이를 위해 최고의 승부사인 하나님이 구사한 승부수는 '십자가 방법'[1]이었다. 여기서 '십자가 방법'[2]이란 무엇을 말하는지 성서와 기독교 역사를 통해 살펴보자.

하나님은 인류를 구원하시기 위해 그의 아들 예수를 이 세상에 보내셨다. 그리고 인간적이고 세상적인 방법이 아닌 '십자가 방법', 즉 폭력 혁명이나 전쟁 방식이 아닌 사랑의 혁명과 평화 방식으로 인류를 구원하셨다. 그 방식만이 참 구원이자 참 평화요 참 승리이기 때문이었다. 세상 나라에 대한 하나님 나라의 궁극적 승리를 보여주고자 하나님이 사용한 방식이 '십자가 방법'이었다.[3]

여기서 '십자가 방법'이란 바울의 표현을 빌리면 '인간적(세상적)인 강함과 지혜의 방식'이 아닌 '하나님의 약함과 어리석음의 방식'을 말한다. 유대인들은 표적(강함)을 구하고, 헬라인들은 지혜를 구하나 하나님은 약함과 어리석음의 상징인 십자가 방식으로 인류를 구원하고자 하셨다. 이 같은 하나님의 감춰진 속내를 그 당시에는 아무

---

[1] '십자가 방법'은 예수께서 "화평하게 하는 자는 복이 있나니 그들이 하나님의 아들이라 일컬음을 받을 것임이요"(마 5:9)라는 '산상수훈' 말씀의 성취이다.

[2] 하나님께서 '십자가 방법'을 사용한 까닭을 바울은 이렇게 말한다. "그러나 하나님께서 세상의 미련한 것들을 택하사 지혜 있는 자들을 부끄럽게 하려 하시고 세상의 약한 것들을 택하사 강한 것들을 부끄럽게 하려 하시며 / 하나님께서 세상의 천한 것들과 멸시 받는 것들과 없는 것들을 택하사 있는 것들을 폐하려 하시나니 / 이는 아무 육체도 하나님 앞에서 자랑하지 못하게 하려 하심이라"(고전 1:27-29).

[3] 하나님의 구원 방식으로 예수가 택한 길이 '십자가의 길'임에 대한 자세한 설명은 박호용, "주후 1세기 팔레스틴의 사회상," 『성경개관』, 730-734를 참조.

도 몰랐다.4

아무도 약함의 십자가를 원하지 않는다. 수치스럽게 여기기 때문이다. 지배당하기 때문이다. 사람들은 강함을 원하고, 득세하고 군림하기를 원한다. 영광의 면류관을 추구한다. 그러나 예수는 묵묵히 약함의 길을 걸었다. 십자가의 길을 걸었다. 수치의 길을 걸었고, 결국 저주받은 나무에 힘없이 달리셨다.5

강함이 승리해야 한다. 군림하고 득세하는 세력이 끝내 승리해야만 하는 것이 우리의 이성이 바라보는 관점이다. 그러나 하나님의 지혜는 이러한 우리의 이성적 한계를 뛰어넘어 약함의 승리를 보여주셨다. 그것이 바로 부활이다. 죽음을 이기는 능력, 약함으로 죽음을 이기는 소망을 우리에게 보여주셨다. 뒤에서 살펴볼 조선의 해방은 바로 이러한 약함의 십자가의 종국에 있는 부활과 연결된다. 우리 모두의 예상과 기대를 뒤엎는 놀라운 하나님의 지혜가 여기에 있다.6

그러니까 성서적(기독교적) 진리, 즉 십자가의 진리는 강함을 바탕으로 한 진리가 아니라 약함을 바탕으로 한 진리이다. 그런 의미에서 십자가의 진리는 남성적 진리라기보다는 여성적 진리에 더 가깝

---

4 그 까닭은 유대인들은 능력(표적)을 구하고, 헬라인들은 지혜를 구했기 때문이다. 그런데 하나님은 역설적으로 메시아를 이해가 안 되는 저주와 수치의 상징인 십자가에 못 박는 무능과 어리석음을 선택했다(고전 1:18-25). 바울은 주께서 보여주신 환상과 계시에 따라 자신의 여러 약한 것들에 대해 자랑하고 기뻐하는 까닭은 "그 때에 그리스도의 능력이 자신에게 머물고, 자신이 약한 그 때가 강하기 때문"이라고 고백하고 있다(고후 12:1-10).

5 김성민의 시, 〈예수의 십자가〉 "언덕 세 개의 나무 / 초라하다 / 군중의 표정이 차가워진다. 한때는 / 열광했던 그들의 얼굴에 / 가득한 수치스러움 / 견뎌야 한다 / 이겨내야 한다 / 다 쏟아내야 한다 / 온 몸을 떨어내며 / 조롱하는 강도에게 / 나무에 달린 채 / 평화를 선포하는 / 예수의 십자가." 김성민, "구약과 신약," 8-9.

6 위의 글, 8-9.

다.7 강함을 추구하는 인간적 진리와 달리, 약함을 상징하는 십자가의 진리는 역설적 진리라는 점에서 '아이러니'가 아닐 수 없다.

예수의 길은 약함을 좇는 길이었다. 약함을 좇는 길에는 머리를 둘 곳조차 없던 가난함, 가족들의 배척, 유대 종교 지도자들의 배척, 3년 동안 함께했던 제자들의 배신, 십자가의 수치, 아버지의 외면이라는 지극한 고독이 있었다. 강함을 좇는 길(정신, 사상)과 약함을 좇는 길(정신, 사상)은 공존할 수 없다. 예수가 십자가에 달렸을 때 모두가 실패라고 여겼다. 예수의 사역의 실패로 여긴 것이다. 마치 유대 종교 지도자들의 승리가 확실해진 것처럼 여겨졌다. 제자들은 뿔뿔이 흩어졌고, 그의 곁에 남아 있던 사람들은 그의 죽음 앞에 무력했다. 그러나 누가 알았겠는가. 약함의 길의 끝에는 부활의 열매가 있음을 말이다.8

강함과 약함은 하나 차이다. 강함은 이치이고 약함은 진리이다. 강함은 수직의 세계이고, 약함은 수평의 세계이다. 예수는 하나 차이가 나는 사람이다. 강함의 이치를 따르지 않고, 약함의 진리를 따른 사람이다. 예수 이전까지는 '강함'이라는 수직을 말했다. 그러나 예수는 '약함'이라는 수평을 말했다. 결국 '세상 나라인 수직의 세계'를 '하나님 나라인 수평의 세계'로 바꾼 사람이 바로 예수였다.9

요시다 쇼인은 강함의 세계 안에서 강함의 길을 추구하며, 수직을 말했다. 윤동주는 약함의 세계 안에서 약함의 길을 추구하며, 수평을 말했다. 요시다 쇼인과 윤동주의 차이는 하나 차이다. 바로 약

---

7 하나님께서 강한 남성이 아닌 약한 여성을 통해 생명을 잉태하도록 창조하셨는데(창 3:16, 20). 이 또한 '십자가 방법'이다.

8 김성민, "구약과 신약," 4.

9 Edward de Bono, "예수"(Jesus), 『세계를 움직이는 30인의 사상가』, 71-86.

함의 진리, 약함의 길, 약함이라는 수평의 세계를 말씀하신 예수, 예수 사상인 것이다.[10]

예수의 오심으로 '사상 전쟁'이 시작되었다.[11] 역사를 통해서 볼 때 사람들은 힘의 논리로 역사와 세상을 풀어가지만, 종국에는 사상 전쟁으로 결판이 나는 것이다. 예수 사상은 무엇인가? 메시아로서 어리석게 수치스럽게 무력하게 무능하게 개보다 못하게 발가벗겨져 최고의 고통 가운데 죽는 것이다. 이것이 십자가의 희생이고, 십자가의 길이고, 십자가의 방법론이고, 하나님의 방법론이다.

십자가의 희생을 통해 세상을 화평케 하는 것이 십자가의 방법론이다. 중세에는 이것이 십자군의 종교로 인해 뒤집어졌다. 십자가에 폭력이 더해진 종교의 형태였던 것이다. 일본은 쇼인 선생과 후쿠자와 선생이라는 당대의 선각자가 있었음에도 불구하고 일본은 '십자군의 종교'로 갔다. 힘과 칼의 방법론으로 간 것이다. 우치무라 간조가 한국을 위한 말을 한다 해도, 그 안에 깊은 근저에 사무라이 정신이 깃들어 있는 한 '일본식 기독교', 즉 '십자군의 종교'로 가는 것이다.[12]

십자가가 될 때만이 사랑과 평화의 종교가 된다. 십자군이 될 때

---

10 김성민, "구약과 신약," 5.

11 '십자가 복음'의 시작은 '성육신의 복음'에서 시작되었다. 하나님이 인간이 되셨다는 성육신은 낮아짐과 힘없음의 자리로 오셨음을 의미한다. 그것을 잘 보여주는 것이 예수의 탄생이다. 평화의 왕으로 오신 구주 예수는 개선장군이나 대왕처럼 호위무사 거느리고 준마나 가마 타고 당당하고 화려한 힘 있는 모습이 아닌 아무 힘 없는 아기 예수로 오셨다. 그 예수의 오심이 바로 '하나님 나라의 오심'이다. 여기서 '하나님 나라의 오심'의 진정한 뜻은 내가 왕 삼던 세상적인 것을 내려놓고 하나님을 왕 삼는 '왕의 교체'를 말하는 동시에, '힘의 교체'를 말한다. 이는 '힘을 정의로 하는 세상 나라의 진리'에 거슬리는 것이며, 바로 여기에 '기독교의 위대함과 위험함'이라는 '천국 복음'의 역설적 진리가 자리한다. 더 자세한 설명은 박호용, 『왕의 교체』, 89-117; idem., 『왕의 복음』, 75-180을 참조.

12 김성민, "구약과 신약," 10.

는 싸움과 전쟁의 종교가 되는 것이다. 근대사에서 중국과 일본이 패망한 것은 사상 전쟁에서 졌기 때문이다. 다시 말하면 예수 사상을 수용하지 않았기 때문이다. 약함의 방법, 하나님의 방법, 십자가의 희생의 방법을, 하나님의 지혜를 그들은 몰랐고, 받아들이지 않았기 때문이다.

일본인의 근저에 자리 잡은 사무라이 정신, 천황 숭배 사상, 귀신 숭배 사상이라는 사상들과의 전쟁은 불가피하다. 사상으로 지면 정말 지는 것이다. 로마제국이 얼마나 강성했는가? 그렇지만 사상 전쟁에서 그리스도교에 졌다. 사상 전쟁에서 복음 진리가 승리한 것이다. 다른 것으로 이길 수 없다는 것을 조선의 근대화와 복음화 과정을 통해 하나님의 일하시는 방법, 역사를 섭리하시는 방법을 더욱 확인할 수 있다.[13]

엔도 슈사쿠는 소설 『침묵』를 쓰게 된 동기가 '강자와 약자의 문제'였고, 이 소설을 통해 '후미에'('밟는 그림'이란 뜻)를 밟은 약자를 주인공으로 선택할 수밖에 없었다고 밝힌 바 있다. 16세기 말~17세기 초 천주교 박해 시절, 후미에를 밟았던 사람들의 이야기는 결코 먼 나라의 이야기가 아니며 자신에게 절실한 문제였다고 토로하였다. '신앙'이 자신과 별로 관계가 없는 사람이라면 '신앙' 대신 '자신의 삶의 방식이나 사상, 신념을 폭력에 의해서 굽힐 수밖에 없었던 사람들의 기분'은 어떨까? 이것은 그 누구라도 뼈아프게 느낄만한 문제일 것이다.

그러면서 그가 생각했던 것은 인간을 강자와 약자로 나눈다면 자신은 어느 쪽에 속할까 하는 문제였다고 한다. 자기 주위에 살던

---

13 위의 글, 14-15.

사람들 대부분은 약자였으며, 끝까지 강자로 남을 수 있었던 일본인은 자기 주위에 한 명도 없었다고 한다. 그것이 이 소설의 주인공으로 '약자'를 선택하게 된 이유라고 말했다.[14]

초대교회는 인간적이고 세상적인 관점에서 볼 때 약함과 어리석음의 상징인 '십자가에 못 박힌 그리스도'(고전 1:23)를 복음으로 전했다. 즉, '십자가의 복음'을 전한 것이다. 유대인들에게는 꺼리기는 것이요 헬라인에게는 어리석게 보이는 이 '십자가의 복음'이 당시에 대제국의 수도인 로마에까지 전해진 것이다.

그런데 당시에 세계를 제패한 로마라는 나라는 정치적이고 군사적인 면에서 막강한 힘을 가진 대제국이었다. 그리고 그 나라를 다스리는 로마 황제는 신 같은 존재로 숭배되었다. 처음에는 박해를 받던 그리스도인들이 박해를 이겨내고 승리하자 마침내 그리스도교가 로마에서 국교로 인정되었다. '로마 가톨릭'(천주교) 교회가 시작된 것이다.

그런데 이때부터 '십자가의 복음'은 변질되기 시작했다. 하나님의 약함과 어리석음을 특징으로 하는 '십자가의 복음'이 로마 황제의 권력을 본받아 점차 인간적 강함과 세상 지혜를 추구해 간 것이다. 그리하여 정치적인 로마 황제처럼 교회는 종교적인 '교회의 황제'라는 뜻의 '교황'을 만들어 냈다. 가시관을 쓴 예수가 아닌 금관을 쓴 예수, 십자가에서 벌거벗은 예수가 아닌 금의를 입은 예수를 만들어 냈다. 그리고 종교적 왕인 교황은 정치적 왕인 황제보다 더 높은 자리에 앉았다.[15] 게다가 교황은 자신의 종교 권력을 지키기 위해 '십자군'

---

14 엔도 슈사쿠, 『침묵의 소리』, 26-29.
15 종교개혁 당시 한 그림을 보면 그리스도(예수)와 적그리스도(교황)의 차이를 그리고 있다. 예수

을 창설했고, 급기야는 성지탈환이라는 명분을 사용하여 이슬람 세계와 전쟁을 감행하였다. 사랑과 평화의 종교이자 '십자가의 종교'인 예수의 종교가 힘과 전쟁의 종교이자 '십자군의 종교'인 교황의 종교로 둔갑한 것이다.16

프로테스탄트 종교개혁(Reformation)은 로마 가톨릭에 의해 변질된 '십자군의 기독교'를 성경이 말하는 '십자가의 기독교'로의 환원 운동이었다. 유럽의 많은 나라들이 프로테스탄트로 돌아서자 로마 가톨릭교회는 '대항 종교개혁'(Count-Reformation)을 단행했고, 실지(失地) 회복 차원에서 세계 선교를 지향했다. 대표적인 선교사가 예수회 소속의 자비에르(Francisco de xavier, 1506~52)였다.17 그런데 필자의 표현으로 하면 예수회 선교사들은 십자군의 후예로서 그리스도께 순종하는 '십자가의 기독교'가 아닌 교황에게 복종하는 '십자군의 기독교'를 전한 가톨릭교회의 전사들이었다.18

자비에르는 1549년 8월 15일, 일본 가고시마에 첫발을 내디딜 때부터 1552년 12월까지 2년 반 동안의 그의 일본 선교는 예수회의 정신에 따른 전투적 선교였다. 자비에르가 일본에 도착한 후 32년

는 제자들의 발을 씻기고 있는데(요 13장), 교황은 군주들에게 자기 발에 입을 맞추게 하고 있다. 이러한 교황의 모습은 '거룩을 가장한 세속'의 전형을 보여준다. R. H. Bainton, 『마틴 루터의 생애』, 162.

16 '교황권 제도의 발전사'와 '십자군 전쟁'에 대한 더 자세한 설명은 윤사무엘, 『복음으로 본 세계교회사』, 230-247, 280-294를 참조.

17 예수회(Jesuit)는 이그나티우스 로욜라(Ignatius Loyola, 1491~1566)가 6명의 동지들과 1540년에 설립한 남자 수도회이다. 예수회는 청빈과 명상을 중시하는 종래의 중세적 수도회와 달리, 로마 교황에게 절대 복종을 서원하고 세계 선교를 위해서라면 땅끝까지 가는 것을 목표로 한 전투적 수도회였다. 더 자세한 설명은 이선민, 『이선민 기자의 종교 기행: 신앙의 고향을 찾아서』, 39-49를 참조.

18 '십자군 선교'와 '십자가 선교'의 차이점에 대한 자세한 설명은 황요한 · 오한나, 『광야에 세우는 십자가』, 32-35를 참조.

동안 선교사들이 로마에 있는 예수회 대표에게 해마다 보낸 보고서에 의하면 교회가 200개, 100명이 넘는 외국인과 일본인 직원이 근무하는 병원이 20개, 또 개종자가 15만 명이었다.

가톨릭이 이토록 성장한 데에는 몇 가지 요인이 있었다. 그 가운데 하나가 무기 제공이었다. 나고야의 군주 오다 노부나가는 선교사들에게 전 국토의 권력을 잡기 위한 전쟁에 쓸 무기 수입을 도와달라고 부탁했고, 불교 승려들과의 싸움도 도와 달라고 청했다. 그 결과 노부나가의 재임 말기까지 열일곱 명의 무사가 기독교를 받아들였다. 그러나 무력으로 복음을 확장해 나갔던 기간은 짧게 끝나고 말았다. 무력에 의해 그들은 스스로 멸망하게 된 것이다.[19]

그런데 조총과 군함 또는 정치권력자에게 의존하는 가톨릭의 '십자군의 기독교'는 역으로 힘에 의존하는 정치권력자에 의해 탄압받게 되었고, 1587년 히데요시는 가톨릭 신부 추방령을 내렸다. 이를 필두로 가톨릭에 대한 박해가 계속되었고, 도쿠가와 막부는 가톨릭 국가인 스페인과 포르투갈과의 관계를 끊고, 프로테스탄트 국가인 네덜란드와만 교역의 문(1609)을 열게 되었다. 그리고 '십자군의 기독교'의 모습이 적나라하게 드러난 사건이 가톨릭 신도에 의한 '시마바라 반란'(1637~38)이다. 이 사건 이후, 에도 막부는 가톨릭 선교 금지령과 함께 200년 동안 쇄국에 들어갔다.

19세기 중엽 서구 해양 세력의 대두와 함께 개국하면서 일본에 프로테스탄트(개신교) 선교사들이 들어왔다. 그런데 일본인들은 프로테스탄트 선교사들도 가톨릭 선교사들과 별 다를 바가 없는 군함과 함께 들어온 침략의 주구(走狗)로 생각했다. 그런데 여기서 짚고

---

19 유기남, 『일본선교』, 77-78.

넘어가고 싶은 것은 개신교 선교사들로부터 기독교에 입문한 후 미국에 가서 공부하고 돌아온 기독교 선각자들의 기독교에 대한 이해이다.

대표적인 사람이 삿포로밴드에 속하는 우치무라 간조(1861~1930)와 니토베 이나조(新渡戸稻造, 1862~1933)이다. 미국에 유학 경험이 있는 우치무라는 '일본적 기독교'를 추구했는데, 이는 일본인 심성의 이상상(理想像)인 '무사도와 결합된 기독교'(사무라이 기독교)20이며, 이는 결국 '십자군의 기독교'를 의미한다.21

또한 우치무라의 동료였던 니토베는 미국 유학을 다녀온 근대 일본을 대표하는 교육자이자 일본 최고의 지식인이다. 그는 제일고등학교 교장과 국제연맹사무국 차장을 역임한 독실한 기독교 신자이다. 그는 제국주의적 사상을 지닌 식민정책학의 일인자로 일본 지식인 사회의 식민지 조선관에 막대한 영향을 끼친 인물이기도 하다.22

니토베는 우치무라, 우에무라(植村正久), 에비나(海老名彈正) 등과 함께 초기 일본 개신교의 대표적인 지도자의 하나였다. 그는 여성을 위한 많은 교육 기관을 설립하여 일본 근대 여성 교육의 선구자가 되었을 뿐 아니라 '일본 자유주의의 아버지'라고 불리기도 하는 사람이다. 니토베가 현재 일본 5,000엔 지폐의 인물 모델이라는 것에서 그가 일본 사회에서 차지하는 위상과 영향력을 짐작할 수 있다.

---

20 우치무라의 생애와 사상에 결정적 영향을 미친 요인이 그가 '사무라이 집안 출신'이라는 사실에 대해서는 John F. Howes, "Education of a Meiji Samurai," *Japan's Modern Prophet: Uchimura Kanzo* (1861~1930), 17-43을 참조.

21 우치무라의 '일본적 기독교'에 대한 더 자세한 설명은 본서 787쪽 이하를 참조.

22 '니토베 이나조'에 대해서는 양은경, "제국주의의 함정에 빠진 지식인의 두 얼굴," 『일본사를 움직인 100인』, 451-455를 참조.

그의 다양한 경력에서 특히 주목을 끄는 것은 그가 일본 식민지 정책학의 창시자라는 점과 독실한 퀘이커 신도였다는 점이다. 이러한 니토베의 풍모에서 일견 이해할 수 없는 점은 바로 식민정책 학자로서의 면모와 퀘이커 신도로서의 면모가 그 안에서 어떤 내면적 구조로 공존할 수 있었을까 하는 점이다.[23]

그의 기독교 신앙과 조선관을 이어주는 사상적 매개는 무엇일까? 그것은 '식민'에 대한 그의 고유한 이해이다. 그는 '식민'이란 약육강식적 지배와 수탈 행위가 아니라 오히려 "고등한 국가로부터 낮은 곳에 문화의 혜택을 주는 시혜"(施惠)라고 보았다. 식민을 생산력의 향상에 근거한 문명의 시혜로 보는 그의 식민관은 자민족 중심의 집단 이기주의를 만족시키면서 동시에 인도주의라는 보편적 윤리도 만족시킬 수 있었다.

결국 니토베에게 근대 서구의 생산력 향상주의는 '하늘의 뜻을 따르는 기독교적 가치이기도 했다. 이 점에서 그에게 기독교의 신은 서구 근대 산업 문명을 옹호하는 수호신이었던 것이다. 생산력 향상주의를 매개로 해서 기독교를 식민주의와 동일시한 니토베는 조선에 대한 식민 통치에 기독교를 선용하라는 대담한 제안을 하기도 했다.

그러나 생산력 향상주의라는 근대 자본주의 사회의 공리주의적 윤리는 기독교 본연의 윤리(적까지도 사랑하라는 이웃 사랑의 윤리)는 모순 없이 공존할 수 없었다. 그가 기독교적 신앙의 둥지에 머무르는 한 식민지 조선을 둘러싼 상반되는 가치의 충돌은 그를 종종 자기모순에 빠뜨리지 않을 수 없었다.

---

23 양현혜,『근대 한·일 관계사 속의 기독교』, 329-330.

결국 그는 제국주의적 식민 지배와 기독교 신앙이라는 근본적으로 양립하기 어려운 두 개의 가치를 병존시킴으로써 자가당착에 빠지지 않을 수 없었다. 그는 정체된 야만 사회인 조선을 식민지화하는 것은 궁극적으로 조선에 시혜를 베푸는 도덕적 인도주의라고 인식했다. 이러한 그의 조선관은 후쿠자와에 의해 레일이 놓여진 '일본식 오리엔탈리즘'을 식민정책학이라는 '학술적' 고찰의 틀로 확대 재생산한 것이라고 하겠다.[24]

여기서 우리가 간과할 수 없는 사실은 후쿠자와나 니토베가 갖고 있는 아시아의 맹주로서의 일본의 민족적 우월감과 그에 따른 팽창적 식민 야욕의 근저에는 중국과 한국으로부터 문화를 전수받았다는 과거의 역사에 대한 '일본인들의 뿌리 깊은 열등감'이 자리하고 있다는 사실이다.

니토베는 청일전쟁의 승리로 일본에 대한 서구 열강들의 관심이 집중되던 1900년에 『무사도』(Bushido)를 출간했다. 이 책은 먼저 해외용으로 썼다가 일본어로 번역되어 역수입되었다. 이 책이 일본에서 출판되자 한때 '무사도 붐'이 일기도 했다. 니토베는 이 책 속에서 무사도와 서양의 기사도를 비교해 무사도가 일본인의 윤리와 사상의 핵심이라고 설명했다.

당시 미국에 체류 중이던 니토베에게 서양인 친구들이 이렇게 물었다. "일본은 특정한 종교가 없는데 일본인의 도덕관은 어떻게 형성된 것입니까?" 이 질문에 대한 대답으로 니토베는 『무사도』를 썼다. 니토베의 『무사도』를 통해 서양인들은 일본을 다시 보는 계기를 마련했다. 그런데 일본 사무라이 정신으로 소개된 무사의 미덕은

---

24 위의 책, 339-350.

성리학의 이념으로 설명된 것이었다. 그러므로 성리학의 범주에서 벗어난 무사의 모습은 서술에서 제외했다. 니토베가 소개한 무사도의 정신은 원래 조선 선비의 정신이었다.

이런 동기를 가지고 해외용으로 출판된 『무사도』는 일본의 사무라이 정신을 미화한 면이 많다. 무사도의 또 다른 본질인 병학(兵學)적 사고방식, 가령 이기기 위해서는 철저하게 적을 연구하며 적의 혀를 찌르는 전략적 사고방식이나 침략을 선(善)이라고 생각하는 특징 등에 대해서는 소개하지 않았다.

일본이 만주사변을 일으켜 괴뢰 만주국을 건국(1932)했을 무렵, 철학자 이노우에 데쓰지로(井上哲次郎)로 대표되는 일본의 국가주의자들은 무사도를 일본 민족, 일본 국민의 도덕과 동일시하여 1932년에 『무사도의 본질』이라는 저서를 발표하기도 했다.

니토베의 『무사도』는 청일전쟁과 러일전쟁 사이에 쓰였고, 이노우에의 『무사도의 본질』은 만주사변 직후 일본이 국가주의를 내세워 군인들이 테러로 정국을 장악했을 무렵(1932. 5. 15.)에 출판되었다. 일본의 무사도 붐은 실제적으로 일본이 무력을 전면으로 내세운 정책을 펼치려는 시점과 때를 같이 해서 일어났던 것이다.25

일본 기독교의 선각자라고 일컫는 우치무라와 니토베의 '무사도 정신' 강조는 기독교를 '십자가의 종교'가 아닌 '십자군의 종교'로 보는 전형을 보여준다. 기독교 선각자들이 이러했으니 일본 기독교인들의 모습은 더 말할 필요가 없다. 그래서 청일전쟁과 러일전쟁에서의 승리를 일반 불신자들과 똑같이 기뻐했고, 한국의 식민 지배를 하나님의 뜻이라며 정당화했으며, 일제 말기 일본 정부가 군국주의

---

25 호소카 유지, 『조선 선비와 일본 사무라이』, 41-43.

로 치달을 때 전쟁을 옹호하며 동조하는, '십자가의 기독교'와는 거리가 먼 커다란 과오를 범했던 것이다.

일본의 기독교가 '십자군의 기독교'라는 사실에 대해 필자는 최근에 엔도 슈사쿠의 『침묵의 소리』를 읽다가 깜짝 놀란 대목이 있다. 소설 『침묵』에서 그가 의도한 것은 '침묵하지 않는 神'(침묵의 소리), 즉 "신은 침묵하고 있는 것이 아니라 말씀하고 있다"는 것이었는데, 소설의 제목이 오독의 원인이 되었다고 한다. 그래서 다시 『침묵의 소리』라는 책을 쓰게 되었다는 것이다.26

그러면서 그는 소설 『침묵』과 관련된 다음과 같은 말을 하였다. 당시 기리스단(그리스도인)을 붙잡아 고문하던 이노우에 치쿠고노 카미라는 관리가 있었다. 그는 한때 기독교인이었다가 후일 기독교를 버린 인물인데, 뛰어난 인텔리이자 우수한 두뇌의 소유자였다. 그가 로드리고를 향해 이렇게 말했다. "그대는 일본이라는 진흙밭에 진 것이다. 이 나라는 기리스단의 가르침과는 어울리지 않는다. 기리시단의 가르침은 뿌리를 내리지 않는다. 일본이란 그런 나라다. 어쩔 수 없이…."

진흙밭 속에서는 식물의 뿌리는 썩어간다. 외국인 선교사들이 아무리 노력해도 표면적인 기독교라면 일본에 이식할 수 있지만, 기독교의 배후에 있는 본질적인 것은 자라날 수 없다는 말이다. 즉, 표면에서는 꽃이 피어 있는 것처럼 보일지 모르지만, 뿌리는 벌써 썩어버렸다는 뜻이다. 그러면서 작가는 이렇게 말한다.

"다른 말로 한다면 그는 '그대들의 사고방식과 다른 방식으로 형성된 기독교를 다시 생각하지 않으면 안 된다'는 뜻이다. 그러므로

---

26 엔도 슈사쿠, 『침묵의 소리』, 12-17, 66-69.

그는 로드리고에게 당신들의 종교는 틀렸다고는 결코 말하지 않았다. 그는 단지 당신들의 종교는 일본에는 어울리지 않는다고 말했을 뿐이다. 그렇다면 '일본의 사고방식에 맞는 기독교란 무엇인가'라는 문제가 필연적으로 대두된다. 내가 『침묵』 이후에 썼던 소설들은 이 문제에 눈을 돌리면서 썼던 작품들이다. 『사무라이』는 그 대표작이라고 할 수 있을 것이다."[27]

엔도 슈사쿠는 소설 『침묵』을 쓰게 된 동기가 '약자에 대한 배려'에 있었다고 말했다. 그런데 그의 대표작이 『사무라이』라고 할 때 사무라이는 기본적으로 강자라는 점에서 자신의 이전 주장과는 모순된다. 즉, 그의 혼네는 강자의 기독교, 즉 '사무라이 기독교',[28] 또는 '십자군의 기독교'의 빗나간 모습을 보여준 우치무라 또는 니토베와 다름없다는 점에서 그도 전형적인 일본인에 지나지 않는다.[29]

여기서 한 가지 꼭 짚고 넘어가야 할 중요한 사실은 근대 일본과 관련된 '사회진화론'의 영향이다. '사회진화론'(social evolution-ism)은 다윈의 진화론을 사회현상을 설명하는 데 적용한 이론으로, '사회다위니즘'(social Darwinism)이라고도 말할 수 있다. 다윈의 『종의 기원』(1859)은 그 책의 출판과 더불어 한바탕 파문이 일어났

---

27 엔도 슈사쿠, 『침묵의 소리』, 72-75.

28 일본 기독교가 힘을 숭배하는 '사무라이 기독교'로 빗나갔다면, 한국 기독교는 자본주의의 우상인 '배금주의(돈)의 기독교'로 완전히 변질되었다! 한국교회의 영성, 도덕성 회복을 위해 새로운 종교개혁이 필요하다는 주장에 대해서는 제2종교개혁연구소, 『제2종교개혁이 필요한 한국교회』를 참조.

29 성경교사 김교신은 삶의 실천으로 '약자에 대한 사랑'을 보여주었다. 김정환은 이렇게 말한다. "선생의 교사로서의 특질은 모두 그가 그리스도에게서 이어받은 사랑의 발로일진대, … 그의 사랑은 교실의 학생에게 국한되지 않고 소록도의 문둥병 환자들 그리고 선생이 교직에서 추방된 뒤에는 흥남질소비료공장에서 강제 징용되어 일하고 있는 오천 명의 노무자에게도 확대되었다. 그는 이들의 복리·후생·교육을 위하여 투신하다 전염병에 걸려 며칠 만에 세상을 떠났다." 김정환, 『金教臣: 그 삶과 믿음과 소망』, 62-63.

다. 그 이후 1870년대부터 사회진화론의 주장이 나타나기 시작해 제1차 세계대전 발발(1914) 무렵까지 크게 유행했는데, 이것은 정치사적으로 소위 제국주의시대와 일치한다.

일본에서는 1870년 후반 이후 진화론이 '생존경쟁', '자연도태', '우승열패', '적자생존'이란 형태로 간략화되고, 서양 열강에 뒤쳐진 점을 만회하기 위해서는 서양의 과학, 기술, 정치, 사회제도 등을 단숨에 섭취해, 바야흐로 서양화 정책을 대대적으로 실시해 가는데 필요한 최신의 과학적 진리, 의심할 여지가 없는 기본진리로 받아들여졌다.

사회진화론은 근대 일본의 지식인 거의 모두가 세례를 받지 않을 수 없었던 이론이요 사상이었다.[30] 다만 명치 일본 지식인이 보기에 사회진화론에는 하나의 난점이 있었다. 사회진화론을 인종 간의 우승열패에 적용할 경우, '적자생존'의 원리는 서양인에 대한 일본인의 열등성을 증명하는 것이 될 수 있었다. 즉, 사회진화론이 본질적으로 강자에 의한 약자의 지배, 배제, 차별, 멸시를 유도하는 기능을 갖추고 있는 한, 사회진화론으로의 경도는 자기 손으로 자기의 존엄을 손상시킬 수도 있다는 문제가 뒤따랐다. 사회진화론의 본질과 관련된 '우생학'(Eugenics)이 명치 정부 초기에 유행했는데, 후쿠자와 유키치가 '일본인 개량의 필요성'을 가장 빨리 제기한 것도 이와 관련되어 있다.

그렇다면 명치 일본의 지식인으로서는 서양 열강이 사회진화론을 배경으로 '강자의 논리'를 강요해 오는 속에서 거기에 대항할 수

---

30 우치무라 간조가 말년에 이르기까지 『성서』와 『종의 기원』을 조화시키려고 고투한 사실에 대해서는 Howes, John F. *Japan's Modern Prophet: Uchimura Kanzo*, 216-218을 참조.

있는 이론, 즉 독자적인 사회진화론 해석을 어떻게 제시할 수 있는가 하는 과제와 연결되지 않을 수 없었다. 결국 명치 일본이 한편으로는 빠른 속도로 서양화를 추구하고, 다른 한편으로는 천황제 이데올로기를 통한 국민, 민족의식의 고양, 나아가 청일전쟁, 러일전쟁의 승리를 통한 강국으로서의 자신감을 갖게 되면서 이 과제를 해결해 나갔다.

더욱이 '한국 병합'을 전후하여 조선인과 일본인의 역사적 · 인종적 · 언어적 공통성을 강조한 소위 '일선동조론'이 강조되었는데, 그 최종 목표는 천황을 정점으로 하는 일본 제국주의적 야망의 달성에 있었다. 그리고 일본 민족은 고대부터 야마토 민족을 기초로 융합, 동화를 반복해 온 세계에서 으뜸가는 민족이라고 강조되었다. 실제로 1930년대 이후 '대동아공영권' 구상을 향해 가는 근대 일본사에서 가장 강조된 것은 세계 여러 민족 가운데 일본 민족은 '지도 민족'이며, 제국 내의 국민은 모두 '황민화'되어야 한다는 점이었다. 이 점은 그 허구성에도 불구하고, 현실적으로는 '일본인', '일본 민족'이 사회진화론적 의미를 포함해 가장 우수한 민족이라고 자부하게 되었다는 것을 말한다.[31]

여기서 우리가 놓쳐서는 안 될 중요한 사실은 '강함(강자)의 논리'를 기초로 하고 있는 사회진화론은 기본적으로 '약함(약자)의 논리'를 기초로 하는 '십자가의 복음'과는 대척점에 있는 사상이라는 점이다. 사회진화론은 성격상 '강자의 논리'를 기초로 하는 일본의 '사무라이 정신'과 일맥상통하는 사상이다. 그런 점에서 사회진화론이 일본인들에게 끼친 영향은 지대하다고 말할 수 있다.

---

31 더 자세한 설명은 윤건차, 『韓日 근대사상의 교착』, 223-237을 참조.

한편, 조선조에서 그리스도교가 '십자군의 기독교'로 비춰진 사례가 있다. '황사영 백서사건'이다.[32] 황사영(黃嗣永, 1775~1801)은 초창기 한국 가톨릭교회 지도자의 한 사람이다. '황사영 백서'(帛書)란 1801년 신유박해가 일어나자 그 전말을 길이 62cm, 너비 38cm의 흰 비단에 적어(총 13,384자) 황심을 통해 중국 북경의 구베아 주교에게 보내려고 기도한 밀서이다.[33]

백서의 내용은 1785년(정조 9년) 이후의 교회 사정과 박해상, 신유박해의 전개 과정과 순교자들의 약전(略傳), 주문모 신부의 활동과 죽음에 대한 증언으로 되어 있다. 여기서 특히 문제가 되는 내용은 폐허가 된 조선 교회를 재건하고 신앙의 자유를 획득할 수 있는 방안에 대하여 언급한 부분이다. 그는 청나라 황제에게 청하여 조선을 청나라의 한 성으로 편입시켜 감독하게 하거나, 서양 군대를 보내어 신앙의 자유를 허용하게 해 달라는 내용 등이다. 백서를 읽고 대경실색한 조선 조정은 관련자들을 즉각 처형하고, 천주교인들에 대한 탄압을 강화했다.[34] 신앙의 박해를 당하자 외국 군대를 요청한 이 사건에서 우리는 '십자군의 기독교'의 일면을 엿보게 된다.

민경배는 이렇게 말한다. "이 '힘'의 신앙이 로마 가톨릭의 최초의 한국적 신앙 형태로 규정된다. 조선의 천주교회는 근대사에 남긴

---

32 이 사건에 대한 자세한 내용은 배은하 엮음, 『배론: 역사의 땅, 배움의 땅』, 41-98을 참조.

33 '황사영 백서'는 신유대박해 후 근 백 년 동안 의금부의 창고 속에 보관되어 있었다. 그러던 중 1894년에 일어난 갑오대개혁(甲午大改革) 이후 옛 문서(文書)를 태우던 중 이 백서가 발견되었다. 당시 조선 교회의 주교이던 뮈텔(Mutel, 閔)의 친구가 이를 주교에게 선물로 보냈다. 뮈텔 주교는 이것이 우리 교회사상 귀중한 자료임을 알고 여러 해를 두고 조사하며 연구하다가 1925년 7월 5일에 로마에서 조선 순교 복자 79명의 시복식이 거행될 때 이것을 가지고 가서 교황 비오 11세에게 바쳤다. 유홍렬, 『한국천주교회사 上』, 167.

34 외국 군대를 요청한 황사영 백서사건은 '종교 수호인가 아니면 민족 배반인가' 하는 문제에 대한 더 자세한 설명은 박노자 · 박동현, 『우리 역사 최전선』, 189-209를 참조.

인상 가운데에서 가장 강하고 오래된 것으로서 민지개발(民智開發)
이나, 한글 운동의 빛나는 전통, 신앙을 위한 순교적 헌신의 가치
지향적 생의 수립 형태가 있겠지만, 악명에 해당했던 것으로 이 '힘'
추구의 신앙 형태가 있었던 것이다. 이것이 황사영에게서 구체적으
로 나타났던 것이다."[35]

여기서 우리가 짚고 넘어가야 할 중요한 사실은 조선에 들어온
가톨릭과 프로테스탄트가 결정적으로 다른 모습으로 전개되었다는
사실이다. 가톨릭은 먼저 정치를 담당하는 양반 계급(상류층)에 전해
졌다. 그러다가 중인과 상민에게 전해졌다. 그러니까 그 순서가 강자
로부터 약자로 전해진 것이다. 그리고 80여 년간의 기나긴 박해도
그 이면에는 그들 간의 갈등(당파 싸움), 가령 정조 때에는 실세인
남인 시파(대표 채제공)와 소외된 남인 벽파(대표 홍낙안)의 갈등에서
비롯되었다는 사실이다.[36]

반면에 프로테스탄트는 먼저 정치에서 먼 상민과 천민(하층민)에
게 전해졌다가 차츰 양반에게도 전해졌다. 즉, 약자로부터 강자로
전해진 것이다. 그리고 가톨릭처럼 큰 박해도 없었던 것은 그들이
정치를 담당하는 그룹들이 아니었을 뿐만 아니라 당쟁의 시기도 거
의 지나갔기 때문이다.

가톨릭은 양반층이 많이 사는 남한의 경기, 충청, 전라 3도에 교
우가 많고 경상, 강원의 양도에는 교난을 피하여 교난자가 많이 흘러
들어간 반면,[37] 개신교인의 대다수가 소외 지역이었던 북한의 서북

35 민경배, 『韓國基督教會史』, 73.
36 유홍열, 『한국천주교회사 上』, 107-109.
37 위의 책, 170.

지역인 평안도와 황해도 출신(서북 기독교인)이라는 것도 이와 관련 된다.[38] 이러한 사실은 한국에서 가톨릭보다는 개신교가 훨씬 빨리 부흥하게 된 요인이기도 하다. 여기서도 '먼저 된 자'(가톨릭) 나중 되고 '나중 된 자'(개신교) 먼저 된다는 '차자 중시의 원리'가 나타난다.

한편, 한국은 강대국을 지향했던 일본과는 상당히 다른 길을 걸었다. 이는 전적으로 하나님의 경륜적 섭리에 의한 것이며, 하나님의 은혜가 아닐 수 없다. 한일근대사, 즉 "조선의 최후"는 하나님께서 계획하신 십자가의 약함과 어리석음을 들어 인간적이고 세상적인 강함과 지혜를 무장 해제시킨 장쾌한 대하드라마이다.

나아가 강대국인 일본을 비롯하여 중국, 러시아, 미국을 들어서 약소국인 한국을 세계를 구원할 하나님의 '새 언약 백성 만들기'의 역사였다. 거기에는 하나님의 분명한 목적, 즉 한국을 '복음에 빚진 나라'로 만들어 세계 열방을 구원할 제사장의 나라가 되게 하려는 경륜적 섭리가 있었던 것이다.

조선 초기만 해도 조선은 일본보다 결코 약하지 않은 강한 나라였다. 그런데 임진왜란을 전후해서 조선은 일본보다 훨씬 약한 나라로 전락하였다. 그리고 일본의 조선 침략으로 조선은 멸망 직전까지 갔다가 겨우 나라를 보전할 수 있었다. 일본은 이 전쟁을 통해 인간적 지혜와 세상적 강함이 조금 모자라 조선을 지배하지 못했다고 생각하고, 본격적으로 부국강병을 이루기 위해 경제적이고 군사적인 강한 나라를 만들기 위해 전력을 다하였다.[39] 그리하여 1600년부터

---

38 대부흥운동 결과 평안도와 황해도 출신을 중심으로 한 한국인 목회자 군이 형성되면서 개신교 주류는 북한으로 넘어간 것도 이와 관계된다. 옥성득, 『한국 기독교 형성사』, 687-688.

39 김시덕은 바로 이 시기에 조선과 일본의 격차는 경제적이고 군사적인 측면에 있었음을 강조한다. 김시덕, 『일본인 이야기』, 4-56.

1900년까지 무려 300년 동안 일본은 내부적으로는 평화와 국민적 결속을 다지고, 외부적으로는 서구의 선진 과학기술 문명을 받아들이면서 강대국으로 변모해 갔다.

그런데 참으로 이상한 것은 조선은 임진왜란의 참상을 통해 국토가 초토화되고 말로 표현할 수 없는 참상을 입었다. 그렇다면 조선은 일본처럼 부국강병을 위한 대책 마련을 하는 것이 당연했다. 하지만 조선은 이러한 일에 눈을 감았고, 무려 300년 동안 아무 일 없다는 듯이 한반도에서 잘살고 있었다. 인간적인 눈으로 보면 무능하고 어리석기 그지없는 노릇이었다. 섭리론적으로 보면 하나님께서 깊은 뜻이 계셔서 일본은 강함과 부지런함으로 인도하셨고, 조선은 약함과 게으름으로 인도하셨다.

드디어 19세기 중엽 서양의 해양 세력들이 통상과 식민지 확장을 위해 동아시아로 몰려왔다. 이때 중국은 서구의 힘을 무시함으로써 전쟁에서 패하는 큰 곤욕을 치렀고, 일본은 재빠르게 문호를 개방하면서 전쟁의 위기를 모면하고 근대화와 문명화의 길을 재촉하였다. 그런데 이러한 조선의 어리석음과 연약함은 "조선의 최후"를 극적인 최고 감동의 대하드라마가 되도록 연출하시고자 하신 하나님의 깊은 뜻이 계셨음을 아무도 짐작하지 못했다는 사실이다.

그 과정에서 하나님은 일본은 헬레니즘 방식으로, 한국은 헤브라이즘의 방식으로 인도하셨다는 사실이다. 즉, 일본은 인간의 무한한 잠재력과 가능성을 바탕으로 한 헬레니즘 방식, 알렉산더 대왕처럼 인간적 노력을 통한 근대화, 문명화를 이루고, 인간적이고 세상적인 힘을 자랑삼으며, 천황을 숭배하는 나라(인본주의 나라)가 되었다.[40]

---

40 '헬레니즘과 헤브라이즘의 차이'에 대한 더 자세한 설명은 박호용, 『유레카·익투스 요한복음』,

반면에 한국은 인간은 구원받아야 할 죄인임을 바탕으로 한 헤브라이즘 방식, 즉 하나님의 은혜를 통한 복음화와 교회 부흥을 이루고, 바울처럼 십자가만을 자랑삼아 주님을 예배하고 증언하는 나라(신본주의 나라)가 되었다.

그런데 참으로 아이러니한 것은 19세기 중엽,[41] 이토록 작고 보잘것없는 땅, 피에 굶주린 야만의 땅인 한반도를 마치 약속의 땅인 양 물밀듯 찾아와 때로는 순교로, 때로는 순교적 헌신으로 한반도를 복음화 시키고자 목숨을 다 바친 가톨릭의 신부들과 프로테스탄트 선교사들이 즐비했다는 사실이다.[42]

또한 한 가지 주목해야 할 사실은 지도상에 나타난 한·중·일의 지리적 위치이다. 서양인들이 볼 때 중국은 워낙 땅이 넓은 대국이고, 그래서 통상과 식민지 개척을 위해 먹잇감으로 매우 매력적인 나라였다. 또한 태평양과 동중국해에 걸쳐 있는 섬나라 일본은 눈에도 잘 띌 뿐만 아니라 배에 연료를 공급할 중간 기착지로서 중요한 지리적 위치에 있었다.

그에 반해 조선은 거대한 중국 대륙에 붙어있는 작은 나라이면서 일본 열도와 동중국해 사이에 숨어 있는 나라이다. 그래서 눈에 잘 띄지 않는 나라일 뿐 아니라 땅도 작아 시장적 구매력이 별로 없어

55-65를 참조.

41 스티븐 니일은 19세기에 들어와 "프로테스탄트는 비로소 세계적인 종교로 발돋움하는 데 성공했다"고 말한다. Stephen Neill, *A History of Christian Missions*, 243. 18세기에 일어난 영적 각성 운동에 이은 19세기의 프로테스탄트는 실로 "위대한 세기"(The Great Century)라고 말할 정도로 세계선교에 큰 족적을 남겼다. Ruth A. Tucker, *From Jerusalem to Irian Jaya*, 『선교사열전』, 135-289.

42 가톨릭 관련에 대해서는 A. S. 드 동쿠르, "'약속의 땅' 조선을 행하여!" 『순교자의 꽃』, 5-52를 참조. 프로테스탄트 관련에 대해서는 길원필 편저, 『내 사랑 코리아: 초기 선교사 30선』, 21-300을 참조.

보였다. 그러기에 19세기 중엽까지 서구 해양 세력들에게서 침략의 대상에서 제외되었다. 섭리사관으로 보면 이는 하나님께서 때가 찰 때까지 서양 강대국의 눈에 띄지 않도록 한반도를 숨겨두셨다고 볼 수 있다.

서구 열강은 중국을 거대한 시장으로 보고 식민지 국가로 만들기 위해 아편전쟁을 비롯한 온갖 침략을 감행했다. 선교사와 그리스도 교가 순수한 복음이 아닌 군함과 함께 들어왔다. 그리하여 선교사를 침략의 주구(走狗)로 보게 되었고, 중국인들은 이후 그리스도교와 서양 선교사에 대해 강한 거부감을 갖게 되었다. 서구 선교사와 그리스도교에 대한 일본의 반응도 거의 차이가 없었다.

그에 반해 조선은 '조용한 아침의 나라'처럼 세계정세가 어떻게 돌아가는 줄도 모른 채 나라의 문을 굳게 잠근 채 깊은 잠에 빠져 있었다. 거기에 더하여 나라를 지킨답시고 서구 나라들과 전쟁을 벌이기도 하고 심지어 그리스도교를 탄압하기까지 하였다. 인간적으로 볼 때 참으로 어리석고 한심한 모습이 아닐 수 없었다.

그러다가 맨 먼저 개국을 한 나라가 서구가 아닌 이웃 나라 일본 이었다. 개국과 더불어 일본의 침략 야욕이 서서히 드러나는 가운데 뒤늦게 서구 여러 나라들과 개국을 하게 되었다. 그러면서 서양 선교 사들이 들어왔다. 그리스도교는 침략이 아닌 한민족을 구원하는 종교로 비쳤고, 조선인들에게 서양 선교사들은 별 거부감 없이 받아들여졌다. 그 결과 한국에서 개신교는 선교 역사상 최고속 성장을 이루는 발판을 마련하게 되었다. 이는 커다란 행운이 아닐 수 없다.

결국 "조선의 최후"의 역사를 담고 있는 한일근대사는 하나님께서 치밀하게 각본(시나리오)을 쓰시고, 그 각본에 따라 써 내려간 드라마틱한 하나님의 역사였다. 칼의 민족이요 사무라이의 나라 일본은 강대국으로 만드시고, 붓의 민족, 선비의 나라 조선은 약소국으로 만드셔서 이 두 민족을 들어 최고 감동의 드라마를 연출하신 것이다. 하나님의 오묘하신 전략에 그저 놀랄 뿐이다. 아, "깊도다 하나님의 지혜와 지식의 풍성함이여, 그의 판단은 헤아리지 못할 것이며 그의 길은 찾지 못할 것이로다"(롬 11:33).

역사를 공부한다는 것은 그 어떤 강력한 세력도 결코 영원할 수 없음를 배우는 것이다. "지혜로도 못하고, 명철로도 못하고 모략으로도 여호와를 당하지 못하느니라 싸울 날을 위하여 마병을 예비하거니와 이김은 여호와께 있느니라"(잠 21:30-31). 이 말씀은 인간의 지혜와 명철과 모략으로도 하나님의 지혜(모략)를 따라갈 수 없다는 것이다. 인간들은 군사적인 준비를 통해 승리를 준비하지만 진정한 승리는 하나님께 있음을 말씀하고 있다. 즉, 세상만사가 이 세상 만물을 창조하시고 역사를 주관하시는 하나님의 손안에 있다는 하나님의 절대 주권을 말씀하고 있다.[43]

---

43 나훔 선지자는 일찍이 아시리아처럼 강력한 나라도 결코 영원하지 않으며 그들의 군대와 무기가 아무리 대단해도 질투하시는 여호와께서 반드시 파하실 것이며, 약소국을 짓밟는 강대국의 본질과 그들에게 임할 여호와의 심판을 선언하면서 하나님의 백성의 궁극적 회복을 역설하였다. 김근주, 『소예언서 어떻게 읽을 것인가 2』, 378.

IV. 사고구조의 차이: 한국인(단일구조) · 일본인(이중구조)

한국과 일본이 전혀 다른 길을 걷게 된 데에는 양 국민이 갖고 있는 사고구조가 결정적으로 다른 데 기인한다. 이것이 달라도 너무 다른 '가깝고도 먼 나라'를 만들었다. 한국인의 사고구조는 초점이 하나인 단일구조(원형)인 데 반해, 일본인의 사고구조는 초점이 둘인 이중구조(타원형)이다. 이 말은 한국인은 생각이 단순하고, 일본인은 생각이 복잡하다는 말에 다름 아니다.

이를 그리스도교에 비유해서 말하면 한국인은 프로테스탄트적 사고구조(either~or, 둘 중의 하나)를 갖고 있는 데 반해, 일본인은 가톨릭적 사고구조(both~and, 둘 다)를 갖고 있다. 이해를 돕기 위해 먼저 가톨릭과 프로테스탄트의 사고구조를 낳은 역사적 배경을 살펴보자.

팔레스타인 땅에서 히브리사상(헤브라이즘)을 바탕으로 탄생한 유대교(Judaism)는 기본적으로 유일신신앙(Monotheism)이라는 철저히 배타적 사고(단일사고)를 지닌 종교였다. 유대교의 연장선상에 있는 그리스도교도 '오직'(sola) 예수 그리스도로만 구원을 얻는 (행 4:12; 요 14:6) 배타적 종교였다.

그런데 그리스도교가 소아시아를 넘어 그리스와 로마에 들어갔을 때 그리스도교는 헬레니즘의 후예인 그리스의 철학과 로마의 정치와 결합되면서 다른 모습을 띠게 되었다. 종교와 정치의 결합, 신앙(믿음)과 이성(행위)의 결합, 즉 헤브라이즘과 헬레니즘이 결합된 것이다. 그것이 중세 스콜라철학(신학과 철학의 결합)이다. 사고의 이중구조(both~and 구조)를 지닌 이러한 혼합주의적 종교(syncretism)

가 '중세 가톨릭'이라는 종교(기독교)이다. 프로테스탄트 종교개혁이란 '근원으로 돌아가자'(Ad fontes!), 즉 '헬레니즘을 끊고 헤브라이즘으로 돌아가자'는 운동이다.[1] 그리하여 사고의 단일구조(either ~or 구조), 즉 오직(sola)을 내세웠다.[2]

여기서 프로테스탄트적 사고인 단일구조는 서로를 인정하지 않을 경우에는 공존이 어려운 대립과 갈등 구조를 낳는 특성을 지닌다. 반면에 가톨릭적 사고인 이중구조는 혼합주의와 절충주의를 낳는 특성을 지닌다. 한국인은 프로테스탄트적 사고구조(단일구조)를 지녔고, 일본인은 가톨릭적 사고구조(이중구조)를 지녔다.

이러한 양국의 사고구조의 차이는 지리적인 위치에 기인한 바 크다. 대륙과 해양 사이에 위치한 반도 국가인 한국은 중국 대륙으로부터 시작된 문화가 흘러들어와 해양 국가인 일본으로 흘러 들어가는 '통로의 역할'을 하고 있다.

그에 반해 일본은 모든 문화가 일본에 들어오면 더 이상 나가지 못하고 그 안에서 '축적되는 위치'에 있다. 이 같은 양국의 지리적 위치가 각기 다른 사고구조를 형성했다고 말할 수 있다. 그런데 섭리론적으로 말하면 하나님께서 양국 국민을 다르게 쓰시기 위해 다른 사고구조를 갖도록 이끄셨다고 말할 수 있다. 이를 부연 설명해 보자.

중국으로부터 한반도에 유입된 불교는 통일신라를 거쳐 고려시대까지 지배 이데올로기로 작용했다. 그러다가 고려 말(13세기 말~14세기 초)에 중국(원나라)으로부터 유교의 새로운 학풍인 성리

---

1 더 자세한 설명은 박호용, "종교개혁"(가톨릭과 개신교의 사상체계 비교), 『유레카·익투스 요한복음』, 1048-1053을 참조.

2 '5대 오직'은 이것이다. *Sola Gratia* (오직 은혜), *Sola Fide* (오직 믿음), *Sola Scriptura* (오직 성경), *Solus Christus*(오직 그리스도), *Soli Deo Gloria* (하나님께만 영광).

학(性理學)이 들어왔다. 고려 말기 불교는 세속과 타협하며 부패하고 타락하여 더 이상 한 사회를 이끌어 갈 지도이념의 역할을 상실하였다. 역성혁명으로 조선을 건국한 주도 세력들은 국가이념을 유교(성리학)로 불교를 대치하였다. 즉, '숭유억불'(崇儒抑佛)정책을 택한 것이다.

그런데 여기서 주목해야 할 사실은 19세기 말 서구를 통한 프로테스탄트가 들어올 때까지 조선왕조 500년 동안 '숭유억불정책'을 유지했으며, 다른 사상(종교)과 혼합, 절충하지 않는다는 사실이다. 무엇을 말하는가 하면 한국인은 어떤 사상(종교)을 지배 이념으로 받아들이면 그것을 좀처럼 바꾸지 않으며, 다른 사상(종교)으로 지도이념을 바꿀 경우에도 이전 사상과 혼합, 절충하지 않는다. 일본에서와 같이 신도와 불교가 혼합된 '신불습합'(神佛褶合)을 거의 찾아볼 수 없다.

가령 조선은 한족이 통치한 명나라(1368~1644)를 '재조지은'(再造之恩)으로 섬겼다. 그러다가 명나라가 만주족이 세운 청나라에 망했어도 여전히 '친명배금'(親明拜金) 정책을 고수했다. 그리고 끝까지 청나라를 오랑캐의 나라로 여긴 그 말로는 병자호란(1636)이라는 국난으로 이어졌다. 더욱이 소중화(小中華)에 얽매인 조선 선비들은 청나라와의 외교를 위해서라도 만주어를 배워야만 했으나 수치스러운 일로 생각하고 배우지 않을 정도로 청나라를 무시했다. 시대착오도 이만저만이 아니다.[3] 타협하고 절충하는 이중구조를 가진 사고 방식으로 볼 때는 참으로 어리석기 그지없다. 이는 한국인의 사고의 단일구조를 잘 보여준다. 그런데 섭리론적으로 보면 이것은 '십자가

3 김용삼, 『지금, 천천히 고종을 읽는 이유』, 53-68.

의 어리석음'이었다.

일본인들이 식민사관을 가지고 한국인을 비판할 때 주로 사용하는 실례가 조선의 '당쟁'이다. 당쟁 중에서도 '예송논쟁'(例送論爭)4은 유명하다. 지금 생각하면 별로 중요하지도 않은 상복을 입는 문제를 놓고 이렇게까지 싸워야 하느냐고 생각할 수 있다. 그러나 예송논쟁은 타협이나 절충을 좋아하지 않는, 사고의 단일구조를 지닌 한국인들의 특성을 극명하게 보여주는 단적인 사례이다.

또한 조선의 성리학을 대표하는 두 인물을 말할 때 해동거유(海東巨儒)의 쌍벽인 퇴계(退溪) 이황(李滉, 1501~70)과 율곡(栗谷) 이이(1536~84)를 든다. 퇴계의 저서는 일본으로 전해져 일본 유학의 발전에 크게 공헌하였다.

퇴계의 사상은 한마디로 이기이원론(理氣二元論)적인 이기호발설(理氣互發說)이라 할 수 있다. 즉, 그는 사단(四端, 仁義禮智)도 물(物)에 혹하여 동(動)함은 칠정(七情, 喜怒哀樂愛惡欲)과 다름이 없으나 사단(四端)은 이(理)가 발(發)하여 기(氣)가 거기에 따르는 것이라면 칠정(七情)은 기(氣)가 발(發)하여 이(理)가 이것을 타는 것이라고 해석하였다.

이(理)는 현대어로 이성(理性)이고, 기(氣)는 감각(感覺)과 감정(感情)이라고 할 수 있다. 기(氣)는 감각과 감정을 통틀어서 지칭한 것이다. 고봉(高峰) 기대승(1527~72)과의 저 유명한 사단(四端) 논쟁5에서 고봉(高峰)이 사단(四端)은 칠정(七情) 이외에 따로 있는 것

---

4 현종 때 인조의 계비인 조대비(趙大妃)의 상례(喪禮) 문제를 둘러싸고 남인과 서인이 두 차례 (1659, 1674)에 걸쳐 대립한 사건. 더 자세한 설명은 호소카 유지,『조선 선비와 일본 사무라이』, 173-180 참조.
5 더 자세한 설명은 홍원식 외,『사단칠정론으로 본 조선 성리학의 전개』, 17-105를 참조.

이 아니니, 기(氣)를 떠난 이(理)는 있을 수 없다고 주장하고, 퇴계(退溪)가 이발기발(理發氣發)이라고 한 것도 이원론적이요 잘못이 아닌가 하고 논박하자, 이에 대해 퇴계는 성(性)에는 본연지성(本然之性)과 기질지성(氣質之性)이 구별되는 것처럼 정(情)에 있어서도 이(理)에 관한 것과 기(氣)에 관한 것을 구별함은 당연하다고 말했다.[6]

한편, 율곡은 현실참여에 있어서 퇴계를 훨씬 능가하는데, 임금님께 올린 십만양병론과 경장점진주의(更張漸進主義)는 우리나라 사회 사상사에 빛나는 한 페이지를 장식한다고 볼 수 있다.[7]

율곡의 철학사상은 한마디로 '기발이승일도설'(氣發理乘一途說)이라 할 수 있다. 퇴계는 이발기수(理發氣隨), 즉 이가 발하고 기가 뒤따른다, 또는 기발이승(氣發理乘), 즉 기기 발하고 이가 올라탄다는 두 가지를 말했다. 율곡은 이가 어찌 발할 수 있느냐며 기발이승만 말했다. 퇴계는 윤리, 도덕성의 강조를 위해 이(理)의 작용을 강조한 주리론자(主理論者)이고, 율곡은 주기론자(主氣論者)라고 불리지만, 율곡이 주기론만 주장한 것은 아니다. 단지 퇴계와 비교할 때 기(氣)의 작용을 강조한 것이다.[8] 퇴계의 학풍은 영남학파를 이루고, 율곡의 학풍은 기호학파를 이루어 이 두 학파는 대립하며 이후 동서 당쟁의 뿌리가 되었다.[9]

여기서 중요한 것은 성혼(成渾, 1535~98)은 이황과 이이의 견해를 절충하여 이기일발설(理氣一發說)을 제시했다. 그리고 성혼의 제자인 강항은 임진왜란 때 일본군에 포로가 되었는데, 일본에 가서

---

6 최동희 외, 『哲學』, 361-362.

7 위의 책, 362.

8 호소카 유지, 『조선 선비와 일본 사무라이』, 114-115.

9 위의 책, 118.

조선 성리학을 전수했다. 그가 일본에 전한 성리학의 학풍은 바로 성혼이 주장한 절충파의 학풍이었다. 그래서 일본에서는 '절충'(折衷)이라는 개념이 발달했다.[10] 조선에서는 절충주의가 발을 붙이기 어려운 것과는 사뭇 대조되는 것이다.

한편, 19세기 말 조선에 프로테스탄트가 들어오자 한국인은 500년 동안 지켜오던 유교(성리학)는 더 이상 지도이념의 가치를 상실했다고 보고 프로테스탄트를 새로운 사상(종교)으로 수용했다. 이는 '유교적 민본주의'를 '기독교적 신본주의'로 대치하는 사상의 일대 전환이었다. 한일근대사 연구의 권위자인 재일사학자 조경달은 "조선은 왜 일본과 다른 길을 걷게 되었는가?"라는 대단히 중요한 질문을 던졌다. 그러고는 한일 양국의 정치 문화의 차이, 즉 한국의 경우는 유교적 민본주의, 곧 일군만민(一郡萬民)의 정치 문화가 일본과 다른 길을 걷게 된 주요 원인이라고 하였다.

"한국에는 일본처럼 간단하게 서구화하는 것을 주저하게 만든 나름대로 이유가 있었다는 것이 필자의 견해이다. 한국에는 문명 의식 차원에서 일본과는 비교가 되지 않을 정도의 우월 의식이 있었으며, 유교적 민본주의라는 정치 문화가 각계각층에 널리 침투해 있었다. 단순히 위정척사파의 사상뿐만이 아니라, 개화파의 사상도 유교적 민본주의에 구속당하면서 근대화를 구상하였다. 그리고 그것은 민중 세계도 공유하는 정치 문화였다. 따라서 민중은 유교적 민본주의에 기초하여 민란과 농민 전쟁을 일으켰다. 의병 전쟁에 나선 것 또한 그러한 이유에서였다. 유교적 민본주의의 정치 문화가 일본이 들여온 근대적 정치 문화나 폭력적인 정치 문화와 심각한

---

10 위의 책, 118-120.

갈등을 빚을 수밖에 없었다."11

이와 달리 일본은 '정한론'(征韓論)과 '국체론'(國體論)으로 무장했는데, 근대 일본의 팽창주의에서 중요한 인물이 요시다 쇼인이었다고 하면서 이렇게 말한다. "쇼인이 이러한 '정한론'을 정당화한 논리가 '국체론'이다. 주자학이 원리화되지 않았던 근세 일본에서는 불교나 신도(神道)도 유교와 병존하면서 커다란 힘을 가지고 있었고, 난학(蘭學)마저도 허용되었다. 따라서 일본에서는 지켜야 할 절대적인 '도'란 존재하지 않았다. 그리하여 '서구의 충격'이라는 위협에 대항하기 위하여 지켜야 할 무언가를 창출할 필요가 있었다. 그것이 바로 '국체'였다. '국체'란 미토(水戶) 번사 아이자와 세이시사이가 쓴 『新論』(1825)에서 처음으로 정의를 내린 용어이다. 거기서 국체란 ① 천황의 일계(一系) 지배, ② 천황과 억조(만민)의 친밀성, ③ 억조의 자발적이고 끊임없는 봉공심(奉公心)이라고 하는 세 가지 요소를 주축으로 하는 국가 권력으로 설명하였다. … 근대 일본은 일군만민 사상을 표방하여 메이지헌법(1889년 2월 11일)과 동시에 교육칙어(1890년 10월 30일)가 발포되었고, 흡사 유교화가 진행되었던 것처럼 보인다. 그러나 유교는 근세 일본과 마찬가지로 어디까지나 통치수단의 하나였던 국체를 보호하기 위한 도구에 불과하였고, 결코 통치 원리가 될 수 없었다."12

"왜 근대 조선은 일본과 다른 길을 걷게 되었을까?" 이 질문에 대해 필자는 이렇게 대답하고자 한다. 조선왕조 500년 동안 한국인의 민족적 정체성 속에는 유교적 민본주의가 깊숙이 뿌리내리고 있

---

11 조경달, 『근대 조선과 일본』, 6.
12 위의 책, 42-43.

었다. 때가 차매 하나님은 근대 조선을 통해 한민족의 새로운 민족적 정체성(아이덴티티)의 주형(鑄型), 즉 '3차원의 유교적 민본주의'를 한 차원 높은 '4차원의 기독교적 신본주의'로 바꾸기를 원하셨다. 이를 위해 하나님께서 행하신 것이 서양 선교사를 통한 프로테스탄트의 전래이다.

신속히 근대화를 이루기 위해 서구 문명을 발 빠르게 수용한 일본과 달리 조선은 500년 동안 지켜온 유교문화를 쉽게 포기하지 못했다. 그러다가 서양 선교사에 의한 프로테스탄트(개신교)가 전해지자 그때부터 유교를 대체할 사상(종교)으로 개신교를 수용하기 시작했다. 일제하 3·1운동 때 민족대표 33인 중 유교(성리학) 대표는 단한 사람도 없었다. 이는 유교(성리학)의 종언을 알리는 중대 사건이었다.[13]

한마디로 고려의 불교, 조선의 유교에 이어 현대의 기독교 시대가 도래한 것이다.[14] 여기서 우리는 사상의 절충이나 혼합, 즉 유학과 동학이 절충하거나 유학과 개신교, 또는 동학과 개신교가 혼합되는 예는 찾아볼 수 없다. 여기서도 우리는 한국인의 사고의 단일구조를 엿볼 수 있다.[15]

---

13 한국에서 개신교의 급격한 성장엔 여러 이유가 있지만, 주요 이유로 유교의 몰락(종교적 기능의 상실)을 빼놓을 수 없다. 최봉영, "유교문화와 한국 사회의 근대화," 『사회와 역사 53』, 82-83.

14 유동식은 한국의 종교문화를 고대 무교문화, 중세 불교문화, 근대 유교문화, 현대 기독교문화로 설명하고 있다. 자세한 설명은 유동식, 『풍류도와 한국의 종교사상』, 72-77을 참조. 그러면서 유동식은 이렇게 말한다. "현대 한국에서는 서구 문명과 연결된 기독교문화가 하나의 새로운 문화층을 이루고 있다. … 우수한 교육 기관들과 의료 기관들이 기독교 재단에 의해 운영되고 있다. 한글 운동, 계몽운동, 민권 운동 등 한국 현대사의 중요한 운동치고 기독교가 개입되지 않은 것이 없다. 그러므로 우리의 중요한 관심은 이러한 기독교의 문화를 매개로 과연 한국 사상의 기초 이념을 어떻게 전개되어 가고 있는가에 있다. 급성장하는 한국교회의 그 역동성과 활력의 비밀은 아마도 이러한 관점에서만 이해될 수 있을 것이다." 유동식, 『한국신학의 광맥』, 25-26.

15 해방공간에서 외세의 작용도 있었지만 '좌우합작'(左右合作)을 내세운 모든 주장(여운형과 김규

한편, 사고의 단일구조를 지닌 한국인과 달리 일본인들은 기본적으로 사고의 이중구조를 지닌 민족이다. 『축소지향의 일본인』을 통해 일본인의 심성을 잘 드러낸 이어령은 한자와 만화 및 동화 〈우동한 그릇〉에 나타난 일본인들의 사고구조에 대해 언급했다.

일본의 문자는 '히라가나'(ひらがた)와 '가타카나'(カタカナ)라는 이중 문자로 구성되어 있다. 그런데 중요한 것은 한자를 읽는 방식이 한국과 일본은 현저하게 다르다. 한국에서는 한자를 훈독(訓讀)하지 않는다. 가령 이인직(李仁稙)의 신소설 『血의 淚』를 우리는 '피의 눈물'이 아니라 반드시 '혈의 누'라고 한자음으로 읽는다. 그런데 일본은 '혈의 누'라고 써놓고 읽기는 그 뜻을 옮겨 '피의 눈물'(지노 나미다)이라고 한다. 한자를 이렇게 음만이 아닌 훈으로도 읽게 된 이유는 일본말의 발음 체계 영역이 좁기 때문이다.

또한 일본인이 좋아하는 만화는 일본인의 사고와 직결되어 있다. 보통 문자와 그것을 읽는 음가는 1대1로 대응하는 것이 원칙이다. 그러나 일본은 같은 한자를 사용하면서도 다중적으로 읽는다.[16] 한자를 다중적으로 읽는다는 것은 한쪽으로는 눈으로 그림을 보면서 한옆으로는 글자를 읽는 만화 독법과 일치한다. 말하자면 시각적 세계에 속하는 한자의 도형과 그것을 읽는 청각적 세계인 말이 따로 논다는 얘기다.

식)은 남북한 모두에서 실패로 끝났다. 이 또한 한국인의 사고의 단일구조를 보여주는 실례라고 할 수 있다. '삿쵸동맹'(사쓰마·조슈동맹)을 통해 메이지유신을 성공시키는 데 지대한 공헌을 한 사카모토 료마(1835~67)와 같은 절충주의자는 한국에서 찾아보기 어렵다. 몽양(蒙養) 여운형(1866~1947)에 대해서는 이기형, "여운형의 생애와 투쟁," 93-113; 우사(尤史) 김규식(1881~1950)에 대해서는 서중석, "김규식, 김규식과 항일통일전선·좌우합작운동," 256-291을 참조.

16 가령 重(중) 자 하나를 써놓고 '오모이', '가사나루', '히토에'(一重), '주', '초'로 읽는다.

그림과 말로 되어 있는 만화의 이중구조는 한자를 보고 읽는 다중구조와 같기에 이것을 더 발전시키면 일본인의 사고 영역에까지 확산된다. 즉, 일본인의 사고는 일본인의 의식이나 사회구조가 이중구조로 짜여 있다는 뜻이다. 한가지의 원리적 사고에 흐르기보다는 상황이나 전후 문맥에 따라서 모순되는 것들이 그때그때 하나의 형태로 결합되어 가면서 만화처럼 굴러가고 있다.

한편, 이어령은 일본 열도를 눈물의 바다로 침몰시켰다는 동화 〈우동 한 그릇〉을 일곱 가지 의미로 분석하였다. 이 동화를 처음에는 사실로 믿었던 일본인들이 허구를 사실로 꾸며낸 이야기라는 것을 알자 갑자기 감동의 불꽃은 곧 꺼져버리고 말았다는 것이다. 한국인들은 허구와 사실을 혼동하지 않는다. 그냥 소설로 볼 뿐이다.

일본인들은 '신화 만들기'의 전통과 역사를 가지고 있다. 일본의 검객에 대한 무용담은 대개가 다 일본의 신화 만들기의 소산이다. 신화가 신화로서가 아니라 〈우동 한 그릇〉처럼 맞바로 역사와 현실에 밀착하여 구별할 수 없이 혼용되어 버리면 문제가 된다. 허구의 영역과 사실의 영역을 혼동하는 것은 일종의 정신질환이다.

상징을 역사로 믿는 그 징후 가운데 정점을 이루는 것이 2천 년 동안 한 번도 끊이지 않고 내려왔다는 만세일계의 천황 상징이며 그 제도이다. 그리스의 경우로 치자면 제우스신의 자손이 그리스의 왕 노릇을 하고 있는 것과 같다. 2차 세계대전 때의 특공대들이 '천황 만세'를 부르며 죽어간 것이 일본군의 독특한 증상이라고 할 수 있다.[17]

이어령은 한국문화는 '관념적'이고, 일본문화는 '감각적'이며, 일본인은 '원리'가 아닌 '편리'로 번영했지만, 그 중심은 비어 있다는

17 이어령, 『축소지향의 일본인 그 이후』, 11-113.

말을 했다.[18] 한국인은 '관념적 원리'를 따라 살기에 자신의 사상(종교)을 쉽게 바꾸거나 다른 것과 혼합, 절충하는 것이 어렵다. 반면에 일본인은 '감각적 편리'에 따라 살기에 쉽게 바꿀 수 있고, 두 개의 사상(종교)을 혼합, 절충하는 것이 용이하다.

일본은 '종교의 나라'라고 해도 과언이 아니다. 공식적으로는 800만이 넘는 신(神)들이 있다. 일본인에게는 모든 것이 신이 될 수 있다(범신론). 기독교에서 말하는 유일신 개념은 일본인에게 생소하게 느껴진다. 다신교 세계에 살고 있는 일본인에게 두 개 이상의 종교를 갖는 것은 이상한 일이 아니다. 그런 사람을 종교적 정조가 없다고 비난하는 그런 사회가 아니다.[19]

여기서 우리는 일본인의 종교적 특성을 엔도 슈사쿠 문학을 통해 살펴보자. 일반적으로 엔도를 '가톨릭 작가'로 말하고 있지만 실은 가톨릭에 관해 글을 쓴 일본 작가이지 결코 가톨릭 작가가 아니다. '동'과 '서'의 거리감, 즉 서구 기독교의 '일신성'(一神性)과 일본의 정신적 풍토인 '범신성'(汎神性) 사이에서 평생을 고민한 그는 자신의 몸속에 흐르는 일본적 감성, 즉 범신적(아시아적) 영성이라는 강에 몸을 담근 작가였다.

엔도 문학은 '물'이라는 상징을 매개로 전개되었는데, 물의 근원적인 귀결점인 〈깊은 강〉은 엔도가 태어나고 자라나 다시금 그리로 돌아가지 않을 수 없는 마음의 고향으로서의 귀거래사(歸去來辭)였

---

18 위의 책, 299-305.

19 2009년도 일본 인구는 1억 2,707만 6,183명으로 나타나 있다. 그런데 신도계 신자가 1억 580만 명, 불교계 신자가 8,950만 명, 기독교 신자가 214만 명, 기타 종교의 신자가 908만 명, 일본의 종교 인구는 총 2억 659만 명이다. 이는 한 사람이 여러 종교를 가지고 있다는 증거이다. 유기남, 『일본선교』, 23-24.

다. 엔도가 〈어머니 되시는 분〉(母なるもの)이라는 단편에서 희구(希求)하였다시피 그것은 서양의 기독교로부터 아시아의 기독교로 '개종'한 엔도가 돌아갈 구원(久遠)의 '어머니 되시는 분'의 품이었고, 영원한 은혜의 강이었다.

소설가로서 엔도가 거쳐왔던 신학적 과정, 즉 이름을 가진 그리스도로부터 이름이 없는 그리스도, 아니 많은 이름을 가진 그리스도로의 전환 배경에는 종교다원주의와의 만남이 있었다. 즉, 영국의 종교다원주의 신학자인 존 힉(John Hick, 1922~2012)의 사상에 접하고 커다란 충격을 받은 엔도의 '나의 그리스도'는 비가 강을 이루어 굽이굽이 흘러가는 가운데 형상화되었던 것이다.[20]

엔도와는 달리 진정한 크리스천 작가인 서영은 씨는 '산티아고 순례길'을 떠나며 이렇게 말했다. "좋은 작품을 쓰는 작가가 반드시 완성된 인격은 아니에요. 세상에는 그 두 가지를 동시에 이룬 것으로 보이는 작가들이 있지만 그 두 가지는 양립이 되지 않는, 가치 선택에서 하나가 하나를 내려놓을 때만 얻어지는 것이에요. 재능을 극대화시켜 신기(神技)의 정점에 도달하고픈 것은 모든 예술가의 꿈입니다. 그러나 인격 완성을 생애의 목표로 삼는다면 재능은 걸림돌이 될 수 있어요. 예술은 나를 남기는 것에, 종교는 나를 버리는 것에 헌신하는 것이에요. 남기는 것에는 그것의 수단이 무엇이든 내가 있지만, 버리는 것에는 목숨을 버릴지라도 내가 남지 않아요. 예술가의 재능이 신을 위해 쓰임 받는 경우라 해도 그것은 그의 예술이지 신에 귀의했다고 볼 수는 없어요. 나는 이제 신을 더 깊이 알기 위해 문학이 걸림돌이 된다면 문학을 내려놓으려고 해요. 내 안에서 문학은 자기

---

20 더 자세한 설명은 김승철, "엔도 슈사쿠의 '물'의 성사(聖事)," 『벚꽃과 그리스도』, 29-47을 참조.

표현의 욕구이고, 밖에서는 세상 사람들의 인정, 명예를 얻는 것이었다면, 그 두 가지 다 내게는 차선의 가치에 지나지 않아요. 이제 절대적 가치를 위해 삶을 던져야 할 때라는 생각이 들어요."21

여기서 말하고 싶은 것은 일본에서 진정한 크리스천이 된다는 것은 일본의 뿌리 깊은 전통, 즉 천황을 비롯한 온갖 '잡신'(雜神)과의 투쟁'에서 이기지 않고는 힘들다는 것이다.22

한편, 일본인의 민족성을 잘 대변해주는 말이 '혼네'(本音, 속마음)와 '다테마에'(建前, 예의상 하는 말)라는 말이다. 최인규는 이렇게 말한다.

"오랜 세월에 걸쳐 형성된 일본의 민족성은 풍토와 관련이 깊다. 손에는 아름다운 국화를 들고 있지만 허리에는 차가운 칼을 차고 있는 두 얼굴의 민족성, '조용한 격정과 희생적 전투심'이라고 표현되는 일본인의 성격은 '혼네'와 '다테마에'가 다르다는 것을 일깨워 준다. 그들의 친절을 보면 가히 감동적이기도 하지만 속마음은 아무도 모른다. 그들은 말 그대로 '조용한 격정' 속에 사물을 바라보고 있다."23

여기서 우리는 "허리에는 차가운 칼을 차고 있는" 말에 주목해야 한다. '혼네와 다테마에'라는 일본인들의 사고(행위)의 이중구조는 오랜 세월 동안 계속된 무신정권, 즉 '사무라이의 칼'의 영향이 크다. 사무라이의 무서운 칼 앞에서 자신의 본심을 그대로 내비친다는 것

---

21 서영은, 『노란 화살표 방향으로 걸었다: 산티아고 순례기』, 34.
22 일생을 '마신(魔神)과의 투쟁'을 벌이다가 헬라적 운명관을 극복하지 못한 독일 작가 횔덜린(J. C. F. Hölderlin, 1770~1843)에 대해서는 이기식, "횔덜린," S. Zweig, 『천재와 광기』, 179-279을 참조.
23 최인규, 『밉지만 알아야 하는 삐뚤빼뚤 일본이야기: 그 두 번째』, 476.

은 위험하기 짝이 없는 행동이다. 그래서 마음에는 없지만(싫지만), 예의상 대세에 따른다. 이것이 사고의 이중구조와 더불어 힘 앞에 굴복하는 일본인들의 '집단주의'를 낳았다고 볼 수 있다.[24]

일본인의 종교에서도 우리는 사고의 이중구조를 엿볼 수 있다. 동아시아 3국의 민속종교를 한국은 샤머니즘(Shamanism), 중국은 도교(道敎), 일본은 신도(神道)라고 칭한다. 신도는 일본의 토착 종교이다. 일본의 고대부터 현대에 계속되는 민족종교이며 일본인의 생활문화의 전반에 침투되어 있다. 조몬시대(繩文時代, 10,000~300 BC)로부터 유래하는 신도는 모든 사물에는 영혼이 깃들어 있다는 정령신앙(Animism)적인 요소에 그 뿌리를 두고 있다.

그러다가 주후 538년 백제로부터 일본에 전래된 불교는 외래신으로서 고대로부터 이어진 일본의 신과 동등한 존재로 인식되었다. 절대적인 창조주, 유일신을 강조하지 않는 외래종교인 불교는 신도와 갈등하지 않고 서로 사이좋게 지낼 수 있었다. 불교가 일본에 전래된 이래 쇼토쿠 태자(聖德太子)의 적극적인 불교 장려책 및 불교 자체의 동화성의 영향(불교는 유일신을 믿지 않음)으로 신도와 불교는 조화를 이루었다.

일본 토착의 신앙인 시도와 불교가 융합해 하나의 신앙체계로 재구성된 종교현상을 '신불혼효사상'(神佛混淆思想) 또는 '신불습합'(神佛褶合)이라고 한다. 즉, 불교의 부처와 신도의 신(神)은 같다고 생각하는 사상이다. 신불습합은 10세기 초기부터 1868년까지 지속

---

24 가령 남들을 따라하는 '몰개성 패션주의', 학교에서의 '이지메'(집단 폭력), 회사에서의 '종신고용제' 등은 모두 일본인들이 지닌 집단주의의 실례이다. 더 자세한 설명은 전여옥, 『일본은 없다 1』, 28-30; 『일본은 없다 2』, 21-23; 김태영, 『일본의 문화』, 135-140 참조.

되었다. 신불습합은 종교에서 보여주는 혼합주의, 절충주의이다.

1868년 메이지 정부는 밀려오는 서구 기독교(외래종교)에 대항하기 위해 왕정복고(王政復古), 제정일치(祭政一致)의 실현을 목적으로 전통 종교인 신교국교화 방침을 채택했다. 불교도 외래종교로 본 것이다. 이에 따라 지금까지 내려오던 신불습합을 금지시키는 신불분리령(神佛分離令)을 내렸다. 이에 따라 신사와 사원은 각각 독립하게 되었다.

그러고는 천황의 선조를 숭배하는 전통을 가졌던 신도는 나라의 공식적인 종교가 되었다. 국가신도(國家神道)의 탄생이었다. 국가신도는 메이지 시대 천황의 권위를 강화하기 위해 생겨난 신도의 교의로서 세계는 천조대신(天照大神)에 의해 창조되었으며, 천신(天神)과 지신(地神)의 시대를 거쳐 황조신(皇祖神)의 자손이 만세일계(萬世一系)의 천황의 전통을 이어가며 오늘날의 일본이라는 나라를 만들었다고 하는 사상이다.

천손으로 여겨졌던 천황은, 때문에 일본인에게 살아있는 신이기도 했다. 일본인은 이 현세적이고도 현실적인 신도적 공간 속에서 천황이라는 그들만의 신을 만들어 냈는데, 그것이 바로 국가신도에 의한 천황의 신격화이다.[25] 여기서 우리는 종교와 정치가 결합되고, 인간(천황)과 신이 결합되는 혼합주의의 모습을 엿볼 수 있다.

정치 구조에 있어서도 한국의 경우 단일구조, 즉 왕 또는 대통령 일인이 최고 권력자로 통치하는 구조이다. 그러나 일본의 경우 쇼군 또는 내각 수반이 통치하면서도 그 위에 또 하나의 권력자인 천황을 두는 이중구조로 되어 있다.

---

25 김태영, 『일본의 문화』, 23-26.

V. 하나님의 시나리오: '새 언약 백성' 만들기

구약성서(단 7장)와 유대 묵시문학이 묘사하는 역사 이야기는 '이스라엘의 역사'에 한정시킨 예언 문학을 넘어서 과감하게 세계사를 기술하고 있다. 즉, 이스라엘 역사(특수사)를 전 세계사(보편사)로 확장시켰다.[1] 마찬가지로 한민족(한반도)의 역사는 아편전쟁(1840) 이전까지는 중국이나 일본이라는 '동아시아의 역사'(특수사)에 한정되어 있었다. 그런데 아편전쟁(1840~42)과 더불어 비로소 '세계사'(보편사)에 편입(확장)되었다.

여기서 중요한 것은 "조선의 최후"의 역사를 동아시아의 역사(특수사)로 국한시켰을 때는 초라하기 그지없는 불행한 최악의 역사이다. 하지만 세계사(보편사)적 관점에서 보면 하나님께서 한민족을 인류 구원을 위해 이스라엘을 대신할 '새 언약 백성'으로 삼아 위대한 구원사를 펼쳐간 장쾌한 대하드라마의 역사라는 사실이다. 즉, 우리 민족을 통해 전 세계를 구원하고자 하시는 하나님의 놀라운 섭리가 숨겨져 있다는 사실이다. 이를 부연 설명하면 이렇다.

지난 500년 동안의 역사를 '서세동점(西勢東漸)의 역사'라고 하는데, 그 발단은 '지리상의 발견'에 따른 '대항해시대'로부터 비롯되었다.[2] 그 분기점은 콜럼버스[3]가 대서양을 횡단해 신대륙을 발견한

---

1 왕대일, 『묵시문학과 종말론』, 356-357.
2 '대항해시대'란 13세기 이후의 항해 기술의 발달과 지중해와 대서양 상거래의 활성화를 배경으로 하여 이루어진, 이른바 '지리상의 발견'이 행해진 시대를 말한다. 지리상의 발견은 '지리혁명'(地理革命)이라고 불릴 만큼 광범위한 영향을 가져왔다. 지리상의 발견의 결과 서세동점(서방의 세력이 동양으로 퍼져감)이 이루어져 서양의 학문과 기술의 전달 및 그리스도교의 선교 사업이라는 두 측면에서 두드러졌다. 차하순, 『西洋史總論』, 291-292.
3 우치무라는 '콜럼버스의 업적'에 대해 "참으로 위대한 한 인간, 그는 인간 역사에 새로운 방향을

1492년으로 삼는다.4 대륙 세력에 대한 해양 세력으로의 '패러다임의 전환'5이 시작된 것이다.

그런데 이때 동양을 대표하는 중국은 몽골이 세운 원나라를 물리친 명나라(1368~1644) 시대였다. 명나라는 '축성(築城)의 시대'라고 할 만큼 대륙 세력을 대표하는 몽골의 남하를 막기 위해 만리장성6을 쌓았고, 북경을 비롯한 여러 지역에 자금성을 비롯한 많은 건축물을 지었다.

서양이 밖을 향해 해외로 나갔을 때, 명조는 정치적 안정을 꾀한다는 명분 아래 울타리를 쌓고 안으로 향해 나아갔다. 명조를 이은 청조(1644~1910)도 중화 세계의 폐쇄적 세계관을 벗어나지 못했다.7 그 결과 350년이 지난 1842년, 중국은 아편전쟁에서 조그마한 섬나라 영국에게 패하는 결과를 빚었다.

그런데 아편전쟁은 동아시아 삼국에 준 충격이 각각 달랐다. 한국은 '거의', 중국은 '조금', 일본은 '크게' 였다. 이때 한국혼은 잠자고

가져다주었다"라고 말하고 있다. John F. Howes, *Japan's Modern Prophet: Uchimura Kanzo*, 121. '콜럼버스의 업적에 대한 우치무라의 찬사'에 대해서는 본서 486쪽 이하를 참조.

4 『총, 균, 쇠』의 저자 재레드 다이아몬드는 아메리카 원주민들이 유럽을 식민지로 만들지 못하고 유럽인들이 신세계를 식민지로 만들게 된 직접적인 요인으로 총기, 쇠 무기, 말 등을 중심으로 한 군사 기술, 유라시아 고유의 전염병, 유럽의 해양 기술, 유럽 국가들의 중앙집권적 정치 조직, 문자 등을 들고 있다. 즉, 이 책의 제목인 총, 균, 쇠와 같은 요인들 덕분에 근대의 유럽인들이 다른 대륙을 정복할 수 있었다고 말한다. Jared Diamond, 『총, 균, 쇠』, 112.

5 토마스 쿤(T. Kuhn, 1922~96)은 과학의 발전은 점진적으로 이루어지기보다는 '패러다임의 전환'에 의해 혁명적으로 이루어지며, 이러한 변화를 '과학혁명'이라고 불렀다. 역사상 최고의 과학혁명은 천동설(지구중심설)에서 지동설(태양중심설)로의 변화이다. 더 자세한 설명은 T. Kuhn, 『과학혁명의 구조』, 21-31, 293-300을 참조.

6 만리장성(萬里長城)은 중원의 정착문명(중국인)과 초원의 이동문명(몽골인)의 대결에서 비롯된 결과이다. 더 자세한 설명은 박원길, 『유라시아대륙에 피어났던 야망의 바람』, 17-177을 참조.

7 더 자세한 설명은 박한제 외, 『유라시아 천년을 가다』, "장성(長城)과 명의 쇄국주의"(203-208쪽), "중화 세계의 폐쇄적 세계관"(255-260쪽)을 참조.

있었고, 중국혼은 비몽사몽 속에 있었고, 일본혼은 깨어 있었다. 그 충격의 차이가 한국은 식민지 나라, 중국은 반식민지 나라, 일본은 제국주의 나라가 되었다. 그렇다면 이러한 충격의 차이는 어디서 비롯된 것일까?

일본은 바다로 둘러싸인 섬나라이다. 일본인에게 있어서 바다는 두 가지 의미를 지닌다. 중화 문명과 교류를 막는 장애물이자 외부의 침입을 막는 방패막이었다.[8] 콜럼버스가 신대륙을 발견한 후 50년 이 지난 1542년(또는 1543년)에 포르투칼 상인이 규슈 서남쪽 끝의 다네가시마(種子島)에 도착하여 조총을 전해 주었다. 그동안 중화 문명의 변방에 있던 일본은 유럽 해양 세력이 전해 준 과학기술 문명 을 접하면서 동아시아 역사의 주변에서 중심으로 변모해 가기 시작하였다.

50년 후인 1592년 일본을 통일한 도요토미 히데요시는 그동안 의 발전시킨 무기를 바탕으로 조선을 침략했다. 역사는 이 사건을 '임진왜란' 또는 '7년전쟁'(1592~98)이라고 한다. 명나라와 조선의 연합(조명연합군), 특히 이순신의 대활약으로 조선은 겨우 멸망을 면 했다. 아직 때가 차지 않은 것이다. 임진왜란에서 일본은 그들이 원 한대로 뜻을 이루지 못했지만 서구처럼 해양 세력으로 등극하는 역사 적 분기점이 되었다.

해외 원정에 실패한 도요토미는 죽었고, 그 뒤를 이은 도쿠가와 이에야스 막부(에도 시대)는 정국의 안정을 위해 안으로의 내향적 정책을 추구하였다.[9] 강력한 외부 세력의 간섭에서 자유로웠던 일본

---

8 김시덕, 『일본인 이야기 1』, 63-64.
9 김시덕은 전국 시대에서 에도 시대로 넘어가는 역사적 전환기의 일본을 조명하면서 역사를 움직이

은 250년 동안 안정적인 평화의 시대를 구가하였다.

그런데 아편전쟁이 바로 이웃 나라에서 일어났고, 해양 세력인 조그만 영국이 대륙 세력인 대중국에 승리하자, 다음 차례는 일본이라는 위기감이 일본 열도를 덮었다. 발달한 항해술을 갖춘 유럽이 이 천혜의 요새를 무너뜨렸을 때 일본은 커다란 과제에 직면했다. 위기의식이 쇄국을 깨뜨린 것이다. 그와 동시에 임진왜란 이후 그동안 잠자고 있던 해양 세력으로서의 일본혼이 깨어난 것이다. 그리하여 일본은 서구화, 근대화, 문명화를 서두르게 되었다.[10]

한편, 임진왜란 이전까지 조선은 언제나 북쪽 대륙 세력에 위협을 받아온 역사를 살아왔기에 남쪽의 일본에 대해서는 크게 관심을 두지 않았다. 그러다가 전 국토가 초토화되고 멸망의 직전까지 간 임진왜란을 겪고서 조선은 처음으로 해양 세력 일본에 대해 위협을 느끼기 시작하였다.

앞서 집현전 학자 신숙주는 『해동제국기』(海東諸國紀)에서 일본이 장차 한반도의 안보에 큰 위협이 될 것을 예견했다. 그러나 아무런 준비를 하지 않고 있다가 임진왜란을 당하자 당시 조정을 책임진 류성룡(1542~1607)은 신숙주의 말에 귀를 기울이지 않은 것에 탄식하였다. 아무튼 임진왜란은 한반도에 대단히 중요한 의미를 안겨주었다.

임진왜란은 한반도의 지정학적 의미를 바꿔놓았다. 16세기의 한반도는 대륙 세력과 해양 세력이 충돌한 사건이다. 그동안 한반도는 유라시아 동부의 거대한 무대의 주변부에 불과했다. 그런데 임진왜

는 우연의 힘 그리고 그 우연을 행운으로 바꾸는 개인의 결단을 중요시했다. 위의 책, 4-5.
10 위의 책, 40-56.

란은 한반도가 유라시아 동부 지역의 대륙 세력과 해양 세력 간의 '지정학적 요충지'로 대두된 사건이다. 그리고 250년 후인 아편전쟁을 통해 우리의 의사와 관계없이 조선은 다시 양대 세력이 부딪치는 '지정학적 요충지'로 대두된 것이다.[11] 그럼에도 조선은 이 사건이 무엇을 뜻하는지 모른 채 깊은 잠에 빠져 있었다.

여기서 짚고 넘어가야 할 중요한 포인트는 조선 왕조는 건국 200 주년이 되는 임진왜란 때 왕조가 망했어야 했다. 그러나 조선 왕조는 망국 직전까지 갔다가 구사일생으로 살아남았다.[12] 그때 왜군에 의해 전 국토는 초토화되는 참화를 입었고, 도성을 버리고 도망치는 군왕과 사대부들에 대한 백성들의 분노는 도성 궁궐을 불바다로 만들어 버렸다. 그럼에도 깨닫지 못한 조정과 사대부들은 300년 동안 당파 싸움과 백성들에 대한 가렴주구만 일삼다가 마침내 망국을 맞게 되었다. 왜 300년 전에 망하지 아니하고 이제야 망하게 되었는가. 그것은 하나님께서 오랜 세월 동안 카이로스적인 때를 기다린 것이 아닌가.

한편, 대항해시대부터 19세기에 이르기까지 명·청대의 중국은 다음과 같은 이유로 일본보다 위기감을 심각하게 느끼지 않았다. 그 까닭은 이러하다. 첫째, 당시 군사력이 유럽 세력의 도전을 여유 있게 물리칠 만한 수준이었다. 둘째, 중국 영토가 워낙 넓다 보니 광저우와 마카오에 유럽 세력의 무역 거점을 제공해도 그들에게 그

---

11 김시덕, 『동아시아, 해양과 대륙이 맞서다』, 5-11.

12 한 사람 충무공 이순신(李舜臣, 1545~98)의 '나라 사랑'이 있었기에 가능했다. 이순신의 리더십의 핵심은 "반드시 죽고자 하면 살고 살려고만 하면 죽는다"(必死則生 必生卽死)에 있다. 이민웅, 『이순신 평전』, 338. 그는 절망 속에서도 희망을 본 사람이다. "신에게는 아직 전선 12척이 있습니다." 김태훈, 『이순신의 두 얼굴』, 511.

다지 안보적·경제적 위협이 되지 않았다. 셋째, 명·청대에서 예수회 신부들이 활동하기는 했지만 그들의 가르침이 민중에게까지 침투할 정도는 아니었다. 유럽 세력의 동중국해 진출이 본격화되는 16~17세기에 중국 대륙의 최대 문제는 명나라에서 청나라로의 왕조 교체였고, 군사적·종교적으로 크게 위협이 되지 않는 유럽 세력에 대한 관심은 상대적으로 적었다. 다섯째, "중화 세계가 외부 문명으로부터 영향을 받은 것은 불교와 마르크스주의뿐이다"라는 말이 있듯이, 애초에 명·청대 중국인들은 유럽으로부터 배울 게 있다는 생각을 하지 않았다.[13]

1792년 영국의 국왕 조지 3세는 최초로 청나라에 사절단을 보내면서 두 나라 무역 확대를 제안했다. 그러나 청나라 건륭제는 "우리는 모든 것이 풍족하여 국경 안에 부족한 것이 없으므로 국경 바깥 오랑캐(유럽)로부터 물자를 수입할 필요가 없다"라고 대답했다. 압도적인 군사력을 발휘하여 유라시아 동북부의 패권을 차지한 만주족의 후예답게 건륭제는 바다 건너 저 멀리 존재하는 영국군의 실력을 과소평가했다. 대항해시대에 유럽 세력의 군사적 위협을 성공적으로 물리친 명나라, 소수 민족에 의한 통일왕조로서 유라시아 동북부의 패권을 차지한 청나라는 각각 유럽 세력에 위기감을 느끼지 않았다. 만약 청나라가 일본처럼 유럽의 발달된 군사 기술과 과학 문명, 지리 정보를 진지하게 익혔다면, 백 년 뒤 청나라를 휩쓴 위기 상황은 오지 않았을 것이다.[14]

여기서 중요한 것은 잠자는 나라 한국, 비몽사몽 속에 졸고 있는

---

13 김시덕, 『일본인 이야기 1』, 30-31.
14 위의 책, 31-32.

나라 중국 그리고 깨어 있는 나라 일본 모두 하나님의 시나리오 속에 있었다는 사실이다. 하나님은 일본이 35년 후인 1875년 조선을 침략(운양호 사건)하기에 앞서 1860년경부터 하나님의 구원사를 이루기 위한 한민족 디아스포라를 시작하셨다는 사실이다. 이제 한민족을 통해 세계를 구원할 하나님의 구원사의 때가 비밀리에 시작된 것이다.

우리의 입장에서 "조선의 최후와 관련하여 이러한 사건들에 나타난 한민족을 향한 하나님의 뜻은 무엇인가?"라는 질문을 던져 본다. 그리고 그 질문에 대한 필자의 대답(신앙고백)은 이러하다. "언약 백성인 이스라엘을 대신하여 한민족을 새 언약 백성으로 삼아 세계를 구원할 거룩한 제사장의 나라로 쓰기 위함이라고." 그렇다면 조선은 망한 것이 아니라 하나님에 의해 심판당한 것이다. 즉, 하나님이 조선을 심판하여 일본에 조선을 넘겨주셨다(양도하셨다). 마치 주님께서 유다 나라를 바벨론 왕 느부갓네살에게 넘겨주었듯이 말이다(렘 34:1-2; 단 1:1-2).

따라서 "조선의 최후" 역사는 한민족을 사랑하사 심판의 징계를 통해 새 일을 시작하고자 하시는 '하나님의 최선'이라는 사실이다. 이는 마치 주전 587년에 있었던 유다 나라의 멸망이 단지 가장 불행한 역사적 사건만이 아닌 심판의 징계를 통한 새 일을 시작하고자 하시는 '하나님의 최선'이었던 것과 같은 이치이다. "조선의 최후"(The Last of Chosen)는 하나님의 카이로스적 시간표에 따른 '하나님의 최선'(The Best of God)이었다!

국제관계사에서 19세기는 전 지구적인 차원에서 영국과 러시아가 패권 다툼을 벌였는데, 이를 두고 학자들은 '그레이트 게임'(The

Great Game)이라고 한다. 이 말은 나폴레옹 타도에 결정적으로 기여한 영국과 러시아가 강대국으로 부상하고, 그 뒤로 이 양국이 세계의 패권을 다툰 데서 비롯된 말이다. 양국의 대립은 거의 1세기(1815~1905) 동안 지속되었다. 19세기야말로 세계적으로 영국과 러시아의 대결이 열강 대립의 주축을 이룬 세기였다.

19세기 내내 러시아가 발칸반도와 중앙아시아 및 동아시아를 남진의 목표로 삼아 그 가운데 어느 한 곳을 골라 남하를 기도하면 그때마다 영국은 전력을 다해 이를 저지했다. 러시아는 그들의 남진이 영국에 의해 좌절될 때마다 진로를 재빨리 다른 취약한 방면으로 돌리는 전략을 구사했다.15 우리의 의사와는 관계없이 그 전략에 들어간 나라가 한반도였고, 이를 막기 위해 영국만이 아닌 모든 열강이 각축을 벌이게 되었다.

일본으로서는 그레이트 게임을 하고 있는 영국과 러시아를 어떻게 막아야 하느냐가 제1차 과제였다. 그리고 러시아가 남진하여 한반도를 병합하는 것을 막는 것이 급선무였다. 그리하여 일본은 외교적으로 아편전쟁 이후 영국이 중국에 몰두하는 동안 미국과 화친조약을 통해 영국의 침략을 막고, 그 후 영일수호조약을 체결하여 러시아의 남진을 막는 전략을 구사했다. 그 사이에 메이지유신(1868)을 통해 국내 체제 정비를 마치고, 1874년 대만을 점령하고 조선 침략을 위한 준비를 끝냈다.

그리고 러시아와는 1875년 5월 사할린·쿠릴 열도 교환 조건으로 사할린 영유권을 포기하며 비밀 거래를 통해 러시아의 위협을 제거하였다. 또한 '이리분쟁'(伊犁分爭. 1871. 7.~1881. 2.), 즉 청이 러시

---

15 김용삼, 『지금, 고종을 천천히 읽는 이유』, 75-76.

아와 국경분쟁으로 한국 문제에 관여할 여념이 없는 기회를 이용했다. 침공 방법도 미국의 페리 제독에게 당한 '함포 외교'라는 방식을 그대로 모방하여 우리에게 구사했다. 침략 시기는 1875년 9월 20일이었다. 이것이 바로 '운양호 사건'이다.

이러한 때에 조선의 사정은 어떠했는가. 1840년에 있었던 아편전쟁은 그 이전과 전혀 다른 양상, 곧 한국 역사상 처음으로 한반도의 역사가 세계사 속에 들어 가게 되었다는 사실이다. 1840년 이전까지 한국의 역사는 간간이 외국 선교사들이나 이양선이 한반도에 들어온 적은 있으나 기본적으로 이웃한 두 나라, 즉 중국 및 일본과 관계된 역사였다.

그러나 1840년 이후 한반도는 중국과 일본만이 아닌 전 세계열강의 각축장이 되면서 한국의 역사가 처음으로 세계사 속에 편입되었다. 이는 이제부터 한반도에서 일어나는 모든 사건은 한국사의 좁은 안목을 뛰어넘어 세계사적 관점으로 인식의 지평을 넓혀, 이해하고 해석되어야 바른 이해와 해석에 도달한다는 것을 의미한다.

1840년에서 1875년이라는 근대화를 위한 35년의 세월은 그 후 70년의 세월을 결정하는 대단히 중요한 시간이었다. 그 35년 동안 옆 나라 일본은 봉건의 잠에서 깨어나 근대화를 향해 눈부신 속도로 변해가고 있었다. 일본은 서구 열강의 침략을 막아내면서 '메이지유신'(明治維新, 1868)이라는 자체적인 체제 정비를 완료하고, 근대화를 통한 부국강병에 박차를 가하고 있었다.

그런데 조선은 주변 정세가 얼마나 급히 변해가고 있는지를 전혀 모른 채 깊은 잠에 빠져 있었다. 중국에서 일어난 아편전쟁이나 일본에서 있었던 페리 제독의 내항이 몰고 온 중국인과 일본인의 충격을 거의 의식하지 못하고 깊은 잠에 빠져 있었다. 그래서 19세기 후반, 조선에 온 서구인들은 조선을 가리켜 '고요한 아침의 나라'라고 하였다. 이 말은 긍정적인 의미보다는 게으르고 발전이 정체되어 있다는 부정적인 의미로 사용되었다.

개화기 시절 조선을 방문한 서양인들은 한결같이 한국인들의 첫 번째 특성으로 '게으름과 느려터짐'을 지적했다. 하지만 한국인들은 조선을 떠나는 순간 무섭게 일했고 빨라졌다. 지금은 세계 최고 수준이 되었다. 또한 최근에 한국은 세계에서 가장 빠른 압축 성장을 했다. 이는 우리 자신을 자랑스럽게 생각할만하다.

그런데 참으로 놀라운 사실은 오늘날 한국인의 대명사가 '빨리빨리'인데, 그 말이 무색할 정도로 그때는 왜 그렇게 게으르고 느려터졌16을까? 현상적으로 나타난 인간적인 관점이 아닌 하나님의 관점에서 보면 여기에는 우리 민족을 향한 오묘하고도 놀라운 역사 섭리가 들어 있다는 사실이다.

하나님께서 아담을 창조하신 후 그의 짝을 마련해 주기 위해 아담을 깊은 잠에 들게 하셨다. 아담이 깊은 잠에 빠져 있을 때 그의 갈비뼈를 취하여 하와를 창조하셨다(창 2:21). 그러니까 가장 아름다운 여자의 창조는 아담이 깊은 잠에 들었을 때 이루어졌다. 또한 믿음의 조상으로 일컬어지는 아브라함과 언약을 맺을 때도 아브라함을 깊은 잠에 들게 한 후에 횃불이 쪼갠 고기 사이로 지나심으로 이루어졌다(창 15:12).

'만만디'라고 일컬어지는 중국인보다 더 만만디 한 백성처럼 '고

---

16 구한말 조선을 네 차례나 방문한 이사벨라 비숍(Isabella Bishop)의 "한국 민중에 대한 놀라운 발견"에 대해서는 본서 727쪽 이하를 참조.

요한 아침의 나라 조선'은 조용하기만 했던 것이 참으로 이상하지 않은가. 하와를 창조하기 전 아담을 깊은 잠에 들게 한 것처럼, 횃불 언약을 맺기 위해 아브라함을 깊은 잠에 들게 한 것처럼, '새 언약 백성'으로서의 가장 아름답고 고귀한 사명을 지닌 민족을 만들기 위해 하나님께서 한민족을 깊은 잠에 들게 하신 것이 아니고는 적절히 설명할 길이 없다.

조선의 최후 105년의 역사는 '105인 사건'을 연상시키듯, '하나님의 카이로스적 시간표'에 따라 연출된 하나님의 시나리오였다. 일본은 1840년 아편전쟁의 충격으로부터 조선 침략의 신호탄인 운양호 사건(1875)까지 35년 동안 조선을 침략하기 위해 철저히 준비했다. 더 정확히 말하면 하나님께서 일본을 준비시키셨다. 우리는 조선 침략 준비기간 35년, 조선 침략 35년 그리고 조선 식민지 지배 35년에 담긴 한일근대사에 나타난 하나님의 카이로스적 시간표에 그저 놀랄 뿐이다.

"조선의 최후"는 하나님이 우리 민족을 '새 언약 백성'인 '제2의 이스라엘'로 삼기 위해 깊은 잠에 빠뜨린 시간이었다. 늦잠에서 깨어나 보니 그때는 이미 일본에 의한 '조선의 멸망'이라는 비운에 맞닥뜨렸다. 그때부터 일본인들이 제작한 뜨거운 풀무불에 들어가 35년 (cf. "한 때 두 때 반 때", 단 7:25; 12:7) 동안의 가혹한 연단 기간을 겪어야 했다.

그런데 하나님의 관점에서 보면, 한편으로는 우리 민족 스스로 이룩하기 어려운 근대화를 일본인이 동아시아 침략을 위해, 본의 아니게 한반도를 근대화시켜 놓았다는 점이다. 그리고 다른 한편으로는 그사이에 하나님께서 우리 민족을 전 세계를 구원할 제사장의 나라로 삼기 위해 복음화시켜 놓았다는 사실이다. 아이러니하게도 일본은 근대화가 급속도로 진행되면 될수록 복음화로부터 점점 멀어져 갔다. 그에 반해 조선은 근대화가 늦은 것으로 인해 그에 대한 응전을 하면 할수록 복음화가 진척되어 갔다는 사실이다.

애굽과 바벨론은 하나님의 백성인 이스라엘을 참 이스라엘 되게 키운 '인큐베이터'였다. 마찬가지로 일본은 제2의 이스라엘인 한국을 참 한국되게 키우기 위해 최고로 잘 준비된 '인큐베이터'였다. 하나님은 우리 민족을 구원사에 붙들린, 찬란하게 빛나는 보석 같은 민족으로 재창조될 때까지 일본을 사용하셨다. 즉, 한민족을 '인큐베이터' 속에 집어넣고 복음화로 영글 때까지 숨겨 두셨다는 사실이다. '모든 것이 합력하여 선을 이룬다'(롬 8:28)는 말씀이 이에 해당한다고나 할까. "조선의 최후" 70년이 갖는 역사적 의미가 여기에 있다.

이스라엘 민족이 70년(609~539 BC) 동안 바벨론 포로민으로 살았듯이, 한민족은 운양호 사건(1875)부터 일제로부터 해방되는 해(1945)까지 70년을 일본에 지독하게 시달린 역사를 살았다. 한일 강제병합인 1910년을 기준으로 이전의 35년과 이후의 35년씩 말이다.[17]

그런데 일본의 조선 침략과 식민 지배 70년의 역사는 약자(조선)에 대한 강자(일본)의 폭력의 역사였다. 여기서 묻는 것은 왜 일본은 이웃 나라에 대해 이러한 불행하고 나쁜 관계의 역사를 펼쳤는가? 또는 하나님은 왜 이런 관계가 되도록 하셨는가? 하는 질문이다. 인간적인 생각으로 강자가 약자를 침략하고 지배하는 것은 당연하

---

17 필자의 견해처럼 카와이 아츠시는 정확하게 70년(1875~1945년)을 "조선 침탈의 과정"이라고 묘사했다. 『하룻밤에 읽는 일본사』, 266-267.

고 자연스러운 현상이라고 말할 수도 있다. 하지만 하나님의 깊은 섭리의 역사로 말한다면 여기에 무슨 깊은 뜻이 있는 것은 아닐까?

하나님은 그의 아들 그리스도 예수가 '십자가를 지는 방식'으로 인류 구원을 이루고자 하셨는데, 이 같은 하나님의 모략을 아무도 몰랐다. 로마 총독 빌라도, 대제사장 안나스와 가야바, 바리새인, 유대인, 가룟 유다, 베드로, 심지어 사탄마저도. 그런데 그들도 알지 못하는 사이에 하나님은 이 모든 사람을 총동원하여 한 치의 오차도 없이 당신의 시나리오에 따라 하나님의 뜻을 성취했다는 사실이다. 그 누구도, 그 무엇도 이러한 하나님의 구원 계획을 멈추게 하거나 변경할 수 없었다.18

마찬가지로 조선이 침략과 식민 지배를 당하면서 십자가를 지게 된 것은 한국을 제2의 이스라엘(새 언약 백성)로 삼으려는 하나님의 모략에 기인한다. 즉, 조선과 일본뿐만 아니라 외세까지 총동원하여 그들도 알지 못하는 사이에 소름 끼칠 정도로 한 치의 오차도 없이 하나님의 뜻을 행했다는 사실이다. 그 누구도, 그 무엇도 이러한 하나님의 모략을 멈추게 하거나 변경할 수 없었다.

예언자 예레미야의 예언처럼 하나님의 백성(聖民) 이스라엘이 70년 동안 바벨론을 섬겨야 했듯이, 제2의 하나님의 백성(聖民) 한민족은 70년 동안 일본을 섬기며, 온갖 시련을 당해야 했다. 왜 하필 70년인가? 여기에 담긴 하나님의 놀라운 섭리를 일본인도 한국인도 몰랐다. 그리고 식민지 세월 35년이라는 본격적인 시련을 당하기에 앞서 한국인은 35년 동안 예비 주사를 맞아야 했다. 그런데 예비

---

18 겟세마네 동산에서의 예수의 기도, "아빠 아버지여 아버지께는 모든 것이 가능하오니 이 잔을 내게서 옮기시옵소서 그러나 나의 원대로 마시옵고 아버지의 원대로 하옵소서"(막 14:36).

주사 35년의 역사는 하나님의 섭리 속에서 조선을 식민 지배하겠다는 일본의 의지를 그 어떤 것도 막을 수 없었다.

임오군란과 갑신정변으로도, 동학농민전쟁으로도, 갑오개혁과 광무개혁으로도, 의병들의 항일무장투쟁도, 애국심에 불탄 자결로도, 헐버트와 알렌의 외교적 노력도, 장인환의 스티븐슨 저격도, 안중근의 이토 히로부미 암살도, 기독교인들의 간절한 기도도 다 부질없다는 듯이 일제에 의한 조선의 식민 지배를 막을 수 없었다. 오히려 서구 열강들, 특히 미국 정부와 선교사들마저 일본편19을 들어 한국의 식민지화를 거들어 주기까지 하였으니 무엇으로 한일합방을 막을 수 있단 말인가!

사방을 둘러보아도, 아무리 크게 절규하며 외쳐도 조선의 독립을 지켜줄 나라는 하나도 없다. 바로의 압제로 인해 탄식하며 부르짖으면서도 애굽을 떠날 줄을 모르는 히브리 백성에게 애굽을 떠나도록 하기 위해 하나님께서 오랫동안 침묵하고 계셨던 것처럼, 온갖 고초를 겪으면서도 한반도를 떠날 줄 모르는 조선 백성을 온갖 방법을 총동원하여 한반도를 떠나게 하여 전 세계에 흩으신 하나님의 초월적 역사 경륜을 그 누가 막을 수 있겠는가.

인류 구원이라는 하나님의 비밀의 경륜을 이루기 위해 아버지 하나님께서 아들 예수께 주신 고난의 잔을 마시지 않을 수 없었던 것처럼(요 18:11), 일본을 비롯한 전 세계 열방을 구원하는 구원사의 도구로 쓰기 위해 한민족에게 준 고난의 잔을 어찌 마시지 않을 수

---

19 미국의 아시아 정책이 친일색을 띨 수밖에 없었던 이유에 대해서는 "청일전쟁과 러일전쟁을 통해서 본 미국의 한반도 정책," 본서 642쪽 이하를 참조. 여기서 놀라운 사실은 미국이 외교적으로는 일본 편을 들면서도 한국에 들어온 선교사의 약 80%가 미국 선교사였다는 사실이다.

있겠는가.

조선이 일본에 처음으로 개항한 이후 35년이라는 카이로스적 때가 찼을 때 하나님께서 조선을 일본에 내어 주었다. 그 무엇으로 이같은 하나님의 비밀스러운 경륜을 막을 수 있겠는가. 그런데 참으로 놀라운 것은 이어지는 35년간의 식민지 포로 생활을 당하고 있는 한민족에게 미국을 통해 일제로부터 해방시키고 말겠다는 하나님의 집념을 그 누가, 그 무엇이 또한 막을 수 있겠는가.[20]

한일합방이 시작되자 만주의 이권을 놓고 미 · 일 간의 관계 악화를 누가 막을 수 있으며, 105인 사건을 조작해 기독교회를 탄압하고 선교사를 추방한다고, 거족적으로 일어난 3 · 1운동을 총칼로 탄압한다고, 관동대지진의 참극을 한국인에게 뒤집어씌운다고, 일제 말기에는 '내선일체', 즉 한국인을 일본인에 동화시켜 민족을 아예 말살하기 위해 창씨개명, 신사참배, 조선어 사용 불허, 징병과 징용과 정신대 및 조선 기독교를 일본 기독교에 병합한다고, 만주사변과 중일전쟁과 동남아에서의 일본이 연전연승한다고 일제로부터 한민족을 해방시키고자 하시는 하나님의 집념을 그 누가 막을 수 있겠는가?

그 짧은 기간 일본의 근대화를 그 누구도 막을 수 없듯이, 그 짧은 기간 한국의 복음화를 그 누가 막을 수 있겠는가. 밝아오는 부활의 새벽을 그 누구도 막을 수 없듯이, 35년이라는 카이로스적 때가 찼을 때 태평양전쟁을 일으켜 일제를 패망시키시고[21] 한국을 해방시키고

---

20 고종 황제가 온갖 잔머리를 굴리며 막아보려고 했던 일제에 의한 조선의 식민지화를 막을 수 없었던 것처럼, 일제가 온갖 잔머리를 굴리며 막아보려고 했지만, 미국에 의한 일본의 패망과 한국의 해방을 막을 수 없었다.

21 젊은 시절 태평양전쟁에 하급장교로 출전한 야마모토 시치헤이(山本七平)는 이렇게 말했다. "과거의 일본은 스스로 만들어 낸 시나리오에 의해 자멸했다." 야마모토 시치헤이, 『어느 하급장교가 바라본 일본 제국의 육군』, 402. 섭리론적으로 말하면 하나님께서 일본을 자멸하도록 이끌어

자 하시는 하나님의 숭고한 뜻을 그 누가 막을 수 있겠는가.

이 장쾌한 대하드라마를 그 누가 연출했다고 하겠는가. 우주를 창조하신 창조주요 역사를 섭리하시는 구속주가 되시는 전능하신 하나님 아버지가 아니신가. 한민족을 지극히 사랑하시는 하나님께서 한민족을 온 세계에 흩으셔서 세계 열방에 복음을 증언하는 제사장의 민족으로 삼기 위해 그 같은 최고 감동의 장쾌한 대하드라마를 연출한 것이 아닌가. 그렇다면 "조선의 최후"는 하나님의 시나리오에 따라 우리 민족을 새 언약 백성 만들기 위한 '하나님의 최선'이 아니겠는가! 아, 깊고 깊은 성령의 지혜여! 오, 비밀스러운 하나님의 모략이여!

가신 것이다. 애굽 왕 바로를 자멸하도록 이끌어가신 것처럼 말이다(출 14:8).

VI. 일본의 근대화와 한국의 복음화

솔로몬 성전 앞의 두 기둥 '야긴과 보아스'(대하 3:17)처럼 '근대화와 복음화'는 한일근대사를 이해하는 두 기둥이다. 한일근대사에서 한국과 일본이 결정적으로 다른 길을 갔는데, 일본은 '복음화와 거리가 먼 근대화(문명화)'의 길을 간 반면, 한국은 근대화에 늦었지만 '복음화에 기초한 근대화'의 길을 갔다는 점이다.[1] 결국 일본이 추구한 길은 근대화의 슬로건인 '서구를 닮자'에 있었고, 한국이 추구한 길은 복음화의 슬로건인 '예수를 닮자'에 있었다. 그만큼 양국이 간 길은 달랐다.

한일근대사 이전 300년(16세기 중엽~19세기 중엽)의 역사 속에서 한일 양국은 상당히 다른 길을 걸었다. 근대화 측면에서 보면 일본은 옥토밭의 토양을 일군 반면 한국은 진흙밭의 길을 걸었다. 그리하여 일본은 점점 강대국이 되어갔고, 한국은 점점 약소국이 되어 갔다. 반면에 복음화의 측면에서 보면 일본은 진흙밭의 길을 걸었고, 한국은 옥토밭의 토양을 일구었던 시간이었다. 강대국 일본은 그리스도교가 뿌리를 내리기 힘든 나라로 변해 갔고, 약소국 한국은 그리스도교가 뿌리내리기 좋은 토양이 되었다.

이에 대한 배경적 고찰로 인류사상사를 간단히 살펴보고자 한다. 첫째는 천왕 시대(天王時代)로, 이는 자연(天)을 왕 삼던 주전 6세기 이전의 시대를 말한다. 둘째는 인왕 시대(人王時代)로, 이는 인간의 노력과 이성을 왕 삼던 주전 6~5세기경이다. 이때 동양에서는 공자,

---

1 한일 양국에서 이에 대한 대표적인 두 사람을 든다면 일본에서는 '후쿠자와 유키치'이고, 한국에서는 '언더우드 선교사'라고 말할 수 있다.

석가, 노자에 의한 삼교(유·불·도)가 생겨났고, 서양에서는 소크라테스로 시작되는 헬레니즘이 태동하였다. 셋째는 신왕 시대(神王時代)로, 이는 하나님(神)을 왕 삼던 주후 1세기를 말한다. 동양과 서양의 중간 지대인 팔레스타인 땅에서 예수 그리스도로부터 시작된 은혜와 구원의 복음은 사상사적 완성을 보여주었다.[2]

그리스도교 복음이 삼교를 숭상하는 동양보다는 헬레니즘 세계인 서양에 먼저 전해지면서 1500년 동안 유럽의 세계는 서구 기독교적 토양을 마련하였다. 이것은 인류 구원의 순서에 있어서 하나님의 전략에 속하는 비밀적 경륜이었다.

13~14세기 칭기즈칸에 의한 '유라시아 제국'(Pax Mongolica)은 동·서 문명을 연결 짓는 계기를 마련하면서 유럽에 문예부흥(Renaissance)과 종교개혁(Reformation)을 가져왔다.[3] 종교개혁의 여파로 가톨릭과 프로테스탄트가 나누어지면서 실지(失地) 회복을 위해 가톨릭은 본격적으로 세계선교를 향했고, 그것이 일본에 도착한 시점이 16세기 중엽이었다.

이때부터 미국과의 개국을 통한 프로테스탄트가 들어오는 300년 동안 일본에서의 그리스도교(가톨릭)의 역사는 탄압과 박해로 점철된 역사였다. 초기에 불교 세력을 잠재우고 천하통일을 꿈꾸었던 오다 노부나가[4] 이후 전국 통일을 이룩한 도요토미 히데요시는 서구 기독교가 정국의 안정을 해치는 위험한 종교로 보고 탄압을 시작했고, 이어지는 도쿠가와 이에야스도 같은 생각을 가지고 있었다. 특히

---

2 더 자세한 설명은 박호용, "왕 사상으로 본 세 세계관,"『유레카·익투스 요한복음』, 427-439를 참조.
3 김호동, "몽골 세계 제국의 탄생," "팍스 몽골리카의 산물,"『유라시아 천년을 가다』, 97-102, 181-186.
4 더 자세한 설명은 김시덕,『동아시아, 해양과 대륙이 맞서다』, 27-30을 참조.

시마바라 반란(1637)을 경험한 일본 조정은 그리스도교가 뿌리내리지 못하도록 철저히 탄압하면서 쇄국으로 돌아섰다.[5]

300년 동안 이어지는 정부의 그리스도교 탄압과 박해 정책은 일본인으로 하여금 기독교는 적성 국가의 종교이자 기독교를 믿는 것 자체가 마치 칼 앞에서 두려움을 느끼는 아이처럼 삶을 송두리째 위험에 빠뜨리는 종교라고 생각해서 뿌리내리기 힘든 토양을 만들었다. 가톨릭에 대한 탄압과 박해가 길어질수록 일본인들은 그리스도교를 적성(敵性) 종교로 각인되면서 경계의 대상이었고, 그것은 결국 프로테스탄트 수용도 점점 어렵게 만들었다.

19세기 중엽 서구 열강에 의한 개국을 요청받으며 군함과 함께 들어오는 프로테스탄트조차도 나라를 위협하는 강대국의 종교로 인식되면서 선뜻 받아들이기 어려운 기류가 강력했다. 마침내 그리스도교의 등가물로 천황제를 국가 기축으로 삼는 것으로 그리스도교 거부에 대한 마침표를 장식했다. 복음화의 길에서 일본은 진흙밭을 걸었던 것이다.

한국은 일본보다 200년 이상 늦은 18세기 말엽에 가서야 가톨릭이 조선에 들어왔고, 프로테스탄트 선교사가 들어오기 100년 동안 심한 탄압과 박해의 시간이 있었지만, 일본처럼 정책적으로 철저히 탄압하는 분위기가 아니었다. 더욱이 300년 동안 약소국으로 점점 전락해 가는 가운데 마침내 19세기 말엽 들어온 프로테스탄트는 내적으로는 신분 질서의 억압으로부터 해방을 가져오는 종교이자 외적으로는 약소국인 한국을 지켜주는 종교로 인식되어 복음화의 좋은 토양이 조성되었다.

---

5 위의 책, 210-224.

한국은 하나님의 깊은 역사 경륜에 따라 70년 동안 일본의 속국이 되어야 했다. 선지자 예레미야는 유다 나라가 바벨론에 70년(주전 609~539) 포로 생활을 해야 한다고 예언한 것처럼 한국은 일본에 한 치의 오차도 없이 70년(1875~1945) 동안 포로 생활을 해야 했다. 그야말로 성경 말씀을 응하게 하기 위해서 했다.

신복룡은 젊은 날 미치도록 몰두해 보고 싶은 대상이 있었다고 하면서 '동학에 대한 사랑'이 그것이었다고 고백하였다. 그가 동학과 그 뒤를 이어 전개된 갑오농민혁명에 집착한 것은 그것이 한국 민족운동의 모범이라는 고집 때문도 아니고, 그의 사상적 위대함 때문만도 아니라 우리 역사에 그리 흔치 않은 민족적 투혼이 그토록 무참하게 깨어진 데 대한 아쉬움 때문이라고 토로한 적이 있다.[6]

그러면서 민족의 승전의 감격보다도 패전의 회한 속에서 더욱 응결되고 자기 자신을 돌아보는 계기가 될 수 있다는 점에서, 패배(치욕)의 역사나 비정(비분)의 역사가 가지는 후대의 의미는 승전이나 감격의 역사가 주는 교훈에 결코 못지않다고 역설하였다.[7]

여기서 패배의 역사만을 말하지 말고 "왜 근대 조선은 일본과 다른 길을 걷게 되었는가?"를 물어야 한다. 조선을 식민지화하려는 일본을 비롯한 서구 열강들의 조선 침략 속에서 정도의 차이만 있을 뿐 민족 보존의 차원에서 유교적 민본주의를 끌어안고 행한 모든 조선인의 분투 노력은 다 실패로 귀결되었다. 갑신정변도, 동학농민전쟁도, 독립협회운동도, 의병운동도, 심지어 대부흥운동도 망국을 막지 못하고 다 실패로 끝났다. 왜 그랬을까?

---

6 신복룡, 『東學思想과 甲午農民革命』, 3.
7 위의 책, 380.

필자는 하나님이 다 실패하게 하셨다고 보는 입장이다. 그 까닭은 한민족은 일본인이나 다른 어느 민족과도 다른 기독교적 신본주의의 길, 곧 복음화의 길이 한민족이 가야 할 길이기 때문이다. 이것이 그 질문에 대한 필자의 대답이다.

어떤 역사적 사건을 해석하는 데 있어서 어려운 점은 그 사건의 의미를 그 당대에는 잘 알 수 없다는 데 있다. 가령 1875년에 있었던 운양호 사건에 대해 조선은 일본의 감춰진 속내를 잘 알지 못했다. 그런데 일본도 조선도 그 사건에 감춰진 하나님의 속내를 잘 몰랐다. 이것이 역사 해석의 어려움이자 역사의 오묘함이다.

섭리론적 관점에서 일본은 서구를 모델로 삼아 근대화에 성공하여 제국 일본을 이루었지만, 복음화를 이루지 못했다. 이것이 일본의 불행이요 비극이었으며8 그 결국은 일본의 패망으로 이어졌다. 이 같은 결과를 초래한 데에는 두 가지 이유 때문이다.

하나는 서구를 모델로 하여 모방하고자 할 때 서구 문명의 전부를 가져와야 하는데, 일본은 반쪽만 가져왔기에 실패했다. 즉, 서구 문명의 반쪽인 과학기술 문명만 가져오고 다른 반쪽인 그리스도교 문명은 거부했기에 실패한 것이다. 또 하나는 일본의 전통에 결여된 '토의 문화', 즉 서구는 개인을 존중하는 자유주의적 전통에 따른 '토의 문화'를 기본으로 하고 있다.9 반면에 일본은 기본적으로 사무라이적 전통에 따른 '토의가 없는 문화', 즉 명령과 복종의 문화를 기본

---

8 요시다 고조(吉田耕三) 목사와의 대화(2021. 7. 16.)에서 요시다 목사는 '일본의 복음화'가 제대로 이루어지지 못한 것은 복음화되기 이전에 근대화로 인한 물질적 복이 일본인을 지배한 데 있다는 중요한 발언을 하셨다.

9 '근대'의 특징인 '토의에 의한 통치'의 중요성에 대해서는 미타니 타이치로, 『일본 근대는 무엇인가』, 15-40을 참조.

으로 하고 있다. 따라서 이를 좁혀가는 노력이 필수적이었으나 여기에 실패했다. 그리하여 이 같은 결과로 귀착된 것이다.

반면에 한국은 근대화에 실패하여 일제에 식민지가 되었지만 새 언약 백성을 만들기 위한 하나님의 열심(분투 노력)으로 복음화에 성공했고, 때가 차자 해방을 맞았다. 이것이 한국의 행운이요 축복이었다. 여기서 우리는 먼저 '근대' 개념을 한일 양국이 어떻게 수용했는가를 살펴보아야 한다.

일본의 근대는 19세기 후반 최선진국으로 국민국가 건설에 착수한 유럽 열강을 모델로 형성되었다. 1871년부터 1873년에 걸쳐 이와쿠라 토모미(岩倉具視)를 특명 전권 대사로 한 일본 정부 사절단이 불평등조약 개정 교섭을 위해 구미에 파견되었다. 그들이 제일 먼저 방문한 나라는 일전에 일본을 향해 개국하라고 압력을 행사한 미국이었다.

그런데 당시 미국은 유럽 여러 나라와 비교해 볼 때 오히려 후진국에 속했고, 그런 의미에서 일본과 동일한 위치에 있었다. 그러나 미국은 일본보다 먼저 유럽의 모국인 영국으로부터 독립을 쟁취했을 뿐 아니라 유럽 여러 나라와 대등하게 일본에 대해 불평등조약이 초래한 권익을 향유하고 있었다.

그래서 당시에 세계정세에 정통한 일부 일본 지식인들은 미국은 '양이'에 성공적 사례로 인식되었고, 비유럽국가로서 유럽적 근대화를 이룬 선구적 사례를 제공했다고 인식했다. 일본의 근대화 과정에서 미국이 일본에 미친 독자성이 강한 정치적·문화적 영향의 역사적 근거가 여기에 있었다. 일본의 유럽화는 미국화와 불가분의 관계였고, 그뿐만 아니라 세계의 중심이 유럽에서 미국으로 이동함에 따라 일본에게 유럽화는 미국화로 전화할 필요성이 있었다. 필자가 볼 때 일본이 유럽보다 먼저 미국과 개국한 것은 행운에 속하는 일이다.

일본이 유럽을 최적 모델로 해서 근대화를 개시한 19세기 후반 막말 유신기에 유럽에서는 "근대가 무엇이었나?"라는 '근대'에 대한 이론적 성찰이 시작되었다. 이 물음은 "일본의 근대는 무엇이었나?"라는 문제에 답하는 하나의 실마리를 제공해 줄 것이다.[10]

'새로운 경제학'을 추구한 칼 마르크스(M. Marx, 1818~83)와 동시대 사람인 바지호트(W. Bagehot)는 '새로운 정치학'을 모색한 사람이다. 그는 마르크스와 마찬가지로 '근대'의 가장 현저한 징표는 '자연과학'이라고 생각했다. 바지호트에 따르면 '자연학'은 지적 세계에서 '근대'와 '전근대'를 구분하는 가장 큰 지표였다. '자연학'은 18세기의 뉴턴(1642~1727), 19세기의 다윈(1809~82)으로 상징되는 물리적·생물적 자연에 관한 획기적 이론으로 '근대'를 열었다.

바지호트가 『자연학과 정치학』을 쓴 목적은 '근대'의 이정표가 된 '자연학'에 대응할 '정치학'의 독자적인 패러다임을 제공하려는데 있었다. 마루야마 마사오(丸山眞男)에 따르면 일본의 '근대'를 특징짓는 핵심적인 학문 영역을 '(수학적) 물리학'이라고 간주하고, 이것을 구체제의 정통적 학문인 '윤리학'과 대극적 위치에 둔 자는 후쿠자와 유키치였다고 말했다. 이것이 마루야마가 말하는 "후쿠자와에게 있어서 '실학(實學)'의 전회"라는 명제이다. 아마도 후쿠자와는 『자연학과 정치학』을 주의 깊게 읽었을지도 모른다.[11]

이 논리에 따르면 19세기에 '윤리학에 속하는 유교'(성리학)에 빠

---

10 미타니 타이치로, 『일본 근대는 무엇인가』, 9-10.
11 위의 책, 12-15.

져 있던 조선은 '전근대'에 속한 나라이고, '자연학'에 깊은 관심을 기울인 일본은 '근대'에 속한 나라가 된다. 그러면 여기서 일본의 근대화 과정을 추적해 보자.

1492년에 시작된 대항해시대 이후 일본은 1543년에 포르투갈 상인이 전해 준 조총과 더불어 서구 문명과 접하는 근대화가 시작되었다. 그 이후 대문, 즉 쇄국으로 나라의 문은 잠갔지만, 창문, 즉 네덜란드를 통한 난학으로 근대화의 큰 진보를 이룩했다. 또한 종교적으로는 1549년에 가톨릭 신부인 프란치스코 자비에르가 일본에 들어와 선교하면서 서구 기독교 문명을 접했다. 이는 조선과 비교하면 2~3백 년이나 앞선 서구 선진 문명과의 접촉이었다.

여기서 참으로 이상한 것은 조선과 일본은 가까이 인접해 있는 나라인데, 어째서 서구 나라들은 일본과는 활발히 접촉하면서도 조선은 비켜 갔는지에 대한 의구심이다. 이를 두고 김시덕은 일본이 일찍 서구 문명과 접촉하였고, 그래서 서구 세력들에 대처할 수 있는 기회를 얻었고, 이것을 '행운'으로 본 반면에 그런 기회를 갖지 못한 조선을 '불행'으로 보았다.[12]

그런데 섭리론적 관점에서 보면 하나님께서 카이로스적 때가 찰 때까지 조선을 숨겨 두셨다는 사실이다. 서구 선진 문명과의 접촉이 늦은 조선은 이로 인해 근대화의 지각생이 되었고, 결국 조선의 멸망으로 이어졌지만, 거기에는 일본과 다른 길, 즉 근대화보다도 복음화를 통해 한민족을 위대하게 쓰고자 하시는 하나님의 놀라운 역사경륜이 있었다는 사실이다. 단지 때가 찰 때까지 기다리시는 하나님의 섭리를 사람들이 잘 몰랐을 뿐이다.[13]

---

12 더 자세한 설명은 김시덕, 『일본인 이야기 1』, 24-48을 참조.

근대화와 복음화의 관점에서 한일근대사를 바라본다면 일본은 근대화에서는 성공적이었으나 복음화에서는 실패했다. 이것이 결국 일본의 불행을 가져왔다. 반면에 한국은 근대화에 실패했으나 복음화에는 성공적이었다. 이것이 결국 한국의 행운을 가져왔다. 그런데 이 같은 한·일 간의 역사 행보는 전적으로 하나님의 인류 구원 계획에 따른 숨겨진 전략에 기인하는 것으로 볼 수 있다. 일본의 근대화는 한국의 복음화를 위한 불쏘시개였으며, 한국의 복음화는 일본의 복음화를 위한 불쏘시개로 사용하기 위한 하나님의 오묘한 전략이라는 것이다.

　　대항해시대 이후 서구 문명을 수용하는 과정에서 일본과 한국은 상당히 다른 길을 걸어왔다. 서구 문명, 즉 헬레니즘(이성)에 기초한 과학기술 문명과 헤브라이즘(신앙)에 기초한 그리스도교 문명을 수용하는 과정에서 일본은 한국보다 200~300년 앞섰다. 일본은 과학기술 문명이 가져다준 근대화의 길은 중단없이 발전을 거듭하며 아시아에서 가장 먼저 국민국가를 이룩하는 데 성공했다. 그러나 그리스도교 문명인 복음화의 길에서는 끊임없는 탄압과 견제를 받으면서 결국 복음화로 민족 신앙을 이룩하는 데 실패했다.

　　근세 이전 봉건 질서 하에서 봄의 새싹처럼 피어난 일본의 가톨릭은 꽃처럼 만개하기 전 일본 권력자들에 의한 탄압으로 전쟁에서 패하듯 괴멸되고 말았다. 그런 상황을 지켜보던 프로테스탄트는 가톨릭의 전철을 밟지 않기 위해 선교에는 거의 관심을 갖지 않았다. 그 결과 일본 기독교는 메이지유신 이전까지 깊은 잠복기에 들어갔

---

13 하나님은 위대한 일을 행할 카이로스적 때가 찰 때까지 가만히 기다리신다(막 1:15; 갈 4:4; 요 2:4; 8:20; 12:23).

다. 이는 복음화의 측면에서 보면 일본의 불행이 아닐 수 없다.

어리석음과 무능, 저주와 실패의 상징인 십자가 방식을 통한 하나님의 인류 구원 방식을 아무도 몰랐던 것처럼 일본의 근대화와 한국의 복음화를 통한 인류 구원 계획이라는 하나님의 숨겨진 속내를 아무도 몰랐다. 일본은 근대화를 통한 국민국가를 이룩하는 데는 성공적이었으나 복음화를 통한 민족 신앙을 이룩하는 데는 실패했다. 반대로 한국은 근대화가 늦어 식민국가로 전락하여 국민국가를 이룩하는 데 실패했지만, 프로테스탄트를 통한 민족 신앙을 이룩하는 데 성공하였다. 이는 전적으로 역전의 명수이신 하나님께서 행하신 것이요[14] 하나님의 시나리오에 따른 것이다. 즉, 먼저 된 일본(강자)이 아닌 나중 된 조선(약자)을 통해 구원사의 법통(상속자)을 이어가게 하신 것이다.[15]

앞으로 자세히 다루겠지만 여기서 간단히 짚고 넘어가야 할 것은 복음화의 길에서 '가톨릭과 프로테스탄트'에 대한 입장이다. 1517년 프로테스탄트 종교개혁 이후 가톨릭은 실지(失地) 회복을 위한 전략으로 반종교개혁(Counter-Reformation)을 단행하였다. 그러고는 아메리카와 아시아 지역을 향해 십자군 전쟁을 방불케 하는 맹렬한

---

14 룻기(1:1-4:22), 한나의 기도(삼상 2:1-10), 마리아의 찬가(눅 1:46-55) 및 에스더서는 '역전의 주제'에 대한 가장 리얼한 텍스트이다. 더 자세한 설명은 박호용, "대역전드라마: 역전의 명수(창 29:21-35)," 『창세기 강해설교』, 668-676을 참조.

15 세상 나라의 원리는 '장자(강자) 중시의 원리', 즉 강한 자가 승리한 것을 중시하지만(역사는 승자의 기록), 성경에 입각한 하나님 나라의 원리는 나중(차자) 된 자가 먼저(장자) 된다(마 20:1-16)는 '차자(약자) 중시의 원리'로 구원사의 법통(상속자)이 이어져 간다는 사실이다. 가인이 아닌 아벨(셋), 이스마엘이 아닌 이삭, 에서가 아닌 야곱, 야곱이 사랑한 라헬의 아들 요셉이나 유다의 형들이 아닌 유다, 아론이 아닌 모세, 사울이 아닌 다윗 그리고 세례 요한이 아닌 예수 그리스도, 먼저 부름 받은 안드레가 아닌 나중에 부름 받은 베드로(요 1:35-42; 21:1-2) 등이 그러하다. 더 자세한 설명은 박호용, 『유레카·익투스 요한복음』, 502-506, 1024를 참조.

선교를 감행하였다.

그런데 근세 이전 봉건 질서 하에서 감행된 가톨릭의 선교는 동아시아 나라들로부터 심한 견제와 탄압을 받아야만 했다. 서구 그리스도교는 봉건제도에 대한 부정, 즉 신분제에 기초한 유교적 봉건 질서를 위협하는 평등사상(혁명사상)을 내포하고 있다고 판단하여 종교적 탄압을 가한 것이다.[16] 엄동설한을 맞아 꽃을 제대로 피우지 못하고 진 것처럼, 민족 신앙을 형성하지 못하고 괴멸되고 말았다. 하나님의 때가 차지 않은 상태에서 행한 '때 이른 선교'가 결국 동아시아 국가들을 가톨릭 국가로 만드는 데 실패하였다.

그런데 영성적인 측면에서 보면 여기에는 대단히 중요한 하나님의 모략이 숨겨져 있다. '베드로의 영성'(교회와 교황)에 기초한 가톨릭은 기본적으로 '혼합주의 영성'(두 개의 초점)으로 나아갔다. 반면에 '바울의 영성'(예수와 성경)에 기초한 프로테스탄트는 '오직(sola)의 영성'(하나의 초점)으로 나아갔다.[17] 가톨릭과 프로테스탄트는 같은 그리스도교에 속하지만 사도 바울에 따르면 가톨릭과 프로테스탄트는 "영이 다르다." '다른 영', '다른 복음'(갈 1:6-8)에 속한다.

바울의 로마서는 하나님의 영원한 비밀인 예수 그리스도를 통한 하나님의 인류 계획(롬 9-11장)을 언급하고 있다.[18] 하나님은 히데요시와 같은 인간, 특히 천황의 신격화를 결코 묵과할 수 없었다.[19]

---

16 김시덕, 『동아시아, 해양과 대륙이 맞서다』, 219-232.

17 더 자세한 설명은 박호용, "종교개혁(Reformation): 베드로의 종교(가톨릭)에서 바울의 종교(개신교)로," 587-597을 참조.

18 로마서는 이렇게 끝나고 있다. "나의 복음과 예수 그리스도를 전파함은 영세 전부터 감추어졌다가 / 이제는 나타내신 바 되었으며… 모든 민족이 믿어 순종하게 하시려고 알게 하신 바 그 신비의 계시를 따라 된 것이니 이 복음으로 너희를 능히 견고하게 하실 / 지혜로우신 하나님께 예수 그리스도로 말미암아 영광이 세세 무궁하도록 있을지어다 아멘"(롬 16:25-27).

더 나아가 하나님의 새 언약 백성인 한민족을 말살하려는 일본의 계획도 묵과할 수 없었다. 한일근대사는 하나님 이외에 어떠한 신격화도 거부하는 프로테스탄트 영성을 지닌 민족으로 한민족을 선택하고자 하신 하나님의 감춰진 속내가 드러난 역사였다. 이 어찌 놀라우신 하나님의 은혜라 하지 않을 수 있겠는가.

1840년은 역사적으로 대단히 중요한 의미를 갖는 해이다. 이 해에 일어난 영국과 중국의 아편전쟁은 동아시아 삼국(한·중·일)의 역사를 세계사(世界史) 속으로 몰아넣는 역사의 분기점이 되었다. 이 전쟁에서 작은 섬나라 영국이 대국인 중국을 이겼고, 이는 중국인과 일본인에게 엄청난 충격을 주었다. 그 충격이란 한편으로는 서구 열강에 의해 나라를 잃을지도 모른다는 극도의 불안감과 위기의식을 자아냈고, 다른 한편으로는 서구 기독교에 대한 강한 불신으로 나타났다.

여기서 그리스도교에 대한 불신은 중국에서는 1900년 '의화단의 난'으로 나타났고, 일본에서는 한편으로는 그리스도교에 대한 금지와 탄압으로, 다른 한편으로는 '신도 국교화'와 '천황제'로 나타났다. 조선의 경우 미국을 비롯한 서구 기독교 국가들에 먼저 개국했다면 우리 또한 그리스도교에 대한 반감이 자리 잡았을 것이다. 그런데 일본에 먼저 개국함으로써 그런 반감을 피할 수 있었다.

세계사적 배경하에서 아시아 지역에 전파된 기독교는 거의 예외 없이 제국주의 침략의 도구 내지, 수단으로 이용되었다. 베트남이 프랑스에 의해, 인도가 영국에 의해, 인도네시아가 네덜란드에 의해

---

19 유발 하라리(Y. N. Harari)의 저서 『호모 데우스』는 인간이 신이 될 수 있다는 '현대판 인간 신격화'의 교리를 담고 있다.

그리고 후에 필리핀은 미국의 식민지로 전락했다. 이러한 식민지화 과정은 아프리카에서도 마찬가지였다.

그러나 유독 한국만은 비기독교 국가인 일본에 의해 식민지화의 길을 걸었다. 바로 이 점이 한국의 경우 기독교와 민족운동이 결합될 수 있었던 요인의 하나다. 그래서 사회공산주의 진영과 아시아·아프리카 각국에서 주장하는 기독교를 제국주의 침략의 주구(走狗)로서 비판하는 그러한 성격과는 궤를 달리하고 있다.[20]

한편, 일본은 조선과의 개국과 더불어 서서히 침략의 발톱을 드러냄으로써 자연히 조선은 일본과 싸워야 하는 전선이 형성되었다. 일본과의 전선이 형성되는 바로 그 시점에 서구 열강에 문호를 개방함으로써 서양 선교사들이 조선에 들어오게 되었고, 조선을 선교하러 온 서양 선교사들은 자연스레 일본과 대척점에 서는 입장이 되었다.

"조선의 최후" 105년의 역사는 미시적 관점에서 보면 중국, 러시아, 일본, 미국을 비롯한 열강들에 의한 끝없는 역사적 부침을 보여준다. 그런데 거시적 관점에서 보면 그 모든 드라마의 종국은 일본으로 귀결되는 것을 볼 수 있다. 수많은 역사적 사건들의 부침 속에서 결국 어떤 결과로 귀결되느냐 하는 점이 중요하다.

한국에 대해 중국은 애굽처럼 과거의 종주국과 같은 위치에 있으며, 러시아는 아시리아와 같은 근자의 신흥 지배 세력이지만, 일본은 바벨론과 같은 최근의 신흥강국이다. 결국 바벨론에 의해 유다 나라의 역사가 종결되듯이 조선은 바벨론과 같이 욱일승천하는 신흥강국 일본에 의해 역사가 종결되는 모습으로 끝나고 있다.

여기서 묻는다. "왜 조선은 중국이나 러시아, 또는 미국이나 서구

---

20 민경배, "기독교와 민족운동," 『한국현대사론』, 53.

열강이 아닌 일본에 식민지가 되었을까?" 우리 민족을 지극히 사랑하시는 선하신 하나님은 기독교 국가인 미국으로 하여금 조선을 일본에 넘겨주도록 강권적으로 역사했고, 또한 민족이 일제에 의해 말살될 위기 상황에서 미국으로 하여금 일본을 멸망시킴으로 한국을 해방시키셨다. 이것은 하나님의 놀라운 섭리가 아닐 수 없다. 결국 미국과 한국은 구한말 때부터 미국 선교사들을 통해 굳건한 한·미 동맹 관계를 유지하게 되었고, 이를 통해 미국처럼 한국도 그리스도교 국가가 되었다.

구한말 일본을 비롯한 서구 열강의 제국주의적 침탈 속에서 조선을 중국이나 러시아, 또는 미국에 넘겨주지 아니하고, 일본에 넘겨준 것은 하나님의 절묘한 '신의 한 수'였다. 만일 조선이 일본이 아닌 중국이나 러시아에 넘겨졌다면 어떻게 되었을까? 한국의 종주국인 중국에 속국이 되면 봉건 질서에 입각한 유교적 질서에서 벗어나지 못할 뿐 아니라 훗날 중국은 공산국가가 되었다는 점에서 한국은 중국의 속국이 되어서는 안 된다. 러시아도 훗날 공산국가가 되었다는 점에서 한국은 러시아의 속국이 되어서는 안 된다.[21]

한국은 필리핀처럼 미국의 속국이 될 수 있었지만 하나님은 그렇게 하지 않으셨다. 오히려 미국은 한국을 일본에 넘겨주는 일에 동조함으로써 한국은 일본의 속국이 되었다. 동아시아 국가들이 모두

---

21 이덕일은 "고종의 오판: 러시아 200만 대군을 맹신한 고종, 일본의 패배에 '베팅'하다"에서 이렇게 말했다. "조선은 강제로 근대에 편입되었다. 유럽의 제국주의 국가가 아닌 이웃 나라 일본에 강제로 병합됐다는 사실이 더 뼈아픈 대목이다. 일본은 많은 진통을 겪은 끝에 근대화에 성공했지만, 조선은 진통만 겪고 실패했다. 그 결과 조선은 1904년 러시아와 일본이 서로 차지하기 위해 싸우는 먹잇감으로 전락했다." 이덕일, 『근대를 말하다』, 15. 이덕일은 "왜 조선이 유럽 국가인 러시아가 아닌 아시아 국가인 일본에 병합되어야 했는가"에 담긴 섭리적 뜻을 전혀 생각하지 못하고 있다.

서구 열강에 식민지가 된 데 반해, 한국만이 유일하게 아시아 국가인 일본의 식민지가 되었다.

놀라운 사실은 한민족을 제외한 삼국이 전부 비복음적 국가로 전락하였는데 반해, 오직 한국만이 기독교 복음적 국가로 남게 되었다. 중국은 유교와 공산주의 국가로, 러시아는 정교회와 공산주의 국가로, 일본은 신도와 천황제 국가로 남게 되었다. 여기서 하나님은 우리 민족을 어떻게 쓰고자 주변 국가와 다른 복음화된 국가로 남게 했는지가 분명해진다.

바벨론 포로 70년 동안 이스라엘 백성은 고난 속에서 지난날을 반성하고 자각하는 가운데 자신들의 정체성과 사명을 다시 분명하게 주형(鑄型)하는 최고의 창조적인 시간으로 재탄생하였다. 마찬가지로 '일제 침략과 일제 강점기 70년'(1875~1945) 동안 한국인은 고난 속에서 지난날을 반성하고 자각하는 가운데 자신들의 정체성과 사명을 다시 분명하게 주형하는 최고의 창조적인 시간으로 재탄생하였다. 그러기에 "조선의 최후"는 '하나님의 최선'이라고 말할 수 있다.

VII. 영적 전쟁의 대서사시: 복음적(십자가-부활) 구조

한일근대사를 포함하여 인류 역사에 대한 필자의 마지막 결론은 이것이다. "결국 이 세상의 마지막 싸움은 '사상 전쟁'이다. 한일근대사로 말하면 주군 천황을 섬길 것이냐, 주님 예수 그리스도를 섬길 것이냐 하는 사상 전쟁이다."

장쾌한 대하드라마 "조선의 최후" 105년의 역사는 하나님이 써 간 '영적(사상) 전쟁의 대서사시'였다.[1] 이 역사는 마치 여호와가 아말렉과 영원히 싸우는(출 17:8-16) 영적 전쟁처럼, "역사를 주관하시는 자는 누구냐?" 즉, "누가 참 신이며 참 왕이냐?" 구체적으로 "예수냐 천황이냐?" 하는 영적(사상) 전쟁의 역사였다.[2] '천황의 나라', 즉 잠깐 있다가 사라질 보이는 인간신 천황이 다스리는 나라와 '하나님의 나라', 즉 보이지 않는 영원한 하나님이 다스리는 나라와의 한 판 승부가 한일근대사이다.[3]

일본과 한국은 매우 다른 역사적 경험을 갖고 있다. 그 경험의 차이가 양 국민의 정체성 형성에 지대한 영향을 미쳤다. 한일근대사

---

1 인류 역사가 '사상(종교) 전쟁의 역사' 인류에게 큰 영향을 미친 10대 사상(종교)을 열거하면 다음과 같다. ① 주전 6세기 이전 샤머니즘(Shamanism), 즉 무교(巫教) 사상. ② 불교, 즉 석가(주전 566~486) 사상. ③ 유교, 즉 공자(주전 552~479) 사상. ④ 도교, 즉 노자(공자와 비슷) 사상. ⑤ 유대교(주전 5세기), 즉 모세 사상. ⑥ 헬라 사상, 즉 소크라테스(주전 469~399), 플라톤(주전 427~347), 아리스토텔레스(주전 384~322) 사상. ⑦ 그리스도교(주후 1세기), 즉 예수 사상. ⑧ 이슬람교, 즉 무함마드(570~632) 사상. ⑨ 공산주의 사상, 즉 마르크스(1818~83)-레닌(1870~1924) 사상. ⑩ 현대의 과학기술 사상. 더 자세한 설명은 박호용, "사상 전쟁-복음 진리의 승리," 『왕의 복음』, 4-9을 참조. 야곱이 얍복강 가에서 하나님과 만나기 위해 천사와 전 존재를 건 영적 씨름을 한 것처럼, 오늘 우리는 참 신앙, 참 진리를 붙들기 위한 영적 전쟁을 해야 한다.
2 더 자세한 설명은 안점식, 『세계관과 영적 전쟁: 예수의 유일성에 대한 비교종교학적 변증』을 참조.
3 "우리가 주목하는 것은 보이는 것이 아니요 보이지 않는 것이니 보이는 것은 잠깐이요 보이지 않는 것은 영원함이라"(고후 4:18).

는 양 국민의 정체성이 주형되는 시기라는 점에서 대단히 중요한 분기점이었다. 충성의 대상, 즉 주군(주님)을 누구로 할 것이냐 하는 중대한 갈림길에 있는 시기였다. 일본은 그 충성의 대상을 주군인 천황에게서 찾았다. 이에 반해 한국은 그 충성의 대상을 주님인 예수 그리스도에게서 찾았다. 이것이 한·일 양 국민의 정체성을 이해하는 열쇠가 된다.

일본은 가마쿠라 막부(1192) 이후 메이지유신(1868)까지 거의 700년 동안 무사도 정신에 입각한 사무라이(무사)의 전통을 이어왔다. 사무라이 전통이란 하위 신분인 무사가 상위 신분인 주군에게 절대 충성을 하도록 되어 있는 전통이다. 설령 주군이 주군답지 못하더라도 신하는 신하의 도리를 다해야 한다. 그리고 인간인 천황을 주군으로 모시는 것도, 태평양전쟁 시절 주군인 천황을 위해 죽음으로 충성한 것도 그 연장선에 있다.[4] 부연 설명하면 이렇다.

일본의 근대화는 유럽을 모델로 하는 것으로 일본의 유럽화를 관통하는 것은 기능주의적 사고 양식이다. 그러나 유럽을 기능 체계로서만 파악하는 방식은 일면적인 것이다. 이 점을 지적한 사람은 메이지 시기에 예외적으로 풍부한 구미 체험을 가진 나카이 카후(永井荷風)이다. 카후는 유럽에는 '근대'로 환원할 수 없는 본질적인 것이 있다고 했다. 이 말은 유럽을 '기계와 그것을 운용하는 데 적합한 사회'로만 바라보는 일본의 근대화는 문제가 있음을 지적한 것이다. 이것을 잘 말해 주는 것이 '기독교의 등가물로서의 천황제'이다.

일본 근대화의 추진력이 된 기능주의적 사고 양식은 유럽 문명의 기반을 이루는 가장 기능화하기 곤란한 종교마저도 기본적 사회 기

---

4 '무사도'(사무라이)에 대한 더 자세한 설명은 구태훈, 『사무라이와 무사도』, 234-328을 참조.

능 내지, 국가 기능으로 파악했다. 일본을 근대화하고 유럽적인 기능 체계로 형성하고 유지하려면 다양한 여러 기능을 통합, 담당할 무언가가 필요하다. 메이지 국가 형성기에 정치지도자들은 유럽에서 그 기능을 담당했던 것이 종교, 즉 기독교임을 찾아냈다.

그렇다면 유럽에서 기독교가 담당한 '국가의 기축'으로서의 기능을 일본에서 담당할 수 있는 것은 무엇일까? 이것이 메이지헌법 기초 책임자로서 이토 히로부미(伊藤博文, 1841~1909)의 최대 고민이었다. 그는 프로이센의 공법학자인 그나이스트(Rudolf von Gnaist)가 유럽의 '기독교'를 일본의 경우에는 '불교'로 바꾸어야 한다고 그에게 권고한 말을 상기했다.

그런데 이토는 불교를 포함한 기존의 일본 종교에서, 유럽에서 기독교가 가진 기능을 담당할 만한 것을 찾아낼 수가 없었다. 즉, 일본에서는 종교가 가진 힘이 미약해 하나의 종교가 '국가의 기축'이 될 수 없었다. 그래서 이토는 '우리나라의 기축이 될 수 있는 것은 오직 황실뿐'이라고 단언했다. '신'의 부재가 천황의 신격화를 가져왔던 것이다.

유럽의 근대는 종교개혁을 매개로 유럽 중세로부터 '신'을 계승했지만, 일본 근대는 메이지유신 전후의 '폐불훼석'(廢佛毁釋) 정책과 운동으로 상징되듯이, 전근대로부터 '신'을 계승하지 않았다. 따라서 일본이 유럽적 근대국가를 만들려면 다른 것에서 구해야 하는데, 그것이 바로 신격화된 천황이었다. 즉, 천황제는 유럽의 기독교에 대한 '기능적 등가물'로 간주된 것이다.[5]

이토를 포함한 메이지유신기의 일본의 정치지도자들은 근대문

---

5 미타니 타이치로, 『일본 근대는 무엇인가』, 235-246.

명을 도입하는 데 있어서 종교의 역할에 주목하였다. 여기서 그들이 실제로 선택한 것은 고대의 '야마토왕권'(大和王權)='日本'에서 연원한 '의사종교'(擬似宗敎)로서의 천황 숭배였으며, 그 신수(神髓)는 천손강림의 창세신화였다. 그런 뜻에서 천황 숭배는 복고적 색채를 띤 허위의식이었음을 면할 수 없지만, 서양의 세력과 대결하면서도 일본의 문명화를 꾀하는 에너지원, 즉 신흥의 '의사종교'로서 거대한 힘을 발휘하였다. 이 경우 일본의 문명화에 대해 작용한 천황 숭배 내지, 천황제 이데올로기는 일단 근대성의 범주로 파악될 수 있다.[6]

섭리론적으로 보면 이토는 메이지유신을 통해 일본의 근대화를 세운 인물이자 천황제 이데올로기를 세움으로써 일본을 패망으로 이끈 장본인이다. 이것이 하나님이 일본을 이끌어간 역사 섭리이다. 하나님이 가장 싫어하는 인간의 신격화를 자행한 일본을 멸망으로 이끈 것이다.[7]

야스마루 요시오(安丸良夫)는 『神々の明治維新』(1979)에서 일본 근대국가의 출발점이 된 메이지유신의 역사적 의미를 신불분리(神佛分離)와 폐불훼석(廢佛毀釋)이라는 사건을 통해 재해석하였다. 그는 근대 천황제 국가의 신도국교화(神道國敎化) 정책추진 과정에서 나타난 신불분리와 폐불훼석이 천황제 국가의 지배 이데올로기 형성에 근본적인 전환점을 가져온 사건임을 지적하고, 이를 가능케 하였던 그 시대의 민중 의식에 주목하였다. 그것은 근대 천황제 국가의 이데올로기는 일본 민중의 종교적 에너지를 국가 목적의 방향으로 여과·수용하는 것을 중요한 목표의 하나로 삼고 있었다는 사실에

---

6 윤건차, 『韓日 근대사상의 교착』, 263.
7 '천황제 이데올로기'에 대해서는 본서 441-443, 916-920을 참조.

따라서 그 이데올로기적 내실의 특이성은 일본 민중의 일상적 종교 의식과 불가분의 관계에 있다는 사실을 전제로 했다.

천황제 국가의 지배 이데올로기에 대한 저자의 이러한 시각은 기존의 진보주의 사관(史觀)에서조차 새로운 것이었다. 패전 후 일본의 진보적 지식인이 공유한 중요한 과제 중의 하나는 "일본의 근대화 과정이 패전이라는 참담한 결과로 이어진 이유는 무엇인가?"에 대한 설명을 구하는 것이었다. 그리고 이러한 물음에 대하여 그들의 결론은 간단히 말해서 근대 천황제 국가가 가지는 전근대성에서 그 이유를 찾는 것이었다.[8]

반면에 한국은 조선조 500년 동안 유교(주자학과 성리학)를 기반으로 선비 정신에 입각한 문사의 전통을 가지고 있다. 그러다가 19세기 말에 기독교가 들어오자 유교적 민본주의를 버리고 하나님이신 예수 그리스도를 주님으로 선택했다. 일본인의 DNA 속에 깃든 무사의 사무라이 정신은 결국 '전쟁의 백성'이 되게 한 반면, 한국인의 DNA 속에 깃든 문사의 선비정신은 '평화의 백성'이 되게 했다. 결과적으로 '주군의 나라'인 일본인은 충성스러운 가신이 되어 평화의 복음을 전하기에 적합지 않은 백성이 되었고, '주님의 나라'인 한국인은 충성스러운 증인(사신)이 되어 평화의 복음을 전하기에 적합한 백성이 되었다.

찬란한 문명 대국을 이룩한 애굽과 바벨론은 이스라엘을 종 삼고 멸망시켰지만, 하나님은 바로 왕의 나라 애굽과 마르둑 신을 숭배하는 바벨론을 멸망시키시고, 역사의 주관자가 여호와 하나님이심을 분명히 드러내셨다. 이것이 이스라엘 역사였다.

---

8 야스마루 요시오, 『천황제 국가의 성립과 종교변혁』, 12-14.

마찬가지로 동아시아에서 최초로 찬란한 문명 대국을 이룩한 일본은 조선을 멸망시켰지만, 하나님은 천황을 숭배하는 제국 일본을 패망케 하시고 역사의 주관자가 하나님이심을 만천하에 드러내셨다. "조선의 최후" 105년의 역사는 이 세상 나라가 우리 주와 그리스도의 나라, 하나님 나라가 되게 하는 것(계 11:15), 이 한 말씀의 성취를 보여주고 있다. 그리하여 "하나님만이 영광을 받으셔야 한다"(Soli Deo Gloria!)는 하나의 초점, 하나의 메시지를 분명히 했다. 이것이 대하드라마 "조선의 최후"의 결론이다.

19세기 말경 서구 열강들이 식민지를 찾아 아시아로 침략해 오고 있을 때, 조선은 프랑스나 미국, 또는 영국에 먼저 문호를 개방할 수 있었다. 일본은 1854년 미국에 개국하고 이어서 서구 열강과 차례로 개국하였다. 그러나 한국은 28년이나 늦은 1882년에 가서야 미국과 개국을 했고, 이어서 여러 서구 열강에 차례로 개국했다.

그런데 조선은 1875년 운양호 사건과 관련하여 가장 먼저 일본에 문호를 개방하였다. 여기서 중요한 것은 일본과 개국을 하면서, 조선의 입장은 일본과 통상을 위해 개국했지만, 일본의 입장은 조선과의 통상은 '다테마에'(명분)이고, '혼네'(속내)는 정한론에 기초한 침략에 있었다. 즉, 운양호 사건은 '조선 침략의 서곡'이었다.

여기서 우리는 중요한 질문을 하나 던질 수밖에 없다. "조선은 개국에 있어서 왜 서구 열강이 아닌 일본이 먼저며, 왜 그 시점은 1875년이냐 그리고 왜 서구 열강이 아닌 일본에 식민지가 되었는가?" 하는 물음이다. "조선의 최후"라는 이 책은 바로 이 질문에 답하기 위해 쓴 책이기도 하다.

19세기 후반 특히 청일전쟁 이후, 조선은 왜 자주독립의 기회를 잃고, 일본에 국권을 상실하고 말았는가? 당시의 국제 정황에서 보자면 조선은 일본이 아니라도 다른 나라에 의해 침략과 지배를 당할 가능성이 충분히 존재했다. 이 말은 조선의 식민지화를 일본과의 관계에서만 고찰하는 것은 한일 양국 간의 감정적 대립을 부추길 뿐이며, 학문적인 이해 방식으로는 불충분하다는 것을 시사한다.

필자의 생각은 "조선의 최후"는 한일 양국이 35년 동안의 준비기간을 거친 후에 카이로스적 시점인 1875년부터 1945년까지의 70년 동안 '신본주의와 인본주의의 대결', 즉 하나님이냐 천황이냐? 예수 그리스도의 복음이냐 사무라이의 칼이냐? 하나님의 은혜(믿음)냐 인간의 율법(노력)이냐?를 놓고 벌인 영적 전쟁의 대하드라마라는 것이다. 하나님은 한국과 일본을 이 대하드라마의 주역으로, 다른 나라들은 조역으로 각각 배정하였을 뿐이다.

참으로 한민족을 '새 언약 백성'으로 만들고자 하신 하나님의 전략은 절묘했다. 먼저 하나님은 일본을 아편전쟁 이후 35년 동안 근대화를 이룩하게 하셨고, 이를 바탕으로 조선을 침략하게 하셨다. 운양호 사건으로부터 한일강제병합까지 35년 동안 하나님은 조선을 가장 먼저 일본에 문호를 개방하게 하셨다.

그러고는 청일전쟁에서 일본의 승리를 통해 조선왕조 500년 동안 징하고 징한 유교 체제의 중국(明·淸)과의 관계를 끊게 하셨다. 이어서 러일전쟁에서 일본의 승리를 통해 공산 체제의 러시아와의 관계를 끊게 하셨다. 그러고는 미국으로 하여금 조선을 일본에 넘겨 줌으로써 정한론을 완성케 하셨다.

그러고는 일제 식민지 35년 동안 한민족을 처절하게 연단 받게 하신 후 태평양전쟁을 통해 미국의 승리와 일본의 패망 그리고 한국의 해방을 가져오게 하심으로 천황 체제의 일본과의 관계를 끊게 하셨고, 마침내 대하드라마 "조선의 최후"를 완성하셨다.

그 사이에 하나님은 조선으로 하여금 일본과 서구 열강을 통해 근대화와 복음화를 이룩하게 하셨다. 그러니까 "조선의 최후" 105년의 시간표는 근대화와 복음화의 미숙아인 조선을 일본과 서구 열강을 통해 '인큐베이터'(incubator) 속에 넣고 키운 하나님의 은혜의 장중에 있는 시간이었다.

따라서 일본의 근대화는 한국을 식민지화하는 도구로 사용된 하나님의 모략이며, 70년의 고난의 역사 속에 전반 35년(1875~1910)은 조선의 멸망이라는 십자가를 지기까지의 기간이고, 후반 35년(1910~45)은 십자가(한일합방)를 지고 부활(8.15해방)에 이르는 기간으로 설정된 하나님의 치밀하고도 고도로 계산된 '카이로스적 시간표'이다. 이것이 "조선의 최후"라는 명품 드라마가 지닌 '십자가-부활의 복음적 구조'이다.

"조선의 최후" 105년의 역사를 '일본의 근대화'와 '한국의 복음화'라는 관점에서 보면 '일본의 근대화라는 알파'로 시작해서 '한국의 복음화라는 오메가'로 대단원의 막을 내린 장쾌한 대하드라마다. 그 내면의 구조는 첫 35년 동안의 서막이 있은 후 중간의 35년 동안은 '십자가로 가는 길'이었고, 그 클라이맥스(절정)는 '한일강제병합'이었다. 그리고 마지막 35년은 '부활로 가는 길'이었고, 그 피날레(대단원)는 '일본의 패망과 한국의 해방'이었다. 따라서 "조선의 최후" 70년의 역사는 '십자가-부활의 구조'9로 되어 있다.

---

9 그리스도교 복음의 두 기둥인 '십자가(죄의 문제 해결)와 부활(죽음의 문제 해결)'을 이슬람은 극구 부인한다(꾸란 4:158). 더 자세한 설명은 권오문, 『예수와 무하마드의 통곡』, 174-176; 이슬람 연

그러니까 "조선의 최후"는 하나님이 기획·연출하시고, 한국과 일본이 주연을 맡고, 중국과 러시아와 미국 및 다른 서구 열강들이 조연을 맡아 이루어낸 한 편의 감동적인 명품 드라마요 장쾌한 대하 드라마이다. 대하드라마 "조선의 최후"에서 한국의 파트너인 일본은 하나님의 경륜을 이루어가는 심부름꾼이자 일개 종에 불과하다. 그런 점에서 일본은 하나님의 원수가 아니다. 일본은 자신도 모르는 사이에 하나님의 뜻을 이루어가는 하나님의 도구요 방편일 뿐이다. 그것은 한국도 마찬가지고, 조연 역할을 하는 다른 여러 나라들도 마찬가지다(요 11:50; 계 17:17).

여기서 중요한 것은 "조선의 최후"라는 명품 드라마를 제작할 때 무엇보다도 미국이 멋진 조연 역할을 했다는 점이다. 주연이 빛나려면 빛나는 조연이 있어야 한다. 한일근대사에서 미국은 십자가-부활 구조에 있어서 빛나는 조연 역할을 한 나라이다.

선교사 알렌이 갑신정변 때 칼에 맞아 죽음 직전에 이른 수구파의 거장 민영익을 살려줌으로써 조선의 복음화는 시작되었다. 그리고 조선에 온 선교사 80% 이상이 북미 선교사였다는 사실에서도 미국이 얼마나 조선의 복음화에 큰 영향력을 행사했는가를 능히 짐작하고도 남는다.

더욱이 조선은 미국에 의해 '한일합방이라는 십자가'를 져야 했고, 또한 조선은 미국에 의해 '해방이라는 부활'을 맞이했다. 이것은 아무도 모르는 하나님의 비밀에 속하는 역사 경륜이었다. 하나님은

구소 엮음, 『무슬림은 예수를 누구라 하느냐?』, 12, 40-42; Abed-al Masih, 『무슬림과의 대화』, 123-130; '이슬람 종교와 문화'에 대해서는 정수일, 『이슬람 문명』; '이슬람과 기독교'에 대해서는 조효근, 『목사가 본 이슬람』을 참조.

한민족이 '십자가를 짊어지고 가는 민족'으로 삼기 위해 미국을 들어 조선을 일본에 양도하였던 것이다. 그리고 다시 미국을 들어 한민족의 부활인 일제로부터의 해방을 맞게 해 주심으로써 한민족을 '부활의 복음을 증언하는 민족'으로 재탄생시켜 주셨던 것이다.

그런데 대하드라마 "조선의 최후"에서 하나님은 왜 한국의 파트너로써 일본을 택하셨을까? 예수 그리스도는 그 안에 지혜와 지식의 모든 보화가 감추어져 있는 하나님의 영원한 비밀(골 2:2-3)이다. 그래서 예수 그리스도와 관계된 모든 행위는 성경 말씀을 응하게 한 행위이다(요 19:24, 28). 마찬가지로 "조선의 최후"는 한국과 일본의 징하고 징한 관계를 통해 하나님의 영원한 구원사의 비밀을 이루셨다(cf. 엡 3:8-9).

'십자가-부활의 복음적 구조'라는 70년 동안의 장쾌한 대하드라마 "조선의 최후" 저변에는 북중국의 황하강과 남중국의 양자강처럼 두 개의 강, 즉 일본의 근대화라는 강과 조선의 복음화라는 또 하나의 강이 흐르고 있었다. 일본의 근대화라는 강은 제국 일본을 낳았고, 제국 일본은 천황제 이데올로기 귀신이라는 악령에 사로잡혀 반인륜적인 만행을 저지른 '죄악의 역사'로 종결되었다.

반면에 조선의 복음화라는 또 하나의 강은 근대화에 지각생이 되어 식민 조선이 되었고, 이로 인해 극한의 고난상황이라는 혹독한 대가를 치렀지만, 수난이 깊어갈수록 '복음의 민족'으로 구형되었다. 그런 의미에서 "조선의 최후"는 하나님이 써간 가장 멋지고 통쾌한 명품 드라마가 아닐 수 없다.

그럼에도 불구하고 지금까지 "조선의 최후"는 이러한 제3의 관점인 하나님의 놀라우신 섭리의 관점이 아닌 한일 양국의 국민이 빚어

낸 인간의 역사로 봄으로써 우리 민족사에서 가장 불행하고 실패한 역사로 규정되었다. 그리고 일본은 아직도 제국주의의 망령에 사로잡혀 불행한 내일을 또다시 준비하는 위험한 길로 가고 있다.

그런데 외견상 실패한 역사일수록 더 기억하고 배워야 한다. 근대화 과정에서 제국주의로 상승한 일본은 우등생, 반식민지로 바뀐 중국은 절반 열등생, 식민지로 전락한 한국은 열등생으로 평가되었다. 근대화 과정에서의 성공과 실패라는 이분법적 시각을 넘어서 역사를 하나님의 시각에서 재해석한다면 어떤 모습일까? 모든 것이 합력하여 선을 이루시는 하나님께서 우리 민족에게 말씀하고자 하는 뜻은 무엇인가?

VIII. 한민족과 일본인의 민족적 정체성(아이덴티티)

"조선의 최후"는 하나님께서 한민족의 정체성(아이덴티티)을 주형하는 결정적 시기였다. 그것은 일본도 마찬가지였다. 근대적 일본의 민족적 정체성을 구형한 두 인물을 든다면 근대화의 선각자요 군국주의의 정신적 지주였던 '요시다 쇼인'(吉田松陰)과 '후쿠자와 유키치'(福澤諭吉)이다.

일본은 강력한 '신도적 민본주의'(천황제 이데올로기)에 입각하여 비기독교적 일본인뿐만 아니라 일본적 기독교조차 욱일승천하는 군국주의의 기세에 눌려 기를 펴지 못하다가 결국 그 속에 함몰되고 말았다. 이것이 일본인뿐만 아니라 일본적 기독교의 한계요 불행이요 비극이었다.

이에 반해 때가 차매 하나님은 근대 조선을 통해 '유교적 민본주의'를 '기독교적 신본주의'로 한민족의 민족적 정체성을 주형해 가셨다. 그리고 한민족의 복음적 정체성을 주형하기 위해 하나님이 보내신 대표적 두 인물이 바로 '윤동주'와 '김교신'이었다.

우리 스스로는 이 같은 정신 문화적 패턴을 바꾸는 것이 결코 쉽지 않다. 한반도를 두고 도전해 오는 서구 열강들의 각축과 조선을 식민지화하려는 열망에 사로잡힌 일본의 침략 속에서 원하든 원치 않든 우리도 모르는 사이에 그에 대한 응전으로서 서구가 전해 준 그리스도교를 수용하게 되었고, 기독교적 신본주의에 입각한 복음화의 길을 걷게 되었다. 이것이 우리 민족을 향한 하나님의 숨겨진 놀라우신 섭리요 신비요 은혜였다.[1]

---

1 "하나님이 우리를 구원하사 거룩하신 소명으로 부르심은 우리의 행위대로 하심이 아니요 오직 자

일본은 복음화보다 근대화에 역점을 두었고, 이것이 일본의 근본적 불행이요 비극이었다. 반면에 한국은 근대화가 늦어 자연스레 복음화를 먼저 이루는 나라가 되었다. 이것이 한국의 행운이요 은혜였다. 그야말로 일본은 근대화를 일찍 이룬 것이 오히려 화가 되었고, 한국은 근대화가 늦은 것이 오히려 복이 되었다. 여기서 일본의 근대화는 무엇을 의미하며, 어떤 결과를 낳았는지를 살펴볼 필요가 있다.

일본의 근대화를 위하여 하나님은 일본에 두 선각자를 보내 주셨는데, 한 사람은 '정한론'(征韓論)을 주장한 '요시다 쇼인'이요, 또 한 사람은 '탈아론'(脫亞論)을 주장한 '후쿠자와 유키치'이다. 두 사람은 다 사무라이 집안 출신으로 차이가 있다면 쇼인 선생은 무(武)로, 후쿠자와 선생은 문(文)으로 근대화를 이루고자 했을 뿐 사상의 차이는 그리 다르지 않다. 근대화를 통해 문명화를 이룩한 일본은 일본을 넘어 아시아로 나아가, 서구 열강으로부터 일본을 지켜내고자 하였다. 이것이 일본이 말하는 '동양평화론'(대동아공영권)이었다.

그런데 '정한론'이나 '탈아론'은 철저히 자국 이기주의에 기초한 침략주의 이론이었기에 '동양평화론'(대동아공영권)은 내적 모순을 안고 있는 기만적 술수에 지나지 않은 이론이었다. 즉, 일본은 서구 선진문물의 도입으로 근대화·문명화가 되고 부국강병을 이룩하였을 때 일본은 문명국으로서의 아시아를 비롯한 세계평화에 기여하는 나라가 아닌, 제국주의와 군국주의로 나아갈 수밖에 없었고 그 결과는 패망이었다.2 일본의 패망은 주님의 말씀이 성취된 사건이

기의 뜻과 영원 전부터 그리스도 예수 안에서 우리에게 주신 은혜대로 하심이라"(딤후 1:9).
2 여기서 우리가 깊이 깨달아야 할 역사적 교훈은 메이지유신의 위대한 업적은 '예수 없는 근대화(문

다. "예수께서 이르시되 네 칼을 도로 칼집에 꽂으라 칼을 가지는 자는 다 칼로 망하느니라"(마 26:52).

이러한 귀결은 우치무라(內村)의 말처럼 일본이 서구 문명을 받아들일 때 그 정신이요 핵심인 기독교를 배척하거나 소홀히 하고, 과학기술 문명을 1차적으로 중요시한 결과에서 비롯된 자연스러운 귀결이었다.3 여기서 우리는 '과학과 종교의 관계'를 다룬, 댄 브라운의 소설 『천사와 악마』에 나오는 저자의 말을 잠시 언급하고자 한다.

갈릴레오 갈릴레이(Galileo Galilei, 1564~1642)는 태양계의 중심은 지구가 아닌 태양이라고 주장했다가 교회에 체포되어 처형당할 뻔했던 불운의 천문학자였다. 그는 신이 인간을 우주의 중심에 두지 않았다는 것을 암시했다는 죄로 가혹한 처벌을 받았다. 그는 독실한 가톨릭 신자였다. 그는 과학이 신의 존재를 부정하지 않는다고 공언함으로써 과학에 대한 교회의 억압을 누그러뜨리려 애썼지만, 오히려 교회는 태도는 더 강경했다. 그는 과학과 종교는 적이 아니라 동지라고 간주했다. 과학과 종교는 서로 다른 언어로 똑같은 이야기를 한다고 생각했다. 대칭과 균형, 천국과 지옥, 낮과 밤, 뜨거움과 차가움, 신과 악마에 대해 같은 이야기를 한다고 생각했다. 과학과 종교는 빛과 어둠의 끝없는 경쟁처럼 신이 창조한 대칭 속에서 공존한다고 여겼다.4 이어서 그는 이렇게 말한다.

명화)'였고, 그 결국은 군벌 독재와 일본의 패망으로 종결되었다. 마찬가지로 일본 장교 출신인 박정희 대통령의 위대한 업적은 정확히 일본 메이지유신을 모델로 한 것으로, '예수 없는 근대화(산업화)'는 결국 유신 독재와 IMF로 귀결되었다는 사실이다. 첨언하면 해방 후 기독교 장로인 이승만 정권의 '반공'(反共)은 '예수 없는 정치적 반공'이었기에 '친일 반공'(반민특위해체)과 '자유당 독재'로 귀결되었다.

3 이기용, 『한일근대사상사연구』, 275-276.

4 Dan Brown, 『천사와 악마 1』, 59.

"의학, 전자통신, 우주여행, 유전자 조작… 이러한 것들이 우리가 다음 세대에 말해 주는 기적입니다. 이러한 기적은 과학이 우리들에게 해답을 줄 거라는 증거를 제시하고 있습니다. 성모 마리아의 원죄 없는 잉태, 불에 타지 않는 가시덤불, 바다가 갈라지는 고대의 이야기는 이제 더 이상 기적이 아닙니다. 신은 이제 시대에 뒤처진 존재입니다. 전쟁의 승리자는 과학이고, 우리는 패배를 인정합니다." "그러나 과학의 승리는 우리 모두에게 많은 대가를 치르게 했습니다. 우리는 모두 큰 대가를 치렀습니다." "과학은 우리의 질병과 고통을 덜어주었고 오락과 편의를 위한 여러 도구를 가져다주었습니다. 하지만 그 때문에 우리는 경이로움이 없는 세상에 살게 되었습니다. 아름다운 해돋이는 파장과 주파수에 불과하고, 우주의 오묘함은 수학 방정식으로 조각조각 분해되었습니다. 심지어 인간으로서의 가치도 파괴되었습니다. 과학은 지구와 지구에서 살아가는 인간 존재가 거대한 조직 안에 있는 무의미한 존재일 뿐이라고 말합니다. 우주에 우연히 생겨난 존재에 불과하다고 주장합니다." "과학은 의미를 찾는 과정에서 신의 세상을 작은 조각을 나누어 버렸고… 우리에게는 더 많은 의문점만 남게 되었습니다."[5]

"우리의 신이 된 과학은 누구입니까? 자신의 백성들에게 힘만 주었을 뿐 그 힘을 사용할 도덕적 기준은 가르쳐 주지 않은 과학은 누구입니까? 아이에게 불을 주었을 뿐 불의 위험을 미리 알려 주지 않는 과학은 어떤 존재입니까? 과학의 언어에는 선과 악을 구분하는 잣대가 없습니다. 과학 교과서에 핵반응을 일으키는 방법은 나와 있지만, 그것이 좋은 생각인지 나쁜 생각인지 우리에게 물어보지는

5 Dan Brown, 『천사와 악마 2』, 147-148.

않습니다."[6]

"교회가 목소리를 높여 경고할 때마다, 당신네들은 우리가 무지하다고, 편집증이라고, 세상을 마음대로 지배하려 한다며 반박했어. 그렇게 당신네들의 사악함은 계속 커져 갔어. 스스로를 합리화하는 지성을 베일로 가린 채 암세포처럼 점점 퍼져 나갔지. 신기술로 만들어 낸 기적으로 스스로를 신성화했고, 스스로를 신격화했지! 그리고 마침내 사람들은 당신네들이 순수한 선의임을 믿어 의심치 않게 되었지! 과학은 질병과 기근, 고통으로부터 우리를 해방시켜 주었어. 끝없는 기적을 불러일으키는 과학을 보라! 전지전능하고 선한 과학이라는 새로운 신을 보라! 무기와 혼란은 잊어버려라. 극심한 외로움과 계속되는 위험을 잊어버려라. 과학은 여기 있으니! … 하지만 나는 그 안에 숨어 있는 사탄의 얼굴을 보았어. 위험이 도사리고 있는 걸 보았어."[7]

"신과의 대화를 통해 평범한 것이 비범하게 보였다. 그것은 바로 십자가였다. 나무로 만든 소박한 십자가. 그 십자가 위에 예수가 못 박혀 있었다. 바로 그 순간, 모든 게 분명해졌다. … 주님은 방법을 찾아주셨다. 국무처장은 로버트 랭던이 왜 살아남았는지 그제야 이해할 것 같았다. 그것은 진실을 밝히기 위해서였다. 이 상황에 종지부를 찍기 위해서였다. 그것은 교회가 구원에 이르는 유일한 길이었다!"[8]

일본은 서구 열강으로부터 나라를 지키고 제국 일본을 이루기

---

6 위의 책, 150.

7 위의 책, 347-348.

8 위의 책, 383.

위한 강력한 국민 총화 단결 이데올로기가 필요했는데, 그것이 '천황제'였다. 일본의 근대화가 빚은 비극은 그것이 군국주의로 이어져 결국 패망에 이르게 했다는 데도 있지만, 더 큰 비극은 이를 수행하기 위해 온 국민을 천황제 이데올로기 사슬에 묶어 놓았다는 데 있다. 즉, 영혼의 지성소를 우상으로 채우게 함으로써 복음이 들어가야 할 자리를 막았다는 데 있다. 일본이 천황제의 망령에서 벗어나지 않는 한 일본의 불행은 계속될 것이다.

그리스도교 입장에서는 본질적으로 수용할 수 없는 천황제를, 일본 군부나 내각만이 아니라 일본 기독교마저 이를 수용하고 거기에 동조하였다. 일본 기독교는 하나님과 더불어 또 하나의 신인 '천황'을 숭배하는 '혼합주의 종교'(syncretism)9가 되고 말았다. 이는 결국 복음주의, 평화주의와는 거리가 먼 제국주의, 침략주의를 옹호하는 종교, 신본주의와는 대척점에 있는 인본주의로 전락하는 내적 모순에 빠지게 했다. 즉, 일본은 '근대화'(문명화)는 이루었을지 모르나 '복음화'(신앙화)는 제대로 이루지 못하고 빗나갔던 것이다.

창세기 4-5장에 보면 가인-라멕의 족보와 셋-에녹의 족보가 나온다. 세상 나라를 대표하는 가인의 후손들은 '보이는 문명'을 이룩했지만, 불신앙의 사람들이었다. 이에 반해 하나님 나라를 대표하는 셋의 후손들은 '보이지 않는 하나님'을 믿는 신앙의 사람들이었다. 가인의 후손들은 찬란한 문명의 상징인 바벨탑을 쌓음으로써 결국 하나님을 대적하는 불신앙의 후손이 되어 하나님의 심판을 받았다.

---

9 이에 대한 더 자세한 설명은 나카무라 사토시, 『일본 기독교 선교의 역사』, 271-277을 참조. 미우라 아야코는 다신교에 익숙한 일본인들을 향해 『해령』(1981)에서 유일신 신앙을 말했다. "진짜라고 하는 것은 하나다. 이것도 저것도 된다고 하는 것은 진짜 신앙이라고 말할 수 없다고 생각한다." 포레스트북스 기획, 『미우라 아야코를 만나는 여행』, 101.

이에 반해 셋의 후손들은 하나님과 동행하는 신앙의 후손이 되어 아브라함을 통한 구원사를 이루었다.[10]

마찬가지로 일본은 발 빠르게 선진 서구 문명을 수용하여 급속한 '근대화를 통한 문명국'을 이루었음을 자랑했지만, 그들은 서구 문명의 정신이요 핵심인 '복음화를 통한 신앙국'을 이룩하는 데 실패했다. 그들은 천황을 정점으로 한 강력한 세상 왕국을 구축했지만, 하나님께서 바벨탑을 무너뜨리듯 제국 일본을 한 방에 무너뜨렸다. 히로시마(1945. 8. 6.)에 이은 나가사키(1945. 8. 9.)에 원자폭탄 투하는 제2차 세계대전의 종언을 고하는 한 방이었다. 그 한 방은 천황제 이데올로기에 대한 하나님의 심판이자 하나님만을 섬기라는 경고의 메시지(경종)를 담고 있다.[11]

영국의 역사가 토인비(A. Toynbee, 1889~1975)가 학문의 길에서 그렇게도 겸손했던 까닭은 그가 하나님 앞에 서 있다는 것을 자각하고 학문의 길을 걸어간 구도자이기 때문이다. 역사 연구의 목표는 "하나님을 더듬어 찾아 발견하라"(행 17:27)는 하나님의 소명 속에서 자기의 사명을 찾고 있다고 토인비는 말하고 있다.

하나님 앞에 선다고 할 때 인간의 업적은 참으로 무(無)와도 같은 것이다. 오늘의 지구 문명은 그 오만의 자리에서 하나님에게로 돌아

---

10 박호용, 『창세기 주석』, 107-109.

11 여기서 묻지 않을 수 없다. "왜 하필 나가사키인가?" 나가사키는 '작은 로마'라고 불릴 정도로 로마 가톨릭의 성지이다. 또한 1865년 '잠복 기리스탄'이 찾아온 것으로 인해 기적이 일어났다고 전 세계 기독교계를 흥분시켰던 '오우라 천주당'이 있는 곳이다. 그런데 나가사키 원자폭탄 투하로 나가사키는 초토화되었고, 오우라 천주당은 무참히 파괴되었다. 막부의 모진 탄압 속에서 살아남은 일본 가톨릭 신자들이 그리스도교 나라인 미국 측 공격으로 대량 학살되었다. 김시덕, 『일본인 이야기 1』, 399-400. 이것이 주는 영적 메시지는 무엇인가? 천황제만이 아니라 혼합주의적 신앙을 버리고 오직 하나님만을 바로 섬기라는 하나님의 사랑 어린 경고의 메시지는 아닐까.

와 하늘나라의 속령(屬領)이 되어야 한다. "네가 하늘에까지 높아지려느냐? 음부에까지 낮아지리라"(마 11:23)는 성구는 오늘의 지구 문명에 언도한 하늘의 판결문이다.

인간의 길에서 오늘의 파국을 가져왔다면 인간은 다시 하나님에게로 돌아와야 하지 않을까? 더욱이 자기의 소명에 배임하고 있는 세계의 지식층과 학자 계층은 지구 문명의 지배자에게 봉사하고 있는 그 자리에서 떠나서 다시 하나님에게로 돌아가야 한다.[12]

우치무라가 말했듯이, 서양 문명의 진수인 기독교 없는 기독교 문명은 결국 일본국을 망하게 할 것이라는 그의 예언은 적중하였다. 제국 일본은 우치무라가 외친 서구 문명의 정신이요 핵심인 그리스도교를 붙드는 대신 후쿠자와가 외친 서구 문명의 외피요 형식인 과학기술 문명을 붙들었다. 제국 일본의 패망은 복음화의 선각자인 우치무라 대신 문명화의 선각자인 후쿠자와를 붙들었다는 데 있다.[13] 일본인의 불행과 비극은 '만왕의 왕이요 만주의 주'(계 19:16)가 되시는 예수 그리스도 대신 인신(人神)인 천황을 붙들었다는 데 있다.

따라서 근대화로 문명국을 이루었다고 자부한 일본은 실상은 하나님과 복음을 떠난 문명국이었고, 그것은 무서운 죄악을 낳았다. 즉, 십자군 전쟁(1096~1291)이 거룩을 가장한 세속의 극치요, 중국 문화대혁명(1966~76)이 문화를 가장한 '악령의 역사'이었듯이[14],

---

12 A. Toynbee, *A Study of History*, 『역사의 연구 1』, 10.

13 이 점에서 '이에나가 사브로'(家永三郞)는 우치무라가 같은 시기의 문명론자인 '후쿠자와 유키치'(福澤諭吉)보다 수 보 앞섰다고 평가하였다. 이기용, 『한일근대사상사연구』, 253-254.

14 4인방(강청, 왕홍문, 장춘교, 요문원)이 주도한 문화대혁명의 역사는 문화를 파괴한 악령의 역사였다. '문화대혁명'에 대해서는 산케이신문특별취재반, 『모택동비록(上下)』을 참조.

일본은 '문명의 탈을 쓴 야만'의 극치를 이루었고, 한국을 비롯한 아시아인들에게 씻을 수 없는 고통을 안겨준 '악령의 역사'를 써갔다.15

현대 일본 역사를 이해하는 열쇠가 되는 메이지유신의 결과가 어떠했는지를 『쇼와 육군』의 번역자 정선태는 이렇게 말한다.

"1868년 메이지유신 이후 일본이 국민국가로 형성되는 과정에서 일본 군대는 결정적인 역할을 했다. 징병령이라는 국가의 명령을 통해 징집된 '천황의 신민'을 말 잘 듣는 '국민'으로 개조했으며, 이들을 동원하여 제국주의의 야망을 실현시키고자 했던 일본 군부를 장악한 것은 육군 유년학교와 육군사관학교 그리고 육군대학교로 이어지는 엘flx 코스를 거친 고위 군인들이었다. 쇼와(昭和) 시대(일왕 히로히토 시대, 1926~89)에 접어들어 이들은 '통수권을 독립'시켜 일본을 좌지우지하다가 급기야 아시아 전역을 전쟁의 구렁텅이로 몰아넣는다. 그 과정에서 보여준 그들의 행태는 상식을 너끈히 벗어난다. 권력욕과 명예욕으로 가득한 그들의 눈에 '국민'의 안위 따위는 안중에도 없었다. 음모와 모략, 부패와 타락… 권력 싸움을 일삼던 그들의 무기는 '대본영 발표'에서 여실히 드러나듯 거짓말투성이 속임수였다. 정치와 언론은 군부 권력에 빌붙어 본문을 망각했고, 99퍼센트의 국민은 '개돼지'처럼 동원되어 처참하게 죽어가거나 참담한 삶을 살아야 했다. 쇼와 육군이 주도한 전쟁이 끝난 지 70여 년이 지났다. 수많은 사람의 삶을 짐승과 같은 상태로 몰아넣었던 이들에게서 자기비판이나 성찰을 찾아보기란 쉽지 않다. 책임자들을 역사의 법정에 세워 그 죄상(罪狀)을 묻고 진실을 밝히려는 다양한 노력이 없지는 않았지만, 그들은 여전히 적반하장격으로 역사를 사유화

---

15 조찬선·최영은 일본이 한국에 안겨준 죄악을 75가지로 열거하였다. 『일본의 죄악사』, 286-290.

하고자 하는 욕망을 감추지 않는다. 이는 일본이나 한국이나 크게 다르지 않아 보인다."16

'근대화가 이룬 문명화'와 '복음화가 이룬 예수화'의 결과를 『아리랑』의 '님 웨일즈'(헬렌 포스터 스노우, 1907~97)는 이렇게 말한다.
"문명은 다채로운 인간 생활의 색상과 품성, 수준과 농도로 형성된다. 어느 시대 어느 곳을 막론하고 문명은 부서지기 쉽고 모자라는 면이 있으며 쉽게 몰락하고 파괴된다. 현재 일어나고 있는 문명에 대한 가장 큰 죄악의 하나는 쿠웨이트에 있는 수백 개의 유전에 불을 지르는 따위의 짓이다. 이러한 행위는 어느 각도에서 보든, 죄악일 수밖에 없다. 어떤 경우라도 한국인만큼은 이런 야만적 행위를 하지 않을 것이라고 나는 확신하고 있다. 아시아에서 기독교를 가장 잘 신봉하는 민족은 한국인이라는 말을 극동에서 일한 한 선교사 친구들에게 들어 잘 알고 있기 때문이다. 나는 김산 자신에게 수많은 사연이 있었음에도 불구하고 그가 고대의 씨족ㆍ종족적 '보복 윤리'를 극복하고 초연히 일어선 인물임을 주목하게 되었다. 그는 말했다. '나는 내 인생에서 오직 한 가지를 제외하고 모든 것에서 패배했다. 나는 나 자신에게만 승리했다.' 여기서 그가 말하려는 것은 '복수'나 '살인' 같은 원시적 인간본능을 딛고 일어서 이를 극복하기 위하여 노력했다는 뜻이다."17
일본의 문명화가 일본의 죄악사라는 결과를 낳은 요인은 오랜 역사를 통해 일본인의 민족적 특성으로 구형된 '사무라이(무사도)

---

16 호사카 마사야스, 『쇼와 육군』, 1121.
17 님 웨일즈ㆍ김산, 『아리랑: 조선인 혁명가 김산의 불꽃 같은 삶』, 20.

전통' 때문이다. 가마쿠라 막부(1185년 시작)에서 에도 막부(1867년 종언)에 이르는 약 700년 동안의 무사(武士) 정권은 사무라이의 칼에 의지하고, 사무라이의 칼에 복종하는 민족적 특성을 구형했다. 일본인의 집단주의도 이와 무관하지 않다. 그에 반해 한국은 무(武)보다는 문(文)에 기초한 나라이고, 개개인이 보다 자유로이 자기 의사를 표현하는 개방성을 지닌 열린 나라이기에 개인주의가 발달했다.

일본인들은 겉으로는 그렇게 친절하고 예의 바르고 청아한 '국화꽃' 같은 모습을 보이지만, 그들의 속내는 칼을 모시고 숭배하는 철저히 '사무라이의 나라'이다.[18] 그래서 우리는 일본을 대할 때 이 사실을 놓쳐서는 안 된다. 평상시 그렇게도 얌전하고 예의 바른 일본인들이 왜 그토록 잔인했을까? 그 답은 일본은 철저히 '사무라이의 나라'[19]라는 데 있다.

칼로 조선을 정복한 일본인들은 식민지 조선 백성을 '내선일체'(內鮮一體)로 동화시키고자 했다. 그러나 한국인은 일본인이 아무리 동화시키려고 해도 동화될 수 없는 민족이다. 이것은 무엇을 의미하는가 하면 하나님은 일본인과 달리 한국인을 들어 세계를 구원할 민족으로 사용하기 위해 양국의 민족적 형질을 다르게 주형했다는 사실이다.

일본의 근대화는 '일본의 문명화'로 끝난 것이 아니라 그것은 '조선의 침략사'이자 '일본의 죄악사'이다. 일본이 근대화·문명화를 이루면서 군국주의와 제국주의 국가를 이룩하자 일본인들은 그동안

---

18 루스 베네딕트는 일본 문화의 패턴을 '국화와 칼'이라는 정곡을 찌르는 말로 표현하였다. 더 자세한 설명은 Ruth Benedict, 『국화와 칼: 일본문화의 패턴』을 참조.
19 당시 사무라이는 408,823명이며, 상급과 하급으로 나누인 이들은 일본 인구의 5~6%에 해당하는 극히 큰 특권 계급이었다. M. B. Jansen, *The Making of Modern Japan*, 105.

숨겨졌던 민족적 특성, 즉 사무라이적 특성이 나타났다. 드디어 하나님은 일본인을 도구로 고용하여 사무라이적 폭력성과 잔인성을 유감없이 드러내도록 하셨다.[20]

젊은 날 태평양전쟁에 출전했던 야마모토 시치헤이는 일본 군국주의가 저지른 폭력을 '말'을 앗아간 데 있다고 하면서 이렇게 말했다.

"'태초에 말이 있었다'를 거꾸로 한 '태초에 말이 없었다'가 질서의 출발점이자 기반이었다. 사람에게서 말을 앗아가면 남는 것 동물적 공격성을 기반으로 한 폭력 질서, 바로 '서식 나무의 질서'뿐이다. 그렇게 되면 정신은 막대기에 불과한 상태가 되는데, 이는 해군의 '정신봉'이라는 말에 그 실체가 잘 드러나 있다. 일본군은 말을 앗아갔다. 그 결과물이 칼람바에서 집약적으로 표출된 것도 의아해할 일이 아니다. 그곳에는 폭력만이 존재했다. 말로 보이는 것들도 실체는 동물의 '신음 소리', '짖는 소리'와 다를 바 없는 위협일 뿐이었다. … 나는 일본적인 파시즘이 '태초에 말이 없었다'라는 기본적인 형태를 지녔다고 생각하며 히틀러의 웅변과는 전혀 다른 모습이라고 생각한다. 일본에는 히틀러 같은 유형의 지도자가 없었다. '해방자'인 일본군은 어째서 그 이전의 식민지 종주국보다 더 미움을 받았던 걸까. 그 이유는 동물적 공격성만 존재하고 구체적으로 어떤 조직을

---

20 폭력에 대한 철저한 비판에 대해서는 Erich Fromm, *The Heart of Man*, 『인간은 늑대인가 양인가』를 참조. 에리히 프롬(1900~80)은 유대인 가정에서 태어나 제1, 2차 세계대전이라는 전쟁을 경험하면서 폭력적 현실에 대해 깊이 고민한 사람이었다. 그는 1964년에 저술한 *The Heart of Man*에서 인간이 살아가면서 의식 또는 무의식적으로 드러내는 '폭력성'의 유형을 다섯 가지로 분류하였다. 유희적(playful) 폭력, 반응적(reactive) 폭력, 복수적(revenge) 폭력, 보상적(compensation) 폭력, '살생의 폭력'(violence of kill)이 그것이다. 그는 이러한 폭력들을 인간의 성격 유형과 무관하지 않다고 설명한다. 그는 인간의 성향과 행태를 권위주의적 태도와 인도주의로 나누면서, 폭력적 행위들은 권위주의적 행위의 표현들이라고 하였다.

형성하여 어떤 질서를 확립할지에 관한 계획을 언어로 설명할 수 있는 이가 한 명도 없었기 때문이다."[21]

그리하여 일본인들은 한국인과 아시아인들을 마치 통 속에 가두어 놓은 짐승을 대하듯 온갖 욕설로 모욕하고, 말 안 들으면 재미없다는 식으로 뺑뺑이 돌리고, 칼로 찌르고, 마침내는 실컷 갖고 놀다 싫증 나면 총을 쏴 죽여 버리는 짓을 아무렇지도 않게 자행하였다. 일본이 저지른 범죄는 그 규모와 잔인성에 있어서 인류 역사상 그 어떤 침략과 전쟁사에서도 유례를 찾기 힘든 가장 야만적인 인권 유린 범죄였고, 인간 살육의 죄악사였다.[22]

일본이 저지른 죄악이 크면 클수록 압제와 수난을 당해야 했던 한국은 더욱 찬란하게 빛나는 민족으로 부각되었다. 마치 애굽의 바로 왕의 탄압이 커질수록 출애굽을 통해 히브리 백성은 선민(選民) 이스라엘로 민족적 대전환을 가져왔듯이, 바벨론의 폭력이 심하면 심할수록 야웨의 증인으로서의 성민(聖民) 이스라엘의 정체성은 더욱 분명해진 것과 같은 이치였다.

일제는 한국인과 중국인을 실험 대상으로 삼아 온갖 반인류적인 실험을 자행했지만, 하나님은 일제를 실험 대상으로 삼아 '인간이 어디까지 악해질 수 있는가'를 실험하셨다. 마치 하나님이 사탄으로 하여금 예수를 죽이는 데 있어서 최악의 처형방식인 십자가 처형을 행하게 하심으로, 최악을 드러내게 한 것처럼 말이다.

일본으로 하여금 최악을 행하도록 하심이 하나님의 모략이었다. 여기서 이런 질문은 던진다. "하나님은 어째서 이 같은 일본을 이웃

---

21 야마모토 시치헤이, 『어느 하급장교가 바라본 일본 제국의 육군』, 352-353.
22 더 자세한 설명은 조찬선·최영, 『일본의 죄악사』, 49-290을 참조.

나라에 두시고, 우리로 하여금 최악의 인권 유린과 인간 살육을 당하게 하셨는가?" 하는 점이다.

하나님은 나치 독일이 보여준 홀로코스트(Holocaust)처럼 간토 대지진(關東大地震, 1923) 때의 한국인 학살 및 난징대학살(南京大虐殺, 1937) 때의 중국인 학살에서 보여준 일제의 만행을 통해 하나님과 복음과 성령을 떠난 인간(민족)이란 얼마나 잔인할 수 있는지, 즉 인간이 어디까지 악해질 수 있는가를 철저히 폭로하기 위해 일본인을 고용하여 생생하게 보여주고자 하셨다. 그리고 극도의 고통과 상처를 짊어질 상대역으로 한국인을 선택하여 그 배역을 맡겨주셨다.

수난의 역사를 살았던 유대인들처럼 하나님은 우리 민족을 제2의 이스라엘로 구형하기 위해 유대인들 못지않은 수난의 역사를 살도록 기획하시고 연출하셨다. "조선의 최후"는 수난의 역사에 대한 가장 좋은 샘플이다. 왜 하나님은 우리 민족을 그토록 처절한 수난에 처하도록 내던졌을까? 그것은 "복의 통로로 사용하기 위해, 복을 주시려고 그렇게 하셨다"(창 12:3)라고 말할 수 있다.

우리 민족이 일본 민족에게 그토록 처절한 수난을 당한 것은 하나님께 버린 받은 사생아이기 때문이 아니라 주께서 사랑하는 자를 징계하시고, 그가 받아들이는 아들을 채찍질하듯이 우리 민족이 바로 하나님의 사랑을 받는 친아들이기 때문이다.23

루터는 '나의 시편'이라고 말할 정도로 그가 가장 애독하는 시편 118편 2절을 주석하면서 다음과 같은 말을 했다. "내 생각으로는,

---

23 히브리서 기자는 이렇게 말한다. "내 아들아 주의 징계하심을 경히 여기지 말며 그에게 꾸지람을 받을 때에 낙심하지 말라 / 주께서 그 사랑하는 자를 징계하시고 그가 받아들이시는 아들마다 다 채찍질하심이라"(히 12:5-6).

우리의 현 평화는 명주실 하나에 매달려 있는 것 같다. 많은 죄악으로 가득 차 있음에도 불구하고, 또 우리의 의지를 넘어서 하나님의 손길로 말미암아 이 평화는 유지되고 있다. 만일 인간의 지혜와 힘이 오늘의 독일을 통치하고 있는 것이라고 한다면 내일 독일은 패망할 것이다. 그러므로 과거에도 그렇듯이 앞으로도 영원히 이스라엘과 함께하시는 하나님의 선하심을 감사하고 찬양하라."[24]

하나님의 백성 이스라엘을 축복하는 민족은 복을 받고, 저주하는 민족은 저주를 받듯이(창 12:3) 제2의 하나님의 백성 한민족을 축복하는 민족은 복을 받고, 저주하고 괴롭힌 민족은 모두 역사의 준엄한 공의의 심판을 받았음을 "조선의 최후"는 보여주고 있다. 괴테의 친구로서 시인이자 극작가요 역사학 교수였던 실러는 "역사는 준엄한 심판이다"[25]라는 말을 하였다.[26] "조선의 최후"는 조선뿐만 아니라 일제를 비롯한 모든 나라가 철저히 하나님의 공의의 심판을 받았음을 보여준다.[27]

명품은 빨리, 쉽게 만들어지지 않는다. 평탄하기만 한 삶에선 거의 명작이 나오지 않는다. 세계의 여러 민족 가운데 이스라엘 민족만큼 길고도 혹독한 고난의 역사를 살아온 민족은 없다. 이스라엘 역사상 수많은 고난과 위기가 있었는데, 그중에서도 최대의 민족적 위기

---

24 지원용 편, 『루터선집 2』(루터와 구약), 395.

25 J. C. F. Von Schiller, 『쉴러의 예술과 사상』, 4.

26 "역사란 인간이 행하는 모든 것에 대한 하나님의 준엄한 심판이다"라고 할 때 우리는 매사에 영적 (정신적)으로 올바른 판단과 선택을 해야 할 뿐만 아니라 도덕적(윤리적)으로 의롭고 선하게 살아야 한다.

27 시편 기자는 말한다. "그가 임하시되 땅을 심판하러 임하실 것임이라 그가 의로 세계를 심판하시며 그의 진실하심으로 백성을 심판하시리로다"(시 96:13). "여호와께서 그의 구원을 알게 하시며 그의 공의를 뭇 나라의 목전에서 명백히 나타내셨도다"(시 98:2).

와 고난의 시대가 두 차례 있었다. 주전 6세기와 주후 1세기이다. 바로 이때 인류 최고의 명품인 신·구약성경이 탄생했다.[28]

놀라운 사실은 이스라엘의 고난의 역사가 주는 교훈이 우리나라 역사에 주는 교훈과 하등 다를 바가 없다는 사실이다. 왜냐하면 우리 민족을 제2의 이스라엘로 삼으시고자 하는 하나님의 깊은 섭리가 있기 때문이다. 하나님은 외세의 침략을 통해 이스라엘의 벽을 허무시고 이스라엘 백성을 세계 각지로 흩으셨다. 마찬가지로 하나님은 외세의 침략을 통해 조선의 벽을 허무시고 한민족을 세계 각지로 흩으셨다.

바벨론 포로기의 익명의 선지자 제2이사야가 '고난받는 야웨의 종의 노래'를 통해 이스라엘의 고난을 이방의 빛으로서의 사명을 감당하기 위한 고난으로 본 것처럼 "조선의 최후"는 이 민족이 마셔야 할 '십자가 고난의 잔'이었다. "조선의 최후"에 담긴 고난의 뜻[29]은 한민족을 제2의 이스라엘로 삼아 열방의 빛으로서의 사명을 자각하게 하시기 위한 하나님의 연단이었다.

일제가 극한의 악행을 저지를 때마다 한민족은 윤동주가 노래한 별처럼 찬란하게 빛났다. 한민족이 가야 할 길을 아시는 주님께서

---

28 필자는 신·구약성경을 "절망 속에 핀 소망의 꽃"이라고 부르고 싶다. 구약성경은 민족공동체가 와해 위기에 처한 주전 6세기(587년)의 유다 나라의 멸망에 따른 삶과 신앙의 구심점인 예루살렘(솔로몬) 성전 파괴로부터 탄생했다. 신약성경은 주후 1세기 유대-로마 전쟁(66~70년)의 패망으로 예루살렘(헤롯) 성전의 파괴와 디아스포라의 위기 상황 속에서 탄생했다.

29 청춘을 전쟁의 소용돌이 속에서 보냈고, 그 후 결핵성 척추염과 폐결핵으로 13년 동안 병상에서 보냈던 『빙점』의 작가 미우라 아야코(三浦綾子)는 이렇게 말했다. "우리들의 인생에 일어나는 여러 가지 괴로움과 걱정, 그것은 어쩌면 하나님이 우리들에게 보내신 편지인지도 모릅니다. 그렇다면 우리는 그 편지를 잘 읽어내야 하는 것이 아닐까요."〈작은 우편차〉, 『미우라 아야코를 만나는 여행』, 7. 우리 민족의 고난의 역사는 하나님이 우리 민족에게 보내신 사랑의 편지다. 그렇다면 우리는 그 편지를 잘 읽어내야 할 것이다.

한민족을 연단하여 정금 같이 나오게 하시기 위해서(욥 23:10) 극한의 고난상황으로 몰아넣으셨다. "조선의 최후"는 극한의 고난상황, 즉 민족 말살이라는 삶을 송두리째 흔들어놓는 묵시 문학적 박해상황에서 탄생한 최고의 명품 드라마다.[30]

　　35년 동안 준비하고(1840~75), 35년 동안 침략하고(1875~1910), 35년 동안 지배했던(1910~45), 일본 근대사는 '조선침략사'였다. 그 역사는 조선의 비극적 최후의 역사이지만, 아이러니하게도 그 역사는 선하신 하나님께서 한민족을 '복음적 정체성을 지닌 민족'으로 주형해 간 역사라는 점에서 '하나님의 최선의 역사'였다. "아, 하나님의 은혜로 이 쓸데없는 자(민족), 왜 구속하여 주는지 난 알 수 없도다"(새찬송가 310장).

---

30 요한복음이 〈천하제일의지서〉로 자리매김을 할 수 있었던 배경에는 묵시문학적 박해 상황 때문이다. 극한의 고난상황, 즉 삶을 송두리째 흔들어놓는 묵시문학적 박해상황이 인류 최고의 걸작품을 낳았다고 말할 수 있다. 그런 의미에서 고난과 역경은 변장하고 찾아온 신이 내린 인생 최대의 축복이기도 하다. 더 자세한 설명은 박호용, 『유레카·익투스 요한복음』, 38-50을 참조.

IX. 시인 윤동주와 김교신 선생의 재발견

윤동주와 김교신의 중요성과 위대함은 어디에 있는가? 요시다 쇼인은 구미 열강의 동점과 더불어 촉발된 동북아시아의 격동적 근대화 과정에서 파생되는 문제점을 해결하기 위한 해답을 일본의 전통사상과 성리학의 보편사상 및 서양의 과학기술 문명이 갖춘 보편성에 찾고자 했다.[1] 또한 후쿠자와 유키치는 봉건적 문벌제도를 기반으로 하고 있는 유교를 근대화와 문명화의 근원적 적으로 생각하고 서구 과학 문명에서 그 해답을 찾고자 했다.[2] 결국 일본 근대화의 선각자인 이 두 사람은 자국 중심의 역사관과 일본 민족주의에 입각한 절대주의 국가관으로 나아갔다.

반면에 근대화와 문명화가 이룩한 제국주의와 군국주의라는 일제 식민지 아래에서 윤동주와 김교신은 예수의 정신과 성서의 진리에 입각한 인류애적 보편주의에서 문제의 해답을 찾았다. 윤동주와 김교신의 역사적 중요성은 두 가지이다. 한민족의 정체성을 예수의 정신과 성서의 진리에 두어야 한다는 것이 그 하나이고, 다른 하나는 그들의 죽음을 통해 요시다 쇼인과 후쿠자와 유키치의 근대화 사상의 결국은 일본을 패망으로 이끌게 되었다는 조종(弔鐘)[3]의 선언이었다.

---

1 이희복, 『요시다 쇼인: 일본 민족주의의 원형』, 142-143.

2 후쿠자와 유키치, 『후쿠자와 유키치 자서전』, 28-29.

3 이덕일은 안중근의 이토 저격을 "일본 근대의 심장을 쏘다"라는 제목으로 이렇게 말했다. "안중근의 이토 히로부미 저격은 상반된 길을 걷던 두 나라의 근대사가 러시아령인 하얼빈에서 충돌한 것이었다. 근대화 성공의 여세로 이웃 국가를 강점하려던 가해자 일본에 던진 피해자 조선의 저항이었다. 의병으로 변신한 교육자 안중근이 제국주의로 변한 근대 일본에 동양 평화란 길을 제시한 사건이었다." 이덕일, 『근대를 말하다』, 71.

역사가 부르크하르트(J. Burchhardt, 1818~97)는 기존의 균형 (정치. 종교. 문화)이 깨어질 때 위기의식이 생긴다고 했다. 이런 위기에 책임 있게 응답하는 것이 참된 위대성이라고 보았다.[4] 패러다임의 변화(paradigm shift)는 기존의 사고의 틀이 깨어지고, 새로운 사고의 틀을 요청한다는 점에서 불가피하게 위기의식을 동반한다.[5]

서양 세력이 동양을 향해 물밀듯 밀려오던 대항해시대의 끝자락인 한일근대사 시절은 패러다임의 전환이 요청된 위기의 시대였다. 서양 세력에 대한 대응 방식과 그 극복 과정에서 한·일 양 국민의 정체성(아이덴티티)이 주형하는 시기였다. 그렇다면 한·일 양 국민의 정체성(아이덴티티)의 주형은 결국 어떤 양상으로 귀결되었는가?

일본은 시대적 위기, 즉 서양 세력으로부터 나라를 지키는 길은 부국강병에 있다고 보았다. 그리하여 서구가 걸어온 길을 따라 근대화, 문명화 방식, 즉 군사적(외교적, 과학기술적) 방식으로 시대적 위기를 해결하고자 했다. 그리고 이를 위해서는 일사불란한 국민총화가 요청되었고, 일본 조정은 전통 종교인 신도(神道)를 통해 국민 결속을 꾀하고자 하였다. 그리고 이것을 천황 숭배와 연결시켜 '천황제 이데올로기'를 확립하였다.

그런데 천황에 대한 절대 충성 이념은 결국 사무라이적 상하관

---

4 더 자세한 설명은 한태동, "부르크하르트의 사학과 위기의식." 「연세춘추」(제939호, 1982. 11. 1.) 를 참조.

5 프로테스탄트 종교개혁 후 500년이 지난 오늘날 개신교회의 위기는 단순한 도덕적 위기를 넘어선 신학적 위기, 즉 패러다임의 전환을 요청한다. 루터의 종교개혁은 바울에 근거한 '하나님의 의' 개념, 즉 '능동 개념'(나의 행위에 의한 구원)에서 '수동 개념'(십자가에서 이룬 하나님의 은혜를 믿음으로 받아들임)으로의 패러다임의 전환을 요청했다. 오늘의 종교개혁은 예수에 근거한 '하나님 나라' 개념, 즉 '능동 개념'(내가 가는 나라)에서 '수동 개념'(하나님이 오는 나라)으로의 패러다임의 전환을 요청한다. 더 자세한 설명은 박호용, "종교개혁 500주년에 대한 신학적 반성," 『유레카 · 익투스 요한복음』, 421-427을 참조.

계, 즉 군대식 병영 체제와 같은 국민국가를 확립하였고, 그것은 결국 제국주의와 더불어 군국주의로 귀결되었다. 결국 종교적 측면에서 보면 일본은 기존의 패러다임에 묶인 채 새 패러다임의 전환에 실패하였다.

반면에 '조용한 아침의 나라'라는 비아냥 소리를 들은 한국은 근대화, 문명화에 뒤진 결과로 일본에 나라를 빼앗기는 식민지 백성으로 전락했다. 하지만 종교적(신학적, 복음적) 측면에서 보면 조선왕조 500년 동안 굳게 지킨 기존의 종교, 특히 유교(유교적 민본주의)를 청산하고 서양 선교사들이 전해 준 기독교(복음적 신본주의)를 받아들임으로써 새로운 패러다임의 전환을 가져왔다.

우리 민족 스스로 할 수 없는 봉건적 유교 질서를 서양 선교사들과 일본 제국주의가 해 준 것이다. 이것은 전적으로 하나님의 은혜이며, 이러한 새 패러다임에 맞는 예수적 인간형, 성서적 인간형으로서의 한국민의 정체성 확립을 위해 하나님이 보내 주신 두 인물이 있었으니, 그들이 바로 시인 윤동주(1917~45)와 김교신 선생(1901~45)이었다.

"조선의 최후"라는 절체절명의 위기 상황에서 '새 언약 백성으로서의 한국민'의 민족적 정체성 확립에 절대적 영향을 미친 시인 윤동주와 김교신 선생은 가장 적절한 시기에 하나님이 보내 주신 하나님의 사람들이었다. '예수적 인간형'의 전형을 보여준 윤동주와 '성서적 인간형'의 전형을 보여준 김교신은 하나님이 우리 민족사에 베푼 엄청난 행운이자 축복이 아닐 수 없다.

윤동주는 숨 막히는 봉건적 유교 질서 속에 있던 한반도를 벗어나 북간도에서 태어나고 기독교적 세계관 속에서 자랐다. 그리고 철저히 크리스천 멘탈리티로 무장되어 순결한 혼의 시인으로 살다가 생체실험의 대상이 되어 남의 나라 감옥에서 27세의 꽃다운 나이에 비명횡사했다. 제2차 세계대전의 종언을 고하는 1945년 2월, 십자가를 진 예수처럼 너무나도 짧고 슬프도록 아름다운 그의 순교적 죽음은 그 자체가 하나님의 놀라운 섭리 가운데 있는 한 위대한 생애였다.

김교신은 명망 있는 유교 가문에서 태어나 자라다가 한반도를 떠나 20세의 젊은 날 일본으로 유학 갔다가 노방에서 한 청년의 설교를 듣고 기독교에 입문하였다. 그런데 교회에 나갔다가 실망한 일이 생겨 교회를 떠난 뒤에 일본 기독교 선각자요 예언자인 우치무라 간조를 만나 그로부터 성서를 배우고 조선으로 돌아왔다. 그러고는 죽는 날까지 이 민족에게 오직 성서 한 권을 주고자 전력을 다하다가 죽었다. 제2차 세계대전의 종언을 고하는 1945년 4월, 식민지 조선 백성의 부활을 꿈꾸며 고향으로 돌아와 슬픔 속에 처한 백성들을 돕다가 결국 전염병으로 급사한 그의 순교적 죽음은 그 자체가 하나님의 놀라운 섭리 가운데 있는 한 위대한 생애였다.

일제의 식민사관과 하나님의 섭리사관의 차이를 설명하면 이렇게 말할 수 있다. 일제의 한국 침략과 식민 지배는 하나님이 깊은 뜻이 계셔서 한국을 일본에 넘겨주신 것이다. 여기에는 나라 없는 백성으로 고난의 세월을 살면서 이를 통해 한민족을 새롭게 주형하려는 하나님의 깊은 뜻이 계셨다.

그런데 이러한 사실을 전혀 모르는 일제는 한국민을 열등 민족으로 취급하면서 함부로 대하고 멸시하며 필설로 다 말하기 어려운 엄청난 만행과 한민족 말살이라는 무서운 죄악을 범했다. 또한 하나님의 깊은 섭리를 깨닫지 못했던 한국인은 스스로를 자학하면서 한민족의 정체성을 잃고 강자 앞에 선 약자처럼 일제에 서서히 동화되어 갔다. 이럴 때 한민족의 정체성(Identity)을 바로 세우도록 하나님이 보내 주신 사람이 바로 시인 윤동주와 김교신 선생이었다.

한민족 디아스포라6가 시작되는 1860년부터 정확히 50년 후인 1910년에 조선은 망했다. 그리고 1910년 이후 한민족 디아스포라는 본격적으로 시작되었다. 그러니까 정치적(외교적) 관점에서 보면 한일강제병합은 한민족 역사에서 가장 치욕적이고 불행한 최악의 역사이지만 선교적(복음적) 관점에서 보면 해방의 해인 희년(禧年)이다.

"왜 그 해가 희년인가?" 하면 거룩한 제사장의 나라로 삼아 전 세계를 구원하기 위해 하나님께서 한민족을 디아스포라로 흩으셨고, 윤동주의 시 〈십자가〉처럼 한민족이 세계인을 대신해서 '십자가'를 지는 민족이 되었기 때문이다. 세계열강이 자국의 이익을 위해 한반도에서 각축을 벌이는 가운데 조선의 운명은 조선인이 아닌 열강들의 손에 의해 좌우될 수밖에 없는 상황이 되었다.

이것은 한민족이 한편으로는 시인 윤동주가 쓴 〈슬픈 족속〉이 되었음을 의미하기도 하지만, 다른 한편으로는 '은혜의 족속'이 되었음을 의미한다. 이제 우리 민족은 하나님의 은혜가 아니고서는 살아갈 수 없는 민족이 된 것이다. 그래서 한민족의 정체성으로서 우리 민족이 붙들어야 할 것은 하나님의 말씀(사 40:8; 요 1:1)인 '예수

---

6 '디아스포라'($\delta\iota\alpha\sigma\pi o\rho\alpha$) 용어는 '디아'(찢어지다, apart)와 '스페레인'(씨앗, 뿌리다, 흩어 버리다, to sow, scatter)의 합성어이다. 이 용어는 본래 팔레스타인을 떠나 세계 각지에 흩어져 살면서 유대교의 규범과 생활 관습을 유지하는 유대인을 지칭했으나, 후에 그 의미가 확장되어 본토를 떠나 타지에서 자신들의 규범과 관습을 유지하며 살아가는 민족 집단 또는 그 거주지를 가리키는 용어로 사용된다.

그리스도'와 '성서 한 권'이었다.7 그래서 윤동주는 '예수 그리스도'
를, 김교신은 '성서 한 권'을 붙들라고 온몸으로 역설했다.

일제는 '내선일체'라는 '민족개조론'에 광분했으나 이는 근본적
으로 하나님의 창조 목적에 어긋나는 일이다. 한국인이든 일본인이
든 하나님의 진리인 예수 그리스도와 성경 말씀 안에서 새사람을
입는 '영혼 개조론'8이 필요하며(엡 4:22-24), 이를 위해 보냄 받은
이가 윤동주와 김교신이었다.

예수님의 삶은 '하나님의 인류 구원'이라는 영원한 섭리 안에서
행해진 구원 행동이었다. 예수께서 체포되실 때 베드로는 칼을 빼
대제사장의 종 말고의 귀를 베었다. 이때 예수님은 이렇게 말씀하셨
다. "칼을 칼집에 꽂으라 아버지께서 주신 잔을 내가 마시지 아니하
겠느냐?"(요 18:11). 지금 예수님은 자신에게 일어나는 모든 일(고
난)이 그 어떤 인간도, 그 무엇으로도 막을 수 없는 전적으로 아버지
하나님의 뜻과 경륜 속에서 일어나는 것임을 갈파한 것이다.

모든 비밀은 '어떻게 죽느냐'에 있다. 예수님의 죽음은 '하나님의
인류 구원'이라는 철저한 역사 섭리 안에서 비밀리에 진행되었다.
그런 까닭에 예수님은 반드시 '유월절'에, 반드시 '예루살렘'에서, 반
드시 '십자가 처형'이라는 방식으로 죽으셔야 했다. 그 까닭은 구약
예언의 성취 때문이다.

예수께서 반드시 유월절에 죽으셔야 했던 것은 유월절이 이스라
엘 백성의 출애굽을 통한 구원 사건이듯이 예수님의 죽음은 새 출애

---

7 선지자 제2이사야는 바벨론 포로 상황에 있는 포로민에게 이스라엘의 살길은 하나님 말씀을 붙드
   는 데 있음을 말했다(사 40:8). 또한 사도 바울은 모든 역사가 결국 예수 그리스도에게 돌아감을
   역설했다(롬 11:36).
8 더 자세한 설명은 본서 846쪽 이하를 참조.

굽을 통한 새 이스라엘의 구원 사건이기 때문이다. 여기서 예수께서 순종의 상징인 유월절 어린 양처럼 죽으심은 샬롬(Shalom)을 이루셔야 했기 때문이다.

또한 예수님은 반드시 '예루살렘'에서 죽으셔야 했다. 예루살렘은 성전이 있는 세계의 중심으로 율법(하나님의 말씀)이 예루살렘(시온)에서 나온 것처럼 하나님의 말씀인 복음(사 2:3)이 세계의 중심인 예루살렘에서 전 세계로 퍼져 나가야 하기 때문이다. 예루살렘은 '샬롬의 도시'라는 뜻을 가지고 있다는 점에서 샬롬을 이루기 위해 예루살렘에서 죽으셔야 했다.

또한 예수님은 반드시 십자가 처형 방식으로 죽으셔야 했다. 그 까닭은 십자가는 샬롬의 상징인 '다윗의 별'의 성취이기 때문이다.[9] 따라서 다윗의 별의 성취로서의 예수님의 십자가 처형당하심은 샬롬을 이루기 위한 죽음이었다. 그러니까 예수의 삶과 죽음 일체는 샬롬을 이루시기 위한 하나님의 주권적 섭리 아래 있다. 마찬가지로 하나님의 주권적 섭리 아래에서 보면 시인 윤동주와 김교신 선생의 삶과 죽음은 각별한 의미를 갖는다.

일본 근대화의 선각자 '요시다 쇼인'과 '후쿠자와 유키치'는 일본의 제국주의, 군국주의를 낳은 사상적 뿌리요, 그로 인해 결국 일본을 패망에 이르도록 한 장본인들이다. 그럼에도 불구하고 일본에서는 그들을 영웅시하고 있다. 반면에 그 시대에 하나님의 손에 붙들린 시인 윤동주와 김교신 선생은 복음적 삶과 죽음을 통해 일본의 근대

---

9 '다윗의 별과 십자가의 관련성'에 대해서는 박호용, 『왕의 교체』, 118-148을 참조. 나아가 신구약성경에 나타난 '샬롬의 신학'에 대해서는 박호용, "샬롬의 신학자 제사장 에스겔," 『에스겔 주석』, 506-542를 참조.

화가 낳은 제국주의·군국주의에 종언을 가져온 인물이다. 그럼에도 불구하고 한국인들은 시인 윤동주와 김교신 선생의 위대함을 잘 모르고 있다. 그러기에 시인 윤동주와 김교신 선생에 대한 재평가가 요청된다.

"조선의 최후"라는 장쾌한 대하드라마에서 시인 윤동주와 김교신 선생은 십자가-부활 구조를 이룬 우리 민족사에 영원히 기억될 하나님이 보내 주신 위대한 종들로서 이들의 삶은 참된 그리스도인의 사표였으며, 이들의 죽음은 일본 근대화의 막종(저녁종)을 울렸다. 최후 승자는 '천황과 군사력을 붙드는 나라'가 아니라 '주 예수 그리스도와 하나님의 말씀인 신·구약성경을 붙드는 나라'라는 사실을 말씀하고자 하나님은 시인 윤동주와 김교신 선생을 그 시대에 보내셨다.

정치적 측면에서 요시다 쇼인이 '야마토 정신'(大和魂)에 기초한 일본 근대화를 위한 새벽종이라면, 윤동주는 '예수 정신'(耶穌魂)에 기초한 일본 근대화를 마감하는 조종(弔鐘)이었다. 그리고 교육적 측면에서 후쿠자와 선생이 문명개화를 통한 일본 계몽의 새벽종이라면, 김교신은 성경 진리를 통한 조선 계몽의 만종(晩鐘)이었다.

일본 근대화의 씨앗이 된 요시다 쇼인과 후쿠자와 선생의 생애는 세상 나라를 기준으로 산 일본인의 영웅들이라면, 한국 복음화를 위해 하나의 밀알이 된 윤동주와 김교신의 생애는 하나님 나라를 기준으로 산 하나님의 종들이었다. 우리 민족의 세계사적 사명이 새 언약 백성으로서의 거룩한 제사장의 나라가 되는 것에 있다면, 이를 위해 시인 윤동주는 '그리스도 예수의 백성'이 될 것을 노래했고, 김교신 선생은 '성서의 백성'이 될 것을 가르쳤다.

또한 기독교 신앙의 두 축이 '십자가와 부활'이라고 할 때, 윤동주는 '십자가 신앙'의 길을 갔다면, 김교신은 '부활 신앙'의 길을 갔다. 또한 삶 전체가 종교개혁의 모토인 '오직 그리스도'(Solus Christus)와 '오직 성서'(Sola scriptura)[10]를 각각 대변하는 윤동주와 김교신은 후손들이 본받고 따라야 할 이상적인 민족성을 구현했다는 점에서 '민족의 사표(師表)'라고 말할 수 있다.

우리 한민족이 '하나의 민족'이라는 것을 확실하게 자각한 것은 3·1운동을 전후한 시기였다. 따라서 일제 강점기는 한민족의 정체성(아이덴티티)을 확실하게 주형(鑄型)하는 시기였다. 바로 이때 하나님이 한민족의 정체성(아이덴티티)을 확실하게 주형(鑄型)하기 위해 우리 민족에게 보내주신 두 크리스천 선각자가 윤동주와 김교신이었다.

다시 말하면 윤동주와 김교신이 있기 전까지 한민족의 정체성과 인류사적 사명이 어디에 있는지 잘 몰랐다고 하는 편이 솔직한 얘기다. 윤동주와 김교신은 우리 민족이 지녀야 할 민족적 정체성 및 세계로 나가야 할 방향을 제시한 민족의 사표였다.

일본에서 근대화가 진행되는 동안 조선은 복음화가 진행되고 있었다. 일본인과 조선인은 그 쓰임새가 다르다. 일본은 '경제적 가치'로 그 쓰임새가 결정된다면 조선인은 '종교적 가치'로 그 쓰임새가 매겨지는 것이었다. 이 사실을 일깨워 준 선각자가 바로 윤동주와 김교신이었다.

윤동주의 오직 예수! 김교신의 오직 성서! 이 두 사람은 '오직 복음!'을 남기고 간 것이다. 윤동주와 김교신은 한국 민족을 '복음의

---

10 더 자세한 설명은 박호용, "종교개혁: 베드로의 종교(가톨릭)에서 바울의 종교(개신교)로"; Von Loewenich, W., 『마르틴 루터』, 587-597을 참조.

민족', '성서의 민족'으로 만들고, 일본 복음화를 위한 희생의 씨앗(밀알)으로 삼고자 하나님이 보내신 '하나님의 사람들'이었다!

시인 윤동주와 김교신 선생은 일제의 식민지 상황에 있는 조선 백성에게 한국이 살길은 구주 예수 그리스도와 하나님의 말씀인 신·구약성경을 붙드는 데 있음을 피를 토하며 죽음으로 역설했다. 시인 윤동주는 예수를 붙들었고 이를 위해 민족의 십자가를 짊어지고 죽었으며, 김교신 선생은 성경을 붙들었고, 이를 위해 민족의 부활을 꿈꾸며 죽었다. 그들은 하나님을 대신하여 한민족을 깨우친 파수꾼의 나팔 소리였다(겔 3:17).

1945년 2월 18일, 그토록 아름답고 조용한 북간도 명동촌에 비보가 날아들었다. "2월 16일 동주 사망. 시체 가지러 오라." 일본 후쿠오카(福岡) 형무소에서 이틀 전에 외마디 비명을 지르고 윤동주가 운명했다. 이어서 바로 그곳에서 3월 10일, 평생의 동지인 고종 사촌 형 송몽규(1917~45)가 눈을 뜬 채 운명했다. 윤동주와 송몽규의 연이은 죽음! 두 청년에게 큰 기대를 걸고 유학을 보냈던 고향 마을 사람들의 충격은 말로 표현할 수 없을 만큼 컸다.

그런데 그다음 달인 4월 25일, 흥남 질소비료 공장에서 일하던 김교신 선생이 발진티푸스에 걸려 1주일 만에 급사했다. 이 소식을 전해 들은 평생의 동지 함석헌 선생은 통곡했다. 그런데 보름 전인 4월 9일, 히틀러 암살 음모에 가담했던 본회퍼(1906~45) 목사가 플로센뷰르크(Flossenbürg) 감옥에서 처형당했다.[11] 그리고 4개월 후, 어느 날 갑자기 도적같이 8.15해방이 왔고, 제2차 세계대전은 막을 내렸다.

---

11 '본회퍼'에 대해서는 김동건, "계시와 세속: 본회퍼," 『현대신학의 흐름』, 241-362를 참조.

1945년에 있었던 일련의 역사적 사건들과 이들의 죽음! 특히 윤동주와 김교신의 죽음은 무엇을 의미하는가? 역사 속에서 늘 일어나는 우연한 사건들의 연속일 뿐인가? 아니면 그 어떤 깊은 뜻을 갖고 있는 것일까?12 대하드라마 "조선의 최후"에서 윤동주와 김교신의 죽음은 '근대화의 종언'이라는 번제단에 바쳐진 향기 나는 제물이었다.13

서구에서 근대화는 1750년대의 영국의 산업혁명과 프랑스 대혁명(1789)과 더불어 시작되었다. 그리고 일본의 근대화는 요시다 쇼인의 탄생(1830)과 더불어 시작되었다. 그리고 일본의 문명화는 후쿠자와 유키치의 구미 여행(1860)부터 시작되었다. 그러한 근대화를 통한 문명화와 그것이 가져온 군국주의가 1945년 8월 15일에 종언을 고했다.

그러니까 위에서 언급한 이들의 죽음은 근대화와 문명화 및 그에 따른 군국주의의 종언을 알리는 조종(弔鐘)이었다고 말할 수 있다. 곧 하나님의 섭리론적 뜻 안에서 이방의 빛으로서의 사명을 다하기 위한 거룩한 죽음이었다는 것이 필자의 생각이다.

역사를 영원의 시각으로 보면 잠깐 이겼지만, 영원히 지는 길이 있고, 잠깐 졌지만 영원히 이기는 길이 있다. 빌라도의 길과 예수의 길이 그 좋은 실례다. 빌라도가 예수께 십자가를 지운 것처럼 일본은 조선에 십자가를 지움으로써 조선은 십자가를 지고 가는 민족이 되었다. 그래서 일본은 빌라도가 되었고, 한국은 예수가 되었다. 당시

---

12 한명회는 "시대는 사람을 소명하여 쓰지만, 그 소임이 끝나면 가차 없이 버린다"고 했다. 신봉승, 『소설 韓明澮』(제2권 운명의 만남), 94.

13 김대건 신부나 주기철 목사의 역사적 위대함은 오래 살아 많은 일을 한 데 있지 않고 죽어야 할 때 죽은 그들의 순교에 있다. 감독이신 하나님의 사인을 거부하고 자기 의지에 따라 만루홈런을 친 선수와 하나님의 사인에 순종하여 희생번트를 댄 선수 가운데 누가 하나님을 기쁘시게 한 선수인가!

는 예수가 지고 빌라도가 이겼지만 조금 후에 예수가 부활함으로써 예수가 영원히 이겼다. 일본은 패망함으로써 졌고, 조선은 해방을 맞이함으로 이겼다. 대반전 드라마를 하나님이 연출하신 것이다.

빨리 달린 자가 이기는 것도 아니요 늦게 달린 자가 지는 것도 아니다. 바르게 달리는 자가 결국 최후의 승자다. 예수를 죽인 빌라도가 최후 승자가 아니며, 본회퍼를 죽인 히틀러 나치 정권이 최후 승자가 아니며, 시인 윤동주와 김교신 선생을 죽인 일본이 최후 승자가 아니라 하나님이 최후 승자이며, 하나님이 다시 살리신 예수와 본회퍼, 윤동주와 김교신이 최후 승자가 되었다.

일본의 군국주의의 길은 잠깐 이겼지만, 영원히 지는 길이고, 조선의 예수 복음의 길은 잠깐 졌지만 영원히 이기는 길이다. 예수 복음의 길을 간 윤동주와 김교신은 당시에는 잠깐 진 듯이 보였지만 영원히 이기는 길을 우리 민족에게 주었다. 예수의 사람 윤동주는 '예수 한국'을, 성서의 사람 김교신은 '성서 한국'을 남기고 떠났다.

바로 그 시절, 시인 윤동주는 〈십자가〉라는 시를 쓰고 적국 일본에 가서 유월절 어린 양처럼 그냥 죽었다. 그것도 해방을 6개월 앞두고서 말이다. 자신의 죽음이 무엇을 의미하는지 알든 모르든 상관없이. 그는 이 민족에게 죄를 이긴 '십자가의 복음'[14]을 남기고 갔다.

바로 그 시절, 김교신 선생은 일본 유학에서 돌아와 「성서조선」지를 발행하다가 민족의 부활을 노래하는 "조와"(弔蛙)라는 글을 쓰고 감옥에 갔다가 풀려나 고향 함경도 함흥으로 갔다. 거기서 부활을 준비하다가 갑자기 발진티푸스로 그냥 죽었다. 그것도 해방을 4개

---

14 '십자가의 복음'에 대한 더 자세한 설명은 박호용, 『왕의 교체』, 118-148; idem., 『왕의 복음』, 235-290을 참조.

월 앞두고 말이다. 자신의 죽음이 무엇을 의미하는지 알든 모르든 상관없이 그는 이 민족에게 세상(죽음)을 이긴 '부활의 복음'15을 남기고 갔다. 여기에 윤동주와 김교신의 죽음이 갖는 섭리론적 뜻이 있다.

하나님이 이스라엘을 포함한 온 세계를 구원코자 요셉을 애굽에 앞서 보냈듯이, 윤동주와 김교신을 애굽의 나라인 적국 일본에 앞서 보낸 것은 한국을 포함한 온 세계를 구원코자 하시는 하나님의 위대한 섭리였다. 마치 미국에 있는 본회퍼를 조국 독일로 돌아가 제2차 세계대전이 끝나기 바로 직전 죽게 하신 것처럼, 해방을 몇 개월 앞둔 시점에 하나님이 윤동주와 김교신을 데려가셨다. 그들의 죽음의 자리와 카이로스적 시간은 일상사가 아닌 하나님의 오묘한 섭리 가운데 있었다.

'십자가'의 시인 윤동주에게 있어서 일본이라는 나라는 '예수적 인간형'으로서의 한민족의 민족적 정체성 구형을 위한 '성문 밖 골고다'였다. 그리고 '부활'의 교사 김교신에게 있어서 일본이라는 나라는 '성서적 인간형'으로서의 한민족의 민족적 정체성 구형을 위한 '부활의 인큐베이터'(incubator)였다.

'십자가'를 노래한 윤동주는 하늘이었고, '부활'을 노래한 김교신은 땅이었다. 윤동주는 하늘을 우러러보면서 후쿠오카 감옥에서 홀로 죽었고, 김교신은 한반도의 땅을 굽어보면서 흥남질소비료공장에서 현장 근로자들과 고난을 함께하다가 급사했다.

해방 몇 개월 전, 나치에 항거하다가 처형된 본회퍼는 독일 민족

---

15 '부활의 복음'에 대한 더 자세한 설명은 박호용, 『왕의 교체』, 40-64; idem., 『왕의 복음』, 180-234 를 참조.

의 영원히 빛나는 별이 되게 한 것처럼, 적국 일본 땅에서 시인 윤동주는 비인간적인 생체실험의 도구로 죽어 영원히 빛나는 별이 되었고, 적국 일본 땅에서 성서를 배워 조선으로 돌아와 한민족의 정체성을 성서 위에 세우려 진력하다가 죽은 김교신 선생은 찬란하게 빛나는 다이아몬드의 빛이 되었다.

아! 우리 민족사의 별이요 빛인 윤동주와 김교신! 윤동주는 언제나 십자가를 지고 높은 하늘로의 부활을 꿈꾸었고, 김교신은 언제나 부활을 꿈꾸며 낮은 땅으로 성육신하였다. 그런 의미에서 윤동주의 길은 십자가 신앙을 안고 부활을 꿈꾼 '예수의 길'이었고, 김교신의 길은 부활 신앙을 안고 십자가의 길을 간 '제자의 길'(제자도)16이었다. 그들의 생애는 하나님의 손에 붙들린 눈물이 나도록 아름답고 순결한 거룩한 생애였다.

윤동주는 문명의 탈을 쓴 그 야만의 시대, 참 신앙을 시험하던 그 잔혹한 일제 말기에 한민족을 넘어 온 인류의 불의와 죄악을 대신 짊어지고 광야로 내쫓겨 죽어간 '아사셀 염소'(레 16:6-22)였다. 반면에 김교신은 바벨론 포로민에게 하나님의 말씀을 대언한 영적 파수꾼 에스겔(겔 3:17)처럼 일제 식민지하에서 성경 말씀으로 한민족을 깨우치며 성서 위에 조선을 세우고자 했던 영적 파수꾼이었다는 점에서 김교신은 '제2의 에스겔'이었다.

청년독일파(靑年獨逸派)17의 서정시인이자 〈로렐라이〉 작가인 하이네(Heine, 1797~1856)는 독일 문학의 쌍벽(맞수) 괴테(Goethe,

---

16 제자도의 백미요 압권인 숫자 153에 대한 자세한 설명은 박호용, "숫자 17과 큰 물고기 153(요 21:11)의 의미," *Canon & Culture* 제13권 1호(2019년 봄), 229-260; idem, ,『유레카·익투스 요한복음』, 971-1003을 참조.

17 '청년독일파'에 대해서는 박찬기,『독일문학사』, 307-316을 참조.

1749~832)와 실러(Schiller, 1759~1805)를 두고 이렇게 말했다. "인간으로서의 괴테는 소극적이며, 실러는 적극적인 인간미를 간직하고 있다고 보겠으나, 시인으로서의 인간 역시 괴테가 우리 독일 문학의 자랑이 될 것이고, 실러는 우리 독일 민족의 자랑스러운 인간이 될 것이다."18

필자는 이 말을 패러디해서 한국 기독교 문학의 쌍벽(맞수)인 윤동주와 김교신을 두고 이렇게 말하고 싶다. "인간으로서의 윤동주는 소극적이며, 김교신은 적극적인 인간미를 간직하고 있다고 보겠으나, 시인으로서의 인간 역시 윤동주가 우리 한국 문학의 자랑이 될 것이고, 김교신은 우리 한국 민족의 자랑스러운 인간이 될 것이다."

---

18 오한진, 『하이네 硏究』, 211.

X. 새 언약 백성으로서의 '한국천명론'

일본의 대표적인 기독교 사상가 '우치무라 간조'(內村鑑三)는 '일본 국천직론'(日本國天職論), 즉 일본이 동·서 양방의 대양을 향해 펼쳐진 지리적 위치를 점하고 있으므로 '일본의 천직'은 동양과 서양의 양대 문명을 매개하는 중개자로서의 세계사적 사명을 가진다고 주장했다.[1]

우치무라에게 영향을 준 민족적 역할에 대한 이론은 독일의 지리 학자인 칼 리터(Karl Ritter, 1779~1859)로부터 유래한다. 리터는 "하나의 유기체로서의 땅은 신이 계획하고, 인간을 위해 창조했으 며, 인간 삶을 규제한다고 보았다. 리터에게는 두 제자가 있었는데, 하나는 영국의 역사가인 헨리 버클(Henry Buckle, 1821~62)이고, 다른 하나는 스위스인 아놀드 기욧(Arnold Guyot, 1807~94)이다.

기욧은 프린스턴 대학에 있다가 1849년 보스턴 대학으로 옮겼는 데, 그는 12시리즈로 된 그의 가장 유명한 저서인 『땅과 인간』(*The Earth and Man*)을 출판했다. 우치무라는 이 책을 자신의 모델로 사용 하였다. 심지어 그는 자기의 작품에 똑같은 제목을 사용하였다. 기욧 의 강의는 세 주제를 말하고 있는데, 첫 여덟 장은 외형적 지리를 다루고 있고, 다음 세 장은 개별적인 대륙들을 취급하고 있으며, 마 지막 한 장은 역사의 진행이 (중앙) 아시아로부터 북쪽과 서쪽으로 진행한다는 것이다.

우치무라는 기욧의 논리를 더 발전시켜 일본에 적용하였다. 일본 의 사명(calling / mission)은 전통적인 동양 문화를 최고의 기독교 문명과 결합시키고, 그런 다음 전 세계에 새롭고도 우월한 삶의 방식

---

1 이기용, 『한일 근대사상사연구』, 270-272.

을 보급하는 것이라고 생각하였다.

우치무라는 그의 저서『땅과 인간』에서 다음과 같이 주장하였다. 땅의 외형적 특성은 거기에 거주하는 사람들의 역사에 역할을 결정한다. 결과적으로 인간들은 "창조자의 손에 의해 형성된 예언"을 지리에서 찾는다. 지리는 인간의 발전을 형성한다. 그 경계 안에서 민족은 한 개인의 방식과 유사한 방식으로 발전한다. 그러면서 우치무라는 동·서양 양대 문명의 정수가 모이는 일본에서 세계에 자랑할 만한 정신적 유산이 창출될 것이라고 주장했다.[2]

그런데 그의 저서는 후에 무절제한 군사적 목적을 위한 편리한 합리성을 제공해 주었다. 이와나미 출판사는 그의 저서『땅과 인간』을 1942년에 출판하였다. 그 당시에 아시아에 있어서 일본의 군사적 목적을 위한 지지가 필요했던 사람들은 우치무라의 기독교적 메시지를 무시해 버렸다. 우치무라는 일본의 미래 비전과 그 실현 사이에는 심각한 장애물이 있다고 말하면서 이렇게 결론짓고 있다. "우리의 의무는 지금(now), 여기(here)에 있다. 우리가 이때와 이곳에서 우리의 사명을 성취하지 못한다면, 일본은 그것의 민족적 운명을 성취할 수 없을 것이다."[3]

우치무라의 우려대로 그의 꿈과 이상은 여지없이 빗나갔다. 그 까닭은 이러하다. 역사적으로 볼 때 일본은 남의 나라를 침략한 나라였다. 침략당해 본 일도 거의 없고, 더욱이 태평양전쟁 전까지 나라가 망해 본 경험이 전혀 없다. 그래서 일본 민족은 하나님의 은혜를

---

2 John F. Howes, *Japan's Modern Prophet: Uchimura Kanzo*, 117-120. 기욧의 영향은 우치무라를 통하여 김교신, 함석헌에게도 미치고 있다. 양현혜,『근대 한·일 관계사 속의 기독교』, 278. n. 11.

3 John F. Howes, 위의 책, 121.

잘 모르며, 자신들의 의지(노력과 행위)로 사는 민족이다.

또한 일본은 기본적으로 칼을 모시는(侍) 사무라이(武士)의 나라이다. 그러기에 좋은 소식인 '평화의 복음'(사 52:7; 엡 6:15)을 전하기에는 적합하지 않다.4 더욱이 인간 천황을 정점으로 한 온갖 잡신을 섬기는 우상의 나라이기에 하나님은 세계 구원이라는 고귀한 선교적 사명을 일본국에 맡기기를 원치 않았다.

반면에 한국은 역사상 숱한 침략을 당하면서 고난으로 점철된 역사를 살아왔다. 그래서 하나님의 은혜가 아니면 살아갈 수 없는 민족성을 지니고 있다. 또한 붓을 모시는(侍) 선비(文士)의 나라이기에 평화의 복음을 전하기에 적합한 민족이었다. 하나님은 십자가의 방법론, 즉 칼의 강함(일본)이 아닌 붓의 약함(한국)을 들어 당신의 구원사를 펼쳐가기를 원하셨다. 그리고 이를 위해 하나님은 한국민을 이스라엘을 대신할 새 언약 백성 삼기를 원하셨고, 복음화의 길로 인도하셨다.

대하드라마 "조선의 최후" 시나리오를 쓰신 하나님은 세계 구원의 몫을 먼저 일본인이 아닌 한국인으로 삼기 원하셨다. 즉, 사무라이의 나라인 일본은 인간적 노력을 자랑삼는 '율법의 민족'이요 싸우기를 좋아하는 '전쟁의 민족'이기에 세계를 구원할 평화의 복음을 전하기에는 적합지 않은 민족으로 주형되었다.

반면에 선비의 나라인 한국은 민족적 연약함으로 인해 하나님의 도움이 없이는 살아갈 수 없는 '은혜의 민족'이요 남의 나라를 침략해

---

4 하나님께서 구원사의 법통(상속자)을 야곱의 넷째 아들인 유다를 통해 이어간 것은 장자 르우벤은 서모 빌하를 범한 죄 때문에 탈락했고(창 35:22; 49:3-4), 시므온과 레위는 디나 강간 사건에 대한 폭력적 보복(창 34:1-31; 49:5-7) 때문에 탈락했기 때문이다.

본 적이 없는 '평화의 민족'으로 주형되었다.5 그리하여 하나님은 한국인을 들어 세계를 구원할 민족으로 쓰시기 위해 연단시키고 그때를 기다리고 적합한 그릇이 될 때까지 일본을 들어 연단시키신 것이다.

하나님은 당신이 사랑하는 민족을 예정 속에 두시고 언약 백성인 이스라엘을 대신할 '새 언약 백성'(제2의 이스라엘)으로서 세계복음화에 가장 적합한 민족을 찾았다. 그리고 때가 차매 한민족에게 이 고귀한 '하늘의 사명'(天命)을 맡긴 것이다. 이것이 '한국천명론'(韓國天命論)이다. 세계 구원을 위해 영원한 비밀 속에 감추어 두었던 하나님의 경륜(엡 1:9)을 단지 한민족이 늦게 깨달았을 뿐이다!

김교신은 섭리사관에 입각해 신이 우리 민족에게 주신 고유한 세계사적 사명이 무엇인가를 자각정립하는 것을 우리 민족의 가장 중요한 신앙적 과제로 삼았다. 이 같은 그의 신앙이념은 우리 겨레의 존재 이유를 밝힘으로써 왜 우리 민족이 노예의 굴레를 벗고, 꼭 독립을 쟁취해야만 하는 것에 대한 신앙적 당위성을 제공하는 것이었다.6

개신(改新) 유림(儒林)을 대표하는 '이데올로그'(*Idéologue*, 대표적 이론가) 박은식(1859~1925) 선생은 망해가는 나라에서 구국의 방안으로 기술 교육의 진흥을 촉구했다. 그런데 그의 궁극적 이상은 과연 무엇이었나? 생존경쟁에서 강자가 약자를 잡아먹는 것을 자연의 법칙으로 생각한 그는 우리나라도 많은 식민지를 개척한 영국이나 프랑스를 이긴 독일 못지않은 열강이 되기를 기원했다. 크루프의 대포처럼 위대한 무기를 만들고, 비스마르크나 몰트케 장군, 러시아

---

5 '평화의 사람' 박신배 교수는 평화를 염원하는 뜻에서 '평화학'(Paxology)을 제창했고, 최근에 수필집 『평화 비둘기』를 출간했다.

6 한겨레신문사, "김교신, 교회 밖에서 믿음을 찾다,"『발굴 한국현대사인물 I』, 241.

의 피터 대제와 같은 무자비한 리더의 지도로 세계에서 무위(武威)를 떨치기를 기원했다. 그런데 과연 한민족(한반도)의 사명이 거기에 있는가?

"역사의 변화는 변방에서"라는 말이 있다. 그리스 도시국가 가운데 세계제국을 건설한 것은 아테네나 스파르타가 아닌 야만인 취급을 당하던 마케도냐의 알렉산더 대왕(356~323 BC)이었다. 세계를 구원할 만세구주(萬世救主) 예수 그리스도는 팔레스타인의 변방인 갈릴리 나사렛 출신이었다. 프랑스 제국을 이룩한 나폴레옹(1769~1821)은 지중해의 섬 코르시카 출신이었다.

한 세기 전 동북아에서 서구 문명을 가장 먼저 받아들여 근대국가로 거듭난 것도 중국인이나 한국인들이 섬 오랑캐로 멸시하던 일본이었다. 고구려·백제·신라 중 삼국을 통일한 최후의 승자는 변방 취급받던 신라였다. 한 세기 전 기독교와 신학문을 가장 적극적으로 받아들인 사람들은 천대받던 평안도와 함경도 사람들이었다.

19세기 조선은 주변 열강들(중국, 러시아, 일본, 미국)에 둘러싸인 채 조용히 잠자고 있던 작고 보잘것없는 변방의 나라였다. 그러나 예수 그리스도가 하나님의 영원한 비밀(골 2:2)이듯이 열강들에 둘러싸인 은자의 나라요 작고 변방인 한반도는 영원부터 감추인 하나님의 비밀에 속한 땅이요, 한민족은 하나님의 비밀을 이루어야 할 위대한 사명을 지닌 민족이었다.

여기서 왜 한민족이 '언약 백성인 이스라엘'을 대신할 '새 언약 백성'인지에 대해 지리적 측면과 역사적 측면으로 나누어 고찰해 보자.

일찍이 하나님은 '젖과 꿀이 흐르는 땅' 가나안(팔레스타인)을 이스라엘 민족에게 주기로 약속하셨다. 그런데 '젖과 꿀이 흐르는 땅'

가나안은 아주 작고 보잘것없는 땅이었다. 하지만 역사상 그 땅이 그렇게도 중요했던 것은 지정학적 위치 때문이었다. 전략적 요충지, 즉 아시아와 아프리카와 유럽이라는 세 대륙의 교차로에 위치해 있었기 때문이다. 그래서 인류 역사는 19세기까지 이 땅을 누가 차지하느냐를 놓고 혈전을 벌인 역사라 해도 과언이 아니었다.

그런데 팔레스타인 땅은 바다로 나가기에는 막힌 땅이다. 해양 시대에는 그리 좋은 땅이 아니다. 그와는 달리 한반도는 팔레스타인 땅처럼 작고 보잘것없는 것 같지만 지정학적으로 아주 중요한 땅이다. 왜냐하면 지구상에서 대륙과 대양을 잇는 유일한 땅이기 때문이다.

이제 한반도는 팔레스타인 땅을 대신하여 젖과 꿀이 흐르는 제2의 성지(聖地)요, 한민족은 이스라엘 민족을 대신할 제2의 선민(選民)으로 하나님이 쓰실 때가 찬 것이다. 서구 해양 세력에 의해 한반도가 세계사 속에 들어온 19세기가 바로 그 시점이었다.

전 지구상에서 팔레스타인 땅과 가장 유사한 땅이 있다면 바로 '한반도'이다. 팔레스타인 땅처럼 한반도는 지리적인 측면에서 보면 크기도 작고, 산야가 많아 발전에도 지장이 많은 땅이다. 하지만 한반도가 중요한 것은 지정학적 위치 때문이다. 남동쪽에 애굽에 비견되는 일본이 있고, 서북쪽에 아시리아와 바벨론에 비견되는 중국과 러시아가 있고, 동쪽 태평양 너머에 그리스-로마에 비견되는 미국이 있다.

그리고 한반도는 세계에서 유일한 '대륙과 대양을 잇는 전략적 요충지'에 자리하고 있다. 작지만 열강들에 둘러싸인 팔레스타인과 한반도는 지정학적 위치 때문에 수천 년 동안 '고난의 역사'를 피할 수 없었다. 한반도는 전 지구상에서 팔레스타인 땅과 가장 닮았다는 점에서 '제2의 팔레스타인'(성지 가나안 땅)이라고 말할 수 있다.

지도책을 펴놓고 유심히 살펴보면 이스라엘은 유라시아 대륙의 서쪽 땅끝에 '지중해'와 접하고 있고, 대한민국은 유라시아 대륙의 동쪽 땅끝에 '태평양'과 접하고 있다. 두 나라는 같은 위도상에서 아시아 대륙의 양쪽 땅끝에 자리 잡고 있다. 한국은 '서쪽의 이스라엘'을 대신할 '동쪽의 이스라엘'이다. 이것이 우연의 일치일까? 아니다. 왜냐하면 성경은 각 민족의 거주지 및 국경을 하나님께서 정하여 주셨다고 말씀하고 있기 때문이다(행 17:26). 여기에서 "거주의 경계를 한정하셨으니"라는 말씀은 하나님께서 각 민족이 사는 땅과 그들의 거주지를 정하여 주셨다는 뜻이다.

유대인의 사명은 '복음의 첫 주자'로 쓰임 받는 것이요, 한민족의 사명은 '복음의 마지막 주자'로 쓰임 받는 것이다. 이것이 하나님께서 이스라엘과 한국의 영토를 각각 유라시아 대륙의 양쪽 땅끝에 정해 주신 가장 큰 목적이다. 왜냐하면 이 두 곳이 지정학적으로 구원의 복음을 열방으로 신속히 전파시키는 데 가장 효과적인 땅이기 때문이다.

이스라엘은 아시아, 아프리카, 유럽 세 대륙의 교차로이자 중심이다. 그래서 세 대륙에 가장 빠르게 복음을 전달할 수 있는 위치에 있다. 그래서 이스라엘은 복음의 첫 번째 주자가 되었다.

한국은 아시아, 아프리카, 유럽을 뛰어넘어 전 세계의 교차로이자 온 땅의 중심이다. 세계는 태평양을 사이에 두고 크게 '두 대륙'으로 형성되어 있다. 곧 아시아, 유럽, 아프리카가 연륙된 세 대륙과 남, 북미 대륙이다. 한반도는 이 거대한 두 대륙의 정중앙에 위치해 있다. 따라서 한반도는 대륙과 해양을 잇는 가교이자 열방의 중심이므로 한민족은 말세에 마지막 대추수를 위해 전 세계로 그 어떤 나라 백성보다 가장 빨리 나갈 수 있다.

한민족은 복음의 마지막 주자이다. 모름지기 계주 경기에서 첫 주자와 마지막 주자가 가장 잘 뛰어야 한다. 왜냐하면 시작이 좋아야 하고, 마무리가 잘되어야 하기 때문이다. 복음의 첫 주자가 시작하기 좋은 땅이 아시아 서쪽의 '이스라엘'이고, 복음의 마지막 주자가 마무리하기 좋은 땅이 아시아 동쪽의 '대한민국'이다. 한반도는 마지막 대추수를 위해 쓰시고자 하나님께서 감추어 두신 또 하나의 선민이 살고 있는 전 세계에서 가장 귀중한 땅이다(사 60:1-3).

이러한 사실로 인해 해양 시대에 접어든 19세기 말에 이르러 전 세계열강이 한반도를 놓고 각축을 벌인 것이다. 러시아는 한반도를 통해 대양으로 나가기를 원했고, 일본은 한반도를 통해 대륙으로 나가기를 원했다. 중국은 한반도를 붙잡고 중화의 세계를 지키기를 원했다. 미국은 한반도를 경계로 세계 질서를 구축하면서 세계 선교의 전초기지로 삼고자 했다.

한편, 역사적 측면으로 볼 때 유대민족과 가장 닮은 민족은 우리 한민족이다. 특히 여러 곳 땅의 끝까지 흩어진 민족 간의 네트워크를 형성하며 경제적으로 영향을 주고받고 있다는 점 등, 두 민족 간에는 많은 공통점이 있다. 이형자는 이렇게 말한다.

"하나님은 오래전 복음의 역사를 이뤄가는 과정에 이스라엘 민족을 사용하셨다. 그 하나님이 '동방의 이스라엘 민족'을 선택하셨는데 그것이 바로 우리 한민족이다. 하나님이 선택한 또 하나의 민족, 유대인과 비슷한 궤적을 걸어온 한민족! 복음의 홀씨를 품고 땅끝까지 퍼져나간 그들의 삶과 이주의 역사 속에 디아스포라들의 사도행전

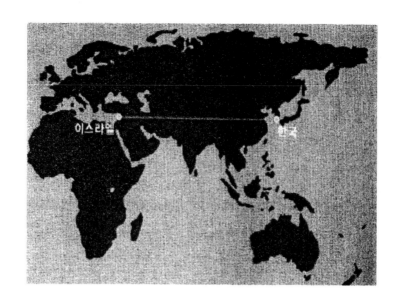

이 있다. 그들만의 '히(His)-스토리(Story)'가 있다."7

역사 속에는 인간들이 이해하기 어려운 하나님의 암호가 감춰져 있다. 그 암호를 제대로 해독할 때만이 우리는 하나님의 원대한 계획을 이해할 수 있다. 바로 '언약 백성인 유대민족'을 대신한 '새 언약 백성인 한민족'에게 부여한 세계선교의 사명, 곧 '디아스포라 사도행전'이 그것이다.8

오늘날 '세계최강 성공집단'9이라고 불리는 유태인들은 본래 다른 민족보다 탁월한 민족이기에 그렇게 된 것이 아니다. 오히려 그들은 히브리인들, 즉 고대 근동 지방을 떠돌아다니던 뿌리 없는 사람들이었다.10 그런 그들을 불쌍히 여겨 하나님이 선택하시고(선민) 애

---

7 이형자, 『한민족 디아스포라 행전 2』, 68-69.

8 한민족 디아스포라를 통한 '디아스포라 선교: 패러다임의 변화'에 대해서는 이형자, "디아스포라여! 100년 후를 준비하라," 위의 책, 215-257을 참조.

9 이에 대해서는 Max I. Dimont, *JEWS, GOD AND HISTORY*, 『세계최고성공집단 유대인』을 참조.

굽에서 구원하신 후 시내산에서 언약을 맺음으로 언약 백성(언약민)이 되고, 구별된 거룩한 백성(성민)이 되었다(신 7:6-11). 그러니까 오늘날 세계 최강의 성공 집단이라고 불리는 유태인들이 된 것은 한 단어, 즉 '언약'에 있다. 하나님이 아브라함과 맺은 언약(창 15, 17장)에 이은 시내산에서 맺은 언약(출 19:5-6)에서 비롯된 것이다.

그런데 가나안 땅에 들어간 이스라엘 백성은 하나님의 명령을 어기면서 이방신을 섬기고 사회적 약자를 억압하는 불의와 불법을 자행하였다. 결국 하나님과 맺은 언약 관계는 깨졌고, 이스라엘 민족은 하나님의 심판을 받아 멸망하고 '디아스포라 유대인'이 되어 주변 나라에 흩어지는 민족이 되었다(주전 587년).

하나님은 새 언약 관계를 맺고자 그의 아들 예수 그리스도를 세상에 보내셨다. 그리고 모든 민족을 초청했으나 이스라엘은 이 초청을 거부했고, 오히려 로마 제국과 함께 예수 그리스도를 십자가에 못 박는 일에 동조하였다. 그리고 유대-로마 전쟁에서 패한 이스라엘(유태) 민족은 전 세계로 흩어지는 불행을 당해야 했다(주후 70년 이후).

성경은 흩어짐의 기록, 즉 디아스포라의 책이다. 성경에서 '디아스포라'라는 말을 사용할 때는 '흩어짐' 또는 '포로됨'의 의미로 사용된다. 구약에서 디아스포라 현상은 이스라엘 민족의 불순종에 대한 벌의 의미로 나타나는 경우가 많다. 하나님은 죄에 대한 벌로써 흩으시겠다는 뜻을 보이셨다(레 26:33; 신 28:64; 렘 9:16). 그런데 표면적으로 봤을 때 벌을 받고 죗값으로 뿔뿔이 흩어졌다고 생각할 수 있으

---

10 '히브리'란 고대 근동지방을 뿌리없이 떠돌아다니는 부평초와 같은 자들로서 민족적 개념이라기 보다는 사회학적 개념이다. 즉, 사회적으로 아무런 지위를 갖지 못한 유랑민이고, 법적으로 아무런 권리를 보호받지 못하는 천민이고, 경제적으로 아무런 재산을 갖지 못한 하층민을 일컫는 용어이다. 더 자세한 설명은 박호용, 『성경개관』, 82-83을 참조.

나, 실제로는 하나님의 은혜였음을 알 수 있다. 그러므로 '포로됨과 흩어짐'은 모두 하나님의 은혜인 것이다.[11]

구약의 아브라함부터 시작하여 이삭, 야곱 요셉 그리고 룻과 에스더 및 느헤미야와 다니엘 등이 모두 디아스포라의 삶을 살았다. 신약시대에 이르러 메시아로 오신 예수 그리스도의 사역에 의해 디아스포라의 삶의 모습이 더욱 분명해졌다. 예수님은 하나님의 아들로서 하늘에 머무시지 아니하시고, 육신을 입고 이 땅에 오셔서 디아스포라의 삶을 사셨다. 예수님은 우리를 위해 스스로 디아스포라의 본(가교)을 보이셨다.

태생부터 하나님과 동일하지만 자기를 비워 사람과 같이 되셨다(빌 2:6-8)는 것은 기득권의 포기를 의미한다. 디아스포라의 삶은 조국이 아닌 이방에 거주함으로 기본적으로 가지고 있어야 할 기득권을 포기한 삶이다. 이 땅에 종의 모습으로 오시고 십자가에 죽으시고 부활 승천하심으로 디아스포라의 삶을 마치셨다. 그 삶을 통해 모든 열방이 하나 되는 하나님 나라의 백성이 될 수 있도록 만드셨다(요 11:52; 17:21).

또한 이 땅에서 구속 사역을 마치신 후에는 성령을 보내주심으로 새로운 디아스포라의 선교 시대를 시작하셨다. 예수님은 모든 족속으로 제자를 삼으라(마 28:19)는 명령을 내리셨고, 승천하신 후에는 성령을 보내서 그 권능을 통해 땅끝까지 증인된 삶을 살아갈 것을 명령하셨다(행 1:8). 실제로 성령세례를 받은 제자들은 자발적 디아스포라가 되어 언어와 인종의 장벽을 넘어 땅끝까지 복음의 증인이 되었다. 그들이 가는 곳마다 교회가 세워지고 그 교회들을 통해 열방

---

11 이형자, 『한민족 디아스포라 행전 2』, 27-29.

이 복음의 축복을 받게 되었다.[12]

17세기까지 디아스포라 유태인들은 주로 유럽지역과 구소련 지역에서 기독교인들의 박해를 당하며 강제 격리된 게토(ghetto) 속에서 빈곤에 시달리며 살아야 했다. 그러다가 유대인들의 운명에 결정적인 전기를 마련한 사람이 로스차일드가의 창업 시조인 '로스차일드'(M. A. Rothschild)라는 사람이다.

1743년 독일 프랑크푸르트에서 태어난 그는 세상 나라에서 가장 큰 힘을 발휘하는 힘은 돈이라는 것을 깨닫고는 하나님 대신에 돈을 붙들었고, 그것으로 이스라엘의 정체성을 다시 세우고자 했다. 그는 '오직 돈만이 유태인의 무기'라고 생각했다. 그에게는 다섯 아들이 있었다.

그는 다섯 아들을 유럽 각지에 보냈다. 장남 암셸 마이어는 아버지를 이어 프랑크푸르트에 남게 하고, 차남 잘로몬 마이어는 오스트리아의 빈으로, 삼남 네이션 마이어는 영국 런던으로, 사남 카를 마이어는 이태리 나폴리로, 오남 제임스 마이어는 프랑스 파리로 보냈다. 그러면서 "돈으로 세계를 정복하라"고 가르쳤다.

이 다섯 아들이 금융업을 하면서 유럽의 금융을 석권한 뒤에 19세기 중반 이후 이들은 신세계인 미국으로 건너가 뉴욕 월가를 세계 금융의 중심지로 삼아 금융제국을 이룩했다. 그러고는 그들이 지닌 막대한 자본으로 석유, 철강, 통신, 언론, 영화 등 모든 분야를 움직이는 막강한 세력으로 미국을 넘어 세계를 움직이고 있다.[13]

---

12 이형자, 『한민족 디아스포라 행전 2』, 40-59.

13 로스차일드家의 역사에 대해서는 Derek Wilson, *ROTHSCHILD*, 『가난한 아빠 부자 아들』(전3권) 참조. 또한 홍익희, 『유대인 이야기』, 478-526을 참조.

베르쟈에프는 『역사란 무엇인가』라는 책에서 '유대인의 운명'에 대해 자세히 다루고 있다(105-128쪽). 그는 이렇게 말했다. "유대인은 그리스도교도와는 달리, 섭리에 몸을 떠맡길 수가 없는 것이다. 빈곤과 겸손은 그리스도교도에게는 미덕이 되고 있다. 유대인에게 있어서 그것들은 대적해서 싸워야만 하는 고뇌이다."[14]

여기서 중요한 것은 로스차일드는 하나님의 언약 백성으로 하나님이라는 영권(靈權)보다 돈이라는 물권(物權)을 선택했다는 것과 물권을 움켜쥐자 자신들의 옛 고토인 팔레스타인 땅으로 돌아가자는 '시오니즘'(Zionism) 운동을 전개했다는 점이다. 그때가 이 운동을 전개한 테오도르 헤르츨(T. Herzl)이 태어난 1860년 이후라는 사실이다.[15] 이를 부연 설명하면 이렇다.

유대인들은 다윗과 같은 '왕으로서의 메시아'를 고대했으나 하나님은 고난받는 야웨의 종(사 52:13-53:12)과 같은 '종으로서의 메시아'를 보내시고 십자가로 인류 전체를 구원하시기를 원하셨다. 언약 백성이자 선민의식으로 가득한 이스라엘은 이것을 받아들일 수 없었다. 결국 그들은 로마 제국과 함께 하나님의 아들 예수를 십자가에 매다는 데 협력하였다. 결국 이스라엘은 하나님의 언약 백성으로서의 자격을 상실한 것이다.

이제 하나님은 이방인(롬 9-11장) 가운데 새 언약 백성을 찾았다. 때가 차자 '서쪽의 이스라엘'을 대신할 '동쪽의 이스라엘'로서 한민족을 선택하셨던 것이다. 불신앙의 사람 장자 에서가 아닌 신앙의 사람 야곱이 언약의 상속자이듯이 불신앙의 이스라엘을 대신하여 신앙

---

14 N. Berdyaev, 『역사란 무엇인가?』, 119.
15 김종빈, 『갈등의 핵, 유태인』, 66-72.

의 민족인 한민족이 언약의 상속자로 선택된 것이다. 그리하여 유대인의 운명과 한민족의 운명이 '크로스 체인지'(cross change)가 된 것이다. 거기에는 하나님의 놀라운 예정된 섭리가 깃들어 있다. 놀라운 사실은 하나님께서 세계 구원의 역사를 새롭게 쓰고자 한 그때가 바로 1860년이다.[16]

1860년을 기점으로 세계 선교(복음화)를 위한 하나님의 비밀스러운 모략이 시작된 것이다. 즉, '언약 백성인 이스라엘 민족'과 '새 언약 백성인 한민족'이 바통 터치를 이루게 되었다. 한민족이 '제2의 이스라엘'이 되어 세계로 흩어지게 되었다. 한민족 디아스포라 시대가 개막된 것이다.

우선 일본에서는 1860년, 근대화의 선각자 '후쿠자와 유키치'가 처음으로 미국을 향해 떠났다. 귀국 후 그는 '탈아론'(脫亞論)을 주장하며 이후 일본의 역사를 바꾸어 놓는 계기를 마련하였다. 러시아는 1860년에 블라디보스토크항을 신설하고 11월 14일에 러청북경조약을 체결하여 연해주를 획득하면서 한반도와 국경을 접하게 되었다. 한반도를 둘러싼 이 모든 일들이 이후에 조선 역사와 깊은 연관성을 갖게 되었다.

대원군의 쇄국정책으로 한반도가 굳게 닫힌 바로 그때 참으로 이상한 일이 발생하고 있었다. 홍수와 기근, 전염병, 신분제와 지역 차별,

---

16 이혜옥은 1930~45년으로 알려져 있는 조선인의 일본군 참전보다 30~40년 전인 1904년의 러일전쟁에 조선인이 일본군으로 참전했다는 사실을 알아낸 후, 러일전쟁에서 조선인이 러시아군으로 참전했음을 알게 되었다고 한다. 그 원인을 찾는 과정에서 1860년대부터 대규모로 발생한 조선인의 러시아 연해주와 만주로의 이주에 대해 연구하게 되었으며, 한반도에서 벌어진 러시아와 일본 사이의 헤게모니 전쟁 속에서 양편으로 갈라져서 싸워야 했던 조선인의 비극이 그때 이미 시작되었음을 확인할 수 있었다고 증언한다. 더 자세한 설명은 이혜옥, 『아리랑 민족의 디아스포라』, 172-206을 참조.

가렴주구 등 온갖 학정에 시달린 조선 민중들은 살기 위해서 또는 한반도가 싫어서 국경을 넘어 러시아령인 연해주와 만주의 간도로 대거 이주하였다. 한반도를 떠나면 죽을 것 같아 반도 안에서만 살아온 한민족이 이때를 기점으로 세계를 향해 흩어지기 시작했다.

1860년을 기점으로 50년이 되는 1910년에 한일강제병합이 이루어졌다. 민족적으로는 가장 치욕적이고 슬픈 역사적 사건이지만 디아스포라 한민족을 통한 세계 구원을 이루시고자 하시는 하나님의 역사 섭리로 보면 이 해는 희년(禧年)이다. 이 사건을 기점으로 다시 한민족 디아스포라 시대가 더욱 활짝 열렸고, 그 물결은 일제 강점기 35년 동안 이어졌다. 1945년 해방 이후에도 한반도에서 일어난 숱한 고난의 역사를 통해 한민족의 흩어짐은 계속되었다. 거기에는 세계 선교를 이루어야 할 새 언약 백성인 한민족의 흩어짐을 통한 하나님의 초월적 섭리가 깃들어 있다고 확신한다.[17]

지금까지의 고찰을 정리해 보면 한민족은 역사 전체가 고난의 역사를 살아온 민족이고, 한반도는 세계로 뻗어나갈 수 있는 대륙과 대양을 잇는 전략적 요충지로서 지정학적 위치의 중요성을 갖고 있는 나라이며, 한국인은 현재 전 세계에 가장 많은 나라에 흩어진 디아스포라 민족이다. 그런 의미에서 한민족은 제2의 이스라엘 민족이고, 한반도는 제2의 팔레스타인 땅이다.[18]

그런데 한반도의 지정학적 위치에 대해 일본 우익 단체인 '새 역

---

17 1860년부터 지금까지 전 세계에 흩어져 있는 재외동포는 750만 명에 이른다. 이는 세계에서 세 번째로 많은 숫자이다. 중국 화교가 가장 많고 다음으로 유태인들이다. 그런데 중요한 것은 분포도이다. 중국 화교가 주로 동남아 지역과 미국에, 유태인들이 미국과 구소련 지역에 주로 분포되어 있는 것과 달리, 한민족은 전 세계 180여 개국에 흩어져 살고 있다는 점이다.
18 '섭리적 한반도 지리관'에 대한 더 자세한 설명은 본서 337쪽 이하를 참조.

사 교과서를 만드는 모임'은 '조선반도흉기론'(朝鮮半島凶器論)을 제기하였다. "조선 반도는 대륙으로부터 후배지를 가지지 못하는 섬나라 일본을 향해 내밀려 있는 팔뚝과 같은 존재이며, 조선 반도가 일본에 적대적인 세력에 점유될 때에는 후배지가 없는 섬나라 일본은 방위가 곤란해진다. 이런 의미에서 조선 반도는 항상 일본을 향해 내밀려 있는 '흉기'가 될 수밖에 없다." 이는 청일전쟁과 러일전쟁을 일으킨 일본의 전쟁 도발을 정당화하기 위한 논리다.[19]

반도의 운명을 슬퍼하였던 다산(茶山) 정약용(丁若鏞, 1762~1836)은 "반도 성격"이라는 글에서 이렇게 개탄했다. "안타깝다. 우리나라 사람들이여, 좁은 우리 속에 갇혀 있구나. 삼면이 바다로 둘러싸였고 산이 주름 잡아 사지를 꼬부리고 있으니 큰 뜻인들 어찌 채울 수 있으랴."[20]

이와는 달리 차성수는 경계가 약화되는 시대는 동시에 융합(fusion)과 잡종(hybrid)이 우세해지는 시대인데, 한국은 반도라는 지정학적 위치 덕분에 융합과 잡종을 창조적으로 만들어 내고 빠르게 흡수하는 사회·문화적 토양을 갖게 되었다고 주장했다.

"대륙과 섬, 육지와 바다를 연접해 있는 반도라는 공간적 특성은 다양한 문화가 흘러들어 오고, 각각의 문화를 독창적인 형태로 정착시키는 문화를 형성한다. 만물신을 숭상하는 이탈리아 반도가 유태 종교인 기독교를 변형·수용하여 로마 기독교문화를 형성하였고, 동서양의 접점인 터키 반도는 양대 문명을 통합한 독특한 문화를 형성하였다. 스페인의 이베리아 반도는 이슬람 문명과 서양 문명의 접점으로 한 시대를 이끌어 오기도 했다. 이처럼 한반도에 유입된

---

19 강준만,『한국근대사 산책 8』, 317.
20 김동춘,『1997년 이후 한국 사회의 성찰: 기업사회로의 변환과 과제』, 477-478.

외국 문화도 불교나 기독교나 유교나 일단 들어오면 토착적인 문화와 결합하면서 자연스럽게 정착하는 것이다. 이 과정에서 유입될 때의 순수한(?) 성격은 점차 사라지게 되고, '비슷하지만 다른' 독창적인 잡종 문화를 형성하게 된다. 이러한 융합의 힘, 창조적인 잡종 문화가 바로 반도 기질이고 반도의 특성이라고 할 수 있다."[21]

우리가 잊지 않고 기억해야 할 것은 한반도는 부정적 의미보다 긍정적 의미가 훨씬 많은 땅이다. 그래서 김교신은 '섭리적 민족지리관'을 통해 한반도가 갖는 지정학적 위치의 중요성을 말했다. 일본인들이 한반도가 그렇게 부정적인 땅이라면 왜 역사 이래 1천 회에 가까운 정도로 한반도를 침입했겠는가.

여기서 특히 중요한 것은 일본의 속내다. 사면이 바다로 둘러싸여 고립된 섬나라 일본은 지진과 태풍으로 늘 생존이 위협당하는 지리적 조건 속에서 살아야 했다. 그래서 대륙에 대한 동경을 안고 살아온 민족이다. 그러나 그것을 입 밖으로 내고 싶지 않았다. 한반도는 그들에게 언제나 탐나는 과일이었다. 그런데 그 탐나는 과일을 손에 넣을 절호의 기회가 찾아온 것이다. 바로 "조선의 최후"의 무대가 마련된 것이다.

그런데 팔레스타인 땅을 빼앗은 제국들은 모두 다 하나님에 의해 스러져 망했다. 아시리아, 바벨론, 페르시아, 헬라, 로마… 오스만 터키 등 모든 제국은 다 망하고 팔레스타인에서 물러갔다. 그리고 19세기 중엽 이후 지난 2,500년 이상 전 세계에 흩어져 디아스포라로 살아온 유태인들은 다시 고토로 돌아가고자 했다(시오니즘).

그런데 바로 그때 하나님은 한반도에 사는 한민족을 한반도에

---

21 차성수, "융합·잡종의 반도 기질," 「경향신문」 (2005. 5. 30.), 5.

살지 못하게 전 세계로 흩으셨다. 제2의 이스라엘로 삼기 위한 '한민족 디아스포라 시대'[22]를 시작하신 것이다. 그리고 일본에 나라를 내어주셨다. 제국 일본은 그렇게도 차지하고 싶었던 젖과 꿀이 흐르는 땅 한반도를 차지했으나 하나님의 손에 의해 망하고 물러갔다. 그러고는 또다시 옛 제국 시절이 그리워 다시 한반도로 돌아오고 싶어 준비하고 있는 것이다.

하나님께서 아브라함에게 주신 약속된 땅 가나안은 '보석 같은 땅'이다. 그리고 하나님께서 이스라엘 백성을 애굽의 채찍에서 건져 '출애굽' 시키시고, 바벨론의 몽둥이로 이스라엘을 패망케 하여 가나안 땅을 떠나 전 세계로 흩으신 것은 전 세계를 구원할 제사장의 나라요 야웨의 '보배로운 백성'으로 빚으시고자 하신 하나님의 오묘하고도 놀라운 구원사의 계획이었다.

마찬가지로 19세기 말 세계열강의 각축장이 된 한반도는 하나님께서 한민족에게 주신 '보석 같은 땅'이다. 그리고 한민족을 지극히 사랑하시는 선하신 하나님은 일본의 채찍과 몽둥이를 사용하셔서 한민족을 전 세계에 흩으시고 때리고 고문하고 죽이기 직전까지 가게 하셔서 '보배로운 백성'으로 삼으시고, 이를 통해 오묘하고 놀라운 구원사를 이루고자 하셨다. 그기에 '아리랑 민족'[23]인 한민족의 다이스포라 이야기는 인간적 관점으로 보면 너무나도 비참하고 슬픈 이야기이지만, 섭리론적 관점으로 보면 하나님께서 한민족을 세

---

22 이혜옥은 '초다국적 디아스포라'(transnational diaspora)라는 개념을 사용한다. 그는 이 말을 국경(한반도)을 넘어가서도 한국인으로서의 삶을 추구하고, 고향을 그리워하고, 모국을 지키려고 하는 현상이라고 정의하고 있다. 이혜옥, 『아리랑 민족의 디아스포라』, 10.

23 유석근은 "성경에는 한국에 대한 특별한 계시가 있다"고 하면서 '아리랑 민족'인 한국인을 '벨렉계 선민 유대 민족'에 이은 또 하나의 '욕단계 선민 알이랑 민족'으로 보고 있다. 더 자세한 설명은 유석근, 『또 하나의 선민: 알이랑민족』, 18-153을 참조.

계 선교를 위한 도구로 사용하시기 위해 계획하신 너무나도 놀랍고 위대한 이야기이다.

일제의 조선 침략과 지배의 70년(1875~1945) 역사는 한국인을 일본인으로 동화시켜 한민족을 지구상에서 없애버리고자 한 거대한 음모요 잔혹의 역사였다. 마치 중국에서 만주족을 한족으로 동화시켜 완전히 만주족을 없애고자 한 것처럼 말이다. 그러나 선하신 하나님은 우리 민족을 일제에 내어 주어 온갖 수난과 질곡을 다 겪게 하셨다. 그 시간은 밤하늘의 별처럼 찬란하게 빛나는 보석으로 빚어진 연단의 시간이었다. 마치 찬란하게 빛나는 보석 다이아몬드가 되려면 매우 높은 고온과 고압이 필요한 것처럼 말이다.[24]

드디어 때가 찼다. 선민 이스라엘 민족의 창조라는 위대한 출애굽 사건! 이제 준비는 끝났다. D-Day만 남았다. 그동안 하나님은 모세를 잘 준비시켜 놓았다. 모세는 잘 준비된 자였다. 모세와 관련된 어느 것 치고 하나님의 섭리와 무관한 것은 아무것도 없다. 다만 모세가 그 사실을 모르고 있었을 뿐이다.

모세는 자신이 하나님의 구원사에 붙들린 엄청나게 소중한 사람, 눈부시게 빛나는 보석 같은 존재라는 사실을 그때는 잘 몰랐다. 하나님께서 그를 불러 "네가 선 곳은 거룩한 땅이니 네 발에서 신을 벗으라"(출 3:5)고 할 때까지.[25] 어느 여류시인(최영미)의 말처럼 "그러나 대체 무슨 상관이란 말인가."

---

24 "이스라엘이여 너는 행복한 사람이로다 여호와의 구원을 너같이 얻은 백성이 누구냐 그는 너를 돕는 방패시오 네 영광의 칼이시로다 네 대적이 네게 복종하리니 네가 그들의 높은 곳을 밟으리로다"(신 33:29).

25 '모세의 민족사랑'에 대해서는 박호용, "통곡하는 지도자 모세를 기다리며," G. W. Coats, 『모세: 영웅적 인간, 하나님의 사람』, 352-358을 참조.

마찬가지로 그때는 잘 몰랐다, 한반도가 지구상에서 가장 중요한 땅이라는 사실을. 이미 일본을 비롯한 서구 나라들은 다 알고 있는 사실을. 장자권의 소중함을 모르는 에서처럼 한반도의 소중함을 모르는 한민족에게 하나님은 한반도를 일본에 내주어 한반도의 소중함을 깨닫게 하셨다.

그때는 잘 몰랐다, 한민족이 '제2의 선민 이스라엘', '새 언약 백성'이라는 사실을. 그래서 조선과 관련된 어떤 것 치고 하나님의 놀라운 섭리와 무관한 것은 아무것도 없다는 사실을. 한국이 하나님의 구원사에 붙들린 엄청나게 소중한 나라, 전 세계를 구원할 이방의 빛, 제사장의 나라로서 눈부시게 빛나는 보석 같은 존재로 쓰일 민족이라는 사실을.

그때는 잘 몰랐다, 하나님께서 이 민족을 불러 "네가 선 곳은 거룩한 땅이니 네 발에서 신을 벗으라"고 할 때까지. 나아가 한민족을 구원의 통로, 복음의 통로로 삼아 일본을 비롯한 모든 민족을 제자로 삼기 원하신다(마 28:19)는 사실을. 그런데 대체 그게 나(우리 민족)와 무슨 상관이란 말인가!

제2부

카이로스
: 하나님의 시간표(105년의 역사)

● ● ●

A. 이야기의 시작과 끝(1): 요시다 쇼인과 시인 윤동주
B. 이야기의 시작과 끝(2): 후쿠자와 유키치와 김교신 선생

제1장
일본 근대화의 선각자
요시다 쇼인(吉田松陰)

<단가 1>

뜻을 이루려면 하나에 미쳐야 하고

목숨을 걸지 않으면 뜻을 이룰 수 없다

이 장을 시작하며

흔히 역사 이야기를 할 때 어떤 인물이 언제 태어나서 언제 죽었다고 말한다. 사람이 태어나고 죽는 것을 '인간의 운명'이라고 한다. 그런데 태어남과 죽음을 기독교적 섭리론으로 말하면 태어남은 하나님이 뜻이 계셔서 그때 그곳에 보내셨고, 죽음은 보냄 받은 자로서의 사명을 다 마쳤기에 하나님이 그를 데려간 것이다.

한민족 디아스포라 시대가 시작된 1860년에서 한 세대 전인 1830년, 하나님은 일본 야마구치(山口)현 하기(萩)에 '요시다 쇼인'

(吉田松陰)이라는 한 사람을 보내셨다. 그리고 1859년, 하나님이 뜻이 계셔서 스물아홉 살의 짧은 나이에 그를 데려가셨다.

'일본 근현대 정신의 뿌리'인 요시다 쇼인은 우리 역사와도 깊은 관련이 있는 사람이다. 그런데 솔직한 얘기로 거의 모든 한국인이 학교 다닐 때 한국사를 배웠지만 '요시다 쇼인'이라는 이름조차도 들어본 적이 없다.

그는 일본 근대화의 상징적 사건인 메이지유신(明治維新, 1868)의 새 시대를 열었던 선각자다. 그는 우리 역사와 깊은 연관성을 지닌 정한론(征韓論)과 일제 군국주의(軍國主義)의 뿌리이자 오늘날 일본 총리였던 아베 신조(安倍晉三)가 가장 존경하는 인물이다.

일본에서는 요시다 쇼인을 직·간접적으로 다룬 책이 무려 1,200권이 넘는다고 한다. 그런데 우리나라에서는 몇 편의 논문이나 간접적으로 그를 다루는 책이 얼마간 있을 뿐이고, 단행본으로는 최근에 나온 책이 딱 한 권 있을 뿐이다.[1] 그만큼 우리는 그를 모르고 있다. 이것이 우리 역사 공부의 현주소다. 우리에게 낯선 인물인 요시다 쇼인! 그는 과연 누구인가?

배경적 고찰

우리가 한 인물을 바르게 이해하려면 세 가지 배경, 즉 가정적 배경, 지적 배경, 사회적 배경을 알아야 한다.[2] 여기서는 이것을 구분

---

1 김세진, 『요시다 쇼인: 시대를 반역하다』, 6.
2 가령 칼 마르크스(K. Marx, 1818~83)를 바르게 이해하려면 세 가지 배경을 잘 알아야 한다. 더 자세한 설명은 Lewis. A. Coser, 『사회사상사』, 72-138을 참조. 세 가지 배경을 성서적으로 말하면 '삶의 자리'(Sitz im Leben) 곧 '전승'(tradition)이라고 한다. 가령 신약성서 27권 중 2권(마가복음과

해서 다루지 않지만, 독자들은 세 가지를 고려하면서 읽어 주었으면 한다. 일본이라는 나라는 4개의 큰 섬으로 이루어진 나라다. 혼슈(本州), 규슈(九州), 시코쿠(西國), 홋카이도(北海島)가 그것이다. 부산 앞 바다에서 가장 가까운 쓰시마섬(對馬島)이 있고 그 바로 밑에 있는 섬이 규슈(九州)다. 그리고 본토에 해당하는 혼슈(本州)가 오른쪽에 있고, 그 밑에 시코쿠(西國)가 있고, 홋카이도(北海島)는 일본의 맨 위쪽에 자리 잡은 섬이다.

요시다 쇼인이 태어난 야마구치현 하기(萩)시는 본토에 해당하는 혼슈(本州)의 맨 왼쪽 끝자락에 위치해 있고, 쓰시마섬에서 가장 가까운 해변가에 자리 잡은 곳이다. 야마구치현 하기시는 인구 5만 의 작은 도시로서 옛 수도인 교토(京都)나 현 수도인 도쿄(東京)에서 한참 떨어진 변두리 시골이다.

우리나라 고려 말기에 무신정권이라는 시대가 있었듯이 무사(사무라이)들이 통치하던 시절이 있었다. 이를 '막부(幕府) 시대'라고 한다. 그리고 일본은 기본적으로 하나의 통일된 중앙집권체제가 아니라 260개의 여러 소국 연합체로 구성되어 있었는데, 그 하나하나의 소국을 번(藩)이라고 한다. 그리고 막부의 수장을 쇼군(將軍)이라고 하고, 번(藩)의 영주를 다이묘(大名)라고 한다.

그가 태어난 당시의 일본은 200년 이상을 쇼군이 통치하는 시대 였다. 일본 역사에는 크게 세 막부 시대가 있었다. 첫 번째는 가마쿠

요한복음)은 북왕국 전승이고, 나머지 25권은 남왕국 전승이다. 그동안 신약성서 해석의 피상성 내지 빗나감은 구약성서에서부터 면면히 흘러 내려오는 북왕국 이스라엘 전승(갈릴리-모세-성막-예언자 전승)과 남왕국 유다 전승(예루살렘-다윗-성전-제사장·왕 전승)을 고려하지 않은 채 해석 한 데 기인한다. 더 자세한 설명은 박호용, 『요한복음에 비추어 본 요한계시록』, 64-87, 200-275를 참조.

라 막부 시대(1185~1336), 두 번째는 무로마치 막부 시대(1336~1573) 그리고 세 번째는 도쿠가와 막부 시대(1603~1867)다. '도쿠가와 이에야스'(德川家康)가 '세키가하라 전투'에서 승리함으로써 에도(지금의 동경)에 세운 막부가 도쿠가와 막부다.

요시다 쇼인이 태어난 곳은 현재의 야마구치현인 조슈번이고, 그 가운데서도 하기시는 아주 작은 해변 도시였다. 그가 태어난 장소를 이렇게 상세히 소개하는 이유가 있다. 마르틴 루터의 종교개혁이 독일의 변방인 인구 5만의 소도시 비텐베르크에서 비롯되었듯이, 일본 근대사의 큰 획을 그은 메이지유신을 비롯하여 한일합병과 군국주의로 이어지는 한일근대사와 관련된 중요한 인물이 대거 이곳 출신이라는 사실 때문이다.

1910년 한일합병에 직접적이고 주도적인 역할을 한 열 명의 인물 중에 두 사람을 제외한 나머지 8명은 조슈번인 지금의 야마구치현 출신이다. 그중에서 5명은 같은 동네인 하기에서 태어나고 자랐다. 그 다섯 명은 이토 히로부미(伊藤博文), 야마가타 아리토모(山縣有朋), 미우라 고로(三浦梧樓), 가쓰라 다로(桂太郎), 소네 아라스케(曾禰荒助) 그리고 나머지 세 사람 중 이노우에 가오루(井上馨)와 데라우치 마사다케(寺內正毅)가 야마구치에서 출생, 성장하고, 하세가와 요시미치(長谷川好道)가 이와쿠니에서 출생, 성장했다.

나머지 두 사람 중 고무라 주타로(小村壽太郎)는 미야자키(宮崎)현 니치난(日南) 출신이고, 하야시 곤스케(林權助)는 후쿠시마(福島)현 가고시마(鹿兒島) 출신이다. 이 열 명 중 총리가 4명, 육군 원수가 3명이고, 나머지는 모두 대신의 반열에 올랐던 사람들이다.3

---

3 이광훈, 『조선을 탐한 사무라이』, 27-32.

지금도 페리호가 다니는 시모노세키(下關)를 품고 있는 야마구치현에서 왜 이렇게 조선 침탈의 주역들이 무더기로 쏟아져 나왔을까? 그 까닭은 이들의 정신적 뿌리인 요시다 쇼인 때문이다. 재야 사학자 정일성은『알수록 이상한 나라 일본』에서 "정한론의 원조인 요시다 쇼인을 알면 일본이 보인다"라는 말을 했다.[4] 서른도 안 되어 요절한 요시다 쇼인! 그는 도대체 어떤 사람인가? 어떤 인물이기에 그토록 커다란 영향을 미치는 사람으로 남게 되었을까? 이제부터 그의 생애를 추적해 보자.

요시다 쇼인의 생애

　　요시다 쇼인은 1830년 8월 4일, 조슈번의 하급 무사 집안에서 둘째 아들로 태어났다. 다섯 살 때 군사 학자(兵學者)이자 당주인 숙부(첫째 작은아버지)의 양자로 입적되었다. 그런데 여섯 살 때 그의 양부가 죽음으로 한 집안의 호주가 되었다. 이 시대는 가독을 잇는 자가 집안 대대로 이어 오는 직업을 계승하도록 되어 있었다. 그래서 어린 시절 둘째 숙부인 '다마키 분노신'(玉木文之進)으로부터 스파르타식 교육을 받으며 병법을 배웠다.

　　10세 때 번의 사무라이 교육기관인 명륜관(明倫館) 교단에 섰고, 11세 때는 번주(藩主)와 중신들 앞에서 병학을 강론할 정도로 탁월한 재능을 보이며 '천재' 소리를 듣기 시작했다. 19세 때부터 사무라이 자제들을 위한 공립 교육기관인 명륜관에서 정식 사범으로 학생들을 가르쳤다.

---

4 정일성,『알수록 이상한 나라 일본』, 48.

그런데 이 시기는 서세동점(西勢東漸), 즉 서구 열강들이 아시아를 식민지로 삼으려고 침략해 들어오던 시기였다. 이미 1840년, 이웃 나라 중국은 영국과 아편전쟁을 치렀는데, 대중국이 섬나라인 작은 영국에 패하는 것을 보고 일본 사람들은 큰 충격에 빠졌다. 이러한 소식은 쇼인에게도 큰 충격이었다. 그래서 쇼인은 자신이 배웠던 구닥다리 병학으로는 서양 세력을 이길 수 없다는 것을 깨닫고는 서양의 학문과 기술을 배워야 한다고 생각하게 되었다.

　　당시에는 자기가 사는 번을 떠나는 일이 쉽지 않은 시대였다. 그럼에도 불구하고 쇼인은 20세가 되는 1850년 8월 난생처음으로 조슈번을 벗어나 규슈(九州) 일대를 여행하게 되었다. 사무라이가 자신이 태어난 고장을 떠나 다른 지역을 여행하는 것은 그 시대에는 엄청난 특권이었다. 번의 영주의 허가를 받아야 했고, 무단으로 번의 경계를 벗어나면 바로 사형에 처하는 그런 시절이었다.

　　쇼인처럼 전국을 돌아다닐 수 있는 허가를 받는 것은 지극히 예외적인 경우에 속한다. 쇼인은 무려 네 번에 걸쳐 일본 열도를 돌아다니며 세상 돌아가는 것을 살피고, 명망가들을 만나 천하의 정세를 논하기도 했다. 쇼인은 천하를 주유하는 경험을 통해 견문을 넓혔고, 이것이 그를 남들보다 앞선 선각자의 길을 가게 한 비결이었다.

　　첫 번째 규슈 여행에서 쇼인은 사상적으로 매우 중요한 책을 한 권 만나게 되었다. 쇼인이 태어나기 5년 전인 1825년에 '아이자와 세이시사이'(會澤正志齊)라는 국학자가 쓴 『신론』(新論)이다. 이 책은 메이지유신의 발화점이 된 '존왕양이(尊王攘夷) 운동'의 이론적 교과서라서 유신 혁명에 목숨을 걸었던 지사들의 필독서였다. 여기서 '존왕양이'란 천황의 권위를 회복하고 외세를 배격하는 막부 말기의 정치사상을 말한다.

'아이자와 세이시사이'가 쓴『신론』은 일본 군국주의의 **뿌리**를 내린 책이라고 말할 수 있다. 청년 시절은 사상적 흡수력이 가장 강한 시절인데 처음으로 접한 외부 서적이 이 책이었다는 것은 쇼인의 그 후의 사상적 행로를 극단적인 국수주의로 치닫게 하는데 결정적인 요인으로 작용했다.

쇼인의 사상적 편력을 따른 문하생들이 메이지유신을 주도하고 일본 근대화와 제국주의를 완성하여 아시아 침략의 선봉에 섰던 것도 이에서 기인한다고 볼 수 있다. 아무튼 쇼인은 이 책을 통해 서구 제국주의에 대한 실체를 파악하고 시야를 넓히게 되었다. 또한 쇼인은 네덜란드 상관이 있던 나가사키를 방문하여 서양 조선술의 우수성과 앞선 문물을 직접 목격하기도 했다.5

1851년 3월 초, 쇼인은 '참근교대'(參勤交代) 차 에도로 가는 번주를 따라 처음 상경하게 되었다. 여기서 '참근교대'란 에도 시대에 반란을 일으키지 못하도록 번주의 처자식을 일정 기간 에도에 거주시켜 통제하는 제도를 말한다. 도쿠가와 막부는 모든 영주로 하여금 영지와 에도에 1년씩 교대로 머물게 했다. 하기시에서 에도까지 약 1천 km에 이르는 길을 36일간에 걸쳐 도보로 행군했다.

에도로 가던 중에 '구스노키 마사시게'(楠木正成, ?~1336)의 묘를 참배하기도 했다. 마사시게는 1336년 천황에게 충성을 바치며 자결한 전설적인 사무라이였다. 쇼인은 도쿠가와 미쓰쿠니(德川光圀, 1628~1701)가 마사시게를 추모하며 쓴 비석-"아, 충성스러운 신하 구스노키의 묘!(嗚呼忠臣楠子之墓)"-을 바라보며 명예와 이익을 좇는

---

5 이광훈,『조선을 탐한 사무라이』, 45-51.

사람이 되지 않고, 마사시게와 같은 신념으로 천황을 모시고 일본을 위해 힘쓰겠다는 뜻을 깊이 품었다.6

그렇게 올라온 에도에서 쇼인은 일생을 바꿀 스승 '사쿠마 쇼잔'(佐久間象山)을 만나게 되었다. 사쿠마 쇼잔은 1811년 마쓰시로(松代)번(지금의 나가노현)에서 태어난 국학자인데, 해군론의 강화를 요점으로 하는 '해방론'(海方論)을 서양 세력의 내침에 대한 대비책으로 제시한 사람이다.

사쿠마 쇼잔은 메이지유신 과도기에 결정적인 역할을 한 주역들을 길러낸 천하의 스승이었다. 요시다 쇼인을 비롯하여 메이지유신의 막후 설계자로 조슈번과 사쓰마번(지금의 가고시마현)의 동맹을 주선하여 막부 몰락의 결정적 전기를 마련한 '사카모토 료마'(坂本龍馬), 후쿠이번(福井藩)의 존왕양이파 지사로 요시다 쇼인과 같은 시기에 처형된 '하시모토 사나이'(橋本左內) 등 메이지유신 과정에서 큰 족적을 남긴 제자들이 배출되었다.

쇼인은 사쿠마 쇼잔에게서 동서양의 학문을 두루 섭렵하였고, 양이(攘夷)를 위한 방법론으로 개국의 불가피성 등을 배웠다. 무조건 서양 세력을 배척하는 '소양이'(小攘夷)를 하지 말고 그들의 실력을 배워 서양의 기술로 서양을 제압하는 '대양이'(大攘夷)를 해야 한다는 것이 사쿠마 쇼잔의 지론이었다. 필자는 이 대목에서 대원군이 사쿠마 쇼잔의 이 지론을 배웠다면 얼마나 좋았을까 하는 생각을 떨쳐버릴 수가 없다.

쇼인은 사쿠마 쇼잔을 통해 세계관에 눈을 뜨면서 에도에 왔을 때 도호쿠(東北) 지방까지 둘러보려고 에도의 번청에 여행 허가를

---

6 김세진, 『요시다 쇼인: 시대를 반역하다』, 39-40.

신청했다. 그러나 영주의 허가가 지연되자 기다리지 않고 그해 12월에 에도를 무단, 이탈하여 도호쿠 지방으로 떠났다. 쇼인이 탈번까지 하면서 도호쿠 지방 여행을 강행한 것은 아이자와 세이시사이의 『신론』에서 말하고 있는 러시아 경계론을 살펴보려는 의도가 있었다.

아무튼 목숨을 걸고 탈번을 강행했다는 점에서 쇼인의 과감한 결행을 엿볼 수 있다. 이 여정에서 쇼인은 미토번(水戶藩, 현재의 이바라키현)에 들러 『신론』의 저자인 아이자와 세이시사이를 직접 만나게 되었다. 이 만남을 통해 미토학을 접한 쇼인은 강경 국수주의자로 돌아서게 되었다. '미토학'(水戶學)은 일본에서 파생된 주자학으로 존왕양이 사상을 근간으로 하는 사상이었다.

그런데 쇼인은 탈번의 죄로 1852년 5월 도읍지인 하기에 돌아와서 근신을 명받는 동시에 가록(家祿)이 몰수되는 처벌을 받게 되었다. 그러나 그의 재능을 아낀 번주의 배려로 사면이 되고, 다음 해인 1853년 1월 말에는 전국을 돌아다닐 수 있는 허락을 다시 받게 되었다. 탈번의 죄까지 지은 자의 이력을 감안하면 파격적인 특혜가 아닐 수 없다.

두 차례의 천하 주유를 통해서 학문적인 내공을 쌓은 그는 번의 전폭적인 지원을 받게 되었다. 다시 유학길에 오른 쇼인은 그해 5월 에도에 도착했는데, 바로 그다음 달에 엄청난 사건에 직면하게 되었다.[7]

1853년 6월 3일 오후, 당시 일본의 수도였던 에도 앞바다 우라가(浦賀)항에 미국 동인도 함대 소속 사령관 페리 제독이 이끄는 4척의 '흑선'(黑線, 구로후네)이 나타났다. 페리 제독은 일본에 개항을 요구

---

7 이광훈, 『조선을 탐한 사무라이』, 52-54.

하는 국서를 전달한 후 떠났다가 다음 해 다시 요코하마에 상륙했다.

그때까지 나무로 건조한 선박이나 유럽의 상선을 보아 왔던 일본인들에게 초대형 대포를 장착한 어마어마한 크기의 증기선은 엄청난 충격을 안겨주었다. 도쿠가와 막부는 지난 250년 동안 외부 세계와 문을 닫고 태평세월을 구가하였다. 그런데 그 태평세월에 종지부를 찍은 사건이 바로 불과 4척의 조키센, 즉 증기선(蒸氣船)이었다.

구로후네가 우라가만을 휘젓고 다닌 열흘 동안, 에도 시민들은 이것을 구경하느라 인산인해를 이루었다. 그 인파 속에 후일 일본 근대사를 바꾼 세 명의 청년이 있었다. 요시다 쇼인을 비롯하여 '가쓰라 고고로'와 '사카모토 료마'가 그들이다.[8]

구로후네를 목격한 쇼인은 페리 함대의 위용에 큰 충격을 받고 군비를 서양식으로 고치지 않으면 일본도 서구 열강의 식민지로 전락할 것이라는 위기감을 느끼게 되었다. 우리 조상들도 이러한 똑같은 상황을 접하면서 왜 쇼인과 같은 생각을 하지 못했을까 하는 짙은 아쉬움을 지울 수가 없다.

쇼인은 스승 사쿠마 쇼잔을 찾아가 양학을 배우고자 했으나 쇼잔은 한발 더 나아가 해외로 밀항해 직접 견문을 넓히라고 권유했다. 이는 당시로서는 위험천만한 발상이 아닐 수 없었다. 탈번은 번 차원의 문제이지만 밀항은 막부 차원에서 다루는 국사범으로, 발각되면 즉시 처형에 해당하는 행위였다. '천하의 스승'을 자임하던 쇼잔은 그 발상 자체가 이처럼 파격적이었고, 쇼인은 그 파격적 발상을 담을 수 있는 그릇을 지닌 용감한 사람이었다.

마침 러시아 함대가 나가사키에 입항해 있다는 말을 들은 쇼인은

---

8 위의 책, 55-58, 64-67.

그해 9월 에도를 떠나 10월에 나가사키에 도착했다. 그러나 러시아 함대는 이미 떠나버려 뜻을 이루지 못하고 돌아오게 되었다. 그런데 도중에 구마모토 출신의 '요코이 쇼난'(橫井小楠)이라는 당대 최고의 개화 지식인을 만나게 되었다. 이 사람은 메이지유신에 큰 영향을 미친 사상가이자 개혁가였다. 쇼인은 '아이자와 세이시사이'와 '사쿠마 쇼잔' 그리고 '요코이 쇼난'에 이르기까지 당대 최고의 지식인들과 직접적으로 교유하면서 자신의 세계관을 완성하게 되었다.

해가 바뀐 1854년 1월 14일, 예상보다 빨리 페리 제독이 다시 함대를 이끌고 가나가와(神奈川) 앞바다에 나타났다. 지난해 나가사키에서 러시아 배로 밀항하려다 실패했던 쇼인은 이번에는 사형까지 각오하며 카네코 시게노스케(金子重之輔, 1831~55)와 함께 시모다 항에 정박 중이던 미군 함선에 승선하여 밀항을 시도하였다.

그러나 페리 제독은 사형까지 각오하고 대담하게 찾아온 두 일본 청년의 열정에 감동했지만, 이 문제가 외교 문제로 비화되는 것을 염려하여 필사적으로 매달리는 두 청년의 요청을 거절할 수밖에 없었다. 결국 그의 밀항 시도는 실패하고 말았다. 쇼인은 밀항 기도 사실을 자수하였고, 그는 국법을 어긴 죄로 그해 4월 15일 막부의 덴마쵸(傳馬町) 감옥에 수감되었다. 이때 밀항을 격려하는 시문을 지어준 스승 사쿠마 쇼잔도 함께 체포되어 수감되었다.9

쇼인은 그해 9월 23일, 조슈번으로 옮겨져 10월 24일 하기의 노야마 옥(野山獄)으로 이감되었다. 그리고 시게노스케는 바로 건너편의 이와쿠라 감옥에 수감되었다. 시게노스케는 병세의 악화로 1855년 1월 11일, 일본의 미래를 걱정하는 유언을 남기고 이와쿠라 감옥

---

9 위의 책, 88-90; 김세진, 『요시다 쇼인: 시대를 반역하다』, 57-60.

에서 숨졌다.[10]

노야마 감옥에 있을 때부터 쇼인은 '니주잇카이모시'(二十一回猛士)라는 자신의 아호를 사용하게 된다. 전하는 말로는 쇼인이 감옥에 있을 때 꿈에 신령이 나타나 "너는 일생에 스물한 번의 도전을 해야 한다"는 계시를 하여 그렇게 전했다는 설이 있다.

그러나 본가인 스가 가와 양가인 요시다 가의 파자(破字) 조합이라는 것이 정설이다. '스기'(杉) 자를 풀어쓰면 '十, 八, 三'으로 분해되고, 이를 모두 합하면 21이 된다. 또한 '요시다'(吉田)의 口변 2개를 포개 '回' 자를 만들고, '모시'(猛士)를 붙여 자신의 아호를 완성했다는 것이다. 이때부터 쇼인은 그의 아호 그대로 맹렬하게 삶을 불사르고 5년 만에 참수되는 운명을 맞게 되었다.[11]

역사에는 가정법이 없다지만, 만약 이때 쇼인이 밀항에 성공했다면 그의 국수주의적 성향은 상당 부분 달라져 국제적인 감각을 지닌 지사로 성장할 수 있었을 것이다. 더구나 밀항의 대상이 미국이었다는 것은 시사하는 바가 크다. 하지만 역사를 관장하시는 하나님은 그것을 허용하지 않았다.

쇼인이 노야마 감옥에 갇힌 기간은 1854년 10월 24일부터 1855년 12월 15일까지 약 14개월이었다. 이 기간에 쇼인은 무려 600권이 넘는 책을 읽었다고 전해진다. 학숙을 개설하여 본격적으로 제자들을 양성하기 전에 감옥 안에서 이미 충분한 사전 준비 과정을 거친 셈이 되었다. 출옥 후 쇼인은 본가를 '유수실'(幽囚室)로 하여 노야마 감옥에서 시작한 『맹자』 강론을 계속하였다.[12]

---

10 김세진, 『요시다 쇼인: 시대를 반역하다』, 63-64.
11 이광훈, 『조선을 탐한 사무라이』, 93-94.

감옥 안에서 쇼인은 『유수록』(幽囚錄)을 집필했다. 이 책에는 그가 밀항하려던 이유와 그 배경이 된 사상이 담겨 있다. 특히 무력을 갖추어 주변국을 공략해야 한다는 주장이 담겨 있다. 이는 훗날 조선 침략론인 '정한론'(征韓論)과 제2차 세계대전 당시 일본이 아시아의 여러 나라를 침략하며 내세운 정치 슬로건인 '대동아공영권'(大東亞共榮圈) 사상의 기반이 되었다.

쇼인은 일본을 위기에서 구하려면 막번 체제에 기대서는 안 되며, 민중이 단결하고, 조속히 무력 준비를 갖추어 에조치(홋카이도)를 개척하고, 류큐(오키나와)를 다른 번과 동등하게 취급하며, 조선을 공격하여 인질과 공물을 바치게 한 후 만주와 대만, 루손 등을 정복해야 한다고 주장하였다. 러시아와 미국의 강화가 이루어진 상황에서 구미 열강과의 마찰을 피하고, 서구식 무기를 도입하여 그들과의 교역에서 입은 손실을 인근 만주와 조선 등을 침략해 되찾자고 한 것이다.[13]

참으로 안타까운 것은 쇼인의 제자들이 이런 사상을 배워 실행에 옮기고 있을 때 조선 조정은 이러한 사실을 전혀 모르거나 알았더라도 그 심각성을 깊이 인식하지 못하고, 건성으로 넘겨버렸다. 조선이 망할 수밖에 없었던 이유가 여기에 있다고 할 수 있다.

쇼인은 1857년 11월 5일에 고향 집에 정식으로 '쇼카손주쿠'(松下村塾)를 개설했다. 조슈번의 공립학교인 명륜관은 일정 계급 이상이 되어야만 입학할 수 있던 것과 달리 쇼카손주쿠는 일반 서민과 하급 무사의 자제들까지 출신 신분을 묻지 않고 누구나 받아들였다.

12 위의 책, 93, 104-108.
13 양은경, 『일본사를 움직인 100인』, 393.

쇼인은 누구에게나 교육의 기회를 주며 인재를 기르려고 했다.

천한 신분이었지만 이때 교육의 기회를 얻어 훗날 일본의 총리까지 오른 이토 히로부미, 야마가타 아리토모 등을 포함해 쇼카손주쿠 학생들은 강대국 일본의 발판이 된 메이지유신을 주도하며 일본의 역사를 써갔다. 일본 제국의 근대화에 끼친 실제적인 영향력으로 본다면 이 두 사람은 요시다 쇼인 문하의 '최후의 쌍벽'이라고 해도 과언이 아니다.14

쇼인의 조카인 '요시다 에이타로'(吉田榮太郎, 1841~64)가 바로 그 옆에 살고 있었던 덕분에 제일 먼저 입숙하였고, 수제자 중의 수제자인 '다카스키 신사쿠'(高杉晉作, 1839~67)가 '구사카 겐즈이'(久坂玄瑞, 1840~64)의 손에 이끌려 입숙하는 등 훗날 메이지유신의 주춧돌을 놓은 주역들이 속속 모여들었다. 이들 세 사람과 '이리에 구이치'(入江九一, 1837~64)를 합쳐 '쇼카손주쿠의 사천왕(四天王)'이라 부른다. 90명의 제자 중 이들의 재주가 출중했기 때문이다.

4명 중에서 더욱 두각을 나타냈던 인물이 다카스키 신사쿠와 구사카 겐즈이였는데, 후일 이들은 '쇼몬(松門)의 쌍벽(雙璧)'으로 불렸다. '사천왕'이라고 불리던 4명의 수제자는 모두 메이지유신의 전란에서 암살(요시다 에이타로), 전사(구사카 겐즈이, 이리에 구이치), 병사(다카스키 신사쿠)했는데, 누구도 서른을 넘기지 못했다.15

이토 히로부미와 야마가타 아리토모는 천출이라 처음부터 전면에 나서지는 못하고, 다카스키 신사쿠의 부하로 그 뒷줄에 서 있었기 때문에 목숨을 보전했다. 유신이 성공한 이후에도 요직을 차지했던

---

14 이광훈, 『조선을 탐한 사무라이』, 112-116.
15 위의 책, 109-110.

상급 사무라이 출신들이 권력 암투로 암살되거나 내전으로 전사 또는 과로로 병사한 반면 천출인 이 두 사람은 좌고우면하지 않고, 개혁의 주역으로 나서 혁명의 과실을 독점하고, 내각과 군부의 권력을 양분했다. 한일합병 추진에 주도적 역할을 한 조슈번 출신의 주역들은 이 양대 인맥의 줄기에서 뻗어 나온 가지들이었다. 일본제국의 근대화에 끼친 실제적인 영향력으로 본다면 이 두 사람이 요시다 쇼인 문하의 '최후의 쌍벽'이라고 해도 과언이 아니다.

한일합병은 당시 일본의 국가적 과제로 정부와 군부가 총력전을 펼쳤다. 실제 그 일을 추진한 주축이 조슈번 사무라이들이었는데, 그 이유는 바로 이 인맥에 있었다. 그들에게 한일합병을 반드시 성사시켜야 하는 시대적 과제로 주입시킨 '이데올로그'(Idéologue, 대표적 이론가)가 바로 쇼카손주쿠의 요시다 쇼인이었다.[16]

쇼인의 사상에 중독된 제자들은 메이지유신의 소용돌이에 스스로 몸을 던져 그중의 절반이 서른을 넘기지 못하고 요절했다. 감화의 정도가 깊을수록 일찍 목숨을 던졌다는 점은 쇼인의 가르침이 그만큼 중독성이 있었다는 반증이기도 하다. 그 자신도 20대였기 때문에 젊은 피를 끓게 하는 급소를 알고 있었기 때문일까?

쇼인의 제자들에게 자주 했던 그의 어록은 젊음을 격동케 하는 마력이 있었다. "뜻을 가진 선비는 시신이 도랑에 버려질 것을 두려워하지 않고, 용사는 자기 머리를 잃을 것을 피하지 않는다." 쇼인은 제자들에게 이 구절을 자주 인용하면서 "사나이가 뜻을 이루기 위해서는 어떠한 어려움도 두려워하지 않는 마음가짐을 가져야 한다"고 가르쳤다.[17]

---

16 위의 책, 112-116.

1858년은 일본 메이지유신 역사에서 한 분기점이 되는 격동의 해였다. 그해 4월, 강경 보수파인 '이이 나오스케'(井伊直弼)가 다이로(大老)에 취임했다. 6월 12일, 그는 천황의 칙허도 받지 않고 에도에 있는 다이묘들에게 부득이 미국과 통상조약을 체결했다고 알렸다.

그러자 각지에서 반막부 운동이 일어났다. 막부는 이들 세력을 대대적으로 탄압하는 '안세이 대옥'(安政大獄)을 일으켜 100여 명 이상의 지사들을 처단했다. 이때 교토에서 숙청을 진두지휘한 사람이 이이 나오스케의 측근인 노중수좌 '마나베 아키카츠'(間部詮勝)였다.[18]

이 소식을 전해 들은 쇼인은 쇼카손주쿠 학생들을 중심으로 동지 17명을 규합, 혈맹으로 마나베 아키카츠 암살을 모의하고, 에도에 유학 중이던 구사카 겐즈이와 다카스키 신사쿠에게도 편지를 보내 거사에 참가할 것을 지시했다. 그러나 정국의 중심에서 시류를 직관하고 있던 두 제자는 마나베 아키카쓰 한 사람의 제거로 변할 세상이 아니라는 사실을 깨닫고 스승의 거사를 만류했다.

그러나 쇼인은 대담하게도 번청에 암살을 위한 무기와 탄약 지원을 요청하면서 그해 12월 15일 상경하여 1859년 1월 1일 거사를 하겠다고 통보했다. 매사에 당당했고 목숨을 거는 일에 조금도 주저함이 없었던 쇼인의 거침없는 행동이 이때도 나타났다.

이 일이 막부에 알려질 것을 염려한 번청에서는 쇼인을 다시 노야마 옥에 하옥시켰다. 어쩌면 조슈번 내부의 소동으로 끝날 수도 있었던 이 사건은 그해 4월, 막부에서 쇼인을 에도로 호송할 것을 명령하

17 위의 책, 95-97,
18 김희영, 『이야기 일본사』, 492-494.

면서 전혀 엉뚱한 방향으로 전개되었다.[19] 그의 운명이 역사를 관장하시는 하나님에 의해 정해진 것이라고 말할 수밖에….

1859년 7월 초, 그는 막부의 최고재판소인 평정소(評定所)에 소환되었다. 여기서 쇼인은 "막부 타도를 위해 교토의 공경들에게 편지를 보냈으며, 막부의 노중(老中) 마나베 아키카쓰를 암살하려고 했다"는 엄청난 사실을 털어놓았다. 이 엄청난 모의에 경악한 막부는 쇼인을 전에 밀항을 기도했다가 수감됐던 덴마쵸(傳馬町) 감옥에 하옥시켰다.

이때 수제자인 다카스키 신사쿠는 스승의 옥바라지를 도맡아 했다. 스승의 죽음을 앞두고 제자는 스승에게 '남자가 죽어야 할 때'에 대해 물었다. 쇼인은 신사쿠에게 "죽어서 세상에서의 역할을 다하고 이름을 남길 수 있다면 언제든지 죽어야 할 것이고, 살아서 이루어야 할 뜻이 있다면 그때까지 살아남아야 할 것이다. 죽고 사는 것 그 자체가 중요한 것이 아니라 무엇을 위해 살 것인가를 잘 생각하는 것이 중요하다"고 말하면서 10년 후에 반드시 활약할 날이 올 것이니 자중자애를 당부했다고 한다.

그러던 차에 귀국, 번의 명령이 떨어져 신사쿠는 스승에게 작별을 고하고 10월 17일 에도를 떠났다. 아직 판결도 내려지지 않은 상태라 스승이 처형될 것이라고는 꿈에도 생각하지 못했기 때문이다. 그 직후인 10월 26일 쇼인은 사형을 선고받고 다음 날 새벽에 처형되었다. 29년 2개월의 삶이 마감되는 순간이었다.

쇼인은 사형선고를 받기 전날 이미 죽음을 예감하고 밤새워 그동안의 심경을 적은 유서를 써 내려갔다. "내 몸은 비록 무사시(武藏,

---

19 이광훈, 『조선을 탐한 사무라이』, 122.

도쿄 동부지역에 있는 지명)의 들녘에서 썩어지더라도 남겨지는 야마토다마시(大和魂, 일본 정신을 상징하는 국수주의적 용어)"로 시작되는 장문의 『유혼록』(留魂錄)을 유서로 남기고 참수됐다.[20]

요시다 쇼인의 사생관: 한 편의 시 같은 인생

요시다 쇼인의 생애를 마치면서 그의 사생관(死生觀)을 살펴보는 것은 의미 있는 일이라고 생각된다. 쇼인 선생의 좌우명은 '지성'(至誠)이다. 전 총리였던 아베 신조(安倍晋三)가 가장 존경하는 인물이 요시다 쇼인 선생이고, 그의 좌우명 또한 쇼인 선생과 같다.

여기서 '지성'(至誠)이라는 좌우명은 에도 시대 병학자로 유명한 '야마가 소코'(山鹿素行)의 '마코토'(誠) 사상에서 나온 것으로, 한 인간이 필연적으로 이루고자 하는 그 무엇을 위해 모든 것을 거는 그것이 곧 '마코토'(誠)다.

쇼인이 1859년 5월 에도로 압송되기 직전 쓴 '지성'(至誠)에 대한 그의 말을 들어보자. "지성으로 움직이지 않는 사람은 없다(至誠にして動かぎ者はいまだこれ有らぎるなり, 정성껏 사람에 접하면 마음을 움직이지 않는 것은 이 세상에 없다). 나는 학문을 한 지 어느덧 20년, 나이는 서른이다. 하지만 아직도 이 문구의 뜻을 잘 이해할 수 없다. 이제 에도로 끌려가게 되었다. 가능하다면 이 몸으로 이 문장을 증명해 보이고 싶다. 죽느냐 사느냐 하는 것은 생각하고 싶지 않다."[21]

지성(至誠)이라는 좌우명에서 파생된 쇼인의 사생관이 '사이후

---

20 이광훈, 『죽어야 사는 나라: 조선과 일본』, 19.
21 김세진, 『요시다 쇼인: 시대를 반역하다』, 85.

이'(死而後已)다. 이 사자성어는 일본인들의 사생관을 잘 말해 주는 것으로, "죽은 뒤에야 일을 그만 둔다", 즉 "살아 있는 한 그만두지 않겠다"는 뜻이다. 같은 뜻의 또 다른 사무라이들의 사생관이 '잇쇼겐메이'(一所懸命)다. "현재 주어진 일에 목숨을 건다"는 뜻이다.

동아시아 근대사를 바꾼 혁명적인 사건인 일본의 메이지유신을 지탱한 정신적 슬로건이 바로 '사이후이'였다. 당시 시대적 과제로 대두된 명제들이 기존 체제를 뒤엎는 혁명적 속성을 내재하고 있던 현실에서 이 말은 "죽을 때까지 뜻을 꺾지 말라", "목숨 걸고 완수하라"는 말이다. 그래서 쇼인이 죽은 후(1859) 그의 수제자인 '다카스키 신사쿠'(高杉晋作)는 '사이후이'를 수백 번, 수천 번 되뇌이면서 끝내 메이지유신을 성공시켰다.[22]

쇼인 선생의 제자 가운데 '가쓰라 고고로'(桂小五郎)라는 제자가 있다. 메이지유신 후 '기도 다카요시'(木戸孝允, 1833~77)로 이름을 바꾸었다. 이 사람은 사쓰마번의 '사이고 다카모리'와 '오쿠보 도시미치'와 함께 메이지유신 주역의 한 사람이다. 그는 어려서부터 시를 좋아하고 잘 지어서 14살 때는 번에서 상을 받기도 했다. 쇼인은 그의 일생을 결정짓는 중요한 말을 했다.

"학문도 중요하지만, 알고 있는 것을 실행하는 것이야말로 사나이의 길이다. 물론 시도 좋지만, 서재에서 시만 쓰고 있는 건 부질없는 일이다. 자신의 일생을 한 편의 시로 만드는 것이 더 중요하다. '구스노키 마사시게'(楠木正成, 일본의 전설적인 사무라이)는 한 줄의 시도 쓰지 않았지만, 그의 인생이야말로 어디에도 비길 바 없는 서사시가 아니었느냐."[23]

---

22 이광훈, 『조선을 탐한 사무라이』, 133-138.

"사나이는 일생 그 자체가 한 편의 시가 되어야 한다"는 그의 말처럼 쇼인의 29년의 짧은 생애는 한 편의 시였다고 말할 수 있다. 번제단의 양처럼 '민족의 제단에 희생제물로 바쳐진 한 편의 시 같은 인생'이었다.

한영우 선생은 고려왕조를 무너뜨리고 조선왕조를 창건한 삼봉(三峯) 정도전(1342~98)에 대해 이렇게 말했다.

"난세가 영웅을 만든다는 말이 있다. 흔히 선비라면 조용한 학자를 떠올리지만, 정도전은 당시로서는 최고학부인 성균관 교관 출신의 학자이면서도 연약한 선비가 아니었다. 한 손에 붓을 들고, 다른 한 손에는 칼을 쥐고 있다고 스스로 자부하는 영웅호걸의 선비였다. 그의 붓은 문명개혁의 좌표를 세웠고, 그의 칼은 썩은 왕조를 도려냈다. 난세가 그를 그렇게 만든 것이다. 그렇다면 정도전의 그 불덩이 같은 열정과 에너지 그리고 지혜는 어디에서 나온 것인가. 그것은 그 개인이 처한 환경과 아울러 그 시대에 살았던 수많은 사람의 아픔과 열망과 지혜가 뭉쳐진 결과라고 보아야 할 것이다. (…) 그의 눈에 비친 개경 귀족들이나 권력의 비호를 받는 사찰들의 모습들은 그야말로 불의와 부정으로 가득 찬 허위의 본산이었다. 능력이 인정받지 못하고, 빈부가 하늘과 땅처럼 벌어진 사회를 그냥 보고만 있기에는 정도전의 가슴은 너무나 뜨거웠다. 개혁 군주 공민왕이 세상을 떠나고 우왕대의 보수 반동 정치와 부정부패가 세상을 더욱 어둡게 덮으면서 감수성이 강한 정도전은 점차 과격한 혁명가로 변신해 갔다."[24]

마찬가지로 요시다 쇼인은 당시의 일본 상황을 시대에 맞지 않는

23 김세진, 『요시다 쇼인: 시대를 반역하다』, 141-142.
24 한영우, 『왕조의 설계자 정도전』, 346.

낡은 껍질 속에 갇혀 개혁을 하지 않으면 서구 열강에 식민지로 전락할 수밖에 없다고 보았고, 이러한 위기의식이 그를 과격한 혁명가로 변신해 가도록 했던 것이다. 쇼인 선생의 불꽃 같은 열정과 에너지와 지혜는 그가 처한 환경과 그 시대적 상황에서 나온 것이라고 말할 수 있다. 쇼인 선생이 죽은 후 3년여 만인 1863년 1월 메이지 천황은 안세이 대옥 때 처형된 사람들의 죄를 모두 사면해 주었고, 쇼인의 제자들은 에도의 에코인에 안장된 쇼인의 유해를 거두어 에도의 대부산 부근으로 이장했다.

그 후 1868년 도쿄 지요타구에 조슈 신사(長州神社)를 세우고, 요시다 쇼인과 동문들의 희생을 기렸다. 그 조슈 신사는 1879년 우리가 익히 들어온 '야스쿠니 신사'(靖國神社)로 이름을 바꾸어 오늘에 이르고 있다. 그리고 1882년에는 쇼인을 신으로 모시는 신사를 세웠다.[25] 세계 최고의 자연과학을 자랑하는 일본은 인간을 신격화하여 귀신으로 섬기는 나라다. 아이러니가 아닐 수 없다.

"요시다 쇼인을 알면 일본이 보인다"라고 말한 정일성은 요시다 쇼인을 이렇게 정리했다.

"요시다 쇼인은 막부 말 '국가 장래를 걱정하는 반정부 지사'였다. 그렇다고 유신혁명을 위해 직접 한 일은 하나도 없다. 게다가 그는 혁명이 일어나기 9년 전 29세의 혈기 왕성한 나이에 죽었다. 그럼에도 일본 국민, 특히 보수우익들은 그를 '유신의 스승' 또는 '학문의 신'으로 떠받들고 있다. 일본 역사학자 다나카 아키라(田中彰)는 2001년 중앙공론신사(中央公論新社)에서 펴낸 『요시다 쇼인-변전한 인물상』(吉田松陰-變轉する人物像)에서 요시다 쇼인을 메이지유신에

25 김세진, 『요시다 쇼인: 시대를 반역하다』, 90.

이바지한 인물 35명 가운데 6번째로 올려놓고 있다. 그를 추모하는 신사도 2개나 된다. 도쿄 세타가야구(世田谷區) 와카바야시(若林)에 있고, 다른 하나는 야마구치현 하기시에 세워져 있다. 일본 정부는 메이지혁명 100주년인 1968년 쇼카손주쿠를 복원, 사적지로 지정하고 그 입구에 '메이지유신 태동지'라는 표지석을 세우기도 했다. 이처럼 일본 국민이 요시다 쇼인을 '유신의 스승'으로 우러러보고 있는 가장 큰 까닭은 아무래도 그가 옥중에서 쓴 『유수록』과 『유혼록』에 있는 듯하다. 앞서 소개했듯이 『유수록』은 일본의 장래 진로(進路)를 제시한 국가 운영 방향이었다. 일본 역사가들은 일본이 메이지유신 이후 제국주의로 번영을 누린 것도 쇼인의 영향이 컸다고 입을 모은다. 유신에 가담한 쇼인의 많은 제자가 혁명 후 그의 제언을 하나하나 실천하여 국가 부흥을 이루었다는 분석이다. 둘째는 쇼인에 대한 도쿠토미 소호(德富蘇峰, 1863~1957. 한일합방 때 조선 언론을 통폐합하고 『조선통치 요의』를 써서 무력으로 조선을 다스리도록 한 제국주의 언론인)의 요시다 쇼인 미화(美化) 영향도 빼놓을 수 없다. 도쿠토미는 1893년에 쓴 인물평전 『요시다 쇼인』에서 쇼인을 '유신 순교자'로 극찬했다. 도쿠토미는 이 책에서 '요시다 쇼인의 일대(一代)는 실패의 역사이다. 그렇지만 유신혁명에 있어서는 혁명적 선봉장이었다. 혹시 유신혁명을 이야기한다면 그 역시 반드시 전해져야만 한다'고 전제한 뒤 '그의 사업은 짧았어도 교훈은 길다. 한 일은 많지 않았어도 가르친 바는 크다. 유신혁명 건아로서 그의 사업은 어쩌면 역사의 조그만 그림자로 묻힐 수도 있다. 하지만 혁신자의 모범으로서, 일본 남아의 전형으로서 길이 국민의 마음을 태울 것이다. 그의 생애는 피가 통하는 국민적 시가(詩歌)이다. 그는 빈말이 아니라 행동으로 가르쳤다. 쇼인은 죽었으되 죽지 않았다'고 쇼인의 삶을 칭송하고 있다."26

『요시다 쇼인』평전을 쓴 김세진은 그를 이렇게 정리했다.

"200년 넘게 일본을 지배해 온 에도막부를 쓰러트리고 천황을 옹립하자는 주장은 누구나 당연하게 여겨온 기존 체제를 완전히 뒤집어엎어 버리자는 개념이었다. 즉, 시대에 대한 반역이었다. 어지간한 사람은 꿈꿔본 적도 없는 생각을 과감하게 표현하고 행동하며, 전국 각지에서 뭉쳤던 청년 사무라이들은 결국 새로운 시대를 열어젖히는 데 성공했다. 하나뿐인 목숨마저 버리면서 시대를 반역하려 했던 이들은 '도전'했다. 새로운 역사를 열 수 있는 원동력은 곧 '도전 정신'이었다. 사상가이자 반역가, 걸출한 인물들을 기른 교육가, 일본 전국도 부족해 목숨 걸고 해외로 나가려 했던 호기심 많은 탐험가, 결기 넘치는 글로 많은 이들의 가슴을 울린 문장가, 오직 일본을 위하는 마음을 지녔던 애국자, 행동으로 인간을 감화시킨 인간, 요시다 쇼인은 치열하게 자신을 갈고닦아 다양한 사람들과 인연을 맺으며 시대에 반역했다. 비록 점점 과격해지는 폭력성이 또 다른 폭력으로 이어져 그의 삶을 송두리째 휩쓸어갔지만, 요시다 쇼인은 포기하지 않고 도전했다. 본인의 인생에 21번의 기회가 주어졌다며 스스로를 '이십일회맹사'(二十一回猛士)라고 부르고, 크나큰 좌절을 견디며 끝없이 도전하던 요시다 쇼인은 지금 이 순간에도 하기시 언덕에서 동해 바다 너머를 매섭게 바라보고 있다."27

---

26 정일성, 『알수록 이상한 나라 일본』, 65-66.
27 김세진, 『요시다 쇼인: 시대를 반역하다』, 216-217.

요시다 쇼인의 사상

1) 존왕(尊王): 천황을 받들자. 천황의 존재 근거는 8세기경에 만들어진 일본의 서적인 『고사기』와 『일본서기』에 담겨 있다. 1192년부터 권력을 쥔 사무라이 집단(가마쿠라 막부)은 통치의 정당성을 확보하기 위해 천황에게 권위를 부여하고 이를 활용했다. 사무라이 집단의 논리는 간단히 말해 일본은 신이 만들고, 신이 다스리는 나라다.

요시다 쇼인을 비롯해 좀 더 국수적인 성향을 가진 이들은 존왕에서 더 나아가 '제 기능을 하지 못하는 에도막부를 없애야 한다'고 주장했다. 서양 세력의 침략과 에도막부의 무능함에 맞서 천황으로 표현되는 일본의 국체를 바로 세우는 것은 요시다 쇼인의 최대과제였다.

2) 양이(攘夷): 서구 세력을 배척하자. 에도막부가 천황의 허가 없이 미국, 러시아 등과 불평등한 조약을 맺은 것은 '존왕파'들로선 도저히 용납할 수 없었고, 그들의 존왕 사상은 '양이,' 즉 "(일본의 국체를 위협하는) 서구열강을 몰아내자"는 주장으로 자연스럽게 이어졌다. 이 두 사상은 하나로 엮여 '존왕양이'로 불렸고, 에도막부에 반대하는 사무라이들이 '죽어서도' 가슴에 새겨야 할 구호가 되었고, 사회적인 저항운동으로 발전했다.

3) 정한론(征韓論): 한반도 정복론. 요시다 쇼인은 조선을 침략하고 합병시켜야 한다고 강하게 주장했다. 그의 제자인 기도 다카요시, 이토 히로부미, 야마가타 아리토모 등은 훗날 이 논리를 메이지 정부의 주요 정책으로 발전시켰다. 특히 총리가 된 야마가타 아리토모는 '일본제국의회'의 첫 회의 자리에서 '일본의 이익선은 한반도'라고

주장하며 침략 정책을 주도했다.

쇼인의 '한반도 정벌론' 소위 말하는 '정한론'(征韓論)은 "진구황후가 조선을 정벌했다"는 『고사기』(古事記)에 근거한다. 『고사기』는 21세기가 된 지금까지도 한국인의 치를 떨게 하는 '정한론'의 원형이다. 현대 일본 역사학자 대다수가 『고사기』는 사실적인 근거가 없는 '신화'에 불과하다고 분석하고 있다. 하지만 일본 우익 정치 세력과 그에 동조하는 사람들에게는 사상적 기반이 되는 문헌이다.

4) 다케시마(竹島) 개척론: 요시다 쇼인이 말한 다케시마는 울릉도를 가리켰으나 어느 순간 '독도'[28]를 지칭하게 되었고, 오늘에 이르고 있다. "조선, 만주에 진출할 때 다케시마(울릉도)는 첫 번째 발판이다." "영국이 다케시마를 이미 점거했다면 그대로 두면 안 된다. 언제 일본에 쳐들어올지 모른다. 조슈번은 다케시마와 조선을 급선무로 점령해야 한다."

5) 초망굴기(草莽崛起): "먼저 깨달은 민중(초망)이 일어나라." 쇼인은 어려서부터 읽고 가르친 『맹자』의 '초망'을 언급하며, "나 같은 초망(민중)이 일어나야지, 어찌 다른 사람의 힘을 빌리겠는가! 먼저 깨달은 사람들이 일어서라"라고 주장했다. 즉, 막부와 조슈번에서는 더 이상 기대할 것이 없으니, 민초가 들고 일어나라는 것이다.[29]

6) 비이장목(飛耳長目): 하늘 높이 솟아올라 소리를 듣고, 눈을

---

28 '독도에 대한 거짓 주장들'에 대해서는 호소카 유지, 『신친일파』, 275-309을 참조.

29 "요시다 쇼인이 뿌린 '초망굴기'의 씨앗은 다카스키 신사쿠에 이르러 기병대로 발아하였고,, 야마가타 아리토모에 의해 군부 쪽으로 가지를 뻗어 나가 징병제를 통한 국민군대의 창설로 꽃이 피었으며, 이토 히로부미에 의해 내각 쪽으로 뻗어 나간 가지는 학교령을 통한 국민보통교육으로 열매를 맺었다. 요시다 쇼인의 귀천을 가리지 않는 교육, 다카스키 신사쿠의 신분을 초월한 국민군대의 혜택을 입지 않았다면, 이토 히로부미와 야마가타 아리토모가 과연 이런 업적을 남길 수 있었을까." 이광훈, 『죽어야 사는 나라: 조선과 일본』, 181.

크게 떠라. 쇼인은 교토와 에도 등지에서 활동하는 지인과 학생들을 통해 수집한 각종 정보를 붙여놓고, 학생들과 공유하며 세상이 돌아가는 모습을 파악하려 했다. 어려서부터 다양한 지역을 탐방하고 견문을 넓히면서 자연스럽게 체득된 것을 제자들에게 가르치려 했던 것이다.

7) 일군만민론(一群萬民論): 세상은 천황이 지배하고, 그 아래 만민은 평등하다. 쇼인은 "세상을 지배하는 천황 아래의 만민은 모두 평등하다"라고 주장했다. 이 생각은 자칫 "모든 인간은 평등하다"는 훌륭한 논리로 여겨질 수도 있지만 천황에 대한 맹목적인 신념과 "일본은 신의 나라다"라는 선민의식을 기반으로 한다는 사실을 놓쳐서는 안 된다.

8) 독립불기(獨立不羈): 스스로 계획하고 시행하라. 쇼인은 탁상공론을 매우 싫어했고, 행동하지 않는 지식을 경멸했다. 또한 무엇에도 구속받지 말고 스스로 계획하고 행동하라고 수 없이 강조했다. 자신의 여동생과 결혼시킬 정도로 아낀 구사카 겐즈이에게 "쇼카손주쿠 학생들이 중심이 되어 일본을 위해 행동하라"고 말하기도 했는데, 쇼인에게 깊은 영향을 받은 그들은 실제로 옛 시대를 반역하고 새로운 시대를 여는 데 목숨을 바쳤다.[30]

요시다 쇼인의 사상의 문제점

"자신의 이익을 위해 한 행위를 마치 상대방을 위해 행한 것처럼 말한다"는 언행을 일본어로 '오타메고카시'(御爲ごかし)라고 한다.

---

30 김세진, 『요시다 쇼인: 시대를 반역하다』, 94-104.

"일본의 국체를 바로 세우자"는 논리부터 주변국을 침략하고 정벌하여 부국강병을 꾀해야 한다는 요시다 쇼인의 주장에도 '오타메고카시'의 여지가 담겨 있다. 하지만 폭력은 폭력을 두려워하기에 더욱 큰 폭력을 원하게 되었고, 쇼인의 뜻을 이어받은 인물들은 주변 국가와 그들이 그토록 아끼던 일본에도 비극(일본의 패망)을 안겼다.

예수의 길이 내가 죽어서 남을 구(원)하고 이롭게 하는 길이라면, 군국주의(정한론)의 길은 나를 포함한 내 민족을 위해서라면 남을 짓밟고 남의 나라를 침략하여 빼앗는, 그리하여 자기를 포함한 자기 민족의 이익을 구하는 길이다. 이는 예수의 길(정신)과 정반대의 길(정신)이다. '역지사지'(易地思之)를 말한 예수의 정신(마 7:12)과 얼마나 비교가 되는가! 또한 "칼을 가지는 자는 다 칼로 망하느니라"(마 26:52)는 예수의 말씀이 얼마나 정확한가!

세계사적으로 보면 근대화의 역사는 곧 '시민혁명의 역사'라고 할 정도로 근대화와 민권 신장은 비례하여 신장되어 왔다. 그럼에도 불구하고 일본만 유일하게 근대화와 동시에 천황을 위하여 목숨을 바치는 천황 중심의 군국주의로 치달았던 데에는 요시다 쇼인이 뿌린 씨앗이 큰 바탕을 차지하고 있다. 요시다 쇼인은 이런 식으로 '일군만민론'(一君萬民論)을 제자들에게 가르쳤다. 천하는 천황이 지배하고 천황 아래 만민은 평등하다는 것이 쇼인이 주창한 일군만민론의 논리다.

'천황에 대한 충성'이라는 명제 아래 쇼인은 신분을 차별하지 않았고, 당시의 엄격한 신분제 사회를 뛰어넘어 '사무라이의 나라'를 '천황과 국민의 나라'로 전환시키는 동기를 제공했다. 다만 '국민'이라는 존재를 천황을 위한 소모품으로 아낌없이 던져 버리도록 했다는 것이 쇼인 사상의 비극이다.

그 시절, 쇼인은 조선을 침략하는 것이 일본을 지키는 것이요 일본국을 위하는 길이라고 생각했다. 하지만 그는 그 시절, 프랑스 신부들처럼 조선에 복음을 들고 와 일본인 최초의 순교자가 되었어야 했다. 그것이 진정으로 일본국을 위하는 길임을 그는 깨닫지 못했다. 천국 복음을 만나지 못했으니 그가 어찌 그것을 알랴!

이 장을 마치면서

난세의 영웅 요시다 쇼인의 등장! 그것은 일본의 역사만이 아니라 세계사의 대전환을 예기하는 전조였다. 일본은 임진왜란을 전후해서 해양 세력으로 변모해 가고 있었다. 그런데 도쿠가와 막부가 전국을 지배하면서부터 250년 동안 안으로의 내향적 정책을 펼쳤다. 그런데 19세기 중엽 본격적으로 서구 해양 세력이 동아시아로 밀려오자 일본은 커다란 위기의식에 직면했다.

이때 요시다 쇼인이 역사의 무대에 등장했다. 그의 등장은 내향적인 에도(도쿠가와) 막부를 타도하고 밖으로의 외향적 정책을 추구한 '도요토미 히데요시로의 패러다임의 전환'을 시도한 신호탄이었다. 쇼인의 역사적 의의는 250년 동안 잠자고 있던 해양 세력으로서의 일본을 다시 일깨운 데 있다.

다시 말하면 아편전쟁과 페리 내항이라는 외부적 충격에 따른 국가적 위기 상황을 경험한 요시다 쇼인은 임진왜란을 통해 도요토미가 실험한 '해양 세력 일본'에서 일본의 살길은 찾았던 것이다. 이러한 그의 사고방식은 지난 350년(1492~1842) 동안 서세동점의 역사를 써 간 서구 해양 세력의 사고방식과 궤를 같이하는 것이었다.

그런데 그의 문제점은 다양성과 방향성에 있었다. 그는 일본 열도를 볼 수 있는 기회를 가졌지만, 세계를 보지 못했다. 그래서 다양성이 부족했다. 그가 세계를 다니며 그리스도교의 예수 사상을 접할 수 있었다면 세계의 역사가 바뀌었을지도 모른다. 또한 쇼인의 방향성의 오류는 세계의 흐름에 역행하는 것이었다. 전 세계가 시민혁명을 기치로 민주사회로 성장하고 있는데, 오직 일본만은 요시다 쇼인이 뿌려놓은 천황제 신도국가 사상의 씨앗의 열매로 제국주의를 주창하며 주변 국가를 얼마나 아프게 하였는가. 쇼인은 그의 사상의 씨앗이 뿌려졌을 때의 참혹한 결과를 내다보지 못했다.[31]

다른 한편으로 그의 죽음은 새로운 시대의 신호탄이었다. 한명회의 말처럼 시대가 사람을 소명하여 쓰다가 그 소명을 다하면 가차없이 버리듯이 한 편의 시처럼 불꽃같이 살다가 서른도 안 되어 갑자기 생을 마감한 그의 죽음은 하나님의 놀라운 주권적 섭리 안에서 일어난 일이었다.

시간을 역으로 추산해 보면 한일합병의 해인 1910년에서 희년에 해당하는 50년을 거슬러 올라가면 1860년이 된다. 1860년은 하나님의 주권적 섭리로 본다면 우리 민족사뿐 아니라 세계 선교 역사상 대단히 중요한 해이다. 왜냐하면 그가 죽은 1859년 10월로 옛 시대를 정리하고, 1860년 새해에는 하나님께서 세계사를 새롭게 쓰고자 했기 때문이다.

그래서 먼저 일본 역사를 '근대화의 방향'으로 나가도록 후쿠자와 선생을 해외 경험 차 미국으로 보내셨다. 그리고 한국 역사를 '복

---

31 김성민, "구약과 신약," 6.

음화의 방향'으로 나가도록 언약 백성 유대인들은 흩어진 디아스포라에서 팔레스타인 고토로 돌아가는 시오니즘 운동의 시작(T. Herzl의 탄생)으로, 새 언약 백성으로 삼고자 하는 한국인은 한반도를 떠나 전 세계로 흩으시는 한민족 디아스포라의 시작으로 인도하셨다.

　이 같은 하나님의 시나리오를 하나님은 아무도 모르게 행하셨다. 요시다 쇼인은 자신도 모르는 사이에 빛나는 조연 역할을 한 것이다. 이것이 하나님의 감춰진 속내였다. 요시다 쇼인의 탄생과 죽음! 그것은 하나님의 절묘한 주권적 역사 섭리가 아닐 수 없다.

제2장
변방 북간도의 크리스천 시인 윤동주

<단가 2>

첫마음(初心)으로 예수를 위해 불꽃처럼 살다가

부르심(召命)을 다 이루고 바람처럼 가리라

이 장을 시작하며

예언자가 '하나님의 말씀을 전하는 대언자'라면 예수는 '하나님 말씀 그 자체'(요 1:1, 14)였다. 요시다 쇼인이 짧은 인생을 '한 편의 시'처럼 살다 갔다면 짧은 인생을 살다 간 윤동주는 '시 자체'였다. 요시다 쇼인이 일본 근대화의 시작을 연 새벽종이라면 윤동주는 일본 군국주의의 종언을 고한 조종(弔鐘)이었다. 이 두 사람은 한일 양국에서 근대화의 처음과 끝을 장식한 '사상적 라이벌'이다.

두 사람은 다 민족의 제단에 불태워 바쳐진 어린 양이었다. 한 사람은 일본 민족의 뜻을 이루고자 도전하는 남성상의 전형이자 천황의 신민으로서의 사무라이의 결기를 보여준 자랑스러운 일본인이었다. 또 한 사람은 하나님의 뜻을 이루고자 순종하는 여성상의 전형이자 이방의 빛이 되고자 고난받는 야웨의 종으로서의 고난의 신비를 보여준 자랑스러운 한국인이었다.

일본에는 29년 2개월의 삶이 한 편의 시였고, 고통 속에서 빚어진 불같이 뜨거웠던 사무라이(무사) 요시다 쇼인이 있었다면, 한국에는 27년 2개월의 삶이 시 자체였고, 고난 속에서 빚어진 별처럼 빛나는 시인(문사) 윤동주가 있었다. 시인 윤동주! 그는 과연 누구인가? 그를 다시 역사의 무대에 올려놓고 그의 역사적 의의를 살펴보자.

윤동주의 출생과 성장

역사를 섭리하시는 하나님은 윤동주를 만주국 간도성 화룡현 명동촌(明東村)에 보내셨다. 그의 부친은 윤영석(1895~1962)이셨고, 모친은 독립운동가이자 명동학교를 세운 교육자 규암(圭巖) 김약연 선생의 딸 김용(1891~1948)이었다. 윤영석 부부는 1910년에 결혼했으나 8년 동안 아이를 갖지 못하다가 윤동주를 1917년 12월 30일에 낳았다.

윤동주 집안은 1886년 증조부인 윤재옥 때에 함경북도 종성(鍾城)에서 북간도의 자동(紫洞)으로 이주했다. 이 이주는 한민족 디아스포라와 관련하여 대단히 중요한 의미를 갖는다. 20세기가 시작되는 1900년, 조부 윤하현(1875~1948)은 자동에서 명동촌으로 옮겼다. 당시 명동으로 이주해 들어온 윤 씨네 식솔은 모두 18명이었다. 자동의 많은 자산을 정리하여 명동에 들어온 윤동주네 집안은 명동에서 가장 잘 사는 축에 속했다.

한일합병이 있던 1910년에는 조부 윤하현이 기독교 장로교회에 다니기 시작하여 입교했고, 윤동주가 태어날 무렵에는 장로직을 맡게 되었다. 덕분에 윤동주는 태어나자마자 유아세례를 받았다.[1] 이는 윤동주의 삶 전체가 크리스천의 삶, 즉 하나님의 장중 안에 있었다는 것을 말한다.

부친 윤영석은 1909년부터 명동학교에서 신학문을 배운 후 1913년 동료 4명과 함께 중국의 수도인 북경으로 유학함으로써 남의 선망을 받은 북경 유학생이 되었다, 당시 불과 18세의 나이였다. 그리고 윤동주가 태어날 무렵에는 명동소학교에서 교편을 잡았다. 그 후 1923년에 다시 일본의 수도인 동경으로 공부하러 갔다. 윤동주의 부친이 북경과 동경에 유학을 하신 분이라면 이는 당시로서는 보기 드문 선각자의 길을 갔음을 시사한다.

친지들의 평으로는 그는 '시적(詩的) 기질이 있는 인물'이었다고 전해진다. 보통 이야기할 때도 그렇지만, 특히 교회에서 공중기도를 할 때 보면 그의 기도의 언사가 그렇게도 시적이었다고 한다. 시인으로서의 윤동주는 시적 기질을 지닌 아버지의 DNA를 받았다고도 할 수 있다.

'윤동주'는 본명이고 그의 아명(兒名)은 '해환'(海煥)으로 태양을 가리키는 우리말의 '해'에 빛날 '환'(煥) 자를 붙인 것이다. 아명 해환은 '해처럼 빛나라'라는 기원의 뜻을 담고 있다. 윤동주는 3남 1녀 중 장남이었고, 누이 윤혜원과 동생 윤일주와 윤광주가 있다.

그런데 여기서 한 가지 특별히 기억할 사실이 있다. 윤동주보다

---

1 이건청, 『윤동주』, 229.

석 달 앞선 9월 28일에 윤동주네 집에서 태어난 그의 동갑내기 고종 사촌 형인 송몽규(宋夢奎, 1917~45)의 존재다. 그의 부친은 명동학교 조선어 교사인 송창희(1890~?)였고, 모친은 윤신영으로, 윤동주의 부친인 윤영석의 큰 누이동생이다.

송몽규와 윤동주! 이 두 사람은 석 달 간격으로 태어나서 거의 평생을 동반자로서 살았다. 그리고 1945년 일본 후쿠오카(福岡) 감옥의 한 지붕 아래에서 한 달 간격으로 나란히 옥사했다. 그것도 같은 사건, 같은 죄목으로 얽혀서였다. 두 사람은 참으로 평생을 두고 생과 사를 함께 나누었다. 그래서 윤동주 연구에서 송몽규는 도저히 떼려야 뗄 수 없는 존재다. 그러니까 이 둘의 만남은 운명이었다고 말할 수밖에….

여기에 또 하나의 인물을 덧붙이자면 일생을 윤동주를 그리워하며 산 문익환 목사다. 하나님은 문익환(文益煥, 1918~94)을 윤동주보다 6개월 늦은 1918년 6월 1일에 북간도에 보냈다. 북간도 출신인 이들 세 사람에 대해 먼저 간단히 말해 보자.

북간도 출신의 세 친구

오늘 휴전선으로 허리 잘린 남한에 사는 사람들은 윤동주, 송몽규, 문익환의 고향인 '북간도 명동촌'의 민족사적이고 선교사적 중요성을 잘 모른다. 문익환은 자신의 출생지, 곧 '북간도 명동촌의 아들'이라는 데 늘 자부심을 가지고 있었고, 그 자부심은 언제나 민족사에 대한 한없는 사랑을 북돋아 주었다. 그러나 그 자부심은 한편으로 점점 작아지고 왜소해져 가는 '조국'에 대한 반발과 기묘하게 얽혀 있다. 문익환은 '방북 재판 상고이유서'에서 이렇게 말하였다.

"제가 태어난 곳은 두만강 저쪽 북간도입니다. 고구려와 발해의 넋이 가는 곳곳에 스며 있는 곳입니다. 우리의 옛 강토를 못난 조상들 때문에 잃어버리고 중국 사람들에게 푸대접을 받으면서 신라의 삼국통일에 분루를 삼키면서 자랐습니다. 우리의 국경을 압록강·두만강으로 끌어내린 김부식을 원망하면서 살았습니다. 국경을 또다시 휴전선으로 끌어내리고 이것을 조국이라고 생각하고 국토수호에 열을 올리는 것을 저는 이해할 수 없는 사람입니다."[2]

여기서 주목할 사실은 문익환의 정서적 조국은 고구려였으며, 영혼적 혈통은 유목민이었다는 사실이다. 이것은 윤동주나 송몽규에게도 해당되는 말이기도 하다. 그렇다면 문익환의 말처럼 못난 조상들로 인해 점점 왜소해져 가는 조국의 현실 앞에서 이렇게 물어본다. "우리가 믿는 하나님이 우리 민족을 사랑하시고 귀하게 쓰시기를 원한다는 것을 믿는다면 여기에 담긴 하나님의 뜻은 무엇이냐?"고….

하나님의 주권적 역사 섭리 안에서 윤동주가 태어난 북간도와 1917년은 어떤 의미를 지닐까? 지리적으로 북간도는 그 당시 곡창의 역할을 했던 곳이다. 그리고 시기적으로 그때는 1914년부터 시작된 제1차 세계대전의 와중이었고, 그가 출생할 무렵에는 러시아에서 공산 혁명의 불길이 거세게 타오르던 시기였다.

그리고 일제에 빼앗긴 나라를 되찾고자 구국 투쟁에 전 생애를 걸었던 애국지사 이상설(1870~1917)이 48세의 일기로 시베리아 이역 땅에서 통한의 죽음 끝에 한 줌의 싸늘한 재로 화하여 바다에

---

2 김형수, 『문익환 평전』, 80.

뿌려지던 해였다. 그리고 한국 근대문학의 효시라 할 수 있는 춘원 (春園) 이광수(1892~1950)의 장편소설 『무정』(無情)이 나온 해이다.

또한 문학사적으로는 그의 존재와 작품들로 인해 민족사상 최대의 암흑기였던 일제 말기의 그 참혹한 어둠을 밀어내고 휘황찬란한 횃불 하나를 소유하게 되었다. 그 시대가 윤동주 문학을 한국 문학사의 새로운 기념비로 우뚝 서게 했다고 말할 수 있다.[3] 그러니까 윤동주의 출신적 배경과 시대적 배경은 그의 사고와 행동을 결정적으로 규정짓는 역사 섭리적인 의미를 갖는다고 말할 수 있다.

윤동주의 고향 북간도

윤동주의 고향인 북간도 명동촌은 하나님의 역사 섭리 안에서 한민족 디아스포라 시대를 극명하게 보여주는 가장 좋은 실례다. 만주족(滿洲族)의 나라인 청나라는 한족(漢族)의 나라인 명나라를 멸망시키고 중국을 통일했다. 이후, 만주 땅은 신성불가침의 특수지역이었다. 청나라 조정은 만주가 '청태조의 발상지'라고 해서, 만주족 외에 타민족은 만주에 들어감을 금하는 봉금책(封禁策)을 썼다.

그 정책에 따라 우리나라에서도 압록강이나 두만강을 건너 만주에 들어가는 것을 '월강죄'(越江罪)라 하여 사형까지 시키는 큰 범죄로 다스려왔다. 그런데 수백 년 동안 텅 비다시피 하여 비옥해진 이 광활한 땅에 만주족이 아닌 민족들이 스며들기 시작했다. 그 시기는 청나라 국운이 쇠퇴하던 19세기 말엽이다. 결국 1880년대에는 청조에서 공식적으로 봉금령을 폐지하고, 만주 개척민을 위한 이주 정책

---

3 송우혜, 『윤동주 평전』, 27-33.

까지 수립했다.

본래 북간도는 고구려와 발해의 고토로서 우리 선조들의 삶의 터전이었다. 도처에서 조상들의 유물이 나오는 것을 보아도 알 수 있다. 그런데 사형까지 불사하는 저 가혹한 '월강죄'가 위세를 부리던 시절에도 조선 사람들은 두만강 속에 있는 '사이섬(間島)에 간다'는 핑계를 대며 몰래 강 건너의 비어있는 선조들의 땅에 건너가서 농사를 지었다. 좁고 척박한 토지와 상습적인 기근에 시달리다 못해 시작한 도둑 농사였다.

이들에게 있어 '사이섬', 즉 '간도'는 곧 강 건너 대륙에 대한 일종의 암호였다. 암호로되 목숨이 걸린 암호였다. 처음엔 두만강 위쪽 땅을 그냥 '간도'라고 했으나 후에 압록강 이북을 '서간도'라 하면서 두만강 이북은 '북간도'로 구분해서 불리게 되었다.[4]

간도에 집단으로 한반도 사람이 이주하기 시작한 것은 1869년 함경도 지방의 대흉년부터였다. 이들은 큰 집단을 이루어서 간도 곳곳에 공동체를 구성해 나갔다. 한일합병이 체결된 뒤로는 간도 인구는 폭발적으로 증가했다.[5]

정확히 1899년 2월 28일이었다. 두만강변의 도시인 회령, 종성 등에 거주하던 학자들 네 가문의 141명이 일제히 고향을 떠나 두만강을 건넜다. 종성에서 세 가문, 회령에서 한 가문이 아침 6시에 출발하여 강을 건넜다.

---

4 위의 책, 42-43. 간도(북간도와 서간도) 땅은 우리 민족이 더 많이 살았으나 대한제국의 외교권이 일본에 넘어간 후 청나라와 일본 간의 간도협약(1909)이 체결되면서 칭의 영토가 되었다. 더 자세한 설명은 이호열, 『만주대륙의 역사와 기독교』, 422-431, 531-538을 참조.

5 1912년 한반도에 간도 열풍이 불어 1910년 10만 명 정도였던 간도 인구가 1918년에는 60만 명으로 급증할 정도로 '민족 대이동'이 일어났다. 강준만, 『한국근대사산책 6』, 16. 간도 이주자(조선인) 수에 대한 자세한 설명은 구미정, 『십자가의 역사학』, 148-150을 참조.

문병규 가문의 40명, 맹자를 만독한 규암(圭庵) 김약연 가문에서 31명, 김약연의 스승인 남도천 가문의 7명, 이들 세 가문은 종성 출신이었다. 그리고 회령에서는 주역을 만독한 소암(素岩) 김하규(문익환 목사의 모친인 김신묵 여사의 부친) 가문의 63명이 합류했다.6

이들은 오늘날 명동촌으로 불리는 지대에 함께 자리 잡아 한 마을을 이뤘다. 그곳은 본래 동한(董閑)이라는 청국인 대지주의 땅이었는데, 이민단이 미리 돈을 모아 선발대를 보내 그 땅을 사 놓은 후 들어갔던 것이다. 이들은 들어가는 길로 각자 돈을 낸 비율에 따라 땅을 분배했다. 그런데 주목할 사실은 공동의 부담으로 '학전'(學田)이란 명목의 땅을 따로 떼어 거기서 나오는 수입을 교육기금으로 조성했다는 사실이다.

문익환 목사의 선친이자 문병규 학자의 증손인 문재린(1896~1985) 목사는 북간도 이민을 결행하게 된 동기를 세 가지로 말했다. 첫째, 척박하고 비싼 조선 땅을 팔아 기름진 땅을 많이 사서 좀 잘살아보자. 둘째, 집단으로 들어가 삶으로써 간도를 우리 땅으로 만들자. 셋째, 기울어가는 나라의 운명을 바로 세울 인재를 기르자. 이민 동기나 목적이 이렇듯 뚜렷했기에 토지분배 때 가장 먼저 학전을 시작했던 것이다. 선각자요 선구자로서의 그들의 모습을 여기서 극명하게 볼 수 있다.7

일본은 청일전쟁(1894)과 러일전쟁(1904)을 잇따라 이겼고, 조선은 1905년에 치욕스러운 을사늑약을 강제로 당하였다. 이를 지켜본 북간도 사람들은 미개한 섬나라 왜놈들이었던 일본의 그 가공할

---

6 김형수, 『문익환 평전』, 85.
7 송우혜, 『윤동주 평전』, 44-45,

힘을 의식하고 있었다. 그들이 전과 다른 것은 서양식의 문명을 받아들여 익힌 것밖에 없지 않은가. 일본의 힘에 의해 강제로 체결된 을사늑약의 충격은 발밑에서부터 그들을 흔들어놓고 있었다. 그래서 골수 유학자들인 그들은 평생 해 온 한학을 간단히 구학(舊學)이란 카테고리 속에 밀어 넣고, '신학문'을 향해 가슴을 온통 열어 놓았다.[8]

기억해야 할 두 인물: 김약연과 정재면

이런 상황 속에서 주목할 만한 일이 일어났다. 명동촌에 모인 가문들의 어른들은 골수 유학자들인데, 이들이 평생 공부해 온 한학을 '구학'(舊學)이라며 버리고 신학문을 향해 가슴을 열어젖히고 기독교를 받아들였다는 사실이다. 역사 섭리론적으로 볼 때 이는 하나님의 놀라운 역사하심이 아닐 수 없다.

북간도 최초의 신학문 교육기관은 1906년 10월경에 용정에 세워진 '서전서숙'(瑞甸書塾)이다. 그런데 이 학교가 1년도 못 되어 문을 닫은 후 명동 사람들은 그동안 한학을 가르치던 서재를 하나로 합쳐 '명동서숙'(明東書塾)이란 이름 아래 신학문을 가르치는 교육기관으로 문을 열었다. 얼마 후에 이름을 '명동학교'로 개칭하고 1908년 4월 27일에 개교했다. 바로 이 명동학교를 세운 사람이 윤동주의 외조부인 김약연(1868~1942) 선생이다.

"북간도의 대통령"[9]이라고 불리는 김약연 선생은 고종 5년 (1868) 10월 24일 함북 회령군 옹회면 제일리라는 곳에서 태어났다.

---

8 위의 책, 56-57.
9 더 자세한 설명은 구미정, 『십자가의 역사학』, 155-174를 참조.

그는 여덟 살 때부터 10여 년 동안 한학을 공부하였다. 그의 스승 남종구는 "약연은 『맹자』를 만독해서 이제는 눈을 감고도 줄줄 외울 수 있으니 틀림없는 맹판이다!"라고 감탄할 정도로 그는 일찍부터 학문에 투철한 데가 있었다. 이렇게 영리한 규암이 차차 자라면서 참담한 나라의 운명을 깊이 생각하게 된 것은 당연한 일이었다.

"왜 우리는 부지런히 일하는데 남의 나라 사람보다 못 살까? 땅이 작아서일까? 아니다. 이웃 나라들이 우리를 못살게 구는 까닭이다. 우리 땅을 송두리째 삼키려는 원수를 이 땅에서 몰아낸 뒤라야만 우리는 편안히 살 수 있을 것이다. 힘이다. 오직 힘이다. 그들을 몰아 낼 만한 힘을 기르는 것이 우리는 살 수 있는 유일한 길이다!" 이때 열혈 청년의 피 끓는 염원이 그로 하여금 40년 동안 구국 독립운동에 몸과 마음을 바치게 했을지도 모른다.

1895년 청일전쟁에서 고배를 맛본 청나라는 패전 때문에 월강금 지령에 의한 두만강 유역의 단속에는 머리를 쓸 여유가 없었다. 이 틈을 타서 조선 사람들은 중국 동북 땅으로 이사해 가기 시작했다. 그들 중에는 단순히 비옥한 땅을 찾아 농사를 지을 뿐만 아니라 좀 더 자유로운 천지에서 힘을 길러서 송두리째 흔들리기 시작한 나라 를 다시 바로 잡아보겠다는 우국지사들이 섞여 있었다.10

이렇게 해서 이미 언급한 몇몇 유학자 가문들이 두만강을 건너 북간도 땅으로 이주한 것이다. 그리고 규암은 장래를 위한 인재 양성 을 위해 학교를 세운 것이다. 북간도의 명동학교야말로 정주의 오산 학교, 평양의 대성학교, 이동휘의 보창학교, 서간도의 신흥학교 등 등과 함께 신민회의 영향력 아래 그 이념을 좇아 운영된 학교 중에서

---

10 박용일 편저, 『明洞歷史展示館: 기념사진책』, 21-23.

대표적인 학교로 꼽힌다.

나아가 규암은 종래에 갖고 있던 유학을 버리고 시대정신에 따라 신문화를 받아들인다는 뜻에서 기독교로 개종하였다. 그리고 1916년에 명동촌에 '명동교회'를 세웠다. 김약연 선생이 설립한 명동교회는 주일 평균 예배자가 적게는 2백여 명, 많게는 6-7백 명이나 되었다고 한다. 민경배는 "근대 한국의 비극과 시련 그리고 좌절감이 엄습할 때 백성이 돌아서서 기댈 곳이라고는 교회밖에 없었다"[11]고 말했다. 거물 유학자들이 아이들과 함께 예배를 보는 명동은 대표적으로 그러한 곳이었다.

한편, 명동학교가 결정적으로 전환점을 갖게 된 계기는 1909년 약관 22세의 정재면(鄭載冕, 1887~1962) 선생의 부임이었다. 당시 정재면은 서울에 있는 '청년학관'이라는 기독교계의 신학문 기관에서 공부한 독실한 기독교인으로서 이동휘, 안창호, 양기탁, 김구, 전덕기 등이 활약하던 애국 비밀결사 '신민회'(新民會)의 회원인 젊은 지사였다.

평남 숙천 출신인 정재면의 본명은 정병태(鄭秉泰)인데, 그의 부모는 한국 최초의 개신교 그룹에 속하는 기독교 신자로서 그는 모태신앙으로 태어났다. 1900년에 평남 순안의 측량기술학교에 입학하여 2년간 수학한 뒤, 1903년에 상경하여 한국 민족운동의 요람인 상동교회에서 최병헌 목사와 전덕기 전도사를 만났다.

정재면은 독립을 위해서는 복음을 받아들이고 기독교인이 되어야 한다는 최병헌 목사의 설교에 감동을 받았다. 그리고 민족운동을 목회의 과제로 삼았던 기독교 민족주의자인 전덕기 전도사의 영향

---

11 민경배, 『韓國基督教會史』, 6.

을 받게 되었다. 이런 영향으로 정재면은 교육과 선교를 통한 민족운동을 계획하고 실천하기로 다짐했다.

정재면 선생은 명동학교에 부임하면서 한 가지 전제조건을 내걸었다. "학생들에게 정규과목의 하나로 성경을 가르치고 예배를 드릴 수 있어야 함"이 그것이었다. 이것은 유학 전통의 마을로서는 가히 혁명에 해당하는 요구조건이었다. 며칠 동안의 토론 끝에 정재면 선생의 조건을 받아들이기로 했다.

교장 김약연, 교감 정재면 체제가 구축되면서 그의 활약은 대단했다. 자신도 열심히 가르쳤지만 쟁쟁한 교사진을 마구 끌어들였다. 대한민국 최초의 여판사 황윤석의 부친인 역사학자 황의돈, 한글학자 장지영, 주시경 선생의 문법책 『우리 말본』의 서문을 쓴 박태환, 와세다 대학 출신 법학자인 김철 등이 명동학교의 교사로 왔다. 모두 독립운동가로서의 기상이 대단한 분들이었다.[12]

신민회는 북간도 지역에서 민족 교육을 실시하기 위해 비밀리에 북간도 교육단을 조직했다. 단장에 정재면, 고문에 이동휘, 이동녕, 재무는 유흥원(유한양행 유일한의 부친)이었고, 활동 목적은 조선 독립을 위한 인재 배출이었다. 그들이 모두 기독교를 중시한 것은 시대정신의 발현이었다.[13]

이동휘의 사경회 및 여성 이름 짓기

1911년 3월, 독립운동가 이동휘(1873~1935) 선생이 명동에 와

---

12 송우혜, 『윤동주 평전』, 59-60.
13 김형수, 『문익환 평전』, 98.

서 사경회를 했다. 인근 수백 리에서 1천여 명의 사람들이 모였다. 그야말로 또 한 차례의 혁명적인 비약이 마을을 쓸고 갔다. 눈이 몹시 내린 겨울날, 부흥 전도사로 이동휘 선생이 와서 사흘을 내리 출애굽 기로 설교를 했다. "하나님이 애굽에서 이스라엘 민족을 이끌어 주신 것처럼 우리 민족도 해방시켜 주실 것이다"라고 설교했다.

"무너져가는 조국을 일으키려면 예수를 믿어라! 예배당을 세워라! 학교를 세워라! 자녀를 교육시켜라! 그래야만 우리도 서양 문명국처럼 잘 살 수 있다. 삼천리강산 한 마을에 교회와 학교를 하나씩 세워 삼천 개의 교회와 학교가 세워지는 날 우리는 독립할 것이다." 불과 30리 거리에 일본 경찰서와 헌병대가 있는데도 이동휘 선생은 아랑곳하지 않고 선동해 놓고는 한껏 고양된 대목에서 마른 섶에 불을 놓았다.

"새가 어떻게 날개를 하나만 가지고 날 수 있으며, 수레바퀴가 하나로 굴러갈 수 있는가?" 난생처음 듣는 여성해방론이었다. 인력의 절반, 여성을 집안에 가둬 놓고 어떻게 일본을 이길 수 있겠느냐는 말은 남성들의 가슴에도 통렬하게 박혔다. 이제 변화의 급물살을 타게 되었다. 이를 계기로 그해 봄부터 여학생을 받아 가르치는 여학교를 만들었다. 남학교의 선생들 뿐 아니라 정재면의 누이 정신태, 이동휘의 둘째 딸 이의순 등이 여교사로 부임했다.

정신태는 성경, 이의순은 음악, 재봉, 이과(理科)를 맡았다. 이의순은 늘 여성해방론자인 아버지를 따라 "새도 날개가 둘이라야 날고, 수레도 바퀴가 둘이라야 구른다"는 인상적인 말로 여성 교육의 필요성을 강조했다. 여성 교육은 수백 년 동안 내려오는 조선 사회의 강고한 성차별의 장벽을 허무는 혁신적인 일대 사건이 아닐 수 없었다.

여성 교육의 시작과 더불어 중요한 변화가 있었으니, 바로 이름도 없이 지내던 여성들이 이름을 갖게 된 것이다. 명동여학교가 생기고, 얼마 안 있어 개똥네, 데진네, 곱단이, 샛별이, 농빼 같은 천한 이름들이 새 이름을 갖게 되면서 하루아침에 존엄한 인간의 지위를 획득하게 된 것이다. 비단 출석부나 학교 기록에도 적어놓을 이름이 없던 김 씨네 셋째딸, 남 씨네 둘째 며느리, 와룡댁 등의 택호들도 작명의 감동에 잠을 못 이루었다.

"여러분도 이제 이름을 가져야 합니다. 며칠 생각해봤는데 우리 함께 주님 안의 자녀라는 뜻으로 '믿을 신'(信) 자 돌림으로 지으면 해요. 각자 부모님께 말씀드리고 아버지나 오빠의 이름에서 한 글자씩을 따다가 '신 뭐'라고 짓기로 합시다." 정재면의 말을 듣고, 줄줄이 정신태, 주신덕, 김신정, 김신훈, 문신린, 문신재, 윤신영, 윤신진, 윤신현, 한신환 등등 며칠 사이에 명동에 '신' 자 돌림의 여성이 50명으로 늘었다.

고만네였던 문익환 목사의 어머니는 '김신묵'이 된 때도 이때였다. 김신묵은 이 같은 배경을 발판으로, 한 사람의 민족운동가로 성장하면서 곧바로 여성사회의 김약연 같은 지도력을 확보했다. 그것이 바로 문익환 목사가 두고두고 찬탄해 마지않는 어머니들의 부활이었다. 문익환은 자신이 문익점의 후예라는 것도 잊지 않으려 했지만, '신' 자 여성들의 아들이라는 점도 결코 망각하지 않으려고 노력했다.[14]

이것이 갖는 의미는 첫째, 가문, 문벌, 연령, 친소 등 인간과 인간 사이를 가로막는 장벽들을 부수고 믿음 안에서 모두들 한 항렬의

---

14 위의 책, 98-101.

한 형제가 됨을 선포한 것이다. 둘째는 이제는 여자도 남자들과 똑같은 형태의 이름을 가져야겠다는 남녀평등사상의 구현 방식이었다. '인간은 모두 똑같은 하나님의 자녀'라는 기독교 교리가 명동 사람들의 구체적인 삶의 자리에서 이렇게 명쾌하게 구현된 것은 실로 놀라운 하나님의 섭리라 아니할 수 없다.[15]

한반도를 벗어난 이국땅 북간도! 윤동주라는 한 인간이 태어나고 자라고 배울 그 북간도라는 땅에서는 이렇듯 실로 엄청난 일들이 일어나고 있었다. 그러니까 한 위대한 인물의 탄생을 위한 토양이 제대로 마련된 셈이다. 북간도 복음화의 일등 공신은 우리가 잘 알지도 못하는 일개 교사인 정재면이었다. 특히 명동촌이 거의 기독교화된 데에는 정재면 선생의 집념과 전술에 기인한 것으로 볼 수 있다.

정재면은 북간도 복음화를 위한 한 알의 밀알의 역할을 한 사람이다. 여호수아 뒤에 숨은 갈렙처럼, 다윗의 뒤에 숨은 요나단처럼 그리고 바울 뒤에 숨은 바나바처럼 말이다. 일본 근대화의 선각자 요시다 쇼인에게 '사쿠마 쇼잔'이라는 스승이 있었다면, 북간도가 낳은 훌륭한 기독교 인물들 배후에는 '정재면 선생'이 있었음을 기억해주었으면 한다.

윤동주의 정체성: 크리스천 멘탈리티

이렇게 길게 윤동주의 배경을 말하는 까닭은 다름이 아니라 윤동주의 의식 세계, 즉 그의 정체성은 그가 변방 북간도 출신이라는 것과 철저히 '크리스천 멘탈리티'로 무장되어 있었다는 데 있다. 작가 송

---

15 송우혜, 『윤동주 평전』, 67.

우혜는 윤동주 문학을 이렇게 평했다.

우리 문학사에서 윤동주와 그의 삶은 이미 하나의 전설이다. 험하고 어두웠던 시절, 수많은 사람들을 오염, 파괴, 타락시켰던 그 사악한 시대의 한복판에서 나날의 삶과 시 그리고 죽음까지도 눈 시리도록 정결하게 가꾸어낸 시인 윤동주. 좋은 추억은 이미 그 자체로 은총이듯 그의 존재와 추억은 한국 문학이 소유한 기쁨, 또는 하나의 구원이다. … 키르케고르는 윤동주가 가장 좋아하고 심취했던 철학자였기도 하거니와 생애를 모른다면 그 저작 또한 제대로 이해할 수 없다는 점에서 그 둘은 꼭 같은 패턴의 사람들이었다. 이 깨달음은 구체적인 삶의 모습들을 배경으로 놓자, 홀연히 그의 시들이 지닌 의미들이 흡사 물 위에 떠 오르듯이 선명하고 새로운 자태로 그 모습을 드러내곤 했다. 그런 과정을 지켜보는 것은 거의 황홀하기까지 한 경험이었다. 순연한 기독교 신앙과 저 국경 밖의 국토인 북간도의 정서가 한데 뭉쳐져 빚어낸 민족의 시인 윤동주.[16]

윤동주와 관련하여 '변방 북간도 출신'과 '크리스천 멘탈리티'의 의미는 우리 민족이 세계 선교를 위해 처음으로 한반도 밖으로 진출했다는 것과 더불어 그리스도 정신과 복음으로 새로운 역사를 다시 쓰기 시작했다는 큰 의미를 지닌다. 공산주의가 북간도 땅에 발을 붙이기 전에 20년 동안 기독교 복음으로 정지작업을 마치고, 윤동주는 기독교적 토양에서 배움을 시작했다는 것은 그의 생애 전체를 결정짓는 중요한 의미를 갖는다. 윤동주는 뼛속까지 기독교적 멘탈리티를 지닌 사람이다.

---

16 위의 책, 20-21.

1917년 러시아에서는 레닌에 의한 공산주의 혁명이 있었고, 공산주의 사상이 북간도에 퍼져가기 시작하던 그 시절, 윤동주는 기독교 가정에서 모태신앙으로 태어났고, 기독교회 속에서 자랐다. 그런 까닭에 그 어떤 사상도 그에게 침투하여 점령할 수 없었다. 즉, 일생 동안 기독교적 멘탈리티가 그의 아이덴티티(정체성)가 되었다. 윤동주의 삶과 문학을 이해하는 열쇠가 바로 여기에 있음에 주목해야 한다. 여기에는 하나님의 깊은 섭리가 있음은 주지의 사실이다.

동주는 1925년, 만 8세 나이로 명동소학교에 입학했다가 1931년 3월에 명동소학교를 졸업했다. 그 사이에 명동촌은 점점 빛을 잃어가고 대신 교통의 요지인 용정(龍井)이 북간도 교육의 중심지가 되었다. 그래서 문익환 집안은 1931년 초에, 윤동주 집안은 늦가을에 용정으로 이사했다.

다음 해인 1932년 4월, 용정에 있는 캐나다 선교부가 운영하는 미션스쿨인 은진(恩眞)중학교에 입학하게 되었다. 명동촌과 명동소학교 시절은 동주의 일생에 있어서 가장 중요한 시기였다. 그가 28년 생애에서 꼭 절반인 14년을 명동에서 살았다는 것뿐 아니라 명동촌의 아름다운 자연풍경은 그의 인격과 시적 감수성의 골격이 형성된 곳이기 때문이다.

동주의 소학교 4학년 때 담임선생이었던 한준명 목사는 동주를 이렇게 회상하였다. "동주 할아버지가 그 동네서 제일 부자였지요. 밭이 많았거든. 집안에 늘 말을 매고(기르고) 나다닐 땐 그것 타고 다녔지요. 아들 동경 유학도 시켰었고…" 그의 인상에 남아 있는 명동소학교 시절 윤동주의 모습이 절로 선명하다. 말 타고 다니는 부잣집 노인의 장손으로서 마음 여리고 공부 잘하던 어진 소년.17

윤동주 일가가 명동을 떠나 옮겨간 용정은 해란강의 심장에 해당하는 곳이다. 요즘 많이 불리는 〈선구자〉라는 노래는 바로 해란강가에 있는 용정의 아픈 역사의 애환을 담고 있다. 필자는 2002년 여름, 몽골의 드넓은 초원을 말 타고 달리면서 〈선구자〉 노래를 부른 적이 있었다. 2016년 4월에 윤동주 생가를 방문하러 가던 길에 해란강이 산 주위를 휘감아 도는 비암산 정상에서 이 노래를 다시 부르니 감회가 새로웠던 기억이 생생하다.

〈선구자〉가 작곡되던 그 시절에 동주와 몽규와 익환은 은진중학교에 만나게 되었다. 특히 주목할 사실은 은진중학교 시절, 그들에게 절대적인 영향을 끼친 분은 동양사와 국사, 한문을 가르치던 명희조(明義朝) 선생이다. 이분은 동경 유학 시절 일본인에게 돈을 안 주려고 전차를 타지 않을 정도로 철저한 애국자였다. 명 선생은 그들에게 독립사상과 민족의식을 일깨워 주었다.

명 선생은 몽규를 중학교 3학년 때 어떤 사명을 주면서 중국으로 보낸 적이 있었다. 늘 동주보다 앞선 몽규는 동아일보 신춘문예 콩트에 당선된 경력을 가질 정도로 문학에도 깊은 조예를 갖고 있었다. 이때 동주가 "대기(大器)는 만성(晩成)이지"라는 말을 가끔 했는데, 이는 몽규를 의식하고 하는 말이었다.[18]

1935년 봄, 동급생이자 고종사촌인 송몽규가 길림(吉林)을 거쳐 북경으로 떠났고, 문익환이 평양의 숭실중학교로 가자 동주는 부모님을 설득하여 1935년 9월 숭실중학교로 옮겨갔다. 1936년 봄, 신사참배 문제로 숭실중학교가 폐교되기까지 약 7개월간 동주는 문학

---

17 위의 책, 72-73.
18 위의 책, 107-109.

에만 전념했다.

윤동주에게 있어 숭실 시절이 갖는 의미는 '시'에의 경도(傾倒)와 개안(開眼) 바로 그것이었다. 이때 윤동주는 동주(童柱)라는 필명을 사용하여 많은 문학 작품들을 발표하면서 시적 재능을 유감없이 발휘했다. 그리고 동주는 용정 중앙교회 주일학교에서 가르치는 일도 계속했다.[19]

숭실학교 폐교로 동주는 용정으로 돌아와 광명학원 중학부 4학년에 편입하였고, 문익환은 5학년에 편입했다. 1937년 4월, 졸업반인 5학년에 진급했는데, 그해 7월 7일에 '노구교 사건'이 터지면서 중일전쟁이 발발했다. 이런 상황에서 동주는 진학 문제를 놓고 그의 부친과 심하게 대립했다. 동주는 연전 문과에 가겠다고 한 반면 그의 부친은 의과를 해서 의사가 돼야 한다고 강요했다. 동주가 며칠씩 밥을 굶어가면서 "난 죽어도 의과는 못 한다. 문과로 가야겠다"고 고집하자, 부친은 격분했다.

이때 대성중학교 4학년에 편입한 송몽규가 '연전 문과'로 진로를 정하자 결국 조부의 개입으로 본인이 원하는 연전 문과에 진학하기로 결정되었다. 이 선택은 남은 동주의 인생에서 결정적인 의미를 갖게 되었다.[20]

1938년 4월 9일, 동주는 서울 연희전문학교 문과에 송몽규와 함께 입학하였다. 이때 문익환은 도쿄 일본신학교에 입학했다. 동주나 몽규보다 앞서 일본 유학을 떠났다. 동주에게서 연희 전문시절은 그의 인생에서 최고의 황금기였다. 연희전문 문과 시절의 '4년간'이

19 위의 책, 145, 161.
20 위의 책, 178-182.

차지하는 위상은 어떤 것일까. 아마도 그의 삶에서 '가장 풍요로웠던 시기, 가장 자유로웠던 시기'였다고 정의될 수 있다.

훌륭한 교수들에 의해 학문의 세계와 민족의식이 드높게 고취된 시기였다. 최현배 선생에게서 조선어와 민족의식을, 손진태 교수의 역사 강의를 통하여 한국사의 비극적 운명을 그리고 이양하 교수의 영문학 강의를 들으면서 문학의 본질과 시인의 마음가짐을 배웠다. 만주에서는 볼 수 없는 무궁화가 만발한 캠퍼스, 훌륭한 교수진들과 친구들 그리고 시적 천부성(天賦性), 이렇게 세 가지가 어우러져 시인 윤동주의 정신적 토양을 형성했다.[21]

이 무렵 동주는 국내의 많은 문인의 작품에 심취했었다. 국내 시인으로는 정지용, 김영랑, 백석, 이상, 서정주 등에 감명을 받았고, 발레리, 앙드레 지드, 보들레르, 프랑시스 잠, 라이너 마리아 릴케, 장 콕토 등의 외국 시인 그리고 도스토예프스키와 키르케고르 등에 몰두했다.

1941년 12월 27일, 전시 학제 단축으로 3개월 앞당겨 연전 4년을 졸업하게 되었다. 이 해에 동주는 그의 대표적인 시들을 쏟아 냈다. 〈무서운 時間〉(2. 7.), 〈눈오는 地圖〉(3. 12.), 〈太初의 아침〉, 〈또 太初의 아침〉(5. 31.), 〈새벽이 올 때까지〉(5.), 〈十字架〉(5. 31.), 〈눈감고 간다〉(5. 31.), 〈못 자는 밤〉, 〈돌아와 보는 밤〉(6.), 〈看板 없는 거리〉, 〈바람이 불어〉(6. 2.), 〈또 다른 故鄕〉(9.), 〈길〉(9. 31.), 〈별 헤는 밤〉(11. 5.), 〈序詩〉(11. 20.), 〈肝〉(11. 29.) 그리고 산문 〈終始〉를 썼다.

동주는 졸업 기념으로 자선시집(自選詩集)『하늘과 바람과 별과

---

21 위의 책, 183-189.

詩』의 육필시고(肉筆詩稿) 3부를 만들었다. 이 시고(詩稿)는 모두 19편으로 되어 있는데, 〈별 헤는 밤〉이 마지막 작품으로 되어 있고, 시집의 서문을 대신하여 쓴 〈서시〉가 11월 20일자로 되어 있었다. 그런데 이 시집은 이양하 교수가 출판을 보류하도록 권하여 보류되었다.[22]

시고(詩稿) 3부는 이양하 교수가 1부, 연전 후배인 정병욱이 1부 그리고 자신이 나누어 가졌다. 그런데 정병욱 씨에게 준 1부만 하나님의 도우심으로 해방된 조국에서 살아남았다. 참으로 기적 같은 일이 아닐 수 없다. '영원한 청년 시인' 윤동주에 대해 정병욱 씨가 회고하는 동주의 모습은 이러하다.

"오똑하게 쪽 곧은 콧날, 부리부리한 눈망울, 한일자로 굳게 다문 입술, 그는 한마디로 미남이었다. 투명한 살결, 날씬한 몸매, 단정한 옷매무새, 이렇듯 그는 멋쟁이였다. 그렇다고 그는 꾸며서 이루어지는 멋쟁이가 아니었다. 천성으로 우러나는 멋을 지니고 태어났었다. 바람이 불어도 눈비가 휘갈겨도 태산처럼 요동하지 않는 믿음직하고 씩씩한 기상을 지니고 있었다. 그는 몹시 단정하고 결백했었다. 모자를 비스듬히 쓰는 일도 없었고, CCC라는 글자가 새겨진 교복의 단추를 모로 기울어지게 다는 일도 없었다. 양복바지의 무릎이 앞으로 튀어나오는 일도 없었고, 신발은 언제나 깨끗했었다."[23]

윤동주와 송몽규의 연전 4년 생활이 끝을 맺었다. 재학 시절 그들과 함께 지냈던 후배 장덕순 교수는 그 두 사람에 대해 이렇게 회고했다. "그들의 성격은 정반대였다. 동주의 성격이 과묵하고 내성적인

---

22 위의 책, 248-250.
23 이건청, 『윤동주』, 75.

데 반해 몽규는 남성적이며 적극적인 성격에다 다변이었다. 동주가 고요한 사람이면서도 스포츠를 즐긴 것에 반해 몽규는 활동적이고 잘 돌아다니면서도 운동은 하지 않았다. 동주가 시를 전공한 데 비해 몽규는 소설 쪽으로, 그가 쓴 소설을 여러 번 본 기억이 있다. 그렇게 성격이 정반대이면서도 사이는 퍽 좋았다. 친척인 점 외에 서로의 교양 탓이기도 할 것이다."[24]

연전을 졸업한 동주는 부친의 권유로 일본 유학을 하게 되었다. 동주의 일본 유학은 그 시대와 더불어 그의 인생에 급물살을 타게 된다. 1941년 12월 8일, 하와이의 미 해군기지를 기습공격하면서 시작된 태평양전쟁으로 일본은 본격적인 전시체제에 들어갔다.

1942년 1월 19일, 연전에 일본 유학을 위해 필요한 서류와 더불어 '평소동주'(平沼東柱)로 창씨개명을 하였다. 일본 유학을 앞둔 어느 날 자신의 의사와 무관하게 고향 집에서 창씨개명을 하기로 결정했다는 소식을 전해 들은 동주는 비통함과 참담함에 잠을 이루지 못하고 창씨개명계를 제출하기 닷새 전에 〈참회록〉(懺悔錄)이라는 시를 썼다. 지나온 만 24년 1개월의 삶을 참회하고 새로운 각오를 다짐하는 그런 내용의 시였다. 이 시가 고국에서의 마지막 작품이 되었다.[25] 이때 문익환은 폐병에 걸려 학교를 휴학하고, 금강산에서 요양을 하고 있었다.[26]

1942년 4월 2일, 동경의 릿쿄(立教)대학 문학부 영문학과에 입학했다. 같이 일본으로 건너간 송몽규는 교토에 있는 경도제국대학(京

---

24 송우혜, 『윤동주 평전』, 251-252.

25 위의 책, 252-257.

26 김형수, 『문익환 평전』, 199-215.

都帝國大學) 사학과에 입학했다. 정말 동주와 몽규는 끈질긴 인연이 아닐 수 없다. 1942년 7월, 릿쿄대학에서의 첫 학기를 마치고 여름방학을 맞은 동주는 송몽규와 함께 북간도의 용정으로 돌아왔다. 이때 동북제국대학에 재학 중이던 친구가 그 대학에 편입할 것을 권했고, 부친은 국립대학인 그 대학에 가기를 원했다.

그러나 동주가 옮겨간 대학은 교토에 있는 사립 미션계인 도시샤(同志社)대학이었다. 교토에는 송몽규가 있었다. 그리고 보니 또 송몽규와 얽히는 질긴 인연이 이어졌다. 문익환은 동주가 교토로 옮기기 직전에 도쿄 하숙집에서 동주를 본 것이 마지막이 되었다. 릿쿄대학과 마찬가지로 미션계인 도시샤대학은 1875년에 설립된 개신교 조합교회파에 속하는 대학이다.

동주가 릿쿄대학에서 첫 학기를 마치고 고향에 다니러 왔을 때 동생들에게 "우리 말 인쇄물이 앞으로 사라질 것이니 무엇이나 심지어 악보까지도 사서 모으라"고 당부할 정도로 동주는 일제에 의한 우리 민족 고유문화의 말살 현상에 생생한 절박감을 지니고 있었다.

그런데 교토에 와서 맞은 첫 겨울방학에 동주는 그대로 남았다. 이때 동주의 교토 생활과 특히 그가 지녔던 우리 민족문화가 처한 처참한 상황에 대한 비탄을 가장 실감 나게 전해 주는 것은 그를 검거한 특고(特高) 경찰(사상 탄압을 전문으로 하는 일본 경찰의 특수조직)의 취조 문서와 재판정의 판결문 내용이다.

공식 문서에 나타난 동주의 행동을 보면, 가장 문제가 된 송몽규와의 관계 외에도 친구들에게 요샛말로 '의식화 작업'을 계속한 것이 일제 치안 당국에 포착되어 문제화되고 있었다. 동주는 '조선 안에 학교에서의 조선어 과목 폐지를 논의하고, 조선어 연구를 권장하면서 우리나라 독립의 필요성을 강조'하는 등 '민족의식의 유발에 부심하고,' 장성언(동지사대 2년 선배)과 접촉하며 1942년 10월 1일에 총검거가 시작된 '조선어학회 사건'을 두고 안타까워하고, 그의 민족의식을 강화할 수 있도록 자기가 소장한 『조선사개론』 책을 빌려주는 등, 한민족으로서의 민족의식과 문화를 유지하고 앙양시키려고 애썼다는 것이다.

1942년부터 시국은 악화일로로 치닫고 있었다. 신사참배 문제와 「성서조선」지 사건으로 기독교인들이 검거되는 일이 잇달았고, 10월에는 '조선어학회' 사건이 터져 한글학자들이 대량으로 구속되는 일이 벌어졌다. 그리고 그해 3월 1일에는 한인들도 전장으로 끌어내는 '징병제'가 법령으로 공포되기에 이르렀고, 8월 1일부터 시행하기로 되어 있었다.

결국 동주는 1943년 7월 14일, 경도에서 특고 형사에게 고희욱과 함께 체포되어 하압(下鴨) 경찰서 유치장에 감금되었다. 송몽규는 그보다 나흘 앞선 7월 10일에 먼저 체포되었다. 당시 동주는 귀향할 짐까지 수하물로 부쳐 놓은 상태였다. 동주와 몽규의 체포 소식을 전해 들은 고향 집에서는 충격이 대단했다.

동주는 왜 체포되었을까? 순수한 문학청년으로 서정시를 쓰다가 일제의 과잉 단속에 잘못 걸려들어 불운한 희생을 당했으리라는 주장들이 많았다. 그러나 뒤늦게 공개된 과거 일제 때 정부 극비문서들인 "특고월보"(일본 내무성 특고경찰 기록)에 따르면 이렇다. '경도에 있는 조선인 학생 민족주의 그룹사건' 이것이 일경이 윤동주 관계 사건에 붙인 명칭이다.

"특고월보"에 실린 일경의 취조문서로 해서 윤동주의 혐의가 '조선 독립운동'이란 것이 확증되었고, '중심인물은 송몽규이고 윤동주는 그에 동조했고, 이 사건으로 검사국에 송치된 사람은 송몽규, 윤동주, 고희욱 3인'이었다는 사건의 전모가 밝혀졌다.

동주와 몽규는 2년 언도를 받고, 교토(京都)에서 후쿠오카(福岡)으로 옮겨져 후쿠오카 형무소에 수감되었다. 고희욱은 체포된 지 6개월 후인 1944년 1월 19일에 풀려났다. 이때 문익환은 학병을 거부하고 만주 봉천신학교로 옮겨 신학 공부를 계속하고 있었고, 이듬해인 1944년 6월 27일, 박용길과 평생 가약을 맺었다. 그리고 1945년부터는 신경중앙교회에서 전도사로 근무하고 있었다.[27]

후일에 증언에 의하면 후쿠오카 형무소의 시약실(施藥室)에서 동주는 성분을 알 수 없는 주사를 억지로 자주 맞았다고 한다. 동주의 사망 통지를 받고 부친 윤영석과 당숙 윤영춘은 간도로부터 현해탄을 건너 후쿠오카 형무소에 도착했을 때 푸른 죄수복을 입은 50여 명의 한국 청년들이 주사를 맞으려고 시약실 앞에 늘어서 있었고, 그 행렬 속에 몽규가 서 있었다.

그때 몽규는 반쯤 깨어진 안경을 눈에 걸친 채 피골이 상접한 모습으로 처음에는 얼른 알아보지도 못할 정도였다. "왜 그 모양이냐?"고 물었더니 "저놈들이 주사를 맞으라고 해서 맞았더니 이 모양이 되었고, 동주도 이 모양으로…" 하고 흐느꼈다.

'생체실험'의 도구가 된 동주는 적국 일제의 감옥 안에서 절명했다. 1945년 2월 16일 오전 3시 36분. 그의 나이 이제 겨우 만 27년 2개월. 시 〈참회록〉에서 말한 24년 1개월로부터 3년 1개월 만이었다. 그의 운명을 지켜보았던 젊은 일인 간수는 동주가 외마디 소리를

---

27 김형수, 『문익환 평전』, 216-221.

높게 지르고는 운명했다고 유족들에게 전했다.

그리고 유족들의 면회가 있은 지 얼마 안 된 3월 10일 송몽규도 절명했다. 항상 동주보다 앞서갔던 몽규가 동주의 죽음 이후에도 강인하게 버티다가 동주의 죽음에 대한 증언을 남기고 갔다. 그는 눈을 감지도 못하고 죽어 그의 시신을 가지러 간 부친 송창희 선생이 그 눈을 감겨주었다.[28]

동주와 몽규가 후쿠오카 감옥에서 죽었다는 비보를 접한 문익환은 경악했다. "아, 나만 빠져나와 버렸구나!"[29] 하나님께서 문익환을 먼저 일본에 보냈다가 폐병으로 학업을 중단하고 휴학하게 하신 후 징병을 거부하고 일본 땅에서 빠져나오게 하신 모든 것에는 하나님의 깊은 주권적 섭리가 있었다. 두 친구를 먼저 보내고 난 후 해방된 조국에서 민주와 통일을 위한 남은 과업을 맡기고자 하는 하나님의 놀라운 경륜과 섭리가 있었다고 보지 않을 수 없다.

1945년 8월 15일! 살아있는 신(神)으로 모셔지던 일본 천황이 떨리는 목소리로 무조건 항복 의사를 방송을 통해 말함으로써 그 기나긴 전쟁은 막을 내렸다. 그것은 근대화로 시작된 문명개화가 군국주의로 이어졌고, 군국주의의 끝을 알리는 조종이었다. 그리고 소위 '대일본제국'은 멸망했다.

윤동주의 시 세계: 〈초 한 대〉

이제 윤동주의 시 세계를 살펴보자. 먼저 1934년 12월 24일, 동

---

28 송우혜, 『윤동주 평전』, 339-344.
29 김형수, 『문익환 평전』, 221.

주가 만 15세가 되기 전 크리스마스 전날 쓴 〈초 한 대〉라는 시다.

내 방에 풍긴 향내를 맡는다.

광명의 제단이 무너지기 전
나는 깨끗한 제물을 보았다.

염소의 갈비뼈 같은 그의 몸,
그의 생명인 심지(心志)까지
백옥같은 눈물과 피를 흘려
불살라 버린다.
그리고도 책상머리에 아롱거리며
선녀처럼 촛불은 춤을 춘다.

매를 본 꿩이 도망하듯이
암흑이 창구멍으로 도망한
나의 방에 풍긴
제물의 위대한 향내를 맛보노라.

명동소학교 6년, 은진중학교 3년 그리고 평양 숭실학교를 동주와 같이 다닌 문익환 목사는 자신이 동주 형을 잘 안다고 생각했는데, 이 시가 그 나이에 성탄 전날에 쓴 것이라는 것을 발견하고 머리에 철퇴를 맞은 것 같다고 술회했다. 이 시를 쓸 때 벌써 동주 형은 자신을 어린 양 그리스도처럼 민족의 제단, 인류의 제단 위에 오를 깨끗한 제물로 보았다는 것이다. 문익환은 이 시를 놓고 이렇게 말했다.

"중학교 2학년 때에 쓴 〈초 한 대〉라는 시에서 시작해서 마지막 시로 남아 있는 〈쉽게 씌어진 詩〉에 이르기까지 윤동주 시에 일관된 것은 '빛의 승리'였다. 집채 같은 어둠도 한 대 촛불 앞에서 매를 본 꿩처럼 도망칠 수밖에 없다는 것을 그는 믿었다. 일본의 군국주의가 욱일승천하던 1934년 크리스마스 전날 밤 중학교 2학년 학생이 이렇게 역사를 달관하다니, 놀랄 수밖에 없다. 일본의 군국주의의 마수가 아무리 드세어도 이 새벽에 탄생할 그리스도 예수의 작은 촛불 앞에서 밀려날 수밖에 없다는 것을 그는 믿었다. 이천 년 동안 꺼지지 않고 붙는 예수의 촛불, 어린애가 입으로 불기만 해도 꺼질 작은 빛을 어떤 어둠의 세력도 이겨 본 적이 없다는 것을 동주는 믿었다(요 1:5). 예수의 작은 촛불을 끄려고 발광했던 히틀러, 무솔리니, 도조 (東條)가 꺾이는 것을 동주는 보지 못하고 죽었다. 해방을 여섯 달 앞두고 일본 후쿠오카(福剛) 형무소에서 억울한 죽음을 당했다. 그러나 그는 민족의 암흑기를 비추는 빛으로 날이 갈수록 더욱 빛나고 있다. 그는 온몸을 불사르고 남을 위대한 제물의 그윽한 향기를 남기고 갔다."[30]

열다섯 살에 쓴 이 시는 마치 말없이 도살장에 끌려가는 야웨의 고난받는 종처럼 동주는 자신의 죽음을 예언하고 있다. 여기서 우리는 어린 나이임에도 불구하고 그가 얼마나 뼛속까지 크리스천 멘탈리티로 무장된 전사인가를 엿볼 수 있다.

놀랍게도 윤동주는 1935년 12월에 가서 느닷없이 동시 〈조개껍질〉을 썼다.

---

30 문익환, 『혁명의 해일』, 18-19.

아롱아롱 조개껍데기 / 울언니 바닷가에서 / 주어온 조개껍데기. 여긴여긴 북쪽나라요 / 조개는 귀여운 선물 / 장난감 조개껍데기. 데굴데굴 굴리며 놀다 / 짝 잃은 조개껍데기 / 한 짝을 그리워하네. 아롱아롱 조개껍데기 / 나처럼 그리워하네 / 물소리 바닷물소리.

이것이 현재 남아 있는 윤동주의 작품들 가운데 최초의 동시이다. 그 이후로 그는 봇물 터진 듯이 잇따라 동시들을 쏟아 내었다. 시에 있어서도 놀라운 변화가 일어났다. 쉬운 말로 구체적이고 진솔하게 감정을 엮어가는, 우리가 현재 알고 있는 윤동주 시의 특색과 내음이 드러나기 시작한 것이다.

이 돌연한 전환, 갑자기 성큼 앞으로 나간 발전은 도대체 어떻게 해서 이루어진 것일까? 그 열쇠는 바로 『정지용 시집』이다. 『정지용 시집』은 1935년 10월 27일에 서울 시문학사(詩文學社)에서 출간되었다. 정지용은 윤동주가 평생을 두고 가장 좋아한 시인이다. 지금도 윤동주의 유품 중에 『정지용 시집』이 남아 있다. 정지용의 시가 윤동주의 시에 미친 영향은 대단히 컸는데, 그가 돌연히 동시를 쓰게 된 것도 이런 연유에서 비롯되었다고 할 수 있다. 이렇게 하여 시작된 동시 짓기는 1938년 연전 1학년 때까지 계속되었다.[31]

한편, 1938년에 쓴 8편의 시 중에서는 〈새로운 길〉 외에 〈사랑의 전당〉, 〈이적〉, 〈슬픈 족속〉이 특히 관심을 끈다. 〈사랑의 전당〉과 같은 날에 쓴 〈이적〉은 윤동주의 시 세계에서 하나의 중요한 이정표 구실을 하고 있다.

---

31 송우혜, 『윤동주 평전』, 157-160.

발에 터부한 것을 다 빼어 버리고 / 黃昏이 湖水위로 걸어 오듯이 / 나도 사뿐사뿐 걸어 보리이까? 내사 이 湖水가로 / 부르는 이 없이 / 불리워 온 것은 / 참말 異蹟이외다. 오늘 따라 / 戀情, 自惚, 猜忌, 이것들이 / 자꾸 金메달처럼 만져지는구려. 하나, 내 모든 것을 餘念없이 / 물결에 씻어 보내려니 / 당신은 湖面으로 나를 불러 내소서.

오늘날 윤동주에게는 '기독교 시인'이라는 레테르가 붙기도 한다. 그런데 윤동주가 기독교적인 시를 쓰기는 실로 이 작품 〈이적〉부터이다. 이 시의 배경은 마태복음 14장 25-33절에 나오는 예수와 베드로가 물 위를 걸었던 이적의 이야기이다. 왜 이 이적의 이야기가 돌연 그의 심금을 건드린 것일까? 어떤 이는 그런 걸 가리켜 '신앙의 신비'라고 할 것이다. 아무튼 이 시는 하나의 큰 전기가 되었다. 시인이요 또한 모태로부터의 크리스천인 그가 드디어 시와 신앙을 하나로 융합시키는 길을 연 것이다.[32]

동주가 광명학원 5학년을 마치고 연희전문 문과에 입학한 것은 1938년, 그의 나이 22세 때였다. 이양하 선생에게서 영시(英詩)를 배우고 최현배 선생에게서 조선어와 민족의식의 깨우침을 받게 되면서 그의 시 자체도 이제까지의 천진무구한 동심(童心)의 세계로부터 벗어나게 되었다. 그는 '슬픔의 미학(美學)'을 노래하기 시작한다.

식민지적 상황의 인식과 자기 자신에 대한 성찰을 통하여 그가 발견해 낸 자아는 슬픔으로 얼룩진 것이었다. 〈슬픈 族屬〉에서 그는 이렇게 노래했다.

---

32 위의 책, 192-193.

흰 수건이 검은 머리를 두르고 / 흰 고무신이 거친 발에 걸리우다. / 흰 저고리 치마가 슬픈 몸집을 가리고 / 흰 띠가 가는 허리를 질끈 동이다.

불과 4행으로 이루어진 이 시는 각 행이 모두 '흰 수건', '흰 고무신', '흰 저고리', '흰 띠'로 '흰' 것이 제시되어 있다. 그리고 그 흰 것은 모두가 '슬픈 족속'의 것으로 되어 있다. 따라서 이 흰 것들이 백의민족(白衣民族)의 백의(白衣)와 연관되어 있을 것으로 유추된다.[33]

동주는 항상 산책과 사색을 통하여 시상을 가다듬었다. 산책을 통하여 많은 대상을 만나고 그런 체험을 내면화시켜 가면서 시 세계를 넓혀갔다. 산책길에서 만나는 대상의 관계는 슬픔의 관계였다. 슬픔을 숙명으로 받아들일 수밖에 없는 완강한 상황 속에서 동주는 하나의 역설을 노래한다. 그의 시 〈八福〉을 보자.

슬퍼하는 자는 복이 있나니 / 슬퍼하는 자는 복이 있나니 /
슬퍼하는 자는 복이 있나니 / 슬퍼하는 자는 복이 있나니 /
슬퍼하는 자는 복이 있나니 / 슬퍼하는 자는 복이 있나니 /
슬퍼하는 자는 복이 있나니 / 슬퍼하는 자는 복이 있나니 /

저희가 永遠히 슬플 것이오.

'슬퍼하는 자'인 자신의 영원히 슬플 수밖에 없는 숙명을 노래하고 있다. "슬퍼하는 자는 복이 있나니"라는 성경 구절을 차용 반복함으로써 슬퍼하는 자에의 강복(降福)의 가능성은 고조된다. 그리고

33 이건청, 『윤동주』, 112-113.

"복이 있나니"라는 서술의 반복으로 슬픔의 무게의 상당량이 상쇄되고 있음을 실감하게 된다. 그러나 이 시의 마지막 행, "저희가 永遠히 슬플 것이오"라는 진술은 이제까지의 희망적인 기대를 여지없이 뒤엎어 버린다. 따라서 영원히 슬플 수밖에 없는 아픔이 예리하게 다가온다.[34]

〈무서운 時間〉과 〈십자가〉

연희전문 졸업반 때인 1941년 2월 7일에 쓴 〈무서운 時間〉이라는 시를 감상해 보자.

거 나를 부르는 것이 누구요,

가랑잎 이파리 푸르러 나오는 그늘인데,
나 아직 여기 호흡이 남아 있소.

한 번도 손들어 보지 못한 나를
손들어 표할 하늘도 없는 나를

어디에 내 한몸 둘 하늘이 있어
나를 부르는 것이오.

일을 마치고 내 죽는 날 아침에는

---

34 위의 책, 114-116.

서럽지도 않은 가랑잎이 떨어질 텐데……

나를 부르지 마오.

문학평론가 김우종 씨는 이 시를 놓고 이렇게 평했다.

"그는 일제의 폭정이 최종적인 극한 상태로 접어든 이 시기에 문득 죽음을 의식했던 것일까? 소위 대동아전쟁의 확대와 강제 징용, 징병, 학도병, 문예지 폐간, 국문 철폐, 일본식 창씨개명 등 민족의 운명이 마지막 순간에 도달했을 때 그는 문득 죽음을 의식했는지도 모른다. 그는 죽음을 의식하고 별안간 몸부림을 친 것임에 틀림없을 것이다. '무서운 시간'이란 죽음의 사자가 오는 시간이요, '나를 부르는 것'은 죽음의 사자다. 그리고 시인은 그 죽음을 무조건 두려워하지 않는다. 서러워하지도 않는다. '일을 마치고 내 죽는 날 아침에는 / 서럽지도 않은 가랑잎이 떨어질' 뿐이었을 뿐, 다만 무서워한 것은 이 세상에 태어나 그가 해야 할 아무 일도 하지 못하고 돌아간다는 것에 있었다. 그래서 '아직 여기 호흡이 남아' 있는데, '한 번도 손들어 보지 못한 나를' 한 번도 자기를 주장해 보지 못한 나를, 한 번도 그의 사명대로 살아 보지 못한 나를 죽음이 부르는 데 대하여 무서워하고 서러워했던 것이다. 그가 별안간 자기의 사명을, 자기의 역사 속에서의, 민족 속에서의 존재를 선언하게 된 것은 이처럼 문득 죽음을 의식하고 비로소 눈을 떴기 때문이 아닐까? 그래서 그는 다시 〈십자가〉 앞에서 고해를 하고 자신의 갈 길을 물었던 것이다."[35]

이 시를 읽고 있노라면 겟세마네 동산에서 자신의 죽음을 앞두고 두려움과 무서움 속에서 눈물이 핏방울이 되도록 통절하게 기도하

---

35 김우종, "암흑기 최후의 별-그의 문학사적 위치," 149-150.

던 예수의 모습이 연상되는 것은 무슨 까닭일까? 1941년 5월 31일
에 쓴 시 〈십자가〉를 감상해 보자.

쫓아오던 햇빛인데
지금 교회당 꼭대기
십자가에 걸리었습니다.

첨탑(尖塔)은 저렇게도 높은데
어떻게 올라갈 수 있을까요.

종소리도 들려오지 않는데
휘파람이나 불며 서성거리다가,

괴로웠던 사나이,
행복한 예수 그리스도
처럼
십자가가 허락된다면

모가지를 드리우고
꽃처럼 피어나는 피를
어두워 가는 하늘 밑에
조용히 흘리겠습니다.

박호영 교수는 이 시가 '속죄양 의식'을 나타내고 있다고 말했다.

즉, 예수가 모든 인간의 죄를 뒤집어쓰고 희생됨으로써 인류에게 구원을 가져다준 것처럼 식민지 시대의 비극적 현실을 자기희생으로 초극하려는 시인의 승화된 의지를 상징한 이 시의 구절 "모가지를 드리우고⋯조용히 흘리겠습니다"는 속죄양의 모티프를 제공한다고 말했다.36

윤동주 시의 탁월함은 무기력한 예수의 십자가 속에 깃든 강렬한 이미지처럼 조용히 피를 흘리는 나약함 속에 깃든 강렬한 이미지에 있다. 윤동주는 천성적으로 어린 양의 순종이라는 기독교적 심상을 갖고 태어난 철저한 크리스천 시인이었다.

김남조 교수는 이 시에 대해 이렇게 평했다.

"가능성의 한계에 대한 자각과 또 그것을 넘어서는 '자기의 메시아적 본질'을 추구한 시가 다름 아닌 〈십자가〉라고 보여진다. '자기 내부의 메시아적 본질'의 추구야말로 윤동주 문학의 정수라고 필자는 생각한다. '꽃처럼 피어나는' 청춘의 시인에게는 '십자가의 순교'를 서원하는 고백을 듣는 일은 비극적이고도 아름답다. 두 번 있을 수 없는 일회적인 아름다움이 이 대목에 깃들어 있다. 짧으나 값진 인생을 누리고 간 시인의 생애에 이 시가 뚜렷한 이정표로서 주어진 까닭이리라."37

이 시는 앞으로 있을 윤동주의 죽음! 27년 2개월의 짧은 생애, 그것도 남의 나라 땅 차가운 감방에서 조용히 죽어간 그의 생애! 그것은 예수의 십자가 죽음이 갖는 메시아적 의미에 비견되는 위대한 죽음이었음을 일찍이 그 누가 알았으랴. 동주는 자신의 가야 할 길이

---

36 박호영, "저항과 희생의 남성적 톤: 대표시 간의 분석," 365-366.
37 김남조, "윤동주 연구-자아 인식의 변모 과정을 중심으로-," 42-45.

예수가 걸었던 십자가의 길임을 알고 일본 유학을 떠나기 바로 직전 〈십자가〉라는 시를 지어 자신의 가야 할 길이 어떤 길임을 미리 밝힌 것이 아닌가. 아래에서 살펴볼 그 유명한 시 〈서시〉는 바로 "나한테 주어진 길"을 노래한 절창이 아닐 수 없다.

〈별 헤는 밤〉

그런데 일본 유학을 떠나기 직전, 이 시를 마지막으로 쓰고, 그동안 쓴 시 18편을 묶어 시집 첫머리에 놓을 〈서시〉를 완성한 것이 1941년 11월 20일이었다. 마지막 시 〈별 헤는 밤〉은 윤동주 시의 서정성의 극치를 보여주는 청신하고 아름다운 시이자 민족의 부활을 노래한 크리스천 시인의 마지막 기도다.

季節이 지나가는 하늘에는
가을로 가득 차 있습니다.

나는 아무 걱정도 없이
가을 속의 별들을 다 헤일 듯합니다.

가슴 속에 하나 둘 새겨지는 별을
이제 다 못 헤는 것은
쉬이 아침이 오는 까닭이요,
來日 밤이 남은 까닭이요,
아직 나의 靑春이 다하지 않은 까닭입니다.

별 하나에 追憶과
별 하나에 사랑과
별 하나에 쓸쓸함과
별 하나에 憧憬과
별 하나에 詩와
별 하나에 어머니, 어머니,

어머님, 나는 별 하나에 아름다운 말 한마디씩 불러봅니다. 小學校때 册床을 같이 했던 아이들의 이름과, 佩, 鏡, 玉 이런 異國 少女들의 이름과, 벌써 애기 어머니 된 계집애들의 이름과, 가난한 이웃 사람들의 이름과, 비둘기, 강아지, 토끼, 노새, 노루, 프랑시스 잠, 라이너 마리아 릴케, 이런 詩人의 이름을 불러봅니다.

이네들은 너무나 멀리 있습니다.
별이 아슬히 멀 듯이,

어머님,
그리고 당신은 멀리 北間島에 계십니다.

나는 무엇인지 그리워
이 많은 별빛이 내린 언덕위에
내 이름자를 써 보고,
흙으로 덮어 버리었습니다.
딴은 밤을 새워 우는 벌레는

부끄러운 이름을 슬퍼하는 까닭입니다.

그러나 겨울이 지나고 나의 별에도 봄이 오면

무덤위에 파란 잔디가 피어나듯이

내 이름자 묻힌 언덕위에도

자랑처럼 풀이 무성할 게외다(1941. 11. 5.).

마광수는 이 시에 대해 이렇게 평했다. 윤동주의 시에 있어 상징적 표현의 근간을 이루는 것은 원초적인 자연물들이다. 시인이 스스로의 궁극적·총체적 관심을 표현, 전달함에 있어, 시인을 둘러싸고 있는 자연은 상징의 원천이 된다. 자연은 영원불멸하는 존재로 인식되어 변함없이 시적 인식(詩的認識)의 소재가 되어 주기 때문이다.

특히 『하늘과 바람과 별과 시』라는 윤동주 시집의 표제는 그의 시의 핵심이 자연 표상의 상징을 통한 궁극적 관심의 표출에 있다는 사실을 입증해 주고 있다. 윤동주는 시집의 제목을 처음엔 '병원'으로 붙일 예정이었다고 한다. 그 까닭은 당시의 세상이 "온통 환자투성이이기 때문"이었다고 친구 정병욱은 "잊지 못할 윤동주의 일들"(「나라사랑」, 1976, 여름호)에서 회고하고 있다. '병원'과 '하늘과 바람과 별과 시'는 현격한 거리가 있다. 만약에 '병원'이라는 표제를 붙였더라면 그의 시가 주는 서정적 감동과 작품 간의 상호 연계성을 한결 감소시켰을 것이다.

하늘과 바람과 별의 심상은 윤동주의 시 전체에 걸쳐서 나타나는 보편적 심상이다. 이 심상들이 가장 효과적으로 형상화된 작품으로는 〈서시〉와 〈별 헤는 밤〉을 들 수 있다. 〈서시〉에서도 그렇거니와 부끄러움의 심상은 윤동주의 시 곳곳에서 발견되는 대표적 심상이다. 윤동주의 부끄러움은 〈자화상〉, 〈참회록〉 등의 시에서 보여주고 있는 '들여다보는 행위', 즉 자기 성찰의 결과라고 볼 수 있다.

나라를 빼앗긴 식민지 지식인으로서의 부끄러움, 이상과 현실의 괴리에서 오는 부끄러움, 기독교적 원죄 의식이 가져다준 겸손한 신앙인으로서의 부끄러움, '윤리지상적'(倫理至上的) 생활철학에 자신의 실천과 행동이 채 미치지 못했을 때 갖게 되는 부끄러움 등의 이미지가 한데 뭉뚱그려져 윤동주의 시 전체를 지배하고 있다. 그러므로 〈별 헤는 밤〉에 나오는 부끄러움도 특별히 별다른 류의 것이 아니다.

10연으로 된 이 시의 마지막 연의 "겨울이 지나고 나의 별에도 봄이 오면 무덤 위에 파란 잔디가 피어"난다는 표현은 영원히 계속되고 있는 '자연의 유전(流轉)'을 암시한다. 즉, 음(陰)과 양(陽)의 교대 원리(交代原理)다. 그러나 이것은 막연히 운명이나 자연의 변화에만 맡겨 시대나 상황의 변화를 기다리기만 하는 것은 아니다. 자신에게 부여된 '하늘의 사명'을 충실히 수행해 나가면서 때의 변화를 기다리는 것이다. 즉, 동양 전래의 생활 철학인 '진인사대천명'(盡人事待天命)을 따라가는 자세다. 또는 '모사재인 성사재천'(謀事在人 成事在天)이라는 긍정적 자연 귀의(自然歸依)의 인생관이라고도 볼 수 있다.

이러한 시인의 태도는 그의 〈서시〉에서 잘 드러나고 있다. 그는 언제나 섣부른 행동으로 역사의 흐름을 바꿔 놓기보다는 조용히 역사의 섭리, 하늘의 섭리를 기다리는 편이 낫다고 생각한다. "무덤 위에 파란 잔디가 피어나듯이"라는 구절은 자연의 질서, 또는 하늘의 섭리에 의탁하려는 시인의 심리를 잘 드러내 보여준다. 체념을 희망과 신념으로 승화시킨 이 시의 전개 기법은 상징적 표현이 효과적으로 사용된 좋은 보기라 할 것이다. 따라서 이 시의 표제에 나오는 '별'과 '밤'의 이미지는 한층 중요한 의미를 갖는다.

그러므로 결국 〈별 헤는 밤〉이 상징적으로 제시해 주는 것은 대자연의 운행 질서를 겸손하게 바라보며 그 가운데서 역사의 발전적 전개를 확신하면서 스스로의 미래지향적 의지를 키우며 천명(天命)에 따르려 애쓰는 청년의 모습이라 하겠다.[38]

〈서시〉와 〈쉽게 씌어진 詩〉

〈서시〉는 지금까지의 삶을 되돌아보고 앞으로의 삶에 대한 각오를 총체적으로 담은 내용의 시다.

> 죽는 날까지 하늘을 우러러
> 한 점 부끄럼이 없기를,
> 잎새에 이는 바람에도
> 나는 괴로워했다.
> 별을 노래하는 마음으로
> 모든 죽어 가는 것을 사랑해야지
> 그리고 나한테 주어진 길을
> 걸어가야겠다.
> 오늘 밤에도 별이 바람에 스치운다(1941. 11. 20.).

너무나도 유명한 윤동주의 〈서시〉에 대해 송우혜는 이렇게 말했

---

38 마광수, "동양적 자연관을 통한 '부끄러움'의 극복 – 대표시 〈별 헤는 밤〉의 구조 분석," 341-353.

다. "사람의 생이 갖는 무게, 그 생이 내포한 진실의 무게가 이처럼 청결하고 깊이 있게 드러난 예는 아주 희귀하다. 이 시에 이르러서 우리는 '참으로 우리에게 한 시인이 있다'고 크게 외칠 수 있게 된 것이다."[39]

나라를 잃은 일제 치하에서 민족 지도자들은 저마다 조국의 독립을 위한 방법을 강구하였다. 이승만 박사(1875~1965)는 '외교독립론'을, 김구 선생(1876~1949)은 '무장투쟁론'을, 김성수 선생(1891~1955)은 '산업입국론'을, 안창호 선생(1878~1938)은 '교육입국론'을, 김교신 선생(1901~45)은 '성서입국론'을 제시하였다.

그렇다면 시인은 무엇으로 나라를 되찾을 수 있겠는가? 총칼을 들고 나가서 일본군과 싸워 몇 사람을 죽이는 것이 좋은 방법인가? 아니면 외교나 경제, 교육이나 문화 등을 진흥시켜 나라를 찾는 것이 좋은 방법인가? 윤동주는 아니라고 생각했다.

그는 '시인은 시로써 말해야 한다'고, 그것이 시인의 정체성이고, 시인으로서 나라를 되찾는 최선의 길이라고 생각했다. 민족의 가슴에 절창(絕唱)으로 남을 시 하나를 쓰는 것, 그것이 나라를 되찾기 위한 시인의 가장 중요한 사명이라고 자각했다. 그리하여 그는 삶과 시가 일치하는 주옥같은 많은 시를 남겼고, 그 대표적인 시가 〈서시〉다.

재일조선인 2세인 윤건차는 한국의 역사와 사상에 대해 생각할 때면 언제나 한 편의 시가 떠오른다고 했는데, 바로 윤동주의 〈서시〉(序詩)라고 했다. 그러면서 이렇게 말했다.

"윤동주는 북간도에서 태어나 이후 교토의 도시샤(同志社)대학 영문과에서 수학하고, 1944년 후쿠오카(福岡) 형무소에서 27세로

---

39 송우혜, 『윤동주 평전』, 248-249.

생을 마친 시인이다. 그는 특별히 민족운동에 전념한 것도 아니었는데 치안유지법으로 체포되어 의문 속에 옥사(獄死)했다. 그러나 해방 후에는 국민적 시인으로 사랑받게 되었다. 그의 청순한 시는 잔악한 식민지 지배에 항거하는 혼의 발로였으며, 그 서정성은 부드럽고도 기품 있으며 또한 강건했다. 윤동주가 '죽어가는 것을 사랑해야지'라고 읊고, 또 '나한테 주어진 길을 걸어가야겠다'고 토로했을 때, 그것은 바로 자기 민족에 대한 애정과 그 나름의 독자적인 민족주의적 사상을 표현하는 것이었다고 이해해도 이상할 것이 없으며, 또 이러한 시야말로 자신의 삶의 방식을 표명하고 스스로의 결의를 선명히 하는 것이었다고 생각해도 무리가 없을 것이다."[40]

전에 행한 한 설문조사에서 한국인들이 가장 많이 애송하는 시가 윤동주의 〈서시〉다. 그 이유는 무엇일까? 그것을 한마디로 말한다면 '시인의 시와 삶의 일치'에 있다고 말하고 싶다. 27년 2개월의 너무나도 짧고 슬픈 동주의 생애는 민족사에 별과 같이 빛났다.

내선일체, 창씨개명, 황국신민을 강요당하던 그 암울한 시절, 많은 민족 지도자들이 친일로 전향하는 그 부끄러운 시절, 그는 민족의 살길이 무엇인가를 깊이 고민했다. 하늘을 우러러 부끄럽지 않은 삶이 무엇인지를 고민했다. 윤동주 시 전체에 흐르는 '부끄러움'의 주제는 일제 말기 인간성이 여지없이 무너진 야만과 변절의 시대에 부끄러움을 아는 인간이 될 것을 역설한 절규였다.

그 짧은 생을 살면서 동주가 부른 노래가 무엇인가 하니 바로 '별을 노래한 것'이었다. 그것이 〈서시〉에 잘 나타나 있다. 일제 치하라는 역사의 캄캄한 밤, 희망이라고는 찾아볼 수 없는 그때, 그래서

---

40 윤건차, 『韓日 근대사상의 교착』, 66-67.

전향과 배신을 밥 먹듯 일삼던 그 시절, 모두가 땅을 쳐다보며 한숨과 절망 속에 있을 때, 윤동주는 하늘을 바라보았고, 밤하늘에 반짝이는 별을 바라보았다. 별은 그의 이상이요 민족의 꿈이자 그리스도의 사랑과 정의와 평화를 상징하는 메타포였다.

아무리 역사가 어둡고 인생이 캄캄하다 하더라도 별을 노래하는 인생, 별을 바라보는 민족은 결코 망하지 않는다는 것을 피를 토하며 역설했다. 그래서 "눈을 들어 하늘을 보라"(사 40:26), 눈을 들어 밤하늘의 별을 보라고 이 민족을 향해 죽어가면서도 절규했던 것이다. 윤동주가 노래한 별은 바로 우리 주 예수 그리스도(마 2:10)였고, 그의 〈십자가〉였다.

그래서 그는 마지막 한 마디의 절창을 토해내었다 "별을 노래하는 마음으로 / 모든 죽어가는 것을 사랑해야지 / 그리고 나한테 주어진 길을 / 걸어가야겠다." 남의 민족을 짓밟고자 전쟁을 일삼고, 서로 간에 폭력과 살인과 증오가 난무하는 그런 세계 속에서 동주는 그리스도의 마음, 즉 원수까지도 사랑하는 마음을 갖자고 그 시대를 향해 외쳤다.

백년 후에라도 그들의 행위와는 너무도 달랐던 조선의 한 시인이 있었다는 사실을 알고, 일본인들이 동주 앞에서 무릎을 꿇을 날이 있을 것을 미리 내다본 것처럼 말이다.

끝으로, 남의 나라 땅 일본에서 마지막으로 쓴 시 〈쉽게 씌어진 詩〉를 감상해 보자.

창 밖에 밤비가 속살거려
육첩방(六疊房)은 남의 나라,

시인이란 슬픈 천명(天命)인 줄 알면서도
한 줄 詩를 적어 볼까,

땀내와 사랑내 포근히 품긴
보내주신 학비 봉투를 받아

대학 노-트를 끼고
늙은 교수의 강의 들으러 간다.

생각해 보면 어린 때 동무를
하나, 둘, 죄다 잃어 버리고

나는 무얼 바라
나는 다만, 홀로 침전(沈澱)하는 것일까?

인생은 살기 어렵다는데
詩가 이렇게 쉽게 씌어지는 것은
부끄러운 일이다.

육첩방은 남의 나라
창 밖에 밤비가 속살거리는데,

등불을 밝혀 어둠을 조금 내몰고,
시대처럼 올 아침을 기다리는 최후의 나,

나는 나에게 작은 손을 내밀어

눈물과 위안으로 잡는 최초의 악수.

이 시에 대해 김윤식은 이렇게 말한다. "필자는 어느 글에서 공적으로 알려진 윤동주의 마지막 작품이 도쿄에서 쓴 〈쉽게 씌어진 시〉(1942. 6. 3.)라고 지적하면서 그것이 어둠 속에 익은 사상이라고 쓴 바 있다. 그리고 여기서도 누누이 윤동주의 전기적 사실, 특히 정확한 발표 연대를 떠나면 논의가 공허해지기 쉽다고 적었다. 사실보다 두려운 것은 없으리라. 이 진술 속에 1945년 그의 옥사라는 사실이 포함된다는 것은 물을 것도 없는 일이다."[41]

1942년 6월 3일에 쓴 이 시는 릿쿄대학 영문과에 입학하여 여름방학을 앞둔 때였다. 한국에 대한 일제의 탄압은 극에 달하였으며 일제는 대동아전쟁의 준비에 광분하고 있었다. 이 해 여름방학 때의 귀향이 동주의 마지막 귀향이 되고 말았다. 작가 송우혜는 이렇게 말했다.

"윤동주가 그의 심령을 물어뜯던 향수를 극복하고 났을 때, 그의 의식에 먼저 다가온 것은 자기와 '일본'이라는 하나의 실체 속에 놓인 냉엄한 거리에 대한 감각이었다. 그래서 그는 서슴없이 읊조렸다. '육첩방은 남의 나라'! 한 식민지 청년이 적국이자 종주국인 나라의 수도에 서서, 자신은 결코 그들의 臣民이 아님을 선언하는 데는 이 한마디로 족했던 것이다."[42]

일본 와세다대학 교수인 '오무라 마쓰오'(大村益夫)는 윤동주에

41 김윤식, "한국 근대시와 윤동주-비평적 心意 경향과 관련하여," 225.
42 송우혜, 『윤동주 평전』, 270-271.

대해 이렇게 말했다.

나는 일제하에 활약했던 많은 문학인과 해방 후의 여러 작가의 작품을
섭렵해 왔다. 그러나 어느 문학 작품에서도 윤동주만큼의 강렬한 인상과
감동, 매력은 느끼지 못했다. 나는 일본의 시인 스즈키 미에키치(鈴木三
重吉)와 같은 이의 작품도 좋아하지만, 내가 가장 애호하고 있는 것은 윤
동주의 작품이다. 중국의 현대시도 많이 읽어봤지만, 선이 굵고 어쩐지
나의 감성에 와 닿지 않는 데가 있다. 윤동주의 작품에 관해 한국의 많은
문학인이 쓴 해설과 평론을 숙독한 나로서는, 그에다 더 덧붙일 만한 것
은 없다. 다만 간단히 한두 마디 언급하자면, 그의 인간과 시 작품이 그렇
게 아름답고 감동적일 수 없다는 것이다. 그의 작품은 그에 대한 아무런
예비지식 없이도 누구나 감동할 만큼 탁월하다. 쉬운 표현, 잘 이해할 수
있는 시어의 구사, 동요와 동시적인 데다가 문학적 향기가 짙은 그의 시
속에는 그의 순수하고 순결한 심성이 그대로 녹아들고 스며들어 있다.
특히 내가 좋아하는 <서시>, <자화상>, <별 헤는 밤> 같은 시는 세계적
인 명시라고 나는 보고 싶다. 그의 시 속에 담긴 저항의 소극성은 어딘지
가냘픈 감상에 흐른 면도 있다고 하지만, 나는 오히려 그 나약한 저항적
요소가 더욱 강하게 느껴지는 요소라고 생각된다. 캄캄한 일제하의 암흑
기에 윤동주는 한민족에게 그 어둠 속에 빛나는 찬란한 빛줄기였다고 나
는 항상 생각해 왔으며, 그의 삶에 대해 존경의 뜻을 지녀 왔다. 윤동주의
시 속에 그저 처절한 저항적인 면만이 부각되어 있다면, 나는 그처럼 그
의 시 속에 몰입하고 매료되지는 않았을 것이다. 너무도 아름다웠던 그
의 삶의 길과 그처럼 아름답고 감동적인 그의 시를 감상하고 느낄 수 있
도록 내가 한국 문학을 배우고, 한국어를 이해할 수 있게 된 것을 나는

크나큰 보람으로 늘 생각하고 있다.[43]

　　권영민은 윤동주를 '일제 암흑기의 찬란하게 빛나는 경이로운 별'
이자 눈물이 나도록 아름다운 '순결한 혼의 시인'이라고 하였다. 그러
면서 '새벽을 노래한 민족시인'이라고 했는데, 그 이유는 이러하다.
　　"일제는 그처럼 잔혹하게 스물일곱 살의 젊고 순결한 영혼의 시
인 윤동주를 앗아 갔지만 윤동주는 그 일제(日帝) 말 암흑기에 찬란
하게 빛나는 문화유산을 남긴 마지막 한 사람의 시인으로 기억되고
있다. 반대의 주장도 있지만, 그를 민족시인이라고 부르는 까닭은
그처럼 슬프고 아름다운 시인의 삶과 죽음이 일제하 민족의 수난과
비극을 상징하고, 그의 시는 민족의 아픈 상처와 한을 대변하며, 지
난 50년간 그리고 앞으로 영원히 민족적인 애송시로 세월의 벽을
넘어 언제나 겨레의 가슴속 깊이 살아 맥박 치리라고 오늘 이 땅에
사는 대부분의 사람들이 믿기 때문이라고 생각된다."[44]

윤동주의 생애와 죽음의 의미

　　이제 윤동주에 대한 이야기를 마치면서 그의 생애와 죽음이 갖는
의미를 정리해 보고자 한다. 먼저 그가 태어난 북간도에 대해 생각해
보자. 지금의 중국 조선족 자치구에 해당하는 북간도는 러시아 땅인
연해주와 더불어 한반도 땅을 벗어난 변방이다. 1860년대 이후 그곳

---

43 오무라 마쓰오, "나는 왜 윤동주의 고향을 찾았는가," 511-512.
44 권영민, "일제 암흑기의 찬란한 빛-그를 불러 민족시인이라고 하는 까닭을 윤동주의 삶과 문학을
　　간추려 살펴본다," 『하늘과 바람과 별과 시』, 214-222.

으로 이주한 사람들은 이유야 어떻든 앞으로 있을 한민족 디아스포라 시대를 처음으로 열었던 사람들이다.

또한 그가 태어난 북간도 땅은 참으로 아름다운 곳이다. 필자가 전에 노르웨이 베르겐에 있는 음악가 그리그(E. Grieg, 1843~1907)의 생가를 방문한 적이 있었다. 그때 필자는 〈솔베이지의 노래〉와 같은 그리그의 아름다운 음악이 눈부시도록 아름다운 자연환경에서 나왔다는 것을 실감한 적이 있다.

마찬가지로 윤동주의 그토록 아름다운 시어는 바로 그가 태어나고 자란 북간도의 아름다운 풍광에서 나왔다. 낮에는 그림 같은 농촌 풍경이 산에 둘러싸여 펼쳐져 있고, 밤에는 금방이라도 쏟아져 내릴 것 같은 수많은 별이 하늘을 총총히 채우고 있는 그런 곳이다. 순수한 동심의 세계를 평생 잃지 않고 죽는 날까지 간직한 순결한 혼의 시인이요 별의 시인 윤동주는 그렇게 탄생한 것이다.

게다가 태어나서 죽을 때까지 동주는 기독교 세계관 속에서 살다가 죽었다. 북간도로 이주할 때 유학을 섬기던 집안들이 모두 기독교로 개종한 것은 놀라운 하나님의 섭리가 아닐 수 없다. 그런 속에서 태어나고 자란 동주는 20년대 이후 공산주의 사상의 높은 파고 속에서도 일체 흔들림이 없었고, 동양 종교에도 전혀 물들지 않았다.

동주의 정신세계는 철저히 크리스천 멘탈리티로 무장된 생애였다. 이것이 중요한 것은 그는 단지 아름다운 서정시인만이 아니라 예수 그리스도의 사랑과 정의와 평화의 사도라는 사실이다. 일생을 그리스도를 본받아 살았던 동주는 그의 생애 전체가 그야말로 하나님의 크신 섭리 안에 있는 생애라고 할 수 있다. 그가 쓴 시 전체가 그렇고, 그의 죽음 또한 하나님의 섭리적 관점에서만이 그 진정한

값어치가 매겨진다고 할 수 있다.

사람의 죽음의 값이 다 같지 않다. 한 터럭도 안 되는 가벼운 죽음이 있는가 하면, 태산보다 무거운 역사에 영원히 기억될 위대한 죽음도 있다. 동주와 몽규는 해방을 불과 6개월도 남기지 않고 비인간적인 생체실험의 도구로 그렇게 무기력하고 허망하게 죽어갔다. 그런 죽음에 무슨 깊은 뜻이 있겠느냐고 말할 사람도 있겠지만 거기에는 역사를 섭리하시는 하나님의 놀라운 비밀이 숨겨 있다고 필자는 확신한다.

사람은 언제, 어디서, 어떻게 죽느냐에 따라 그 죽음의 값이 전혀 다르다. 예수는 반드시 유월절에, 반드시 예루살렘에서 그리고 반드시 십자가 처형으로 죽어야 했다. 샬롬을 이루기 위해 유월절 어린 양처럼 힘없이, 샬롬의 도시인 예루살렘에서, 샬롬의 상징인 다윗의 별을 성취하기 위해 반드시 십자가 처형을 당하셔야 했고, 그 죽음의 값은 우리가 다 아는 바다.

동주와 몽규의 죽음도 예사로운 죽음이 아니다. 근대화의 결국인 군국주의가 끝나는 1945년에 남의 나라 땅 적국 일본에서 생체실험의 도구로 그렇게 무기력하고 허망하게 죽어간 그들의 죽음은, 예수의 죽음이나 제2이사야의 고난받는 야웨의 종의 죽음과 비견되는 샬롬을 위한 값지고 고귀한 죽음이었다.

동주는 민족의 독립과 세계 평화를 위해 십자가를 지고 죽음의 길로 갔던 것이다. 그러기에 그가 짊어진 십자가는 거룩한 제사장의 나라로서 우리 민족이 짊어져야 할 십자가 그것이었고, 그의 죽음은 민족의 독립과 세계 평화를 위해 번제단에 바쳐진 어린 양의 속죄적 죽음 그것이었다. 요시다 쇼인의 삶과 죽음 전체가 한 편의 시였다면, 윤동주의 삶과 죽음 전체도 또한 그러했다. 아니 그것과는 비교가 되지 않는 격조 높은 시라고 말할 수 있다.

변절과 타락을 강요받던 그 시절, 시인은 많았지만 시인 윤동주는 달랐다. 이 나라 백성은 많았지만, 그는 그 누구와도 다른 삶을 살았다. 그리스도인은 많았지만, 그는 거룩과 순결에 있어서 뭔가 남달랐다. 그는 칠흑같이 어두운 밤하늘에 별처럼 빛났던 존재였다. 최근에『십자가의 역사학』이라는 책을 쓴 구미정은 윤동주의 시 〈십자가〉를 떠올리며 이렇게 말했다.

"오늘날 한국교회에 희망이 있는가? 어쩌다가 사회가 교회에 절망한 나머지 교회를 걱정하는 지경까지 왔을까? 길게 말할 필요가 없다. 한국교회가, 그 교회의 구성원들이 예수 그리스도 '처럼' 살지 않기 때문이다. 교회는 큰 데 예수는 작다. 교인은 많은데, 그리스도인은 적다. 다들 고난의 십자가를 지는 대신에 영광의 면류관만 쓰려고 안달이다. … 이런 맥락에서 '십자가의 역사학'이란 십자가에 내포된 고난의 '관점'에 비추어 이 땅의 역사, 그중에서도 기독교의 역사를 읽어보려는 시도라 하겠다.[45]

이 장을 마치면서

윤동주! 그는 일본에 유학 가서 별로 한 것이 없이 그냥 죽었다. 그런데 그는 그냥 죽은 것이 아니다. 크리스천으로서 일본에서 순교한 것이다. 그곳에 가서 순교하도록 하나님이 그를 일본으로 앞서 보낸 것이다. 그는 일본 선교를 위해 한 알의 희생의 씨앗이 된 사람이다. 마치 김대건이 신부가 되어 조선에 들어와 별로 한 것이 없이

---

45 구미정,『십자가의 역사학』, 9.

그냥 순교한 것처럼 말이다.

필자가 2016년 4월 15일, 윤동주 생가를 방문하고 돌아와 '내 영혼의 알료샤 윤동주 詩人'을 떠올리며 〈내 삶의 전부〉라는 글 하나를 썼다.

내 삶의 전부가
시가 되고
노래가 되고
기도가 된다면
나의 고난도 헛되지 않으리.

내 삶의 전부가
꿈이 되고
빛이 되고
길이 된다면
나의 방황도 헛되지 않으리.

내 삶의 전부가
사랑이 되고
정의가 되고
평화가 된다면
나의 죽음도 헛되지 않으리.

제3장
민본주의 국민교사
후쿠자와 유키치(福澤諭吉)

<단가 3>

내 인생에 처음과 마지막에 쓰는 이름 ─ 예수 그리스도

내 인생에 처음과 마지막에 부를 노래 ─ 그리스도 예수

이 장을 시작하며

'후쿠자와 유키지'(福澤諭吉)는 봉건적 지배관계에 있던 일본이 서양의 개국 압력을 받고 근대적 개국을 하여 메이지(明治)유신을 수행하며 청일전쟁을 이루는 시기까지 일본이 근대국가로 발돋움하는 격변기를 살았던 인물이다. 그 과정에서 형성된 그의 근대사상은 일본 근대화에 결정적 영향을 주었으며, 그는 당시 일본 최고의 문명 개화사상가였다.[1]

---

1 이기용, 『한일근대사상사연구』, 155.

그는 도쿄에 있는 명문 사립대학인 '게이오 기주쿠'(慶應義塾, 속칭 게이오대학)의 설립자로 잘 알려진 인물이자 일본의 근대화와 교육에 큰 공헌을 한 사람이다. 오늘날 일본의 1만엔 권 지폐에 그의 초상화가 실려 있을 정도니까 그가 일본에서 얼마나 많은 사람으로부터 존경받고 있는지를 짐작할 수 있다.

『'문명론의 개략'을 읽는다』를 쓴 '마루야마 마사오'(丸山眞男)는 후쿠자와 선생에 대해 '일본의 볼테르', '메이지 전반기 지도적인 사상가, 저널리스트 겸 교육가', '무위무관(無位無官)의 재야사학자'라고 말한 바 있다.[2] 그런데 아이러니한 것은 그에 대한 최고의 찬사는 조선인에게서 나왔다. 평소 자신을 '조선의 후쿠자와'라고 자부했던 춘원(春園) 이광수(1892~1950)는 "하늘이 일본을 축복하셔서 이러한 위인을 내리셨다"고까지 했다.[3]

그는 '아시아를 벗어나 유럽을 따르자'는 '탈아입구론'(脫亞入歐論)을 주장하여 제국주의와 일본 우익의 뿌리로 평가되는 인물이다. 또한 그는 중국과 조선을 서구 열강들이 대하는 방식으로 상대해야 한다고 주장했고, 무력에 의한 문호 개방과 통상을 정당화했으며, 더 나아가 식민지로 삼을 수도 있다는 그의 주장은 정한론(征韓論)과 맞물려 제국주의적 침략 사상의 토대가 되었다.

일본인의 입장에서 후쿠자와 유키치는 유럽 문명, 특히 자연과학과 독립심을 강조함으로써 근대 일본을 성공적으로 이끈 이념을 제공한 사람으로 평가되고 있다. 이런 평가는 그의 사상이 메이지 시대에 일어난 모든 근대화적 움직임을 하나로 결집하는 원동력이 되었

---

2 마루야마 마사오, 『'문명론의 개략'을 읽는다』, 790.
3 정일성, 『후쿠자와 유키치』, 5.

기 때문이다.4

메이지유신을 전후로 하여 많은 일본인이 서양을 여행했는데, 그의 세대에 서양 학문에 대한 해석자요 학생으로서 후쿠자와보다 자신의 과제를 진지하게 고려한 이는 없다. 외국인에 대한 공포와 분개로 끓고 있는 일본에서 일본이 해야 할 것이 무엇인지를 강하게 인지하면서 '문명화'와 '계몽'에 대한 열의를 불태웠다. 1860년 항해로부터 1901년 죽을 때까지 19세기 일본에서 그는 가장 유명한 현대주의자로 인식되었다. 그의 영향력은 메이지 시대의 삶의 모든 면에 침투해 있다.5

일본 근대화의 선각자인 쇼인 선생과 후쿠자와 선생은 하급 무사 출신이다. 쇼인 선생은 일본 근대화를 무(武)로써 이룩하고자 했고, 요절한 그를 이어서 그의 제자들이 무(武)로써 메이지유신을 성공시켰다. 그 반면에 후쿠자와 선생은 일본 근대화를 문(文)으로써 이룩하고자 한 것이 차이점이라 할까. 그들의 공통점은 그들의 혈관 속에 흐르는 무사 집안의 '사무라이 정신'이다. 우리는 이 점을 한시도 놓쳐서는 안 된다.

후쿠자와 문하에서 공부한 조선 개항의 선각자 이동인 선사는 조선 개화파 인사들을 그에게 연결시키기도 했다. 이동인 선사가 서울에 있는 박영효에게 보낸 책 중에는 후쿠자와의 3부작인『서양사정』,『학문의 권장』,『문명론의 개략』등이 포함돼 있었다. 개화파 인사들은 이를 돌려가며 탐독했다.

1883년 김옥균의 주선으로 약 60명의 유학생 그리고 1894년에

---

4 양은경,『일본사를 움직인 100인』, 410-411.

5 M. B. Jansen, *The Making of Modern Japan*, 321-322.

는 조선 정부 위탁 유학생으로 약 200명이 게이오의숙에서 교육을 받았다. 더욱 중요한 것은 후쿠자와의 저술을 조선 개화파들이 필독서로 삼았다는 사실이다.6 1870년대 이후 조선의 개화파에 지대한 영향을 미친 후쿠자와 유키치! 도대체 그는 누구인가?

후쿠자와의 출생과 성장

후쿠자와의 생애를 크게 세 시기로 나누면 첫 시기는 1860년 이전의 초기 생애, 두 번째 시기는 1860~84년까지, 즉 해외 견문과 집필 및 갑신정변까지의 시기, 세 번째 시기는 1885~1901년까지, 즉 갑신정변 실패 이후의 탈아론(脫亞論) 주장 및 저널리스트로서의 만년의 활동으로 나눌 수 있다.

하나님은 1835년 1월 10일(음력 1834년 12월 12일), 후쿠자와를 오사카(大板) 도지마(堂島)에 있던 나카쓰번(中津藩)의 구라야시키(藏屋敷)에 보내셨다. 그러니까 하나님은 일본 근대화를 위해 요시다 쇼인을 보내시고, 5년 후에 또 한 사람 후쿠자와를 보낸 것이다. 그때 그의 아버지 '후쿠자와 하쿠스케'(福澤百助)는 43세, 어머니 오쥰(於順)은 31세로, 그는 2남 3녀 중 막내로 오사카에서 태어났다.

아버지 하쿠스케의 고향은 나카쓰(中津)인데, 규슈(九州)의 북동쪽 해변가에 위치한 이곳은 막부 시절 조슈번과 더불어 사무라이가 강한 사쓰마번에 속하는 지역(지금의 오이타현과 후쿠오카현의 일부)이다. 요시다 쇼인의 고향 야마구치현의 하기와는 그리 멀지 않은 지역이다.

---

6 강준만, 『한국근대사산책 1』, 213-214.

하쿠스케는 나카쓰번의 가신(家臣)이었는데, 가신이라고 하지만 계급이 극히 낮은 하급 무사에 불과했다. 아시가루(足輕, 평소에는 농사나 잡역을 하다가 전쟁 때에만 무사 역할을 하는 최하위 무사)였던 요시다 쇼인보다는 다소 높지만, 사족(士族) 중의 하급 출신이었다.

하쿠스케는 나카쓰번의 오사카 도지마(堂島)에 있던 구라야시키(藏屋敷) 관리인으로 파견되어 근무하였다. '구라야시키'란 에도(江戶) 시대 일본의 전국 다이묘(大名)들이 자기 고장에서 생산된 쌀이나 특산물을 팔기 위해 설치한 창고 겸 거래소를 말한다. 구라야시키는 주로 에도와 오사카에 몰려 있었다. 에도 시대 오사카는 '천하의 부엌'으로 불릴 만큼 일본의 경제활동의 중심지였다. 그 가운데서도 도지마는 지금도 상도(商都) 오사카의 심장부였다.

하쿠스케는 어릴 때부터 중국의 철학, 역사, 문학 등을 좋아하여 스스로 학문을 계속하고 싶어 했으나 집안이 가난하여 뜻을 이루지 못했다. 그래서 구라야시키 일은 그에게 아주 고통스러운 짐이었다. 후쿠자와는 자서전에서 "아버지는 번의 어려운 재정을 꾸려 가기 위해 상인들에게 머리를 숙이고 비위를 맞추지 않으면 안 되어 굴욕감을 느꼈다"고 적고 있다. 이러한 아버지의 쓰라린 경험이 유키치의 장래에 커다란 영향을 미쳤다고 볼 수 있다.7

유키치에게 비극은 생후 1년 6개월 때에 찾아왔다. 아버지가 45세의 젊은 나이로 갑자기 세상을 뜬 것이다. 뒤에 남은 사람은 어머니와 어린 자식 다섯이었다. 겨우 11살인 형 산노스케(三之助)가 큰아들로 후쿠자와 가문을 이어받았고 더 이상 오사카에 머물 수 없어 고향 나카쓰로 돌아와야 했다. 나카쓰는 현재 오이타(大分)현의 북

---

7 정일성, 『후쿠자와 유키치』, 243-244.

쪽 끝에 있는 상업도시다.

하급 사람은 상급 사람에게 최상의 존칭을 써야 했고 상인과 농사꾼 사이도 달랐다. 더욱이 오사카의 생활 습관과 언어에 익숙한 가족 기풍은 좀처럼 나카쓰 생활환경에 적응이 어려웠다. 더욱이 에도 시대에는 신분제도가 엄격하여 어린이들 사이에 교제조차도 상하 귀천의 차별이 심했다. 일본 학자들은 유키치의 저항정신과 합리적인 사고방식은 이러한 유교적인 문벌제도의 폐해에서 나왔다고 분석하기도 한다.[8]

후쿠자와의 유교 비판

후쿠자와는 무엇보다도 유교(儒敎)를 싫어했다. 유교 비판에 생애를 바쳤다고 해도 지나친 말이 아닐 정도였다.[9] 후쿠자와가 유교를 비판의 도마 위에 올린 데에는 유교가 문명 발전을 저해하는 사상이라고 믿었기 때문이었다. 모든 문제 가운데서도 유교가 갖고 있는 '봉건적 문벌제도'를 철폐 대상의 제1순위로 꼽을 만큼 유교 제도 자체를 못마땅하게 생각했다.

무사(武士)가 일본 사회를 지배하는 봉건시대 문벌제도는 하급 무사 출신인 후쿠자와에게는 실로 가혹한 형벌이나 다름없었다. 태어날 때부터 신분이 상하로 구분되고 신분 간에 통혼이 금지되었으

---

8 위의 책, 245.

9 조선왕조 창건의 주역인 삼봉(三峯) 정도전(鄭道傳)은 이방원에게 살해당하기 석 달 전인 1398년 5월경에 그의 생애 마지막 저술인 『불씨잡변』(佛氏雜辨)을 출간했다. 이 책은 불교의 폐해를 다룬 불교 비판서인데, 이는 조선왕조의 숭유억불(崇儒抑佛) 정책을 잘 대변해주는 책이다. 김용옥, 『삼봉 정도전의 건국철학』, 49-52.

며, 말씨도 하급자는 상급자에게 존댓말을 써야 했다. 그뿐만이 아니라 번(藩) 밖으로 출입이 엄격히 통제되었고, 학문을 연구할 수 있는 자유마저도 허용되지 않았다.[10] 우리나라 조선시대의 '반상의 차별'과 똑같은 모습이었다.

그의 자서전을 보면 그가 자란 나카쓰 오쿠다이라번(中津奧平藩)은 이 제도가 더욱 엄격했다. 그는 "심지어 어린이의 교제에 이르기까지 상하 귀천을 구분하고 있고 어린이들의 놀이에도 문벌이 붙어다녀 하급 무사 출신들은 사족(士族) 자녀들에게 꼬박꼬박 존댓말을 써야 했다"고 말하고 있다.[11]

그의 봉건적 문벌제도 비판은 곧 유교 비판으로 나타났고, 유교가 일본 사회의 진보를 가로막는 원흉으로 보고 직격탄을 가했다. "봉건 문벌제도는 우리의 적이다. 이를 파괴하지 않으면 우리에게 발전은 있을 수 없다"는 그의 말에는 비장감마저 감돌 정도였다. 그는 조선이 청나라의 종주권을 인정하고, 그 지배에 복종하고 있는 현실도 유교에 원인이 있다고 판단했다. 봉건적 체제와 이데올로기 측면에서 이를 뒷받침하는 유교가 아시아 특히 중국과 조선을 발전 없는 사회로 전락시킨 원흉이라고 인식했다. 따라서 그의 주장에서 우리는 '일본의 문명화=서양화=반(反)유교'의 등식을 엿볼 수 있다.[12]

그런데 이 같은 그의 유교 비판은 유교에 대한 그의 풍부한 지식을 바탕으로 하고 있다. 그가 최초로 교육받은 학문은 한학(漢學)이

10 정일성, 『후쿠자와 유키치』, 46-47.
11 후쿠자와 유키치, 『후쿠자와 유키치 자서전』, 40.
12 정일성, 『후쿠자와 유키치』, 48-51.

었다. 그는 14세 때 나카쓰에 있는 시라이시(白石照山)의 사숙(私塾)에서 한학을 배우기 시작했다. 후쿠자와는 그의 선생 시라이시에게 많은 영향을 받았다. 그가 한학에 비범한 재주를 보였다는 평을 보면 머리가 보통이 아니었음을 알 수 있다. 한학에 대한 그의 교양이 보통이 아니었음을 그의 자서전을 통해 들어보자.

> 한서(漢書)는 시라이시(白石)라는 선생에게서 가장 많이 배웠다. 그분 밑에서 4~5년가량 한서를 배우자 의미를 이해하는 데는 아무 어려움이 없었으며 의외로 빨리 한문에 숙달되었다. 시라이시주쿠에서는 『서경』을 중심으로 『논어』, 『맹자』는 물론, 모든 경의(經義)의 연구에 열심이었다. 특히 시라이시 선생은 『시경』과 『서경』을 좋아했는지 그 두 책을 열심히 강의했고 자주 읽었다. 또 『몽구』(蒙求), 『세설신어』(世說新語), 『좌전』(左傳), 『전국책』(戰國策), 『노자』(老子), 『장자』(莊子) 등에 관해서도 자주 강의를 들었으며, 그 뒤로는 나 혼자서 공부했다. 역사서로는 『사기』(史記)를 비롯하여 『한서』(漢書), 『후한서』(後漢書), 『진서』(晉書), 『오대사』(五代史), 『원명사략』(元明史略) 등을 읽었는데, 특히 『좌전』에 자신이 있었다. 대부분의 서생들은 『좌전』 열다섯 권 중 서너 권째에서 포기했지만 나는 전부 다 읽었다. 아마도 열한 번은 읽었을 것이다. 재미있는 부분은 암기도 했다. 그리하여 일단 초보 수준은 되었다.[13]

그런데 후쿠자와의 유교 비판은 메이지 14~15년(1881~82) 이후의 수년 동안과 메이지 30년(1897년) 전후에 집중되어 있다. 앞의

---

13 후쿠자와 유키치, 『후쿠자와 유키치 자서전』, 30.

시기는 탈아론 발표와 거의 일치한다. 그에게 탈아(脫亞)라는 말은 '아시아 침략'이라는 의미를 제외하면 유교 내지, 유교주의로부터의 탈출이자 양학=서양 문명에 의한 근대화이기도 했다. 거기에는 아시아를 탈피하지 않으면 서양 열강의 침략을 받을 수밖에 없다는 위기감이 배어 있다.14

난학(蘭學) 및 영학(英學) 공부

이 시절 후쿠자와가 크게 영향을 받은 또 다른 하나는 나카쓰에 성행하고 있던 네덜란드 학문인 난학(蘭學)이었다. 이는 후쿠자와가 유교주의를 탈피하고 세상을 넓게 보게 된 촉매제이기도 했다. 나카쓰번은 양학(洋學)에 관한 한 일본에서 첫 번째로 개명된 번이었다. 유키치는 나카쓰 학풍을 이어받으며 이곳에서 한 살 반부터 열여덟 살까지 약 17년간을 살았다.

'유교(儒敎)가 아버지의 적'이라고 생각한 후쿠자와는 유교 봉건 제도가 짓누르고 있던 나카쓰(中津)를 벗어나는 것이 소망이었다. 1854년 2월, 후쿠자와는 나가사키로 유학을 떠날 때 봉건적 문벌제 도와 유교가 지배하는 나카쓰번에 "침을 뱉고 출발했다"고 자서전에 밝히고 있다. 이는 그가 얼마나 나카쓰를 떠나고 싶어 했는가를 잘 말해 주고 있다.

그런데 그가 고향을 떠날 수 있었던 것은 역사가 가져다준 선물이 다. 미국 페리 함대의 일본 출현이 직접적인 계기가 되었다. 페리는 미국의 동인도 함대사령관으로 네 척의 군함을 이끌고 1853년 6월

---

14 정일성, 『후쿠자와 유키치』, 52.

에도 앞바다 우라가(浦賀)항에 들어왔다. 난생처음으로 증기선을 본 일본인들은 그저 놀랄 뿐이었다. 이때 외국을 알지 않으면 안 된다는 사회적 분위기는 후쿠자와가 살고 있던 나카쓰번에도 흐르고 있었다.

특히 페리 함대가 탑재하고 있는 대포에 대한 관심은 대단했다. 외적의 침입을 막기 위해서는 무엇보다 서양식 포술(砲術)에 대한 이해가 필요한데 이를 위해서는 외국 원서를 읽을 수 있는 독해력이 선결 과제였다. 당시 일본에 알려진 서양어는 네덜란드어(난학)가 유일했다. 이를 배울 수 있는 곳은 외국에 열려 있는 '단 하나의 창'인 나가사키뿐이었다.

페리 함대 내항의 충격이 있었던 1854년 2월, 20세의 후쿠자와는 형 산노스케(三之助)의 권유로 나가사키(長崎)로 유학을 떠났다. 유키치는 나가사키에 있던 포술가 야마모토 모노지로(山本物次郎)의 문하생이 되었다. 그러나 유키치는 원래 포술보다는 외국어를 배우는 게 소망이었다.

그래서 그는 네덜란드어 통역사인 나라바야시(楢林) 집으로 다니며 네덜란드어를 배우기 시작했다. 그곳에서 더 이상 머물 수 없는 일이 생기자 그는 에도로 가기로 결심하고 나가사키를 떠나 형이 있는 오사카로 찾아갔다. 형은 동생의 장래를 위해 훌륭한 선생을 소개해 주었다.

형으로부터 소개받은 '오가타 고안'(緒方洪庵)은 일본 전국에 이름이 널리 알려진 난방(蘭方) 의사였다. 오가타는 오사카에 '데키주쿠'(適塾)라는 난학숙(蘭學塾)을 열었다. 이 데키주쿠는 많은 영재를 배출한 곳으로 일본 교육사에서 불멸의 빛을 발한 학교였다. 후쿠자와는 1855년 3월 9일, 21세 때 328번째로 이 학교에 입학하여 정식으로 난학을 체계 있게 배우게 되었다.

그러나 새해가 되자 그에게 뜻하지 않은 불행이 찾아왔다. 형이 류마티스에 걸려 고생하고 있었고, 유키치는 장티푸스로 사경을 헤매다가 다행히 죽음을 면했으나 더 이상 공부를 계속할 수가 없는 상태에 이르자 1856년 5월, 2년 만에 다시 고향으로 돌아갔다. 건강이 회복되자 다시 그해 8월 데키주쿠로 돌아가 열심히 난학 공부에 전력을 다했다.[15]

후쿠자와의 난학 실력은 과학 서적뿐 아니라 의학서적도 일본어로 옮길 수 있을 정도가 되었다. 그런 그에게 1858년 어느 날 행운의 여신이 날아들었다. 에도에 있던 나카쓰번의 집무실로부터 그를 부르는 초대장이 데키주쿠로 배달된 것이다. 이 해는 미일통상조약이 체결된 해였다. 이로 인해 에도와 오사카는 물론 요코하마. 나가사키, 효고도 차례로 외국인에게 문호를 열어야만 했다. 이때 막부는 네덜란드, 러시아, 영국, 프랑스 등과도 조약을 체결했다.

국제 정세가 급변하는 가운데 에도의 나카쓰번에서는 이왕이면 나카쓰번 사람을 난학 교사로 쓰고 싶어 했고, 그래서 오사카에 있는 후쿠자와를 불러들인 것이다. 그는 1858년 10월 하순 에도에 부임했다. 나카쓰번 에도 집무실은 후쿠자와를 데포즈(鐵砲洲)에 위치한 나카쓰번 소유의 연립주택으로 안내했고, 여기서 후쿠자와는 자취 생활을 하면서 난학숙(蘭學塾)을 열었다. 그리고 여기서 찾아오는 학생들에게 네덜란드어를 가르쳤다.[16]

그런데 이듬해 요코하마가 개방되어 구경나갔다가 후쿠자와 일

15 정일성, 『후쿠자와 유키치』, 249-261.
16 위의 책, 262-263.

생을 바꾼 일이 발생했다. 그는 상대방이 하는 말을 알아들을 수도 없고, 가게의 간판도 읽을 수 없거니와 벽에 붙은 쪽지도 읽을 수 없다는 사실에 충격을 받았다. 지금까지 몇 년 동안 필사적으로 네덜란드어 서적으로 읽기를 공부했는데, 그것이 지금은 아무런 쓸모가 없다는 것을 깨달았다. 그는 요코하마로부터 돌아온 다음 날부터 영어 공부를 시작했다. 양학자로서 영어의 필요성을 절감하고 그는 난학 주쿠를 영학(英學) 주쿠로 바꾸는 한편 영어를 배우는 일에 몰두했다.[17]

해외 경험과 결혼

후쿠자와는 1860년부터 7년 동안 미국을 두 번, 유럽을 한 번 등 세 차례에 걸쳐 해외여행을 했다. 그가 사상가, 저술가로서 출발하게 된 계기가 바로 그때 구입했던 서적을 불씨로 하고 있다. 1860년은 후쿠자와 인생에 새로운 전기를 맞이하는 해다. 미일수호조약을 체결한 막부는 조약서 교환을 위해 사절단을 파견하기로 했다.

후쿠자와는 자격이 안 되는 사람이었지만 지인에게 부탁하여 일본 군함 칸닌마루(咸臨丸)의 사령관인 키무라의 수행원으로 미국을 가는 행운을 얻었다. 첫 해외여행으로 6개월 동안의 도미(渡美)는 그의 일생을 좌우하는 결정적 사건이 되었다.[18]

후쿠자와는 27세가 되던 1861년, 같은 나카쓰번 번사(藩士)인 도키 다로하치(土岐太郎八)의 차녀인 16세의 긴(錦)과 결혼하여 시바

---

17 위의 책, 264-267.
18 후쿠자와 유키치, 『후쿠자와 유키치 자서전』, 129-132.

(芝)의 신센자(新錢座)에 신방을 차렸다. 연봉 13석(石)의 하급 무사인 후쿠자와가 연봉 300석의 상급 무사 딸과 결혼하게 되었다. 이것이 가능했던 것은 후쿠자와가 당시 막부에 고용되어 있었기에 번내의 신분 이상으로 대우받아 결혼이 성사되었던 것이다. 이로 인해 그는 상류사회로 들어가는 문이 활짝 열렸다. 이들 부부는 금실이 좋아 슬하에 4남 5녀를 두었다.[19]

후쿠자와는 1862년에 두 번째 해외여행을 하게 되었는데, 막부에 고용되어 관리의 자격으로 1년 동안 유럽 각국을 다녀왔다. 그는 군함을 타고 홍콩, 싱가포르를 거쳐 홍해로 들어가 수에즈 운하에 상륙해서는 기차를 타고 이집트 카이로에 도착했다.

거기서 다시 지중해를 거쳐 프랑스 마르세유로 가서 기차로 리용을 거쳐 파리에 도착했다. 그는 이 방문 중에 프랑스에서 42일, 영국에서 44일, 네덜란드에서 35일, 프러시아에서 20일, 포르투칼에서 20일, 러시아에서 46일을 머무르며 각국 정부와 각종 협상을 벌이는 가운데 국제 정세와 유럽의 문물에 눈을 떠갔다.[20] 그는 만 1년에서 10일이 모자란 1862년 12월 10일 귀국했다.

그리고 세 번째 해외여행으로 1867년 1월 하순에서 6월 하순까지 5개월 동안 다시 미국을 다녀왔다. 그는 임무를 마치고 돌아오면서 엄청난 양의 서적을 구입해 왔다. 사과 상자와 같은 큰 박스 열두개에 담을 수 있는 분량이었다. 후쿠자와가 지불한 책값만도 2,000냥(兩)이었고, 미화로는 1,665.9달러로 상당한 거금이었다.[21]

---

19 정일성, 『후쿠자와 유키치』, 274.
20 후쿠자와 유키치, 『학문을 권함』, 235.
21 정일성, 『후쿠자와 유키치』, 274-275.

세 차례의 해외여행을 통해 그는 동양에는 없고 서양에는 있는 두 가지, 즉 '자연과학과 독립심'이 큰 차이를 만들어 냈다는 결론에 도달했다. 그에게 있어서 자연과학은 합리성을 대표하는 것으로 이런 합리성이 개인과 국가의 독립을 가능하게 했다고 생각했다. 여기서 우리는 세 차례의 해외여행을 통해 후쿠자와가 과연 서양을 제대로 보고 알았는가를 묻지 않을 수 없다.22

그는 미국을 다녀온 후인 1868년, 그동안 운영하던 영어 학당을 '게이오의숙'(慶應義塾, 오늘날의 게이오대학)으로 개칭하여 본격적으로 인재를 양성하는 데 힘을 쏟았다. 유키치가 메이지 신정부로부터 출사하기를 요청받았으나 거절하고 교육과 저술에 전념한 것은 학문이 학자의 세계에 존재해야 하는데, 그동안 일본에서는 통치자의 학문으로 정부의 일부분으로 되어 왔다는 비판에서 나온 것이다.23

이때는 도쿠가와 막부가 막을 내리는 메이지유신 전야라 국내 정세는 긴박감 속에 진행되던 시기였다. 그런 속에서 그는 귀국 후 생도들을 가르치면서 집필에 매진했다. 그리하여 『서양사정』(西洋事情), 『학문의 권장』(學問のすすめ), 『문명론의 개략』(文明論之槪略) 등을 연이어 출간했다. 이들 책은 일본인들에게 서양에 대한 지식을 심어주는 데 크게 기여했다. 또한 저마다 내용은 다르지만 '문명'을

---

22 엔도 슈사쿠는 유학 시절(1950) '서양이란 무엇인가'라는 문제를 품었다. 그러면서 '일본과 서양과의 거리'를 이렇게 표현했다. "메이지 시대의 유학생들은 '서양을 알았다'라고 느끼면서 일본으로 돌아왔다. 왜냐하면 그들은 서양에서 무언가 쓸만한 것, 즉 문명만을 배우고, 쓸데없다고 여겼던 것은 버리고 왔기 때문이다. 그리고 일본 정부는 쓸모 있는 것을 배워 온 유학생들을 등용하였다. 그러나 우리 시대는 이미 그런 단계를 졸업한 시대였고, 따라서 일본에게 직접적으로는 도움이 되지 않은 것에 오히려 시선이 향하였기 때문에, 간단히 '알았다'라고 할 수는 없었다." 엔도 슈사쿠, 『침묵의 소리』, 86-88.

23 양은경, 『일본사를 움직인 100인』, 412.

공통분모로 하고 있다는 점이 특징이다. 일본인들은 이 세 권의 책을 일본 막말 유신기의 3대 명저(名著)로 꼽는다.

『서양사정』(西洋事情)

후쿠자와의 저작 활동은 크게 세 시기로 나눌 수 있다. 제1시기는 바쿠후(幕府)의 신하 후쿠자와에서 시작하는 '번역 시대'이다. 『서양 사정』을 비롯해 소수의 예외를 제외하고 외국 서적의 초역으로 이루어져 있다는 점이다.

제2기는 1872년부터 시작되는 본격적인 '저작 시대'이다. 『학문의 권장』은 제2기의 개시를 알리는 획기적인 저작이다. 그 전기가 된 것이 전년도에 폐번치현(廢藩置縣)의 변혁이다. 후쿠자와는 거기에서 국민적 통일과 국민적 독립을 과제로 하는 '내셔널리즘 혁명'의 발족을 보았던 것이다. 낡은 가치체계의 급격한 붕괴에 직면해 정신적으로 갈 곳을 잃은 국민에게 그 책이 마치 마른 땅이 물을 빨아들이듯 환영받았던 것도 그 까닭이다.

제3기는 엄밀하게 확정할 수는 없지만 대체로 1882년 「시사신보」 간행을 전후한 시기로, 후쿠자와가 한편으로는 '게이오 기주쿠'라는 대규모 사학의 경영자, 다른 한편으로는 일간신문의 경영자 및 집필자가 되어 공식적인 사회적 지위가 달라지기 시작한 시기이다.[24] 가장 먼저 나온 『서양사정』은 일본 제일의 계몽사상가로 우뚝 서게 된 출세의 발판이자 기초였다. 이 책은 초편 3권, 외편 3권, 2편 4권 등 전체 10편으로 되어 있다. 초편 3권은 그가 미국과 유럽 여행을

---

24 마루야마 마사오, 『'문명론의 개략'을 읽는다』, 771.

마치고 돌아온 지 4년만인 1866년에, 외편 3편은 메이지유신이 일어난 1868년에, 2편 4권은 1870년에 각각 출간되었다. 이 책은 서양 각국의 역사, 제도, 국내 정세, 서양 문명사회의 공통된 문물과 사회상, 인간의 모습 등을 소개한 책자로 쇄국 상태에서 벗어나기 시작한 당시의 일본인들에게 서양 세계 입문서로서 큰 역할을 하였다.

『학문의 권장』(學問のすすめ)

『서양사정』에 이어서 출간된 『학문의 권장』은 메이지 초기의 가장 유명한 국민 계몽서로서 실로 폭발적인 인기를 끌었다. 1872년 2월, 첫선을 보인 초편은 하루아침에 무려 20만 부가 팔려 나갔다. 이 책은 기본적으로 지금의 고등학생과 대학생을 염두에 두고 쓴 아주 평이한 책인데, 독자들의 폭발적인 반응이 있자 1876년까지 5년 동안 모두 17편으로 이어졌다.

『학문의 권장』이 이처럼 일본 국민의 눈을 사로잡을 수 있었던 까닭은 한마디로 일본의 낡은 제도와 사상을 청산하자는 내용을 담았기 때문이다. 엄격한 신분제도와 쇄국 사상이 일본 열도를 짓누르고 있던 당시 상황에서 이를 타파하자는 주장은 상상할 수 없을 정도로 파격이었다고 말할 수 있다.[25] 특히 미국의 독립선언문에서 인용한 초편 서두의 인간 평등 선언인 "하늘은 사람 위에 사람을 만들지 않고, 사람 밑에 사람을 만들지 않았다"[26]는 말은 너무나도 유명한 말이 되었다.

---

25 정일성, 『후쿠자와 유키치』, 299-300.
26 후쿠자와 유키치, 『학문을 권함』, 19.

그가 이 책에서 권유한 학문은 물론 종래의 한학이 아니라 서양학이었다. 후쿠자와는 이를 '실학'(實學)이라고 규정했다. 이는 '허학'(虛學)에 반대되는 개념으로 후쿠자와가 『학문의 권장』에서 처음 사용하여 일본에 유행하게 되었다. 스스로는 한학에 대한 소양도 대단했지만, 그는 한학을 허학으로 규정하고 특히 한시문(漢詩文)을 싫어하여 과격한 말로 유자(儒者)와 유교를 비판했다.[27]

후쿠자와 하면 '독립자존'(獨立自存)이라는 네 글자가 떠오른 정도로 그는 독립을 강조했다. '독립'이야말로 후쿠자와가 다른 어떤 덕목보다 더 높이 내세웠던 기치였다. 그는 일신(一身)의 독립이 일국(一國)의 독립의 기초라고 하였다.[28] 그리고 한 나라의 독립을 위해 세계 각국과 교류를 두텁게 하되 독립을 저해하는 외국의 가해 행위에 대해서는 나라의 총력을 모아 싸워야만 한다고 주장했다. 따라서 그의 주장에는 민족주의의 색채가 진하게 배어 있다. 또 한 가지 주목할 사실은 그가 청나라를 통렬하게 비판하고 있다는 사실이다. 일본 학자들은 "이것이 바로 나중에 '탈아론'의 복선이 되었다"고 지적하기도 한다.[29]

『문명론의 개략』(文明論之概略)

후쿠자와의 대표작인 『문명론의 개략』은 일본 정부가 조선 침략을 본격화한 1875년에 출간된 책이다. 이 책은 '탈아론의 원전(原典)'

---

27 정일성, 『후쿠자와 유키치』, 301-302.

28 가노 마사나오, 『근대 일본사상 길잡이』, 52.

29 정일성, 『후쿠자와 유키치』, 300-301.

이자 조선과 중국 멸시의 근원이 되는 책이다. 후쿠자와는『학문의 권장』이 크게 성공한 데 자신감을 얻어 당시 한학으로 무장된 이른 바 식자층을 일깨우기 위해 이 책을 썼다고 한다.

마루야마 마사오는 이 책을 두고 이렇게 말했다. "후쿠자와에 대해 아주 신랄한 평가를 내리는 사람도 1875년에 출간된 그 책이 후쿠자와의 최고 걸작 가운데 하나이며, 또 후쿠자와의 정신적 기력과 사색력이 가장 충실했던 시기의 산물이라는 점은 인정하고 있다. 나 개인에 대해서 말하는 것이 허용된다면, 나는 제2차 세계대전 이전부터 이 책을 이루 헤아릴 수 없을 정도로 반복해서 애독했으며, 또 근대 일본의 정치와 사회를 고찰하는 데 이 책만큼 정신적인 양식이 되어 준 일본인에 의한 저작은 없었다는 점을 말해두고 싶다."[30]

후쿠자와는 마지막 장인 제10장에서 "자국의 독립을 논함"이라는 주제로 자국의 독립이 이 책의 근본적인 주제이며 모든 것이 거기에 수렴된다는 것을 말하고자 했다. "서양 문명을 받아들여 일본의 독립을 보호해야 한다"는 한 가지로 귀결되고 있다. 그는 "독립을 지키는 법은 문명을 추구하는 것밖에 없다"며 "오늘날 일본인의 문명을 이끄는 까닭은 독립을 지키기 위한 것일 뿐"이라고 결론짓고 있다. 여기서 우리는 보편적 문명론을 일관하지 못하고, 국가의 범주를 벗어나지 못한 한계를 보였는데, 그것은 그의 강한 '민족주의'(nationalism)에 기인한다고 볼 수 있다.[31]

이 책은 훗날 일본을 제국 침략주의로 내몰게 한 나침판이자 탈아론의 원전이라는 점에서 주목할 필요가 있는 책이다. 이 책은 일본이

---

30 마루야마 마사오,『문명론의 개략』을 읽는다』, 7.
31 이기용,『한일근대사상사연구』, 161-162.

서양의 충격을 이겨내고 서양 문명을 받아들여 아시아를 지배한 군국주의, 제국주의 국가를 이룩하기까지 일본인의 사상 무장과 행동 요령을 안내하는 지침서라는 점에서 특히 주목할 필요가 있다. 『문명론의 개략』을 우리말로 옮긴 정명환은 이러한 문명론은 곧 국가주의, 제국주의와 직결된다며 이렇게 말했다.

"후쿠자와가 말한 독립이란 서양 열강의 강점(强占)에 따라 식민지로 전락한 아시아·아프리카 여러 나라의 운명에서 벗어나 스스로 열강의 대열에 끼어드는 것을 의미한다. 말을 바꾸면 약육강식의 제국주의가 지배하는 세계에서는 약자가 되느냐 강자가 되느냐는 양자택일의 길밖에 없는데, 후쿠자와는 후자를 과감히 선택한 것이다. (…) 문명론의 제국주의적 편향이 드디어 결실을 보게 된 것이 청일전쟁에서의 일본의 승리였다. 후쿠자와는 그 승전보에 접하자 지금 죽어도 여한이 없다고 하면서 크게 기뻐했고 그 후 한일합방으로 향해가는 일본의 더 노골적인 책동에도 매우 동조적이었다."[32]

일본을 제국주의로 내몰아 결국 패전이라는 쓰라린 고통을 맛보게 한 '군국(軍國) 침략'의 원전인 『문명론의 개략』은 『서양사정』이나 『학문의 권장』처럼 당시 일본인들에게 사랑을 받았고, 특히 정한론(征韓論)자였던 사이고 다카모리에게 깊은 영향을 주어 가고시마 지역 학생들에게 『학문의 권장』과 함께 읽기를 적극 권했다고 한다.[33]

한편, 원래 인간의 평등과 자유를 중시하는 민권론자(民權論者)였던 후쿠자와는 나이가 들어가면서 철저한 국가주의자로 변신해 갔

---

32 정명환, "문명과 국가주의: 후쿠자와 유키치의 '문명론의 개략'," 38.
33 정일성, 『후쿠자와 유키치』, 313-314.

다. 1881년 출간된 『시사소언』(時事小言)에서 민권보다 국권을 중시하는 주장을 더욱 명확히 폈다. 임오군란(壬午軍亂)이 일어나던 해인 1882년 3월 1일, 「시사신보」(時事新報)를 창간했다. 그가 신문 발간을 생각하게 된 것은 메이지 정부로부터 정부 신문 발간을 의뢰받고부터다. 이 신문을 통해 후쿠자와는 일생의 꿈을 실현했다고 해도 과언이 아니다.

「시사신보」를 창간하면서 국권 확립을 위해 온 힘을 쏟았다. 그는 「시사신보」 창간사에서 "필생의 목적은 오로지 국권(國權)의 한 가지에 있다"고 말하고 대외 강경론으로 재무장, 아시아 지배를 위한 제국주의 이론을 합리화하기 시작했다. 후쿠자와의 계몽, 저술 활동의 궁극적 목표는 국민 일반을 어떻게 해서라도 문명개화의 문으로 밀어 넣어, 일본을 서구 열강에 견줄만한 병력이 막강하고 장사를 잘하는 제국주의 대국으로 만드는 데 본뜻이 있었다.34

『후쿠자와 유키치 자서전』

후쿠자와의 또 하나의 명저인 『후쿠자와 유키치 자서전』(福翁自傳)은 그가 죽음을 4년 앞둔 1897년 가을부터 일생을 정리하는 뜻에서 쓴 것이다.

이 책은 쇄국정책과 더불어 일본 전국에 양이론이 위력을 떨치던 19세기 중엽, 일본의 근대화와 문명개화에 가장 큰 걸림돌이었던 봉건제도 및 관습에 정면으로 도전하는 동시에 이미 사양길에 접어든 중국과의 인연(한학 및 유교)을 과감히 떨쳐버리고 서양의 새로운

---

34 위의 책, 323-328.

학문과 문명을 적극적으로 수용함으로써 일본을 서양 열강에 뒤지지 않는 강국으로 만드는 데 평생을 바친 후쿠자와의 노력과 그의 내면세계를 알 수 있는 가장 좋은 자료라고 할 수 있다.[35]

이 책은 우리에게 다음과 같은 메시지를 준다. "하늘은 스스로 돕는 자를 돕는다"는 말처럼 후쿠자와는 뚜렷한 소신을 갖고 주위의 따가운 시선에 아랑곳하지 않고 스스로 옳다고 생각하는 바를 꾸준히 실천함으로써 큰 뜻을 이루었다는 메시지가 그것이다. 양이론과 국수주의가 팽배하던 시절에 사무라이의 칼을 버리고 서양을 공부한다는 것은 무모할 정도로 큰 모험이었다.

또한 모든 관직을 사양하고[36] 재야에서 후진양성과 집필에만 전념한 그의 노력이 결국 후쿠자와를 일본 근대화의 일등 공신으로 만든 것이다. "하면 된다"라는 의지 하나로 무에서 유를 창조한 후쿠자와의 인생역정은 극동의 작은 섬나라 일본이 어떻게 세계 제2의 경제 대국으로 발돋움할 수 있었는지를 잘 보여주는 모범 사례라고 할 수 있다.[37]

후쿠자와의 '탈아론'과 조선관

후쿠자와는 '문명화된 상태 = 유럽'을 기준으로 차별적으로 인종을 정

---

35 후쿠자와 유키치, 『후쿠자와 유키치 자서전』, 365.

36 후쿠자와가 메이지 정부의 입각 권유를 사양한 이유를 들면 다음과 같다. 첫째, 공연히 거드름 피우는 무리에 끼어들고 싶지 않아서였다. 둘째, 타고난 결벽증을 지닌 자신으로서는 관리들 전체의 분위기가 품위가 없다고 보았기 때문이다. 셋째, 막부와 신정부 사이를 오가는 절개가 없는 기회주의자들을 보는 것이 견딜 수가 없었기 때문이다. 넷째, 독립의 본보기를 보여주고 싶어서다. 위의 책, 337-343.

37 위의 책, 368.

형화시키고 그것을 야만, 미개, 개화 문명으로 각각 분류하여 이에 해당하는 민족을 배치함으로써 세계 여러 민족의 상하와 우열을 확정지으려 했다. 그리하여 페르시아, 터키, 중국 등의 아시아를 '미개'의 단계로 분류하고 이들이 쇠락한 원인을 전제주의적 정체에 의한 민심의 위축에 있다고 보았는데, 이는 아시아 정체의 원인을 동양적 전제에서 구했던 헤겔 이후 서구의 아시아관의 복사판이었다. 이러한 그의 모습은 세계 만국의 사정을 알리려는 유능한 계몽가라기보다는 오히려 서구 오리엔탈리즘에 충실한 복제자였다고 할 수 있다.[38]

후쿠자와와 관련하여 우리에게 중요한 것은 그의 조선관이다. 후쿠자와는 조선을 역사가 정체된 전형적인 야만국으로 보았다. 1882년 3월 「시사신보」(時事新報)에 후쿠자와는 "조선과의 교제를 논함"이라는 제목의 사설을 실었다. 여기에서 그는 조선을 미개하고 약소한 나라로 세세동점의 상황 속에서 간신히 남아 있는 독립국의 하나로 전제하고, 조선보다 더 문명화가 진행된 일본은 일찍이 미국이 일본에 대하여 그랬듯이 책임 의식을 가지고 조선을 개화시켜야 한다고 논했다. 임오군란에 대한 사후 처리로서 제물포조약을 앞두고 일본의 민권파가 조선에 대한 강경 수단의 채용을 반대할 때, 후쿠자와는 대조선 강경론을 주장했다.[39]

그는 그 이유를 "조선의 폭도는 문명의 적이어서 현재 우리 일본 정부가 이런 적을 징계하는 것은 문명을 위한 것으로, 지구의 한쪽에 있는 완미고루한 공기를 떨쳐버리고 함께 문명의 행복을 향유"하기

38 강상중, 『오리엔탈리즘을 넘어서』, 88.
39 양현혜, 『근대 한·일 관계사 속의 기독교』, 334-335.

위한 것이라고 강변했다. 나아가 "세계 문명을 보호하기 위하여 우리 병력을 빌려주어 그들(조선)의 국토 전체에 떠다니는 미무(迷霧)를 청소하는 것이야말로 도의상 사양해서는 안 되는 의무"(「시사신보」, 1882. 8. 2.)라고 주장했다. 우리는 이러한 후쿠자와의 도착된 사명의식이 시종 군사력을 배경으로 한 힘의 논리에 의한 것이었음을 주목해야 한다.

후쿠자와는 조선에 대한 팽창욕을 지정학적 이유를 근거로 정당화했다. 지정학적으로 볼 때 조선에 무슨 일이 있으면 일본에 그 불똥이 튀지 않을 수 없으므로 일본은 조선에 개입할 수밖에 없다는 논리였다 후쿠자와가 지정학적 방위 논리에 입각해 조선 개입을 정당화한 논리는 이후 일본의 조선 식민지화를 정당화시키는 전범(典範)이되었다.[40]

이러한 후쿠자와의 조선에 대한 인식은 그 유명한 '탈아론'에서 집약적으로 나타난다. 그의 조선관은 시기적으로 갑신정변 이전 시기, '탈아론'(脫亞論) 발표 시기, 청일전쟁 전후기로 구분할 수 있다. 그 이유는 국내외 정세의 큰 변화에 따라 그의 조선관도 변화했기 때문이다. 그런데 그것이 정세론의 변화인지 아니면 그의 본질 사상으로 굳어지는 국권론과 관련하여 표출된 것인지를 면밀하게 검토해 보아야 한다.

후쿠자와는『문명론의 개략』(1875)을 쓸 때만 해도 정한론을 반대했다. "원래 그 나라가 어떠한 나라인가를 보면 아시아 국가 중에 하나의 소야만국이고 그 문명은 우리 일본에 도저히 못 미친다. 이 나라와 무역을 해도 이익이 없고 이 나라와 통신해도 이익이 없으며

---

40 위의 책, 336-337.

그 학문을 취할 것이 없으며 나아가 자청하여 우리의 속국이 되겠다고 하여도 그것은 크게 기뻐할 일이 아니다."[41]

그런 그가 1881년부터 이른바 '유도론'(誘導論)을 펴고, 조선 개화파들을 이용해 조선을 근대화시킴으로써 일본이 이용해 먹을 수 있는 가치를 높이겠다고 했다. 이런 생각은 갑신정변 실패 후에 크게 달라졌고, 청일전쟁 때엔 아예 조선에 대한 '채찍'의 필요성을 역설할 정도로 또 한 번 달라졌다.[42]

그러면 먼저 갑신정변 이전의 그의 조선관을 살펴보자. 후쿠자와는 1875년 "아시아 제국과의 화전(和戰)은 우리의 영욕과는 관계없는 일이다"라는 글에서 처음으로 조선에 대한 견해를 발표했다. 이 글은 강화도사건의 발발과 그것에 촉발되어 일어난 일본 국내의 정한론(征韓論)을 배경으로 쓴 글이다. 여기서 후쿠자와는 조선을 '소야만국'으로 멸시하며 일본에 이익이 되지 못하는 나라로 간주하여 정한론을 반대했다. 이러한 그의 발상에는 서구 산업 문명을 기준으로 하여 조선을 문명에 대치되는 '야만'으로 보는 문명사론이 있었다.[43]

그런데 수년 후인 1881년 후쿠자와는 조선에 지대한 관심을 표명하기 시작했다. 여기에는 동아시아 정세의 변화에 따른 것이다. 그는 조선을 "무역으로 보호하고 문명으로 유도해 속히 우리를 모방하여 근대의 문명으로 들어오게 해야 한다"는 '유도론'(誘導論)을 주

---

41 양현혜, 『근대 한·일 관계사 속의 기독교』, 234-235.

42 강준만, 『한국근대사산책 1』, 218-219. 양현혜는 이렇게 말했다. "조선을 일본의 방파제로 간주하며 '유도', '탈아', '협박'을 정당화하는 후쿠자와의 논리는 근대 일본의 역사의식의 중요한 기층을 이루는 측면이다." 양현혜, 『근대 한·일 관계사 속의 기독교』, 236-237.

43 양현혜, 『근대 한·일 관계사 속의 기독교』, 234-235.

장했다. 이렇게 그의 생각이 변화된 배경에는 서구 열강과의 경쟁에서 조선을 일본의 세력권하에 두어야 한다는 필요성을 절감했기 때문이다.[44]

그런데 1884년 조선에서 갑신정변이 실패한 이후[45] 그의 조선관은 달라지기 시작하였다. '유도론'을 주장했던 후쿠자와는 1885년 3월 16일자 「시사신보」 사설에서 그 유명한 '탈아론'(脫亞論)을 발표했다.

> … 그렇다면 금일을 도모하는데 일본은 인국의 개명을 기다려 함께 아세아를 일으킬 여유가 없다. 오히려 그 열을 벗어나서 서양 문명국과 진토를 같이하여 지나 조선과 접촉하는 방법도 인국이라 하여 특별한 인사 차례를 할 필요가 없고 바로 서양인이 이들 나라와 접촉하는 방법을 쫓아 처분할 따름이다. 악우(惡友)를 가까이 하는 사람은 함께 악명(惡名)을 면할 수 없다. 나는 그러므로 아세아 동방의 악우를 사절하는 바이다.[46]

후쿠자와가 이 사설을 쓴 시기는 갑신정변에서 개화파가 패하고, 조선에 대한 일본의 영향력이 크게 약화되던 시기로써 1885년 4월의 텐진조약 이전이다. '탈아론'에서 "우리나라는 이웃 나라의 개명을 기다려 함께 아시아를 흥하게 할 만한 여유가 없다"는 말은 "개화파에 대한 지원을 통해 조선에 진출하는 것이 불가능해졌다"는 일종의 패배 선언이다. 여기서 이웃은 조선을 가리키고 중국은 포함되지

---

44 위의 책, 235.
45 '후쿠자와의 갑신정변 관여'에 대해서는 정일성, 『후쿠자와 유키치』, 94-105을 참조.
46 이기용, 『한일근대사상사연구』, 203.

않는다.

그리고 "지나와 조선을 대하는 방법도 이웃 나라임을 고려해 특별히 대하는 것이 아닌, 서양인들이 그들을 대하는 것처럼 대하면 된다"라는 말은 "이제는 전쟁으로 청을 친 다음 조선 진출을 달성하는 수밖에 없다"는 뜻이다.

이 사설은 근대 일본이 나가야 할 길은 약자를 제거하는 힘의 추구이며 일관된 아시아 멸시라는 것을 표명한 것이다. 후쿠자와의 이러한 '탈아론'의 배경을 두고, 김옥균을 중심으로 한 개화파가 일으킨 '갑신정변'의 실패로 인해 기존의 '유도론'을 단념하지 않을 수 없는 불가피한 상황에서 나온 것이라고 보는 시각도 있다.[47] 그러나 후쿠자와의 '탈아론'적 발상은 이미 그의 문명론적 언설 구조에 처음부터 구비되어 온 것이었다.[48]

또한 이기용은 이렇게 말한다. "여기서 주목할 점은 그의 대외사상에서의 아시아 멸시와 침략적 요소는 탈아론에서 처음 나타난 것이 아니라 그 이전부터 국권 의식과 관련해서 그 저류에 깔려 있었다는 사실이다. 이런 기본사상 속에서 그가 기대를 걸었던 조선 개화파의 개혁 실패 소식과 서양 열강의 침략을 실감케 하는 청국의 패전 소식 등 국제 정세의 급변이 그에게 국권에 대한 극도의 위협을 느끼게 한데서 나온 강경론이라고 봐야 할 것이다. 따라서 침략성을 내포한 국권 중시의 구조적 본질 사상에는 변화가 없지만, 이전부터 주창해 온 대외전쟁론, 무력중시론, 아시아간섭론 등의 대외론이 이제는

---

47 탈아론에 관한 연구자들의 견해는 다양하지만 결국 갑작스러운 사상 혹은 아시아관의 근본적 전환으로 보는 견해와 그의 사상구조에는 변화가 없고 정세론의 변화에 불과하다는 견해로 압축할 수 있다. 더 자세한 설명은 이기용, 『한일근대사상사연구』, 204-205를 참조.
48 양현혜, 『근대 한·일 관계사 속의 기독교』, 236.

열강편에 선 제국주의적 침략 사상으로 보다 발전한 점을 간과할 수 없다.[49]

'탈아론'은 갑신정변의 실패에 대한 후쿠자와의 한시적인 반응이 아니다. 문명론과 지정학을 결합하여 조선을 '정체된 야만국'이라고 규정하고 조선에 대한 팽창을 주장하며 오랫동안 숙성시켜온 그의 조선관의 귀결인 것이다. 즉, 아시아의 맹주로서 일본이 아시아를 유럽 중심의 문명적 세계 질서에 편입시킴과 동시에 아시아의 유일한 문명국인 일본을 위한 방위 체계로 아시아를 재편성해 갈 것을 주장한 것이다.

이러한 후쿠자와의 '동양정략'(東洋政略)에는 일본의 대리물이기도 하고 은폐된 자기이기도 한 아시아로부터 스스로를 소외시킴으로써 자신의 힘과 아이덴티티를 획득하려는 명치 일본의 굴절된 시도가 있었다. 이 논리는 서구 오리엔탈리즘의 구조를 일본적으로 재편성한 '일본적 오리엔탈리즘'의 구조를 가지고 있었다.[50]

후쿠자와의 조선관은 갑신정변 이후 달라지기 시작하여 청일전쟁을 전후로 하여 다시 한번 달라졌다. 1885년 4월에 영국의 거문도 점령 사건이 발생하자 그는 민감하게 반응하였다.

> 그러므로 거문도의 지리를 살펴보면 우리의 대마 또는 오도와 직선거리로 불과 40리, 그 거리란 마주 부르면 응답할 정도의 거리에 지나지 않는다. 즉, 우리 국토 밖 겨우 40리 이내로 다가와 마침내 우리 국토로 옮겨오는 일은 없을 것인가 하는 것이다. 그리고 이와 같은 생각은 결코 가공의

---

49 이기용, 『한일근대사상사연구』, 205.
50 양현혜, 『근대 한·일 관계사 속의 기독교』, 338.

상상이 아니고 유신 수년 전에 러시아 함대가 대마에 와서 그들의 깃발을 날린 적이 있다.[51]

이 글은 조선을 둘러싼 서양 세력의 등장이 영국의 거문도 점령 사건으로 현실화한 것에 대한 일본의 우려를 표명한 것이다. 이를 두고 조선 정부가 묄렌도르프를 내세워 항의하자 그는 영국과 러시아를 모르는 소치라고 비판하면서 "조선인을 위하여 그 나라의 망함을 기뻐함"이라는 아주 극단적인 내용의 사설을 게재하였다.

영국인이 거문도를 점령하여 섬 전체를 지배하에 넣고 전적으로 영국법을 시행하는 모습을 볼 때 거문도는 일구의 소망국이니 … 따라서 나는 조선의 멸망 시기가 멀지 않았음을 직감하여 조선 정부를 위해서는 일단 조의를 표하지만, 국민을 위해서는 축하하는 바이다."[52]

조선을 이미 희망 없는 나라로 간주하여 탈아론보다 훨씬 냉철하고 과격한 주장을 했던 그는 청일전쟁이 발생하자 "일·청의 전쟁은 문(문명)·야(야만)의 전쟁이다"라는 사설을 거재하였다.

"전쟁은 실로 일·청 양국 사이에 일어났지만, 그 근원을 살피면 문명개화의 진보를 도모하는 자와 그 진보를 방해하는 자와의 싸움으로써 결코 양국 간의 전쟁은 아니다. 본래 일본국인은 지나인에 대하여 사원도 적의도 없다. … 즉, 일본인 안중에 지나인 없고 지나국도 없다. 단지 세계 문명의 진보를 목적으로 하여 그것을 반대,

51 "英露の擧動, 掛念なき能はず,"(1885. 4. 13.), 이기용, 위의 책, 206.
52 "朝鮮人民のために基國の滅亡を祝賀する,"(1885. 8. 13.), 이기용, 위의 책, 206-207.

방해하는 자를 타도하는 일에 불과한 것으로써 사람과 사람, 나라와 나라와의 일이 아니고 일종의 종교전쟁이라고 해야 할 것이다."53

그는 이 전쟁을 '문명과 야만의 전쟁'이며 '종교전쟁'으로까지 표현하며 관·민 일치해서 이 전쟁에 임하도록 여론을 선도하였다. 그는 이 전쟁에서 일본이 승리하자 반유교주의와 국권주의를 핵심으로 한 문명사상의 실현을 평생의 신념과 목표로 세웠던 그가 목표 달성의 일대 쾌거로 생각하여 훗날 다음과 같이 회고하였다.

청일전쟁에서의 관민일치의 승리는 유쾌하기도 하고 고맙기도 해서 말로 표현할 수가 없다. 살아 있었기 때문에 이런 좋은 구경을 하게 되는 것이다. 먼저 죽은 동지와 朋友가 불행하다. 아 참으로 보이고 싶다고 나는 몇 번이나 울었습니다.54

청일전쟁에서의 승리(1895)를 두고 그가 이렇게 기뻐하였다면 러일전쟁의 승리(1905)를 보았다면 얼마나 기뻐했을까. 아마 춤을 추며 감격했으리라. 그런데 40~50년 후 문명 대국의 끝자락을 장식하는 태평양전쟁에서 일본이 완전히 패망한 모습(1945)을 보았다면 얼마나 절망하며 통곡했을까를 상상하면 연민의 정이 앞을 가린다.

청일전쟁을 수습한 시모노세키(下關) 조약의 조인(1895년 4월 17일)과 동시에 쓴 "조선문제"라는 사설에서 "조선국은 문명국에서 사지가 마취되어 자동 능력이 없는 병자와 같고 일본인은 그 마취 증세에 대해 치료를 가하는 의사와 같다"55고 하며 그는 다시 문명화를

---

53 "日淸の戰爭は文野の戰爭なり"(1894. 7. 29.), 이기용, 위의 책, 208-209.
54 『續福翁自傳』제7권, 617-618. 이기용, 위의 책, 209.

구실로 한 본격적인 조선간섭론을 전개하였다. 일찍이 일본의 국권 확장을 위한 대외진출이라는 침략적 논리구조를 확립한 그는 그 목적을 효과적으로 달성하기 위한 상황 논리를 문명화의 미명아래 적절히 변화시키면서 표출시켰다.56

결국 후쿠자와를 비롯한 일본인들의 대(對) 조선관은 그들 자신도 어찌할 수 없는 사무라이적 호전성과 대륙 지향성으로 인해 어떻게 해서든 조선을 이용하거나 먹어야 한다는 지정학적 틀에 갇혀 있었던 것이다. 특히 일제는 지리적 결정론이라고 할 '반도적 성격론'으로 일제의 한반도 지배를 정당화, 미화하기도 했다.57

후쿠자와의 종교관과 그 한계

후쿠자와의 정신세계를 이해하는데 있어서 결정적으로 중요한 것은 그의 종교관이다. 여기서 후쿠자와 선생의 종교관과 두 가지 한계를 알아보자.

하나는 한학, 즉 유학으로 학문을 시작한 사람이지만 하급 무사 출신인 그로서는 봉건적 신분제도를 기반으로 하는 유교에 대해 격렬하게 비판한 것은 당연하다. 다시 말하면 유교는 오륜(五倫), 즉 군신, 부자, 부부, 형제, 붕우를 강설했는데, 이 가운데 붕우를 제외하면 상하의 신분적 관계를 기초로 한 윤리라는 점에서 그는 유교를 격렬하게 비판했다.

55 '朝鮮問題,'(1895. 6. 14.),『福澤全集』 제8권, 589-595. 이기용, 위의 책, 210.

56 이기용, 위의 책, 210.

57 강준만,『한국근대사산책 1』, 219.

그러면서도 그는 다른 어떤 종교보다도 유교가 지닌 현세적 질서의 신봉자였다. 즉, 불교나 기독교가 지니고 있는 초월적 신앙, 즉 불가사이한 힘이나 신비주의 사상을 논하지 않는 현세적 가르침 속에서 살았던 사람이다. 즉, 그는 현세적 인륜 관계를 말하는 유교를 결코 넘어서지 못했던 사람이다. 이것이 그의 첫 번째 한계다.

또 하나는 기독교에 대한 그의 입장이다. 그는 원래『서양사정』에서 국민의 기본권 중에 종교의 자유도 명시하였고, 서양 종교인 기독교 또한 인정했다. 그리고『가정총담』(家庭叢談)의 "종교의 필요함을 논함"(宗教の必要を論す)이라는 글에서 "지금 세상 종교는 부덕을 막기 위한 집 지키는 개·고양이와 같아서 인간사회에서 하루라도 빠지면 안 된다"고 지적했다.[58]

그는 일본 근대화를 위해서는 서양 문명을 적극 수용해야 한다고 주장했다. 그런데 서양 문명의 두 축 가운데 하나인 이성에 의한 헬레니즘이 낳은 과학기술 문명은 받아들이면서도, 또 하나의 축인 신앙에 의한 헤브라이즘이 낳은 기독교 문명은 철저히 거부했다. 그 근저에는 기독교가 국권 보호의 기력을 약화시킨다고 보았기 때문이다.

후쿠자와는 그의 학문 인식의 기초인 실학관에서 서양 문명을 형체만이 아닌 그 정신 도입의 중요성도 강조했다. 그러나 그가 말하는 정신은 서양 물질문명과 직결되는 사고방식 또는 실험정신을 뜻하는 것이다, 흔히 기독교로 불리는 서양 문명의 뿌리이자 근본정신인 기독교를 뜻하는 것은 아니었다. 그는 개인적인 기독교 입문 자체는 막을 수 없지만, 사회 전반에 포교가 확대되어 그 수가 많아지는 것을 경계해야 한다고 주장했다.[59]

---

58 이기용,『한일근대사상사연구』, 162.

후쿠자와는 서양의 종교이자 근본정신이 되는 기독교의 힘과 영향력을 잘 알고 있었다. 특히 기독교의 기본사상인 국익을 초월한 세계가족주의가 일본인에게 종교적으로 감화되면 국권 의식 자체도 손상된다고 보았다. 이 부분에 대해서는 일본 메이지 근대 사상가의 한사람인 '우치무라 간조'(內村鑑三)와 아주 대조를 이룬다.[60]

우치무라는 일찍이 서양 문명의 본질을 기독교로 보았다. 그는 이렇게 말했다. "일본국에 한 가지 큰 어려움이 있다. 그것은 일본인이 기독교를 채용하지 않고 기독교적 문명을 채용한 점이다. 기독교적 문명이란 말 그대로 기독교에 의해서 생긴 문명이다. 따라서 기독교를 배우지 않으면 이해할 수 없는 문명이다. 그런데도 일본인은 기독교적 문명을 채용하면서 그 근본이며, 정신이며, 생명인 기독교 자체는 채용하지 않았다. 기독교 없는 대의 정체, 자유 제도는 마치 영혼이 없는 육신과 같다. 기독교 없는 기독교적 문명은 결국은 일본국을 멸망시킨다. 따라서 지금부터 바로 서양 문명의 진수인 기독교 그 자체를 채용해야 한다. 이것이 일본국이 취해야 할 가장 명백한 방침이다."[61] 아, 얼마나 소름 끼치는 정확한 말인가!

후쿠자와는 서양 물질문명을 낳게 한 사고방식과 실험정신은 받아들이면서 서양 기독교 문명으로 불리는 서양의 중심 종교이자 근본정신이며 윤리 사상의 기초인 기독교에 대해서는 냉담하였다. 그것은 그가 기독교의 세계주의와 국권주의는 상충된다고 보았기 때문이다. 이것이 후쿠자와의 한계요 일본의 불행으로 이어졌다.

---

60 위의 책, 162-163.
60 위의 책, 163-164.
61 "日本國の大困難"(1903. 3), 이기용, 위의 책, 275-276.

그의 저서 『서양사정』이나 『문명론의 개략』을 보면, 서구 기독교의 역사에 나타난 '종교적 광신'(fanaticism)이 보여준 폐해, 즉 종교전쟁 특히 '성 바르톨로메오의 학살'(1572)을 자세히 소개하고 있다. 종교가 갖는 이 같은 잔혹한 모습은 아직 문명이 개화되지 못한 무지, 즉 종교와 결합된 지혜가 발달하지 못한 데서 비롯되었다고 했다.

더욱이 그는 사람의 정신이 한없이 진보해 가면 그때는 지덕의 구별을 말하는 것 자체가 무의미하게 될 것이라고 믿으면서 '사람과 하늘이 나란히 서 있는' 인문·사회와 자연의 이른바 평화공존 상태, 즉 유토피아의 세계를 말했다.62

그러나 그가 인간의 근본적인 죄악성을 폭로하는 성서의 가르침을 알았다면 그 같은 지극히 소박한 생각을 하지 않았을 텐데, 참으로 안타깝기 그지없다. 그래서 『문명론의 개략을 읽는다』의 저자 마루야마 마사오(丸山眞男)는 계몽주의적 진보를 믿었던 후쿠자와에 대해 이렇게 말했다.

"18, 19세기의 진보관이라는 것이 그 발상지 유럽에서도 무참하게 부서져 버린 것이 20세기 전체주의의 출현이었습니다. 나치의 포악과 광신과 눈을 돌리게 만드는 유대인 대량 학살을 과연 지혜가 발달하지 않았기 때문에 일어난 것일까요. (…) 과학기술적인 합리성이 『20세기의 신화』(A. Rosenberg)와 양립할 수 있다는 것을 분명한 형태로 보여주었던 것입니다. 18, 19세기의 진보 사상처럼 지(知)의 발달을 낙관할 수 없는 상황이 현실에 나타났습니다. 그것은 후쿠자와의 예측을 한참 넘어선 사건이었습니다. 물론 그것으로 후쿠자와의 역사적 한계를 말하기란 쉬운 일입니다만, 그런 사태는

---

62 마루야마 마사오, 『문명론의 개략을 읽는다』, 417-441.

서구의 가장 앞서 있던 학자·사상가도 예측하지 못했던 것입니다. (…) 1930년대의 일본에 대해서도, 역사적 사정은 독일과 여러 가지로 다릅니다만, 비슷한 점을 지적할 수 있습니다. 세계 제일의 전함을 만들 수 있을 정도로 진보한 과학기술과 생산력에 도달한 일본 제국에서 그렇게 발달한 과학적 수준이 아마테라스(天照) 신앙이라는 '20세기 이전의 신화'의 고취와 양립할 수 있었던 것입니다."[63]

필자는 후쿠자와 선생이 과거에 유학(儒學)을 열심히 공부한 것만큼 성경(聖經)을 열심히 공부했다면 얼마나 좋았을까 하는 안타까운 마음이 든다. 우선 그는 서구 기독교 세계가 그동안 보여준 부정적 모습들을 성서의 가르침과 동일시하는 잘못을 범했다. 즉, 서구 기독교 나라가 보여준 죄악된 모습들은 하나님을 사랑하고 사람을 사랑하라는 성서의 가르침(신 6:4-9) 또는 예수의 정신(마 22:34-40)과는 철저히 배치된다는 사실을 알지 못했다. 또한 유교가 갖는 봉건적 문벌주의가 싫어서 격렬하게 비판했던 그가 그것을 해결하는 방안을 성서에서 찾지 못한 것은 안타까운 일이다.

성서는 인간을 하나님의 형상으로 창조된 존엄한 자로 규정하고 있고(창 1:26-27), 예수는 인간 사회에서 벌어지고 있는 모든 차별을 철폐하러 오신 분임(요 3:16; 4:1-24)을 그가 알았다면 얼마나 좋았을까 하는 생각이 든다. 후쿠자와는 민족 사랑은 알았으나 예수 사랑은 몰랐다. 그래서 예수의 마음으로 내 민족을 넘어 타민족을 사랑하는 법을 몰랐다. 이것이 후쿠자와의 한계요 비극이었다.

---

63 위의 책, 441.

이 장을 마치면서

후쿠자와는 자신만의 독자적인 철학 체계를 구축하거나 학문 탐구에 매진한 순수한 학자는 아니다. 서구 열강과 일본의 실체를 객관적으로 파악하고, 실천적인 측면에서 발전 방향을 모색한 인물이다. 그의 저술들은 사상적으로 미흡하다는 평가를 받지만, 그는 독자적인 체계를 갖춘 사상가라기보다는 현실 문제를 고민하고 일반인에게 국가의 위기를 알리고 행동하게 한 실천적 지식인이라고 말할 수 있다.[64]

그런데 이미 언급했듯이 역사를 짧은 인간의 눈으로 볼 때와 긴 하나님의 눈으로 볼 때는 전혀 다른 해석이 나올 수 있다. 후쿠자와는 '두 얼굴의 사나이'라고 말할 수 있다. 짧은 눈으로 볼 때 그는 일본인에게 근대화와 문명개화에 큰 공헌을 한 '국민 교사'[65]일지 모른다.

그러나 긴 눈으로 볼 때 그는 소위 '탈아론'을 주장하며 군국주의 침략이론을 제공한 '사무라이 교사'이자 일본을 패망케 한 원흉이다. 게다가 한국인을 비롯한 동아시아 사람들에게는 깊은 고통과 상처를 안겨 준 '나쁜 선생'이다. 요시다 쇼인이 양(陽)으로 '정한론'에 입각한 침략주의를 주장했다면, 후쿠자와는 음(陰)으로 '탈아론'에 입각한 침략주의를 말했다.

동시대 인물인 요시다 쇼인과 후쿠자와는 '근대적 인간형으로서

---

64 양은경, 『일본사를 움직인 100인』, 414.

65 국민교사인 후쿠자와와 김교신의 결정적 차이는 후쿠자와가 '하나님 없는 국민교사'인데 반해 김교신은 '하나님 있는 국민교사'였다는 데 있다. 최근 일본 정부는 교육이 달라져야 한다고 야단이다. 그런데 문제는 '하나님 없는 교육'이라는 데 근본적인 문제가 있다. 더 자세한 설명은 소병근, "일본 교육이 변하고 있다," 『독특해서 힘들었어요』, 122-125를 참조.

의 일본 국민의 정체성 주형'에 결정적인 영향을 미쳤다는 점에서 대단히 중요한 두 인물이다. 이 두 인물의 공통점은 '사무라이 집안 출신'이라는 점이고, 다른 점이라면 요시다 쇼인이 '칼을 든 사무라이'라면, 후쿠자와는 '붓을 든 사무라이'라는 점이다.[66]

당시 메이지 시대와 더불어 서양 문물이 급속히 들어오면서 칼의 시대가 총의 시대로 바꾸었다. 이때 사무라이의 칼을 버리고 붓을 들고 역사의 무대에 화려하게 등장한 사람이 바로 후쿠자와 선생이다. 출신의 중요성을 다시 말한다면 후쿠자와는 사무라이의 고향인 사쓰마번에 속하는 나카쓰 출신으로 뼛속까지 사무라이 정신으로 가득 찬 사람이다. 단지 요시다 쇼인과 달리 칼이 아닌 붓으로 했을 뿐이다. 일제 군국주의가 아시아 침략의 행동대라면 그는 이를 뒷받침하는 침략전략가였던 셈이다. 우리는 이 사실을 결코 잊어서는 안 된다.

후쿠자와가 서구 문명을 과학기술적 측면에서 바라보고 그리스도교 문명을 경시했다는 것은 결국 정신(영)보다 물질(육)을 앞세웠다는 의미이다. 이는 군국주의 일본으로 이어지면서 '인간'에 대한 통찰력의 현저한 결여, 즉 인간을 철학적 측면과 윤리적 측면으로 바라보지 않고 단지 전시 소모품으로만 간주하는 시각에서 벗어나지 못하게 했다. 이것이 일본의 패망과 불행을 가져왔다.[67]

후쿠자와의 결정적 한계는 유교주의의 폐단을 혁파하고 서구 문

---

66 후쿠자와를 '붓을 통한 조선국 침략'이라는 측면에서 임종국은 이렇게 말한다. "1883년 10월 1일, 조선국 박문국(博文局)의 사업으로 「한성순보」가 창간되었다. 외무아문 고문 이노우에(井上角五郞)가 편집주간으로 일했는데, 게이오(慶應)대학 학장이던 후쿠자와(福澤諭吉)가 이 인물을 추천했다. 이 때문에 일본인들은 후쿠자와를 조선 개화에 크게 공헌한 공로자인 양 추켜세우지만 사실은 침략주의자이다." 임종국, 『실록 친일파』, 56.

67 호사카 마사야스, 『쇼와 육군』, 16.

명을 수용한다고 강력히 주장하면서도 서구 문명의 반쪽인 과학기술 문명만 수용하고, 또 반쪽인 서구 그리스도교 문명은 외면했다는 데 있다. 이것은 자기모순이며 정체성의 혼란을 야기시켰고, 사상(종교)적 측면에서 보면 같은 동양권 내의 종교인 불교 내지, 신도로 돌아가는 것으로써 결국 패러다임의 전환의 실패로 귀결되었다는 점이다.

그 반면에 후쿠자와의 말대로 유교주의의 폐단으로 말미암아 오랫동안 정체된 조선은 유교 사상을 버리고 서구 그리스도교를 수용함으로써 패러다임의 전환에 성공하였다. 참으로 아이러니가 아닐 수 없다. 또한 그의 '탈아입구론' 주장은 일본인의 정체성의 혼란, 즉 일본인이 아시아의 황인종임에도 불구하고 서구의 백인종인 것처럼 착각하고, 일본이 아시아에 속해 있는 나라임에도 불구하고 유럽에 속한 나라로 착각하게 만들었다. 그런데 인류 사상사에서 19세기의 역사 진보 사관은 제1, 2차 세계대전을 통해 무참히 깨어졌다. 그런 점에서 서구 문명에 의존한 후쿠자와의 문명사관에 대한 그의 지나친 낙관론은 실패작이다.

그가 죽은 지 120년이 지났는데도 일본 열도는 아직도 '탈아론'이 지배하고 있다. 그리하여 제국주의의 논리를 현대판으로 각색한 일본 정치인들의 구시대적 망언은 지금도 계속되고 있다. 그들은 '침략'을 '진출'이라는 말로 역사를 왜곡하여 자신들의 죄악을 정당화하고 있다. 여기서 우리는 '진출'과 '침략'이 어떻게 다른지를 분명히 할 필요가 있다.

'진출'은 복음을 들고 찾아가는 것을 말하고, '침략'은 무기를 들고 쳐들어가는 것을 말한다. 다시 말하면 손에 자유의 깃발을 들고 평화의 신을 신고 밝은 대낮에 남의 나라를 찾아가는 것을 '진출'이라 하고, 손에 총칼의 무기를 들고 전쟁의 군화를 신고 어두운 밤에 몰래 남의 나라를 쳐들어가는 것을 '침략'이라고 한다. 아직도 '진출'과 '침략'을 왜곡하는 것은 '일본의 비극'이자 '아시아의 비극'이 아닐 수 없다.

일본은 후쿠자와 선생의 노력으로 문명개화라는 근대화를 이루는 데는 성공했을지 모른다. 그러나 그것이 군국주의로 이어지고, 결국 일본의 패망으로 이어졌다. 후쿠자와는 영성, 도덕성이 결여된 국민 계몽은 문명이 아닌 야만으로 가는 길임을 깨닫지 못했다. 그런 점에서 이제 후쿠자와 선생에 대해 재평가를 해야 할 시점에 왔다.

그런데 여기서 우리는 섭리사관에 입각해 이런 질문을 던져본다. "왜 하나님은 일본 복음화의 선각자인 우치무라를 먼저 보내 일본 국민을 '복음적 인간형'으로 만들지 아니하시고 후쿠자와를 먼저 보내 일본 국민을 '근대적 인간형'으로 만드셨을까?" 이로 인해 먼저 후쿠자와로부터 근대적 인간형으로 세례를 받은 일본 국민은 군국주의에 열광하면서 뒤이어 등장한 우치무라로부터 '복음적 인간형'으로 세례받기를 멀리했다. 이것이 일본의 불행이었고 우치무라를 절망케 했다. 결국 그 몫은 우치무라로부터 '복음적 인간형'으로 세례를 받은 한국인들, 특히 김교신에게 주어졌다. 아, 하나님의 놀라운 섭리가 아니겠는가.

제4장
신본주의 성경교사 김교신 선생

<단가 4>

당신을 미치게 한 그 추동력은 무엇인가요?

― 그리스도 예수를 향한 불타는 연애 감정

이 장을 시작하며

지난 한국 기독교 100년사에서 가장 훌륭한 기독교 신앙인 한 사람을 꼽으라면 필자는 주저할 것 없이 '김교신 선생'이라고 말하고 싶다. 일제하에서 평교사로서 국민 계몽에 한평생을 바친 김교신 선생은 일본 근대화의 선각자요 구한말 한일관계사에서 커다란 영향을 미친 후쿠자와 선생과 비견되는 인물이다. 다른 점이 있다면 후쿠자와 선생이 민본(民本), 즉 민(民)을 본(本)으로 하는 계몽사상가라면, 김교신 선생은 신본(神本), 즉 신(神)을 본(本)으로 하는 계몽사상가였다는 점이다.

후쿠자와 선생이 1901년 2월 3일에 운명했는데, 하나님께서 조선에 신본(神本) 교육자인 김교신 선생을 두 달 보름 후인 1901년 4월 18일에 보내 주셨다. 후쿠자와 선생이 '일본의 근대화'를 위한 국민 계몽의 선각자라면, 김교신 선생은 '조선의 복음화'를 위한 국민 계몽의 선각자라고 말할 수 있다.

양현혜는 윤치호를 '제국주의적 허위의식'에 사로잡힌 민족적 아이덴티티의 '죽음'의 유형을 대표하는 전형(典型)으로서, 김교신을 민족적 아이덴티티의 창조적인 '재생'(再生)을 대표하는 전형[1]으로 보면서 이렇게 말했다.

> 민족으로서의 존속조차 위협받았던 식민지라는 상황에서 조선인은 자기실현의 장(場)을 잃어버리고 끝없이 자기 아이덴티티와 그것에 직결되는 민족적 아이덴티티의 붕괴 위기에 처해 있었지만, 조선인의 고뇌와 갈등에는 민족적 아이덴티티의 재구성과 역사의 창조적 변혁을 위한 태동이 힘차게 맥박치고 있었다. 구체적인 역사 현실의 장에서 기독교의 진리를 구현하려 했던 김교신은 그리스도의 십자가의 의의를 '신의 정의의 분노'와 '신의 사랑'의 이원성에 의해 매개된 '일원적 사랑'으로 이해했다. 그리고 '죽음과 싸워 이긴' 그리스도의 부활은 '죄'로서의 세계의 역사가 끝나고 '신의 나라'의 도래가 시작된 세계 역사의 전환점이라고 인식했다. 나아가 김교신은 세계 구원의 완성인 그리스도의 재림을 인간적 절망과 비관을 넘어서서 어떠한 고난에도 희망과 기대를 유지하기에 충분한 힘을 주는 절대적인 예언이라고 이해했다.[2]

---

1 양현혜, 『윤치호와 김교신』, 19.
2 위의 책, 203.

또한 구미정은『십자가의 역사학』에서 조선 민족의 '얼'마저 식민지화하려 했던 일제 강점기에 고고한 주체 의식을 가지고 '조선기독교'를 세우려 했던 김교신·함석헌 등 국내 무교회주의자들과 만주 지역에서 활동한 김약연 등 해외 기독교 지도자들의 시대적·신앙적 고민을 살피기 위해 이 책이 기획되었다면서 이렇게 말했다.

> 정체든 주체든, 고유한 자기 인식은 '차이'에서 나온다. 종속집단이 지배집단의 담론에 완전히 동화되어 두 집단 간의 차이를 전혀 인식하지 못할 때는 투쟁이라는 말조차 무색해지기 마련이다. 이렇게 볼 때, 일제 강점기의 독립운동은 아마도 '차이'에 예민하게 반응한 소산일지 모른다. 채찍과 당근을 교묘히 활용하여 어떻게든 식민지 백성들의 동의 혹은 동화를 이끌어 냄으로써 지배를 정당화하려고 획책한 일제 통치 세력에 맞서, 죽어도 동의하지 않겠다고, 동화되지 않겠다고 버티는 데서 투쟁 의지가 생겨났을 테다.[3]

윤동주의 시집『하늘과 바람과 별과 시』는 세 부를 만들어 윤동주, 이양하, 정병욱 3인이 각각 한 부씩 가지고 있다가 두 부는 사라지고 정병욱이 간직한 한 부가 해방 이후에 살아남아 시인 윤동주의 진가를 발견할 수 있었다. 마찬가지로 김교신의 신앙적 동지와 제자들, 특히 노평구(盧平久)의 노력 아래「성서조선」158권 전부를 찾아내고『김교신 전집』을 엮어내면서 그리고 그의 신앙 동지 함석헌을 비롯한 많은 이들이 그에 대해 언급하면서 그의 진가가 드러나게 되었다.[4]

---

3 구미정,『십자가의 역사학』, 11-12.

김정환은 이렇게 말했다. "이런 저작들은 모두 무교회신앙의 이 념을 계승한 귀한 체험의 기록들이다. 무교회 모임에 있어서는 신앙 의 스승, 선배에 대한 경애의 마음이 이렇게 강하게 발동된다. 그것 은 오로지 그들을 맺고 있는 진리의 힘 때문이다. 이리하여 한 위대한 진리와 인격의 힘은 이 민족의 가슴에 지하수처럼 깊게 스며 고이고 있다. 위대한 진리를 체험한 한 스승의 힘이 얼마나 큰 것인가를 우리 는 깊이 음미해야 할 것이다."[5]

김교신의 출생과 성장

하나님의 주권적 섭리 가운데서 하나님은 후쿠자와 선생이 죽은 지(1901. 2. 3.) 두 달 보름 후인 4월 18일에 김교신 선생을 함경북도 함흥 사포리에 보내셨다. 또한 그보다 한 달여 전인 3월 13일에는 평안북도 용천에 그의 평생 동지인 함석헌 선생을 보내셨다. 윤동주 곁에는 일생의 동지 송몽규가 있었다면, 김교신 선생 곁에는 함석헌 선생이 있었다.

김교신의 가문은 함흥차사 박순(朴淳)과 함께 함흥에 갔다가 죽 음을 면한 김덕재의 후예다. 김교신은 이러한 유교적 가문에서 부친 김념희(金念熙)와 모친 양신(楊愼) 사이에서 장남으로 태어났다. 두 살 때인 1903년 부친이 21세의 나이에 폐암으로 요절하여 그는 편모 슬하에서 어렵게 자랐다. 1912년 그는 4세 연상인 한매(韓梅)와 결 혼하여 슬하에 2남 6녀의 자녀를 낳았다. 1918년 함흥농업학교를

---

4 김정환, 『金教臣: 그 삶과 믿음과 소망』, 27-28.
5 위의 책, 28.

졸업한 이듬해 3·1운동 직후 김교신은 일본으로 유학을 떠났다.[6]

어머니와 아내와 딸, 이렇게 세 여자를 조선에 남겨둔 채 떠난 유학이었기에 가장으로서의 책임감 또한 컸다. 그러나 그에게는 더한 책임감이 있었으니 바로 조국의 수치를 설욕하겠다는 굳은 마음, 조선의 독립을 반드시 성취하겠다는 비장한 결심이 있었다.[7]

일본 유학 및 우치무라(內村) 선생과의 운명적 만남

그는 일본에 유학하여 동경정칙(東京正則) 영어학원에 입학했다. 그는 거기서 당대 저명한 영문학자 '사이또오'(齊藤秀三郎) 밑에서 영어를 수학했다. 이때부터 주간지 「런던 타임즈」를 읽기 시작하여 제2차 세계대전이 끝나기 직전까지 계속 구독했다. 그리고 이렇게 쌓은 영어 실력으로 그는 성서를 늘 영어 원서로 보았다.

이 무렵 그는 지금까지 젖어왔던 자신의 유교적 인생관에 대해 몹시 고민하고 있었다. 바로 그때 새로운 희망과 용기를 주어 그를 일어서게 한 것은 실로 청년 전도사를 통하여 온 기독교 복음의 소리였다.[8] 하나님의 주권적 섭리가 아닐 수 없다.

1920년 4월 16일 저녁, '도쿄시 우시코메구 야라이정' 거리를 지나가다가 동양선교회 소속 성서학원 학생인 송전이라는 사람의 노방전도 설교를 듣고 깊이 감동을 받았다. 그래서 입신(入信)을 결심하고 그의 생일인 4월 18일 도쿄 야라이정(矢來町) 성결교회에 출석

---

6 김정환, 『金教臣』, 19.

7 구미정, 『십자가의 역사학』, 93-94.

8 김교신, "入信의 動機," 『金教臣全集 1』, 154-156.

하게 되었다.

그해 6월 27일, 그 교회 청수준장 목사로부터 세례를 받고 매 주일과 목요 성경공부에 빠지지 않고 열심히 신앙생활에 들어갔다. 그러던 중 신앙의 근본을 흔드는 사건이 일어나게 되었다. 그해 11 월, 그 교회의 온건한 스미스 목사가 반대파의 술책으로 축출되는 과정을 목도하게 되었다. 신앙생활 초기에 일어났던 이 사건의 충격 과 실망으로 그는 교회 출석을 단념하고 반년간이나 방황하는 가운 데 하숙방에서 혼자 예배를 드리게 되었다.

이때 그의 손에 잡힌 책이 '우치무라 간조'(內村鑑三)의 『구안록』, 『종교와 문학』, 『성서연구지』였다. 이러한 책을 숙독하다가 크게 감동을 받고 기독교의 본질적인 문제에 접근하는 새로운 계기를 마 련하게 되었다. 운명처럼 만난 일본 '무교회 기독교'의 창도자 우치 무라(內村)를 통해 신앙의 위기를 벗어난 그는 1921년 1월부터 그의 성서 강의를 청강하고 우치무라 성서연구회에서 연 성서 희랍어반 에도 출석했다.

흔들리던 그의 신앙은 뿌리 깊이 성장하기 시작하였고, 그가 귀 국할 때까지 7년간 내촌 선생에게서 성서를 배우게 되었다. 이때 내촌 선생은 혼신의 힘을 기울여 가장 명강의로 꼽히는 '로마서 강의' 를 진행하고 있었다. 여기서 김교신은 속죄 신앙에 대한 깊은 체험을 하게 되었다. 훗날 김교신은 "내촌은 나의 유일한 선생이다"라고 고 백할 정도로 지대한 영향을 받았다고 술회했다.9

삿포로 농업학교를 졸업하면서 우치무라는 예수와 일본(Jesus

---

9 김교신은 '內村鑑三 先生'에 대해 이렇게 말했다. "內村 先生은 많은 조선 基督敎徒에 대하여 좋은 사마리아人이었다. 朝鮮 基督敎會의 恩人이었다." 노평구, 『金敎臣全集 2』, 305.

and Japan)에 헌신할 것을 맹세했는데, 이 '두 개의 J'에 대한 헌신이 그의 일생의 과제가 되었다. 훗날 우치무라는 이렇게 말했다. "나는 오직 두 개의 J를 사랑하고 그 외의 다른 것은 사랑하지 않는다. 그두 개의 J 중 하나는 예수(Jesus)이며, 다른 하나는 일본(Japan)이다. 예수인가 일본인가, 나는 그중 어느 쪽을 더 사랑하는지 알지 못한다. … 나는 모든 친구를 잃을지도 모른다. 그러나 예수와 일본을 잃는 일은 없을 것이다. … 예수와 일본, 나의 신앙은 하나의 중심을 가진 원이 아니다. 그것은 두 개의 중심을 가진 타원이다."[10]

김교신은 우치무라로부터 배운 '두 개의 J'을 그대로 조선으로 가져와 그것을 '성서'(Bible)와 '조선'(Korea)이라고 하였다. 우치무라의 로마서 강의를 함께 들었던 일본인 학우 이시하라 호헤이(石原兵永)는 김교신의 사후 24주년에 그를 회고하며 이렇게 말했다.

과연 金君의 죽음은 不義를 행한 日本에 대해서는 하나님의 審判을 그리고 부당한 괴로움을 받은 朝鮮에 대해서는 진정한 獨立과 구원을 상징하는 때의 징조가 된 것이었다… 예수와 日本이라는 두 J에 생애를 바친 것이 內村先生의 生이었던 것처럼 金君도 또한 聖書를 朝鮮人의 것으로 하기 위해 一生을 바친 것이었다. 민족적인 고뇌를 全身으로 받아 고난 속의 同胞를 끝까지 사랑하여 이에 진정한 獨立과 구원을 주기 위해 우선 내 몸을 하나님의 제단에 바쳐 하나님의 聖書를 同胞에게 줄 決心을 했던 것이다. 그것이 『聖書朝鮮』으로 탄생되었던 것이다… 氏가 內村先生의 講演을 가장 감명 깊게 들은 것은 로마書 講演이었다고 한다. 그것은 1921~2年으로 氏의 나이로는 21~2歲 때로 생각된다. 나는 數年의 年長

---

10 內村鑑三, "二つのJ," 『內村鑑三全集』(제30권), 53; 양현혜, 『근대 한·일 관계사 속의 기독교』, 275.

이었지만 氏와 같이 나도 또한 깊은 감명을 받은 사람의 하나였다. 그 感化로 소위 回心의 經驗을 하게 된 것이 1921年 12月이었다… 金敎臣 先生은 분명히 內村鑑三과 그의 福音을 가장 잘 이해한 사람이었다고 믿는다.[11]

생의 전환점: 지리박물과로 전과

김교신은 1922년 4월 동경고등사범대학 영문과에 입학했다가, 이듬해 지리박물과로 전과했다. 조선 유학생들은 대부분 영어를 전공하던 시절인데, 김교신도 영어과에 입학한 것은 관성의 법칙에서 벗어나지 못한 것인데, 우치무라로부터 배운 복음과 애국심에 사로잡히게 되면서 드디어 변화가 찾아온 것이다.

1923년 봄, 그가 지리박물과로 전과(轉科)한 것은 다분히 애국심의 발로였다. 지리박물과로의 전과는 세계 지리와 역사에 눈을 뜨게되었다는 점에서 대단히 중요한 생의 전환점이자 하나님의 주권적역사였다고 말할 수 있다. 여기서 김교신은 당대 최고의 석학들로부터 학문을 배우게 되었다. 더욱 중요한 사실은 한반도의 지정학적위치의 중요성을 깨닫게 되었다.

1927년 3월, 동경고등사범학교 이과 제3부(갑조)를 졸업하게 되었다. 김교신이 유학하던 당시는 메이지유신 이후 50년이 지난 때인데, 이때 일본은 세계 최강의 실력을 갖춘 나라로 변해 있었다. 그를 가르친 선생들은 화학, 물리, 동물학, 지질, 광물, 심리학 등 과목에 모두 당대 일류의 대가로 그를 가르치기에는 아까운 석학들이었다고 한다.

---

11 石原兵永, "金君의 追憶," 노평구, 『金敎臣全集 別卷』(金敎臣과 韓國), 119-122.

우리의 動物學 先生 丘淺次郎 博士에게는 六十萬種의 動物이 個個어느 것이라고 諷刺의 材料 안 되는 것이 없었다. 그는 半世紀에 걸쳐 大日帝國民 教育의 總本山에서 育英의 業에 종사하는 萬人의 師表 되는 이요, 地位 高官에 오르고, 學威 世界에 미치었으나 허튼 수작할 사람이 아니다. 한데 그의 歷史觀, 人生觀, 敎室講義 등에 그 一流의 辛辣한 動物學的 '諷刺'가 연발되는 것을 傍觀함은 실로 一大壯觀이었다.[12]

이 같은 석학들 밑에서 공부했으니 김교신은 당시에 그 누구도 범접할 수 없는 실력을 갖춘 자가 되었다. 「성서조선」에 쓴 그의 글을 읽어보면 잘 알 수 있다. 그런데 김교신은 일본 유학 7년 동안 여러 학교를 다녔을 뿐 아니라 무엇보다도 기독교에 입교하였고, 내촌 선생을 만나 성서를 배우고 복음 진리를 체득했다.

1925년부터 내촌의 성서 연구 모임에 나간 김교신은 여기서 함석헌, 송두용, 정상훈, 유석동, 양인성을 만났다. 이들은 '조선성서연구회'를 만들어 일요일마다 따로 공부할 정도로 열의가 대단했다. 말이 공부지, '프로' 신학자에게도 힘든 일본어, 영어, 독일어, 희랍어, 히브리어로 된 성서를 나란히 참고하며 파고들었다. 그만큼 이 청년들에게 성서 공부는 한가한 취미생활이 아니라 목숨을 건 사투였다.[13] 이때 김교신과 함께 공부한 이들은 귀국하면 성서를 통해서 한국 민족의 영혼을 구원하는 모임과 사업을 계속할 것을 굳게 약속했다.

---

12 노평구, 『金教臣全集 1』, 68.
13 구미정, 『십자가의 역사학』, 97-98.

참스승 김교신의 교사 생활

김교신의 비범함은 자신의 다양한 재능에도 불구하고 평생 평교사를 고집한 데서 잘 나타난다. 그의 일기 한 토막을 보자. "동기 동창 학우 중에서 빠른 자는 시학관 이상으로, 보통이라도 대개 교장은 되었고 후배들도 대개 교무주임이 되었는데 나 홀로 시종일관 평교원으로 남아 있다. 현재가 그럴뿐더러 금후 10년을 지나도 마찬가지일 것이다… 말석 평교원은 우리가 교사노릇하며 바랄 평생의 소원이다"(1938년 4월 7일 일기).

동료 교사들이 교장이 되고 장학관이 되고, 심지어 제자들이 훗날 자신보다 높은 지위에 올랐지만 그런 것에는 전혀 마음을 두지 않았다. 자신은 평생 평교사로 지내면서 오로지 학생들에 대한 인격적 감화에 깊은 관심을 기울이는 동시에, 이 민족에게 오직 한 권의 성서를 주어야 한다는 사명감으로 「성서조선」에 자신의 생 전부를 걸었던 김교신 선생이었다. 그래서 김교신을 가리켜 참 스승의 본보기, 모델이라고 하는 것이다.

일본에서 귀국하여 사망할 때까지 김교신의 18년의 생애는 교육자로서의 생애와 「성서조선」 발간의 활동으로 양분할 수 있다. 먼저 참스승으로서의 그의 면모를 살펴본 후에, 「성서조선」과 관련된 이야기를 집중적으로 나누어보도록 하자.

김교신 선생은 수틀리면 교직을 버리려고 사표를 늘 가슴에 품고 다녔다. 그러면서도 끝내 교직을 떠나지 못한 이유는 교육을 통해서 동지를 얻고, 한 세기 후에라도 독립을 이루려 했던 속셈을 가지고 있었다. 그가 얼마나 뛰어난 교사였는가는 그에게 직접 배움을 받은

많은 제자들의 회상의 글을 통해 쉽게 엿볼 수 있다.[14]

김교신은 1927년 4월에 귀국하여 함흥 영생여자고등보통학교에서 교직 생활을 시작했다. 그의 생애에 특이한 점은 평생을 중학교 평교사로 일관한 데 있다. 우리는 많은 민족의 교사를 가졌지만, 이분처럼 정통적인 교사 교육을 받고 뛰어난 교육 기술과 종교적 신념에 입각한 인격적 감화로 학생들에게 깊은 영향을 준 '평교사'를 발견하지 못한다.

그런데 그의 생애 1차적 목표는 「성서조선」 발간에 있었고, 교직은 그 자신이 실토한 대로 '부직'에 지나지 않았다. 하지만 그가 가르친 수많은 제자들의 회상을 통해서 그가 얼마나 탁월한 교육자였는가를 잘 알 수 있다.

함흥 영생고보를 1년 만에 사임하고, 1928년 3월, 서울 양정고등보통학교로 전근하면서 10년 동안 지리박물 교사로서 교육에 힘썼는데, 제자들에게 차원 높은 애국의 길과 진지한 삶의 자세를 몸소 보임으로써 지대한 영향을 주었다. 류달영은 지리박물 교사 김교신이 얼마나 훌륭한 참교사였는가를 이렇게 말했다.

다시 우리가 배우는 地理科目의 대부분은 일본 지리였고 우리나라 지리는 겨우 두서너 시간뿐으로 마치도록 敎科書가 씌어져 있었습니다. 그러나 우리는 거의 1년을 통해서 우리나라 地理만을 배웠습니다. 自己를 분명히 알아가는 것이 人生의 근본이라고 주장하셨습니다. 大高句麗를, 世宗大王을, 李舜臣을 배웠습니다. 식민지 교육 밑에서 自身에 대해 소경들이었던 우리 少年들은 비로소 自身에 대해서 눈을 뜨기 시작했습니

14 노평구, 『金敎臣全集 別卷』, 153-462.

다. 우리 國土가 넓지 못한 것을, 우리 人口가 많지 않은 것을, 白頭山이 높지 못하고 漢江이 길지 못한 것을 한탄하지 않게 되었습니다. 스스로를 멸시하기 쉬웠던 우리들은 祖國에 대한 再認識을 근본적으로 하게 되었습니다.[15]

베를린 올림픽 마라톤 경기에서 우승하여 한국 남아의 기상을 온 세계에 떨친 손기정 선수는 스승을 추모하면서 이렇게 말했다.

" 교사에는 지식으로 사람을 가르치는 교사가 있고, 덕으로 가르치는 교사가 있다. 지식으로 가르치는 교사한테서는 기술자한테서 기술을 배우듯이 지식을 배울 뿐이지만, 덕으로 가르치는 교사한테서는 인생 그 자체를 배운다. 그러므로 후자의 경우는 뭘 배운다기보다 마치 어머니의 젖과도 같이 먹으면 곧 살이 되어 성장하게 된다. 이런 교사야말로 참 교사가 아니겠는가? 선생님은 바로 그런 분이시다. 어쩌면 선생님은 나면서부터 인생의 지도자가 될 사명을 띠셨는지도 모르겠다. … 나는 지금까지 선생님만큼 크시고 참다우신 교육자 그리고 애국을 여러 면으로 스스로 실천하신 분은 본 일이 없다. 참으로 선생님은 크신 분 같다."[16]

이런 일화가 전해진다. 손기정 선수가 베를린 올림픽이 끝난 후 덴마크에 초대를 받아 갔는데 덴마크 사람들이 자전거를 타는 모습이 신기했다. 이 사실을 편지에 쓴 일이 있었는데, 그때부터 김교신 선생은 정릉에서 양정고보까지 그 먼 거리를 자전거로 출퇴근하기 시작했다.

---

15 류달영, "金敎臣과 朝鮮," 노평구, 『金敎臣全集 別卷』, 163.
16 손기정, "非凡하셨던 스승님," 『金敎臣全集 別卷』, 188-192.

어느 날 「성서조선」 원고를 들고 종로대동인쇄소에 잠시 들렀다가 자전거를 도둑맞았다. 그는 도둑을 탓하기는커녕 '이 민족이 일제에 모조리 빼앗겨, 워낙 못살아서 그런 것'이라며 넘어갔다. 윤치호 같았으면 '이래서 조선인은 안 된다. 천하에 정직하지 못하고 동족을 속여먹을 궁리나 하는 게 조선사람이다' 했을 텐데, 김교신은 달랐다.[17]

많은 제자들이 "우리는 초등학교에서 대학에 이르기까지 수십 명의 교사를 대하여 왔다. 그러나 '교사'하면 우선 김교신 선생을 연상할 정도로 이분이 가장 인상 깊게 회상되는 진정한 '스승'이었다"고 한결같이 술회하고 있는 것을 보아도 잘 알 수 있다. 그는 참으로 천성적인 교사였다. 그의 성실함은 평생 일기를 썼던 것을 보아서도 알 수 있는데, 그의 일기(1939년 12월 23일)를 통해 그의 천성의 일면을 보자.

冬至 晴 새벽에 山上에 올라 기도. 印刷所에 들르고 登校. 第二學期 終業式. 學校成績 發表. 前學期보다 더욱 우량하여 第1學年 三個 學級 一七九 名中 首席으로부터 第六等까지 모두 第一組 生徒(김교신 선생 담임반: 필자 주)가 占하였고, 第七, 九等을 他學級에 讓하고는 十等까지에 八名이 一組에서 났다. 快하지 않은 일이 아니다. 이번 담임班도 애써 하면 볼만한 成績이 나타날 것이요, 卒業期까지에는 學力보다는 人物 - 神 이외에 아무것도 두려워하지 않는 人物 두엇은 출현할 듯하매 점점 愛着心이 농후해진다. 이 일도 버리기는 아까운 일이다. 할 일은 많고 몸은 하나 뿐. 오늘은 한 學期間의 총괄적 訓話로 장시간 걸쳐 '士別三日刮目相

17 구미정, 『십자가의 역사학』, 111.

對'(사별삼일괄목상대: '선비는 사흘 떨어진 뒤에 다시 만나면 그 사이 서로 배운 것이 많아 서로 놀라며 상대방을 바라본다'는 뜻: 필자 주)의 祕方을 전수하여 보내다. 運動競技나 武道曲藝에 관한 指導者에게도 각기 祕方이 있다 하거늘, 敎師된 자에게 學業精進의 祕策이 없을 수 없다. 단 이것은 담임班 生徒에게만 공개하는 것으로 정해 있다. 多少 값있는 것이기 때문에. 그러나 이것은 日曜集會에서 공개하는 秘義에 비할진대 서푼짜리도 못되는 것이다. 日曜集會의 것은 또 그 會員 이외의 人에게는 말하지 않으니 이는 내가 가진 것 중에 제일 귀한 것이기 때문이다. 東京 遊學生이 돌아와 반가운 소식 많은 중에 矢內原('야나이하라 다다오, 1893~1961)'[18] 敎授의 渡鮮이 구체화된 것을 알게 된 것이 제일 큰 기별이었다. 오늘도 總督府 出入. 新年號 출판이 허가되다. 印刷所에 가 校了하다. 歸宅하니 大學生君이 와서 冬期集會 장소인 안방을 도벽하고 있다. 家人 전체는 集會 期間用의 食事 準備로 벌써부터 連日 總動員. 集會 參席의 志願者를 오늘도 三人 거절하다. 먼저 신청한 이 중에서 缺席者 생기면 통지하기로 答 하다. 저녁엔 詩篇 硏究.[19]

김교신의 교사적 역량 중에서 가장 귀하게 여겨져야 할 측면은 인격적 감화에 있다. 그는 생도의 생애에 일대 전환을 가져오게 하고야마는 강한 인격적 힘을 지니고 있었다. 그러기에 사제지간의 정의는 졸업 후까지 계속되었고, 이런 사제지간에 교환된 서신을 일기나 「성서조선」에서 엿볼 수 있다.

---

18 일본의 한국과 중국침략을 공개적으로 비난한 탓에 동경제국대학 정교수(경제학) 자리에서 쫓겨난 김교신의 신앙의 동지. 종전 후 동경대학 총장이 됨.

19 노평구, 『金敎臣全集 6』, 385-386.

도덕의 문제에 유달리 민감했던 그의 감수성은 그가 기독교인이 되었을 때 기존 식민지 교회의 타락한 교권주의를 거부하고 철저한 무교회주의자가 되게 했다. 그는 항상 옳은 것과 그른 것을 분명하게 구별하여 양정중학교 교사 시절 학생들은 그를 '양칼'이라는 별명으로 불렀다.[20]

그러면서도 그는 누구보다도 다정다감하였으며, 감정이 풍부하고 눈물이 많았다고 한다. 그의 제자 윤석중은 시험 도중 부정행위를 하는 학생을 보고 아무개는 졸업장을 받을 자격이 없다고 하면서 눈물을 주르르 흘리시는 것을 회상하였고, 제자 박을룡은 선생과 함께 산에 올라가 산천의 아름다움에 감격하여 방성대곡하며 나라 사랑의 뜻을 전하는 것을 술회하기도 했다.

그는 이처럼 진정한 인간의 모습이나, 자연의 아름다움, 하나님의 은혜에 접하게 되면 감격하여 감정을 억제하지 못하고 울음을 터뜨렸다. 가끔 그가 지도하던 등반대원들과 등반 도중 "이놈아 느껴라, 느껴라!" 하면서 비 내리는 가을의 북악산을 울음과 웃음으로 범벅이 되어 오르기도 했다. 이는 자연과 인간, 신의 참 모습을 직감하여 이에 몰입하였던 인격의 진지한 모습을 보여 준 것이 아닌가.

또한 강한 민족주의 성향을 가진 그는 '무레사네'(물에산에)라는 등산모임을 만들어 학생들과 함께 서울 근교의 행주산성, 남한산성, 사육신묘소 등을 돌아보곤 했다. 그는 "조선의 국토 산하는 그대로 조선의 역사이다. 그리고 조선인의 정신이 이 땅에 깃들어 있다"며 학생들의 애국심을 고취시키기도 했다. 또한 외세를 물리친 조상들의 이야기를 학생에게 들려주는가 하면, 피히테의 『독일국민에게

---

20 한겨레신문사, "김교신: 교회 밖에서 믿음을 찾다,"『발굴 한국현대사인물 1』, 239.

고함』위의 책을 학생들에게 반드시 읽어보도록 권하기도 했다.[21]

그런데 무엇보다도 교육자로서 김교신 선생이 가장 힘쓴 것은 신앙 중심의 교육이었다. 그의 일기에 나오는 한 대목을 소개해 보자.

의외의 소식에 놀랐다. 지난 3월에 졸업한 생도 하나가 경성제대 예과 입학시험에 낙제되었는데, 그 구두시험 때에 문: 세계에서 제일 좋은 책은 무엇이냐? 답: 바이블(성경)이올시다. 문: (놀란 안색으로) 너는 야소쟈냐? 답: 예, 예수를 믿습니다. 문: 너의 가정도 모두 기독교 신자냐? 답: 아니올시다. 저만 홀로 믿습니다. 문: (다시 놀라면서) 어떻게 되어 믿느냐? 답: 우리 학교 담임선생 아무개 선생님이 예수 믿는 고로 나도 믿습니다. 라고 대답하니 군복 입은 시험관(배속장교)이 매우 불쾌한 표정을 하면서 '나가라'고 도어를 가리키더라고. 이는 간접으로 들었다. 이렇게 되어지이다라고 원하기는 하였지만, 과연 실지로 일생의 운명을 걸고 이처럼 대담하게 신앙고백하리라고는 기대치 못한 바이었다. 청출어람승어람이라더니 저는 성서를 배운 지 만 1년도 못 다 찼거늘 가르치는 교사보다 승함이 10배요, 세 번이나 예수를 모른다고 부인한 베드로보다 영웅이었다. 단 책임감에 견딜 수 없어 그 낙제된 원인을 신빙할 처소에 내람하니, 그는 기독의 연고로 낙제된 것이 아님을 분명히 알 수 있어 비로소 안심하였다. 저는 귓병이 있어 장래에 청진기를 사용하기에 부적당하다 하여 낙제되었으나 학술성적은 발군의 호기록이라고 하여 학교당국도 애석을 금치 못한다 하였다(1938년 4월 2일).[22]

21 위의 책, 242.

22 김정환, 『金敎臣: 그 삶과 믿음과 소망』, 78-79.

김교신과 「성서조선」

'김교신 선생' 하면 그 무엇보다도 월간 잡지 「성서조선」과 관련된 것이다. 1927년 3월 졸업 후 김교신과 그의 동지들이 귀국하게 되자 일본에서의 약속대로 「聖書朝鮮」을 발간하게 되었다. 이것이 그해 7월의 일이다.

창간호부터 제15호까지는 일본에서 신학을 공부한 정상훈이 맡아 원고 집필과 편집 등 모든 일을 맡아 하다가, 정상훈이 고향으로 이사하게 되자 1930년 5월호인 제16호부터 김교신이 주필로 책임 편집하는 개인 잡지가 되었다.

이후 12년간 이 잡지는 일제의 식민 경찰의 혹독한 검열을 견디며 계속 발간되다가, 태평양전쟁이 본격적으로 진행되던 1942년 3월, 제158호의 권두언 '조와'(弔蛙, 개구리의 죽음을 슬퍼함)가 어떤 혹한에도 살아남는 민족의 희망을 개구리의 생명력을 빌어 노래했다는 검찰 측의 해석에 의하여 폐간되었다.

이때 그는 전국의 300여 독자, 동지들과 더불어 피검되었고, 그중 함석헌, 송두용, 류달영 등 13인은 서대문 형무소에서 1년간 옥고를 치렀다. 이것이 소위 '성서조선사건'이다. 이해 10월에는 '조선어학회사건'[23]이 일어났는데, 이 두 사건은 그 본질을 같이하는 사건으로 이해될 수 있다.

김교신은 이 민족에게 가장 좋은 선물은 '한 권의 성서'라고 하면서 "성서를 조선에" 주고자 했다. 그가 꿈꾼 「성서조선」은 조선 사람 모두가 성서적 진리 위에 영적·도덕적으로 거듭나 조선의 독립[24]과

---

23 더 자세한 설명은 정성희, 『한국사 101장면』, 388-390을 참조.

인류에게 소망이 되는 삶을 사는 것이었다.

1927년 7월, 동지 5인과 함께 만든 신앙 월간지 「성서조선」은 정기 구독자가 300명을 넘지 못했다. 그리고 그들의 모임은 교회 측의 냉대 때문에 심지어는 YMCA 강당마저 사용을 거부당할 정도로 이단시 당하였다. 잡지 발행은 밖으로는 총독부의 철저한 검열, 안으로는 재정적 궁핍에 시달렸다.

그러나 「성서조선」은 한두 달을 제외하고는 약 15년 동안 158호까지 문자 그대로 월간으로 계속 간행되었다. 이것은 김교신의 집념이 이루어 낸 놀라운 일이 아닐 수 없다. 독자들은 남강 이승훈처럼 모두 당대의 일기당천의 지사에 가까운 인물들이었고, 간간이 주필 김교신을 도와 기고한 필진 역시 함석헌처럼 당대 최고의 지성인이었음을 상기할 때, 그 영향력이 얼마나 컸던가를 가히 짐작하고도 남음이 있다. 이러한 사정이 「성서조선」을 폐간으로 그리고 독자들을 감옥으로 몰고 간 진정한 이유였음을 말할 것도 없다.[25]

「성서조선」에 나오는 김교신의 글은 내용의 깊이는 말할 것도 없고, 문체의 아름다움이나 논리정연함은 사람의 심금을 울리는 명문장이다. 그가 쓴 「성서조선」 창간사를 보도록 하자.

하루 아침에 名聲이 世上에 자자함을 깨어 본 바이론은 행복스러운 자이었다. 마는, 하루 저녁에 '아무런대도 朝鮮人이로구나!' 하고 連絡船甲板을 발구른 者는 둔한 者이었다. (…) 과연 學的 野心에는 國境이 보이지

---

24 일제하에서 독립운동의 유형들을 살펴보면 다음과 같다. ① 이승만의 외교독립 방식, ② 안창호의 인격혁명 방식, ③ 김성수의 산업입국 방식, ④ 김구의 무력항쟁 방식, ⑤ 이승훈의 교육입국 방식, ⑥ 김교신의 종교(성서)입국 방식. 김정환, 『金敎臣』, 25.

25 김정환, 『金敎臣: 그 삶과 믿음과 소망』, 44.

않았다. 愛的 충동에는 四海가 胸中의 것이었다. 理想의 實現에 이르러
는 前途가 다만 洋洋할 뿐이었다. 때에 들리는 一聲은 무엇인고? '아무리
한대도 너는 朝鮮人이다!'

아, 어찌 이보다 더 無量의 意味를 우리에게 전하는 句가 달리 있으랴?
(…) 다만 동일한 最愛에 대하여서도 그 表示의 樣式이 各異함은 부득이
한 事勢이라. 우리는 多少의 경험과 確信으로써 오늘의 朝鮮에 줄 바 最
珍最切의 선물은 신기치도 않은 舊新約聖書 一卷이 있는 줄 알 뿐이로
다. (…) 그러므로 걱정을 많이 하고 所望을 한 곳에 붙이는 愚者 五, 六人
이 東京市外 杉並村에 처음으로 회합하여 '朝鮮聖書硏究會'를 시작하
고 每週 때를 期하여 朝鮮을 생각하고 聖書를 講하면서 지내온 지 半歲餘
에 누가 動意하여 於間의 所願 硏究의 一端을 세상에 공개하려 하니 그
이름을「聖書朝鮮」이라 하게 되도다. (…)

「聖書朝鮮」아, 너는 우선 이스라엘 집으로 가라. 소위 旣成 信者의 손을
거치지 말라. 그리스도보다 外人을 예배하고 聖書보다 會堂을 重視하는
者의 집에는 그 발의 먼지를 털지어다.「聖書朝鮮」아, 너는 소위 基督信
者보다도 朝鮮魂을 가진 조선 사람에게 가라. 시골로 가라. 山村으로 가
라. 거기에 나무꾼 한 사람을 위로함으로 너의 使命을 삼으라.「聖書朝鮮
」아, 네가 만일 그처럼 忍耐力을 가졌거든 너의 創刊 日字 이후에 출생하
는 조선 사람을 기다려 面談하라. 相論하라. 同志를 한 世紀 후에 期한들
무엇을 嘆할손가(1927年 7月).[26]

---

26 노평구, "『聖書朝鮮』誌 創刊辭,"『金敎臣全集 2』, 19-21. 일반적으로 창간사는 하나다. 그런데
「성서조선」의 경우 특이하게 셋이다. 창간사(1-3쪽)라는 큰 제목 아래, 세 글이 담겨져 있다. 김
교신의 "하루 아침에…", 유석동의 "앞길 뒷길 다 막힌 조선이다…", 정상훈의 "기독교의 적은 누
구인가…"가 차례대로 나오는데, 분량은 3:2:1이고, 내용으로 보아서도 김교신의 것이 단연 돋보
이므로 보통 이것을 「성서조선」의 대표적인 창간사로 친다. 김정환,『聖書朝鮮 명논설집』, 26.

필자는 뜻을 같이할 동지를 한 세기 후에 만난다 할지라도 한탄하지 않겠다는 마지막 문장에 깊은 감동을 받았다. 그래서 김교신 선생께 감히 이렇게 말하고 싶다. "「聖書朝鮮」 이후 한 세기 사람인 나를 당신의 동지로 받아주신다면 난 당신 앞에 엎드려 선생님의 문도(門徒)가 되겠습니다"라고.

김교신이 쓴 또 하나의 명문장을 보자. 이 글은 「聖書朝鮮」의 解라는 글로 '聖書와 朝鮮', '聖書를 朝鮮에', '朝鮮을 聖書 위에'라는 세 부분으로 되어 있는데, 그중에서 먼저 가운데 부분인 '聖書를 朝鮮에' 부분을 원문 그대로 여기에 옮겨보려고 한다.

사랑하는 者에게 주고 싶은 것은 한두 가지에 그치지 않는다. 하늘의 별이라도 따 주고 싶으나 人力에는 스스로 限界가 있다. 或者는 音樂을 朝鮮에 주며, 或者는 文學을 주며, 或者는 藝術을 주어 朝鮮에 꽃을 피우며, 옷을 입히며, 冠을 씌울 것이나, 오직 우리는 朝鮮에 聖書를 주어 그 骨筋을 세우며, 그 血液을 만들고자 한다. 같은 基督教로서도 或者는 祈禱生活의 法悅의 境을 主唱하며, 或者는 靈的 체험의 神秘 世界를 力說하며, 或者는 神學 知識의 조직적 體系를 愛之重之하나, 우리는 오직 聖書를 배워 聖書를 朝鮮에 주고자 한다. 더 좋은 것을 朝鮮에 주려는 이는 주라. 우리는 다만 聖書를 주고자 微力을 다하는 者이다. 그러므로 聖書를 朝鮮에.[27]

김교신의 탁월함은 「聖書朝鮮」의 解의 세 번째 부분에서 엿볼 수 있다. '朝鮮을 聖書 위에'라는 부분을 원문 그대로 옮겨보고자 한다.

---

27 노평구, 『金教臣全集 2』, 21-22.

과학지식의 土臺 위에 새 朝鮮을 건설하려는 科學朝鮮의 운동이 時代에 적절하지 않음이 아니요, 그 人口의 八割 이상을 차지한 農民으로 하여금 덴마크式 農業朝鮮을 中興하려는 企圖가 時宜에 不合함이 아니며, 기타 新興都市를 爲主한 商工朝鮮이나 思潮에 파도치는 共産朝鮮 등이 다 眞心 誠意로만 나온 것일진대 해로울 것도 없겠지만, 이를테면 이런 것들은 모두 풀의 꽃과 같고 아침 이슬과 같아서 오늘 있었으나 내일에는 그 자취도 찾아볼 수 없을 것이다. 모래 위의 建築이라 風雨를 당하여 파괴됨이 심하지 아니치 못할 것이다. 그러므로 이러한 具形的 朝鮮 밑에 영구한 基盤을 넣어야 할 것이니 그 지하의 基礎工事가 곧 聖書的 眞理를 이 百姓에게 소유시키는 일이다. 넓게 깊게 朝鮮을 연구하여 영원한 새로운 朝鮮을 聖書 위에 세우라. 그러므로 朝鮮을 聖書 위에.[28]

선생이 세상을 떠난 지 5년 후인 1950년 4월 1일에 서울 종로 YMCA 강당에서 "金教臣과 朝鮮"이라는 연설에서 류달영은 김교신의 조선 사랑, 성서 사랑에 대해 이렇게 말했다.

(…) 김교신 선생은 우리나라 福音史에 있어서 한 새로운 線을 긋고 가신 분입니다. 「聖書朝鮮」의 역사적 성격은 咸錫憲 先生님께서 말씀하신 '第二의 宗教改革'에서 자연히 그 核心에 부딪치게 될 것으로 믿고 나는 그 말씀의 素材的인 구실이 될 金教臣 先生의 생애의 몇 面을 내가 본 그대로 평이하게 말씀드려 그를 추모함과 함께 이 새로운 戰線을 달리는 基督徒의 路程에 용기를 북돋고자 하는 바입니다. (…) '金教臣' 그는 무엇이었나? 그는 뜨겁게 民族을 사랑한 사람이었고 충실하게 하나님을

---

28 위의 책, 22.

믿고 섬긴 사람이었습니다. 그의 평생의 念願은 스스로 참되게 살아보자는 것, 이 민족의 살 길을 열어 보자는 것이었습니다. 이번 강연회의 저의 演題는 '金教臣과 朝鮮'이었습니다. (…) '金教臣'이란 이름과 가장 가깝게 연상할 수 있는 것은 곧 '朝鮮'이기 때문입니다. 그러므로 金教臣에게서 朝鮮을 마이너스한다면 아마 남는 것이 별로 없게 될 것입니다. 그는 그렇게 뜨겁게 朝鮮을 사랑하다가 간 분입니다. 內村鑑三의 墓誌銘이 I for Japan; Japan for the world; The world for the Christ; And all for God입니다. 金教臣 先生에게 이에 해당하는 말이 있다면 성서와 조선 (Bible and Korea); 성서를 조선에(Bible to Korea); 조선을 성서 위에 (Korea on the Bible)라고 「聖書朝鮮」七十五號 권두文에 선생이 스스로 쓴 말씀일 것입니다. (…) '聖書와 朝鮮' 그가 이 세상에서 가장 좋아한 것은 곧 진리의 성서와 조국인 조선이었던 것입니다. 이 둘은 그의 가슴을 점령한 전부였던 것입니다. '聖書를 朝鮮에', 사랑하는 조선에 그가 주고 싶은 것이 어찌 한두 가지였으리요마는 聖書를 바로 배워 가없은 어머니의 나라 朝鮮에 이를 주어 그를 살아나게 하고자 한 것입니다. '朝鮮을 聖書 위에' 祖國을 위한 모든 건설 운동이 아침 이슬 같고 시드는 풀꽃 같고 모래 위에 樓閣을 세우는 것 같이 그에게 생각되었으므로 이 나라의 영구의 基盤工事를 聖書의 眞理로 하고 이 民族을 萬世의 반석 위에 세워 누구도 넘어뜨리지 못하도록 하자는 것입니다. 이것이 곧 金教臣의 신념이요, 人生觀이요, 또 포부의 전부였던 것입니다.[29]

---

29 노평구, 『金教臣全集 別卷』, 157-162. 칭기즈칸은 말(馬)로, 싸이는 말춤으로, 김교신은 말씀(성경)으로 세상을 바꿔보겠다는 꿈을 가졌다. 스티브 잡스는 컴퓨터로 세상을 바꿔보겠다는 꿈을 가졌다. Jim Corrigan, *Business Leaders: Steve Jobs*, 『스티브 잡스 이야기』, 123-148; 이지훈, 『혼·창·통』, 66-67.

미쳐야 통한다(發狂而通).[30] 김교신은 예수를 사랑했기에 성서에 미쳤고, 조국을 사랑했기에 조선에 미쳤다. 그래서 「성서조선」이었다. 그래서 흔들림 없이 일생을 한길로만 갈 수 있었다. 그래서 통했다. 김교신이 「성서조선」에 바친 정열은 대단한 것이었다. 낮에는 학교에서 교편을 잡고 지친 몸으로 밤이면 열심히 성서를 연구, 매월 빠짐없이 「성서조선」을 발간했다. 각종 주해서는 물론 히브리어, 희랍어, 영어 성경 등도 참고했다. 「성서조선」 발간과 병행해 그는 동인들과 함께 무교회 모임을 이끌어나갔다. 그를 곁에서 지켜본 동료 교사 이덕봉 씨는 김교신을 이렇게 회상하고 있다.

"김형은 끝까지 무교회를 지켰고 개인잡지도 「성서조선」으로 계속하여 처음 뜻을 변함없이 일관한 의지의 사람이었다. 김형은 머리를 박박 깎고 이마는 반들반들 윤이 났으며 정릉리서 양정고보까지 三十여리 길을 매일 자전거로 통근하였다. 학교에서 박물학 교사로서 하루의 일과가 끝나면 「성서조선」의 원고 작성을 비롯하여 인쇄, 발송 등의 일을 위해 동분서주하였고, 일요일에는 일요집회를 계속하면서 두 시간의 성서 강해를 하였으며, 여름과 겨울에는 특별 집회를 가졌었다. 나도 한번 청함을 받아 성서 식물의 이야기를 한 적이 있었다. 보통 사람은 도저히 견디고 계속하기 어려운 일신삼역(一身

---

30 이태형, 『미쳐야 통한다(發狂而通)』, 9-21; 천재들의 광기에 대해서는 S. Zweig, *Baumeister der Welt*, 『천재와 광기』를 참조. 쇼펜하우어는 이렇게 말했다. "천재란 모든 시대에 걸쳐 인류에게 불멸의 가치를 남긴 사람들만을 두고 하는 말이다. 그렇다고 해서 천재들의 재능이 그들에게 행복한 삶을 약속하는 것은 아니며, 오히려 그 반대인 경우가 많음을 알 수 있다. 그리고 천재들의 행동은 거의 모든 면에서 동시대와 모순되게 마련이므로, 외부 세계와의 관계가 원만치 못하다. 그런가 하면 천재는 시대라는 유성의 궤도에 뛰어든 혜성과도 같은 존재라 할 수 있다. … '광기를 지니지 않은 천재란 없다'고 단언한 아리스토텔레스의 말이나 '위대한 정신은 광기와 흡사하다'고 읊은 시인 포프(A. Pope)의 말처럼 천재와 광기는 서로 밀접한 관계가 있을 뿐만 아니라 함께 뒤섞인 측면이 있다." 안승일, 『열정의 천재들, 광기의 천재들』, 4-5.

三役)의 이러한 고된 과업을 능히 관철해 낸 것은 그의 강철같은 체력과 불굴의 의지와 깊은 신앙심의 소치가 아닌가 생각된다. (…) 일제 말기에 「성서조선」 사건으로 일경에 체포되었을 때에도 추호도 굴함이 없이 '일본인은 회개하지 않으면 망하고야 만다'고 신앙에 입각한 소신을 굽히지 않았다고 들었다. 당시는 일본이 최후발악을 하던 시기로서 자칫하면 목숨이 왔다 갔다 하는 판국에 이 얼마나 용감하고 의연한 신앙의 태도였는가! 불의에 굴하지 않고 불의와 타협하지 않고 소신을 관철한 의지의 사나이, 경골한 김교신이었다. 이런 인물이 우리 시대에 있었다는 일은 우리의 자랑이요, 고마운 일이 아닐 수 없다. 우리 주위에 김형 같지는 못하더라도 이런 삶을 배우고자 갈망하는 청년이 많아지기를 비는 마음 간절하다"[31]

김교신의 말기 활동과 죽음

1940년 3월, 경기중학교에서 다시 교직을 시작하였으나 학생들에게 민족혼을 불러일으킨 결과 불온 인물로 낙인찍혀 6개월 만에 교직에서 물러나게 되었다.[32] 1941년 10월, 개성 송도중학교에 부임하여 교육에 힘쓰다가 이듬해인 1942년 3월 '성서조선사건'에 피검되어 그의 교직 생활은 마감되었다.

1943년 3월 29일, 불기소로 출옥한 후에는 전국 각지를 순회하면서 신앙 동지들을 격려하다가 1944년 7월, 함경남도 홍남 질소비

---

31 이덕봉, "김교신 형의 인간상," 『金教臣全集 別卷』, 29-32.
32 이와무라(岩村) 교장은 해방 후 김교신을 추억하면서, 김교신의 경기중학 시절의 교육 방법이 일본의 명치유신 선각자를 많이 배출한 요시다 쇼인(吉田松陰)의 쇼카손주쿠(松下村塾)보다 더 뛰어난 것이었다고 칭찬했다. 김정환, 『金教臣: 그 삶과 믿음과 소망』, 20.

료 회사에 입사하게 되었다. 이 공장은 일본 해군의 특수군수 공장이었는데, 한국인 노무자는 약 5천 명가량이었다.

그는 일본이 패망할 날이 임박했음을 직감하고 조국광복의 날에 이 공장을 접수할 계획을 가지고 있었다. 공장에서 강제 징용당한 5천 한국 노무자들의 복리를 위해 교육, 주택, 대우 등의 처우 개선에 진력하면서 해방을 고대하였다.[33]

그러다가 김교신은 해방을 넉 달 앞둔 45년 4월 18일, 그의 마흔다섯 살 생일에 생전 처음으로 몸의 이상을 느끼고 조퇴를 했다. 병명은 발진티푸스였다. 며칠을 앓다가 4월 25일 김교신은 하나님의 부름을 받았다. 당시 번진 발진티푸스를 막아보고자 식음을 전폐하다시피 하면서 환자들의 방 안에까지 들어가 간호와 계몽에 힘쓰다가 자신마저 같은 병에 걸려 1주일 만에 하늘의 부름을 받았다.[34] 이 소식을 전해 들은 그의 동지 함석헌 선생은 통곡했다.

전인수의 표현대로, 김교신의 전 생애는 "아사셀의 양처럼"[35] 이 민족의 고난을 대신 짊어지고 광야로 나간 십자가의 삶이었다. 고다마 근로 과장이 눈물의 조사를 했다. "나는 평소 회사에서 김 계장을, 직장의 계급에서 보면 나의 부하이지만 나의 유일한 선생으로 대해 왔다. 나는 김 선생을 만나면 만날수록 그 인격에서 배우는 바가 많았다. (…) 이와 같은 존경하는 선생을 잃어서 쓸쓸하기 짝이 없다."

일본인들에게조차 그는 존경받는 조선인이고 천생 선생이었으며 진실한 신앙인이었다. 친형제 이상의 우정을 나누었던 신앙의

---

33 김정환, 『金教臣』, 168-169.

34 구미정, 『십자가의 역사학』, 124-125.

35 전인수, 『김교신 평전』, 181.

동지 '야나이하라 다다오'는 김교신의 죽음을 애도하면서 이렇게 말했다.

"나다나엘이 '참 이스라엘 사람'으로 불리워지듯 김교신은 참 조선인이었다. 씨는 조선을 사랑하고 조선 민족을 사랑하고 조선 말을 사랑했다. 그러나 씨의 민족애는 고루한 배타적인 민족주의와는 다르다. 씨는 그리스도의 복음에 의해서 신생된 조선인이었다. (…) 씨는 그리스도에 있어 자기 백성을 사랑하고 그리스도를 전하는 것으로 자신의 애국을 삼았다. 미국식의 천박한 기독교가 아니고, 불신앙의 소련 공산주의도 아니고, 더욱 세속적인 민족운동도 아니고, 권력자에 대한 영합, 협조도 아니고 순수한 무교회의 복음신앙에 의해 조선의 영혼을 신생시키고 이를 자유와 평화와 정의의 백성이 되게 하기 위해 씨는 그 귀한 일생을 바친 것이다"(矢內原忠雄, 「嘉信」 제8권, 제9호, 1945년 9월호).36

김교신의 신앙관

김교신 선생은 다석 류영모 선생의 제자였다. 그런데 종교다원주의의 길을 간 스승을 따르지 않고, 오직 성서 복음의 길로만 간 분이 김교신 선생이다. 『김교신 전집』을 낸 노평구 씨가 YMCA에서 류영모의 강의를 들으니 '석가·공자·노자·예수 등의 말씀으로 하시는 인생철학 같기도 하고 신앙적으로 싱크레티즘(syncretism, 혼합종교)이로구나'라고 생각하였다고 한다.37 이것은 맞는 말이다. 한 가

---

36 김정환, 『金教臣: 그 삶과 믿음과 소망』, 59.
37 박영호, 『진리의 사람 다석 류영모 上』, 418.

지 예를 소개하고자 한다.

다석은 기독교에서 사용하는 '하나님' 어휘 대신 '하느님' 어휘를 사용하였다. 이는 하느님(신)이 기독교만의 유일하신 하나님(신)이 아니라 모든 종교의 신(하느님)이 되신다는 의미에서였다. 그런데 김교신 선생은 당시 '하나님'을 '하느님'으로 표기하는 이들이 많아졌음을 보고 이에 반대하는 자신의 견해를 이렇게 피력했다.

'하나님'을 '하느님'으로 表記하기 시작하기는 한글 學者들의 說明에 基因한 것일 줄로 짐작되는데 사실 그렇다면 한글 채용에 대하여 保守的인 고집을 부리기로 짝없는 基督敎會가 그 믿는 神의 稱號를 變改하기에는 어찌 그리 민첩한지 놀라지 않을 수 없다. 名稱의 變更은 그 內容의 變改를 의미한다. (…) 天空을 가르쳐 '하늘' 혹은 '한울', '하눌' 등의 學者의 說明이 구구하나 우리 信仰의 對象은 空間이나 位置를 표시한 '하늘'은 아니다. 靑色의 '하늘'에다 '님' 字를 붙인 것을 우리가 믿는 것이 아니다. 만일 그렇다면 木石을 믿을 것이다. (…) '하나님'은 唯一神을 표시하는 말로서 歐美 諸國의 어휘에도 벌써 記入된 文字이요, 世界에 類例 없이 귀중한 말인데 信仰의 領域을 침범하려는 者 이는 누구인가? 半世紀의 信仰歷史를 까닭없이 매장하려는 者 누구냐?(1939년 3월).[38]

김교신과 무교회주의

김교신의 무교회주의에 있어서 가장 문제가 되는 것은 그의 교회

---

38 김교신, "하나님," 노평구, 『金敎臣全集 1』, 27-28.

론이다.[39] 그는 무교회적 신앙 때문에 한국 교계로부터 일생 동안 모욕과 박해를 받았고 이단으로 규정되기도 하였다.[40] 무교회주의자(無敎會主義者)로 불리는 김교신에 대한 사람들의 오해를 불식시키기 위해 그가 생각한 참교회는 어떤 교회인지 "나의 無敎會"라는 글을 통해 그의 교회관을 직접 들어보자.

우리가 十年에 걸쳐 內村 先生에게 배운 것은 無敎會主義가 아니요, <聖經>이었다. 福音이었다. 설령 內村 先生의 內心에는 無敎會主義란 것을 건설하며 고쳐하려는 心算이 있었다 할지라도 내가 배운 것은 無敎會主義가 아니요 聖書의 眞理였다. 그러므로 無敎會主義에 관한 曰可曰否의 辯論을 당할 때는 우리는 대개 有口無言하니 이는 우리가 전공한 部門이 아닌데 저편에서는 훨씬 熱情的으로 파고들어 연구한 문제인 듯이 보이는 까닭이다(1936년 4월).[41]

또한 김교신은 "우리의 無敎會"라는 글에서 다시 이렇게 밝혔다.

無敎會主義者의 先覺者로 世上이 인정할뿐더러 필경 自身으로도 매우 확신을 가진 이가 '無敎會主義란 敎會와의 對立 抗爭에만 그 存在 理由가 있는 것이다'고 단언하였을 때에, 우리는 '결코 그렇지 않다. 無敎會主義란 그런 천박한 것이 아니요, 그런 消極的인 것이 아니라'고 宣明하는 同時에 論者의 그 無知함을 冷笑하여 마지 못하였다. (…) 나의 無敎會

---

39 "김교신의 교회론"에 대한 자세한 연구는 신현태, "김교신의 교회론"을 참조.

40 노평구, "김교신 선생과 무교회 신앙," 「성서연구」 제222호, 2.

41 노평구, 『金敎臣全集 1』, 289.

主義란 것은 극히 廣義로, 또 精神的으로 解한다. 新舊約聖書를 貫通한 情神, 그리스도, 바울, 루터의 情神, 기독교의 情神, 과연 宇宙에 꽉 찬 正氣라고 解한다. 나에게는 無敎會主義란 것은 진정한 基督敎를 의미하는 것이요, 無敎會主義란 것은 진정한 크리스천을 의미하는 것이다. 敎會의 有無, 洗禮의 有無 등은 하등 關係 없다. 無敎會主義 곧 福音, 無敎會主義者 곧 信者이다. 나의 無敎會主義란 이런 것이요, 이 無敎會主義야말로 내가 內村 先生께서 배운 바, 最善, 最美, 最高의 것이요, 이 意味에서 '無敎會主義' 곧 '鑑三·內村'이라고 확신한다. 아니, 이것이야말로 그리스도 自身의 情神이라고 확신한다. 나의 無敎會主義는 결코 이 以下의 것이 아니다(「聖書講義」誌 五月號에서).[42]

김교신은 "무교회주의란 무엇인가?"라고 물으면서 내촌식 무교회주의를 이렇게 말한다. "내가 배운 대로는 '교회 밖에 구원이 있다'는 것이 내촌식 무교회주의의 전부이다. 이 이하도 아니요, 이 이상의 것도 아니다. 로마 천주교교회가 '교회 밖에 구원이 없다'고 할 때에, '교회 밖에 구원이 있다'고 프로테스트한 것이 루터의 종교개혁이었고 모든 신교(新敎) 교회가 구교(舊敎)로 퇴화할 때에 다시 한 번 '교회 밖에 구원이 있다'고 주창한 것이, 즉 내촌식 무교회주의란 것이다."[43]

김교신은 "나의 기독교"라는 글에서 이렇게 말했다. "우리도 예수를 믿는 사람이지 결코 무교회를 신봉하는 자가 아니다. 우리 흥미의 중심은 예수와 성서에 있는 것이요, 교회에는 있지 않다. … 교회에

42 위의 책, 303-304.
43 김교신, "內村鑑三論에 대하여," 노평구, 『金敎臣全集 1』, 324-325.

만 기독교적 구원이 있다고 고집하는 이를 만날 때에 교회 밖에도 구원이 있다고 프로테스트할 뿐이다. 교회가 그리스도교의 정도(正道)에서 탈선하였을 때에 바른 기독교를 말하려니 '무교회'라는 말을 사용하는 것이지 '무교회' 자체에도 '교회'와 마찬가지로 아무 생명도 없는 것이요, 애착할 것도 없는 바이다. 단순한 그리스도와 그 복음과 성서가 우리의 사모하는 것이다"(1936년 10월).[44]

그러면서 김교신은 "하나님 중심의 신앙으로 돌아오라"는 글에서 이렇게 말했다. "… 통히 말하면 오늘날 교회의 신앙은 죽었다. 그 정통이라는 것은 생명 없는 형식의 껍질이요, 그 진보적이라는 것은 세속주의다. 이제 교회는 결코 그리스도의 지체도 아니요, 세상의 소금도 아니요, 외로운 영혼의 피란처조차도 되지 못한다. 한 수양소요, 한 문화기관이다. 기독교는 그런 것이어서는 안 된다. 다른 종교는 몰라도 적어도 기독교만은 형식에 떨어지고 세속주의에 빠져서는 안 된다. 그리스도가 십자가에 못 박힌 것은 바로 그 형식의 종교와 세속주의를 박멸하기 위하여서가 아니었던가? … '나'를 하나님께 바치지 않는 이상 신앙은 아니다. 내 영혼이 구원 얻기 위하여, 내 인격이 높아지기 위하여, 내가 영생하기 위하여, 내 가족, 내 민족이 살기 위하여 하나님을 부르는 것은 아무리 열심히 있고 경건이 있어도 신앙이 아니다. 그는 내 재산, 내 세력을 모으려는 것보다 정도는 높을는지 몰라도 '나' 표준, '인간' 중심인 데서 변함이 없다. 그리고 이것처럼 하나님이 미워하는 것도 없다. 죄란 살인강도를 가리킴이 아니요, 하나님을 거역하고 사람이 자기 중심이 되는 것이다. 회개하지 않으면 안 된다! 오늘날의 신자는 그 거짓 신앙에서

---

44 김교신, "나의 기독교," 노평구, 『金敎臣全集 1』, 108.

330 제2부 ㅣ 카이로스: 하나님의 시간표(105년의 역사)

뛰어 나와야 한다. 그 '나' 표준의 태도를 버리고 그 문화주의 살림을 폐해야 한다. 모든 것을 다 하나님에게 돌리는 하나님 중심의 믿음에 돌아와야 한다. 불신자에게 회개를 권하기 전에 저 자신이 먼저 회개할 필요가 있다 예수는 바리새교인더러 천국 문에 서서 자기도 아니 들어가고 남도 못 들어가게 한다고 책망하였다. 오늘날 교회의 떨치지 못하는 원인은 불신자에게 있는 것이 아니요, 신자 자신에 있다. 형식주의, 문화주의의 거짓 신앙을 가지고 있는 한, 오늘날의 신자는 역시 천국문을 가로막아 서는 자다. 아아, 무서운 일이여! 저희는 속히 이 무서운 자리를 떠나야 한다. 회개하고 성령을 고쳐 받고, 성경을 고쳐 읽어! 내 뜻대로 헤매었던 탕자가 돌아옴 같이 산 신앙을 도로 찾아 하나님께로 돌아와야 한다"(1935년 12월).[45]

이런 무교회주의의 특색에 대해 박형룡 박사는 "기성교회에 대한 독선과 오해에서 출발하였다"[46]고 하였고, 민경배 교수는 "교회의 제도와 혹은 신앙의 직업화가 성서의 정신을 상실하고 비기독교화의 과정으로 김교신이 보았다"[47]고 평했다. 사실 김교신은 일본 기독교회의 분규와 대동아전쟁 참가에 호의적으로 협조한 부정적인 모습과 당시 한국교회의 교파난립, 현실도피적 신비주의, 탈민족화의 시대적 배경에 영향을 받았던 것이다.[48]

한 마디로 신앙생활에서 교회가 중요한 부분이기는 하지만 건물이나 조직으로서의 교회가 그리스도 예수보다, 하나님의 말씀인 성서보다 앞서서는 안 된다는 얘기다. 그래서 양현혜는 그의 '무교회'

---

45 김교신, "하나님 중심의 신앙으로 돌아오라," 노평구, 『金教臣全集 1』, 283-284.

46 박형룡, 『교의신학 IV』, 17-18.

47 민경배, 『한국의 기독교』, 133.

48 민경배, 『한국민족교회 형성사론』, 36-52.

는 반(半)교회이거나 반(反)교회가 아니라 '교회의 무한한 확대와 그 내재화의 개념'으로서, 한 사람의 생애가 하나님께 드려지는 예배가 되도록 하자는 '생애교회주의'로 이해되어야 한다"고 말했다.[49]

김교신과 성서 연구

김교신 선생이 성서 연구에 얼마나 진력했는가를 살펴보자. 그는 자신의 성서 연구의 결과를 「성서조선」에 연재하였는데, 그 분량은 월간지의 약 3분의 1에 해당할 정도였다. 그는 늘 최고의 권위서로 평가받고 있는 성서 주석서, 가령 마이어의 주석서, ICC 등을 참고하면서 성경을 원문으로 철저하게 읽어가는 연구 태도를 견지했다. 그러기에 그 분량도 많거니와 내용도 알차고, 더욱 문장은 쉬우면서도 흥미진진했다.

『전집』제3권은 '성서 개요'라는 제목으로 '구약성서 개요'와 '신약성서 개요'가 전 389면에 담겨 있는데, 구약성서 개요는 '성서의 대요'(11-16면)로 시작하여 창세기부터 말라기까지(16-259면) 내용 분해와 해설을 상세히 언급하고 있다. 그리고 신약성서 개요는 마태복음부터 데살로니가전·후서까지(265-389면)를 다루고 있는데, 특히 공관복음서 문제(300-310면)를 언급하고 있는 등 그의 성서 연구가 얼마나 진지한가를 엿볼 수 있다.[50]

또한『전집』제4권은 주제별 성서 연구로서 무려 444면에 걸쳐 '산상수훈 연구', '골로새서 강의', '데살로니가전서 강의', '시편 강해'

---

49 양현혜,『윤치호와 김교신』, 138-139; 구미정,『십자가의 역사학』, 114.
50 김정환,『金敎臣: 그 삶과 믿음과 소망』, 87-88.

를 다루고 있다. 특히 '산상수훈 연구'(13-252면)는 선생의 저작 중에서도 가장 알차고 문장도 특히 아름다우며, 선생이 31세 때인 1931년 1월에 시작하여 만 2년 가까이 걸려 완성한 것이다.[51] 선생은 성서의 가치를 이렇게 말했다.

文豪 카아라일은 '英國이 印度帝國을 상실하고라도 英國임에는 差別 없으나, 만일 셰익스피어의 作品을 상실한다면 英國의 英國된 所以가 소실된다'하였으나 이는 曲言도 아니요, 반드시 極論이라 할 것도 없고 著述의 價値를 오로지 맛본 자의 당연한 結論이었다. 셰익스피어의 희곡이 과연 印度帝國보다 더 큰 것이라면 단테의『신곡』은 몽블랑보다 높을 것이요, 소크라테스의『대화』는 地中海보다 깊을 것이며, 賢帝 아우렐리우스의『冥想錄』은 南阿聯邦을 덮을 것이요, 마호메트의 코란經은 아라비아 牛島보다 지날 것이며, 석가의 八萬大藏經은 印度洋을 가리우고도 넘치겠고, 孔子의 論語는 崑崙山脈의 南北平原을 덮고도 오히려 東海에 뻗칠 것이며, (…) 一卷으로써 百千의 大著作을 통솔할 만한 世界大의 책이 있으니, 그것이 곧 冊中의 책이란 바이블, 즉 新舊約聖書 한 책이다. 聖書 一卷 속에는 데칸 高原의 綿花와 간지스 河畔의 茶葉뿐이 아니라 메소포타미아의 풍요함도 그 안에 있고, 揚子江岸의 殷盛함과 미시시피 流域의 웅대함도 그 속에 함축되었으니 셰익스피어의 作品이 印度帝國보다 귀중하다 하면, 聖書 一卷은 世界 全體보다 重且大한 것이 아닐 수 없다.[52]

---

51 위의 책, 91.
52 김교신, "聖書의 大要," 노평구, 『金敎臣 全集 3』, 11-13.

1942년 3월 30일 '성서조선사건'으로 검거된 김교신이 당시 그를 취조하던 일본 경찰과 주고받은 대화의 한 토막을 보자.

문: '황국신민의 서사'를 어떻게 생각하는가?

답: '망국신민의 서사'가 될 것이다.

문: 북지(만주)사변은 어떻게 보는가?

답: 북지사변은 마치 일본이 호랑이를 올라탄 것과 같은 것이다. 이제는 타고 가도 물려 죽을 것이요, 그렇다고 도중에서 뛰어내리지도 못할 딱한 사정에 있는 것이다.[53]

당시 일경은 이 잡지의 고정 독자 약 3백 명의 가택을 수색하고 발견된 잡지는 모두 태워버리면서 이렇게 말했다. "성서조선 일당은 우리가 지금껏 잡은 많은 불량선인 중 제일 악질적인 부류다. 결사니 조국이니 하며 펄펄 뛰어다니는 놈들이 오히려 낫다. 이 일당은 종교라는 허울 속에 조선 민족의 정신을 길이 심어 1백 년 뒤 아니 5백년 뒤에라도 독립이 가능하도록 터전을 마련해 주려는 고약한 놈들이다."[54]

이들이 보기는 참으로 잘 보았다고 후에 김교신은 이 말을 회상하면서 웃었다. 그에게 있어서 감옥도 인생 최대의 대학이었고, 신앙을 단련 받는 수련장이었다. 매일 하루에 300번씩, 1년간 모두 3만 6천 500번 '주기도'를 하고, 매일 아침 빠짐없이 냉수마찰을 하며 수감생활을 하니, 유치장도 그에게는 '무교회'였다. 감옥은 민족의 괴로움

---

53 한겨레신문사, "김교신: 교회 밖에서 믿음을 찾다,"『발굴 한국현대사인물 1』, 237.

54 위의 책, 238.

을 자기 몸으로 같이 맛보는 영광된 민족교육의 자리였고, 또 조용히 사색하고 이 일 저 일 정리하여 앞날을 설계할 수 있는 여가의 시간이기도 했다.[55]

김교신은 당시 사대주의에 빠져 보수적 흐름에 기울었던 식민지 조선 기독교의 행태에 반발해 성서 연구, 민족적 신앙 그리고 외국의 교파·교리나 선교회로부터의 신앙의 독립문제를 고민한 당시로서는 극히 보기 드문 종교적 선각자였다. 이렇게 투철한 그의 민족정신은 장로회 등 기독교의 주요 교파가 굴욕적인 신사참배를 받아들인 것과는 달리, 끝내 신사참배와 창씨개명을 거부한 데서도 잘 나타난다. 그는 일인 친구에게 이 같은 총독정치가 계속 강요될 경우에는 죽음으로 항거할 각오가 돼 있다는 편지를 보내기도 했다.[56]

일본 이와나미 출판사의 편집 고문이자 사학자인 다카사키 소지는 "김교신과 성서조선"이라는 글에서 이렇게 말했다. "김교신은 민족적 기독교를 창도함으로써 일본의 조선 지배에 저항하고 조선의 독립을 위해 싸웠다. 이러한 그의 싸움은 오늘날 한국에 있어서 기독자의 민주화운동·통일운동의 원류의 하나가 되고 있다"고 지적한다. 일본의 무교회주의 신도 모리야마 고지는 그의 고려대 석사학위 논문 "우치무라 간조의 제자 김교신"에서 "김교신의 싸움은 순수한 신앙에 근거한 제국주의에 대한 항거였다"고 밝혔다.[57]

또한 『김교신 평전』을 쓴 고려대의 김정환 교수는 이러한 김교신의 신앙을 씨올을 중심으로 겨레의 역사와 그 삶 속에서 믿음과 소망

---

55 김정환, 『金敎臣: 그 삶과 믿음과 소망』, 172-174.
56 한겨레신문사, "김교신, 교회 밖에서 믿음을 찾다," 『발굴 한국현대사인물 1』, 238.
57 위의 책, 238-239.

을 키우고자 한 '민족적·민중적·토착적 기독교'라고 규정했다.[58] 김교신의 기독교를 '조선산(朝鮮産) 기독교'[59]라고 규정한 양현혜는 이렇게 말했다.

"김교신에게 '조선산 기독교'라는 것은 성서라는 보편적 진리를 조선이라는 개별적이고 구체적인 장에 서서 받아들이고(Bible and Korea), 성서의 진리를 조선의 문화와 역사의 방향성을 결정하는 사상적 원점으로서 세우는 것(Bible to Korea)에 의해, 조선을 신의 세계 질서를 대망하며 계속해 증거하는 존재로(Bible on The Korea) 형성시켜나가는, 말하자면 조선적 기독교의 존재 양식을 모색한 논리였다. (…) 이러한 논리구조를 가진 '조선산 기독교'는 구체적인 역사 현실의 장에서 기독교의 진리를 구현하려 했던 김교신의 주체적이고 실천적인 신앙의 자세였다. 그것은 불의에 의해 억압받던 민족의 역사를 창조적으로 형성함과 동시에 신이라는 절대적인 시점에 서서 민족을 상대화하려는 김교신의 민족적 아이덴티티의 표명이기도 했다."[60]

김교신의 '섭리적 민족지리관'

김교신 선생과 관련해서 우리가 또 한 가지 주목해야 할 사실은 '섭리적 민족지리관'이라는 그의 탁견이다. 그의 신앙 동지인 함석헌

---

58 위의 책, 239; 김정환, 『金敎臣: 그 삶과 믿음과 소망』, 32.
59 '조선산(朝鮮産) 기독교'라는 표현은 김교신, "聖書朝鮮의 刊行趣旨," 「聖書朝鮮」(1935. 10)에 서 처음 등장한다. 더 자세한 설명은 전인수, "김교신의 '조선산 기독교': 그 의미, 구조와 특징," 「한국기독교와 역사」 33호(2010. 9), 163-192를 참조.
60 양현혜, 『윤치호와 김교신』, 192.

선생은 1933년 2월부터 1935년 12월까지 "성서적 입장에서 본 조선 역사"를 무교회 모임에서 강의하고, 이를「성서조선」에 연재하여 그 독특한 섭리사관을 말함으로써 독자들에게 깊은 감명을 준 바 있다. 함 선생은 "한국의 역사는 '고난의 역사'다. 고난의 역사! 한국 역사의 밑에 숨어 흐르는 바닥 가락은 고난이다"[61]라고 말했다.

함 선생의 '섭리적 민족사관'[62]에 깊은 감명을 받은 김교신은 민족의 세계사적 사명, 즉 민족의 존재 이유 위에 세워진 민족의 이상을 깨우친 기쁨을 토로하기도 했다. 김교신의 '섭리적 민족(한반도)지리관'과 함석헌의 '섭리적 민족사관'의 발상은 완전히 같으며, 한 섭리사상의 두 가지 표현에 다름 아니다. 이 사상 위에 민족의 이상이 세워져야 할 것이라고 그들은 믿었던 것이다.[63]

김교신이 지리 교사로 교편을 잡고 가르칠 무렵 '한반도론'은 "나사렛에서 무슨 선한 것이 날 수 있겠느냐"(요 1:46)라는 말씀처럼 한반도에서 난 것 중 제대로 된 게 뭐 하나라도 있느냐는 식의 빈정거림이 대세였다. 일본인 학자들이야 조선을 지배하려니 억지로라도 그렇게 믿고 싶었을 것이다. 그런데 3·1운동 이후 일본의 국력이 날로 강해지고 일제의 통치는 언제 끝날지 모르는 상황이 되자 조선이 영원히 일본의 속국으로 남게 될 운명이라면 차라리 '2등 국민'의 지위를 얼른 체화하는 게 속 편하다고 생각하는 지식인이 많았다.

특히 '외국 물'을 먹었다는 엘리트일수록 체념과 동화의 속도가 빨랐다. 그 대표적인 사람이 윤치호였다. 그는 10대 후반부터 '일본

---

61 함석헌,『뜻으로 본 韓國歷史』, 72.
62 김정환,『聖書朝鮮 명논설집』, 256.
63 김정환,『金教臣: 그 삶과 믿음과 소망』, 39.

물', '중국 물', '미국 물'을 먹고 보니 조선은 점점 더 아무것도 아닌 것으로 생각했다. 단순히 가난하고 힘없는 나라가 아니라 '명예롭게 생각할만한 가치라고는 손톱만큼도 없는 암흑의 나라'였다.

자기 같이 똑똑한 사내가 이런 불명예의 나라 조선에서 태어났다는 사실이야말로 그의 수치심과 열등감의 근원이었다. 이는 그가 얼마나 일본제국이 주입한 식민지적 주체성을 열렬히 내면화했는지를 보여주는 확실한 증거다. 이렇게 철저히 사회진화론과 적자생존론의 눈으로 조선을 보았기에 그는 일제의 강점에 대해서도 조선인은 자신들의 상황을 개선시킬 능력이 전혀 없기에 일본의 지배 아래 들어가는 것이 오히려 축복이라고 여길 정도였다.[64]

이런 인식풍토에서 그리고 이런 지성 구조에 반해 김교신은 한반도를 연구해 보니 그렇지 않다는 사실을 실증적으로 보여주었다. 그래서 조선의 지리적 요소에 관한 한 우리가 불평을 토하기보다 만족과 감사를 표하지 않을 수 없다고 하였다. 조선의 역사가 고난의 역사이고, 식민지 백성으로 살아가는 것은 실은 조선 반도가 갖고 있는 지정학적 위치에서 비롯된다는 것이 김교신의 생각이었다.

김정환은 이렇게 말한다. "우리 역사를 긍정적으로 이해하기 위하여 식민사관과 맞서 싸운 단재 신채호의 민족사관은 높이 평가되고 있다. 그러나 이와 비슷한 발상을 갖는 '민족지리관'이 있었다 함을 우리는 아직 듣지 못했다. 김교신은 일개 중등학교 지리 교사로서 바로 이 민족지리관을 펴냈던 것이다."[65]

한반도는 위로는 대륙이 있고 아래로는 대양을 향해 뻗어 있는

---

64 구미정, 『십자가의 역사학』, 103-104.

65 김정환, 『金敎臣: 그 삶과 믿음과 소망』, 38.

전략적 요충지에 위치해 있다. 그래서 19세기는 한반도를 놓고 대륙 세력과 해양 세력이 충돌하였고, 그 과정에서 조선은 주변 열강들의 싸움터가 되었으며, 결국 근대화에 실패한 조선은 일본에 식민지 지배를 당했던 것이다.

김교신은 우리 민족의 높은 이상을 우리 역사와 지리의 긍정적 이해와 기독교의 섭리사관에서 이끌어 내고자 했다. 그는 한 사람 한 사람이 고유한 인격과 사명을 갖는 것처럼 각 민족 역시 저마다 고유한 '민족적 사명'을 갖는 것으로 여겼다. 이런 선생의 생각은 많은 글에서 발견되는데, 특히 "朝鮮 地理 小考"라는 명논설에서 대표적으로 볼 수 있다. 이 논설은 1) 단원, 2) 면적, 3) 인구, 4) 산악과 평야, 5) 해안선, 6) 기후, 7) 위치, 8) 결론으로 되어 있는데,[66] '7) 위치' 항목에서 김교신은 이렇게 말하고 있다.

自然 地理上에 가장 중요한 意義를 가진 要素이므로 位置를 논하는 것이 곧 結論에 이르는 일이 된다. 地球의 表面을 熱帶, 溫帶, 寒帶의 三帶로 나눌 때에 寒帶에는 거의 人類의 生活이 불가능하고, 熱帶에는 國民의 知能이 발육하기를 기대하기가 거의 無望하며, 오직 溫帶 地方에서라야만 可히 文化의 개발을 볼 수 있다 함은 世界 地圖의 彩色이 이를 증명하는 바이다. 우리 半島가 北緯 約 三三度로부터 四三度까지에 걸치어 溫帶 中에서 標式的溫帶 地域에 處하여 있음은 무한한 幸福이어니와 南半球보다 北半球의 人類 生活의 本據地에 있다 함은 二重의 祥運이라 할 수밖에 없다.

朝鮮은 極東의 中心이다. 心臟이다. 중심적 位置라는 것은 人力으로 좌

66 노평구, 『金敎臣全集 2』, 52-69.

우할 수 없는 官能을 포태하고 있는 것이다. 영국이 오늘과 같이 융성하였음은 陸半球의 中心에 位置한 것이 그 가장 중대한 素因의 하나였다 함은 地理學者의 定論이요, 大板市가 정치적 中心의 推移에 불관하고 累百年間 日本 經濟界의 女王 같은 地位를 保持하여 왔다 함은 그 位置가 결정하는 것이 사실이다.[67]

선생은 조선 지리를 고찰함에 있어서 우리 조선이 바다에 임한 동·서·남 3면은 말할 것도 없거니와 대륙에 접한 북면도 백두산과 거기서 발휘한 압록·두만 양강으로써 천연적 경계가 되어 매우 완벽한 하나의 단원을 이루고 있음을 상기시키고, 면적, 산악과 바다, 해안선, 기후, 위치의 꼭 알맞음을 세계 여러 나라와 비교하면서 논증하고 있다. 그러면서 그는 그리스 반도와 이탈리아 반도 및 덴마크 반도에 대해 언급한 후에 '結論'에서 이렇게 말하였다. 좀 길지만 원문 그대로 옮겨 보는 것도 좋을 듯하다.

上述한 바와 같이 지리적 單元으로 보나 面積과 人口로 보나 山岳과 海岸線의 地勢로 보나 이 위에 天惠로 주신 氣候로 보나 한 局面 혹은 한 舞臺의 중심적 位置로 놓인 그 待接으로 보나 朝鮮의 지리적 要素에 관한 限으로는 우리가 不平을 토하기보다 滿足과 感謝를 표하지 않을 수 없다. 이는 넉넉히 한 살림살이를 扶支할 만한 江山이요, 넉넉히 人類史上에 큰 공헌을 제공할 만한 活舞臺다.

그러나 朝鮮의 과거 歷史와 現狀을 通觀한 이는 누구든지 그 位置의 不利함을 통탄하여 마지않는다. 黃海가 大西洋만큼 넓거나 鴨綠江 저편에 알

---

67 위의 책, 63.

프스 山脈 같은 高峻한 連峯이 둘러 쌌더면, 朝鮮 海峽이 太平洋만큼이나 넓었다면 좀도 태평하였을 것을, 그렇지도 못하니 中·日·露 三大 勢力 중에 介在하여 左衝右突하는 形勢에 半萬年 歷史도 별로 寧日이 없이 지나왔다고 듣는 者로서 과연 同情의 눈물이 없을 수 없다. 그러나 이는 弱者의 悲鳴인 것을 未免한다. 弱者가 한갓 泰平을 구하여 피신하려면 天下에 안전할 곳이라곤 없다. 南美 페루國 에스파냐에 先住했던 인디안族의 首都 구스코는 우리 白頭山보다 훨씬 더 높은 곳에 있었어도 에스파냐 人들의 참혹한 侵略을 피할 수 없었고, 티베트는 海拔 四千 미터 以上의 高原에 秘藏된 나라이었으나 天下 最高의 히말라야 山脈도 이 神祕國으로 하여금 英人의 蠶食避케 하는 墻壁은 되지 못하였다. 그러므로 우리는 깨닫는다 – 怯者에게 안전할 곳이 없고 勇者에게 불안한 땅이 없다고. 무릇 生鮮을 낚으려면 물에 갈 것이요, 무릇 범을 잡으려면 虎窟에 가야 한다. 朝鮮 歷史에 寧日이 없다 함은 무엇보다도 이 半島가 東洋 政局의 中心인 것을 여실히 증거하는 것이다. 물러나 隱遁하기는 불안한 곳이나 나아가 활약하기는 이만한 데가 다시 없다. 이 半島가 위험하다할진대 차라리 캄차카 半島나 그린랜드島의 氷下에 冷藏하여 두는 수밖에 없는 百姓이다. 現世的으로 물질적으로 정치적으로 고찰할 때에 朝鮮 半島에 지리적 결함, 선천적 결함은 없는 줄로 확신한다. 다만 問題는 거기 사는 百姓의 素質, 膽力 如何가 중요한 素因인가 한다. 만일 눈을 돌려 정신적 所産, 靈的 生産의 把握에 향한다면 半島에는 특이한 希望이 있다고 할 수 있다. 유대 民族이 바빌론, 페르샤, 이집트, 앗시리아 등 强大한 勢力이 交錯한 중에 처하여 自然界의 沙漠과 峻嶺과 寒熱과 猛獸 등의 感化 이외에, 國家의 興亡盛衰에 따라 潮汐처럼 流動無常한 世界 歷史의 活舞臺에서 異邦의 自然 崇拜 같은 迷信에 빠지지 않고 능히 唯一神敎의 건전한 信仰을 把持하였던 것과 같이 半島의 百姓이 과거 半萬年의 歷史를 고요히 생각한다면 안전한 百姓과 強大한 國民으로서는 도저히 얻을 수 없는 바를 悟得함이 있을 것이다. 다른 思想이나 發明은 모르나 至高한 思想, 곧 神의 經綸에 관한 思想만은 특히 가난하고 약하고 멸시당하고 유린당하여 生來의 오만의 뿌리까지 뽑힌 者에게만 계시되는 듯하다. 이스라엘 百姓에게 福音을 위탁하기 위하여서는 저들에게서 온갖 것을 빼앗고 갖은 羞辱을 지워 주었다. 방금 隣邦에 정직한 일을 볼 수 없이 될 때에 맑은 마음을 이 百姓에게 두신 이의 要求가 무엇인 것을 우리는 그윽히 대망하지 않을 수 없다.

또한 一般 文化로 보아서 東方 古代 文明이 歐美 諸邦으로 西漸을 시작할 때에 희랍 文明의 독특한 꽃이 찬연히 피었던 것처럼 印度 西域 文明이 東漸할 때에 棧橋와 같은 東半島에서 異彩 있는 文化를 출현하고라야 以東에 光明이 傳해졌고 現今은 도리어 太平洋을 건너온 文化의 潮流가 太白山과 小白山의 縱谷을 遡及하여 白頭山麓까지 浸潤하였으니 西에서나 東에서나 모름지기 고귀한 光明이 출현하고는 이 半島가 암흑하고 있을 수 없는 處地에 위치하였다. 東洋의 凡百 苦難도 이 땅에 集中되었거니와, 東洋에서 산출해야 할 바 무슨 고귀한 思想, 東半球의 半萬年의 總量을 大熔鑛爐에 달이어(煎) 낸 엑스(精素)는 필연코 이 半島에서 찾아보리라(1934년 3월).[68]

김교신의 부활신앙

김교신 선생은 캄캄한 절망 상황 속에서도 부활의 소망을 갖고

---

68 위의 책, 66-69.

살았던 참신앙의 사람이다. 일제의 탄압으로 1942년 3월, 제158호를 끝으로 폐간되었던「聖書朝鮮」에 그는 이 민족에게 새날이 오기를 바라면서 "부활의 봄"이라는 제목으로 이렇게 노래했다.

춥지 않은 겨울이 없었건만 최근 두 해 겨울은 각별히도 추운 것 같았다. 시간에 따라 감각의 기억이 무디어졌음인가, 먼저 겨울보다 지난 겨울이 더 춥고 더 길었던 것 같다. 강과 산과 땅과 하늘까지 언 것 같을 때는 다시 봄이 올 것 같지 않았었다. 입춘을 지난 후로 추위가 더 심해졌을 때는 영원한 겨울만이 남은 것 같기도 했다. 그러나 드디어 봄은 돌아왔다. 전체가 얼음 덩어리 같은 지구 덩어리도 무르녹아 생기가 돌기 시작했다. 만물이 모두 죽음에서 삶으로 동하기 시작했다. 이렇게 확실하게 현저하게 생명으로 다가오는 봄을 어찌하여 영원히 안 올 것으로 알았던고 (1942년 3월호).[69]

「聖書朝鮮」의 폐간을 가져온 권두문 "조와(弔蛙)"는 어떤 혹한에도 견디고 살아남은 개구리의 생명력과 새봄을 대망하는 희망을 노래한 것이다.[70] 민경배는 이 '조와'가 부활신앙에 뿌리를 내린 민족애와 역사 인식에 의해 쓰인 것이라고 하였다.[71] 부활신앙을 강력히 피력한 김교신은 "基督教 信仰의 基盤-復活"이라는 글에서 이렇게 말했다.

---

69 노평구,『金教臣全集 1』, 183.
70 김정환,『金教臣: 그 삶과 믿음과 소망』, 169.
71 민경배, "김교신과 나라사랑," 17(1974. 12), 47-61.

행여나 예수에게도 勿蹤矩하던 孔夫子의 壽를 許하거나 또는 석가의 命을 빌리거나, 하다못해 毒杯를 마실 때의 소크라테스의 春秋를 許하였더라면 人間된 立場으로서 볼 만한 成功을 後世에 남겼으리라고 哀歎하거니와, 人間으로서 볼 때의 예수는 과연 夭折이요, 失敗요 殘滅이었다. (…) 이처럼 완전히 失敗 殘滅이었던 예수의 기독교가 有史以來의 最大英雄兒 나폴레옹으로 하여금 헬레나 孤島의 閑居에서 그윽히 나사렛 사람 예수의 日益漸盛해 가는 絶對勝利를 찬탄하여 마지않게 한 것은 무슨 까닭인가? 이는 예수가 죽은 지 三日만에 부활하였다는 事實 밖에는 설명할 열쇠가 없는 萬古의 수수께끼다. (…) 다소의 사울이 十字架의 福音을 전달하기 위하여 당시 文化 世界의 首都인 로마에까지 捕囚의 몸으로 끌려 다니기를 自願하게 된 一大變革이란, 즉 다메섹 途上에서 부활하신 예수를 만나본 체험이었다.

生前에 學派도 없었고 門閥도 없었고 社會와 抗爭할 만한 團體도 조직함이 없었고 後事를 의탁할 만한 弟子도 양성한 것이 없이 三十 靑年으로 夭折하여 事半 途中에서 아침이슬 같이 철저히 敗北하였던 예수가 十字家 後 不過 一世紀에 벌써 當時의 全文明 世界인 로마帝國을 정복하였고, 불과 二十世紀인 오늘날에 全世界에 君臨하여 일찍이 저 自身의 예언한 대로 萬王의 王으로 靈界를 다스리게 되었으니, 이는 復活이라는 열쇠가 아니고는 해명할 수 없는 萬古의 비밀이다. 信者든지 不信者든지 基督敎는 理論이나 思索으로 조직된 것이 아니요, 復活이라는 事實 위에 세워진 宗敎인 것을 인식할 것이다. 그러므로 '基督敎의 基盤은 復活이라는 事實'이다(1936년 4월 12일 復活節述).[72]

---

72 김교신, "기독교 신앙의 기반 - 부활," 노평구, 『金敎臣全集 1』, 184-186.

이 장을 마치면서

『김교신 평전』을 쓴 김정환은 김교신을 이렇게 말한다. "근세 한국의 정신사에 길이 남아야 할 선각자 중에서 김교신 선생처럼 평생을 교육의 장을 지키면서 민족의 교사, 민중의 교사, 젊은 영혼들의 교사 그리고 평신도의 교사로 일관한 사람이 있을까? 이분이야 말로 한국의 흙으로 빚어져 한국의 흙을 디디고 살다 한국의 흙으로 돌아간 사람이다. 김교신은 진정한 한국인이며, 이분의 기독교가 진정한 한국의 기독교다. 한 인물의 평가는 관뚜껑에 못을 박고 난 연후에 시작되어야 한다는 말이 있다. 죽음과 더불어 의미가 없어져 버리는 사람이 있는가 하면, 죽은 다음에 그 삶의 의미가 더욱 음미 – 평가되는 사람, 아니 평가되어야 할 사람이 있다. 필자가 소개하고자 하는 김교신은 분명히 평가되어야 하는 사람에 속한다."[73]

해방을 넉 달 앞둔 김교신 선생의 갑작스러운 죽음! 선생이 떠난 후 4개월이 채 안 돼 해방을 맞이했다. 이때 친구 함석헌 선생은 친구 김교신을 그리워하며 "아, 김교신! 아, 김교신!" 하며 김교신이 없는 해방된 조국을 한탄했다. 왜 하나님은 그를 그렇게 빨리 데려간 것일까? 필자는 이렇게 생각해 보았다.

첫째, 거짓 애국자들이 난무하는 해방 공간에서 일생을 참 애국자로 살았던 선생을 그 거짓에 속하지 않도록 앞서 데려가신 것이다. 둘째, 함석헌을 비롯한 대부분의 제자들이 스승인 다석 류영모 선생을 따라 종교다원주의의 길로 갔을 때 김교신은 성서에 입각한 참 기독교도로 남도록 그를 일찍 데려간 것이다. 셋째, 가장 중요한 뜻

---

73 김정환, 『金教臣』, 17.

은 하나님의 주권적 섭리 속에서 윤동주처럼 대일본제국의 군국주의를 끝장내는 대속적 죽음으로서의 만종(晩鐘)의 뜻이 있는 것이 아니겠는가.

김교신의 한평생은 일제 강점기라는 묵시문학적 박해상황에서 민족의 살길이 '성경 한 권'을 붙드는 데 있다고 외치며, '부활 신앙을 안고 십자가의 길을 걸어간 생애'였다. 그는 '조선산 기독교'를 세우고자 몸부림쳤고, '섭리적 민족지리관'을 통해 한반도의 중요성을 역설한 선각자였다. 그런 의미에서 그는 단순히 기독교 지도자만이 아닌 진정으로 '민족의 사표(師表)'였다.

이런 말로 이 장을 마치고자 한다. "인생은 '한 선생을 갖는 것'이라면, 난 한 선생을 가졌노라고. 그 선생은 김교신 선생이라고." 그 선생이 내게 주신 가장 좋은 선물을 나 또한 세상에 주고 가고 싶다. "성경을 조국에! 조국을 성경 위에! 예수 그리스도를 온누리에!"

제3부

일본 내부 준비 35년
(1840~1875년)

● ● ●

C. 일본의 근대화와 조선의 복음화(1840~1860년)

D. 일본의 개화와 조선의 미망(1860~1875년)

제5장
일본 근대화의 서곡
: 아편전쟁 및 페리 함대 내항

<단가 5>

당신은 누구십니까?

나는 '예수 그리스도의 명마(名馬)'입니다.

이 장을 시작하며

일본의 근대화는 보통 1868년 메이지유신과 함께 시작된 것으로 본다. 19세기가 끝나갈 무렵, 일본은 성공한 것처럼 보였다. 전 세계 모든 비유럽 국가들을 장악한 유럽 제국주의의 손아귀에서 벗어난 나라는 일본을 빼면 태국과 에디오피아 정도였다.

하지만 일본의 성공은 거기에 그치지 않았다. 일본은 스스로 해외에 식민지를 만들고 선진 중공업과 현대식 군대를 갖춘 제국주의 열강이 되었다. 그러나 안타깝게도 45년 뒤, 일본은 그 '성공'의 대가로 전쟁에서 패하고는 정치적 독립성을 잃어버려 지금까지도 완전히 되찾지 못하고 있다.

도쿠가와 막부 시대 동안 일본이 어떻게 진화해 왔는지를 들여다보지 않고서는 19세기의 그럴듯한 성공도, 뒤이어 닥친 20세기의 재앙도 이해하기 어렵다. 그것이 바로 역사가들이 도쿠가와 막부가 공식적으로 성립된 1603년을 1868년보다 더 중요한 분수령으로 보는 이유다. 둘 중 하나를 고르라면 1603년이 더 중요하다.

도쿠가와 시대는 그래서 보통 '중세'가 아닌 '전근대'로 분류되는데, 그 까닭은 그해부터 일본이 근대 국가 시스템의 핵심적인 특징을 도입했기 때문이다. 그 특징이란 바로 공권력을 사용할 수 있는 특권이 중앙 정부에만 주어졌다는 점이다. 즉, 국가의 정치권력이 국가보다 하위인 단위(영주 혹은 번)나 국가를 초월하는 지위(천황)가 아닌 일국의 정부 단위에서 행사된다는 점이었다. 그리하여 1603년을 기점으로 중앙집권화된 국가권력을 위협하는 세력은 없어졌다.

또한 1603년은 일본이 세계사의 거대한 흐름으로부터 의도적으로 스스로를 격리시키기 시작한 해라는 점이 중요하다. 막부는 이웃 국가들로부터가 아니라 유럽, 그중에서도 유럽 종교로부터의 격리(은둔)를 원했다. 16세기만 해도 군사, 정치, 기술, 경제와 같은 분야에서 유럽 국가들과 대등한 국력을 가졌던 일본이 19세기 중반에는 일부 핵심 분야에서 뒤졌다. 하지만 일본의 은둔은 매우 독특한 민족 문화를 발전시켰다.[1]

---

1 R. T. Murphy, 『일본의 굴레』, 86-88.

서양 문물과의 접촉

일본이 '남만인'(南蠻人)이라 부르던 서양 사람과 처음 접촉한 것은 1543년이었다. 그해 정크선 한 척이 다네가시마(種子島)에 도착했는데, 이 배에는 포르투갈 상인이 타고 있었다. 당시 섬의 다이묘(영주)는 15세의 도키타카였다. 그는 포르투갈인에게 거금을 주고 뎃포(鐵砲)라 불리는 화승총 두 자루를 2천 냥에 구입했다. 현재의 원화 가치로 환산하면 10억 원이다.

2천 냥이라면 200명 군대를 1년 동안 유지할 수 있는 엄청난 금액이다. 도키타카는 화승총을 구입한 후 도검 제작자에게 이 희한한 문명의 이기(利器)를 복제하라고 명했고, 도검 장인 '야이타 킨베'(八板金兵衛)는 화승총을 분해한 다음 역설계하여 동일하게 제조했다. 또한 화약 제조법도 배워 그가 완성한 화약은 그 성능이 세계 최강이었다.[2]

1581년 네덜란드는 스페인으로부터 독립을 선언했고, 1588년 영국은 스페인 무적함대를 격파했다. 그 후 세계사는 재해권을 확보한 네덜란드와 영국의 독무대였다. 1595년 네덜란드는 인도에 진출하여 향료무역을 개시하면서 막대한 부를 축적했고, 영국도 런던 상인들이 중심이 되어 1600년 동인도회사를 설립했다. 이에 자극받은 네덜란드 정부는 1602년 세계 최초의 주식회사인 네덜란드 동인도회사를 설립하고, 이 회사에 동양 무역 독점권을 부여했다.

세키가하라 전투가 벌어졌던 1600년, 네덜란드 무역선 리프더호가 규슈 오이타현 우스키에 도착했다. 도쿠가와 막부 제1대 쇼군

---

2 김용삼, 『지금, 천천히 고종을 읽는 이유』, 25-26.

도쿠가와는 "서양 오랑캐에게 배울 것이 많다"면서 서양 학문을 대대적으로 받아들였다. 도쿠가와는 리프더호의 선원인 영국인 윌리엄 애덤스를 수도 에도(도쿄)로 불렀다.

애덤스는 도쿠가와에게 수학과 세계 지리, 세계 각국 사정을 설명하고 영국식 선박 건조법을 전수했다. 도쿠가와는 오다 노부나가 못지않게 해외 문물에 관심이 많았고, 해외 사정에 의식이 깨어 있는 인물이었다. 그는 외국인들을 외교와 무역 분야 고문으로 임명하고 네덜란드·영국과 무역을 추진했다.

구교(천주교)의 나라 포르투갈이나 스페인과 달리 신교(개신교)의 나라 네덜란드는 종교 전파나 영토 획득에 관심이 없는 사람들이라는 인식을 심어주는 데 성공했다. 막부는 1636년 나가사키 앞바다에 데지마(出島)라는 인공섬을 만들었는데, 이후 데지마는 난가쿠(난학)의 성지가 되었다. 데지마는 해외로 열린 바람구멍이었다.

쇄국정책에도 불구하고 일본은 난가쿠를 통해 근대 의학과 자연과학기술을 적극 수용했다. 나가사키를 비롯 전국 곳곳에 개설된 난가쿠학교에서 공부한 학생이 3,000명이 넘었다. 난가쿠 학자들이 소개한 서구의 자연과학 지식과 기술·서양의학은 일본에 근대과학 정신과 실증적 방법론을 전해 주었다. 막부 말기에는 난가쿠를 통해 근대성의 핵심 본질을 깨달은 사무라이들이 정치 변혁의 주도적 역할을 담당했다.[3]

---

3 위의 책, 31-38.

위기감의 차이

아편전쟁이 있었던 1840년부터 운양호 사건이 있었던 1875년까지 35년 동안 조선은 서양에 대한 아무런 지식이나 정보를 갖지 못해 위기에 대처할 아무런 준비를 하고 있지 못한 반면, 일본은 그동안에 축적된 서양에 대한 지식과 정보를 바탕으로 차근차근 내실을 다져갔다. 일본은 35년(1840~75) 동안 해외 진출(조선 침략)을 거의 마칠 정도로 근대화를 위한 내부 정비를 착실히 다져갔다.

그러니까 근대화 과정에서 일본과 조선의 차이는 '위기감의 차이'라고 말할 수 있다. 서양 국가들이 동아시아로 밀려 들어오고 있던 19세기는 국가의 존망을 좌우할 위기의 시대였다. 이때 위기를 제대로 인식하고, 잠에서 깨어난 일본은 개국파이든 쇄국파이든 치밀하게 고민하고 치열하게 싸우면서 위기에 따른 대책을 철저히 준비했다.[4]

그러나 조선은 위기를 제대로 인식하지 못했다. 그래서 아무런 대책도 마련하지 못한 채 허송세월만 보내고 있었다. 이는 일본과 조선이 서양에 대한 지식과 정보의 차이가 낳은 결과라고도 할 수 있다. 그럼 1853년 근대 일본의 서막을 알리는 페리 내항이 몰고 온 충격으로부터 이야기를 시작해 보자.

---

4 박훈은 "일본은 어떻게 서양 문물을 그렇게 신속히 받아들일 수 있었는가?"에 대한 대답으로 "과장된 위기의식"이라고 표현했다. 더 자세한 설명은 박훈, 『메이지유신은 어떻게 가능했는가』, 53-99을 참조.

페리 함대 내항의 충격

동로마제국이 멸망(1453)한 지 꼭 400년이 되는 1853년 6월 3일(양력 7월 8일) 오후, 당시 일본의 수도였던 에도 앞바다 요코하마 근처 우라가(浦賀)항에 온통 까만색으로 칠한 흑선(黑船, '구로후네') 4척이 나타났다. 돛대에는 미국의 성조기가 힘차게 펄럭이고 있었다. 이 사건을 접한 일본인들은 충격 그 자체였다.

평화스러웠던 어촌 우라가는 삽시간에 전쟁이 벌어진 것처럼 불안에 떨었다. 노약자들을 피신시키고 가재도구를 챙기는 등 큰 소동이 벌어졌다. 도쿠가와 이에야스로 시작된 에도 막부(1603~1867)는 250년간 외부 세계와 문을 닫고 태평세월을 구가했다. 그 태평세월에 종지부를 찍은 사건은 불과 4척의 조키센, 즉 증기선이었다. 일본 근대화의 새벽은 그렇게 시작되었다.[5]

미국 극동함대 소속 페리(Matthew Perry) 제독이 이끌고 온 이 흑선이 우라가만을 휘젓고 다닌 열흘 동안, 에도 시민들은 호기심에 가득 차서 흑선을 구경하느라 몰려들었다. 그 인파 속에 일본의 근대사를 바꾼 세 청년이 있었다. 23세의 요시다 쇼인(1830년생)과 같은 조슈번 소속의 상급 사무라이 가쓰라 고고로(후에 '기도 다카요시'로 개명, 1833년생) 그리고 유신의 풍운아였던 사카모토 료마(1835년생)가 그들이었다. 이때의 충격으로 이들은 일본의 근대화에 투신했고 메이지유신의 주역이 되는 데 주도적인 역할을 하게 되었다.[6]

상황을 지켜보던 막부는 페리와의 접촉을 결정하였고, 페리는

---

5 이광훈, 『조선을 탐한 사무라이』, 55-58.
6 위의 책, 64.

6월 9일 구리하마(久里濱, 현 요코스카시)에 상륙하여 필모어 대통령의 친서를 전달하면서 미국과의 통교를 요청하였다. 그리고 미국의 요구를 거부할 경우에는 무력을 사용하겠다고 위협한 후, 다음 해 봄에 다시 내항할 때까지 답변을 준비해 놓을 것을 요구하고는 6월 12일 일본을 떠났다. 페리의 첫 방문은 큰 충돌 없이 끝났으나 페리의 등장은 일본 사회에 큰 충격과 파장을 불러일으켰다.

페리가 돌아간 후 막부는 그의 요구를 놓고 심각한 고민에 빠졌다. 6월 15일에 페리 내항을 조정(朝廷)에 알리고 7월 초에는 당시 수석 노중(老中)이었던 아베 마사히로(阿部正弘)는 회의를 소집하고 다이묘(大名)와 막부 관리들에게 국서 처리에 대한 의견을 물었다. 그때까지 상의하달(上意下達)의 일방통행식 명령 체계만 존재하던 막부 체제에서 중지를 모으는 이러한 회의는 파격적인 조치가 아닐 수 없었다.

그러나 개국론과 양이론이 충돌하는 가운데 의견통일은 쉽지 않았다. 막부는 전쟁을 피하기 위해서는 페리의 요구를 수용할 수밖에 없다는 개국론을 취한 반면 고메이(孝明) 천황과 대부분의 다이묘들은 오랑캐인 서양 세력을 쫓아내야 한다는 양이론이 강했다. 그러는 사이에 페리 함대가 다시 찾아왔다.

1854년 1월 14일, 페리는 7척의 군함을 거느리고 약속대로 다시 에도만에 나타났다. 흑선의 재등장에 에도만은 떠들썩했지만, 공포심은 이전보다 약해졌고 구로후네를 구경하느라 인산인해를 이루었다. 마침내 막부는 페리의 군사적 위협이 심각하다고 판단해 교섭에 응하기로 결정했다.

총 4회에 걸쳐 진행된 회의 결과 3월 3일에 미일화친조약(가나가와[神奈川] 조약)이 체결되었다. 조약의 주요 내용은 에도만 입구인 시모다(下田)와 홋카이도의 하코다테(箱館) 2개 항을 개방하고, 미국 영사를 시모다에 주재시키며, 필요에 따라 미국 선박에 연료와 물을 공급한다는 내용이었다. 이를 시작으로 막부는 다른 서양 국가들과 유사한 조약을 차례로 체결했다.[7]

아편전쟁이 가져온 충격

수운 선생은 아편전쟁의 소식을 전해 들으면서 〈권학가〉에서 말하기를 "하원갑 경신년에 전해오는 세상 말이 요망한 서양적(西洋賊)이 중국을 침범해서 천주당 높이 세워 거 소위 하는 도를 천하에 편만하니 가소절창 아닐런가"라고 하였다. 서양 세력은 새로운 상품시장을 찾아 그리스도교를 앞세워 동양을 침범한다고 믿었다. 뜻대로 안 되면 무력을 앞세워 강제로 문을 열게 만들어 상품시장으로 만들어갔다. 그 좋은 본보기가 저 유명한 아편전쟁(阿片戰爭)이었다. 아편전쟁은 영국이 저지른 제국주의적 침략의 본보기였다.[8]

당시 서양은 영국이 패권을 장악하고 있었다. 가장 먼저 산업혁명에 성공한 영국은 자본주의적 대량생산 체제와 더불어 강력한 해군력을 보유한 세계 최대의 군사 강국이 되었다. 그리하여 월등한 생산력과 해군력을 지닌 영국은 19세기 초부터 대량으로 생산된 제품을 판매할 시장과 원료를 확보하기 위해 해외 식민지 개척에 나서게 되었다. 영국은 18세기 후반 산업혁명을 지나면서 인도산 면화를

---

7 함동주, 『천황제 근대국가의 탄생』, 20-23.
8 표영삼, 『동학 1』, 61-62.

싼값에 수입해 저렴한 면제품을 기계로 대량 생산하여 인도에 다시 수출해 막대한 이윤을 거두었다.

그런 후에 영국은 거대한 시장인 중국 대륙에 눈을 돌렸다. 그런데 18세기 말 중국산 차(茶)가 대량으로 영국에 수입되면서 당시의 국제화폐였던 은이 대량으로 중국으로 빠져나가자 영국은 이에 대한 대처방안으로 인도산 목화와 아편을 중국에 판매하기 시작했다. 이렇게 시작된 영국의 아편 수출은 차츰 중국 인민들을 아편중독에 빠지게 했고, 그와 더불어 은의 유출이 심각한 경제문제로 대두하게 되었다.9

그러자 1839년 청나라 조정은 린져쉬(林則徐)를 꽝져우(廣州)에 파견하여 밀수된 아편을 몰수하는 한편 아편 수입금지 조치를 단행하였다. 영국 정부는 이 사건을 중국의 문호개방을 위한 기회로 삼고자 1840년 아편전쟁을 일으켰다. 이 전쟁은 월등한 군사력을 앞세운 영국의 일방적 승리로 끝났고, 양국은 난징조약(南京條約)을 체결하였다. 이 조약에서 청나라는 홍콩을 영국에 할양하고 상해와 광동 등 5개 항을 무역항으로 개항하고, 거액의 배상금을 지불하는 불평등조약을 맺게 되었다. 아편전쟁은 19세기 후반 서양 제국주의의 동아시아 지배의 전초전적 성격을 갖는 매우 중요한 사건이다.10

거대한 대륙의 나라인 청나라가 유럽의 작은 섬나라인 영국에 패한 아편전쟁에 관한 소식은 일본 막부에도 전해졌다. 그동안 쇄국정책으로 일관한 막부는 이 소식을 듣고 경악했다. 일본도 중국과

---

9 함동주, 『천황제 근대국가의 탄생』, 25-26. '아편전쟁'에 대한 자세한 설명은 장영빙·범위, "The Opium War," *The History and Civilization of China*, 188-189.

10 박한제 외, "1·2차 아편전쟁(중영전쟁)," 『아틀라스 중국사』, 172-173.

같은 운명에 처하게 될지도 모른다는 우려에서였다. 아편전쟁의 결과 중국에 시장을 확보한 영국이 다음으로 노리는 곳은 일본일 것이 분명했기 때문이었다. 그렇다면 아편전쟁은 일본의 개국에 어떤 영향을 미쳤을까?

첫째, 미국이 동아시아에 적극적인 관심을 가져왔다는 점이다. 당시는 북태평양에서 포경업이 활발하게 이루어지던 때이기도 해서 미국의 입장에서는 일본을 미국 선박의 중간 기착지 및 보급로 조달지로 활용하는 방안을 찾고 있던 중이었다. 이는 영국이 중국 시장에 관심을 집중하여 일본에 별다른 흥미를 갖고 있지 않았던 것과 달리 미국이 일본 개국의 첫 조약 당사국이 된 것은 결코 우연이 아니었다. 그런 점에서 조선도 첫 개국 상대가 미국이 될 수 있었는데, 그 기회를 놓친 것이 커다란 아쉬움으로 남는다.

둘째, 아편전쟁을 보고 막부가 서양의 군사적 위협을 확인하는 결정적 계기가 된 점이다. 그 결과 페리 함대에 대한 일본의 군사적 열세를 우려하여 개국의 단안을 내리는 데 중요한 근거가 되었다.[11] 그런데 여기서 짚고 넘어가야 할 중요한 사항이 있다. 막부의 개국 결정은 단지 아편전쟁에 의해 이루어진 것은 아니다. 그보다도 막부가 쇄국체제를 유지하면서도 해외정보 수집에 심혈을 기울여 온 결과였다. 이 점이 조선과 전혀 달랐다. 그 과정을 좀 더 자세히 살펴보자.

근대화에 박차를 가한 에도 막부

에도 막부는 서양과의 무역을 금지하는 쇄국을 단행했지만, 네덜

---

11 함동주, 『천황제 근대국가의 탄생』, 26-27.

란드만을 예외로 두었다. 막부는 기독교 포교 활동을 하지 않고 오직 상업 활동만 하겠다는 조건으로 나가사키(長崎) 앞바다에 인공섬 (1636)으로 만든 데지마(出島)에 네덜란드인들을 거주시키고, 무역을 할 수 있는 상관(商館)을 설치하였다. 이 상관은 그 후 2백여 년간 일본의 유럽 해외 무역 창구 역할을 한 셈이다. 그리고 네덜란드 상인들은 일본에 서양 문물과 정보를 전해 주는 통로 역할을 했다.

막부는 네덜란드 선박이 나가사키 항에 입항할 때마다 '네덜란드 풍설서'(オランダ 風說書)라는 해외 정보를 담은 보고서를 1842년부터 매년 제출하도록 했고, 아편전쟁 이후에는 더 상세한 정보를 담도록 요구하였다. 이와 같은 정보 수집으로 페리 제독이 올 것도 미리 알았다.[12] 쇼군(將軍)은 네덜란드인을 1년에 한 번씩 에도(江戶, 동경)에 초청해서 서양 사정을 듣기도 했다.[13]

러시아 표트르 대제가 핀란드만에 위치한 상트 페테르부르크를 항구로 건설하여 유럽으로 나가는 창으로 삼았던 것처럼 조선도 1885년 영국군이 일시적으로 지배한 적이 있는 여수 근처의 거문도 나 부산 영도 끝의 태종대를 서구 문물을 받아들이는 창구로 사용했으면 어떠했을까 하는 아쉬움이 남는다.

막부는 서양에 대한 정보 수집에 적극적이었다. 1811년에는 서양 서적 번역을 위해 '번서화해어용'(蕃書和解御用)을 설치하고, 일류 학자들을 모아 백과사전 등 서구 서적의 번역물을 간행하게 했다. 또한 나가사키를 통해 유입된 '난방의학'(蘭方醫學)이 처음으로 실제

---

12 1853년에 미국의 페리 제독이 일본에 오리라는 것을 미리 알려준 1852년의 풍설서가 특히 유명하다. 김시덕, 『동아시아, 해양과 대륙이 맞서다』, 149.
13 함동주, 『천황제 근대국가의 탄생』, 27-29.

적인 효과를 보인 것이 천연두 예방접종인 우두법이다. 1858년 에도에는 종두소가 세워졌고, 이 종두소가 도쿄대학 의학부의 전신이 되었다.

난학에 미친 대표적 두 사람

'난학에 미친 사람', 즉 '난벽'(蘭癖) 영주 가운데 '나베시마 나오마사'(鍋島直正)라는 인물이 있다. 그는 1830년 17세의 나이로 사가번의 영주에 올랐는데, 당시에 사가번은 막부 직할시였던 나가사키의 경비를 담당하고 있었다. 나베시마는 도자기의 유럽 수출로 활로를 찾았는데, 나베시마가 불러 모은 도공은 임진왜란 때 조선에서 포로로 잡혀간 이삼평과 그의 후예들이었다.

그는 일본을 서양의 침략으로부터 지켜내기 위해서는 서양의 최신 과학기술을 따라 배우는 것이 최선이라는 결론을 내렸다. 그는 번의 자금으로 고도칸(弘道館)이란 교육기관을 설립하여 청년들에게 서양의 최신 과학기술을 교육시켰다. 그것만으로는 부족하다고 판단한 그는 1851년 난가쿠 교육기관인 난가쿠료(蘭學寮)를 개교했다. 이때부터 나베시마는 '난벽 영주'로 불렸다.

아편전쟁이 터져 중국 남부가 쑥대밭이 되었다는 소식을 접한 나베시마는 서양 무기의 국산화가 시급하다고 판단했다. 그는 즉시 화술방(火術方)이란 무기연구소, 정련방(精鍊方)이란 이화학연구소를 설치했다. 여기에서 서양식 무기와 증기기관, 화약, 전신기 등의 국산화에 돌입했다.

무기의 대량생산을 위해서는 근대식 용광로가 필요하다고 생각한 나베시마는 1852년 반사로(反射爐)라는 근대식 용광로를 자체 개발하여 고품질 강철을 생산했다. 반사로에서 생산된 강철로 근대식 대포를 제작하여 자신들의 방어를 맡고 있는 나가사키 수비대에 배치했다.

1853년 페리 함대의 구로후네(黑船) 등장으로 일본 사회가 발칵 뒤집혔을 때, 나베시마는 즉각 네덜란드에 증기선 군함을 주문했다. 이 배가 네덜란드에서 건조되는 동안 그는 정련방에서 서양 기술을 도입하여 증기 엔진을 만들고, 그 엔진을 장착한 일본제 증기선을 개발했다. 당시 사가번의 군사력은 세계 최강인 프러시아에 필적할 정도였다.[14]

나베시마가 반사로를 개발하여 강철 생산을 시작하자, 이웃한 사쓰마번의 영주 '시마즈 나리아키라'(島津齊彬)는 정신이 번쩍 들었다. 그 또한 '난벽 영주'로 불렸던 개명한 지도자였다. 시마즈는 "나베시마가 했으니 우리도 할 수 있다. 제철을 연구하라"고 명했다. 그는 사가번의 화술방, 정련방을 벤치마킹하여 자기 사저 뜰에 슈세이칸(集成館)이란 근대식 산업기지를 설치하여 대포를 주조하였다. 그리고 탄약을 만드는 공장, 조선소와 유리공장, 방적공장 등 근대적 공업단지를 가고시마에 건설하였다. 이곳에 근무하는 종업원이 1,200명이나 되었다.

근대화를 위해서는 무엇보다도 사람이 급선무였다. 시마즈는 사쓰마의 발전을 위해 도움이 되는 인재는 신분 따위를 완전 무시하고 파격적으로 발탁했다. 하급 무사인 사이고 다카모리, 오쿠보 도시미치 같은 인재의 발굴은 시마즈의 용인술 덕분이다.

---

14 김용삼, 『지금, 천천히 고종을 읽는 이유』, 43-45.

에도 막부가 미국과 화친조약을 체결하고 문화를 개방한 1854년, 시마즈는 근대식 대포 16문을 탑재한 370톤짜리 군함을 건조하여 막부에 기증했다. 1868년 메이지 시대가 개막될 무렵 나베시마, 시마즈 같은 개명된 리더들의 헌신적인 노력 덕분에 일본의 군사력은 서양 열강 세력의 중상위권 정도로 발전해 있었다.

조슈, 사쓰마, 사가번이 주요 도자기 산지가 된 이유가 있다. 바로 이 세 개의 번이 도쿠가와 막부 시절 전국의 266개 번 중에서 가장 부유하고 강한 세력을 형성하고 있었다. 이들은 임진왜란 때 가장 많은 병력을 동원하여 조선 침략에 앞장선 번들이다. 이들은 조선에서 도공들을 포로로 잡아다가 도자기 산업을 일으켰다. 이들은 세키가하라 전투 당시 도쿠가와에게 맞섰던 서군 세력이었다. 그 때문에 도쿠가와 막부에는 악감정을 품고 있었다. 이러한 감정이 결국 도쿠가와 막부를 타도하고 메이지유신으로 향하는 기폭제가 되었다.[15]

막부의 해방강화책

18세기 말부터 서양 선박이 일본 근해에 빈번히 등장하면서 국방강화를 주장하는 '해방론'(海防論)이 대두되었다. 이는 서양 열강의 등장에 대한 위기감의 발로였다. 특히 미토번의 유학자 '아이자와세이시사이'(會澤正志齊)는 서양의 접근에 대한 위기의식을 강조하면서 1825년에 『신론』(新論)을 저술하였다. 이 책에서 그는 서양 오랑캐를 물리치기 위해서는 천황을 중심으로 한 지배계급의 통합 방책을 제시했다.

---

15 위의 책, 45-47.

이러한 해외정보 중에서도 아편전쟁 소식은 충격적이었다. 영국의 일방적 승리 소식이 전해지면서 위기의식이 고조되면서 군사적·정치적 대비를 해야 한다는 주장이 제기되었다. 더구나 영국이 일본을 공격할 것이라는 네덜란드 상선의 정보까지 도착했다. 막부의 책임자인 미즈노 타다쿠니(水野忠邦)는 1842년 외국선박의 접근에 대해 무력 퇴치를 명한 기존의 방침을 대신하여 물과 땔감을 주어 퇴치할 것을 명령하는 온건책을 채택했다. 그러나 쇄국 입장을 고수한 막부는 해역 강화 필요성을 절감하여 해방을 전담할 '해방괘'(海防掛)를 설치했다.

막부의 해방강화책은 페리 내항을 계기로 다시 도입되었다. 개혁적 성향의 막부 책임자 아베 마사히로(阿部正弘)가 해방론의 주장들을 채택했다. 1853년 9월에는 대형선박 건조금지령을 해제했으며, 에도 경비 강화를 위해 시나가와 등에 해안경비 포대를 설치했다.

또한 1854년에는 대포나 소총과 같은 무기 제조 공장을 축조하고, 서양식 해군 창설을 위해 나가사키에 해군전습소(海軍傳習所)를 개설한 뒤 네덜란드 해군사관을 초빙해서 선박 제조와 항해술 등 서양식 해군 양성에 필요한 교육을 실시했다. 이 같은 군사력 강화책과 함께 서양 관련 지식을 습득할 수 있도록 1856년 번역 사무실을 설치하여 서양 서적을 번역하였다. 이때 발행된 대표적 서적으로는 『해국도지』(海國圖志), 『만국공법』(萬國公法) 등이 있다.[16]

---

16 함동주, 『천황제 근대국가의 탄생』, 28-30.

미일수호통상조약

미일화친조약이 진행되는 과정에서 막부는 적극 개국론과 소극 개국론으로 나뉘어져 의견일치가 쉽지 않았다. 그러나 페리 제독의 후임으로 부임한 주일 총영사 타운젠드 해리스(Townsend Harris) 는 1857년 10월에 에도에 올라와 쇼군을 알현하고, 통상을 요구하였다. 막부는 해리스의 개국 요구를 수용하기로 결정하고, 다음 해인 1858년 2월 25일에는 미일수호통상조약의 체결을 약속하였다.

조약체결이라는 중차대한 과제를 부여받은 대로(大老) '이이 나오스케'(井伊直弼)는 해리스의 독촉을 못 이겨 천황의 칙허 없이 미국과의 통상조약을 체결하였다. 1858년(안세이 5년) 6월 19일, 막부의 대표가 시나가와 앞바다에 정박한 미국의 포하탄호 선상에서 조약에 조인하였고, 22일에는 이 사실을 다이묘들에게도 알렸다. 동시에 막부 책임자인 '홋타 마사요시'(堀田正睦)를 해직시키고 '마나베 아키카쓰'(間部詮勝)를 노중(老中)으로 등용하였다.

미일수호통상조약에 따라 개항장이 5개로 늘어나고, 에도와 오사카가 개시장(開市場)으로 정해졌다. 그 외에 양국 간의 비준서를 워싱턴에서 교환하기로 정해짐에 따라 1860년 막부 최초의 해외사절단이 파견되었다. 미국과의 조약체결 후 막부는 네덜란드, 러시아, 영국, 프랑스의 압력에 이들과의 통상조약을 연이어 체결했다 ('안세이 5개국 조약').[17] 서구 열강과의 이러한 조약체결은 존왕양이파들의 격렬한 반발을 불러 일으켰다. 나오스케의 독단적 조치는 당시의 혼돈기에 누군가는 맡아야 했던 '역사의 악역'이었다.[18]

---

17 위의 책, 30-32.

안세이 대옥(安政大獄)과 그 여파

막부의 결정에 대한 비판 움직임은 천황과 측근 귀족들, 유력 다이묘와 일반 무사들에 이르기까지 광범위한 계층에 걸쳐 나타났다. 통상조약 조인 소식에 크게 노한 고메이 천황은 이를 문책하는 무오(戊午)의 밀칙을 미토번에 내려 반대운동을 촉발시키고자 했다. 이러한 천황의 움직임은 일찍이 유례가 없는 정치개입이었다.

또한 미토번의 '도쿠가와 나리아키'(德川齊昭)를 비롯한 유력 다이묘들이 에도성에 직접 등성하여 조약체결을 비판하며 결정 번복을 요구하기도 했다. 일반 무사들 사이에서는 존왕양이론이 확산되었고, 조슈번의 요시다 쇼인은 존왕양이론을 주장하면서 막부 고위관리를 암살하려는 계획을 세우기도 했다. 이러한 움직임은 막부 전제권에 대한 도전으로서, 막부 권위가 예전만 못하다는 사실을 드러냈다.

따라서 막부는 먼저 강경탄압책을 통해 도쿠가와 체제의 재정비를 꾀했다. 이것이 유명한 '안세이 대옥'(安政大獄)이다. 이때 존왕양이파의 본거지였던 교토에서 피의 숙청을 진두지휘한 사람이 나오스케의 측근이었던 '마나베 아키카쓰'(間部詮勝)였다. 나오스케는 1858년부터 다음 해에 걸쳐 100명이 넘는 존양양이파 지사들을 처형하고 개혁파 다이묘와 가신들에게 은거, 근신 또는 가택연금, 유배 처분을 내리는 초강경 조치를 취했다.[19]

안세이 대옥이 지나간 1860년은 조선의 역사만이 아니라 일본의

---

18 이광훈, 『조선을 탐한 사무라이』, 121.

19 함동주, 『천황제 근대국가의 탄생』, 33-34.

근대화에 있어서 대단히 중요한 한 해다. 하나는 1860년 1월, 미국과의 조약에 따라 양국 간의 비준서를 교환하기 위해 막부 최초의 해외 사절단(총 77명)이 미국으로 출발했다. 이 사절단에는 이미 언급한 일본 근대사에 큰 족적을 남긴 후쿠자와 유키치가 포함되어 있었다. 이때 경험한 일본인들의 해외 견문은 서양관 변화에 큰 역할을 가져오게 되었다.

또 하나는 막부의 최고책임자인 '이이 나오스케의 암살'에 따른 막말의 정치적 격변이다. 1860년 3월 3일, 탄압의 주역이었던 이이 나오스케가 에도성에 들어가는 길에 사쿠라다몬(櫻田門) 밖에서 미토번 출신의 존왕양이파 낭사 17명과 사쓰마번의 1명 등 18명의 낭인에게 암살당하는 사건이 벌어졌다('사쿠라다몬 밖의 변'). 이 암살은 일본 근대 역사에서 하나의 분기점이 되었다. 막부는 이후 정국의 주도권을 빼앗기고 내리막길을 걷다가 7년 뒤에 왕정복고를 수용하고 해체되었다. 그러니까 일본의 개국은 단순한 문호개방에 그치지 않고, 막부 체제의 약화라는 국내의 정치 위기로 확대되었다.[20]

여기서 주목할 점은 일본의 개국이 기존 정치 체제의 급속한 이완과 새로운 도전 세력의 성장으로 귀결되었다는 점이다. 바로 이 점이 난징조약(1842) 체결 이후에도 청 왕조의 별다른 변동이 없었던 중국이나 강화도조약(1876) 이후 개화파의 개혁적 시도가 별다른 성과를 얻지 못했던 조선의 경우와 결정적 차이를 보이고 있다는 점이다.[21]

---

20 이광훈, 『조선을 탐한 사무라이』, 157-158.
21 함동주, 『천황제 근대국가의 탄생』, 38.

가톨릭(천주교)에 대한 첫 반응과 탄압

에도 막부는 200년 이상을 엄격한 쇄국으로 일관했다. 가장 큰 이유는 그리스도교 전파를 막기 위해서였다. 일본에 기독교가 전파된 것은 1549년 8월, 예수회 창립자의 한 사람인 스페인 신부 프란시스코 자비에르(Francisco Xavier, 1506~52)에 의해서였다.[22]

사람을 죽이고 도망쳐 온 일본인 야지로(弥次郎)를 포함한 일본인 세 명, 그 외의 동양인 두 명 등 모두 8명으로 이루어진 일행으로 말라카를 거쳐 야지로의 고향인 가고시마에 상륙했다. 그들은 야지로의 친척들과 영주인 시마즈(島津) 가문 등으로부터 환영을 받으며 순조롭게 출발했다. 자비에르 일행은 가고시마에서 약 1년을 머물며 선교활동을 했다. 가고시마 영주는 포르투갈과의 무역을 위해 가톨릭 선교를 허용했다.[23]

예수회 신부 자비에르가 일본에서 포교하기 시작한 이래 천주교는 규슈 지역 곳곳으로 전파되어 노부나가 정권 말기인 1580년경 신자 수가 약 30만 명을 헤아리게 되었다.[24] 1580년 일본 최초의 세례를 받은 천주교 다이묘인 '오무라 스미타다'(大村純忠)는 자신의

---

22 류광하, 『에도 시대를 알면 현대 일본이 보인다』, 21.

23 나카무라 사토시, 『일본 기독교 선교의 역사』, 44-45.

24 가톨릭 성장비결에는 몇 가지 요인이 있었다. 첫째, 자비에르의 인격과 신앙과 삶이 본보기가 되었다. 그는 심한 추위와 배고픔도 아랑곳하지 않고 전진했다. 거친 환경 속에서도 고난 받으려는 자발성과 의지, 두려움 없이 복음을 선포하는 열심, 삶에 대한 그의 태도가 일본인들에게 깊은 인상을 주었다. 둘째, 자비에르의 설교이다. 그는 주저하지 않고 길가에 서서 일본인의 세 가지 큰 죄악인 우상숭배, 남색, 낙태에 대해 비난했다. 그는 영주들 앞에서도 이런 죄악을 비난했다. 셋째, 백성들은 오랜 내전으로 가난과 정신적 고뇌에 빠져 있었으나 기존의 종교는 아무런 희망도 주지 못했다. 이런 상황에서 예수회 신부들은 세례를 받으면 죽은 뒤에 바로 천국으로 들어간다고 약속하며 그들에게 천국의 소망을 주었다. 유기남, 『일본선교』, 76-77.

영내에 있던 나가사키를 예수회 교회령으로 기부했다. 나가사키는 이내 '작은 로마'라고 불렸다.[25]

그런데 중세적 질서의 막내인 도요토미 히데요시와 신질서의 장자인 도쿠가와 이에야스에게 공통점이 있다면 바로 가톨릭교도에 대한 반감이었다. 이는 서양 문명을 등에 업고 16세기 중기 이후로 괄목할 만한 성장을 보이던 가톨릭 세력을 견제하고, 특히 단단한 결속력을 보이는 가톨릭교도 장군들을 정권에 대한 위협으로 간주해야 한다는 데에서 두 사람의 견해는 일치했다.[26]

1582년 정권을 잡은 히데요시는 처음에 예수회에 대해 우호적이어서 기독교를 보호하고 무역을 활발하게 하는 정책을 취했다. 그러다가 정치적인 음모가 있다며 예수회를 의심하기 시작하더니 1587년 갑자기 기독교 금지령을 내렸다. 이어서 5개 조의 '바테렌(선교사) 추방령'을 발표했다. 그 제1조에는 일본이 예로부터 신의 나라(神國)임을 선언하고, 기리스탄 국가가 사법(邪法, 사회에 해를 끼치는 그릇된 종교)을 일본에 들여온 것은 옳지 못하다고 단언했다. 또한 일본에 체류하고 있는 모든 선교사는 지금부터 20일 이내에 일본을 떠나야 한다고 알렸다.[27]

그런데 임진왜란이 한창이던 1596년 히데요시를 경악케 하는 사건이 발생했다. 에스파냐의 식민지였던 필리핀 마닐라를 출발해서 멕시코로 향하던 '산 펠리페'(San Felipe)호가 일본 근해에서 침몰했다. 그런데 그 배에 실려 있던 하물을 지역을 관할하던 장군이

---

25 나카무라 사토시, 『일본 기독교 선교의 역사』, 81-83.

26 김시덕, 『동아시아, 해양과 대륙이 맞서다』, 215.

27 나카무라 사토시, 『일본 기독교 선교의 역사』, 76-77.

압수하자 선원들이 "에스파냐가 일본을 식민지로 만들어 버릴 것이다"라며 협박을 한 것이다. 이 사건이 히데요시의 심기를 건드렸고, 마침내 일본 내에 있는 가톨릭교도 체포령이 내려졌다. 그 가운데 26명[28]을 1597년 2월 5일 나가사키에서 처형했다. 이 사건은 일본의 국가 권력으로 야기된 최초의 대규모 가톨릭 순교였다.[29]

이 사건에 이어서 히데요시는 그해 8월 재차 조선을 침공하였다(정유재란). 이 전쟁은 598년 8월 18일 히데요시가 죽으면서 그해 12월에 전쟁이 끝났다. 그는 62세로 세상을 떠나면서 이런 한 구의 유언시를 남기고 갔다. "이슬처럼 떨어졌다 이슬처럼 사라지는 게 인생이런가. 세상만사 모두가 일장춘몽이로세."[30]

나가사키 26명의 성인 순교 등의 박해는 있었지만, 기독교 선교는 여전히 전체적으로 묵인되고 있었으며, 1600년경에는 약 60만 명의 기리스탄 인구를 헤아렸다. 그즈음 일본 인구는 약 2,500만 명으로 추산되므로 실로 인구의 2.4%에 이른다. 1600년 도쿠가와 이에야스(德川家康)는 세키가하라 전투에서 승리하면서 1603년 정이대장군에 올랐고, 그 후 260년 이상에 걸친 이에야스 시대가 시작되었다. 이에야스는 기본적으로 기독교를 자신의 일본 지배와 양립할 수 없는 것으로 생각하고 금제의 방향을 명확히 해갔다.[31]

이에야스는 1613년 말 전국에 기독교 금지령을 내리고 기독교를

---

28 26명 가운데 6명은 프란치스코 선교사, 예수회 회원은 3명, 신도 17명이며, 그 가운데 3명은 12-13세 어린이였다. 그들은 후일 가톨릭교회에서 시성(諡聖)되어 성인으로 추앙되었다.

29 김시덕, 『동아시아, 해양과 대륙이 맞서다』, 216-217. 순교자의 신상에 대한 자세한 사항은 김시덕, 『일본인 이야기』, 280-284를 참조. 처형 형장이었던 나가사키의 니시자카(西坂) 공원에 대해서는 강귀일, 『숨은 그리스도인의 침묵』, 47-53을 참조.

30 양은경, 『일본사를 움직인 100인』, 249.

31 나카무라 사토시, 『일본 기독교 선교의 역사』, 90.

철저하게 탄압하기 시작했다. 1년 뒤 148명의 신자가 마닐라로 추방되었다. 그 후 17세기 중반까지 반세기에 걸쳐 피로 물든 처참한 박해와 순교 역사가 전개되었다. 1619년 교토에서는 60여 명의 기독교인이 화형당하였고, 1624년에는 다섯 명의 성직자가 작은 바위섬에 있는 화형터에서 죽었다.

1624년부터 1628년에는 나가사키 시장이 극악한 사형 방법을 채택했다. 한 지도급 외국 신부는 다섯 시간 동안 거꾸로 매달린 끝에 주님을 부인하고 말았다. 1614년부터 1635년까지 28만 명의 신자들이 신앙 때문에 박해를 받은 것으로 간주된다. 혹독한 박해가 있은 뒤, 수천수만의 형식적인 신자들이 변절하여 불교로 귀의했다. 그러나 1,500명 정도의 신자들은 순교의 피를 흘리며 죽어갔다. 이렇게 해서 17세기 말, 일본 전역에는 표면적으로 기독교가 자취를 감추게 되었다.[32]

특이할 사항은 1637년 가을, 규슈의 시마바라(島園)반도와 아마쿠사(天草)섬에서 격렬한 농민 반란이 일어났다. 영주들의 가혹한 세금 착취에 반발하여 농민들이 봉기했다. 이를 '시마바라의 난'이라고 한다. 이 지방은 예로부터 천주교 신앙이 깊이 뿌리내린 곳이기에 농민들은 십자가 깃발 아래 굳게 단결되어 있었다. 도키사라(四郞時貞)를 중심으로 3만 7천 명의 반란군은 12만 4천 명의 막부군을 상대로 4개월간에 걸친 치열한 싸움을 벌였고, 결국 진압되어 모두 참수당했다.[33]

---

32 유기남, 『일본선교』, 79.
33 김희영, 『이야기 일본사』, 424-425. '기리스탄 농민봉기의 현장, 시마바라와 아마쿠사'에 대한 더 자세한 설명은 강귀일, 『숨은 그리스도인의 침묵』, 106-145를 참조.

시마바라·아마쿠사의 농민봉기 이후 도쿠가와 막부는 1639년 그리스도교 선교 활동에 적극적인 구교도(가톨릭교도)인 포르투갈인들을 모두 추방하였다. 1641년에는 신교도(개신교도)인 네덜란드인들을 선교하지 않는 조건으로 나가사키의 데지마(出島)에 국한하여 무역을 허용하고, 그 후 2백여 년간 쇄국을 단행했다. 기존 체제를 유지하는 데에 있어 종교란 이렇게 무서운 것이었다.

에도 막부는 시마바라의 반란을 계기로 그리스도교 탄압에 나섰다. 그 까닭은 일본은 전통적으로 봉건적 신분사회였는데, 그리스도교가 일본의 사회 구조를 뒤흔들만한 세력으로 성장하자 위협을 느꼈기 때문이다. 선교사나 천주교도를 신고하는 자에게는 포상금을 주고, '후미에'(踏み絵)라 하여 예수나 성모 마리아 그림을 밟고 지나가도록 하여 밟지 않으면 기독교 신자라 간주하여 처형하였다. 농촌에선 5인조라 하여 5가구를 한 조(組)로 묶어 서로를 감시하게 하는 등 온갖 탄압을 가함으로써 기독교 신자는 거의 소멸되었다.[34]

에도 막부 시대의 그리스도교 금지정책은 다음과 같은 네 가지이유 때문이다. 첫째, 봉건사회를 지탱하는 엄격한 신분제도 하에서 그리스도교는 유일신 앞에서의 '만민평등사상'을 말하고 있다는 점, 둘째, 당시 일본 지배층은 가문을 계승하기 위해 일부다처제를 인정한 반면 그리스도교는 일부일처제를 기본으로 하고 있다는 점, 셋째, 일본 무사도는 할복에 따른 죽음을 미화하며 가치 있는 죽음이라고 강요한 반면 그리스도교는 자살은 하나님께서 주신 생명을 부정하는 큰 죄가 되기에 자살 금지를 말하고 있다는 점, 넷째, '일본은 신의 나라'라는 사상, 즉 '신국사상'에 따른 권력자들의 신격화를 행하고

---

34 류광하, 『에도 시대를 알면 현대 일본이 보인다』, 22-23.

있는데, 그리스도교는 이를 철저히 배격한다는 점이다.35

기독교는 기존 질서에 위배되는 집단, 즉 정치적·사회적 질서를 파괴하는 '적'이라는 판단이 깔려 있었다. 그래서 '시마바라의 난'에 대한 가혹한 진압에서도 볼 수 있듯이, 에도 막부는 기독교에 대해 일본 역사상 가장 잔인한 형벌을 가했다. 그 까닭은 국가 권력의 종교에 대한 증오와 더불어 공포가 그 저변에 깔려 있었기 때문이다.36

한편, 16~17세기 일본을 둘러싼 유럽의 정세에서는 가톨릭 국가 (포르투갈·스페인) 對 프로테스탄트 국가(네덜란드·영국)의 갈등뿐 아니라 예수회와 프란치스코회 같은 가톨릭 수도회 간의 갈등도 치열했다. 어떤 의미에서 일본에 있던 유럽인들의 이러한 종교적 분열 덕분에 일본이 대응할 여유가 생겨서 유럽의 식민지가 되지 않았다고 할 수도 있다.37

프로테스탄트(개신교) 선교 초기 역사

스티븐 니일에 따르면 19세기 들어와 "개신교는 비로소 세계적인 종교로 발돋움하는 데 성공하였다."38 18세기에 일어난 깊은 영적 각성이 복음주의적 선교열로 무장하여 지구 모든 곳에 복음을 전파하였다. 39 일본에 프로테스탄트의 복음이 전해진 19세기는 선교역사가 케네스 라투렛(K. Latourette)이 '위대한 세기'(the Great Century)40 라고 부를 정

---

35 나카무라 사토시, 『일본 기독교 선교의 역사』, 91-93.

36 야스마루 요시오, 『천황제 국가의 성립과 종교변혁』, 41-43.

37 김시덕, 『일본인 이야기 1』, 276-277.

38 Stephen Neill, *A History of Christian Mission*, 243.

39 Ruth A. Tucker, 『선교사열전』, 135.

도로 유럽과 미국 프로테스탄트 교회에 비약의 세기였다. 프로테스탄트 교회의 세계 선교가 열기를 더해가는 가운데 오랫동안 닫혀 있던 일본은 서구의 많은 기독교인에게 뜨거운 기도의 대상이었다.

일본에서 개신교 복음 선교의 선구자로 들 수 있는 사람은 우리나라에도 온 카를 귀츨라프(1803~51)이다. 그는 중국 선교에 크게 활약한 인물이기도 하지만 일본 선교에서도 간과할 수 없는 인물이다. 1803년 독일에서 태어난 그는 중국 전도에 힘쓰는 한편 조선, 대만, 일본 등 주변 나라들에도 관심을 가지고, 1832년부터 이듬해까지 배로 여행을 했다. 그 여정 가운데 1832년 8월에 류큐 나하에 들렀다. 당시 류큐 왕국은 사쓰마번의 지배 아래 있었고, 기독교는 금교(禁教)였다. 그는 일주일 동안 나하에 머물며 사람들과 교류하며 한역(漢譯) 성서를 배포하고는 나하를 떠났다. 이것이 일본에서 프로테스탄트 선교의 여명이다.

중국으로 돌아간 귀츨라프는 그 후에도 일본 선교에 관심을 기울여 요한복음과 요한의 세 서신을 일본어로 번역하여 1837년에 싱가포르에서 출판했다. 이것이 프로테스탄트 최초의 일본어역 성서다. 1837년 7월, 귀츠라프와 선교사 새뮤얼 윌리엄스(S. Williams, 1812 ~84)는 모리슨호를 타고 일본 표류민 7명을 일본에 데려다주려고 우라가항에 입항을 시도했다. 그러나 외국 선박 퇴치령에 따른 일본 측의 포격을 받고 되돌아갔다. 결국 귀츨라프는 1851년 일본의 개국을 보지 못하고 47세로 세상을 떠났다. 그를 계승한 사람이 버나드 베텔하임(B. Bettelheim, 1811~70)이다.[41]

---

40 Kenneth S, Latourette, *The Great Century: North Africa and Asia, vol.6 of A History of the Expansion of Christianity*, 445.

1845년, 베텔하임 부부와 두 자녀는 홍콩에 도착했는데, 거기서 귀츨라프의 영접을 받았다. 그는 귀츨라프의 소개로 일본 표류민을 만나 그들에게 일본어를 배웠다. 여기서 귀츨라프에게서 베텔하임 에게로 일본 선교의 바통이 넘겨졌다.

1846년 5월, 베텔하임 가족은 나하에 입항했다. 그들은 나하의 고쿠쿠지(護國寺)를 거처로 8년 남짓 거기서 지냈다. 입국한 지 반년 후에는 거리에서 설교했고, 집집마다 종교 책자를 배포했다. 그러나 기독교 전도를 엄격히 금하고 있던 류큐 조정은 그의 전도를 거부하 고 혹독한 박해를 가했다. 그러나 그는 굽히지 않고 저항하며 온갖 방법으로 전도와 의료 활동을 했다.[42]

1853년 일본 개국의 큰 사명을 띤 페리 함대는 일본 본토에 오기 전에 나하에 입항했다. 그때 류큐에서 가장 효과적으로 페리에게 협력한 사람이 베텔하임이다. 그는 페리에게 류큐와 막부에 대한 자세한 정보를 전해 주었다. 훗날 일본 개국에 성공하고 미국으로 귀환할 때 페리 제독은 베텔하임과 그의 가족을 배에 태워 함께 귀국 했다. 베텔하임은 사복음서, 사도행전 및 로마서를 류큐어로 번역했 다. 그의 가장 큰 공헌은 우두 접종을 소개한 것이다.

1853년 7월, 페리 제독은 흑선으로 불리는 증기선 4척을 거느리 고, 미국 대통령 필모어(M. Fillmore, 1800~74)의 친서를 갖고 우라 가에 내항했다. 경건한 기독교 신자인 페리는 일본 개국을 선교의 문호를 여는 영광스러운 사명이라고 생각했다. 그는 미·일 교섭 통역관으로 모리슨호를 탔던 윌리엄스를 기용했다. 개국 교섭은 난

---

41 나카무라 사토시, 『일본 기독교 선교의 역사』, 115-118.
42 위의 책, 119-120.

항을 거듭한 끝에 1854년 미일화친조약을 체결함으로써 결실을 맺었다.

또한 열렬한 기독교인이었던 타운젠드 해리스는 1856년부터 1862년까지 초대 주일공사로 머물며 미·일 외교관계의 토대를 놓았다. 그는 이렇게 말했다. "지금이야말로 일본의 잔혹한 기독교 박해에 처음으로 타격을 가할 수 있다. 하나님의 축복으로 내가 일본인과 교섭에 성공한다면, 나는 미국인을 위하여 일본에 교회를 세울 권리와 기독교 신앙의 자유를 과감하게 요구할 생각이다. 나는 후미에 관습의 폐지도 요구할 것이다. (…) 기독교 복음을 다시금 일본에 널리 알리는 겸손한 매개자가 될 수 있다면 내겐 영광이고 행복일 것이다."

여러 차례의 난항 끝에 1858년 마침내 미일수호통상조약이 체결되고, 하코다테, 니가타, 요코하마, 고베, 나가사키가 개항되었다. 그 조약 제8조에 해리스의 염원이던 재일외국인의 신앙의 자유가 보장되었다. 이 조항에 기초하여 구미 선교사들은 아직 금교 아래 있던 일본에 건너오려는 뜻을 갖게 되었다.[43]

서양의 발견

일본 사회에 커다란 충격파를 던진 아편전쟁과 페리 내항에 따른 개국의 의미를 정리해 보자. 일본학자 '가노 마사나오'(鹿野政直)는 막말(幕末)에 첨예하게 대립한 존왕양이(尊王攘夷)와 개국좌막(開國佐幕)이라는 두 노선은, 결국 그들 스스로도 의식하지 못하고 또 도모

---

43 위의 책, 120-124.

하지도 않았지만 공통된 두 시각을 키우고 있었다고 말한다. 하나는 '서양의 발견'이고, 다른 하나는 '일본의 발견'이 그것이다. '일본의 발견'은 다음 항목으로 미루고, 여기서는 '서양의 발견'에 대해서만 살펴보자.

'서양의 발견'이란 서양을 알고자 하는 기풍이 생겼다는 말이다. 1853년과 그 이듬해 러시아 군함과 미국 페리 함대를 타고 밀항을 시도하려다가 실패한 요시다 쇼인으로 하여금 그 같은 행동을 하게 한 것은 "오랑캐의 사정을 자세히 알지 못하면 어찌 오랑캐를 물리칠 수 있으랴" 하는 절박감 때문이었다.

쇼인의 제자로서 존양파로 유명한 '구사카 겐즈이'(久坂玄瑞)는 스승 쇼인이 처형당하는 1859년 가을 무렵 "서양이 도리어 병약한 사람, 어린아이, 가난한 사람을 구제하는 기관에 힘을 다한다"는 것을 알고 서양을 배우지 않으면 안 된다고 말했다.[44]

중국에 대한 인식의 전환

'서양의 발견'은 중국에 대한 인식의 전환으로 이어졌다. 그 전환점이 된 것은 '아편전쟁'(1840~42)이었다. 전쟁에 관한 정보는 속속 일본에 전해졌고, 중화(中華)가 패배했다는 소식은 일본에 충격을 안겨 주었다. 특히 청국의 학자이자 아편전쟁에 참가한 위원(魏源)이 쓴 『해국도지』(海國圖志)는 해상방위(海防) 사상에 근거해 저술한 책으로 본국 이상으로 일본에 큰 파문을 불러일으켰다.

요시다 쇼인도 감옥에서 이 책을 넣어줄 것을 형에게 부탁하면서

---

44 가노 마사나오, 『근대 일본사상 길잡이』, 21-23.

조성되고 있는 위기감에 대해 "앞의 차가 넘어진 것은 뒤의 차에 경계가 된다"라는 말을 했다. '태평천국의 난'(1851~64)도 역시 일본 사회에 큰 관심을 끌었다.

중국에 대한 인식의 전환은 중국에서의 견문도 실마리가 되었다. 서양과 만난 여행 경험과 중국과 만난 여행 경험을 통해 얻은, 둘 사이의 압도적 격차는 서양인이 중국인을 소나 말처럼 보는 '우마관'(牛馬觀)에서 선명하게 드러났다.

상해(上海)를 여행해 본 '시부자와 에이이치'(澁澤榮一)는 중국이 중화를 자임하는 태도는 '자기 스스로 대단하게 여기는' 존대자자(尊大自态)에 지나지 않는 것으로 여기게 되었다고 토로했다. 이 시기는 일본이 기존에 가지고 있던 중국 이미지에 대한 커다란 인식의 전환 시기라고 말할 수 있다.[45]

이 장을 마치면서

먼저 기억해야 할 것은 일본의 막부 체제하의 쇄국정책과 대원군의 쇄국정책의 결정적인 차이다. 일본의 막부 체제는 그리스도교 금지라는 측면에서 쇄국정책을 취했지만, 외부 세계로부터 배울 수 있는 것은 모두 배우려는 대양이(大洋夷), 즉 서양 근대과학과 기술 문명에 대해 상당한 개방성을 가졌다. 이에 반해 대원군의 쇄국정책은 외부 세계로부터 아무것도 배우려고 하지 않는 소양이(小洋夷), 즉 서양 것에 대한 무조건적인 쇄국정책이었다는 점에서 둘 사이에는 결정적인 차이가 있었다.

---

45 위의 책, 29-30.

다음으로 일본 근대화 과정에서 선각자로 지칭되는 자들(요시다 쇼인, 후쿠자와 유키치)은 아편전쟁 및 페리 내항에 따른 서양 문명의 힘, 즉 눈에 보이는 군사력에 의한 충격을 심각하게 느꼈다. 반면에 또 하나의 서양 문명의 힘, 즉 눈에 보이지 않는 기독교 사상의 힘, 예수 복음에 의한 충격을 경험하지 못했다. 이것이 그들의 불행이요 한계였다. 사도 바울처럼 예수 복음을 만난 충격46을 받았다면 군국주의적 내셔널리즘에 빠지지는 않았을 텐데 말이다.

---

46 더 자세한 설명은 Peter Kreeft, 『예수충격』, 9-188을 참조.

제6장
조선 복음화의 서곡
: 한민족 디아스포라 시작

<단가 6>

홍수환 선수에게 비장의 무기인 '한 방'이 있다면,

내게도 비장의 무기인 '한 방'이 있다. -그리스도 예수-

이 장을 시작하며

1840년 아편전쟁으로부터 1875년 운양호 사건까지 전 세계가 자국의 이익을 위해 제국주의, 침략주의에 광분하고 있을 때 조선은 국제 정세가 어떻게 돌아가는지 거의 알지 못한 채 깊은 잠을 자고 있었다. 이때 조선은 '소년 왕들의 시대', 즉 순조(1800~34, 11세 즉위), 헌종(1834~49, 8세 즉위), 철종(1849~63, 19세 즉위), 고종(1863~1907, 12세 즉위)의 시대였다.

어린 고종을 대신해 10년 동안 섭정(1863~73)을 한 대원군은 한반도가 세계사 속에 들어가 있다는 사실을 전혀 고려하지 않았다. 그는 외세의 침략을 막는 길은 오직 쇄국정책을 강화하는 길이라는 '위정척사적 세계관'에서 벗어나지 못했다. 거기에다 '천주교 박해'라는 엄청난 종교탄압을 자행하면서 '한민족 복음화'의 길을 막고 있었다.

근대화 이전의 조선의 자화상

조선의 역사 시계는 1637년 삼전도의 항복과 명나라가 멸망한 1644년에 정지되었다. 그 결과 동시대에 쉬지 않고 문명의 시계를 돌려 국부를 쌓고 국력을 축적한 청나라·일본에 크게 뒤졌다. 19세기 말에 이르면 조선과 일본·중국과의 국력 차는 상상할 수 없을 정도로 크게 벌어졌다. 조선이 19세기 말에 일본보다 30여 년 개항 시기가 늦어져 일본의 식민지가 되었다는 주장은 역사적 사실과는 크게 다른 착각이다.

청의 관료 마건충(馬建忠)은 조선에 와서 체험한 구한말의 모습은 "땅은 기름지나 물자가 부족해 유통되지 않고, 상업이 발달하지 않아 국민이 빈곤하다"고 말했다. 조선이 침체된 이유는 상업이 발달하지 못했기 때문이라고 했다. 상업의 침체는 조정의 정치적 무능 때문이고, 조선의 퇴화는 사농공상(士農工商)의 신분 구조 때문이다.

"공자 왈, 맹자 왈" 하며 글줄이나 읽는 성리학자들이 통치하는 조선은 '먹물(문인)들의 천국'이었다. 무지막지한 쇄국·폐쇄정책이 수백 년 지속되면서 조선의 경제는 질식 상태, 산업은 황무지 상태였다. 관리들의 수탈과 가렴주구(苛斂誅求)에 속수무책으로 노출된 백성들의 생활 수준은 세계 최악의 빈곤 상태에서 헤어나지 못했다.[1]

대원군 이전의 '소년 왕들의 시대'

19세기 세계사의 주인공은 영국과 러시아였다. 19세기 내내 영국과 러시아는 오스만튀르크 제국(발칸 반도), 페르시아 제국(중앙아시아), 청(동아시아) 쇠퇴에 따른 공백을 서로 먼저 차지하기 위해 치열하게 경쟁하고 있었다. 학자들은 전(全) 지구적 차원에서 벌어지는 영국과 러시아의 패권 다툼을 '그레이트 게임'(The Great Game)이라 불렀다.

전(全) 지구적 차원에서 그레이트 게임의 소용돌이가 굉음을 내며 동아시아로 몰려오고 있던 시대에 조선 국왕으로 등장한 인물이 12세의 '소년 왕 고종'이었다. 19세기 들어 조선에서는 왕위가 연속으로 '소년 왕'들에게 계승되면서 외척 세도정치가 판을 치게 되었다. 순조는 아들 효명세자를 두었으나 그는 스물두 살에 요절했다. 그바람에 1834년 순조의 사후(死後)에 왕위는 효명세자의 아들에게 이어졌다. 그가 헌종인데 즉위 당시 나이는 8세였다.

브루스 커밍스(Bruce Cumings)는 조선 후기에 나이 어린 왕들의 연속적인 등장을 '소년 왕들(child kings)의 시대'라고 표현했다. 조선 후기에 '소년 왕'이 잇따라 등장한 이유는 핵심 집단세력을 형성하고 있는 척족들이 왕위 계승 작업에 개입하여 세상 물정 모르는 어린아이를 골라 왕위에 앉혔기 때문이다.

세도정치란 국왕의 신임을 받는 특정 인물이나 세력이 국왕을 대신하여 권력을 행사하는 것을 뜻한다. 조선 후기 안동 김씨 가문의 세도정치로 몇몇 외척이 권력을 독점하고 왕권을 농락하는 바람에

---

1 김용삼, 『지금, 천천히 고종을 읽는 이유』, 69-74.

국왕은 정치 일선에서 밀려나 왕권이 크게 쇠퇴했다. 그 결과 조선은 다양한 인물들의 역량을 국가발전을 위해 결집시키는 데 실패했다. 특히 실학파의 주류이자 천주교를 가장 먼저 받아들이는 등 진취적이고 개방적인 남인 세력이 권력에서 소외되면서 조선은 폐쇄·쇄국의 길로 추락하게 되었다.[2]

근대화 이전의 조선: 지식 독재의 나라

근대화 이전의 조선은 '지식 독재의 나라'였다. 1719년 제9차 조선통신사로 일본을 다녀온 신유한은 "오사카에는 서적의 많음이 실로 천하장관이었다"고 말하면서, 중국 난징에서 수입한 책이 1,000여 종, 민간에서 특이한 책과 각종 문집을 간행한 것이 조선의 100배가 넘는다고 전했다. 서점의 폭발은 중국도 비슷했다. 베이징 '문화의 거리 류리창(琉璃廠)'은 조선 사신들이 서적을 구입하기 위해 자주 찾던 명소였다. 북학자 홍대용은 류리창에 서점이 일곱 군데가 있는데, 서점마다 3면 벽을 둘러싼 수십 층의 책꽂이에 수만 권의 책이 꽂혀 있다고 소개했다.

조선은 1880년대 초까지 서점이 하나도 없는 나라였다. 영조 시절인 1771년 7월 13일, '책쾌'(册儈)라 불리던 서적 판매상들이 일망타진되어 다섯 명이 귀양 가고 두 명은 목이 잘렸다. 이처럼 서점 설치를 불허하고 서적 판매상을 학살한 이유는 무엇일까?

조선에서는 지식이 권력이었다. 지식은 양반 지배층이 독점해야 하는 금단의 성역이었다. 조선은 지식 독점을 통한 지식 독재의 나라

---

2 위의 책, 75-78.

였다. 따라서 서점이 활성화되면 양반들이 상스러운 아랫것들과 지식을 공유해야 하는데, 이는 성리학적 질서의 훼손이므로 서점의 활성화를 철저히 막았다.

조선은 선비(士)가 지배계층을 구성한 나라인데, 선비가 과거에 급제하여 관료로 등용되면 대부(大夫)가 된다. 선비와 대부를 합쳐 '사대부(士大夫)'라 했다. 선비가 대부에 오르기 위한 과거 시험과목이 『대학』과 『중용』같은 책이었다. 그런데 조선 중기에 『대학』이나 『중용』, 같은 책의 가격은 품질 좋은 면포 3-4필, 『논어』는 1필 반 가격이었다. 당시 면포 1필은 쌀 일곱 말에 해당했다.

따라서 서적 구입은 어지간한 재력이 없으면 엄두도 내지 못할 정도의 고가 사치품에 속했다. 때문에 특권층을 형성한 극소수 양반 지배층을 제외한 대부분의 백성들은 문맹 상태로 방치되어, 결국 나라가 망해 갔던 것이다.[3]

약속의 땅 조선을 향하여

1840년에 있었던 아편전쟁 이후 20년 동안 일본은 서양 세력에 대비하기 위해 내부 정비에 박차를 가하며 차근차근 근대화를 준비하고 있을 때 조선은 외부 세계가 얼마나 빠르게 변해가고 있는지 전혀 모른 채 살아가고 있었다. 그런데 1860년을 기점으로 아무도 의식하지 못한 전혀 다른 역사가 하나님의 놀라운 주권적 섭리 가운데서 진행되고 있었다.

19세기를 전후한 동방의 '고요한 아침의 나라' 조선은 피에 굶주

---

3 위의 책, 38-41.

린 야만의 땅이었다. 70년 동안 여섯 차례의 교난(敎難)으로 족히 1만 명이 넘는 천주교도들이 순교의 피를 흘렸다.4 그런데 참으로 이해할 수 없는 일들이 일어났다. 피에 굶주린 야만의 땅을 '젖과 꿀이 흐르는 약속의 땅'으로 믿고 수륙만리 떨어진 이곳 조선으로 오고자 사랑하는 조국과 친척 아비 집을 떠나 조선으로 들어오고자 한 사람들이 줄을 잇고 있었다는 사실이다. 그들 가운데 파리 외방선교회 소속 프랑스 신부들이 있었고, 그중에 '브뤼기에르'라는 신부가 있다.

브뤼기에르 신부는 수십 년 동안 신부가 없는 조선 교회에서 신부를 보내 달라는 요청을 듣고는 자신이 조선으로 가겠다고 자처하고 나섰다. 브뤼기에르 신부는 1829년 6월 주교가 된 후, 한시라도 빨리 사랑하는 조선으로 가고 싶어 했다.

일본에서 요시다 쇼인이 태어난 1830년 바로 다음 해 9월, 말레이반도 페낭을 출발하여 조선을 향했다. 4년 만에 천신만고 끝에 만주까지 왔는데, 1835년 10월 20일 점심 후에 갑자기 뇌일혈로 졸도해 절명했다. 그때 그의 나이 43세였다.5

모세가 약속의 땅에 들어가기 직전 느보산에서 운명했듯이 브뤼기에르 신부는 조선을 약속의 땅으로 믿고 그토록 들어가기를 열망했지만, 그 땅을 눈앞에 둔 채 만주에서 선종(善終)했다. 무엇이 그로하여금 '죽음으로의 여행'을 멈출 수 없게 했을까? 그것은 오직 하나, 자신이 받은 복음을 조선에 전해야겠다는 불붙는 선교적 사명 때문이

---

4 로마 시대의 신학자 터툴리안(Tertullianus, 150~220)은 이렇게 말했다. "너희들(관헌들)은 우리들(교우)을 십자가에 걸고 고문하여 때려서 죽여라. 너희들이 하는 짓이 심하면 심할수록 우리들은 더욱 큰 효과(效果)를 거둔다. 참으로 순교자의 피는 교우들의 씨가 되리라." 유홍열, 『한국천주교회사 上』, 118.

5 '브뤼기에르 주교'에 대한 자세한 설명은 유홍열, 『한국천주교회사 上』, 256-285를 참조.

었다. 그의 죽음은 조선의 복음화를 위한 한 알의 거룩한 씨앗이었다.

그의 죽음이 발판이 되어 다음 해 1836년 1월, 최초의 서양인 선교사인 프랑스 모방 신부가 압록강을 건너 조선 땅에 들어왔다. 그 뒤를 이어 1837년 1월, 샤스땅 신부와 조선 교회 제2대 주교로 임명된 앙베르 신부가 차례로 조선에 들어왔다. 이 프랑스 신부들은 2년 후인 1839년, 기해년 대교난 때 각기 70대의 매를 맞고, 군문효수라는 극형을 받고 순교했다. 그때 앙베르 주교와 모방 신부가 43세, 샤스땅 신부는 36세였다.[6]

오직 복의 통로, 복음의 통로가 되고자 모두들 머나먼 이국 하늘에서 참으로 아까운 나이에 순교로서 생을 마감했다. 이처럼 조선의 복음화는 저절로 주어진 것이 아니라 조선을 마치 약속의 땅인 양 찾아와 순교한 선교사들과 수많은 신자들의 순교의 피로 이룩된 것이다.

천주교 박해

조선 말기인 19세기 전반기 50년은 큰 사건은 별로 없어도 서양 종교인 천주교 박해에 대해서만은 유난히 진한 색깔로 나타났다. 조선에서의 천주교 박해는 정권이 바뀔 때마다 단골 메뉴로 등장하였다. 열한 살 순조가 즉위하던 1801년, 노론 벽파에 속한 정순왕후는 천주교에 연루된 사람이 많은 남인 시파를 제거하기 위해 천주교 박해에 나섰다. 이를 '신유교난' 또는 '신유박해'라 한다.

이때 이승훈, 이가환, 정약종, 강완숙 등 300여 명이 처형되고

---

6 '세 프랑스 신부와 기해박해'에 대해서는 위의 책, 292-430을 참조.

정약전, 정약용 등 수많은 사람들이 유배를 당했다. 중국인 신부 주문모도 4월 19일 한강 새남터에서 참형되어 최초의 외국인 순교자가 되었다. 또한 은언군과 부인 송 씨, 며느리 신 씨도 모두 사사(賜死) 당했다.[7]

천주교 박해로 인해 천주교가 위축되는 가운데 최초의 개신교 선교사인 독일인 귀츨라프(Karl F. A. Gützlaff)가 1832년 음력 6월 26일 충청도 금강 입구에 있는 고대도(古代島)에 정박했다. 그는 동인도회사의 통역으로 일하면서 그 기회를 이용해 선교를 시도했다.

그는 고대도 섬주민들과 접촉하면서 성경과 전도지를 나누어 주었고, 최초로 주기도문을 한글로 번역하기도 했다. 또한 포도주 만드는 법을 가르쳐 주고 감자도 선물로 주면서 심는 법을 가르쳐 주기도 했다. 귀츨라프 일행은 홍주 성읍의 관리를 만나 통상을 요청하는 서한을 전했으나 8월 9일 외국과 통상할 수 없다는 거절의 답장을 받자 일본 류큐열도(오키나와현)로 떠났다.[8]

파리외방전교회는 1836년부터 매년 차례로 모방 신부, 샤스땅 신부, 주교 앵베르를 조선에 파견했다. 1834년 순조가 죽고 여덟 살의 헌종이 즉위하면서 순원왕후가 수렴청정을 하게 되었다. 풍양 조씨였던 순원왕후는 안동 김씨 세력과의 싸움에서 천주교 박해를 정치적 의제로 들고 나왔다. 이를 '기해박해'라고 한다. 1839년부터 1841년 3년 동안 프랑스 신부 3인을 포함하여 순교자 70여 명 그리고 고문으로 옥중에서 죽은 신자가 60여 명이 넘었다.[9]

---

7 민경배, 『韓國基督教會史』, 68-71. '신유교난'에 대해서는 유홍열, 위의 책, 119-149를 참조.

8 위의 책, 135-139.

9 A.S. 드 동쿠르, 『순교자의 꽃』, 53-69.

바로 그 이전인 1836년, 모방 신부는 김대건, 최방제, 최양업 등 세 명을 선발해 마카오로 유학을 보냈다. 이들 중 김대건(1822~46)은 1837년부터 5년 동안 마카오 포르투갈 신학교에서 신학 수업을 받은 후 1845년 9월, 조선 최초의 신부가 되었다.

그는 해로를 통해 충청도에 잠입하여 지하활동을 하다가 황해도 연안을 답사하던 중 1846년 5월에 체포되어 음력 9월 16일 25세의 꽃다운 나이로 20여 명의 신자와 함께 순교했다. 이를 '병오박해'라 한다. 기해·병오 박해는 기존 안동 김씨 세력에 대한 풍양 조씨 세력의 도전이라는 정치적 상황 변화를 배경으로 이루어진 천주교 박해 사건이었다.[10]

태평천국(太平天國)의 난

1840년 옆 나라 중국에서는 아편전쟁이 일어났고, 일본은 그 전쟁 결과에 큰 충격을 받고 있을 때 기해박해의 와중에 휩싸여 있던 조선은 외부 세계의 변화를 전혀 인식하지 못하고 있었다. 그러던 중 중국에서는 무려 14년간이나 지속되어 중국을 초토화시킨 '태평천국운동'(1850. 12.~1864. 8.)이 일어났다.

이 운동은 중국 근대사상 최대의 반란으로 모든 영역에 걸쳐 변혁을 요구한 혁명운동이었다. 이 운동의 영향을 받은 사람이 앞으로 다루게 될 동학을 창시한 수운 최제우 선생이다. 공교롭게도 홍수전과 최제우 선생은 같은 해에 죽었다.

---

10 위의 책, 70-89; 민경배, 『韓國基督敎會史』, 93-94. '김대건 신부'와 '병오박해'에 대해서는 유홍열, 『한국천주교회사 上』, 431-497을 참조.

태평천국운동의 주동자인 홍수전(洪秀全, 1814~64)은 광동성 (廣東省) 화현(花縣)의 객가(客家) 출신이다. 이 사람은 14세에 현시 (縣試)에 합격하여 집안의 기대를 모았으나 30대 중반까지 4차례나 과거에 낙방하면서 깊은 좌절에 빠지게 되었다. 그가 23세였던 1836년 두 번째 시험에 실패한 직후 꽝져우 거리에서 서양 선교사를 만나 양아발(梁亞發)이 쓴 『권세양언』(勸世良言)이라는 전도 책자를 얻게 되었다.

1837년 또다시 시험에 낙방한 그는 40일 동안 중병을 앓던 중에 꿈을 꾸게 되었다. 꿈에 나타난 노인은 그에게 검을 주면서 요마(妖魔)가 이 세상을 어지럽히고 있으니 그것과 싸워 몰아내라는 명령을 받았다고 한다.

남경조약이 비준되던 1843년, 4번째 과거에 실패한 홍수전은 과거를 포기하고 『권세양언』을 다시 읽게 되었다. 이때 6년 전 꿈을 재해석하여 여호와가 그의 부친이고, 예수가 그의 형이라는 결론을 얻어 자신이 기독교로 중국을 구원해야 한다는 확신에 이르렀다.

그는 죽마고우 풍운산(馮雲山)과 더불어 1844년 광서성(廣西省) 으로 포교 여행을 떠나 그곳에서 큰 성공을 거두었다. 2년 후인 1846 년에 '상제(God)를 모시는 회'라는 뜻의 '배상제회'(拜上帝會)라는 조직을 만들었을 때는 신도가 3천여 명에 이르렀다.

1850년 7월에는 신도 수가 2만여 명으로 불어났고, 진텐촌(金田村) 공동체를 만들어 무장투쟁을 준비했다. 38세 되던 1851년 1월 11일, 홍수전은 반청흥한(反淸興漢)을 표방하고 반란을 일으켜 광동성을 함락한 후 태평천국(太平天國)을 수립하고, 3월에 스스로 태평천왕(太平天王)에 즉위했다.

1853년 3월, 홍수전은 100만 명의 태평군을 이끌고 난징까지 점령한 뒤 난징을 천경(天京)으로 선포하였다. 그러나 그동안 태평 천국군과 청조 사이에서 중립적 입장에 있던 서구 열강이 청조 지지 로 선회하면서 전세가 기울어지기 시작했다.

내부 분열과 아울러 종교적 부패와 타락에 빠진 홍수전은 천경 (난징)이 함락되기 직전인 1864년 6월 1일, 80인 궁녀에 둘러싸인 채 홀로 음독자살하면서 공식적으로 태평천국운동은 막을 내리게 되었다. 그 과정에서 태평천국군과 난징주민 10만여 명이 피살되었 다. 14년 동안의 전란으로 무려 2천만 명이 죽었고, 국토는 황폐해져 청조 멸망의 원인이 되었다.[11]

동학(東學)의 출현

1860년에 들어서면서 조선에서는 두 가지의 중요한 일이 일어나 고 있었다. 19세기 시작부터 60년 동안 안동 김씨와 풍양 조씨의 세도정치(혈연 패거리 독재정치)로 도탄에 빠진 백성들은 새로운 살길 을 찾아 나섰다. 하나는 한반도 안에서 일어난 동학(東學)에서 찾았 다. 다른 하나는 한반도 밖으로 나가서 새로운 삶을 개척했는데, 이 것이 세계 복음화를 위한 한민족 디아스포라 시대의 개막을 알리는 새벽종이 되었다.

먼저 동학의 출현 배경을 살펴보자. 1800년에 개혁 군주였던 정

---

11 장영빙(張英聘)·범위(范蔚), "Taiping Heavenly Kingdom," 190-191; 안정애·양정현, "지상에 세우려 한 농민들의 천국: 태평천국운동,"『중국사 100장면』, 304-308을 참조. 홍수전의 태평천 국운동과 수운의 동학운동의 비교연구에 대해서는 김용옥,『도올심득 東經大全 1』, 111-137을 참조.

조가 죽고 순조(1800~34)가 열한 살의 나이로 즉위하였다. 이때부터 헌종(1834~49)을 거쳐 철종(1849~63)이 죽을 때까지 무려 60여 년을 안동 김씨 세력에 의한 세도정치가 판을 쳤다.

세도정치의 폐해는 삼정(三政), 즉 전정(田政), 군정(軍政), 환곡(還穀)의 문란을 가져왔고, 게다가 관리들의 가렴주구(苛斂誅求)로 백성들의 삶은 더욱 피폐해졌다. 이 시기는 각지에서 민란이 극에 달하던 시기였다. 또한 밖으로는 통상을 요구하는 구미 열강들 세력들이 밀어닥치면서 조선은 힘겨운 도전에 직면해 있었다.

시대는 혼란스러운 종말적 분위기로 뒤덮여 있었다. 이러한 분위기를 상징하는 것이 『정감록』 신앙이다. 이것은 곧 종말이 도래하고 진인(眞人) 정 씨가 이 씨를 교체하여 국왕이 되며, 사람들을 구제한다는 신앙인데, 19세기 중엽부터 전국적으로 퍼졌다. 진인이란 초인, 즉 구세주를 일컫는 말이다. 홍경래(1771~1812)의 반란도 이런 신앙이 밑바탕에 깔려 있었다.

이러한 내우외환의 위기 속에서 고통받던 민중들은 더 이상 진인의 출현을 기다릴 여유가 없었다. 이때 시대적 고민을 안고 씨름하다가 마침내 득도하여 스스로가 진인이 될 수 있다고 하면서 세상에 나타난 것이 수운(水雲) 최제우(崔濟愚)의 동학이다.[12]

동학의 창시자 최제우는 1824년 10월 28일(양력 12월 18일) 경주에서 근암공(近巖公) 최옥(崔鋈)과 부인 한 씨 사이에서 태어났다. 아명은 복술(福述)이었다. 훗날 "어리석은 백성을 구제한다"는 뜻으로 스스로 이름을 '최제우'(崔濟愚)로 개명하였다.

수운은 여섯 살 때 어머니를 여의고, 열일곱 살 때 아버지를 여의

---

12 조경달, 『근대 조선과 일본』, 32-39.

었는데, 아버지 근암공은 퇴계 학파에 속하는 영남 유림으로 당대의 거유(巨儒)였다. 아버지가 돌아가실 때까지 수운은 아버지의 가학을 이어받아 공부만 했다. 19세 때에 울산 박씨와 결혼을 했으나 그동안 농사일을 해 본 적도 없고 동리에서 훈장 노릇을 해보려 했으나 생활을 유지하기가 어려웠다고 한다. 하는 수 없이 장삿길로 나서는 길밖에 없어 떠돌이 장사를 시작했다.

1844년(20세)에서 1854년(30세)까지 10년간에 걸쳐 전국을 돌아다니며 장사를 했는데, 그러면서 온갖 잡술을 배우기도 했다. 이 시기는 조선조가 해체기에 접어들었을 때였다. 나라 안이 온통 썩어버린 것을 본 수운은 삶의 틀이 해체기를 맞았다는 것을 느꼈다. 그리고 기독교 문명을 자임하는 영국이 중국과의 아편전쟁을 일으키고, 이를 통해서 보여준 서구 문명의 빗나간 모습에 접하고는 나라 밖 역시 삶의 틀이 무너져 가고 있음을 한탄했다. 10년간의 주유천하를 하는 동안 비참한 백성들의 생활을 직접 경험하면서 그는 나라를 바로잡고 백성을 편케 할 계책을 어떻게 마련할 것인가라며 통탄했다.[13]

마침내 수운은 모든 것을 접고 고향으로 돌아와 용담집에 들어앉아 사색(思索)과 구도(求道)에 들어갔다. 일본에서 페리 함대가 내항하던 1854년부터 다시 개벽(開闢)의 길을 얻고자 수행에 들어갔다. 반년이 지났으나 어떠한 실마리도 잡지 못했다. 반대로 마을 사람들로부터 이상한 눈초리를 받게 되자 그는 부담스러워 용담을 떠나기로 작정했다. 1854년 10월경에 부인의 고향인 울산으로 이사했다. 수운은 야산에 둘러싸인 조용하고 아늑한 유곡동 '여시바윗골'이라

---

13 표영삼, 『동학 1』, 23-64.

는 곳에서 늦가을부터 다시 사색에 들어갔다.[14]

이듬해 3월에 금강산 유점사에서 온 한 승려가 『을묘천서』(乙卯天書)라는 책을 건네주었다. 한문으로 된 『을묘천서』가 유교서도, 불교서도 아니라면 어떤 책일까? 도올 선생을 비롯하여 동학운동에 몸 바친 조부 표춘학의 인도로 동학에 입도하여 평생을 동학 조직 속에서 산 표영삼(表暎三) 선생 이하 많은 동학 관계 이론가들이 내린 결론은 『을묘천서』는 예수회 신부 마테오 릿치(Matteo Ricci, 1552~1610)의 『천주실의』(天主實義)라고 확정지었다.[15]

수운은 이 책을 접하고 나서 수행 방법을 바꾸었다. 지금까지의 사색하던 방법을 바꾸어 한울님께 기도하는 종교적인 수행 방법을 받아들였다. 1856년 봄에 수운은 더욱 수련에 정진하기 위해 양산군 천성산 내원암 적멸굴(寂滅窟)에서 49일 기도에 들어갔다. 그러나 숙부가 별세하는 바람에 47일 만에 기도를 중단했다.

이듬해인 1857년 7월 다시 적멸굴에서 49일 기도를 마쳤다. 이 무렵 세상 사람을 구제하겠다는 결심을 굳게 다지기 위해 이름을 '제우'(濟愚)라고 고쳤다. 그러고는 "광제창생(廣濟蒼生)·제폭구민(除暴救民)·보국안민(輔國安民)의 큰 뜻을 깨우치지 않는 한 무슨 일이 닥친다 해도 결코 세상에 다시 얼굴을 내밀지 않으리"라고 결의를 다졌다.

수운은 온갖 생활고에 시달리며 구도에 정진한 끝에 드디어 1860년(36세) 4월 5일(양력 5월 25일), 구미산 용담정에서 한울님을 만나 대오득도(大悟得道)하는 종교체험을 하게 되었다.[16] 마르틴 루

---

14 위의 책, 65-69.

15 더 자세한 설명은 김용옥, 『도올심득 東經大全 1』, 209-212를 참조.

터가 종교개혁 전야에 '탑 체험'이라는 종교체험을 한 것처럼 수운 또한 새로운 의미의 세계가 열리는 가치 전도의 체험을 하게 되었다.

수운은 이 종교체험을 통해서 이루어진 신념 체계를 무극대도(無極大道) 또는 천도(天道)라고 하였다. 그리고 이 종교체험을 『용담가』(龍潭歌)라는 책 속에 생생하게 담아놓았다. 이후 수운은 1년 동안 깨달은 것을 정리하고 체계화하여 동학을 창시했다.

수운은 1862년 1월 초에 은적암(隱跡庵)에서 〈권학가(勸學歌)〉를 지었고, 연이어 『논학문』(論學文) 곧 동학론(東學論)을 지었는데, 여기서 처음으로 동학(東學)이라는 호칭을 사용하였다. "동에서 태어나 동에서 받았으니 도는 천도라 하나 학은 동학(東學)이다. 하물며 땅이 동서로 나뉘어 있는데 서(西)를 어찌 동(東)이라 하며, 동을 어찌 서라 하겠는가"라고 하여 학(學)의 이름을 '동학'이라고 호칭하였다. 1861년 6월에 무극대도를 포덕하기 시작한 지 6개월만인 1862년 1월에 비로소 '동학'이라고 선언한 셈이다.[17]

수운은 "사람이 곧 하늘이다"라는 인내천(人乃天) 사상과 사람은 누구나 자신 속에 한울님(천주)을 모신 존귀한 인격이라는 시천주(侍天主) 사상을 주창했다. 이러한 인간 평등의 논리는 엄격한 신분제 사회였던 조선 사회의 근간을 흔드는 지극히 위험한 교의로써 동학이 이단으로 낙인찍혀 탄압의 대상이 되었다. 또한 동학은 서학(천주교)에 대항하는 동방(조선)의 배움을 의미했는데, 이는 당시 서

---

16 표영삼, 『동학 1』, 73-94.

17 표영삼은 이렇게 말한다. "일부 학자들은 서학을 물리치기 위해 동학을 만들었다고 한다. 다른 종교를 배척하기 위해 새 종교를 만들었다는 것은 어불성설이다. 서학과 분명히 다른데도 불구하고 유생들과 관이 서학으로 몰아가자 수운은 부득이 서학이 아니라는 것을 분명히 밝힐 필요가 있었다. 그래서 남원으로 피신 오자 다듬고 다듬어서 동학론을 펴냈던 것이며 여기서 동학이란 호칭을 처음 사용한 것이다." 위의 책, 172.

양과 일본의 침략에 대한 '척양왜'(斥洋倭)의 자주적 저항 의식을 담지한 민족주의적 성격을 지니고 있었다.

또한 동학은 조선 후기의 봉건사회가 무너지고 만민이 평등한 세상이 온다는 '후천개벽'(後天開闢)의 원리에 따라 '지상천국'이라는 새 시대가 도래한다는 이상향을 제시하였다. 인간 존중, 민족자주, 만민평등을 바탕으로 한 그의 민본주의 사상은 그가 순교한 후 갖은 탄압과 박해 속에서도 나날이 번창해 동학농민전쟁에서 3·1운동에 이르는 우리나라 근대 민족사의 정신적 주류가 되었다. 그의 동학 교리를 한문체로 엮은 『동경대전』(東經大全)은 오늘날까지 천도교의 경전으로 전해지고 있다.

동학의 인내천, 시천주와 같은 인간 평등사상은 신분제도 속에서 희망을 잃고 천대받던 사람들에게 한 줄기 빛과 같았다. 수운은 두 여종을 거느리고 있었는데 한 명은 며느리로 삼았고, 한 명은 수양딸로 삼는 등 인간 평등의 정신을 몸소 실천했다. 그리고 동학의 2대 교주인 최시형(崔時亨, 1827~98)은 모든 교도에게 신분의 고하를 막론하고 맞절을 하게 했다. 수운이 포교를 시작하자 수많은 사람이 동학의 기치 아래 모여들었고 3년 만에 동학은 전국적인 규모로 확산되었다.

수운은 1862년 9월 경주에서 혹세무민(惑世誣民)한다는 이유로 체포되었다. 그러나 수백 명의 동학교도가 경주영으로 몰려가서 동학은 서학이 아니라고 집단항의하자 경주영은 곧 수운을 석방했다. 석방 후 수운은 항상 거처를 옮겨 다니는 피신 생활을 했는데, 접주(接主) 임명도 바로 그런 상황에서 조직관리의 필요성 때문이었다.

수운은 그해 11월에 동학 교단의 기초조직인 접(接, 무리라는 뜻)

을 두고 각지에 접주를 임명해 신도를 조직적으로 관리해 나갔다. 접은 경상도, 전라도뿐만 아니라 충청도와 경기도에까지 설치되었고, 교세는 날로 커져 1863년에는 신도가 3,000여 명, 접소는 13개소에 달했다. 동학의 교세가 날로 커지자 동학배척운동이 일어났다. 1863년 9월에 이르러 상주지역 유생들이 조직적으로 동학배척운동에 나섰다.[18]

조정은 동학도들이 암송하는 축문이나 교리 중에 '천주'나 '상제'라는 천주교 용어가 나타나고, 동학의 교세가 날로 커짐을 우려하여 탄압을 시작했다. 1863년 12월, 조정은 최제우를 잡아들이라는 명을 내렸다. 수운은 동학의 교세 확장에 따른 조정의 탄압을 예상하고 최시형(최경상)을 북접주인(北接主人)으로 삼고, 해월(海月)이라는 도호를 내린 뒤 제2대 교주로 삼았다.

수운은 12월 10일 새벽 1시, 그의 제자 23명과 함께 경주 용담골에서 체포되었다. 그 어간에 철종이 사망하고, 12월 8일(양력 1864년 1월 16일) 12세의 고종이 등극하고, 12월 13일에는 흥선대원군이 서정(庶政)을 총괄하는 등 조선 조정은 긴박하게 돌아가고 있었다. 복잡한 일들이 얽히면서 1864년 1월, 조정은 수운을 대구 감영으로 이송하였다. 그해 3월 10일(양력 4월 15일) 수운은 '사도난정'(邪道亂政)이라는 죄목으로 달성공원에서 참수되었다. 나이 40세에 수운은 순교(殉敎)로 생을 마감했다.[19]

---

18 표영삼은 이렇게 말한다. "당시 동학도는 농민이 주류를 이루었고 종이 장사, 약종상, 퇴리(退吏)들도 많았다. 동학에 들어가면 양반, 상놈 차별이 없고 먹을 것을 나누어 먹고 세상 돌아가는 형편도 남보다 빨리 알 수 있었다. 유생들은 동학이 민중 속에 파고들자 자신들의 영향력과 권위가 떨어지는 것을 못마땅히 여겼다. 특히 귀천을 타파하는 교화를 시키고 있어 조선왕조의 뿌리를 뒤흔드는 일로 받아들여 동학배척운동에 나선 것이다." 위의 책, 276.

19 윤재운·장희홍, 『한국사를 움직인 100인』, 457.

강준만은 수운의 죽음을 두고 이렇게 말했다. "역설이지만 서학은 물론 동학에 대한 이러한 탄압은 조선 조정이 자신들의 죄, 즉 민생을 도탄에 빠트린 현실을 잘 알고 있었다는 걸 시사하는 건 아닐까? 민생을 도탄에서 건져낼 수 없는 무능이 언제든 민심을 폭발시킬 수 있는 위험 요소 제거에만 총력을 기울이게 만드는 결과를 초래한 게 아니었겠느냐는 것이다. 바로 여기에 망국(亡國)의 씨앗이 싹트고 있었던 건지도 모른다."[20]

또한 도올 선생은 수운의 생애를 두고 이렇게 말했다. "기나긴 탐색 끝에 3년의 공생애를 살았다는 것은 예수와 비슷하고, 늙은 아버지와 젊은 엄마 밑에서 불우한 처지로 태어난 것은 공자와 비슷하고, 생애의 어느 시점에 어쩔 수 없는 운명적 힘에 의하여 계시를 받았다는 것은 무함마드와 비슷하며, 시대를 어지럽혔다는 사회적 죄목으로 참형을 받은 것은 소크라테스와 비슷하고, 기존의 사유체계와 가치관을 완전히 뒤엎는 새로운 논리적 사고를 하였다는 측면에서는 싯달타와 통한다."[21]

도올 선생은 신토불이(身土不二), 즉 한국적인 것이 세계적인 것이라는 생각을 갖고 우리 고유의 사상인 동학(東學)에 심취했는데, 그 까닭은 동양 종교인 유·불·도(儒佛道) 삼교를 넘어 한국적인 것을 동학에서 찾고자 한 데 기인한다. 21세기 아시아적 가치인 '민본성'을 동학에서 찾은 그는 동학을 한국사상사의 정점이라고 역설하였다.[22]

20 강준만, 『한국근대사산책 1』, 90.

21 김용옥, 『도올심득 東經大全 1』, 160-161.

22 김용옥, "'민본성' 추구한 동학은 한국사상사의 정점," 「중앙일보」(2004. 6. 26.), B8. 김용옥은 이렇게 말한다. "동학의 역사는 우리 민족사의 서광이요, 민본성(民本性, Pletarchia)의 완성이

수운 선생의 '다시 개벽'의 참뜻

수운이 구도적 과제 상황으로 설정한 '다시 개벽'이란 무엇을 뜻하는가. 개벽(開闢)이란 용어는 열 개(開) 자와 열 벽(闢)로 되어 있다. 동양에서 개벽이란 천지(하늘과 땅)가 처음 열린 것을 말한다. 수운이 사용한 개벽이란 하나는 "개벽 후 5만 년"이라 하였고, 하나는 "다시 개벽"이라 하였다. 두 낱말을 연결하면 5만 년 전에 개벽했던 그 무엇을 지금 다시 열자는 뜻이 들어 있다. 수운이 사용한 개벽은 '삶의 틀'이 열렸음을 지칭하는 말이다.

수운은 "다시 개벽"의 시점을 자신이 살고 있는 오늘(19세기)이라고 생각했다. 이런 시점(視點)은 수운 나름대로 형이상학적 역사관(形而上學的 歷史觀)에서 비롯된 것이다. 수운은 우리의 삶의 틀은 생물처럼 살아있는 유기체라고 여겼다. 모든 생물은 탄생→성장→노화→해체의 과정을 밟게 마련이다. 유기체인 우리의 삶의 틀도 성장·변화 과정을 거쳐 오늘에 이르러 그만 해체기를 맞게 되었다고 보는 것이다.

『용담유사』에서 "시운을 의논해도 일성일쇠 아닐런가. 쇠운이 지극하면 성운이 오지마는 현숙한 모든 군자 동귀일체 하였던가"라는 표현이 있다. 맹자는 일치일란설(一治一亂說), 즉 요순에서 공자에 이르기까지 5백 년마다 한 번씩 질서가 잡혔다가 무너지기를 반복해 왔다고 하였다. 그리하여 5백 년이란 시간이 지나면 필연적으로 천명이 바뀌어 역성혁명이 일어나 왕조가 바뀐다고 보았다.

하지만 수운의 일성일쇠설(一盛一衰說)은 맹자의 일치일난설과

요, 민주(民主)를 위하여 피를 흘린 모든 영혼의 진혼처라 할 것이다." 표영삼, 『동학 1』, 16.

는 다르다. 모든 생물은 일성일쇄하게 마련이나 인간의 역사는 이 자연현상에 맡겨져 이루어지는 것이 아니다. 즉, 역사는 초월적인 어떤 힘에 의해 이루어지는 것이 아니라 인간들이 선택한 이상을 인간에 의해 이루어 나가는 과정인 것이다.

수운은 권학가에서 "쇠운이 지극하면 성운이 오지마는 현숙한 모든 군자 동귀일체(同歸—體) 하였던가"라고 하였다. 역사의 주체는 바로 꿈을 가진 인간이며 역사의식을 가진 현숙한 모든 군자가 동귀일체가 되어 만들어 가는 것이 곧 역사라고 하였다.23 수운의 형이상학적 역사관은 결정론과는 다른, 인간이 주체가 되는 창조적 순환관이라 할 수 있다. 수운이 지향하려는 것은 우리의 삶의 틀을 우리의 힘으로 '다시 개벽'24하자는 데 있다. 따라서 신의 예정설이나 결정론과는 거리가 멀다.25

도올은 이렇게 말했다. "동학의 동지들은 반드시 '동학을 한다'라고 말한다. 다시 말해서 동학은 '믿음'(Belief)의 대상이 아닌 것이다. 동학은 '함'(Doing)일 뿐이다. 함이란 반드시 쉼이 없는 것이다. … 동학은 우리 삶의 끊임없는 실천일 뿐이다. 수운(水雲)은 결코 하나의 종교를 창시한 사람이 아니다. 단지 선각자로서 우리 삶의 실천의 실마리를 제공한 큰 스승님(大先生主)일 뿐이었다. 수운(水雲)이 '다시 개벽'을 말했다면 우리의 개념, 우리의 언어 그 자체가 다시 개벽되어야 하는 것이다."26

---

23 표영삼, 『동학 1』, 79-80. 도올 선생도 수운과 같은 역사관을 가지고 있다. "역사는 하나님이 이끌어가거나 우연이 이끌어가는 것이 아니라 꿈을 가진 인간들이 창조해가는 것이다."

24 필자는 '다시 예수'를 말하고자 한다. 그 까닭은 예수가 역사의 중심(BC와 AD)이자 인류 최고의 고전으로 믿는 자의 신앙과 삶의 표준(Canon)인 신구약성경의 중심(요 5:39)이기 때문이다.

25 표영삼, 『동학 1』, 77-80. 결국 동학도 인간을 주어로 하는 동양 3교와 같은 범주에 있다는 점에서 하나님(神)을 주어로 하는 그리스도교와는 거리가 멀다.

동학의 문제와 한계

신용하는 "동학사상은 당시의 민족적 위기가 서양 세력의 침입 도전이라는 대외적 위기만이 아니라 대내적으로도 민생이 도탄에 빠져 중첩된 위기라고 인식하면서 종래의 유교·불교·도교는 모두 생명력을 상실했으므로 이 위기를 타개할 능력이 없다고 지적하였다"며 다음과 같이 말했다.

"동학사상은 서양 세력의 도전을 종교적 측면에서만 보아 서학에 대한 대결 의식에만 지배되어 극단적인 정신주의 측면에서 문제를 해결하려고만 하였다. 따라서 동학사상은 서양의 선진 과학기술에 대한 인식이 매우 부족하였고 바람직한 사회로서의 지상천국을 건설하려는 사상도 사회과학성과 정치조직의 구상이 결여된 것이었다. 따라서 동학사상은 단독으로 당시의 시대적 과제를 담당하여 해결하기에는 부족하였고 개화사상과의 협동과 연합이 절실히 필요했었다고 볼 수 있다."[27]

동학사상은 서양의 선진 과학기술에 대한 인식이 매우 부족했으며, 서학에 대한 대결로서 극단적인 정신주의 측면에서만 문제를 해결하려고 했다는 신용하 교수의 지적은 상당한 일리가 있는 지적이다. 수운 선생은 구미 열강을 한 번도 가본 적이 없기에 서양의 과학기술 문명이 얼마나 발전했는지를 전혀 인식하지 못했다.

수운 선생이 동학을 창도해서 순도할 때까지 1860~64년 어간은 일본의 후쿠자와 선생이 서양을 알아야 한다고 하면서 미국과 구미

---

26 김용옥, "서"(序), 표영삼, 『동학 1』, 13-14.
27 신용하, 『세계체제변동과 현대한국』, 80-82.

제6장 | 조선 복음화의 서곡 399

를 다녀온 시기다. 후쿠자와 선생은 구미 열강을 보고 나서 서구식 문명개화를 부르짖은 데 반해, 수운 선생은 구미 열강을 모른 채 '척 왜양'을 부르짖었다. 그러니까 근대화 과정에서 후쿠자와 선생과 수운 선생의 결정적 차이는 서구 견문의 유무에 의한 그 방향의 반대, 즉 전자는 밖으로 향했고, 후자는 안으로 향했다는 점이다.

근대화 과정에서 일본과 조선의 근본적 차이는 일본은 개국을 주장하든 쇄국을 주장하든 서양을 알고 난 뒤에 자신들의 주장을 편 데 반해, 조선은 서양을 전혀 모른 채 무조건 쇄국을 주장했고, 수운 선생도 예외는 아니었다. 서양을 알고 나서 '척왜양'을 부르짖 었다면 모를까 서양을 모르면서 서학에 대항할 학문으로서 동학을 말하는 것은 그 자체로 한계를 가질 수밖에 없는 주장임을 말할 것도 없다.

도올 선생이 수운 선생이 접한 『을묘천서』가 『천주실의』이고, 그 책을 통해 수운 선생은 서학을 접하고 서양 문명과 만났다며 큰 의미를 부여했지만, 그것은 정말 나이브한 생각이다. 기독교는 기본 적으로 인격신인 그리스도 예수를 믿는 종교이다. 그런데 『을묘천 서』를 접한 뒤에 얻은 수운의 종교체험은 동양적인 의미에서의 상제 나 천주와 같은 하느님(한울님) 체험이지, 인격적인 하나님으로서의 그리스도 예수와의 만남과 체험은 아니다.

또한 기독교는 '신본성'을 기본으로 하는 종교다. 따라서 기독교 는 역사의 주체를 하나님으로 본다. 그러나 수운은 역사란 초월적인 어떤 힘에 의해 이루어지는 것이 아니라 인간들이 선택한 이상을 인간에 의해 이루어 나가는 과정이라고 보았다.[28]

---

28 표영삼, 『동학 1』, 79.

도올 선생도 말했듯이 동학의 '민본성', 즉 수운은 『을묘천서』를 통해 기독교사상에 접했을지는 모르나 기본적으로 동학은 유·불·선 동양 종교에서 말하는 '민본성'을 벗어나지 못한 종교였다. 다만 성서에 내재된 만민평등사상의 영향을 받은 수운의 인내천, 시천주 사상[29]은 신분제 철폐[30]에 큰 역할을 했다고 말할 수 있다.[31]

그러나 수운 선생은 결코 유교 윤리를 부정하지 않았고, 오히려 그것을 전면 긍정한 다음 양반적 규범을 민중에게 요구하였다. 즉, 동학은 양반적 가치를 인정한 다음 모든 사람이 양반이 될 수 있다는 의미에서 평등사상이었다. 이것은 하나님의 자녀는 모두 평등하다는 기독교의 교의와는 거리가 있다.

또한 수운 선생은 '수심정기'(守心正氣)라고 하는 '내성주의'(內省主意)를 주창하면서 진인이 되어야 할 민중에게 변혁의 실천을 요구하지 않았는데, 그러기에 그는 임술민란(진주민란)에 대해서도 방관하는 자세를 취했다. 이러한 자세는 이 세상을 하나님이 통치하는 세상(하나님 나라)으로 만들기 위해 적극적으로 역사 변혁의 주체가

---

29 김지하는 동학은 믿음의 종교가 아니라 실천, 즉 행위(Doing)의 가르침이요 인내천 사상은 생명의 사상이며, 민중이 삶 속에 살아 있는 생명의 활동, 생명 운동 그 자체라고 말하면서 이렇게 말한다. "인내천 사상은 맨 먼저 '사람이 한울님을 모신다' 곧 '시천주'(侍天主)로부터 시작합니다. … 동학의 인내천 사상의 심오한 뜻은 결국은 이 '시'(侍) 한 자 속에 전부 포함되어 있다고 해도 과언이 아닙니다. 그것은 인간 생명의 주체인 영의 유기적 표현입니다. 인간과 우주의 자연적 통일, 인간과 인간의 사회적 통일, 인간과 사회의 혁명적 통일이 '시'(侍) 한 자 속에 통일되어 있다." 김지하, 『동학이야기』, 16, 21.

30 필자는 조선에서의 신분제 철폐 과정을 다음과 같은 3단계로 나눈다. 첫 단계는 동학사상과 갑오 농민전쟁이고, 둘째 단계는 서구 선교사들이 전해 준 그리스도교 문명이고, 셋째는 일제에 의한 식민지 백성이 되면서이다.

31 표영삼은 이렇게 말한다. "동학의 신념체계는 현세적인 면에서는 대체로 유도(儒道)와 같으나 지향하는 이상사회는 좀 다르다. 유도는 신분제를 바탕으로 한 봉건사회의 질서를 세우는 데 목적이 있다면 동학은 인간의 존엄성을 바탕으로 한 평등과 자유 사회를 만들자는 것이 다르다." 표영삼, 『동학 1』, 195.

되어야 한다는 기독교의 교의와는 거리가 있는 대목이다.

한편, 동학이 그 방향을 안으로 향하고 있을 때 그 방향을 한반도 밖으로 향하는 또 하나의 흐름이 있었다. 조선 백성은 역사 이래로 한반도를 떠나려는 생각을 해 본 적이 없는 백성이었다. 그런데 이들이 한반도를 떠나고자 한 데에는 도저히 이 나라에서 살 수 없었기 때문이다. 무엇보다도 민중을 불안하게 한 것은 기아에 대한 공포였다. 조선 후기 숱한 민란의 주요 이유가 된 환곡의 폐해는 물론 계속되는 역병의 창궐과 흉년으로 더 이상 이 나라에서 살기가 어려웠기 때문이다.

대외적으로는 1860년 제2차 아편전쟁의 결과로 영·불 연합군이 북경까지 들어가는 사태가 벌어지고, 이런 소식이 한성에 전해지자 조정의 서구에 대한 위기감은 한층 고조되었다. 사람들은 서구 세력이 당장이라도 조선으로 쳐들어오리라고 생각하여 일을 그만두고, 부민들은 산과 들판으로 피난하기도 하였고, 관인마저도 향리로 도피하는 등 혼란스러운 상황이 전개되었다.

이 장을 마치면서

서구 문명을 받아들인 일본은 과학기술문명이라는 근대화의 한 눈만 뜨고, 기독교 문명이라는 복음화의 또 한 눈은 감았다. 그때 조용한 아침의 조선은 두 눈을 모두 감고 깊은 잠에 빠져 있었다. 그런데 놀라운 사실이 있다. 하나님은 짝을 찾다가 못 찾고 깊은 잠에 빠져 있는 아담을 위해 그의 갈비뼈를 취하여 가장 아름다운 짝 곧 하와를 만들어 주신 것처럼 깊은 잠에 빠져 있는 조선을 위해 가장 좋은 선물 곧 세계 복음화를 아무도 모르게 준비하고 계셨다는 사실이다.

출애굽 당시에 이스라엘 백성들은 바로 왕의 엄청난 고역과 탄압에 신음하였다. 바로 왕은 히브리 남아를 살해하라는 천인공노할 짓까지 저질렀다. 이러한 상황에서 이스라엘 백성들은 그 고역과 탄압과 수난의 현실 앞에서 하늘에 닿도록 부르짖었다. 그런데도 하나님은 아무 일 없다는 듯이 침묵만 하고 계셨다. 그 까닭은 무엇인가?

나일강의 산물인 애굽이 가져다주는 풍요의 땅에서 이스라엘 백성들은 노예, 종살이로 살더라도 떠나기를 원치 않았기 때문이다. 그래서 강제로 몰아내지 않으면 떠날 생각을 하지 않기에 하나님은 떠나지 않고는 못 배기도록 바로 왕을 통해 그들에게 최악의 고난을 행하도록 한 것이다. 결국 열 가지 재앙이 있고 나서야 그들은 애굽 땅을 떠나게 되었다.

마찬가지로 한반도에 사는 조선 백성들이 못 살겠다고 아우성을 치면서도 한반도를 떠날 생각을 하지 않았다. 한반도가 얼마나 아름답고 살기 좋은 땅인가. 기후와 토양과 풍광이 수려하기 그지없는 땅이 아닌가. 그러니 이 땅을 떠나고 싶지 않은 것이다. 그래서 강제로 몰아내지 않으면 떠날 생각을 하지 않는 조선 백성들을 떠나지 않고는 못 배기도록 하나님이 그들에게 최악의 고난을 당하게 함으로써 한반도를 떠나게 한 것이다. 그때는 왜 이렇게 고난을 당해야 하는지 잘 몰랐다. 이 민족을 세계선교를 위해 쓰시고자 하는 하나님의 놀라운 역사 섭리가 있었던 것이다.

왜 미리 문을 열고 밖의 상황을 알아보려고 하지 않았던가. 게으름, 나태함 때문인가, 그럴 수도 있다. 하지만 그게 전부는 아니었다.

밖에서 부르는 소리, 이제 그만 그 집에서 나오라 그리고 다 두고
그 땅에서 떠나거라, 그래야 그 집과 그 땅의 소중함을 깨닫게 될
날이 올 것이라고. 그래서 뭔지도 모르고 그 집을 버리고 그 땅을
떠났다. 나그네처럼, 방랑자처럼, 순례자처럼 그렇게….

제7장
제국으로 가는 길
: 메이지유신 전후 15년

<단가 7>

그날 난 그리스도 안에서 새 꿈을 꾸기 시작했다.

새로운 역사를 쓰기 위해

죽음으로 주님 예수께 충성하기로(史死忠)!

이 장을 시작하며

일본 역사에서 가장 드라마틱한 시대 둘을 말하라면 하나는 17세기 초, 에도 막부를 설립할 때까지 100년 동안 계속된 전국시대를 종식시킨 3인방의 활약, 즉 '오다 노부나가'(織田信長, 1534~82)[1], '도요토미 히데요시'(豊臣秀吉, 1537~98)[2] '도쿠가와 이에야스'(德川家

---

[1] '오다 노부나가'에 대해서는 이계황, "오다 노부나가 시기," 『일본 근세의 새벽을 여는 사람들 II』, 27-231을 참조.

康, 1542~1616)[3]의 드라마틱한 이야기다.

세 사람은 두견새를 소재로 하이쿠(일본 단가)를 읊었다. 노부나가는 "울지 않는 두견새는 죽여야 한다"고, 히데요시는 "울지 않는 두견새는 울게 해야 한다"고, 도쿠가와는 "울지 않는 두견새는 울 때까지 기다려야 한다"고 읊었다. 이 단시들은 그들 각자의 인간성과 성격을 잘 표현해 주고 있다. 노부나가는 성격이 급하고, 히데요시는 자신감에 넘치며, 도쿠가와는 인내심이 강하다고 말할 수 있다.[4]

세 사람을 장수에 비유하면 노부나가는 용맹스러운 용장(勇將), 히데요시는 지혜로운 지장(智將), 이에야스는 어질고 너그러운 덕장(德將)이라 할 수 있다. 전국 통일 과정에서 세 사람의 자취를 묘사한 유명한 글이 있다. "오다 노부나가가 쌀을 씻고, 도요토미 히데요시가 불을 지펴 익힌 천하라는 밥을, 힘 안 들이고 먹은 것은 도쿠가와 이에야스."[5]

또 하나는 19세기 후반, 사무라이들의 활약으로 270년 동안 이어진 에도 막부체제를 무너뜨리고 메이지유신(明治維新)을 이룩한 장쾌한 드라마다. 이 장에서는 한 편의 장쾌한 대하드라마를 연출한 메이지유신 전후 15년 동안의 이야기를 살펴보자.

---

2 '도요토미 히데요시'에 대해서는 이계황, "도요토미 히데요시 시기," 위의 책, 233-442를 참조.
3 '도쿠가와 이에야스'에 대해서는 도몬 후유지, 『도쿠가와 이에야스의 인간경영』을 참조.
4 위의 책, 26; 도몬 후유지, 『오다 노부나가의 카리스마 경영』, 23-24.
5 전국역사교사모임, 『처음 읽는 일본사』, 138-139.

메이지유신(明治維新)의 배경

메이지유신을 말하고자 할 때 먼저 세 가지 사실을 정리하고자 한다. 첫째, 메이지유신이 무너뜨린 '도쿠가와 막부(에도 막부)'의 시작은 세키가하라 전투(1600년 9월)에서 시작된다. 그리고 도쿠가와 막부 지배는 260여 년 동안 정치적 토대를 구축했는데, 이는 '위대한 평화'로써 찬양받아야 하고, 초기 현대 일본에서 갈등 없이 평화를 유지해 온 그 긴 세월이 얼마나 고마운 일인가를 이해해야 한다. 그 시절 동안 중국은 만주족에 의해, 인도는 무굴족에 의해 전복되었고, 유럽은 나폴레옹 제국의 부상과 몰락으로 절정에 이른 일련의 전쟁으로 삼켜졌다.6

둘째, 메이지유신은 도쿠가와 지배 260여 년 동안 소외된 4개의 변방 지역, 즉 조슈번(혼슈 서쪽 끝), 사쓰마번(규슈 남쪽 끝), 도사번(혼슈 서남쪽 끝 시코쿠 섬), 히젠번(규슈 서쪽 끝)이 도쿠가와 막부(bakufu)를 전복한 혁명(Revolution)이었다는 사실이다.7

셋째, 메이지유신이 완성될 때까지 커다란 세 차례의 내전을 치렀다는 사실이다. 막부 말기에 조슈 정벌을 목적으로 일어난 제2차 조슈정벌전쟁(1866년), 메이지유신 직후 동북 지역 친막부파 번들의 저항으로 일어난 보신전쟁(1868년) 그리고 가장 큰 규모의 군대(정부군 약 6만 명, 사쓰마군 약 3만 명)가 동원되어 메이지유신 후 최대 변란이었던 세이난전쟁(1877년)이 그것이다.8

---

6 M. B. Jansen, *The Making of Modern Japan*, 1-2.

7 위의 책, 333-355.

8 이광훈, 『조선을 탐한 사무라이』, 283. 세이난전쟁은 당시 한 해 예산에 상당하는 전비가 투입돼 경제가 휘청거릴 정도였으며, 정부군 5천여 명, 사이고군 6천여 명이 전사했고, 부상으로 전후에

박훈은 이런 의문을 가졌다. 메이지유신은 19세기 중반 이후 일본열도에서 일어난 거대한 사회변혁이다. 이 변혁은 실로 극적이다. 19세기 말까지 미국과 서유럽의 몇 개국 정도를 제외하고, 산업혁명과 헌정(憲政: 헌법+의회)를 함께 이룬 아시아의 나라는 일본이 유일했다. 우리는 흔히 일본과 비교하면서 근대화에 실패한 조선을 비난한다. 일리가 있다. 그러나 당시 세계의 거의 모든 나라는 근대화를 이루지 못했다. 조선은 열등했다기보다는 평범했고, 일본이 특이했을 뿐이다. 헌법, 의회, 선거, 국민국가, 자본주의 등 서유럽이 '발명'해 낸 것들은 거의 모든 국가에게는 매우 낯선 것들이었다. 그런데 왜 유독 일본은 이를 신속히 받아들였고, 큰 파탄 없이 사회변혁에 성공했던 것일까?9

18세기 후반으로 가면서 경제적인 부의 이동이 시작되었다. 사무라이로부터 에도, 오사카, 교토 등의 대상인(大商人) 및 각 번(藩)의 중농 및 중상으로 옮겨갔다.10 지배층 사무라이들은 전 인구의 대략 10% 정도를 차지하기에 이들이 경제적으로 더 어려움을 겪었다. 그중에서도 80%를 차지하는 하급 무사들이 특히 어려움이 컸다. 신분은 상인이나 농민보다 높으나 급료는 얼마 되지 않아 늘 불만이 쌓여갔다. 사무라이들은 전쟁에 나가 공을 세워야 계급 상승을 하는

2천여 명이 더 사망하여 총 전사자가 1만 3천여 명에 이르렀다. 큐슈 남부의 전장이 초토화돼 민간인을 포함하여 총 2만여 명이 희생됐다. 이광훈, 『죽어야 사는 나라: 조선과 일본』, 21.

9 박훈, 『메이지유신은 어떻게 가능했는가』, 5-6.

10 일본은 조선과 달리 일찍부터 상인의 힘이 크게 작용하였다. "상인이 화를 내면 천하의 제후도 놀란다"는 일본의 옛말처럼 도요토미 히데요시는 상인의 힘을 잘 알고 있었다. 그는 상인 요도야 죠안의 도움을 받아 후시미성을 지었다. 또한 도쿠가와 이에야스도 요도야 죠안의 힘을 빌렸다. 그가 원하는 만큼의 천막을 지어줌으로 세키가하라 전투에서 이길 수 있었다. 상술의 힘은 사농공상의 신분제를 서서히 무너뜨리고 있었다. 홍하상, 『일본의 상도』, 29-41, 78-117.

데 2백 년간 전쟁 한번 없으니 그마저도 기대할 수 없고, 그렇다고 직업 이동도 맘대로 할 수 없는 사회 구조였다.

그래서 1700년대 후반부터는 사무라이들이 공부를 하는데, 주로 유학을 공부했다('붓을 든 사무라이'). 일본은 중국, 한국, 베트남에서 실시한 과거제도라는 것이 없어 그야말로 시험을 보기 위한 공부가 아니라 공부를 위한 공부를 한 것이다. 공부량도 엄청났고 엄청난 수의 사무라이가 공부를 했다. 『논어』에도 위인지학(爲人之學, 남을 위해서 학문을 함)을 하지 말고 위기지학(爲己之學, 자기의 인격 수양을 위해 학문을 함)을 하라는 말이 있다. 즉, 남에게 보여주기 위해 공부하지 말고 자기의 덕을 쌓고 인격 수양을 위해 공부하라는 것이다. 자기 자신을 위해 공부하면 비록 뜻을 펼칠 수 없더라도 낙심하지 않을 수 있기 때문이다. 이들이 바로 위기지학(爲己之學)을 한 것이다.

이렇게 사무라이들이 공부한 유학에서는 힘센 자가 제일이 아니라 정통성을 갖고 있는 자가 왕이라고 가르친다. 그래서 그들은 일본의 주인은 쇼군이 아니라 천황이라는 생각을 갖게 되고 급기야는 천황을 중심으로 한 권력 재편까지 꿈꾸게 되었다. 18세기 때부터 공부한 유학이 막부 체제를 동요시키고, 19세기 흑선(黑船)의 내항으로 들어온 서구화가 일본 사회의 변혁을 촉구하고, 여기에다 도시 인구의 40% 이상을 차지하고 있던 하급 사무라이들의 차별과 불만이 더해져서 메이지유신이 일어나게 되었다.[11]

---

11 박훈, 『메이지유신은 어떻게 가능했는가』, 53-218; 류광하, 『에도 시대를 알면 현대 일본이 보인다』, 106-107.

메이지유신의 사상적 뿌리: 미토학(水戸學)

일본 근대화의 절정이라고 할 수 있는 메이지유신은 일부 사람들의 갑작스러운 쿠데타에 의해 이루어진 것이 아니라 오랜 세월 동안 일본이 지닌 문제가 응축되어 나타난 결과물이다. 그 사상적 뿌리는 에도 막부의 친척인 미토번(水戸藩)의 학풍인 미토학이다. 이 학풍은 조선 성리학을 전수받은 에도 막부의 정통사상(평화주의 지향)에 대항하는 학문적 흐름이다. 이 학통은 결국 19세기 중반, 에도 막부를 타도하고 사무라이 정권에 종지부를 찍는 중심 사상으로 성장하게 된다.

미토학은 미토번의 2대 영주이자 이에야스의 손자인 도쿠가와 미쓰쿠니(德川光國, 1628~1701)[12]로부터 시작한다. 이를 '전기 미토학'이라고 한다. 그는 미토학의 기초를 만든 『대일본사』 편찬을 시작한 인물인데, 이 책은 미쓰쿠니 사후 미토번과 미토 도쿠가와 가문의 사업으로 계속 이어져 1906년에 최종적으로 완성될 때까지 약 250년이 걸린 책이다.

미토번은 에도 막부의 친족이지만 에도 막부의 정통사상인 성리학과는 대립되는 민족주의적 경향을 강하게 띤 『대일본사』를 집필했다. 그래서 에도 막부 말기에 미토학은 새로운 천황 중심 체제를 구축하기 위한 이념적 지주가 되었다.[13]

미쓰쿠니의 『대일본사』를 중심으로 한 학풍을 '전기 미토학'이라

---

12 영화나 TV 드라마 등으로 대단한 인기를 얻고 있는 〈미토 고몬〉(水戸 黃門)이라는 이름의 사극에 나오는 '미토 고몬'은 미쓰쿠니의 별명이다.

13 호소카 유지, 『조선 선비와 일본 사무라이』, 189-192.

고 하고, 막부 말기에 미토번 개혁과 막부 개혁을 주창한 미토번의 학자들의 학풍을 '후기 미토학'이라고 한다. 후기 미토학은 후지타 유코쿠(藤田幽谷, 1776~1826)라는 학자로부터 시작하는데, 후기 미토학의 대표작『신론』(新論)을 쓴 아이자와 세이시사이(會澤正志齊, 1782~1863)는 후지타의 학문적 후계자이다.

미토번은 대의명분, 존왕사상을 발전시켜 막부 말기인 19세기 전반에는 번주 도쿠가와 나리아키(德川齊昭)를 중심으로 존와양이론을 강력히 주장하게 되었다. 에도 막부의 마지막 장군이자 천황에게 정권을 돌려준(大政奉還) 제15대 장군 도쿠가와 요시노부(德川慶喜)는 도쿠가와 나리아키의 아들로서 그의 존왕사상의 영향을 강하게 받은 인물이었다.

미쓰쿠니가 편찬한『대일본사』속에는 천황에 대한 존경심이 관철되어 있다. 거기에는 유교적인 충효의 개념이 일관되어 있다. 이런 미쓰쿠니의 사상적 경향이 막부 말기에 후기 미토학에 계승되어 막부를 타도하는 사상으로 성장해 갔다. 막부의 친족인 미토번의 사상이 막부를 타도하는 사상으로 성장했다는 모순, 이 문제는 사무라이가 스스로 자신의 정권을 붕괴시킨 원인을 규명하는 데 매우 중요한 단서를 제공한다.[14]

일본 근대 테러의 시작: '이이 나오스케' 암살사건

미토번의 사무라이는 에도 막부가 그릇된 방향으로 가고 있다고 믿고, 1860년 3월 에도성 사쿠라다몬(櫻田門) 밖에서 막부의 다이로

---

14 위의 책, 193-195.

(大老, 조선의 영의정과 비슷한 위치) 이이 나오스케(井伊直弼)를 급습해 암살하였다. 이것은 일본 근대 테러의 시작이었다.

　260년간 평화스러웠던 에도시대는 말기에 접어들어 사무라이가 칼을 뽑아 피를 보아야만 하는 시대로 돌아갔다. 이후 에도 막부가 굴복할 때까지 8년 동안 일본 곳곳에서 막부군과 반막부군의 전쟁, 반막부군과 외국 함대의 교전, 막부파 사무라이와 존왕양이파 사무라이의 피로 피를 씻는 싸움이 계속되었다.

　여기서 주목해야 할 것은 1867년에 에도 막부를 굴복시킨 조슈번과 사쓰마번은 1600년에 도쿠가와의 동군과 싸운 도요토미 측의 세력들(서군)이라는 점이다. 에도시대에는 막부에 협력하는 자세를 보인 이 두 번은 막부 말기에 다시 도쿠가와가를 타도하는 2대 세력으로 나선 것이다. 새로운 시대를 연 조슈번과 사쓰마번을 통해 결국 도요토미 히데요시의 조선 침략이 찬양의 대상으로 바뀌어 갔다.[15] 이들이 훗날 다시 조선 침략의 주인공이 된다. 결국 메이지유신은 조선 침략의 원흉 '도요토미 히데요시 시대로의 패러다임의 전환'이었다. 드디어 하나님의 카이로스적 때가 다가오고 있었던 것이다.

　'이이 나오스케의 암살사건'은 일본의 근대화 역사에서 하나의 분기점이 되었다. 이 사건 이후 막말의 일본 사회는 개국조약 이후 막부 권력에 대한 도전 세력이 부상하면서 급속한 정치적 변동에 휩싸였다. 이 사건은 그동안 중앙정치에서 배제된 조정(황실)과 다이묘들을 비롯한 여러 세력이 정치적 목소리를 내기 시작하면서 벌어진 사건이다.

　그렇다면 왜 조약체결이라는 대외정책의 변화가 일본 사회 내부

---

15 위의 책, 195-196.

에 그토록 큰 충격을 가져왔으며, 그러한 충격이 막부에 대한 심각한 도전으로까지 발전할 수 있었을까? 그 하나의 답은 막말 일본의 거대한 지방 세력, 즉 웅번(雄藩, 다른 번들에 비해 경제력이나 정치적 영향력이 큰 조슈나 사쓰마와 같은 번들)의 존재에서 찾을 수 있다.

개국조약 이후 급속히 약화된 막부의 권위를 대신하여 조슈번과 사쓰마번과 같은 지방의 웅번들이 정치적 영향력을 크게 확대하며 중앙정치의 주역으로 등장했다. 일본의 개국이 막번체제의 해체라는 정치적 변동으로 빠르게 진전된 것은 그동안 정치로부터 배제되어 왔던 웅번들이 새로운 정치·경제적 구심점의 역할을 할 수 있을 만큼 독자적 역량을 갖추고 있었기 때문에 가능했던 것이다.[16]

존왕양이운동과 '지사'들의 활약

메이지유신으로 가는 과정에서 지사들의 활약은 대단히 중요한 의미를 갖는다. 도쿠가와 사회의 신분제에 의해 정치적 행위가 통제되어 온 무사들이 정치적 소신을 드러내면서 적극적으로 정치활동에 나서기 시작했다. 이러한 무사들을 일컬어 '지사'(志士, しし)라고 부른다. 이들은 대부분 지배층의 말단에 속한 지방의 하급 무사 출신들이었고, 신흥 상인계급 또는 현대적 지주들과 관계했다. 이들은 대부분 사쓰마, 조슈, 미토 및 도사번에서 왔음에도 불구하고 개인적으로 혹은 작은 그룹으로 활동했다. 이들은 젊은 나이(30대 초반이나 그보다 더 젊은 나이)의 하급 또는 유사 사무라이 계층의 사람들로 이상주의와 모험성을 특징으로 하는 야심에 찬 사람들이었다.

---

16 함동주, 『천황제 근대국가의 탄생』, 38.

그런데 모든 존왕양이파들이 테러리스트는 아니었다. 번의 정책을 집행하기 위해 과격한 행동을 피했던 존왕양이파들은 보통 중급 사무라이 계층으로부터 왔으며, 이들은 결정권을 독점했던 상급 사무라이들과 접근하기 위해 그들과 관계를 맺었고, 소수의 하급 무사들을 과격분자들과 연결시키기도 하였다. 그 대표적인 실례가 유신 삼 걸로 일컬어지는 오쿠마 도시미치(사쓰마번, 1830~78), 기도 다카요시(조슈번, 1833~77) 및 사이고 다카모리(사쓰마번, 1828~77)이다. 지방의 사무라이였던 사카모토 료마(도사번, 1835~67)도 이 타입에 속한다.17

요시다 쇼인은 존왕양이운동이 시작될 때 가장 유명한 지사였다. 지사의 모델이 된 그의 가르침을 받은 제자들은 거의 절반 이상이 일찍 죽었다. 그러나 생존한 일부 제자들, 즉 기도 다카요시, 이토 히로부미, 야마가타 아리토모는 살아남아 메이지 시대의 리더들이 된다. 요시다 쇼인이 죽은 후(1859), 몇 년 동안 반외세 활동의 절정에 이르렀는데, 1862년 시작부터 1864년 중엽까지 정치적 암살이 70건에 이른다. 결국 전통적으로 메이지유신은 무혈 쿠데타로 묘사되지만, 그것에 앞서 몇 년 동안 지사들의 테러가 있었음을 간과해서는 안 된다.18

이들은 개국조약 체결과정을 거치면서 존왕양이론을 정치적 신념으로 채용하면서 무사로서의 전통적 규율을 벗어난 정치활동에 전념했다. 이이의 암살에서도 볼 수 있듯이 이들은 상당히 과격했으며, 이 사건을 계기로 존왕양이운동이 본격화되었다. '존왕'을 명분

---

17 E. K. Tipton, *Modern Japan: A social and political history,* 35-36, 44-46.
18 위의 책, 36-38.

으로 한 존왕양이파 인사들이 교토에 집결하면서 교토가 새로운 정치적 중심지로 부상했다. 그러니까 에도를 중심으로 한 막부세력과 교토를 중심으로 한 존왕양이 세력들(반막부파) 간에 세대결(勢對決)이 펼쳐진 것이다.[19]

이이의 암살은 메이지유신 쿠데타가 완성되기까지 앞으로 있을 빈번한 정치적 암투의 시작을 알리는 종소리였다. 정치적 암투는 막부를 보는 관점의 차이에서 비롯되었다. 막부 체제를 종식시키고 왕정복고를 통해 천황을 명실공히 국가원수로 추대하자는 '존왕양이파'(尊王攘夷派)와 막부 체제를 유지하면서 천황이 있는 교토 조정(公)과 에도 막부(武) 간의 타협과 협력에 의한 정치 체제를 지향하는 '공무합체파'(公武合體派)의 충돌이었다.

조슈번은 존왕양이의 중심이 되었는데, 그 까닭은 개국과 개항이 가속화될 경우 시모노세키를 중심으로 한 국내 무역이 쇠퇴할 것이 우려되는 경제적 동기가 작용하였다. 반면에 류큐(지금의 오키나와)를 통해 해외 무역을 개척했던 사쓰마번은 공무합체파를 주도하였다.

그런데 당시 조슈번은 막부에 적대적인 혁신파와 막부와의 신의를 바탕으로 조정과 절충을 도모하는 보수파로 양분되어 있었다. 요시다 쇼인은 혁신파의 대표적 사상가였고, '나가이 우타'(長井雅樂)는 보수파의 핵심 이론가였다.

1861년 3월 당시 번의 정책은 나가이 우타가 주도하고 있었다. 그는 '항해원략책'(航海遠略策)을 번론(藩論)으로 채택했는데, 이는 서양의 항해술을 획득하여 적극적인 통상으로 국력을 길러야 한다는 주장이었다. 그러나 이는 요시다 쇼인의 사상과는 대립되는 주장

---

19 함동주, 『천황제 근대국가의 탄생』, 57-60.

으로 구사카 겐즈이를 중심으로 한 쇼인의 제자들은 나가이 우타를 실각시키지 않으면 안 된다고 생각하고 있었다.[20]

당시 막부에서는 나오스케를 대신하여 '안도 노부마사'(安勝信正)를 노중(老中)에 앉혔다. 그는 나가이 우타의 항해원략책을 지지하고 있었다. 그러던 차에 1861년 1월 15일, 조정과 막부가 서로 협력하는 이른바 공무합체정책을 추진하던 안도를 사카시타몬(坂下門) 밖에서 미토번의 낭사들이 습격하여 부상을 입히는 사건이 벌어졌다. 이 사건 이후 안도는 얼마 후 노중의 자리에서 물러났다.[21]

이로 인해 나가이 우타는 결국 양이파의 공격을 받아 1862년 6월에 실각하였고, 다음 달 조슈번은 번론을 뒤집어 항해원략책을 폐기하고 '파약양이'(破約攘夷), 즉 서양 제국과의 통상조약을 파기하고 쇄국양이로 환원하는 기치를 다시 내걸었다. 조슈는 교토의 존왕양이운동을 주도하면서 국내 정치의 전면에 등장했다.[22]

그런데 1862년 8월 21일에 '나마무기사건'(生麥事件)이 발생했다. 이 사건은 사쓰마 번주의 아버지 히사마쓰의 행렬이 가나가와 가까이 있는 나마무기(生麥)에 다다르고 있을 때 말을 탄 4명의 영국인이 나타났다. 이때 히사마쓰의 가마를 호위하던 무사가 '무례한 놈'이라며 단칼로 영국인의 목을 날려 버렸다. 나머지 영국인들도 모두 허리를 잘라 죽였다.

영국 정부는 1863년 2월 막부가 사죄할 것과 배상금 10만 파운드를 요구하였다. 결국 막부는 5월 9일 10만 파운드의 배상금을 지불

20 이광훈, 『조선을 탐한 사무라이』, 167-171.
21 김희영, 『이야기 일본사』, 497.
22 이광훈, 『조선을 탐한 사무라이』, 170-173.

하기로 하고 어렵게 사태를 수습하였다. 나마무기 사건은 조슈와 기타 존왕양이파를 극도로 자극시켰다.

조슈번은 시모노세키 해협에 정박 중인 미국, 프랑스, 네덜란드 함대를 포격하였다. 이는 '사쓰에이전쟁'(薩英戰爭)의 원인이 되었다. 1863년 7월 2일, 나마무기 사건의 책임추궁을 위해 가고시마 만에 진입했던 영국함대와 사쓰마번 사이에 전쟁이 벌어졌다. 이어서 8월 5일, 4개국(영·미·프·화란) 연합함대는 시모노세키 보복 공격을 감행하였다. 결국 조슈번은 8월 14일 항복하고 연합국의 조건을 수락하였다.[23]

그런데 이 같은 조슈의 과격한 양이론은 막부와 공무합체파의 위기의식을 부채질하여 1863년 8월 18일, 사쓰마번과 아이즈번은 밀약을 맺고, 조슈번의 과격파를 교토에서 무력 축출하는 정변(8.18 정변)을 일으켰다. 이 사건으로 존왕양이파 조정 대신 7인을 비롯하여 조슈번의 모든 번사가 조정과 교토에서 추방되었다.

그런데 여기서 주목해야 할 사실은 8.18정변이 있기 바로 직전인 6월경, 다카스키 신사쿠는 신분을 가리지 않고 사무라이(48.7%)와 농민(42.4%) 및 상인(4.5%)으로 '기병대'(kiheitai)를 창설했다. 당시가 신분제 해체 시대였다고 하지만 이것은 파격이었다. 이는 스스로 상급 무사 신분이면서 신분의 특권을 내려놓았다는 점에서 그렇고, 일본 전체를 통틀어 국민 군대의 모체가 된 조직을 처음 만들었다는 점에서도 그렇다. 기병대 본대는 약 600명이었고, 가양한 형태의 유사 군대를 합쳐 총병력은 2천여 명에 이르렀다.[24]

---

23 김희영, 『이야기 일본사』, 500-502.

24 E. J. Drea, *Japan's Imperial Army*(大日本帝國陸軍), 3; 이광훈, 『조선을 탐한 사무라이』, 188-190.

8.18정변으로 조정에서 정치적 입지를 상실한 조슈번의 존왕양이파들은 1864년 6월 5일 밤, 요시다 쇼인의 친조카이자 쇼카손주쿠 4대 천왕의 한 사람인 '요시다 에이타로'(吉田榮太郎)를 중심으로 교토에 있는 이케다야(池田屋) 여관에서 형세를 반전시킬 거사를 모의했다. 그런데 당시 교토에는 치안 유지 조직인 신센구미(新選組)라는 특별 경찰부대가 운영되고 있었다. 이들은 조슈번의 존왕양이파의 막부타도 쿠데타 계획을 알고 급습하여 요시다 에이타로를 비롯한 존왕파 지사 9명을 사살하고, 23명을 체포하였다.

　　이 소식을 전해 들은 조슈번은 일전불사의 분위기로 돌변했다. 각지에서 모여든 조슈번의 번사들은 7월 18일 밤을 기해 금문(禁門)으로 칭하는 황궁의 하마구리몬(蛤御門)으로 진격하여 사쓰마-아이즈번 연합군과 격돌했다. 그러나 수적으로 열세인 조슈군은 결국 괴멸당하고 말았다. 이를 일명 '금문(禁門)의 변' 또는 '하마구리몬의 변'이라고 한다.[25] 이 전투는 불과 하루 만에 끝났지만, 교토 시내 약 3만 가구가 불타 없어질 정도의 큰 피해를 가져왔다.[26]

　　이 사건으로 존왕양이파는 지도자 대부분을 잃었다. 특히 쇼카손주쿠 4대 천왕에 속하는 두 사람, 즉 구사카 겐즈이(久坂玄瑞, 25세)와 이리에 구이치(入江九一, 28세)을 잃었다. 이로써 쇼카손주쿠의 '4천왕' 중 신사쿠를 제외한 3명이 모두 비명횡사했다.[27]

　　조슈번의 위기는 1864년 10월, 10만 명의 토벌군을 편성하여

---

25 '금문의 변'에서 조슈군이 괴멸당한 배경에는 사이고 다카모리를 빼놓을 수 없다. 그해 4월 사쓰마번의 교토 주둔군을 지휘한 사이고는 조정의 공경들과 조슈에 반감을 품은 다른 번의 중신들을 모아 반조슈 연합전선을 펴는 한편, 친막부파의 핵심인 아이즈번과의 동맹으로 '금문의 변'에서 조슈군을 제압했다. 이광훈, 『죽어야 사는 나라: 조선과 일본』, 194.

26 김희영, 『이야기 일본사』, 496-505.

27 위의 책, 503-505; 이광훈, 『조선을 탐한 사무라이』, 203-210.

제1차 조슈 정벌전쟁을 벌이면서 최고조에 달했다. 막부의 조슈 정벌은 성공적으로 마무리되면서 조슈 정권은 반존왕양이의 온건파가 장악하게 되었다. 이로써 조슈가 다시 중앙무대에 등장하게 된 것은 도막(到幕) 정권에 의해 반막부 입장을 공고히 한 수년 후의 일이 되었다.28

한편, 사쓰마는 일찍부터 조슈를 능가하는 웅번으로 막말의 정치무대에서 커다란 영향력을 행사했다. 사쓰마의 정치개입은 번주의 자리에 있던 '시마즈 나리아키라'(島津齊杉)에 의해 시작되었다. 그는 막부의 개국조약 체결과정에서도 적극적으로 자신의 주장을 개진했고, 특히 미일수호통상조약 체결 시에는 개국론을 주장하였다. 그러나 안세이 대옥의 탄압 때 근신에 처한 뒤 급사하고 말았다.

사쓰마가 다시 중앙무대에 등장한 것은 그의 이복동생이자 번의 실질적 지배자였던 '시마즈 히사마쓰'(島津久光)에 의해서였다. 그는 1862년 4월, 1천 명의 군사를 이끌고 상경해 고메이 천황을 알현했다. 그는 천황에게 존왕양이파의 급진적 행동을 제어해야 한다고 청하고, 막부와 조정의 '공무합체' 노선을 취하였다. 이를 관철한 사건이 1862년 4월 23일에 있었던 '테라다야사건'(寺田屋騷動)이다. 이 사건은 교토 교외의 후시미에 있는 여관 테라다야에서 발생한 사건으로 히사마쓰의 명령에 의해 사쓰마번의 존왕파들을 급습하여 제거한 사건이다.

시마즈는 첫 상경에서 큰 성과를 올린 이후 중앙정계에 영향력을 확대했다. 시마즈는 1863년 8월, 아이즈번과 함께 사쓰마의 병력을 동원하여 존왕양이파의 교토 축출(8.18정변)을 단행했다. 그다음 해

---

28 함동주,『천황제 근대국가의 탄생』, 51-52.

인 1864년에는 제1차 조슈 정벌에 참가하여 군사적으로 큰 역할을 했다. 그러나 시마즈의 정치적 행보는 그가 뜻한 바대로 진행되지는 않았다. 그는 유력 다이묘로 구성된 참여회의 결성을 건의하여 관철시켰다. 그는 참여회의를 통한 막부정치의 개혁을 노렸다. 하지만 실패로 돌아가면서 공무합체운동에 실망한 시마즈는 사쓰마로 돌아가 버렸다.29

한편, 1864년을 고비로 존왕양이운동은 막부의 무력 탄압에 의해 정치적 추진력을 상실하고 붕괴되고 말았지만, 하급 무사들의 정치활동은 전혀 수그러들지 않았다. 존왕양이운동의 붕괴는 오히려 이들로 하여금 '양이'라는 정치적 이슈에서 벗어나 막부 타도를 표방하는 계기가 되었다. 그들은 지금까지 주장해 온 양이의 정책에서 외국과의 무역을 확대하는 정책으로 전환하였다. 양이에서 개국으로 정책을 전환한 계기는 이미 언급한 '사쓰에이전쟁'에서 4개국 연합함대의 압도적인 전투력을 경험하고 난 후다.

조슈번은 1863년 4월, 해군 기술 습득을 위해 번 상층부의 묵인 하에 일명 '조슈 파이브'라는 5명의 무사를 비밀리에 런던에 파견했다. 거기에는 존왕양이파 지사인 이토 히로부미(伊藤博文), 이노우에 가오루(井上馨) 및 야마오 요조(山尾庸三)가 포함되어 있었다. 이들은 런던에서의 견문을 통해 개국의 필요성을 깨닫고, 양이에서 개국으로 입장을 전환하게 되었다.30 이로써 개국론에 입각한 실력양성과 막부 권력에 무력 도전을 표방한 도막(到幕)운동이 시작되었다. 이 때 지도자로 부상한 사람이 다카스키 신사쿠(高杉晋作), 기도 다카요

29 위의 책, 52-54.
30 위의 책, 68-69.

시(木戶孝允), 이토 히로부미, 이노우에 가오루 등이었다.[31]

도막운동의 또 다른 중심축은 사쓰마번이다. 이 무렵 사쓰마번에서는 오쿠보 도시미치(大久保利通), 사이고 다카모리(西鄕隆盛)가 중심이 되어 사쓰마번을 운영하고 있었다. 오쿠보는 시마즈에게 발탁되어 공무합체운동에 적극 참여했고, 테라다야 사건에서는 동료였던 존왕파의 제거에 협조하기도 했다. 그리고 사이고는 안세이 탄압을 피해 도피했다가 오쿠보의 추천에 의해 다시 1864년 초에 정계에 복귀했다.

이후 사이고는 '금문의 변' 진압과 막부의 조슈 정벌에 주도적인 역할을 했다. 이들은 1866년 시마즈가 공무합체운동에 회의를 품기 시작하자 번의 정책이 반막부 방향으로 변해가는 것을 기회로 본격적으로 반막부운동을 전개했다. 결국 사쓰마도 조슈와 마찬가지로 하급 무사 출신 인물들에 의해 장악되었고, 이들은 도막운동의 실질적 지도자로서 막부의 붕괴를 얻어내었다.[32]

당시 조슈번은 친막부파인 속론당(俗論黨)이 지배하고 있었다. 다카스키 신사쿠는 8.18정변으로 퇴출당한 5명의 공경이 은거하고 있는 시모노세키의 공산사(功山寺)에서 소수의 정예부대로 거병하여 쿠데타를 성공시켰다. 이 사건은 일본 260여 개 번 중에서 조슈번 내부에서 일어난 작은 사건이다. 그런데도 이 사건을 메이지유신의 일대 분기점으로 공인하는 까닭은 꺼져가고 있던 조슈번의 유신 추동력이 이 사건을 계기로 되살아났고, 그 조슈번이 메이지유신을 주도했기 때문이다. 1865년 2월 24일, 신사쿠는 야마구치로 돌아가

31 김희영, 『이야기 일본사』, 505.
32 함동주, 『천황제 근대국가의 탄생』, 69-70.

서 신정권을 수립했다. 이때 거사에 참여한 사람이 이토 히로부미를 비롯하여 후일에 기병대 군감을 맡고 있던 '야마가타 아리토모'(山縣有朋), 명성황후 시해를 주도한 '미우라 고로'(三浦梧樓) 등이었다.33

쿠데타에 성공한 조슈번은 막부와의 일전을 대비하기 위해 제대별로 분산되어 있던 군령권을 통일하고 모든 부대를 번 지휘 아래 편입시키는 전번일치(全藩一致)의 군제개혁을 단행했다. 이를 주도한 인물이 '일본 육군의 아버지'로 불리는 천재적인 전략가 '오무라 마스지로'(大村益次郎)이다. 그는 1861년 조슈번의 군사학교 교관으로 근무하면서 국민개병제에 입각한 군대의 창설을 구상해 왔다. 신사쿠의 쿠데타 성공 이후 오무라는 1865년 군정 개혁으로 전번일치 군제를 확립시켰고, 조슈번은 신분제가 철폐된 국민개병제에 의한 군대를 보유한 최초의 번이 되었다.34

한편, 조슈번에서 다시 막부 타도파가 득세하는 것을 본 막부는 1865년 4월, 쇼군이 친히 다시 한번 조슈 정벌에 나서겠다고 포고를 내렸다. 이에 조슈번은 무기와 기선을 사들여 군비를 강화하고 있었다. 1865년 9월 21일, 마침내 조슈 정벌의 칙허가 내려졌다. 그러나 정벌군의 보조는 맞지 않았다. 유력한 사쓰마번이 조슈와 동맹을 맺었고, 물가가 치솟아 민중이 막부를 원망하고 있었으며, 반란이 각지에서 일어나 막부의 몰락은 눈앞에 다가온 듯한 상황이었다.35

이때 일본인들에게 가장 사랑받는 '사카모토 료마'(坂本龍馬)가 등장하였다. 그는 후쿠자와 유키지와 같은 해인 1835년생으로 시코

33 이광훈, 『죽어야 사는 나라: 조선과 일본』, 211-221
34 이광훈, 『조선을 탐한 사무라이』, 217-242.
35 김희영, 『이야기 일본사』, 507.

쿠(四國)의 도사번(土佐藩, 고치현)의 부유한 상인의 아들로 태어났다. 그는 1853년 3월에 검술 연마를 위해 에도(江戶) 유학을 가서 검술을 익혀 일본 최고의 검객이 되었다. 그해 6월, 페리 함대의 내항을 직접 목격한 그는 앞으로의 세상은 바다를 정복한 사람들이 지배할 것이라는 영감을 얻게 되었다. 그때부터 료마는 바다를 이용한 새로운 사업에 골몰하여 후일 일본 해군과 해운업의 바탕이 되는 '카이엔타이'(海援隊)를 창설하여 나가사키를 무대로 활동하였다.[36]

그는 페리 내항을 목격하면서 존왕양이 사상에 심취하였고 이를 이루기 위해 탈번(脫藩)을 하고 낭인(浪人) 생활을 하였다. 그는 사무라이지만 굉장히 유연하고 개방적인 사고방식을 가진 인물이었다. 1862년 막부에서 개화파에 적극적인 '가쓰 가이슈'(勝海舟)를 암살하려고 갔다가 도리어 그에게 개국의 당위성에 설복당하여 개화파로 진로를 바꾸었다.

그 후 료마는 세상에 도전하는 무기가 장검에서 단검, 단검에서 권총, 권총에서 만국공법으로 바뀌는 것을 알게 되었다. 세상이 바뀌었다고 생각한 것이다. 그 후 가쓰 가이슈와 고베(神戶)에서 해운 조련소를 세워 운영하였고, 나가사키에 가서는 '가메야마사추'(龜山社中)라는 무역 상사를 설립하여 직접 외국과의 교역을 하였다. 그는 사무라이지만 경제적 마인드를 가졌고, 어떻게 하면 나라를 부강하게 할 것인가를 늘 생각하고 있었다. 그에게는 서로 생각이 다른 사람을 타협하고 중재시키는 탁월한 협상 능력을 가지고 있었다.

당시 대부분 존왕파 지사들이 신념만 가지고 지사적 논리로 '근왕토막'(勤王討幕)을 부르짖을 때, 료마는 이해관계를 파고들어 앙숙이

---

36 이광훈, 『조선을 탐한 사무라이』, 68-69.

었던 사쓰마번과 조슈번이 손을 잡게 했다. 아무리 견원지간이라도 어딘가는 이해가 일치하는 틈이 있을 것으로 생각하고, 그 틈을 파고 든 것이다. 료마의 강점은 이와 같은 사고의 유연성에 있었다.[37]

1866년 1월 21일, 막말의 정치변화에 결정적인 전환점이 되는 '삿쵸동맹'(薩長同盟)이 성사되었다. 전통적인 라이벌이던 조슈번과 사쓰마번이 동맹을 맺었다. 이는 도사번의 사카모토 료마와 나카오 카 신타로(中岡愼太郎)의 중재로 이루어진 것이다. 조슈의 가쓰라 고 고로(기도 다카요시)와 사쓰마의 사이고 다카모리, 오쿠보 도시미치 가 교토에서 회합을 하여 상호원조와 반막부 입장에 동의함으로써 비밀리에 성립되었다. 존왕양이운동과 공무합체운동이라는 적대적 인 노선을 취해 온 양 번의 동맹 체결은 당시로서는 예상치 못한 일대 사건이었다. 삿쵸동맹 성사는 도막파의 군사적 우위를 확고히 하면 서 막부의 최후를 재촉한 계기가 되었다.[38]

동맹 체결 사실을 미처 알지 못한 막부는 1866년 6월, 제2차 조슈 정벌을 단행하고 사쓰마에 군사동원령을 내렸다. 조슈에서는 이 전 쟁을 조슈 국경의 4개 경계 지점을 통해 총공격해 왔기 때문에 '4경 전쟁'(四境戰爭)이라고 한다. 이때 삿쵸동맹을 맺은 사쓰마는 오히려 조슈가 필요로 하는 각종 최신 무기와 함선을 구입해 주었다.

신사쿠의 대활약으로 막부는 15만 명의 대병력으로도 신식 무기 로 장착한 4천 명의 조슈군에 패배하였고, 쇼군의 이에모치는 21세 의 나이로 7월 19일 오사카성에서 급사했다. 새로 15대 쇼군으로 취임한 도쿠가와 요시노부는 전쟁에 승산이 없다는 판단을 내리고,

---

37 류광하, 『에도 시대를 알면 현대 일본이 보인다』, 104-105.
38 이광훈, 『조선을 탐한 사무라이』, 330-336.

8월 21일 천황에게 조슈와의 휴전 명령을 내려 8월에 정전 결정이 내려졌다.[39]

12월 5일, 15대 쇼군 요시노부가 즉위하자마자 그의 강력한 지지 기반이었던 고메이 천황이 12월 25일에 갑자기 사망하게 되었다.[40] 1867년 새해 시작과 더불어 효고항(지금의 고베항)의 개항 문제가 수면 위로 떠오르게 되었다. 원래 1863년으로 예정된 효고 개항은 고메이 천황의 거부로 5년이 미루어져 1868년 1월(음력으로는 1867년 12월)로 예정되어 있었다. 개항일 6개월 전에는 이를 공포해야 했기 때문에 더 이상 미룰 수 없는 뜨거운 감자였다. 쇼군은 이 문제를 적극적으로 나서서 효고 개항을 관철시켰다.

효고항의 개항이 결정되자 사쓰마의 히사마쓰는 막부 타도로 방향을 전환하여 1867년 6월, 교토에 잠입한 야마가타 아리토모에게 자신의 권총을 내주면서 무력으로 막부를 칠 결심을 조슈 번주에게 전달하도록 하였다. 9월 들어 조슈와 사쓰마는 무력 도막을 위한 군사적 계획에 합의하고 본격적인 무력 동원에 들어갔다.

이런 상황에서 료마는 쇼군이 정권을 천황에게 반납하는 대정봉환(大政奉還)을 구상하고 있었다. 그 구상은 막부의 정치 독점을 타파하고 천황을 중심으로 사쓰마, 조슈 등 세력이 큰 번들이 연합하여 중앙 정국을 구성하는 '공의정체론'(公議政體論)으로 나타났다.

1867년 6월, 료마는 대정봉환 구상을 담은 '선중팔책'(船中八策)을 작성하였고, 도사번 번주인 '야마노우치 도요시게'가 이것을 쇼군 요시노부에게 올렸다. '선중팔책'은 료마가 기초한 공의정체론에 의

39 위의 책, 243-250.
40 '고메이 천황의 죽음'에 대해서는 Donald L. Keene, 『메이지라는 시대 1』, 184-200을 참조.

거한 국가구상으로 막부 반환, 의회 개설, 관제 개혁, 외교 쇄신, 법전 제정, 해군 확장, 친병 설치, 화폐제도 정비의 여덟 가지를 골자로 하고 있다.

이어서 료마의 이 같은 사상적 영향을 받은 도사번의 '고토 쇼지로'(後勝象二郎)는 사쓰마번의 사이고 다카모리와 오쿠보 도시미치를 설득해 '샷토맹약'(薩土盟約)을 맺었다. 그리고 대정봉환 노선에 대한 지지 입장을 군혔다. 막부는 고조되는 무력 도막의 위기 속에서 대정봉환을 통한 공의정체의 실시를 하나의 탈출구로 삼고자 도사번의 건의를 받아들여 1867년 10월 14일, 조정에 대정봉환을 제청하였다.

요시노부가 대정봉환을 제청한 날 사쓰마·조슈 양 번의 막부 도막 밀칙이 오쿠보 손에 넘겨졌다. 이에 따라 사쓰마·조슈의 번주는 무력을 정비하여 교토로 진군했다. 조정 내에서는 도막 반대가 지배적이었지만, '이와쿠라 도모미'(岩倉具視)를 비롯한 공가(公家)의 일부 인사들이 왕정복고를 추진하면서 사쓰마·조슈의 무력을 등에 업고 막부 지지파를 조정에서 축출할 정변을 계획하고 있었다. 바로 그 직전인 11월 15일, 삿쵸동맹의 두 주역인 사카모토 료마와 나가오카 신타로가 교토의 데라다야에서 암살되었다.

1867년 12월 8일, 거사를 앞두고 공의정체론을 지지하던 도사번이 연기를 요청해와 하루 늦은 9일에 사쓰마, 아키, 오와리, 에치젠 번병이 궁정을 장악했고, 그해 초에 즉위한 어린 메이지 천황(15세)은 이들의 요구를 받아들여서 친도막파의 친왕·공가·다이묘를 접견하고 왕정복고 대호령을 발포했다. 그 골자는 신정부에 의해 진무 천황에 의한 건국을 가리키는 '진무창업'(神武創業)을 본받을 것을 선언하면서 섭정·관백·막부를 폐지하고 총재·의정·참여의 삼직(三

職)을 설치하는 것이었다.[41]

그날 밤 어전회의가 열렸는데, 도쿠가와 쇼군가는 완전히 소외된 가운데 이와쿠라와 오쿠보의 주장대로 회의가 일단락됨으로써 대정변이 마무리되었다. 페리 제독의 내항 이래 막부와 반막부 세력이 제각기 천황을 정치적 목적에 이용하려는 움직임을 보이는 가운데 어느덧 천황의 권위가 살아났다. 이를 이용한 이와쿠라·오쿠보 등에 의해 왕정복고는 실현되었다.[42]

메이지유신의 성공 요인

1840년 아편전쟁 이후 동아시아 삼국은 차례로 서양 세력의 침략을 받았고, 그것을 해결해 나가는 과정에서 중국은 서구의 반식민지 상태로 놓이게 되었고, 조선은 일본의 식민지가 되고 말았다. 여기서 일본이 어떻게 메이지유신에 성공했는지에 대해 류광하는 일곱 가지 요인을 제시하고 있다.

1. 일본은 2백여 년 동안 한 번도 외세 침략 및 변변한 내전마저도 없는 태평 시대를 지속했다. 그러다가 아편전쟁(1840)으로 중국이 서양 세력에 무너지는 것을 보고 봉건제로 쪼개져 있는 일본이야말로 서양의 식민지가 될 것이라는 두려움을 갖게 되었다. 이렇듯 과도한 위기의식이 개혁 개방을 이끌어 낸 것 같다.

2. 일본은 17세기부터 쇄국정책을 펴왔지만, 나가사키 앞 데지마를 통해 서양 사정에 관한 정보를 듣고 있었다. 아편전쟁 결과나 서구

---

41 함동주, 『천황제 근대국가의 탄생』, 70-73
42 김희영, 『이야기 일본사』, 510.

세력들이 가진 식민지 수, 페리 제독이 내항할 것까지 알고 있었다. 이러한 국제 정세에 관한 정보력으로 시대의 흐름을 읽고, 그 흐름에 재빨리 순응했기 때문이라고 볼 수 있다.

3. 막부 체제에 도전할만한 사쓰마번, 조슈번 같은 '힘 있는 번'(웅번)의 우수한 군사력과 경제력을 들 수 있다. 이 두 웅번은 에도(江戶, 동경)에서 멀리 떨어져 있어 막부 몰래 서양과 무역을 통해 부를 축적하고, 그것을 바탕으로 최신 무기로 무장할 수 있었기 때문이다.

4. 사쓰마번과 조슈번은 '도자마 다이묘'[43] 지역으로 막부 260년 동안 정치에서 소외된 변방 지역이었다. 이들의 한(恨)과 설움이 막부군을 이기게 한 원동력이었고, 메이지유신으로 폭발되어 나왔다.

5. 메이지유신은 인구의 10% 정도를 차지한 지배 계층 가운데서도 80% 이상을 차지하고 있는 하급 사무라이의 경제적 궁핍과 엄청난 독서량에 의한 기존 체제에 대한 불만이 일으킨 지배층 내의 쿠데타라 할 수 있다. 프랑스 혁명에서 희생된 자가 대략 70만 명인 데 비해 메이지유신과 그 후의 세이난전쟁(1877) 희생자를 합쳐도 3만 명 정도밖에 안 된다. 이런 적은 코스트로 광범한 변혁을 이뤄냈다는 것은 대단한 일이다.

6. 천황의 존재이다. 7백 년 이상 존재감이 없던 천황이지만 나라의 운명이 걸린 결정적 순간에 존재감을 드러낸 것이다. 메이지유신 세력도 막부를 '조정(朝廷)의 적'으로 규정하고 천황이란 명분을 내세워서 빠르고 효율적으로 권력을 장악할 수 있었다.

---

43 에도 막부는 권력을 가진 다이묘에게는 급여를 적게 주었고, 반대로 급여를 받는 자에게는 절대로 요직을 주지 않았다. 꽃은 권력이고 열매는 수입이다. 꽃, 즉 권력을 가진 그룹은 '후다이 다이묘' 라고 불렸고, 열매, 즉 많은 급여를 받는 그룹을 '도자마 다이묘'라고 불렀다. 도몬 후유지, 『도쿠가와 이에야스의 인간경영』, 32.

7. 일본은 260개의 번으로 쪼개진 봉건제 그리고 천황(天皇)과 쇼군(將軍)으로 권력이 나뉘어져 있어 나라의 체제를 조선보다 부수기가 쉬웠고, 조선의 지배 계급인 양반은 자기 땅을 소유하고 있었지만 다이묘(大名, 영주)와 사무라이는 대부분 자기 토지를 갖지 않고 급료를 받았기에 그들의 권익이나 수입을 나라가 쉽게 빼앗을 수 있었기 때문이다.

메이지유신의 성공과 그 후 일련의 과정이 우리에겐 아픈 상처를 남겼지만 이와 같은 역사를 되풀이하지 않도록 해야겠다. 신채호 선생의 "역사를 잊은 민족에게는 미래가 없다"라는 말 못지않게 "역사를 알아도 힘을 갖추지 않은 민족에게는 미래가 없다"는 말 역시 가슴 깊이 새겨야 할 것이다.[44]

메이지유신 이후

메이지유신 원년인 1868년부터 약 1년 반 동안 크고 작은 내란이 계속되었다. 1월 초에 막부 지지파인 아이즈(會津)·구와나(桑名) 번병들은 요시노부를 설득하여 사쓰마·조슈의 세력을 무력으로 타도할 계획을 세우고 거병했다. 이를 일명 '보신전쟁'(戊辰戰爭)이라고 한다. 이 전쟁에서 신정부군이 승리하면서 그동안 정세를 관망하던 여러 번들이 신정부에 충성을 맹세하기 시작했다.

막부의 요시노부가 항복한 후에도 막부파들은 도호쿠(東北) 지방에서 센다이번을 맹주로 31개 번이 '오우열번동맹'(奧羽列藩同盟)을 결성하여 황군에 반기를 들었다. 그러나 아이즈가 함락된 9월을

44 류광하, 『에도 시대를 알면 현대 일본이 보인다』, 121-124.

고비로 반란은 일단 잠잠해졌다. 그 후 구막부파는 에노모토 등이 홋카이도의 하코다테에서 홋카이도 정부를 조직하여 정부군에 반항했으나 1869년 5월에 항복함으로써 1년 반 동안 이어져 온 내란은 완전히 종식되었다.[45]

한편, 1868년 7월 17일, 에도의 이름을 서쪽의 교토에 대응하여 도쿄(東京)로 바꾸었는데, 이로 인해 신정부의 정치적 중심지는 교토에서 도쿄로 옮겨지게 되었다. 1868년 9월 천황은 교토를 출발하여 에도를 향하였는데, 다이묘와 무사 등 2,300명의 대행렬이 천황의 행렬을 뒤따랐다. 천황을 비롯한 이 행렬의 참가자들은 길가에서 벌어지는 농촌의 갖가지 모습들을 보면서 민심을 파악하기도 했다. 그리고 메이지(明治)로 연호를 바꾸고, 천황은 도쿄로 이주했다.

1869년 1월 20일, 기도 다카요시와 오쿠보 도시미치와 같은 도막파의 중심인물에 의해 '사쓰마, 조슈, 도사, 히젠(삿쵸도히)' 4개 번은 영토(嶺土)와 영민(嶺民)을 천황에게 돌려드리는 '판적봉환'(版籍奉還)을 청원했다. 이어서 다른 번들의 봉환청원도 이어졌다. 최종적으로 6월 17일에 판적봉환에 대한 칙허가 내려짐으로써 274개의 번주들은 세습적 권리가 상실되었다. 판적봉환의 성공으로 신정부가 전국의 토지·인민을 직접 지배할 수 있는 길이 열렸다.[46]

메이지유신을 전후한 1860년부터 1875년까지 15년 동안 비교적 짧은 기간이었지만 이 시기는 정치·경제·사회 전반에 걸쳐 급격한 변화가 진행된 시기였다. 그리고 메이지 신정부가 들어선 1868년 이후 추진된 근대화정책은 '위로부터의 개혁'이라는 강압적

45 이광훈, 『조선을 탐한 사무라이』, 343-348.
46 김희영, 『이야기 일본사』, 515-516.

성격을 가지고 전개되었는데, 신정부의 개혁정책으로 봉건적 특권을 상실한 사족층과 농민들의 반란 등 급격한 개혁에 따른 혼란으로 많은 사회적 문제를 야기시켰다.[47]

막부의 개국론에 반대한 존왕양이론의 두 대표적인 번벌인 조슈와 사쓰마가 메이지유신에 성공한 후에는 적극적으로 개국에 앞장섰다. 아이러니하게도 양이(攘夷)의 최선봉에 선 조슈번은 그 때문에 서양 탐구의 최선봉이 되기도 했다. 또한 이미 언급했지만 1860년에는 미일수호통상조약의 비준서 교환을 필두로 모두 7차례나 사절단을 구미에 파견한 것 외에, 유학생도 주요한 것만도 네 차례나 보냈다.

사람들에게 구미에 대해 눈을 뜨게 해 준 가장 큰 요인은 저쪽과 이쪽 군사력의 압도적 차이와 그것에서 비롯된 위기감이었다. 그러나 출발에 즈음해서 이토가 읊었던 것처럼 '사나이 대장부가 수치를 무릅쓰고 가는 여행'이었다고 말했다. 그러나 그들이 체험한 구미의 인상은 강렬했다.

막부 말기에 해외로 나간 사람들의 견문록을 보게 되면 조개처럼 틀어박혀서 그때까지의 가치 의식을 열어젖히지 못한 사람들도 있지만, 많은 사람에게 눈에 띄는 것은 "뭐든지 한 번 보기로 하자"는 왕성한 호기심과 욕심스럽기까지 한 관찰이다. 그 결과, 군사력에 집중되어 있던 관심이 기술, 사상, 제도 등 문화력의 인식으로 변하기까지 그렇게 많은 시간이 걸리지 않았다. 탐색의 대상이 학습의 대상이 되었다.[48]

---

47 함동주, 『천황제 근대국가의 탄생』, 114-115.
48 가노 마사나오, 『근대 일본사상의 길잡이』, 23-25.

일본인들의 해외 경험

이 무렵 일본은 서양에 미쳐 있었다. 1887년 외무상 이노우에 가오루는 "우리나라를 유럽 스타일의 제국으로 변모시키자. 우리 국민을 유럽 스타일의 국민으로 변화시키자. 동양의 바다 위에 유럽 스타일의 제국을 건설하자"고 주장했다.[49] 그 결과로 나타난 것이 일본인들의 해외 경험이다.

1860년 이후 확대된 일본인들의 해외 경험은 서양관 변화에 큰 역할을 했다. 이와쿠라 사절단 이외에 해외 유학생의 파견이 그것이다. 조선에서는 서구 유학생이 단 한 명도 없는 상황에서 일본은 메이지유신 이전에 막부를 비롯하여 해외 도항 금지령에 의해 불법임에도 불구하고 번 차원에서 유학생을 파견했다.

1862년 막부는 14명의 네덜란드 유학생을 파견한 이래 5년 동안 62명의 유학생을 파견했다. 이 중에는 도쿠가와 요시노부의 브레인이자 메이지 초기에 유력 지식인으로 활약하게 되는 니시 아마네(西周), 보신전쟁 때의 막부군 총사령관이자 훗날 메이지 정부의 외무 대신을 역임하는 에노모토 다케아키(榎本武揚) 등이 포함되어 있었다.[50]

양이(攘夷)의 선봉에 선 조슈번은 서양 탐구의 선봉장이 되었다. 1863년에는 조슈번에서 이토 히로부미, 이노우에 가오루 등 5명을 영국으로 파견했고, 1865년에는 사쓰마번과 사가번이 영국으로, 1866년에는 사쓰마번과 지쿠젠번이 미국으로 각각 유학생을 파견했다.

---

49 김용삼, 『지금, 천천히 고종을 읽는 이유』, 189-190.
50 박훈, 『메이지유신은 어떻게 가능했는가』, 100.

유학생 파견은 1866년에 유학·도항 금지령이 해제된 이후 더욱 활발하게 이루어졌다. 그리하여 연도별 유학생 인원수를 보면 1862년에 16명, 1863년에 6명, 1864년에 4명, 1865년에 27명, 1866년에 28명, 1867년에 49명 등 도합 130명이 해외 경험을 갖게 되었다. 대개 존왕양이를 주장하던 이들은 서양의 발전된 실상을 체험하면서 서양과의 교류를 옹호하는 개국론으로 전환하는 계기가 되었다.[51]

메이지 신정부가 서구식 근대화에 얼마나 열의를 지녔는지를 잘 보여주는 대표적 사례가 이와쿠라 사절단 파견이었다.[52] 대규모 사절단 파견의 목적은 불평등조약에 따른 조약개정 교섭과 아울러 선진국의 문물제도를 견문(見聞)함으로써 신국가 건설을 이루는 데 있었다. 이와쿠라 사절단의 해외 시찰은 서양 문명의 우수성을 체험하여 귀국 후 강력한 근대화정책 추진의 바탕이 되었다.

이와쿠라 사절단은 수행원 46명과 유학생 61명(5인은 여자)을 포함하여 총 107명이 1871년 11월 12일부터 1873년 9월 13일까지 1년 10개월 동안 서양 각국을 시찰하고 돌아왔다.

사절단 구성원을 보면 우대신 이와쿠라 도모미(47세, 교토)가 특명 전권 대사, 부사에는 기도 다카요시로 이름을 바꾼 가쓰라 고고로(39세, 조슈), 대장경 오쿠보 도시미치(42세, 사쓰마), 공부대보 이토 히로부미(31세, 조슈), 외무소보 야마구치 나요시(山口尙芳, 33세, 히

51 함동주, 『천황제 근대국가의 탄생』, 85-88.
52 이와쿠라 사절단 이전 막부는 1860년대 내내 다섯 차례에 걸쳐 대규모 해외 사절단을 파견했다. 막부가 보낸 사절단은 총 290명가량이며, 이들은 미국, 유럽, 러시아 등을 방문했다. 그 목적은 주로 조약 비준서 교환, 국경 문제 협의, 파리 만국박람회 참가 등 외교적인 것이었지만 여기에는 다수의 젊은이들이 공부 목적으로 동행하였다. 박훈, 『메이지유신은 어떻게 가능했는가』, 101.

젠) 등이 포함되어 있는데, 이토를 제외하고는 외국 체험이 이때가
처음이었다. 수행원 46명의 평균 연령은 약 32세였으며, 사절단은
20~30대를 중심으로 편성되어 있었다.

여행경로를 보면 요코하마를 출발하여 태평양을 건너 샌프란시
스코에 도착했다. 그리고 미대륙을 횡단하여 워싱턴과 보스턴을 지
나 대서양을 횡단했다. 런던과 파리 그리고 베를린, 스톡홀름, 러시
아 상트페테르부르크를 거쳐 빈, 베른, 로마에 갔다가 지중해와 홍해
를 지났다. 그리고 인도양을 경유하여 싱가포르, 사이공, 홍콩, 상하
이를 거쳐 요코하마로 돌아왔다. 사절단은 시찰 결과를 총 5권의
『미구회람실기』(米歐回覽實記)라는 방대한 기록으로 남겨 출판을 통
해 일반인과 경험을 공유하도록 했다.[53]

언문일치의 성공 및 출판업의 성행

일본은 한자를 도구로 서구 문물을 번역하면서 언문일치 문체를
개발해 냄으로써 일본식 근대를 이룩했다. 언문일치에 성공한 일본
은 서구로부터 얻은 지식을 전체 국민과 공유할 수 있었다. 대표적인
예가 이와쿠라 사절단이 거둔 성과를 전 국민이 공유할 수 있도록
『미구회람실기』를 편집 · 간행한 일이다.

일본의 사절단들은 자신들의 경험을 활자화하여 국민과 공유하
는 데 힘을 쓴 반면 우리의 사절단들은 1881년 초 4개월간에 걸쳐
일본의 서구 근대를 시찰한 뒤 총 80여 권의 보고서로 응집시켰지만,
그것을 국왕이나 일부 위정자들이 정책을 결정할 때 참고자료로 이

---

53 다나카 아키라, 『메이지유신과 서양문명』, 14-19.

용하는 정도로 그쳤다.

국한문 혼용체를 사용한 유길준의 『서유견문』과 한글로 쓴 「독립신문」이 말해 주듯, 우리의 선각자들도 언문일치의 문체 개발에 나섰지만, 자신의 눈으로 서구 근대를 읽어 내는 데에는 실패했다. '상상의 공동체'로서의 민족을 단위로 한 근대 국민국가를 만드는 데 최우선 과제인 언문일치의 문체 개발에 뒤처지고, 서구의 새로운 개념을 자기화하지 못한 것이 근대 국민의 창출을 불가능하게 만든 주요 요인 중의 하나였다.[54]

'마루야마 마사오'(丸山眞男, 1942~96)는 일본이 군국주의의 길을 걷게 된 이유 중 하나는 개개인의 개별적(individual) 권리인 '인권'을 집합 개념화하여 '민권'(people's right)으로 잘못 번역한 데 있다고 지적했다.[55] 어떤 개념을 정확히 번역하거나 언문일치의 문체로 만들어 낸다는 것이 얼마나 어렵고 중요한 일인지 모른다.

한편, 출판업이 성행하면서 서양의 지식과 정보를 소개하는 다수의 서적이 출판되었다. 그 가운데 '메이지 삼서'(明治三書)로 불리는 우치다 마사오(內田正雄)의 『여지지략』(輿地誌略), 후쿠자와 유키치의 『서양사정』, 나카무라 마사나오(中村正直)의 『서국입지론』(西國立志論)은 정치·사회·지리 등 여러 방면에 걸쳐 서양에 대한 폭넓은 정보를 제공했을 뿐 아니라 개인과 사회의 관계에 대한 새로운 시각을 제시하였다.[56]

---

54 박노자·허동현, 『우리 역사 최전선』, 57-59.

55 마루야마 마사오·가토 슈이치, 『번역과 일본의 근대』, 88-91.

56 함동주, 『천황제 근대국가의 탄생』, 121; 더 자세한 설명은 가노 마사나오, 『근대 일본사상 길잡이』, 41-60을 참조.

메이지 신정부의 개혁정책

정부 요인들이 해외 시찰을 위해 외유하고 있는 동안 정부의 실권은 태정 대신 산죠 사네토미(三條實美), 참의 사이고 다카모리, 이타가키 다이스케, 에토 신페이, 고토 쇼지로, 오쿠마 시게노부 등이 장악했다. 국내에 남아 유수정부(留守政府)를 이끈 이들은 메이지 초기의 3대 개혁으로 불리는 학제, 징병령, 지조 개정을 단행했다.[57]

먼저 신정부는 병역, 납세와 함께 교육을 국민의 3대 의무로 규정하고, 1872년 소학교와 중학교로 이어지는 근대 학제를 발표했다. 한 가정에서 아이들이 가사를 돕거나 갓난아기를 돌보는 중요한 일손이기 때문에 처음에는 취학률이 낮았으나 1900년대 들어서는 90%를 넘어섰다. 여기에는 수업료가 무료로 바뀐 영향도 컸다. 1877년에는 고등 교육 기관인 도쿄대학이 설립됐다.

교육의 중요성을 역설하여 일본 사회에 큰 영향을 끼쳤던 인물로 후쿠자와 유키치가 있다. 그는 서구 열강에 의해 비참한 식민지가 되지 않기 위해서는 교육을 통해 그들에 맞설 수 있는 힘을 길러야 한다며 국민 계몽에 힘썼다. 나아가 먼저 근대화를 완수한 일본이 아시아를 선도하고 식민지로 만들어야 한다고 강조했다.[58]

부국강병에 도움이 되는 국민 육성이라는 목표에 발맞추어 신정부는 1872년 학제를 개정하여 전국을 대학구, 중학구, 소학구로 구분하고, 각 학구에 소학교, 중학교, 대학교와 사범학교를 설치하도록 했다. 그리고 6세 이상 남녀의 소학교 진학을 의무화했다.[59]

---

57 함동주, 위의 책, 108.
58 전국역사교사모임, 『처음 읽는 일본사』, 245-246.

또한 메이지정부는 서양 각국의 전문가, 기술 분야 엔지니어를 초빙했다. 메이지정부가 고용한 외국인은 거의 대부분이 당대 최고의 선진국이었던 영국 출신이었다. 특히 기술 분야에서 그 경향이 두드러졌다. 1874년에 일본에 초빙된 영국인 기술자는 450명으로 외국인 고용 기술자의 80%를 점했다.[60] 외국인 고용 교사 중의 하나인 윌리엄 클라크(W. Clark) 박사는 일본의 청년들에게 "Boys, be ambitious"라는 말을 남긴 홋카이도 삿포로 농업학교 설립자이다.

다음으로, 신정부는 전국 지배를 위한 강화 조치로 군사력의 정비를 서둘렀다. '일본 육군의 아버지'로 불리는 병부대보(兵部大輔, 국방차관) 오무라 마스지로는 현재의 사무라이는 시대에 뒤졌기에 징병제에 기초한 서양식 국민 군대의 창설을 주장했고, 이에 불만을 품은 조슈 번사들로부터 습격을 받아 부상을 입은 뒤 1869년 12월에 사망했다.

그를 뒤이어 야마가타 아리토모는 순차적으로 군제를 개편하여 메이지 3년(1870) 10월에 해군은 영국식, 육군은 프랑스식으로 할 것을 결정하였다. 1871년 4월에는 근위병이 조직되었고, 1872년 11월 국민개병의 원칙을 담은 징병고유(徵兵告諭)를 공포하고, 1873년 1월에는 징병령이 발표되었다. 20세 이상 남자의 3년간의 병역의무를 규정한 징병령을 공포하여 무사를 대신한 일반 국민을 기초로

---

59 함동주,『천황제 근대국가의 탄생』, 108-109. 이토 히로부미가 '도쿄제국대학을 낳은 아버지'로 불리는 이유는 학교 제도의 기초를 확립했기 때문이다. 정치적 측면에서 이토 히로부미가 일본의 근대화에 기여한 3대 업적은 내각제 도입(1885), 헌법제정(1889), 의회개설(1890)을 꼽을 수 있지만, 국민의식 개조 측면에서 보면 교육제도의 확립이 가장 크다고 할 수 있다. 이광훈,『죽어야 사는 나라: 조선과 일본』, 181.

60 메이지 정부가 고용한 외국인(1868~1900) 실태. 영국(1,034명), 프랑스(401명), 미국(351명), 독일(279명). 김용삼,『지금, 천천히 고종을 읽는 이유』, 189.

한 근대적 군사제도를 확립했다.[61]

또한 이러한 사업을 추진하기 위한 재원을 마련하기 위해 신정부는 1873년 7월, 지조(地租, 地稅) 개정 조례를 공포했는데, 주요 골자는 지조를 지가의 3%로 정하고, 이를 지권 소유자가 매년 현금으로 지불해야 한다는 것이었다. 지조 개정에 따라 정부는 매년 일정한 세액 수입이 가능해져 재정 운영의 안정화를 이룰 수 있게 되었다.[62]

한편, 1871년 7월 14일, 강력한 중앙집권의 실현을 위해 번을 폐하고 현을 두는 '폐번치현'(廢藩置縣)을 전격적으로 단행했다. 이날 메이지 천황은 먼저 야마구치현(조슈), 가고시마현(사쓰마), 사가현(히젠), 고치현(도사) 지번사들에게 폐번치현의 조칙을 내린 후 도쿄에 머물던 56명의 다른 지사번을 소집하여 면직 조치를 단행하였다.

폐번치현은 막번제적 지방제도를 완전히 벗어버린 혁신적 조치인데, 이로써 근대 일본의 중앙집권화 목표가 일단락되었다. 이 법령에 따라 도쿄, 교토, 오사카의 3부에는 지사를, 현에는 현령(縣令)을 두기로 했다. 지방제도는 처음 3부 302현에서 시작하여 통폐합을 거쳐 1871년 말에는 3부 72현, 1888년에는 3부 43현으로 개편되었다.[63]

'폐번치현'에 의해 중앙집권적 국가체제의 틀을 마련한 신정부는 서구식 제도와 문물을 채택해 갔다. 이른바 문명개화의 시대가 열린 것이다. 문명개화는 메이지 신정부 수립 직후 발표된 '5개 조의 선언문'에서 "지식을 전 세계에서 구하여 나라의 기틀을 일으킬 것"이라는 조항을 통해 표방되었다.

---

61 김희영, 『이야기 일본사』, 519-520.
62 함동주, 『천황제 근대국가의 탄생』, 109.
63 위의 책, 102-103.

구체적으로 열거하면 1871년에는 단발령이 공포되었는데, 천황이 직접 단발을 하는 예를 보여 서양식 두발의 유행을 가져왔다. 또한 전국적 우편제도와 화폐제도도 정비하였다. 1872년에는 태음력 폐지와 태양력 채택 및 1일 24시간으로 통일하는 내용의 포고령이 내려졌고, 태양력 사용에 따라 1872년 12월 3일이 1873년 1월 1일로 변경되었다. 또한 1872년에 신바시와 요코하마를 잇는 철도가 부설되고, 1874년에는 아오모리−도쿄−나가사키 사이에 전신이 설치되었다.[64] 우리는 이러한 모습을 앞으로 20년 이후에 일본 정부가 조선의 근대화를 추진하는 과정에서나 볼 수 있었다.

또한 신정부는 전통적 신분제의 굴레를 극복하는 것이 필요했다. 신정부는 천황가 · 공가와 함께 쿠데타를 주도한 번들의 다이묘와 번사들을 적극 참여시켜 신분이 낮은 도막파의 주요 인물들이 중앙 정부의 요직에 합법적으로 참여하는 제도적 장치를 마련했다.[65]

또한 공경 · 다이묘라는 호칭을 없애고 화족(華族)이라 부르고, 무사들은 사족(士族)과 졸족(卒族)의 두 가지만으로 구분하였다. 그리고 농(農), 공(工), 상(商) 계급은 메이지 3년에 평민으로 칭하였다. 또한 1871년에는 사민평등(四民平等)의 원칙을 도입하여 천민에 속하는 예다(穢多), 비인(非人)의 호칭을 폐지하여 평민으로 삼았고, 5년에는 창기(娼妓) 해방령을 내려서 인신매매를 금지하였다.[66]

---

64 위의 책, 115-116.

65 김희영, 『이야기 일본사』, 517. 호적법 시행 이후 인구 구성을 보면, 총인구는 3,313만여 명(1872년). 황족·화족 0.01%, 옛 신칸(神官) 등 0.9%, 사족 등 5.49%, 평민 93.6%. 정부는 덴노의 일족을 황족, 상층 귀족과 다이묘를 화족, 무사를 사족, 농민 수공업자·상인·천민을 평민으로 구분하여 사민평등을 내세웠다. 이로 인해 평민도 묘자(苗字, 성씨)를 갖고, 직업과 거주지를 자유롭게 선택할 수 있게 되었다. 전국역사교사모임, 『처음 읽는 일본사』, 234.

66 김희영, 『이야기 일본사』, 517.

일본의 발견

페리 내항에서 막부 붕괴에 이르는 14, 5년간은 사상적으로 격동기였다. 대립되는 정파 간에 이전투구와 관계없이 페리 내항을 계기로 육성된 공통된 시각은 '서양의 발견'에 이은 '일본의 발견', 즉 '일본' 의식이 눈부시게 성장하기 시작했다는 점이다.

일본에의 개안(開眼)은 두 가지 점에서 막번적인 질서를 해체시켰다. 하나는 번의 틀을 넘어서는 것을 가능하게 하는 의식을 낳았다. 이것은 칼을 섬기는 사무라이(侍) 무사에게 충성 대상의 변경을 의미했다. 번을 벗어나거나 번을 넘어선 제휴와 번 저편에 일본의 통일이 보이게 되었다는 점이다. 이것이 할거제(割去制) 타파의 방향으로 나아갔다.

'일본'이라는 국호는 7세기 후반 천황의 칭호와 한 세트로 정해진 것으로 생각되고 있다. 하지만 '일본' 의식, '일본인' 의식이 사람들 사이에 널리 성립된 것은 아니었다. 그러다가 상황의 변화가 일어난 것은 서양 함대가 일본 근해에 출현하기 시작한 18세기 후반부터였다. 특히 페리 내항은 고양되기 시작된 '일본' 의식을 끓어오르게 했다.

위기감에서 비롯된 '일본' 의식은 존왕양이 사상으로 응집되었고, 그 의식은 얼마 후 천황을 상징으로 하는 메이지유신을 초래했고, 천황제 국가를 만들어 내는 데 에너지원이 되었다. 그런 의미에서 그것은 나중에 일본인들이 국가에 얽매게 되는 소지를 굳게 해 주었다.

다른 하나는 신분제 타파 의식을 낳았다는 점이다. 서양과의 만남을 통해서 신분제의 철폐가 국가의 융성을 가져다준다는 인식으로 전환되면서 신분제의 타파가 급속하게 진행되었다. 즉, 능력 위주의 사회로 나가지 않으면 구미 열강에 대항할 수 없다는 위기감이 생긴 것이다.

이타가키 다이스케(板垣退助)는 보신전쟁에서 참모로서 아이즈번을 공격했을 때 "나라를 위해 죽는 사람이 겨우 5천 명의 사족(士族)에 지나지 않으며, 농공상의 서민은 모두 짐을 싸 들고 도망간 양상을 목격했다"며 위아래가 격리된 폐해를 통감하고, 자유 민권의 초심(初心)을 일으켰다.[67]

천황 제도

1632년부터 고메이 천황이 가모(賀茂) 신사와 이와시미즈하치만(石淸水八幡) 신궁을 참배한 1863년에 이르기까지 역대 천황은 어떤 재난이 일어났을 때를 제외하고는 궁을 떠날 수 없었다. 바다를 구경한 천황도, 후지산을 바라다본 천황도 그리고 쇼군가의 중심지인 에도 거리를 둘러본 천황도 없었다. 한평생 천황이 만날 수 있는 사람이라고는 수백 명의 구게들 뿐이었다. 천황은 외경과 존경의 마음을 일으키게 할지언정 인간 세계에 완전히 속해 있다고는 말할 수 없는 '발 뒤에 가려진 존재'였다.[68]

19세기 메이지 정부가 해외에서 유입된 모든 사상적 요소를 배제한 군국주의적인 국가 신도를 의도적으로 만들어 내기 전까지 불교와 신도는 별다른 모순 없이 공생관계를 유지해 왔다. 그런데 '서양

---

67 가노 마사나오, 『근대 일본사상 길잡이』, 30-38.
68 Donald L. Keene, 『메이지라는 시대 1』, 19.

의 발견'과 '일본의 발견'은 그 반대급부로 서양 종교인 그리스도교의 영향을 막아내고, 일본 정신을 지켜내는 일로 나타나게 되었다. 여기서 메이지 신정부가 택한 사상이 '신도주의 고양'과 '천황제 이데올로기'였다.

1867년 12월 9일, 쇼군을 중심으로 한 무가정치(武家政治)를 폐지하고 천황을 중심으로 한 새 정부 수립을 천명한 소위 '왕정복고의 대호령'에 보면, "모든 일은 진무(神武) 천황의 건국으로부터 비롯하여…"라는 말이 있다. 이 말은 에도 시대 말기에 활약한 국학자 '다마마쓰 미사오'(玉松操, 1810~72)의 의견에 따른 것으로 진무 천황에 의한 국가 창업에서 메이지유신의 이념을 찾아야 한다고 주장했다. 여기서 말하는 진무 천황은 712년에 완성된『고사기』(古事記)와 730년에 완성된『일본서기』(日本書記)에 나오는 제1대 천황을 말한다.

천황 중심의 국체 신학은 '아이자와 야스시'(會澤安)의『신론』을 비롯한 미토학이나 후기 국학에 의해 배양된 오래된 역사가 있었다. 그런데 일반적인 국체 관념이나 임금 숭배 관념은 있었지만, 신불(神佛) 분리나 신도(神道) 국교화 정책을 지탱한 이념이 존왕양이운동이나 막부타도운동 안에 구체적으로 공유한 것은 아니었다.

그러다가 메이지 신정부가 수립되고 새 정부의 중추를 장악한 사쓰마·조슈번의 '막부 타도파'(倒幕派)는 어린 천자를 옹립하여 정권을 독차지하려 한다는 비난을 받게 되었다. 이러한 비난에 대항하고 새 정권의 권위를 확립하기 위해서는 천황의 신권적 절대성을 무엇보다도 강조할 수밖에 없었고, 국체 신학을 그 이론적 근거로 이용하려 한 것이었다.

이러한 정치 상황과 더불어 서양과의 대외 관계의 긴박감 속에서 그리스도교의 영향력에 대한 불안과 공포가 자리 잡았다. 새 정부의 개화 친화 정책 아래서는 그리스도교의 수용이 불가피하다고 생각되었고, 이에 대항하기 위해서는 민족적 규모의 의식 통합이 필요하기에 신도 국교주의적인 체제가 그 대안으로 제기되었던 것이다. 그러니까 근세 이후의 국체 사상, 즉 신도주의 고양과 천황제도는 이 같은 초조감과 불안의식이 주된 동인이 되었다.[69]

군비 강화와 신무기 개발

일본의 근대화는 군비 강화와 신무기 개발에서도 나타났다. 페리 제독이 내항했을 때 당시 사쓰마 번주였던 시마즈 나리아키라는 페리가 국서 전달과 함께 막부에 선물한 라이플총 두 자루에 대한 이야기를 듣고, 영지로 돌아가기 전에 막부 각료에게 부탁하여 한 자루를 빌려다가 밤을 새워 분해하여 도면을 만들게 했다. 사쓰마로 돌아온 그는 에도에서 가져온 도면을 신식 문물 제조 공장으로 설립한 슈세이칸(集成館)에 주고 이 소총을 3천 자루나 만들라고 명령했다.

유독 사쓰마가 라이플총에 눈독을 들였던 데에는 내력이 있었다. 1543년 포르투갈 상인들이 갖고 있던 뎃포(鐵砲, 조총)라는 신무기를 입수하여 가장 먼저 무기화한 한 것이 사쓰마번이다. 그런데 이 뎃포는 살상력은 뛰어났다. 만 장전을 해서 쏘기까지 시간이 걸리는 것이 문제였는데, 3인 1조로 3단 순환 사격을 하는 기발한 아이디어로 적군의 3배나 되는 총탄을 퍼부을 수 있었다.

69 야스마루 요시오, 『천황제 국가의 성립과 종교변혁』, 22-26. '일본 천황에 대한 일본인의 태도'에 대해서는 본서 916쪽 이하를 참조.

그리하여 오다 노부나가는 1575년 나가시노(長篠, 현재 아이치현) 전투에서 당시 일본 최강을 자랑하던 '다케다 신겐'(武田信玄)의 1만 2천여 명의 기사 군단을 섬멸하였다. 그리고 임진왜란에서도 이 뎃포를 사용하여 개전 초기에 조명(朝明) 연합군에게 막대한 피해를 입혔다. 철포의 가공할 위력이 유감없이 발휘되면서 일본에서는 철포도 없이 싸움에 나가는 것은 죽음을 자초하는 것과 같은 무모한 짓이라고 하여 '무뎃포'(無鐵砲)라는 말이 생겨났다.[70]

사쓰마번이 비밀리에 슈세이칸에서 라이플총을 복제하던 당시에 '무라타 쓰네요시'(村田經芳)라는 장인은 이때부터 소총 개량에 일생을 걸었다. 1875년에는 프랑스와 프러시아(독일)를 돌며 약 3백 정의 소총을 가지고 돌아와 분해와 개량을 거듭한 끝에 1880년 그의 이름을 딴 일본 최초의 소총인 '13년식(메이지 13년 기념) 무라타총'을 개발했다. 이 총은 개량을 거듭하여 일본 육군의 주력 무기로 사용하게 되었다. 1894년 청일전쟁에서 일본이 수적으로 열세에도 불구하고 청군을 제압할 수 있었던 데에는 무라타 소총의 역할이 절대적이었다.[71]

우라카미(浦上)의 '숨은 그리스도인'

일본에서 재포교[72]가 시작된 이후 1864년에 나가사키(長崎)현

70 이광훈, 『조선을 탐한 사무라이』, 290-294.

71 위의 책, 295-296.

72 일본에서 가톨릭교회의 재포교는 1858년 일본이 미국, 영국, 네덜란드, 러시아 프랑스와 수호통상조약을 체결하면서 가능해졌다. 이 조약에서는 외국인 거류지 내에서 외국인의 신앙 활동, 예배, 예배당 건축 등을 허용한다는 조목이 명기되었다. 따라서 가톨릭교회의 경우 1859년부터 파리외방선교회가 본격적으로 재포교를 위해 선교사들을 파견하기 시작했다. 그러나 일본에서 본

에 '오우라(大浦) 천주당(天主堂)'을 건립했다. 이 교회는 이듬해 헌당
식을 열고 '일본26성인순교자성당'이라고 명명됐다. 오우라 천주당
을 헌당한 지 한 달쯤 지난 3월 17일 오후, 놀라운 일이 일어났다.
로마가톨릭교회에서 '신도발견'이라고 이름 붙인 일이다. 그러나 잠
복 기리스탄들의 입장에서는 '신부발견'이었다.[73]

　　베르나르 타데 프티장(B. T. Petitjean) 신부 앞으로 10여 명이
찾아왔는데, '이자벨리나 스기모토 유리'(ｲｻﾍﾞﾘﾅ杉白合)라는 40대
로 보이는 부인이 신부에게 이렇게 속삭였다. "우리도 당신들과 같
은 마음입니다." 신부가 "정말입니까?"라고 묻자 "우라카미(浦上) 마
을에는 모두가 같은 마음을 갖고 있습니다"라고 말하면서 "산타 마
리아 상은 어디에 있습니까?"라고 물었다. 신부가 산타 마리아 상이
있는 곳으로 안내하자 이 부인은 "정말 산타 마리아님이시군요. 아
드님이신 예수님을 안고 계시네요"라고 말했다.[74]

　　프티장은 잠복 기리스탄의 자손들과 이렇게 극적으로 재회했다.
이날을 계기로 우라카미를 비롯한 그 주변의 잠복 기리스탄 자손들
이 잇따라 천주당을 방문하여 조상 전래의 신앙을 고백한 것이다.
"7대가 지나고 나면 가톨릭 신부가 검은 배(黑船)를 타고 일본에 올
것이며 그때가 되면 공개적으로 기독교를 믿을 수 있게 되리라"는
'바스챤의 예언'을 의지 삼아 처절하게 신앙을 이어 나갔다.[75]

　　'가쿠레 기리스탄'(隱れｷﾘｽﾀﾝ, 숨은 그리스도인)은 200여 년 동

　　격적으로 신앙의 자유를 맞게 된 것은 태정관 포고 제68호에 의해 그때까지의 기리스탄 금제 고찰
　　이 철폐된 1873년 2월 24일 이후의 일이다. 나카무라 사토시, 『일본 기독교 선교의 역사』, 106.
73 강귀일, 『숨은 그리스도인의 침묵』, 61-62.
74 나카무라 사토시, 『일본 기독교 선교의 역사』, 124-129.
75 김시덕, 『동아시아, 해양과 대륙이 맞서다』, 237-238.

안 숨어서 목숨을 걸고 자기들의 신앙을 지켜온 자들이었다. 이 사건은 교회사에서도 유례를 찾기 힘든 기적에 가까운 일이었다. 이 사실에 놀란 막부는 원천적으로 기독교도가 되지 못하도록 모든 백성을 불자로 등록하도록 하거나 장례식과 출생 신고를 가까운 절에서 하도록 하는 등 여러 조치들을 통해 기독교 막아내기를 시도했다.

그러나 선교사들이 비밀리에 돌아다니며 포교하여 신자 수는 계속 늘어났다. 나가사키 봉행(奉行, 공무원)은 처음에는 대외 관계의 분규를 두려워하여 강경한 태도를 취하지 않았으나, 1867년 6월에 85명의 기독교도를 체포하여 감옥에 가두었다. 그들은 9월에 신앙을 포기하여 일단 마을로 돌아갈 수 있었는데, 금세 다시 그 취소를 장옥(庄屋, 촌장)에게 신청했다.

1868년 2월, 나가사키에서는 새 총독이 부임하고 나서 우라카미 기독교도를 체포하고, 4월에는 호주 180명을 불러내어 기독교 신앙의 포기를 명령했으나 받아들이지 않자 13명을 처형했다. 1868년 3월 15일, 메이지 신정부는 '다섯 가지의 게시'(五榜の掲示)[76]를 정하여 옛 막부 시대 이래로 민중 통치 원칙을 계승하는 태도를 보였다. 세 번째 항목을 보면 기독교 금지를 내세운 규정을 볼 수 있다. "기독교라는 그릇된 종교는 절대 금지이다. 만일 수상쩍은 자가 있으면 해당 사무소로 신고해야 하며, 포상금을 받을 것이다." 기독교를 그릇된 종교로 본 것에 대해 여러 나라에서 강경한 항의를 받았다.

기독교도들의 저항과 열강의 항의 사이에 끼여 아직 기반이 약했

---

76 첫째, 오륜도(五倫道)의 장려, 홀아비·홀어미·고독한 자·병자에 대한 사랑, 살인·방화·절도의 금지, 둘째, 무리 지음·시위 행위·도망 금지, 셋째, 기독교(=사교)의 금지, 넷째, 외국인을 해하는 일의 금지, 다섯째, 본국 탈주 금지와 건의서 제출 금지. 야스마루 요시오, 『천황제 국가의 성립과 종교변혁』, 125.

던 새 정부는 이 문제에 대처하기 위해 그해 5월에 기도 다카요시를 나가사키에 파견하여 우두머리를 처형한다는 기존 방침을 바꾸어 기독교도 114명을 쓰와노·후쿠야마·조슈 3개 번으로 유배하기로 하였다. 이러한 탄압 속에서도 새로운 시대의 도래를 예감했던 기독교도들은 더욱 공공연히 종교 활동을 계속했다.[77] 1869년 12월, 아직도 가톨릭 금지령이 엄존한 상황에서 정체가 드러난 가톨릭교도 3,394명이 유배되고 662명이 순교했다.[78]

이런 가운데 세계 각국의 항의와 압력을 받은 메이지 정부는 기독교 금교 정책을 더 이상 지속하는 것이 곤란하여 마침내 1873년 2월 24일, 기리스탄 금제의 고찰(高札)을 철거했다. 메이지 정부의 기독교 금제(禁制)의 고찰(高札) 철거에 있어서 이와쿠라의 역할이 컸다. 이와쿠라 사절단은 일본을 출발(1871년 12월)하기 전 일본에 머물던 개신교 선교사들이 복음주의연맹 런던 본부에 편지를 보내어 일본 정부의 기독교도 박해 사실을 전했다.

1872년 12월, 복음주의연맹 회장인 '에버리 경'(The Lord Ebury)은 영국을 방문 중인 이와쿠라 사절단을 만나 신앙의 자유야말로 문명국가의 필요불가결한 조건임을 강조하고, 일본 기독교도 박해에 대해 유감을 표했다. 이와쿠라는 귀국할 무렵 일본 천황에게 기독교에 적대적인 모든 법률을 철폐하도록 요망 사항을 전함으로 이루어졌다.

그러나 고찰 철거로 일본에서 복음 선교가 무조건 공인된 것은 아니다. 가령 장례식이라는 중요한 의식의 경우, 불교식과 신도식 외의 방식은 태정관의 포고에 의해 금지되어 있었다. 장례식의 자유

---

77 위의 책, 123-127.
78 김시덕, 『동아시아, 해양과 대륙이 맞서다』, 238-239.

가 인정된 것은 1884년 이후의 일이다. 그때까지 기독교 신자들은 매장 문제로 심한 고통을 받았다.[79]

고찰 철거를 계기로 우라카미 지역 신도들을 석방했다. 그들은 유배지로부터 고향으로 돌아왔다. 그 후 수만 명의 사람이 가톨릭교회로 복귀했다. 복귀하지 않은 사람들은 '하나레'(はなれ)라고 불리며, 지금도 토속화된 독자적인 신앙생활[80]을 계속하고 있다. 200년 이상 지속된 기독교 금제정책은 기독교가 사회에 해악을 끼치는 종교라는 편견을 일본인의 마음 가운데 뿌리 깊게 남겨 놓았다.[81]

개국 이전의 프로테스탄트 선교

1858년 개항(開港) 이후 1859년 선교사들이 일본에 들어온 때부터 1872년 최초의 교회가 설립되기 전까지 20명의 일본인이 세례를 받았다. 그 가운데 절반이 요코하마와 나가사키에서 신앙을 받아들인 사족 출신이었다.[82]

1859년 5월, 미국 성공회 존 리긴스(J. Liggins, 1829~1912)가 최초의 프로테스탄트 선교사로 나가사키에 도착했다. 그는 중국에서 선교하다가 일본에 왔으나 결국 건강 문제로 9개월 만에 귀국했다. 그해 6월, 중국에서 선교하던 채닝 윌리엄스(C. Williams,

---

79 나카무라 사토시, 『일본 기독교 선교의 역사』, 146-149
80 '숨은 그리스도인들은 200년 이상 몇 세대에 걸쳐 외딴곳에서 이어져 왔지만, 교회의 지도를 받을 수가 없었기 때문에 가톨릭의 본질에서 멀어져 내세의 구원, 조상 숭배, 현세 이익을 추구하는 신앙과 혼합되기도 했다. 유기남, 『일본선교』, 80.
81 류광하, 『에도 시대를 알면 현대 일본이 보인다』, 111.
82 나카무라 사토시, 『일본 기독교 선교의 역사』, 138.

1829~1910)가 일본 선교사로 임명되어 나가사키에 왔다.

그는 50년에 걸쳐 일본 선교 활동에 헌신했는데, 그에게서 배운 학생 가운데는 '일본 근대 우편제도의 아버지'로 불리는 마에지마 히소카(前島密, 1835~1919)와 와세다대학 설립자이자 초대 총장인 오쿠마 시게노부(大隈重信, 1838~1922) 등이 있다. 그는 오사카와 도쿄에서 전도하며 일본 성공회 창립자 역할을 했다. 또한 일본인의 신학교육을 위해 성바울학교(지금의 릿쿄학원), 도쿄 산이치(三一) 신학교를 설립했다.

1859년 10월, 중국이 아닌 미국 본토에서 선교사들이 차례로 일본에 상륙했다. 미국 북장로회 제임스 헵번(J. C. Hepburn, 1815~1911)이 44세에 부인 클라라와 함께 일본에 왔다. 일본 선교에서 그의 커다란 공헌은 성서 번역이다. 일역 성서는 1880년에 신약성서가, 1887년에 구약성서가 출간되었다. 양쪽 번역에 모두 참여한 사람은 헵번뿐이다. 그는 부인과 헵번학당에서 일본 청년들에게 영학(英學)을 가르쳤는데, 그 가운데 '일본 육군의 아버지'로 불리는 '오무라 마스지로'(大村益次郎, 1824~69)가 있다.

헵번은 메이지학원 초대 총리요, 요코하마시로교회 창립에 힘썼다. 일본통으로 알려져 있고, 많은 전기를 쓴 '윌리엄 그리피스'(W. Griffis, 1843~1928)는 "페리는 일본 쇄국의 문을 열고, 해리스는 미·일 통상의 길을 열고, 헵번은 일본인의 마음의 문을 열었다"고 평가했다.[83]

바로 그 무렵, 미국 네덜란드 개혁파 교회에서 파견한 새뮤얼 브라운(S. Braun, 1810~80) 선교사가 있다. 그는 예일대학교를 졸업

---

83 위의 책, 124-127.

한 뒤 뉴욕 유니온신학교에서 신학을 공부했다. 결혼 후 선교사로 중국에 건너가 마카오와 홍콩에서 모리슨기념학교 교장으로 교육 선교에 헌신하다가 부인의 병으로 8년 만에 귀국했다. 그가 다시 일본 선교사로 왔을 때는 이미 50세가 되었다.

그는 일본에서도 교육자로 활동했는데, 그의 제자 가운데는 우에무라 마사히사(植村正久, 1858~1925), 오시카와 마사요시(押川方義, 1852~1928), 이브카 가지노스케(井深梶之助, 1854~1940), 혼다 요이쓰(本多庸一, 1849~1912) 등 일본 교회를 짊어질 지도자들이 배출되었다. 그가 세운 브라운학당은 도쿄 쓰키지의 잇치(一致)신학교를 거쳐 메이지학원으로 발전했다.

또한 그는 헵번과 함께 성서 번역에 중심적 역할을 맡았다. 1879년, 신약성서 번역을 끝내고 건강 문제로 귀국했다가 이듬해 신약성서가 출간되었다는 보고를 들은 후 소천하였다. 그가 일본을 떠나면서 "나에게 백 개의 목숨을 주시오. 나는 이것을 송두리째 일본에 주고자 하오"라고 한 말은 너무나도 유명하다.[84]

헵번을 위시한 초기 선교사들의 신앙은 단순한 정통 신학에 기초하고 있었다. 하우즈(J. F. Houze)는 초기 선교사들의 특징을 네 가지로 들고 있다. 첫째, 개인적인 회심을 강조, 둘째, 성경에 대한 절대적인 신앙, 셋째, 도덕적인 엄격성, 넷째, 전도 중시가 그 특징이다. 대각성운동으로 고조된 세계 선교의 붐을 타고 파송된 일본 최초의 선교사들 대부분은 청교도 신앙을 배경으로 일어난 대각성운동의 영향을 받은 사람들이었다. 초기 선교사들의 청교도적 신앙을 통해 초창기 일본인 신자들은 당시 환경에 적합한 믿음을 배우게 되었다.[85]

---

84 위의 책, 127-129.

개국 이후의 프로테스탄트 선교(교회 상황)

1873년 2월 21일 기독교 금지령이 해제되고, 복음 전도의 자유가 어느 정도 보장되자 1874년부터 세 가지의 주요 변화가 일어났다. 첫째, 전도의 기반이 옛 사무라이 계급에서 지방 도시와 농촌의 중농 지주를 포함한 광범위한 중간 서민층으로 확장되었다. 둘째, 전도의 지도력이 선교사의 직접적인 지도에서 일본의 젊은 전도자들의 자립 전도로 옮겨졌다. 셋째, 요코하마, 구마모토, 삿포로 등에서 발전한 모임들이 모든 교파의 기초를 형성했다. 이 세 지역의 전도 모임은 일본 개신교 각 교파의 시작이요 각 교파의 특징을 대표하고 있다.[86]

일본의 초기 프로테스탄트의 정신적 원류는 요코하마, 구마모토, 삿포로라는 세 밴드로 정리할 수 있다.

1. 요코하마밴드

이 그룹의 출발점은 1872년 3월, 일본기독공회의 탄생이다. 이 그룹의 중심이 된 사람은 미국인 선교사 브라운과 발라의 사립학교에서 교육받은 사족 청년들이다. 요코하마밴드 사람들에게 커다란 감화를 끼친 제임스 발라(J. Ballagh, 1832~1920)는 신학생 시절 선교사 브라운이 신학교를 방문하여 일본 선교의 필요성에 감명받고 일본행을 결심했다.

---

85 유기남, 『일본선교』, 83.
86 위의 책, 84.

발라는 1872년 설립된 일본기독공회의 임시 목사가 되어 신자들을 지도했다. 초기 선교사 연구의 권위자인 '다카야 미치오'(高谷道男)는 『요코야마밴드 史話』에서 "요코야마밴드에서 부흥이 일어난 것은 제임스 발라의 종교적 열정, 영적 경건, 정직하게 말해서 발라 자신의 인격과 신앙 때문이다"라고 말했다.

이 그룹의 대표적 인물인 '우에무라 마사히사'(植村正久, 1858~1925)는 브라운과 발라의 지도를 받았고 1873년, 16세 때 세례를 받고 일본기독공회에 가입했다. 그는 도쿄 잇치신학교에서 공부한 뒤에 오늘날 개신교회를 대표하는 후지미초(富士見町)교회를 설립하여 목회했다. 또한 「복음신보」 주필, 도쿄신학사(東京神學社) 교장, 일본기독교회 전도 국장으로 각 분야에서 커다란 족적을 남겼다. 특히 도쿄신학사에서 다카쿠라 도쿠타로(高倉德太郎, 1885~1934), 오노무라 린조(小野村林藏, 1883~1961) 등 많은 우수한 제자를 길러냈다.

요코야마밴드 사람들은 스승들의 감화를 받아서 교회 중심의 기본적인 자세를 지니고 있었고, 다른 그룹에 비해 신조와 신학을 중시하는 편이었다. 그들을 지도한 선교사들이 장로교나 네덜란드 개혁파 교회 선교부 소속이었기 때문에 요코하마밴드의 유파를 이룬 교회도 일본기독일치교회가 되어 장로제를 취했다. 후에 이 교회는 일본기독교회라는 전전(戰前) 일본 최대의 프로테스탄트 교회가 되었다.[87]

---

87 나카무라 사토시, 『일본 기독교 선교의 역사』, 151-154.

2. 구마모토밴드

구마모토번은 인재 양성을 목표로 1871년 구마모토 양학교를 설립했는데, 이 학교 교장으로 미국에서 초빙된 사람이 리로이 제인스(L. Janes, 1838~1909)다. 결혼 후 일본에 온 그는 구마모토 양학교에서 교육을 시작했다. 그는 엄격하기 그지없는 교육을 시켰는데, 구마모토 양학교 1회 입학생 46명 중 졸업생은 11명, 2회 72명 중 11명뿐이었던 것으로도 알 수 있다.

제인스는 처음에는 기독교에 관해 한마디도 언급하지 않았다가 3년이 지난 어느 날, 학생들에게 자택에서 성서를 가르치겠다고 전했다. 매주 토요일에 모인 이 성서연구회에 이내 30-40명의 학생이 모이게 되었다. 그런 가운데 1876년 1월 30일 일요일, 평소처럼 신앙을 고백하던 학생 40명이 구마모토 외곽의 '하나오카야마'(花岡山)에 올랐다. 그들은 그곳에서 기도회를 열고 "봉교취의서"(奉教趣意書)를 낭독하고 35명이 서명했다.

이 사실을 알게 된 학교 관계자들과 학부형들은 매우 놀랐고, 이 일로 인해 학교 당국은 제인스의 해임을 결의하고 학교는 폐쇄되었다. 제인스는 구마모토를 떠나기 전에 22명의 학생에게 세례를 주었다. 많은 학생은 제인스의 조언으로 1875년에 갓 개교한 도시샤로 옮겨갔다. 이 학교는 '니지마 조'(新島襄, 1843~90)의 정열과 사명감에 의해 미국해외선교회(아메리칸 보드) 선교사들의 협력으로 시작되었다.

그런데 제인스의 영향을 받은 그들의 신앙은 진보적이었고, 따라서 보수적 입장의 선교사들과 자주 충돌했다. 이들 사이에서 니지마 교장의 고투는 실로 엄청난 것이었다. 그런 가운데 1879년 6월에 거행된 제1회 졸업식에서 졸업의 영예를 얻은 15명 모두가 구마모토밴드 출신이었다. 졸업 후 전도의 제일선에 나아간 사람들은 일본 조합기독교회(日本組合基督教會) 교역자로 크게 쓰임 받았다.

구마모토밴드 가운데는 가나모리 미치토모(金森通倫), 고자키 히로미치(小崎弘道), 미야카와 쓰네테루(宮川經輝), 요코이 도키오(橫井時雄) 등 유능한 인재가 많지만, 그 가운데 요코하마밴드의 우에무라 마사히사와 쌍벽을 이루는 '에비나 단조'(海老名彈正, 1856~1937)를 소개하고자 한다.

에비나 단조는 1872년부터 구마모토 양학교에서 제인스의 지도를 받았다. 그는 제인스의 "기도는 조물주에 대한 우리의 본분이다"라는 말에 깊은 감명을 받고는 자기중심에서 벗어나 하나님 중심으로 살려는 회심을 체험했다.

그를 중심으로 양학교 생도 35명은 하나오카야마에서 봉교취의서에 서명하고 기독교 신앙을 공표했다. 양학교 졸업 후 그는 구마모토밴드의 다른 동료들과 도시샤에 입학하여 니지마 조의 가르침을 받았다. 제인스의 영향으로 진보적이고 자유주의적 신앙을 지닌 그는 그리스도론을 둘러싸고 요코하마밴드 그리고 일본기독교회 지도자인 우에무라 마사히사와 열띤 신학 논쟁을 벌이기도 했다.

그의 신학 사상은 국가주의적 경향이 강했고, 러일전쟁을 정당한 전쟁이라며 지지했을 뿐 아니라 한일합방을 기독교의 인류 동포 정신의 발현으로 여기며 긍정했다. 조선과 중국의 식민지 지배를 기독교 전도와 연결시킨 그의 주장을, 조선에서 식민지 전도를 통해 실행한 사람이 제자인 '와타제 쓰네요시'(渡瀬常吉, 1867~1944)다.

만년의 에비나는 국가주의적 경향이 더욱 강해져 '신도적(神道的) 기독교'라고도 불렸다. 에비나처럼 구마모토밴드 사람들은 국가주

의적·자유주의적 경향이 강했다. 그들의 많은 수가 일본조합기독교회 교역자가 되었다.[88]

3. 삿포로밴드

메이지 초기까지 에조치(蝦夷地)로 불린 홋카이도는 1869년, 개척사(開拓使, 개척 및 행정을 담당하는 관청)가 설치되었을 때, 전체 인구는 약 10만 명, 삿포로 인구는 겨우 2천 명이었다. 현재 삿포로 인구는 약 2백만 명이라고 할 때 격세지감을 느낀다. 홋카이도 개발을 위해서는 인재 육성이 필수라고 생각한 개척사 장관 '구로다 기요타카'(黑田淸隆, 1840~1900)는 1876년 삿포로 농업학교(홋카이도대학교 전신)를 설립했다.

초대 교감으로 특별히 초대된 사람이 미국 매사추세츠 농과대학 학장으로 있던 윌리엄 클라크(W. Clark, 1826~86)다. 삿포로밴드는 클라크의 감화로 기독교 신앙을 받아들인 삿포로 농업학교 1, 2기생들의 그리스도인들 집단에 붙여진 호칭이라고 할 수 있다. 클라크는 1876년에 1년 임기로 삿포로 농업학교 초대 교감으로 취임하는 계약을 일본 정부와 맺었다.

클라크는 모든 엄격한 교칙을 다 없애고 단 한 가지 "신사가 되어라!"(Be gentleman!)고 학생들에게 요구했다. 그는 학력뿐 아니라 학생들의 덕성을 키우는 데 무게를 두었다. 클라크의 재임 기간은 겨우 8개월로 끝났다. 그는 삿포로를 떠날 무렵 '예수를 믿는 사람들의 계약'을 만들었는데, 1기생 전원이 서명했다. 서약서에는 그리스

---

88 위의 책, 154-158.

도 신앙을 고백하고 주님의 사랑에 감사하며 일생을 보낼 것, 조속한 기회에 복음주의 교회에서 세례를 받고 정식 교인이 될 것을 강조했다.

서명한 1기생으로는 이토 가즈타카(伊藤一隆, 1859~1929), 오사마 마사타케(大島正健, 1859~1926), 사토 쇼스케(佐藤昌介, 1856~1939), 와타세 도라지로(渡瀨寅次郎, 1859~1926) 등이 알려져 있다. 삿포로를 떠나는 클라크와의 이별을 안타까워하는 제자들에게 "청년이여, 큰 뜻을 품어라!"는 말을 남긴 것은 매우 유명하다.

보통 삿포로밴드라고 하면 1기생보다 오히려 2기생 쪽이 잘 알려져 있다. 그 가운데 잘 알려져 있는 사람은 '우치무라 간조'(內村鑑三, 1861~1930), 제일고등학교 교장(현 도쿄대학 교양학부) 및 국제연맹 사무국 차장 등을 역임한 '니토베 이나조'(新渡戶稻造, 1862~1933), 세계적인 생물학자 미야베 긴고(宮部金吾, 1860~1951), 유명한 토목공학자 히로이 이사미(廣井勇, 1862~1928) 등이다.

2기생 12명 가운데 기독교 신앙을 받아들인 사람은 7명이고 나머지는 거부했는데, 4년간의 성적을 종합한 결과 상위 7명의 자리를 모두 그리스도인 학생들이 차지하고, 6명이 명예로운 졸업 연설을 하였다.[89] 삿포로밴드의 대표적인 인물이자 김교신 선생의 스승인 우치무라 간조에 대해서는 다음 기회에 다시 살펴볼 것이다.

이 장을 마치면서

유대인의 배타적 선민의식은 유대교라는 종교로 배태되었지만, 민족주의를 벗어나지 못한, 즉 세계보편주의로 나가지 못한 한계를

---

89 위의 책, 158-164.

가졌다. 기독교는 이 같은 유대교의 민족주의적 한계를 뛰어넘는 세계 보편주의적 성향을 지니고 있기에 세계종교로 확장되었던 것이다. 마찬가지로 일본인들의 배타적 선민의식을 보여주는 천황을 중심으로 한 만세일계(萬世一系)와 신도(神道)라는 종교는 민족주의를 벗어나지 못한 유대교와 비견되며, 그런 점에서 근대성에 대한 모순을 그 안에 배태하고 있었던 것이다.

한편, 일본은 조선보다 근대화뿐만 아니라 복음화도 일찍 시작했다. 그러나 일본의 불행은 근대화를 위해서는 온 국민에게 문을 활짝 열어 놓는 개방정책을 추구했지만, 복음화를 위해서는 국민정신을 위협한다는 전제 아래 철저히 경계하는 정책을 추진했다. 일본 근대화의 선각자인 요시다 쇼인이나 후쿠자와 유키치에게서 보듯이 그들은 기술적 측면에서의 서구 근대화를 통한 문명화만을 알았지, 정신적 측면에서의 서구 복음화를 통한 문명화에 대해서는 눈을 감았다.

그리하여 일본 복음화의 상징인 우치무라 선생 같은 훌륭한 기독교 선각자가 있었음에도 불구하고 일본의 복음화는 꽃을 피지 못했고, 근대화에 따른 문명화가 결국은 군국주의, 제국주의로 귀결되었다. 이것이 우리가 잘 알듯이 일본의 패망이라는 불행을 가져왔다. 그러니까 일본의 불행은 근대화와 복음화라는 두 바퀴가 균형을 유지하면서 문명화를 추구해야 하는데, 한쪽 바퀴는 너무 크고, 다른 쪽 바퀴는 너무 작아 결국 균형을 잃고 넘어지고 말았다는 역사적 교훈을 말해 준다.

제8장
망국으로 가는 길
: 대원군 섭정 전후 15년

<단가 8>

내 진정 소원은 예수 사랑!

내 구주 예수를 더욱 사랑!

이 장을 시작하며

50년의 세월은 하나님의 사람 모세의 기도에 나오듯이 순식간에
지나가는 한순간(시 90:9-10)에 지나지 않는 짧은 시간이다. 일본의
근세라는 천하통일의 새로운 시대를 열었던 '오다 노부나가'(織田信
長, 1534~82)가 평소 즐겨 부르던 노래의 한 대목은 이렇다. "인간사
50년, 돌고 도는 영원에 비하면 덧없는 꿈과 같구나. 태어나 죽지
않는 자 그 어디 있을까."[1]

---

1 양은경, 『일본사를 움직인 100인』, 240. '오다 노부나가의 리더십'에 대해서는 도몬 후유지, 『오다

1860년(동학 창시)에서 1910년(한일합방)의 50년, 그 세월은 너무나도 짧은 세월이다. 그런데 그 50년의 세월이 한국과 일본의 운명을 갈랐다. 시작은 큰 차이가 나지 않았지만, 그 결과는 천양지차가 났다. 일본은 그 50년 사이에 세계 최강의 나라로 부상했고, 조선은 망국으로 전락했다. 무엇이 이러한 차이를 가져왔는가. 그 원인과 이유는 어디에 있을까?

19세기 후반 들어 나타난 조선의 국가적 위기를 초래한 내적 요인으로는 농민 경제의 파탄과 국가재정의 빈곤 그리고 신분 질서의 변화로 인한 체제의 안정성 약화 등을 지적할 수 있다. 그 체제의 안정성을 밑에서부터 흔들어 놓는 데 포문을 연 사건이 일명 '임술민란'이라고 불리는 '진주민란'이다. 1862년 2월에 시작된 진주민란은 그해 한 해 동안 무려 37회의 봉기를 가져오는 서막이었다.[2]

임술민란 후부터 갑오농민전쟁이 일어나기까지 무려 40여 건의 크고 작은 민란이 계속되었다. 안동 김씨 세도 정권 말기에 우발적이고 산발적으로 일어나기 시작한 민란이 30년 후의 갑오농민전쟁으로 연결되기까지 농민들의 끊임없는 투쟁이 계속된 것이다. 이 과정을 통해 전봉준(全琫準, 1855~95)과 같은 몰락양반층을 중심으로 한 지도 세력이 비로소 형성되어 갔다.[3]

체제의 안정성을 무너뜨린 또 하나의 내적 요인은 신분 질서의 변화였다. 조선 사회는 양반, 중인, 평민, 천민의 네 신분으로 구성되어 있었다. 중인과 노비는 법적으로 신분이 규정되어 있었던 반면

노부나가의 카리스마 경영』, 111-189를 참조.

2 강준만, 『한국근대사산책 1』, 72-73.

3 강만길, 『고쳐 쓴 한국근대사』, 65.

이 둘의 범주에 속하지 않는 이들은 평민으로 그리고 평민 가운데 과거시험에 합격한 이들이 양반으로 구분되었다. 천민은 광대나 무당, 백정과 같은 하층 계급을 포함하고 있었고, 중인은 지방행정의 주요 업무를 담당하는 이서 계급과 역관(譯官), 의관(醫官), 산관(算官)과 같은 기술직 그리고 양반과 첩의 사이에서 태어난 서얼(庶孽)을 포함하고 있었다.[4]

조선 전 시기에 걸친 인구 변화를 보여주는 자료가 없지만, 단편적인 자료를 통해 신분별 인구 구성을 살펴보면 이렇다. 대구 지역을 예로 들면 17세기 후반에는 양반이 8.3%, 평민이 51.1%, 천민이 40.6%를 차지했다. 이 통계자료는 양반, 평민, 천민이 피라미드 형태의 안정된 구조를 형성하고 있음을 보여주고 있다. 그런데 19세기 중·후반이 되면 양반이 전체 인구의 65.5%, 평민이 32.8%, 천민이 1.7%를 차지했다.

이 통계자료는 양반, 평민, 천민이 역피라미드 형태를 보여주고 있다. 신분 질서에 대한 이러한 변화는 더 이상 신분 질서에 근거한 비공식적 통제력이 행사되기 힘들어졌다는 것을 의미한다. 조선사회의 체제 유지라는 측면에서 보면 이 변화는 체제의 안전성에 결정적인 위협요인으로 작용했다.[5]

흥선대원군의 섭정을 전후로 한 15년은 일본의 메이지유신(明治維新)을 전후로 한 15년에 해당하는 시기로 절체절명의 중요한 시기였다. 결론적으로 말하면 개국을 지향했던 일본은 '제국'을 이루었

---

4 김동노, 『근대와 식민의 서곡』, 26-28. '양반 수 증가의 실제'와 그에 따른 사회변동에 대해서는 강만길, 위의 책, 160-166을 참조.

5 김동노, 위의 책, 28-29.

고, 쇄국을 지향했던 조선은 '망국'의 비운을 맞았다. 그럼 이제부터 망국을 가져온 주인공 홍선대원군은 어떤 인물인지를 살펴보자.

홍선대원군의 집권과 섭정 10년

'대원군'이라는 명칭은 원래 정상적인 왕위 승계 과정을 거치지 않고 종친으로 있다가 왕위에 오른 이의 부친(父親)을 일컫는 일반명사다. 조선시대에는 4명의 대원군이 있었다. 선조의 부친 덕홍대원군, 인조의 부친 정원대원군, 철종의 부친 전계대원군 그리고 고종의 부친 홍선대원군이 그들이다. 그런데 흔히 대원군 하면 '홍선대원군'(興宣大院君)을 가리키는 말이 되었다. 그만큼 홍선대원군은 대원군을 고유명사로 만들어버릴 정도로 강력한 힘과 영향력을 행사한 사람이었다.6

홍선대원군으로 불리는 석파(石坡) 이하응(李昰應, 1820~98)은 1863년 12월, 12세의 나이로 강화도령 철종의 뒤를 이어 왕이 된 고종을 대신하여 10년(1863~1873) 동안 섭정을 하였다. 홍선대원군은 근세 백년사의 초장(初章)의 인물이다. 그리고 그가 집권하던 시기는 건국 이후 한 번도 제대로 접해 본 일이 없는 서구 세력이 본격적으로 조선에 밀어닥친 시기였다. 따라서 조선의 운명을 결정짓는 중차대한 격변의 시기였다는 점에서 그의 10년간의 치정(治政)은 대단히 중요한 역사적 의미를 갖는다.7

그는 정권을 장악하자 안으로는 유교적 위민정치를 내세우고 전

---

6 김윤희 외, 『조선의 최후』, 48.
7 이형기, "근세 백년사의 심벌," 『소설 대원군 1』, 328-329.

제 왕권의 재확립을 위한 정책을 과단성 있게 추진하였다. 그리고 밖으로는 개항을 요구하는 열강의 침략적 자세에 대해 척외강경 정책으로 응전하였다. 그런데 당시는 조선 왕조 통치 규범이던 중화적 질서와 성리학적 사상이 무너지기 시작했고, 수천 년을 이어온 전제 군주제와 신분제가 밑바닥부터 흔들리기 시작했으며, 외세의 침략에 대처하기 위해 새로운 질서에 대한 모색이 절실히 요청되던 시기였다. 즉, 세 가지 벽(담)인 나라의 벽(개국), 신분의 벽(개화), 사상의 벽(계몽)을 허물도록 요청받고 있었다.

그러나 기본적으로 '위정척사적 세계관'을 지닌 대원군은 그 어떤 벽도 허물기를 원치 않았고, 허물어져서는 안 된다고 생각했다. 발상의 전환의 실패가 결국 조선을 멸망의 길로 가게 했다. 대원군이 섭정하던 그 10년이 지나자 일본은 서구 열강과 어깨를 나란히 하는 제국의 길에 들어선 반면 조선은 망국으로 가는 길에 들어섰다.

대원군의 집권 시기는 홍경래의 난(1811) 이후 50여 년의 세월이 흘렀다. 평안도 출신의 홍경래는 서북(평안도) 지방에 대한 지역 차별과 서얼 출신에 대한 신분 차별이라는 사회적 모순을 체험하고는 봉기했는데, 이것이 '홍경래의 난'이다. 대원군은 나라 안의 개혁을 한다고 했지만, 그것은 어디까지나 신분제를 그대로 유지하는 성리학적 질서 내에서의 개혁이었다. 따라서 신분의 벽을 허물고 이를 통해 백성들의 역량을 총동원하여 국력을 최대한 끌어올리는 시대적 과제에 실패했다.

5척 단신인 대원군은 기강 확립 차원에서 길게 늘어진 도포 자락을 짧게 자르게 했으며, 긴 담뱃대도 짧게 잘라 피우게 했고, 큰 갓도 적당히 근절하게 하는 등 관복과 서민들의 의복 제조도 개량하여

의식개혁 운동에 앞장서기도 했다. 그는 위민정치의 부흥을 위해서는 먼저 문란한 삼정(三政)을 바로 잡아야 한다고 보고 당시 농민들에게 가장 큰 조세부담이었던 양역(良役)과 환곡의 폐단을 개혁했다.

양반들이 양역 부담에서 빠지면서 양인에게 편중되었던 군역의 폐단을 바로잡기 위해 모든 호(戶)에 부담을 지우는 호포제를 시행하여 양역의 폐단을 개혁했다. 그리고 환곡 역시 마을 단위로 공동 운영하는 사창제(社倉制)를 시행하여 지방에서 자율적으로 운영하도록 개혁하였다. 이와 같은 일련의 개혁들은 대원군의 입장에서는 왕권을 강화하기 위해 양반의 기득권을 혁파한 것이었다.

대원군이 행한 일련의 개혁 조치의 궁극적 목적은 '왕권 강화'에 있었다. 즉, 강력한 왕권을 기반으로 한 조선 왕조의 재건에 있었다. 이를 위해서는 외척 세력인 안동 김씨 세력의 축출과 양반의 힘을 약화시켜야 했다. 그리하여 먼저 안동 김씨 일족을 조정에서 대부분 몰아내었고, 파벌이나 신분의 귀천을 가리지 않고 인재를 등용하는 인사개혁을 단행했다. 4색 당파를 고루 등용함으로써 특정 당파가 관직을 독점하고 이를 빌미로 권력을 행사하는 것을 막았다. 그리고 조선 건국 이래 차별받던 개성 지역과 서북지역(평안도) 사람에게도 관직에 오를 수 있도록 배려했다.

다음으로 지방관과 토호들의 무단행위를 엄하게 단속하였고, 암행어사를 파견하여 부정과 비리를 일삼던 부패한 관리를 적발하여 처벌하였다. 또한 지방의 유능한 인재를 발탁하여 지방행정의 요직을 담당하게 했고, 이를 통해 조세 징수과정에서 일어나는 부정행위를 최소화하려고 했다.

특히 지방 양반들의 근거지이자 국가 재정의 낭비와 붕당의 요인이던 600여 개의 서원을 47개소만 남겨 놓고 대거 철폐하는 개혁 조치를 단행했다. "공자가 다시 살아나서 나를 위협한다 해도 이 정책은 끝까지 밀고 나가겠으니 그리 알라"라고 할 정도로 그의 의지는 확고했다. 이는 지방 양반들과 유생들의 반발을 초래하였고 훗날 대원군이 정계에서 물러나는 원인 가운데 하나가 되었다.[8]

서원철폐를 통해 유림의 원성을 샀던 대원군이 강력하게 쇄국정책을 펼 수 있었던 것은 역설적으로 지방 유생들의 적극적인 지지 때문이었다. 당시 대부분의 유생들은 화이론에 입각한 척사위정론을 주장했다. 서양은 오랑캐이고 그들의 침략을 막아내는 것이 옳은 일이라고 믿었다. 이런 주장이 주류를 이루었던 이유는 오랜 기간의 쇄국정책과 소중화 의식에 얽매인 탓에 세계정세에 무지했기 때문이다.[9]

대원군은 조선 왕조의 재건에만 몰두하느라 변화하는 세계정세에 눈을 뜨지 못한 우물 안 개구리요 소경이었다. 대원군의 무딘 정세 인식을 두고 박은식 선생은 『한국통사』에서 '세계의 변화를 모르는 국제적인 장님'이라고 평했다.[10] 생각이 구태에서 벗어나지 못한 대원군은 봉건 군주에 지나지 않았다.

메이지유신은 '위로부터의 개혁'을 통해 근대 국가 건설을 이루었다. 김용삼은 이렇게 말한다. "일본이 메이지유신에 성공한 이유는 지방의 하급 무사와 지식인들이 중심이 되어 '위로부터의 혁명'을 일으켰기 때문이다. 이는 서구 국가 중에서 가장 먼저 산업혁명이

8 강준만, 『한국근대사산책 1』, 74-83.
9 김윤희 외, 『조선의 최후』, 57-58.
10 박노자 · 허동현, 『우리 역사 최전선』, 170.

일어난 영국을 비롯하여 대혁명을 경험한 프랑스, 영국과 독립전쟁을 통해 독립한 미국 등과는 정반대의 방법론이었다. 영국, 프랑스, 미국 등에서 추진한 '아래로부터의 개혁(혁명)'은 사회 저변에서 성장해 온 시민계급의 자생적 힘에 의해 근대로의 개혁이 추진되었음을 뜻한다. 반면에 시민계급이 성장하지 못한 일본, 독일, 러시아에서는 국가와 기득권 계층의 주도하에 근대화가 추진되었다. 이런 방식이 '위로부터의 개혁(혁명)'이다.[11]

그렇다면 조선은 일찍 개항했다면 근대 국가 건설이 가능했을까? 이에 대해 심용환은 이렇게 말한다. "흥선대원군은 개혁에는 적극적이었지만 개항에 대해서는 위정척사파와 같은 입장이었다. 급진개화파는 청나라나 명성황후에 대해 적대적이었고, 온건개화파는 사대 문제에서 조금도 급진적인 모습을 보이지 않습니다. 더구나 고종과 명성황후 자신이 보여준 일관되지 못한 모습까지 고려하면 위로부터의 개혁이 가능이나 했을까 하는 의심이 듭니다."[12]

한편, 대원군의 일련의 개혁정책은 시대가 요청하고 일반 백성들이 바라는 근본적인 개혁이 아니었다. 이를 극명하게 보여주는 사례가 경복궁 중건 사업(1865)이다. 경복궁 중건사업이 대원군 몰락의 직접적인 주원인은 아니었다 할지라도 대원군 실각의 한 요인이 된 것만은 분명하다. 왜냐하면 경복궁 중건은 민심을 잃기 시작한 첫걸음이었기 때문이다.[13] 이 정책은 급변하는 시대의 흐름에 역행하는 권력을 쥔 자의 오만한 독주가 낳은 첫 실책이었다는 점에서 '역사의

---

11 김용삼, 『지금, 천천히 고종을 읽는 이유』, 187.
12 심용환, 『단박의 한국사: 근대편』, 56.
13 김윤희 외, 『조선의 최후』, 56.

복수'를 피할 수가 없었다.[14]

그는 과감한 개혁 정치를 통해 내부의 모순을 해결하고 외세의 침략을 막고자 혼신의 힘을 다했으나 고집과 무지로 시대의 흐름에 역행하여 조선의 근대화를 막았던 장본인이다. 같은 통치 기간 동안 일본과 조선은 '왕권 강화'라는 같은 목적을 가지고 출발했다. 그런데 그 결국은 정반대가 되었다. 조선은 망국의 길로 갔고, 일본은 세계열강의 반열에 들어섰다. 그 원인은 어디에 있는가? '방향의 잘못'에 있다. 일본의 왕권 강화는 밖을 향하기 위함인데 반해, 조선의 왕권 강화는 오로지 안을 향하기 위함에 있었다.

1898년 2월 22일, 대원군은 운현궁 사저에서 숨을 거두었다. 후쿠자와는 2월 25일자 "대원군 홍서(薨逝)하다"라는 제목의 사설을 통해 대원군의 가련한 말로를 이렇게 애도했다. 우리가 한 번쯤은 새겨들어야 할 사설이 아닐 수 없다.

대원군의 약력을 보면 이는 대원군 한 몸 부침(浮沈)의 역사만이 아니다. 조선의 운명사라고 볼 수밖에 없다. 조선은 완전한 유교주의 국가로서 마치 중국의 오랜 역사의 반복과 다름없다. 어린 천자(天子), 국부(國父)의 섭정, 외척의 전권, 궁중의 음모, 이적(夷狄)의 소요, 외래종교 금지, 이 모든 순전한 동양 전제국의 각본으로서 유교주의에서 나온 유물이다. 신하들은 평소 충의와 신의를 말하지만, 실제는 달라 군을 매도하는 충신이 있고 부모를 고통스럽게 하는 효자도 있다. 유교의 해독(害毒)

---

14 이형기, "근세 백년사의 심벌," 332. 여기서 이형기는 이런 말을 했다. "역사는 한편으로 인간의 의지를 요구하지만, 다른 한편으로는 인간의 겸허를 요구하고 있다. 이 모순된 이중구조(二重構造) 속에 역사의 비밀이 있는 것이다. 유주현의 『대원군』을 통해 우리는 그러한 역사의 비밀을 읽어내야 할 것이다."

은 인심을 부패시킨다. 따라서 국민의 운명은 스스로 명백하다. 지금의 세계대세로 보면 조선은 유교주의 최저국을 유지하는 데도 모자란다는 사실을 알아야 한다. 대원군이 100년 전에만 태어났더라도 중흥의 명군 (名君)으로 역사에 이름을 남길 만한데 희대의 영웅호걸도 문명 대세는 거스를 수 없다. 일은 마음과 달라서 일거일동이 더욱더 자가(自家)와 나라의 쇠운을 불러와 가엾게도 허무한 말로를 고하게 되었다.[15]

천주교 박해와 쇄국정책

대원군이 집권하기 이전 1832년과 1845년 영국의 통상 요구, 1846년 프랑스의 통상 요구가 있었고, 대원군이 집권을 시작하던 1864년 이후 서구 열강들의 계속된 통상 요구가 있었으나 대원군은 이를 모두 거부하였다. 이로 인해 위기의식이 가중되었다. 이때 천주 교인이자 정부 관리인 김명호, 홍봉주 등은 오랑캐를 이용하여 오랑 캐를 물리치는 이이제이(以夷制夷) 방어책, 즉 프랑스의 힘을 빌려 러시아의 남하를 막는 방책을 대원군에게 건의하였다.[16]

1864년 무렵 천주교도는 약 2만 3천여 명에 이르렀는데, 이즈음 천주교의 고민은 정부라기보다는 오히려 라이벌 관계에 있던 프로 테스탄트(개신교)였다. 1832년 독일 선교사 귀츨라프가 충청도 일 대에서 선교 활동을 하면서 개신교는 날로 그 세를 더해가고 있었다. 천주교는 프로테스탄트를 '분열시키는 종교'라는 뜻으로 '열교'(裂 敎)라고 부르며 배척했으며, 급기야 교세를 보호받으려고 대원군에

---

15 정일성, 『후쿠자와 유키치』, 219-220.
16 한국기독교사연구회, 『한국 기독교의 역사 I』, 114.

게 접근했다.[17]

남종삼(1817~66)은 대원군의 위기의식을 간파하고 대원군에게 조불조약(朝佛條約)을 체결하여 러시아의 남하정책을 막도록 건의하면서 조선에서 활동 중인 베르뇌 주교와의 만남을 주선하였다. 대원군은 만일 러시아를 물리칠 수만 있다면 천주교 신앙의 자유를 허락할 수도 있다는 암시를 주어 천주교인들은 큰 기대에 부풀어 있었다.[18]

그런데 운명의 장난이었던가. 1866년 1월 베이징 사신 이홍민이 보내온 편지가 문제였다. 청나라가 천주교를 탄압하기 시작했다는 내용이 전해지자 국내의 반 대원군 세력들은 대원군이 천주교와 불순한 정치적 흥정을 한다며 공세를 해 왔다. 당시 강경파 유학자들은 천주교를 사교로 단정하고 철저한 박해를 주장했고, 이는 거스르기 어려운 대세였다. 결국 대원군은 천주교도들을 잡아들이라는 지시를 내렸으니, 이것이 1866년 병인박해다.[19]

이미 언급했듯이 조선에서는 정권이 바뀔 때마다 천주교에 대한 박해가 있었다. 조선은 1784년 이승훈이 천주교 영세를 받은 이후 천주교가 급속하게 확장되었다. 이에 불안을 느낀 조선 정부는 천주교 박해에 나섰다. 첫 번째가 1791년 윤지충, 권상연을 부모의 신주를 불살랐다는 죄목으로 처형하였다. 이어서 1801년 신해박해, 1839년 기해박해가 일어났다. 그리고 1846년 병오박해가 있었는데, 우리나라 최초의 천주교 신부인 김대건(1822~46)도 한강 새남

---

17 이이화, 『한국사 이야기 17』, 120-124.

18 정동주, "아들 왕위 오르자 부친묘 근처에 보덕사 지어: 대원위대감의 상객하(下)," 「서울신문」 (2004. 3. 20.), 22.

19 강준만, 『한국근대사산책 1』, 94-95.

터(지금의 노량진)에서 순교의 피를 뿌렸다.

병인박해는 대원군이 자신의 권좌를 지키기 위한 것으로 마치 빌라도가 예수의 무죄를 알면서도 백성들의 요구가 무서워 예수를 십자가에 내어 준 것과 흡사하다고 할 수 있다. 1866년 2월부터 시작된 병인박해는 베르뇌 신부를 비롯하여 홍봉주, 남종삼, 김명호를 포함하여 수많은 천주교도들이 체포되어 순교하였다.[20]

병인박해 때는 선교사 처벌 방식이 이전과 달라져서 배교를 강요하지 않았고, 본인이 원한다면 본국으로 송환해 주겠다고 했다. 그러나 프랑스 선교사들은 스스로 순교의 길을 택했다. 병인박해로 인해 천주교 신도 8천여 명이 학살당했고 포교 활동을 하던 프랑스 신부 12명 중 9명이 체포되어 처형당했다. 이때 탈출한 신부 3명(페론, 리델, 칼레)은 북경으로 가서 천주교 박해 소식을 전했다.[21]

이 소식에 접한 북경의 벨로네 공사와 로즈 제독은 조선을 징벌하기로 결심했다. 병인박해에 따른 병인양요(丙寅洋擾)가 시작된 것이다. 1866년 8월 12일, 군함 3척을 이끌고 남양만에 나타난 그들은 서울의 양화진, 서강까지 올라와 수로와 지형을 조사하고는 돌아갔다. 한 달 후 로즈 제독은 7척의 프랑스 함대를 이끌고 강화도 근해에 다시 나타났다.

단시일 내에 조선을 굴복시킬 수 없음을 깨닫고, 일단 강화도의 요새인 정족산성을 공격했다. 10월 3일 안일하게 정족산성을 향해 진격하던 프랑스군은 잠복 중이던 조선군의 총격을 받고 큰 타격을

---

20 '병인박해'에 대해서는 A. S. 드 동쿠르, 『순교자의 꽃』, 90-194; 유홍열, 『한국천주교회사 下』, 21-84를 참조.

21 연갑수, "대원군과 서양: 대원군은 쇄국론자였는가," 「역사비평」 통권50호(2000년 봄), 128-129.

입자, 대량의 서적과 보물을 약탈한 후 도주했다. 프랑스 군함이 물러간 후 대원군은 더욱 쇄국정책을 강화했다.[22]

이런 상황에서 대원군의 쇄국정책에 기름을 붓는 사건이 일어났다. 1868년 독일 상인 오페르트는 대원군의 아버지인 남연군의 묘지를 도굴하는 어처구니없는 짓을 자행했다. 효도를 중시하는 조선인의 풍습을 이용하여 통상을 열어보겠다는 심산이었다. 그러나 이 사건은 대원군으로 하여금 쇄국과 척화에 대한 그의 신념을 더욱 굳히는 결과를 초래했다.[23]

병인양요를 치른 후 5년이 되는 1871년(고종 8년) 신미양요가 발생했다. 미국의 상선 '제너럴 셔먼호'가 대동강을 올라와 통상을 요구하였으나 "서양 오랑캐들과는 상종하지 않는다"라며 거절하였다. 그러자 미국 측은 대포를 쏘며 상륙해 민가를 습격하였다. 이에 성난 평양의 백성들은 '제너럴 셔먼호'에 불을 질러 침몰시키고 선원 24명을 모두 죽였다. 이 소식을 전해 들은 미국 정부는 '제너럴 셔먼호' 사건에 대한 문책과 아울러 통상조약을 맺고자 해군함대를 출동시켰다.

48시간의 전쟁 결과 미군은 전사자 3명에 중상자 5명, 경상자 5명에 지나지 않았으나 조선군은 무려 450여 명이 무참하게 죽었다. 그런데 조선군의 장렬한 전사에 접한 미국 측은 더 이상 통상이 어렵다고 보고 자진해서 물러갔다. 이를 두고 대원군은 마치 조선이 미국도 물리친 것처럼 오판하였다.[24]

---

22 정성희, 『한국사 101장면』, 238-239.

23 '남연군 묘 도굴사건'에 대해서는 김용구, 『세계관 충돌과 한말 외교사』, 125-129; 김호일, 『다시 쓴 한국개항 전후사』, 39-41을 참조.

24 정성희, 『한국사 101장면』, 240-241.

두 차례의 양요를 치르면서 대원군은 서양 세력에 대한 쓸데없는
자신감을 갖게 되었다. "저 오랑캐 놈들하고는 손잡을 필요가 없다.
우리나라만 잘 보존하면 얼마든지 우리는 발전할 수 있다." 이 말
속에서 우리는 대원군이 어떤 존재이며, 얼마나 세계정세에 어두웠
던가를 적나라하게 엿볼 수 있다.

이후 대원군은 쇄국정책을 더욱 강화하기 위해 전국 각지에 척화
비(斥和碑)를 세웠다. "서양 오랑캐가 침범함에도(洋夷侵犯) 싸우지
않으면 화친하는 것이요(非戰則和) 화친을 주장하는 것은 나라를 팔
아먹는 것이다(主和賣國)." 대원군의 쇄국 결의가 얼마나 단호했는가
를 짐작하고도 남는다. 대원군의 쇄국정책은 문호개방을 통한 근대
화의 길을 막았고, 앞으로 전개될 개방에 대한 대책을 전혀 마련하지
못한 채 국제무대에서 완전히 고립되고 말았다. 조경달은 이러한
조선의 양이(攘夷) 정신은 일본과 비교해 볼 때 대단히 흥미롭다며
이렇게 말한다.

일본의 경우 사쓰마(薩摩)와 조슈(長州)가 각각 사쓰에이전쟁(薩英戰
爭, 1863)과 4국 함대의 시모노세키 포격 사건(1864)으로 허망하게
굴복한 사실과는 대조적이다. 숭문(崇文)의 나라임을 자부하는 조선이
도리어 무위의 나라임을 자부하는 일본 이상으로 완강히 저항했다는 점
은 양국 문명 의식의 차이와 크게 관련된다. 대원군의 쇄국양이 정책을
뒷받침한 사상은 위정척사(衛正斥邪) 사상이다. 대원군은 저명한 주자
학자를 등용하고, 정책을 제시하도록 하였다. 기정진(奇正鎭)과 이항로
(李恒老)가 유명한데, 그들은 병인양요 시기에 각각 상소하였다. 기정진
은 서구가 조선을 금수와 같은 나라로 만들려 한다고 보아 '양물'(洋物)

을 단호하게 거부해야 한다고 했다. 또한 이항로도 '양물'의 거부를 호소하고, 단호하게 주전론을 주장하였다. 특히 이항로는 성현의 '도'를 지키는 것이야말로 '나라'의 존망을 뛰어넘는 절대적인 행위라 하여 유교 문명의 절대적인 수호를 준열하게 설파하였다. 이 점은 현실의 조선 왕조가 존귀한 것은 '도'를 실천하고 있기 때문이며, 그 실천을 포기한다면 그러한 왕조는 의미가 없다는 것을 의미하였다. 이러한 사상은 일본의 '국체' 사상과는 전혀 달랐다. 일본에서는 '국체' 사상의 대두를 통해 '국가'가 절대화되었기 때문에 '도'는 부차적인 것이었고, 따라서 서구화로의 전환이 용이할 수 있었다. 서구에 대한 철저한 항전은 '국가'를 멸망시키는 것일 뿐이다. 서구의 적수가 되지 않는다고 인식하자마자 존양론(尊攘論)이 개국론으로 급격하게 전환하였던 비밀이 여기에 있다. 그에 반해 조선에서는 '국가'가 멸망하더라도 '도'에 따라 죽는 것이야말로 인류의 올바른 행위라고 여겼다. 이것이 유교 원리 국가라고도 말할 수 있는 조선의 현실이었고, 프랑스와 미국에 대한 철저한 항전을 가능하게 만든 이유였다.[25]

대원군은 전국 곳곳에 척화비를 세우고 대대적으로 국방을 강화하기 위해 무리한 군비 확장과 이로 인한 백성들의 조세부담은 증가해 갔다. 이는 대원군 몰락의 주원인으로 작용하게 되었다. 화무십일홍(花無十日紅)이라는 말이 있듯이 고종이 성년이 되고, 중전 민씨를 비롯하여 외척인 민씨 세력들은 권력을 독점하기 위해 고종의 친정(親政)을 계획하였다. 대원군 10년 동안의 실정(失政)을 탄핵하는 면암(勉菴) 최익현(崔益鉉, 1833~1906)[26]의 상소가 있었다. 1873년 12

---

25 조경달, 『근대 조선과 일본』, 59-61.

월 24일, 고종은 친정을 선포하였고, 흥선대원군은 운현궁으로 은퇴하였다.

정치적 라이벌 '대원군과 민 황후'

대원군은 며느리를 한미한 집안 출신으로 간택해 안동 김씨 세력이나 풍양 조씨 세력 같은 외척의 발호를 막고자 했다. 그래서 택한 것이 부대부인 여흥 민씨 가문 중에서 친척뻘 되는 민치록의 딸을 며느리로 삼았다. 그런데 역사는 인간의 의지로 안 된다는 것을 여실히 보여주었다. 대원군이 선택한 중전 민씨가 평생의 정적이 될 줄이야 그가 상상이나 했겠느냐. "조선의 최후"는 정치권력을 놓고 두 사람이 치열하게 경쟁하며 싸우는 사이에 조선은 서서히 망해 가고 있었다는 사실을 극명하게 보여주고 있다.

중전 민씨의 조종으로 1873년 이후 고종이 친정을 시작했다고는 하지만 고종은 민씨 척족 세력에 놀아난 허수아비에 불과했다. 민 황후가 대원군과 갈등한 1873년 전후는 증기선 함대와 대포로 무장한 서양인들이 동아시아로 몰려오는 세계사의 격동기였다. 유럽에서는 독일이 프랑스와의 보불전쟁에서 승리하여 급부상했고, 러시아는 영국과의 충돌을 피하기 위해 중앙아시아로 진출 방향을 틀었다.

이러한 힘의 공백기에 일본은 메이지유신을 성공시키고 근대국가로 발돋움했다. 이 같은 질풍노도(疾風怒濤) 시기에 조선에서는 시아버지와 며느리가 권력을 놓고 목숨 건 투쟁을 시작했다. 의리도,

---

26 강준만, 『한국근대사산책 1』, 135-145. '최익현'과 그에 대한 비판에 대해서는 우윤, "과대포장된 역사 인물," 『우리 역사를 읽는 33가지 테마』, 253-263을 참조.

줏대도 없는 잔머리의 달인 고종 사이에서 대원군과 민 황후는 '한 하늘에 뜬 두 개의 태양'이었다.

조선은 충효(忠孝)의 원리가 목숨보다 더 중요한 가치로 작동하는 성리학 원리주의 나라였다. 따라서 부자지간인 고종과 대원군은 정면 대결을 펼치기가 서로 부담이 되었다. 아들 고종이 대원군에 정면 도전하면 불효(不孝)가 되고, 반대로 대원군이 국왕 고종에게 도전하면 불충(不忠)이 되는 것이다.

결국 아버지와 아들의 권력투쟁은 충효의 대의를 거슬리지 않도록 복잡한 양상으로 전개되었다. 그 결과가 시아버지와 며느리의 격돌이었다. 대원군은 불충이라는 비난을 피하기 위해 공격의 화살을 며느리에게 돌렸고, 민 황후는 시아버지를 직접 공격할 수 없으니 민씨 일족을 전면에 내세워 대원군을 공격하도록 원격 조정했다.[27]

이 과정에서 민 황후는 독서를 통해 체득한 책략을 유감없이 발휘했다. 앞날을 대비해 곳곳에 구축해 놓은 자신의 세력 기반을 마음껏 활용했다. 대원군에게 등용되지 못해 불만이 폭발 직전이었던 조대비의 조카 조영하를 포섭하고, 대원군의 친형 이최응도 끌어들였다. 서원 철폐에 반발한 유생과 결탁하여 만동묘를 부활시켰다. 이런 불만 세력들을 끌어모아 대원군을 퇴진시키는 무기로 활용했다. 그런데 더 중요한 사실은 두 사람이 싸우는 사이에 조선은 멸망으로 향해 가고 있었다는 사실이다.

대원군과 명성황후는 서로 권세를 놓고 다투다 끝내는 역사상 치명적인 오점을 남겼다. 대원군의 쇄국은 조선의 근대화를 가로막는 실수를 범했고, 명성황후의 감정에 치우친 외교정책은 일본의

27 김용삼, 『지금, 고종을 천천히 읽는 이유』, 93-94.

침입을 부추겼다는 비난으로부터 자유로울 수 없다. 그런데 정작 임금인 고종은 제대로 한 일이 거의 없었으니 조선의 몰락은 예정된 시나리오가 아니었을까.[28]

흥선대원군에 대한 평가(결정적 한계)

흥선대원군 이하응만큼 양 극단적 평가를 받는 인물도 드물 것이다. 개혁정치가라는 긍정론과 수구적 쇄국주의자라는 부정론이 크게 엇갈리고 있다. 허동현은 대원군에 대해 기득권 세력의 위기관리 대리인으로 집권했던 한계를 극복하지 못한 실패한 정치가라고 평가했다.

반면에 박노자는 당시의 시대적 요구였던 '깨끗한 정부'를 구현하는 일을 대원군이 추진했음을 긍정적으로 평가하면서 '근대화'가 평가의 잣대가 되어서는 안 된다고 지적하였다. 즉, 전근대적 중세사회에서 근대적 부국강병 사회로 진행하는 것을 역사의 정해진 규칙으로 당연시하는 일종의 선입관을 비판했다.[29]

대원군은 모두 세 차례에 걸쳐 섭정을 했다. 개항 전인 1864년부터 1873년까지 10년간이 1차 섭정이고, 임오군란(1882) 직후 한 달간이 2차 섭정, 갑오경장(1894) 이후 4개월간이 3차 섭정이다. 대체적으로 대원군에 대한 평가는 1차 섭정 때의 치적을 중심으로 내려진다.

그의 섭정 10년은 남이 차려준 밥상이 아니라 후일의 집권을 위

28 신연우·신영란, 『제왕들의 책사: 조선시대 편』, 302.

29 박노자·허동현, "흥선대원군 다시보기," 『우리 역사 최전선』, 167-188.

한 원대 치밀한 준비 작업이 있었고, 초인적인 의지로 온갖 굴욕을 버텨내며 스스로 쟁취한 영광이었다. 그에 대한 평가는 다양할지라도 당시로선 가히 혁명적 업적을 남긴 점에서 그가 비범한 인물이었다는 것은 공통적으로 인정하고 있다.[30]

그러나 그의 통치에 대한 평가는 극과 극인데, 필자는 이렇게 질문을 던져 보고자 한다. "조선 시대를 통틀어 흥선대원군만큼 나라를 사랑한 통치자(왕)가 있었는가?" 이 물음에 대한 필자의 대답은 "없다"이다. 그다음 질문, "조선의 멸망을 가져온 원조는 누구인가?" "흥선대원군이다"라는 것이 필자의 대답이다.[31]

세상만사 때가 있고 그 흐름의 방향이 있다. 때를 놓치거나 방향이 잘못되었을 때 그 모든 업적은 무용지물이거나 해악이 되는 것이다. 대원군은 '근대화'에 있어서도 실패한 정치가였지만, '복음화'에 대해서도 실패한 정치가였다. 그래서 필자는 그의 많은 업적에도 불구하고 그를 '실패한 정치가'라고 규정짓고 싶다.

지도자가 갖추어야 할 두 덕목이 있다면 백성을 섬기고자 하는 선한 의지와 미래를 내다보는 통찰력과 혜안이다. 대원군은 백성을 섬기고자 하는 강한 의지는 있었으나 왕권 강화를 위해 무리하게 경복궁 중건 사업을 추진하면서 백성의 삶을 돌아보지 않는 봉건 군주의 모습을 드러냈다. 더욱이 급변하는 국제 정세에 지혜롭게 대처하는 미래적 통찰력과 혜안을 지니지 못하고, 위정척사적 세계

---

30 김윤희 외, 『조선의 최후』, 50-51; 이형기, "근세 백년사의 심벌," 『소설 대원군 1』, 328.

31 백지원은 "대원군은 사실 아주 괜찮은 통치자였다"고 말하면서 이렇게 말한다. "조선 말기에 조선을 멸망의 구렁텅이로 처넣은 주범은 대원군도, 김옥균도 아니고, 부패한 안동 김씨들과 멍청한 고종 그리고 민비의 후원을 받은 썩어빠진 민씨 척족들이었다." 백지원, 『백성편에서 쓴 조선왕조실록 下』, 343.

관에 갇혀 독선과 아집으로 근대화의 기회를 잃고 나라를 존망의 위기에 빠뜨리는 어리석음을 자초하였다.

대원군의 결정적인 한계는 다른 나라를 가본 적이 전혀 없다는 데 있다. 실은 모든 문제가 거기서 기인한다. 그래서 발상의 전환을 하지 못했다. 자신이 사는 나라 이외의 다른 나라를 보게 되면 생각이 달라진다. 그런데 조선 이외에 다른 나라를 본 적이 없으니 객관적인 눈으로 조선의 현실을 제대로 볼 수 없었고, 세계가 어떻게 변해 가고 있는지를 전혀 몰랐다. 한마디로 그는 '우물 안 개구리'였고 '시대착오적 정치가'였다.[32] 그래서 그는 세계정세에 무지했고 서구 열강의 힘을 제대로 알지 못했다.

더 솔직히 말하면 주변 나라 중국과 일본이 서구 열강의 침략에 무릎을 꿇는 모습을 보면서 서구 열강의 힘을 두려워했다. 그의 내면에 깔린 불안과 공포 그리고 자신의 나약함과 자신감 상실을 감추기 위해 그는 더욱 강경한 주장과 허풍을 떨었던 것이라고 볼 수 있다.

그래서 일본을 비롯한 서구 열강을 오랑캐의 나라라고 목소리를 높이기도 하고, 서양 세력과 통상을 하게 되면 미풍양속이 무너진다는 감언이설로 백성들을 속이기도 했다. 서양을 모르면서 그냥 문 걸어 잠그면 나라가 보존된다고 믿었고, 먼저 내치를 강화하면 나라가 보존된다고 고집을 부리며 끝까지 쇄국정책으로 일관하였다. 이 같은 그의 잘못된 고집과 무지가 결국 나라를 망국으로 가게 했다.

국제정세에 대해 한국과 일본은 대응 방법이 달랐다. 조선은 양이(洋夷)를 격퇴한 것으로 착각한 대원군이 가일층 쇄국으로 일관하는 동안 일본은 존왕양이(尊王攘夷) 하면서도 구체제나 신체제 지향

---

32 박노자·허동현, "흥선대원군 다시보기," 『우리 역사 최전선』, 183.

478 제3부 | 일본 내부 준비 35년(1840~1875년)

자들이 함께 개국을 서둘렀다. 그러면서 그들도 신·구 체제파 간에 피 터지게 싸웠다. 조선처럼 골육상잔이 아닌, 새로운 일본을 위해 전쟁까지 했다. 그리고 마침내 신일본 개국에 성공했다.

역사를 주관하시는 하나님은 대원군에게 개국을 통한 근대화를 이룩하도록 여러 차례의 기회를 주었다. 그러나 그는 무지와 아집에 빠져 그 모든 기회를 날려 버렸다. 외견상으로 당시 서구 열강의 통상 요구는 경제적이고 외교적인 문제일지 모르나 기독교 신앙적으로 보면 하나님께서 우리 민족을 전 세계 복음의 통로로서 제2의 이스라엘로 삼기 위해 문을 두드리고 있었다. 이 같은 하나님의 주권적 섭리를 전혀 몰랐던 대원군은 외세로부터 오직 나라를 지켜야 한다는 일념으로 집권 내내 극단적인 쇄국정책으로 일관했다. 그 결과 조선은 서구 열강과의 무력 충돌을 피할 수 없었다.

일본은 개국 과정에서 서구 열강과의 무력 충돌을 피하면서 조약 체결 과정에서 불평등조약을 막기 위해 나름대로 철저히 준비했다. 그러나 조선은 개국을 하기 전에 프랑스와 미국과의 두 차례의 전쟁을 치렀고, 아무런 준비도 없이 개국을 강요당하면서 불평등조약을 감수해야 했다. 더욱이 대원군이 천주교도 대학살을 감행한 병인박해는 시대를 제대로 읽지 못한 위정척사들의 주전과 척화 상소도 한몫했음을 기억할 필요가 있다.

일본에서는 후쿠자와 선생의 말에 따라 근대화를 위해서는 유교가 지니고 있는 중국 의존과 봉건적 문벌주의를 벗어나야 한다고 보고, 유교 타파에 전력을 다하고 있던 시절, 조선은 근대화에 역행하는 중화적 질서와 성리학적 사상에 매달려 있었다. 병인박해를 항의하고자 프랑스 함대가 강화도를 침공하자 당대를 대표하는 유학자 화서(華西) 이항로(1792~1868)는 주전과 척화 상소를 올렸다. 명(明)은 중화(中華)로, 조선은 소중화(小中華)로, 청(淸)은 중국을 지배하고 있으나 오랑캐(夷)로 그리고 서양과 그 앞잡이 일본을 금수(禽獸)로 인식하였다.33

또한 그는 서구와의 교역도 조선에는 전혀 이로울 것이 없다는 생각을 지녔다. 서구의 공산품은 얼핏 사람에게 편리할 것 같아 보이나 실상은 사람의 마음을 현혹시켜 피폐하게 만들며 도덕과 예의를 타락시킬 것이므로 받아들여서는 안 되는 것으로 여겼다. 이런 맥락에서 이항로는 서양의 공산품은 하루의 생산으로도 남음이 있지만 우리의 농산품은 일 년 생산으로도 오히려 부족함이 있음을 주장하면서 조선의 농산품과 서양의 공산품을 교역하는 것이 불합리함을 주장하였다.34

화서 이항로의 주장은 애민(愛民) 정신에 근거하고 있으나 문제는 화서학파의 이런 애민 정신은 기존의 강력한 사회신분제를 전제로 한 것이었으며 이들은 사회신분제가 무너지면 세상이 끝나는 것으로 아는 사람들이었다. 유초하는 "그가 가장 우려한 것은 국가의 존망이 아니라 도학의 존부(存否)였다"35고 말한다.

또한 이항로의 천주교 탄압 의지는 도를 넘는 것이었다. 그는 사학(邪學)에 물든 자들이 본색을 숨기고 있는 실정임을 이유로 서양 학설의 혐의가 짙은 언행을 하는 자는 모조리 처단해야 한다고 주장했다. 유초하는 "대외적 현실 특히 서양 세력의 침투에 관한 이항로

---

33 강준만, 『한국근대사산책 1』, 108.
34 김동노, 『근대와 식민의 서곡』, 43-45.
35 유초하, 『한국사상사의 인식』, 256.

의 사고에서 우리는 주자학자다운 그의 융통성 없고 무조건적인 집착을 볼 수 있다"며 이렇게 말한다.

"성리학이 본래의 현실적 학문으로서의 타당성을 더 이상 지닐 수 없게 되고 공허한 형식 위주의 길을 걷게 됨으로써 지금까지 우리가 야만족으로 보아왔던 외국의 문물을 도입하면서라도 보다 합리적인 질서의 확립, 보다 기능적이고 역동적인 사회를 이루고자 하는 시대사적 각성으로 전개되어 온 것이 실학이라면 이항로는 그 생애와 학문을 통해 시대적 요청을 끝내 직관하지 못하고, 종래의 복고 위주의 성리학을 넘어서지 못한 역사의 지진아로 평가될 수 있을 것이다. 그러나 그가 역사의 지진아라면 그래도 성실하고 신념에 찬 그리고 나름대로 체계적 사상을 가꾸어 낸 지진아였다."36

당대를 대표하는 유학자로부터 강력한 지지를 받은 대원군은 양이(攘夷)와의 화친이나 교역은 매국이자 망국이라고 하였고, 통상이 여의치 않아 스스로 물러간 프랑스 함대를 조선이 양이를 물리쳤다고 착각하는 미련을 떨었다. 대원군의 이러한 처신은 천주교도들을 탄압하여 정권을 유지하는 데는 잠시 효과적이었을지 모르나 국가와 민족을 살리는 데에는 아무런 도움이 되지 않는 망국으로 가는 길이었다.

대원군은 그의 집권 중 몇 차례의 외세의 침략을 통해 조선의 구식 무기와 군대로는 서양의 신식 무기와 군대를 이길 수 없다는 사실을 잘 알았다. 그렇다면 속히 문호를 개방하여 앞선 신문물과 신무기를 받아들여 국력을 강화하는 것이 자연스러운 순리이다. 그럼에도 불구하고 그는 문호를 개방하면 이 나라 강토가 서양 오랑캐들에 유린

---

36 위의 책, 266-272.

될 것이며 망국으로 들어서는 길이라고 하면서 외교하기에 앞서 내치부터 견실히 하는 것만이 조선을 지킬 수 있다고 끝까지 고집하였다. 어리석음의 극치가 아닐 수 없다. 한마디로 대원군은 '우물 안 개구리'였다. 그러기에 그는 조선을 망국으로 가게 한 원조다.

대원군의 쇄국정책은 두 차례의 양요를 가져왔고, 이로 인해 많은 신민이 살상당했으며, 강토는 전쟁으로 피폐해지는 결과를 초래하였다. 그러나 대원군은 이러한 사실을 애써 외면하면서 오직 두 차례의 양요를 물리친 것에 우쭐하여 서양이 가진 힘을 과소평가하는 큰 오판을 저질렀다.[37] 그 결과 조선은 당시로서는 일본보다 훨씬 덜 위협적인 미국과 먼저 조약을 맺고 그를 통해 근대적인 문명을 받아들일 천재일우의 기회를 놓치고 말았다.

미국은 신미양요 이후에 평화적인 형태로 조선과 통교하기를 원했다. 그러나 대원군은 이를 거부했고, 결국 일본이나 중국에 20년이 뒤지는 결과를 초래했다. 더구나 최초의 통교 상대가 자국의 무역적자를 개선하려 했던 일본이 됨으로써, 그것도 별다른 준비 없이 개항이 이루어짐으로써 결국 식민지로 전락하는 결과를 초래했다.

불타는 애국심도 그 방향이 잘못되었을 때 어떤 결과를 가져오는가에 대한 가장 좋은 실례를 제공한 사람이 흥선대원군이다. 그런데 섭리론적으로 보면, 출애굽 사건의 성취는 하나님께서 애굽의 바로 왕의 마음을 강퍅하게 함(출 4:21)으로 성사되었듯이 대원군과 관련된 모든 것이 하나님이 그의 마음을 강퍅하게 함으로써 하나님의 주권적 섭리('조선 망국의 시나리오')를 이루시기를 원하셨다는 것이 필자의 생각이다.

---

37 이도형, 『망국과 흥국』, 71-72.

한민족 디아스포라: 흩어짐의 초월적 섭리

필자가 대단히 중요한 역사적 분기점으로 설정한 1860년, 러시아와 청국은 베이징조약을 체결하였다. 이로써 광활한 우수리 지역이 러시아 영토로 편입되면서 조선과 러시아는 두만강 유역을 경계로 맞대게 되었다. 이듬해인 1861년 8월 1일, 청·러 양국이 동부 국경 최남단을 뜻하는 국경 표지(土字碑)를 두만강 연안에 세울 때까지 조선은 이 같은 사실을 전혀 몰랐다.

연해주가 러시아 영토가 되면서 1872년 러시아 극동함대가 니콜라예프스크에서 블라디보스토크로 옮겨왔다. '블라디보스토크'의 '블라디'는 러시아어로 '정복하다'는 뜻이고, '보스토크'는 '동쪽'이라는 뜻으로서 러시아가 동쪽으로 와서 정복한 도시라는 의미다. 이전에 이 땅은 발해의 중요한 거점 지역이었고 이후로는 여진과 거란의 땅이었다. 조선시대에는 이 땅을 한자로 해삼위(海蔘威)라고 표기했는데, 바닷가에 해삼이 많아서 해삼위라고 했다는 설이 있다. 블라디보스토크의 앞바다는 4~5개월간 결빙하기 때문에 부동항을 얻으려는 러시아의 남하정책은 이후에도 계속되었다.

이러한 상황에서 기아와 학정과 수탈을 못 견딘 조선 백성들은 압록강과 두만강을 넘어 간도(젠다오)와 연해주(옌하이저우)로 이주하는 농민들이 생겨나기 시작했다. 1860년 무렵부터 간도와 연해주 이주가 시작되었다. 그 이전에도 계절에 따라 거주지를 이동하는 사람들이 있었으나 공식적으로 국경을 넘는 행위는 참수형에 처해졌기에 쉽게 월경할 수 없었다.

그런데 연해주에서 고려인(高麗人, 카레이스키)의 형성은 1864년에 한민족 13가구가 이주함으로 시작되었다. 특히 1869년을 전후로 함경도 지방의 대흉년으로 이주자가 크게 늘었다. 그해 연해주로 이주한 함경도의 가구 수는 776가구에 이르렀다. 1882년 연해주 한인 인구는 1만 137명으로 러시아인 8,385명보다 우위였다. 1884년에 러시아 거주 한인은 대략 1,845가구 9천여 명에 달했다.[38] 1914년 블라디보스토크에는 한인 집단거주지인 '신한촌'(新韓村)이 건설되었다.[39]

아리랑 민족의 디아스포라가 시작된 1860년대부터 일제로부터 해방된 1945년까지 극동 러시아와 만주에 살았던 조선인들에 관한 정확한 통계는 알 수 없으나 여러 문헌을 통해 본 '조선인 인구분포도'는 아래와 같다.[40]

연도	극동 러시아(RFE)	만주(Manchuria)
1863	13(가정)	-
1867	1,801(명)	-
1869	3,321	???
1881·2	10,137	10,000
1892·4	16,564	34,000
1897	23,000	37,000
1904	32,410	78,000
1906·7	34,399	71,000
1910	54,076	200,000
1916·7	81,825	337,461
1920	106,000	456,983
1930	150,895	607,119
1936	172,000	888,181
1945	-	1,600,000

38 이상근, "노령지역에서의 한인 이주실태,"『한국근현대사연구』, 145.

39 이선민, "불모의 땅 달리며 울고 또 울었던 그들… 광복절에 돌아보는 '고려인 140년,"「조선일보」 (2004. 8. 14.).

40 이혜옥,『아리랑 민족의 디아스포라』, 137.

조선 백성들이 한반도를 떠나 간도나 연해주로 간 것은 생존을 위해 간 것이다. 어떤 위대한 목적을 두고 간 것이 아니다. 그러나 이것이 훗날 세계 선교를 위한 한민족 디아스포라의 개막을 알리는 시발점이 될 줄이야 그 당시 그 누가 알았겠는가. 흩어짐의 초월적 섭리, 즉 한민족을 향한 하나님의 놀랍고도 비밀스러운 주권적 섭리가 아니고 무엇이랴.

떠남의 이유는 단 한 가지, 더 이상 한반도에서 살 수 없어서, 즉 생존을 위해서 떠난 것이다. 아니 더 정확하게 말하면 한반도에서 사는 것이 싫어서 떠났던 것이다. 계속되는 홍수와 기근, 질병의 창궐, 거기에다 탐관오리들의 착취와 학정, 신분제도라는 거대한 사회적 장애물, 서북인들에 대한 차별, 지긋지긋한 당파싸움과 세도정치 등등.

이제 조국에 대한 더 이상의 미련을 버리고 새로운 땅에서 새 삶을 시작하고자 아리랑 노래를 부르며 산을 넘고 강을 건넜다. 그들의 떠남이 훗날 무엇을 의미하는지 모른 채 말이다. 그야말로 아리랑 민족인 '한민족 디아스포라 시대'가 시작된 것이다.

이 장을 마치면서

1860년으로부터 1910년 한일합방까지 희년 50년은 이렇게 말할 수 있다. 1860년을 기점으로 동쪽(동학)으로 간 수운 선생의 조선은 망하고, 서쪽(서양학)으로 간 후쿠자와 선생의 일본은 조선을 병탄했다. 조선 후기에 조선인들이 행한 모든 행위는 알고 했건 모르고 했건, 우연이든 필연이든 조선 왕조의 멸망을 초래(재촉)하는 것으로 귀결되었다. 그러니까 이제부터 조선의 최후, 즉 그때는 몰랐지만 조선 왕조의 멸망이라는 카이로스적 시간이 째깍째깍 다가오고 있었다.

이미 언급했듯이 서세동점(서양 세력이 동양으로 퍼져감)의 역사의 분기점은 1492년으로 잡는다. 이 해는 콜럼버스가 무역과 통상 및 식민지 개척을 위해 밖을 향해 나간 해이다. 이때 동양의 중심 국가인 중국은 명나라 시절이었다. 명나라는 내부적인 왕권 강화를 위해 자금성과 같은 대형 건축에 힘을 쏟았고, 나아가 더 이상의 북쪽 오랑캐의 침입을 막고자 만리장성을 쌓는 일에 국력을 집결시켰다. 그러니까 서양이 밖을 향해 나갔을 때 동양은 안을 향해 들어갔다.[41] 이 차이가 결국 350년 후인 1842년에 아편전쟁에서 작은 섬나라 영국에 대중국이 패하는 결과를 초래하였다.

우치무라는 자신의 아이덴티티 확립을 위해 전기들을 읽었다. 과거 영웅들의 생애는 그의 정체성을 주형하는 데 큰 도움을 주었다. 그와 그의 친구 니토베는 카알라일(Carlyle)의 전기들을 숭배했고, 니토베는 일본에서 카알라일의 가장 훌륭한 개척자적 해석자가 되었다. 그래서 우치무라는 한 작가로서 그들의 생애를 헌신하는 방법을 궁금해하는 다른 사람들에게 영감을 고취할 희망을 콜럼버스(Columbus)의 생애에서 찾았다.

그는 역사를 교훈적 목적을 위해 썼다. 그의 저서 『땅과 인간』, 『크리스토퍼 콜럼버스』는 서양 역사에 대한 첫 연구에 속한다. 1892년은 콜럼버스의 전기를 출판하기에 좋은 해였는데, 그 까닭은 그

---

41 '방향의 중요성'에 대해서는 서영은, 『노란 화살표 방향으로 걸었다: 산티아고 순례기』, 71-281을 참조.

해는 콜럼버스가 가장 기념비적인 업적을 이룬 400주년이 되는 해이기 때문이다. 지리상의 발견 400년 후 우리는 그 결과가 얼마나 놀라운가를 본다. '콜럼버스의 업적'에 대한 그의 무한한 찬사를 들어보자.

"역사가들은 1492년 10월 12일의 콜럼버스의 서대륙 발견을 중세(中古) 시대의 끝(終結)이자 근세 시대의 시작(創始)로 인식했다. 콜럼버스는 1416년(?)에 태어났고, 1506년에 죽었다. 즉, 그는 중세에 태어나 근세에 죽었다. 그를 통하여 인류는 중세를 끝내고 근세로 나아갔다. 종교적 미신, 억압적 사고, 봉건주의, 이 모든 것들이 그와 함께 죽었다. 합리적 종교, 자유로운 사고, 입헌적 정부, 이 모든 것들이 그와 함께 태어났다. 가이사는 로마 제국을 창립했고, 프랑스, 독일 및 이탈리아를 수립했다. 콜럼버스는 루터의 업적을 능가하고, 크롬웰과 워싱턴을 능가하며 신세계를 발견했다. 동시에 그는 전 지구를 새롭게 형성했다. 사실상 위대한 인간이 있다면, 콜럼버스는 그들 가운데 가장 위대한 인간이다. 15세기의 희망은 무엇인가? 그것은 금성이 동쪽 하늘에 떠올라 밤을 끝낸 것처럼 여명을 기다리는 파수꾼의 희망이었다."[42]

유다의 멸망(587 BC)! 그 속에는 그동안 이스라엘 백성이 잊고 있었던 것을 말하고자 하신 하나님의 깊은 뜻이 있었다. 이스라엘 백성을 대표하는 아브라함을 부르신 소명의 말씀, "… 땅의 모든 족속이 너로 말미암아 복을 얻을 것이라"(창 12:3)는 말씀을 다시 상기시키고자 한 깊은 뜻이 있었다. 하나님은 이스라엘 백성에게 가나안 땅을 선물로 주시기로 약속하셨고 그 약속을 이루셨다.

---

42 John F. Howes, *Japan's Modern Prophet: Uchimura Kanzo*, 121-123.

가나안 땅을 선물로 받은 이스라엘 백성은 이제 땅의 모든 족속에게 복을 나누어 줄 복의 통로의 역할을 해야 했다. 그러나 이스라엘은 바벨론에 나라가 망할 때까지 가나안 땅 밖으로 나갈 생각을 전혀 하지 않았다. 그 땅 안에서 자기들만 복을 누릴 것을 원했다. 은혜에 따른 책임, 즉 이방의 빛(사 42:6; 49:6)으로서의 사명을 망각했다.

이스라엘이 나라를 잃고 바벨론에 포로로 잡혀가고 나서야 하나님은 익명의 선지자(제2이사야)를 통해 그들이 잊고 있었던 이방의 빛으로서의 이스라엘의 사명을 일깨워 주셨다. 그러니까 유다 나라의 망국은 인간적으로 보면 원망스러울 정도로 불행하고 비극적인 사건이지만, 신앙적으로 보면 이스라엘 백성에게 그동안 잊고 있었던 새로운 사명을 자각하게 해 주신 하나님의 놀라운 경륜적 사건이었다.

그러니까 유다 나라의 멸망은 가나안 땅에서 벽 쌓기를 하며 살아온 이스라엘 백성으로 하여금 '하나님의 벽 허물기'였다. 이스라엘은 자기 밖에서 자기 나라를 보는 것을 하지 못했다. 가나안 땅이라는 한정된 곳에서 자기들만 선민이라고 자위하면서 제사장의 나라로서의 이스라엘의 정체성, 즉 세상을 향한 그들의 사명을 망각하고 살았다. 그들이 만들어 놓은 벽 속에 갇혀 산 것이다.

하지만 하나님은 애굽 바로 왕의 마음을 강퍅하게 하사 끝내 출애굽 사건을 이루어 내셨다. 대원군은 그에게 주어진 몇 차례의 기회를 다 날려 보냈다. 대원군은 병인양요와 신미양요 그리고 남연군묘 도굴사건을 통해 더욱 그의 마음을 강퍅하게 했다. 결과론적 얘기지만 그 하나님은 조선의 대원군을 비롯한 왕과 사대부들의 마음을 강퍅하게 하사 조선을 멸망으로 인도하셨다고 하면 지나친 억측일까?

제4부

일본 조선 침략 35년
(1875~1910년)

· · ·

E. 정한론의 일본과 응전에 실패한 조선(1875~1895년)

F. 조선을 접수한 일본과 일본에 나라를 바친 조선(1895~1910년)

제9장
근대화를 넘어 제국주의로의 20년

<단가 9>

가장 예쁜 그녀의 이름 — 순종(順從)

가장 멋진 그이의 이름 — 순명(順命)

이 장을 시작하며

1875년부터 1895년까지 20년 기간은 일본 측에서 보면 '정한론과 조선 침략 20년'이라고 말할 수 있다. 1875년에 있었던 운양호 사건 이전의 35년 동안 일본은 조선 침략을 위한 내부 정리를 마쳤다. 메이지 신정부의 고민 가운데 하나는 칼에서 총으로 바뀐 시대 상황 속에서 메이지유신을 성공시킨 40여만 명이나 되는 무사 집단을 어떻게 해결하느냐의 문제를 조선과의 통상을 통해 해결하려고 했다.

여기서 주목해야 할 사실은 일본의 조선과의 통상과 조약체결은 단지 경제적 이익이나 잉여 무사 집단의 일자리를 해결하는 것을 넘어 요시다 쇼인이 주장한 '정한론'이 깔려 있었다는 사실이다. 이 사실을 눈치채지 못한 조선 정부는 조선 침략을 치밀하게 준비한 일본과 달리 아무런 준비 없이 일본과 불평등조약을 맺었고, 외세와 맺은 첫 나라인 일본에 35년 후에 전쟁 한번 없이 나라를 일본에 헌납하는 결과를 가져왔다. 일본은 조선 침략을 위해 20년 동안 어떤 전략을 갖고 어떤 준비를 했는가를 살펴보자.

농민 잇키[1] 및 신흥 종교 붐

메이지 신정부의 근대화정책은 계몽주의자들의 지지와 옹호를 받았지만, 수많은 농민과 사족들의 불평과 저항을 피할 수 없었다. 이로 인한 반란이 끊이지 않았다. 또한 사회적 불안으로 인한 신흥 종교도 우후죽순처럼 일어났다.

아오키 코지(青木虹二)의 『농민잇키 종합연표』에 따르면 1590년 부터 1877년까지 농민잇키는 3,711건이 기재되어 있다. 1720년대 를 경계로 해서 잇키 건수가 증가하기 시작하고, 투쟁 형태에도 현저한 변화가 일어나 강소(强訴), 폭동, 우치코와시(打毁し, 파괴 약탈 소동)가 주요 형태가 되고, 18세기 후반에는 봉건영주의 개별적 지배 영역을 뛰어넘은 대규모 투쟁이 전개되는 특징이 나타난다. 막부 말기와 유신 초기에는 요나오시(世直し)[2]적 성격이 현저하게 나타난

---

1 '잇키(一揆)'란 농민봉기를 뜻하며, 하나가 되어 무엇인가 도모한다는 의미인 이 단어는 상위자에게 이의제기하는 하위자들의 저항운동을 총칭하는 역사 용어이다.

2 이때 등장한 '요나오시'(世直し, 세상을 바로잡음)의 관념은 민중이 고통스러운 상황의 소용돌이 와중에서 분출해낸 해방(사회변혁)으로의 환상적 관념이다. 야스마루 요시오, 『일본의 근대화와

다. 농민잇키는 1877년 시점에서 거의 종언을 맞이하면서 일본 역사 속에 독특한 투쟁 형태인 농민잇키라는 역사적 고유성을 확보했다.[3]

메이지 신정부 초기인 1871~73년 사이에 각지에서 농민 반란이 고양되면서 1873년에는 전국적으로 61건의 반란이 발생했다. 반란의 원인 중 하나가 소학교 의무교육 도입인데, 교육비는 자비 부담이라서 가난한 농민들은 학비 부담만이 아니라 자녀의 등교로 일손이 빠져나가는 어려움을 겪었다. 또한 징병제는 더욱 가혹했다. 징병령은 징병 검사를 통과한 젊은 성인 남성에게 3년간의 병역을 부과했는데 이로 인해 노동력을 잃게 된 농가의 경제적 부담을 가중시켰다.

또한 1876년 12월에는 지조 개정에 따른 농민 폭동이 발생했다. 지조 개정의 기초는 토지 가격을 산정하는 일인데, 적정 가격을 놓고 정부 당국과 농민 사이에 절충이 어려웠다. 게다가 토지 세율도 문제였다. 정부가 3%의 지조율을 제시했는데, 이로 인해 미에현과 이바라키현에서 대규모의 지조 개정 반대 반란이 일어났다. 정부는 각지에서 일어난 반란에 굴복하여 1877년 1월에 지조를 지가의 3%에서 2.5%로 감액하기로 결정하였고, 이를 계기로 농민들의 지조 개정에 대한 불만도 진정되어 갔다.[4]

한편, 농민잇키와 더불어 신흥 종교의 붐도 일어났다.[5] 제1차 신흥 종교의 붐은 봉건사회가 붕괴되고 근대사회가 형성되는 시기에

민중사상』, 132.

3 위의 책, 215.

4 함동주, 『천황제 근대국가의 탄생』, 125-126.

5 신흥 종교의 역사적 흐름을 말할 때, 보통 메이지유신 시대 전후를 '제1차 신흥 종교의 붐'이라 하고, 제2차 세계대전에서 패한 전후를 '제2차 신흥 종교의 붐', 오늘날을 '제3차 신흥 종교의 붐'이라고 한다. 더 자세한 설명은 유기남, 『일본선교』, 37-73을 참조.

일어났다. 불안감에 휘말린 사람들은 현세 중심과 인간 본위의 경제적 이익을 추구하는 신흥 종교로 몰려들었다.6

이 시기에 등장한 신흥 종교는 여래교(如來敎), 흑주교(黑住敎), 천리교(天理敎), 금광교(金光敎), 환산교(丸山敎), 본문불립종, 대본교(大本敎) 등이 그 대표적인 경우라 하겠다. 교조가 된 사람이 창도했다고 해서 창도(創唱) 종교라 하기도 하고, 또한 주창자나 신자들의 사회 계층을 감안해서 오늘날에는 민중 종교라 부르기도 한다.7

교조의 사상적인 배경은 일련종(日蓮宗), 정토종(淨土宗), 이세신앙(伊勢信仰), 영신(靈神, 료진) 신앙, 후지(富士) 신앙 등 다양해서 같은 인격에 불교·신도(神道) 계열의 사상이 뒤섞여 있기도 했는데, 어느 것이나 그 사람이 신을 접한 체험을 계기로 하고 있다. 그들의 체험에는 바쿠후(幕府) 말기·유신기의 여러 종교의 경우는 해체되는 질서 속에서 그리고 헌법 체제 창조기의 대본교의 경우, 새로 형성되어 가는 질서 속에서 각각 격렬한 '요나오시'(世直し: 개혁, 쇄신)의 바람이 도화선이 되었다. 그것이 일신교적인 구제(救濟)신앙을 낳게 되었다. 그중에서 나카야마 미키(천리교)와 데구치 나오(대본교)는 강렬한 개혁의 바람이라는 점에서 두드러진다.8 이 중에서 대본교에 대해 살펴보자.

---

6 근대사회 성립기라는 역사적 단계에서 민중의 사상적·정치적 성장 과정에서 종교가 달성한 역할을 중시한 야스마루는 대부분의 경우 종교적 형태를 취할 필연성을 갖고 있다고 주장한다. 이는 종교는 비합리적인 것이기 때문에 그러한 요소가 적으면 적을수록 합리적=근대적이라는 상식적 견해와 대립되는 주장이다. 막말에서 메이지 시대에 걸쳐 성립된 대표적인 신흥 종교로 1868년에 덴리교(天理敎), 1880년대 후반에서 1890년대 초두의 마루야먀교(丸山敎), 메이지 중기 이후의 오모토교(大本敎)가 그것이다. 야스마루 요시오, 『일본의 근대화와 민중사상』, 137, 160.

7 가노 마사나오, 『근대 일본사상 길잡이』, 98-99.

8 위의 책, 99.

대본교의 창설자는 데구치 나오(出口ナオ, 1837~1918)라는 여자인데, 그녀는 20살 때 한 목수와 결혼했다. 그러나 게으르고 방탕한 남편 때문에 집안은 곧 망하고 만다. 그 남편조차 52세 된 나오와 여덟 명의 자녀를 남겨둔 채 죽었다. 집안이 이렇게 되자 과부가 된 나오는 그때부터 말로 다 할 수 없는 고생을 하며 생활해 나갔다.[9]

천리교의 창시자인 나카야마 미키(中山みき)가 가난과 고통 속에서 "고치자, 바꾸자"라는 구호를 외친 것처럼, 나오도 대본교를 창시한 뒤 "고치자, 바꾸자"를 부르짖게 되었다. 이는 "옛 세계를 파괴하고, 새로운 세계를 건설하자"는 의미이다. 1892년 2월 나오는 갑자기 신이 들렸다. 그녀는 어려서부터 불심이 깊었고, 지방에 급속하게 전파되어 있던 금광교의 영향을 받았던 터라, 자기에게 덮쳐온 신을 우시토라노콘진(艮之金神)이라고 불렀다.

나오는 자기가 신들려 한 말을 모두 글로 적어 놓았는데, 자본주의를 '돈의 세상', 이기주의를 '자기중심의 세상'이라며 심하게 규탄했다. 그리고 외국의 모든 문물에 대해 반발심을 나타냈다. 또 종말론적 사상을 강조하여 "모든 것을 완전히 바꾸어 버리는 시절이 와서 자본주의 사회는 몰락할 것이다"라고 선언했다. 그녀가 쓴 글을 보면 다음과 같은 내용이 있다.

일본은 신도, 즉 신이 함께하는 나라다. 외국은 야수의 세상, 강한 자가

---

9 나오의 거의 초인적인 노력에도 불구하고 나오의 일가는 몰락했다. 1885년경부터 나오는 넝마주의 직업으로 일했는데, 이 직업은 그가 사는 아야베(綾部)에서도 극빈층 군의 대표적인 것이었다. 나오가 나중에 '도깨비마을'(惡道鬼村)이라고 불렀던 것처럼 이 지역은 범죄, 싸움, 도박, 자살자, 신체장애자 등 모든 인간적 왜곡과 불행이 응축된 지역이었다. 이러한 환경 속에서 '지옥 가마솥의 누룽지 긁기'라고 나오 자신이 형용한 극빈 생활이 계속되었다. 야스마루 요시오, 『일본의 근대화와 민중사상』, 83-84.

승리하고 악마가 득실거리는 나라다. 일본도 짐승의 나라가 되고 있다. 외국인처럼 되어서 엉덩이의 털까지 빠지고 있는데, 아직도 깨닫지 못하고 어둠에 갇힌 나라가 되고 있다. 그렇게 해서는 나라가 바로 서지 못한다. 따라서 신이 바깥세상에 나타나 3천 세계를 새롭게 고치는 일을 하고 있다. 조심하라. 이 세상은 완전히 새로운 세상으로 바뀐다. 3천 세계를 대세례, 곧 대청소해서 천하태평을 누리게 하고, 영원히 계속될 신의 나라로 만들 것이다. 그렇게 되면 일본 천황이 세계를 통일하고, 아야베(綾部)는 세계의 수도가 되며, 세계는 일본을 중심으로 새롭게 될 것이다.[10]

정한론(征韓論)의 대두와 무사 계급의 몰락(세이난전쟁)

메이지유신에서 가장 소외된 계층은 무사들이었다. 메이지유신으로 징병제가 도입되면서 군대마저 평민 위주로 편성됐다. 여기에 1876년 3월 28일, 무사의 상징이었던 칼을 차고 다니는 대도(帶刀) 관행을 금지하는 폐도령(廢刀令)까지 내려지면서 사족과 평민의 구별이 없어졌다.[11] 이는 무사의 특권의식을 부정한 조치였다.

더욱이 사족층에 대한 가장 결정적 타격은 1876년의 질록처분 (秩祿處分)이었다. 이는 정부가 사족들에게 지불해 온 봉록의 지불책임을 중단하는 조치였다. 이는 사족의 경제적 특권을 박탈하는 것으로써 이들의 경제적 몰락은 불가피해졌다.[12]

질록처분에 따라 자연스럽게 연금을 상실한 약 40만 명의 사무라

---

10 유기남, 『일본선교』, 39-41.

11 전국역사교사모임, 『처음 읽는 일본사』, 246-247.

12 함동주, 『천황제 근대국가의 탄생』, 122-123.

이들은 분개했다. 메이지 지도자들이 직면한 모순은 무사 계급의 봉건적 의식을 제거해야 할 필요성과 동시에 단결심이 무사들보다 열등한 관리들과 새 군인들에게 사무라이의 가치를 주입시키는 것이었다.[13] 이런 분위기에서 조선을 침략하여 사족들의 불만을 달래자는 정한론(征韓論)이 제기되었다. 그 배경은 이러하다.

에도 시대에는 조선과 막부 간에 국교가 이루어져 쇼군이 교체될 때마다 조선에서 사절을 보냈으며 무역도 쓰시마(對馬島)를 중계로 행해지고 있었다. 메이지 정부 수립 후인 1868년 11월에 일본 정부는 쓰시마의 다이묘를 통하여 조선에 국가 간의 공식문서를 보냈다. 이를 전문용어로 '서계'(書契)라고 한다.

그러나 조선에서는 종주국에서만 사용하는 '대일본'(大日本), '황상'(皇上)과 '봉칙'(奉勅)이라는 문자를 사용하는 것은 부당하다 하여 서계 수리를 거부했다. 이를 두고 사족들을 중심으로 한 정한론의 제창자들은 조선이 무례한 행동을 하였으니 마땅히 응징해야 한다고 하면서 이러한 의견을 제시했다. "일본이 국위를 선양하기 위해서는 대륙으로 진출해야 한다. 그 제1보가 조선을 경영하는 일이다." 그러나 당시 내정의 정비로 여유가 없는 일본 정부로서는 이를 수용할 수 없었다.[14]

그런데 1873년 들어오면서 사이고 다카모리가 사족들의 정한론을 적극 수용하고 나서면서 상황은 급진전하게 되었다. 이는 사실 신정부에 대한 불만의 화살을 조선 침략에 돌리려는 속셈이 깔려 있었다. 1871년의 폐번치현과 1872년의 국민 징집령으로 기왕의

---

13 E. J. Drea, *Japan's Imperial Army*, 35.
14 김희영, 『이야기 일본사』, 525-527; 함동주, 『천황제 근대국가의 탄생』, 110-111.

무사 계급들은 하루아침에 실직하게 되었다. 이들이 이른바 불평사족(不平士族)인데, 그 수가 무려 40여만 명에 달하였다. 이들의 처리 문제가 메이지 정부로서는 큰 과제가 아닐 수 없었고, 이를 해결하기 위해 등장한 것이 정한론이라는 명분이었다.[15]

그해 8월, 사이고는 태정 대신 산죠 사네토미에게 자신을 특명대사로 조선에 파견해 줄 것을 요청하였다. 조선이 국교 수립을 거부할 경우 일본은 무력을 사용해서라도 조선과의 국교를 성사시켜야 한다고 주장하고 나섰다. 이러한 일본 국내의 움직임이 유럽에 체류 중인 이와쿠라 사절단의 오쿠보 일행에게 전해졌다.

유럽의 선진문물을 시찰하면서 일본이 근대화를 한층 적극적으로 추진해야 한다는 공감대를 갖게 된 사절단 일원들은 사이고의 정한론을 저지하기 위해 움직이기 시작했다. 먼저 5월 26일에 오쿠보가 서둘러 귀국하고, 7월 23일에는 기도가, 9월 13일에는 이와쿠라까지 귀국하였다.

귀국한 오쿠보 일행은 '정한'을 근본적으로 반대하지는 않았지만, 힘을 축적하여 전력이 충분해질 때까지 기다리자는 '내치우선'의 논리를 내세웠다. 즉, 일본의 당면과제는 부국강병의 내실을 다지는 데 있다고 강조하면서 사이고의 '즉시 정한'을 반대했다. 그러나 사이고는 조금도 자신의 주장을 굽히지 않았다. 이타가키와 고토, 에토, 소에지마 등은 사이고의 주장을 지지하였다. 정국은 정한의 찬성파와 반대파로 갈라져 정면으로 대립하였다. 같은 사쓰마번 출신이자 죽마고우였던 사이고와 오쿠보는 정한 논쟁으로 서로 적이 되었다.

찬반양론이 팽팽히 맞서는 가운데 논쟁에 종지부를 찍는 뜻밖의

---

15 김용구, 『세계관 충돌과 한말 외교사』, 187.

일이 발생했다. 맨 처음 사이고의 조선 파견을 승인했던 태정 대신 산죠가 오쿠보 일행의 설득 끝에 뇌병을 이유로 갑자기 직무를 중단하면서 정한 반대파인 이와쿠라가 태정 대신 대리를 맡게 되었다. 결국 정부는 사이고의 조선 파견을 중지시켰고, 이에 불만을 품은 정한파 참의들은 모두 퇴진하였다.[16]

정한 논쟁은 그동안 표면화되지 않았던 정부의 방향과 목표에 대한 입장 차이 그리고 정부 주도권을 둘러싼 개인적 대립이 드러난 사건이었다. 번벌 세력 내부의 대립과 갈등 속에서 오쿠보가 최종 승리를 거두면서 정부의 최대 실권자의 입지를 확고히 하는 '오쿠보 정권'이 탄생했다. 여기서 분명히 해 두어야 할 것은 정한론 반대파도 조선 정벌 자체를 부정한 것이 아니라 시기와 방법, 주도권 문제에서 견해를 달리했을 뿐이다.

먼저 오쿠보는 새로이 내무성을 설립하고 친히 내무경이 되어 전국의 경찰권을 장악했다. 그리고 오쿠마 시게노부는 대장경, 이토 히로부미는 공부경의 직책을 맡았다. 내무성은 경찰 업무와 지방 정부의 식산흥업까지 관할하면서 내정 전반을 총괄하는 일을 했다. 특히 강력한 경찰력을 통해 불만 세력, 비판 언론을 통제하면서 치안 유지를 담당했는데, 이러한 내무성의 역할이 오쿠보의 독재 이미지를 강화하는 데 일조했다.[17]

1876년 10월, 복고적 양이주의를 내건 구마모토의 신푸렌(神風連) 반란 이후 일련의 사족들의 반란이 이어지면서 전국의 관심은 온통 가고시마에 낙향한 사이고 다가모리의 동정에 쏠렸다. 만약

16 김희영, 『이야기 일본사』, 527-528; 함동주, 『천황제 근대국가의 탄생』, 110-111.
17 함동주, 위의 책, 111-112.

사이고가 일어난다면 전국 20여 개의 현의 사족이 호응할 것이라고 정부에서도 파악하고 있을 정도였다. 그러나 가고시마의 사족들은 중앙 정부의 통제와 무관하게 독립국처럼 행동하면서도 여전히 거병할 명분을 찾지 못하고 있었다. 정한론은 이미 1876년의 강화도조약으로 매듭지어졌기 때문이다.

결국 정부 측에서 사이고 측이 바라는 대로 도발을 하자, 1877년 2월 사이고는 3만의 병력으로 가고시마를 출발했다. 하지만 구마모토성을 함락시키기 위해 2개월 동안이나 포위공격을 가했으나 실패하고 말았다. 정부군의 주축인 징집병들이 예상을 뒤엎고 직업군인인 사족들 못지않게 전투력을 발휘한 것이다.

이후 전세는 일방적으로 사이고군에 불리하게 전개되었다. 마지막으로 가고시마의 시로야마(城山)까지 행동을 같이한 병력은 겨우 4백여 명에 지나지 않았다. 9월 24일 정부군의 총공격으로 대퇴부 관통상을 입은 사이고는 "이제 여기서 됐지" 하고 부하에게 가이샤쿠(介錯, 할복할 자의 고통을 덜기 위해 목을 치는 것)를 부탁하고 할복했다. 이것이 '세이난(西南)전쟁'의 라스트 신이었다. 이로써 무사 계급은 몰락했고, '유신의 제1막'은 끝났다.

메이지유신의 3걸 또한 세이난전쟁을 전후로 세상을 떴다. 메이지유신 직후 정한론을 주장했던 '지인'(智人) 기도 다카요시(조슈번)는 세이난전쟁이 한창일 때 "사이고 이제 그만하지"라는 유언을 남기고 다다미 위에서 병사했다. '정인'(情人) 사이고 다카모리(사쓰마번)는 싸움터에서 쓰러졌다. 그리고 혼자 남아 전제권력을 휘두르던 '의지인'(意志人) 오쿠보 도시미치(사쓰마번)도 세이난전쟁이 끝난 이듬해인 1878년 5월 도쿄에서 6인의 사족에게 참살되었다.[18]

시대가 사람을 소명하여 쓰다가 소임이 끝나면 가차 없이 버리는 것이 역사가 아닌가. 요시다 쇼인도, 다카스키 신사쿠도, 사카모토 료마도, 사이고 다카모리도 그리고 오쿠보 도시미치도….

라스트 사무라이: 사이고 다카모리

'유신 3걸' 중의 하나인 사이고 다카모리(사쓰마번)는 어떤 사람인가? 그의 고향 가고시마에는 그를 기리는 동상이 서 있다. 그는 거의 키가 6피트, 몸무게가 109kg, 목둘레가 49.5cm나 되는 사람이다. 메이지유신을 이끈 영웅 3명 중의 하나였던 그는 메이지 정부의 배신자가 되었으나 20세기에 가장 인기 있는 메이지유신 지도자가 되었다.

그는 헐리우드 영화 〈라스트 사무라이〉(The Last Samurai)에서 사무라이 리더들에게 영감을 주었을 뿐 아니라 현대 일본 역사에서 이상적인 영웅으로 칭송되고 있다. 심지어 그의 경쟁자들도 그의 정직과 용기를 칭송하고 있고 그의 인격의 힘에 감동을 받았다.

사이고는 메이지 정부의 리더가 된 이후조차도 시골스러운 사무라이 분위기를 간직했다. 그는 사치와 허식을 싫어했다는 점에서 다른 사람들과 달랐다. 그는 상업과 사업을 새롭게 강조하는 것을 싫어했다. 여전히 단순한 시골 옷을 입고 다녔고, 그의 동료들이 보통 입고 다니는 서구식 플록 코트나 높은 모자를 싫어했으며 왕궁을 방문할 때조차도 샌들과 나막신을 신었다.

징집령과 질록처분으로 사무라이들의 경제가 어렵게 되자 그는

---

18 강창일·하종문, 『한 권으로 보는 일본사 101장면』, 293-294.

특히 괴로워했다. 1873년 정한론에 대한 그의 계획은 사무라이들의 고용을 제공하고자 하는 목적을 가지고 있었다. 사이고는 결코 외국을 방문한 적이 없었고 그렇게 하는 것에 흥미를 갖지도 않았다. 결국 그의 문화적 지향은 일본인으로 남는 것이었고, 다른 메이지 지도자들과 달리 자신을 바꾸고자 서구를 경험하는 것을 원치 않았다.

정한론 문제로 정부를 떠난 후에, 사이고는 불만족한 사무라이들의 재집결 지점의 중심이 되어 1877년 사쓰마 반란의 리더가 되었다. 그의 실수를 지적하는 충실한 친정부 신문은 그를 이렇게 말했다.

사이고 다카모리는 어떤 사람인가? 그의 집에는 재물도 없고 종들의 수행원들도 없다. 그러나 그는 사람들에게 확신을 주어서 제국 군대들과 대항하여 큰 군대를 반란으로 이끌 수 있었다. 세 지역만이 반란에 가담하여 그와 결집했음에도 불구하고 성공적인 전투와 은거를 하면서 1년 반 이상을 정부에 대항하여 싸웠다. 마침내 제국 군대에 포위되었을 때 그는 탈출하여 그의 고향 가고시마로 피했다. 그리고 거기서 전투하다가 죽임을 당했다. 우리가 주의 깊게 그의 여정을 살펴보면 그가 마지막까지 완전히 자신의 명예를 유지했음을 볼 수 있다. 그는 수치 없이 죽었으며 평화롭게 눈을 감았다.

1890년경, 정부가 민족적 아이덴티티와 일치의 상징을 찾았을 때 사이고는 명예를 회복하였다. 그리고 사이고 전설이 시작되었다. 그는 일본의 마지막 참된 영웅이 되었고, 일본 영웅의 궁극적 특성인 성실과 헌신의 전형이 되었다. 20세기 민족주의자들은 그를 광신적 애국자로 영화롭게 했으며, 동시에 자유주의자들과 진보주의자들

은 그를 부정한 정부에 대한 자유와 저항의 상징으로 칭송했다.[19]

자유민권운동

또 다른 저항의 노선은 자유민권운동이다.[20] 사족들의 반란이 진압된 이후 사회 계층 간의 이동도 활발해졌다. 사족의 대부분은 관료나 실업자가 되는 길을 택했다. 그중 일부는 자유민권운동을 전개하면서 조슈번과 사쓰마번 중심의 번벌 정부[21]와 대립했다. 자유민권운동은 1874년 1월 17일 정한 논쟁에 패해 정부에서 퇴진한 전직 참의 이타가키 다이스케, 고토 쇼오지로 등은 오쿠보의 독재에 반대하여 애국공당(愛國公黨)을 결성하고 정부에 민선의원 설립 의견서, 즉 건백서를 제출한 것을 계기로 시작되었다.

조세를 지불하는 자는 정부의 일을 결정할 권리를 지니며, 인민은 민선의원을 구성할 만큼 개명되었다는 것이 이들이 주장한 국회 개설의 근거였다. 건백서 주도자들의 의도는 정한 논쟁 이후 정부가 오쿠보 중심의 번벌 세력에 의해 독점되고 있는 문제를 지적하면서 정부에서 배제된 세력들의 국정 참여를 요구한 것으로 볼 수 있다.[22]

건백서가 발표된 후 자유민권운동은 전국적으로 확산되었다.

---

19 E. L. Tipton, *Modern Japan: A social and political history*, 45-46.
20 많은 역사가가 농민 잇키의 전통은 메이지 초기의 신정부 반대 잇키나 지조(地租) 개정 반대 잇키를 거쳐 자유민권운동으로 계승되었다고 생각한다. 그러나 야스마루는 농민 잇키와 자유민권운동의 사이에는 큰 차이가 있어 간단하게 역사적 계승을 운운하는 것이 불가능하다고 생각한다. 그러면서 그는 역사적 민중 투쟁인 농민 잇키는 메이지 10년(1877)경에 종언을 맞이했다고 보고 있다. 야스마루 요시오, 『일본의 근대화와 민중사상』, 216-217.
21 '번벌정부'란 사쓰마, 조슈, 도사, 히젠 등 몇몇 번이 신정부의 권력을 독점한 데서 생긴 명칭이다.
22 함동주, 『천황제 근대국가의 탄생』, 126-127.

1874년에 이타가키, 가타오카 켄이치(片岡健吉) 등은 민선의원의 개설을 목표로 고치(高知)에 입지사(立志社)를 설립하였다. 세이난전쟁이 한창이던 1877년 입지사 대표 가타오카는 교토에 있는 천황에게 국회 개설 건의서를 제출하였다. 또한 1880년 3월에는 이타가키를 중심으로 전국적인 조직인 국회기성동맹을 결성하여 정부에 '국회개설을 윤허할 것을 상원하는 글'을 올렸는데, 주요 내용은 국회개설, 지조 경감, 조약 개정이었다.

그해 11월의 2차 대회는 정당 결성에 대한 논의와 헌법 초안 마련을 결정하였고, 그 영향으로 1881년 10월에 일본 최초의 전국적인 정당인 자유당이 결성되었고, 1882년 4월에는 정부에서 파면당한 오쿠마 시게노부 등이 입헌개진당을 설립하였다.

자유민권운동이 활발히 전개되자 메이지 정부는 이들에 대한 탄압에 나섰다. 그해 4월 자유당 총리 이타가키가 자객의 습격을 받아 숨졌다. 1884년 9월에는 후쿠시마의 자유당 과격파가 요인 암살을 꾀하다가 사전에 발각되어 7명이 사형, 나머지는 중형에 처해진 가바산(加波山) 사건이 발생하기도 했다.23

한편, 정부의 탄압책도 강화되었다. 1882년 집회조례 개정, 1883년 신문지조례 개정을 통해 집회와 언론에 대한 통제를 강화했다. 정부의 탄압 강화와 당원의 과격화에 곤란해진 자유당은 1884년 해당을 선언했다. 그리하여 자유민권운동은 1884년을 계기로 급격히 약화되었다. 그 주요 원인은 1882년 들어 정부의 강력한 통화억제책의 영향으로 쌀값이 폭락해 자유민권운동의 주도 세력이었던 상층 농민들의 약화에 있었다.

---

23 김희영, 『이야기 일본사』, 535-540.

10여 년간 이어진 자유민권운동은 입헌제 실시를 주도적으로 관철하지 못한 채 정치적 대안 세력으로서의 힘을 상실했다. 하지만 자유민권운동이 일본의 근대화 성숙에 중요한 계기가 되었던 것은 분명하다. 자유민권운동으로 인해 일부 지식인에 의해 처음 도입된 서양의 근대적 정치이념이 각 지역의 사족과 유력 농민들에게까지 확산될 수 있었기 때문이다. 자유민권운동의 역사적 의의는 입헌제 실시라고 하는 정치적 측면에서뿐 아니라 근대화의 확산이라는 사회·문화적 측면에서도 결코 적지 않았다.[24]

메이지헌법(대일본제국헌법) 제정

근대 일본의 국가체제는 1889년 메이지헌법의 제정으로 입헌제 국가로 최종 확정되었다. 영국은 1688년 명예혁명으로 의원정치의 틀을 잡았고, 미국은 독립과 함께 공화제를 채택하여 가장 먼저 입헌제 원칙을 세웠다. 프랑스는 대혁명 이후 1870년 성립된 제3공화국이 1875년 새로운 헌법을 제정하면서 정치적 안정을 맞이했다. 독일은 1871년 독일 제국이 성립됨과 동시에 독일 제국 헌법을 공포했다.

유럽 열강과 비교해서 그리 늦지 않은 1889년에 일본 정부가 입헌제를 도입했는데, 그 이유는 일본 정부가 안정된 근대 국가체제를 만드는 데 입헌제가 필요했기 때문이다. 서구 사회와 발맞추어 입헌제를 도입한 일본 정부의 결정은 일반 국민의 대대적인 환영을 받았다. 입헌제 수립은 막말 이래로 다반사였던 정부 권위에의 도전과 반발을 잠재우는 데 성공했다.[25]

---

24 함동주, 『천황제 근대국가의 탄생』, 130-131.

입헌제 실시를 두고 '점진적' 입장을 견지하던 정부가 1882년 시점에서 '적극적'으로 선회한 이유는 두 가지다. 하나는 1880년대에 접어들면서 자유민권운동에 의한 정부 비판과 의회개설 요구가 정부에 큰 부담이 되었기 때문이다. 이 상황을 해결하기 위한 방법으로 입헌제 도입을 선택했다. 또 하나는 1878년 오쿠보가 암살되면서 정부 구성원의 세대교체가 이루어졌다. 메이지유신을 주도했던 '유신 3걸' 중 기도와 사이고는 1877년에 세상을 뜨고 오쿠보의 암살이 세대교체의 분기점이 되었다.

그런데 입헌제 실시 시기를 두고 조슈와 사쓰마 파벌은 입헌 조칙(1875년 4월)에서 밝힌 점진론의 입장이었으나 히젠(사가현) 출신의 오쿠마 시게노부(大隈重信)는 급진론적 입장이었다. 그러던 중에 홋카이도(北海道) 관유물(官有物) 부정불하 사건이 터졌다. 홋카이도 개척사 장관인 구로다 기요타카(黑田淸隆)가 정부 재산을 지나치게 헐값에 판 것이 문제가 되자 이를 공격하는 자유민권운동이 거세게 일어났다. 이에 메이지 정부는 1881년 10월 11일, 민권운동을 잠재우기 위해 극약처방을 내놓았다. 메이지 23년(1890년)을 기해 국회를 개원하겠다고 선언했다. 이와 함께 메이지 정부는 국회 조기 개원과 영국형 정당 내각제를 주장한 오쿠마를 파면했다. 이를 '메이지 14년의 정변'이라고 부른다. 그리고 메이지 14년의 정변을 통해 일본 정부는 강력한 중앙 정부에 의한 근대화 정책과 정부 주도의 입헌제 수용을 통한 국가 통합을 동시에 추진하고자 했다.26

자유민권운동의 압박 속에서 정부는 본격적으로 헌법을 제정하

---

25 위의 책, 134-139.
26 위의 책, 140-143.

고 국회를 구성할 준비에 착수했다. 유럽의 헌법 모델을 연구할 인물로는 이토 히로부미가 선정되었다. 메이지 14년의 정변을 계기로 이토는 메이지 정부의 최대 실력자로 부상했다. 메이지 정부는 이토에게 메이지헌법 제정의 전권을 부여했다. 그는 유럽의 헌법들을 비교한 뒤 신흥 국가인 독일과 일본의 상황이 비슷하다고 생각해서 독일 헌법을 모델로 결정한 뒤 헌법 제정 작업에 들어갔다.[27]

마침내 1889년 2월 11일, 전문 76개 조의 대일본제국 헌법(일명 메이지헌법)이 반포되었다. 헌법은 덴노(천황)가 국민에게 하사하는 형식으로 공포되었다. 메이지헌법은 권력분립을 채택했지만 "덴노는 신성하여 범할 수 없다"고 규정함으로써 전제적인 성격을 보였고, 입헌 군주제였음에도 덴노는 신격화되었다. 덴노의 신격화를 이유로 육·해·군의 통수권을 정부 기관이 아닌 덴노가 갖게 되면서 덴노는 의회와 내각의 견제를 받지 않게 되었다. 덴노의 의사만으로 전쟁 개시와 국회 해산이 언제든지 가능할 정도로 덴노만 내세우면 무엇이든 할 수 있게 되었다.

한편, 중의원은 국민의 선거로 뽑았으나 15엔 이상의 세금을 납부하는 만 30세 이상의 남자에게만 투표권이 주어졌고, 덴노의 임명을 받아 구성된 화족 중심의 귀족원은 내각을 해산할 수 있는 권한을 갖지 못했다. 대일본제국헌법은 겉으로는 근대적 국가체제를 표방했으나 실제로 국민 주권에 기초한 근대 국민국가와는 다소 거리가 있는 헌법이었다.

그럼에도 대일본제국헌법의 제정은 나름 의미있는 출발이었다. '언론과 결사의 자유'와 같은 국민의 기본권을 헌법이 보장했는데,

---

27 전국역사교사모임, 『처음 읽는 일본사』, 249-250.

이는 아시아의 어느 나라도 하지 못했던 일이었다. 입법권은 제국의회, 행정권은 국무 대신, 사법권은 재판소에 부여하여 삼권 분립의 모양새를 갖추었다. 제국의회는 법률 제정에 대한 동의권을 가졌고, 법률을 개정할 때에도 이들의 동의가 필요했다. 나아가 제국의회는 예산을 심의하고 감독할 수 있는 권한을 가졌다. 텐노가 재판소에 권한을 위임하면서 사법권은 독립됐다. 민주주의를 향한 일본에서의 첫걸음이었다. 이렇게 일본은 정부의 권력 행사에 대한 법적 테두리를 마련했고, 근대국가로서 제도적 토대를 갖추게 되었다.[28]

헌법이 제정되자 일본 사회는 대대적인 환영과 축제 분위기가 연출되었다. 그러나 메이지헌법은 철저하게 정부 주도로 만들어졌으며, 그 준비 과정에서 민의 수렴이라는 절차는 빠져 있었다. 메이지헌법은 개인의 권리 보장이라는 자유민권운동의 요구보다 국가권력의 강화라는 정부의 의도에 충실했다는 한계를 지녔다.

헌법이 제정된 후 의회가 열리기 전인 1890년 10월 30일에 교육칙어(教育勅語)가 공표되었다. 교육칙어는 1882년의 군인칙유와 같이 천황이 직접 신민에게 선포하는 형식을 취했으며, 골자는 '충군애국'에 있었다. 교육에 국가주의를 주입하기 위해 제정된 교육칙어의 사상은 충군 애국주의와 유교 도덕의 충과 효 관념을 강조했다. 정부는 교육칙어의 등사본을 천황·황후의 사진과 함께 각급 학교에 배포하고, 공식 행사에 낭독·암송하게 했다. 이후 교육칙어는 학생들이 절대 신봉해야 할 도덕률이 되었다.[29]

---

28 위의 책, 250-252.

29 함동주, 『천황제 근대국가의 탄생』, 147-148. 패전 다음 해인 1946년 10월 8일, 문부성은 학교에서 하던 교육칙어 봉독을 폐지하고, 조서(詔書)의 신격화를 폐지하라고 통보했다. 미타니 타이치로, 『일본 근대는 무엇인가』, 278.

1891년 1월 9일, 제일고등중학교에서 이 교육칙어의 봉대식(奉戴式)이 거행되었다. 이 자리에서 허리를 깊이 굽혀 절하는 가장 정중한 예인 최경례(最敬禮)를 강요당한 영어 강사 우치무라 간조(內村鑑三)는 기독교도였기 때문에 이를 거절했다. 우치무라는 비국민(非國民)이라는 이유로 학교에서 쫓겨나고 그의 집은 투석 세례를 받았다. 이 사건을 '우치무라의 불경 사건'이라고 한다.[30] 이 사건에 대해서는 다음에 다시 살펴보기로 하자.

메이지헌법은 정부의 형태를 내각·의회·재판소의 삼권 분립의 형식을 취했다. 의회는 귀족원·중의원의 양원으로 구성되었는데, 이중 귀족원은 황족·화족 출신의 세습직과 천황에 의해 임명되는 칙선의원으로 구성되어 정부의 방패 역할을 했다. 선거에 의해 구성되는 중의원은 국세 납부액을 기준으로 하는 선거제도에 의해 자산가들의 대변인들로 구성될 수밖에 없었다.

메이지헌법의 제정에 따라 1890년 7월에 첫 중의원 선거가 실시되었다. 선거를 앞두고 각종 정당이 결성되었는데, 정부 쪽의 이당(여당)에는 대성회(大成會)·국민자유당이 결성되었다. 민권파 계열의 민당(야당)으로 입헌자유당·입헌개진당이 결성되었다.

선거의 결과는 정부의 의도와는 달리 반정부적인 민당의 압도적 승리로 나타났다. 의석 분포는 입헌자유당 130석, 입헌개진당 41석, 민당이 총의석 300석의 과반을 넘었다. 중의원 선거와 함께 귀족원의 구성이 마무리되면서 11월에는 제국의회가 개설되어 입헌체제의 틀이 완성되었다.[31]

---

30 김희영, 『이야기 일본사』, 549.
31 함동주, 『천황제 근대국가의 탄생』, 148.

그런데 제국의회가 개회하면서 정부와 민당은 예산안을 둘러싸고 계속 충돌하면서 내각 총사퇴와 의회해산이 거듭되었다. 정부 측에서는 정당과 무관한 정부 운용방침을 내세웠지만, 정당정치의 배제 원칙을 실천에 옮기기란 쉽지 않음을 실감했다.

또한 민당도 지지 기반인 지주층의 대변자라는 한계를 벗어나지 못했다. 게다가 민당 내부의 분열과 불신도 심해서 통일적인 정치 행위가 어려웠다. 민당의 미성숙함은 1894년 청일전쟁의 발발로 일본 사회를 뒤엎은 애국주의의 물결 속에서 정당이 정부 지지의 방향으로 쉽게 휩쓸릴 수밖에 없었던 근본적인 원인이 되기도 했다.[32]

한편, 일본인들이 본격적으로 스스로를 '일본 국민'으로 인식한 것은 메이지헌법과 국회 개설을 시작한 1890년대 들어서였다. 일본의 민족주의는 1890년을 전후한 시기에 나타난 반서구주의적 경향과 밀접한 관련이 있다. 일본의 국민·민족의 고유의 특성에 대한 논의가 진행되면서 천황의 존재를 중시하는 입장도 강화되었다.

메이지헌법 제정 이후 헌법학자인 '호즈미 야츠카'(穗積八束)는 천황주권설에 입각해 민족 관념을 천황 중심적 국체론과 결합하는 주장을 선도하였다. 호즈미는 일본인을 가리켜 조상이 같은 혈족관계로 맺어진 하나의 민족이며, 황실은 이 민족의 종가로서 만세일계의 황위의 지고성과 주권설을 지닌다고 주장했다. 호즈미의 등장과 영향력은 천황 중심적 민족 관념이 일본 사회에 자리 잡는 당시의 상황을 잘 보여준다.[33]

---

32 위의 책, 148-150.
33 위의 책, 160-162.

청일전쟁의 배경

조선 침략 초기 20년 가운데 가장 중요한 사건인 청일전쟁에 대해 살펴보자. 일제 조선 식민 지배의 제1보는 청일전쟁[34]이고, 제2보는 러일전쟁이고. 제3보는 을사늑약이라고 할 때, 청일전쟁에서의 일본의 승리는 조선 식민 지배의 결정적인 사건이라고 말할 수 있다.

흔히 조선 왕조의 붕괴 계기가 러일전쟁에 있었다고 하나, 그 결정적 계기는 청일전쟁이다. 그 까닭은 청일전쟁 후 맺은 시모노세키조약 제1조로도 알 수 있듯이 이 전쟁은 우선 조선 왕조를 지탱해주었던 청(淸)이라는 기둥을 쓰러뜨렸고, 갑오경장을 통해 한국의 전통적인 제도가 폐지되고, 일본식 제도가 도입됨으로써 한반도에 대한 일본의 통치 기반이 마련되었기 때문이다.

청일전쟁은 아시아에서 제국주의 시대의 개막을 알리는 전쟁이라 할 수 있다. 실로 청일전쟁은 전승국 일본을 제국주의 열강으로, 전패국 청을 반(半) 식민지로 바꾸어 놓았는가 하면 한국을 식민지로의 외길로 몰아갔다. 한국이 식민지로 전락되는 결정적 계기는 러일전쟁이 아니라 청일전쟁이었다. 러일전쟁은 이미 식민지로 전락될 수밖에 없어진 한국의 귀속 방향을 일본 쪽으로 최종 결정지은데 불과했다.

시베리아 횡단철도의 착공으로 러시아의 아시아 진출 의지가 분

---

34 훗날 이 전쟁은 청과 일본이 한반도를 무대로 충돌한 '청일전쟁'이라는 이름으로 기억되지만, 전쟁 당시 일본에서는 1894년 8월에 간행된 『일청한전쟁기』(日淸韓戰爭記)와 같이 이 전쟁을 조선·청·일본의 삼국이 충돌한 것으로 파악하는 경향이 적지 않았다. 김시덕, 『동아시아, 해양과 대륙이 맞서다』, 288-289.

명해지자 일본은 자국의 대륙 진출 정책과 상충이 불가피하다고 판단하고, 러시아와의 전쟁에 대비하기 위한 준비 작업부터 서둘렀다. 그 준비 작업 중에서도 가장 선행해야 할 급선무가 바로 청을 제거하는 일이었다. 이는 러시아와의 전쟁에 만전을 기하기 위해 시간을 벌자는 것이었다. 따라서 대륙 침략을 계획하고 있던 일본의 입장에서 청일전쟁은 '정식 경기'에 대비하여 반드시 치를 수밖에 없었던 '오픈 경기'와도 같은 것이었다.[35]

청일전쟁이 발발한 1894년은 우리 근대사에서 결정적 전환점을 이루는 중요한 해다. 수천 년 중국 중심의 천하 질서에 종지부를 찍고, 동아시아의 힘의 역학 관계가 일본 중심의 국제 질서로 재편된 획기적인 모멘텀(Momentum)이었기 때문이다. 모테기 도시오(茂木敏夫) 도쿄여대 교수는 청일전쟁은 중화 제국의 해체를 알리는 조종(弔鐘)이었고, 조선, 일본, 중국의 근대화 방향을 결정짓는 동양 역사상 획기적인 전쟁이었다고 말했다.

청일전쟁은 10년 후 벌어진 러일전쟁의 서막이자, 일본이 50년에 걸쳐 대전쟁의 회오리에 빨려 들어가는 전초전이었다. 청일·러일전쟁을 통해 일본은 세계열강 대열에 올랐다. 또 '압박받는 나라'에서 '압박하는 나라'로 전환되었다는 점에서 일본 근대사에 획을 긋는 전쟁이었다. 일본에서는 제2차 세계대전에 필적할만한, 의미 있는 전쟁이었다.[36] 이를 부연 설명해 보자.

일본의 식자(識者)들은 그 무렵(1880~1890년대)의 조선 정세를 살펴보고 조선은 충분히 무력(武力)으로 제압할만하다고 판단하였

35 최문형, 『한국을 둘러싼 제국주의 열강의 각축』, 277-278.
36 김용삼, 『지금, 천천히 고종을 읽는 이유』, 263-264.

다. 그러나 일본은 조선을 무력으로 제압하는 데에는 커다란 장애물이 가로놓여 있음을 깨달았다. 청국과 러시아가 최대의 장애물이었다. 어떻게 이 장애물을 제거할 것인가? 일본이 고민하고 있을 때 조선 내에서 세 개의 커다란 역사적 사건이 있었다. 1882년의 임오군란, 1884년의 갑신정변 그리고 1894년의 동학농민전쟁이 그것들이다. 일본은 그때마다 조선을 무력으로 제압해야겠다는 결의를 굳혔다.

제일 먼저 직면했던 임오군란(壬午軍亂)에서 일본의 지도부는 군비(軍備)의 근대화에 본격적으로 착수했다. 일본은 이때까지만 해도 군장비나 군함을 전적으로 외국으로부터 수입에 의존했다. 그러나 이 해(1882)에 '군비 확장의 대방침'에 입각하여 본격적인 군비 확장을 서둘렀다.[37]

더욱이 1884년 일본 세력을 등에 업고 시도한 갑신정변의 실패는 조선 내에서의 청의 우위로 일단락되었다. 갑신정변을 치르면서 원세개의 청국군에 굴욕적인 패배를 당한 일본은 청국을 제압하기 위해 무력 강화에 박차를 가했다. 1884년부터 청일전쟁이 일어난 1894년까지 10년간 예산의 50퍼센트를 군비 강화에 쏟아 부었다. 또한 일본은 청국을 주적(主敵)으로 삼아 무력 강화 이외에도 첩보 수집에도 힘을 기울였다. 일본인 장교들은 변장을 하고 중국의 오지를 파고들며 군사정보를 수집했다. 그들은 청국의 강점과 약점을 조사하고, 공칭 병력과 실제 병력, 휴대 총기, 대포의 성능 등에 대해서도 조사했다.

그러던 중 1894년 1월 전라도 고부에서 전봉준이 이끄는 농민군

---

37 이도형, 『망국과 흥국』, 178.

의 무장봉기는 농민전쟁으로 확대되었고, 4월 27일 전주에 입성하자 조선 정부는 5월 8일, 농민군과 전주화약을 맺기에 이르렀다. 5월 31일 조선 정부는 농민군에 대한 입장을 바꿔 청나라에 원군을 요청했고, 이에 일본 정부도 갑신정변 이후 청일 간에 맺은 텐진조약의 동시 출병 조항을 근거로 조선에 출병하였다. 그러니까 동학농민전쟁은 청·일 양국의 조선 출병이라는 명분을 주게 된 것이다.

일본 정부는 파병 직후인 7월 23일 조선 왕궁을 점령하고 내정개혁을 명분으로 내정간섭을 시도했다. 1894년 청일전쟁은 일본의 선제공격으로 시작되었다. 선제공격을 통한 적의 예봉을 꺾어 놓고 선전포고하는 이러한 일본의 작전은 후에 러일전쟁과 태평양전쟁 때에도 되풀이되었다. 7월 25일(음력 6월 23일) 아산 근해 풍도 앞바다에 있던 청국 북양함대를 공격하고, 29일에는 성환(成歡)에서 섭지초와 섭사성이 이끄는 3,400명의 청군을 선제공격을 가해 괴멸시킨 후 8월 1일자로 선전포고를 했다. 이로써 청일전쟁의 막이 올랐다.

이홍장은 평양에 모든 병력을 집중시켜 북상하는 일본군을 맞아 격퇴시킨다는 계획을 세웠다. 그런데 일본은 9월 15일 평양전투에서 대승하였고, 이어서 9월 17일에는 세계역사상 최초의 증기기관 군함에 의한 조직적 전투인 황해해전에서 일본은 12척의 군함으로 한 척의 손실도 없이 14척의 중국 군함 중 5척을 격침시키는 대승을 거두었다.

이어서 11월 21일에는 여순(旅順) 공격을 시작했으며, 여순 점령을 마친 뒤에는 웨이하이(威海)를 공격하였다. 이듬해 2월 2일 웨이하이 요새를 점령하였고, 12일에는 청의 북양함대를 궤멸시켰다. 결국 청은 패배를 인정하고, 1895년 4월 17일, 청·일 양국은 시모노

세키 조약을 체결하기에 이르렀다.[38]

청일전쟁의 역사적 의의

청일전쟁은 근대 동아시아의 운명을 가르는 중대한 기로였다. 신생국이나 다름없는 일본이 아시아의 전통적인 맹주국인 청국에 승리를 거두었다는 사실은 커다란 충격과 함께 동아시아 국제관계를 근본적으로 변화시켰다. 청은 조선에 대한 종주권을 상실한 반면 일본은 새로운 지역 맹주로 급부상하게 되었다. 더 나아가 근대적 군사력에 의한 힘의 원리가 동아시아 국제 질서를 완전히 지배하는 계기가 되었고, 동아시아에 본격적인 제국주의 역사가 시작되었다.[39]

1840년대의 아편전쟁이 일본의 아시아 인식에 간접적인 영향을 미쳤다면, 청일전쟁은 직접적으로 그러한 인식을 바꾸어 놓았다. 전쟁에 승리하면서 일본 사회는 대대적인 감격과 흥분을 경험했고,[40] 애국주의가 고조되었다. 소국의 신문명(일본)이 대국의 구문명(청조)을 제압했다는 자부심이 팽배했다. 메이지 정부는 이런 사회적 분위기를 틈타 국민을 선동하고 위기의식을 고취시킴으로써 대외적 불안을 조직적으로 이용할 수 있는 근거를 마련했다.

---

38 함동주, 『천황제 근대국가의 탄생』, 170-172. '청일전쟁의 승리 요인'은 첫째, 일본 정부의 군비증강책이다. 둘째, 청의 군사적 한세이다. 셋째, 두 나라의 정책 결정 과정의 차이이다. 넷째, 국제 정세가 일본에 유리하게 전개된 것이다. 더 자세한 설명은 idem., 173-175를 참조.

39 위의 책, 169.

40 무쓰 무네마쓰(陸奥宗光)는 이렇게 말했다. "우리 국민은 처음부터 육군의 승리를 예견했으나 해군의 승패에 대해서는 매우 회의적이었는데, 의외로 승전보를 접하게 되자 자신의 나라가 비약적으로 강대해졌다는 자신감에 넘쳐 거의 광란에 가까울 정도로 기뻐했다." 백영서 외, 『동아시아 근대이행의 세 갈래』, 80.

또한 청일전쟁은 일본의 대외 팽창론을 급속히 확산시키는 전환점이 되었다. 전쟁의 승리는 민족적 자부심으로 연결되었고, 청국과 조선에 대한 우월감과 차별의식을 가져왔다. 조선에 대한 우월의식은 1870년대에 이미 드러났지만, 청일전쟁은 조선뿐만 아니라 청국까지도 일본보다 낙후된 열등한 나라라는 인식을 확고하게 했다.

당시 일본 사회에 영향력이 컸던 후쿠자와는 청일전쟁이 발발하자 이 전쟁을 '문야(文野)의 전쟁', 즉 '문명(일본)과 야만(중국)의 전쟁'으로 규정했다. 또한 우치무라는 "새로운 문명과 낡은 문명의 대결"이라고 선언하기도 했다. 이러한 선동적 주장은 전쟁의 승리로 일본인들의 뇌리에 각인되었다.

일본의 우월 의식은 대외 팽창 사상으로 나타났다. 대표적인 인물은 평민적 구화(歐化)주의를 주장하며 정부의 위로부터의 근대화 정책을 비판했던 '도쿠토미 소호'(德富蘇峰)다. 1887년 민우사(民友社)를 설립한 그는 1890년대 민권파를 계승한 지식인 집단으로 명성을 떨친 사람이다. 그런 그가 전쟁을 계기로 군국주의로 전향하여 일본의 적극적인 해외 팽창을 주장하는 『대일본팽창론』(1894)을 출간했다. 그는 일본 국민은 팽창해야만 하는 운명을 갖고 있다면서 정청(征淸)도 그 자체가 목적이 아니라 대일본 팽창을 위한 과정이라고 주장했다.

또한 청일전쟁을 통해 고취된 애국주의와 국가주의를 배경으로 한 '타카야마 죠규'(高山樗牛)의 일본주의도 큰 지지를 받았다. 1897년 「태양」의 편집주간으로 취임하여 일본주의를 고취하는 글들을 발표한 대일본협회 발족과 함께 기관지 「일본주의」 발행에 참여했다. 타카야마의 일본주의는 건국 신화를 중시하고 국가지상주의를

고쳐시켰다.[41]

한편, 청일전쟁은 중국 지식인들에게 충격적이었다. 청일전쟁의 의의는 크게 세 가지로 나눌 수 있다. 첫째, 동아시아 국제질서에 중국을 대체할 지역 헤게모니로 일본이 등장한 것이다. 둘째, 청일전쟁을 계기로 서구의 중국에 대한 이권 침탈이 노골화되면서 민족적 위기감이 고조되었다. 셋째, 중국 국내 정치에서 양무파가 퇴조하고, 청조 황실의 권위를 상대화한 개혁운동, 혁명운동으로서의 움직임이 본격화되었다. 캉여우웨이(康有爲)의 공거상서(公車上書)와 쑨원(孫文)의 홍중회(興中會) 건설은 모두 청일전쟁을 계기로 일어났다.[42]

그런데 일본이 청국과의 전면전이라는 극단적 선택을 감행한 이유나 목적은 어디에 있을까? 동학농민전쟁은 청일전쟁을 도발할 수 있는 좋은 구실로 이용되었을 뿐 전쟁의 직접적인 원인은 아니었다. 청일전쟁의 직접적 원인은 조선 지배를 둘러싼 양국의 갈등에 있었지만, 보다 근본적인 배경은 동아시아 국제질서의 지각변동에 있었다고 보아야 할 것이다.

메이지 신정부는 수립 직후부터 서양과의 우호 관계 수립과 더불어 국권 확장에 대한 강한 의지를 표명했고, 이러한 국권 확장의 맥락에서 정부의 주요 관심사로 떠오른 것이 조선 문제였다. 일본 정부는 수차례에 걸쳐 조선과의 수교를 원했지만, 진전이 없자 '황위(皇威) 회복'과 '국위(國位) 확장'을 내세워 조선 정벌(정한론)이 확산되었다. 이러한 일본의 움직임은 조선에 대한 종주권을 주장하는 청국과의

---

41 함동주, 『천황제 근대국가의 탄생』, 176-177.
42 강진아, 『문명제국에서 국민국가로』, 119.

대립을 초래했고, 결국 임오군란과 갑신정변을 겪으면서 일본의 대외 확장은 제동이 걸렸다. 그러나 일본은 조선 지배를 단념하지 않았다.

1884~85년의 청불전쟁에 따른 인도차이나의 식민지화는 이러한 불안감을 뒷받침하는 사건이 되었고, 서양 열강의 움직임은 일본 사회에 약육강식의 국제 질서에 대한 경각심을 고조시켰다. 이러한 맥락에서 일본은 자국의 생존을 위해 조선을 지배해야 한다는 주장이 제기되었다. 서양 열강이 조선과 중국과 같은 주변국을 장악할 경우 일본이 직접적인 위협을 받게 되므로 일본이 이들 지역을 선점하여 일본의 방어벽으로 삼아야 한다는 논리였다.

일본의 독립과 대외 팽창을 연결 짓는 견해를 정부 입장에서 체계화한 논리가 육군의 거두로 총리대신을 지냈던 야마가타 아리토모의 '이익선론'이다. 그는 1880년대 후반 들어 미국과 러시아가 각각 태평양 횡단철도와 시베리아 횡단철도를 건설하기 시작한 점에 주목해서 이것이 '동양의 일대 파란'을 가져올 것이라고 예측했다. 이에 대한 대비책으로 군비증강과 일본의 대외정책 변화를 촉구했다.

특히 그는 일본의 국토인 주권선을 지키기 위해서는 '우리 주권선의 안위와 밀접하게 관계된 구역'인 이익선을 보호하는 것이 국가 독립에 필수적이라고 주장했다. 그의 주장은 1890년대 일본 정부가 적극적 군비 확장에 나서는 중대한 계기로 작용했다.[43] 청일전쟁은 이러한 역사적 상황 속에서 일어난 사건이라고 보아야 할 것이다.

---

43 위의 책, 177-183.

청일전쟁의 결과물

청일전쟁은 사회심리적 보상뿐 아니라 경제적 보상도 안겨 주었다. 1895년 4월, 두 나라가 시모노세키조약(下關條約)을 맺음으로써 일청전쟁은 마무리되었다. 고대 이래로 계속돼 온 중국 중심의 국제질서가 무너지고 동아시아의 새로운 패권국가로 일본이 등장하는 순간이었다. 이 조약에는 조선은 독립국이고, 청이 랴오둥반도와 타이완을 일본에 할양하고, 전쟁 배상금으로 2억 3천만 냥(약 3억 4,500만 엔)을 일본에 지불한다는 내용이 있었다.

조선을 독립국이라 명시한 데에는 조선에 대한 청의 영향력을 없애고, 조선을 일본의 속국으로 만들려는 의도가 숨어 있었다. 조선이 독립국이라는 조항과 청의 영토 할양은 메이지 정부가 추진해 온 영토 확장 정책이 실현된 결과였다. 청에서 받은 전쟁 배상금은 일본 정부 1년 예산의 4배에 이르는 엄청난 금액이었다. 청에서 받은 거액의 배상금은 군비 확장과 산업화 추진에 요긴하게 쓰였다. 더불어 동아시아에서 일본의 위상이 강화됨에 따라 일본이 서구 열강과 맺었던 불평등 조약에서 치외법권 조항이 폐지됐다.44

또한 청일전쟁으로 일본은 제국주의 국가로의 첫발을 내딛게 되었다. 그러나 청일전쟁의 승리는 조선 식민 지배의 제1보를 내디뎠다는 점에서는 행운일지 모르나 브레이크 없는 자동차처럼 앞으로 50년 동안 일본을 군국주의로 향한 전쟁의 광기로 몰아넣었다는 점에서 불행의 서곡이었다. 그리고 그 결국은 일본의 패망이라는 비극을 가져왔다.

---

44 전국역사교사모임, 『처음 읽는 일본사』, 255.

한편, 청일전쟁의 승리는 일본의 팽창을 경계하는 러시아·독일·프랑스의 삼국 간섭을 받게 되었고,[45] 결국 1895년 4월 23일, 일본 정부는 고민 끝에 요동반도 반환을 결정했다. 이 사건은 동아시아 지역에서 러시아의 영향력 강화를 가져오는 계기가 되었다. 러시아는 1896년 6월에 청·러 밀약에서 일본에 대한 공동방위와 동청철도 부설권을 약속받았다. 또한 1898년에는 청 정부로부터 요동반도의 여순·대련을 조차했다. 또한 러시아는 조선에서의 영향력을 키워갔다.

그 반면에 타이완(臺灣)을 차지한 것 말고는 더 이상의 세력 확장에 실패한 일본은 새로운 경쟁자로 등장한 러시아를 대비해 군비 확장에 박차를 가하는 한편 그 후 발생하는 대외문제에 대해 군사력을 동원해 해결하려는 제국주의적 행동을 노골화했다. 1895년 10월 8일, 일본 정부는 친일파를 제거하고 친러, 친미파로 내각을 교체한 민 황후를 살해하고는 친일 정권을 세워 강력한 내정간섭을 추진했다. 그 반발로 고종의 아관파천이 단행되면서 친러정권이 수립되었다.

그러자 일본 내에서는 반러 감정이 싹텄고 러시아에 대한 경계 의식이 고조되면서 일본 정부는 러시아를 가상의 적국으로 한 군비 확장 정책을 키워갔다. 군비 확장 10년 계획을 세우고, 1896년에 육군정원령을 폐지했다. 그리하여 종전의 7개 사단, 평시 병력 5만, 전시 병력 20만에서 13개 사단, 평시 병력 15만, 전시 병력 60만으로 대폭 확대시켰다. 이로 인한 군비 확장에 막대한 비용이 소요되었다.

---

45 삼국간섭을 지켜본 민 황후는 러시아의 힘에 큰 충격을 받아 러시아를 끌어들였다. 그래서 제3차 김홍집 내각(1895. 6. 20.)은 친러적인 색깔이 강하게 나타났던 것이다. 이에 일본은 극단적인 방법을 택하게 되는데, 원수 같은 러시아를 끌어들인 민 황후를 죽이려는 공작을 꾸몄다. 이것이 '을미사변'이다. 더 자세한 설명은 최태성, 『역사멘토 최태성의 한국사: 근현대편』, 102-106을 참조.

1896년부터 3년간 실시한 1단계 군비 확장 계획에만 4,300만 엔이 지출되었다. 군비 지출은 이후에도 계속 증가하여 러일전쟁 당시인 1905년에는 총 1억 116만 엔이 소요되었다.[46] 청일전쟁과 이후에 있을 러일전쟁은 당시에는 일본의 국익에 부합할지 모르나 결국은 망국으로 가는 지름길임을 그 당시 어찌 알았으리요!

일본 교회의 비약적 성장 및 침체

1874년부터 1890년까지 일본 교회는 비약적으로 성장했다. 이 시기를 일본 기독교 역사가들은 '순조(順調) 시대', '발흥(勃興) 시대', '급성장 시대'라고 부른다. 이 시기는 일본 역사에서 구화주의(歐化主義)의 전성기, 흔히 '로쿠메이칸(鹿鳴館) 시대'였다. '로쿠메이칸'이란 관립 국제 사교장으로 1883년 도쿄에 세워진 2층 양옥인데, 여기서 서양식 무도회나 문화 행사가 열리던 것을 빗대어 일컫는 말이다.

기독교 금제의 고찰이 철거된 1873년 이후 일본에 오는 선교단체들이 급격히 늘었다. 고찰 철거 전년까지 일본에는 7개의 개신교 단체들이 있었고, 선교사는 28명이 활동하고 있었다. 그런데 4년 후인 1877년에는 재일 선교단체가 총 14개가 되었고, 선교사는 99명으로 늘었다. 전에는 교파를 초월하여 협력했고, 일본기독공회처럼 무교파주의적 경향이 강했으나 1873년 이후에는 각 선교단체가 경쟁하듯 각자의 교파교회를 형성해 갔다.[47]

특히 이 시기는 신학교 설립을 통한 일본인 교역자 배출이 가장

---

46 함동주, 『천황제 근대국가의 탄생』, 184-185.
47 나카무라 사토시, 『일본 기독교 선교의 역사』, 166-167.

두드러진 시기였다. 일본 최초의 신학교로서 1877년 도쿄 쓰키지(築地)에 있는 잇치신학교가 개교했다. 이 신학교는 후에 메이지학원 신학부로 발전했다가 우에무라 마사히사가 설립한 도쿄신학사(東京神學社)와 합병하여 일본신학교가 되었다.

다음으로 도시샤(同志社)가 있는데, 1875년 도시샤의 전신에 해당하는 도시샤영학교가 미국에서 귀국한 니지마 조에 의해 설립되었다. 구마모토에서 무리지어 도시샤로 옮긴 구마모토밴드 학생들이 초기 도시샤의 교풍에 큰 영향을 끼쳤다. 졸업생의 많은 수가 일본조합기독교회 교역자로 각지에 파견되어 조합교회의 전도 지역은 현저하게 확대되었다.

또한 일본성공회의 교역자 양성기관이 된 도쿄 교바시(京橋)의 도쿄 산이치(三一)신학교가 있다. 이 학교는 1877년에 설립되었고, 초대 일본 주교가 된 채닝 윌리엄스(C. Williams)가 교장이 되었다. 이들 외에도 1882년 감리교회에 의해 도쿄 에이와(英和) 학교가 설립되었는데, 이 학교는 뒤에 아오야마학원대학(靑山學院大學)으로 발전했다. 이와 같이 설립된 신학교들이 많은 일본인 교역자를 배출하면서 전도와 교회 형성이 진전되었다.[48]

또한 일본어 성서가 출판되었다. 1872년 요코하마에서 열린 제1회 선교사 회의에서 성서 번역을 모든 교파의 공동사업으로 추진하기로 결의했다. 브라운, 헵번, 그린, 세 사람이 위원으로 선출되었고, 일본인 협력자로는 오쿠노 마사쓰나(奧野昌網, 1823~1910), 다카하시 고로(高橋五郎, 1856~1935), 마쓰야마 다카요시(松山高吉, 1847~1935)가 참여했다. 많은 수고와 협력 끝에 마침내 신·구약성서가 1888년에 출판되어 축하 모임이 성대하게 치러졌다.

---

48 위의 책, 167-169.

1878년 일본 개신교회는 44개, 신자 수는 1,600여 명까지 늘어나자 기독교인들의 교제에 대한 요망이 커졌다. 그리하여 그해에 제1회 전국 기독교도 대친목회(大親睦會)가 도쿄에서 열렸다. 이 친목회는 그 후 1880년 오사카, 1883년 도쿄, 1885년 교토에서 연이어 열렸다. 특히 1883년 도쿄에서 열린 제3회 친목회는 요코하마의 신년 첫 주간 기도회에서 일어난 신앙부흥(revival)이 끼친 열렬한 분위기 속에서 진행되었다.

우치무라 간조는 이때 삿포로독립교회를 대표하여 친목회에 참석하고, 마치 성령강림절과 같았던 그때의 상황을 기록했다. 죄에 대한 슬픔이 가득했으며, 기적적인 회심이 수없이 알려졌다. 그리고 조선인 참가자 한 사람이 자국어로 힘있게 기도한 일을 기록했는데, 그 조선인은 한국 최초의 개신교 세례 교인이자 한국 기독교 역사에 커다란 족적을 남긴 이수정(李樹廷, 1842~86)이다.[49]

1883년 요코하마에서 시작된 신앙부흥은 도쿄, 요코하마 지역에서 불길처럼 번지고, 1884년에는 교토의 도시샤도 에워쌌다. 여기서도 1월 첫 주간의 기도회가 멈추지 않았고, 학교 전체가 영적 각성 속에서 3월까지 이르렀으며, 200여 명의 학생이 한꺼번에 세례를 받았다.

부흥은 센다이와 일본 각지로 확산되었고, 일본 교회를 비약적으로 성장시켰다. 이때 부흥의 결과로 '리바이바루'(revival, 부흥)라는 단어가 일본 기독교 용어 가운데 정착되었다. 이 부흥의 열매인 교회의 일치 정신은 1886년의 일본기독일치교회와 조합교회의 합동운동의 한 원동력이 되었다.

---

49 위의 책, 170-173.

초기 신도들의 입교 동기 및 특색을 살펴보면, 그들 대부분이 제1
세대 신앙인들로서 비기독교적 환경에서 살아오다가 어느 시점부
터 기독교의 복음을 접하고 회심한 사람들이다. 1921년 게이세이샤
(警醒社)에서 출간된 『신앙 30년 기독자 열전』은 1889년 이전까지
세례받은 사람들로 신앙생활 30년에 이르는 신자 859명을 설문 조
사해서 엮은 책이다. 먼저 신자들의 출신지를 보면 전국에 두루 걸쳐
있지만 메이지 정부의 중심이 된 삿쵸(薩長) 출신은 21명에 불과하
고, 도이(土肥, 지금의 고치현과 사가현) 출신을 더해도 56명에 불과
하다. 초기 기독교인의 주류는 삿쵸 출신에서 밀려난 지방 사족의
자녀들이라는 것이 정설로 입증되었다.

또한 주목할 것은 신자들이 세례를 받은 지역과 당시 살던 지역이
주로 도쿄, 오사카, 교토, 요코하마 등 대도시에 집중되어 있다는
사실이다. 즉, 도쿄가 189명으로 약 4분의 1을 차지하고, 오사카(68
명), 교토(48명), 고베(42명) 등 압도적으로 도시 중심이다. 이는 많
은 사람이 젊었을 때 출신지를 떠나 대도시로 나와서 신앙을 받아들
인 것을 의미한다. 이들 859명이 세례받을 때의 연령은 16-23세가
40%, 16-30세까지가 67%를 차지하고, 18세가 가장 많다는 사실이
다. 청년 시절이 기독교라는 외래 종교를 받아들이기 쉬운 것을 알
수 있다. 기독교가 급성장한 이 시기에 기독교에 대한 정부의 태도는
싹 달라졌다. 구화주의 정책을 추진한 외무 대신 이노우에 가오루는
선교사와 목사를 초대하여 기독교에 호의를 보이며 전도하는 일에
편의를 제공하는 데 힘썼다. 도쿄제국대학 총장 가토 히로유키(加藤
弘之, 1836~1916)도 기독교를 장려할 뿐 아니라 가족에게 권하여
교회에 출석하게 했다. 또한 민간에서도 후쿠자와는 종래의 반기독

교적 태도를 버리고 기독교를 국교로 삼아야 한다고 주장할 정도였다.

이런 풍조 속에서 기독교회의 성장은 괄목할 만한 것이었다. 1885년에 교회 수는 168개, 신자 수는 1만 1천 명이던 것이 5년 후인 1890년에는 교회 수가 약 300개, 신자 수는 3만 4천 명에 달했다. 이런 요인들에 의해 이 시기의 기독교 전도는 성장에 성장을 거듭했고, 부흥의 기운이 고조되는 가운데 많은 기독교인이 머지않아 일본이 기독교 국가가 되리라고 확신했다.[50]

그런데 1880년대가 끝나갈 무렵 분위기는 사뭇 달라져 극도의 침체기를 맞게 되었다. 이 시기에 기독교가 극도로 부진했던 것은 구화주의에 대한 국가주의적 반동의 격류 속에 일어난 기독교 배척 풍토와 자유주의 신학의 유입에 따른 혼란과 동요 때문이다.

1880년대 말엽, 메이지 정부는 구미 국가들에 의한 식민지화를 피하기 위해 '탈아입구'(脫亞入歐)를 목표로 오로지 부국강병책에 매진했다. 그때 국민을 결속하기 위한 정신적 지주가 필요했다. 구미 국가들의 경우는 기독교가 국가와 국민을 결속시키는 종교였다. 이에 반해 메이지 정부가 일본의 정신적 지주로 내놓은 것은 천황제였다.

이 천황제 국가주의 정책의 완성이 1889년 대일본제국헌법의 발포(發布)였다. 이 헌법의 제1조를 보면 "대일본제국은 만세일계(萬世一系)의 천황이 통치한다"로 되어 있다. 즉, 일본은 천황 주권 국가임을 선언하고 있다. 다음으로 제3조에는 "천황은 신성해서 침범할 수 없다"고 선언하고 있다. 이는 천황의 신격화에 법적 근거를 마련하고 있다.

또한 제28조에서 "일본 신민은 안녕질서를 방해하지 않고 신민

---

50 위의 책, 174-182.

으로서의 의무를 저버리지 않는 한 신교(信敎)의 자유를 갖는다"라고 규정하고 있다. 이는 천황에 대한 신민의 의무는 신앙의 자유의 권리에 우선하는 것으로 전전(戰前) 국가에 의한 종교 통제의 근거가 여기에 있다. 전후(戰後) 일본 헌법은 제20조에 "신앙의 자유는 누구에게나 보장한다"라고 하여 무조건적인 신앙의 자유가 보장되고 있다.

헌법 발포에 이은 이듬해 10월 메이지 천황의 이름으로 교육칙어가 반포되었다. 그 내용은 천황 중심의 국가주의와 인·의·충·효의 유교 윤리를 근본으로 한 것이다. 교육칙어는 일본의 교육과 국민도덕의 근본으로 전후 폐지되기까지 일본인의 마음과 머리에 철저히 주입되어 갔다. 이러한 배경 가운데 저 유명한 '우치무라의 불경 사건'이 일어났다.

또 한편 일본 교회를 침체 속에 몰아넣은 것은 자유주의 신학의 유입에 따른 혼란이었다. 성서에 대한 역사적·비평적·신학적 훈련을 받은 일이 없는 일본 교회는 자유주의 신학의 유입으로 크게 동요되었다. 특히 가장 강하게 영향을 받은 것은 조합교회, 그 가운데서도 구마모토밴드 출신의 사람들이었다. 그들은 처음부터 스승 제인스의 영향을 받아 합리주의적 신앙을 지니고 있었는데, 도시샤 시대에는 보수적 입장을 유지한 미국 해외선교회 선교사들과 신학적 갈등이 끊이지 않았다.

그런데 오우치 사부로는 『일본 기독교사』에서 자유주의 신학의 유입에 적극적 평가를 시도했다. 성서의 역사적·비평적 연구 방법이 소개됨으로써 성서 연구가 종래보다 치밀해졌다는 것이다. 또한 신신학을 제창한 배경에는 당시 외국인 선교사들의 신학에 매우 경직된 보수적 경향이 있었고, 그러한 선교사들의 손에서 일본 신학을

해방·독립시키고자 한 점이 있었다고 말했다.[51]

이 장을 마치면서

1875년에 있었던 운양호 사건 이후 20년간은 '정한론과 조선 침략 20년'이라고 말할 수 있다. 청일전쟁에서의 일본의 승리는 조선을 식민지화하는 결정적 계기를 마련해 주었다. 나아가 그것은 일본이 서양 제국의 침략주의를 닮아가는 수순이었다는 점에서 한일 양국의 불행한 관계가 시작되는 출발점이 되었다.

이제 일제는 국민 전체를 일사불란한 병영화된 동원체제로 만들기 위해 국가 신도에 기초한 천황제 이데올로기를 국민에게 주입시키기 시작했고, 이는 일본 기독교계에 어두운 그림자를 낳게 했다. 일본 기독교의 입지는 점점 좁아지고, 근대화·문명화에 이어지는 군국주의는 복음화의 길을 막는 커다란 장애가 되었다.

그리하여 그동안 성장해 가던 일본 교회는 서서히 침체의 길로 들어서게 되었다. 일제는 하나님을 의지하는 나라 대신에 군사력과 무기를 의지하는 나라로 변해갔다. "여호와를 자기 하나님으로 삼는 백성은 복이 있도다"(시 144:15)라고 말씀했는데, 일제는 하나님으로부터 점점 멀어져 갔으니 망할 수밖에. 그러니까 청일전쟁의 승리는 축복이 아니라 저주가 된 셈이다.

---

51 위의 책, 182-192.

제10장
개국에서 갑오개혁까지의 20년

<단가 10>

그대와 내가 바라보아야 할 하나의 초점(focus)-예수 그리스도-

이 장을 시작하며

요시야의 죽음으로부터 바벨론 포로기까지 70년(609~539년 BC)은 이스라엘 역사 가운데 가장 암울했던 시기다. 마찬가지로 일본의 조선 침략의 신호탄이 된 운양호 사건으로부터 일제로부터 해방을 맞이하기까지 70년의 세월은 조선 역사에서 가장 암울했던 시기였다.

포로기 예언자 에스겔은 이런 말씀을 했다. "너희가 이스라엘 땅에 관한 속담에 이르기를 아버지가 신 포도를 먹었으므로 그의 아들의 이가 시다고 함은 어찌 됨이냐"(겔 18:2). 이 말씀은 포로기 백성들이 "우리가 포로 백성이 되어 이렇게 고생하는 것은 다 조상(아버지) 때문이라고" 말하는 그들을 향해 "조상(아버지) 때문이 아니라 너희(아들)가 하나님의 말씀을 떠나 잘못 살았기 때문이라고" 말하고 있는 것이다. '조상 탓'이 아니라 '네 탓'이라는 그런 말씀이다.

조선이 망한 것은 일본의 침략주의, 중국의 해묵은 국가 이기주의, 조선 사대부들의 부패와 권력 쟁탈전 등 여러 요인이 복합적으로 작용했겠지만 가장 큰 책임은 아버지 대원군과 아들 고종에게 있다고 말하고 싶다. 필자는 조선의 망국에 가장 큰 책임이 있는 두 인물, 대원군과 고종을 이렇게 말하고 싶다. "대원군의 잘못이 강한 의지에 사로잡힌 고집과 무지에 있었다면, 고종의 잘못은 정반대로 우유부단에 따른 타인 의존과 소아(小我)에 있었다"고….

고종의 재위 44년(1863~1907)의 기간은 조선이 망국으로 가는 50년(1860~1910) 기간과 궤도를 같이 한다. '격동의 역사 속 비운의 황제'라고 말할 수도 있지만 망국의 가장 큰 책임이 그에게 있다고 하겠다. 메이지 천황(1852~1912)과 고종 황제(1852~1919)는 같은 해에 태어났다. 그런데 메이지 천황 치세 동안 일본은 부국강병을 통해 세계열강과 어깨를 겨루는 제국을 이루었는데 반해 고종 황제 치세 동안 조선은 역사의 격랑 속에 헤매다가 망국을 향해 갔다.

이 둘 사이의 결정적 차이는 무엇일까? 고종이 친정을 시작한 1874년부터 10년 후에 갑신정변(1884), 또 10년 후에 청일전쟁(1894), 또 10년 후에 러일전쟁(1904)으로 이어지면서 망국에 이른 조선의 최후를 어떻게 보아야 할까? 이 속에 담긴 하나님의 주권적 섭리는 무엇일까? 이제부터 정한론으로 무장한 일본에 대한 응전에 실패한 조선의 35년 동안의 역사를 살펴보자.

한국, 그 은둔의 나라

한국이 은둔국이었다는 인식에 가장 큰 영향을 미친 것은 윌리엄 그리피스(W. Griffis)의 『한국, 그 은둔의 나라』(*Corea, The Hermit Nation*)라는 책이다. 이 책은 1882년 10월에 미국 뉴욕에서 출판된 책인데, 이 책의 대부분이 1877년에서 1880년 사이에 집필되었다. 그러니까 조선이 은둔을 벗고 개국을 한 이후에 집필된 책이다. 그리고 그가 한 번도 가보지 않은 나라, 조선에 대해 저술했다는 점에서 이 책은 문제가 있다.

그리피스는 일본의 근대화 성공에서 '천황주의'를 가장 중요시했다. 그것이 곧 일본의 근대화의 중추를 이루었다고까지 평가했다. 그는 메이지 천황이 발휘하는, 즉 전 인민을 흡수하여 동적으로 발전적인 통일국가를 실현하는 정신의 구현으로서의 천황주의를 높이 평가했다.

그리피스는 어디까지나 서양 문명에 대한 신뢰 아래 그리스도교의 신앙, 개인적 인격의 존중, 데모크라시에 대한 자신감 등에 입각하여 일본의 근대화에 도움을 준다는, 또 근대화를 이룬 일본인을 사랑한다는 입장에 서 있었다. 그리피스는 당시 지식인들 사이에 팽배했던 철저한 모더니즘의 소유자였다.

그래서 메이지 정부가 서양화에 적극적으로 나서고 있는 것을 보고 모더니즘의 관점에서 일본을 찬미한 것이다. 그에게 서양 문명 수용을 거부하거나 지체하고 있는 모든 나라는 은둔국이었다. 일본도 본래는 은자의 나라였으나 페리 제독 이후 '문명의 길'로 들어섰으며, 중국과 조선은 아직도 이런 적극성을 보이지 않는 은둔국으로

간주했다.[1]

그런데 섭리사관으로 보면 하나님이 조선을 복음화시키기 위해 문명화를 늦추고, 은둔국처럼 숨겨두셨다는 사실을 그는 전혀 알지 못했다.

강화도수호조약 체결

고종은 친정(1873. 2. 24.)을 시작하면서 그동안 쇄국이라는 은둔적, 배타적 이미지를 벗고 개방 쪽으로 나아갔다. 이태진에 의하면 조선 정부는 일본보다도 더욱 적극적인 자세로 국교를 수립하고자 했다.[2]

그러나 최문형에 의하면 개국의 필요성을 역설한 박규수의 개국론은 극한상황에서 밀려드는 외세의 충격에 대항해 사상적 대응을 준비한 것일 뿐 개국 자체를 주도한 것이 아니었고, 개국이 우리의 의지에 따라 결정된 것도 아니었다고 말했다. 당시 영·러가 다 같이 상대를 의식하며 자제에 따른 상호 견제 작용이 파생된 힘의 공백을 일본은 한국 침략의 절호의 기회로 보고 운양호 사건, 즉 함포 외교에 굴복한 결과로 보았다.[3]

일본 측이 원한 것은 조선 정벌 곧 무력적 제압의 기회를 얻으려는 것이었다. 1875년 국교 수립 마지막 절차에서 일본 측이 복제 문제로 협상을 결렬시킨 것은 조선의 개방주의로 협상이 그들이 바

1 이태진,『고종시대의 재조명』, 136-140.

2 위의 책, 161-162.

3 최문형,『한국을 둘러싼 제국주의 열강의 각축』, 30-35.

라지 않는 방향으로 흘러가고 있었기 때문이다. 그들이 정상적 협상을 버리고, 본 모습을 드러낸 것은 무력 위협으로서의 운양호(雲揚號) 사건(9월 20일)이었다.[4] 이 사건은 정한론, 즉 조선 침략을 꾀하는 일본의 야심을 살짝 보여준 예고편이었다.

이 사건으로 자신감을 얻은 일본은 1876년 정월, 육군 중장 '구로다 기요타카'(黑田淸隆)를 지휘관으로 한 6척의 함선을 파견하여 조선을 위협했는데, 이는 미국의 페리 함대의 일본판이었다. 1853년 미국은 페리 함대를 일본에 파견하여 함포 위력을 과시하고는 일본의 문호를 열게 했다. 일본은 이 수법을 조선을 상대로 실험했던 것이다.[5]

결국 조선 정부는 아무런 준비 없이 1876년 2월 3일 마침내 연무당(현재의 서대문 옆)에서 12개 조항의 강화도조약(조일병자수호조규)을 체결하였다. 조약의 제1조는 이렇게 시작한다. "조선국은 자주국이니 일본국과 더불어 평등한 권한을 갖는다." 얼핏 보면 조선의 자주를 인정하는 듯 보이나 이는 조선에서의 청국 세력을 의식한 문구에 불과했다. 일본은 이 조약에서 부산항 이외에 2개의 항구를 더 개방할 것과 치외법권과 해안측량권을 요구했다. 이 같은 강화도조약은 조선이 외국과 체결한 최초의 근대적 조약으로 조선은 쇄국을 깨고 개항을 하게 되었다.

그런데 이 조약은 조선인이 일본에서 누릴 권리는 거의 없고, 일본인이 조선에서 누릴 권리만이 상세하게 규정되어 있을 따름이었다. 일본으로서는 1858년 영일조약을 그대로 모방한 것이다. 그동안 일본은 구미 각국과 불평등 조약을 강요받았는데, 이번에는 자신

---

4 이태진, 『고종시대의 재조명』, 161.
5 정성희, 『한국사 101장면』, 242-243.

들이 당한 것을 그대로 조선에 되갚은 것이다.[6]

일본은 조선 진출의 교두보로서 부산, 원산 및 인천 3개 항구의 개항을 요구했다. 일본이 조약을 맺으려 했던 주된 목적은 무엇보다 조선에서 무역 활동을 하는 일본 상인들에게 유리한 환경을 조성하고, 우월한 지위를 보장받으려는데 있었다. 아울러 일본은 조선에 진출할 수 있는 군사적 요충지를 확보하려 했다. 이러한 일본 정부의 속내를 전혀 알지 못하고 준비 없이 맺어진 불평등 조약은 곧 그 피해가 나타났다.

강화도조약이 체결된 후 1876년 8월 경기중영에서 조선의 대표 조인희(趙寅熙)와 미야모토 고이치(宮本小一) 사이에 1차 회담이 개최되었고, 3차에 걸친 회담 끝에 통상장정을 체결했다. 그런데 통상장정에는 관세에 관한 조항은 완전히 빠져 있었다. 8월 24일 미야모토 고이치는 조인희에게 편지를 보내 무관세 무역에 대한 동의를 받아냈다.

일본과 조선이 모두 관세를 부과하지 않는다는 내용은 표면상 동등한 경제적 이익을 보장하는 것처럼 보이나 일본이 조선에 수출하는 상품은 기계를 통해 대량으로 생산되는 공산품이고, 조선이 수출하는 상품은 농산물인 미곡이었다. 양국의 경제 상황이 대등하지 않은 가운데 조인된 무관세 무역은 조선이 일방적으로 피해를 보는 것이었다.

그런데 개항 초기 정부 관료들은 이러한 관세의 의미를 제대로 알지 못했고, 그것이 어떠한 영향을 끼치는지 당연히 몰랐다. 두모포(현재 부산 동구 수창동) 사건이 터지면서 조선 정부는 재정수입이

---

6 위의 책, 244-246.

라는 측면에서 관세의 필요성을 절감하게 되었고, 무관세 조항을 규정한 일본과의 불평등 조약을 개정해야 한다는 점을 깨달았다.[7]

황준헌의 『조선책략』과 친미 인맥 형성

김기수[8]를 대신하여 재차 수신사를 보내게 되었는데, 이때 임명된 자가 김홍집(金弘集, 1842~96)이다. 김홍집 일행은 1880년 7월 31일 부산항을 출발하여 9월 8일 귀국했다. 김홍집 일행이 일본을 시찰하는 가운데 특히 중요한 사건은 주일청국공사 하여장(何如璋)과의 회담이었다. 하여장은 김홍집에게 러시아의 위협과 구미 각국과의 국교 체결 및 자강의 중요성을 역설했다.

이때 김홍집은 하여장으로부터 주일중국공사관의 참찬관(參贊官)이었던 황준헌(黃遵憲, 1848~1905)이 쓴 『조선책략』(朝鮮策略)을 받았다. 이 책의 내용은 '친중(親中), 결일(結日), 연미(聯美)', 곧 중국을 더욱 가까이 섬기고 일본·미국과 한편이 되어 연대함으로써 러시아의 남하를 막아야 한다는 것이었다.

황준헌은 책 서두에서 "조선은 실로 아시아의 요충지여서 형세(외세)에 의해 반드시 다투게 마련이며 조선이 위태로우면 중동(中東)의 형세도 날로 위급해질 것"이라고 밝히면서 미국에 대해선 긍정 평가했다.[9] 이 책은 일개 외교관이 며칠 만에 쓴 얇은 소책자이지만,

---

7 김윤희 외, 『조선의 최후』, 204-214.

8 강화도조약이 체결된 지 두 달 후인 1876년 5월 23일부터 6월 19일까지 김기수 일행의 일본 방문이 이루어졌다. 이때 수신사 김기수 일행이 보인 한심한 작태에 대해서는 김용구, 『지금, 천천히 고종을 읽는 이유』, 123-129를 참조.

9 강준만, 『한국근대사산책 1』, 220.

이 책은 미국을 '개와 양과 같은 자(犬洋之類)들의 땅'으로만 여긴 대원군 시기 조선 조정의 의식을 바꾸는 데 결정적인 역할을 했다.[10]

중국(청)은 조선을 동쪽의 울타리로 생각했다. 다른 열강, 즉 일본이나 러시아가 조선을 점령할 경우 육로로 북경을 직접 공격할 가능성이 크다는 전제하에 조선만큼은 식민지로 전락하지 않게 해야 했기에 미국을 끌어들이려고 했던 것이다. 그런데 이것은 그 이후에 전개될 한미관계에서 엄청난 중요성을 갖게 된다는 사실을 그도 모르고 행한 것이다.

이 책은 현대 친미론이 배태될 수 있는 토양을 만드는 데 크게 이바지했다. 이 책으로 인해 미국을 긍정적으로 생각하게 된 고종과 그 측근들은 미국 선교사들을 호의적으로 대접해 주었다. 그리고 배제학당(1886) 등 여러 미션스쿨(선교사들의 학교)에서 이승만(李承晩, 1875~1965), 신흥우(申興雨, 1883~1959), 오긍선(吳兢善, 1879~1963) 등 각계의 친미적, 개신교적 지도자들이 배출되었다.

미션스쿨의 초기 졸업생들을 중심으로 형성된 인맥은 결국 대한민국 건국 초기 지배층의 근골을 이루었다고 할 수 있다. 그들은 미국을 이상적인 문명의 모델로 설정했다. 과거의 선비들이 중화(中華)와 한문을 숭배한 그 이상으로 이들은 미국과 영어를 유일무이한 '문명의 기준'으로 인식했다.[11] 말하자면 『조선책략』은 미국이 굳게 잠겨 있던 조선의 문을 여는 하나의 열쇠가 되었고, 이방인을 통해 기독교 복음화의 길을 준비케 했던 하나님의 비밀의 경륜이었다.

---

10 박노자·허동현, "『조선책략』의 허와 실," 『우리 역사 최전선』, 213.
11 위의 책, 213-214.

위정척사: 전통적 세계관의 고수

위정척사(衛正斥邪)란 "바른 사상(正學)을 지키고 그른 사상(邪學)을 물리친다"는 이론으로, 1392년 이성계가 역성혁명으로 개창한 조선 왕조의 건국이념으로 삼았던 숭유정책, 즉 주자학을 지킨다는 뜻이다. 정학을 지키고 사학을 배척하던 조선 왕조의 척사론은 첫째, 여말 선초의 불교의 배척, 둘째, 임진왜란 후 육왕학(陸王學)의 배척, 셋째, 영·정조 이후 천주학(서학)의 배척, 넷째, 철종조 이후 동학의 배척, 다섯째, 고종 년간 세세동점에 따른 서양 문물의 침투에 대한 배격 등으로 나누어 볼 수 있다.[12]

개항 이후 나타난 위정척사론은 서양 문물에 대한 배격에 관한 것으로 그 사상적 원류는 화서(華西) 이항로(李恒老, 1792~1868)였다. 그는 서학은 '무군무부지사술'(無君無夫之邪術)로서 이를 배격해야만 된다고 하였다. 서학의 배후에는 서구 자본주의 열강이 도사리고 있는 바 이들과 반침략 대결을 가져야 한다고 주장했다.

급변하는 시대적 상황에 대한 인식의 전환은 새로운 세계관을 구성하도록 요구했다. 그런데 위정척사로 불리는 당시의 일부 유학자들은 전통적인 조선의 정체성과 전통적인 세계관을 끝까지 고수하려고 했다. 이항로의 제자 면암(勉菴) 최익현(崔益鉉, 1833~1906)은 운양호 사건을 빌미로 강화도조약을 강제로 맺으려 하자 1876년 1월 22일 거적을 광화문 밖에 깔고 도끼를 쥐고 엎드려 '지부복궐척화의소'(持斧伏闕斥和議疏)를 올려 '강화 불가의 5종목'(五不可論)을 말했다.

---

12 김호일, 『다시 쓴 한국개항 전후사』, 48-49.

"첫째, 우리의 재화는 한정이 있는데, 저들의 요구는 끝이 없다. 요구를 만족시켜 주지 못하면 침략할 것이다. 둘째, 저들의 기이하고 사치스런 물건이 이 나라에 들어오면 백성의 마음을 좀먹고 풍속을 해친다. 셋째, 서양의 사학인 천주교가 들어와 인류는 금수가 된다. 넷째, 저들이 들어오면 열부·효자가 사라지고 사람의 도리가 땅에 떨어진다. 다섯째, 저들은 금수와 같으니 사람과 금수가 서로 어울려 살 수 없다."13

유교의 전통을 지키고 유교 외의 이단을 몰아내려고 했던 대부분의 위정척사론자들은 일본도 서구와 동일한 금수의 무리로 규정했다. 최익현은 청일전쟁 이후 종래 금수로만 인식했던 서양과 일본을 모두 이적(夷狄)이라는 표현으로 바꿈으로써 여전히 야만의 무리이긴 하지만 이제 하나의 국가로 인식하기 시작했다. 반면에 유인석(柳麟錫, 1842~1915)은 조선이 식민지로 전락한 이후에도 일본을 여전히 금수로 표현했다.14

이들이 궁극적으로 배척하려고 한 것은 서양의 종교만이 아닌 서양의 모든 것이었다. 그래서 심지어 서구와의 교역도 조선에서는 전혀 이로울 것이 없다는 생각을 가졌다. 서구의 공산품은 얼핏 사람에게 편리할 것 같아 보이나 실상은 사람의 마음을 현혹시켜 피폐하게 만들며 도덕과 예의를 타락시킬 것이므로 받아들여서는 안 되는 것으로 여겼다.

이런 맥락에서 이항로는 서양의 공산품은 하루의 생산으로도 남음이 있지만, 우리의 농산품은 일 년 생산으로도 오히려 부족함이

---

13 우윤, 『우리 역사를 읽는 33가지 테마』, 257-258.
14 김동노, 『근대와 식민의 서곡』, 45-46.

있음을 주장했다. 이와 유사하게 최익현도 서구의 수공업품은 그 양이 무한한데, 우리의 물화(物貨)는 토지생산품으로 그 양이 유한하여 둘 사이의 교역은 조선에 피해만을 가져오게 됨을 주장했다.

이러한 주장에는 상당히 순박한 인식에 기반하여 서구를 배척하는 측면도 있으나, 실제로 이들은 제국주의적 교역의 문제점과 서구 열강의 이권 침탈에 대해서 주의 깊게 분석하고 고발했다. 시대적 상황에 대한 이러한 인식으로 인해 당시 조선의 위기는 결코 서구의 도입을 통해 해결될 수 있는 것이 아니라 서구의 배척을 통해서만 극복될 수 있다는 것이 이들의 지론이었다.[15]

개화파의 형성

김홍집의 일본 방문에서는 뜻하지 않은 만남이 있었는데, 선사 이동인(李東仁)[16]과의 만남이다. 이동인은 김옥균뿐만 아니라 이후 갑신정변을 일으킨 개화파의 거두로서 연암(燕巖) 박지원(朴趾源)의 손자인 박규수(朴珪壽)의 제자였다. 김옥균은 여기서 박규수의 수행원으로 청국을 다녀온 중인 출신의 역관 오경석(吳慶錫) 및 유대치(劉大致)와 접촉하면서 그들로부터 큰 영향을 받았다.

이처럼 개화사상은 강화도조약 이전에 이미 싹이 자라나고 있었는데, 강화도 사건은 그 생성을 가속화시켰다. 김옥균은 유대치의 소개로 알게 된 한성 근교에 있는 봉원사(奉元寺)의 승려 이동인에게

---

15 위의 책, 45.

16 '선사 이동인'에 대해서는 신봉승, "찬란한 여명 그리고 선각자의 고독,"『신봉승의 조선사 나들이』, 255-274; 김홍집과 이동인과의 관계에 대해서는 김용구,『세계관 충돌과 한말 외교사』, 273-306 을 참조.

일본 시찰을 요청했다. 이동인은 김옥균의 부탁대로 일본을 다녀오면서 여러 서책과 물건들을 사 가지고 왔다. 이후 두 사람은 함께 일본행을 감행했다.

이동인은 1879년 6월 교토의 혼간지(本願寺)에 들어갔고, 이듬해 4월에는 도쿄의 혼간지 소속 '아사쿠사 별원'(淺草別院)에 체류하면서 후쿠자와 선생과도 접촉했다. 이는 개화파와 후쿠자와 사이의 최초의 만남이었다. 당시 승려는 천시되던 시대였는데, 일본 사정에 정통한 승려 이동인을 만난 김홍집의 놀라움은 실로 컸다. 그는 이동인에게 귀국을 촉구하고 근대적 개혁에 진력해 줄 것을 요청했다. 이도형은 개화운동에 불을 지른 것은 이동인이며, 이것을 정치운동으로 발전시킨 것이 김옥균, 서재필, 서광범이라고 말했다.17

온건개화파: 동도서기론과 변법론

19세기 후반에 조선의 문을 완전히 닫아버리려는 위정척사론자들과는 달리 서구가 조선이나 중국에 앞서 근대화를 이룬 것으로 판단하여 어떤 형태로든 이를 도입하려는 시도들이 동시에 일어났다. 그 가운데 가장 대표적인 사람이 박규수였다.18

---

17 이도형은 이렇게 말한다. "일본에 비해 다소 늦었지만, 인물로 보면 조선에도 일본 못지않은 걸출한 사람이 적지 않았다. 이동인은 쇼카손주쿠(松下村塾)라는 사숙(私塾)을 세워 이토 히로부미(伊藤博文), 다카스키 신사쿠(高杉晋作) 등 명치유신의 주도자들을 길러낸 요시다 쇼인(吉田松陰)이나 도사번의 하급 무사 출신의 혁명가 사카모토 료마(坂本良馬)와 같은 인물이었다. 김옥균은 제대로만 풀렸다면 일본의 이토 히로부미처럼 근대적 입헌군주(立憲君主) 제도하의 초대 총리대신을 하고도 남을 인물이었다." 이도형, 『망국과 흥국』, 172.
18 신용하는 오경석(吳慶錫, 1831~79), 유홍기(劉鴻基, 1831~84?), 박규수(朴珪壽, 1807~76)를 한국 개화사상의 3비조(鼻祖)라고 했다. 신용하, 『초기 개화사상과 갑신정변연구』, 15.

서구의 제도와 종교는 부정하더라도 그 기술을 부정할 필요는 없다는 '도기분리설'(道器分離說)이 제기되면서 조선의 고유한 도를 지키면서 서양의 기술을 도입하려는 '동도서기설'(東道西器說)이 시대의 중요한 흐름으로 형성되었다. 서양의 도와 기술을 분리하고, 전자는 배척하되 후자는 적극 수용할 수 있다는 입장을 취한 대표적인 사람은 박규수의 제자 김윤식(金允植)이었다.

　조선은 이미 문명의 땅이기 때문에 다시 개화할 필요가 없으며, 서양 기술의 수용도 조선의 도를 확립하기 위한 것에 불과하다고 주장하였다. 그는 서양의 기술과 함께 서양의 제도와 종교를 도입하려는 급진개화파에 대해서는 강한 부정적 태도를 보이며 서양의 도입은 기술에 한정해야 한다는 입장을 취했다.[19]

　한편, 동도서기론에 비해서는 상대적으로 급진적이었던 변법론(變法論)의 입장도 나타났다. 변법론자들은 유교를 전면적으로 부정하지 않으면서도 서구를 도입함에 있어서는 서양의 문물에 그치지 않고 법과 제도로까지 나아가야 한다고 주장했다. 이 개혁운동에 주도적으로 참여했던 김홍집, 어윤중, 유길준 등이 변법론의 대표자들이다. 그러나 이들은 기독교의 전면적 수용으로까지 나아가지는 않았으며, 서구적 법과 제도를 도입함에 있어서도 대체로 점진적인 태도를 보였다는 점에서 급진개화론자들과는 차별성을 가진다.

---

19 위의 책, 46-48.

급진개화파: 전통을 넘어 서구적 근대로

한국근대사에서 (문명)개화파라 할 때 개화파의 근대 지향성을 높이 평가하는 주장이 있는가 하면 개화파의 반민중성, 외세 의존성 등을 들어 계급적 한계를 강조하는 주장이 있다. 서영희는 개화파라 하면 개항을 전후한 시기에 형성되어 갑신정변·갑오개혁을 거쳐 독립협회 운동기까지 활동한 개화 세력을 광범위하게 지칭한다고 하면서 이렇게 말했다.

"개화 세력 내에서도 다양한 분파가 있었고, 시기별 변화도 있지만 최근의 논의처럼 김옥균·박영효 등 갑신정변에 참여한 사람만을 개화파라 하고, 김윤식·어윤중 등 온건파는 개화파가 아닌 동도서기론자로 분리해 내는 것은 한국근대사에서 개화파라는 역사적 범주를 점점 협애화할 가능성이 있다고 생각한다. 양자 간에는 대청(對淸) 인식이나 기존 체제에 대한 인정 정도에서 차이가 있었으나 온건파도 결국 갑오개혁에 참여하여 당시에 모두 '개화당'으로 불리었다는 것을 상기할 필요가 있겠다."[20]

문명개화론은 1880년대 초반 일본 메이지유신의 근대화 과정에 매료되어 서양 문명의 적극적 수용을 통해 근대화 개혁을 추구했던 갑신정변 주역들에 의해서 제기되었다. 갑오개혁, 청일전쟁, 미국의 부국강병에 대한 새로운 인식 등을 배경으로 더욱 확산되었다.[21] 그들이 수용하려 했던 서양문명은 기술문명을 비롯하여 정교(正敎) 곧 정치사상과 기독교 신앙 문제를 포괄하는 것이었다. 그 가운데 정치

---

20 서영희, "개화파의 근대국가 구상과 그 실천," 『근대 국민국가와 민족문제』, 261-263.
21 김도형, "대한제국 초기 문명개화론의 발전," 73.

체제의 변혁은 문명개화론의 핵심적인 과제였다.[22]

개화론자들은 서양이 부강하게 된 근거가 기독교에 있다고 보았고, 청국이나 조선의 쇠퇴는 유교 때문이라고 판단하면서 유교의 절대성을 부정하였다.[23] 1884년 초, 김옥균은 미국인 루미스(H. Loomis) 목사에게 성경 및 기독교 서적을 받아다가 열심히 연구했으며, 선교사들에게 "2~3년 안에 복음 전도의 문이 조선에 열리도록 하겠다"고 장담하였다고 한다. 그는 미국인 선교사의 학교와 병원 개설에 큰 도움을 주기도 했다.[24]

윤치호는 "우리나라 교육을 도와주고 인민의 기상을 회복시킬 것은 예수교밖에 없다"라고 말하면서 적자생존의 현실 속에서 조선이 살아남을 수 있는 유일한 길은 바로 기독교에 있다고 주장했다.[25]

김옥균과 박영효로 대표되는 개화론자들은 처음부터 급진적 생각을 가진 것은 아니었다. 임오군란 이전까지만 해도 김옥균의 생각은 동도서기론자였던 김윤식의 사상과 크게 다르지 않았다. 그러나 임오군란을 거치면서 서구 문명을 받아들이는 정도에 있어 김옥균은 상당한 인식의 변화를 경험했다.

김옥균과 박영효는 일본을 방문하고 구미의 외교관이나 선교사를 만나면서 더욱 급진적인 생각을 키워갔다. 특히 후쿠자와 유키치가 이들에게 미친 영향은 절대적이었다.[26] 그리하여 정치적으로는

---

22 위의 글, 65.

23 위의 글, 73-74.

24 주진오, "19세기 후반 문명개화론의 형성과 전개," 35; 한국기독교사연구회, 『한국 기독교의 역사 I』, 168-169.

25 김도형, "대한제국 초기 문명개화론의 발전," 57-58.

26 김동노, 『근대와 식민의 서곡』, 53.

반청 친일, 반동도서기론자 및 민씨 척족의 입장을 갖게 되었다. 그러나 이들이 감행한 정변이 실패함에 따라 급진적 문명개화론은 결정적 타격을 입게 되었다.[27]

또한 그들은 '개화'를 위해 철저한 개항과 통상무역을 강조하고, 교육과 계몽을 통하여 서구 문명을 배워야 한다고 역설하였다. 그들은 도시나 건축물, 도로 시설 등의 외형적인 생활 모습에서 생활 습관에 이르기까지 서양의 모든 것을 닮아가려고 했다. 그들이 수립하려고 했던 사회는 자본주의 사회였으며, 그들은 이런 서구화의 과정을 문명화, 개화 곧 문명개화라고 하였으며, 이 '개화'의 모델은 일본이었고, 더 궁극적으로는 미국이었다.[28]

한편, 이들의 급진성은 경제 제도의 근대화에서도 확인된다. 김옥균은 1885년에 국왕에게 보낸 서한에서 "오늘날 세계가 상업을 주로 하고 산업의 많음을 다투는 때에 이르러, 양반을 제거하고 그 폐원을 삼진하도록 노력하지 않으면 국가의 폐망이 기다릴 뿐이라"고 했다. 이는 국가의 존망이 상공업 발전에 달려 있으며, 상공업을 발전시키기 위해서는 직업에 따른 신분적 차별을 폐지해야 한다는 주장이었다. 물론 변법론자들도 서구적 산업발전과 사회적 신분제의 철폐를 연결시켜 주장했다는 것은 상당한 급진성으로 평가된다.[29]

박영효가 철저하게 신분제 폐지를 주장한 더욱 근본적인 이유는 모든 인간에게 천부인권(天賦人權)이 있다고 믿었기 때문이다. 인간이 정부를 설립한 본지(本旨)는 천부인권을 더욱 공고히 하고자 하는

---

27 주진오, "19세기 후반 문명개화론의 형성과 전개," 43.
28 김도형, "대한제국 초기 문명개화론의 발전," 73.
29 김동노, 『근대와 식민의 서곡』, 55.

544 제4부 | 일본 조선 침략 35년(1875~1910년)

것이다. 제왕(帝王) 정부를 위한 것이 아니므로 정부가 업무를 제대로 수행하지 못할 때 민(民)은 반드시 그 정부를 변혁하여 새 정부를 세운다는 혁명사상까지 내포하고 있었다.[30]

급진개화론자들은 후쿠자와의 조선관 및 중국관을 그대로 수용하면서 그동안 정치적 동반자였던 민영익을 비롯한 다른 정치 세력들을 사대파 및 수구파로 매도했다. 그러나 그들은 자신들을 지원해 주던 '고토 쇼지로'(後藤象二郎) 등이 정한론자였으며, 조선 문명화에 대한 지원 약속이 조선을 위한 것이라기보다는 일본 국내에서 한계에 봉착했던 자유민권운동 세력의 조선 진출과 대청강경론의 연장선상에 있었다는 것을 파악하지 못했다. 더욱이 그들의 문명개화론은 정변의 실패로 말미암아 조선 사회에 뿌리를 내릴 수 있는 토양이 제거되었다.[31]

그런데 청일전쟁에서 일본이 승리한 이후 서구 문명의 우수성을 인식하고 그 필요성을 제기한 사람들이 증가하게 되었다. 서구 사회를 직접 체험하고 서구 문명의 세례를 받은 사람들, 또한 선교사와 직·간접으로 관계를 맺으면서 그 수용을 모색했던 사람들, 선교사들이 경영하던 교육기관에서 기독교 신앙은 물론 서구의 근대 정치·경제사상을 교육받은 학생, 지식인 그리고 일본 유학을 통해 일본에 수용된 서구 문명과 그들의 문명개화에 심취했던 사람들 등 매우 다양한 사람들이 여러 경로를 통해 서구의 학문이나 문물을 수용하면서 문명개화의 전통이 이어져 갔다.[32]

---

30 김동노, 『근대와 식민의 서곡』, 55.
31 주진오, "19세기 후반 문명개화론의 형성과 전개," 36-37.
32 김도형, "대한제국 초기 문명개화론의 발전," 46.

개화파 지식인이 공통적으로 지닌 사상은 '문명화'였다. 문명화론은 본질적으로 자주·애국·계몽을 유기적으로 결합하는 사상이었다. 그러나 선진열강의 침략이라는 대외적 위기를 배경으로 부강한 근대국가의 건설이라는 절박한 과제에 직면했을 때, 이러한 문명화론은 몇 가지 근본적인 약점을 안고 있었다. 윤건차는 이렇게 말했다.

"첫째, 국내의 계급대립이 극한으로 치닫고 봉건유교적 사상이 만연하는 가운데 이에 대항하는 진영을 구축하여 사상적 에너지를 확보할 수 없었다는 점이고, 둘째, 문명화를 담당할 개화사상가들이 지배계급에 속하여 민중을 우민시함으로써 근대적인 국민통합의 추진에 실패했다는 점이며, 셋째, 문명화를 위해 선진열강의 힘에 의존하려고 한 나머지 침략 세력을 이롭게 할 뿐 아니라 개화사상과 그 계몽의 대상인 민중과의 괴리·대립을 증폭시켰다는 점이다."[33]

개화파 지식인들에게 있어서 역사의 흐름은 갑신정변의 실패, 청일전쟁에 의한 주권의 약화, 갑오개혁의 왜곡, 독립협회 운동의 좌절로 이어졌고, 정치개혁의 시도가 실패함으로써 조선은 식민지화의 길을 걸어갔다. 그사이에 동학을 주체로 한 동학농민전쟁 및 봉건 유생들에 의한 의병 투쟁 등 문명화의 논리와는 또 다른 반일 독립투쟁도 전개되었는데, 그 어느 것도 근대화라는 새로운 시대의 과제에 충분히 대응하지 못했다.

정리하면 개항 전후 한국사상계는 '위정척사'와 '개화사상'의 양극을 주축으로 하여 전개되어 나갔으나 한 가지 공통점은 국가와 민족을 구하고 부국강병해야 되겠다는 점에 있어서는 일치하고 있었다. 다만 그 방법에 있어서 유교적 질서 속에서 기존 사회체제를

---

33 윤건차, 『韓日 근대사상의 교착』, 255.

고수하면서 국가발전을 도모하려고 한 것이 '위정척사'라고 한다면, '개화사상'은 개항을 통하여 서구문물의 수용 속에서 서구 근대국가로 지향하려고 했다고 말할 수 있다.[34]

조미수호통상조약(朝美修好通商條約)

오늘날 전 세계 약 200개국 가운데 한국이 가장 중요한 상대로 여기는 국가가 있다면 어느 나라일까? 거의 대부분의 한국인들은 미국(美國)이라고 대답하는 데 별로 주저함이 없을 것이다.[35] 한국과 미국의 만남은 이렇게 시작되었다. 조선과 미국의 첫 만남은 1871년 신미양요(辛未洋擾)에서였다. 이 전쟁에서 미군 전사자는 세 명밖에 되지 않았는데, 조선군 전사자는 300여 명에 달했다.

이 전쟁을 통해 조선은 미국의 힘을 알고 미국에 문호를 가장 먼저 개방했어야 했다. 그러나 미국은 이 전쟁을 한 후 물러갔고, 이를 오판한 대원군 조정은 미국을 마치 이긴 것처럼 착각하고 전국에 척화비를 세우는 등 야단법석을 떨었다. 왜 그랬을까? 하나님은 조선으로 하여금 최초의 개국을 일본에 열게 하시기 위한 전략이 있었기 때문이다. 그리고 첫 번째로 개국한 일본에 나라를 넘겨주기 위해서였다. 그리고 미국은 가장 멋진 조연으로 쓰시기 위해서였다.

미국이 이 전쟁 후 물러간 것은 다음과 같은 이유가 있었다. 미국은 자국의 영토가 큰 데다 자본주의의 발전이 유럽보다 뒤떨어졌기에 식민지의 필요성이 상대적으로 낮았다. 스페인과 전쟁을 벌여

---

34 더 자세한 설명은 김호일, 『다시 쓴 한국개항 전후사』, 48-61을 참조.
35 김재엽, 『122년간의 동거: 전환기에 읽는 한미관계 이야기』, 7.

1898년에야 비로소 필리핀을 식민지로 차지했다. 미국은 다른 열강들과 달리 식민지를 추구하는데 큰 욕심이 없었다. 그들에게 있어 조선이라는 나라는 땅도 작고 크게 얻을 것도 없지만 중국으로 가는 길목에 조선이 자리 잡고 있기에 걸림돌을 두기보다는 디딤돌로 생각해서 통상을 하고자 했을 뿐이다.

또 하나는 당시에 조선에 금광이 많다는 소문이 있었다. 당시 미국에서는 캘리포니아에서 금맥을 찾는 골드러시가 거의 끝났기 때문에 새로운 금맥을 찾다 보니 조선이 눈에 들어왔던 것이다. 사실 당시에 동양 최대의 금광이 평안북도 운산 금광이다. 미국은 조선과 조약을 체결한 후 금광뿐만 아니라 철도부설권이나 전기, 수도 시설의 부설권까지 이른바 알짜 기간산업의 이권을 많이 챙겨갔다.

이런 상황에서 중국은 자국의 이익을 위해 조선이 미국과 통상을 하는 것이 좋다는 판단하에 조미수호통상조약에 적극 나섰던 것이다. 고종에게 있어서는 다른 나라와 달리 식민지를 추구하지 않는 나라라는 점에서 미국에 대한 좋은 이미지를 갖고 있었다. 그래서 서구 열강 가운데에서 최초로 미국과 조약을 체결하게 된 것이다.

그런데 조약 내용 가운데 '거중조정'(居中調整, good office)이라고 불리는 조항이 있다. 이는 조약을 맺은 두 나라 중 한 나라가 다른 나라로부터 중대한 위협을 받을 경우 다른 나라가 반드시 도와준다는 조항이다. 고종이 미국에 큰 기대를 걸었던 것도 바로 이 '거중조정' 조항 때문이었다.[36]

조미수호통상조약을 근거로 그다음에 영국이나 독일 등과 조약을 맺었는데, 그 조약들을 가만히 들여다보면 '반드시'라는 부분이

---

36 더 자세한 설명은 위의 책, 48-54를 참조.

빠져 있다. 그런데 "우리 우정 반드시 변치 말자"라는 그 외교적 수사가 보기 좋게 빗나간 것이 미국이 일본에 조선을 넘겨주기로 한 '한일합방'이다. 고종은 미국을 짝사랑한 것이다. 거기에도 하나님의 깊은 뜻이 있다는 것을 어찌 그때 알았으리요!

임오군란의 배경

임오군란(壬午軍亂)이 일어나던 1882년의 상황은 이러했다. 민황후의 왕위계승자가 된 아들 척(坧)이 만 8세가 되어 왕세자의 관례식(冠禮式)과 이에 맞춘 민태호(閔台鎬)의 11살 되는 딸의 왕세자 비 간택으로 왕궁은 축제 분위기였다. 1882년 정초의 일이었다. 궁중에서는 밤마다 가무음곡(歌舞音曲)의 소리가 들렸고, 고종 부부는 새벽이 되어서야 잠자리에 들었다.

그런데 이 해는 조선 왕조 말기 최악의 해였다. 극심한 가뭄으로 백성은 굶어 죽기 시작했고, 엎친 데 덮쳐 콜레라가 유행하여 무수한 사람들이 죽어갔다. 도처에서 도적들이 발호하고 국고와 정부미는 바닥이 났다. 그럼에도 왕궁에서는 아랑곳하지 않고 밤마다 향연이 베풀어지고 있었다.[37]

1881년 2월 어윤중의 인솔하에 제2차 신사유람단이 일본에 갔다. 이때 홍영식, 유길준 등이 4개월간 일본에 머무르며 신문물을 견학하고 돌아왔다. 그리고 그해 11월 영선사 김윤식의 인솔하에 유학생 28명이 청나라를 견학했다. 이렇듯 일본과 청나라를 견학하고 돌아온 이들은 근대식 군대의 필요성을 고종에게 진언했다.

---

37 이도형, 『망국과 흥국』, 138.

정부는 1881년 1월 삼군부를 폐지하고 청나라 체제인 통리기무 아문(統理機務衙門)을 설치하여 군국 기무를 총괄하게 하였다. 또한 신식 군대를 양성한다는 미명아래 별기군(別技軍)을 창설하였고, 5 군영을 무위영(武衛營)과 장어영(壯禦營) 2영으로 개편하였다.

강화조약을 맺은 지 7년(1876~83) 동안 무관세로 교역함으로써 조선의 쌀값은 일본의 3분의 1 가격이었다. 이 차액을 노린 일본 상인들이 쌀을 일본으로 수출하면서 조선의 쌀값은 천정부지로 올랐다. 게다가 그해 큰 흉년이 들어 나라 살림이 거덜이 날 지경이었는데, 궁정 민씨 척족들의 낭비 또한 나라 살림을 더욱 어렵게 했다.38

임오군란의 전개와 결말

급기야 군인들에게 녹봉을 주지 못하는 상황에서 군인들의 분노에 기름을 끼얹은 일이 일어났다. 신식 군대인 별기군은 특별대우를 받은 반면 구식 군인들은 13개월 동안 녹봉도 받지 못해 차별대우에 따른 불만이 높았다.39

1882년 7월 19일(음력 6월 5일), 때마침 전라도에서 미곡이 올라와 정부는 군인들에게 몇 달 치의 녹봉을 지급하려 했다. 그런데 척족 민겸호의 하인 창고지기가 나와서 쌀을 나눠주는 데 겨와 모래가 반이나 섞인 쌀이었다. 이에 격분한 구식 군졸들은 7월 23일, 창고지기를 때려 부상을 입히고 선혜청 당상(堂上) 민겸호(閔謙鎬)의 집으

---

38 정성희, "개화에 대한 최초의 민중 항거,"『한국사 101장면』, 251.

39 그때 군대라야 장병 합쳐 5천 명에 불과했는데, 사병은 3,600여 명이었다. 참고로 이 무렵 일본군대는 육군이 5만 4천여 명, 해군이 1만 1천여 명으로 총 6만 5천여 명에, 현대식 군함이 25척에 2만 8천여 톤이나 되었다. 이도형,『망국과 흥국』, 139.

로 몰려가 저택을 파괴하고 폭동을 일으켰다.

그러고는 군졸들은 별기군 병영으로 몰려가 일본인 교관 '호리모토'(掘本禮造) 공병 소위를 죽이고, 민중과 합세하여 일본공사관(서대문 밖 청수관)을 포위 불을 지르고 일본 순사 등 13명의 일인을 살해했다. 그러나 하나부사(花房義質) 공사 등 공관원들은 모두 인천으로 도망친 후 본국으로 돌아갔다.

이튿날 더욱 강력해진 군민들은 대원군의 밀명에 따라 영돈령부사 이최응(李最應)을 살해하고, 민 황후를 제거하기 위해 창덕궁 돈화문 안으로 난입했다. 그러나 민 황후는 궁녀의 옷으로 변장한 후 궁궐을 탈출하여 충주 장호원의 충주목사 민응식(閔應植)의 집으로 피신하였다. 사태가 위급함을 느낀 고종은 전권을 대원군에게 맡겨 반란을 수습할 수밖에 없다고 생각하고 대원군을 불러들였다.[40]

재집권한 대원군(7월 23일)은 반란을 진정시키고, 군제를 개편하고 인사 개혁을 단행하여 민씨 세도 정권을 타파하는 조치를 과감하게 취해 나갔다. 그러나 중전 민씨의 책동으로 대원군은 청군에 납치되어(8월 25일) 톈진(天津)으로 압송되었고, 3년간이나 유폐 생활을 해야 했다. 대원군의 재집권은 불과 33일 천하로 끝나고 잠시 피신했던 중전 민씨는 다시 돌아와 정권을 되찾았다.[41]

일본은 이 사건에 대한 책임을 물어 '제물포조약'을 체결하고 공사관을 경비한다는 명목으로 일본군의 주둔을 허용하고 피해를 배상하라고 요구했다. 일본은 임오군란을 기회로 삼아 조선을 실질적

---

40 '임오군란'에 대해서는 백지원, 『백성편에서 쓴 조선왕조실록 下』, 332-338; 최태성, 『역사멘토 최태성의 한국사: 근현대편』, 62-71을 참조.

41 '대원군의 재집권과 납치'에 대해서는 강준만, 『한국근대사산책 1』, 256-259를 참조.

인 식민지로 만들기 위한 내정간섭을 할 요량이었다. 임오군란은 결국 대외적으로는 청나라와 일본의 조선에 대한 권한을 확대시켜 주는 결과를 가져왔고, 대내적으로는 개혁 세력과 보수 세력의 갈등을 노출시켜 갑신정변의 바탕을 마련하게 되었다.

이 사건에서 고종은 자신의 왕권이 위태로워지자 아버지 대원군을 끌어들였고, 중전 민씨는 외세인 청나라를 끌어들여 자신의 권력을 다시 찾고자 했다. 대원군도 이 난을 기회로 잃어버린 권력을 다시 찾고자 했다. 진정으로 힘없는 백성을 위한 재집권이 아니었다. 임오군란은 일본으로서는 군비(軍備) 근대화의 계기가 되었다.

임오군란과 관련하여 우리가 한 가지 짚고 넘어가야 할 것은 한국인들의 외세 의존적 사고방식, 즉 사대주의이다. 조선의 위정척사 세력들(기득권 세력)은 오매불망 큰 나라에 의지하여 자주독립을 보전한다는 미몽에서 벗어나지 못했다. 청이 도와줄 때는 청나라에 의지했다가 일본이 유리할 것 같으면 일본에 붙었다. 서양 세력과 수교하여 미국이 새로운 대국이 되어줄 것을 희망하기도 했다.

위정척사 세력도 문제였지만, 온건론이든 급진론이든 개화 세력도 명백한 한계를 안고 있었다. 이들도 위정척사 세력과 마찬가지로 조선은 소국이어서 독자적인 국력과 군사력만으로는 생존이 불가능하다고 보았다. 따라서 우선 개국을 하여 충분히 신뢰할 수 있는 우호국을 찾아낸 다음, 그 나라에 의지해야 한다는 외세 의존적 사고방식에서 한 치도 벗어나지 못했다.

이러한 외세 의존적 사고방식은 한반도를 망령처럼 지배해 온 사대주의에 굳건한 뿌리를 두고 있었다. 오늘날까지 논란이 되고 있는 사대주의는 '큰 나라나 세력권에 붙어 그 존립을 유지하고자 하는 외교술'이다. 즉, 중화 문명권에 편입되어 중국의 보호 아래 들어감으로써 평화를 유지하는 정책이었다.

조선의 지배층에 뿌리 깊은 중국 제일주의, 즉 모화(慕華)사상은 중국을 상국(上國)으로 떠받들고 조선은 하국(下國)으로 격하시켜 중국과 조선은 君臣(군신) 관계, 혹은 父子(부자) 관계라는 사실을 지극히 당연한 논리로 수용했다. 외교적 사안이 발생할 때마다 모든 것을 중국에 의존했다. 조선의 붓잡이 선비들은 일본의 '독서하는 사무라이'와 달리, 자기 나라가 자주 독립국가라는 치열한 의식이 아니라 '중화'(中華)의 충실한 외변(外邊)을 자처했다.[42]

구한말의 국제질서는 약육강식의 법칙이 지배하는 정글의 세계였다. 힘이 곧 정의인 시대에 국력은 군사력, 경제력, 외교력으로 표출된다. 조선은 이 중 어느 하나 제대로 갖추지 못한 채 쇠퇴를 거듭하는 청 중심의 사대주의 패러다임을 맹종했다. 그런데 조선 지도부의 입장을 곤란하게 만든 것은 '오랑캐의 나라'라고 멸시했던 청의 정책 변화였다. 청나라는 임오군란 직후부터 전통적인 속방 관계, 즉 사대 질서를 폐기하고 조선의 내·외정에 직접 개입하여 서양 열강들의 식민지 지배나 다름없는 통치 방식을 조선에 강제하기 시작했다.

임오군란 후 조선이 청군 점령 상황에 놓이자 '청과의 긴밀한 연대'를 주장해 온 친청파 세력이 권력의 전면에 나섰다. 청과의 협상 총책인 조영하, 김윤식, 어윤중이 친청파로 각광 받은 신진 관료들이었다. 청에 의지하려는 사대주의적 사고는 국왕 고종이나 민 황후도 예외는 아니었다.

---

42 김용삼, 『지금, 천천히 고종을 읽는 이유』, 190-192.

이러한 친청(親淸)으로의 귀의 현상은 일본을 발전 모델로 하고 일본의 힘을 이용해 개화를 추구하려던 세력들의 불만을 야기했다. 이들은 정치적 목적을 달성하기 위한 수단과 방법을 일본에서 구했다. 청나라를 모델로 개화를 추구하려고 한 민영익 일파를 '청국당'이라 불렀고, 일본을 모델로 개화를 추구하려고 한 김옥균 일파를 '개화당'이라고 불렀다.

그런데 개혁·개방이라는 대의에도 불구하고 집권 세력과 개화당은 그 목표가 근본적으로 달랐다. 양 세력은 정적(政敵) 관계를 형성할 수밖에 없었다. 개화당 대표로 등장한 김옥균은 오경석과 유대치의 영향을 강하게 받았다. 그는 인간을 양반·상놈으로 구분하고 수탈을 합리화하는 신분제도를 혐오하고, 능력에 따라 예우받는 세상을 지향했다. 그의 주변에는 자연스럽게 신분제도를 타파하려는 인간군상이 모여들었다. 특히 신분제라는 제약에 얽매여 능력은 있지만 입신양명이 불가능했던 의역중인을 비롯하여 천대받는 보부상, 무관, 상인, 중인, 승려, 평민 등이 그의 휘하에 모여들었다. 이들이 자연스럽게 1884년 갑신정변 쿠데타의 행동대로 활동하게 되었다.[43]

갑신정변(甲申政變)의 배경

당시 조선 사회가 처한 대내외적 위기에 대응하는 방략(方略)은 다양했는데, 대표적으로는 집권층을 중심으로 한 개화파의 위로부터의 근대화 노선, 유생층을 중심으로 한 위정척사파의 반(反) 근대화

43 위의 책, 193-199.

노선, 농민들을 중심으로 한 아래로부터의 근대화 노선 등이 있었다.[44]

이 무렵 조선에는 두 개의 정당이 있었다. 정권을 쥐고 있던 쪽은 수구파 '사대당'(事大黨)이었다. 청나라를 종주국으로 받들고 있었고, 대변혁에 반대하며, 민 황후와 밀접한 관계를 가지고 있었다. 개화파 '독립당'은 청나라로부터의 독립을 부르짖고 있었다. 독립당을 이끄는 인물들은 일본의 근대화 성공에 감명을 받은 사람들이었다.[45]

조선 후기는 안으로는 봉건 체제의 낡은 틀을 깨뜨리고 근대사회로 나아가려는 정치적, 경제적, 사회적 변화가 일고 있었다. 그리고 밖으로는 무력을 앞세워 통상을 요구하는 구미 자본주의 열강의 침략 위협이 높아지고 있었다. 조선 정부는 일본과의 조약을 필두로 1882년 미국과 조미수호통상조약(5. 22.), 영국과 조영수호조약(6. 6.), 독일과 조독수호조약(6. 30.)을 차례로 체결하였다.

세계 여러 나라와 조약을 체결하고 문호를 개방하는 가운데 지식인들 사이에서는 개화사상이 움트기 시작했다. 박규수(1807~76)의 사랑방에는 명문 양반 출신들인 김옥균(金玉均, 1851~94), 박영효(朴泳孝, 1861~1939), 서광범(徐光範, 1859~97), 홍영식(洪英植, 1855~84), 유길준(俞吉濬, 1856~1914), 서재필(徐載弼, 1864~1951) 등이 모여들었다. 소위 '개화당'은 이들을 중심으로 엮어졌다.

이들은 유대치, 오경석, 이동인 등과 교류하면서[46] 선진문물을

---

44 더 자세한 설명은 김동노, 『근대와 식민의 서곡』, 38-83을 참조.

45 Donard, L. Keene, 『메이지라는 시대 2』, 847.

46 이들 가운데 가장 먼저 개화사상을 형성한 선각자는 역관 오경석이었다. 그는 일생 동안 13차례 (1853. 4.~1875. 3.)나 북경을 다녀왔다. 더 자세한 설명은 신용하, 『초기 개화사상과 갑신정변연구』, 15-25를 참조.

소개하는 책들을 읽고 개화의 중요성에 눈을 뜨기 시작하였다. 그리고 개화 세력들은 신사유람단으로 일본을 다녀오거나 유학을 다녀오면서 일본을 모델로 한 개화를 추진하고자 했다.[47] '갑신오적'(甲申五賊)이라 지칭되는 김옥균, 박영효, 홍영식, 서광범, 서재필은 임오군란 이후 정부의 개화 정책추진 과정에서 미국, 일본에 방문할 기회가 많이 주어졌던 사람들이다. 갑신정변 주도 세력의 외유 기간을 살펴보자.

갑신정변을 전후하여 김옥균은 일본을 세 차례(1882. 1.~6.; 1882. 8.~83. 3.; 1883. 6.~84. 4.), 박영효는 일본을 한 차례(1882. 8.~11.), 홍영식은 미국을 한 차례(1883.6~11), 서광범은 일본을 한 차례(1882. 8.~84. 2.), 미국을 한 차례(1883. 6.~84. 5.), 서재필은 일본을 한 차례(1883. 6.~84. 6.) 외유했다. 그리고 유길준은 1881년 6월, 제2차 신사유람단으로 일본을 다녀왔다. 이 같은 외국 경험이 그들로 하여금 개화에 대한 열의를 갖게 되었다.[48]

특히 갑신정변의 주역인 김옥균은 여러 차례 일본으로 가서 조선소와 제련소, 탄광, 조폐국 등을 시찰하고 개화파의 후원자 역할을 한 후쿠자와 유키치와 접촉하면서 일본의 개화사상을 흡수했다. 또한 박영효는 1882년 9월, 임오군란으로 체결된 제물포조약의 약정을 이행하기 위해 수신사로 일본에 갔다. 그는 일본에 머무르는 동안 일본은 상하가 합심하여 소위 명치유신을 일으켜 개혁을 추진하고 있는데 깊은 감명을 받았다. 그리고 서양의 과학 문명이 도입되어

---

47 '갑신정변 주도 세력의 성장과 정치·외교적 입장'에 대해서는 박은숙, 『갑신정변 연구』, 37-91을 참조.
48 위의 책, 96-97.

제반 산업이 크게 일어나고 있음에 경탄했다. 그리고 서광범은 민영익을 따라 1884년 5월 구미 각국의 문물제도를 시찰하고 돌아왔다.[49]

구미 각국을 비롯한 일본의 발전상을 목격한 개화당 인사들은 일본의 힘을 빌려서라도 정권을 잡고 이 땅을 개화시키고자 했다. 때마침 안으로는 농민들이 수구파에 저항하고 있었고, 밖으로는 베트남 문제로 청불전쟁이 일어나자 청나라는 조선 주둔군 1,500명을 안남(安南, 베트남 하노이 지역) 전선으로 이동시켜 서울에 주둔하는 청나라 군대가 축소되어 있었다.

청국이 조선의 문제에 관심을 쓸 겨를이 없다고 판단한 김옥균은 이 상황을 기회로 생각하고 개화파 정치인들을 모아 우정국 낙성식을 기해 쿠데타를 일으키기로 결정했다. 또한 일본 공사 다케조에 신이치로(竹添進一郎)를 만나 김옥균 일파의 향후 활동을 적극 지원하겠다는 약속을 받아냈다.[50]

갑신정변의 전개와 결말

1884년 12월 4일 오후 6시, 정동에 새로 신축된 우정국 준공 축하연에는 홍영식의 초청을 받고 온 서울 주재 각국 외교관과 정부 요인으로 가득 찼다. 예정된 식사가 거의 끝나갈 무렵 우정국 북쪽 창문 밖에서 "불이다!" 하는 소리가 들렸다. 그 순간 연회석은 아수라장이 되었고, 민씨 척족인 민영익이 몸에 칼을 맞고 비명을 지르며 달려

---

49 위의 책, 83-88.
50 징성희, 『한국사 101장면』, 255-256; 강준만, 『한국근대사산책 1』, 330-332.

들어왔다. '3일 천하'(정확히는 46시간)로 끝난 갑신정변은 이렇게 시작되었다.[51]

개화당 인사들은 윤태준, 이조연, 한규직, 유재현, 조영하, 민태호, 민영목 등 민씨 일파의 대신들을 제거하고 정권을 장악했다. 고종의 만류에도 불구하고 눈앞에서 대신들을 무참히 살해하는 광경을 지켜본 고종은 김옥균이 자신도 해칠 수도 있겠다고 생각했다.

더욱이 고종이 태도를 바꾸게 된 결정적인 이유는 이렇다. 처음에 갑신정변이라는 계획을 고종이 암묵적으로 동의한 것은 급진개화파가 반청을 주장했기 때문이다. 고종으로서는 청나라의 개입을 막으면 왕권을 제대로 행사할 수 있을 것이라는 계산을 한 것이다. 그런데 실제로 진행되는 것을 보니까 왕권과 왕실 재정을 제약하고 입헌군주제 방향으로 나아가자 왕권이 설 자리가 더 없어지는 위기를 느끼면서 등을 돌리게 된 것이다. 그래서 고종은 기회를 보아 결정적일 때 정변 실세들의 요청을 뿌리쳤다.[52]

김옥균, 박영효, 서광범 세 사람은 고종을 만나 우정국에서 반란이 일어난 것과 그 원인이 수구 세력에게 있음을 알리고 경우궁으로 피신할 것을 권했다. 고종이 경우궁으로 이어하자 일본군이 외곽을 지켰다. 다음날 이재원(李載元)을 영의정, 홍영식을 좌의정으로 한 새 내각이 조직되었고, 김옥균은 호조 참판을 맡아 국가 재정을 장악하고, 12월 6일 아침, 14개 조항에 걸친 개혁안, 즉 정령(政令)을 발표했다.

그 주요 내용은 청나라에 대한 종속관계의 청산, 문벌 폐지와 인

---

51 신용하, 『초기 개화사상과 갑신정변연구』, 229-234.
52 KBS 역사저널 그날 제작팀, 『역사저널 그날』, 136-137.

558 제4부 | 일본 조선 침략 35년(1875~1910년)

민평등권의 제정, 능력에 따른 인재 등용, 지조법(地租法) 개혁, 탐관 오리 처벌, 백성들이 빚진 환자미(還子米)의 영원한 탕감, 모든 재정의 호조 관할, 경찰제도 실시, 혜상공국(惠商工局)의 혁파 등이다.[53]

그러나 정변이 일어난 지 사흘째 되던 날에 청군과 일본군 사이에 교전이 일어났다. 여기에 개화파가 일본과 결탁하여 국왕을 연금하고 있는 것으로 오해한 일반 백성들까지 합세해 엄청난 수의 부대가 궁궐을 공격했다. 청군은 궁궐에 들이닥쳐 단숨에 신정부를 무너뜨렸다. 청국군과 수구당의 반격으로 박영교, 홍영식, 신복모 등은 처참하게 죽임을 당했다. 다케조에(竹添進一郎)를 비롯한 일본공사관의 모든 직원과 김옥균, 박영효, 서광범, 서재필, 변수, 유혁노, 신응희, 이규완, 정란교 등 9명은 일본군의 호위 아래 인천을 거쳐 일본으로 망명했다. 이로써 조선 개화당이 청국의 속방화정책을 타도하고 자주 부강한 근대국가를 건설하기 위해 일으킨 갑신정변은 3일 만에 처참하게 실패로 끝났다.[54]

신복룡은 갑신정변[55]의 주역이었던 김옥균을 두고 이렇게 말했다. "김옥균에게 있어서 가장 불행하고도 치명적인 실수는 민중이 중요한 것이 아니라, 나만 똑똑하면 나를 따라 주리라고 생각했다는 점이다. (…) 이제 그가 우리에게 들려주고자 하는 '대화'는 과연 무

---

53 더 자세한 설명은 신용하, 『초기 개화사상과 갑신정변연구』, 234-255; 박은숙, 『갑신정변 연구』, 245-422를 참조.

54 신용하, 위의 책, 255-260. 신용하는 갑신정변의 실패 요인을 이렇게 정리했다. 첫째, 청군의 불법적 범궐과 군사적 공격이다. 둘째, 개화당의 일본군 차용과 일본군의 철병이다. 셋째, 백성들의 지지 결여이다. 넷째, 시민층의 미성숙이다. 다섯째, 개화당의 준비 부족과 정변 기술의 부족이다. idem., 260-263.

55 진압 후, '갑신난', '갑신전란'으로 불리다가 대한민국 임시정부에서는 이를 '갑신혁명당의 난'(甲申革命黨의 亂)이라 불렀다.

엇인가를 정리해 본다. 그는 이렇게 말하리라. 경륜 없는 야망은 덧없는 것이라고 그리고 모름지기 청사에 이름을 드리우고자 한다면 길게 역사를 보는 안목을 가져야 하며, 결코 민중을 등지고서는 살아남을 수 없다는 사실을 그는 우리에게 들려 주고 있는 것이다."[56]

갑신정변에 참여했던 서재필은 회고담에서 이렇게 말했다. "원세개의 간섭으로 독립당(개화당)의 3일몽(三日夢)은 깨어지고 말았는바, 그 독립당 계획에는 부실한 것도 많았지만, 무엇보다도 제일로 큰 폐인은 그 계획에 까닭도 모르고 반대하는 일반 민중의 무지 · 몰각이었다." 개혁 세력들은 민중의 지지기반이 없는 쿠데타는 결코 성공할 수 없음을 깨닫지 못했다.[57]

갑신정변이 왜 혁명이 아니라 쿠데타라는 형태를 취하고, 더욱이 일본에 전면적으로 의존하려 했는가. 그 본질은 전적으로 우민관에서 찾아볼 수 있다. 사실 개화파 정권의 붕괴에는 한성 민중의 공격도 중요한 역할을 했다. 민중 사이에는 국왕을 폐위한다는 소문이 순식간에 퍼졌고, 민중은 계속해서 왕궁이나 공사관을 둘러싸고 일본인이나 개화파에게 투석이나 폭행을 가했다. 민중을 신뢰하지 않고 외국을 신뢰한 개화파 정권은 민중에 의해 타도되었다. 민중의 이반은 개화파 정권의 붕괴의 결정적 요인이었다.[58]

신용하는 일본 정부가 갑신정변에 깊숙이 개입되어 있다는 사실을 전제한 후 갑신정변에 대해 "일본 정부가 정변 직전 조선 개화당

---

56 신복룡, "김옥균(金玉均) 그의 야망과 좌절," 『꿈과 일터』, 143. 박영효는 아오야마(靑山) 김옥균의 묘비에 다음과 같은 통한의 한을 새겼다. "슬프다. 비상한 재능을 품고 비상한 때를 만나 비상한 공은 없고 비상한 죽음만이 있구나." 정일성, 『후쿠자와 유키치』, 161.

57 정성희, 『한국사 101장면』, 258-259.

58 조경달, 『근대 조선과 일본』, 107-108.

에 추파를 던진 이유는 개화당을 도와주기 위해서가 아니라 개화당을 침략의 통로로 이용하려 했을 뿐"이라고 주장했다. 정한론 이래 침략의 기회를 기다려 온 일본 측이 '부강한 자주 근대국가 건설'을 목표로 한 개화당의 집권을 바랄 리가 있겠느냐고 반문했다. 그래서 개화당이 정변을 자기 힘으로만 하지 않고 이처럼 침략 의도를 가진 일본의 무력을 빌린 점은 개화당의 큰 실책이었다고 진단했다.59

현실주의적 점진적 개혁론자였던 유길준은 외국의 새 문화를 무조건 받아들이는 것만을 개화로 보지 않았다. 그는 개화를 외국 문화를 자기 나라의 실정에 맞게 섭취하고 소화할 뿐만 아니라 자기 나라의 좋은 문화도 계승 발전시키는 데 있다고 하였다. 그러면서 그는 시세(時勢)와 처지(處地)를 고려하지 않은 채 외국 것만을 숭상하고 자기 나라의 것을 업신여긴 개화당을 '개화의 죄인'으로, 외국인과 외국의 것을 무조건 배척하고 자기 자신만을 최고라고 여기는 수구당을 '개화의 원수'로, 아무런 주견 없이 개화의 겉모습만 따르는 자들을 '개화의 병신'이라고 각각 규정하였다.60

최문형은 갑신정변에 대한 그동안 학계의 인식에서 간과하고 있는 두 가지 문제점을 지적했다. 개화파의 사상과 의지를 높이 평가하는 가운데 그들이 일으킨 갑신정변이라는 사건까지 함께 높이 평가한 점이 그 하나요, 사건의 동인이나 그것을 일으킨 어느 특정인의 의지에만 집착한 나머지 역사에서 가장 중시해야 하는 사건의 결과를 도외시했다는 점이 다른 하나라고 말하면서61 갑신정변이라는

59 신용하, 『초기 개화사상과 갑신정변연구』, 261.
60 이기용, "한일근대사상의 비교: 유길준과 후쿠자와 유키치를 중심으로," 『한일근대사상사연구』, 91-92.
61 최문형, 『한국을 둘러싼 제국주의 열강의 각축』, 271-272.

사건을 이렇게 비판했다.

"정변 이전에도 급진개화파 인사들은 제국주의의 본질을 제대로 파악하지 못한 상태에서 영국과 미국 등 두 번이나 외세를 이용하려다 실패한 전적이 있었다. 그런데 또다시 일본이라는 외세에 의존하려고 했다면 그들의 의지나 사상이 아무리 훌륭하다고 하더라도 그들에 대한 평가를 전면 재검토해야 한다." 최문형은 약자가 강자를 이용하겠다는 발상부터가 몽상이었다고 신랄하게 비판했다.[62]

갑신정변은 긍정적이든 부정적이든 중요한 역사적 사건으로 주목받아왔는데, 그 까닭은 근대로의 이행과정에서 나타난 근대 변혁운동의 선구적 시발점으로 평가되었기 때문이다.[63] 따라서 갑신정변의 성격과 평가에 대한 입장 또한 매우 상반된 견해가 제시되어왔다.[64]

갑신정변은 당대에는 부정적인 '만고(萬古)에 없었던 변란'으로 취급되었는가 하면, 긍정적으로는 '근대국가=내셔널리즘'의 선구자로서 '민주주의의 편모를 찾아서 자주독립의 개혁을 시도한 사건'으로, '한국 사회가 나아가야 할 방향을 옳게 명시한 사건'으로, '국민주권주의를 지향한 최초의 정치 개혁운동'으로 평가하는 경향이 있었다. 반면에 '단순한 정권 쟁탈전'으로써 결코 진보적 정치 개혁운동은 아니었다는 견해와 민중운동을 동반하지 못한 '소수 개화파 관료의 궁정 쿠데타'라는 점에서 부르주아 개혁에 부정적 입장을 보이는 견해, '조선 근대화의 발전 과정에 막대한 지장을 초래한 사건'

---

62 위의 책, 272-274.
63 '갑신정변의 역사적 의의'에 대해서는 신용하, 『초기 개화사상과 갑신정변연구』, 273-276을 참조.
64 '갑신정변 평가 논쟁'에 대해서는 강준만, 『한국근대사산책 1』, 343-352; 박노자·허동현, "갑신정변 다시보기: 근대화 시계 10년 늦춘 '실패한 혁명'," 『우리 역사 최전선』, 141-166을 참조.

등으로 평가하기도 한다.[65]

갑신정변에 대한 성격과 평가가 어떠하든 분명한 것은 이 사건을 통해 일본은 자신의 실체, 즉 정한론에 입각해 한국을 침략하고 식민 지배하려는 계획이 아직은 멀었구나, 하는 깨달음을 얻었다는 것, 그래서 앞으로 10년 계획으로 청국과의 일전을 준비했다는 사실이다. 이를 위해 일본은 톈진조약을 통해 조선에서 변란이나 중대 사건이 일어나 파병할 경우 청·일 양국은 상대방에게 알릴 것을 약조함으로써 청일전쟁을 미리 대비했다는 사실을 깊이 인식할 필요가 있다.

섭리사관으로 보면 갑신정변의 주역들은 후쿠자와의 감춰진 속내를 잘 몰랐다. 그것이 드러난 것은 정변 실패 이후이다. 정변 실패에 대해 크게 실망한 후쿠자와도 여기에 담긴 하나님의 속내를 잘 몰랐다. 조선을 일본에 넘겨주고자 하신 하나님의 시나리오에 따르면 아직 때가 이르지 않았을 뿐이다.

갑신정변과 관련하여 짚고 넘어가야 할 것들

첫째, 갑신정변의 실패로 재집권한 친청수구파 정권은 10월 21일 참살당한 홍영식을 제외한 김옥균, 박영효, 서광범, 서재필을 '4흉'(四凶)으로 규정하고, 일본 망명차 인천으로 가 있는 '4흉'을 체포하도록 명했다. 묄렌도르프가 기마 병대를 인솔하여 인천까지 추격했다.[66]

이때 다케조에는 비열하게도 김옥균 등의 신병 인도를 다그치는

65 박은숙,『갑신정변 연구』, 27-28.
66 신용하,『초기 개화사상과 갑신정변연구』, 267.

조선 정부의 요구에 응하려 하였다. 그러나 '센자이마루'(千勢丸) 선장 '쓰지 가쓰사부로'(辻勝三郎)는 "이 선박의 모든 일은 내가 관리하니 여러분들은 모두 안심하라"라고 말하며 김옥균 등의 망명을 도와주었다는 일화는 유명하다.[67] 천세환 선장의 재치로 살아남은 박영효, 서재필 등은 그 이후의 역사에서 중요한 역할을 감당했다는 점에서 여기에도 하나님의 깊은 섭리가 있었다고 말할 수 있다.

둘째, 갑신정변 실패 후 재집권한 친청수구파 정권은 개화당과 관련된 많은 이들을 처형했는데 그 희생자 수는 약 100여 명으로 추산된다. 갑신정변으로 죽은 수구당 요인은 민태호, 조영하 등 7명인데 반해 개화당 요인은 홍영식, 박영교 등 9인, 조선군 전사자 38명, 조선인 피해 백성 88인, 조선인 피해 여인 7명 등 조선인 사망자는 모두 149명이나 된다. 그리고 중국인 사망자는 10명, 일본인 피해자는 사망자 35명, 행방불명 3명 등 38명으로 추산된다. 갑신정변의 실패로 개화당은 국내에서 처참하게 몰락했고, 국민 사이에선 신변 안전을 생각하여 감히 '개화'를 말하는 사람이 없게 되었다.[68]

셋째, 간과해서는 안 될 것은 갑신정변에 참여한 사람들의 신분과 정변 참여 동기다. 일반적으로 조선시대의 신분은 양반, 중인, 양인, 천인의 4개 층으로 분류되다가, 조선 후기에 들어서 양반, 중인, 상한(常漢, 良人)의 세 신분으로 일반화되었다. 갑신정변에 참여한 77명 가운데 참여층의 신분별 분포를 보면 양반은 10명(13%), 중인 5명(6%), 상한은 39명(51%), 불명 23명(30%) 등이다. 여기서

---

67 조경달, 『근대 조선과 일본』, 108.

68 신용하, 『초기 개화사상과 갑신정변연구』, 268-269; '갑신정변 관련자 처벌'에 대해서는 박은숙, 『갑신정변 연구』, 510-530을 참조.

불명은 대부분 상한에 속하는 사람으로 볼 때 상한 층은 전체의 70% 이상 차지했다고 볼 수 있다.

조선의 근대화 과정에서 오경석, 유대치와 같은 중인층의 활동이 두드러졌으나 갑신정변의 경우에는 중인층의 활동은 크게 드러나지 않고, 오히려 예상 밖으로 피지배계층에 속하는 상한 층이 대부분이라는 사실이다. 이는 상한 층의 사람들이야말로 개화와 개혁을 통한 새로운 세상이 오기를 간절히 염원하였다는 것을 엿보게 된다.[69]

넷째, 후쿠자와 유키치의 악담이다. 갑신정변 실패 후 조선 정부에 야유와 저주를 보내던 후쿠자와는 「시사신보」 1885년 8월 13일자에 쓴 "조선 인민을 위하여 조선의 멸망을 축하한다"라는 제목의 사설에서 다음과 같이 말했다.

> 조선 국민으로서 살아가는 게 보람이 아니라면 러시아와 영국의 점령에 국토를 맡기고 러영의 인민이 되는 경우야말로 크게 행복할 것이다. 망국민(亡國民)은 즐겁지 않다고 하더라도 강대 문명국의 보호를 받아 적어도 생명과 사유만은 안전을 기할 수 있다는 점은 불행 중 다행이다. 가까운 곳에 한 증거가 있다. 영국이 거문도를 점령, 지배하고 영국법을 적용하고 있다. 일이 있으면 도민(島民)을 부려 임금을 지불하고 범죄인이 있으면 처벌한다. 거문도 인민 700여 명은 이미 행복한 사람들이라고 외부에 비추어질 정도이다.

이 사설에 당황한 일본 정부는 '치안 방해'를 이유로 「시사신보」에 대해 1주일간 발행 정지 처분을 내렸다. 후쿠자와의 논지는 영국

---

69 박은숙, 위의 책, 182-192.

은 조선 독립의 보존을 원하지만, 러시아는 조선을 병합하려 하기 때문에 조선이 영국의 거문도 점령을 환영해야 했다는 것이다.[70]

다섯째, 대원군의 귀국이다. 청은 1885년 10월 5일(음력 8월 27일) 천진 바오딩(保定)에 납치 중이던 대원군을 갑자기 귀국시키는 동시에 조선에 대한 발언권을 강력히 행사하려 했다. 정변을 뒤엎고 개화파와 일본을 하루아침에 패자로 만들었던 스물여섯 살의 실력자 위안스카이(袁世凱)는 임오군란 때 중국으로 잡혀가 3년 동안 천진 보정부에 억류되어 있던 대원군을 호송하고 제물포로 돌아왔다.

대원군이 제물포에 상륙했을 때 환영 인파는 7~8천여 명에 이르렀으며, 운현궁에 도착한 이후 그 부근은 10여 일 동안이나 인파로 들끓었다. 그러나 남대문까지 나와 그를 맞이한 국왕은 돌아온 부친과 한마디의 말도 나누지 않았다. 민씨 척족은 대원군이 귀국한 다음 날 임오군란의 죄수 김춘영 등을 모반대역죄로 능지처참하는 시위를 벌였다. 1886년 3~4월, 세 차례에 걸쳐 갑신정변 잔당에 대한 숙청이 단행되었다.[71]

한성조약과 톈진조약

정변이 실패한 후 처리 문제를 둘러싸고 1885년 1월 9일 조선과 일본 사이에 한성조약(漢城條約)이 맺어졌다. 조선 정부는 일본에 사죄하고, 살해당한 거류민의 유족과 부상자에게 배상금 10만 엔을 지불하는 것 등이 결정되었다.

---

70 강준만, 『한국근대사산책 2』, 43-44.
71 위의 책, 44-45.

한편, 이토 히로부미는 1885년 4월 2일 텐진에 가서 이홍장과 협의를 진행하여 18일에 텐진조약(天津條約)을 체결했다. 그 내용은 ① 청일 양국은 조선에서 철수하고, ② 조선 정부는 외국인 군사 교관을 채용하며, ③ 장래 청일 양국이 조선에 파병할 경우에는 서로 '행문지조'(行文知照, 사전통지)할 것 등이었다.[72] 이러한 텐진조약은 동학농민전쟁이 일어났을 때 양국의 군대가 출동하는 빌미를 제공하였다.

한편, 다시 집권한 민씨 정권은 일본으로 망명한 주동자들을 대역죄인으로 규정하고 자객을 보내는 한편 일본 정부에 이들을 송환할 것을 요구했다. 일본 정부는 만국공법(萬國公法) 상 망명한 정치범을 송환할 수 없다는 이유로 조선 정부의 요구를 거절했지만, 1886년 8월 이용 가치가 떨어진 김옥균을 일본 최남단에 있는 오가사와라 섬에 연금시켰고, 1888년에는 홋카이도로 이송했다가 1890년에야 풀어주었다.

일본에 실망한 김옥균은 1894년 청의 이홍장과 담판할 생각으로 상하이로 건너갔다. 이때 민씨 정권이 보낸 자객 홍종우(洪鍾宇)에게 암살되었다.[73] 청나라는 김옥균의 시체와 홍종우를 조선 정부에 인도했고, 김옥균의 시체는 양화진에서 능지처참되어 전국에 효시되었다. 그는 청일전쟁에서 일본이 승리하고 개화파의 갑오 정권이 수립된 후 반역죄가 사면되었고, 1910년 규장각 대제학에 추증되었다.[74]

---

72 조경달, 『근대 조선과 일본』, 110.

73 신봉승, "찬란한 여명 그리고 선각자의 고독," 『신봉승의 조선사 나들이』, 280-288; '김옥균·홍종우 평가 논쟁'에 대해서는 강준만, 『한국근대사산책 2』, 141-151; 조재곤, 『그래서 나는 김옥균을 쏘았다』, 19-260을 참조.

74 윤재운·장희흥, 『한국사를 움직인 100인』, 486-487.

거문도 사건

갑신정변 이후 동아시아와 한국의 정황 변화에 중대한 영향을 미친 '거문도 사건'이 있었다. 이 사건은 영국이 이 섬을 1885년 4월부터 1887년 2월 27일 완전 철수를 할 때까지 무려 22개월 동안 불법으로 점령한 사건이다. 거문도(巨文島)는 전라남도 여수 지역에 있는 섬으로, 서남해의 전략적 요충지에 해당하는 중요한 곳이다. 러시아의 블라디보스토크는 4, 5개월 결빙하기 때문에 부동항을 얻기 위해 남하정책을 계속 추진하고 있었다.

따라서 러시아의 관심은 조선으로의 진출에 있었다. 조선에 대한 제정 러시아의 진출에 가장 두려움을 표시한 나라가 영국이었다. 마침 제정 러시아가 조선의 영흥만을 점령한다는 소리가 들리자 영국은 재빨리 거문도를 점령하게 된 것이다.

영국의 거문도 점령은 남하해 오는 러시아를 방어하기 위한 것이라기보다는 영국이 블라디보스토크를 공격하기 위해서였다. 1885년 봄 중앙아시아의 아프카니스탄 문제로 제정 러시아와의 전운이 감돌자 영국은 제정 러시아 영토 중 무방비상태에 놓여있는 지역을 공격한다는 전략 아래, 그 지점을 블라디보스토크 군항으로 정했고, 이를 공격하기 위한 군사기지로 거문도를 택했다.75

거문도 사건이 중요한 것은 러시아의 동아시아 정책에 미친 영향 때문이다. 거문고 사건은 러시아 당국에 그들의 태평양 함대가 지니고 있는 약점을 분명하게 교시해 주었고, 그럼으로써 그들로서는 이 사건을 계기로 자국의 동아시아령 방위 정책을 전면 수정할 수밖

---

75 김호일, 『다시 쓴 한국개항 전후사』, 178-179.

에 없었다는 점이다. 즉, 러시아로서는 동아시아령 방위를 종전처럼 해군력이 아니라 육군력에 의존하는 새로운 정책을 채택하지 않을 수 없었다.

이를 위해 새롭게 제시된 정책이 바로 시베리아 횡단철도의 건설이었다(1891. 5.). 이 철도야말로 러시아의 진출 방향을 동쪽으로 굳혀놓은 것으로 동아시아와 한국의 운명을 크게 바꾸어 놓았다. 이제 러시아는 철도가 완공될 때까지 자국의 명예를 지키는 범위에서 한국의 현상을 변경시키려는 어떠한 시도에 대해서도 소극적인 반대에 머무를 수밖에 없었다. 특히 한국 사태에 대해서는 '신중 정책'(Cautious Policy)으로 일관했다.

1885년 9월 이홍장과 주청 러시아 공사 라디젠스키(Ladygensky) 가 회담하여 앞으로는 러시아가 조선의 어느 지점도 점유하지 않는 다는 것을 확약받고, 이 사실을 영국에게 알림으로써 영국은 거문도 점령의 명분이 없어졌다. 그리하여 영국은 청국과 조선에 거문도에서 철수할 것을 통고하고, 1887년 2월 27일 완전 철수했다. 이 거문도 점유 사건은 조선이 구미 제국과 문호를 개방한 뒤 그들에게 주권이 유린당한 첫 쓰라린 경험이 아닐 수 없다.

거문도 사건이 미친 영향은 컸다. 최문형은 "민 황후 중심의 당시 한국 정부로서는 청의 굴레를 벗어나기 위해 웨베르에게 접근, 러시아의 원조를 기대하는 것 외에는 다른 도리가 없었다"라며 "거문도 사건은 이처럼 한국의 정황을 바꾸어 놓았을 뿐만 아니라 동아시아 역사의 수레바퀴도 크게 돌려놓았다"고 평가했다.[76]

---

76 더 자세한 설명은 최문형, 『한국을 둘러싼 제국주의 열강의 각축』 63-88을 참조.

동학농민전쟁의 전사(前史): 교조신원운동

1894년 갑오년에 일어난 농민들의 봉기를 어떤 용어로 부르는 것이 좋을까. 전에는 이 사건을 두고 '동학난'이라고 표기하다가 최근에 와서야 '동학농민운동'이라는 용어를 사용하게 되었다. 그 외에도 이 사건을 두고 '동학혁명', '동학농민봉기', '동학농민전쟁', '동학농민혁명' 등 다양하게 불리고 있다. 박정희 시절에는 주로 '동학혁명'으로, 1980년대 민중사 연구에서는 주로 '동학농민전쟁'으로 불렀다. 법으로 규정한 공식적 이름은 '동학농민혁명'이다.

동학사상과 동학농민전쟁에 대해 많은 연구를 한 신복룡은 1894년의 일련의 사태는 조선 왕조 후기를 맥맥히 이어오던 민란의 요소가 주맥(主脈)을 이루는 것이고, 동학은 그 민란에 착색된 하나의 종속변수에 지나지 않는다고 하면서, 갑오전쟁에서 민란의 요소가 독립변수이고, 동학은 종속변수라는 점에서 '갑오농민전쟁' 또는 '갑오농민혁명'으로 부르는 것이 적합하다고 주장했다.[77] 필자는 농민이 주체가 되어 일으킨 전쟁이라는 점에서 농민전쟁이자, 동학교도가 깊이 관여되어 있다는 점에서 '동학농민전쟁'으로 부르고자 한다.[78]

동학을 창시한 최제우는 '좌도난정'(左道亂政), 즉 "잘못된 가르침으로 백성을 미혹했다"는 이유로 흥선대원군에게 처형당했다. 그

---

[77] 신복룡, 『東學思想과 甲午農民革命』, 139-141.

[78] 김용옥은 "갑오동학민중항쟁"이라는 말을 채택했다. 그 까닭은 '동학란'이란 용어는 치자의 그릇된 가치관이 반영되어 있기에 적합하지 않으며, "갑오농민전쟁"은 북한학자들이 유물사관에 의하여 날조된 개념을 남한학자들이 반성 없이 차용한 결과로 생겨난 개념이기에 반대한다. 김용옥, 『도올심득 東經大全 1』, 8, n. 1.

뒤를 이어 최시형(崔時亨)이 2대 교조(교주)가 되면서 삼남 지방(충청. 전라. 경상)을 중심으로 교세가 급속도로 확산되었다. 『東經大全』(한문), 『용담유사』(한글) 같은 경전도 편찬되고, 주로 농민들을 중심으로 뿌리를 내렸다.79

동학농민전쟁이 확산될 수 있었던 데에는 조직의 힘, 즉 포접제(包接制)라는 조직 때문이다. 교주 아래 대접주, 또 그 밑에 접주를 두어 지역을 관할하게 하는 종교조직을 두었다. 이 조직이 동학농민전쟁의 확산에 결정적인 역할을 하였다. 신흥 민족종교인 동학은 1890년대 들어서면서 '구국민족운동'이라는 이름으로 다시 등장하게 되었다.

여기서 먼저 이해를 돕기 위해 동학 조직 내에 남접(南接)과 북접(北接)에 대해서 잠시 언급하고자 한다. 본시 남접이니 북접이니 하는 것은 수운 선생이 살아있을 당시에 악의나 파벌 의식 없이 우연히 생겨난 것으로, 수운 선생이 사는 곳이 해월 선생이 사는 곳보다 남쪽이어서 수운이 사는 곳을 남접이라고 부르고, 해월이 사는 곳을 북접이라고 부른 데서 비롯되었다. 이러한 현상은 해월 선생이 살아 있을 때에도 그를 '북접 대도주'라고 부른 데서도 잘 나타난다.

이것이 황톳재 전투 전후해서 경상도와 전라도를 남접으로, 충청도 이북을 북접으로 부르게 되었다. 수운 선생이 살아 있을 때에는 별로 문제가 없었으나 수운 선생이 순교한 후에는 북접에 맞서는 남접의 윤곽이 확실하게 드러나게 되면서 남·북접의 분쟁이 시작되었다.80

79 조경달, 『근대 조선과 일본』, 125-126.
80 신복룡, 『東學思想과 甲午農民革命』, 369.

북접에 속하는 해월 최시형은 '수심정기'(守心正氣)의 '내성주의'(內省主意)를 추구했을 뿐, 민중의 변혁을 기대하지는 않았다. 반면에 남접에 속하는 지도자들은 민중의 변혁에 기대를 걸었다. 그 지도자는 서장옥(徐璋玉), 전봉준(全琫準), 김개남(金開南), 손화중(孫化中) 등이었다. 이들을 '이단파'라고도 부른다. 농민전쟁이 시작되면서 최시형을 주도 세력으로 하는 동학종단이 주축이 된 북군과 전봉준을 주도 세력으로 하는 민란 성격의 남군 사이에 갈등이 생겼다.

　　1892년 10월(음력) 서장옥이 중심적 역할을 맡았던 충청도 공주 집회에서 동학교도들은 충청도 관찰사 조병식에게 가렴주구를 멈추고 동학을 허락해 달라고 호소했다. 이어서 그해 12월 21일(음력 11월 3일) 수천 명의 동학교도가 전라도 전주 근교에 있는 삼례(參禮)에 모여 교조 최제우의 신원(伸冤)과 탄압 중지를 호소하는 교조신원운동을 전개했으나 일이 순조롭게 진행되지 않았다.

　　그러자 1893년 3월 28일 박광호를 중심으로 한 상소단 80명이 직접 국왕에게 상소하기 위해 서울에 올라와서 광화문 앞에 엎드렸다. 이른바 '복합상소'(伏閤上疏)를 행했다. 고종은 내심 당황해하면서 조용히 물러가 있으면 다른 조처가 있을 것이라고 회유했고, 이들은 이에 따라 해산했다.

　　결국 광화문 상소도 실패로 돌아가자 동학교도 1만여 명이 상경하여 은밀히 활동하면서 독자적으로 괘서(掛書)사건을 일으켰다. 이들은 '척왜양'(斥倭洋) 곧 서양과 일본의 만행을 비판하는 괘서를 각국 공사관이나 외국인 학교, 동대문, 남대문 등에 붙여 한성을 공황 상태에 빠뜨렸다.[81]

---

81 조경달, 『근대 조선과 일본』, 127-128.

1893년 4월 25일(양력)부터 3주일 동안 최소 27,000명, 최대 8만여 명(당시 서울 인구 15만, 평양 2만)의 동학교도가 '척왜양 보국안민'의 깃발을 충청도 보은 들에 꽂았으며, 같은 시기 전라도 금구현 원평(김제군 금산면)과 경상도 밀양에서도 비슷한 집결이 이루어졌다.[82]

보은 집회에서 그들은 반봉건·반외세를 분명히 드러냈고 전면적 항쟁에 나섰다. 이 집회는 바로 본격적인 농민전쟁을 예고한 사건이었다. 보은 집회는 정부군이 도착하기 전에 선무사 어윤중의 설득에 응하여 해산했다. 여기서 북접(北接)의 '교단 중앙'과 남접(南接)의 '이단파'의 분열은 결정적이었다.[83]

동학농민전쟁

개항기 조선은 해결해야 할 두 가지 과제를 안고 있었다. 밀려드는 외세에 대응하고, 썩어가는 조선 왕조를 개혁하는 것, 이것이 이 시대를 살아갔던 사람들이 해결해야 할 과제였다. 한 가지 과제를 위해 다른 한 가지를 놓쳐 버렸던 운동들은 모두 한계가 있었다. 갑오농민전쟁은 이 시대의 조선이 해결해야 할 두 가지 과제를 가장 충실히 실천하려고 했던 운동으로 평가된다.

신분제와 봉건적인 조세제도를 폐지하고 나아가 일본의 침략에 저항했던 운동, 그러나 이 시기 농민들에게 던져진 과제는 이들이 완수하기에는 너무나도 버거운 짐이었다. 동백꽃 핀 선운사에 아름다운

---

82 강준만, 『한국근대사산책 2』, 121.
83 더 자세한 설명은 신복룡, 『東學思想과 甲午農民革命』, 369-370을 참조.

전경을 따라 올라가 보면 바위에 새겨진 거대한 미륵불상이 나타난다. 소설『녹두장군』은 바로 여기서 시작된다.

1894년 봄, 전봉준이 미륵불을 마주하고 앉아 수많은 농민의 고통을 생각하며 앞으로 어떻게 해야 할지를 심사숙고하고 있을 때 갑자기 미륵보살의 배꼽이 열렸다. 신비한 일에 놀란 전봉준이 그 배꼽을 들여다보니 거기에는 서책 하나가 있었다. 서책을 읽어 내려간 전봉준은 비로소 농민군을 이끌고 봉기해야 할 때가 왔다고 생각했다.

농민군의 봉기가 하늘의 뜻이었다는 것을 강조하기 위해 만들어진 이 전설은 농민전쟁이 일어나기 전부터 횡행했던 다양한 민중종교의 영향을 반영하고 있다. 하늘의 뜻을 전달한 미륵보살은 나라가 혼란하고 농민들이 고통이 심해질 때마다 유행했던 미륵신앙을 표현한 것이다. 미륵불은 말세에 나타나 꽃가루를 뿌리며 새로운 이상사회를 만든다는, 메시아적 미래불이다. 미륵불의 배꼽에서 나온 비서(祕書)는 민중의 염원과 미래의 예언을 기록한 책으로 당시 유행했던 감결사상(甘結思想. 현세에 대한 강한 거부의식과 이상향에 대한 추구)을 표현한 것이었다.[84]

농민들은 고통을 받으면서도 어떻게 해야 할지 방법을 알지 못한 채 자신을 구제해 줄 누군가를 기다렸다. 그런 상황에서 하늘의 뜻을 전달받은 사람이 나타나 함께 봉기하자고 했으니 그 누군들 가만히 있을 수 있었겠는가? 미륵보살의 배꼽에서 나온 비서를 읽고 드디어 결심한 전봉준 그리고 농민군 1천 명이 고부관아를 습격하고 조병갑을 구금하고 곡식을 분배하여 10여 일간 고부관아를 점령하면서 농

---

84 김윤희 외,『조선의 최후』, 133-134.

민전쟁은 시작되었다.[85]

동학의 시대구분을 최초로 시도한 학자는 헐버트인데, 그는 동학의 창도(1860)에서부터 천도교로 개명한 1906년까지의 동학사(東學史)를 4기로 구분했다.

제1기(1860~64): 이 시기는 최제우가 동학을 창도한 때부터 순교한 때까지인데, 이 시대의 논의는 주로 그의 창도 동기와 교리 그리고 포교와 순교사로 초점이 맞춰진다고 했다.

제2기(1864~93): 이 시기는 교조의 순교와 더불어 종교적 탄압이 시작되고 신앙이 쇠퇴 또는 잠복하기 시작한 때로부터 서학(西學)의 해금과 더불어 교조신원운동과 교세확장운동이 본격화된 1893년까지의 기간을 의미한다.

제3기(1894~98): 이 시기는 고부군수 조병갑(趙秉甲, 1844~1911)의 수탈과 학정이 계기가 되어 반란이 일어나고 이에 동학 교리가 가미된 소위 갑오혁명기를 의미하는데, 1898년은 해월(海月)이 순교한 때까지를 의미한다.

제4기(1898~1906): 이 시기는 해월이 순교하고 손병희가 3대 교주로 도통을 전수받은 때로부터 헐버트의 논문 집필연대(1906)이자 동학이 천도교로 개명함으로써 교정분리(敎政分離)를 선언한 때까지를 의미한다.[86]

동학농민전쟁에 대한 자세한 전개 과정[87]에 대해서는 생략하고 여기서는 두 가지만 언급하고자 한다. 하나는 사상 최초의 농민의

---

85 위의 책, 135-137.

86 H. B. Hulbert, "The Religion of the Heavenly Way," *The Korea Review*, vol. 6, No. 11(Nov. 1906), 419-424. 신복룡, 『東學思想과 甲午農民革命』, 35-36.

87 이에 대해서는 강준만, 『한국근대사산책 2』, 117-130, 166-177, 213-233, 259-263을 참조.

직접 통치인 '집강소'(執綱所) 통치이고, 또 하나는 동학농민전쟁의 결정적 패배를 부른 무기의 현격한 차이이다.

농민군의 1차 봉기(1894. 2. 26.)가 전주화약(1894. 6. 11.)으로 매듭되고 농민군이 전주에서 퇴각한 후 관민상화(官民相和)에 입각한 농민군의 자치, 즉 집강소(執綱所) 통치가 시작되었다. '집강'은 "기강을 바로잡는다"는 뜻인데, 집강소는 동학농민전쟁 이전부터 향촌 사회에 있던 민간 자치기관이었다.

우리나라 역사상 처음으로 농민이 권력을 장악하고 농민에 의한, 농민을 위한 정치가 펼쳐진 것이다. 그 기간은 1894년 5월부터 11월까지 약 6~7개월에 걸쳐 시행되었다. 전봉준과 손화중은 지방마다 다니며 집강소 설치를 독려해 거의 모든 고을에 집강소가 설치되었다. 전주를 중심으로 전봉준은 전라우도를, 김개남은 전라좌도를 관할했다.[88]

전봉준은 각 군현의 집강들을 통해 폐정개혁을 위한 12개 항의 행정 요강을 공포하고 이를 집강소 운영의 준칙으로 삼도록 지시했다. 12개 항은 다음과 같다.

①도인(동학교도)과 정부 사이에 오래 끌어온 혐오의 감정을 씻어버리고 모든 행정에 협력할 것, ②탐관오리는 그 죄목을 조사해 내어 일일이 엄징할 것, ③횡포한 부호들은 엄징할 것, ④부랑한 유림과 양반은 징습(懲習)할 것, ⑤노비문서는 불태워 버릴 것, ⑥칠반천인(七般賤人)의 대우는 개선하고 백정 머리에 쓰는 평양립(平壤笠)은 벗겨 버릴 것, ⑦청춘 과부의 재가를 허락할 것, ⑧무명잡세는 모두 거둬들이지 말 것, ⑨관리

88 백지원, 『백성편에서 쓴 조선왕조실록 下』, 395-396.

의 채용은 지벌(地閥)을 타파하고 인재를 등용할 것, ⑩ 외적과 내통하는 자는 엄징할 것, ⑪ 공사채를 물론하고 기왕의 것은 무효로 돌릴 것, ⑫ 토지는 평균하게 나누어 경작케 할 것.

농민군은 집강소 기간 중 사회신분제를 스스로의 힘으로 타파하여 백정, 노비 등 천민들을 해방시키고 상전과 종·양반과 백정이 서로 '접장'이라 부르며 맞절을 했으며, 천민들은 노비문서를 불태우기도 하고 상전에게 먹고살 재산을 요구하기도 했다. 또 '동사생계'(함께 살고 죽자는 모임)나 '모살계'(상전을 죽이는 모임)를 만드는 등 계급투쟁의 양상도 나타나기 시작했다.[89]

한편, 1894년 7월 23일(음력 6월 21일), 일본은 경복궁을 기습적으로 점령하고(갑오변란), 청국 군함을 기습공격하면서 청일전쟁을 일으켰다(7월 25일). 일본의 조선 침략이 노골화되자 1894년 10월 26일(음력 9월 18일) 농민군은 전주성 해산 이후 4개월여 만에 전라도 삼례에서 다시 봉기했다.

제2차 농민전쟁은 구호가 '척양척왜'(斥洋斥倭)로 바뀌면서 투쟁 방향도 반봉건에서 반외세로 선회했다. 여기서 동학이 위정척사파와 다른 것은 반외세만 확실하게 실천하고 반봉건은 하지 않는 위정척사파와 달리, 동학은 '반외세와 반봉건'을 모두 목표로 하고 있다는 점이다.[90]

제2차 농민전쟁의 분수령이 된 전투는 공주성 전투였다. 공주성

89 강준만, 『한국근대사산책 2』, 172-174.
90 최태성, 『역사멘토 최태성의 한국사: 근현대편』, 94-95; KBS역사저널그날제작팀, 『역사저널 그날』, 168.

을 둘러싼 공방전은 크게 두 번 치러졌는데, 1차 전투는 1894년 11월 20일(음력 10월 23일)에서 22일 사이에 벌어진 이인, 효포, 능치 싸움이며, 2차 전투는 12월 7일(음력 11월 9일) 충남 공주에서 부여로 넘어가는 견준산 기슭의 높은 고개인 우금치(현 공주시 금학동)에서 7일간 벌어진 혈투였다.

농민군에게 치명타는 우금치 혈전이었다. 농민군은 우금치 고개를 넘으려고 하루에도 40-50여 차례나 돌격전을 감행했지만 우금치 산마루를 지키고 있던 일본군의 우세한 화력에 매번 당하기만 했다. 산과 들은 농민군의 시체로 하얗게 뒤덮였고 개천에서는 여러 날 동안 핏물이 흘렀다. 나라를 위한 농민들의 외침이 끊기는 순간이었다. 농민군은 2만여 명 중 500여 명밖에 남지 않을 만큼 큰 희생을 치렀다.

농민군은 수적으로는 조·일 연합군에 7.4 대 1의 비율로 압도했지만, 무기에서 크게 뒤졌다. 농민군은 농기구, 죽창, 화승총 등으로 무장한 반면 일군 200여 명은 스나이더 소총, 무라타 소총, 기관총 등으로 무장했으며, 여기에 조선 정부군 2,500여 명이 가세했다.[91]

농민군의 화승총은 심지에 불을 붙여 사용한 반면 일본군의 총은 심지에 불을 붙일 필요가 없어서 눈비 속에서도 계속 사격할 수 있었다. 또한 농민군의 치명적인 약점은 재장전하려면 반드시 몸을 일으켜야 한다는 점이었다. 엄폐가 안 되었다. 그래서 농민군이 한 발을 쏠 때 일본군은 약 30-45발 정도를 쏠 수 있었다.

사정거리도 농민군의 화승총은 불과 120m인 데 비해 일본군의 스나이더 소총은 800m였다. 스나이더 소총은 영국에서 개발되어

---

91 강준만, 『한국근대사산책 2』, 223-224.

수입한 것이었고, 무라타 소총은 일본이 직접 개발한 신병기였다. 양측의 화력을 비교하면 300대 1의 수준, 그러니까 일본군 한 명이 농민군 300명을 상대할 수 있었다.[92]

일본군은 3개 연대 8천여 명의 불과했지만, 현대식 병기로 무장했고, 그들과 조선 관군에 의해 죽임을 당한 농민은 최소 20만 명에 이르렀다. 동학농민전쟁의 최대 격전지 중 하나였던 전주는 가옥의 3분의 1이 파괴되었고, 주민 수 역시 35,000명에서 24,000명으로 1만여 명이나 줄었다고 한다. 홋카이도대 이노우에 가쓰오 교수는 "일본군에 의한 동학농민군 대학살"이라는 논문에서 동학농민군 희생자는 학살당한 5만 명 등 30-40만 명에 이른다고 주장했다.[93]

동학농민전쟁의 실패 요인 및 역사적 의의

동학농민전쟁이 실패한 이유는 물론 관군과 일본군의 막강한 화력을 감당할 수 없었던 것이 첫째 이유이나, 또 다른 이유로는 당시까지도 향촌에서 큰 영향력을 가지고 있던 유림 세력들이 동학을 극심하게 탄압했기 때문이다.

유림은 동학을 이단으로 취급했을 뿐만 아니라 아주 저급한 미신으로 여겼다. 유생들은 동학에 반대하여 동학으로부터 마을을 지키는 민보군 등을 만들어 동학군에 대항하곤 했다. 그도 그럴 것이 양반이 아니면 사람이 아닌 나라에서 모두 평등하다고 우겨대니 유림이 가만히 있을 수 없었던 것이다.[94]

---

92 KBS역사저널그날제작팀, 『역사저널 그날』, 175-176.
93 강준만, 『한국근대사산책 2』, 230-231.

여기에 하나 더 첨가한다면 동학 내의 남접과 북접 사이의 갈등을 들 수 있다. 수운 선생의 순교 이후 남접과 북접 사이의 분쟁이 시작 되었는데, 사태가 악화되자 유혈 충돌이 자주 발생했다. 분쟁을 수습 하고자 오지영(吳知泳)을 중재자로 먼저 북접의 최시형과 손병희 등 을 만나보고 남·북접이 서로 화해할 것을 주장했다. 그러나 들은 척도 하지 않고, 한 통문을 보이는데 거기에는 이런 말이 적혀 있었 다. "道로써 亂을 지음은 불가한 일이다. 호남의 전봉준과 호서의 서장옥은 국가의 역적이오, 師門의 亂賊이라. 우리는 빨리 모여 그 곳을 공격하자." 이 정도로 당시의 분규는 심각했다.

혁명이 한층 진행되는 동안 남군의 전봉준이 북진하여 전주성을 함락한 직후에 북군에서는 즉시로 남진하여 전주성에 도착했는데, 이는 북접에서 남접을 도우려는 호의에서가 아니라 남군이 더 이상 북진하여 세력이 팽창되는 것을 북접에서는 못마땅하게 생각했기 때문이다. 이러한 지도층의 분열은 갑오혁명을 실패로 이끈 커다란 원인 중의 하나라고 볼 수 있다.[95]

한편, 한국근대사에 있어서 민족주의(민족운동)의 기원을 동학농 민전쟁에서 찾고자 한 신복룡은 갑오혁명을 이렇게 평가한다. 갑오 혁명은 그 후대의 민족운동에 하나의 모델을 제시해 주었으며, 그 전사(前史)와 후대를 잇는 고리의 역할을 했다는 점도 갑오혁명을 한국 민족운동사의 기원으로 보는 한 논거가 된다고 하였다.

갑오혁명과 거기에 포함된 동학사상이 전승되어 민족운동으로 승화된 가장 고귀한 예를 우리는 3·1운동에서 찾을 수 있다. 3·

---

94 백지원, 『백성편에서 쓴 조선왕조실록 下』, 403-404.

95 신복룡, 『東學思想과 甲午農民革命』, 366-370.

1운동은 애당초 의암(손병희)을 비롯한 천도교 측에서 모사(謀事)하였고, 주동 인물인 33인 중에서 천도교인이 15인, 기독교인이 16인 그리고 불교인이 2명으로 되어 있는 점을 보더라도 동학과 3·1운동과의 사상적인 연결성을 짐작할 수 있다.[96]

전봉준: 불꽃 같은 삶

민중의 영웅으로 각인된 동학농민전쟁의 주역 전봉준(1855~95)은 전남 고부군에서 평민이자 빈농의 자식으로 태어났다. 그는 키가 5척에 불과하므로 녹두라는 별명을 들었으나 눈은 샛별같이 빛났으며 소리는 옥성을 가졌고 용력은 과인했다고 전해진다. 그는 정약용의 책을 읽으며 구체적인 사회개혁의 꿈을 꾸었다.

전봉준이 동학에 입교한 것은 대략 30세 전후인 것으로 보인다. 전봉준은 동학 지도자 손화중, 김개남, 김덕명, 최경선 등과 긴밀히 교류하면서 시국과 민심의 동향을 주시하고 있었다. 이즈음 조병갑이라는 사람이 고부 군수로 부임해 오고 그의 학정에 더 이상 참을 수 없었던 전봉준은 마침내 봉기하였다. 전봉준이 1894년 1월에 고부에서 봉기하여 12월 2일 체포될 때까지 1년 동안 농민군을 이끌고 혁명을 주도하다가 마침내 다음 해 3월 29일 참형으로 불꽃 같은 삶을 마감했으니, 그의 나이 만 40세였다.

김경천의 배신으로 체포된 전봉준은 마지막 유시를 남겼다. "때를 만나서 천지도 모두 힘을 합하더니 / 운이 가니 영웅도 스스로 어찌하지 못한다 / 백성 사랑하는 올바른 의리나 실수 없었노라 /

---

96 위의 책, 361-366.

나라를 위하는 붉은 마음 누가 알아주리."[97]

전봉준을 기리는 가장 대표적인 노래는 〈파랑새〉다. "새야 새야 파랑새야 / 녹두밭에 앉지 마라 / 녹두꽃이 떨어지면 / 청포장수 울고 간다." 갑오전쟁 당시 전봉준은 녹두장군으로 불렸는데, 녹두는 작고 단단하여 전봉준의 상징처럼 인식되었다.

이 노래에서 '파랑새'는 전봉준의 성인 '전'(全) 자를 '八'(팔)과 '王'(왕)으로 파자하여 '팔왕새'라고 부른 데서 나왔으며, '녹두꽃'은 5척 단구인 전봉준의 별명이 '녹두'였던 것에서 유래했다는 설이 가장 유력하다. 이 노래는 전봉준이 정세를 바로 파악하고 시기를 잘 이용했더라면 성공했을 텐데 그렇지 못했다는 것을 애석하게 여긴 노래라고 할 수 있다.[98] 우윤은 전봉준을 이렇게 평가했다.

"그는 수많은 동지들을 규합하여 농민전쟁을 이끌고 간 열정적인 조직가였고, 농민전쟁에서 치러야 했던 각종의 전투를 승리로 이끌게 한 탁월한 전략전술가였다. 또 전주화약을 맺어 집강소를 설치하여 농민자치를 실현시킨 노련한 정치가이기도 했다. 그러나 이런 평가들은 그의 일부분만을 드러내는 데 그칠 뿐, 무언가 미흡한 것 같다. 역시 그는 조선 말기에 형성되어 온 두 가지 큰 흐름의 진정한 계승자로서 커다란 발자취를 남겼다. 하나는 19세기 전체에 걸친 봉건 체제의 해체와 새로운 사회로의 이행을 담당할 변혁 주체인 하층 농민들의 반봉건투쟁의 계승자이다. 다른 하나는 1876년 개항 이후 물밀듯 밀려오는 세계 자본주의의 '변혁의 강제'라는 새로운 역사적 조건 속에서 앞의 변체 주체가 떠맡아 온 반침략 투쟁의 계승

97 심용환, 『단박에 한국사: 근대편』, 121-123.
98 강준만, 『한국근대사산책 2』, 261-263.

자였다. 이에 따라 그는 한국 민족 해방투쟁의 뿌리가 된 한국근대사의 본격적인 민족·민중운동을 이끈 조선 민중의 지도자로서 위치지워야 할 것이다. 그래서 우리는 그에 얽힌 '새야 새야 파랑새야…'로 시작하는 한편의 노래로서 그를 언제까지나 부활시키고 있는 것이다."[99]

백지원은 동학농민전쟁 이야기를 마감하면서 이런 말을 남겼다. "한국은 한국인의 보수성향과 현실 안주 성향 때문에 개혁이 아주 어려운 나라다. 한국사에서 대표적인 개혁주도 인물로는 고려의 묘청과 만적 그리고 신돈, 조선에서는 조광조, 정여립과 허균 그리고 홍경래, 최제우, 전봉준 등이 있고, 대한제국의 김옥균이 있다. 이들 10명 중 단 한 사람도 살아남지 못하고 모조리 처참하게 죽임을 당했다. 이러한 개혁적인 인물들은 보수 기득권 세력의 장벽을 넘지 못했거나 외세의 개입 또는 동지들이나 부하들의 더러운 밀고로 뜻을 이루지 못하고 죽어갔다. 이들은 대부분 시대와 불화한 인물들로 역사의 수레바퀴 방향을 바꾸려고 노력하다가 그 바퀴에 깔려 죽은 인물들이나 그들은 모두 자신들이 부딪쳤던 시대의 나태를 일깨운 선각자들이었다."[100]

또한 우윤은 조선 사회가 천재를 대하는 태도에 대해 이런 말을 했다. "천재들을 거부하고 잠재우는 사회는 더 이상 발전할 수 없는 사회임이 분명하다. 천재는 바로 자주성과 독창성의 다른 표현이고 무한한 자유의 상징이기 때문이다. 따라서 천재가 사라지는 사회는 자주성과 독창성, 자유를 말살하는 어두운 사회라 할 수 있다"[101]고

99 우윤, "반제반봉건 투쟁의 선봉장, 녹두장군 전봉준," 『역사의 진실』, 30.
100 백지원, 『백성편에서 쓴 조선왕조실록 下』, 404.

하면서 이렇게 말을 이어갔다.

"주자학 일변도의 주류 학문에 반기를 든 서경덕, 윤휴, 박세당, 홍대용 같은 인물들은 조선 사회에서 아주 드문 별종들이었다. 대부분이 통제에 순응하여 살아갈 때 이들은 고난의 길을 선택하였다. 조선 사회가 그들을 수용하기에는 너무 폭이 좁았던 것일까. 조선조 사회는 천재보다는 현실적 출세가, 독창보다는 성현의 것을 지킨다는 명분이, 현실개혁보다는 현상 유지가 주류를 이룬 보수적 사회였다."[102]

끝으로 이미 언급했듯이 갑신정변도, 동학농민전쟁도 그 이면을 들여다보면 모두 '유교적 민본주의'에 입각한 개혁운동이었다. 그리고 모두 실패로 끝났다. 사실적으로나 현상적으로 보면 여러 가지 이유가 있겠지만 필자는 이 나라를 일본에 넘겨주시고자 하는 하나님의 역사 섭리에는 변함이 없으며, 그 과정 속에서 기독교적 신본주의로 한민족을 개조하고 구형하고자 했다는 것으로 보고 싶다.

갑오개혁의 내용

청일전쟁에서 승리한 일본은 본격적인 조선 지배를 위한 일환으로 갑오개혁을 시행했다. 급진개화파에 의한 갑신정변이 있은 후 10년이 지난 1894년 동학농민전쟁이 진행 중이던 그해 6월 25일(양력 7월 27일) 온건개화파를 중심으로 제1차 갑오개혁이 시작되었다.

---

101 우윤, 『우리 역사를 읽는 33가지 테마』, 108-109. 역사에 새 빛을 주는 천재의 중요성과 그들의 광기에 대해서는 S. Zweig, *Baumeister der Welt*, 『천재와 광기』; 안승일, 『열정의 천재들, 광기의 천재들』을 참조.
102 우윤, 『우리 역사를 읽는 33가지 테마』, 101. 조선시대에 "그 시대의 상식에 도전했던 천재들"에 대해서는 이덕일, 『조선이 버린 천재들』을 참조.

먼저 기억해야 할 것은 조선에서의 근대화는 일본보다 늘 20~30년이 늦었고, 그나마도 크든 작든 일본의 개입과 밀접한 관련이 있다는 사실이다.

개혁의 내용은 간단히 정리해 보자. 정치면의 개혁은 종래의 의정부와 6조 중심의 권력구조를 일본식의 입헌군주제와 유사한 형태로 바꾸어 의정부와 궁내부의 2부와 8아문(衙門)으로 구성된 내각제를 도입했다. 의정부 아래의 8아문은 내무, 외무, 탁지, 군무, 법무, 학무, 공무, 농상이란다.

경제면의 개혁에서 가장 중요한 변화는 '재정의 일원화'였다. 갑신정변의 14개 조 개혁안에서도 재정의 일원화가 나왔는데, 제1차 갑오개혁에서는 '탁지아문'으로 일원화되었다. 또한 조세의 금납화(金納化), 즉 종래는 조세를 미곡과 콩과 포목(베)으로 납부하던 것을 화폐로 납부하도록 하였다. 도량형을 통일하여 지역마다 다른 자의 길이와 추의 무게, 되의 부피를 조선 어디서나 같게 만들었다.

가장 큰 변화는 사회면의 개혁이었다. 과거제도의 폐지를 비롯하여 중세 사회의 제도적 골간의 핵심인 사회신분제가 법적으로 폐지되었다. 그 내용을 열거하면 다음과 같다. 1) 양반·상민 신분 차별제도의 폐지, 2) 문벌제도의 폐지, 3) 귀천의 출신 신분에 구애받지 않는 인재 등용, 4) 문관과 무관의 차별 폐지, 5) 서얼 차별제도의 폐지, 6) 연좌제도의 폐지, 7) 공사노비제도의 폐지, 8) 인신매매의 금지, 9) 과부재가금지제도의 폐지, 10) 조혼제도의 폐지, 11) 평민의 정치적 의견제출 승인, 12) 신량역천(身良役賤)제도의 폐지, 13) 천인(賤人)제도의 폐지, 14) 퇴직 양반 관료의 상업 활동의 자유 보장이 그것이다.[103]

프로테스탄트(개신교) 조선 선교 배경

천주교의 전래로 시작된 한국 복음화는 대원군의 쇄국정책으로 수많은 순교의 피를 뿌린 채 선교가 막혀 있었다. 그러다가 일본과의 강화도조약(1876)에 따른 개국과 더불어 서구 열강에게도 문호를 개방하고, 서구 열강과의 조약, 특히 미국과 조약(1882)을 맺으면서 프로테스탄트(개신교)가 조선에 물밀듯이 들어오게 되었다.

그런데 한국 개신교 역사의 특징 중 하나는 선교사가 들어오기 전에 이미 선구적 구도자들에 의해 복음이 수용되어 상당수의 세례 지원자들이 배출되었다는 사실이다. 선교사들이 종종 표현하던 대로 한국이 '처녀지'(terra firma)는 아니었다는 말이다.

또한 조선 복음화의 중요한 특징 두 가지가 있다. 하나는 서구 기독교 선교사들은 다른 아시아 국가들, 가령 중국에서의 의화단 사건(1901)에서 보듯이 부정적 의미의 '침략의 주구(走狗)'로 여겨진 반면 조선에서는 나라에 도움을 주는 긍정적 의미의 '한민족의 동반자'로 여겨졌다는 점이다.

또 하나는 다른 나라에서는 선교사가 그 나라에 들어가 그 나라 언어로 성경을 번역하면서 복음이 전래된 것과 달리 한국 개신교는 한국인에 의해 번역된 성경을 선교사들이 가지고 들어와 선교를 시작했다는 점이다. 그 수용과정은 크게 두 지역, 즉 중국과 만주가 그 하나이고, 일본과 미국이 또 하나라고 볼 수 있다.

프로테스탄트가 선교되기 직전의 한국의 실정은 개국과 함께 밀어닥치는 외국의 경제력, 군사력, 정치력의 난무에 기댈 곳 없는 서

---

103 더 자세한 설명은 신용하, 『갑오개혁과 독립협회운동의 사회사』, 35-55를 참조.

러움을 안은 듯한 모습이었다. 프로테스탄트 교회가 들어와서 해야 할 일은 그만큼 넓고 컸다. 갑신정변(1884)의 실패로 망명했던 박영효는 1885년 3월, 일본 요코하마(橫濱)에서 한국으로 오고 있는 스크랜턴(W. B. Scranton) 목사를 만나 이렇게 말했다.

"선교사들이 이 나라(朝鮮)에서 할 일은 얼마든지 있습니다. … 우리 백성이 지금 필요로 하고 있는 것은 교육과 기독교입니다. 선교사들과 또 선교사들이 세운 학교를 통해서 우리 백성을 교육하고 향상시킬 수 있을 것입니다. … 우리의 재래 종교는 지금 기운이 진하였습니다. 이 백성이 기독교로 돌아오게 할 수 있는 길은 지금 환히 열려 있습니다. 기독교 교사들과 사업인들의 일군(一群)은 우리나라 어느 모퉁이에도 필요합니다. 우리가 합헌적인 개혁을 하기 이전에 반드시 우리는 교육과 기독교화를 서둘러야 하겠습니다."[104]

제임스 게일(James S. Gale) 선교사는 1898년 이렇게 말했다. "이제야말로 복음을 한국 백성들에게 전할 특별한 시간이라고 본다. 이들 역사 속에 괄목할 만한 변화가 진행되고 있기 때문이다. 이들의 전통과 생의 파괴에서 비롯된 공백을 메울 것이 아직은 무엇 하나 제대로 제공되지 못하고 있기 때문이다."

대내적으로는 오랜 가난에 찌들고, 관리들의 착취와 유교적 봉건 질서에 따른 온갖 차별에 질식하고 있었고, 대외적으로는 침략해 들어오는 외세에 대응할만한 힘이 전혀 준비가 안 된 조선은 어쩌면 복음이 들어가기에 가장 적합한 카이로스적 환경이 조성되고 있었다.

---

104 민경배, 『韓國基督教會史』, 123.

미국 선교부와 한국 선교

프로테스탄트 선교와 관련하여 먼저 우리가 주목해야 할 사실은 1866년 미국 상선인 제너럴 셔먼호가 조선과 통상을 하고자 문을 두드렸을 때 우리는 그것을 거부했고, 이웃 나라 일본과 1876년에 먼저 개국을 하게 되었다. 그러면서 이웃 나라 일본에서는 한국에 선교사를 파견해야 한다는 논의가 심각하게 진행되었으나 그것은 이루어지지 않았다.

오히려 1884년 바다 건너 미국에서 전래되었다는 역사의 섭리는 향후 한국 교회사의 진로에 대단히 중요한 의미를 갖는다. 그러니까 일본을 통한 근대화는 조선의 멸망을 가져왔다. 반면에 하나님은 미국을 통한 근대화가 아닌, 미국을 통한 복음화를 원하셨던 것이다. 여기에 하나님의 오묘한 섭리가 있다. 그것을 지금부터 추적해 보자.

구미 여러 나라 중에서 한국이 문호를 개방하여 가장 먼저 국교를 맺은 나라는 공교롭게도 미국이다. 1866년 9월 제너럴 셔먼호 사건에 이어 1871년 5월에 있었던 신미양요 사건에서도 미국은 뜻한 바를 이루지 못하고 퇴각하였다. 오히려 청나라의 알선과 권유로 미국과의 수교 통상의 문호를 열게 되었다. 그것은 1876년 이래로 한국에 진출한 일본의 세력을 견제하기 위해서였다. 1882년 5월 22일, 한미수호통상조약이 체결되었는데, 이 조약에는 종교의 자유를 보장하는 조문은 없었다.

이 조약은 미국 상원의 의결을 거쳐 이듬해 1월 9일 대통령의 비준을 얻었다. 초대 주한 미국 공사 푸트(L. H. Foote, 福德)는 국왕을 배알하면서 한국의 친선사절을 미국에 파견해 줄 것을 건의하였

다. 이 건의에 따라 조선은 특명전권사절을 미국에 파견하기로 결정
했다. 특명전권공사에 민영익, 대리공사에 홍영식이 임명되고, 이들
을 보좌하는 수행원으로는 서광범, 유길준 등이 참여하였다. 주목할
점은 훗날 민영익을 제외한 이들의 대부분은 한국의 개화운동에 적
극 참여하게 되었다는 점이다.

견미(遣美) 사절단 일행은 1883년 7월 16일 제물포를 출발하여
요코하마를 거쳐 9월 2일 샌프란시스코에 도착하였다. 사절단 일행
은 9월 4일 대륙 횡단 철도를 이용하여 시카고, 뉴욕 등지를 관람하
며 미국 대통령을 접견한 뒤에 그해 12월에 귀국하였고, 민영익, 서
광범, 변수 등은 유럽을 돌아 1884년 5월 말에 귀국하였다.

사절단이 샌프란시스코에서 시카고에 이르는 대륙 횡단 열차 안
에서 놀라운 일이 있었다. 그것은 한국 선교에 지대한 공헌을 남긴
미국 감리교의 가우처(John F. Goucher) 박사(日本 靑山學院 設立者)
를 만난 일이다. 기차 안에서 사흘 동안 일행과의 교제를 통해 그는
'은둔의 나라'의 백성들에 관해 많은 것을 알게 되었다. 하나님은 교
육과 선교에 깊은 관심을 갖고 있던 가우처 박사로 하여금 미국의
대륙 횡단 철도 위에서 '에디오피아 내시 앞에 나타난 빌립'(행
8:26-39)이 되게 했던 것이다. 여기서도 우리는 하나님은 인간 역사
위에 절묘하게 역사하시는 하나님의 뜻을 엿보게 된다.

한국교회의 염원을 알게 된 가우처 박사는 1884년 1월 31일자로
일본 주재 미국 감리회의 맥클레이(R. S. McLay, 1824~1907) 선교
사에게 서신을 보냈다. 맥클레이도 이수정(1842~1885)과 자주 만
나 조선 선교에 대해 관심을 갖고 서로 기도하던 중 가우처 박사의
서신을 받아 보고 기뻐서 어찌할 줄 몰랐다.

맥클레이는 원래 중국 복주성에 있는 미국 감리교 선교사로서, 열심히 전도사역을 했지만 겨우 2명밖에 세례교인을 얻지 못했다. 어느 날 복주 해안에 조선인 어부의 배가 파선되어 해안에 밀려왔는데, 이때 맥클레이는 정성을 다해 그를 도와주었다. 우연히 만나게 된 조선인을 통해 "하루속히 조선에도 기독교가 전파되어야 하는데…" 하는 생각을 하게 되었다. 이런 생각을 갖고 1872년에 일본으로 선교지를 옮겼지만 늘 조선 선교에 관심을 갖고 있었다.

이런 차에 이수정을 만나 조선 선교를 위해 기도하던 중 가우처의 서신을 받게 되었다. 더욱이 이수정의 소개로 개화파로 자주 일본을 왕래하는 박영효와 김옥균을 만나게 되자 맥클레이는 더욱 힘을 얻게 되었다.

김옥균을 만난 맥클레이는 서류 한 뭉치를 내놓았는데, 그날이 1884년 6월 30일이었다. 조선을 돕겠다는 맥클레이 선교사의 뜻이 너무 감사해서 김옥균은 서류를 받은 즉시 맥클레이 선교사와 함께 조선에 들어왔다. 그날이 1884년 6월 24일이었고, 두 주간 한국에 머물렀다. 며칠이 지난 후에 김옥균은 병원 사업과 학교 사업을 할 수 있도록 임금의 윤허를 받았다는 전갈을 보내왔다.

미국 감리회가 한국에서 교육·의료 사업을 할 수 있는 기회를 획득한 맥클레이는 한국 선교의 양부(養父)로 추앙받게 되었다. 한국에 머무는 동안 훗날 선교사들이 입국하여 머물 수 있도록 만반의 준비를 해 놓고 맥클레이는 7월 8일 인천 제물포항에 도착하여 일본 요코하마로 떠나는 기선을 탔다.

맥클레이의 한국 방문 성과를 들은 일본에 주재하고 있던 미국 북장로회 선교사 헵번과 바라는 즉시 미국 북장로교 해외선교부에

연락하였고, 실행위원회에서는 누구를 한국에 보낼 것인가를 의논
했다. 이와 함께 미국 북감리회 해외선교부에서도 한국에 보낼 선교
사를 찾고 있었다.[105]

알렌과 민영익 치료 사건

맥클레이의 한국 방문으로 교육과 의료를 통한 선교 사업의 길이
열리게 되자 그 이듬해 아펜젤러가 교육 사업을 통한 선교 활동을
하기 위하여 그리고 스크랜턴이 의료 선교 사업을 목표로 각각 한국
에 들어올 수 있게 되었다.

미국 감리회의 이러한 노력에도 불구하고 한국에 선교사를 가장
먼저 상륙시킨 것은 미국 북장로회였다. 그들은 이미 헤론과 언더우
드를 선교사로 파견할 것을 결정해 놓고 있었다. 그러나 정작 한국에
먼저 부임한 사람은 알렌(Horace N. Allen, 1858~1932)이었다.[106]

알렌은 1858년 4월 23일 미국 오하이오 주의 델라웨어
(Delaware)에서 태어났다. 그는 12-14세 사이에 집 근처의 델라웨
어제일장로교회를 다니기 시작했다. 이 교회는 알렌이 후에 의료
선교사가 되는 과정에 중요한 역할을 하였다. 우선 피츠버그의 웨스
턴신학교를 졸업하고 1861년부터 이 교회의 대리 목사로 시무했던
머티어(C. A. Mateer, 1836~1908)가 1863년 중국 선교사로 파송되
었다. 델라웨어장로교회에서는 머티어에 이어 1871년 캡(M. B.

---

105 안영로, 『한국교회의 선구자 언더우드』, 40-54.
106 위의 책, 55-56. 선교사 알렌 이전에 조선과 접촉한 프로테스탄트 선교사(칼 귀츨라프, 로버트
    토마스, 알렉산더 윌리엄슨)에 대해서는 민경배, 『韓國基督敎會史』, 134-149를 참조.

Capp)이 중국으로 파송되었다. 혼(A. D. Hawn, 1832~1912)은 알렌이 대학에 들어간 후인 1878년 9월부터 24년 동안 델라웨어장로교회에서 시무하면서 알렌이 의료 선교사로 파송되는 데 큰 역할을 하였다. 알렌을 미국 북장로회 해외선교부에 소개한 것이 바로 혼이었다.

이 시절에 알렌은 평생 반려자가 된 프랜시스 메신저(F. A. Messenger, 1859~1948)와 만났다. 그녀는 오하이오주 콜린스(Collins) 출신으로서, 알렌을 만나기 전 선교사로 파송되기로 결심한 바 있었다. 1881년 9월 알렌은 콜럼버스에 있는 스탈링 의과대학(Starling Medical School)에 입학하였다. 여기서 1년 과정을 마친 후 마이애미 의과대학으로 학교를 옮겼다. 이 대학에서 충실한 의학 교육을 받은 후 1883년 3월 마이애미 의과대학을 졸업하였다.

알렌이 의과대학을 졸업하기 직전 델라웨어장로교회의 혼 목사는 1882년 9월 26일, 알렌을 위해 북장로회 선교회에 편지를 보냈다. 이 편지에서 알렌은 자신을 소개하면서 1883년 가을에 파송되기를 희망했고, 특별히 선호하는 선교지는 없지만 중국이 가장 적합할 것이라고 언급했다.

알렌은 1883년 3월 1일 정식 선교사 지원 편지를 보냈는데, 알렌의 선교사 지원 이유는 다음과 같았다. "제가 선교사 임명을 요청하는 이유는 (이것이) 주님에 대한 최고의 봉사이며, 저에게 영원한 행복을 가져다줄 그 사역을 하기 원하기 때문입니다. 저는 수년 전 이 사역을 하기로 결심했으며, 대학을 다니며 준비해 왔습니다. 저는 마이애미 의과대학을 갓 졸업했으며, 올가을에 사역지로 가고 싶습니다. 저는 매우 건강합니다. 저는 키가 185cm이며, 몇 주 후가 되면

25세가 됩니다."

선교본부는 정해진 절차에 따라 3월 26일, 알렌을 중국 선교사로 임명하였다. 알렌의 임지는 산동선교부의 지난푸(濟南附)로 정해졌다. 1883년 5월 17일, 신부 부모의 집에서 메신저와 결혼한 알렌은 담당 총무 엘린우드와 서신을 교환하며 선교 준비를 치밀하게 진행해 나갔다. 그런데 문제가 발생했다. 사임을 하겠다던 지난푸의 의료 선교사 헌터(S. A. Hunter)가 모호한 입장을 취하면서 출국이 지연되었다.

엘린우드는 알렌이 어디에 있든 부임 첫해는 언어 습득이 중요하다며 알렌이 동요하지 않도록 주의를 기울이면서 8월 베이징 및 산동 선교부에 편지를 보내 알렌이 곧 중국으로 떠날 것을 알렸다. 하지만 헌터는 사임을 하지 않았고, 이것이 알렌의 한국행에 결정적인 요인으로 작용했다. 알렌이 처음부터 한국행을 생각한 것은 아니었다.

당시 선교회의 최고의 선교지는 중국이었으며, 인구로 보나 당시의 위상으로 보나 어쩌면 당연한 결과일지 모른다. 알렌도 처음부터 중국선교부에 소속되어 중국을 자신의 선교지로 생각하고 있었다. 반면에 알렌의 전임자 헌트는 한국행을 지원했으나 역시 중국을 더 중요한 선교지로 생각하는 당시 동료 선교사들에 의해 받아들여지지 않았다. 참으로 하나님의 섭리는 묘했다. 전임자 헌트는 한국으로 가지 못하고 중국에서 열심히 일하고 있었고, 상황이 묘하게 돌아갈 때 헨더슨은 알렌에게 외국인 의사가 필요한 서울로 옮겨 가도록 설득했다. 결국 알렌은 선교부에 자신의 한국행을 요청하는 편지를 쓰게 되고 전격적인 결정에 의해 1884년 9월 8일 한국선교부가 탄생하게 되었다. 참으로 기이한 일이 아닐 수 없다.

알렌은 부산을 거쳐 9월 20일 제물포에 도착하고 상하이에서 동행한 중국인 언어 교사와 함께 당나귀를 타고 9월 22일 서울에 도착했다. 그리고 9월 23일 개설된 이후에 의사가 없었던 미국공사관의 무급 의사로 임명되었다. 여기까지가 한국 입국 전까지의 이야기이다.

이 내용을 가만히 들여다보면 우연이라고 하기에는 다 설명되지 않는 일이 있다. 섭리와 예비라는 단어를 떠올릴 만한 이야기들이 그 속에 존재함을 고백하지 않을 수 없다. 이렇게 조선 최초의 개신교 의료 선교사는 자신의 일을 시작하게 되었다.[107] 중국으로 가고자 했던 알렌은 한국으로, 인도로 가고자 했던 언더우드도 한국으로 오게 되었다. 야구로 말하면 '한국선교의 원투펀치'가 탄생하게 된 것이다. 실로 하나님의 은혜라 아니할 수 없다.[108]

1884년 프로테스탄트 선교사로 한국에 처음 입국한 호레이스 알렌은 한국교회사에서 뿐만 아니라 한국의 근대사에도 큰 영향을 끼친 인물이다. 1884년 12월 4일, 알렌에게나 조선에게나 중요한 한 사건, 그 유명한 우정국 개국식장에서 보수파와 개화파의 충돌, 즉 갑신정변이 일어났다. 이 역사적 사건은 김옥균, 박영효, 서재필, 서광범, 홍영식 등 개화당이 청나라에 의존하려는 척족 중심의 수구

---

107 알렌의 내한 이전의 내용은 박형우의 "알렌의 의료 선교사 지원과 내한 배경"을 참고하였다. 김상진, "알렌, 조선 최초의 서양 의료 선교사," 『인물로 보는 연세신학 100년』, 67-75.

108 알렌의 선교사 활동과 이후의 외교관으로서의 행적에 대해서는 위의 책, 81-84을 참조. 알렌의 한국 거주 기간은 20년 6개월 정도이며, 그중 그가 선교사로 일한 기간은 4년 남짓이며, 나머지는 기간은 미국 외교관으로서 일했다. 선교사(宣敎史)에서 유래를 찾아볼 수 없는 성공 사례인 연세의료원의 전신 제중원을 설립하고 그 기초를 다져 한국 개신교계의 모태로 성장시킨 공로만큼, 소위 서양 제국주의 선교사의 전형으로 온갖 오명을 쓰고 저평가 되고 있는 것이 사실이다. 그러나 알렌의 외교관으로서의 행적에 대해서는 재평가되어야 마땅하다. 김상진, "알렌, 조선 최초의 서양 의료 선교사," 67. 더 자세한 설명은 민경배, "알렌의 친한반일 외교의 종언," 『알렌의 선교와 근대한미외교』, 395-421을 참조.

당을 몰아내고 개화 정권을 수립하려 한 무력 정변(쿠데타)이다.

여기서 주목할 일은 갑신정변의 한국사적 위치나 의미가 아니라 사건 중 일어난 한 작은 사건이다. 보수파의 핵심 인물인 민 황후의 조카 민영익이 개화파의 자객의 칼에 일곱 차례나 맞아 절명 상태에 있었다. 당연히 현장에서 죽었어야 할 그가 죽지 않고 부상을 입었다. 이것이 조선에서의 개신교 선교의 문이 활짝 열리는 계기가 될 줄이야 그 누가 알았으랴. 이 엄청난 사건은 조선 복음화를 위한 하나님의 극적 드라마요 거대한 섭리가 아닐 수 없다.

민영익의 상처는 한의학으로 고칠 수 있는 상처가 아니라 수술을 해야 할 상처였다. 이때 고종의 고문인 독일인 묄렌도르프가 알렌을 주선하여 알렌이 수술을 집도하게 되었다. 알렌은 지금 자기 앞에 이 나라의 거물 인사, 보수당의 거두가 누워 있고, 그가 생사의 지척에서 헤매고 있다는 사실을 보았다. 그것은 막다른 골목이었다. "주저하지 않았다"는 말은 뒷날 사람들의 회고담이다.

알렌은 그 시간을 멈추고 싶었고, 떠나고 싶었다. 이 낯선 땅 그리고 누가 보아도 적대적 분위기가 아직 감도는 땅에 이렇게 서 있기 때문이었다. 만일에 말이다. 만약 이 수술이 실패한다면 그것은 자기 개인은 두말할 것도 없고, 그가 대표하고 있는 교회, 자기가 그 국민임을 숨길 수 없는 미국의 체면, 더구나 한국의 장래는 어떻게 될 것인가?

알렌은 민영익의 치료의 중요성을 너무나도 잘 알고 있었다. 이때의 상황을 언더우드는 이렇게 적었다. "그러나 그(알렌)는 또 확실히 알고 있는 것이 있었다. 그리고 그것을 믿었다. 이 고관(高官)을 살려냈을 때 찾아올 영광과 명예, 활짝 열리는 문호 그리고 뜨거운

갈채와 환영, 그것을 알고 있었다."

이때 그의 각오는 대단했다. "하나님, 제가 이제 수술을 담당하게 되었는데, 성령께서 함께하시지 않으면 조선에 선교의 문이 닫힙니다. 이번 수술이 성공적으로 이루어지도록 인도하여 주시옵소서. 아멘."

알렌은 이제 더 생각할 수 없었다. 전능자(全能者) 하나님에게 의지하고, 겸손과 믿음으로 수술용 가방을 열었다. 이 수술은 반드시 성공할 것이고, 그리스도교와 진보는 그 빛나는 성공의 결실로 이 나라에서 그 꽃을 피우고 열매를 맺게 될 것을 믿고 하나님께 맡겼다.

이 극적 장면은 한국의 근대사에서 묵시론적(默示論的) 의미를 가지고 있었다. 반미(反美)와 반한국주권책(反韓國主權策)의 주도인 묄렌도르프의 집에서 보수 수구의 거두가 바로 이들이 혐오하고 경계하던 미국과 그리스도교의 한 상징적 인물에 의해서 이제 희망적인 것이 된 것이다. 과학과 그리스도교의 새 시대를 열게 할 강력한 폭발력 그리고 미국의 이상이 한국에 그 피와 골수 속에서 새 활력을 환기시키는 역사의 동력으로 환영받기 시작한 때의 모습이 이러했다.

수술은 스물일곱 군데를 꿰매고 한군데는 혈관을 경색시켜 잡아매고 심을 넣어 반창고를 붙이고, 상처마다 가제와 붕대로 감았다. 이것은 우리나라에서 지금껏 실시되어 오던 어떠한 한방(漢方) 치료와는 전혀 다른 형태의 의술이었다. 그 의술의 위력이 이 절박한 순간에 입증되려는 시간이었다. 민영익의 완쾌는 3개월이 걸렸다.

죽은 자를 살려낸 알렌은 그 공로를 인정받아 고종과 민 황후로부터 1천 냥의 하사금을 받았다. 그다음 해인 1885년 2월에는 시내 계동에 있는 홍영식의 집을 하사받아 광혜원으로 쓸 수 있게 되었다. 이렇게 해서 알렌 의료 선교사는 자연히 민영익과 왕가의 주치의가 되었다.

세계 교회 계통 문서들은 일제히 이 소식을 만방에 종을 쳐 알렸다. 한국이 옛 한국이 아니고, 이제 그리스도교 문명의 햇빛과 바람이 활짝 열린 대문으로 밀어닥칠 수 있도록 만들었기 때문이다. 민영익 치료로 알렌은 "이 상처 입은 사람을 고치기 위해 하늘이 보낸 특별한 사람"으로 한국에서 알려졌다는 소식이 세계 교회에 울려 퍼졌다.

알렌으로 인해 은둔국이었던 한국에 선교 사업의 길이 열리게 되었다는 찬사가 계속되었다. "우리는 믿습니다. 바로 전능하신 하나님의 경륜(經綸)으로 말미암아 그와 그의 치료가 이 백성들을 준비시켜 복음의 말씀을 받아들이도록 한 것입니다. 이것은 하나님의 섭리시오 그 성령의 지도하심입니다. 알렌 박사의 공로는 바로 이 섭리에 따른 데 있는 것입니다."109

민경배(閔庚培)는 이렇게 말했다. "알렌의 공로와 그 역사적 위치에 대해서 우리는 더 이상의 말로 조리(調理)를 흐리게 할 필요가 없다. 대저 알렌 없이 오늘의 한국과 그 교회가 이만한 자리와 역사에 와 있지는 못하였을 것이다."110 한국사를 총정리한 이선근(李瑄根)은 이렇게 말했다.

"갑신정변에 앞서 미국의 선교사로 의사 알렌이 도래하여 그의 탁월한 신의술이 우정국 문턱에서 저격, 중상당한 민영익의 생명을 구해준 것은 한미 양국의 우호 관계를 가장 밀접하게 만든 기연(奇緣)이 되었으니, 이때부터… 미국서 보내온 선교사라면 왕실에서부

---

109 민경배, 『알렌의 선교와 근대한미외교』, 118-127.
110 위의 책, 128.

터 호의를 가지고 특별히 묵인해주며 돌보아 주는 태도가 생겼다. (…) 이 때문에 세기를 앞서 전래된 천주교에 비하여 미국으로부터 전래된 신교의 그리스도교는 단시일 내에 장족의 발전을 보이게 된 것이 사실이고, 나아가 그들의 부대사업으로 교육, 의료, 학술 면의 모든 시설은 진실로 이 나라에 근대문화를 소개하는 영광을 차지할 수 있었다. 따라서 우리 겨레가 '자유'와 '민주'를 알고 '평등'과 '박애'를 알게 된 것도 정녕 이때부터였으니, 한국 근대문화에 '아메리카적'인 요소가 다른 서구 제국(諸國)의 그것보다도 가장 뿌리 깊게 박힌 것은 결코 심상한 인연에서 이루어진 것도 아니었다."111

알렌의 민영익 치료 사건은 일본을 의지하여 한국을 근대화시키고자 한 인간적 노력은 무참히 실패로 끝난 반면에 한국을 복음화시키고자 한 하나님의 전략은 멋지게 성공한 드라마틱한 사건이다. 여기서 우리는 인간의 세속적 역사를 통해서 그의 나라를 확장해 가시는 하나님의 섭리를 대하게 된다. 하나님은 인간을 통하면서도 인간이 계획하지 못했던 방법을 통해서 그의 목표를 이루어 가신다.

아펜젤러와 언더우드의 운명적 만남

하나님은 한국 프로테스탄트 교회 부흥을 위해 두 위대한 선교사를 예비하셨는데, 아펜젤러(1858~1902)와 언더우드(1859~1916)가 그들이다. 이 두 사람의 관계를 잘 말해 주는 상징적 건물이 있다. 연세대학교 정문에서 백양로를 따라 올라가면 중앙에 언더우드 동상이 서 있는데, 그 뒤편 건물이 언더우드관이고, 오른쪽이 아펜젤러

---

111 이선근, 『韓國史 最近世篇』, 745.

관이다. 특히 아펜젤러(H. G. Appenzeller, 亞篇薛羅)와 언더우드(H. G. Underwood, 元杜尤)의 패밀리 네임이 똑같은 'H. G.'이기에 한국의 선교는 두 'H. G.'가 그 문을 열었다는 말도 있다. 두 사람은 언제, 어떻게 만나 평생의 동지가 되었을까?

아펜젤러는 독일계 스위스인으로 독실한 개혁교회 신자였던 아버지와 같은 독일계 미국 이민자로서 메노나이트 교인이었던 어머니 사이에서 신앙적 훈련을 받으며 성장했다. 이미 부모가 다른 교파에 속해 있었음에도 서로를 이해하는 가정 분위기는 아펜젤러에게 교파적 다양성과 존중 및 상호협력을 어린 시절부터 체득하게 했다.

처음부터 감리교에서 성장하지 않고, 개혁교회, 메노나이트, 장로교회를 경험한 뒤 감리교에 안착한 아펜젤러의 다양한 교파적 체험은 언더우드가 영국에서 회중교회를 경험한 뒤, 미국에 와서 화란개혁교회를 출석했고, 그 전통의 뉴 브런스윅(New Brunswick)신학교에 다니면서도 그 지역에 구세군(the Salvation Army) 지부를 처음으로 창설한 모습과 유사하다. 언더우드는 훗날 한국에서도 구세군의 가장 적극적인 후원자이자 친구가 되어 주었다. 이처럼 아펜젤러와 언더우드는 이미 '교파'(Denominations)가 가지는 한계에 대해서 깨닫고, 에큐메니컬 동지의 성장 배경을 지니고 있었다.

두 사람은 신학교 재학 당시 폭발적인 반향을 일으키고 있던 학생자원운동(SVM, Student Volunteer Movement for Foreign Missions)에서 비로소 처음 만나게 된다. 19~20세기 미국 개신교가 해외에 파견한 모든 선교사의 반 이상은 이 운동에서 모집되었다.[112]

---

112 류대영, 『초기 미국 선교사 연구(1884~1910)』, 53. 류대영의 연구에 따르면, 1905년부터 1909년까지 한국에 새로 입국한 미국 선교사는 135명으로 추정되는데, 이 가운데 81명이 SVM을 통

다수의 내한 선교사들이 다닌 프린스턴, 유니온, 맥코믹, 드류 등의 신학교는 그 교단적, 신학적 다양성에도 불구하고 경건과 선교의 열망이라는 19세기 복음주의적 특색을 공유하였다.[113]

언더우드는 뉴 브런스윅신학교 대표 자격으로 1883년 10월에 코네티컷주 하트포드(Hartford)에서 열린 전국신학교연맹(The Inter-Seminary Alliance) 대회에 참석하였는데, 이곳에서 드류신학교 대표로 참석한 아펜젤러와 처음 만나게 된다.[114] 이곳에서 두 'H. G.'는 한국 최초의 선교사로 운명적 만남을 하게 되었다.

아펜젤러가 신학교 졸업반이었던 1884년에는 미국 감리회 해외선교부가 일본 맥클레이 선교사의 요청을 받아들여 한국 선교 착수를 결정하였다. 의료 선교사로서는 예일대 의학부 출신의 스크랜턴(W. B. Scranton)이 정해졌으나, 교육 선교사로 내정된 이가 중도 포기하는 바람에 결국 당초 일본을 염두에 두고 있던 아펜젤러가 한국에 오게 되었다. 언더우드는 애초에 인도행을 준비하고 있었으나 한국으로 급선회하게 된 일화는 유명하다. 이러한 우여곡절과 인사 사고의 발생으로 인해 두 'H. G.'는 한국에서의 숭고한 인연을 이어가게 된다.[115]

한국행을 확정할 무렵, 아펜젤러는 1884년 12월 17일에 랭카스터 제일감리교회에서 침례교도였던 엘라 닷지(Ella Dodge)와 결혼식을 올렸다. 1885년 1월 14일 드류신학교 교수와 동료들의 환송식

해 지원한 사람들이었다. 이들은 대부분 4대 주류교단 선교부(북장, 남장, 북감, 남감) 출신이었다. 위의 책, 51.

113 위의 책, 55.

114 위의 책, 102.

115 홍이표, "아펜젤러: 연세신학의 마중물," 『인물로 보는 연세신학 100년』, 35-36.

을 받은 뒤, 아펜젤러 부부는 대륙 횡단 기차를 타고 서부로 가, 1885년 2월 3일에 샌프란시스코에서 한국행 배인 아라빅(Arabic)호를 탔다. 그 배에는 스크랜턴 부부도 타고 있었다. 24일 만인 2월 27일에 일본 요코하마(橫濱)에 도착한 아펜젤러는 도쿄(東京)에 머물면서 맥클레이 선교사[116]와 제1회 한국 선교사 회의를 열었으며, 그때 파울러 감독에게 한국 선교회의 부감리사 임명을 받았다.

3월 23일, 요코하마를 떠나 나가사키(長崎)에 도착한 아펜젤러 부부는 그곳에서 다시 언더우드와 재회한다. 며칠 머문 뒤 3월 31일에 미쓰비시의 한국행 정기선(S. Maru 호)를 타고 한국으로 향했다. 4월 5일, 인천 제물포항에 선교의 첫발을 함께 내디딘 것이다.[117]

한국 기독교회사의 여명을 밝힌 두 사람이 인천에 들어오던 배 안에서 가슴에 품고 있었던 것은 이수정(李樹廷)이 번역하여 1885년 2월 요코하마에서 인쇄된 『신약 마가젼 복음셔 언해』등의 한글 성서였다는 사실은 유명한 일화다. 아펜젤러가 느낀 그날의 감격은 기도문으로 보고되었다.[118]

한편, 두 사람이 인천에 도착했을 당시는 1년 전 발생한 갑신정변의 여파로 한양의 정세가 여전히 혼란스러웠다. 그 결과 입경(入京)

---

116 아펜젤러와 언더우드보다 먼저 조선에 입국(1884년 6월 24일)하여 아펜젤러와 언더우드의 한국선교를 도운 맥클레이 선교사는 한국교회가 잊지 않고 기억해야 할 위대한 선교사이다. 더 자세한 설명은 안영로, 『한국교회의 선구자 언더우드』, 49-54, 72-81.

117 위의 책, 36-37. 함태경은 "1885년 4월 5일 부활절은 한국기독교사에서 영원히 기억돼야 할 역사적인 날"이라며 "이 땅의 젊은이들은 이들 서구 선교사의 의료 및 교육 선교를 통해 서양 문화와 기독교에 대해 새롭게 눈을 떴다"고 말했다. 함태경, "구한말~일제시대 반봉건 반외세 앞장: 한국학생선교운동의 여명기," 「국민일보」(2004. 4. 26.), 36.

118 "우리는 부활절에 이곳에 도착했습니다. 오늘 사망의 빗장을 산산이 깨뜨리시고 부활하신 주께서 이 나라 백성들이 얽매어 있는 굴레를 끊으시고 그들에게 하나님의 자녀가 누리는 빛과 자유를 허락하여 주옵소서." Henry G. Appenzeller, "Our Mission in Korea," *Gospel in All Land* (July 1885), 328. 이만열, 『한국기독교사특강』, 45-46.

을 추진한 독신 청년 언더우드와 달리, 아펜젤러는 만삭이 된 부인과 함께 일본으로 돌아갔다. 결국 공식적으로 서울 땅을 밟은 최초의 선교사는 장로교의 언더우드가 된 것이다. 그곳에서 장로교 출신의 공사관 알렌(H. N. Allen)이 이미 2월에 제중원(濟衆院)을 설립하여 운영 중이었다.

언더우드의 서울에서의 최초 활동이 제중원에서 물리와 화학 등을 가르친 사실은 이후 연세대학의 역사가 그 여명기부터 언더우드와 함께하였던 증거이다. 그런데 1885년 5월 3일 미국 감리교회의 목사이자 의사인 스크랜턴이 아펜젤러보다 먼저 입국하였고, 6월 26일에는 아펜젤러 부부가 재입국했다. 스크랜턴은 서울에 도착하자마자 알렌과 언더우드를 도와 제중원에서 활동을 시작했다. 이는 감리교 의료 선교사가 장로교 선교사들과 교파를 초월해 함께 협력한 의미 있는 장면이다. 제중원(훗날 세브란스병원)은 장로교의 교파주의 병원(의학교)이 아닌 초교파적 연합 정신에 의거한 기관으로 거듭날 수 있는 단초가 마련된 것이다.

이와 같이 장로교와 감리교의 연합 정신이 꽃피는 가운데 아펜젤러도 곧 서울에 합류하여 '정동'(貞洞)을 중심으로 언더우드와 길 하나를 사이에 두고 목회 및 교육 선교의 협력을 이어 나갔다. '새문안교회와 정동제일교회' 그리고 '언더우드학당(경신학교)과 배재학당'119은 그렇게 한 공간에서 선의의 경쟁을 펼치는 가운데 서로를

---

119 아펜젤러는 1885년 11월에 미국 공사 폴크를 통해 고종으로부터 학교설립 허가를 얻어 1886년 6월 8일 2명의 학생으로 정식 학교를 시작했다. 이것이 한국 근대교육의 효시인 배재학당(培材學堂)이다. 이 학교는 문을 열자마자 학생들이 몰려들어 불과 5개월 만에 학생 수가 32명에 이르렀다. 이처럼 학생들이 늘어난 것은 종교적 관심 때문이 아니었다. 영어를 배워 출세하려는 현실적 목적 때문이었다. 이들에게 "왜 영어를 배우려 하시오?" 물으면 거의 공통된 대답이 "벼슬을 얻기 위해서요"라고 했다. 한국기독교사연구회, 『한국 기독교의 역사 I』, 197.

자극하며 협력하는 등, 하루하루 성장을 거듭해 갔다.

1885년 말부터 2, 3명씩 학생을 가르치던 아펜젤러는 1886년 초부터는 매 주일 일본인들을 모아 성경공부를 시작했다. 그해 가을에는 참가자가 12명으로 불어났다. 이와 함께 1886년 4월 25일 부활주일에는 역사적인 '한국에서의 최초의 세례 의식'이 거행되었다. 그때 아펜젤러의 집례를 보좌한 이가 다름 아닌 언더우드였다. 성례전의 주인공은 스크랜턴의 딸인 마리온(Marion F. Scranton)과 아펜젤러의 큰딸인 엘리스(Alice Rebecca) 그리고 일본인 하야가와(Hayakawa Tetzya, 서울주재 일본공사관 통역자) 등 3명이었다.

이후 1886년 7월 18일, 언더우드는 서울에서 한국인 최초의 세례식을 거행했는데, 이때에도 두 사람의 협력으로 노춘경(盧春京, 알렌의 어학 선생)에게 베풀었다. 이후 이 두 사람은 1886년부터 이수정 역『신약마가전복음셔언해』의 개역 작업을 시작하여 이듬해 봄에 『마가의젼흔복음셔언해』를 요코하마에서 출판했다. 두 사람의 열정은 갈수록 불붙어 1887년 2월 7일에 성서번역위원회를 조직하고 언더우드가 그 회장에 취임하게 되었다.

노춘경 세례 이후 언더우드는 1887년 1월부터 9월 26일까지 12명에게 세례를 주었다. 이들 세례자가 중심이 되어 1887년 9월 27일에 정동장로교회를 발족하게 되는데, 이것이 한국 최초의 '조직교회'인 새문안교회다. 아펜젤러도 '벧엘예배당'을 설립해 1987년 10월 9일에 첫 공중예배를 드렸는데, 이것이 오늘날 '정동제일교회'다. 한국 초기의 선교 역사는 그야말로 두 'H. G.'의 활약상 그 자체였다.[120] 내한하기 이전부터 이미 일본에서 아펜젤러와 선교적 동지애(同志

---

120 홍이표, "아펜젤러: 연세신학의 마중물,"『인물로 보는 연세신학 100년』, 38-41.

愛)를 지녔던 언더우드는 비록 미국 장로회 파송 선교사였지만 감리교에 깊은 존경과 애정을 지니고 있었다. 선교 초기에는 감리교 이적까지 심각하게 고민할 정도였다. 이러한 두 사람의 관계는 한국에서 장로교와 감리교가 서로 갈등하거나 대립하지 않고 협력하는 기초요 반석이 되었다. 문서선교와 성서 번역 및 찬송가 간행, 신학교 운영 등 두 사람의 신뢰와 협력은 곧 한국 에큐메니컬 운동의 효시였다. 그로 인해 언더우드는 장로교 내부로부터 소외를 겪는 아픔도 있었다.

아펜젤러는 비록 선박 침몰 사고로 1902년에 주의 곁으로 먼저 떠났지만, 그의 에큐메니컬 정신은 고스란히 언더우드에게 계승되었다. 아펜젤러는 연세 신학의 '마중물'(priming water)과 같은 존재였다. 언더우드는 특유의 관용과 포용력 그리고 열정은 갈라진 교파, 교회들을 하나로 모으고 조화시키는 에큐메니즘을 실천함으로써 아펜젤러라는 인물의 무게감을 더해 주었다.

언더우드 동상 기단부에는 위당(爲堂) 정인보 선생이 쓴 비문이 있는데, 마지막에 "뉘 박사의 일생을 57세라 하느뇨. 박사 의연 여기 계시도다"라는 글귀로 마친다. 하지만 그 동상에서 왼편의 아펜젤러 관을 바라보면 절로 이 말 읊조리게 된다. "뉘 목사의 일생을 44세라 하더뇨. 목사 의연 여기 계시도다."121

---

121 위의 책, 65-66.

언더우드 선교사의 위대한 생애

한국 선교 사상 청사(靑史)에 길이 빛날 언더우드(元杜尤, 원두우) 선교사는 57세의 삶을 살다 갔다. 그를 기린다는 의미에서 그가 세운 연세대학교에는 그의 동상이 서 있고, 비문에는 영문으로 Messenger of God(하나님의 사자), Follower of Christ(그리스도의 추종자), Friend of Korea(한국민의 친구)라는 문구가 쓰여 있다.[122] 필자는 언더우드를 가리켜 이렇게 말하고 싶다. "인생 전체가 오직 한국민과 한국교회를 위해 하나님이 보내신 사람"이라고.[123]

하나님은 '사무라이 문사 후쿠자와 유키치'가 죽던 해(1901)에 '평화의 선비 김교신 선생'을 조선에서 태어나게 했듯이, '사무라이 무사 요시다 쇼인'이 죽던 해(1859)에 '평화의 사도 언더우드 선교사'를 조선에 보내셨다. 이는 한국교회를 넘어 한국민의 은총이자 엄청난 축복이었다. 한국 프로테스탄트 교회의 역사는 선교사 언더우드가 한 알의 밀알처럼 조선 선교에 헌신하기로 하면서 자신의 심경을 토로한 기도 "뵈지 않는 조선(朝鮮)의 마음"의 성취였다고 말할 수 있으리라.

오, 주여! 지금은 아무것도 보이지 않습니다.

주님, 메마르고 가난한 땅

나무 한 그루 시원하게 자라 오르지 못하고 있는 이 땅에

---

122 최재건, 『언더우드, 의연히 여기 계시도다』, 134.
123 이형자는 디아스포라 선교사의 모델이 된 언더우드를 가리켜 "미국에서 한국으로 온 뒤 이 땅에 뿌리를 내린 미국의 디아스포라"라고 말했다. 이형자, 『한민족 디아스포라 1』, 217.

저희들을 옮겨와 앉히셨습니다.

그 넓고 넓은 태평양을 어떻게 건너왔는지

그 사실이 기적입니다.

주께서 붙잡아 뚝 떨어뜨려 놓으신 듯한 이곳,

지금은 아무것도 보이지 않습니다.

보이는 것은 고집스럽게 얼룩진 어둠뿐입니다.

어둠과 가난과 인습에 묶여 있는 조선사람뿐입니다.

그들은 왜 묶여 있는지도,

고통이라는 것도 모르고 있습니다.

고통을 고통인 줄 모르는 자에게 고통을 벗겨주겠다고 하면

의심부터 하고 화부터 냅니다.

조선 남자들의 속셈이 보이지 않습니다.

이 나라 조정의 내심도 보이질 않습니다.

가마를 타고 다니는 여자들을 영영 볼 기회가 없으면

어찌하나 합니다.

조선의 마음이 보이지 않습니다.

그리고 저희가 해야 할 일이 보이지 않습니다.

그러나 주님, 순종하겠습니다.

겸손하게 순종할 때 주께서 일을 시작하시고,

그 하시는 일을 우리들의 영적인 눈이

볼 수 있는 날이 있을 줄 믿나이다.

"믿음은 바라는 것들의 실상이요,

보지 못하는 것들의 증거니…"라고 하신 말씀을 따라

조선의 믿음의 앞날을 볼 수 있게 될 것을 믿습니다.

지금은 우리가 황무지 위에 맨손으로 서 있는 것 같사오나
지금은 우리가 서양 귀신, 양귀자라고 손가락질받고 있사오나,
저들이 우리 영혼과 하나인 것을 깨닫고
하늘나라의 한 백성, 한 자녀임을 알고
눈물로 기뻐할 날이 있음을 믿나이다.
지금은 예배드릴 예배당도 없고 학교도 없고
그저 경계와 의심과 멸시와 천대함이 가득한 곳이지만
이곳이 머지않아 은총의 땅이 되리라는 것을 믿습니다.
주여! 오직 제 믿음을 붙잡아 주소서!

언더우드 선교사는 어둠과 가난과 고통의 땅 조선이 언젠가는 '은총의 땅'이 될 것을 믿음의 눈으로 바라보면서 머나먼 태평양을 건너 조선에 왔다. 그리고 4대(본인 원두우, 아들 원한경, 손자 원일한, 증손자 원한광, 원한석)에 걸쳐 언더우드 일가는 100년 동안 한국교회와 한국 사회를 위해 봉사했다. 그야말로 그들이 받은 복음을 나누어 주는 통로(창 12:3)로서의 선교적 사명을 모범적으로 보여준 전형이었다. 언더우드는 미국에서 치료 중에 하나님의 부름을 받았지만, 그의 유해는 아내 및 아들, 손자들과 더불어 양화진124에 묻혀 있다.

그의 형 존 토마스는 뉴욕에서 언더우드 타이프라이트 사를 세우고 사업에 대성하였다. 존은 막대한 재정 지원으로 동생의 한국 사역을 도왔고, 세계 선교에도 크게 기여하였다. 언더우드가 성경을 새로

---

124 양화진에 있는 '언더우드 가족묘'에 대해서는 담양, 『양화진 순례길』, 292-298을 참조.

번역하여 찬송가를 편찬해 낼 때 경비와 출판비를 지원하였다. 동생 언더우드가 대학을 세우기 위해 신촌의 연세대학 부지를 매입할 때 재정을 지원하여 가장 큰 도움을 주었다. "언더우드 일가의 정신과 공적은 우리 겨레의 사랑과 함께 영원히 살아 있을 것이다"라는 양화진 언더우드가의 비문처럼 실로 그의 가문은 대를 이어 몸과 마음과 물질을 바쳐 한국을 섬겼다.125

고종은 그의 공을 기려 태극훈장을 내렸다. 1963년 광복절 18주년을 기념하는 자리에서 한국 정부는 다시금 대통령상을 내렸다. 조선예수교장로회는 1927년 새문안교회당 안에 기념비를 세웠다. 그리고 연세대학교는 그의 공적을 인정하여 학교 중앙에 그의 동상을 세우고, 본관을 '언더우드관'이라고 명명했다. 그들이 이룩한 선교 업적은 청사에 길이 빛날 업적이었으며, 한국교회를 넘어 세계 교회의 자랑이 아닐 수 없다.

언더우드는 1859년 7월 19일, 영국 런던에서 태어나 부모를 따라 미국으로 건너왔다. 그는 경건한 부모 밑에서 신앙훈련을 받으며 성장했고, 그가 네 살 되던 해에 인도 선교사의 간증에 감동을 받고 선교사가 되겠다고 결심했다. 장성하여 인도 선교를 지망한 것도 그때 받은 감동이 남아 있었기 때문이다. 그러나 하나님의 계획은 달랐다. 하나님은 일단 그를 철저히 선교사가 되기 위한 훈련을 시키셨다.126

그가 한국 선교사로 소명 받은 일화는 너무나도 유명하다. 그가 신학교에 입학할 당시에는 인도에 가서 선교 활동을 하려고 했으나

---

125 최재건, "언더우드, 의연히 여기 계시도다," 『인물로 보는 연세신학 100년』, 86.
126 위의 책, 88-90.

신학교 재학시절에 일본 선교사이던 알트멘스 박사를 알게 되어 선교의 방향을 바꿨다. 알트멘스 박사는 어느 모임에서 한국을 소개하면서 한국으로 갈 선교사 지망생을 물색하고 있었다. "…1882년 Korea는 미국과 통상조약을 맺었습니다. 이 나라에 선교할 기회가 온 것입니다. 그런데 인구 1천 3백만이나 되는 이 나라는 아직 복음에서 방치된 상태에 있습니다. 미국 선교부는 이 나라에 선교사를 보내야 할 것입니다."

그러나 미국 선교부에서는 한국의 배타적인 국내 사정을 이유로 시기상조라는 신중론이 우세하여 한국 선교는 주춤한 상태에 있었다. 언더우드는 인도보다는 한국에 가서 복음을 전해야겠다고 굳게 결심했다. 그는 선교부에 여러 차례 한국 파송을 요청했으나 선교부는 이를 탐탁하게 여기지를 않고 차일피일 미루기만 했다. 물론 한국 선교에 대해서는 예산도 책정되어 있지 않았다. 그리하여 언더우드가 실의에 빠져 있을 때 뉴욕의 어느 교회로부터 목회를 맡아 달라는 청빙을 받았다.

언더우드는 망설이지 않을 수 없었다. 이것을 받아들일 것인가? 아니면 선교부의 허락을 기다릴 것인가? 그러나 선교부의 허락은 가망이 없었다. 그렇다고 언더우드가 허송세월만 하고 있을 수 없었다. 며칠을 두고 망설이던 끝에 뉴욕교회에 목회를 승낙하는 편지를 써서 우체통에 넣으려 했다. 우체통에 그 편지를 막 집어넣으려는 순간(!) "아무도 한국에 가는 사람이 없다"라는 음성이 어디선가 들려오는 것이었다(그 순간은 그의 일생과 한국교회의 운명을 좌우하는 카이로스적 순간이었다).

그는 우체통에 넣으려던 편지를 부치지 않고 그 길로 선교부 사무실로 갔다. 마침 사무실에는 실무를 담당한 엘린우드 박사가 있었다. 언더우드는 자기를 한국으로 보내달라고 간청했다. 때마침 선교부 이사 맥 윌리엄스라는 사람이 한국 선교에 비상한 관심을 가지고 선교사를 파견해 달라고 1천 달러를 보내 왔다. 그러자 선교부에서는 언더우드 목사를 한국에 보내기로 결정하고 이 사실을 언더우드에게 알리려던 참이었다.

그는 1884년 7월 28일, 북장로교의 한국 선교사 제1호로 임명되었다. 그러나 그의 형제들은 그의 한국행을 극구 반대했다. 이런 반대에도 불구하고 그는 결심을 굽히지 않고 한국 선교사로 가기로 자원했다. 1884년 12월 22일경에 뉴욕을 기차로 출발하여 샌프란시스코에서 배를 타고 태평양을 건너 1885년 1월 25일, 일본 요코하마에 도착했다. 아펜젤러보다 한 달 앞선 도착이었다.[127]

언더우드는 우선 조선어를 배우는 일이 시급하다고 판단되어 이수정이 자주 드나드는 미국성서공회 총무 루이스 선교사 댁에 숙소를 정하고 이수정으로부터 조선어를 배우기 시작하였다. 그리고 때마침 1884년 12월 4일, 갑신정변의 실패로 일본에 망명해 온 김옥균, 박영효 등 개화파 인사들도 이수정을 통해서 만날 수 있었다. "저는 조선에 선교사로 갈 언더우드라고 합니다. 이렇게 만나게 되어서 반갑습니다." 김옥균, 박영효는 그의 조선어 인사말에 깜짝 놀라 칭찬을 극진히 해 주었다. 그리고 일본으로 망명해 온 개화파에게서 조선의 실정을 듣게 되었는데, 이것은 그에게는 아주 유익한 정보들이었다.[128]

---

127 길원필, 『내 사랑 코리아』, 72-74.
128 안영로, 『한국교회의 선구자 언더우드』, 67-71

약 2개월간 머물면서 이수정을 통해 한국어를 학습하던 언더우드는 아펜젤러 부부와 함께 요코하마를 떠나 일본 가톨릭 성지인 나가사키로 향했다. 순교지인 나가사키의 니시자카 언덕으로 안내받아 가톨릭 선교사들의 순교 이야기를 듣는 순간 그들은 각오를 새롭게 하게 되었다. 언더우드는 이 이야기를 듣는 순간 자신도 모르게 그만 눈시울이 뜨거워졌다. 그 역시 조선에 가서 순교할 각오를 하게 되었다.[129]

3월 31일 나가사키항을 출발한 배는 부산에 도착한 뒤 다시 4월 3일 부산을 떠나 4월 5일 드디어 부활절 날에 인천 제물포항에 도착했다. 이때 그들의 손에는 이수정이 번역한 마가복음이 들려 있었다. 저들은 선교사가 피선교지에 첫발을 내디디므로 한국 땅에 인 쳐질 하나님의 사자로서의 영광을 의식하여 서둘던 중에서도 레이디 퍼스트의 신사도를 발휘하여 아펜젤러 부인이 먼저 첫발을 내디뎠다는 재미있는 일화를 남기기도 했다.[130]

그런데 이미 언급했듯이 아직 갑신정변의 여파로 이들은 한양에 곧바로 들어갈 수가 없었다. 초대 주한미국공사 푸트(L. H. Foote)의 후임으로 부임한 미국 대리공사 폴크(G. C. Foulk)는 아펜젤러 부부에게 서울 입성을 보류하라는 기별을 하였다. 이 말을 듣고 아펜젤러는 부인과 함께 일본으로 돌아갔다. 하지만 언더우드는 입경을 감행하여 서울에 도착하였다. 그리고 서울에 있는 알렌의 제중원 교사로 활동을 시작하면서 한국에서의 그의 위대한 선교사역이 시작되었다.[131]

---

129 위의 책, 82-88.
130 길원필, 『내 사랑 코리아』, 74.

청사(靑史)에 길이 빛날 언더우드의 업적

당시는 법적으로 선교 활동이 허용되지 않았다. 언더우드보다 6개월여 먼저 내한한 북장로회 선교사 알렌도 미국공사관 공의(公醫) 신분이었다. 그래서 언더우드는 먼저 알렌의 허락을 받아 제중원에서 선교사역을 시작하였다. 의학도들에게 물리와 화학, 영어를 가르쳤으며 행정, 약제사를 비롯하여 수술하는 알렌을 도와 하루 70명의 환자도 돌보았다. 그는 여러 기술, 의료 분야까지 다방면에 준비된 선교사였다.

언더우드의 위대한 업적은 한글과 관련된 것이다. 한글은 선교사들이 선교 활동을 위한 공식 언어이고, 성경을 한글로 출간했기 때문에 기독교가 전파되는 곳에는 한글이 보급되었다. 최현배 박사는 기독교 때문에 한글이 살았고 한글 때문에 기독교가 빨리 전파되었다고 했다. 한글이 세계적으로 우수한 문자라고 인정받은 것도 언더우드와 게일 등의 선교사들이 그 우수성을 널리 홍보한 데서 비롯되었다.

세종대왕은 모든 백성이 쉽게 글을 쓸 수 있도록 한글을 창제했으나, 조정에서 사용하지 않았고, 민간에서 대중화되지 못했다. 그런데 아이러니하게도 한글은 1801년 신유박해 때 공문서에서 처음 사용되었다. 당시 가톨릭 교인들이 교리 공부를 위해 일반인들보다 한글을 더 잘 숙지하고 있다는 사실을 안 정조 임금은 한문과 한글로 전국에 천주학을 믿지 말라는 내용의 '척사윤음'(斥邪綸音)을 반포했

---

131 위의 책, 98. 아펜젤러 부부는 조선의 국내 사정이 안정되었다는 사실이 알려지면서 그해 6월 20일 서울에 입성하여 오늘날 정동교회가 있는 자리에 정착하게 되었다.

다. 그 후 리델을 비롯한 프랑스 신부들이 '한불사전'을 만들었다.

개신교 진영에서는 만주에서 선교 활동을 하던 존 로스가 한국어 입문서인 *Corean Primer*(1877)를 맨 처음 펴냈고, 그의 동료인 맥킨타이어가 *Notes on the Korean Language*(1879)를 간행했다. 그러나 본격적인 한글 연구와 대중화 작업은 언더우드가 시작하였다. 그는 이미 일본에서 한글의 우수성을 알아차렸다. 그리하여 성경, 찬송가, 전도 문서, 신문, 기타 기독교 서적을 한글로 간행했다. 서민들이 쓰는 한글이 기독교 복음 전파에 더 효율적이라고 판단했기 때문이다. 그래서 언더우드를 '한글의 재창조자'라고 부르기도 한다.[132]

또한 언더우드는 내한한 지 1년도 안 되어 동료들과 어학 선생의 도움을 받아 문법책을 거의 완성했으며, 3년여에 걸친 편찬 작업 끝에 두 권의 책을 1890년 요코하마에서 출간했다. 두 번째로 발행된 『한어자전』(영한사전)은 1부(한영부, 197쪽)와 2부(영한부, 97쪽)로 구성되어 있다. 1915년에야 후손들에 의해 약간 보완된 『한어자전』의 영한부는 오늘날 수많은 사람이 애용하는 각종 영한사전의 효시가 되었다.[133]

언더우드의 또 하나의 위대한 업적은 '성경의 한글 번역'이다. 그는 성경을 한글로 번역하는 일을 가장 중요한 일로 생각하였다. 이미 언급했듯이 일본에서는 이수정 역이 발행되었고, 만주에서는 로스 역이 발행되었다. 여기서 하던 얘기를 잠시 멈추고 만주에서의 성경 번역과 교회 상황을 잠시 언급하고자 한다.

1872년 스코틀랜드 연합장로교회 선교사 매킨타이어(J. Macintyre,

---

132 최재건, "언더우드, 의연히 여기 계시도다," 『인물로 보는 연세신학 100년』, 91-94.
133 위의 책, 94-95.

馬勤泰, 1837~1905)에 이어 로스(J. Ross, 羅約翰, 1841~1915)가 중국 선교사로 파송되어 왔다. 로스는 1874년 10월, 봉황성 아래에 있는 고려문(高麗門, Corean Gate)을 방문하였다. 로스는 50대의 한 상인에게 한문 신약성경과 『훈ᄋ진언』(訓兒眞言)을 건네주었다. 그가 바로 백홍준(白鴻俊)의 부친이었다.

로스의 두 번째 고려문 방문은, 1876년 3월의 강화도조약에 의한 한국 문호개방 소식에 자극을 받아 4월 말에 이루어졌다. 여기서 로스는 의주 상인 이응찬(李應贊)을 만났다. 그 후 로스는 서상륜(徐相崙)을 만났는데, 서상륜은 만주의 개항장인 영구(營口)에 왔다가 열병에 걸려 사경에 헤맸다. 헌터(J. M. Hunter) 의사의 치료를 받게 된 서상륜은 이때 매킨타이어의 전도를 받고 완쾌 후 로스에게 소개되었다. 1879년은 한국 교회사에 길이 기억될 해다. 그 까닭은 이해에 백홍준과 이응찬을 비롯한 4명의 한국인이 매킨타이어로부터 세례를 받았고, 이에 따라 한국 개신교 최초의 신앙공동체가 형성되었기 때문이다.

한편, 조선의 쇄국으로 인해 직접 선교사들이 들어갈 수 없는 상황에서 로스는 머지않아 선교의 문이 열릴 것을 믿으면서 성경 번역 사업을 정력적으로 추진했다. 로스가 이응찬의 도움으로 번역을 시작한 1877년부터 신약전서인 『예수셩교젼셔』가 간행되는 1887년까지의 10년의 기간을 두고 볼 때 우리는 앞날을 내다보는 그의 신앙적인 안목과 그 일에 피땀을 쏟았던 수많은 한국인 개종자들의 노고에 감사하지 않을 수 없다.

로스는 흑암 아래 사는 1,200여만 명의 영혼에게 성경을 전해야 한다는 강렬한 사명감을 가지고 선교의 문이 열릴 때를 바라보며 번역에 임했다. 여기서 한글의 우수성이 번역을 촉진시켰던 점을 주목해야 하는데, 그 까닭은 한문이 극소수 학자층에게만 이해가 용이한 반면 민중의 언어인 한글은 습득이 용이하고 번역에 있어 한문보다 정확하기 때문이었다.

서상륜은 우리말로 성경을 번역하는 일을 하면서 로스와 매킨타 이어 두 선교사에게 한국어의 묘한 점을 교수하였다. 이로 인해 존 로스는 1883년 1월, "한국의 글자는 현존하는 문자 가운데서는 가장 완전한 문자"라고 경탄해 마지않았다. 마침내 1882년 가을, 누가복 음과 요한복음을 세상에 내놓았다. 이어서 1883년에는 사도행전과 마가복음을 간행하였고, 1884년에는 마태복음을 간행하였다. 1887 년에는 마침내 『예수셩교젼셔』라 하여 신약성서 전부를 번역, 간행 하였다.

서상륜은 이 성경을 가지고 다니면서 남만주를 비롯하여 서울을 왕래하며 피곤한 줄 모르고 이 구원의 책을 반포했다. 권서인(勸書人) 서상륜은 가는 곳마다 놀라움을 주었다. 언더우드는 이수정의 성경 을 끼고 왔을 때, 그것이 한국 최초의 성서인 줄 알았으나 그는 얼마 되지 않아서 서상륜이 벌써 시골에다 로스판 성경을 전파하고 다니 는 것을 보고 깜짝 놀랐다.[134]

언더우드는 내한한 지 1년여 만에 아펜젤러와 함께 이수정 역의 마가복음서를 고쳐서 출간했다. 그는 1887년 2월에 성경전서를 번 역, 출판, 보급하기 위한 '상설성경위원회'를 구성하였고, 이를 그해 4월에 '한국상설성경위원회'로 개명하여 그 밑에 '번역위원회'와 '개

---

134 '만주에서의 성경 번역에 대한 더 자세한 설명은 한국기독교사연구회, 『한국 기독교의 역사 I』, 142-156을 참조.

정위원회'를 두었다. 1893년에는 '상설성경실행위원회'를 구성하였다. 성경 번역에는 언더우드 외에 북감리교 선교사들인 아펜젤러와 스크랜턴과 존스, 북장로교 선교사들인 피터스와 게일, 남장로교 선교사인 레이놀즈 등과 한국인 김정삼, 이원모, 이승두 등이 한국어 번역위원으로 크게 공헌하였다.

성경 번역과 출판은 세 단계로 진행되었다. 첫 단계에서는 번역위원이 각자 맡은 부분을 단독으로 번역하고, 두 번째 단계에서는 각 위원이 번역한 사역본을 동료 위원들이 함께 읽고 비판하고 제언한 후에 이를 바탕으로 그 위원이 다시 임시번역본을 제출하게 하였으며, 세 번째 단계에서는 이 임시번역본에 대한 독회를 열어 토론한 후에 다수결로 채택하고 임시로 출판해 3년간 사용하게 하였다. 이러한 과정을 거쳐 마침내 1906년에 번역위원회가 각 개인의 것을 개정한 신약성서가 출간되었다. 구약까지 완간된 것은 1911년에 이루어졌다.

1911년 조선성서공회 회관이 건립되었을 때 언더우드는 그 초석을 놓았다. 그는 소천할 때까지 번역위원회 위원장의 직무에 충성했다. 아펜젤러도 번역위원회에 참석하기 위해 목포행 배를 타고 가다가 군산 부근에서 조난을 당해 순직했다. 그는 자기를 돕던 조한규를 구한 뒤에 익사했다. 우리가 한글 성경을 보게 된 것의 배후에는 이처럼 성경 말씀대로 죽도록 충성한 이들의 헌신이 있었다.

1907년에 한국교회가 대부흥을 체험했을 때는 아직 '성경전서'가 없었다. 구약성경도 완간되지 않았고, 글을 깨우친 한국인도 극소수였다. 언더우드는 교회마다 야학을 세워서라도 한글을 가르쳐 성경을 읽을 수 있게 했다. 성경은 한국인들이 영에 눈을 뜨고, 글에 눈을 뜨게 만들었다. 그리하여 한국인들은 성경을 통해 세상을 보는 눈을 뜨게 되고, 내세를 보는 눈을 뜨게 되었다.[135] 세종대왕이 창시한 세계 최고의 문자인 한글이 역사에 그 빛을 보게 된 것은 다름 아닌 한글로 번역된 성경에 있었다는 사실이다. 오늘날 한국 백성들이 이 사실을 얼마나 알까! 참으로 안타까운 일이 아닐 수 없다.

언더우드의 또 하나의 큰 업적은 교회 설립이었다. 그는 국내에서 가장 먼저 한국인에게 세례를 주고, 조직교회를 설립한 선교사였다. 그가 한국 근대화에 이룩한 공헌은 교육, 문화에 이르기까지 다방면에 닿아 있다. 그러나 그의 주목적은 그리스도의 복음 전파에 있었다. 그는 이미 언급한 대로 1886년 7월 노춘경(노도사)에게 최초로 세례를 베풀었다. 세례와 관련하여 서상륜에 관한 얘기를 해야 할 것이다.

서상륜은 고향인 황해도 장연의 솔내에 가서 가족들과 함께 정착해서 복음을 전했다. 조선 땅에서는 언더우드 선교사가 입국하기 전에 황해도 장연군 솔내(松川)에서 서상륜과 서경조 형제가 1884년에 솔내교회를 설립했다. 그래서 솔내교회를 한국 그리스도교 역사에서 최초의 자생적 교회라고 부른다. 용재(庸齋) 백낙준(1896~1985) 박사[136]는 이 솔내를 가리켜 "한국 프로테스탄트 교회의 잊을 수 없는 요람지"라고 부를 만큼 솔내는 우리 교회 역사의 발상지요 세계적인 주목을 끌었던 곳이다.

솔내에서 전도 결실을 남긴 서상륜은 1886년 말 서울로 언더우

---

135 최재건, "언더우드, 의연히 여기 계시도다," 95-98.

136 '용재 백낙준'에 대해서는 허호익, "백낙준, 연세와 민족을 붙들고 키우다," 『인물로 보는 연세신학 100년』, 265-281을 참조.

드를 찾아가 솔내를 방문하여 개종자들에게 세례를 베풀어달라고
요청하였다. 그러나 선교사의 지방 여행이 어려웠던 터라 그 대신
서상륜은 솔내(후에 '소래'로 불림) 교인들을 이끌고 서울에 와서 세례
받도록 주선하였다. 1887년 1월 23일, 서경조, 정공빈, 최명오 3인
이 세례를 받았고, 계속해서 솔내 교인들이 세례를 받아 1887년 9월
초에는 솔내 출신 세례교인만 11명에 이르게 되었다. 이들이 그 후에
언더우드가 정동장로교회를 시작할 때 주요 멤버가 되었다.

　　1887년 9월 27일 서울 정동 언더우드 사택에서 14명의 세례교인
으로 한국 최초의 조직교회로 '정동교회'가 창설되었다. 그동안 선교
사들을 중심으로 영어 예배를 드리다가 이날 밤 14명이 서울 한양
한복판에서 한국인을 상대로 한 예배를 드리게 되었다. 그런데 놀라
운 사실은 만주에서 조선 선교를 위해 헌신해 오던 로스 선교사와
그의 조사였던 서상륜까지 참석하여 역사적인 정동장로교회가 탄
생하는 순간에 함께 했다. 한국에서의 첫 조직교회는 그 구성원이
선교사들의 복음 전도 행위에 의한 것이 아니라 서상륜을 비롯한
한국인 전도인의 전도에 의해 개종한 교인들이었다.[137]

　　처음에는 교회 이름을 지역명에 따라 '정동교회'라고 불렀다가
1907년 현재의 위치로 교회를 옮기면서 교회명을 '새문안제일교
회'(新門內 第一敎會)라고 하다가 '새문안교회'로 불리게 되었다. 1910
년에는 자립으로 벽돌 건물을 세우고 1,500여 명이 모여 헌당예배를
가졌다. 언더우드는 이후로도 세례를 중시하고 교회 설립에도 열성
을 다했다. 지금의 서교동교회, 영등포교회를 비롯 총 21개의 교회
를 설립하였다.[138]

---

137 한국기독교사연구회, 『한국 기독교의 역사 I』, 242-244.

언더우드는 정동장로교회를 정동에만 머물게 할 수 없다고 생각하였다. 그래서 조선인 지도자를 양성해야 한다면서 1891년 12월 신학반을 운영하였다. 여기에 어떤 자격을 갖춘 자만 입학할 수 있는 것이 아니라 누구든지 세례를 받고 지도력이 있다고 생각되는 사람들은 다 불러 모았다. 전국 각지에서 사람들을 소집하여 10일간 성경을 연구하였는데, 이때 참여한 사람은 11명이었다.

경성에서 서상륜, 홍정후, 의주 지방에서 한석진, 송석준, 평안도 구성 지방에서 김관근, 양전백, 황해도 문화 지방에서 우석서, 해주 지방에서 최명오, 장연 지방에서 서경조, 평안도 자성에서 김병갑 등이 그들이었다. 여기에 참여했던 강사들은 언더우드를 비롯하여 기포드, 마포삼열, 게일 등이었다.

선교사들은 장차 이 학생들이 한국교회를 이끌어 갈 지도자라 생각하고 열심히 가르쳤다. 배우는 학생들도 "장차 한국교회는 우리들이 이끌고 가야 한다"는 신념을 갖고 공부에 열중하였다. 이들은 10일간의 신학반 공부를 받고 언더우드가 임명해 준 지방으로 나가 교회를 세우는 등 큰 업적을 남기게 되었다.[139]

한편, 언더우드의 또 하나의 큰 업적은 교육 선교였다. 그의 공식 선교사 타이틀은 교육 선교사였다. 그가 처음에 교사 자격으로 제중원에서 치료보조자·약제사·간호사 역할을 했는데, 환자의 과도한 출혈을 보고 수차례나 졸도하는 등 그는 체질상 의사가 맞지 않았다. 감리교의 아펜젤러가 배재학당을 열자 장로교의 언더우드는 고아원 형태로 교육 사업을 시작했다. 1886년 1월 20일 본국으로 이런

138 최재건, "언더우드, 의연히 여기 계시도다," 109-110.
139 안영로, 『한국교회의 선구자 언더우드』, 153.

내용의 서신을 보냈다.

"정부에서 학교 사업을 허락해 줄 것 같으니 기도를 부탁드립니다. 우선 길거리에 버려진 아이들을 모아 먹여 주고 입혀 주고 잠자리까지 마련하려고 했는데 뜻하지 않게 1백 달러가 미국에서 오게 되어 그 돈을 갖고 헌 집을 수리하여 건물로 사용케 되었습니다."

이렇게 해서 문을 연 학교가 바로 정동에 있는 배재학당에서 길 하나 건너편에 자리 잡은 '예수학당'이다. 예수의 사랑을 실제로 실천해 가는 장소라 해서 '예수학당'이라는 이름을 붙였다. 학생 1명으로 정식 문을 연 것이 1886년 5월 11일이었다. 이 예수학당은 '민로아학당', '구세학당' 등으로 불리다가 1905년 '경신(敬信)학당'으로 정착하여 오늘에 경신학교의 모체가 되었다.

언더우드는 총각으로 한양에 와서 예수학당을 설립하여 운영하고 있었다. 그런데 처녀 간호사로 파송을 받고 조선에 의료 선교사로 왔던 릴리어스 홀턴(Lilias Horton, 1851~1921)이 있었다. 이 두 선교사는 부부가 되어(1889년 3월 14일 결혼) 함께 예수학당을 운영하였다. 언더우드 선교사 부인은 한양 고아들의 어머니였으며, 그녀는 매일 같이 눈물을 흘리면서 고아원생 25명의 끼니를 걱정해야 했다.

언더우드 선교사 부인의 눈물의 양식을 먹고 자란 25명의 고아 중에 한국근대사에 영원한 업적을 남긴 우사(尤史) 김규식 박사 (1881~1950)가 있다.[140] 또한 예수학당 출신 가운데 언더우드의 사상을 이어 받고 교계와 민족운동에 헌신적인 역할을 한 인사들

---

140 위의 책, 95-113. 일제 하에서는 '항일통일전선', 해방 후에는 '좌우합작운동'을 하면서 이승만, 김구와 함께 세칭 우익 3영수로 불린 김규식에 대한 더 자세한 설명은 한영우선생기념논총 간행위원회, 『63인의 역사학자가 쓴 한국사인물열전 3』, 256-291을 참조.

가운데 빼놓을 수 없는 인물은 도산(島山) 안창호 선생(1878~1936)이다. '교육만이 살길'이라고 생각한 안창호는 교육가로서 일생을 살았으며, 그의 말대로 "진리는 반드시 따르는 자가 있고, 정의는 반드시 이루어지는 날이 있다"는 신념을 갖고 일생을 매진했던 민족의 스승이다.141

언더우드의 교육 선교 활동의 정점은 대학 설립이었다. 일본 근대화의 두 기수인 요시다 쇼인과 후쿠자와 유키치가 각각 쇼카손주쿠(松下村塾)와 게이오기주쿠(慶應義塾)라는 학교를 세워 제자를 양성하고, 근대화를 이룩했듯이 언더우드는 미션 스쿨(Mission School)을 세워 복음화된 지도자의 양성을 통해 한민족을 계몽하고 구원하고자 했다.

그는 당시의 조선 사회가 개화되지 못한 것은 필요한 지식을 배우지 않았기 때문이라고 판단하였다. 양반, 중인, 평민, 천민의 신분제도가 철폐되어 누구나 학문과 지식을 넓히면 사회를 변화시킬 것이라고 여겼다. 그러기 위해서는 기독교 신앙이 중요하다고 생각하였다. 그래서 서양 지식의 확산을 위해 가장 필요한 것이 기독교 정신을 심는 교육기관의 설립이라고 여기고 처음부터 서구식 교육기관의 설립을 위해 노력하였다.

1894년의 청일전쟁과 1904~5년의 러일전쟁을 겪고 나서부터 서구식 교육에 대한 한국인의 인식이 본격적으로 변하기 시작하였다. 기독교 인구도 급증했고, 교회도 학교도 학생도 급증하였다. 배재학장과 숭실학당142에서는 대학부가 운영되었다. 언더우드는 초

---

141 '국민교육을 실천한 꺼지지 않는 민족의 등불 안창호 선생'에 대한 더 자세한 설명은 이현희, 『인물 한국사』, 501-505를 참조.

·중등 교육기관을 설립한 후 불굴의 의지로 에비슨(O. R. Avison)을 도와 세브란스 병원과 의과대학의 설립을 관철시켰다.

언더우드는 대학 설립을 오랫동안 계획하고 추진해 왔다. 그가 꿈꾼 대학 상은 초교파적인 종합대학을 서울에 세우는 것이었다. 그는 뉴욕 대학을 모델로 하여 일본의 동경대학보다 더 좋은 대학을 세우려 하였다. 그가 본격적으로 대학 설립에 심혈을 기울이기 시작한 것은 1906년이었다. 그는 서울에 대학을 세우려 했으나 평양의 마펫(S. A. Maffett)을 비롯하여 대부분의 주한 장로교 선교사들은 서울에 대학이 설립되는 것을 반대하였다. 서울에 꼭 대학이 설립되어야 할 이유는 서울이 한국의 수도이자 정치, 경제, 문화, 외교, 지리상의 중심이고, 각 선교부의 한국 선교회가 다 서울에 있으며, 교육시설이나 철도를 비롯한 교통 등 모든 것이 서울에 집중되어 있다는 점을 내세웠다.

그러나 전체 선교사들의 3분의 2는 평양을 선호하였다. 총독부의 사립학교 규칙 개정으로 인해 학교 채플에서 종교의식을 갖는 것도 문제가 되었다. 내부의 반대와 외부의 억압으로 대학 설립은 자꾸만 지연되었다. 언더우드는 동료 선교사들의 극심한 반대에도 불구하고 본국의 해외선교부 지도자들 및 주한 남북감리교 선교회원들과 보조를 같이하여 동료들을 설득하고 설립을 추진해 나갔다. 그는 안식년 기간에 미국 전역을 다니며 모금 활동을 펼쳤다. 한국 선교와 대학 설립을 위한 강연으로 5만 2천 달러가 축적될 정도로 캠페인은 성공적이었으며, 그의 형이 거액을 기부하여 대학부지 기

---

142 '숭실학당(숭실대학)과 설립자 윌리암 베어드'에 대해서는 김명배, 『한국기독교사』, 192-247을 참조.

금이 마련되었다.

그는 마침내 1915년 경신학교 대학부란 이름으로 개교하여 YMCA 건물에서 강의를 시작하였다. 1917년 대학이 아닌 사립 연희전문대학교라는 이름으로 인가를 받았다. 그러나 그 내용에 있어서는 문과, 상과, 농가, 신과, 수학 및 물리학과, 응용화학과를 두고, 'Chosen Christian College'란 영어 명칭을 붙였으며, 4년제 종합대학 체제를 취하였다.

그 후 1923년 경성제국대학 설치를 위해 총독부가 대학설치령을 만들자 연전 측이 연희전문, 세브란스의전, 감리교신학교, 피어선성경학교를 묶어 종합대학을 설립하기 위해 신청하였다. 그러나 총독부는 조선에서는 경성제대 하나로 충분하다는 이유로 연전의 대학 설립 청원을 허락하지 않았다. 그가 바라던 종합대학은 해방 후 1946년에야 연희대학교(Chosen Christian University)의 설립으로 성취되었다. 1957년에는 세브란스의대와의 통합으로 연세대학교로 재정립되어 그의 꿈이 성취되었다.

연희전문학교의 창립 정신은 기독교 정신을 바탕으로 학문과 기술을 연마하게 하여 국가와 민족을 지도하며 나아가 세계 인류의 평화와 행복을 위해 공헌할 수 있는 인재를 길러내는 데에 있었다. 만일 기독교 신앙인들만 양성하려 했다면 신학교만 세워도 되었을 것이다. 그가 굳이 종합대학을 세우려 했던 것은 교회만이 아니라 전 민족을 구원할 인물을 길러내기 위함이었다.[143]

이 외에도 언더우드는 많은 업적을 남겼다. 1894년에 간행된 『찬양가』는 88곡에 악보가 붙어있는 찬송가로 근대 한국음악사에 가장

---

143 최재건, "언더우드, 의연히 여기 계시도다," 129-132.

귀중한 유물이 되었다. 또한 그는 '하나님' 칭호 문제를 둘러싸고 10년 동안 선교사들 사이에서 논란이 극심했는데, 그는 마침내 '하나님' 용어를 수용하였다.[144] 이는 이후 한국 개신교회의 신앙 형성에 대단히 중요한 의미를 지닌다.

또한 그는 전도 문서와 성경공부 교재를 간행했으며, 「그리스도신문」(1897)을 간행하여 한국의 출판문화에서도 선구적 기여를 하였다. 또한 그는 에큐메니컬 정신에 입각한 초교파주의자였고 연합운동의 선구자였다. 1905년 장로교와 감리교 선교사 150명으로 조직된 주한복음주의선교부통합공의회의 의장으로 추대를 받았다. 1909~10년에 있었던 '백만 명 구령운동'의 의장이기도 했다. 1912년에는 조선예수교장로회 총회의 초대총회장에 피선되었다.

또한 그는 젊은 상류층들과 지식인에게 기독교를 전파하는 일을 큰 과제로 여겨 YMCA를 창립하였다. 이상재, 이원긍, 홍재기, 김정식, 유성준, 신흥우, 이승만, 윤치호, 전덕기 등이 YMCA가 배출한 인물이었다. 또한 언더우드가 왕실과 관계를 맺어 어려움에 처한 민 황후나 고종을 도우려 했던 일화는 감동적이다.

한국에서 왕성한 활동을 하던 언더우드는 과로로 건강이 악화되

---

144 옥성득은 중국 기독교가 한국 개신교에 미친 영향 가운데 한국 개신교의 신조어 '하느님' 개념이 있다. 하느님·하나님이라는 순한글 용어는 한국 복음주의 개신교가, 天主·텬쥬를 사용하는 천주교 및 성공회와 차별되는 정체성을 유지하도록 했을 뿐만 아니라, 上帝·神을 사용하는 중국 개신교와 神·かみ를 사용하는 일본 기독교와도 차별되는 고유한 정체성을 갖도록 했다. 한국 민속 종교의 최고신인 하느님은, 1893년부터 10년간의 용어 논쟁을 거친 후, 신조어인 삼위일체 유일신 하느님으로 재탄생했다. 재한 복음주의 선교사들은 천주교의 천주와 구별되는 하느님을 개신교의 하나님으로 만장일치로 수용했다. 그들은 개신교가 한국 종교의 결함을 치유하고 완성하기 위해서 한국에 왔다고 선언했으며, 애벌레가 나비로 변태 우화(羽化)되듯이 샤머니즘의 최고신인 하느님 신앙은 기독교 유일신인 하느님 신앙으로 변화할 수 있다고 변증했다. 이를 언더우드가 수용한 것이다. 옥성득, 『한국 기독교 형성사』, 167-169을 참조.

어 요양차 1916년 4월 미국으로 건너갔다. 그는 생애 마지막 해인 1915년 4월 1일부터 1916년 4월까지 1년 동안 2,300통의 편지를 썼다. 이때 그는 조선기독대학장 외에 전국주일학교대회장, 피어선 성경학교장, 성경개역위원장, 조선예수교서회 실행위원회장, 새문 안교회 목사 등의 여러 직책을 수행하고 있었다.[145]

마침내 그는 1916년 10월 12일 오후 3시 30분에 애틀란타 시에서 57세로 서거하였다. 31년 동안의 한국 선교를 마감한 것이다. 그의 유해는 그를 파송한 뉴욕 브루클린의 라파엣교회 묘지에 묻혔다. 청사에 길이 빛날 그의 위대한 일생은 한국을 '복음화를 통한 근대화'를 이루도록 하나님께서 보내신 평화의 사도였다.

초기 의료 선교사들

개신교 초기 선교는 직접적인 복음 전도보다 학교와 병원 사업을 통한 간접 선교 방식을 취했다. 이 같은 간접 선교 방식은 척사위정자들이 그리스도교를 '무군무부의 종교', '외세 대변자'라고 비난하는 일종의 편견을 불식시키는 데 상당한 효과를 거두었다. 가장 먼저 착수한 것이 의료 선교였다.

갑신정변에 연루되었다가 처형당한 홍영식의 집(재동 소재)을 하사받아 1885년 4월에 광혜원(廣惠院, 곧 濟衆院으로 개칭함)이란 병원을 세웠다. 이 병원은 의료기관으로서뿐 아니라 다른 선교 사업을 위해서도 훌륭한 전초기지 역할을 하였다.

제중원은 초기 한국 선교사들이 합법적으로 활동할 수 있는 영역

---

145 더 자세한 설명은 최재건, "언더우드, 의연히 여기 계시도다," 98-133을 참조.

이었다. 장로교 선교부는 1887년에 이 병원을 남대문 안 구리개(銅峴)로 옮겼고, 알렌이 선교사직을 사임하고, 주미 한국공사관 직원이 되자, 그 대신 혜론이 맡았다. 처음에 조선 정부의 왕립병원으로 출발한 이 병원은 1894년 에비슨(O. R. Avison)에 의해 운영되다가 미국인 실업가 세브란스(L. H. Severance)의 건축 기금으로 남대문 밖에 새 건물을 마련하게 되어 오늘의 세브란스 병원으로 발전하게 되었다.

한편, 감리교의 스크랜턴은 1885년 9월 10일에 정동에서 민간 의료 기관으로 진료소를 시작했다. 그는 새 건물을 마련하고 1886년 6월 15일에 정식 병원을 설립했는데, 이것은 시병원(施病院)이다. 그는 버림받은 환자들을 진료하는 데 정성을 다했다. 1886년 보고서 중에 이런 내용이 있다.

"우리가 상대해서 일한 사람들은 거의가 극빈자들이었으며 종종 버림받은 자들도 돌보아 주어야 했습니다. 특히 버림받은 사람들은 그 몸의 상태가 도저히 일할 수 없는 형편이 되었을 경우엔 치료받는 동안에 생활비 전체를 우리가 부담해야만 했습니다."

스크랜턴은 보다 적극적으로 민중 계층과 접촉하기 위해 궁궐과 외국 공사관이 즐비한 정동을 떠나 1894년 남대문 근처 빈민 지역인 상동으로 병원을 옮겼다. 그의 표현대로 상동은 '민중이 있는 곳'(where people is)이었다. 병원은 선교사들이 민중을 만날 수 있는 좋은 중개소였다.146

한편, 제중원의 원장이 된 혜론(J.W.Heron, 惠論, 1856~90) 선교사는 수많은 환자의 건강을 되찾아 주었다. 그를 내조하던 깁슨 혜론

---

146 한국기독교사연구회, 『한국 기독교의 역사 I』, 194-195.

(1860~1908)은 두 자녀를 키우면서 남편을 내조하며 매우 행복했다. 그런데 기쁨도 잠시뿐이었다. 장녀 안나와 차녀 엘리자벳을 낳아 날마다 한국 선교의 기쁨을 누리며 살던 중 갑자기 남편이 1890년 7월 26일, 과로에 이은 이질에 걸려 3주간 앓다가 33세의 젊은 나이로 생을 마감했다. 미망인이 된 깁슨 헤론은 독신으로 한국 원산에서 선교사로 활동하고 있던 게일(J. S. Gale, 1863~1937) 선교사를 만나 재혼을 하였다.[147]

또한 기억해야 할 선교사 가운데 '닥터 홀 일가'가 있다. 그들 일가의 한국 선교는 『닥터 홀의 조선 회상』이라는 책을 통해 잘 엿볼 수 있다. 윌리엄 홀(William J. Hall, 1860~94)은 캐나다인으로 1891년 12월 미 감리회 의료 선교사로 내한하여 병원을 개설하고 환자를 치료하다가 전염병으로 세상을 떠났다. 이어서 미국인인 그의 어머니 로제타 홀(Rosetta Hall, 1865~1951)이 그 일을 계속 맡아서 했다. 또한 로제타 홀은 평양맹아학교를 설립했으며, 시각장애인을 위한 점자 사용법을 만들어 시행했다.

윌리엄 홀의 아들 셔우드 홀(Sherwood Hall, 1893~1991)은 서울에서 태어나 1900년 6월 평양외국인학교 첫 입학생이 되어 1908년까지 수학했다. 그는 1907년에 있었던 평양 대부흥운동을 직접 경험한 사람이다. 닥터 로버트 하디의 설교를 듣고 감명을 받은 그는 의료 선교사가 되어 조선에 돌아와 일하겠다고 결심했다.

1923년 토론토 대학교 의과대학을 졸업한 후, 1924년부터 뉴욕주 롱아일랜드의 홀츠빌 서퍼크 결핵요양소에서 결핵을 연구하기 시작했다. 셔우드 홀이 결핵 연구와 치료에 관심을 갖게 된 것은 그가

---

147 '존 헤론과 게일 선교사'에 대해서는 길원필, 『내사랑 코리아』, 139-151, 169-177을 참조.

가족처럼 따르던 한국 여성 박에스더가 폐결핵으로 사망했기 때문이다.

서우드 홀은 1926년 7월부터 1940년까지 황해도 해주구세병원 (救世病院)에서 원장으로 사역했다. 서우드 홀은 1932년 12월 3일 결핵 퇴치를 위한 '크리스마스실'을 한국 최초로 발행했다. 3,000장의 크리스마스실이 판매되었고, 5개의 주요 신문사들과 잡지들이 크리스마스실에 관한 이야기를 게재했다. 이를 통해 350만 엔의 수입을 얻었고, 이를 결핵 퇴치와 연구에 사용했다.

일제 강점기 말기인 1940년 홀 일가는 일제에 의해 간첩 혐의로 재판을 받은 후, 10월 25일 3개월의 징역 혹은 1천 달러 벌금형을 언도받았다. 11월 중순 가재도구를 모두 팔아 벌금을 지불한 후, 홀 부부는 한국을 떠날 수 있게 되었는데, 강제 추방이었다. 서우드 홀 가족은 한국을 사랑했던 애국자들이었다. 반세기 동안 닥터 홀 일가는 조선을 위해 한 알의 밀알처럼 희생하였다.[148]

여성 교육 및 사립학교 설립

감리교는 아펜젤러에 의한 배재학당 설립(1885)에 이어 1886년 5월 31일, 스크랜턴(M. F. Scranton) 부인이 이화여자대학교의 전신인 이화학당을 설립하였다. 대한민국 여성 신교육의 효시로 꼽히는 스크랜턴 부인은 우리나라 여성 교육과 선교 사업에 일생을 바쳤고, 생을 마친 후 양화진 외국인 선교사 묘원에 안장되었다.

장로교는 예수학당에 이어 1887년 6월, 북장로회 선교사 엘러즈

---

148 탁지일, "서우드 홀: 감리교 의료 선교사, 크리스마스실 창시자," 『내게 천 개의 목숨이 있다면 1』, 471-475.

(A. J. Ellers)가 정동여학당을 설립하였는데, 이 학교가 오늘날의 정신(貞信)여학교다. 그리고 1895년까지 숭덕학교(1894, 감리교, 평양), 정의여학교(감리교, 평양), 일신여학교(장로교, 동래), 정진학교(감리교, 평양)가 설립되었다.

그 이후 한일합방 이전까지 전국 각지에 수많은 남녀학교가 설립되었다. 대표적인 학교로는 숭실학교(1897, 장로교, 평양), 평양신학교(1901, 장로교), 호수돈여학교(1904, 감리교, 개성), 계성학교(1906, 장로교, 대구), 수피아여학교(1907, 장로교, 광주), 기전여학교(1907, 장로교, 전주) 등을 들 수 있다.

배재학당처럼 출세 지향적인 남성들과 달리 여학교는 남존여비 사상 때문에 초창기에는 학생 모집에서부터 어려웠다. 따라서 초창기 학생들은 고아이거나 과부, 첩과 같은 소외계층들이었다. 박에스더를 비롯하여 하란사(河蘭史), 이경숙, 여메례 등 초기 기독교 여성 지도자들은 모두 소외계층 출신들이었다.

궁극적으로 학교는 '한국을 복음화시키는 도구'였다. 그러나 학교를 찾는 학생들은 신앙적인 목적이 아닌 출세 지향을 위해 찾아온 것이 갈등의 요인이기도 했다. 이 같은 갈등은 그리스도교가 민족의 종교가 되기 위해 극복해야 할 마지막 관문이기도 했다.

일반 민중들은 병원이나 학교를 통한 선교 활동을 은혜로 받아들였고, 그리스도교에 대해 개방적이었으나 식자층과 지배 계층에게는 그렇지 못했다. 그러나 선교사들이 펼치는 의료, 교육 사업으로 인해 종래 그리스도교에 대해 갖고 있던 그릇된 선입관이 많이 해소되었고, 그리스도교에 대한 배타적 분위기도 상당히 사라지게 되었다.[149]

---

149 한국기독교사연구회, 『한국 기독교의 역사 I』, 197-199. 민경배는 이렇게 말한다 "교육과 문화

이 장을 마치면서

고종의 치세 44년은 조선 왕조가 패망으로 가는 한 편의 드라마였다. 조선은 서양 세력과의 통상 조약을 모두 물리치고 나서 최초로 조약을 체결한 나라가 바로 일본이었다. 그런데 일본은 '정한론'을 가지고 조선에 접근했다. 그러나 조선은 일본의 속내를 눈치채지 못했다. 그리하여 1875년에 운양호 사건으로부터 시작된 일본의 조선 침략은 35년 후인 1910년에 마침내 성취되었다.

그사이에 조선에서는 봉건제도를 타파하고, 외세의 침략에 대한 대응책으로 다양한 이론이 등장하고, 위로부터의 개혁과 아래로부터의 혁명 등 온갖 노력을 다 기울였다. 그런 가운데 대원군과 민황후의 정권쟁탈 싸움은 끝을 몰랐고, 이기적인 군주인 고종은 국권보다는 왕권을 지키기에 바빠 외세까지 끌어들여 한반도를 초토화시키기까지 했다. 그런 속에서 하나님은 이 나라, 이 백성을 긍휼히 여겨 서양 선교사들을 통해 민족 복음화의 길로 인도하셨다.

그런데 온갖 발버둥을 치며 자주독립을 향한 민족적 염원에도 불구하고 이 민족을 일본에 양도하시고자 하시는 하나님의 깊은 역사 경륜에는 변함이 없었다. 하나님의 카이로스적 시간표에 따라 조선은 망국이 점차 다가오고 있었다. 섭리적 관점에서 보면 이 모두가 하나님의 주권적 섭리 속에 있었던 것이다.

개진(開進)에 대한 교회의 공헌은 실로 한국 사상 유례를 찾기 힘들 정도의 것이었다. 종교와 교육의 차원 구분이 한국의 정신사에서 일찍이 수행되지 아니한 점이 이 선교와 교육의 병행을 더 쉽게 실현시킨 바탕이 되었을지도 모른다." 민경배, 『韓國基督敎會史』, 234.

제11장
제국 일본과 정한론의 완성까지의 15년

<단가 11>

예수 없는 조국은 공허하고

조국 없는 예수는 맹목이다

이 장을 시작하며

조선에서 갑오개혁이 진행되는 동안 일본은 청일전쟁에서 승리했고, 이를 계기로 일본은 조선에서의 우위를 확실히 점했다. 그 이후 일본은 1895년부터 1910년까지 15년 동안 조선을 식민 지배하기 위해 박차를 가했다. 그런데 일본의 조선 지배에 제동이 걸리는 사건이 발생했다.

1895년 4월 17일, 일본과 청국과의 시모노세키 조약을 체결한 지 6일 후인 4월 23일, 러시아·프랑스·독일 삼국은 일본의 요동반도 점유를 정식으로 반대하고 나섰다. 이른바 '삼국 간섭'이 시작된 것이다. 시모노세키 조약엔 일본이 대만과 요동반도를 할양받는다는 내용이 들어가 있어 이에 위협을 느낀 러시아가 프랑스와 독일과 함께 강력하게 반발하고 나선 것이다.

삼국은 일본의 요동반도 점령으로 조선의 독립을 유명무실하게 하며, 유럽 각국의 상업상의 이익을 방해할 것이며, 청국의 수도를 위협하며, 나아가 동양의 평화에 장애가 된다는 이유를 들어 요동반도 포기를 요구하였다. 결국 일본은 5월 5일 '삼국 간섭'에 굴복해 요동반도 반환에 동의하지 않을 수 없게 되었다. 이때 일본이 러시아에 대해 갖게 된 원한은 훗날 러일전쟁의 한 원인이 되었다. 삼국간섭은 일본에 큰 충격을 주었다.[1] 이때부터 일본은 와신상담(臥薪嘗膽)하며 10년 동안 러시아와의 일전을 준비했다.

삼국간섭은 조선에도 깊은 영향을 주었다. 일본이 삼국간섭에 굴복하자 이것을 러시아에 대한 굴복으로 해석한 조선 조정은 더욱 친러적 성향을 보이기 시작했다. 즉, 민씨 일파는 친일파 내각을 몰아내고 친러파 내각을 조직하여 자신들의 집권 음모를 추진해 갔다. 러시아에 대한 그 후원의 대가로 함경도의 항구 하나를 대여해 준다는 밀약까지 해 놓았다.

사태가 이 지경에 이르자 러시아의 영향력을 우려한 일본은 명성왕후를 시해하는 을미사변(乙未事變)을 일으켰다. 일본에 위협을 느낀 조선 조정은 고종을 러시아 공사관으로 이어(移御)시키는 아관파천(俄館播遷)을 단행했다. 삼국간섭에 이은 아관파천은 러시아와 일본의 갈등을 더욱 증폭시켜 결국 러일전쟁으로 치닫게 했다.

---

1 강준만, 『한국근대사산책 2』, 287-288.

러일전쟁 이전의 러시아적 상황

러시아의 숙명이라고 할 수 있는 극동에서의 부동항(不凍港)을 확보해야 한다는 국가적 욕구가 절정에 이른 것은 알렉산드로 3세 (1881~94) 때다. 1891년, 그는 아들 니콜라이 2세를 대동하여 블라디보스토크에서 시베리아 철도 기공식을 올렸다.

그는 청일전쟁이 일어나던 1894년에 죽었고, 뒤이어 즉위한 니콜라이 2세(1894~1918)는 1917년 레닌의 러시아 혁명으로 물러났다가 그 이듬해 처형되었다. 러시아의 극동에서의 남하정책은 니콜라이 2세 때에 현실화되었는데, 요동반도의 점령 및 조선에서의 우위 확보 등으로 일본과 충돌하여 러일전쟁을 치르게 되었다.[2]

러·일 양국의 갈등은 1900년에 중국에서 일어난 '의화단(義化團)의 난'을 계기로 한 러시아군의 만주 진군에 의해 결정적으로 증폭되었다. 의화단은 원래 산동성을 중심으로 성립된 백련교 계통의 비밀 결사인데, 청일전쟁 이후 서양의 중국 침탈이 급속히 진행되자 이에 반발하면서 반기독교운동을 통해 세력을 확장해 갔다. 의화단은 '부청멸양'(扶淸滅洋)을 구호로 내세우며 봉기하여 1900년 5월 북경의 각국 공사관을 포위하고 선전포고를 하였다.

의화단의 반외세 운동을 진압하기 위해 일본을 비롯한 8개국 열강이 군사력을 동원했는데, 이때 크게 군사력을 제공한 국가가 일본이었다.[3] 의화단 사건의 해결에 큰 공헌을 한 일본은 제국주의 열강

---

2 더 자세한 설명은 김학준, 『러시아 혁명사』, 170-235; Orlando Figes, 『혁명의 러시아(1891~1991)』, 15-160을 참조.

3 장영빙·범위, "Yi He Tuan Movement and Aggression of Eight-Power Allied Forces Against China," *The History and Civilization of China*, 198-199; 박한제 외, "무술개혁과 의화단운동,"

으로 부상하는 기회를 얻었다. 이때 러시아도 군대를 만주로 진군시켰는데, 군사작전을 펼치기도 전에 의화단의 난이 진압되었다. 러시아는 만주를 군사적으로 장악하면서 상당한 실익을 챙겼다. 러일전쟁이 일어나기까지 만주에 군대를 주둔시켰고, 1900년 11월의 협정으로 중국으로부터 만주 점령지역에 대한 독점적 권익을 획득하였다.

이러한 러시아의 행동에 가장 강력하게 반발하고 나선 것이 일본이었다. 일본 정부의 러시아에 대한 입장은 온건론과 강경론으로 나누어졌다. 온건파는 친러시아파로 알려진 이토 히로부미와 이노우에 가오루가 중심이었다. 이들은 러시아의 만주에서의 우월권을 인정하는 대신에 러시아로부터 일본의 조선에서의 우월권을 확보하자는 타협안, 즉 '만선교환론'(滿鮮交換論)을 모색했다. 반면에 강경파의 중심인물은 가쓰라 타로(桂太郞)와 야마가타 아리토모였다. 이들은 러시아의 양보 가능성을 낮게 보면서 영국과의 동맹을 통해 러시아를 압박할 것을 주장했다.[4]

양측의 입장이 팽팽히 맞서는 가운데 1901년 9월 18일 이토는 러·일 협상 차 러시아의 수도 페테르부르크로 떠났다. 그가 러시아를 방문하여 교섭을 시작했지만, 성과를 얻지 못했다. 반면에 이토가 떠난 후 외상에 취임한 고무라 주타로(小村壽太郞)는 10월 8일 하야시(林董) 주영국 공사에게 영국과의 협상을 지시하였고, 마침내 1902년 1월 30일 영국 런던에서 영일동맹(英日同盟)이 체결되었다.

『아틀라스 중국사』, 180-181. 의화단 사건 때 출병한 각국의 군인수: 영국(33,450명), 러시아(23,000명), 일본(22,750명), 독일(21,000명), 프랑스(20,000명), 미국(4,636명), 이탈리아(3,000명), 오스트리아(400명). 미야자키 마사카츠, 『하룻밤에 읽는 중국사』, 244-245.
4 함동주, 『천황제 근대국가의 탄생』, 191-192.

그 주요 내용은 러시아에 대해 만주로부터 철병할 것과 한반도에서의 일본의 지위를 인정해 줄 것을 요구하는 것, 그 대신에 일본은 중국에 대한 영국의 특수권익을 인정하는 것이었다.[5]

영일동맹의 체결은 일본 정부에 백만의 응원군이나 다름없었다.[6] 모든 일본인은 영일동맹을 열렬히 환영했는데, 동양의 약소국인 일본이 세계 제일의 제국인 영국과 대등한 조약을 체결하였다는 사실에 일본인들은 기쁨의 눈물을 흘릴 정도로 감동받았다. 이는 후쿠자와 선생이 주장한 '탈아입구'(脫亞入歐)의 염원을 달성했다는 만족감의 표시라고 말할 수 있다.[7]

영일동맹의 체결 사실이 알려지자 러시아는 입장을 완화하여 1902년 4월 만주반환조약을 맺어 단계적인 만주 철군을 약속했다. 그러나 러시아 정부는 강경파가 득세하면서 1902년 10월, 1차 철군만 실행하였고, 2차 철군 기한인 1903년 4월을 넘기고 더 이상 철군 의사가 없음이 분명해지자 1903년 중반 다시 양국 간의 갈등이 고조되었다. 그해 7월, 일본은 조선을, 러시아는 만주를 분점하자는 '만선교환론'이 다시 제기되었으나 양국이 만주와 조선에 대한 지배권을 둘러싸고 각자의 주장을 굽히지 않았다. 결국 1903년 말, 러일협상은 사실상 결렬되었고, 양국 간의 갈등은 전쟁으로 치닫게 되었다.[8]

이러한 상황에서 미국 공사 알렌은 만일 러일전쟁이 일어나면 일본이 승리하리라고 예측했다. 그리고 일본이 승리하면 허구적인 대한제국은 멸망하리라고 전망했다. 알렌은 본국의 루스벨트 대통

---

5 위의 책, 192-193.

6 김희영, 『이야기 일본사』, 572.

7 강준만, 『한국근대사산책 4』, 37-38.

8 함동주, 『천황제 근대국가의 탄생』, 193-194.

령에게 일본을 지원해서는 안 된다고 강력히 건의했다. 그는 러일전쟁에서 일본이 승전국이 되면 일본은 조선과 만주에서 경제적 이권을 독점하기 위해 문호 개방을 폐기할 것이며, 미국은 이 지역에서 일본에 의해 추방될 것이라고 확신했다. 또한 조선을 일본의 침략으로부터 구하고 미국이 조선과 만주에서 이권을 수호하기 위해서는 친일 정책을 버리고 반일 정책으로 돌아가야 한다고 주장했다.[9]

그러나 당시 아시아 문제 담당 외교 고문인 윌리엄 록힐(W. Rockhill)은 러일전쟁이 일어날 경우 미국은 엄정중립을 지키고, 조선은 어차피 러시아나 일본에 지배될 운명이며, 그럴 경우 러시아보다는 일본의 지배를 받는 것이 바람직하다는 친일 반러 정책을 루스벨트 대통령에게 건의하였다.

1903년 9월 30일, 루스벨트 대통령, 록힐, 알렌 3자회담이 열렸다. 이 자리에서 알렌은 미국이 일본을 지원하면 실익이 없고, 그들의 간교한 외교술에 이용만 당하고 말 것이라고 주장했다. 알렌은 미국이 친일 반러 정책을 견지한다면 결국 미·일 간에 위기 국면으로 발전할 가능성이 있다고 경고하고, 일본은 반미적 태도를 취하면서 미국에 날로 더 큰 곤경을 가져다줄 것이고, 마침내는 미국은 일본과 칼을 겨누어야 될 처지에 도달할지도 모른다면서 장차 미·일 간의 군사적 대결도 예언하였다. 그러나 루스벨트 대통령은 알렌에게 상업무역상 이권을 위해 기회주의적 정책을 주창하고 있다고 알렌의 반일 친러 정책을 반박하면서 러일전쟁을 희망하였다.[10]

---

9 '알렌과 루스벨트의 논쟁'에 대해서는 강준만, "알렌은 어찌 되었는가?"『한국근대사산책 4』, 183-188을 참조.
10 이덕주, 『조선은 왜 일본의 식민지가 되었는가』, 305-307.

여기서 우리는 조선은 어차피 러시아나 일본에 지배될 운명이며, 그럴 경우 일본의 지배를 받는 것이 바람직하다는 록힐의 말도 일리가 있고, 록힐의 말을 따라 러일전쟁을 희망하여 결국 일본을 승리로 이끈 루스벨트의 선택에도 하나님의 주권적 섭리가 있다. 또한 미국이 친일 반러 정책을 견지한다면 장차 미·일 간에 위기 국면으로 발전할 가능성이 있다는 알렌의 예언적 발언도 적중했다. 다만 알렌의 조선 사랑과 러일전쟁 저지 노력이 눈물겨울 뿐이다.

러일전쟁 발발

일본군은 청일전쟁이 발발한 1894년부터 태평양전쟁에서 패전한 1945년까지 50년간 만주·중국 대륙·시베리아·동남아·태평양 군도에 이르기까지 아시아·태평양 일대를 누비며 정복 전쟁을 치렀다. 청일전쟁은 아시아에서 각축을 벌이던 황인종 사이의 전쟁이었다. 이 전쟁으로 인해 전통의 동아시아 맹주 지위가 중국에서 일본으로 넘어갔다.

반면에 러일전쟁은 근대사에서 아시아 국가가 서양 열강과 싸워 이긴 최초의 전쟁이었다. 러일전쟁은 또 승자와 패자의 역사와 운명을 극적으로 바꿔 놓았다. 일본은 전쟁에서 승리하여 1945년까지 동북아 일대의 주도권을 장악했고, 국가적 자긍심은 하늘을 찔렀다. 반면 패배한 러시아는 혁명을 불러와 공산주의라는 악성 종양을 전 세계에 퍼뜨리는 존재로 전락했다.

당시 일본은 인구, 군사력, 경제력, 산업력 등에서 러시아에 현저하게 뒤져 있었다. 러일전쟁 발발 1년 전인 1903년, 러시아 인구는 일본보다 세 배 많았다. 철과 철강 생산은 육십 배, 국방비도 일본의 세 배나 많이 사용했다. 병력 수는 일본보다 여섯 배나 많은 113만 대군을 보유하고 있었다. 이 밖에도 예비군과 국민군이 350만 명이었다. 총체적 국력에서 일본은 러시아의 10분의 1에 불과한 약소국이어서 러일전쟁은 '다윗과 골리앗의 싸움'으로 비유되었다.

전쟁이 시작되기 전, 주중 영국 대사를 포함한 대다수 관찰자들은 러시아의 승리를 믿었다. 그런데 일본은 기적같이 승리했다. 무슨 이유 때문에 일본은 러시아와 국운을 걸고 도박과도 같은 전쟁을 결정해야 했을까?[11]

러일전쟁은 영국과 미국의 재정적·군사적 지원하에 도발된 일종의 서구 제국주의 해양 세력과 대륙 세력을 대표하는 제정 러시아 간의 제국주의 전쟁이었다. 따라서 일본의 참여는 서구 열강의 해양 세력을 대신한 대리전쟁에 끼어든 성격이 없지 않다. 러일전쟁이 시종일관 영국과 미국의 지원과 조정하에서 진행되었음은 물론 전쟁의 종결이 미국의 중재에 의해서 타결되었음도 이러한 성격에서였다.

이러한 사실은 러일전쟁 시 일본 측은 19억 8천 4백만 엔의 군사

---

11 김용삼, 『지금, 천천히 고종을 읽는 이유』, 327-328. 이도형은 1904년 1월 1일 현재(전쟁 개시 2개월 전)의 러시아와 일본의 육해군력은 (극동지역에서) 거의 호각(互角)이었다고 말하면서 양국의 군사력을 비교했다. "오히려 일본군이 우세하였다. 육군의 경우 일본군은 15만 746명(그중 장교는 8,082명)인데 비해 당시만 해도 세계 최강의 육군국으로 알려졌던 러시아는 총병력이 9만 7,831명(그중 장교는 3,249명)에 불과했다고 러시아 측 자료는 밝히고 있다. 해군도 일본이 우세했다. 러시아는 전함 7척, 구축함 27척 등 총 63척, 19만 톤인데 비해 일본은 80척(전함 6, 구축함 27, 포함 8척 등)에 26만 톤에 달했다고 한다. 그러나 이 자료는 러시아 측이 러·일 전쟁 이후(볼셰비키혁명 이후) 자국(自國)군사력을 실제보다 훨씬 축소 발표한 것이다. 당시의 일본군 참모본부 자료는 러시아의 육군 병력만도 32만 명이며, 이들은 만주 남부와 요동반도에 이미 포진(布陣)하고 있었다고 한다." 『망국과 흥국』, 258.

비가 지출되었는데, 그중 약 60%에 해당하는 12억 엔이 미국과 영국으로부터 지원되었다는 사실에서도 짐작할 수 있다.[12] 또한 러일전쟁 후 미국과 일본이 '가쓰라-태프트'(桂太郞-Taft)[13] 비밀 협정을 체결하고, 미국이 필리핀에서의 지배권을 인정받는 대가로 일본의 한국 보호권을 인정했던 것으로도 알 수 있다.

러일전쟁은 일본이 인천 제물포 해상에서 러시아 군함 2척을 기습공격해 격침시키는 것으로 시작되었다. 그러고 나서 2월 10일 러시아에 선전포고를 하여 본격적인 전쟁에 돌입했다.[14] 일본은 청일전쟁 때와 똑같이 선전포고에 앞서 기습 작전으로 러일전쟁을 유발하였고, 뒷날 태평양전쟁을 일으킬 때도 똑같은 수법으로 하와이의 진주만을 기습하였다.

선전포고 다음 날인 2월 11일 대본영(大本營)이 궁중에 설치되었고, 그로부터 1년 7개월 동안 전쟁은 계속되었다. 일본군은 조선 장악을 마치고, 5월 들어 압록강을 넘어 만주로 진격했다. 이후 요양회전(遼陽會戰. 1904. 8. 24~9. 4.)과 사하회전(沙河會戰. 1904. 10. 9.~16.)을 거쳐 1905년 1월에 여순(旅順)을 점령하고, 만주의 중심 도시인 봉천(奉天)을 공격했다. 봉천회전(奉天會戰. 2월 하순~3월 초

---

12 한국기독교사연구회, 『한국 기독교의 역사 I』, 324.

13 1905년 7월 27일 미국 육군장관 윌리엄 하워드 태프트가 루스벨트 대통령의 지시로 도쿄에 파견되었을 당시 일본 수상 가쓰라 다로오와 합의한 것인데, 그 결정의 직접적인 영향을 받게 되는 대한제국은 그 존재를 전혀 몰랐으며, 미국과 일본 내에서도 완전 공개가 되지 않았던 비밀문서였다. 그로부터 19년 후인 1924년에 가서야 타일러 데넷이라는 역사가에 의해서 처음 세상에 알려졌다. 그 내용은 다음과 같다. 1. 일본은 미국의 필리핀 지배를 희망하는 동시에 필리핀에 대한 침략 의도가 없었음을 밝힌다. 2. 미국은 극동의 전반적인 평화를 위해 영국과 일본 양국 간의 동맹을 지지한다. 3. 미국과 일본 양국은 대한제국에 대한 일본의 종주권을 승인한다. 김재엽, 『122년간의 동거: 전환기에 읽는 한미관계 이야기』, 57.

14 강준만, 『한국근대사산책 4』, 40-41.

순)은 3월 10일 일본군의 봉천 함락으로 마무리되었다.[15]

한편, 해전에서는 1905년 5월, 8개월에 걸친 항해 끝에 러시아의 발틱 함대가 한반도에 도착했다. 기나긴 항해로 선원은 지쳐 있었고 선체도 수리를 해야 했다. 러시아 함대는 대한해협을 통과해 블라디보스토크로 향하려 했지만, 일본의 도고 제독이 이끄는 함대가 대기하고 있었다. 5월 27~28일 양 일 간에 걸친 해전에서 일본 해군은 러시아의 발틱함대 38척 가운데 33척을 격침 또는 나포함으로써 러일전쟁의 향방을 결정짓기에 이르렀다.[16]

그러나 일본의 전력도 이제 한계점에 이르렀다. 육군에서는 탄약이 바닥나고 신병의 보충도 불가능한 상태에 이르렀고, 군사비도 바닥이 난 상태였다. 일본군은 봉천회전의 승리에도 불구하고 심각한 인적·물적 피해를 입으면서 더 이상 전쟁을 지속하기가 어려운 상태에 이르렀다. 그리하여 유리한 전황을 이용하여 강화회담을 제의했다. 이 시점에서 행운의 여신은 일본 편을 들어 주었다.

이때 러시아에서는 황제의 전제정치와 경제공황에 따른 혼란으로 반정부운동이 고조되어 제1차 러시아 혁명의 소용돌이가 휘몰아치기 시작했다. 러일전쟁에서의 연이은 패배 소식을 계기로 분노한 노동자들의 봉기는 1905년 1월 9일 '피의 일요일' 사건을 시작으로 제헌의회 창설을 약속하는 황제의 10월 선언 발표가 있기까지 계속되었다.[17]

대내외적 혼란에도 불구하고 전쟁 패배를 수용하길 거부하던 러

---

15 함동주, 『천황제 근대국가의 탄생』, 198-199.

16 이덕주, 『조선은 왜 일본의 식민지가 되었는가』, 318.

17 더 자세한 설명은 이무열, 『러시아사 100장면』, 276-293; Orlando Figes, 『혁명의 러시아 (1891~1991)』, 15-61을 참조.

시아 정부는 발틱 함대가 대한해협을 통과하는 중에 일본군의 기습을 받아 궤멸되는 충격적 패배를 당하자 더 이상 버티지 못했다. 러시아는 어쩔 수 없이 일본의 요구를 받아들여 강화회담에 응하게 되었다. 전력의 한계에 봉착했던 일본으로서는 더없는 행운이 아닐 수 없었다.[18]

러일전쟁의 역사적 의의

1905년 9월, 미국 대통령 루스벨트의 중재로 평화조약이 조인되었는데, 그 장소는 나가사키가 아닌, 미국 동부 뉴햄프셔주의 포츠머스였다. 조약의 주요 내용은 일본의 조선에 대한 우월한 지위 승인, 여순과 대련의 이양, 남만주철도와 부속지의 양도 및 수비 병력 주둔군 승인, 사할린 남부의 양도 등이다.

인종적 우월감에 사로잡혀 있던 서양인들은 아시아의 한 국가가 막강한 군사력을 가진 서양의 백색인종 국가를 패배시킬 것을 예측하지 못했다. 이 전쟁의 패배로 러시아 황제 니콜라이 II세가 만주와 한국을 식민지화하려던 계획은 산산이 부서졌다.

한국은 일본이 아시아 전역으로 세력을 확장하는 데 꼭 필요한 열쇠였다. 일본은 청일전쟁의 승리로 중국을 제거하였고, 러일전쟁의 승리로 러시아를 제거한 것이다. 러시아와 일본은 1907년과 1910년에 두 개의 러일조약을 맺었다.

---

18 함동주, 『천황제 근대국가의 탄생』, 199-200. '러일전쟁에서 일본군이 승리한 이유'는 첫째, 러시아군의 보급상의 한계 때문이다. 둘째, 사회적 분위기에 따른 애국심의 차이이다. 셋째, 일본은 러시아의 반체제·반정부세력을 지원하여 전쟁 수행 의지를 꺾는 데 성공했다. 더 자세한 설명은 김용삼, 『지금, 천천히 고종을 읽는 이유』, 377-380을 참조.

러시아와 일본은 첫째, 만주 남단과 북단의 국경 문제를 안정시키는 비밀조약을 맺었고, 둘째, 러시아는 한일관계에 간섭하지 않는 동시에, 일본은 러시아가 한반도에 끼치는 영향력을 존중하기로 동의하였고, 셋째, 일본은 러시아가 외몽고에서 가진 상권을 존중하기로 하였다.

두 나라는 화기애애한 분위기에서 러시아는 일본이 한국과 남만주에 갖고 있던 이해관계를 존중하는 대신, 일본은 러시아가 북만주를 독점할 것을 눈감아주기, 즉 한 점 주고 한 점 받기(quid pro quo)를 한 것이다. 두 적국 간의 평화는 이처럼 한국과 한국인들을 희생양으로 삼아 이루어졌던 것이다.[19]

청일전쟁과 러일전쟁을 통해 본 미국의 한반도 정책

여기서 우리는 미국의 한반도 정책에 대해 잠시 생각해 보자. 최문형은 이렇게 말한다.

"미국은 자국의 아시아 진출에 방해가 될 것이 분명한 유럽 열강, 그중에서도 특히 영국의 더 이상의 아시아 침투를 막는데 그들의 우선 목표를 두게 되었다. 그리고 그 방법으로서는 일본의 힘을 강화시켜야 한다는 데 초점을 맞추었던 것이다. 미국의 아시아 정책이 원천적으로 친일색을 띨 수밖에 없었던 연유도 바로 여기에 있었다고 추정된다. 그리고 이런 시각에서 다시 그들에 대한 정책을 살핀다면 대일 정책의 본질이 더 선명하게 드러나게 된다. 한국에 대한 미국의 이해는 처음부터 미미하여 보잘것없었다. 청일전쟁 당시의 통계

---

19 이혜옥, 『아리랑 민족의 디아스포라』, 203-205.

에 따르면 미국의 대외 수출 총액 9억 2,100만 달러 가운데 수출액이 차지하는 비율은 0.013%인 11만 1,803달러였다. 당시 미국의 총생산량의 90%가량을 자국의 방대한 국내 수요에 충당하고 나머지 10% 정도만을 해외로 수출하고 있는 실정에 비추어, 이 비율은 그들의 총생산량을 기준으로 계산한다면 0.00013%에 불과한 그야말로 무시해도 무방할 정도의 미미한 양이었다. 더욱이 이것은 청일전쟁 당시의 통계이므로 그 이전인 1880년대에는 이보다 적었을 것이 분명하다. 그리고 이러한 상황이 장차 개선될 전망도 없었다는 데 더 큰 문제가 있었다. 한국이 굳건하게 독립을 유지하여 어느 특정 국가의 독점적 지배 아래 들어가지 않아야만 미국도 다른 열강과 대등하게 유리한 통상의 기회를 얻게 되는데, 유감스럽게도 이 나라는 이미 정치적 · 경제적으로 청 · 일에 예속되다시피 한 '희망 없는 나라'로 전락된 상태였다. 이런 상황에서 미국이 한국을 어느 정도로 평가했는지는 한국 왕의 군사 교관 파한 요청의 일방적 묵살, '외교 및 영사법'(Diplomatic and Consular Act, 1884년 7월 7일 제정)에 따라 푸트를 특명전권공사로부터 총영사급의 변리공사(Minister resident and Consul general)로 강등 조치한 점 등으로 미루어 알 수 있는 일이다. 그리고 그가 직급 강등에 불만을 품고 사임하자 자격을 갖춘 후임자를 물색하지 못해 정식 외교관 경력도 없는 29세의 젊은 해군 중위 포크(George C. Foulk)를 주한 임시 대리공사로 임명한 사실은 한국에 대한 미국의 본심을 충분히 읽을 수 있게 하는 부분이다."[20]

20 최문형, 『한국을 둘러싼 제국주의 열강의 각축』, 114-115.

조선이 기왕 타국의 지배를 받아야 할 운명이라면 러시아보다 일본이 바람직하다는 의식을 가지고 있던 루스벨트 대통령은 러시아와 일본의 전쟁 종결을 위한 협상에 나섰다. 루스벨트 대통령의 중재 제의는 일본에게는 하늘에서 내려온 복음보다 더 반가운 소식이었다. 사실은 봉천회전까지 군사력을 모두 소진하여 더 이상 전투를 감당하기 어려운 상태에 빠진 일본군으로서는 하루속히 강화회담을 하는 길밖에 다른 선택의 여지가 없었다.[21]

루스벨트는 힘이 모든 것을 결정한다고 믿는 철저한 사회진화론자였다. 그는 이미 1900년 8월에 뉴욕 주지사로서 부통령 후보가 되었을 때 "나는 일본이 한국을 손에 넣는 것을 보고 싶다"고 했을 만큼 일찍부터 일본에 편향적이었고, 이 편향성은 이후 내내 유지, 강화되었다. 루스벨트는 인종적 차이에 대해 강한 신념을 갖고 있는 철저한 인종주의자였음에도 일본만큼은 황인종으로 보려고 하지 않았다. 그는 훗날(1904) "중국인과 일본인을 같은 인종이라 말한다면 이것은 얼마나 당치도 않는 말이냐"라고 말할 정도였다.[22]

그런데 김시덕은 이렇게 말한다. "루스벨트 대통령은 〈주신구라〉(忠臣藏)라는 근세 일본 복수극의 애독자였고, 도고 헤이하치로가 일본 해국에 내린 훈시를 영어로 번역하여 미군에 배포하는 등, '친일파'였기 때문에 러일전쟁 당시 일본에 호의적인 입장을 보였다는 주장이 일본의 일각에서 보인다. 하지만 1898년에 하와이·필리핀 등을 합병하여 본격적으로 유라시아 동해안에서 이권을 추구하기 시작한 미국이 일본을 이용하여 서구 열강을 견제하려 했다는

21 이덕주, 『조선은 왜 일본의 식민지가 되었는가』, 320-321.
22 강준만, 『한국근대사산책 4』, 117-118.

것이 포츠머스 강화협상의 배경이며, 단순히 대통령이 '친일파'여서 일본을 편들었다는 해석은 불가능하다. 러일전쟁이 끝나기 직전인 1905년 7월 29일에 이루어진 가쓰라-태프트 밀약에서 미국과 일본이 필리핀과 조선에 대한 양국의 지배를 상호 인정한 데서도 알 수 있듯이, 이 시기 미국이 일본의 이익을 침해하면서까지 조선의 독립을 지원할 의사는 없었던 것이 명백하다."[23]

일본은 한국 병합을 '기정사실', '시간문제'로 생각했지만 5년이나 걸린 것은 일본의 예상하지 못한 큰 승리에 놀란 미국이 입장을 바꾸고, 일본의 만주 진출을 견제하기 위해 한국 병합에 소극적 태도를 보였기 때문이다. 이런 정체 상태는 결국 러시아가 1907년 이후 대외정책의 중심을 극동에서 발칸반도로 돌리면서 일본과 협력관계를 맺고, 1908년 미국이 비로소 일본의 한국 병합을 지지함으로써 풀렸다.[24]

허동현은 이렇게 말한다. "재미있는 것은 자본주의가 고도로 발달한 최강대국 영국이나 프랑스 같은 진짜 제국주의 국가들은 조선에 큰 욕심이 없었고, 후발 제국주의 국가인 러시아와 미국은 그다지 절실하지 않은 전략적·경제적 동기만을 갖고 있었던 데 반해 제국주의라고도 할 수 없는 부차적 제국주의 국가인 청·일 양국은 조선에 매우 절실한 이해가 걸려 있었다는 것입니다. 그래서 조선 정부는 청국과 일본의 전략을 막기 위해 러시아와 미국을 이용하려 했던 것 아닐까요? 지금 미국이 동아시아 지배를 위해 한국에서 추구하는 전략적 동기가 그때 미국에는 없었던 것이지요. 이것이 당시 한국인

23 김시덕, 『동아시아, 해양과 대륙이 맞서다』, 311-312.
24 강준만, 『한국근대사산책 4』, 145.

들이 미국을 짝사랑한 진짜 이유가 아닐까요?"[25]

'한국의 독립'을 말했던 모든 열강들의 주장은 문자 그대로 우리를 독립시켜야 한다는 의미가 아니라 그들 자국의 이익을 위한 입에 발린 구호에 지나지 않았고, 그들은 한국이 자주 독립국이 되는 것을 원치 않았다. 자국의 경쟁 상대가 그 세력이 크거나 커질 때 한국이 독립국임을 내세워 그 상대를 제약하기 위한 일종의 견제 수단이었을 뿐이다.

한반도에서 상대의 힘이 이미 크게 강해져서 더 이상 자국의 독자적인 견제력 행사가 불가능해진 상황에서는 '한국 독립론'이 아닌 '한국 중립론'을 제기하였다. 의화단의 난 이후 러시아는 만주를 무력으로 점령하고 나서 '한국 중립론'을 제기한 데 반해, 한반도에서 우세했던 일본은 '만주 중립론'을 내세웠던 역사적 사실이 이를 입증한다.[26]

러일전쟁에 대한 일본인의 반응

러일전쟁은 청일전쟁과 달리 막대한 인적, 물적 피해를 가져왔다. 1년 7개월 동안의 전쟁에서 일본군은 전사자가 약 8만 4천 명, 부상자가 약 14만 3천 명에 달했다. 이 숫자는 청일전쟁에서 총동원 병력 24만여 명 중 전사자가 1만 3,309명(이중 병사자가 1만 1,894명)에 비하면 엄청난 숫자라고 할 수 있다. 또한 전쟁 비용은 총 17억 엔으로 청일전쟁에 소요된 2억 7천만 엔에 비하면 엄청난 액수였다.[27]

25 허동현, "미국 끌어들여 청·일 견제한 생존전략," 『우리 역사 최전선』, 232.
26 최문형, 『한국을 둘러싼 제국주의 열강의 각축』, 288-289.

청일전쟁에 비해 희생이 컸던 만큼 러일전쟁에 대한 비판적 목소리가 제기되었다. 포츠머스 강화조약의 결과를 놓고 일본 국내의 여론은 매우 비판적이었다. 국력의 대부분을 쏟고 막대한 인명을 희생시킨 대가가 고작 그것이냐는 것이었다. 그 후 전후 인플레이션으로 1906년에는 물가가 2할 이상 치솟았을 뿐 아니라 때맞추어 도호쿠 지방에서 기근이 엄습하였다.[28]

강화조약에 배상금 조약이 없다는 것에 대한 불만과 기근의 피해에 분노한 민중들은 1905년 9월, 히비야(日比野) 폭동을 일으켰다. 폭동의 결과 17명이 사망하고, 다수의 부상자가 발생했으며, 검거자가 2천 명에 이르렀다. 히비야 폭동은 전쟁에 따른 일본 민중들의 희생과 고통을 반증하는 사건이기도 하다. 폭동의 이면에는 전쟁에 의한 일본 민중의 희생과 그에 대한 분노가 깔려 있었다.

하지만 러일전쟁의 승리는 일본 사회를 '제국 일본'의 탄생이라는 자부심으로 넘쳐나게 했다. 1907년 메이지 정부의 대대적 후원하에 출간된 『開國五十年史』에는 러일전쟁의 승리에 대한 흥분과 자신감이 잘 나타나 있다. 이 책은 개국에서 러일전쟁에 이르는 50년간 일본의 발전을 해외에 알리기 위해 기획된 것으로 1,300여 쪽에 이르는 방대한 분량으로 이루어져 있다.

이 책은 "우리 국민이 단지 동양의 일강국(一强國)에 그치지 않고 세계적 강 국민으로 그에 적합한 특별대우를 요구하는 것은 조금도 이상할 것이 없다"라고 말했다. 이는 일본이 서양 열강과 마찬가지로, '제국'의 반열에 올랐음을 천명하는 동시에 제국적 자부심을 전

---

27 함동주, 『천황제 근대국가의 탄생』, 202-203.
28 김희영, 『이야기 일본사』, 577.

세계에 과시한 것으로 당시 일본 사회의 분위기를 짐작하게 해 준다.[29]

러일전쟁의 결과

러일전쟁의 결과 일본은 일찍부터 식민지로 지배해 온 대만에 이어 조선을 식민지화했으며, 만주로의 세력 확장을 꾀하였다. 일본은 조선과 제1차 한일협약(1904년 8월 22일)과 제2차 한일협약(1905년 11월 17일)을 차례로 맺으면서 재정권과 외교권을 빼앗았다. 특히 '을사보호조약'으로 일컬어지는 제2차 한일협약으로 조선을 보호국으로 만든 일본은 다음 해 2월 조선통감부를 설치하고 이토 히로부미를 초대 통감으로 임명했다.

1907년 6월 네덜란드의 헤이그에서 '만국평화회의'가 열리자 고종은 이상설, 이준, 이위종을 밀사로 파견하여 일본의 침략 행위를 알리고자 했다. 이 사건이 빌미가 되어 고종은 폐위되었다. 그리고 1907년 7월 24일 이완용과 하야시(林董) 사이에 '정미7조약'이라고 불리는 제3차 한일협약이 체결되었다.

이렇게 조선에 대한 통치권을 확대해 가던 중 1909년 10월 26일, 만주의 하얼빈에서 이토가 안중근 의사의 총탄에 맞아 암살되자 완전병합론이 일본 내에서 증폭되었다. 결국 1910년 8월 22일, 내각 총리대신 이완용과 통감 '데라우치 마사타케'(寺內正毅) 사이에 한일합병 조약이 조인되어 8월 29일 정식으로 공포되었다. 이로써 순종 황제는 일체의 통치권을 일본 천황에게 양도하기에 이르렀다.[30]

---

29 함동주, 『천황제 근대국가의 탄생』, 203-204.

조선이 한반도에 터를 잡은 이래 이민족에게 외침을 당한 것이 약 980회로 회자된다. 수도가 함락된 전쟁에도 무너지지 않았던 나라가 전쟁도 없이 망했던 것이 바로 한일합병이다. 우리나라의 외침의 90퍼센트 이상이 왜변이었다. 1910년의 한일합병은 일본이 900번을 찍어 조선이라는 나무를 넘어뜨린 사건이었다. 신라시대부터 2천 년을 괴롭혀 온 왜변의 역사가 한일합병으로 최악의 종지부를 찍은 셈이다.[31]

대미 관계의 악화

러일전쟁은 일본이 제국주의 국가로 확고한 입지를 다지는 계기가 되었지만[32] 다른 한편으로는 서구 열강 특히 미국과의 경쟁과 갈등 관계가 형성되는 출발점이 되었다. 이미 언급한 알렌의 예언이 현실이 된 것이다. 일본은 러일전쟁 이후에도 계속해서 군비 확장 정책을 추구했다. 그런데 군비 확장 정책의 목적은 새로 가상 적국으로 설정된 미국에 대한 군사력 강화와 조선·만주의 지배를 위한 경비 지출의 확대에 있었다. 여기에는 만주에 대한 미국의 문호 개방 요구라는 이해 충돌 문제가 작용했다.[33]

미국은 1900년을 전후로 동아시아로의 세력 진출을 본격화했다. 1899년 필리핀 지배를 확보하면서 동아시아 진출 방침을 정한 미국

---

30 위의 책, 219-220.

31 이광훈, 『조선을 탐한 사무라이』, 19-20.

32 러일전쟁 이후 '일본사회의 새로운 과제'에 대해서는 함동주, 『천황제 근대국가의 탄생』, 207-222를 참조.

33 위의 책, 222.

은 1899~1900년에 걸쳐 중국의 문호 개방을 요구하면서 중국 진출 의지를 드러냈다. 1906년 미국은 만철(남만주철도주식회사)이 미국 자본과의 합작방식 대신에 일본 자본만으로 설립된 것에 불만을 갖고 일본 측에 문호 개방을 요구했다. 그러나 일본은 1908년 타카히라-루트 협정으로 문호 개방 원칙을 수용하는 자세를 보였지만 1909년 미국이 요구한 만주 철도의 중립화 안에 대해서는 거부 입장을 밝혔다.[34]

1910년 8월 '합방'이 단행되면서 지금까지 미국과 일본의 우호적 관계는 만주를 둘러싼 상충적 이해관계로 틈이 벌어지는 한편, 일본은 오히려 러시아 측과의 접촉을 시도하는 등 국제적인 역학 관계의 변화가 있었다. 만주를 둘러싼 양국의 이해 충돌이 벌어지면서 미국 내의 반일 여론이 고조되면서 일본 이민 배척 움직임이 일어났다.

일본인들의 미국 이민은 1890년대 이래로 증가하기 시작했는데, 특히 하와이가 미국에 병합되면서 하와이에서 캘리포니아로 이주하는 일본인 노동자가 급증했다. 그 결과 20세기 초에는 캘리포니아의 일본인 이민자가 매년 1만 명 가까이 증가했다.

일본 이민에 대한 미국 사회의 불만은 이중적 성격을 띠었다. 백인 노동자들의 입장에서 보면 값싸고 근면한 일본인들로 인해 불리한 노동 여건에 직면한 데다, 일본인이 대부분 비기독교적 이교도인지라 자신들만의 배타적인 공동체 생활을 하는 것에 이질감을 갖고 있었기 때문이다.

이러한 지역주민들 간의 갈등과 더불어 러일전쟁 이후 증폭된 '황화론'도 배일 의식에 영향을 미쳤다. 황화론은 일본의 청일전쟁

---

34 위의 책, 222-223.

승리에 대한 서양 사회의 견제 심리에 따라 처음 등장했는데, 러일전쟁을 계기로 다시 확산되면서 서양사회의 대일 감정 악화에 한 몫을 했다.

게다가 1906년 6월 4일 샌프란시스코 대지진이 발생하면서 반이민 정서가 한층 악화되었다. 그 결과, 10월에 일본인 아동의 학교 격리 사건과 일본인 상점 습격 사건 등이 발생하면서 미·일 관계를 위협했다.[35] 제국건설에 성공한 일본으로서는 이전과 다른 국제 관계에 직면하게 되었고, 미국과의 관계 악화는 훗날 태평양전쟁이라는 최악의 시나리오를 가져오게 되었다.

근대 일본의 비극의 근원

러일전쟁에서의 일본의 승리는 10년 전 청일전쟁의 승리보다 훨씬 더 충격적이었다. 이 사건은 콘스탄티노플 멸망(1453) 이후 처음으로 비기독, 비서구 국가가 기독교 국가에 승리를 거둔 사건이었다. 청일전쟁과 러일전쟁이 가져온 결과는 어떤 부분에서는 비슷했다. 청나라처럼 차르 정권도 영원히 과거의 영예를 회복하지 못하게 되어 1917년 볼셰비키 혁명으로 이어지게 되었다. 또 일본은 청일전쟁에서의 전리품으로 타이완을 챙겼듯이, 1905년의 전후 협상으로 일본은 드디어 한국을 손아귀에 넣었다.

중요한 것은 일본이 40년이 채 되지 않은 세월 만에 병약하고 위태로운 정치 체제에서 아시아의 탁월한 민족국가로 탈바꿈하여 수 세기 만에 처음으로 열강이 자신들의 반열로 인정하지 않을 수

---

35 위의 책, 223-224.

없는 비서구 국가가 되었다는 사실이다. 하지만 그 탈바꿈의 대가는 앞으로 치러야 할 것이었다. 그리고 그 대가가 그렇게 비쌀 것이라고는 당시 누구도 생각하지 못했다.[36]

그러면 어디서부터 무엇이 잘못되었는가? 『일본의 굴레』의 저자 머피(R. T. Murphy)는 나라 전체가 '병영화된 군국주의 체제'가 된 데에서 찾고 있다. 메이지 지도자들은 먼저 국가의 근간을 이루는 농민들을 단일 국가 공동체의 일원으로 편입시키기 위해 공공 의무 교육과 징병제를 실시하였다. 여기서 근대국가에 필수적인 정신 자세를 주입시켰는데, 그것은 전통적으로 군국주의와 전쟁을 혐오하는 농민들을 에도 시대 박물관에 처박혀 있던 '사무라이의 가치'를 꺼내어 군국주의 사회 전체에 필요한 가치로 재포장했다.

또한 삶의 모든 부분을 군사적 색채로 바꾸어 남자아이들은 프러시아 사관생도 제복처럼 생긴 교복을 입고, 여학생들은 전쟁에 나가 싸울 수 있고 필요하면 천황을 위해 죽을 수 있는 병사를 낳는 현모양처가 되는 것을 지고한 목표가 되도록 가르쳤다. 더욱이 천황도 군사적 존재로 재포장되어 이제는 더 이상 문화적·종교적 인물이 아닌 전사 계급으로 만들었다. 그리하여 천황도 정기적으로 군 제복을 입고 등장해서 애국심과 더불어 군대 최고의 가치인 무조건적 충성의 대상이 되도록 했다. 이것은 의도된 정치적 계산이었다.

또한 '일본'에 대한 의식은 상류층에만 존재했고, 상류층에서조차 '일본'보다는 대부분 번과 다이묘와 쇼군에 대한 충성이 우선시되던 당시에 그런 작은 의미의 충성을 깨뜨리고, 그 대신 민족주의와 천황에 대한 숭배를 주입시키는 것이 메이지 정부의 중대한 임무였

---

36 R. T. Murphy, 『일본의 굴레』, 137.

다. 이를 위해 일본인의 삶을 지배했던 중심적 종교인 불교를 토착 종교인 신도와 분리시킨 뒤 황실을 숭배하는 국가 신도가 불교를 대신하도록 했다.

또한 서구 열강에게 동등한 상대로 인정받으려면 기독교에 대한 금지를 풀어야 한다는 것을 잘 알았다. 그래서 프랑스에서 가톨릭이 들어오고, 러시아 정교 및 미국의 개신교 선교사들이 들어와 학교와 병원이 넘쳐났고, 많은 메이지 지식인들이 기독교를 연구하며 일부는 독실한 신자가 되기도 했다. 그러나 기독교는 개화된 소수 엘리트를 위한 것으로 인식되었고, 일반 대중에게는 거의 영향을 미치지 못했다. 또한 일본적인 것과 외래적인 것에 대한 기준을 전통적으로는 중국을 외래의 기준으로 삼았는데, 메이지 이후에는 서구 열강이라는 또 하나의 새로운 기준이 생겨났다. 서구 열강은 중국과는 달리 일본의 주권에 대해 실존적 위협을 가하고 있었다. 이러한 현실에 대한 일본의 집단적 현상은 자신의 뿌리를 어떻게든 감추고 싶어하는 이민자나 벼락부자를 떠오르게 한다.

메이지 시대가 지속되고 국가 지도자들의 야망이 점점 결실을 맺으면서 나머지 아시아 국가들에 대한 멸시는 더 심해져 1895년 청일전쟁의 승리 이후 병적인 수준에 달했다. '문명개화'와 '부국강병'이라는 메이지 시대의 슬로건에 부합한 인물이 바로 '탈아론'을 주장한 후쿠자와 유키치였다. 자신의 뿌리를 저버린 정신 분열적인 망상, 즉 아시아에 속해 있으면서도 이웃 나라를 멸시하며 아시아가 아닌 유럽에 속해 있는 것으로 착각하는 망상이 일본의 굴레라고 머피는 말했다.[37]

---

37 위의 책, 137-148.

메이지 말기의 일본 교회

메이지 말기인 1890년대 이후 일본 교회는 국가주의라는 거센 맞바람으로 전도를 비롯한 교회 활동이 모든 면에서 크게 침체되었다. 이러한 침체와 부진을 타개하기 위한 방안으로 일본 개신교회의 대표적 기관인 복음동맹회에 의해 대거전도(大擧傳道) 계획이 진행되었다.

이 단체는 1900년 제10회 대회에서 20세기라는 새 시대의 도래를 기념하고, 구미 교회에서 계획된 '20세기 전진운동'(Twentieth Century Forward Movement)에 호응하여 대규모의 조직적 전도에 일본 교회 전체가 총력을 기울이기로 결의했다.

대거전도가 시작된 초기에는 아직 협력 체제도 순조롭지 않았고, 열의도 부족했으며, 과연 얼마큼 성과를 거둘 수 있을지도 의문이었다. 그러나 1901년 5월, 도쿄 교바시에서 열린 집회에서 시작된 부흥의 열기가 전국적으로 파급되어 이를 계기로 활발한 전도가 전개되었다. 이 부흥이 대거전도의 도화선 역할을 했고, 이후 약 2개월에 걸쳐 도쿄 도(都)내 각지 전도 집회가 열려 다음과 같은 커다란 성과를 얻었다. 참가 교회 52곳, 참가 교역자 79명, 전도대 16팀, 참석자 총 8만 4,247명, 회개자 및 구도자 5,309명.

결국 도쿄 도내 대거전도의 이 같은 성과가 전국에 알려지자, 오사카를 비롯하여 전국 각지로 이 운동이 파급되어 갔다. 약 2년간 전국적으로 전개된 전도 결과, 2만 명에 가까운 구도자가 교회에 인도되고, 그때까지 침체해 있던 일본 교회가 활기를 되찾았다. 이 운동이 시작되기 전 해인 1900년에 약 3만 6천 명이던 일본 개신교도는 1907년에 약 6만 명에 이르러 갑절 가까이 늘어날 정도의 괄목할 만한 기세로 성장했다.

특히 주목할 사실은 이 전도가 단순히 전도 방책에 그치지 않고 교회의 사회적 성격을 크게 변화시켰다는 사실이다. 즉, 일본 교회는 도시 중심적으로 만들어 갔다. 대거전도 같은 조직적 전도가 효과 있게 전개된 것은 농촌보다는 인구가 밀집한 도시 지역, 특히 대도시였다. 이에 따라 교회 구성원에도 변화가 나타났다.

초기 기독교 신자들은 사족 계층 출신이 압도적으로 많았다. 그런 경향을 이어받아 대거전도 이후 오늘날까지 일본 개신교회는 기본적으로 도시에 사는 중산층 인텔리, 화이트칼라 그리고 학생들이 주축이 되었다.[38]

일본 교회의 조선 전도론

일제는 한국에서의 강력한 기반을 갖고 있는 그리스도교 교세를 분열 내지 어용화시키기 위한 책략으로 친일적인 해리스 감독 휘하의 일본감리교회를 한국에 침투시켰다. 1904년 일본인 목사 기하라(木原外七)를 서울에 파송하여 경성교회(京城敎會)를 설립하였으며, 1906년에 인천에 일본 교회를 설립하여 일본 그리스도교의 진출을 꾀하였다. 특히 일본조합교회의 침투는 일제의 식민지 정책에 편승한 어용 그리스도교의 교란 행위로서 일제의 식민지 종교정책의 단면을 잘 시사해 주는 예라 할 수 있다.

일본조합교회의 지도급 목사인 에비나(海老名彈正)는 러일전쟁을 "하나님 나라 건설을 위한 성전(聖戰)"이라고 하면서 만주인과

---

38 나카무라 사토시, 『일본 기독교 선교의 역사』, 194-197.

한국인의 일본화가 전후 최대의 급선무라는 망언을 서슴지 않았다. 또한 그의 문하생인 와다세(渡瀨常吉)는 '조선전도론'(朝鮮傳道論)을 내세워 '조선합병론'을 주장하였다. 와다세는 1911년 6월 일본 고베 교회를 사임하고 직접 한국에 건너와서 경성학당의 유일선 등과 한양교회 설립을 추진하기도 했다.[39]

근대 이행의 세 갈래

한·중·일 세 나라의 근대 이행 경로는 청일전쟁과 러일전쟁에 이르는 10년간에 결정적으로 갈라졌다. 그 기간에 부국강병이라는 국가 목표에 맞춰 한정된 자원을 전략적·집중적으로 투자한 일본은 성공하여 근대화의 '우등생'으로 부상한 반면 전쟁에 진 중국은 '절반 열등생' 그리고 전쟁의 가장 큰 피해자로서 끝내 식민지가 된 한국은 '열등생'으로 전락한 것처럼 보였다. 이런 점에서 전쟁은 근대화의 성과, 곧 부국강병의 성취 정도를 평가받는 시험장이었는지도 모른다.

그런데 정말로 두 차례의 전쟁에서 승리한 일본은 국익을 실현하는 데 성공적이었을까? 청일전쟁이 일본에 사회심리적 보상(곧 문명국으로서의 자부심)과 경제적 보상 같은 직접적 이익을 주고 국민통합에 큰 도움을 주어 국익을 성취했다고 할 수 있다. 그러나 그것이 국제사회의 이익(특히 이웃인 조선의 이익)과 양립할 수 없었던 것은 물론 바로 10년도 안 되어 러일전쟁이란 또 다른 전쟁을 치를 수밖에 없었으니 지속적인 이익이 되었다고 볼 수 없다.

또한 러일전쟁을 통해 일본은 자신의 '이익선' 안쪽의 조선을 식

---

39 한국기독교사연구회, 『한국 기독교의 역사 I』, 326-327.

민지로 삼는 안정적 기반을 확보했으며, 산업자본주의 단계에 이르러 중공업 발전과 재벌 형성을 축으로 성장할 수 있었다는 점에서 직접적 이익을 거두었을지 모른다. 그러나 이 역시 지속적인 이익을 가져다준 것은 아니고, 국제 사회의 이익(특히 이웃인 조선의 이익)과 양립할 수 없는 것은 두말할 나위가 없다. 더욱이 애국주의가 한껏 고조된 당시의 상황에서도 러일전쟁의 부정적 영향이 공공연히 드러났다는 데서 결코 국민 전체의 이익이 될 수 없음을 알 수 있다.

마찬가지로 같은 기간에 중국이 국익을 실현하는 데 실패했다고 볼 수만도 없다. 청일전쟁에서 패한 중국이 전쟁 배상금을 치르고 영토를 빼앗겼으니 해를 입은 것이 분명하고, 러일전쟁의 결과 러시아가 차지했던 이권이 회수되지 않았기 때문에 직접적인 이득은 없었다. 그러나 그로 인해 민족주의가 흥기해 국민적 통합의 원동력이 되었고, 아시아 최초의 공화혁명(1911년의 신해혁명)을 성공하게 만들었다는 점에서 지속적 이득이 있었던 것 아닐까.

게다가 중국은 일본과 달리 근대화를 실현하느라 긴 시간이 걸렸지만, 그 과정에서 침략의 주체가 아니라 대상이었기에 과거사의 짐에서 자유로워 도덕적 힘을 갖게 되었다는 것도 길게 보아 국익에 기여했다고 보아야 할 것이다. 같은 논리는 한국에도 적용될 수 있다.

여기서 우리는 동아시아 삼국의 근대 이행 경로가 단순히 일본의 성공담과 중국이나 한국의 실패담으로 귀결될 수는 없다는 '교훈'을 이끌어 낼 수 있다. 그리고 21세기형 국익론의 필수요건도 유추해 볼 수 있다. 새로운 국익은 '세계 이익'(global interest)과 균형을 이루는 열린 국익이어야 하고, 일부의 정치지도자와 외교 담당자가 밀실에서 국익을 규정하는 시대는 지나갔으니 국가의 이익과 국민

의 이익이 일치하는 보편적인 국익이어야 장기적으로 진정한 국익에 값한다고 말할 수 있다.[40]

이 장을 마치면서

러일전쟁에서 아무도 일본이 승리하리라고 예상 못한 전쟁에서 미국을 들어 '잠시 이기게' 하시고, 다시 40년 후에 미국을 들어 일본을 '완전히 망하게' 하신 하나님의 오묘한 섭리를 루스벨트도, 고종도, 일본인도, 한국인도 아무도 몰랐다.

유다 나라가 바벨론에 망할 때 언약 백성인 이스라엘을 위해 여호와 하나님은 무엇을 하고 계셨는가! 망하도록 내버려 두지 않았는가! 마찬가지로 조선이 일본에 망해 가고 있을 때 우방으로 믿었던 미국은 무엇을 하고 있었고, 그때 하나님은 무엇을 하고 계셨는가! 망하도록 내버려 두지 않았는가! 아니 조선이 빨리 망하도록 일본을 도와주지 않았는가! 미국에 대한 사랑은 우리만의 짝사랑이었다. 거기에도 한민족을 향한 하나님의 오묘한 섭리가 깃들어 있을 줄이야 그 누가 알았으랴!

조선의 최후를 보면서 축배를 든 일본의 백성들아, 너희가 지금은 감격의 노래를 부르며 하늘을 찌르듯 맘껏 기뻐하며 광란의 춤을 추거라. 하나님께서 너희의 노래가 통곡의 노래가 되게 하시고, 너희의 춤이 진혼을 위한 죽음의 춤이 되게 할 날이 있으리라.

이 장을 마치면서 마지막으로 하고 싶은 말이 있다. 양심 있는

---

40 백영서 외 지음, "또 한 번의 위기에서 동아시아는 무엇을 선택할 것인가," 『동아시아 근대이행의 세 갈래』, 92-95.

사람이라면 인간으로서 해야 할 일과 해서는 안 될 일이 있음을 분명히 안다. 참된 사랑과 정의란 내가 원하고 옳다고 생각하는 것을 행하는 것이 아니라 상대방이 원치 않고 바라지 않는 것을 하지 않는 것이다. 욥기에 이런 말씀이 있다. "나는 하나님의 재앙을 심히 두려워하고 그의 위엄으로 말미암아 그런 일을 할 수 없느니라"(욥 31:23). 얼마 있으면 일본을 향해 하나님의 재앙이 내릴 텐데, 지금은 일본인이 영적으로 아둔하여 그것을 모르고 있음이 심히 안타까울 뿐이다.

제12장
을미사변에서 한일합방까지의 15년

<단가 12>

산다는 것은 무엇입니까?

그대를 향한 기다림, 기도함, 기억함의 미학(美學)이 아닌가요.

이 장을 시작하며

정한론의 깃발을 감추고 운양호 사건으로부터 시작된 일본의 조선 침략은 이제 거의 실현 단계까지 왔다. 청일전쟁의 승리 이후 조선에 대한 지배권을 더욱 확고히 하고자 한 일본으로서는 조선에 대한 내정간섭을 더욱 강화하였고, 이에 대한 반발은 여러모로 나타났다. 그 서막은 을미사변으로 일컬어지는 명성황후 시해 사건이다. 이 사건은 일본의 조선 침략의 야욕을 적나라하게 드러낸 사건이었고, 친러로 기울어지는 계기가 되었다. 그것이 아관파천(俄館播遷)이다.

을미사변에서 한일 병합까지 15년 동안, 조선은 외세로부터 나라를 지키고자 온갖 노력을 다 기울였다. 그러나 기울어지는 망국의 대세를 막지 못했다. 반면에 조선의 복음화는 더욱 진척되었고, 마침내 '평양 대부흥운동'으로 나타났다. 이제 십자가를 져야 할 민족으로서 감당해야 할 무거운 짐을 신앙의 힘으로 버텨내야만 했다. 망국으로 가는 15년 동안의 이야기를 시작해 보자.

을미사변(명성황후 시해 사건)

삼국 간섭 이후 일본의 내정간섭이나 김홍집 정권에 반발하는 세력들은 러시아 세력으로의 접근을 도모했고, 국왕과 민 황후 (1897. 10. 13. 명성황후[明成皇后]로 추존)도 러시아를 이용하여 일본의 진출을 억제하려 하였다. 그리하여 친러 배일 정책을 추구하면서 친일파 김가진을 농상공부 대신 자리에서 내쫓고 친러파의 이범진을 그 자리에 앉혔으며, 내부협판 유길준도 의주부 관찰사로 쫓아내는 등 친일파를 내각에서 완전히 제거해 버렸다.[1]

여기서 우리가 짚고 넘어가야 할 중요한 사실이 있다. 러시아에 혼을 빼앗긴 고종과 민 황후에 관한 것이다. 독일 출신의 외교관 묄렌도르프(1847~1901)는 청의 리홍장이 조선 조정을 감시하기 위해 보낸 사람이다. 그런데 그는 자신이 의지했던 청이 일본의 야심으로부터 조선을 보호할 능력이 거의 없다는 사실을 알게 되었다. 따라서 조선을 보호할 특단의 조치로 러시아와 손을 잡는 구상을 하게 되었다.[2]

---

1 강준만, 『한국근대사산책 2』, 294.

2 제1차 조러밀약사건(1885.6), 제2차 조러밀약사건(1886.8). 조경달, 『근대 조선과 일본』, 111-114.

묄렌도르프의 구상은 고종을 비롯한 당시 조선의 외교 문제에서 주도권을 행사하던 민 황후에게 주입되었다. 그 결과 고종과 민 황후는 조선을 러시아에 의존하여 자주독립을 유지해야 한다는 생각에 빠졌다.

여기에 고종과 민 황후를 러시아 품에 안기도록 결정적 영향력을 행사한 사람이 하나 더 있다. 텐진 주재 러시아영사 웨베르(Karl. I. Waeber)였다. 독일계 러시아인인 그는 당시 오만무례한 청나라 관리들(위안스카이, 천슈탕)과는 달리 훈련된 외교관으로서 기품 있는 언행과 절제된 외교술로 조선 국왕 부처의 마음을 사로잡는 데 성공했다. 묄렌도르프와 웨베르가 "러시아와 손잡은 것이 조선 자주독립의 길"이라는 상냥한 권유는 국제 정세에 둔감했던 고종과 민 황후에게는 감성의 미혹이었다. "그대들의 왕권을 보호해 줄 수호천사는 러시아"라는 두 사람의 유혹은 청이나 일본의 지도자들에게서 귀에 못이 박히도록 들어왔던 '러시아에 대한 공포감'을 깨끗이 잊게 해 주는 마약이나 다름없었다.[3]

이러한 상황에서 이노우에 가오루는 3백만 엔이라는 차관 공여와 전신선의 반환 등을 제시함으로써 왕실의 러시아를 향한 접근을 차단하려 했으나 실패로 끝났다. 또한 박영효도 러시아 세력 구축을 위하여 책동하였으나 도리어 민 황후 암살을 기도했다는 혐의를 받아 1895년 7월 6일 어쩔 수 없이 일본으로 재차 망명하였다.[4] 그러자 일본은 조선과 러시아가 가까워지는 것을 막기 위해 민 황후를 죽이기로 결심했다. 우선 일본은 대원군과 접촉해 민 황후 제거에 관한

3 김용삼, 『지금, 천천히 고종을 읽는 이유』, 185-187.
4 조경달, 『근대 조선과 일본』, 154-155.

합의를 보았다.

민 황후 암살의 기도는 그해 9월 1일 부임한 퇴역 육군 중장 일본 공사 미우라 고로(三浦梧樓)를 통해서 구체화되었다. 미우라는 궁내부 고문 오카모토 류노스케(岡本柳之助)에게 지휘를 맡겼다.5 10월 7일 경복궁 안에서는 황후 민씨가 민영준의 궁내부 대신 내정을 축하하는 야간 파티가 벌어지고 있었다.

같은 시각에 서울 남산 자락 일본인 거주 지역인 진고개(지금의 충무로 2-3가) 파성관에선 일본인 검객들과 낭인패들 그리고 서울에서 발간되던 일본어 신문 「한성신보」 기자들이 파티를 벌이고 있었다. 주한일본공사 미우라 고로는 조선 황후 시해 작전 '여우사냥'의 실행 명령을 이미 내린 뒤였다.6

1895년 8월 20일(양력 10월 8일) 새벽 5시 30분경 수십 명의 일본 자객들과 현역 군인인 일본의 조선 주둔군, 거류지 담당 영사 경찰관들이 출동했다.7 일본 낭인들은 경복궁 정문인 광화문 앞에 들이닥쳐 궁궐을 수비하고 있던 훈련대 연대장 홍계훈 일행을 살해하고는 곧바로 근정전을 지나 고종의 침전인 곤령전(坤寧殿)에 난입하여 난폭한 행동을 자행했다. 이때 고종은 옷이 찢기는 수모를 당했고, 왕세자(이척)는 일본군 장교 복장을 한 폭도에게 상투를 잡힌 채 그가

---

5 위의 책, 155.

6 송우혜, "조선 장악의 가장 큰 장애물, 명성황후를 제거하라: 여우사냥 — 일의 조선 황후 시해작전," 「조선일보」(2004. 7. 28.), A18.

7 민 황후 시해에 처음부터 가담한 조선인 우범선(1857~1903)은 훈련대 제2대대장이었다. 우범선의 아들이 바로 농학자 우장춘 박사(1898~1959)이다. 그는 평생 부친의 죄를 지고 살았으며, 고국에 돌아와 죽을 때까지 육종학(育種學)에 종사하여 커다란 업적을 남김으로써 아비의 죄를 일부나마 속죄했다. 백지원, 『백성편에서 쓴 조선왕조실록 下』, 424-425; 더 자세한 설명은 정운현, 『친일파의 한국현대사』, 11-17을 참조.

휘두른 칼에 목을 맞고 쓰러졌으나 칼등에 맞아 겨우 목숨을 건졌다.[8]

낭인 중 한 무리는 인근 왕비의 침전인 곤녕합으로 내달렸다. 궁내부 대신 이경직이 길을 막고 서자 그를 총으로 사살하고는 일본군 소위 미야모토 다케타로(宮本竹太郞), 낭인 나카무라 다테오(中村楯雄)가 민 황후를 발견했다. 이들은 민 황후를 마룻바닥에 내동댕이친 다음 가슴을 발로 짓밟은 후 미야모토 소위가 칼로 찔러 시해하고, 나카무라가 확인 사살을 했다. 황후의 시신은 건청궁 동쪽 녹원 숲속으로 옮겨져 장작더미 위에 올려놓고 석유를 뿌린 다음 소각했다. 타다 남은 유골은 근처 연못인 향원지에 던져버렸다.[9]

국가의 상징인 궁궐이 수백 명의 일본 군인과 자객들에 유린당하고, 국모(國母)가 일본인 흉도(凶徒)의 손에 시해당한 이 만행을 '을미지변'(乙未之變) 또는 '을미사변'(乙未事變)이라고 부른다.[10]

일본은 을미지변을 일으켜 갑오경장에 반대해 온 민 황후를 제거한 후 황후의 죽음도 숨기고 황후가 궁에서 도망갔다고 거짓 발표하면서 황후를 서인(庶人)으로 폐위한 뒤 김홍집 내각을 다시 출범시켜 140여 건의 법령을 제정 공포했는데, 이를 '제3차 갑오경장'이라고 한다. 이때 단발령이 공포되었다. 당시 사람들은 을미지변을 '만고에 없는 사건'이라고 분개했다.[11] 단발령은 국민의 타오르는 분노에 기름을 부었다. 전국에서 일본에 대한 복수와 충군애국을 위한 의병(義

---

8 정운현, "친일의 군상: 명성황후 시해 가담 우범선(정직한 역사되찾기)," 「서울신문」(1998. 12. 21.), 6.

9 '을미지변'의 진행과정은 한영우, 『명성황후와 대한제국』, 50-60을 참조.

10 위의 책, 12.

11 '을미사변에 나타난 일제의 만행'에 대해서는 조찬선·최영, 『일본의 죄악사』, 181-186을 참조.

兵) 운동이 열화같이 일어났는데, 이것이 근대 의병운동의 효시다.[12]

국모의 죽음은 한말 정치사에 중대한 변화를 가져오는 계기가 되었다. 그동안 일본이 강화도조약 이후 강조해 온 한국의 '근대화'와 '자주와 독립'이 거짓이라는 것이 백일하에 드러났다. 왕권 강화운동과 진정한 자주독립 운동이 이때부터 본격적으로 추진되기 시작한 것이다.

친일 내각은 일본 공사관이 자행한 '민 황후 시해 사건'의 만행을 조사하기는커녕 이를 은폐하고 국민의 동요를 막기에만 급급했다. 그러나 당일 밤에 마침 왕궁 안에서 자다가 이 현장을 목도한 시위대 전교관 미국인 장군 다이(W. M. Dye)와 러시아인 기사 사바친(G. Sabatin)이 이를 폭로하고, 이때 서울에 주재하고 있던 「The New York Herald」의 특파원이 이를 보도함으로써 일본의 만행은 전 세계에 알려지게 되었다.[13]

을미사변으로 재판에 회부된 일본인들은 모두 56명이었고, 이 중에서 '민간 낭인'으로 분류된 자는 32명으로 특히 규슈 지방의 사족(士族) 출신이 많았다. 메이지유신 이래 정치적으로 소외돼 불평불만을 지닌 사람들이 조선과 중국 대륙으로 건너가 정치 활동을 하려 했던 이른바 '대륙 낭인'의 전형적인 사례였다.[14]

여기서 짚고 넘어가야 할 점은 대원군의 처신이다. 민 황후가 시해되던 날 새벽 3시 한 패거리의 일본 낭인들과 일본군이 훈련시킨 훈련대 병사들은 대원군을 호위하고 마포 공덕리에 있는 대원군 별

---

12 한영우, 『명성황후와 대한제국』, 12-13.
13 강준만, 『한국근대사산책 2』, 299.
14 위의 책, 301.

장을 떠나 경복궁으로 향하고 있었다. 윤덕한은 "우리 역사는 민 황후가 잔인무도한 일본인에게 살해되었다는 것만을 강조하면서 대원군의 역할에 대해서는 입을 다물고 있다. 그리고 민 황후가 일본인에게 살해되었다는 사실만을 마치 그녀가 무슨 항일 구국 열사나 되는 것처럼 추모하는 분위기도 없지 않다"며 이렇게 덧붙였다.

"민 황후 시해에 대해 우리는 마땅히 일본인에게 책임을 물어야 한다. 그러나 그에 못지않게, 아니 그보다 훨씬 더 통렬하게 자신의 개인적인 원한을 풀기 위해 일본인들을 끌어들여 나라를 세계에 웃음거리로 만든 대원군의 행동을 비판해야 할 것이다. 아울러 이런 사태를 초래한 민족사에 대해 스스로 부끄러워하고 깊이 자성해야 할 것이다."15

서영희는 "이날 일본 낭인들과 함께 입궐한 75세의 노인 대원군 역시 일본의 꼭두각시가 되어 며느리의 죽음에 암묵적으로 동의했다는 비난을 면치 못하게 되었다"며 다음과 같이 말했다. "양자의 갈등에 지나치게 집착하다 보면 자칫 국정운영의 주체였던 고종의 역할을 폄하하게 되고 시아버지와 며느리 간의 권력다툼이 망국의 원인이었다는 식민사관의 논리를 뒤따르게 될 위험성이 있지만 어쨌든 두 강한 캐릭터의 잘못된 만남이 한말 궁정 비극의 씨앗이었던 것만은 사실인 것 같다."16

필자는 이 사건을 통해 주님의 말씀이 생각난다. "스스로 분쟁하는 나라마다 황폐하여질 것이요 스스로 분쟁하는 동네나 집마다 서지 못하리라"(마 12:25). 하나님은 강한 캐릭터를 가진 대원군과 민

---

15 윤덕한, 『이완용 평전: 애국과 매국의 두 얼굴』, 133-139.
16 서영희, "명성황후 연구," 「역사비평」 통권57호(2001년 겨울), 113.

황후의 끝없는 싸움을 통해 조선이 망하도록 인도하셨다. 그때는 그 사실을 몰랐던 것뿐이다.

여기서 일본 낭인들에 의한 민 황후의 시해에 대해서는 분노를 금할 길 없지만 '역사의 복수'에 대해 잠시 살펴보고자 한다. 갑신정변이 실패로 끝나고 갑신정변의 주역인 김옥균은 일본으로 망명을 했다는 것을 이미 말했다. 민 황후는 천추의 한을 품고 김옥균을 죽이겠다고 10년 동안 자객을 보내 죽이고자 했다. 결국 자객 홍종우를 통해 상해에서 김옥균을 암살했다.

김옥균의 시신을 본국으로 보내라고 해서 중국 정부가 그를 조선에 보냈는데, 이때 모든 대신이 그를 정중히 장례 치를 것을 원했으나 민 황후는 능지처참해야 한다고 고집을 부려 양화진에서 능지처참을 행했다. 그러고는 전국에 사지를 돌려 육신을 수습할 수도 없게 했다.

국운이 풍전등화와 같은 위기 상황 속에서 한 나라의 왕비가 정변에 실패한 사람을 10년 동안 죽이겠다고 자객을 보내는 것도 문제지만, 자객에 의해 암살당한 자를 능지처참으로 죽인다는 것은 왕비로서의 품위와 이성을 잃은 행동이 아닐 수 없다. 1년 반 후에 일본인들에게 자신이 김옥균보다 더 처참하게 능욕을 당하고 불에 태워져 시신조차도 다 없어지는 비극을 맛볼 줄이야….

명성황후에 대한 평가

중전 민씨 사후인 1897년에 '명성황후'로 추존된 민 황후는 1851년에 태어나 16세 때 고종의 왕비로 간택되었고, 슬하에 4남 1녀를 두었다. 그러나 대부분 건강이 좋지 않아 다들 어린 나이일 때 잃었고 한 명만 살아남았는데, 그가 조선 제27대 왕 순종(純宗)이다.

민 황후는 무속신앙을 가졌으며 몸이 약한 아이들을 보살피기 위해 굿과 점에 심취했다고 한다.[17] 고종을 도와 서양 열강 사이를 줄타기하면서 개화 정책을 추진했고, 임오군란과 갑신정변 같은 사건 때마다 극적으로 권력을 되찾았다. 하지만 안타깝게도 한창나이인 45세에 일본 낭인들의 칼에 허망하게 생을 마감했다.

명성황후는 명석하고 노련한 외교가 또는 나라를 망친 인물이라는 극과 극의 평가를 받고 있다. 한 나라의 왕비로서 새로운 문물과 나라 밖 사정에 큰 관심을 기울였던 명성황후는 평소 외국인들과 가까이 지냈는데, 외국인들은 명성황후에 관해 무척 호의적인 기록을 남겼다.

"명성황후는 누구보다도 국익을 위해 헌신한 기민하고 유능한 외교관이었습니다." "나는 명성황후의 우아함과 매혹적인 몸가짐, 보기 드문 지성과 박력에 놀랐습니다." 실제로 명성황후는 미국과 러시아를 통해 일본을 견제하는 등 뛰어난 외교적 수완을 발휘했다고 한다.[18]

그런데 명성황후가 외국인들에게 호의적인 반응을 얻은 것은 외국인에게 잘해 주었기 때문이다. 시의(侍醫)였던 언더우드 부인은 결혼할 때 선물로 100만 냥을 받았다. 당시 국가 세입이 480만 냥이었는데 100만 냥이면 요즘 돈으로 500억 원을 선물로 준 셈이니 나

---

17 더 자세한 설명은 김용삼, "무당과 점술에 미친 고종과 민 황후," 『지금, 천천히 고종을 읽는 이유』, 157-159을 참조.

18 KBS역사저널그날제작팀, "명성황후 실종사건," 『역사저널 그날』, 97.

뽄 말이 나올 수 없다.[19]

그리고 서양 사람들이 봤을 때 조선은 문명과는 거리가 있는 나라인데, 명성황후는 자신들과 대화를 나누는 과정에서 총명함을 보였기에 그들을 사로잡은 것은 외교적 능력을 보여준 것이라고도 볼 수 있다. 명성황후는 상당히 냉철했고, 정치적 판단력도 있었고, 외교적 부분에서도 능력을 발휘했다는 점에서 긍정적인 측면이 있다고 볼 수 있다.[20]

하지만 류근은 명성황후가 위태로운 조선의 입지를 다지고자 외교를 활용했다고 보이기도 하지만 그때그때 자기 권력의 강화에 필요한 수단으로서 외세를 이용한 것이 아닌가 하는 생각이 든다고 했다. 그래서 그는 사교와 외교는 다르다고 하면서 사교적 감각이 뛰어난 것을 외교적 감각이 뛰어난 것으로 잘못 알 수도 있겠다는 생각을 했다.[21] 실로 외교적 감각이 뛰어난 명성황후가 일본을 제치고 청나라, 러시아, 미국을 붙들었는데, 하나님의 뜻은 일본에 있었다는 점에서 그가 행한 모든 외교적 선택은 실패했다고 볼 수밖에 없다.

그런데 중요한 것은 당시 조선인들이 명성황후를 어떻게 보았느냐 하는 점이다. 『매천야록』의 저자 황현은 '국고를 탕진한 여자'로 비판했고, 『서유견문』을 쓴 개화사상가 유길준은 "우리의 왕비는 세계 역사상 가장 나쁜 여자입니다. 마리 앙투아네트보다 더 나쁩니다"라고 말했다.[22]

---

19 위의 책, 98.
20 위의 책, 98-99.
21 위의 책, 95-96.
22 위의 책, 97.

민씨 척족의 부패상을 보면 민영익이 갑신정변에서 칼에 맞아 사경을 헤매고 있을 때 알렌이 그를 치료해 낫게 해 주자 10만 냥을 주었다. 당시 한 냥의 가치가 쌀 20kg 정도라고 할 때 쌀 20kg을 한 5만 원으로 잡으면 10만 냥은 50억 원가량이 되는 엄청난 돈이다.

또한 당시 국가 세입이 480만 냥 정도였는데, 민형식이라는 척족이 치부한 돈이 70만 냥이라고 했다. 국가 세입의 7분의 1을 한 개인이 가지고 있다고 한다면 민심이 흉흉해질 수밖에,[23] 그래서 동학농민군이 민씨 척족에 반기를 들고 혁명을 일으킨 것이다.[24]

아관파천(俄館播遷)

을미사변 때 일본 낭인들이 들어와서 자기 옷을 찢고, 아들을 칼로 후려치고, 아내를 죽여 불태우는 모습을 똑똑히 목격한 고종은 "나도 저렇게 죽을 수 있겠구나" 하는 두려움에 잠을 못 이루었다. 그리고 독살당할까 두려워서 깡통 연유와 날달걀만 먹고 지냈다.

그나마 믿을 수 있는 건 미국 선교사들이어서 언더우드 부인이 고종을 위해 손수 음식을 장만해서 대궐로 보내곤 했다. 고종은 공포로 인해 잠마저 이룰 수 없었다. 그래서 고종의 부탁으로 미국 선교사들이 매일 밤마다 두 사람씩 대궐에 가서 임금의 곁을 지켰다.

이제 고종 곁에는 아버지도, 아내도 없었다. 그들이 모든 일을

---

23 위의 책, 95-98.

24 백지원은 조선 정치사에서 나라를 개판으로 만드는 데 결정적으로 기여한 정말 싸가지 없는 여인이 세 명이 있다고 하였다. 첫째, 마마보이 명종의 모친 부패한 암탉 문정왕후, 둘째, 요망한 암탉 영조비 정순왕후, 셋째, 조선의 마지막 숨통을 막아버린 고종비 명성황후 민비. 백지원, 『백성편에서 쓴 조선왕조실록 下』, 336-337.

다 해 줬는데, 이젠 혼자밖에 남지 않았던 것이다. 홀로서기 연습을 하지 않으면, 안 될 때가 온 것이다. 그런데 놀랍게도 고종이 이 모든 상황을 뒤집을 카드를 꺼냈다. 그 반전 카드가 바로 '아관파천'이다.

공포로 잠을 이루지 못하는 고종을 향해 러시아 세력이 은근히 고종에게 접근했다. "두려워 마시오. 우리한테 오시오. 우리가 당신을 보호하겠소." 고종은 명성황후도 러시아를 끌어들여 일본을 견제하려고 했는데, 그 러시아가 직접 자기를 보호해 주겠다고 제안하자 흉악한 일본의 손아귀에서 벗어나는 길은 이 길밖에 없다고 생각하고 결단을 내리게 되었다.

제3차 김홍집 내각은 지방 진위대만으로는 '의병 진압'이 어렵다고 보고 서울의 친위대의 다수를 지방에 파견하지 않을 수 없었다. 이 시기를 이용하여 국왕을 경복궁에서 꺼내 러시아 공사관으로 옮기려는 음모가 이전의 '춘생문 사건'의 배후 세력들에 의해 추진되었다. 전 러시아 공사 웨베르는 대리공사인 스페이예르(Alexei de Speyer)로 교체되었음에도 귀국하지 않고 서울에 남아서 정동파의 조선인 관료 및 외국인들의 지원을 받으며 이 음모를 사실상 막후 추진했다.[25]

이 사건의 주모자인 이범진(1853~1911)은 대원군 집권기 훈련대장을 지낸 이경하(1811~91)의 서자로서 임오군란 때 민 황후에게 충성을 바쳐 득세한 인물이다. 또 다른 주모자인 심상훈은 고종의 이종사촌으로 민 황후와 가까운 사이였다. 이범진과 심상훈은 각각 춘천 의병과 여주 의병과 연결되어 있어서 처음에는 의병이 서울을 점령하고 고종을 구출한다는 계획을 세웠다가 여의치 않자 아관파

---

25 신용하, 『갑오개혁과 독립협회운동의 사회사』, 100-102.

천을 단행한 것이다.26

단발령으로 사회적 혼란이 고조된 상황을 틈타 러시아는 공사관을 보호한다는 구실로 인천에 정박 중인 러시아 군함으로부터 수병 100여 명을 서울로 이동시켰다. 서울 주재 러시아 공사관은 망명했다가 돌아온 이범진과 공모하여 친위대 병력이 의병을 진압하기 위해 지방에 파견돼 왕궁의 경비가 소홀한 틈을 타 고종을 아관(俄館, 러시아 공사관)으로 옮기게 되었다. 이것이 이른바 '아관파천'(1896년 2월 11일~1897년 2월 20일)이다.

고종은 러시아 공사관에 들어서자마자 김병시를 총리대신으로 한 신정부(친러파와 정동파 중심)를 구성하고, 제3차 김홍집 내각을 '역적'으로 규정하면서, 이른바 '을미사적'(乙未四賊)으로 불리는 총리대신 김홍집, 내부 대신 유길준, 농상부 대신 정병하, 군부 대신 조희연 등에다 법부 대신 장박을 포함시킨 다섯 대신을 '잡아 죽이라'고 포살령(捕殺令)을 내렸다.

총리대신 김홍집27과 정병하28는 체포되어 압송되는 도중 광화문에서 군중들에 의해 피살되었다. 탁지부 대신 어윤중은 고향 보은으로 피난 가는 도중 경기도 용인에서 타살당했다. 유길준, 장박,

---

26 한영우, 『명성황후와 대한제국』, 71.

27 임종국은 당시 사람들이 김홍집을 '비오는 날의 나막신' 같은 사람으로 평가할 정도로 국가에 위급이 있을 때마다 유효적절하게 수완을 발휘했다고 평가했다. 『실록 친일파』(66-67쪽)에서 김홍집을 '친일파 애국자'라고 규정한 임종국은 러시아공사관으로 가지 말라는 일본군의 만류에도 불구하고 김홍집은 "시끄럽소! 일국의 총리로서 동족의 손에 죽는 것은 천명이다.! 남의 나라 군인의 도움으로 살아남고 싶은 생각은 없소!"라고 호통을 쳤다며 다음과 같이 말했다. "김홍집의 최후가 이토록 숙연하거늘, 어느 누가 그를 '친일파'라고 욕하겠는가? '일국의 총리로 동족에게 죽는 것이 천명'이라고 갈파한 살신성인의 투철한 정치 책임으로 '일본의 앞잡이'가 될 수 있는 것인가? … 이런 점에서 김홍집은 한말의 '위대한 정치가'였다고 할 수 있을 것도 같다."

28 정병하는 황후의 총애를 배신하고 을미지변이 있던 날 황후를 속였을 뿐 아니라, 황후가 죽은 뒤 서인으로 폐위할 것을 적극 주장한 인물이다. 한영우, 『명성황후와 대한제국』, 73.

조희연 등은 일본으로 망명했다. 김윤식은 나중에 자수하여 1897년 12월 제주도에 유배되었다. 이로 인해 친일 내각은 무너지고, 박정양 내각이 들어섰다. 이로써 갑오개혁·을미개혁은 중단되고 실패로 돌아갈 상황에 놓였고, 개혁추진 주체 세력인 온건개화파들은 이렇게 몰락하였다.

아관파천 이후 국왕은 선유사를 파견하였는데, 의병 투쟁은 쉽게 수습되지 않았다. 의병은 친러파 정권도 개화파이고, 본질은 바뀌지 않았다고 보았다. 의병 투쟁은 5월 유인석 부대가 충청도 충주에서 패배한 이후 퇴조를 보이기 시작하였고, 10월 무렵까지 산발적으로 이어졌다. 그 후 1897년 8월 12일 단발령이 취소되었다.[29]

대하드라마 "조선의 최후"에서 아관파천이 갖는 역사적 의미는 무엇일까? 그것은 한반도의 식민지를 놓고 러일전쟁이 불가피하다는 것이고, 그 승자가 한반도를 차지하는 수순으로 역사가 전개됨을 시사한 사건이라고 말할 수 있다. 아관파천은 일본에게는 그야말로 '청천벽력'이었다.

이토 히로부미 내각은 전 국민에게 러시아를 가상 적(敵)으로 삼아 10개년 계획의 군비 확장에 착수함을 알리고, 하루의 세 끼를 두 끼로 줄여 먹으면서라도 상비병 15만 명에 전시 병력 60만 명을 목표로 한 대육군과 22만 톤 규모의 무적 해군을 건설하자고 호소했다.[30]

러시아와 일본의 갈등은 조선이라는 먹이를 놓고 일어난 것일 뿐, 두 나라는 목적을 위해선 언제든 타협할 수 있는 관계였다. 러시아 황제 니콜라이 2세의 대관식이 거행된 1896년 6월, 러시아와 일

---

29 조경달, 『근대 조선과 일본』, 160.
30 강준만, 『한국근대사산책 3』, 21.

본은 한반도를 놓고 비밀협상을 벌였다.[31] 그러니까 아관파천도 우리의 바람과 관계없이 하나님의 예정하심에 따라 "조선의 최후"로 향해 가는 한 과정에 불과하다.

독립협회 운동 및 「독립신문」 창간

1896년에 출발한 독립협회는 크게 세 단계로 그 활동을 나눌 수 있다. 초기 독립협회 활동, 만민공동회로 대표되는 독립협회 전성기 그리고 극적인 몰락이 그것이다. 독립협회는 1898년 2월 21일 구국 선언 상소를 올린 것을 전환점으로 본격적인 구국 정치운동을 전개하였다. 3월 10일에는 1만 명의 성인 남자들이 서울 종로에서 '만민공동회'를 개최하였다.

만민공동회는 러시아와 열강의 침략 정책을 열렬히 규탄했으며, 대한제국의 자주독립을 지키기 위하여 러시아의 절영도조차 요구는 물론, 러시아의 군사 교관 및 재정 고문의 철수와 노한은행의 철거를 요구하는 결의를 통과시키며 대성공을 거두었다. 이 만민공동회를 참관한 각국 공사들과 외교관들은 이 대회의 열기와 결의를 보고, 한민족과 서울 시민들의 급속한 성장에 경악을 금치 못했다.[32]

---

31 위의 책, 21-22.

32 신용하, 『갑오개혁과 독립협회운동의 사회사』, 338-340. 독립협회가 만민공동회를 개최한 1898년 3월부터 9월까지 전개한 주요운동을 열거해 보면 다음과 같다. ① 러시아의 부산 절영도 석탄고기지 조차요구 저지운동, ② 일본의 석탄고기지 회수운동, ③ 노한은행 철거운동, ④ 러시아의 재정고문 및 군사교관 철수운동, ⑤ 서재필 추방 반대운동, ⑥ 국민의 생명·재산의 자유권 수호운동, ⑦ 러시아의 목포와 진남포 조계 매도 저지운동, ⑧ 프랑스의 광산 이권요구 반대운동, ⑨ 독일의 금광 이권요구 반대운동, ⑩ 각국이 침탈한 이권의 조사와 이권양여 반대운동, ⑪ 의학교 설립운동, ⑫ 황실호위 외인부대 창설 저지운동, ⑬ 노륙법(孥戮法, 죄를 자손에게까지 연좌시켜 죽이는 법) 및 연좌법(連坐法) 부활 저지운동, ⑭ 언론·집회의 자유권운동, ⑮ 의회설립운동.

초기 독립협회 활동 중 가장 중요한 활동은 1896년 4월 7일 우리 나라 역사상 최초의 민간신문인 「독립신문」의 창간이다. 「독립신문」 은 갑신정변이 주모자인 '5적'의 한 명으로 망명지 미국에서 귀국한 서재필을 사주 겸 주필로 삼아 발족하였다.

서재필은 그가 국내 온건개화파와 합작하여 만드는 새 신문은 반드시 한문을 모르는 일반 민중, 즉 그 이전의 상민, 천민과 부녀층 도 읽을 수 있도록 국문(한글)으로 만들겠다는 결기가 있었다. 이것 은 일반 국민이 근대의식을 가지고 개명진보(開明進步)하여 자유 민 권을 갖고 국정에 참여하여야 국민의 힘으로 나라를 지킬 수 있다는 서재필의 민주주의 사상에 의거한 것이다.

그런데 서재필에 의해서 「독립신문」의 국문판조필(國文版助筆) 로 발탁되어 창간 때부터 국문판 제작을 담당한 주시경은 우리나라 말을 알기 쉽고 배우기 쉬운, 세계에서 가장 우수한 문자인 국문으로 표현하여야 한다는 민족주의 사상에 의거하여 국문 전용을 주장하 였다.

우리나라 최초의 근대 국문법 저서인 주시경의 『국어문법』은 1893년 7월 7일 집필을 시작하여 1898년 3월 21일 완성되었다. 주 시경은 배제학당 출신 중에서 가장 일찍이 국어문법을 많이 연구한 선각자였으며, 「독립신문」 창간 전에 이미 당시로서는 매우 드문 열렬한 국문 전용 주창자였다. 따라서 서재필과 주시경의 만남은 결코 우연이 아니었다.33

「독립신문」은 처음에는 300부밖에 인쇄치 못하던 것이 후에는

---

idem., 341-342.
33 위의 책, 355-356.

500부가 되고 나중에는 3,000부까지 발행되었다. 이것은 당시의 조선으로서는 결코 적은 발행 부수가 아니며, 무엇보다도 발행 부수의 급속한 증가 추세에 주목하지 않을 수 없다. 이것은 「독립신문」의 영향력이 매우 컸음을 뚜렷이 나타내는 하나의 지표가 될 수 있다.[34]

「독립신문」은 처음부터 도덕적 기능보다는 계몽적 기능을 강조하여 창간되었으며 「독립신문」의 논설과 보도들에서 제시된 여러 가지 주장들은 모두 당시 한국인의 의식과 사상의 변화에 큰 영향을 끼치고 한국 사회 발전에 박차를 가하는 계몽적 역할을 수행하였다.[35]

특히 「독립신문」은 미신 타파를 역설하는 동시에 그리스도교를 예찬하였다. 1897년 1월 26일자 논설 "세계의 종교와 개화 문명"은 세계의 종교에 대한 정보를 제공하는 형식을 취하면서 사실상 그리스도교를 전도하고 나섰다. 이 논설은 "조선, 청국 등지에 있는 불교는 본래 불교와 온통 달라 이름만 불교라 하지, 실상인즉 석가여래가 가르친 교가 아니요, 인형을 만들어 놓고 어리석은 백성을 속여 돈을 뺏자는 주의"라고 했다.

또한 "공자교 하는 나라들은 마호메트교를 하는 사람들과 같이 한 사나이가 여러 계집을 음란하는 것을 허락하였고, 공자교 하는 나라들은 다만 청국과 조선인데 지금 세계가 그리 부강한 나라가 아니요 열리기를 반만 열려 세계상에 반개화국 자리에 있더라"고 했다.

---

34 위의 책, 361-362.

35 위의 책, 362. 신용하는 「독립신문」의 계몽적 활동과 기여를 이렇게 정리했다. 1. 국민의 개명진보를 위한 계몽적 역할, 2. 자주독립과 국가이익 수호, 3. 민권수호운동, 4. 한글발전에의 공헌, 5. 부정부패의 고발, 6. 독립협회의 사상형성과 기관지의 역할, 7. 세계와 한국 연결과 한국인 시야의 세계적 확대. idem., 362-371.

이 논설은 그리스도교를 구교와 신교로 나누어 "구교를 하는 사람은 어느 나라 사람이든지 교황에게 매였고" 등의 차이점을 설명한 뒤, "그리스도교의 교를 착실히 하는 나라들은 지금 세계에 제일 강하고 제일 부요하고 제일 문명하고 제일 개화가 되어 하나님의 큰 복음을 입고 살더라"라고 결론 내렸다.[36]

을사늑약(을사보호조약)

일본은 치밀한 전략을 가지고 한국 병합을 야금야금 단계적으로 이루어갔다. 마치 개구리가 뜨거운 물이 아닌 미지근한 물에 점점 뜨거워지는 줄도 모르고 기분 좋게 노닐다가 끝내 열탕 속에서 죽는 것과 마찬가지로 한국의 지배층은 미지근한 물 속의 개구리 같은 신세였다. 물론 구한말의 일부 각료들은 미지근한 물이 점점 뜨거워지는 것을 다소 감지하고 있었을 뿐이다.[37]

러일전쟁의 승리와 '가쓰라-태프트 밀약'을 통해 한국 침략의 준비를 완료한 일본은 이토 히로부미를 파견하여 한반도 병합작업에 착수했다. 이토는 1905년 11월 9일, 특명 전권 대사의 직함을 띠고 서울에 왔다. 11월 16일 이토는 서울 정동의 손탁 호텔에 각료들을 모이게 했다. 그 자리에는 참정 대신 한규설(韓圭卨), 법부 대신 이하영(李夏榮), 학부 대신 이완용, 농상공부 대신 권중현(權重顯) 등이 자리했다. 이들은 이날 조선의 외교권을 빼앗고자 하는 이토의 제2차 한일협약(을사늑약) 안의 설명을 듣고 격렬히 항의했다.

---

36 강준만, 『한국근대사산책 3』, 68-69.
37 이도형, 『망국과 흥국』, 315.

어전회의에서 반대냐, 찬성이냐? 둘 중의 하나만을 대답하라는 이토의 다그침에 대해 감연히 '반대다' 외친 사람은 한규설, 민영기 (閔泳綺), 이하영 셋뿐이었다. 나머지 '을사오적'으로 불리는 학부 대신 이완용, 군부 대신 이근택, 외부 대신 박제순, 농상공 대신 권중현, 내부 대신 이지용 등은 모두 황제에게 책임을 떠넘기면서 찬성을 표했다. 이토는 각료 8인 중 5인이 찬성했으므로 안건이 가결되었다고 선언함으로써 소위 을사보호조약이 체결되었다.[38]

이 소식에 접한 전국의 유생들을 비롯한 황성기독교청년회, 국민교육회, 대한구락부 등은 일본의 보호조약을 반대하였다. 특히 장지연은 「황성신문」에 "시일야방성대곡"(是日也放聲大哭)이라는 논설을 발표하여 일본의 침략을 규탄하고 조약체결을 조인한 매국 대신들을 호되게 비난했다. 그리고 전 참판 홍만식과 이명재, 시종무 장관 민영환, 전 의정 대신 조병세 등은 죽음으로 항거했다. 을사조약이 전국에 알려지자 각지에서 의병들이 일제히 들고 일어났다.

을사조약의 체결로 조선은 외교권이 없는 나라로 전락했고, 일본은 통감부를 설치하여 본격적인 조선 지배에 나섰다. 1907년 6월, 고종은 네덜란드 헤이그에서 열리는 제2회 만국평화회의에 이상설, 이준, 이위종을 특사로 파견하여 일제의 침략을 세계에 알리려 했으나 일본의 방해로 실패했다.

이준은 울분을 참지 못하고 헤이그에서 자결했다. 그리고 이 일을 계기로 통감부는 이완용을 앞세워 고종을 강제 퇴위시키고, 이틀 후인 7월 20일에 순종의 황제 즉위식을 거행하도록 했다. 이어서 이완용과 이토는 정미7조약을 체결하고 우리 군대를 강제로 해산시

---

38 정성희, 『한국사 101장면』, 269-270.

켜 버렸다.[39]

이토는 헤이그 사건의 책임을 지고 황제의 자리를 황태자에게
물려주라고 윽박질렀으며 고종(제26대)은 시키는 대로 할 수밖에
없었다. 여기서 조선은 이미 망했다. 조선 말기가 되면서 조선에는
무슨 기개니, 진취적 기상이니 역동성이니 하는 가치들은 눈을 씻고
보아도 찾을 수 없었다. 부패, 탐욕, 수탈, 비굴, 나태, 게으름, 불결
등 미개의 표본이 될 가치들이 온 나라를 뒤덮고 있어서 도저히 회생
가능성이 없던 나라였다. 당시의 조선은 세계에서 가장 낙후된 나라
중 하나였다.[40]

안중근의 이토 히로부미 처단

일본 정치 일선에서 물러난 이토는 다시 추밀원 의장이 되어 만
주와 조선반도 병탄에 관한 협의차 러시아 재무장관 블라디미르
코코프체프(V. N. Kokovtsev)를 만나러 하얼빈으로 갔다. 1909년
10월 26일 오전, 하얼빈역 플랫폼에 내린 이토 히로부미는 안중근
(1879~1910)이 쏜 세 발의 총탄을 맞고 현장에서 즉사했다.

그는 거사에 성공한 후 그 자리에서 러시아말로 세 차례 '코레아
우라'(대한 만세)를 외치고는 이토의 죽음을 확인하자 '천주여, 드디
어 포학자를 죽였습니다. 감사합니다'라고 중얼거렸다. 전 세계를
놀라게 한 이 사건은 곧바로 동·서양 전 지역에 타전되었고, 한국인
의 독립 의지를 확인시켜 준 쾌거였다.[41]

---

39 위의 책, 271-272.
40 백지원, 『백성편에서 쓴 조선왕조실록 下』, 468.

안중근의 이토 사살은 강제 합병으로 달려가던 정국에 여러 충격파를 던졌다. 을사보호조약, 정미7조약 등 한국합병의 수순을 밟는데 결정적인 역할을 했던 이완용을 비롯한 매국 친일파들은 공포심에 휩싸여 더욱 적극적인 합병론을 주장하게 되었다. 안중근이 일제 검찰의 심문에서 "이완용은 망국적 거괴(巨魁)로서 이토에게 자신의 직무를 팔아넘겼다"라고 비판한 것처럼 다음 표적은 이완용이 될 수 있었다.[42]

안중근의 이토·히로부미 저격 사건은 상반된 길을 걷던 두 나라의 근대사가 러시아령인 하얼빈에서 충돌한 것이다. 근대화 성공의 여세로 이웃 나라를 강점하려던 가해자 일본에 던진 피해자 조선의 저항이었다. 나아가 의병으로 변신한 교육자 안중근이 제국주의로 변한 근대 일본에 동양 평화의 길을 제시한 사건이었다.[43]

그동안 일본은 1909년 10월 안중근 의사의 이토 사살이 합방을 앞당기는 계기가 된 것처럼 설명했지만 이는 사실과 다르다. 이토는 이미 그해 4월, 총리대신 가쓰라, 외무 대신 고무라와 3자 회합에서 한국 병합에 찬성했고, 일본 각의는 7월 6일 '한국 병합에 관한 건'을 통과시켰다.[44]

안중근은 1879년 9월 2일 황해도 해주에서 유복한 양반의 장남으로 태어났다. 아버지 안태훈은 1897년 1월 프랑스 신부인 빌렘(J. Wilhelm, 洪錫九)을 초빙하여 안중근과 가족 등 36명을 영세 받게

41 한국기독교사연구회, 『한국 기독교의 역사 I』, 336.
42 이덕일, 『근대를 말하다』, 78. 친일의 괴수 이완용은 이토가 쓰러진 뒤 한 달 남짓 만인 그해 12월, 이재명 의사의 칼에 맞아 중상을 입었으나 미수에 그치고, 이재명은 체포되어 처형당했다.
43 위의 책, 71.
44 위의 책, 91.

했다. 도마(多黙)라는 영세명을 받은 그는 일생 동안 천주교를 신봉한 그리스도인이었다.

1906년 가산을 정리하여 진남포에 삼흥학교(三興學校)와 돈의학교(敦義學校)를 설립, 운영한 바 있는 안중근은 장차 실추된 국권을 회복하기 위해서는 보다 많은 고급인재를 양성하는 길이 급선무라고 판단하여 대학 설립을 추진하였다.

그래서 대학 설립의 뜻을 홍 신부(빌렘 신부)와 민 주교(G. C. M. Mutel)에게 개진했다. 그러나 프랑스 신부들은 한국인이 학문을 하게 되면 믿음이 좋지 않게 된다는 이유를 들어 모두 반대했다.[45] 이후 안중근은 외국인 신부들에 대한 강한 불신을 갖게 되었다. 그는 당시 이런 말을 했다.

"일본말을 배우는 자는 일본의 앞잡이가 되고, 영국말을 배우는 자는 영국의 앞잡이가 된다. 내가 만일 프랑스말을 배우게 되면 프랑스의 앞잡이가 되지 않을 수 없을 것이니 이를 폐한다"고 하면서 "만일 우리 한국이 세계에 떨친다면 온 세계 사람들이 한국말을 배우게 될 것이다." 얼마나 멋진 말인가. 여기서 우리는 1900년 초, 어느, 누구도 당시로서는 생각하지 못했던 대학설립계획안을 세워 이를 실천하려 한 그의 선각자적인 교육가의 면모를 엿볼 수 있다.[46]

안중근은 재판을 받으면서 이토의 죄를 열거했다. 한국의 민 황후를 살해한 죄, 한국 황제를 폐위한 죄, 을사조약과 정미7조약을 강제 체결한 죄, 무고한 한국민을 살해한 죄, 국권을 강제로 빼앗은 죄, 철도·광산·산림·천택을 빼앗은 죄, 제일은행권 지폐를 강제로

45 장석흥, "다시 보는 안중근의 사상," 「주간조선」 (2003.3.13.), 34-35면.
46 한국기독교사연구회, 『한국 기독교의 역사 I』, 337.

사용한 죄, 군대를 해산시킨 죄, 교육을 방해한 죄, 한국인의 해외 유학을 금지시킨 죄, 교과서를 압수하여 불태워 버린 죄, 한국이 일본의 보호를 받고자 한다고 세계에 거짓말을 퍼뜨린 죄, 한국과 일본 사이에 분쟁이 그치지 않고 살육이 끊이지 않는데 한국이 태평무사한 것처럼 속인 죄, 동양 평화를 깨뜨린 죄, 일본 천황의 아버지 태천황을 죽인 죄 등 15가지였다.[47]

안중근의 어머니 조 마리아는 12월 중순 뤼순에서 진행된 1심 재판에서 안중근이 유죄판결을 받자 다음과 같은 편지를 보냈다.

"응칠(안중근의 아명)아! 네가 이번에 한 일은 우리 동포 모두의 분노를 세계만방에 보여준 것이다. 이 분노의 불길을 계속 타오르게 하려면 억울하더라도 상고를 하지 말고 우리 민족의 대의를 위해 거룩한 죽음을 택해야 될 줄로 안다. 옳은 일을 한 사람이 그른 사람들에게 재판을 다시 해 달라고 하는 것은 사리에 맞지 않는다. 더욱이 그들의 영웅으로 대접을 받고 있는 이토 히로부미를 죽인 너를 일본 놈들이 살려줄 리가 있겠느냐. 혹시 자식으로서 늙은 어미보다 먼저 죽은 것이 불효라고 생각해서 상고하겠다면 그건 결코 효도가 아니다. 기왕에 큰 뜻을 품고 죽으려면 구차히 상고를 하여 살려고 몸부림치는 모습을 남기지 않길 바란다."[48]

1910년 2월 7일 오전 9시 뤼순 법정, 당시 영국 최대 주간지 「그래픽」의 기자 찰스 모리머는 재판 참관기를 통해 "세기적인 재판의 승리자는 안중근이었다. 그는 영웅의 월계관을 거머쥔 채 자랑스레 법정을 떠났다. 그의 입을 통해 이토 히로부미는 한낱 파렴치한 독재

---

47 김삼웅·정운현,『친일파 II: 일본 신국가주의의 전개와 친일파의 부활』, 18.
48 조동성, "1909년 오늘 하얼빈의 총성," 「동아일보」 (2006. 10. 26.), A34면.

자로 전락했다"고 썼다. 또 그는 안중근에 대해 "그는 삶의 포기를 열렬히 염원했다"며 "이 사건으로 인해 재판에 오른 건 다름 아닌 일본의 현대 문명이었다"라고 말했다.[49]

안중근은 2월 14일 공판에서 사형이 확정되어 3월 26일에 사형을 당했다. 당시 그의 나이 33세였다. 어머니 조 마리아는 사형이 확정되었을 때 안중근에게 "살려고 몸부림하는 인상을 남기지 말고 의연히 목숨을 버리라"고 당부했다.[50]

훗날 중국 총리 저우언라이(周恩來)는 안중근이 이토 히로부미를 향해 발사한 총성을 계기로 "(조선과 중국) 두 나라 인민의 일본 제국주의를 반대하는 공동 투쟁이 시작되었다"[51]고 평가했다. 또한 중화민국 총통 원세개는 「민우보」에서 안중근에 대해 이렇게 썼다. "동아시아 유사 이래 크고 작은 10여 개 나라가 있었으나 지금에 이르기까지 안 의사와 같은 의거를 본 적이 없도다." "이토는 일본의 이익을 위하였고, 안중근이 목숨 바침은 한국과 세계 평화를 위함이었다."[52]

2002년 10월 안중근의 뤼순 옥중 생활을 지켜본 당시 일본 경찰 후손이 안중근 유묵(遺墨) 중 한 점을 안중근 의사 숭모회 측에 대가 없이 기증했다. 이 유묵은 '언충신행독경만방가행언'(言忠信行篤敬蠻邦可行言)이라고 쓴 10자로, '말에 성실과 신의가 있고, 행실이 돈독하고 경건하면 비록 야만의 나라에서도 이를 따르리라'라는 내용이다.[53]

49 문갑식, "안중근, 세기적 재판 승리 월계관 쓰고 법정 떠났다': 오늘 순국 87주기 당시 영(英)기자의 참관르포 최초공개," 「조선일보」(1997. 3. 26.),39.

50 지호일, "안중근 만든 건 어머니 리더십," 「국민일보」(2007. 3. 17.), 7.

51 조동성, "1909년 오늘 하얼빈의 총성," 「동아일보」(2006. 10. 26.), A.34.

52 남창룡, "'안의사 동양평화우해 순국': 당시 거사 극찬 中언론자료 본지서 독점입수," 「세계일보」(1997. 1. 12.), 27.

53 강준만, 『한국근대사산책 5』, 134. '사상가 안중근'에 대해서는 윤경로, "사상가 안중근의 생애와

일찍이 '일본 근대화의 아버지'로 불리는 후쿠자와 선생은 한국을 '야만의 나라'라고 했다. 과연 누가 야만의 나라인가. 일본은 문명을 앞세운 야만의 나라이고, 한국은 십자가를 지고 가는 거룩한 나라가 아닌가!

한일합방 과정

조선 침략의 원흉 이토의 암살을 계기로 일제는 더욱 한일합병에 박차를 가하기 위해 이완용을 중심으로 한 친일 내각을 구성하고 본격적인 한일합병 작업에 착수했다. 일제는 1910년 5월 소네 아라스케 통감이 갑자기 죽자 육군 대신 데라우치 마사타케(寺內正毅, 1852~1919)를 새 통감으로 임명하여 '조선병합'을 실행하도록 하였다.

데라우치는 부임 즉시 「황성신문」, 「대한민보」, 「대한매일신보」 등 신문을 정간시켜 한국의 언로를 폐쇄한 뒤 총리 이완용과 더불어 병합의 음모를 꾸몄다. 결국 1910년 8월 22일, 대한제국 순종 황제가 참석한 어전회의에서 총리대신 이완용은 조선과 일본의 강제병합안을 가결시킴으로써, 1392년 건국된 조선은 518년 만에 멸망했다.[54]

활동," 『한국근대사의 기독교사적 이해』, 291-338을 참조.

54 이완용과 데라우치 통감 간에 조인된 8개조의 한일강제병합 내용은 다음과 같다. ① 한국 황제 폐하는 한국 전부에 관한 일체의 통치권을 완전하고도 영구히 일본국 황제 폐하에게 양여함. ② 일본국 황제 폐하는 전조에 게재한 양여를 수락하고 또 한국을 일본국에 병합함을 승낙함. ③ 일본국 황제 폐하는 한국 황제 폐하·태황제폐하와 그 후비 및 후예로 하여금 각기 지위에 응하여 상당한 존칭·위엄 그리고 명예를 향유케 하며 또 이를 보지(保持)하기에 충분한 세비를 공급할 것을 약함. ④ 일본국 황제 폐하는 전조 이외의 한국 황족과 후예에 대하여 각기 상당한 명예와 대우를 향유케 하며 또 이를 유지하기에 필요한 자금을 공여할 것을 약함. ⑤ 일본국 황제 폐하는 훈공 있는 한인으로서 특히 표창을 행함이 적당하다고 인정되는 자에 대하여 영작을 수여하고 또 은금을 여할 것. ⑥ 일본국 정부는 병합의 결과로서 한국의 시정을 담임하고, 시행하는 법규를 준수하는 한인의 신체와 재산에 대하여 충분한 보호를 하며 또 기 복리의 증진을 도모할 것. ⑦

일제는 이 조약 사실을 1주일이나 극비에 부쳤다가 8월 29일에
야 순종 황제의 옥쇄를 날인케 하고 병합조약을 포고했다. 이를 경술
년에 일어난 치욕이라 하여 '경술국치'라(庚戌國恥)고 하고, 경술국치
문서에 도장을 찍은 7인(이완용, 이재곤, 조중응, 이병무, 고영희, 송병준,
임선준)의 정부 대신을 '경술 7적'이라고 부른다.55

어떤 사람에게 사회적 자리(지위)가 주어졌다면, 그 자리는 막강
한 권세와 더불어 막중한 책임이 따르는 것이다(noblesse oblige,
노블레스 오블리주). '을사오적'이라고 불리는 사람들은 그 자리가 가
져다주는 막강한 권세를 누리면서 막중한 책임에 대해서는 '나 몰라
라' 했다. 그래서 그들은 영원히 '을사오적'이라는 오명을 뒤집어쓰
게 되었다.56

한일 병합 소식을 듣고 금산군수 홍범식은 뒷산에 올라가 목을
매 자결했으며, 매천 황현은 9월 10일 〈절명시〉(絶命詩)를 남기고
아편을 먹고 순국했다. 이후에도 수많은 사람이 자결했다. 주목할
일은 자결 순국한 집에서 부고를 내는 것을 막았다는 사실이다. 이
때문에 경술 순국열사의 정확한 명단을 알 수 없고, 이 명단을 작성했
다가 구속된 인사도 적지 않았으니 얼마나 혹독한 식민 통치를 했는
지 가히 짐작하고도 남음이 있다.57

일본국 정부는 성의와 충실로 신제도를 존중하는 한인으로서 상당한 자격이 있는 자를 사정이
허하는 한에서 한국에 있는 제국관리로 등용할 것. ⑧ 본 조약은 일본국 황제 폐하와 한국 황제
폐하의 재가를 경한 것으로 공포일로부터 시행함. 이진구, "국치(國恥): 1910년 이완용, 한일 병
합안 강제가결," 「동아일보」(2006. 8. 22.), A31면.

55 김삼웅, 『친일정치 100년사』, 68.

56 이도형은 이렇게 말한다. "그때나 지금이나 권력 있는 자, 돈 있는 자들은 '나라'에 대한 관심, 즉
'국가관'이 없고 각기 日常(일상)의 安逸自足(안일자족)만을 추구하다가 나라는 망하게 되는 것
이다." 이도형, 『망국과 흥국』, 377.

57 박성수, 『이야기 독립운동사: 121 가지 사건으로 보는 한국근대사』, 118.

한국 병합을 맞이하여 일본 언론은 예찬과 경축의 기사가 흘러넘쳤다. 한국 병합을 정당화하는 최대의 논리는 정체론과 타율성 사관이었다. 문명화할 수 있는 내재적 힘을 갖지 않아 항상 외세에 농락당해 온 조선은 이제 보호국의 지위인 채로 둘 수 없으며, 할 수 없이 병합이라는 수단에 의해 일본의 일원으로 끌어올릴 수밖에 없었다는 것이다.

그와 같은 병합 합리화의 언설은 역사학자 '기다 사다키치'(喜田貞吉)의 논의에서 전형적으로 볼 수 있다. 그는 『한국의 병합과 국사』(韓國の倂合と國史)를 저술하여 아득한 고대에 분가하여 궁핍한 생활을 하고 있는 조선을 본가인 일본이 인수한 것이 한국 병합이라고 했다. 정체론과 타율성 사관의 입장을 '일선 동조론'으로 보강하면서 병합을 합리화한 논리였다.

또한 가타야마 센(片山潛) 등이 발행하고 있던 「샤카이 신문」(社會新聞)(1910. 9. 15.)은 일본인의 사명은 수천 년간 확고하게 독립을 얻을 수 없었던 조선인에게 "일본 제국 신민으로서의 독립심"을 이식하여 "훌륭한 일본 제국의 신민으로 삼는 데 있다"라고 말했다.[58]

한국 병합이 된 1910년 8월 29일, 도쿄 시중에서는 집집마다 일장기를 걸었다. 니혼바시(日本橋) 인근 상가에서는 오후부터 휴업을 하는 곳이 많았고, 축하주도 대접했다. 사람들은 오후부터 거리로 몰려 나갔고, 꽃으로 장식한 전차가 왕래하면서 악대의 피리와 북소리가 울려 퍼지는 떠들썩함 속에서 취기에 몸을 맡기며 만세로 환호

---

58 조경달, 『근대 조선과 일본』, 293. 와다 하루키 도쿄대 명예교수는 1989년 일본의 한반도 식민지 지배에 대한 반성과 사죄 국회 결의를 요구하는 국민서명운동을 시작한 사람으로, 한국 병합과 관련하여 식민지 지배에 대한 반성과 사죄는 일본 국민의 몫이라고 주장하였다. 더 자세한 설명은 와다 하루키, 『한국병합 110년만의 진실: 조약에 의한 병합이라는 기만』을 참조.

하고, 여러 곳으로 몰려다녔다. 이러한 경축 풍경은 밤까지 이어져 니주바시(二重橋) 앞에서는 궁성을 참배하는 군중이 끊이지 않고 만세 소리를 외쳤다.[59]

한편, 한국 병합 조약이 조인된 밤의 연회 석상에서 데라우치 마사타케는 득의만만하게 "고바야카와, 가토, 고니시[60]가 살아 있다면 오늘 밤 달을 어떻게 보았을까?"라고 읊조렸다. 무인인 데라우치에게 한국 병합은 전국 시대 총결산이 될 수 있었던 도요토미 히데요시(豊臣秀吉)의 조선 침략을 계승한 것이었고, 그야말로 '나라 훔친 이야기'(國盜り物語)의 진정한 완결이라 부를 만한 일이었다. 시바 료타로(司馬遼太郎)는 줄곧 잔혹하기 짝이 없는 전국 시대의 '나라 훔친 이야기'를 통쾌하면서도 밝게 그렸다.[61]

강제합방 당시 「경성일보」 감독으로 조선 언론 통폐합을 주도한 일본 극우 보수의 사상적 아버지 도쿠토미 소호(德富蘇峰, 1863~1957)는 근대 일본 제국주의 팽창정책의 열렬한 신봉자이며 중요한 이론가요 선전가였다. 그는 "조선통치요의"(朝鮮統治の要義)라는 글을 썼는데, 이 글은 조선총독부 직원들을 교육하고자 쓴 '무력통치론'이다. 그는 이 글을 1910년 10월 1일부터 15일 사이 10회에 걸쳐 「경성일보」에 기고했다. 세 번째 글에서 그는 "조선인들이 일본의 조선 통치를 숙명으로 여기고 기꺼이 받아들일 수 있는 방법은 오직 힘뿐이다"라고 강조하였다. 그러면서 그는 나카소네 전 일본 총리에게 이런 말을 들려주었다.

---

59 조경달, 위의 책, 294-295.
60 고바야카와 다카카게(小早川隆景), 가토 기요마사(加藤淸正), 고니시 유키나가(小西行長)를 가리킨다.
61 조경달, 『근대 조선과 일본』, 295.

"도요토미 히데요시, 대동아전쟁 모두 실패의 역사다. 잘못을 되풀이하지 않으려면 일본은 당분간 아메리카(미국)와 손잡아야 한다. 다만 아메리카는 지혜가 없으므로 일본이 여러모로 가르쳐 줄 필요가 있다." 그가 임진왜란과 대동아전쟁을 실패한 역사라고 한 것은 침략 전쟁 자체에 대한 반성과는 전혀 무관한, 다 잡은 조선과 중국을 실책으로 그만 놓치고 말았다는 통한에 찬 얘기이고, '잘못을 되풀이하지 않으려면'이라는 말은 "다시 일어나 재도전할 때는 실수를 되풀이하지 말라"는 경고였다.62

여기서 중요한 것은 임진왜란은 일본이 한반도를 손에 넣을 좋은 기회였으나 그 기회를 놓쳤다는 사실이다. 왜냐하면 아직 때가 차지 않았기 때문이다(단 8:17,19; 요 7:8,30, 8:20). 그로부터 300여 년 후 9세기 말엽에서 20세기 초엽은 드디어 한반도를 완전히 장악할 절호의 기회가 찾아왔다. 한일근대사에 있어서 "조선의 최후"가 갖는 역사적 중요성이 바로 여기에 있다.

조선은 일본의 군사 점령과 고종의 무능에 인조반정 이래 집권당이었던 노론의 매국 당론이 더해 멸망했다. 집권당이 나라를 팔아먹는 데 앞장선, 세계사적으로도 희귀한 사례이다. 그러나 역사는 음지에서도 꽃을 피운다. 음지일수록 그 꽃은 더욱 찬연하다. 이런 폐허 속에서 제국의 복벽(復辟, 망한 왕조를 다시 세움)이 아니라 새로운 나라에 대한 희망이 싹이 움트고 있었다. 바로 대한민국이란 민주공화제의 싹이었다.63

그러니까 근대화에 성공한 일본은 세습 천황을 중심으로 더욱

---

62 정일성, 『알수록 이상한 나라 일본』, 286-288.
63 이덕일, 『근대를 말하다』, 95.

강력한 제국주의를 향해 나아가면서 복음화를 더욱 위축시킨 반면 한국은 근대화에 지각생이 되어 결국 나라가 망했지만 이로써 왕정 (王政)은 사라지고 민정(民政)의 발판을 마련했으며, 더욱 복음화를 향해 진력하는 방향으로 나아갔던 것이다.

한일합방에 대한 일본조합교회의 시각

한일합방을 두고 일본은 마치 전쟁에서 승리한 것처럼 기뻐 날뛰었는데, 그렇다면 일본조합교회는 어떻게 이를 바라보았을까? 1910년 8월 27일, 일본 교회의 거물 우에무라(植村正久)는 한일합병에 관해 다음과 같이 말했다.

韓國, 마침내 帝國의 版圖에 倂合되었다… 日本, 앞서 東洋의 平和를 永遠히 維持하고 帝國의 安全을 將來에 保障할 必要 있음을 생각해, 늘 韓國이 禍亂의 淵源이 된 것을 보고 韓國을 그 保護下에 두었었는데 이제 그 目的을 貫徹하기 위해서 다시 한 걸음 나아가 이번에 倂合을 決行함에 이르렀다… 이것이 다 하나님에 의해서 作定돼 있음을 깨닫고 國民的 親權者로서의 本分을 다 한다는 事情에서 日本 나아가 朝鮮을 倂合하고 이를 扶植한다.[64]

한일합병이 하나님의 예정이라는 말이었다. 우리 입장에서 보면 이것은 속이 뒤집어지는 망언일 수 있다. 그런데 감정을 가라앉히고 냉정하게 생각해 보자. 그들의 말대로 이것이 하나님의 예정 속에

---

64 大日本の朝鮮, 『福音新報』, 795호, 명치 43년 9월 1일자. 민경배, 『韓國基督教會史』, 290-291.

있다는 것을 인정하고, 그렇다면 역지사지(易地思之)로 이 일로 인해 한국 백성이 당해야 할 좌절과 고통은 생각해 보았는가. 그리고 이것은 일본 제국주의에 의한 강제 병합인데, 이것이 그리스도의 정신에 부합되는지를 생각해 보았는가.[65]

그리고 다음 차례는 35년 후에 있을 일본의 패망인데, 이를 영적 안목으로 왜 보지 못했는가. 그때 일본 교회는 앞선 조선의 멸망이나 뒤이은 일본의 패망을 두고 무엇이라고 설명할 것인가. 지금 일본 국민을 따라 일본 교회가 부르는 감격의 노래가 통곡의 절규로 바뀌고, 희열에 찬 광란의 춤이 진혼을 위한 죽음의 춤으로 바뀌었을 때, 그때 그들은 이것도 하나님의 예정에 있었다고 거리낌 없이 말할 수 있겠는가.

한국 병합의 풍경

조선 왕조의 멸망에 많은 사람이 비분강개(悲憤慷慨)하여 자결하고 각지에서 의병이 다시 일어나는 상황에서, 참으로 이상한 일은 한일합병이 포고된 이 날 아무 일 없었다는 듯이 너무나도 조용했다. 8월 29일에 일제는 각급 학교 학생, 실업단체, 일반인 등 약 6만 명을 동원하여 대대적인 축하 행사를 벌였다.[66]

반면에 모든 한국인은 비통해하면서 괴로워했을 것으로 생각하지만 꼭 그렇지만은 않았다. 실제로 8월 29일 그날은 의외로 조용했

---

65 이때 일본기독교회가 보여준 모습은 "산상수훈"에서 예수께서 말씀하신 "애통하는 자는 복이 있나니 그들이 위로를 받을 것임이요"(마 5:4)라는 말씀과는 너무나도 먼 모습이었다.
66 임종국, 『밤의 일제 침략사』, 164.

고 반대 시위도 전혀 없었다. 오히려 반대 시위는 합방에 대한 소문이 떠돌던 오래전의 일이고, 이제 조선 민중은 체념과 패배주의와 좌절감에 깊이 빠져 있었다.[67]

'한국 병합에 관한 조약'의 공포일을 1910년 8월 29일이었고, 조인 사실은 절대 비밀에 붙여졌다. 다만 그사이에 일본은 각국에 병합 사실을 통지하고, 그 승낙을 얻었다. 또 병합 단행이 가까워지자 엄중한 경계 태세를 갖추었다. 24일에는 '정치에 관한 집합 혹은 옥외에서 다중 집합 금지의 건'을 공포하고, 정치 활동을 엄금했다.

당시 조선에는 헌병대 병력이 7,582명 배속되어 있었는데, 이것은 일본, 대만, 기타를 포함한 헌병 총수 9,144명의 82.9%에 해당한다. 위험분자로 여겨진 자는 구금을 당했고, 정치 연설이나 집회는 일체 금지되었으며, 신문 잡지의 언론 통제를 극단적으로 엄격하게 실시하였다.[68]

이날의 서울의 표정을 「조선과 만주」라는 잡지는 1905년 11월에 체결된 보호조약 당시 같은 큰 소란도 없었고, 1907년 7월의 고종의 양위에 이은 내정 감독의 조약체결 당시와 같은 대소란도 없는 것은 오히려 기이한 감마저 든다며 그 이유를 다음과 같이 말하고 있다.

"이러한 것은 이미 실권이 일본에 넘어간 이상 이제 허명만 남은 국호와 제호를 빼앗겼다고 해서 유난히 소란을 피울 것이 없다는 체념한 탓도 있겠지만, 이보다는 데라우치 통감이 용의주도하고 비밀리에 교섭을 진행한 것도 그 원인의 하나라고 할 수 있다. 그러나

---

67 강준만, 『한국근대사산책 5』, 206-209.
68 조경달, 『근대 조선과 일본』, 291.

더 중요한 원인은 병합 전부터 일본의 헌병과 경찰이 철저한 단속으로 소란을 피울만한 사람들을 질식하게 하고, 또는 구금하여 한 사람의 선동자도, 한 구절의 선동 문자도 나오지 못하게 한 것이 평정을 유지하게 한 것으로 해석된다."[69]

과연 일제의 철저한 단속 때문에 8월 29일은 조용했을까? 또한 망국에 대해 양반과 평민의 입장이 과연 같았을까 하는 것도 의문이다. 최근에 한일합방 직후 상주에 거주하는 한 양반의 일기 내용이 공개되었는데, "양반들이 한일합방이 되자 집 밖으로 나가지 않았다"라면서 다음과 같이 말했다.

"우리는 그 이유를 국권 상실과 종묘사직을 잃어서라고 설명하고 싶을지 모르지만, 사실은 상놈들이 호형호제할까 봐 창피해서 나가지 않았다고 합니다. 서발턴(subaltern, 하층민) 연구의 관점에서 이 기록을 다시 읽는다면 양반 기록에 남겨진 민중의 목소리는 세상이 바뀌어서 오히려 해방감을 느꼈다, 같은 게 아닐까요? 곧 이민족의 지배를 받아야 한다는 두려움보다는 양반 계급의 지배가 끝났다는 것이 민중들에게는 더 강렬했을지도 모르겠습니다."[70]

이 말은 논란의 소지가 있기는 하지만 상당히 생각해 볼 만한 말이 아닐 수 없다. 그동안 민중들이 양반으로부터 받은 억압과 수탈을 생각하면 얼마든지 그럴 수 있다. 조선 왕조의 멸망을 모두가 비통하게만 생각했던 건 아니다. 미국을 향해 떠난 지 5년 11개월만인 19010년 10월 10일 서울에 도착한 이승만은 귀국하고 나서 맞은

69 이덕주, 『조선은 왜 일본의 식민지가 되었는가』, 18-19.
70 임지현·박노자, "대담·외길이 아닌 여러 갈래의 민주주의: 국가주의와 민족주의를 넘어," 『더 작은 민주주의를 상상한다』, 164.

첫 주일에 750명이 모인 학생집회에서 "귀국해보니까 세 가지 시원한 것이 있다"고 말해 청중들을 깜짝 놀라게 했다.

이승만이 말한 세 가지 시원한 것이란 첫째로 임금이 없어진 것, 둘째로 양반이 없어진 것, 셋째로 상투가 없어진 것이다. 이승만의 이 발언은 기독교인들 사이에서조차 적지 않은 충격이었다. 그만큼 이승만은 확고한 공화주의자가 되어 있었다.[71]

조선 민중이 나라 잃은 서러움을 뼈저리게 깨닫게 된 것은 병합 이후 전개된 이른바 '토지조사사업' 때부터다. 토지조사사업은 그동안 불법이었던 일본인의 토지 소유를 법적으로 인정해 줌으로써 농민들은 토지를 빼앗기고 고향을 등지게 된 결정적인 계기가 되었다. "눈뜨고 코 베어간다"는 속담이 있듯이 근대적 소유권 개념에 어두웠던 농민들은 하루아침에 지금껏 농사짓고 있던 땅을 합법적으로 강탈당했다. 반면 지주들은 소작농들의 불안정한 경제적 처지를 이용하여 훨씬 더 가혹한 착취를 일삼았다.[72]

한편, 일제는 병합조약을 주동적으로 수행한 이완용, 박제순, 송병준 이하 76명에게 논공행상으로, 또는 회유를 위해서 귀족의 신분을 배급했다. 후작 6명, 백작 3명, 자작 22명, 남작 45명이었다. 이 중에서 8명이 반납함으로써 총 68명의 조선 귀족(!)이 탄생하게 되었다.[73] 그리고 이들 '귀족' 중 일부는 억만장자가 되었다.

이완용은 1907년 고종 황제 퇴위와 정미7조약에 기여한 대가로 일제로부터 10만 환(현재 가치로 20여억 원), 한일합방 때는 백작 작위

---

71 강준만, 『한국근대사산책 6』, 13-14.
72 배경식, "보릿고개를 넘어서," 『우리는 지난 100년 동안 어떻게 살았을까 3』, 222-223.
73 임종국, 『실록 친일파』, 89.

와 함께 15만 환을 받았다. 이 돈으로 이완용은 전북 군산, 김제, 부안 일대 논을 사들이기 시작했고, 이 소유지를 다시 팔아 1925년에는 경성 최대의 현금 부호가 되었는데, 최소 300만 환(현재 가치로 600여억 원)에 이르렀다.[74] 그는 조선총독부 중추원 고문에 추대되어 1926년 죽기까지 평생 일본에 기생하면서 부귀영화를 누리다가 죽었다.

한반도를 떠나는 사람들

하나님이 조선을 사랑하셨다면 조선이 망할 때 무엇하고 계셨을까? 왜 망하는 것을 그냥 보고만 계셨을까? 하나님은 우리 민족을 잊고 계셨는가? 그게 아니다. 히브리 백성이 애굽에서 노예생활하며 신음하며 탄식하고 있을 때 하나님은 왜 그냥 보고만 계셨을까?

하나님이 히브리 백성의 고난을 모르고 계셔서 그러했을까? 아니다. 하나님은 다 보고 알고 기억하고 계셨다. 다만 그들이 더 이상 애굽에서 못 살겠다고 아우성치며 그곳을 떠나야겠다고 할 만큼 고난이 극에 달할 때까지 기다리고 계셨을 뿐이다.

마찬가지로 조선이 망해가는 것을 하나님은 다 보고 알고 기억하고 계셨다. 하나님은 우리 민족을 여전히 사랑하시고 한시도 잊으신 적이 없으시다. 다만 고난이 극에 달할 때까지 기다리고 계셨을 뿐이다. 그래야 그 땅을 떠날 것이고 그래야 앞으로 세계 선교를 위해 찬란하게 들어 쓰실 민족이 될 수 있으니까.

---

74 김남일, "땅 팔아 대부분 현금화… 환수재산 1% 안 돼: 친일재산 국가귀속 결정,"「한겨레」
(2007.5.3.), 6면.

러일전쟁이 끝나갈 무렵인 1905년 5월 14일에 이런 일이 있었다. 전국에서 모여든 275가구 1,033명의 한인은 멕시코 남부 유카탄 반도를 향해 떠났다. 이들은 이국 생활에 대한 부푼 꿈을 안고 한반도를 떠났다. 그러나 이들은 곧이어 짐승만도 못한 애니깽(사탕수수)75 농장의 농노로 전락했다. 이들은 왜 이렇게 노예처럼 죽어가야 하는지도 모른 채 애니깽 농장에서 개처럼 깽깽거리며 죽어갔다. 그 속에서 살아남은 자들이 훗날 한 많은 멕시코 이민의 첫 장을 열었다. 그때는 그 뜻을 몰랐다. 그런데 이들의 후손으로 인해 멕시코를 비롯한 중남미 지역으로 한인들이 흩어져 나갔다.76

또한 간도 땅은 예부터 우리 민족의 삶의 터전이었다. 그러나 1905년 을사보호조약으로 조선의 외교권을 빼앗은 일본은 1909년 9월 7일 청나라와 간도협약을 맺고 영유권을 청나라에 양도해 버렸다. 이것이 무엇을 의미하는지 그때는 잘 몰랐다.

간도 땅에 정착한 한인들과 일제의 한국 병탄 후 독립운동을 위해 간도와 만주로 간 후손들이 훗날 중국의 소수 민족인 조선족이 되었던 것이다. 1900년대 이후 1910년대 말까지의 간도 지방 연도별 한인 이주자 통계를 보면 1907년 71,000명, 1910년 109,000명, 1912년 163,000명, 1918년 253,961명이다.77

1909년 9월 29일자 「신한민보」(新韓民報)의 한 논설에 "내내출양내"(來來出洋來)라는 제목 아래 "오시오! 오시오! 외국으로 나오시오"

---

75 '애니깽'이란 용설란의 품종 중 하나인 '헤네켄'(Henequen)을 멕시코식 발음으로 '에네켄'이라고 하는 것을 한국인 노동자들이 '애니깽'으로 알아들은 데서 유래한 이름이다. 최태성, 『역사멘토 최태성의 한국사: 근현대편』, 185.

76 한국교원대학교 역사교육과, "국외 이주와 동포 사회의 형성," 『아틀라스 한국사』, 178-179. '멕시코와 중남미 동포 이민사'에 대해서는 이형자, 『한민족 디아스포라 행전 2』, 104-112를 참조.

77 한국기독교사연구회, 『한국 기독교의 역사 I』, 353.

라고 하면서 국내에 남아 있는 동포를 향하여 "집에 들어온 호랑이를 잡으려 하지 않고 스스로 죽기를 기다리는 지아비"격이라고 하면서 외국으로의 망명을 적극 권려(勸勵)하였던 것이다.[78] 이들이 살기 위해 갔든, 독립운동을 위해 갔든 그들이 의도하지 못하는 사이에 하나님은 한민족을 향한 흩으심의 초월적 의미를 행하고 계셨다.

간도 이민자들은 주로 연변 자치구에 모여 살았는데, 현재 그 수가 약 200만 명이라고 한다. 1992년 한중수교 이후 우리 기업들이 중국 전역으로 나아가자 이중 언어를 사용하는 조선족이 필요하게 되었다. 이로 인해 조선족들은 연변을 떠나 우리 기업이 있는 북경, 상해, 청도, 서안 등으로 흩어져 나갔다. 또 일부는 한국으로 진출하기도 했다. 그들도 인식하지 못하는 사이에 조선족들이 중국 전역에 포진된 것이다.

개신교 성장 및 교회의 치외법권

1890년대의 개신교는 충군애국(忠君愛國)을 지향하였다. 일요일엔 교회는 물론 개신교인의 집에까지 태극기를 게양하였다. 1896년 9월 2일, 고종의 탄신일 절기를 맞아 개신교회는 교파를 초월하여 모화관에 모여 축하식을 거행했다. 그런 충군애국 덕분인지는 몰라도 1896년 6월 정부가 북장로회 선교사 스왈렌(W. L. Swallen)에게 전도하는 일을 공식 허가하면서 개신교는 공식적인 종교 행위를 할 수 있는 기반을 더욱 탄탄하게 갖추게 되었다.[79]

---

78 위의 책, 354.
79 강준만, 『한국근대사산책 3』, 117-118.

1898년 10월 '한국 감리교의 어머니 교회'로 불리는 정동제일교회의 초석이라 할 '벧엘예배당'이 건립되었다. 2년 반에 걸친 공사 끝에 세워진 벽돌 예배당은 500명을 수용할 수 있는 전통적인 라틴 십자가 고딕양식이었다. 고종황제를 비롯하여 시골에서 온 농부들까지 교회당의 구조에 경이로움을 갖고 구경하러 왔다.[80]

'벧엘예배당'의 건립은 기념비적인 사건이긴 하지만, 당시 개신교의 본산은 서울이라기보다는 서북지방이었다. 1897년 로버트 스피어는 서북지방에서 전개되고 있는 선교 상황에 대해 "서북지방 교회의 발전은 세계 어느 곳에서도 볼 수 없으리만큼 확대되었다. 교회당들은 초만원을 이루고 확장의 기회는 무제한적이다"라고 평가했다.

실제로 1885년부터 1910년까지 한국에 설립된 교회 683개 중 서북지방과 해서지방에 설립된 교회가 362개소(평북 98개, 평남 162개, 황해도 102개)로 전체의 50% 이상을 차지했다. 또한 1898년 북장로회의 평양선교 보고서의 통계에 따르면 전체 장로교인 7,500명 가운데서 평안도와 황해도 교인 수가 5,950명으로 전체 교인의 79.3%를 차지했다.[81]

서북지방에서 개신교가 급속히 전파될 수 있었던 것은 조선 왕조 초기부터 오랫동안 지역적 및 신분적 차별을 받아 왔던 역사적 사실과 깊은 관계가 있다. 서북지방은 오랜 기간 차별대우로 말미암아

---

80 이때 남녀가 한 자리에서 예배드린 이 사건은 대단히 중요한 의미를 갖는다. 한 지붕 아래서 남녀가 함께 예배를 드린다는 사실만으로도 여성들에겐 감격적이었다. 당시 여성들은 남성과 같은 공간을 사용하는 것만으로도 남녀평등을 이뤘다고 인식하였다. 위의 책, 118-119; 이덕주, 『한국 교회 처음 이야기』, 137.

81 강준만, 『한국근대사산책 3』, 120.

정치적으로 소외되었으나 오히려 그 때문에 반상 차별의 유교적 전통이 약했으며, 활발한 상업활동으로 새롭게 성장한 이른바 '자립적 중산층'은 기존 질서를 대체할 새로운 이데올로기로써 그리스도교를 수용하는 데 적극적이었다. 이들은 영혼의 구원이라는 신앙적 차원보다는 그리스도교를 통하여 나라의 모든 모순을 타파하고 개화를 이룩할 수 있을 것으로 믿었다.[82]

황해도에서 선교 활동에 종사한 선교사 샤프(C. E. Sharp)는 이렇게 말했다. "기독교로 오는 많은 사람이 갖고 있는 첫 번째 동기는 보호와 힘에 대한 욕구다. 시가가 불안정한 연고로 사람들은 서로 도움을 얻기 위해 상호 결속하였다. 수없이 많은 단체가 생겨났는데 모두가 지향하는 바는 정치적인 것이다."[83] 기독교가 '힘의 종교'로 인식됨으로써 민중 계층뿐 아니라 민족의식을 지닌 유식 계층도 기독교로 들어오기 시작했다. 즉, 기독교를 방편으로 민족운동을 전개해 보려는 의도에서 교회를 찾았다는 말이다.

가문이나 족보를 중시하던 양반 문화 속에서 보통 사람들이 누릴 수 있는 최상의 보호막은 바로 외세(外勢)였다. 상층 엘리트 계급도 외세를 보호막으로 삼곤 했지만 보통 사람들의 외세 이용은 신앙의 형태로 나타났다. 개신교와 천주교를 믿는 것, 그것이 가장 든든한 보호막 역할을 했다.

---

82 위의 책, 120-121.

83 C. E. Sharp, "Motives or Seeking Christ," *KMF*, 182. 한국기독교사연구회, 『한국 기독교의 역사 I』, 260.

전쟁이 가져다준 교회의 급성장

1894년의 청일전쟁과 1904년의 러일전쟁은 한반도를 초토화시켰고, 우리 민족은 인명과 재산상의 막대한 피해를 입어야 했다.[84] 그런데 놀라운 사실은 이 같은 민족적 수난기에 그리스도교는 급격한 성장을 이루게 되었다. 1888년부터 1906년까지의 장로교와 감리교 교세 통계를 보면 알 수 있다. 초기에 신도 수는 완만한 증가 추세를 보이다가 청일전쟁이 있었던 1894~96년에 급증함을 보여주고 있다.

감리교의 경우 94년에 335명에서 95년에 410명, 96년에 817명으로 장로교의 경우는 94년에 40명, 95년에 180명, 96년에는 2,000명으로 급증했다. 이 같은 급성장은 또다시 러일전쟁이 있었던 1905~06년에 다시 나타나는데, 1906년 이후 감리교는 15,125명, 장로교는 56,943명의 교인 수를 보유하게 된 사실을 통해서도 엿볼 수 있다.

전쟁이라는 극한 상황 속에서 민중들은 생명과 재산을 보호받기 위해 종교의 힘을 빌리기도 했다. 당시 교회가 민중의 도피처로 사용된 예는 도처에서 확인할 수 있다. 청일전쟁 중 가장 치열한 전투가 벌어진 평양의 경우 교회는 피난민 수용소가 되었다.[85]

마펫(S. A. Maffett)의 증언을 들어보자. "전투는 9월 15일에 벌어졌다. 피난을 가지 못하고 남아 있던 불쌍한 한국인들은 놀랐고, 그중 반은 죽거나 도망쳤다. 평양에 남아 있던 교인들 대부분은 예배

84 한국기독교사연구회, 위의 책, 253-254.
85 위의 책, 254-255.

당에 모여 있었다. 그들은 함께 주님께서 보호해 주시기를 간구했다."[86]

이처럼 교회가 백성의 생명과 재산의 보호 수단이 될 수 있었던 것은 교회가 '외국인의 소유'로 인식되었기 때문이다. 즉, 교회가 치외법권적인 영역으로 인식되었기 때문에 피난처가 될 수 있었던 것이다. 이 무렵 교회 입구에 십자기(十字旗) 또는 성조기(星條旗)를 내거는 예가 생겼는데, 이는 치외법권 구역임을 표시하는 상징이 되었다.

십자기(十字旗)는 심지어 외세에 반감을 가지고 있던 동학군에게도 효력이 있었다. 또한 서울의 상동병원 지붕에는 미국 국기인 성조기가 게양되었는데, 일본군이 서울에 진주한 직후였다. 아펜젤러의 증언을 들어보자. "상동에 있는 우리 병원 건물 위에다 우리는 성조기를 게양했다. 그것이 우리 자신들뿐 아니라 한국인들에게도 무한한 안도감을 가져다준 것 같았다."

전쟁 중에 생명과 재산을 보호해 줄 수 있는 확실한 보호구역으로 교회당과 선교사들이 운영하는 병원이나 학교가 이용되었던 셈이다. 바로 이 점이 교회 성장의 직접적인 요인이 되었다. 그러나 교회가 단순히 생명과 재산의 보호 기능을 한 것이 교회 급성장의 요인이 된 것은 아니다. 전쟁을 통해 교인들의 신앙이 확고해졌다는 사실에서 또 다른 성장의 요인을 찾을 수 있다. 전쟁이라는 극한상황 속에서 절대자에 의존하는 신앙이 깊어졌고, 그것이 전쟁 후 교회 발전의 기틀이 되었다는 점이다.

장로교 전체 통계에서 1898년의 장로교 전체 교인 수가 7,500명이었는데, 1898년의 평안·황해, 소위 서북지역 교인 수가 5,950명으로 전체 교인의 약 80%를 차지하고 있었다. 이러한 사실에서 이미

---

86 *S. A. Maffett's letter to Dr. Ellinwood,* Nov.1(1894), 위의 책, 255.

이때부터 장로교회의 서북 주도 현상이 나타나고 있음을 알 수 있다. 서북지방의 교세가 급증한 이유 중의 하나는 청일전쟁의 주전장(主戰場)이 서북지역이었다는 사실을 지적할 수 있다.[87]

통감부시기 일제의 기독교 정책

식민지 시대 연구에 있어서 통감부(統監府) 시기(1905~1910)는 식민지 시대사 연구의 첫 관문이라는 점에서 중요하다. 그 까닭은 통감부 설치 후 40년간 한국을 지배한 일제의 식민지 통치구조, 즉 식민지 지배 논리와 방법 및 그 정책 전반이 이 시기에 성격 지워졌기 때문이다. 일제는 개항 이후 그들의 조선 '진출'과 함께 한국에서 새로운 시대정신으로 교세를 확장해 간 기독교를 주시했던 것이 사실이다.

따라서 향후 '식민지 조선'을 지배하려 한 그들로서는 기독교에 대한 정책적 대책을 강구하지 않을 수 없었다. 윤경로는 통감부 시기 일제 측의 대한(對韓) 기독교 정책의 성격을 첫째, 친일화 유도정책, 둘째, 반일 민족 세력의 분리 · 차단 정책, 셋째, 일본 기독교 세력의 침투책을 들었다.[88]

일제는 재한 외국 선교사들이 기왕에 한국에서 누려왔던 각종 혜택과 기득권을 인정해 줌으로써 그들을 이용한 한국 기독교 세력의 친일화 유도 정책을 펼쳤던 것이다. 또한 선교사의 영향권에서 벗어나 있던 일부 기독교계 반일 민족운동이 강하게 확산되어 나가

---

87 위의 책, 255-259.
88 윤경로, 『한국근대사의 기독교사적 이해』, 137-138.

자, 통감부 측은 기독교 세력을 반일적인 민족운동 세력과 차단·분리하려는 정책도 동시에 병행했다. 이러한 정책의 명분으로 내건 일제 측 논리를 우리는 '정·교 분리 원칙'으로 보았다.

그리고 일본 기독교는 명치유신 이후 신교의 자유를 인정받았다고는 하지만 근본적으로는 외래 종교를 신봉한다는 이유와 명치유신 이후 강화된 천황제 등으로 반민족적 종교 집단으로 오인되어 왔다. 따라서 일본 기독교 세력은 러일전쟁을 자신들의 위상을 새롭게 정립할 기회와 열악한 교세를 확장할 전기로 판단하여 한국 진출을 강력히 시도했고, 그 명분론의 하나가 '조선 전도론'이었다.

유수한 일제 재벌의 재정적 지원하에서 진행된 일본 기독교 세력의 한국 침투는 '합방' 이후 그 세력이 한때 크게 확산되기도 했다. 그러나 3·1운동을 기점으로 한국 내에 진출한 일본 기독교 세력은 일시에 약화되어 종국에 실패하고 말았다. 정치력을 업고 식민지 지배의 도구로서 자처한 종교 활동의 자연스러운 운명이라고 할 수 있다.[89]

1907년 평양 대부흥운동

이 시기에 그리스도교에 중대한 두 운동이 있었는데, 하나는 1907년의 '평양 대부흥운동'이고, 다른 하나는 1909년의 '백만인 구령운동'이다. 이 두 운동은 앞으로 한일합방 이후 35년 동안 식민지 백성으로 살아가야 할 이 백성에게 종교적인 힘으로 민족적 수난을 이겨낼 수 있는 강력한 힘으로 작용했다.

---

89 위의 책, 168-169.

그런데 1907년에 절정에 이른 평양 대부흥운동의 원류는 두 군데서 흘러왔다. 한 흐름은 선교사들의 기도회에서 시작되었다. 1903년 원산에서 열린 기도회가 그것이다. 원산지역에서 활동하던 감리교 선교사들은 중국에서 선교활동을 하던 화이트(M. C. White) 여선교사의 내한을 계기로 기도회를 가졌다. 이 모임은 곧 장로교 선교사 및 일부 한국 교인 및 동아기독교(침례교)의 인사들까지 참석한 연합기도회로 발전하여 원산 창전(倉前) 교회에서 계속되었다.[90]

기도 중에 캐나다 출신 의료 선교사로 남감리회 소속인 하디(R. A. Hardie, 河鯉泳) 선교사가 선교사로서의 자신의 무력함을 고백하는 통회의 기도를 하였다. 바로 이것이 부흥운동의 발단이 되었다. 그는 과거 3년간 강원도 일대에서 나름대로 최선의 노력을 다하였으나 아무런 결실이 없었다며 자신의 무능함을 솔직히 털어놓은 것이다. 뿐만 아니라 그 실패의 원인이 자신의 신앙적인 허물, 곧 한국인 앞에 백인으로서의 우월의식과 자만심에 찼던 권위주의에 있었음을 고백하였다.

선교 초기만 하여도 선교사들은 한국인 전도자의 안내에 따라 "악취가 나는 토속적인 음식을 마다하지 않았으며, 오막살이에서 새우잠을 자가며" 겸허한 자세로 조심스럽게 전도 활동을 하였다. 그런데 1895년 이후 지방마다 '선교기지'(Mission Station)가 설립되고 교회가 자리를 잡자, 선교사들은 개인 사택에 화려한 생활 도구를 들여놓고 피서지까지 확보하는 등 초기 선교사들의 겸허한 모습은 점차 사라졌다. 하디 선교사의 위와 같은 고백 가운데는 선교사 자신들의 문제에 대한 자성(自省)의 빛이 담겨 있었다.

---

90 민경배, 『韓國基督敎會史』, 250-251.

이러한 회개 어린 고백이 터져 나올 수 있었던 또 다른 이유는 1900년 중국에서 일어난 의화단 사건이 발생한 이유를 화이트 선교사로부터 듣고 나서, 선교사 자신들의 생활과 선교 활동에 대한 회개 어린 반성을 하지 않을 수 없었던 것이다.

하디 선교사의 회개에 가득 찬 고백은 이날 참석한 모든 사람에게 감명과 은혜가 된 한편으로 하디 선교사 자신에게는 놀라운 성령의 임재를 체험하는 계기가 되었다. 한 선교사의 고백적인 기도가 발단이 된 이 운동은 그 후 평양 일대와 전국 각지의 부흥운동과 회개운동으로 퍼져나가기 시작했다.[91]

다른 한 흐름은 한국교회의 기막힌 경건한 신앙생활에서 왔다. 사경회의 영향, 국가의 비운에 통회하는 그리스도인의 내성(內省), 즉 하나님의 도움밖에는 기댈 곳이 없다는 신앙에서 이 부흥의 물결은 도도히 흘러왔다. 길선주(1869~1935) 목사가 평양에서 한국 최초로 시작했던 새벽기도회의 뜨거운 열정은 이 대부흥의 직접 동기가 되었다. 이처럼 부흥의 용솟음치는 샘은 원산의 정춘수, 전계은 그리고 평양의 길선주, 이 한국 목사들의 신앙 체험에서 연원했고, 한국교회 신앙에도 이들의 신앙이 농도 짙게 깔리게 되었다.[92]

1907년 1월 14일, 평양 장대현교회에서 열린 부흥사경회에서 당시 한국 최초의 장로교 목사 안수를 앞두고 있던 길선주 장로는 1,500명의 신도 앞에서 자신의 죄를 공개적으로 털어놓았다. 이것이 한반도 개신교계를 발칵 뒤집어놓은 평양 대부흥운동이 일어난 계기가 되었다.

---

91 한국기독교사연구회, 『한국 기독교의 역사 I』, 268-269.
92 민경배, 『韓國基督敎會史』, 252.

길선주의 죄 고백에 이어 교회 지도자들과 교인들은 '축첩했다', '장사에서 폭리를 취했다'며 자신의 죄를 털어놓고 회개하는 '회개 릴레이'가 펼쳐졌고, 저녁 7시에 시작된 예배는 새벽까지 이어졌다. 부흥회 전에는 양반과 상놈들이 예배당 안에서 따로 앉았는데, 부흥회가 끝나기도 전에 함께 앉기 시작했다고 한다. 한 노인은 이제 여태껏 미워하던 일본인까지 사랑하게 되었다고 고백했다.93

이 통회의 장면을 목격한 선교사 베어드(W. W. Baird) 부인은 이렇게 증언했다. "저런 고백들! 그것은 마치 지옥의 지붕을 열어 젖힌 것이나 다름없다. 살인, 강간 그리고 상상할 수 없는 모든 종류의 불결과 음욕, 도적, 거짓, 질투 … 부끄러움도 없이! 사람의 힘이 무엇이든 이런 고백을 강제할 수 없을 터이다. 많은 한국 교인들은 공포에 질려 창백해지고 그리고 마루에 얼굴을 가리웠다."94

평양 대부흥운동의 가장 두드러진 특징은 '통성(通聲) 기도'에 있었다. 통성 기도는 이전에는 보기 힘든 낯선 기도 방식으로 국내에 처음 소개된 건 1906년 가을 한국을 방문한 존스턴(H. A. Johnston) 박사를 통해서였다.95 한국에 파송돼 나온 신참 선교사 매큔(G. S. McCune)은 통성 기도에 충격을 받았다. 그는 다음과 같이 말했다.

"헌트 목사의 설교가 끝나고 리(G. Lee) 목사가 '나의 아버지여'라고 말하고는 '기도합시다'는 말이 떨어지기가 무섭게 예배당 안은 하나님께 기도드리는 소리들로 가득 찼다. 예배당 안에 있는 교인들은 거의 모두가 큰소리로 기도드리고 있었음이 분명했다. 놀라운

---

93 김석종, "한국교회 '제2부흥' 꿈꾼다: '평양대부흥' 100돌," 「경향신문」(2007. 1. 5.), 24면.

94 W. W. Baird, "The Spirit Among Pyeng Yang Students," *Korean Mission Field* III(No.4, May,1907), 66-67.

95 강준만, 『한국근대사산책 4』, 266.

광경이었다! (…) 어떤 이는 울고 있었고, 어떤 이는 하나님께 죄목을 나열해가며 용서를 빌고 있었다. 모두가 성령 충만을 간구하고 있었다. 그 많은 소리들이 있었음에도 전혀 혼란이 없었다. 모두가 일사불란하였고 완전한 조화를 이루었다. 말로는 설명할 수가 없었다."[96]

이러한 부흥회의 열기는 삼남 지방 목포까지 전해져 회개와 부흥 운동이 확산되었다. 1907년 9월 17일, 평양 장대현교회에서 한국 최초로 장로교 목사 안수를 받은 길선주, 서경조, 한석진, 송인서, 양전백, 방기창, 이기풍 등 신학교 졸업생 7명은 전국으로 흩어져 대부흥운동의 불씨를 이어갔다.[97]

교회마다 대대적인 회개운동이 일어났고 전국에 새로운 교회가 세워졌으며, 교인 수는 3배 이상으로 늘어났다. 1907년에만 3만 명이 세례를 신청했는데, 이는 당시 조선에 있던 모든 개신교인의 수보다 많았다. 또한 이 운동은 한국 개신교 토착화의 결정적 계기가 되었다. 새벽기도회, 금요철야기도회 등 한국 개신교의 특징들도 이 당시에 태동했다.[98]

이만열 교수의 집계에 따르면 1897년 장로교회 교인은 3,000명이었고, 감리교회 교인은 2,400명이었다. 1903~1906년 기간 동안에 한국 감리교회 교인 숫자는 7,988명에서 30,336명으로 거의 네 배나 늘었다. 그리고 장로교회 교인 숫자는 1903~1910년 기간 동안에 15,712명에서 82,442명으로 다섯 배가 넘게 증가했다.[99]

---

96 이덕주, 『초기한국기독교사연구』, 96.

97 박재찬, "원로목사 40인 '저희부터 무릎 꿇고 참회합니다'… 목사안수 100주년 맞아 각성운동," 「국민일보」(2007. 8. 8.).

98 김석종, "한국교회 '제2부흥' 꿈꾼다: '평양대부흥' 100돌," 「경향신문」(2007. 1. 5.), 24면.

99 이만열, "한말 기독인의 민족의식 형성 과정," 「한국사론」, 337-339.

그런데 한 가지 짚고 넘어가야 할 점은 이 대부흥운동의 불길이 전국 각지로 이어졌지만 부산·경남지역에서는 그 영향력이 미미했다는 점이다. 1907년 9월에 개최된 미국 북장로교 연례대회에서 보고된 교세표에 따르면 한국인 입교자는 평양 20,414명, 선천 15,348명, 서울 7,435명, 재령 7,428명, 대구 6,145명, 부산 2,017명 등의 순이었다. 북장로교가 부산 지부를 대구 지부보다 먼저 설치했지만 부산 교세는 대구의 3분의 1에 지나지 않았다.

이에 대한 가장 큰 이유는 1905~1907년 당시 부산의 그리스도교 교세가 얼마 되지 않았기 때문이고, 둘째 이유로는 부산·경남 지방에서는 다른 지역보다 강력한 리더십을 발휘할 영적 지도자가 부족했기 때문이기도 하다. 마지막으로는 지역적 특색으로 부산·경남은 유교적인 색채와 불교의 영향에 따라 보수적인 분위기가 형성됐으며, 해안성 민속신앙과 미신 등까지 혼재되면서 그리스도교 입교를 방해하는 주요인이 됐다고 볼 수 있다.[100]

여기서 먼저 물어야 할 질문은 '한국의 오순절 성령강림 사건'이라고 불릴 평양 대부흥운동이 "왜 1907년에 일어나게 되었는가?"라는 질문이다. 이 운동이 성령이 주도한 사건이라면 이 사건은 '하나님의 카이로스적 시간표'에 따라 이루어진 사건으로 볼 수밖에 없다. 대부흥운동은 종교적 측면에서 '영혼의 갈급함'에서 비롯되기도 했지만, 대체로 '사회·정치적 불안과 동요'에서 기인했다는 사실을 염두에 둘 필요가 있다.

그래서 을사보호조약 이듬해인 1906년 선교사 블레어(W. N.

100 함태경, "교세 약하고 영적 지도력 부족 탓: 부산·경남서 평양 대부흥운동 미미했던 이유," 「국민일보」(2007. 1. 5.), 24면.

Blair)는 이렇게 말했다. "우리는 한 가지 깨달은 것이 있다. 성령의 세례가 강대한 능력으로 나타나지 않고는 조선 크리스천들이 저 앞에 가로 놓여 있는 시련의 나날들을 극복해 나갈 도리가 없다는 것을…." 또한 스왈렌(W. L. Swallen) 선교사는 "성령의 능력이 이곳 평양에 사는 우리에게 연속적으로 나타나 주신 것은 '거룩한 축복의 소나기였다'고 말하기도 했다.101

1907년이라 함은 3년 전인 1904년에는 러일전쟁이 있었고, 3년 후인 1910년에는 한일합방이 있게 될 그 중간에 해당하는 시점이다. 청일전쟁에 이어 또다시 일본의 승리로 끝난 러일전쟁과 을사보호조약 체결로 이제 조선이 곧 일본에 식민지가 될 절망의 상황 속에 처하게 되었다. 바로 그 민족적 위기의 순간에 하나님은 우리 민족에게 찾아오셔서 회개와 부흥을 통한 복음의 민족으로 거듭나게 하시는 '소나기 같은 은총'을 부어주신 것이다.

오늘 우리는 "한국교회는 정말 소망이 있는가?"라는 질문을 강요받고 있는 시대에 살아가고 있다. 우리는 그 질문에 대한 대답을 1903~1907년에 한국교회를 휩쓸었던 부흥운동에서 찾아야 할 것이다.102 그만큼 1907년의 대부흥운동은 한국교회의 전거가 되는 사건이 아닐 수 없다.

데이비스 선교사는 이렇게 말했다. "은둔국 한국이, 지나간 30세기에 걸쳐 어둠 속에 뒤덮였던 한국이, 마침내 전 세계를 위하여 봉홧불이 되고 있는 것은 오직 전능하신 그분의 능력 때문이다. 하나님의

---

101 이창기, 『한국교회 초기 부흥운동』, 88-89.
102 위의 책, 6. 데이비스는 "전 교회 역사 가운데 가장 눈에 띄는 하나님의 능력의 나타나심"이라고 하였다. G. T.B. Davis, *Korea for Christ*, 62. 또한 무어는 "현대 선교 사역의 경이(驚異)"라고 하였다. J. Z. Moore, "The Great Revival Year," *Korean Mission Field III*, 115.

축복으로 몇 년 안에 한국은 세계에서 가장 강한 그리스도교 국가가 될 것이다. 한국, 그리스도를 위하여! 동방을 정복하는 데 있어서 결정적 승리!"103

또한 무어(J. Z. Moore) 선교사는 이렇게 말했다. "그러면 한국을 위해 무엇이 남았는가? 가난하고, 멸시받고, 압제 받는 한국이 미래의 위대한 동방에서 무슨 역할을 할 것인가? 상업? 아니다. 지식? 아니다. 그러나 절대로 이것들보다 더 위대한 것, 한국은 하나님의 메신저가 되어 참된 그리스도교의 불빛을 캄캄한 어둠 속에 있는 동방에 비추어 주게 될 것이다. 이 빛은 그리고 이 빛만이 오직 동방의 질문들에 해답을 줄 것이다. 한국은 등대가 되고, 그것은 그리스도교 등대가 되어 동양 세계를 비추게 될 것이다."104

그리스도교 신앙이 동방을 정복하는 데 있어서 한국의 역할이 어떠해야 할 것인가를 말한 이 진술은 얼마나 위대한 예언인가! 한국 교회에 임한 성령의 역사를 보면서 찬란한 미래의 한국을 보았고, 한국이 미래에 동방의 등대가 될 것이라 서슴없이 예언했다. 무엇이 그로 하여금 감히 그러한 예언을 하게 했고 위대하고 찬란한 꿈을 꾸게 하였는가? 그것은 바로 성령의 역사였다.105 이창기는 이렇게 말했다.

"한국교회의 급속한 성장은 한국인들의 선교에 대한 노력과도 연결되었다. 한국인 선교사들은 아시아, 아프리카, 중동 지역에서 대환영을 받고 있다. 그 이유는 한국인들 또한 식민주의와 전쟁과

---

103 G. T. B. Davis, *Korea for Christ*, 68.
104 J. Z. Moore, "The Vision and the Task," ***Korea Mission Field II***. No.6, Apr., 108.
105 이창기, 『한국교회 초기 부흥운동』, 157.

기아의 고통에서 견딘 사람들이기 때문이다. 그래서 한국인들은 오늘날에도 세계 곳곳에 있는 수많은 고통 받는 사람들, 질병과 전쟁과 기아와 외세에 의한 침략, 식민정책, 믿을 수 없는 증오의 심연 등으로 고통을 겪는 사람들을 잘 이해할 수 있다. 한국교회와 그 선교 역사를 연구하는 것은 희망, 위로, 용기를 찾기 위한 하나의 기회다. 왜냐하면 한국 역사는 어떻게 성령께서 자기 백성들로 하여금 죄를 회개하고 고난을 극복하게 도와주셨는지를 잘 보여주기 때문이다. 1907년 한 선교사는 예언하기를 '하나님께서 한국교회를 기독교 세계에 보여주시는 하나의 실물 교재로, 믿음과 진심의 실물 교재로 사용하실 수 있으시다'고 하였다."106

이 대부흥의 여파는 국외로까지 뻗쳐나가 1908년에는 만주에서 종교적 부흥운동을 일으켰고, 1910년에는 중국 본토에까지 그 열기가 확장되었다. 민경배는 이 역사적 대부흥을 경과하면서 한국교회는 두 가지 정치적 체질의 변화를 겪게 되었다고 말했다.

그 하나는 교회의 지향이 이제 나라(State)의 독립이나 구국(救國)의 이념으로부터 겨레(nation)와의 운명적 공감에로 전향하게 되었다는 것이다. 한국교회는 백의의 겨레와 함께 대속(代贖)의 행렬에 고난의 푯말을 앞서 지고 가는 종으로서 자처하게 된 것이다.

다른 하나는 '신앙 내연'(信仰內燃)에서 자동적으로 '외연 참여'(外延參與)하게 된다는 신앙 원형의 설정이라는 것이다. 헐버트는 이런 형태의 신앙만이 복음으로서의 정치적 의미와 동력(動力)을 가진다고 분석했다. 1907년의 대부흥은 신앙 내연을 선행 형태로 정착시키고 나면 그것이 저절로 외연한다는 원형적(原型的) 신앙을 구형(構

---

106 위의 책, 158.

形)한 날로서 이 나라 교회사에 길이 남을 커다란 전환점(turning point)을 이룩했다.[107]

1910년 에딘버러에 모였던 '국제선교협의회'(World Missionary Conference)는 5만 명의 조선 크리스천들이 1907년의 대부흥에서 '순수한 오순절 경험'을 하였다고 분석하고, 이때 급증한 교세를 이렇게 보고하고 있다.

교세 증가는 1905년에 비해 1907년이 무려 267.84%라는 상상을 초월한 성장을 이룩했다고 보고하였다. 교회 수는 321개에서 642개로, 세례교인은 9,761명에서 18,964명으로, 학습교인은 30,136명에서 99,300명으로, 헌금은 1,352,867원에서 5,319,785원으로 증가했다.[108]

세계 학생운동의 대선각자요 에큐메니컬 운동의 개척자 가운데 한 사람인 존 모트(Dr. J. R. Mott) 박사는 "이 세계 안에 전 세계를 기독교화하자"라는 표어를 외친 사람으로 유명한 분이다. 그런데 그 표어를 세우게 한 확신과 동기는 바로 한국교회의 성장에 있었다. 그가 1907년대에 한국을 방문하고 이런 말을 하였다.

"한국을 생각해 보십시오. 그 나라에는 지금 전국적으로 영적인 부흥의 물결이 휩쓸고 있습니다. … 이 사실은 하나님의 성령이 어떻게 역사(役事)하는가를 보여주고 있습니다. 한국을 방문하고 돌아오는 사람들은, 만일 오늘날 한국의 기독교가 이만큼의 속도로 계속 성장하게 된다면 한국은 근대 선교 역사상에서는 완전한 복음화된 유일한 비기독교국이라는 확신을 가지게 될 것입니다."[109]

---

107 민경배, 『韓國基督敎會史』, 262-263.
108 위의 책, 263.

대부흥운동이 한국교회에 끼친 영향은 지대한 것이었는데, 무엇보다도 주목할 만한 영향은 역시 성경공부와 기도의 열심이 대부흥운동을 계기로 더욱 고양되었다는 사실이다. 성경 중심의 신앙이 대부흥운동의 동인(動因)이 되었으며, 또한 그 후 복음주의적인 한국교회의 정형을 이룬 중요한 요인으로 작용했던 것이다.

기도에 대한 열심 또한 마찬가지다. 한국 교인들은 모이기만 하면 합심하여 기도하기를 힘썼으며, 기도회는 새벽부터 밤이 되도록 진행되는 일이 허다했다. 그런데 이와 같은 기도의 열심이 대부흥운동을 계기로 더욱 고양되었다. 선교사 데이비스(George T. B. Davis)는 한국 교인들의 이러한 기도 모습이 너무나도 진지하고 열심이어서 부끄러움을 느낄 정도라고 실토한 바 있다.[110]

1907년은 한국 그리스도교 역사에서 하나의 분기점을 이룬 해다. 한편에서는 선교사와 교회를 중심으로 신앙부흥운동이 추진되었는가 하면, 다른 한편에서는 개인적으로는 그리스도인의 정체성(identity)을 갖고 있으나, 부흥회 운동과는 질적인 차이를 보이는 정치적인 구국 비밀단체인 신민회가 결성되었기 때문이다.

따라서 한국 그리스도교 역사의 성격이 그 후 두 흐름, 즉 부흥운동 형태의 개교회 중심 개인 신앙운동 양태와 신민회와 같은 그리스도교 사회운동 내지 정치운동으로서의 사회구원운동 양태라는 한국 그리스도교 역사의 양대 신앙 노선이 형성되었다.[111]

109 J. R. Mott, *Addresses and Papers*, Vol. II, Student Volunteer Movement for Foreign Missions, 326-327.
110 한국기독교사연구회, 『한국 기독교의 역사 I』, 274-275.
111 위의 책, 302.

백만 명 구령운동

평양 대부흥운동의 열기가 식어가고, 일제에 의해 강토가 병탄당하는 비운의 시기인 1909~10년에 전개된 백만 명 구령운동은 한국 교회사에 나타난 또 하나의 간과할 수 없는 신앙운동이다. 이 운동은 '백만인을 그리스도에게'라는 표어 아래 시도된 대규모 신자운동이었다.

당시 선교사들은 교인 수를 20만 명으로 추산하고, 1년 사이에 5배가 되는 백만 명의 신자를 확보하겠다는 결의를 하였는데, 이는 당시의 정황으로 보아 실현 가능성이 없는 무모한 일이었다.[112] 이에 대한 게일(J. S. Gale) 선교사의 말을 직접 들어보자.

"그 큰 운동(백만 명 구령운동)은 한국에서 특별한 노력을 요청하는 것이다. 백만 명의 구령이라는 소리는 민족의 실망이 절정에 다다른 이때 널리 울려 퍼지고 있다. 자기의 잘못으로 파멸과 굴욕의 구덩이에 빠져 자기 방위와 자주 정치의 능력을 상실한 이 나라 사람들은 만국 백성의 능멸을 받는 처지로 전락되고 국가의 주권은 빼앗겼으며, 재정권은 남의 손에 넘어가고 관습 되어 오던 사기와 기만의 생활이 끝났다. 오늘날에 와서 모든 것을 박탈당하고 만국민의 판정을 받고 할 나위 없게 된 이 나라는 한 구세주(救世主)를 찾고 있다. 오늘은 절정의 날이다. 우리는 내일을 기다릴 수 없고 예언할 수도 없다. 오늘이 전도하는 그날이요 이곳이 전도할 그곳이다. 활짝 열린 전도의 문 앞에 겸손하게 서 있는 수많은 백성과 초라한 심정으로 기다리는 사람들이 있다. 우리 선교사들은 이때가 한국의 중대한 고비라고

---

112 위의 책, 276-277.

확신하고 있다."[113]

이 말에는 선교사들이 백만 명 구령운동을 추진하려 한 의도의 일면이 잘 드러나 있다. 얼마나 예리한 통찰인가! "이 나라는 한 구세 주를 찾고 있다", "오늘은 절정의 날이다", "이때가 한국의 중대한 고비"라고. "조선의 최후"는 이 민족 복음화를 위한 절호의 기회가 아닐 수 없다. 선교사들은 국운이 기울어져 가는 당시의 조선의 정치 · 사회적 상황을 전도 운동을 전개하기에 절호의 기회로 파악했던 것이다.

이 운동은 1911년 초까지 계속되었지만, 목표로 한 백만 명의 10분의 1도 미치지 못할 만큼 성과는 저조했다. 통계상으로는 분명 히 실패한 운동이었다. 그러나 이덕주는 "꼭 그런 것만은 아니다"라 며 이렇게 주장했다.

"믿음으로 기다린 결과는 나타나게 마련이다. 1910~1920년대 '20만' 수준을 유지하던 교세는 일제의 탄압이 강화된 1930년대에 들어서 50만 수준이 되었고, 해방과 전쟁으로 혼돈의 시대인 1950 년대 들어서는 100만 수중으로 뛰어오르더니, 1970년대 500만 수 준을 거쳐 격동의 1980년대를 거친 후 1,000만 수준을 기록했다. 그런 의미에서 백만 명 구령운동은 1년으로 끝난 운동이 아니라, 이후 일제 강점기와 분단 시대에 놓인 한국교회가 지속적으로 신앙 부흥과 전도 운동을 전개하도록 체질을 바꾸고 방향을 잡아준 또 다른 '오순절 사건'이라 할 수 있다."[114]

한편, 백만인 구령운동으로부터 80년이 지난 후인 1992년, 서울

---

113 *The Missionary,* Vol.43, No. 5, May, 1910, 213; 위의 책, 277-278.
114 이덕주, 『한국교회 처음 이야기』, 244-246.

여의도순복음교회의 신도 수는 단일교회 신도 수로는 세계 1위를 차지했고, 세계 50대 교회 중 한국이 23개를 차지하는 대기록이 세워졌다. 한국은 2천 년대 들어 세계적인 선교 대국으로 떠올랐다. 개신교 선교사는 1980년대부터 급성장하여 2004년 현재 20개 교단에서 5,408명, 대학생성경읽기선교회 등 80개 선교단체에서 6,215명 등 1만 1,623명의 선교사를 해외에 파견했다. 선교사 규모로는 미국에 이어 세계 2위의 선교 강국이 되었다.[115]

미국의 한인 기독신문인 「크리스천 투데이」에 따르면 2004년 12월 말 현재 한국을 제외한 전 세계 한인교회는 124개국에 4,449개인 것으로 조사되었다. 미국 3,323개, 캐나다 342개, 일본 205개, 호주 151개, 독일 91개, 아르헨티나 52개, 브라질 44개, 멕시코 16개 등이다. 미국 내 한인교회 교단별 현황을 보면 장로교가 41.6%(1,381개), 침례교 13.4%(445개), 감리교 11%(366개), 순복음 9%(300개), 성결교 6.8%(227개) 등이다.[116] 국제분쟁 전문기자 김재명은 이렇게 말했다.

"지구촌을 두루 다니다 보면 한 가지 놀라운 사실을 발견하게 된다. 곳곳에서 한국의 종교인들을 만나게 된다는 점이다. 백이면 아흔일곱이 개신교 관련 사람들이다. 자료를 보면 2006년 현재 1만 6천여 명의 선교사가 지구촌 곳곳에 퍼져 있다. 미국 다음으로 많은 해외 선교사 수다. 20년 전인 1988년 1,000명을 겨우 넘어섰던 한국 선교사 수는 해마다 두 자릿수의 놀라운 증가율을 보여 왔다. 일부 선교단체에서는 10만 명의 선교사를 해외에 파송해야 한다고 목청을 돋운다.

---

115 남경욱, "해외선교 개신교-동북아, 불교 – 북미 집중," 「경향신문」(2004. 12. 31.), A26면.
116 이태형, "지구촌 한인교회 124개국 4,449곳," 「국민일보」(2005. 1. 8.), 21면.

그럴 경우 한국은 미국을 앞질러 개신교 포교의 메카가 될 것이다."117

그런데 1907년의 부흥운동과 1909년의 구령운동은 한국이 최종적으로 일본에 병탄당하는 시기인 1905년~1910년 사이에 일어났다 이를 두고 어느 선교사는 이 두 운동에 관심이 쏠리게 됨으로써 국내 평화와 질서를 유지할 수 있었다고 말하고 있다. 다시 말하면 이 두 운동은 민족적 울분을 종교적으로 카타르시스 하는 역할을 했다는 것이다.118

이만열은 이렇게 말한다. "우리는 1907년, 1909년의 부흥운동·구령운동이 한국 기독교의 신앙적 성장을 가져왔을 것이라는 선학(先學)들의 주장에 동의하면서도 당시 이 운동이 민족적 울분을 종교적으로 카타르시스 시킴으로 민족 문제에 무관심하도록 만드는 결과를 가져왔을 것이라는 민족사적 관점에도 유의하지 않을 수 없다."119

그런데 단기적으로 보면 이 두 신앙운동은 민족 문제에 무관심하도록 이끈 것으로 볼 수도 있다. 그러나 장기적으로 보면 이 두 신앙운동은 민족 문제와 가장 깊이 관계되어 있다는 사실을 놓쳐서는 안 된다. 그것을 잘 보여주는 것이 3·1운동에서 나타났다. 이때 유교에 속한 사람들과 가톨릭 천주교회는 아무 일 없었다는 듯이 너무나도 조용히 있었다.120 그런데 이때 프로테스탄트 개신교회는 민족대표 절반이 기독교인이었고, 전국 교회가 민족 독립을 위해 싸웠으

---

117 김재명, "말씀 좀 살살 전하소서: 불지옥 같던 시에라리온에도 한국인 선교사가…공격적인 선교
   방식 성찰해야 할 때," 「한겨레 21」(2007.8.2.).
118 이만열, 『한국기독교사특강』, 83. 묵시문학적 위기상황에서 종교의 카타르시스적 효능에 대해
   서는 A. Y. Collins, *Crisis & Catharsis*, 141-163을 참조.
119 이만열, 위의 책, 83-84.
120 '유교와 천주교가 3·1운동에 참여하지 않은 이유'에 대해서는 강준만, 『한국근대사산책 6』,
   155-157을 참조.

며, 이로 인해 가장 큰 수난을 당한 것도 개신교회였다는 사실이 이를 증명한다.[121]

개신교 선교사와 제2의 선교 대국 한국

개항 이후 한국에 들어온 선교사들과 제2의 선교 대국이 된 한국에 대해 정리해 보자. 1884년 북장로교 선교사인 알렌의 입국으로부터 구세군 선교사가 입국한 1908년까지 한국에 들어온 선교사들을 살펴보면 다음과 같다.

미국 북장로교(1884년), 미국 감리교(1885), 호주 장로교(1889), 영국 성공회(1890), 미국 남장로교(1892), 미국 남감리교(1896), 캐나다 장로교(1898), 안식교(1904), 성결교(1907), 구세군(1908) 등에 이르기까지 다양한 개신교 선교사들이 입국했다.[122]

1884년부터 1910년 사이에 조선에서 활동한 개신교 선교사 수는 약 499명으로 추산되며, 그중에서 미국의 남·북장로회와 남·북감리회 소속의 선교사들이 전체의 77.6%를 차지하고 있다.[123]

구한말부터 시작된 한국교회와 개신교는 민족 문제를 외면할 수 없는 역사적 정황 아래에서 수용되었고, 선교사의 경우 그들의 개인적인 신앙 노선과 교리와 상관없이 한국의 민족 문제에 관여하지 않을 수 없었다. 선교의 장으로 설정된 한국과 전도의 대상자인 한국인이 처한 민족적 아픔을 외면한 채, 선교를 한다는 것은 사실상 불가

---

121 더 자세한 설명은 본서 820쪽 이하를 참조.
122 이만열, 『한국기독교와 민족의식: 한국기독교사연구논고』, 384.
123 조현범, 『문명과 야만: 타자의 시선으로 본 19세기 조선』, 112.

능했기 때문이다. 따라서 선교사들은 초기부터 정치적 사건과 깊이 관계되어 있었고, 선교 전략상 기대 이상의 결과를 안겨주기도 했다.

대표적인 예가 갑신정변(1884. 12. 4.)과 춘생문 사건(1895. 11. 28.)의 경우다. 이미 언급했지만, 갑신정변 때 변을 당한 수구파 인물인 민영익을 알렌 선교사가 치료해 준 것이 선교사 측의 왕실 접근을 가능케 해 주었고, 이때 이후 왕실의 선교사에 대한 신뢰도가 높아져 민 황후 시해(1895. 10. 8.) 이후 한동안 고종 임금을 선교사들이 호위하였으며 그 결과 임금을 미국공사관 쪽으로 이어하려한 이른바 춘생문 사건이 계획되기도 했다.[124]

이러한 배경 아래에서 1900년을 전후하여 발발한 청일·러일의 양대 전란은 선교부가 설정한 선교 전략과 상관없이 또 한 번 개신교 교세 확장을 가능케 했다. 이른바 "한국교회는 초만원을 이루었고 교회 확장의 기회는 무제한이었다"는 선교사들의 탄성이 터져 나온 시기가 바로 이때였다. 서양의 그리스도교 부흥기에 나타난 "교회 옆에는 학교가, 학교 옆에는 교회가 생겨났다"는 말이 한국 교회사에 적용된 시기도 바로 이때였다. 그러니까 최대의 민족적 위기가 최대의 복음화 기회가 된 것이다.

한편, 선교사들이 초기에 천명했던 '비정치화' 내지 '정교분리'(政敎分離) 선언은 그 본래 취지를 상실했을 뿐 아니라 오히려 '정교유착'(政敎癒着)으로 흘렀다. 그 결과 민족의식을 갖고 있던 적지 않은 그리스도인들이 교회를 떠나는 한편 선교사에 대한 비난의 소리가 높아져 갔던 것이다. 안창호가 귀국 직후 마펫(S. A. Moffett)으로부터 전도사 청빙을 거절한 이유도 이와 무관하지 않다.[125]

---

124 한국기독교사연구회, 『한국 기독교의 역사 I』, 302.

선교사들은 대부흥운동을 높이 평가하는 데 반해 1907년 전국에서 무장 의병이 봉기하여 그 여파가 교회까지 미치자 이를 '미친 광란의 위조된 애국주의'라고 매도한 선교사도 있었다. 뿐만 아니라 길선주 목사를 내세워 "모든 권세는 하나님이 정하신바"라고 설득하도록 하여 일본의 주권 침탈을 성경을 동원하면서까지 합리화시킨 예도 있다.126

민족주의 진영에서 볼 때 일부 선교사들이 '일본의 주구(走狗)'는 아니더라도 민족운동을 비난 내지 매도하였다는 사실과 일부 선교사들이 경제적 이권 문제에 깊숙이 개입했다는 점은 비판의 대상이 아닐 수 없다. 그런데 1886년 육영공원(育英公院) 교사 자격으로 입국한 이래 1909년 일제의 압력으로 강제 출국당한 헐버트와 같은 비교적 반일친한(反日親韓) 선교사의 경우 러일전쟁에서 일본의 승리가 한국에게 유리할 것으로 판단했고, 김규식의 경우도 마찬가지였다.127

당시에 반일감정을 갖고 있는 사람들에게 헐버트나 김규식의 이러한 태도는 못마땅했을 것이다. 그러나 모든 것이 합력하여 선을 이루시는 하나님은 이 모든 것을 통해 당신의 선하시고 거대한 계획을 차곡차곡 이루어가고 계셨다.

23년간 선교사로 활동하면서 한국 민족과 문화의 우수성을 세계에 알린 헐버트는 1905년 10월 일본의 노골적인 침략 행위를 저지하기 위해 미국의 협조를 호소하는 친서(親書)를 품고 워싱턴에 밀파되어 외교적 노력을 시도했으나 모든 노력이 실패로 돌아갔다. 헐버트

---

125 민경배, 『한국 민족교회 형성사론』, 41.
126 한국기독교사연구회, 『한국 기독교의 역사 I』, 305.
127 위의 책, 305-306.

의 남다른 한국 민족과 한국인을 향한 애정은 그의 대표적인 저서 『대한제국의 몰락』(*The Passing of Korea*, 1905)에 잘 나타나 있다. 그 가운데 이런 구절이 있다.

> 한국인들이 치를 떨고 있고 고위 관리들이 자살까지 하면서 망국의 설움
> 을 잊지 못하고 있을 때 한국주재 미국공사는 서울 한복판에서 한민족의
> 멸망을 축하하는 축배를 일인들과 들고 있었다. (…) 미국은 과거 30년간
> 성조기를 공의(公義)와 정의(定意)의 상징으로 이기적인 것에 관계없이
> 다만 정의편에서 힘껏 밀어주겠노라고 말해 왔다. 그러나 자신의 처지가
> 난처해지자 우리가 언제 그런 적이 있었느냐는 듯이 '굳바이' 말 한 마디
> 없이 가장 모욕적인 방법으로 한민족을 배신하는 데 제일 앞장섰다.[128]

헐버트의 말처럼 한민족의 멸망을 축하하는 미국공사의 태도가 한없이 밉고, 반면에 헐버트의 한국 사랑의 노력이 한없이 고맙지만, 조선의 최후를 향한 하나님의 계획에는 변함이 없다. 예수께서 말씀 하신 것처럼 말이다. "칼을 칼집에 꽂으라 아버지께서 주신 잔을 내 가 마시지 아니하겠느냐"(요 18:11). 조선의 멸망은 하나님께서 깊 은 뜻이 계셔서 주신 '한민족이 마셔야 할 고난의 잔'이었다.

『반일종족주의』와 『일제종족주의』

낙성대경제연구소 이사장인 이영훈은 『반일종족주의』라는 책 의 '책머리'에서 이렇게 말한다. "우리는 학문을 직업으로 하는 연구

---

128 H. B. Hulbert, *The Passing of Korea*, 223.

자로서 그러한 국익 우선주의에 동의하지 않습니다. 국익을 위해서 잘못된 주장을 고집하거나 옹호하는 일은 학문의 세계에선 용납될 수 없다고 생각합니다."[129]

이어서 그 책의 프롤로그 '거짓말의 나라'에서 이렇게 말했다. "한국의 거짓말 문화는 국제적으로 널리 잘 알려진 사실입니다. … 거짓말과 사기가 난무하니 사회적 신뢰의 수준은 점점 낮아지는 추세입니다. … 이 나라의 국민이 거짓말을 일삼고, 이 나라의 정치인들이 거짓말을 정쟁의 수단으로 삼게 된 것은 이 나라의 거짓말하는 학문에 가장 큰 책임이 있습니다. 제가 보기에 이 나라의 역사학이나 사회학은 거짓말의 온상입니다. … 이 나라의 거짓말하는 문화는 드디어 이 나라의 사법부까지 지배하게 되었습니다. … 거짓말의 문화·정치·학문·재판은 이 나라를 파멸로 이끌 것입니다. 그러한 위기의식으로 이 책을 읽어 주시길 바랍니다."[130]

필자는 이영훈 씨가 위기의식을 가지고 '한국의 거짓말 문화'를 걱정하고, 더 신뢰하고 더 정직한 사회가 되도록 해야 한다는 충정 어린 말에 대해서는 공감한다. 또한 이 나라의 거짓말 문화 중에서 학문에 가장 큰 책임이 있다는 말에도 평생 학문하는 한 사람으로서 나 자신을 돌아보게 하는 말이라고 생각되어 반성한다.

그런데 여기서 묻고 싶은 것이 있다. 정말 일본은 우리보다 거짓말을 더 적게 하는 나라인가. 그래서 우리보다 더 잘 사는 나라가 되었고, 우리나라를 지배하는 나라가 되었는가. 그리고 정직한 정치 문화를 하고 있기에 우리보다 더욱 민주주의적인 정치를 하고 있는

---

129 이영훈 외, 『반일종족주의』, 4.
130 위의 책, 10-21.

가. 우리가 거짓말하는 문화이기에 지금 망국의 위기에 처해 있다면 일본은 어떠한가.

한일근대사 연구를 통해서 내가 얻은 결론은 '아니다'이다. 지난 세기 일본은 왜 망했는가. 거짓말 때문에 망하지 않았는가.[131] 그는 이미 다 상식으로 알고 있는 일본인들의 두 얼굴, 즉 '혼네'와 '다테마에'를 아는지 모르겠다. 사적으로는 그렇게도 부드럽고 정직한 그들이 공적으로는 얼마나 잔인하고 거짓으로 가득 차 있는지를 그는 아는지 모르겠다. 한마디로 그는 자기가 보고 싶은 것만 보고, 말하고 싶은 것만 말했다(확증편향).

호사카 유지는 이렇게 말한다. "한국의 거짓말 문화에 그토록 위기의식을 갖고 잘못된 주장에는 동의하지 않는다는 이영훈이, 왜 자신의 글에는 문제의 핵심 부분을 싹 빼고 은폐를 일삼는 것일까? 이것이야말로 그의 '노예근성'의 발로가 아닌가. 따라서 본서에서는 이영훈을 비롯한 『반일종족주의』 공동 저자들, 특히 이우연, 주익종 등의 은폐하거나 왜곡한 내용을 누구나 이해할 수 있도록 공개한다."[132]

황태연은 '특정 외국에 대한 과도한 편애 감정의 반국가적 위험성'을 지적하면서 이렇게 말했다.

"타국에 대한 호감이 자기 나라의 국익을 잊거나 자기 나라를 비난할 정도로 '지나칠' 때 우리는 이 눈먼 타국 애착에 보통 '파'(派)를 붙여 친중파, 친미파, 친일파라는 용어를 쓴다. 신채호는 이런 자들을 '부외노'(附外奴)라고 불렀다. 우리는 통상 친중 부외노를 '사대주

---

131 이에 대해서는 호사카 마사야스, 『쇼와 육군』과 야마모토 시치헤이, 『어느 하급장교가 바라본 일본제국의 육군』을 참조.

132 호사카 유지, 『신친일파』, 14.

의자'라고 부르고, 친미 부외노는 '숭미주의자'라고 불러왔다. 친일 부외노는 그냥 '부왜노'(附倭奴)라고 부르는 것이 간단하리라.… 삼국시대 이래 북풍은 대개 우리의 힘으로 물리쳤고, 우리가 패배했을 때도 우리나라를 속국으로 만드는 것으로 그쳤지, 멸망시킨 적이 없다. 이런 까닭에 과거 사대주의자나 친로파의 언동, 또는 오늘날 숭미주의자들의 미국찬양보다 부왜역적들이 일으키는 광기 어린 '남풍'에 더 각별한 경계심을 가져야 하는 것이다."[133]

조선 망국의 원인은 무엇인가?

한일합방으로 조선인은 지지리도 못난 백성, 게으르고 어리석어 나라를 송두리째 일본에 거저 넘겨준 백성이 되고 말았다. 대원군의 결정적 잘못이 강한 의지에 입각한 무지와 고집에 있었다면, 고종은 그 반대로 의지박약에 따른 타인 의존과 소아(小我)에 있었다고 말할 수 있다.

맹자는 "백성(民)이 가장 무겁고 중하며, 나라(社稷)는 그다음이며, 임금(君)이 제일 가벼우니라"고 말했다. 그런데 고종은 그 반대로 임금인 자신이 가장 중하고, 그다음이 사직이고, 마지막이 백성인 그런 통치를 하였다. 이것은 고종을 깎아내리기 위한 것이 아니다. 조선 망국의 이유를 부정부패와 사대주의, 당파싸움(당쟁망국론)[134]

---

133 황태연, "부왜노(附倭奴)들의 반국가 심리에 대한 분석과 비판," 『일제종족주의』, 33-35.
134 '당쟁 망국론에 대한 반박'에 대해서는 강준만, 『한국근대사산책 5』, 279-281을 참조. 강준만은 당파싸움을 제대로 평가하기 위해서는 '텍스트'보다 '콘텍스트'가 더 중요하다고 말하면서 고려해야 할 사항 다섯 가지를 말했다. 첫째, 한국의 연고·정실주의 문화다. 둘째, 한국의 의인화·개인화 문화다. 셋째, 한국의 1극주의 문화다. 넷째, 한국의 입신양명 문화다. 다섯째, 한국의 지정학적 구조다. 강준만, 『한국근대사산책 5』, 292-293.

등 우리 민족의 결점에서 찾은 식민사관과 일제의 침략이라는 외부 원인을 더 강조한 민족사관을 모두 말하기 위해서이다.

백지원은 조선 멸망의 원인을 크게 세 가지로 집약했다. 첫째, 국시인 성리학의 폐단이다. 둘째, 동기유발이 없는 경쟁 부재이다. 셋째, 권력투쟁에만 몰두한 사대부들의 당쟁 때문이다.[135] 또한 조선의 망국 원인을 네 가지로 분석할 수 있다. 첫째, 문명사적 전환기를 제대로 인식하지 못한 '지성의 빈곤'이다. 둘째, '외세 활용의 실패'다. 셋째, '국내 역량 결집의 실패'다. 넷째, '제도화의 실패'다.[136]

한홍구는 "조선시대 지배층들은 나름대로 매우 엄격한 자기관리의 잣대가 있었다. 엄청난 문제점을 안고 있었음에도 불구하고 조선 왕조가 500년을 버틸 수 있었던 이유를 당시 지배층이 그들 나름대로 엄격한 책임감으로 사회를 지탱해 왔다는 점을 떠나서는 생각할 수 없다"[137]그러면서 그는 이렇게 말했다.

"숨 가쁘게 근대로 끌려 들어오는 와중에 우리는 중요한 통과의례를 치르지 못했다. 왕의 목을 치지 못하고, 다시 말해서 시민혁명을 이루지 못하고 제국주의적 근대에 편입된 것이다. 전근대적 부정적 요소들이 고스란히 다음 시대에 살아남았다는 것을 의미한다."[138]

조선 왕조는 무려 500년 이상 존속했다. 세계 역사상, 이같이 길게 존속한 왕조는 매우 드물다. 그런 의미에서 조선 왕조를 자랑스럽

---

135 백지원, 『백성편에서 쓴 조선왕조실록 下』, 481-482; 이덕주는 "조선망국론"에 대해 '이완용의 매국', '유교 망국론', '당쟁 망국론'을 언급하고 있다. 이덕주, 『조선은 왜 일본의 식민지가 되었는가』, 47-54.

136 권재현, "리더십 부재로 국론 사분오열 망국 치달아: 제2강 '구한말 국망의 원인 다시보기," 「동아일보」(2004. 10. 12.), A15.

137 한홍구, 『대한민국史』, 299.

138 위의 책, 19.

게 생각할 수도 있겠다. 그런데 결과적으로 조선 왕조가 망했다면 그 원인과 이유를 어디서 찾아야 할 것인가 하는 자기 성찰을 해야 하지 않을까. 그래야 또다시 비극적 역사를 반복하지 않을 테니까….

조선이 개국한 지 200년이 되던 1592년 임진왜란이 일어나면서 조선은 망할 뻔했다.[139] 사실상 조선은 그때 망했어야 하는데, 망하지 않고 300년이나 더 존속했다. 조선이 망할 뻔했던 임진왜란 때의 선조 임금과 300년 후에 조선이 망한 고종 임금을 비교하면 어쩌면 그렇게도 닮았을까? 하는 생각을 했다.

임진왜란은 조선인이 200-300만 명이 죽었고, 10만 명 이상이 일본으로 끌려갔으며, 전 국토가 초토화된 전쟁이다. 임진왜란이 일어나자 선조는 한양 도성과 백성들을 버리고 일부 사대부들과 함께 평양으로 피신하기에 바빴다. 이를 지켜본 백성들은 대궐에 난입해 노비문서를 관장하고 있는 장예원(掌隸院)을 불질러 버렸다. 이는 평소에는 백성들을 신분제로 옭아매던 국왕과 사대부들이 막상 왜군이 쳐들어오자 대응 한번 번번이 못 하고 무너진 데 대한 민중들의 분노였다. 이제 조선에서는 임금에 대한 충성이나 사대부(양반 계층)에 대한 마음의 복종은 없어졌다.[140]

천신만고 끝에 겨우 전쟁이 끝나자 선조는 조선 군사와 의병들의 공로는 전혀 인정하지 않은 채 재조지은(再造之恩)을 강조하면서 나라를 살린 것은 명나라 군대와 자기를 따라 의주까지 함께 도망친 문신(文臣)들 덕분이라며 무려 86명에게 공신 책봉을 했다. 반면에 의병장은 단 한 명도 끼지 못했다.[141] 선조가 이렇게 한 것은 왕조와

---

139 한 사람 충무공 이순신(李舜臣, 1545~98)의 애국애족이 조선을 구했다.
140 이덕일, 『송시열과 그들의 나라』, 22-23.

지배층의 기득권을 유지하기 위해서였다. 선조는 나라를 일반 백성의 힘이 아닌 외세와 일부 사대부들(양반들)의 혈통에 의존해서 겨우 유지했다.

1894년부터 97년까지 조선을 네 번이나 방문했던 영국의 여행가 이사벨라 비숍(Isabella Bishop)은 자신의 여행기에서 조선 민중에 대한 애정을 표현하면서도 그들을 착취하는 양반 계급에 대해선 강한 적개심을 드러냈다. 그녀는 양반 계급을 '면허받은 흡혈귀'라고 했다.[142]

부패한 지배층의 지배를 받아야 했던 민중들의 삶은 비참했다. 20세기 초에 한국을 방문한 한 영국인 여행가는 한국을 "세상의 채찍질 아래에서 침묵의 무관심을 고집하는, 건강하지만 무관심한 양들의 나라"라고 표현했다. 외국인들은 관리의 부정부패와 착취를 묵묵히 감내하는 민중들을 이해할 수 없었다. 민중들은 착취에 지쳐 생산 의욕마저 잃어버린, 생기 없는 눈을 가지고 느릿한 행동을 하는 존재들로 비춰졌다.[143]

그러기에 이사벨라 비숍은 "한국인은 의심과 나태한 자존심, 자기보다 나은 사람에 대한 노예근성을 갖고 있다"고 주저 없이 표현했다. 열심히 일해서 돈을 벌어봐야 관리들에게 빼앗길 것이 뻔한 현실에서 돈을 벌 필요도, 삶의 의욕도 잃어버린 사람들이고, 제일 열등하고 가망 없는 민족으로 보였다. 그런데 간도에서 비숍은 전혀 다른 한국 사람을 보게 되었다.

---

141 한홍구, 『대한민국史』, 202-203.

142 강준만, 『한국근대사산책 5』, 306-307.

143 김윤희 외, 『조선의 최후』, 12-13.

"이곳에서 한국인들은 번창하여 부농(富農)이 되었고, 훌륭한 행실을 하고 우수한 성품을 가진 사람들로 변해갔다. 이들 역시 한국에 있었으면 똑같이 근면하지 않고 절약하지 않았을 것이다. 이들은 대부분 기근으로 도망쳐 나온 배고픈 난민들에 불과했다. 이들의 번영과 보편적인 행동은 한국에 남아 있는 민중들이 정직한 정부 밑에서 그들의 생계를 보호받을 수만 있다면 천천히 진정한 의미의 '시민'으로 발전할 수 있을 것이라는 믿음을 나에게 주었다. (중략) 훈춘은 산악지대의 가운데 있었다. 그리고 최근 몇 년 동안에 한국인에 의해 개발되어 기름지고 관개가 잘 된 계곡으로 넘쳐 있었다. 황량하고 음울한 바람에 씻겨진 듯한 곳은 더 이상 발견할 수 없었다."

비숍은 그곳에서 러시아인이나 중국인보다 부유하고 적극적인 삶을 살아가는 한국인을 발견했다. 그리고 유럽인 못지않은 잠재력을 인정했다. 황량하고 쓸쓸한 훈춘의 그 활기와 윤택함은 놀라운 발견이었다.

한국의 민중들은 뛰어난 자질을 갖고 있었다. 그러나 애석하게도 수천 년에 걸친 지배층들의 지배를 그대로 받아들였고, 끝내 그 억압에서 벗어날 역량과 조직을 만들지 못했다. 1862년 진주에서 시작해 요원의 불길처럼 전국으로 확산되었던 농민항쟁도, 전라도 고부 땅에서 시작해 부패한 조선 정부와 청·일 양국의 침략에 맞서 장렬히 싸웠던 농민전쟁도 끝내 무위로 돌아가고 말았다. 그리고 대한제국은 결국 일본의 식민지가 되었다.[144]

미국 선교사 길모어(G. W. Gilmore)가 1892년에 출간한 『서울 풍물지』에서 내놓은 다음과 같은 '양반망국론'을 들어보자.

---

144 위의 책, 13-14.

"조선에서 의심할 여지 없이 국가 발전의 장애물이 되고 있는 전통이 있는데, 그것은 다름 아닌 양반들이다. 비록 그들의 재산이 자신의 삶을 영위할 수 없을지라도 그들은 생계를 위하여 육체적인 일이나 생산 활동을 하지 말아야 한다. 양반은 굶거나 구걸할지라도 일하지 않는다. 친척의 도움을 받거나 아내가 생계를 꾸려나가는 한이 있더라도 양반은 절대로 그의 손에 흙을 묻히지 않는다. 그 관습이 너무나 철두철미하여 실생활에서 지속적으로 준수된다. 만약 양반이 지위와 재산을 잃으면, 일반적으로 좀 더 재산 있는 친척 집에 모든 것을 의탁하면서 다시 벼슬을 얻을 수 있는 운세가 돌아오리라고 믿고 있다."[145]

그런데 19세기 이전, 즉 근대 이전까지는 외세나 일부 집단에 의존해도 나라의 유지가 가능했다. 그러나 19세기 이후, 즉 근대가 시작되고 근대화와 문명화에 따른 제국주의 시대가 되면 외세나 일부 집단만으로는 나라를 지키기가 어렵게 되었다. 국민 전체의 총화 단결과 부국강병이 아니고서는 나라를 지키기가 어렵게 된 것이다.

일본의 경우를 보면 메이지유신을 단행하여 국가 체제를 일사불란하게 만들고는 이를 바탕으로 부국강병을 위해 속히 문호를 개방하여 서구 선진문물을 급속히 받아들였고, 국민 전체의 총화단결을 위해 신분제 철폐를 서두르고, 국민개병제나 국민교육령, 의회 설립 등 국민의 힘을 최대한도로 끌어올려 나라를 지키는 힘을 마련했다.

그와 달리 조선은 쇄국정책으로 서구 선진문물을 받아들이기 위한 개국이 늦었을 뿐 아니라 국왕과 사대부들이 자신들의 기득권을 유지하기 위해 신분제 폐지를 원치 않았고, 동학농민전쟁에서도 보

---

145 G. W. Gilmore, 『서울풍물지: 한말 외국인 기록 17』, 88.

듯이 국민의 힘을 인정하기보다는 외세를 불러들여 진압했다. 또한 독립협회나 의회 설립 같은 국민의 의사나 여론을 반영하여 나라를 국민의 힘으로 지키려는 노력을 무산시키면서까지 자신의 왕권을 지키기에 급급했다.

국민이 더 이상 국왕이나 시대부들에게 기대할 것이 없다고 자조할 때 나라는 유지될 수 없었다. 고종은 국민이 먼저가 아닌 왕권이 먼저고, 국권이 없으면 왕권도 없다는 사실에 대해서는 별로 개의치 않았다. 고려 왕조 475년 사직을 우리 백성인 정도전과 이성계가 무너뜨렸다면, 조선 왕조 518년 사직은 철옹성과 같은 강고한 왕권과 사대부들의 나라를, 외세가 아니면 무너뜨릴 수가 없어 일찍이 근대화를 이룬 일본을 통해 무너뜨린 것이다.

필자는 조선은 대원군, 민 황후, 고종 3인방의 활약으로 망했다고 본다. 그들은 나라를 위한답시고 권력투쟁에 몰두하며 얼마나 열심히 살았는지 모른다. 그러나 그들 3인방의 활약으로 조선은 망했고, 하나님은 조선을 일본에 넘겨주셨다.

고종에 대한 평가

황태연은 한국을 강제로 병합한 일제의 잘못을 숨기고 고종과 명성황후에게 뒤집어씌우는 역사기술을 그대로 답습하고 있는 것은 식민지 근대화론자들이라고 비판하면서 이렇게 말했다.

"한국이 망한 이유는 일본제국주의의 야욕, 그것이 핵심이다. 가해자의 악행에는 침묵하고 피해자에게 책임을 물어 가해자에게 면죄부를 주는 것은 일제에 부역하는 것에 다름 아니다. 그것도 나라가 해방되고 근 75년이 지났는데도 불구하고, 식민지 근대화론과 친일 역사관의 악령이 한반도를 떠날 생각을 하지 않고 있으니 말이다."

김종욱은 "고종의 항일투쟁사와 수난사"라는 글에서 일제에 의해 한국이 병탄되었지만, 백성과 고종은 일제에 맞서 목숨을 걸고 51년의 항일전쟁을 쉬지 않고 전개했음을 밝히고 있다. 1894년 7월 일제의 경복궁 침탈로 시작된 일제와의 전쟁이 1945년 8월에 종지부를 찍을 때까지 백성은 끝까지 일제에 맞서 싸웠다. 1894년 7월 일제의 경복궁 침탈로부터 1919년 1월 일제에 의해 독살당할 때까지 고종은 백성과 함께 일제에 맞서 25년을 싸웠다고 주장했다.[146]

김용삼은 "나라는 이완용이 아니라 임금 고종이 팔아먹었다"라고 하면서 이렇게 말했다.

"대한제국 멸망의 원인은 여러 가지가 있지만, 가장 주된 요인을 꼽는다면 고종과 왕비 민씨의 외교 실패에서 비롯된 것이다. 고종과 민 황후는 영·미·일 해양 세력이 그토록 우려하는 러시아를 지속적으로 한반도로 끌어들여 왕권을 유지하려 한 결과 해양 세력 모두를 적으로 돌리는 자해(自害) 외교를 반복했다. 국제 정세를 완전히 오판하여 나라를 멸망의 구렁텅이로 빠뜨린 시대착오와 과대망상, 고종의 통치는 그 이상도 이하도 아니었다. 그럼에도 불구하고 고종을 계몽 군주니, 일제에 의해 독살당할 때까지 끝까지 맞서 싸웠던 항일 군주라고 주장한다. 심지어 아관파천을 '러시아공사관으로 목숨 걸고 떠난 망명'이라고 제멋대로 해석하고, 고종을 '불멸의 충의(忠義)를 보여준 군주'라면서 식민지근대화론자를 '역사 왜곡의 시녀'라고 쓰고 있다(김종욱.「고종의 항일투쟁사 그리고 수난사」, 301-311쪽). 손

---

146 김종욱, "고종의 항일투쟁사 그리고 수난사," 『일제종족주의』, 300-370.

바닥으로 하늘 가리기다."[147] 김용삼은 고종을 이렇게 평가했다.

"고종 재임 내내 변치 않았던 통치의 최고 목표는 국가안보나 민생 안정이 아니라 왕실 보호, 왕권 강화였다. 이 목표를 달성하기 위해 고종이 즐겨 사용한 방법은 신하들을 분열시켜 서로 투쟁하도록 만드는 분할 통치술(Devide and Rule)이었다. 대원군 세력이 강할 때는 박영효를 등용하여 대원군을 견제한다. 대원군 견제에 성공한 박영효 세력이 강해지면 박정양을 등용하여 박영효를 친다. 김홍집, 유길준 등 온건 노선의 집권개화파 세력을 억누를 때는 김옥균, 박영효 등 급진 개화당을 동원하여 갈등을 부추긴다. 국왕과 민 황후는 정치판을 개화당과 수구당으로 분열시키고, 김홍집 세력을 중간파로 등장시켜 각 파벌이 이전투구를 벌이도록 유도했다. 문제는 이런 통치 방법을 국제외교에도 그대로 적용했다는 점이다. 그 결과 청에서 일본으로, 일본에서 러시아로, 러시아에서 미국으로 현란하게 수시로 조선의 뒤를 봐줄 후견국가(patron state)를 대체했다."[148]

그러면서 그는 결론적으로 이렇게 말한다. "19~20세기 초의 세계 패권국은 영국이요, 패권에 도전하는 나라는 러시아였다. 20세기 중반부터 현재까지 패권국은 미국이요, 그에 도전하는 나라는 중국이다. 지금 전 지구적 차원에서 미국에 의한 중국 포위 전략이 전개되고 있다. 이른바 미·중 신냉전의 와중에 19세기 말과 거의 동일하게 한반도가 그레이트 게임의 '태풍의 눈'이 되었다. 이 와중에 한국 좌익 정권의 계보를 잇는 김대중-노무현-문재인 정권은 한·미·일 해양 삼각동맹을 파기하고 친중·종북 외교로 방향을 틀었다. 이것

---

147 김용삼, 『지금, 천천히 고종을 읽는 이유』, 414.
148 위의 책, 196.

은 이승만·박정희 두 대통령의 심모원려 끝에 이룩한 한미동맹의 근본적 파기 행위다. 문명사적 차원에서 보면 해양 동맹에서 대륙 동맹으로 회귀를 상징한다.[149]

필자는 김용삼이 대한제국 멸망의 가장 주요 요인을 고종과 왕비 민씨의 외교 실패에 있다는 그의 주장에는 일면 동의한다. 나아가 필자는 조선 망국의 가장 큰 책임이 고종과 민 황후에게 있다고 생각한다. 그러나 변신의 변신을 거듭하며 외교적 처세에 능한 이완용을 훌륭한 외교관이라고 칭찬하면서, 결국 나라 팔아먹는데 가장 큰 공로를 한 그의 책임에 대해서는 거의 말하지 않고 있는 그의 주장에는 결코 동의할 수 없다.

더욱이 고종이 외교적으로 얼마나 미국에 의존했는가는 말하지 않고, 오직 러시아에 영혼을 빼앗겼기 때문에 나라가 망했다고 줄기차게 역설하는 그의 주장에도 동의할 수 없다. 미·일 외교를 잘했으면 조선(한국)은 망하지 않았을 것이라고 생각하는 그에게 가쓰라-태프트 밀약을 통해 조선을 일본에 넘겨준 미국에 대해서는 왜 한마디도 언급하지 않는지 묻고 싶다. 또한 일본이 한국에 저지른 엄청난 죄악상에 대해서도 그는 거의 언급하지 않는 너그러움을 보여주고 있다.

그리고 현 문재인 정부가 한·미·일 해양 삼각동맹을 파기했다고 강변하면서(파기하지 않았음), 이승만과 박정희의 미·일 사대 외교는 옳지만, 중·러 사대 외교는 잘못이라고 역설하는 그의 주장에도 동의할 수 없다. 또한 이승만과 박정희의 친일이 우리나라 역사를 얼마나 왜곡했는지에 대해서도 일체 언급이 없다. 외교는 국익을

---

149 위의 책, 445-446.

우선으로 하는 행위이다. 그런 의미에서 그는 철저히 '진영논리'에 빠져 균형외교, 다자외교를 통한 국익 우선의 외교를 생각지 않고 있다고 말하고 싶다. 우리는 "나의 종 모세가 네게 명령한 그 율법을 다 지켜 행하고 우로나 좌로나 치우치지 말라 그리하면 어디로 가든지 형통하리라"(수 1:7)는 말씀을 붙들어야 한다.

김종성은 『반일종족주의: 무엇이 문제인가』에서 을사늑약을 옹호하는 그들의 속내를 비판하며 다음과 같은 주장을 했다. 1905년 11월 17일의 을사늑약(이른바 을사보호조약)은 정상 절차를 거치지 않아 무효라는 사실은 이미 널리 알려져 있다. 조약체결권자인 고종황제는 비준하지 않았으므로 조약의 성립조건마저 충족되지 않았다. 이에 대해 김용삼은 을사늑약이 황제인 고종의 결정에 의한 것이기에 고종에게 물어야 할 책임을 이완용과 을사오적한테 물을 수는 없다고 했다.

이에 대해 김종성은 을사늑약 체결이 고종의 결정에 의한 것이었다는 말은 사실에 어긋나지만, 고종이 책임을 져야 한다는 김용삼의 말은 분명히 옳다고 지적했다. 체결을 지시했든 아니든, 고종이 나라를 제대로 건사하지 못해 그 지경까지 이른 것은 부인할 수 없는 사실이기에 그렇다는 것이다. 하지만 그렇다고 을사오적이 책임을 면할 수 있는 것은 아니라고 했다. 이들의 책임 역시 부정할 수 없기 때문이다.

당시 사람들은 외형상으로는 을사오적을 더 비판했다. 그들이 그렇게 한 것은 을사오적이 고종을 부추기거나 늑약 체결을 주도했음을 알고 있었기 때문이다. 을사오적이 더 많은 비판을 받은 데는 왕조 국가의 특성도 작용했다. 마치 일본의 천황처럼 군주제 국가에서는 웬만한 사안이 아니면 임금을 비판하지 않는 게 상식이니까.

그 당시 군주는 곧 하늘로 인식되었다. 그래서 대단히 결정적인 사안이 아니라면 군주보다는 그 옆의 신하들을 더 많이 비판했다. 이런 이유로 고종에 대한 비판이 더 크게 부각되지 않을 수 있었다. 당시 사람들이 고종의 책임을 몰라서 을사오적을 중점적으로 비판했던 것은 결코 아니었다.[150]

이태진은 근대 한국의 역사는 패망으로 귀결되었는데, 그 패망이 한국인의 무능에서 비롯되었는지는 엄밀하게 따져볼 필요가 있다고 했다. 또한 그동안 고종을 두고 '세상 물정에 어둡고 유약한 군주'라는 뜻의 암약군주(暗弱君主) 또는 암약설(暗弱說)은 일본 침략주의자들이 의도적으로 만든 것이며, 그동안 한국근대사의 일반론으로 널리 퍼져 있다고 하면서 이렇게 말했다.

"고종황제 암군설·암약설에 대한 비판은 군주가 모든 가능성을 보여주었다거나 그의 정부가 전체적으로 근대화에 매진하고 있었다는 것을 주장하려는 것은 아니다. 군주로서의 고종이 근대화에 큰 뜻을 가지고 있었던 것은 분명하다. 그러나 그는 이를 실현시키기 위해 필요한 관료제도를 장악하는 데 성공하지 못하였다. 특히 문벌의 배경을 가진 고급 관료들을 장악하는 데 실패하였다. … 1890년대 중반 이후 일본이 진출한 이후에는 상황이 더 어려워졌다. 일본은 친일 분자들로 내각을 구성하여 왕권을 무력화하고, 이에 저항하는 왕실에 대한 위협으로 왕비를 시해하는 만행을 저질렀다. 대군주 고종은 왕비가 시해되는 상황에까지 이른 위기를 러시아공사관으로 이주함으로써 간신히 벗어났다. 여기서 명실상부한 자주독립 국

---

150 김종성, 『반일종족주의: 무엇이 문제인가』, 157-168.

가로서의 대한제국을 출범시키면서 그는 새로운 황제정을 수행할 중심관부로서의 궁내부와 원수부(元帥府)를 세웠다"[151]

조선 왕가의 마지막 보루라고 할 수 있는 명성황후와 흥선대원군의 죽음은 쇠락한 국운을 더욱 재촉했고, 전시도 아님에도 불구하고 한 나라의 왕이 러시아 공사관으로 이주하는 아관파천을 행한 것은 국가의 위신이 땅에 떨어진 것과 다름없었다.

그리고 대원군과 명성황후는 서로 권세를 놓고 다투다 끝내는 역사상 치명적인 오점을 남겼다. 대원군의 쇄국은 조선의 근대화를 가로막는 실수를 범했고, 명성황후의 감정에 치우친 외교정책은 오히려 일본의 침입을 부추겼다는 비난으로부터 자유로울 수 없다. 그런데 정작 임금인 고종은 제대로 한 일이 거의 없었으니 조선의 몰락은 예정된 시나리오가 아니었을까.

다시 정리해 보자. 고종의 재위 기간은 안으로는 성리학적 세계관에 기초한 조선 왕조 500년 동안의 모든 모순이 분출하는 격동의 시대였고, 밖으로는 일본을 위시한 서양 세력이 문호를 개방할 것을 집요하게 요청한 시대였다. 이 같은 내우외환의 시대에 고종은 슬기롭게 대처하지 못함으로써 결국 조선은 식민지로 전락하게 되었다.

온 세계가 근대사회로 진입하기 위해 진통을 겪던 시기에 왕권과 국권을 혼동했던 사람이 고종이다. 고종에게 자주와 독립은 왕권의 자주와 독립이었다. 왕권을 위협하는 세력은 설령 그들이 자국민이든 외국 군대이든 모두 적이었다. 반면 한순간이라도 흔들리는 왕권을 지킬 수 있다면 훗날 그들이 결국 왕권, 나아가 국가까지 무너뜨리는 위험한 존재일지라도 기꺼이 도움을 청했다.[152]

---

151 이태신, 『고종시대의 재조명』, 132-133.

고종은 절대군주로서의 왕의 자리와 권력이 가져다주는 각종 이익에 집착한 왕이었다. 따라서 왕권 유지에 방해가 되거나 왕권을 위협하는 세력에 대해서는 그 누구에게도 가차 없는 철퇴를 가한 잔인하고 이기적인 군주였다. 고종과 관련된 이런 일화가 있다.

　자신이 왕이 되어 만백성에 대한 '생사여탈권'을 쥐었다는 것을 확인받는 순간 그가 내린 첫 어명은 이렇다. "우리 집 앞 골목의 군밤 장수를 죽여라. 그놈은 다른 애들 다 주면서 나한테는 공짜로 군밤을 준 적이 없다." 왕이 되어 처음으로 생각한 것이 지난날 군밤 장수가 자신에게 행한 섭섭한 일에 대한 복수였다니, 고종은 참으로 옹졸하기 그지없는 사람이었다.

　고종은 자신의 신하를 믿지 않았고, 자기 백성들을 존중하지 않았다. 그가 갈망했던 것은 그의 지위와 권리를 지켜줄 더 확실한 힘 '외세'였다. 전봉준과 동학농민군은 낡은 세상을 바꿔보겠다고 일어섰다. "주상 전하는 영민하시나 그 신하들이 나빠서"라며 임금에 대한 충성을 버리지 않았던 고종의 백성들이었다.

　그런데 고종은 이들을 쓸어버리기 위해 청나라 군대를 끌어들였고, 이에 자극받은 일본군도 출동하게 만들고 급기야 자신의 나라를 외국 군대의 전쟁터로 전락시켰다. 국왕으로서의 자격을 포기한 최악의 처사를 서슴지 않은 파렴치한이었다.

　또한 1905년 을사보호조약 이후 일제의 침략에 분노한 백성들이 의병을 일으키자 고종은 그들에게 비밀 교서도 내리고 벼슬도 주었지만 그뿐이었다. 그 이상 아무것도 하지 않았고 그들의 패배를 외면해 버렸다. 일종의 '간보기'였다. 의병 투쟁이 성공하면 좋고 여의치

---

152 김윤희 외, 『조선의 최후』, 60.

않으면 모르쇠하고 손해 보지 않겠다는 심산이었다. 수많은 조선인이 싸우다 죽어갔지만 그들의 황제 고종은 유유자적 일본 돈을 받아가며 여유롭게 살다가 죽었다."

이처럼 나라를 호주머니 속 군밤같이 여긴 고종은 후일 이토 히로부미로부터 망신을 당했다. 고종은 을사늑약 내용을 백성들과 상의하겠다고 하자 이토 히로부미는 이렇게 한 방을 날렸다. "대한제국은 폐하가 선포하신바 황제에게만 주권이 있는 전제국가입니다. 전제국가 황제가 왜 백성에게 묻겠습니까?"

고종은 외세에는 비굴했고, 군밤 장수처럼 자신이 돌보아야 할 약자들과 자신의 비위를 거스른 이들에게는 잔인했다. 을미사변으로 아내를 잃은 후 충격과 분노는 당연하지만, 일본인들을 향하여 복수를 시행하거나 꿈꾼 적은 한 번도 없었다. 대신 화를 입은 것은 그의 백성이었다. 일본인들이 불태워버린 시신을 수습하려던 이가 도리어 '불경죄'로 참살을 당했다.

사건의 주범이라 할 미우라 고로 일본 공사와 일본 낭인들은 건드리지 못하는 주제에 민씨 척족에 대한 분노로 명성황후 시해에 가담한 자(농학자 우장춘의 아버지 우범선 등)는 절대로 용서치 않았다. 갑신정변 후 개화파들의 가족까지 연좌해서 학살한 것은 물론 끝내 김옥균을 암살한 뒤 그 시신을 싣고 와서 토막을 내고 팔도에 돌려버렸다.

갑신정변 이후 연좌제 학살을 지켜본 일본의 사상가 후쿠자와 유키치는 "이런 나라는 망하는 게 그 나라 인민에게 도움이 된다"라고 뇌까렸다. 김옥균의 시신이 전국에 조리돌림 되는 것을 본 유학생 박중양은 이런 못난 조선 따위 망해도 좋다는 신념으로 '친일파'로 전향했다.

우리는 흔히 고종을 고집 센 아버지 대원군과 영민한 아내 명성황

후 사이에 낀 허약한 군주로 생각하는 경향이 있지만 고종은 자신이
조선의 왕이자 대한제국의 황제라는 사실을 결코 망각하지 않았다.
다만 그는 왕위를 지키고자 하는 열망이 지극히 강한 자였고, 이를
지키기 위해서는 어떤 짓도 마다하지 않았다.

반면에 왕으로서의 자신의 정체성, 즉 격동하는 당시의 상황 속
에서 어떻게 나라를 이끌어가야 하는지에 대해서는 고민과 통찰이
빈약하기 그지없는 전제군주에 지나지 않았다. 그는 나라와 백성을
위한 왕이 아니라 오로지 자신의 일신의 영달을 위해 왕의 자리에
앉아 있던 저급한 악덕 군주였다.[153]

나라가 망한 이후 이씨 종친이나 옛 관료, 봉건적 유생 정도 외에
는 왕정복고를 바라는 사람이 거의 없었던 것도 왕권에 집착해 국권
을 잃어버린 왕과 비에 대한 국민적 감정을 그대로 보여준다. 고종이
죽고 난 뒤 일어난 3·1운동 당시, 외국 기자가 시위하는 군중 한
사람과 인터뷰한 신문 기사에는 다음과 같은 구절이 있다. "나라 망
해 먹은 왕을 위해 내가 흘릴 눈물은 없어."[154]

고종 황제는 한마디로 '잔머리 굴리는 소인배 바보 군주'였다. 조
선의 최후 50년 중에서 앞뒤 3년씩을 뺀 그의 44년 재임(1863~
1907)은 강력한 리더십이 필요한 격동의 시기였다. 그런데 고종은
망국의 군주로 가장 적합한 군주였다. 그는 의타성을 평생 버리지
못했다. 초기 십 년은 아버지 대원군의 섭정으로 보냈고, 그가 친정
을 시작하면서부터는 중전 민씨의 치마폭에서 벗어나지 못했다.

조선의 역사를 망국의 시간표인 1910년을 기준으로 하면 그 이

153 김형민, "군밤장수 일화에서 고종의 악덕을 엿보다," 「시사IN」 Vol. 680 (2020.9.2.), 56-57.
154 하원호, "국권이냐 왕권이냐 고종과 민비," 『역사의 길목에 선 31인의 선택』, 267.

전 50년 동안의 모든 사건은 망국을 향해 가도록 정해진 진행 과정이었다. 즉, 조선은 망할 수밖에 없었는데, 언제 망하느냐, 어느 나라에 망하느냐만 있을 뿐 하나님의 카이로스적 때만이 있었을 뿐이다. 이는 일제가 말하는 식민사관을 두둔하려는 것이 결코 아니다.

메이지 황제의 50년은 흥국(興國)의 길이었고, 고종 황제의 50년은 망국(亡國)의 길이었다. 조선은 50년 동안 서서히 망해 가는데 가장 적합한 인물로 선택된 사람이 바로 고종이다. 그 시간은 일본이 조선을 침략하여 식민지로 만드는 데까지 필요한 시간을 그가 잘 조성해 준 것이다.

유진 피터슨의 『메시지성경』에 보면 이런 말씀이 있다. "하나님께서 바로에게 하신 말씀도 같은 요지의 말씀입니다. '나는 나의 구원 능력이 펼쳐지는 이 드라마에서 너를 단역으로 쓰려고 골랐다.' 이 모든 이야기를 한마디로 하면 결정권은 처음부터 하나님께 있다는 것입니다. 하나님께서 일을 주도하셨고, 우리는 그 일에서 좋은 역할이든 나쁜 역할이든 우리 역할을 할 뿐입니다"(롬 9:17-18).

한 나라의 군주로서 고종이 나라를 지켜내려는 의지가 없었다고 말할 수는 없겠다. 그러나 그가 아무리 노력해도 역부족이었고, 또한 그의 치세를 아무리 선의로 해석하더라도 망국에 대한 가장 큰 책임은 고종에게 있음을 두말할 필요가 없다. 아니 더 정확하게 말하면 고종의 책임이라기보다는 그도 모르게 하나님께서 정하신 망국으로 가는 시나리오에 그는 단지 자신의 배역을 충실히 연기했을 따름이라고 말하는 편이 좋을 듯싶다.

루비 켄드릭 선교사

서울 양화진에 가면 외국인 묘지가 있다. 그곳은 약 450여 명의 선교사가 잠들어 있는 곳이다. 그 가운데 루비 켄드릭(Ruby Kendric, 1883~1908) 선교사의 묘비가 있다. 그 묘비를 보면 이런 글이 적혀 있다. "만일 내게 천 개의 목숨이 주어진다면, 그 모두를 한국을 위해 바치리라." 조선에 대한 사랑을 표현한 감동적인 글이다.

루비 켄드릭 선교사는 캔자스에 있는 부인성경전문학교에 입학하여 1905년 졸업하고 선교사를 지원했으나 연령 미달로 2년을 더 기다리다 1907년 9월 텍사스주 엡윗청년회의 후원으로 미국 남감리교 해외여선교사회의 파송으로 한국 선교사로 내한했다. 그런데 안타깝게도 선교사역도 제대로 못 한 채 9개월도 못 된 1908년 6월 19일 맹장염으로 소천하여 외국인 묘지에 안장되었다.

여기에 새겨진 문구는 그분이 소천하기 직전 고향의 엡윗청년회에 보낸 편지 속에서 발견된 것이다. 이 편지를 받고 난 다음 날 텍사스 엡윗청년회는 켄드릭이 하나님의 부름을 받았다는 전보를 받게 되었다. 이를 계기로 많은 분이 한국 선교사로 지원하게 되었다. 이분이 부모님께 보낸 편지 하나를 읽어드리고자 한다.

"이곳 조선 땅에 오기 전 집 뜰에 심었던 꽃들이 활짝 피었다는 소식을 들었을 때 하루 종일 집 생각만 했습니다. 이곳은 참 아름다운 곳입니다. 모두들 하나님을 닮은 사람들 같습니다. 선한 마음과 복음에 대한 열정으로 보아 아마 몇십 년이 지나면 이곳은 주님의 사랑이 넘치는 곳이 될 것 같습니다. (중략) 아버지, 어머니! 어쩌면 이 편지가 마지막일 수도 있습니다. 제가 이곳에 오기 전 뒤뜰에 심었던 한 알의 씨앗으로 인해 이제 내년이면 온 동네가 꽃으로 가득하겠죠? 그리고 또 다른 씨앗을 만들어 내겠죠? 저는 이곳에 작은 씨앗이 되기를 결심했습니다. 제가 씨앗이 되어 이 땅에 묻히게 되었을 때 아마 하나님의 시간이 되면 조선 땅에는 많은 꽃이 피고 그들도 여러 나라에서 씨앗이 될 것입니다. 저는 이 땅에 저의 심장을 묻겠습니다. 바로 이것은 조선에 대한 제 열정이 아니라 하나님께서 조선을 향한 열정이라는 것을 알게 되었습니다. 어머니, 아버지, 사랑합니다."155

'조선이 뭐길래' 하나밖에 없는 그 귀한 생명을 조선을 위해 초개같이 버릴 수 있는지, 인간적으로는 도저히 이해하기 어렵다. 그런데 그 이해하기 어려운 거기에 하나님의 놀라운 비밀이 숨겨 있다. 아브라함처럼 영의 눈으로 멀리 조선의 미래를 내다보며 자신의 한 목숨을 조선을 위해 한 알의 밀처럼 버린 것이다.

사무엘 무어 선교사

사무엘 무어(Samuel F. Moore, 1860~1906, 모삼열) 선교사는 미국 북장로회 선교사로 파송을 받아 부인 로즈 엘리(Rose Ely Moore)와 함께 1892년 9월 21일에 양화진 나루에 도착했다. 도착 즉시 한국어 공부를 시작하는 동시에 마펫 선교사의 '예수교학당'에서 성경공부 지도를 도왔다.

1893년 6월에 곤당골(지금의 소공동 롯데호텔 부근)에 이층집을 짓

---

155 서영석, "루비 R. 켄드릭, 감리교 여성선교사," 『내게 천 개의 목숨이 있다면: 양화진 선교사들의 삶과 선교 1』, 52-55.

고 곤당골교회(승동교회 전신)를 시작했다. 무어 선교사의 선교사역 가운데 가장 주목할 것은 백정(白丁) 해방운동이었다.[156] 백정은 조선 왕조 500년 동안 인간 대접을 받지 못한 천민(賤民) 계급이었다. 무어 선교사가 백정 문제에 관심을 갖게 된 것은 그즈음의 일이었다.

무어 선교사가 시작한 남학교에 '봉출'이라는 백정의 아들이 다니고 있었다. 그런데 봉출의 아버지 백정 박 씨가 장티푸스에 걸려 사경을 헤매고 있었다. 이때 제중원 원장인 에비슨에게 도움을 요청하여 그를 고쳐주었다. 완쾌한 박 씨는 복음을 받아들였고, 가족 모두 그리스도교로 개종하여 곤당골교회를 출석하게 되었다. 그런데 박 씨의 신분이 드러나면서 곤당골교회 양반 교인들의 반발이 일어났다. 백정들이 다니는 교회에 다닐 수가 없다는 것이었다.

무어 선교사는 아랑곳하지 않고 이름도 없던 박 씨에게 '박성춘'(朴成春)이라는 이름도 지어주고, 그리스도의 사랑으로 그를 환대했다. 결국 박성춘은 곤당골교회에 출석한 지 1년쯤 되던 1895년 4월 20일 무어 선교사로부터 세례를 받았다. 곤당골교회의 정식 구성원이 된 것이다. 이에 반발한 양반 교인들은 곤당골교회에서 떨어져 나와 '홍문동교회'를 따로 세우게 되었다. 무어 선교사는 양반들의 반발과 사회적 차별에도 불구하고 백정들을 하나님의 자녀로서 동등하게 대했고, 신분 차별을 뛰어넘는 그리스도의 사랑을 실천하였다.

여기서 한 가지 덧붙이자면 1910년 연동교회(蓮洞敎會)로부터 묘동교회(妙洞)가 분리해 나갔는데, 그 까닭도 이와 유사하다. 분립의 이유는 담임목사 게일(J. S. Gale, 奇一)이 갖바치라는 천민 출신 고찬

---

156 한국 최초의 인권해방운동인 '백정들의 형평(衡平)운동'에 대해서는 정성희, 『한국사 101장면』, 313-316; 강준만, 『한국근대사산책 6』, 329-339를 참조.

익을 비롯하여 이명혁, 임공진 등을 장로로 삼은 데 불만을 품고 양반 출신인 이원긍, 함우택, 오경선 등을 중심으로 100여 명이 심한 반발을 한 데서 비롯되었다.

조선 왕조 이래 사람으로 대접받지 못한 백정들이 드디어 평민들과 동등한 대접을 받을 수 있게 된 것이다. 이때의 기쁨을 무어 선교사는 이렇게 기록하고 있다. "아브라함 링컨 대통령의 노예해방 선언을 들은 흑인 노예들의 기쁨은, 이곳 한국인 백정들이 초립을 쓸 수 있도록 허락을 받은 그것보다 더 큰 것은 아니었을 것이다."

무어 선교사는 백정 차별철폐를 위한 노력을 기울였던 까닭으로 여러 곤란한 상황을 겪기도 했다. 양반들이 곤당골교회를 떨어져 나가는 어려움뿐 아니라 지방으로 전도 여행을 떠났을 때 무어 선교사가 묵은 방으로 총격이 가해지는 위협을 받기도 했다.

헐버트(H. Hulbert, 1863~1949) 선교사는 이렇게 말했다. "한국에 있는 외국인으로서 한국인의 영적인 평안을 위하여 그만큼 열심이었던 사람은 없었으니, 그의 선의는 여기에 그치지 않았다. 그는 눈에 보이는 수많은 잔인한 압박에 대하여 의분을 느꼈던 몇 안 되는 선교사였다."

무어 선교사는 1906년 7월에 「그리스도신문」 사장에 취임하였는데, 그해 말 장티푸스에 걸려 12월 21일 자정에 작고하여 양화진 묘역에 안장되었다. 그의 묘비에는 이런 말이 쓰여 있다. "조선인사(朝鮮人士)를 사랑하였고 또 그들을 예수께로 인도하기를 원하였다." 영문으로는 "예수 그리스도의 충성스러운 종(Devoted servant of Jesus Christ), 아름다운 인격과 정신의 소유자(Beautiful in character and spirit), 한국인에 대한 헌신적인 사랑을 몸소 실천하였다

(unselfish in his love for the Korean people)."[157] 아, 조선이 뭐길래….

알렉산더 피터스 선교사

알렉산더 피터스(Alexander Albert Pieters, 피득, 1871~1958)는 현재 우리가 읽고 있는 '한국어 구약성경 번역자'(Translator of the Korean Old Testament)이다. 선교사들은 조선에 들어와 여러 가지 선교 활동을 하면서 바쁜 중에도 계속 성경 번역을 이어갔다. 마침내 1906년 비로소 공인역본 『신약젼셔』가 나오게 되었다. 이제부터 피터스 선교사와 관련된 구약성경 번역에 대해 살펴보자.

피터스는 1871년 12월 30일 당시 제정 러시아의 일부(오늘날 우크라이나)였던 에카테리나슬라브(Ecaterinaslav)에서 '정통파 유대인'(Orthodox Jew) 가정에서 태어났다. 그의 본명은 이삭 프룸킨(Itzhak Frumkin)이다. 이삭은 어려서부터 유대인 회당 학교(synagogue school)에서 랍비에게 히브리어를 배웠고, 어학에 남다른 재능이 있던 이삭은 일찍부터 히브리어를 깨우쳤고 히브리어로 된 기도문과 시편을 항상 암송하며 자라났다.

19세기 말 제정 러시아는 정치적으로나 경제적으로 밝은 미래가 보이지 않는 암울한 상황이었다. 더구나 유대인들에 대한 차별과 박해가 심해서 유대인들은 이중고에 시달려야 했다. 이삭이 12살 때, 제정 러시아 여러 곳에서 유대인을 박해하고 학살하는 '포그럼'(pogrom)이 일어났다.

---

157 이치만, "사무엘 F. 무어: 백정 해방의 기수 장로교 선교사," 『내게 천 개의 목숨이 있다면: 양화진 선교사들의 삶과 선교 1』, 105-111.

이삭은 언젠가 러시아를 떠나야겠다고 마음속에 다짐했다. 군 복무를 마친 1894년 마침내 그는 집을 떠났다. 그는 러시아를 떠나 호주로 가려고 했으나 계획을 바꿔 인도로 가는 배를 탔다. 여러 곳을 다녀도 일자리 찾기가 쉽지 않자 궁여지책으로 생각한 것이 블라디보스토크로 가기 위해서 먼저 일본 나가사키로 갔다. 1895년 4월 초, 그곳에서 미국 화란 개혁교회(Reformed Protestant Dutch Church)에서 파송된 젊은 선교사 알버터스 피터스(Albertus Pieters) 목사를 만나게 되었다. 그 목사로부터 세례를 받고, 세례를 주신 목사의 이름을 따라 유대인 이삭 프룸킨에서 크리스천 '알렉산더 알버트 피터스'로 거듭나게 되었다.

정통파 유대인 청년이 기독교로 개종하고 세례를 받게 되었다는 소식은 일본 안의 선교사 서클에 금새 알려졌고, 이러한 사실이 미국 성서공회의 일본주재 책임자였던 헨리 루미스(Henry Loomis) 목사에게 알려졌다. 당시 미국성서공회는 한국에서 일할 사람을 찾고 있던 중이었다.

루미스 목사는 피터스 청년에게 한국으로 가서 매서인(賣書人)이라고도 불렸던 '권서'(勸書, colporteur)로 일할 것을 제안했다. 피터스 청년은 '권서'가 얼마나 힘든 일인지도 모르고, 더구나 한국에 대해서 아무것도 모른 채, 루미스 목사의 제안을 수락했다. 그로서는 전혀 예기치 못했던 방향 전환이었고, 그의 생애에 중대한 전환점이 되었다.

1897년 7월, 피터스가 한국에 온 지 불과 2년 2개월이 지났을 때부터 그는 권서 일을 하면서 피곤한 몸을 쉬지 못하고 틈틈이 독력으로 시편을 한글로 번역해 나갔다. 번역 작업을 시작한 지 7~8개월 정도 지나자 그가 애송하던 예순두 편의 시편 번역을 마치게 되었다. 1898년 하반기에 피터스가 한국어로 번역한 예순두 편의 시편은 『시편촬요』라는 책으로 출간되었다. 『시편촬요』의 출간은 한국 교회사에 새로운 장을 열어 준 역사적인 일이었다. 『시편촬요』가 출간됨으로서 한국 사람들은 역사상 최초로 구약성경을 한국어로 읽을 수 있게 되었다.[158]

피터스는 1899년 10월경 신학 수업을 위해 미국으로 건너가 맥코믹신학교에서 1902년 신학사 과정을 마치고 목사 안수를 받은 후 필리핀으로 떠났다. 2년 동안 필리핀에서 선교사역을 한 후 1904년 목사요 선교사 자격으로 한국에 돌아왔다.

한국에 온 지 2년 후인 1906년 구약 번역위원으로 위촉받았다. 그때부터 구약 번역에 관여하였다. 그러다가 1926년 3월에 개역 구약성경 위원으로 선임된 피터스는 10년간의 수고 끝에 한국성서공회에서는 1936년 12월 '구약 개역판'을 일단 출간했고, 1937년에는 한글과 한문을 혼용한 '간이 선한문 구약 개역'(簡易 鮮漢文 舊約 改譯)을 출간했다.

1937년 8월, 마침내 구약성경 최종 개정 작업이 대미를 거두었다. 1926년 3월 피터스 목사가 구약개역위원회의 평생 위원으로 선임된 지 11년 5개월 만이었다. 1937년 9월 22일, 성서위원회는 제출받은 개역 구약성경 원고를 승인, 채택했다. 구약 개역이라는 방대한 역사적 작업이 피터스 목사의 주도와 노력으로 마무리되었음을 공식적으로 공포한 것이다.

---

158 『시편촬요』에 대한 더 자세한 설명은 박준서 엮음·김중은 해설, 『시편촬요』(대한기독교서회, 2021)를 참조.

민족 말살이라는 최대의 위기 상황 속에서 선하신 하나님은 피터스 선교사를 통해 우리 민족의 살길은 하나님의 말씀을 붙드는 데 있으며, 이 일을 위해 그를 사용하여 구약성경 번역을 완성하게 함으로써 우리 민족에게 영원한 하나님의 말씀을 주셨다. 사라질지도 모르는 우리 민족이 하나님의 말씀인 성경을 붙들고 다시 살아났다.

피터스 선교사는 1941년 46년간 구약성경 번역과 한국교회를 위해 헌신한 후 은퇴했다(70세). 미국 LA 근교 파사데나(Pasadena)에서 여생을 지내다 1958년 하나님의 부르심을 받았다(87세). 오늘날 피터스 목사의 이름조차 기억하는 사람이 거의 없는 상황에서 그분의 헌신과 공헌을 잊지 않고 기억해 주었으면 한다.[159]

이 장을 마치면서

어느 날 아침 깨어보니 나라가 망했다. 그런데 참으로 놀라운 사실은 어제와 달라진 것이 아무것도 없는 듯 백성들은 일상을 영위하고 있었다. 양반 사대부에게 빼앗기건, 일본인에게 빼앗기건 빼앗기는 것은 매한가지가 아닌가. 그러니 조선인의 백성이든, 일본인의 백성이 되든 달라진 것이 무엇인가. 어제나 오늘이나 다 같은 날이 아닌가.

이제 우리가 원한다고 한일합방이 안 되는 것도 아니고, 우리가 원한다고 해방이 오는 것도 아니다. 현재의 한민족의 가장 큰 민족적 현안인 남북통일의 문제도 남한과 북한 두 나라가 원하면 해결되는 것이 아니다. 이 문제도 주변 4대 열강들과 깊은 관련 속에서 해결해야 할 문제가 되었다.

---

[159] '알렉산더 피터스'에 대한 더 자세한 설명은 박준서, 『알렉산더 알버트 피터스 목사』를 참조.

그런데 참으로 이상한 것은 '보이지 않는 손'이 한국을 강력하게 붙들고 있었고, 한국의 역사가 세계열강들의 의사와는 달리 철저히 하나님의 주권 하에서 하나님의 시간표에 따라 진행되었다는 사실이다. 그래서 드라마 "조선의 최후"는 하나님이 써간 한 편의 장쾌한 대하드라마요 최고 감동의 명품 드라마다.

이제 한·일 강제 병합으로 한민족은 주께서 예정하신 기나긴 수난의 시대를 살아가야 했다. 그 긴 수난의 시간은 '제2이사야의 고난받는 여호와의 종'처럼 제사장의 나라가 되기 위해 한민족이 짊어지지 않을 수 없는 십자가다. 한민족이 찔림을 당하고 상함을 입고 징계를 받고 채찍에 맞음은 열방의 질고와 죄악을 짊어지기 위함이요 그들로 하여금 평화와 구원을 얻도록 하기 위함에 있었다(사 53:4-5).

야곱이 얍복강 가에서 밤이 맞도록 하나님의 천사와 씨름하다가 허리를 다치게 되었는데, 그 무너진 허리는 고난의 상징이다. 고난의 상징인 야곱의 그 무너진 허리에서 이스라엘 민족이 태동하는 시발점이 되었다(창 32:25; 출 1:5). 예수님은 십자가에서 창에 허리가 상하여 물과 피를 흘리심으로 만왕의 왕, 만주의 주가 되셨다(요 19:34; 계 19:16).

마찬가지로 한민족에게 있어서 가장 큰 고난의 상징인 '한·일 강제 병합'이라는 무너진 허리는 새로운 한민족이 태동하는 시발점이 되었다. 십자가의 신비, 고난의 신비와 유익(시 119:67, 71)이 바로 여기에 있다. 나라를 잃고 절망에 빠진 조선 백성들을 향해 주님은 이렇게 말씀하신다. "세상에서는 너희가 환난을 당하나 담대하라 내가 세상을 이기었노라"(요 16:33).

제5부

일본의 조선 식민 지배 35년
(1910~1945년)

• • •

G. 일제의 조선 통치 방식(1910~1930년)

H. 대반전드라마: 일본의 패망과 한국의 해방(1930~1945년)

United States of America

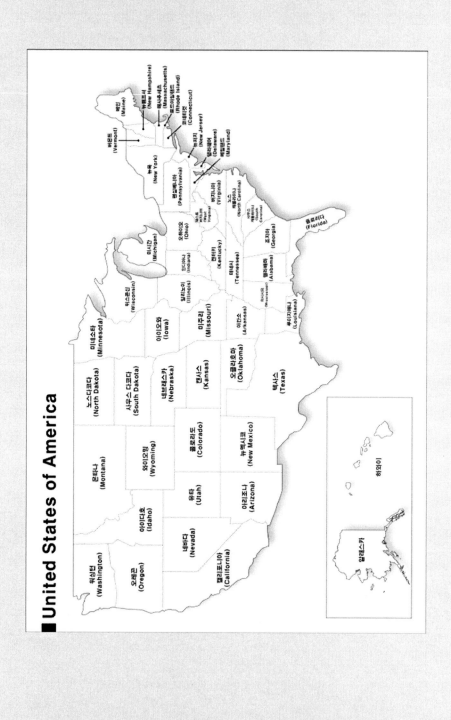

제13장
일본의 조선 식민 지배 첫 20년

<단가 13>

도올(檮杌)은 그리스도 예수 하나를 모르기에 복잡하다

그래서 오늘도 진리를 찾아 헤매는 '지적 방랑자'이다.

천명(天命)은 그리스도 예수 하나만을 알기에 단순하다

그래서 진리 되신 예수를 증언하는 '영적 순례자'이다.

이 장을 시작하며

메이지 시대가 끝나고 '위대한 정의'라는 뜻의 다이쇼(大正) 시대 (1911~26)가 시작되었다. 다이쇼 천황은 정신적으로 병들어 대중 앞에 나설 수도 없어서 1921년 결국 장남인 히로히토 왕세자 (1901~89)가 섭정을 하였다.

메이지의 젊은이들은 후쿠자와의 '문명'(civilization) 이론 위에서 자랐다. 거기에서는 사회가 '문명'의 정도에 따른 위계질서로 정돈되었다. 그런데 발전의 사다리에 고리를 끼우는 또 다른 도전이 올라왔다. 그것은 '문화'(culture), 즉 행동(doing)보다는 존재(being), 성취(achieving)보다는 감성(feeling)이었다. 집단적인 민족적 위기감은 개인적이고 실존적인 위기감으로 대체되었다. 더 이상 젊은 이들이 아닌 메이지 투쟁의 베테랑들은 이러한 변화를 혐오와 경멸로 바라보았다.[1]

1920년대의 일본 정치는 민주주의에 대한 열망[2]으로 특징지어진다. 이 시기에는 사회·정치적인 격변기로 사회주의, 공산주의, 노동조합, 여성 참정권 운동, 학생운동 등 외국으로부터 수많은 이념과 사상이 들어왔다. 그러나 이 시대의 관용과 아량은 곧 밀어닥친 거대한 국수주의의 물결에 파묻히고 만다.

다이쇼 천황은 1926년에 사망했다. 이 해에는 좋은 일과 나쁜 일이 동시에 생겼다. 좋은 일은 25세 이상의 모든 남자에게 투표권이 주어졌다는 것이고, 나쁜 일은 국수주의자들에 의해 평화유지법이 통과됐다는 것이다. 평화유지법으로 인해 공산주의자 및 반체제 인사에 대한 탄압이 거세졌고 불온사상을 뿌리 뽑는 특수경찰 조직이 생겨났다.

다이쇼 시대는 지적 활동이 활발했던 시대로 수많은 신진 작가와 사상가들을 배출했다. '모가'(현대식 여성)와 '모보'(현대식 남성)는 광란의 1920년대를 마음껏 즐겼다. 그리고 서구 사조와 패션이 보다 깊숙이 파고들었지만, 그리 오래가지는 않았다. 독일 바이마르에서와 마찬가지로 이 시대는 극단적 국수주의의 발호와 함께 끝났다.[3]

---

1 M. B. Jansen, *The Making of Modern Japan*, 548.
2 이를 두고 '다이쇼 데모크라시'(민본주의)라고 말한다.

제1차 세계대전

1914년 6월 28일, 보스니아의 수도 사라예보를 방문한 오스트리아의 황태자 부부가 한 세르비아 청년이 쏜 총탄에 맞아 살해당하는 사건이 발생했다. 이 사건을 계기로 '유럽의 화약고'는 단숨에 폭발했다. 한 달 후 오스트리아가 세르비아에 선전포고를 한 것을 기화로 3국 동맹국(독일·오스트리아·이탈리아)과 3국 협상국(영국·프랑스·러시아)이 전쟁을 벌이는 제1차 세계대전이 발발했다.[4]

1917년 러시아에서 혁명이 일어나 러시아는 전선을 이탈하였고, 미국은 1917년 4월, 독일에 선전포고를 함으로써 전쟁은 새로운 국면에 들어가게 되었다. 미국이 참전을 결심하게 된 결정적 이유는 독일의 무분별한 잠수함 작전으로 인한 인명과 물자 및 자유로운 항해 권리를 빼앗겼기 때문이다. 1918년 독일을 제외한 나머지 동맹국들은 전선에서 물러났고, 11월에 독일혁명이 일어나 독일제국은 무너지고, 신정부는 전쟁을 종결했다.

결국 미국의 참전이 승패를 결정지은 것이다. 총력전을 폈던 유럽 나라들은 모두 채무국으로 전락했으며, 반대로 방대한 군수품과 식량을 공급한 미국은 세계 제일의 채권국이 되었다. 이 전쟁에 동원된 병력은 협상국이 4,835만 명, 동맹국이 2,516만 명, 전사자가 약 1천만 명, 부상자가 약 2천만 명, 직접 전비가 2천억 달러에 달했다.[5]

한편, 일본은 1902년에 체결된 영일동맹을 구실로 독일에 선전

---

3 Nicolas Bonoff, 『일본: 내셔널 지오그래픽 테마 여행 시리즈 11』, 37-38.

4 미야자키 마사카츠, 『하룻밤에 읽는 세계사』, 282-283.

5 위의 책, 284-285.

포고를 하였다. 일본 정부는 이 기회에 중국 및 남태평양에 그들의 세력을 뻗치고, 삼국 간섭 때 독일로부터 받았던 수모를 복수한다는 일석이조의 효과를 노리고 있었다. 일본 정부는 9월 2일 혼성 1개 여단의 병력을 산동반도 북쪽 용구(龍口)에 상륙시킨 뒤 중국 정부의 요구를 묵살하고 교조 만에서 제남(齊南)에 이르는 지역을 점령하고, 독일에 대해서는 중국에 돌려주겠다는 명목으로 그 권익의 전부를 일본에 넘기라고 선언하였다.

해군은 남태평양의 독일령 제도를 점령한 데 이어 인도 동쪽의 독일 세력을 일소하고 다시 승세를 몰아 지중해에 해군을 파견하였다. 이러한 일본의 참전은 최소한의 노력으로 전승국의 일원이 되어 군사적인 면뿐 아니라 경제적인 면에서도 어부지리를 얻은 셈이었다. 일본은 이 호기를 이용하여 중국에 대해 21개 조 요구 조항을 제시했다. 이 요구는 대부분 경제적 이권의 확보에 치중한 것으로 영토적인 것은 아니었다. 그러나 일본의 무리한 요구에 비난의 여론이 들끓자 일본은 16개 조로 이루어진 수정안을 만들어 관철시켰다. 중국 국민은 이날을 역사상 대치욕의 날이라 하여 국치일로 정하고 영원히 잊지 않았다.[6]

일본은 제1차 세계대전(1914~1918) 결과 '제국주의 국가'로 성장한 것으로 평가된다. 1868년 메이지유신을 일으켜 부국강병을 실행한 지 실로 반세기만이다. 가타야마 모리히데(片山杜秀, 게이오대 교수)가 쓰고 김석근이 우리말로 옮긴 『미완의 파시즘』에 따르면 일

---

6 김희영, 『이야기 일본사』, 614-617. 제1차 세계대전으로 일본은 경기 호황을 누렸으나 '쌀 소동'과 같은 문제가 발생하였고, 중국민중의 반일민족주의의 저항에 부딪치게 된 것에 대해서는 전국역사교사모임, 『처음 읽는 일본사』, 277-285를 참조.

본은 제1차 세계대전을 통해 러일전쟁에서 짊어진 외채 10억 엔(러
일전쟁에 든 비용의 절반)을 모두 갚고도 17억 4,700만 엔을 벌어들여
'후발 제국주의 국가'로 발돋움했다고 한다.7

미국과 일본의 대립

제1차 세계대전의 종결과 함께 세계 정세는 급변하여 일본은 아
시아에서 미국·영국과 대립하게 되었다. 미국은 러일전쟁 이후부터
일본의 호전성을 의심하기 시작하였고, 일본인의 미국 이민도 배척
하기 시작하였다. 그리하여 제1차 세계대전 이후부터는 더욱 일본
의 제국주의에 대해 차츰 경계 태세를 강화하는 방향으로 나아갔다.
미국은 태평양을 무대로 미·일 양국이 언젠가는 전쟁을 벌일지 모른
다는 생각을 갖게 되었다. 이러한 우려는 현실로 다가오고 있었고,
세계의 움직임은 이미 영국에서 미국 중심으로 옮겨가고 있었다.

러일전쟁 이후 일본과 미국은 '만주'의 이권을 놓고 대립하였고,
미국 국내에서는 일본인 이민 배척 운동이 일어나고 있었다. 1921년
에서 24년에 걸쳐 엄격한 제한법이 제정되어 마침내 일본인의 이민
입국이 금지되기에 이르렀다. 이러한 미·일 관계의 악화는 당시에도
미·일 전쟁 불가피론을 탄생케 하였다.

1921년 영일동맹이 만료되면서 미국은 영국과 협의 끝에 군비
축소를 위한 회의를 개최하자고 일본에 제의했다. 1921~22년에 걸
쳐 워싱턴에서 개최된 이 회의에서 미국·영국·일본이 보유한 주력
함의 비율을 각각 5·5·3으로 결정하였다. 이어 9개국(일, 영, 미,

---

7 정일성, 『알수록 이상한 나라 일본』, 68-69.

프, 이, 중, 벨, 네, 포) 사이에 체결된 조약에서 일본은 중국의 산둥반도에 대한 특별한 이권을 중국에 반환해야 한다고 결정하였다. 이는 중국의 입장을 존중해서가 아니라 중국에 대한 야욕을 갖고 있던 열강들이 일본만이 가지고 있는 특권에 제동을 건 것이다.[8]

그리하여 하라 내각의 뒤를 이은 가토 내각은 워싱턴 군축 조약에 따라 해군의 군축 실현에 들어갔다. 육군은 전국에서 6만 3천 200명의 병역이 감축되고, 2만 3천 400두의 말이 감축되었다. 1925년에는 육군 대신 우가키(宇垣一成)에 의해 3만 6천 900명의 군인과 5천 600두의 말이 감축됨으로써 연인원 10만 명의 군인이 감축된 셈이었다. 그러나 실질적으로 군비가 축소된 것이라고 말할 수 없다. 왜냐하면 군인과 군마는 감축되었지만, 그 대신 새로 기계화된 무기와 항공기 및 전차 등을 제조하는 데 힘을 쏟고 있었기 때문이다.[9]

간토대지진(關東大地震)과 조선인 학살

1923년 9월 1일 오전 11시 57분, 이른바 '간토대지진'이라 불리는 최대 진도 7.9의 강진이 도쿄를 비롯한 일본열도를 강타했다. 다음 날 밤까지 7회에 걸친 여진으로 도쿄와 이웃한 요코하마는 순식간에 생지옥으로 변했다. 때마침 점심시간이라 불을 사용하는 집이 많았던 것도 불행이었다. 사망자와 행방불명자를 합쳐 10만 600명, 부상자 5만 2천 명, 가옥 파괴 69만 호에 달하는 대형 재난이었다.[10]

---

8 김희영, 『이야기 일본사』, 625-626.

9 위의 책, 626.

10 위의 책, 627.

대지진이 발생하자 '조선인이 우물에 독약을 풀었다', '조선인들이 폭동을 일으켜 도둑질을 하고 불을 지른다'는 등의 유언비어가 급속히 퍼져갔다. 이에 현혹된 일본인들은 도시 빈민들로 구성된 자경단을 중심으로 '조선인 사냥'에 나섰다. 당시 도쿄 일대에 살던 조선인 3만 명 가운데 6천여 명이 단지 조선인이라는 이유만으로 9월 1일부터 6일 사이에 무차별 학살을 당했다. 하지만 조선인 학살은 자경단에 의해서만 이루어진 것은 아니었다.[11]

당시 일본 정부는 1918년에서 22년에 걸쳐 미국과의 대립이 증폭되면서 국제적으로 고립되어 갔고, 국내적으로는 일본 공산당의 성립과 한국에서의 3·1운동 등으로 그 모순이 점점 드러나기 시작했다. 게다가 일본 내에서는 3원 이상의 납세자에게만 선거권을 주는 것에 항의하는 노동자·농민들이 정부에 강한 불만을 품고 있었다. 이러한 불안정한 정세 속에서 일본 정부는 간토대지진을 구실로 일본 내의 반정부세력과 조선인들을 학살하여 정권의 기반을 굳히려고 하였다.[12]

유언비어는 9월 1일 오후부터 나돌기 시작했다. 유언비어의 진원지는 일본 정부였다. 지진이 발생하자 조선총독부에서 정무총감으로 악랄한 식민 통치를 휘둘렀던 내무 대신 미즈노(水野練太郎)와 경시 총감 아카이케(赤池濃)는 폭동 세력을 앞세워 조선인 학살을 계획했다. 이들은 1일 밤 도쿄 시내를 순시하고, 2일에는 도쿄, 가나카와 각 경찰서 및 경비대로 하여금 '조선인 폭동'의 유언비어를 퍼뜨리도록 지시하였다.

---

11 강준만, 『한국근대사산책 7』, 11.
12 김희영, 『이야기 일본사』, 627.

그리고 전보문을 작성하여 내무성 경보 국장의 명의로 전국의 지방 장관에게 다음과 같은 전보문을 발송했다. "도쿄 일대의 진재(震災)를 이용하여 조선인은 각지에 방화하고 불온한 목적을 수행하려 함. 현재 도쿄시에는 폭탄을 소지하고 석유를 뿌려 방화하는 자가 있음. 이미 도쿄 일부에서는 계엄령을 실시하고 있으므로 각지에서는 주도면밀한 시찰과 조선인의 행동에 대해 엄중한 단속이 있기를 바람."

이 지시를 받은 경찰은 자경단에게 '조선인을 볼 때는 살해해도 무방하다'는 명령을 내렸다. 2일 오후 6시 계엄령이 선포되면서 일본의 군대, 경찰, 자경단들은 죽창이나 몽둥이, 총칼로 닥치는 대로 한국인을 죽이는 일대 참극이 벌어졌다.[13]

삽시간에 도쿄 일대는 아비규환의 생지옥으로 변했고, 시신은 강물에 던지거나 불에 태우거나 암매장해 버렸다. 요코하마 등지에서 노동을 하던 700여 명의 중국인도 희생되었다. 이 같은 살인극으로 피살된 한국인은 정확히 알 수 없으나 11월 25일 각 현에서 보고한 숫자를 종합해 보면 총 6천 661명으로 되어 있다.[14]

이 같은 학살이 공공연히 자행될 수 있었던 것은 메이지유신 이래 일본 정부가 다른 아시아 민족에 대한 차별과 멸시 사상을 국민에게 주입한 결과라고 볼 수 있다.[15] 또한 일본의 군국주의자들이 천재지변을 이용하여 일본 내 조선 독립운동 세력, 노동자 및 사회주의 세력 등 혁명 세력을 일거에 진압해 국가총동원 체제를 확립하기 위한

---

13 위의 책, 627-628.

14 정성희, 『한국사 101장면』, 327.

15 조헌주·박원재, "關東대지진 조선인 학살 80주년 / 日 마쓰오 교수가 밝히는 사건 전모," 「동아일보」 (2003. 8. 30.), 10.

토양을 조성하려 한 것으로 볼 수 있다.[16]

그런데 간토대학살 이후에도 무고한 조선인의 떼죽음은 꼬리에 꼬리를 물고 일어났다. 그럼에도 조선인의 일본 이주는 해마다 꾸준한 증가세를 보였다. 그 이유는 모국 조선에서는 먹고살 것이 너무도 부족했기에 그나마 일자리가 있는 일본 제국주의 본토로 몰려든 것이다. 당시 일본 경찰의 자료에 따르면 1919년 3만 6천 명이던 재일조선인은 1929년 38만 8천 명, 1939년에는 103만 명으로 늘었다.[17]

계엄령하에서 자행된 참혹한 간토대학살은 이후에도 계속 은폐되었다. 간토대지진이 발생한 9월 1일은 일본에서 '방재'(防災)의 날'로 지정되어 매년 언론은 다양한 특집기사를 내보내고 있지만, 6천 명 이상의 조선인이 억울하게 학살된 사실은 거의 다루지 않고 있다.

그러다가 간토대지진이 일어난 지 59년이 되는 해인 1982년 9월 1일, 마침내 일본의 시민단체인 '관동대진재 당시 학살당한 조선인의 유골을 발견하여 위령하는 회'가 결성되어 '아라가와'(荒川) 제방수로 공사장 매립지에서 본격적인 발굴작업을 시작했다.

나라 잃은 민족으로 처연히 죽어간 그들의 넋은 이제 원혼의 방황을 거두고 고이 잠들 수 있는 때를 맞게 되었다. 그러나 오늘날까지도 보상이나 사죄는 이루어지지 않고 있으며 한국에서는 그 흔한 기념관이나 추모시설조차 없는 실정이다.[18]

---

16 정성희, 『한국사 101장면』, 328.

17 강준만, 『한국근대사산책 7』, 15.

18 서정민, 『역사속의 그』, 43-48.

일본 경제의 혼란

1926년 12월 25일, 다이쇼(大正) 천황이 죽자 미치노미야 히로히토 왕세자(1901~89)가 천황에 즉위했다. 연호는 '밝은 평화'라는 의미의 쇼와(昭和)로 바뀌었는데, 이 시대의 일본은 오늘날 일본인이 '구라이 다니마(어두운 골짜기)'라고 부르는 참담한 상황으로 치달았다.[19] 1927년, 작가 아쿠타가와 류노스케(芥川龍之介, 1892~1927)가 '어렴풋한 불안'(ぼんやりした不安)이라는 말을 유서로 남기고 자살했다. 어두운 시대의 개막을 상징하는 사건이 아닐 수 없다.[20]

이 무렵 일본 경제는 침체 상태에 빠져 상품은 팔리지 않고 물가는 계속 하락하였다. 이로 인해 농민과 상인들의 생활은 어려워졌고, 영세 상공업자 가운데 파산하는 자가 속출하였다. 이러한 상황에서 당시의 와카쓰키 내각의 대장 대신(재무장관) 가타오카(片岡直溫)가 1927년 3월 의회에서 무심코 경영난에 봉착해 있는 은행을 밝힘으로써 혼란을 유발하였다. 대장 대신의 발언에 놀란 예금주들이 일제히 그 은행에 몰려가 예금의 전액 환불을 청구했다. 이로 인해 일본은 심한 금융 공황에 빠져들게 되었고, 마침내 와카쓰키 내각은 사퇴했다.[21]

이후 일본 정권은 육군 대장 다나카 기이치(田中義一)로 넘어갔고, 다카하시(高橋是淸) 대장 대신은 각 은행에게 3주간의 지불 유예를 명하고 임시국회를 열어 일본은행에서 중소은행에 대출을 지원하도록 조처하였다. 이렇게 해서 금융 공황은 어렵게 수습되었다.

---

19 Nicolas Bonoff, 『일본: 내셔널 지오그래픽 테마 여행』, 38.

20 나카무라 사토시, 『일본 기독교 선교의 역사』, 234.

21 김희영, 『이야기 일본사』, 630-631.

그러나 자본금이 적은 은행에는 예금을 기피하는 경향이 두드러져 은행끼리의 합병이 추진되었다. 그 결과 금융계는 미쓰이, 미쓰비시, 스미토모, 야스다(安田), 다이이치(第一)의 5대 은행이 금융계의 지주로 군림하게 되었다.[22]

다이쇼 시대의 일본 기독교

다이쇼기에 일본 교회는 순조롭게 성장해 나갔다. 1912년에는 교인 수가 7만 9천 명이었는데, 1926년에는 16만 6천 673명으로 늘어났다. 오우치 사부로(大內三郎)는 이 시대 교회의 특징을 일곱 가지로 서술했다.[23]

이 시기의 한 가지 특색은 지도자들의 세대교체라고 할 수 있다. 제2세대에 활약한 대표적인 사람들로는 다카쿠라 도쿠타로(高倉德太郎, 1885~1934), 이시하라 켄(石原謙, 1882~1976), 가가와 도요히코(賀川豊彦, 1888~1960) 등을 들 수 있다. 그 변화는 한마디로 '국가 지향에서 개인 중심으로', '교회의 형성에서 확립 또는 조직화로'라고 말할 수 있다.

교파적 측면에서 다이쇼 시대의 기독교의 특색을 보면 서구에서

---

22 위의 책, 632.

23 1. 그때까지 활약했던 메이지시대의 교인들과는 다른, 제2의 신자들이 나타났다. 2. 각자 갖고 있는 교파교회의 특징과 성격이 명확했다. 3. 교파, 교회 간에 협동 정신이 넘쳤고, 그 연대 의식의 배후에는 초교파적인 세계운동이 있었다. 4. 역사 사회적인 기반이 좋았기 때문에 각 교파의 공동 작전으로 외국의 원조를 받아 가며 전도하는 교회로서 본질적인 기능을 다하고 있었다. 5. 이 시기의 후반에 사회문제가 불가피한 문제로 제기되었다. 6. 일본의 기독교가 표면적으로는 별다른 장애 없이 순조롭게 나아가고 있었다. 7. 성결파, 복음파 또는 순복음파로 불리는 그룹들이 두드러지게 발전했다. 유기남, 『일본선교』, 87-88.

기독교 유입이 일단락되고 거의 모든 교파가 들어와 정착해 가는 시기였다. 대표적인 교파와 교세를 간단히 정리해보면 이러하다.

'일본기독교회'는 1912년 시점에서 교역자 310명(일인 134명), 교회 190곳, 교인 1만 8,460명을 헤아렸다. 이 교회의 신학교로는 메이지학원 신학부와 도쿄신학사가 1930년에 합병한 일본신학교가 있다. 다이쇼기 말년인 1926년에 일본기독교회는 교인이 3만 8,510명으로 크게 늘었다.

'일본조합기독교회'는 1912년 시점에서 교역자 142명(일인 71명), 교회 91곳, 교인 1만 7,816명을 헤아렸다. 조합교회는 구마모토 밴드의 영향으로 국가나 사회문제에 늘 관심이 많았고, 진보적 성향이 강했다. 조합교회는 다이쇼기에 전국협동전도에 참여하기도 하며 전도에 힘썼으나, 다른 교파에 비하면 부진했고 신학교도 그나마 도시샤 한 곳뿐이었다. 다이쇼기 말년인 1926년에 이르러 교인은 2만 5,491명으로 늘었지만 일본기독교회와는 비교가 되지 않았다.[24]

'일본감리교회'는 1912년 교역자 235명(일인 94명), 교회 144곳, 교인 1만 558명으로 성장하여 일본 3대 교파의 하나가 되었다. 신학교로는 야오야마학원 신학부와 간세이(關西)학원 신학부가 있었는데, 후자는 지금까지 존속하고 있다.

'일본성공회'는 1912년 당시 교역자 324명(일인 79명), 교인 8,623명이었다. 교역자 양성기관으로는 산이치신학교가 있다가 1911년 성공회신학교가 설립되자 이 학교에 합류했다. 특히 이 교파의 전도 활동 중 특별히 기록할만한 것은 영국교회선교회 선교사인

---

24 나카무라 사토시, 『일본 기독교 선교의 역사』, 208-209.

존 바첼러(J. Batchelor, 1854~1944)가 1877년부터 1940년까지 홋카이도에 거주하며 아이누인 전도에 전념한 것이다.

다이쇼기 기독교회의 한 가지 큰 특색은 '순복음파의 대두'다. 이 교파에 속하는 교회의 특색은 성서의 완전 영감설의 토대 위에서 성령의 임재와 성결을 강조하며, 전도에 매우 열심이라는 점이었다. 순복음파의 많은 교회는 다이쇼기에 성결교회를 시작으로 두드러지게 성장했다.

'성결교회'는 전전(戰前) 순복음파의 중심적 존재였다. 이 그룹의 중심인물인 나카다 주지(中田重治, 1870~1939)는 17세 때 히로사키(弘前) 감리교회에서 세례를 받았고, 1896년 성령의 능력을 구하며 미국에 가서 시카고 무디성서학원에서 공부했다. 그곳에서 성령 체험을 통해 성결의 은혜를 받고, 1898년 귀국했다.

1901년, 나카다는 일본 선교의 뜻을 가진 카우먼 부부와 함께 일본 도쿄의 간다(神田)에 복음전도관을 설립하고 전도하기 시작했다. 그들은 '신생(新生), 성화(聖化), 재림(在臨), 신유(神癒)'의 사중복음을 내걸고 전도 범위를 넓혀가는 가운데 다른 교파와 체질이 다른 점이 명확해지자 1917년에 정식으로 '일본성결교회'를 조직했다. 성결교회는 1919년 부흥을 경험하고 놀라운 성장을 보이며 대형 교회들과 어깨를 나란히 하기에 이르렀다.

다이쇼기에 성결교회를 비롯한 순복음파 교회가 급성장한 배경은 이러하다.

먼저 제1 요인은 기존의 중심 교파들이 교회 형성에 힘을 쏟은 것에 비해 순복음파 교회들은 모든 수단을 동원하여 열렬히 전도한 점을 들 수 있다. 다음으로 다이쇼기에 들어와 많은 교회가 조직화되고 신앙이 관념화되어 가고 있을 때 순복음파는 완전 영감설의 확신에 서서 성경 말씀을 직설적으로 말하며, 생생한 성령 체험을 강조했다. 그러한 신앙의 모습은 기존 교회 안에서 충분히 만족하지 못하는 사람들을 끌어당김과 동시에 서민층으의 마음도 끌게 되었다.[25]

한편, 다이쇼기에 기독교회는 사회문제에도 많은 관심을 가졌다. 구체적으로는 금주 활동, 폐창(廢娼) 운동, 고아와 여성의 구제 활동, 피차별 부락 전도, 감옥 개량 운동, 결핵과 한센병 환자 치료를 포함한 의료 활동 등을 들 수 있다. 또한 일부일처제의 가족 윤리 확립에 기독교회가 큰 역할을 했다. 특히 아시오 구리 광산의 광독(鑛毒) 사건 같은 사회문제에 대해서도 그리스도인들이 온 힘을 다해 참여했다.

사회문제와 관련해서 대표적인 인물들로는 가가와 도요히코(賀川豊彦),[26] 일본 구세군의 야마무로 군페이(山室軍平, 1872~1942), '가정학교'의 창설자인 도메오카 고스케(留岡幸助, 1864~1934) 등을 들 수 있다.[27]

삼교회동(三教會同)

한일합방 이후 일본 기독교에서 일어난 가장 중요한 사건 중의 하나는 메이지 말년의 '삼교회동'(三教會同)이다. 메이지 천황이 죽기 5개월 전인 1912년 2월, 내무차관 도코나미 다케지로(床次竹次郎)의

---

25 위의 책, 207-222.
26 자전적 소설 『사선을 넘어서』(死線を越えて)의 저자로 잘 알려진 '하천풍언'(賀川豊彦)에 대한 자세한 설명은 나카무라 사토시, 위의 책, 223-225를 참조.
27 위의 책, 222-230.

노력으로 내무 대신 하라 다카시(原敬)는 신도·불교·기독교의 대표자를 초대하여 국민 도덕의 진흥에 대한 종교계의 협력을 요망하고 환담하는 자리에서 다음과 같이 결의하였다.

1. 우리는 각각 그 교회를 동원하여 황국(皇國)의 번영을 위해 진력하며 국민 도덕의 진흥을 도모할 것을 다짐한다.
2. 우리는 당국자가 종교를 존중하고, 정치·종교 및 교육의 관계를 융화하며, 국운의 신장에 크게 이바지하기를 바다.

이 회합에 참여한 사람은 기독교계 대표자 7명이었는데, 천황제와 결합된 신사신도(神社神道)는 종교가 아니라 하여 초대되지 않고, 교파신도(教派神道) 13개 파의 대표가 출석했다. 이로써 기독교도 신도·불교와 대등한 것으로 공인되었다고 여겨 많은 그리스도인이 환영했다.

그러나 우치무라 간조와 가시와기 기엔 그리고 다른 일부 사람들은 반대했다. 특히 가시와기는 재빨리 '정부의 소위 종교 이용'이라는 제목의 글을 발표하여 이 회합을 비판했다. 가시와기가 우려했듯이, 삼교회동은 기독교가 천황제 국가주의에 순응하고 국가 체제에 편입되어 가는 첫걸음이었다.[28]

우치무라 간조(內村鑑三)

일본 기독교계를 대표하는 인물이자 김교신 선생의 스승인 우치

---

28 위의 책, 200-202.

무라 간조는 단순한 일본 기독교 사상가를 넘어서 일본 근대 사상사에 중요한 방향 제시를 한 예언자적 인물29이다. 그는 젊어서 삿포로 농학교에서 과학과 종교를 통하여 서양 문명의 정수를 접하였고, 나아가 4년간의 미국 유학을 통하여 일본에서의 동·서 문화 접촉의 의미를 깊이 통찰하였다. 그러나 그의 서양 문명 수용의 특이성은 다른 많은 메이지 시대 선각자들의 경우와 달랐다. 그것은 그가 단순히 서양의 과학과 물질 문명에만 관심을 가진 것이 아니고, 동시에 서양 종교를 자기 문제로서 취급하여 그것을 생애를 걸쳐 추구한 점이다. 이와 같이 우치무라가 처음부터 과학과 종교를 동시에 자기의 내면 문제로서 취급한 점이 그의 서양 문명 수용의 독자성의 깊이를 더하고 있고, 당시 종교만을 문제시했던 다른 메이지 시대 기독교 선각자들과도 다른 점이었다.30

그의 수제자인 야나이하라 다다오(矢內原忠雄)는 우치무라의 역사적 역할을 구 일본과 신 일본, 동양 일본과 서양 제국, 신과 인간의 연결이라는 면에서 평가했다. 정치사상가인 도오야마 시게키(遠山茂樹)는 우치무라가 주창한 '무사도적 기독교'는 기독교 신앙과 구미적 교양과 무사적 기질 삼자의 완결적인 조화로서, 거기서 오는 인식과 행동의 흔들림 없는 통일은 확실히 메이지 정신의 가장 건강한 모습이라고 평가했다.31

---

29 우치무라는 자신을 한 예언자로 행하도록 하나님에 의해 소명받은 자로 느꼈다. 그는 자신을 두 가지 면에서 '예레미야'와 유사한 예언자로 생각했는데, 하나는 '고난받는 예언자'이고, 다른 하나는 '민족을 위한 예언자'이다. 더 자세한 설명은 John F. Howes, *Japan's Modern Prophet: Uchimura Kanzo*, 131-134를 참조.

30 이기용, "근대일본의 기독교사상과 '한일론': 우치무라 간조(內村鑑三)를 중심으로," 『한일근대사상사연구』, 251.

31 위의 책, 253.

또한 이에나가 사브로(家永三郎)는 일본 사상가에서 그의 위치에 대한 평가에서, 같은 시기의 문명론자인 후쿠자와 유키치와 비교하여 근대 정신의 체득과 표현에서 우치무라는 후쿠자와보다 몇 보 앞섰다고 했다. 구체적으로 이에나가는 우치무라가 후쿠자와의 문명개화에서 이루지 못한 별개의 신천지를 개척했다는 점에서 후쿠자와 이상의 역사적 의의를 지녔다고 하였다.

후쿠자와가 일찍이 관민조화 사상을 내세워 이토 등 번벌(藩閥) 거두와 손을 잡아 타협한 데 반해, 우치무라는 철두철미 명치 정부를 규탄하며 추호도 타협하지 않았다는 점 등을 제시하였다. 쇼와(昭和) 일본의 대파탄이 대국적으로 보아 명치 이후의 후쿠자와적 라인에 의한 '발전 속의 누적된 모순의 폭발'이었다고 생각한다면, 그러한 발전에 대해 항상 비판적 태도를 취하고, 별개 구상 하의 일본 근대화 노선을 시사한 우치무라의 예언자로서의 의의가 대단히 크다고 하였다.[32]

우치무라는 1861년 도쿄 다카사키(高崎) 번의 무사 집안에서 태어났다. 그는 5세 때 『대학』(大學)을 읽기 시작했으며, 아버지 우치무라 요시유키(內村宜之)로부터 엄격한 유교 교육을 받아 유교적, 무사도적 윤리를 철저히 체득했다. 여기에서 훗날 '무사도에 접목된 기독교'를 표방하는 기초가 마련되었다.

또한 그가 받은 유교적 감화의 하나는 '주군에 대한 충성'이다. 그것이 그에게는 이후 '나라에 대한 충성', 즉 철저한 애국심으로 나타났다. 그의 어머니는 일본 고유의 팔백만신(八百萬神)에 대한 신앙

32 위의 책, 253-254.

을 가졌던 분으로 그에게 많은 종교적 감화를 주었다.[33]

유능한 번의 관리였던 아버지는 루터의 아버지처럼 그를 정치가로 키우려고 생각하여 장차 대학에서 법학 공부를 시키기에 앞서 영어 학교인 아리마(有馬)학교에 입학시켰다. 1년간의 영어 습득을 한 후 이듬해 당시 인재가 많이 모인 동경외국어학교에 입학시켰다.

그러나 우치무라는 자기가 법학에 맞지 않음을 깨달아 고민하던 중 한 계기가 마련되었다. 그것은 최상급에 재학하고 있던 1877년 6월 개척사 실무를 맡은 인물이 내교하여 삿포로농업학교 제2기 관비 모집을 위한 연설에서였다. 이 연설에서 강조한 개척자 정신에 감명을 받고, 또 관비라는 조건으로 아버지를 설득시켜 입학을 결심했는데, 그의 나이 17세였다.

삿포로농업학교는 홋카이도(北海島) 개척을 위해 관립으로 신설된 학교로서 당시의 다른 학교와는 달리 주로 미국인 교사를 통한 개척자 정신과 그것을 뒷받침하는 실용 과학을 교육했다. 삿포로농업학교 제2기생으로 입학한 그는 처음에 기독교 신앙을 강하게 거부했지만 상급생들의 권유로〈예수를 믿는 자들의 서약〉에 서명하면서 기독교를 받아들이게 되었다. 그는 일생 기독교인으로 꿋꿋하게 살아갔는데, 2기생 가운데 우치무라와 니토베, 미야베는 오랜 우정을 지키며 '삿포로 3인조'로 불렸다.

〈예수를 믿는 자들의 서약〉에 서명한 2기생 15명 중에 1년 후 세례를 받은 자는 우치무라를 포함하여 7명이었다. 이 7명은 상급생의 집회를 모범으로 한 '작은 교회'라고 불리는 소집회를 가졌다. 우치무라는 이 '작은 교회' 모임을 통하여 자력으로 신앙심을 키워갔다.

---

33 위의 책, 255-256.

훗날의 무교회기독교 주장의 맹아도 이 '작은 교회'에서 생겼다고 볼 수 있다.

우치무라는 매우 우수한 성적으로 삿포로농업학교를 졸업했고, 홋카이도 도청 관리가 되었다. 그 후 그는 같은 조슈(上州, 현 군마현) 출신의 이케다 다케(池田夕ケ)와 결혼했지만 파혼하면서 커다란 시련을 겪었다. 상심한 가운데 그는 1884년 11월 미국행을 결심했다. 미국으로 건너가 뉴잉글랜드의 애머스트대학에서 공부했는데, 여기서 총장 줄리어스 실라이(J. Seelye, 1824~95)를 만나 속죄 신앙에 눈을 떴다.

총장의 권유로 하트포트신학교에 진학했지만 적응하지 못하고 중퇴한 후 귀국했다. 그 후 니가타시에 신설된 미션 스쿨 호쿠에츠학관(北越學館)에서 가르치지만, 곧 선교사들과 부딪치고 몇 개월만에 사직했다. 이후, 제일고등학교에서 교편을 잡았지만 재직 중에 불경사건(不敬事件)을 일으키고, 그 때문에 교사직과 재혼한 부인을 동시에 잃었다.

메이지 정부는 근대 국가의 기틀을 세우기 위한 대일본제국 헌법을 1889년 2월 11일 발포하고, 국민교육의 기강 확립을 위해 1890년 10월 30일에 교육칙어를 선포했다. 이런 상황에서 메이지 정부는 침식된 봉건 윤리의 재확립과 그들의 정치적 권위를 유지하기 위해 천황제 강화의 필요성을 절감했다. 그리하여 만들어진 것이 바로 '천황제의 신격화'였다.[34]

당시 추밀원 의장이었던 이토는 1888년 6월에 제국헌법 초안을 추밀원에서 심의할 때 회의에 앞서서 이렇게 표명했다. "헌법 정치

---

34 위의 책, 256-260.

가 자리잡은 서양에서는 국민 정신의 기축으로서 기독교가 있지만 일본의 종교는 약체라서 그 역할을 제대로 못하고 있다. 따라서 일본에서 기축이 될 수 있는 존재는 오직 황실뿐이다." 이와 같이 명치 정부는 천황제를 정치적 질서의 중심이자 궁극 목적인 동시에 국민의 정신적, 윤리적 규범의 원천으로 세웠다.

이 일은 당시의 정치 권력자가 고안한 것이지만 소위 인간을 신으로 신격화하는 경향이 일본 민중 속에 존재하고 있었기 때문에 그것을 토양으로 해서 성립될 수 있었다고 볼 수 있다. 우치무라는 명치 정부가 의도한 인간 신격화의 방향은 유일신을 믿는 그로서는 근본적으로 용인할 수 없는 문제였다. 그의 이 같은 사상적 전제가 '불경사건'의 근저에 있었다.[35]

우치무라의 불경사건(不敬事件)

1891년 1월 9일, 제일고등중학교에서 교육칙어의 봉대식(奉戴式)이 거행되었다. 이 자리에서 허리를 깊이 굽혀 절하는 가장 정중한 예인 최경례(最敬禮)를 강요당한 영어 강사 우치무라는 기독교도였기 때문에 이를 거절했다.[36] 결과적으로 그는 당시 메이지 정부가 추진한 국민에 대한 천황 신격화의 강요를 기독교인의 양심을 가지고 거부한 것이며, 이는 천황제 근대화 노선에 대한 진실한 애국자로서의 전인격적 항거였다.

우치무라의 봉배 거절은 큰 문제가 되었다. 일고(一高)의 과격한

35 위의 책, 260-261.
36 김희영, 『이야기 일본사』, 549.

학생은 물론이고 일부 국수주의 사상을 가진 교사들은 기독교인 우치무라를 '고쿠타이'(國體)에 맞지 않는 인물이라고 배척하였다. 전국의 신문이 이 내용을 취급하였고, 그에 대한 비난은 전국적으로 고조되었다. 우치무라 개인에 대한 비난은 차차 기독교 그 자체에 대한 비난으로 확산되었다. 국수주의자, 불교도, 신도의 신봉자들은 기독교가 일본의 국체에 맞지 않는 불충불효의 가르침으로서 일본의 안녕 질서를 문란시키고 나라를 망친다고 주장했다.[37]

이런 가운데 이노우에 데쓰지로(井上哲次郎, 1856~1944) 도쿄대학 교수는 1892년 10월 잡지 「교육시론」(教育時論)에서 "교육과 종교의 충돌"이라는 논문을 발표했다. 그의 논점은 기독교는 일본의 국체와 맞지 않는다는 것이었다. 첫째, 기독교는 무국가주의적이고, 교육칙어는 국가주의적이므로 양자는 필연적으로 충돌한다. 둘째, 기독교는 충효를 중시하지 않는 평등주의여서 신민도덕(臣民道德)과 양립할 수 없다. 셋째, 기독교는 탈세속적이어서 오늘의 국가 개조와 진보를 방해한다. 넷째, 기독교는 무차별 박애주의여서 충군애국 사상에 합치하지 않는다.

이러한 이노우에의 주장에 기독교회 측은 힘껏 반론을 제기했으나 여론은 이노우에 주장 쪽으로 기울었다. 기독교인은 천황에 대하여 항상 불경을 행하는 난신적자(亂臣賊子)이며, 기독교는 일본의 국체와 대치한다는 견해가 점차 국민 속에 침투해 들어갔다.[38] 우치무라의 천황에 대한 존경심은 평생 변하지 않았다. 그러나 그의 신앙은 인간을 신으로 만드는 천황제와는 결코 타협할 수 없었다. 우치무라

---

37 이기용, 『한일근대사상사연구』, 262.
38 나카무라 사토시, 『일본 기독교 선교의 역사』, 186.

는 비국민(非國民)이라는 이유로 학교에서 쫓겨났고, 그의 집은 투석 세례를 받는 등 온갖 수난을 당해야 했다. 우치무라는 1903년 불경 사건에 대하여 「만조보」(萬朝報)에 이런 글을 게재했다.

> 불경사건을 통해 이노우에 데쓰지로로 대표되는 일본인 대부분이 나를 불경한(不敬漢)이라 하여 사회적으로 매장하였다. (…) 당시 문부성은 나의 봉배거부를 '교과서사건'이라는 이름으로 대사건화 하여 문명세계를 향해 일본국이 체면을 크게 손상시킨데 대해 큰 슬픔을 금할 수 없다. 일본국 문부성은 약한 나 하나를 불경한으로 배제하면서 그 슬하에 백수십 명이나 되는 나 이상의 대불경한을 양성하여 국치를 세계에 노출시킨 책임을 면할 수 없을 것이다. (…) 그들의 도덕관념은 의례적이지 실천적이지 않다. 그것은 공격당한 나의 불행이 아니라 이러한 천박한 도덕관념은 국민의 최대불행이다.[39]

그 후 그는 각지를 전전하며 교편을 잡아가면서,『기독교 신도의 위안』,『구안록』등 문필활동을 통하여 고난의 길을 헤쳐 나갔다. 그는 1900년에 「성서연구」(聖書之硏究)를 창간했는데, 그는 이 잡지의 편집자이자 출판자로서 1930년 죽을 때까지 계속 이어졌다. 그는 이 잡지와 매주 일요일에 성서 강의를 통하여 실로 많은 사람에게 감화를 주었다. 그는 1904년 러일전쟁의 발발에 즈음하여 '광신적 애국주의'(chauvinism)에 의거하여 전쟁을 지지하는 정부 정책의 기관지가 된 「만조보」(Yorozu Chôhô)에 회의를 느끼고 사직하였다.

---

39 이기용,『한일근대사상사연구』, 263.

이때부터 1917년까지 14년 동안 그는 「성서연구」(*Seisho no Kenkyû, The Biblical Study*) 잡지를 통해 성서 연구에 대한 결과물들을 게재하였고, 성경 교사(seisho no sensei)로서 계속적인 강의를 통해 청중들을 감화시켰다. 그 가운데 종교개혁 400주년이 되는 1917년 10월 31일에 행한 강연은 대단히 중요한 의미를 갖는 행사였다.

1,500명이 넘는 관중 앞에서 그는 루터를 소개하고, 1517년 10월 31일은 그리스도의 탄생 이래 역사상 가장 위대한 날이라고 선언했다. 그날 루터는 유대 율법의 속박으로부터 바울의 자유의 발견을 재확인했다. "모든 현대 철학과 사상, 모든 현대 과학과 문학, 대의 정부와 민족 국가"는 루터의 95개 논제와 함께 시작되었다고 그는 말했고, 많은 청중이 열렬히 응답했다. 루터에 대한 성공적인 강연 후 우치무라는 다가올 '재림'(Second Coming)에 대해 듣고자 하는 많은 군중에게 강의를 계속했다.[40]

「성서연구」 구독자를 중심으로 일본 각지에 교우회(敎友會)로 불리는 그룹이 생겨났다. 무교회로 불리는 이들의 모임 가운데서 쓰카모토 도라지(塚本虎二, 1885~1973), 후지이 다케시(藤井武, 1888~1930), 아제가미 겐조(畔上賢造, 1884~1938), 야나이하라 다다오(矢內原忠雄, 1893~1961) 등 뛰어난 제자들이 많이 배출되었다.[41]

우치무라의 무교회주의

1888년 5월에 미국에서 귀국한 우치무라는 이전부터 요청이 있

---

40 John F. Howes, *Japan's Modern Prophet: Uchimura Kanzo*, 159-160.
41 나카무라 사토시, 『일본 기독교 선교의 역사』, 164.

었던 호쿠에츠(北越)학교에 6월부터 근무하였다. 그러나 그가 미국에서 체득한 성서 중심의 전도 신앙과 애국심과 독립 정신에 의한 행동 원리 때문에 외국 선교사는 물론 동포 기독교인과도 충돌하여, 결국 배척을 당해 사직하였다. 이 무렵부터 무교회(Mukyôkai)에 대한 사상을 굳혔다. 1892년에 비로소 "나는 무교회가 되었다"라는 말을 쓰기 시작했다.

우치무라가 1905년 12월에 오사카(大阪)에서 행한 "나는 어떻게 하여 기독교인이 되었는가"(How I Became a Christian)라는 주제의 강연에서 다음과 같이 연설했다.

나는 어떻게 해서 기독교 신도가 되었는가? 나는 세례를 받고 기독교 신도가 된 것이 아니다. 세례는 나를 기독교 신도로 만들 힘이 없다. 또 나는 교회에 가입해서 기독교 신도가 된 것도 아니다. 그 성찬식 견신례는 나를 기독교 신도로 할 수가 없다. 나는 또한 대가에 접해서 기독교 신도가 된 것도 아니고 대저술을 읽고 기독교 신도가 된 것도 아니다. 내가 기독교 신도가 된 것은 결코 사람과 교회에 의한 것이 아니다.[42]

우치무라의 '독립'에 대한 강한 열의를 잘 보여주는 실례가 그가 「성서연구」(1913년 4월)에 기고한 영문이다.[43]

우치무라가 제창한 무교회주의 정신을 정리하면 다음과 같다.

---

42 이기용, 『한일근대사상사연구』, 263-264.

43 〈Independence〉 More than gold, More than honour, More than Knowledge, More than life, O thou Independence! O ye kings, O ye princes, O ye bishops, O ye doctors, Ye are tyrants! Alone with Truth, Alone with Conscience, Alone with God, Alone with Christ, I am free! John F. Howes, *Japan's Modern Prophet: Uchimura Kanzo*, 167.

첫째, 외국 교파와 선교사로부터의 독립, 둘째, 세례, 성찬식 부정, 셋째, 직업적 성직제도와 헌금제도 부정, 넷째, 충실한 성서 연구 집단 등이다. 이러한 정신은 삿포로밴드 태동기부터 나타났다.

지금도 무교회 집회는 도쿄를 비롯하여 각지에서 행해지고 있다. 무교회 지도자들 가운데는 교사와 학자가 많고, 일본 기독교계뿐 아니라 사상계에도 적지 않은 영향을 끼치고 있다.[44] 조선에서 1927년 창간된 동인지 「성서조선」의 동인 6명이 모두 우치무라의 영향을 크게 받았다는 것은 주지의 사실이다.

우치무라의 일본론

'불경사건'으로 고뇌와 혼란이 이어졌던 다음해인 1892년 4월 15일에 그는 "日本國의 天職"이라는 글을 썼다. 그가 기독교에 입교한 후 줄곧 모색하며 하늘의 뜻으로 생각한 '일본사명론'이다.

> 일본국 본토는 오른손으로 구미의 문명을 취하고 왼손으로 중국 및 조선에게 이를 전수하는 위치에 있다. 일본국은 참으로 공화적인 서양과 군주적인 중국과의 중간에 서서 기독교적 미국과 불교적 아시아의 중매인의 위치에 있다. 동양 국민 중 일본인만 구미 문명을 이해할 수 있고 또 문명 국민 중 일본인만 동양사상을 가지고 있다. 이상세계에서도 상법계에서와 같이 일본국은 동서양의 중간에 서는 징검돌로서 귀납적인 서양과 연역적인 동양 사이에 있는 중매인이다.

---

44 나카무라 사토시, 『일본 기독교 선교의 역사』, 164.

그는 동양과 서양의 중매인으로서의 지리적 위치나 양 문화에 대한 이해도 오직 일본만이 할 수 있는 역할임을 강조하였다. 우치무라의 '일본국 천직론'은 이후 전개되는 그의 일본론의 출발이자 기본이 되는 내용이다. 청일전쟁이 발발하자 '일본국 천직론'을 주창한 그는 이 전쟁을 의전(義戰)으로 평가하였다.[45]

우치무라는 일본 사명론에 입각하여 개국 초에 미국이 일본에 실행하였듯이 강력한 대조선 간섭을 주장하였다. 그러나 청일전쟁이 끝나고 일본이 본 속셈을 드러내자 그는 아주 실망하여 '의전론'을 펼친 것을 후회했다. 즉, 그 전쟁은 '의로운 전쟁'(righteous war)이 아니라 '약탈전'(piratical war)임을 안 뒤에 매우 슬퍼했다.[46]

이러한 사실은 그가 친구 벨에게 보낸 편지의 내용에서도 알 수 있다. "의전(義戰)은 약탈전(掠奪戰)에 가까운 것으로 변하고 그 정의를 외쳤던 예언자는 지금 지옥 속에 있습니다." 그런 와중에 1895년 10월, 그가 실망감을 넘어 분노까지 유발한 사건이 서울에서 일어났으니, 바로 '명성황후 시해 사건'이다.

그는 조선의 독립은 명분뿐이고 일본의 국익 확대에 실제 목적이 있었던 청일전쟁의 본질을 파악 못한 스스로를 한탄했다. 그리고 정치인, 언론인은 물론 일본인 전체가 의롭지 못한 실리주의의 모습에 대하여 분노했다. 전전에는 사명국인 일본이 조선의 독립과 문명화를 달성해내기를 진심으로 바랐고 그 방법으로 전쟁까지도 옹호했다. 그러나 전후에 사명국으로서의 모습은 없고, 국익 우선의 방향으로만 가는 일본에 대해 비판하기 시작했다.

---

45 이기용, 『한일근대사상사연구』, 270-272.

46 M. B. Jansen, *The Making of Modern Japan*, 434.

그는 일본이 독자적인 비서양국 기독교국이 되어서 그것을 세계에 전파하는 것이 천직이라고 생각했었다. 그러나 일본이 좀처럼 천직을 수행할 수 있는 내외적 모습을 갖추지 못한데 크게 실망했다. 이같은 일본 모습의 책임이 메이지 집권층에 있다고 보고 '이종의 일본론'을 펼쳤다.

> 귀족, 정치가, 군대를 대표하는 일본은 반드시 망한다. 내가 항상 예언하는 일본국의 멸망이란 이 일본을 가리켜서 하는 말이다. 그와 동시에 망하지 않는 일본이 있다. 그것은 근면정직한 평민의 일본이다. 내가 충실하고자 함은 이 불구불멸의 일본에 대해서다. 귀족, 정치가, 투기꾼의 일본에 대해서는 분노와 증오만 있을 뿐이다.

그는 '천직'을 수행하는 일본의 주체는 집권층이 아닌 평민으로 생각하고 그들에게 희망을 가졌다. 따라서 교화의 희망도 평민에게 걸었다. 그리고 이와 같이 일본이 '천직'을 수행 못하는 근본 원인이 기독교를 제외한 채 근대화를 추진한 데에 있다고 보았다.[47]

> 일본국에 한 가지 큰 어려움이 있다. 그것은 일본인이 기독교를 채용하지 않고 기독교적 문명을 채용한 점이다. 기독교적 문명이란 말 그대로 기독교에 의해서 생긴 문명이다. 따라서 기독교를 배우지 않으면 이해할 수 없는 문명이다. 그런데도 일본인은 기독교적 문명을 채용하면서 그 근본이며 원인이며 정신이며 생명인 기독교 그 자체를 채용하지 않았다. 기독교를 제외한 대의정체, 자유제도는 마치 영혼이 없는 육신과 같다.

---

47 이기용, 『한일근대사상사연구』, 272-275.

기독교 없는 기독교 문명은 결국 일본국을 멸망시킨다. 따라서 바로 지금부터 서양 문명의 진수인 기독교 그 자체를 채용해야만 한다. 이것이 일본국이 취해야 할 가장 명백한 방침이다.[48]

한편, 우치무라는 청일전쟁 때와는 달리 러일전쟁에 대해서는 처음부터 반전론을 펼쳤다. 그가 이 전쟁의 본질을 미리 파악했고 과거 청일전쟁 승리의 현실에서 비전의 논리를 도출했기 때문이다. 일본이 러일전쟁 후 계속해서 사명국으로서의 모습을 이탈한 채 침략의 야욕을 펼친 데 대해 그는 예언자적 입장에서 탄식했다. 근대화의 출발이었던 메이지(明治) 시대가 끝나고 다이쇼(大正) 시대가 열리자 그는 다음과 같은 글을 게재했다.

메이지(明治), 이것을 해석하면 문명의 치세다. 물질적으로 일본을 서양화시킨 것이 명치의 사업이었다. 일본은 그 사업에는 현저하게 성공하였다. 그러나 물질문명만으로 나라가 서지 않는다. 식산, 공업, 군비, 법률 밑에 강한 도의가 있어야 한다. 다이쇼(大正), 이것을 해석하면 큰 정의다. 그래서 메이지(明治) 후에 온 다이쇼 시대에 일본인은 정의의 건설에 종사해야 한다. 일본국이 이 새 시대에 요구되는 인물은 이토 히로부미 공(伊藤博文公)과 같은 큰 정치가가 아니다. 루터와 같은 대신앙인, 칸트와 같은 대윤리학자다. 일본인은 다이쇼 연간에 종교적으로 또 도덕적으로 위대해져야 한다.[49]

---

48 위의 책, 275-276.
49 위의 책, 276-278.

그러나 우치무라는 자본주의화가 더욱 촉진되고 물질문명의 폐단으로 부패가 더욱 심해진 다이쇼 시대의 일본 사회에 더욱 실망했다. 그런 중에 관동대지진이 일어났는데, 이를 두고 그는 신의 심판, 무서운 천벌로 보았다. 그는 관동대지진 직후에 23년 전에 발표한 것과 유사한 제하의 "일본의 천직"이라는 글을 다시 되풀이하였다.

그러나 그가 만년이 되어도 더욱 심해지는 사회부패와 계속 비틀어져가는 일본에 대하여 "회고 삼십 년"에서 드디어 멸망을 예언했다. 그의 예언은 그의 사망 후 발발한 중일전쟁 및 제2차 세계대전의 패전으로 일본제국이 멸망함으로 적중되었다.[50]

우치무라의 조선론

우치무라는 청일전쟁 때까지는 '일본국 천직론'에 입각하여 조선을 문명화로 유도해야 할 대상국으로 보았다. 이는 일본 간섭에 의한 조선의 문명화를 주장하며 청일전쟁을 '문명과 야만의 전쟁'으로 본 후쿠자와와 유사한 시각이었다. 그러나 청일전쟁 후에는 근본적 시각차가 드러났다.

후쿠자와는 조선 문명화의 명목 하에 조선인을 무시한 채 일본 국익만 우선시한 반면 우치무라는 조선을 위한 독립과 문명화는 뒷전으로 하여 국익만 챙기는 일본을 비판하면서, 후쿠자와에 대해 이렇게 말했다.

천하가 그의 공로에 현혹되어서 그의 해독을 인정 못하고 있다. 금전이

---

50 위의 책, 278-279.

바로 실권이라는 것이 그의 복음이다. 그로 인해서 배금종(拜金宗)은 부끄럽지 않은 종교가 되었다. 또 그로 인해서 덕의는 이익의 방편으로서만 귀중한 것이 되었다.

이로써 그는 메이지일본이 문명화에 큰 영향을 준 후쿠자와의 본질적 차이를 천명했다.[51]

러일전쟁 이전까지 조선을 '일본국 천직론'에 입각하여 문명화 유도 대상국이며, 비역사적인 민족이며 평화적 경제 경영 대상국으로만 인식했던 우치무라는 러일전쟁 이후 달라졌다. 러일전쟁 후 일본은 조선과 한일보호조약을 체결하여 실질적으로 정치, 외교, 경제적 독립을 박탈하고 보호국으로 전락시켰다. 이런 상황 속에서 조선에서의 기독교 선교의 확산과 조선인의 깊은 신앙심에 대한 보고를 받은 우치무라는 조선 인식이 크게 전환되었다. 이때 그는 "행복한 조선국"이라는 글을 게재하였다.

조선국에 엄청난 성령강림이 있었다고 들었다. 행복한 조선국은 지금 정치적 자유와 독립을 상실하였지만 대신 성령의 자유와 독립을 획득하였다. 오래전 동양 문화의 중심으로서 그 문화를 해동섬나라까지 전파시킨 그녀가 지금 다시 동양 복음의 중심이 되어서 그 빛을 사방에 방출하기를 바란다. 신은 조선국을 경멸하지 않으시고 신은 조선인을 사랑하신다. 그들에게 군대와 군함을 주시지 않았지만 그보다 더 강한 능력인 성령을 하사하셨다. 조선국은 실망할 필요가 없다. 예전에 유태인이 정치적 자유를 상실하면서도 그 신종교가 서양제방을 교화하였듯이 조선국도 정

---

51 위의 책, 279-281.

치적 독립을 상실한 지금 새로운 신의 복음에 접하였고 복음화된 조선은 동양제국을 교화할 수 있을 것이다. 나는 조선국에 새 성령이 강림했음을 전해 듣고 동양장래에 큰 희망을 가졌다. 참으로 사람의 사념을 초월한 신의 섭리의 위대함에 놀라지 않을 수가 없다.[52]

1907년에 있었던 평양 대부흥운동 소식을 접한 우치무라는 이제야 그가 그렇게도 바라던 세계 구원의 사명이 일본국이 아닌 조선국에 있음을 정직하게 인정했던 것이다. 그는 조선이 예전에 동양 문명의 중심이었으며, 그 문명을 일본에 전파했듯이 오늘날 주권은 잃었지만 새 종교를 서양에 전파한 유대 민족과 같이 동양 교화의 중심이 될 수 있음을 확신하였다.

우리는 대부분의 일본 지식인들이 한국 병합에 찬성하고 침략적인 멸시론을 전개한 이 시기에 본질적으로 다른 조선관을 가진 그에게 주목할 필요가 있다. 일본이든 조선이든 그 나라의 교화를 평생의 궁극 목적으로 삼은 그는 이때에 "사람의 사념을 초월한 조선에 대한 신의 섭리"를 인식했다. 따라서 이 글은 단순한 위로 정도의 말이 아니고 그는 놀라움 속에서 조선에 대한 새로운 발견을 하게 된 것이다. 그가 이전에 가졌던 '문명화의 유도 대상국인 조선', '역사성이 없는 조선' 그리고 '경제경영 대상국인 조선'에 대한 인식은 조선에서의 '성령강림'을 인지하고 '신의 섭리'를 자각함으로써 크게 달라졌다. 그가 순간 일본을 버리고 조선 선교를 생각할 정도로 조선을 부러워했다.

1910년 한국 병합이 성사됐을 때 그는 "영토와 영혼"이라는 글을

---

52 위의 책, 282.

게재했다. "나라를 얻었다고 기뻐하는 백성 있고, 나라를 잃었다고 슬퍼하는 백성이 있다. 그러나 기뻐하는 사람도 한순간이고 슬퍼하는 사람도 한순간이다. 오래 못 가서 둘 다 공히 주 앞에 서서 그 행위에 따라 심판받는다. 사람이 만약 전 세계를 얻어도 그 영혼을 상실하면 무슨 소용이 있고, 또 만약 우리 영토를 팽창하고 전 세계를 차지해도 내 영혼을 잃으면 무슨 소용이 있느냐"고 하면서 일본 침략으로 인한 영토 팽창 자체를 근본적으로 부정하였다.

한국 병합 후에도 우치무라는 조선총독부의 비호 아래 조선 전도를 전개한 일본조합기독교회의 병합관과 조선인관과는 아주 대조적인 모습을 보였다. 조합기독교측은 "한국 병합은 신의(神意)에 의한 것이고, 조선 인민을 위한 유일한 행복의 길이다. 따라서 동화를 촉진하는 것은 기독교인의 당연한 사명이다"라고 조선인을 무시한 채 우월의식 속에서 추진하는 조선의 기독교화가 마치 일본의 사명같이 역설하였다.53

그에 반해 우치무라는 한국인의 열망을 이해하고 한국인들과 공감하는 소수의 일본인들 가운데 한 사람이었다. 그는 자신의 일기에 종종 한국인들을 언급했다. 그는 한국인들의 강한 믿음과 애국심을 존경했다. 그가 강의 중에 내셔널리즘을 언급할 때 "시편을 손에 땀을 쥐며 열심히 듣는 자들은 조선 학생들이었다"고 술회했다(1927년 1월 2일 일기). 그렇게 열심히 경청한 학생들 중의 하나가 고향으로 돌아가 "한국의 간디"(Korean Gandhi)가 되었다.54

우치무라는 한국만이 아닌 중국과 인도에도 관심을 가졌는데, 특히

---

53 위의 책, 283-285.
54 John F. Howes, *Japan's Modern Prophet: Uchimura Kanzo*, 322-323. 여기서 말하는 "한국의 간디"란 비폭력 평화주의자인 함석헌 선생을 두고 하는 말이다.

인도의 시인 타고르(Rabindranath Tagor)와 인도의 영적 지도자인 간디(Mahatma Gandhi)에 관심을 가졌다. 우치무라는 타고르를 철학자인 베르그송(H. Bergson)이나 러셀(B. Russell)과 함께 "새로운 사상가들"의 목록 속에 포함시켰다. 동방박사의 오심에 관한 크리스마스 대화에서 그는 아시아인들이 서구인들보다 기독교를 더 잘 해석할 수 있다는 일부 서구인들에 의한 예언을 언급했다.

특히 우치무라는 타고르보다 간디에 대해 더 깊은 존경을 표현했다. 우치무라는 소위 크리스천 파워에 반대하는 크리스천 방법들을 사용한 '간디의 비폭력주의'를 높이 평가했다. 그의 비폭력주의는 빨치산이나 크롬웰과 밀턴의 폭력보다 더 위대한 고귀함이라고 표현했다.[55]

그는 일본인들이 아시안의 독립을 위한 강한 기초를 형성하기 위해 간디의 행동을 따라야 한다고 기도했으나 일본이 아시아의 구세주로서 하나님이 보내주신 간디 같은 한 사람을 낳을 수 있는지에 대해서는 의구심을 가졌다.

그는 간디가 아시아를 구할 것이라고 말했다. 그러면서 어떤 한국인도 간디가 영국에 대해 말한 것처럼 일본에 대해 말할 수는 없으나, 그를 따르는 한국의 제자들 가운데서 간디로부터 영감을 받은 한 사람이 일

---

55 위의 책, 323. "간디의 길이란 어떤 것인가? 그와 그를 따르는 사람들이 스스로 부르는 대로 그것은 '사티아그라하'다. 진리파지(眞理把持)다. 참을 지킴이다. 또 세상이 보통 일컫는 대로 비폭력운동(아힘사)이다. 사나운 힘을 쓰지 않음이다. 혹 무저항주의란 말을 쓰는 수 있으나 그것은 오해를 일으키기 쉬운 이름이다. 간디는 옳지 않은 것에 대해 저항을 하지 말자는 것이 아니다. 반대로 그는 죽어도 저항해 싸우자는 것이다. 다만 폭력 곧 사나운 힘을 쓰지 말자는 주의다. 그러므로 자세히 말하면 비폭력 저항주의다. 그럼 폭력이 아니면 무슨 힘인가? 혼의 힘이다. 사람들이 그를 높이어 '마하트마' 곧 위대한 혼이라 부르는 것은 이 때문이다. 혼의 힘을 가지고 모든 폭력 곧 물력으로 되는 옳지않음을 싸워 이기자는 것이다. 혼 곧 '아트만'은 저(自我)의 힘을 드러냄이다. 간디는 자기의 몇 십 년 정치 투쟁의 목적은 저를 드러냄, 곧 하나님께 이름에 있다고 하였다." Mahatma Gandhi, 『간디자서전』, 13.

어나기를 소망했다.[56]

　이러한 그의 조선인에 대한 긍정적 자세와 독특한 기독교사상 그리고 강력한 애국심에 감화되어 제자가 된 조선 청년들이 있었다. 이들은 1919년 3.1독립운동 직후 일본에 유학하고 서로 전후해서 그의 성서연구회에 출석한 김교신, 함석헌, 송두용, 유석동, 정상훈, 양인성의 6명이다. 이들은 우치무라 문하에 있으면서 1925년부터 '朝鮮聖書硏究會'를 만들었고, 조선에 귀국하여 1927년 7월에 조선어로 된 유일한 무교회주의 기독교 잡지인 「聖書朝鮮」을 창간하였다.

　조국 일본국을 지극히 사랑한 우치무라는 일본국이 세계를 구원할 민족이 될 것을 바라면서 '일본국 천직론'을 말했다. 그러나 안타깝게도 일본국은 거기에 적합한 민족이 아님을 깨닫고 크게 한탄했다. 그는 말로 표현하기가 뭐해서 말하지 않았을 뿐 어쩌면 내심으로 조선국이 거기에 더욱 적합하다는 것을 잘 알고 있었을 것이다. 그래서 세계 선교의 사명을 조선 학생들이 맡아줄 것을 바라면서 조선 학생들을 제자로 키우는데 더욱 심혈을 기울였을지도 모른다.

　우치무라는 개인적으로 많은 시련과 불행으로 점철된 생애를 살았지만 그는 일본 기독교에 큰 공헌을 했을 뿐 아니라 조선 최고의 신앙인인 김교신 선생을 배출했다. 정한론을 주창한 쇼인 선생이 죽고(1859), 일본 근대화의 상징인 후쿠자와 선생은 미국으로 떠났을 때(1860), 하나님은 일본 복음화의 상징인 우치무라 선생을 보내셨다(1861). 그리고 후쿠자와 선생이 죽은 지(1901) 두 달 후 김교신 선생을 보내시고, 우치무라 선생이 가르쳐 준 복음의 젖줄을 먹고 자란 김교신 선생은 조선 복음화의 상징이 되었다. 이 어찌 하나님의

---

56 John F. Howes, *Japan's Modern Prophet: Uchimura Kanzo*, 324-325.

놀라운 섭리라고 아니할 수 있으랴!

우치무라는 요시다 쇼인이 태어난 지 100년이 되는 1930년에 세상을 떠났다. 그의 죽음은 진정한 의미에서 '일본 근대화의 종언'이자 '일본 기독교의 종언'을 고하는 사건이 아닐 수 없다. 그 까닭은 1930년대 이후 일본 기독교는 일본 군국주의에 매몰된 빗나간 열심(열정)으로 기독교의 변질과 타락을 극명하게 보여주었기 때문이다.

우치무라의 '일본적 기독교'의 한계와 그 비판

우치무라의 무교회주의로부터 자연스럽게 도출되는 '일본적 기독교'란 무엇을 말하는가? 우치무라 자신의 표현을 들어보자.

일본적 기독교라 하는 것은 일본에서의 어떤 특별한 기독교를 의미하는 것이 아니다. 일본적 기독교라 함은 일본인이 외국의 중계자를 통하지 않고 직접 하나님으로부터 받은 기독교이다. (…) 이러한 의미로 볼 때 독일적 기독교가 있고, 영국적 기독교가 있고, 러시아적 기독교가 있으며, 미국적 기독교가 있고, 기타 각국의 기독교가 있다. 따라서 이런 의미에서 일본적 기독교가 없으면 안 된다. 자연적으로 그것이 있어야 하는 것이다. (…) 일본혼이 전능자의 기운과 은총에 닿을 때 거기에 일본적 기독교가 있다. 그 기독교는 자유고, 독립이고, 독창적이고 생산적인 것으로, 참다운 기독교는 이러하지 않으면 안 된다. 아직도 다른 이의 신앙에 의해 구원을 얻으려 하는 자, 또한 타국의 종교에 의해 구원을 얻으려 하는 나라가 있겠는가.[57]

---

57 內村鑑三, "日本的 基督敎,"『內村鑑三全集』제7권, 67; 양현혜, 『근대 한·일관계사 속의 기독교』, 277.

김교신의 "조선산 기독교"는 성서적 진리에 바탕을 둔 '성서적 기독교'(십자가의 기독교)라고 말할 수 있다. 반면에 우치무라는 '일본적 기독교'를 제창했다. 이 둘은 근본적으로 같지 않다. 한마디로 우치무라의 '일본적 기독교'는 '사무라이 기독교'라고 말할 수 있다.

'사무라이 기독교'는 강함을 특징으로 하는 힘과 전쟁의 종교인 '십자군의 기독교'라고 말할 수 있다. 이는 약함을 특징으로 하는 사랑과 평화의 종교인 '십자가의 기독교'와는 상당히 거리가 있다.[58] 따라서 우치무라의 신학은 머리로 아는 지식이었지 가슴으로 체득된 진리가 아니었다. 그래서 그는 참 기독교를 몰랐다. 이것이 그의 한계였다.

우치무라는 일본을 구원할 기독교 복음은 외국 선교사에 의지하지 않고 일본인의 심성 안에서 체득된 것이어야 했다. 따라서 그는 '일본혼'(日本魂)이 전능자의 숨결에 접촉한 곳, 바로 그곳에 일본적 기독교가 있다고 보았다. 그가 말하는 '일본혼'은 일본 문화와 전통에 의해 배양되고 형성된 일본인 심성의 이상상(理想像)으로서 구체적으로는 무사도를 의미한다.[59]

양현혜는 이렇게 말한다. "우치무라의 삶은 마치 타원형의 두 극점과 같이 일본과 예수가 진리의 양극으로서 동시에 성립하는 두 개의 중심으로 구성되어 있었다. 만일 그중 어느 하나를 부정하면 그의 사상과 행동의 근원은 붕괴되는 것이었다. 그가 성서의 진리를

---

58 우치무라의 〈로마서〉 강의는 명강의였다고 하는데, 로마서의 신학은 '십자가의 신학'이다. 그런데 '십자가의 영성'은 약함을 특징으로 하는 반면, 우치무라는 강함을 바탕으로 하는 '십자군의 영성'을 지닌 신학자였다. 그런 점에서 그는 신학과 삶이 일치하지 않는 모순된 신학자라고 말하지 않을 수 없다.

59 양현혜, 『근대 한·일관계사 속의 기독교』, 277.

체득하여 역사적 상황에 대해 예언자적 직관과 통찰을 자유롭게 구사하면서도. 그것을 일본의 정신 풍토에 이질적인 것으로 보고 스스로를 문화적 전통의 밖에 두는 것이 아니라 양자를 고유한 방식으로 결합시키고 있었다는 점에 그의 독창성이 있다."[60]

여기서 문제가 되는 것은 사무라이적 멘탈리티에 입각한 일본인의 심성과 예수의 멘탈리티에 기초한 성서적 기독교가 양립할 수 없는 이질적인 것이라는 사실이다. 이러한 사실을 무시한 채 일본적 심성(무사도)과 성서적 기독교라는 양자가 결합된 '일본적 기독교'를 제창한 것은 예수와 성서적 기독교에 대한 그의 빗나간 모습을 보여준다. 이는 그의 기독교가 '사무라이 기독교'임을 엿보게 된다. 브니엘의 신앙 체험을 하고도 야곱은 여전히 야곱이었던 것처럼(창 32-33장 참조), 그는 속죄 신앙을 통해 회심을 경험했다고 하지만 그는 사무라이의 무사도 기질과 단절하지 못한 한계를 여실히 보여주었다.

반면에 그의 제자인 김교신은 일본 유학을 가기 전까지 유교적 배경에서 자란 사람이었다. 그런 그가 일본에 가서 기독교와 접하고 회심한 뒤 우치무라에게서 성서를 배운 후 돌아와 "조선산 기독교"를 제창했다. 일본인의 '사무라이 정신'보다는 '선비 정신'을 간직한 한국인의 심성이 더욱 복음에 가깝지만 김교신은 한국인의 심성과 결합된 기독교를 제창하지 않았다. 그는 과거에 그가 지닌 한국인의 심성과 단절하고 철저히 성서적 진리를 배우고 그 성서적 기독교 위에 조선을 세우고자 했다. 이것이 김교신의 '조선산 기독교'였다.

한마디로 우치무라는 '일본인을 넘어선 크리스천 사상가'라기보

---

60 위의 책, 281.

다는 '일본인으로서의 크리스천 사상가'에 머물렀다. 이와 달리 그의 제자 김교신 그리고 함석헌은 한국인이었지만 '한국인을 넘어선 크리스천 사상가'였다. 여기에 김교신과 함석헌의 위대함이 있다.

또한 우치무라는 하나님의 심판 예언을 감행했다는 점에서 예언자적 면모를 보여주었으나 그것은 히브리의 참 예언자의 모습과는 거리가 있다. 히브리 예언자들은 이스라엘만이 아니라 열방을 향한 심판 예언에 있어서 차별을 두지 않고 하나님의 보편적 정의를 외쳤다. 반면에 우치무라는 일본 국내의 현실에 대해서는 엄격한 예언자적 비판을 가했으나 식민지 조선 문제에 대해서는 인간적 동정 이상의 틀을 벗어나지 못했다.

그는 조선의 독립 문제에 대하여 "영국의 스코틀랜드와 같이 되면 좋지 않은가"라는 견해를 피력하여 함석헌과 조선 무교회주의자들을 적지 않게 실망시켰다. 함석헌의 기대와는 달리 우치무라의 예언자적 사회 비평이 조선의 독립을 지지하는 데까지 확대되지 못한 것도 일본에 대한 그의 강한 애착이 원인이었다. 그에게 일본의 현실을 예언자적 비판의 대상이었으나 일본 그 자체는 예언자적 비판의 틀 밖에 있었던 것이다.[61]

우치무라가 식민지 문제에 둔감했다는 점은 일본에 대한 강한 애착과 더불어 그의 서구 중심적 문명사관의 한계라고 볼 수 있다. 그의 생각의 배경에는 서구 제국주의적 세계 통치를 생물학적 우등성의 결과로서의 우월한 정신 문명에 근거한 것이라고 정당화하려는 서구의 인종우월주의가 있었다.

그에게 일본을 현실적으로 상대화시킬 타자는 서구였다. 일본의

---

61 위의 책, 283; 咸錫憲, "私の知っている內村鑑三先生," 『內村鑑三全集』第39卷, 月報39號, 4.

고유한 심성과 사명 그리고 명치유신에 의해 봉건제로부터 입헌군
주제로 변화하여 서구와 동일한 '자유평등의 정신'을 구현한 일본인
의 능력을 서구인에게 알리는 것이 그의 대외 인식에서 가장 중요한
문제였다. 이러한 그의 타자 인식이 구성되어 있는 한, 그의 '두 개의
J'라는 사상조차도 서구 우월주의적 담론이라는 당시의 '지적(知的)
제국주의'의 큰 틀에 함몰될 수밖에 없었다.62

우치무라는 한국 기독교와 깊은 관련성을 지닌 인물이라는 점에
서 몇 가지 정리하고 넘어가야 할 얘기가 있다.

먼저 우치무라가 만난 대표적인 한국 지인(知人)들을 몇몇 개인
과 그룹으로 정리하면 다음과 같다.

첫째, 우치무라가 한국인 대화자요 친구로서는 처음 만난 김정식
(金貞植), 둘째, 성서연구회 관계 문하생이면서도 개인적 성격을 띠
는 최태용(崔泰瑢), 셋째, 가장 본격적인 한국인 제자인 김교신 선생
을 비롯한 「성서조선」 그룹, 넷째, 직접 우치무라와 교제한 사실은
없으나 그의 여러 저작과 논설, 특히 「聖書之硏究」를 한국에서 받아
읽고 간접적인 교제를 나눈 이들 등으로 나눌 수가 있다. 그러나 이와
는 별도로 우치무라가 처음 접한 한국인은 1883년 일본 전국기독교
대친목회에서 만난 이수정(李樹廷)이다.63

다음으로 우치무라의 한국 문제에 대한 견해를 다시 살펴보자.
조선에 대한 일본의 무력 침략이나, 일본 기독교계의 조선 식민지
전도에 대한 그의 일부 비판적 태도 때문에 많은 한국인에게 그는
한국에 대한 동정적 입장을 지닌 고마운 일본인으로 통했던 측면이

---

62 위의 책, 283-286.
63 서정민, "우치무라와 한국인들," 『역사속의 그』, 170.

있다. 그의 이른바 '불경 사건'이니 '비전론' 주장 등의 외형적 사건들만 받아들이면 오해의 소지가 크다고 할 수 있다.

일본의 진정한 애국자였던 우치무라는 역설적(ironical)으로 그의 사랑하는 나라로부터 심한 배척을 당했다. 그의 말을 들어보자.

자, 누가 더 그 나라의 애국자요, 그 나라의 미래를 꿈꾸는 자인지 바라보자. 천황제 관료국가로서 일사불란한 국가체제를 확립하고 국민통합과 대외침략을 강력히 수행했던 일본이 있다. 거기에는 정치적 야심에 의한 과욕과 시행착오가 산적하여, 역사적인 안목을 지니고 바라볼 때 분명히 그 좋지 않은 말로를 점칠 수 있는 상황이 대두되었다고 치자. 이에 한 사람은 지금 잘못된 길로 접어든 일본을 질책하며, 염려하며 그 방향 수정을 부르짖는다. 그러나 또 한 사람은 전적으로 기성 정치·사회의 흐름에 합류하여 그것을 지지하고 앞장서고 부추긴다. 자, 누가 더 일본을 사랑했는가….

당시 많은 일본의 사상가와 지도자들은 일본제국의 멈출 줄 모르는 광란에 무조건적으로 동조했다. 그러나 우치무라는 그것에 조건을 달았고, 그 수정을 요구했으며 그 미래를 염려했다. 그래서 그는 한때 일본 사람들로부터 심한 비난을 받기도 했고, 당시 한국인 일부에게는 일본을 비판하는 자로서 혹 우리 편(?)이 아닌가 하는 착각을 갖게 한 것이 사실이다. 때로는 일본인 관변측 인사들도 그가 혹 한일 양국 문제에 있어 한국인 편에 선 것이 아닌가 하는 의심을 품기도 했다.

예수님이 고향에서 환영을 받지 못했으며 인자는 머리 둘 곳이 없었다고 한 것처럼, 우치무라의 진정한 애국심은 '소위 선각자들의 자기 사상'과 '일반 민중의 헛된 애국심'에 의해 머리 둘 곳이 없는 박해를 받아야만 했다. 이러한 일련의 사건 속에서도 우치무라는 꿋꿋하게 자신의 나라를 사랑하고 그 나라의 천황에 대해서도 여전히 존경과 경의를 지녔음을 여러 곳에서 증거하고도 남음이 있다.[64]

불경 사건에 대해서도 세간의 오해처럼 그가 천황을 반대했다거나 교육칙어를 거부했다거나 한 것이 절대 아니었다. 다만 천황을 하나님과 같은 신(神)으로 인정할 수 없다는 한 가닥의 종교적 양심을 그렇게 표현한 것에 지나지 않았던 것이다.

또한 일본 여론에 의해 '비국민'(非國民)적이라는 비난을 받았던 때가 러일전쟁이 발발할 즈음 '비전론'(非戰論)을 주장했을 때이다. 청일전쟁에서는 강력한 '의전론'(義戰論)을 외쳤던 그가 왜 러일전쟁에 이르러서는 반대 입장을 취했을까?

그의 논리의 일부분을 보면, 청일전쟁 이후 국제 사회, 특히 한국에서 일본 정부의 실책에 대한 실망과 우려 그리고 전쟁에 의한 손실, 전쟁 이외의 방법으로도 이루어 낼 수 있는 실제적인 이익 등의 이유에 의해 비전론을 주장한 것으로 볼 수 있다. 여기에 또 하나의 이유를 보탠다면 역시 기독교 신앙에 근거한 평화주의라고 볼 수 있다.

이러한 비전론 주장, 곧 많은 일본인으로부터 비난을 받은 그의 비전론의 진정한 목적이 어디에 있었는가가 중요한 문제이지, 사실 당시의 일본 사회 분위기에서 러일전쟁을 반대하는 일은 대단한 신변에 위험을 감수해야 할 주장이었다. 즉, 여론의 비판과 위협을 각오해야 하는 용기가 있어야 했다. 그런데 그 용기는 바로 우치무라가

---

64 위의 책, 150-152.

진정으로 일본을 사랑하는 용기였다.

따라서 그가 비전론을 주장한 것은 진정한 일본의 이익을 위한 애국적인 결심이었다. 어떤 한국인은 일본이 한국을 침략하는 데 있어 가장 구체적이고 결정적인 계기가 되었던 러일전쟁과 그 승리, 그것에 용감히 반대했던 우치무라는 혹시 그의 조국인 일본 편이라기보다 한국을 동정하고 이해한 한국편이 아닌가라고 생각할지 모르나 그것은 절대로 그렇지 않다.[65] 그의 말을 직접 들어보자.

> ···우선 그중 5천만 엔으로 조선을 경영하는바, 한편 서울에서 평양을 경유, 의주까지, 또한 서울로부터 원산을 경유 두만강까지 철도를 건설할 수 있다. 더욱이 5천만 엔을 사용하여 경상도 충청도 등 인구 밀집 지역에 일본 농민을 이주시켜 반도 내 여기저기 일본인 사회를 건설할 수 있다. 한국 내 러시아 침입을 막는 방법은 걱정할 필요가 없는 것이다.

자신의 비전론의 이유와 그 논리를 가장 명쾌하고 분명하게 증거하고 있는 이 논설에서 우리는 우치무라가 그 방법을 달리할 뿐 일본의 국익을 챙기자는 논조를 전개하고 있음을 볼 수 있다. 즉, 한국을 일본이 차지하고 경영하는 것은 좋고 당연한 일인데, 그 수단을 바꾸어서 전쟁을 치르는 비용으로 차라리 한국 땅을 사고, 갈고, 다듬어, 또한 많은 일본인을 이주시켜 그렇게 경영하자는 것이다. 그렇게 경제적 침략을 하면 자연스럽게 러시아의 한국 진출을 차단하고 한국을 차지할 수 있을 것이라는 얘기다.[66]

---

65 위의 책, 152-154.
66 위의 책, 154-155.

여기서 묻지 않을 수 없다. 우치무라가 과연 일본을 넘어서 그리스도가 보여준 복음적인 행동양식을 한국이나 세계를 향해 보여주었는가? 그리고 진정으로 하나님의 영광을 최종 목적으로 삼아 행동했는가? 후쿠자와 선생이 김옥균을 비롯한 갑신정변의 주역들에게 호의를 베풀었다고 해서 그가 진정으로 조선을 사랑해서 그렇게 한 것이 아니듯이, 내촌 선생이 김교신을 비롯한 「성서조선」 동인들에게 호의를 베풀었다고 해서 진정으로 조선을 사랑해서 그렇게 한 것이 아니다. 무사도의 핏줄을 타고난 후쿠자와 선생이나 내촌 선생은 뼛속까지 일본 사람이요, 단지 일본을 사랑한 사람일 뿐이라는 것을 명심해야 한다.

또한 그가 내세운 무교회, 즉 비제도(非制度)는 이론적으로는 순수하고 합당할지 모르나 신앙생활이란 '개인적'이기도 하지만 '공동체성'을 띤다고 할 때 현실적으로 그런 것을 주창하는 그들끼리의 집단화와 조직화는 어떻게 설명할 것인가? 그들 안에서 특정인의 카리스마적 권위와 그에 대한 복종은 어떻게 설명할 것인가? 그들 간의 반목과 분열은 무엇으로 극복하여야 할 것인가? 이런 문제점들을 안고 있다.

또한 그의 기독교가 끝내 걸어야 했던 피안적인 성향의 문제점이다. 그는 개인적으로 1912년 무렵 이후 이른바 재림신앙, 즉 발붙이고 설 이 세상의 일은 모두 부질없는 절망적인 것들이며, 오직 하나 그리스도의 재림만이 새로운 살 길이라는 생각에 몰두했다. 부단히 사회 구원과 역사 참여의 논리를 펴오며 일본과 세계 가운데 구현될 것을 주창해 오던 그의 기독교로서는 설명되어야 할 부분이 아닐 수 없다. 이것은 혹시 그 자신의 절망, 현실적인 좌절에 의한 도피가 아니었던가? 그것이 건강한 기독교로서 역사 안에서의 책임에 의연했던 것이었을까, 하는 점은 생각해 볼 일이다.

우치무라를 이단으로 몰아세우는 교권주의자들의 논리에는 동조하지 않는다 해도 이러한 몇 가지의 한계들이 우치무라의 기독교, 일본적 기독교 안에 잠재되어 있다는 점은 지적하지 않을 수 없다. 특히 민중적 관점에서 바라볼 때 뚜렷해지는 우치무라의 엘리트 논리는 이른바 소수자의 역할, 그 임무의 충실한 수행을 인정하면서도 간과하기 어려운 한계가 아닐 수 없다.[67]

그러나 '망국의 예언자'로서 우치무라와 그의 제자들이 펼친 반전 평화운동은 그 역사적 의미가 크다. 다만 거기에도 그들이 과연 고난받는 민중의 편에 서서, 그 안에 흐르는 하나님의 섭리의 역사적 판단에 입각한 예언이었는가 하는 문제는 깊이 검토해 보아야 할 과제다.[68]

이 장을 마치면서

창세기 4~5장에 보면 가인의 족보와 셋의 족보가 나온다. 가인의 후손들은 하나님을 떠나 보이는 문명을 이룬 사람들이었고, 셋의 후손들은 보이지 않는 하나님 신앙을 붙들었던 사람들이었다. 불신앙의 사람들이었던 가인의 후손들은 멸망으로 가는 세상 나라의 찬란한 문명을 이룩했지만 결국 그 모든 것이 바벨탑이 되어 다 무너지고 말았다. 그러나 보이지 않는 하나님 신앙을 붙들었던 셋의 후손들

---

67 위의 책, 166-168.
68 위의 책, 168-169.

은 아브라함을 통해 열방을 구원할 복과 복음의 통로가 되었다.

근대화를 통해 찬란한 문명국을 이루었다는 일본은 하나님을 떠난 가인의 후손들처럼 패망을 향해 달려가고 있었지만 영적 안목이 없는 그들은 승전을 거듭하며 나라가 마냥 팽창되어 가는 조국 일본에 대해 무한한 자부심을 가지고 군국주의 일본을 찬양했다.

그러나 진정으로 일본을 사랑한 우치무라는 조국 일본이 패망으로 달려가고 있음을 예언자적 통찰력으로 직관했다. 그래서 브레이크 없는 차와 같은 일본 군국주의 질주를 막아보려고 몸부림쳤으나 대세를 바꾸기에는 역부족이었다.

게다가 일제는 인신(人神) 천황을 점점 높이 숭배하는 전근대적인 모습으로 퇴행해 갔다. 거룩하신 하나님은 천황을 숭배하며 하나님보다 무력에 의지하는 일제를 그들 스스로 망하도록 내버려 두셨다. 이제 일본의 패망은 시간문제일 뿐이었다. 〈예수를 생각하고 나는〉이라는 우치무라의 시 하나를 소개하는 것으로 이 장을 마무리하자.

예수를 생각하고 나는
나의 가난함도 슬프지 않고
남의 부유함도 부럽지 않나니
예수를 생각하고 나는
오직 감사한 마음만 넘칠 따름이라

예수를 생각하고 나는
몸의 환난도 괴롭지 않고

그 행복도 사모하지 않나니

예수를 생각하고 나는

오직 평강과 만족만 있을 따름이라

예수를 생각하고 나는

일의 실패에 실망하지 않고

그 성공에 뛰며 기뻐하지 않나니

예수를 생각하고 나는

영원한 승리자이기 때문이라

제14장
식민지 백성의 절망과 저항 20년

<단가 14>
구하옵나니 불길 같은 성령이여,
다시 한번 한국 교회에 뜨겁게 임하소서!
구하옵나니 태풍 같은 성령이여,
다시 한번 한국 민족에 강하게 임하소서!

이 장을 시작하며

1910년부터 1945년까지의 일제 강점기 35년 동안을 세 시기로 구분하면, 1910년대의 무단통치 시기, 1920년대의 문화통치 시기, 1930년대 이후 민족말살통치 시기로 구분할 수 있다. 이를 1930년을 기준으로 그 이전과 그 이후로 나누어 여기서는 먼저 1910년부터 1930년까지의 20년 동안 일제 식민지 하에서의 조선 풍경을 살펴보자.

이 기간 중에 가장 중요한 사건은 3·1운동이다. 이 사건은 이후의 모든 조선 독립운동을 위한 출발점이 되었고, 임시정부를 위시한 해방 이후 민주 체제로의 대한민국 수립의 제도적 장치를 마련한 사건이었다. 또한 우리 민족이 한민족으로서의 아이덴티티를 갖게 되는 중요한 계기가 되었다. 그 힘으로 일제의 모진 고난의 세월을 버틸 수 있었다.

태형제도

1910년부터 일제의 '무단통치'가 시작되면서 통감부는 총독부로 명칭이 바뀌었고, 육군 장군이 총독으로 파견되었다. 일제 강점기 동안 한국을 통치한 인물들은 대부분 육군 출신으로 본국에서도 막강한 정치적 역량을 발휘했던 인물들이다.[1]

1910년대에는 이런 육군 군벌들의 스타일이 조선 식민 통치에 그대로 적용되었다. '헌병경찰대', 즉 일반 경찰이 아니라 군인 경찰인 헌병경찰들이 식민지를 운영하게 되었는데, 단순히 치안만 관리한 것이 아니라 세금 관리, 민사소송 업무, 마을 미풍양속까지 관여했다. 무엇보다 심각했던 것은 이들에게 즉결처분과 태형에 대한 권한이 주어졌다는 점이다. 일제의 잔혹한 인권 탄압을 가장 잘 보여주는 것이 1912년 12월 30일에 제정 공포된 '태형(笞刑) 준칙'이다. 일제는 자국의 태형은 1882년에 폐지했음에도 조선에선 전근대적

---

[1] 3·1운동 이후 문화 통치를 주관했던 사이토 마코토(齊藤實, 1858~1936)는 해군 제독 출신이고, 그 나머지는 대부분 육군 장성출신이다. 이토 히로부미, 초대 총독이 된 데라우치 마사타케, 1930년대 후반 민족말살 통치를 자행했던 미나미 지로(南次郞) 총독, 태평양전쟁을 이끌었던 고이소 구니아키(小磯國昭). 심용환, 『단박에 한국사: 근대편』, 259.

인 태형을 유지했고, 또 조선인에게만 적용하였다.[2]

태형은 갑오개혁을 통해 사라졌는데, 이때 다시 시작되어 하루 80대까지 때릴 수 있는 권리가 주어졌다. 기록에 의하면 1911년에는 1만여 명이, 1919년 3·1운동 직전에는 4만여 명이 태형을 당했다. 일제 헌병경찰에 의한 태형제도는 공포의 도가니로 화했다. 그래서 일제 치하에서 '순사 온다'는 말은 어린애의 울음을 그치게 하는 공포의 용어로 사용되었다. "조선 사람과 명태는 두들겨 패야 한다"는 일본인들의 말이 바로 이 '태형준칙'에서 비롯된 것이다. 태형은 1920년 3월 31일에서야 폐지되는데, 이는 3·1운동 덕분이다. 그러나 고문까지 사라진 것은 아니다.

일제의 헌병, 경찰, 군인, 관리 등 총독부 수족들은 온갖 고문과 악형으로 한국인의 육신을 찢었다. 저들의 대표적인 고문에는 손·발목에 수갑을 채우고 코에 물 붓기, 코와 입으로 고춧가루 물 붓기, 비녀 꽂기, 통닭구이, 무릎에 몽둥이를 끼우고 교대로 뛰어내리기, 발가벗기고 거꾸로 매달아서 비행기 태우기, 고무호스로 입에 물 넣기, 손톱 발톱 밑에 바늘 찌르기, 칠성판에 묶기, 관 속에 넣고 못질하기, 생매장하여 위협 주기, 전기고문, 성고문, 끓는물 속에 집어넣기 등 온갖 악형을 다 저질렀다.[3]

그러나 일제는 태형제도를 통해 성공할 수 없었다. 맥켄지(F. A. McKenzie)는 이렇게 말했다. "일본인들은 한국인의 성격이 예상하지 못할 정도로 끈질기다는 사실에 충격을 받았다. 한국인들이 겉으로 보이는 무표정한 얼굴 밑바닥에는 그들만이 가지고 있는 어떤

2 강준만, 『한국근대사산책 6』, 33.
3 위의 책, 36-38.

단호한 정신력이 깔려 있다는 사실을 일본인들은 발견했다. 일본인들은 한국인들을 동화시키는 데 성공한 것이 아니라 한국인들의 민족성을 되살리는 데 성공했다."[4] 마치 애굽에서 바로 왕에게 히브리 백성이 고역에 시달리면 시달릴수록 '히브리인의 민족성'이 되살아난 것처럼 말이다.

토지조사사업

조선 민중이 나라 잃은 설움을 뼈저리게 깨닫게 된 것은 1911년 이후 전개된 이른바 '토지조사사업' 때부터다. 일제가 벌인 토지조사사업이란 한국 농민들의 땅을 강제로 빼앗기 위한 합법적인 절차일 뿐이었다. 일본은 토지조사사업을 실시하여 전 국토의 40%에 해당하는 888만 정보[5]의 땅(1930년 통계)을 빼앗아 총독부 소유로 만들었다.[6]

토지조사사업은 그동안 불법이었던 일본인의 토지 소유를 법적으로 인정해줌으로써 한국 농민들은 토지를 빼앗기고 고향을 등지게 된 결정적 계기가 되었다. 1920~25년 사이에 몽골 지방 및 시베리아 방면으로 이주한 사람이 27만 명을 넘었으며, 일본으로도 12만 명 이상이 이주했다.[7]

토지조사령에 따른 신고는 복잡했고, 글을 잘 모르고 근대적 소

---

4 F. A. McKenzie, 『한국의 독립운동: 한말 외국인 기록』, 12.

5 1정보는 3,000평으로 약 9,917.4㎡에 해당한다. 당시 일제가 수탈한 땅의 면적을 환산하면 약 266억 평, 880억㎡에 해당한다.

6 이만열, 『한국기독교와 역사의식』, 273.

7 전춘길, "일제하 토지조사사업을 통한 소농생산과 지세의 근대화," 301-302.

유권 개념에 어두웠던 농민들은 하루아침에 지금껏 짓고 있던 땅을 합법적으로 강탈당했다. 반면에 지주들은 소작농들의 불안정한 경제적 처리를 이용하여 훨씬 더 가혹한 착취를 감행했다. "기름은 짜면 짤수록 더 나온다"는 말이 있듯이 지주들은 소작농을 언제든지 짜면 짤수록 나오는 기름인 줄로만 알았다.

일제는 토지조사사업을 벌이면서 동양척식주식회사를 설립하여 풍부한 자금으로 토지를 사들이는 한편, 목화 및 현금 그리고 수백만 섬에 달하는 양곡을 일본에 실어 날랐다. 그리하여 이 사업 이후 수출된 양의 쌀은 1910년에 비해 5배에 달했다. 지주들은 5할의 소작료를 받고 소작을 주었고, 온 식구가 매달려도 소작료를 물고 나면 남는 것은 거의 없었다.

농민들은 겨울나기도 힘들었지만 4월 보릿고개가 더욱 힘들었다. 배고픔에 허덕이던 일부 농민들은 정든 고향을 버리고 강제 징용을 선택하거나 일본으로 건너가기도 했다. 때로는 간도를 중심으로 한 민주 일대에서 유랑생활을 하기도 했다. 이 시기 유랑민의 격증은 바로 토지조사사업의 결과였다. 1933년까지 일본으로 건너간 한국인은 113만 5천 852명, 만주와 러시아에는 150만 명이 이주한 것으로 알려져 있다. 반면에 1938년 일본인들의 한국 이주는 70여만 명에 이르렀다. 이들은 지주가 되어 토지를 직접 경작하지 않고 고율의 소작료를 받아 챙겼다.[8]

---

8 정성희, 『한국사 101장면』, 292-294.

한반도를 떠나는 사람들

토지조사사업으로 인해 땅을 빼앗긴 농민들뿐만이 아니라 다양한 이유로 한민족은 한반도를 떠나게 되었다. 일본의 손길이 미치지 않는 국외에 독립운동의 근거지를 마련하고, 군대를 양성하여 국권을 회복하겠다고 나선 사람들도 있었다. 이런 독립군 기지 건설 구상은 '병합' 직후에 비밀결사인 신민회에 의해서 '서간도 이주 사업계획'으로 추진되었다. 1912년 한반도에 간도 열풍이 불었다. 1910년에 10만 명 정도였던 간도 인구가 1918년에는 60만 명으로 급증할 정도로 '민족 대이동'이 일어났다.[9]

그런가 하면 하와이 이민[10]을 선택한 사람들도 있었는데, 이른바 '사진 신부'(picture bride)도 이때 나타났다. 당시 하와이로 건너간 조선인은 5천여 명에 이르렀는데, 결혼하지 못한 남자들이 많아서 사진 교환만으로 조선에서 신부를 데려오는 결혼이 이루어진 것이다. 일본인의 이주도 많았다. 1910년부터 23년까지 13년에 걸쳐 약 3만 2천 명의 사진 신부가 하와이로 건너갔다.

그런데 똑같은 사진 결혼이긴 하지만, 한국의 사진 신부는 조국이 처해 있는 식민지 현실로 인해 비극적인 면이 있었다. 한국 사진 신부의 하와이행은 일본 사진 신부의 경우처럼 '더 나은 세계에 대한 동경'도 있었지만 '지독한 가난'과 '조국의 암울한 현실과 막막한 미래'가 주요 이유였다.

일본인이나 중국인들은 다시 고국으로 돌아올 수도 있었지만 한

---

9 강준만, 『한국근대사산책 6』, 16.
10 '하와이 이민'에 대한 더 자세한 설명은 이형자, 『한민족 디아스포라 행전 2』, 92-103을 참조.

국인에게 그건 쉽지 않은 일이었다. 아니 그들 스스로가 돌아가고 싶어 하지 않았다. 실제로 남녀를 통틀어 하와이에 이민을 간 일본인 18만 명 중 9만 8천 명, 중국인 4만 6천 명 중 2만 5천 명으로 반수 이상이 귀국을 한 반면 한국인은 전체의 6분의 1만 귀국했다.[11]

왜 이렇게 한국인은 그들의 조국 한반도를 군이 떠나기를 원하지 않음에도 불구하고 떠나지 않으면 안 되었을까? 그리고 떠나고 난 뒤에는 돌아오기도 어렵게 되었을까? 미안한 얘기지만 그렇게 하지 않으면 한반도를 떠날 생각을 하지 않으니까 하나님이 한민족을 달 달 볶아서 견딜 수 없게 만들어 한반도를 떠나게 했던 것이다. 그리고 떠난 사람들은 그 나라에서 살아남도록 했던 것이다. 나중에 세계 선교를 위해 찬란하게 들어 쓰시기 위해서다.

'안악사건'에서 '105인사건'으로

한일합방이 되면서 한국교회는 십자가를 걸머지는 교회가 되어 야 했다. 일제는 합방 직후인 그해 12월 황해도 지역의 민족주의 세력을 뿌리 뽑기 위해 일제는 '안악(安岳)사건'을 조작했다. 당시 안명근(安明根, 안중근의 사촌 동생)을 비롯한 황해도 민족 진영은 부호 들을 대상으로 독립운동 자금을 모금하다가 체포되었다. 일제는 이 를 조선 총독 암살음모 사건으로 조작했다.

안악사건은 신민회와 교회 세력을 망라한 민족운동의 거점(據點) 이었던 서북지역의 교세를 발본색원하고자 꾸민 일대 참극이다. 김 구(金九, 1876~1949), 최명식(崔明植), 이승길(李承吉), 도인권(道寅

---

11 강준만, 『한국근대사산책 6』, 16-18.

權)을 비롯한 교계 인사와 지식층 160여 명이 검속되었다. 이 사건은 일제의 음모로 인해 앞으로 교회가 겪어야 할 숱한 시련의 첫걸음이 었다. 안악사건으로 황해도 지역의 민족운동을 말살하려는 음모가 성공하자 이번에는 평안도 지역의 그리스도교 세력의 탄압에 나섰는데, 그것이 바로 이른바 '105인사건'이다.[12]

이 음모 사건을 주도한 인물은 아카시 겐지로(明石元二郎)라는 조선주차 헌병사령관 겸 경무 총감이다. 그는 제정 러시아 주재 일본 무관 출신으로 제정 러시아의 교활한 통치술과 잔인한 고문 방법을 익힌 사람이었다. 105인사건은 일제가 한국을 병탄한 직후 국내의 애국인사를 단숨에 제거할 목적으로 날조한 대규모의 항일 민족 탄압 사건이다.[13]

기독교회사적 측면에서 보면 이 사건은 일제의 한국교회에 대한 최대의 박해 사건이기도 하다. 105인사건에 직접 연루된 바 있는 선우훈(鮮于燻)은 105인사건의 조작 원인을 기독교의 탄압과 선교사의 추방에 있었다고 증언하였다.[14]

1910년 12월 27일, 압록강 철교 낙성식에 참석하고자 선천(宣川) 역에서 잠시 하차했을 때 선교사 맥쿤(G. S. McCune)이 데라우치와 악수하는 것을 암호로 암살하려 했다는 것이다. 일제는 이 날조극을 소위 '데라우치 총독 암살음모 사건'이라고 불렀다. 일제는 이를 구실로 삼아 해서(海西) 지방의 유수한 교회 인사들을 체포하기 시작했다. 이 사건으로 체포된 사람은 157명이었고, 기소된 사람이 123명

---

12 민경배, 『韓國基督教會史』, 282.

13 윤경로, "百五人事件의 一研究," 23.

14 선우훈, 『민족의 수난』, 19.

에 이른다. 1심에서 유죄가 선고된 사람만도 105명이었다. 그래서 흔히 이 사건을 '105인사건'이라고 부른다.

이들 중에서 전덕기(全德基, 1875~1914) 목사를 비롯해서 김근영, 정희순, 한필호는 고문으로 세상을 떠났고, 최광옥은 병사했으며, 23명은 석방되었다. 나머지 123명은 1912년 6월 28일 경성지방법원에서 재판을 받게 되었다.[15] 이 중에서 교인 수는 92명에 달했으며, 이 사건에 연루된 선교사만도 24명에 달했다. 지역적으로는 선천(宣川)과 정주(定州)가 막대한 피해를 입었는데, 장로교인 82명 중 67명이 이곳 출신이었다.[16]

말로는 도저히 표현할 수 없는 온갖 고문을 이겨낸다는 것은 참으로 어려운 일이어서 대부분의 기소자들은 일본이 허위로 작성한 조서에 서명하였다. 그러나 끝까지 허위자백을 거부한 사람은 선우훈(鮮于燻), 홍성린(洪成麟), 이재희(李在熙), 이순구(李順九), 정연덕(鄭然德), 차영준(車永俊) 등이다. 그 힘은 바로 그들의 깊은 신앙심에서 비롯된 것이다.

참을 수 없는 고문이 가해질 때마다 "생을 저주하고 탄식하고 이를 갈면서 인간의 고통을 하나님을 향한 신앙심으로 극복했던 욥"을 생각하여 이기기도 하고, 또한 스데반의 순교를 생각하며 "나는 내 갈 길이 있으니 십자가의 용사가 되어 불의와 싸울 뿐이다. 죽고 사는 것이 내게는 벌써 문제가 안 된다"는 굳은 믿음과 의지를 갖고 버텨냈다.[17] 3개월간 진행된 제1심 공판 결과 기소자 123명 중 105명에

---

15 민경배, 『韓國基督敎會史』, 282-283.

16 한국기독교사연구회, 『한국 기독교의 역사 I』, 314-315.

17 위의 책, 317-318.

게 유죄판결이 내려졌다. 그런데 재판과정에서 피의자들의 진술을 통해 조작성이 드러났고, 특히 안태국(安泰國)의 정확한 기억력에 의한 알리바이의 성립으로 이 사건의 날조성이 여실히 폭로되었다. 그리하여 제1심 판결은 세계 언론의 세찬 비난을 받지 않을 수 없게 되었다.

결국 일제는 제2심(京城覆審法院)에서 105명 중 99명을 무죄로 석방한 후 윤치호, 안태국, 양기탁, 이승훈, 임치정에게 6년형을, 옥관빈에게 5년형을 선고하였다. 재판은 1913년 10월 9일 당시 최고 법원인 경성고등법원에서 최종 확정으로 끝났으나. 이때 실형을 받은 6명도 1915년 2월 '천황 대관식'의 특사 형식으로 모두 풀려나게 되었다.[18]

105인사건은 교회사적 측면에서 몇 가지 주목할 만한 의의를 갖는다. 첫째, 그동안 선교사와 민족 진영 간의 불신과 괴리현상이 크게 회복되었다는 점이다. 둘째, 다소 열악했던 민족의식과 항일의식이 이 사건을 계기로 고양되었다는 점이다. 그리하여 3·1운동과 그 후 해외 독립운동을 주도한 인물 가운데 이 사건에 연루된 여러 그리스도인의 활약이 두드러졌다. 셋째, 그리스도인은 고통과 수난을 통해 보다 성숙한 신앙을 갖게 된다는 점이다. 감당하기 어려운 고문과 고통을 극복할 수 있는 그 배면의 힘은 바로 그리스도교 신앙에 대한 깊은 믿음에서 비롯되었고, 그 신앙과 정신이 오늘에 이르기까지 한국교회사에 면면히 이어져 오고 있다.[19]

18 위의 책, 321-322.
19 윤경로, 『한국근대사의 기독교사적 이해』, 202.

3·1운동의 민족사적 의의

1919년 3월 1일, 조선 민중은 일본의 식민지 지배에 항거하여 민족의 독립과 자주를 주장하며 대규모의 독립 만세 시위를 벌였다. 3·1운동을 시발점으로 이후 1년여에 걸쳐 조선 국내뿐만 아니라 간도, 중국, 시베리아, 일본 등 조선인이 거주하는 동아시아 전 지역에 걸쳐 독립운동이 전개되었다. 조선의 반식민지 투쟁을 압살하기 위해 철저한 무단정치를 시행하고 있었던 조선총독부는 일본에서 파견된 증원 부대와 함께 군대와 헌병을 투입하여 독립운동을 잔악하게 탄압했다. 3·1운동에 자극받아 같은 해 일어난 중국의 5·4운동과 비교해도 엄청난 희생을 동반한 이 거족적인 민족 독립운동에 조선 개신교인의 참여는 괄목할 만했다.[20]

오늘날 대부분의 학자는 3·1운동을 그 이전의 모든 민족운동이 여기서 통합되고, 그 이후의 모든 민족운동이 여기서 연원한다는 의미에서 우리 역사의 한 분수령으로 보고 있다.[21] 더 나아가 정신사적 내지 종교사적 입장에서 3·1운동은 우리 민족에게 있어서 일종의 중생의 경험이었다. 그 까닭은 우리 민족은 3·1운동을 통해 근대적 민족으로서 새출발하였고, 새로운 역사의 주체로 형성되고, 새로운 가치관이 추구되었기 때문이다.

그런 의미에서 3·1운동은 우리 역사에서 가장 중요한 사건 중의 하나다. 그 중요성은 무엇보다도 진정한 의미에서의 '한민족', '한국

---

20 양현혜, 『근대 한·일관계사 속의 기독교』, 105.
21 강성호는 3·1운동을 '한국근대사의 획기적인 터닝포인트'라고 말하면서 한국 근현대사에서 기독교가 저항의 종교로 두각을 나타내기 시작한 것도 이때부터였다고 말한다. 강성호, 『저항하는 그리스도인』, 16-17.

인'의 탄생을 가져왔다는 의미에서 그렇다. 일본은 메이지유신을 거치면서 하나의 민족인 '일본인'이라는 자각을 갖게 시작했다. 그런데 우리 민족은 통일신라, 고려 그리고 조선이라는 나라를 거치면서 한반도에서 평화롭게 살았을 뿐 하나의 민족이라는 '한민족' 또는 '한국인'이라는 정체성이 구체적으로 형성되지 못했다.

그런데 어느 날 일제에 의해 한일합병이 되면서 주권이 빼앗기고, 토지를 빼앗기고, 정치적 억압, 경제적 수탈, 문화적 말살, 사회적 차별을 당하면서 살기 위해 어쩔 수 없이 한반도를 떠나야 하는 비참한 현실을 경험하였다. 그러면서 나라의 주권이 중요하고, 민족이 중요하고, 국토가 중요하다는 사실을 뒤늦게나마 자각하기 시작했다.

이러한 자각도 그동안 일본의 침탈을 당하면서 한편으로는 해외에 나가 선진 문명을 경험한 민족의 선각자들이 백성들에게 독립에 대한 의지를 각성시키고, 다른 한편으로는 조선에 들어온 서구 선교사들이 학교와 병원과 교회를 세워 이 민족을 계몽시키면서 민족의식을 고취시키고, 독립운동의 역량을 강화시키면서 비롯된 것이다.

조선은 왕조 국가였기 때문에 민중은 여전히 보살핌을 받는 백성이었고, 그들의 세계에서 주인공은 국왕과 사대부였다. 백성은 만민의 어버이인 군왕과 민본을 추구하는 양반 사대부 관료들의 보살핌을 받는 존재였다. 그래서 일본은 조약을 통해 조선을 강제로 병합하려고 한 것이다. 즉, 조선왕조가 병합을 승인하면 자연히 조선 반도와 조선 백성이 모두 일본제국의 것이 된다.

그런데 3·1운동을 통해 일제의 기대는 산산이 부서졌다. 왕조가 멸망했고 나라가 사라졌음에도 3·1운동을 통해 중국인, 일본인과는 다른 한국인, 즉 근대적 형태의 한민족이 탄생한 것이다. 단지 보살핌을 받는 백성이 아닌 민(民), 즉 '민족, 인민, 민중'이라는 식민지 치하 백성들이 스스로 선언하고 나선 것이다. 그래서 3·1운동은 민족사적으로 중요한 사건이었다. 아무것도 없고 강점과 억압만이 존재하는 상황에서 과거 조선의 왕을 기리는 것이 아니라 '이제 우리가 역사의 주체다'라고 선언한 사건이 3·1운동이다.[22]

바로 이 사건을 통해 '정부'가 선포되고, 바로 이 사건을 통해 '독립운동'이 본격화되었다. 그리고 그 물결이 때가 되어 1945년 8.15 해방이라는 '국가'를 만들어 낸 것이다. 이로써 한국인은 군왕을 섬기는 민족이 아닌 '민주공화국'을 지향하는 민족이 되었는데 반해, 일본은 오히려 하나의 민족이라는 단일체를 위해 천황을 정점으로 한 민족을 형성함으로써 이것이 일본의 미래에 커다란 장애물이 되었다.

3·1운동의 배경

3·1운동이 있기 전 중요한 두 독립선언이 있었다. 〈무오독립선언〉과 〈2.8독립선언〉이 그것이다. 1918년(무오년) 11월, 만주 지란에서 39명의 독립운동가들이 중심이 되어 대한독립선언을 하였다. "슬프다! 일본의 무력이여, 섬은 섬으로 돌아가고, 반도는 반도로 돌아오고, 대륙은 대륙으로 회복할지어다." 이것은 한·중·일 동양 3국 관계의 영원한 지표가 담겨 있는 〈무오독립선언문〉의 한 대목이다.[23]

---

22 심용환, 『단박에 한국사: 근대편』, 312-314.

만주와 노령지역에서 독립선언이 있은 직후인 1919년 2월 8일, 최팔용(1891~1922), 송계백(1896~1920) 등 도쿄 유학생들을 중심으로 〈2.8독립선언〉이 발표되었다. 이 일이 3·1운동의 기폭제가 되었다. 〈무오독립선언〉은 무장투쟁을 결의하며 발표된 데 반해, 〈2.8독립선언〉은 민족자결주의에 근거하고 있다.

동경에 있는 조선기독교청년회관에서 2월 8일 오후 2시에 4백여 명 회원의 환호 속에 역사적인 〈2.8독립선언서〉가 낭독되었다.[24] 이 일로 인해 실행위원 10명이 연행되었고, 이후 일제는 유학생을 단속하고 체포가 잇따르자 2월 8일부터 5월 15일까지 재일 유학생 359명이 귀국했다고 한다. 이들은 그 후에 이어진 3·1운동에 큰 영향을 주었다.[25]

조금 씁쓸한 점은 〈2.8독립선언서〉를 쓴 인물이 이광수이고, 〈기미 독립선언서〉를 쓴 인물이 최남선인데, 이후 모두 친일파로 변절했다는 사실이다. 이에 비해 〈무오독립선언서〉는 독립운동가로서 끝까지 절개를 지키며 굵직한 업적을 이루어낸 조소앙이 썼다. 무단통치에 신음하는 2천만 민족의 고통과 강렬한 독립 요구를 드러낸 〈무오독립선언〉과 〈2.8독립선언〉은 바로 일어난 3·1운동의 바탕

---

23 〈무오독립선언서〉는 일제침략을 가장 신랄하게 비난한 선언문이다. "우리나라의 털끝만한 권리라도 이민족에게 양보할 수 없고, 우리 강토의 촌토라도 이민족이 점령할 권리가 없으며, 한 사람의 한국인이라도 이민족의 간섭을 받을 의무가 없다. 우리의 국토는 완전한 한국인의 한국 땅이다. 궐기하라, 독립군! 독립군은 일제의 천지를 바르게 하라. 한 번 죽음은 사람의 면할 수 없는 숙명이니 짐승 같은 일생을 누가 바라랴. 살신성인하면 2천만 동포가 다 함께 부활하는 것이다." 정성희, 『한국사 101장면』, 295-296.

24 신용하는 2·8독립선언의 의의를 4가지로 들었다. ① 3·1운동을 촉발하는 결정적 작용, ② 만주·러시아령에서의 '대한독립선언'의 발표와 독립운동 고양에 직접적 영향, ③ 3·1독립선언서의 내용에도 심대한 영향, ④ 일본 내에 체류, 거주하는 한국 민족과 학생, 노동자들의 독립운동을 급속히 고양. 신용하, 『일제 강점기 한국민족사(상)』, 179-180.

25 정성희, 『한국사 101장면』, 296-298. 더 자세한 설명은 오승훈 외, 『백투더 1919』, 140-193을 참조.

이 되었다.[26]

3·1운동과 그 이전의 두 독립선언의 배경에는 '윌슨 대통령의 민족자결주의 선언'이 큰 영향을 주었다. 제1차 세계대전은 1918년 11월 3일 독일의 항복으로 끝났다. 전승국인 27개 국 대표 70여 명은 1919년 1월 18일부터 프랑스 파리 베르사이유 궁전에서 강화회의를 열었다.[27]

이때 우드로 윌슨 대통령은 14개 조항의 평화 대책을 발표했는데, 이것이 조선의 독립운동가들을 매료시켰다. 압박을 당하는 민족에게 자결(自決)의 권리, 즉 모든 민족은 자신들의 나라를 세울 권리를 갖는다는 주장은 희망을 넘어 구원의 목소리로 들렸던 것이다.[28]

또 하나는 '고종의 죽음에 대한 독살설'이다. 당시 일본은 영친왕(英親王, 이은)과 일본 여인 방자(方子)의 혼인 날짜를 기미년 1월 25일로 잡았는데, 바로 그 직전인 1월 21일 오전 1시 45분경에 고종이 뇌일혈로 운명한 것이다. 일제가 고종의 죽음을 공식 발표한 것은 23일이다. 그리고 고종의 사망 시각을 1월 22일 오전 6시로 조작 발표했다. 이것이 이른바 '고종 독살설'이 나돌게 된 이유다.

윤치호의 일기를 보면 고종의 시신에 독살의 흔적이 있다는 점 등을 들어 독살설이 퍼져나갔다. 그런데 고종이 그때 이미 여든을 바라보는 나이라 언제든지 죽을 수 있고, 또한 고종의 아들과 일본 여인과의 혼인을 앞둔 상황에서 일제가 고의로 고종을 독살할 특별한 이유는 없었다.

---

26 정성희, 『한국사 101장면』, 298.
27 강준만, 『한국근대사산책 6』, 129.
28 심용환, 『단박에 한국사: 근대편』, 314-315.

그럼에도 당시 중요한 사실은 독살을 당했다가 아니라 독살을 당했다는 '믿음'이었다. 고종이 승하하자 고종 독살설은 급속도로 퍼져나가기 시작했다. 망국의 울분, 지난 10년간 자행된 무단통치의 포악상에 대한 분노가 고종의 죽음을 통해서 폭발한 것이다.29

결국 3·1운동은 고종의 인산(因山) 날인 3월 3일 이틀 전 불꽃처럼 폭발하게 되었다. 고종의 돌연한 죽음은 두 가지 중요한 요소를 조선 백성에게 제공했다. 하나는 독살설에 의해서 침략자 일본에 대한 적개심이 거대한 불기둥처럼 타올라 두려움을 잊게 만든 것이고, 또 하나는 인산 때문에 자연스럽게 사람들이 많이 모일 수 있는 계기와 장소를 제공한 셈이다.30

그런데 숫자가 많은 것도 중요하고, 모두가 오랫동안 외쳤다는 사실도 너무나 중요하다. 하지만 가장 중요한 사실은 그들이 '고종폐하만세'가 아니라 '대한독립만세'라는 점이다. 조선이 망한 지 고작 10년밖에 안 된 상태에서 고종의 죽음을 계기로 시작된 운동의 목표가 조선 왕조 부활이나 고종에 대한 애도가 아니라 '대한'의 '독립'을 강렬하게 열망했다는 점이다. 대한은 '한민족'을 의미한다. 이 대한은 더는 '백성'이 아닌 '인민'이요, '민중'이요, '국민과 시민'이 될 것이다. 독립이란 함은 왕조로의 복귀가 아니라 '민주공화정'에 근거한 '근대적 국민국가'의 탄생을 의미한다.31

그런데 3·1운동의 배경 내지 원인은 이 같은 외적 요인들도 있지만 더욱 중요한 것은 '한국인들의 독립에 대한 열망'이었다. 3·1운동

---

29 위의 책, 315-316.

30 강준만, 『한국근대사산책 6』, 137-138.

31 심용환, 『단박에 한국사: 근대편』, 319.

이 한창 진행 중이던 1919년 5월에 발표된 한 조사위원회의 3·1운동의 원인에 대한 분석은 상당한 설득력을 지닌다. 이 운동의 직접적인 원인은 "만국평화회담에서 논의되었다는 소위 민족자결의 이념이라든가 대한제국의 전황제의 붕어(고종의 사망)"가 아니다.

① 한국인의 독립에 대한 갈망, ② 일제의 엄한 군정과 횡포, ③ 민족성 말살의 기도, ④ 사법기관이나 행정기관에서의 한국인 배제 및 차별, ⑤ 임금·교육·법 적용에서의 한국인 차별대우, ⑥ 언론·집회·결사의 자유 박탈, ⑦ 종교의 자유 제한, ⑧ 한국인의 해외여행과 유학 금지, ⑨ 비옥한 토지의 약탈, ⑩ 공창제도 및 마약 방임 등 한국 청년 비도덕화 퇴폐 풍조 조장, ⑪ 만주로의 한국인 강제 이민, ⑫ 일본인을 위한 개선과 한국인에 대한 착취 등이라고 지적하고 있다.[32]

3·1운동의 전개 과정

신용하는 "3.1독립운동 발발의 경위"라는 논문에서 3·1운동의 초기 조직화에는 7개의 계통[33]이 있었음을 소개하고, 이들은 거의 동시에 그 계획이 태동하여 하나로 합류하였다고 말했다. '서로 마음이 통했다'라는 이 사실이 참으로 놀랍다.

그런데 여기서 조금만 주의를 기울여도 알 수 있듯이 이러한 계통

---

32 "The Korea Situation"(三一運動祕史), 「기독교사상」(1966,7), 100-103; 민경배, 『韓國基督教會史』, 305.

33 ① 천도교를 중심으로 한 일단의 흐름, ② 상해 신한청년당의 흐름, ③ 노령 연해주와 만주의 독립운동의 흐름, ④ 재미주 교포의 흐름, ⑤ 재일 유학생의 2·8독립선언의 흐름, ⑥ 기독교 독립운동의 흐름, ⑦ 학생단 독립운동의 흐름. 김승태, "종교인의 3·1운동 참여와 역할," 『한국 기독교의 역사적 반성』, 299.

이 모두 일정하게 종교인들이 중심이 되거나, 종교단체가 그대로 주체가 되고 있다는 점이다. 즉, 신한청년당의 흐름 및 노령, 만주의 흐름은 기독교 및 대종교, 재일 유학생의 흐름 및 학생단의 흐름은 기독교 및 천도교, 불교와 밀접한 관련을 가지고 있다. 그리고 미주 교포의 흐름도 기독교 계통이라고 할 수 있다.

3.1독립선언서에 서명한 민족 대표 33인은 기독교 16명, 천도교 15명, 불교 2명으로 모두가 종교인이었다. 그리고 이들과 함께 계획 과정에서 중요한 역할을 한 17인 중에도 최남선, 박규, 송진우 3인을 제외한 14인은 모두 종교인으로 기독교 8명, 천도교 6명이었다. 이 러한 경향은 총독부의 무단통치 아래 모든 조직체가 무너진 상황에 서 당시의 유일한 조직체가 종교단체밖에 없었기 때문이기도 하지 만 종교인들의 신앙과 결속이 상호 신뢰를 가져다주었고, 민족을 해방시켜야 한다는 공동의 책임감을 느낀 데서 연유한다고 보아야 할 것이다.[34]

우선 1월 중순부터 천도교와 개신교가 만세시위를 계획하고 있 었다. 손병희, 권동진(1861~1947), 오세창(1864~1953), 최린 (1878~1958) 등은 '대중화, 일원화, 비폭력화'라는 3대 원칙을 정하 며 천도교 만세운동을 준비했다. 개신교 측에서도 별도의 준비를 하고 있었다. 상하이에서 조직된 신한청년단에서 선우혁(1882~)을 파견했고, 이승훈과 양전백(1869~1933) 등 과거 신민회에서 활동 했던 사람들과 교류하면서 계획이 구체화되었다. 주로 평양, 정주, 선천 등의 그리스도교 학교를 중심으로 시위를 계획했다. 2월 7일경 천도교 측의 제안에 개신교가 응답하면서 연합전선이 형성되었다.[35]

---

34 위의 책, 300.

한편, 〈2.8독립선언서〉 초안을 갖고 국내에 들어온 송계백은 일본 유학의 선배였던 최린, 현상윤, 최남선 등을 차례로 만나 상의했다. 그 결과 독립선언서 작성을 천도교 측이 맡기로 하자 최린은 곧 기독교 측인 최남선에게 부탁을 했다. 당시 상동(尙洞)교회 청년이었던 최남선은 상동청년학원 한글 교사로서 기독청년의 엘리트였다.36 이전에 이동휘(1873~1935)나 주시경(1876~1914) 선생이 드나들었던 상동감리교회는 "우리 민족운동의 요람지"였다.

거사일은 3월 1일로 결정되었는데, 그렇게 결정된 가장 큰 요인은 3월 3일로 예정된 고종황제의 장례일 때문인 것으로 여겨졌다.37 민족 대표 33인을 분석해보면 개신교 측 16명, 천도교 측 15명, 불교 측 2명으로 되어 있다. 유림 측은 한 명도 참여하지 않았다.38

1919년 3월 1일 오후 2시, 약속대로 탑골공원에 젊은 학생들이 몰려들었다. 이들은 민족 대표들이 보이지 않자 당황했지만 곧 경신학교 출신인 정재용(1886~1976)이 팔각정에 올라가 '독립선언서'39를 낭독했다. 정재용은 훗날 "탑골공원에서 예정 시간이 돼도

---

35 심용환, 『단박에 한국사: 근대편』, 316.
36 김수진, "新한국교회사(2) 3·1운동과 기독교," 「국민일보」(2001. 2. 22.), 15.
37 '3·3운동에서 3·1운동으로 바뀐 사연'에 대해서는 강준만, 『한국근대사산책 6』, 144-146을 참조.
38 유교는 나중에 심산(心山) 김창숙(1879~1962)의 주도로 전국의 유림 137명을 규합해 파리평화회의에 한국의 독립을 호소하는 편지를 보낸 '파리장서(巴里長書) 사건', 즉 '제1차 유림단 사건'에 참여했을 뿐이다. '3·1운동에 유림들의 참여가 없었음'에 대해 이덕일은 이렇게 말했다. "조선 전 시기에 걸쳐서 유교는 지배적 사상이었으나 유학자였던 양반 사대부들은 국망(國亡)에 무심했다. 일제가 대한제국을 점령한 직후인 1910년 10월 '합방 공로작(功勞爵)'을 수여한 76명의 한국인들은 모두 양반 유학자였다… 김창숙이 없었다면 한국의 유교는 역사 앞에 고개를 들 수 없었을 것이라고 해도 과언이 아니다." 이덕일, "허허, 어찌 야단스럽게 고문하느냐," 「한겨레 21」(2007.3.20.), 94-96.
39 "우리는 이에 우리 조선이 독립한 나라임과 조선 사람이 자주적인 민족임을 선언한다. 이로써 세계 만국에 알리어 인류 평등의 큰 도의를 분명히 하는 바이며, 이로써 자손 만대에 깨우쳐 일러 민족의 독자적 생존의 정당한 권리를 영원히 누려 가지게 하는 바이다…우리는 이에 떨쳐 일어나

민족 대표가 나타나지 않자 갑자기 주머니 속의 한 장의 독립선언서가 생각나면서 기독교인인 나는 유대 민족의 영웅 다윗과 같이 민족의 영웅이 되리라는 충동을 받고 나도 모르게 팔각정에 올라가서 독립선언을 읽었다"고 회고했다.[40]

'독립선언서'의 내용은 무엇인가? "기미독립선언서는 단순히 민족의 독립만을 외친 게 아니다. 그것은 우리 민족의 나아갈 바와 세계사적 보편 가치를 선구자적 시각으로 명시하고 언명함으로써 오늘날에도 그 가치가 빛난다"(「동아일보」, 2008년 3월 1일). 그 내용을 다섯 가지로 요약하면 다음과 같다.

첫째, 미래지향적 개혁주의, 둘째, 열린 민족주의, 셋째, 글로벌 평화주의, 넷째, 적대주의 지양, 다섯째, 천부인권 보편가치 목표가 그것이다.[41]

독립선언서 낭독이 끝나자 약속이나 한 듯이 일제히 손에 태극기를 높이 들고 "대한독립만세, 조선독립만세"를 불렀고, 곧 시가행진에 돌입했다. 거사 전날인 2월 28일 지도부는 최종 점검을 위해 서울 재동 손병희의 집에 모여 자신들은 '유혈 충돌을 피하기 위해' 약속 장소인 탑골공원으로 나가지 않기로 결정했다. 민족 대표들은 당시

도다. 양심이 우리와 함께 있으며, 진리가 우리와 함께 나아가는도다. 남녀노소 없이 어둡고 답답한 옛 보금자리로부터 활발히 일어나 삼라만상과 함께 기쁘고 유쾌한 부활을 이루어 내게 되도다. 먼 조상의 신령이 보이지 않는 가운데 우리를 돕고, 온 세계의 새 형세가 우리를 밖에서 보호하고 있으니 시작이 곧 성공이라. 다만 앞길의 광명을 향하여 힘차게 곧장 나아갈 뿐이로다"(한글풀이 이희승). 1,762자로 된 독립선언서에는 조국의 독립을 선언하는 내용과 인도주의에 입각한 비폭력적이고 평화적인 방법으로 민족자결에 의한 자주 독립의 전개 방법을 제시하고 있어, 오늘날 전해오는 국내외 각국의 독립선언과 비교해보아도 손색이 없는 감동의 명문장으로 평가되고 있다.

40 김수진, "新한국교회사(2) 3·1운동과 기독교," 「국민일보」 (2001. 2. 22.), 15.

41 윤완준, "안주하지 마라… 독립선언서는 지금도 외친다: '21세기에 더 유용한' 선언서의 가르침," 「동아일보」 (2008. 3. 1.).

장안의 제일가는 요정인 태화관에서 모이기로 약속했다. 태화관에 오후 2시에 모이기로 한 민족 대표들이 거의 모두 모인 시각은 오후 3시였으며, 숫자는 29인이었다. 길선주(1869~1935), 유여대(1878~1937), 김병조(1876~1947), 정춘수(1875~1951) 등 4인의 목사들은 사경회 일로 약속 장소에 나타나지 않았다.

민족 대표들이 독립선언서를 배포 받아 읽어본 후 한용운이 일어나 "무사히 독립선언서를 발표하게 된 것을 경하하며, 더한층 노력하자"는 연설을 한 다음 그의 선창으로 '만세 삼창'을 했는데, 이때가 오후 4시였다. 곧이어 경찰이 들이닥쳐 민족 대표 29인을 체포해 남산의 경무총감부로 연행했다.[42]

3·1운동은 초기 의도대로 비폭력 평화시위로 전개되었다. 서울에서 시작된 시위는 전국으로 확산되었고, 3월 20일에서 4월 10일까지가 절정이었으며, 5월 말까지 거의 3개월간 전 민족이 들고 일어난 거족적인 대사건이었다. 전국적으로 전개된 시위 횟수가 1,500회를 넘었으며, 참가 인원은 250만 명이 넘었다고 한다. 1926년에 일어난 6.10만세운동의 참가 인원이 1만 명을 넘지 못했고, 3·1운동의 뒤를 이어 가장 큰 규모의 운동이었다는 광주학생운동도 3만을 넘지 못했으니, 3·1운동은 민족운동의 대분수령이었다고 말할 수 있다.[43]

3·1운동은 국내만이 아니라 해외에서도 빠르게 확산되었다. 3·1운동 전후로 훈춘, 용정, 우스리스크, 블라디보스토크 등에서 유사한 형태의 독립선언문이 낭독됐고, 만세 시위가 전개되었다. 서간

42 신복룡, "신복룡 교수의 한국사 새로 보기(18) 3·1운동," 「동아일보」 (2001. 8. 4.), 14.
43 심용환, 『단박에 한국사: 근대편』, 317-318.

도에서는 부민단이 주축이 되어 3월 12일에 수백 명의 한인이 만세 시위를 벌였고, 북간도에서는 3월 13일 교회 종소리를 신호로 1만여 명이 서전대야에 모여 독립을 선언했다. 훈춘에서는 3월 20일에 '대한독립만세'라고 쓴 대형 깃발과 태극기를 들고 악대를 구성하여 2천여 명이 행진했고 집집마다 태극기를 게양했다고 한다.[44]

3·1운동은 3, 4월 만 2개월에 걸쳐 전국을 휩쓴 시위 운동이었다. 통계로 보면, 집회 횟수 1,542회, 참가인원 수 202만 3,089명, 사망자 수 7,509명, 부상자 1만 5,961명, 검거자 5망 2,770명, 불탄 교회 47개 소, 학교 2개 소, 민가 715채나 되었다.[45] 이런 수치는 파악 가능한 것만을 잡은 최소의 것으로 실제로는 그 이상이었을 것으로 추정된다. 예컨대, 총 운동 횟수만 해도 2천 회 이상이었을 것이다.[46] 이 모든 살인 만행을 생각하면 일본군의 잔인성은 오늘의 ISIS(Islamic State of Iraq and Syria) 테러리스트라고 부를 수 있다.

3·1운동과 한국교회의 수난

이미 언급했듯이 민족 대표 33인 가운데 31인이 천도교 측(15명)과 개신교 측(16명) 인사라는 점에서 이 두 종교 조직이 운동을 주도했다. 당시 천도교는 개신교에 비해 중앙으로부터 조직적으로 운영되었고, 신도 수도 최대 300만 명 정도였으며, 실질적인 활동을 보일 수 있는 인구가 무려 100만 명에 가까웠다.

---

44 위의 책, 318-319.
45 김삼웅, 『사료로 보는 20세기 한국사』, 70.
46 김진봉, 『3·1운동사연구』, 199.

반면에 1921년 기준 선교사연합회에서 파악한 개신교인 숫자는 24만 명 정도였다. 그런데 3·1운동 당시 기소된 피고인들을 분석해 보면 천도교 신자가 1,209명이었고, 개신교도가 3,317명이었다. 이러한 사실로 미루어 보더라도 개신교가 적극적으로 이 운동을 주도했고, 따라서 개신교는 가장 큰 피해를 입었다.[47]

일본 헌병대가 조사한 1919년 말까지 3·1운동 관계 피검자 종교별 상황을 보면 그리스도인이 가장 많아 3,426명으로 비종교인까지 포함한 전체 총피검자 19,525명의 17.6%를 차지하고 있다. 당시 총 인구를 2천만이라고 할 때 1.5%밖에 안 되는 그리스도인(30만 명)이 총 피검자의 17.6%를 차지한다는 것은 한국교회가 3·1운동에 얼마나 큰 역할을 했는가를 짐작할 수 있다.

특히 여성 피검자의 수는 총 471명 중 309명이 그리스도인으로 65.6%나 차지한다. 구한말부터 여성해방과 지도자 양성에 힘써 오던 그리스도교의 영향이 3·1운동에서 그대로 나타나고 있다. 당시 장로교 교회가 1,705개, 신자가 144,062명이었으며, 감리교는 교회가 472개소, 신자가 35,482명으로 이 두 교파만 합하더라도 교회가 2,177개소, 신자가 179,544명에 이르고 있다. 이러한 통계 숫자는 3·1운동의 피해로 전해에 비해 88개소, 신자는 무려 22,409명이나 줄어든 것이었다.[48]

사실 기독교의 조직이나 적극적인 참여가 없었다면 3·1운동이 그처럼 신속하게 전국적으로 확산되고, 오랫동안 지속되기는 어려웠을 것이다. 기독교는 평신도들을 포함한 목사, 장로, 전도사, 교사

---

47 심용환, 『단박에 한국사: 근대편』, 323-324.
48 김승태, "3·1운동에서 기독교의 역할," 『한국기독교의 역사적 반성』, 303-311.

등 교역자들까지도 3·1운동에 적극 참여하고 주동하였으므로, 일제의 주목을 받아 그 핍박과 피해도 매우 컸다.

1919년 10월의 장로교 총회는 독립운동에 참여했던 장로교인들과 교회의 피해 상황을 다음과 같이 보고했다. 체포된 자는 3,804명, 체포된 목사와 장로의 수는 134명, 기타 기독교 관계자로서 수감된 자는 202명, 사살된 자는 41명, 그날 현재 수감 중인 자는 1,642명, 매 맞고 죽은 자는 6명 그리고 훼손된 교회는 12개소라고 보고했다.[49]

3·1운동은 세계적인 관심의 대상이었다. 중국 공산당 창당에 관여하였던 진독수(陳獨秀, 1879~1942)는 논문 "조선독립운동의 감상"에서 "조선 독립운동은 세계적인 주목을 받게 되었다"며 아래와 같이 기록하였다. 1) 비무장으로 일어난 혁명이다. 2) 불가능한 것을 알면서도 행한 혁명이었다. 3) 관료, 정객, 군인에게 의존하지 않은 민족자각의 운동이었다. 이와 같은 3·1운동을 보고 젊은 마오쩌둥(毛澤東, 1893~1976)은 조선인의 영적 파워의 신비함을 배우고 중국인의 잠을 깨우는 데 활용했다. 일본의 총검도 조선을 꺾을 수 없었던 것은 조선인의 정신이었다.[50]

특히 3·1운동을 대표하는 아이콘으로 자리매김한 유관순이 그러했다.[51] 만세 함성이 들풀처럼 번져가던 3월 31일, 이화여고보

---

49 민경배, 『韓國基督敎會史』, 313.

50 3·1운동 10주년이 되는 1929년 일본에 들른 인도의 시성 타고르(R. Tagore, 1861~1941)는 "일찍이 아시아의 황금시기에 / 빛나던 등불의 하나이던 코리아 / 그 등불 다시 한 번 켜지는 날에 / 너는 동방의 밝은 빛이 되리라"는 구절로 유명한 〈동방의 등불〉이란 시를 「동아일보」에 기고했다. 당시 영국의 식민지였던 인도의 민족시인 타고르에게도 3·1운동은 동방의 빛이었다. 최용범, 『하룻밤에 읽는 한국사』, 296.

51 심용환, 『단박에 한국사: 근대편』, 325-326.

2학년 학생인 유관순(1902~20)은 고향인 충남 천안 병천면 매봉교회로 내려와 십자가 아래 무릎을 꿇고 거사 성공을 두 손 모아 기도했다. 그 다음날인 4월 1일 유관순과 인근 각 지역 대표들이 주도한 아우내 장터 만세대회에는 3천여 명이 참가했다.

이로 인해 일경에 체포된 유관순은 모진 고문과 협박에도 굴하지 않고 당당히 맞섰다. 징역 5년형을 선고받고 1920년 서울 서대문감옥에서 세상을 떠났는데, 다음과 같은 마지막 유언을 남겼다. "내 손톱이 빠져 나가고, 내 귀와 코가 잘리고, 내 손과 다리가 부러져도 그 고통은 이길 수 있사오나 나라를 잃어버린 그 고통만은 견딜 수가 없습니다. 나라에 바칠 목숨이 오직 하나밖에 없는 것만이 이 소녀의 유일한 슬픔입니다."[52]

3·1운동을 탄압하는 과정에서 일어난 가장 비극적인 사건은 제암리 학살사건이다. 이 사건은 일제 강점기인 1919년 4월 15일 오후 2시경 경기도 수원시 향남면 제암리에 있는 제암리교회에서 일어난 학살 사건이다. 3.1만세운동이 일어난 지 얼마 뒤인 3월 30일에 제암리에서도 주민 천여 명이 독립만세를 외치며 시위를 했다. 이때 일본군 진압부대가 몇 사람을 칼로 죽이자 시위는 격화되었다.

그러자 진압부대를 이끌던 아리타 도시오(有田俊夫) 중위는 발안 주재소 소장 일경 사사키와 조선인 순사보 조희창을 내세워 자신들의 강경 진압을 사과하러 왔다고 하면서 제암리 주민을 교회에 모이게 했는데, 약 30명이 모였다. 잠시 후 아리타 중위는 교회 밖에서 문을 굳게 걸어 잠그고 밖에서 대기하고 있던 일본 군인들은 창문 안으로 일제히 사격을 개시했다.

---

52 김연균, "3·1만세운동 뿌리, 천안 매봉교회," 「국민일보」(2007. 2. 27.), 25.

사격이 끝난 후 짚더미에 석유를 뿌려 교회에 불을 지르는 만행을 저질렀다. 이 일로 인해 교회당 안에서 21명, 교회당 밖에서 2명 모두 23명이 사망했고, 33채의 집이 완전 소실되었다. 이어서 인근에 있는 천도교도 6명을 칼로 쳐 죽이고 시체에 석유를 뿌려 불태우는 등 모두 29명을 죽였다.[53] 씻을 수 없는 일제의 만행이었다.

개신교회가 독립운동에 앞장선 원동력은 무엇일까? 첫째, 교회는 본래 역사상 전제(專制) 정치에 대한 정신적 항거로써 자처해왔기에 일제가 강압해 와도 그 횡포에 맞서 싸울 수 있었다. 둘째, 교회가 본래 체질적으로 가진 결속력과 통일성이다. 셋째, 교회의 강한 자치정신과 연대감 그리고 세계와의 정신적 결속이다. 넷째, 한국교회는 참혹한 식민정책에서 소망을 잃지 않고 부활의 신앙에 튼튼히 서서, 절망을 모르는 민족으로 남아 있었다. 그래서 예수 믿는다는 것과 독립 시위에 참여했다는 말이 한국에서는 동의어가 되었다.[54]

3·1운동에 대한 선교사들의 태도

3·1운동은 선교사들과 전혀 무관한 운동이었다는 점에서 서양적인 데가 조금도 없는 완전히 한국적인 운동이었다. 한 선교사는 독립 시위에 선교사의 연루 흔적이 없다는 결백 선언을 하면서 이렇게 말했다. "선교사들이라면, 무기 한 점 없이 세계열강의 하나인 일본에 맞서 싸울, 그런 어리석은 생각을 할 리 없다."[55]

---

53 강준만, 『한국근대사산책 6』, 173-174.

54 "The Korea Situation (三一運動祕史)," 「기독교사상」(1966년 5월호), 92-98.

55 "The Korea Situation (三一運動祕史)," 「기독교사상」(1966년 6월호), 93. '3·1운동에 대한 미국 기독교의 반응'에 대해서는 양현혜, 『근대 한·일 관계사 속의 기독교』, 112-118을 참조.

대영(大英) 및 해외 성서공회 연례보고서는 이렇게 말하고 있다. "이 독립운동은 선교사들에게는 놀라움, 그것이었다. 아무도 그런 일을 예기하지 않았을 뿐만 아니라 한국인이 그런 일을 할 능력이 있다고는 꿈에도 생각해 보지 않았기 때문이다."[56]

그런데 선교사들이 절대적인 중립에 설 수밖에 따로 할 일이 없었던 세 가지 이유가 있다. 첫째, 독립운동을 우리들이 막을 수 없다는 것, 둘째, 그렇게 하면 한국교회의 원망을 사고 따라서 교회 문제에 대한 우리들의 영향력이 희소해진다는 것, 셋째, 본국 정부가 정치에는 선교사들이 참관하지 말라고 했다는 이유에서였다.[57]

쉽게 말하면 한국 내 선교사들은 일본에 협력할 수도 없고, 한국교회의 호소에 동행할 수도 없는 난처한 입장에 있었다. 이런 상황에서 게일(奇一) 선교사는 이렇게 기도했다.

하나님, 이 겨레로 하여금 싸워 이겨, 바라는 자유를 획득하게 하소서. 주께서는 일본이 훈족(Hun) 같이 잔학하고 불의 부정하며 또 이기적이고 비정한가를 아십니다. 감옥의 고문 틀에서 사무쳐 오르는 애소(哀訴)의 기도를 경청하옵소서. 폐허된 집터에서 도움 없이 애도(哀禱)하는 아내들과 어머니들의 기도를 들으소서. 이 백성 환난의 날에 돌보시고, 질고의 길에 손잡아 이끄소서. 일본으로 하여금 진실한 회개, 인도(人道)의 정도(正道)에로 이르도록 섭리하소서."[58]

---

56 *The Report of the British and Foreign Bible Society,* Vol. 106, 184.

57 *"The Korea Situation"*(三一運動秘史), 「기독교사상」(1966년 2월호), 122-123.

58 민경배, 『韓國基督教會史』, 319-320.

3 · 1운동에 대한 일본 교회의 반응

거족적인 항일 민족운동인 3 · 1운동에 대해 예수교인인 일본 교회는 어떤 반응을 보였을까? 한마디로 '일본적'이었다고 말할 수 있다. 일본의 재한 조합교회 한 교인은 정부가 더 강력한 무력으로 위압하라고 권했다. 우치무라 간조마저도 "미국인이 문제 삼고 있는 잔학 사건의 대부분은 쓸데없는 날조(신문기자인지 선교사인지 알 수 없으나)에 불과하다고 나는 확신한다"[59]라고 말했다.

심지어 복음주의 신학의 거두인 우에무라(植村正久)는 이런 말까지 하였다. "조선인의 단순하고 사랑스러운 기독교에 일본 기독교의 건전한 분자를 접종하면, 그 결과 양자가 서로 따로 있는 것보다 더욱 아름다워질 것은 의심할 여지가 없다. 조선에 가장 건전한 기독교를 부식하려면 반드시 일본 기독교가 협력해야 할 이유가 많다." 그의 말은 한국 기독교는 불건전하다는 뜻이다. 이 같은 '혈청요법의 전도론'은 망상이었다.[60]

그러나 일본 기독교의 범죄적 판단 오류는 인도(人道)라는 미명 아래 한국교회를 제국신민(帝國臣民) 교회화하려는 데에서 나타났다. 일본 감리교회의 전도국장 이시사까(石坂龜治)는 이런 말을 하였다.

내가 친히 시찰한 바로는 선민(鮮民)의 마음으로부터의 요구는 다만 폐하(陛下)의 적자(赤子)로서 애호되기를 바라는 데 있다. 인간으로서의

---

59 內村鑑三 日記, 1919년 7월 22일자. '3 · 1운동에 대한 일본 기독교의 반응'에 대해서는 양현혜,
  『근대 한 · 일 관계사 속의 기독교』, 118-126을 참조.
60 민경배, 『韓國基督敎會史』, 324.

자유가 부여되기를 바라는 데 있다. (…) 선교사들이 종교가로서 바라는 것도 제국헌법이 밝히 보장하고 있는 신교(信敎)의 자유에 있다. 소위 조선 독립 같은 것, 처음부터 그들의 문제(問題)한 바 아닌 것은 물론이다.

폐하의 적자란 무슨 망발인가. 여기서 우리는 일본 교회와 한국 교회의 교회 개념이 대립됨을 엿볼 수 있다. 하나는 이 땅 이 겨레에 정의와 진리가 실현된다는 의미에서의 교회였지만, 다른 하나는 그야말로 피압박 식민 교회를 충량한 제국 신민 교회로 변질시키려고 한 국수적 민족 교회였다.[61]

도히 아키오(土肥昭夫)는 3·1운동에 대한 일본 기독교의 굴절된 모습을 이렇게 말하고 있다. "와다세(渡瀨常吉)는 이 운동에 있어서 선교사뿐만 아니라 편협한 유대적 애국심에 사로잡힌 한국인 기독교인들의 작태가 포함되었다는 투의 말로 기독교인들의 3·1운동 참가를 부정적으로 보고 있다."[62]

3·1운동 과정에서 일본 측의 과잉 진압이나 제암리교회 사건이 대표되는 잔혹한 학살행위에 대해 일본 기독교계가 부분적인 예언적 기능을 발휘하고도 있으나 전체적으로는 3·1운동을 주도한 한국 기독교의 민족적 신앙 구조를 반박하고 있다. 이것은 입장의 차이를 넘어 신앙 내용 자체의 차이요, 엄청난 벽과 단절을 의미한다. 적어도 당시의 일본 기독교인들은 신앙적 결단과 그 고백적 증거로서 표현되는 한국 기독교인들의 민족독립의 참여 신앙을 거의 이해하

61 위의 책, 325.
62 도히 아키오, "3.1 독립운동과 일본기독교," 「기독교사상」 (1990. 4.), 119.

지 않았고, 나누어 공감할 수 없었다. 이 시기를 고비로 철저한 굴절적인 만남의 구축은 일제 말기에 이르기까지 일본 기독교의 한국에 대한 태도였다.[63]

3·1운동과 한국 개신교

한국 개신교가 3·1운동에 적극 참여한 것은 민족사적으로 대단히 중요한 의의를 갖는다. 민경배는 이렇게 말한다.

교회가 3·1운동에 (…) 운명을 다 걸면서까지 추구한 것은 민족의 독립, 그것이었다. 선과 악의 표준을 헤아리고, 정의의 실현을 위해 일제의 통치에서 벗어나는 날의 도래(到來)를 외친 것이 아니었다. 사생결단의 독립이었다. '朝鮮은 언제든지 朝鮮 사람의 朝鮮이 되게' 하는 것이었다. (…) 다른 하나, 주목해야 할 사실은 한국교회가 어려운 학정 아래서도 겨레의 미래에 대한 소망과 그 지속을 한때도 상실하지 않고 있었다는 점이다. 그런데 선교사들은 현세의 정세에 더 착안하였음이 분명했다. 보는 눈이 역사나 민족의 먼 장래보다는 바로 목전의 차원에 고정돼 있었던 것 같았다. (…) 짧은 안목이 흠이었다. 이들도 '영속적인 희망' 그것이 이 민족의 독립임을 알고는 있었다. 그러나 그것이 실현 가능한 것이라고 본 흔적은 없었다. 바로 이 희망을 품고 민족의 대망에 사라지지 않는 정열을 안겨주었던 것이 교회요, 따라서 이때 교회는 민족의 얼과 그 힘의 맥(脈)이었고 그리고 이미 그 토착 이후 민족사에서 실현해 오고 있었던 민족의식의 결정(結晶)과 그 표현의 무대였다. 희망이 뭉쳐지는

---

63 서정민, "한일 기독교의 역사적 성격과 과제," 『역사속의 그: 韓·日 基督教史論』, 133.

장소였다. (…) 이처럼 교회는 겨레의 정서나 그 심골을 마무려 표출한 곳을 잡아주고, 그것을 언어화(言語化)하는데, 유례없는 통로로서의 소임을 맡아 구현(具現)하고 있었다. 대저 교회 없이 3·1운동은 전국적인 폭발에 이르기 어려웠다.[64]

그리스도인들의 3·1운동 참여는 그리스도교를 외래 종교라 하여 비판적으로 보거나 백안시하던 일반인들의 인식을 바꾸어 놓았다. 당시 그리스도인들이 선봉에 서서 나라와 민족을 위해 당한 핍박과 희생을 목격한 민중들은 그들에 대한 반감을 거두고 오히려 존경하게 되었다. 3·1운동을 통해 그리스도교가 민족종교로 인정받게 된 것이다. 1920년 감리교 평양지구 선교사 무어(J. Z. Moore)는 이렇게 말했다. "독립운동, 그 결과가 무엇이든, 그것은 조선 민중의 마음과 심정을 열어주었다. 지난 50년의 평범한 날들이 못했던 일을 한 셈이다. 새날이 다가왔다."[65]

3·1운동은 1920~30년대 한국교회의 신앙 양태에 큰 영향을 미쳤다. 3·1운동 이후 한국교회의 대표적인 신앙 양태는 두 흐름으로 전개되었다. 하나는 초월적 신비주의 신앙 양태이고, 다른 하나는 현실적 계몽주의 신앙 양태다. 전자는 김익두(1874~1950), 길선주,[66] 이용도(1901~33) 목사[67] 등 주로 부흥사들에 의해 주도되었

64 민경배, 『韓國基督敎會史』, 322-324.

65 한국기독교사연구회, 『한국 기독교의 역사 II』, 40-41.

66 길선주 목사는 40년 교역생활 중 설교 2만여 회, 청강자 380여만 명, 세례자 3천여 명, 개종자 7만여 명을 냈고, 김익두 목사는 한국과 만주, 시베리아에 걸쳐 부흥회 776회, 설교 2만 8천여 회, 교회 설립 150여 개, 신유 기적 체험자 1만여 명, 회개 및 개종하고 목사된 자 2백여 명을 냈다. 전택부, 『한국교회 발전사』, 227-331.

67 이용도 목사는 3·1운동 때 송도고보 학생 신분으로 만세운동에 참여했다가 2개월간 구금되었다.

다. 초월적 신비주의적 신앙 양태는 일제 말기에 접어든 1930년대에 재림과 종말 신앙으로 발전하면서 한국교회의 현실도피적인 내세 신앙으로 정착하는 계기가 되었다.

또 다른 방향은 일제의 한국 지배라는 현실을 극복해 보려는 현실적 시도로 계몽주의적 신앙 양태를 들 수 있다. 상당수의 교회 지도급 인사들은 3·1운동의 실패 원인을 민족의 독립 역량 부족으로 인식하고 적극적인 항일투쟁보다는 민족계몽운동을 통해 민족의식을 고취하고 독립 역량을 향상시킨다는 취지 아래 계몽주의 노선을 택하였다.

'민족개조론'의 입장에서 교육·문화·사회 계몽운동을 추진하였는데, 이들의 궁극적 목표는 그리스도교 정신으로 민족과 나라를 '개조'한다는 것이었다. 그리하여 20~30년대 한국교회는 농촌계몽운동, 문맹퇴치운동, 절제운동, 야학운동, 문서운동, 여성계몽운동 등을 적극 추진하게 되었다. 이처럼 한국교회는 3·1운동을 체험한 후 그 체험을 바탕으로 새로운 신앙 운동을 모색했다.[68]

'대한민국 임시정부'(임정) 출범

3.1독립만세운동은 외견상 아무런 성과 없이 실패로 끝난 운동으로 보인다. 그러나 그 함성은 독립을 위한 꿈을 심은 것이고, 희생

1920년에도 '기원절 사건'에 연루되어 다시 체포되는 등 1924년 봄 감리교 협성신학교에 입학하기까지 무려 네 차례에 걸쳐 도합 3년 이상 감옥살이를 했던 민족주의자였다. 한국기독교사연구회, 『한국기독교의 역사II』, 187-190. '이용도 목사'에 대해서는 민경배, "이용도의 신비주의-내면화의 신앙과 그 여운," 『韓國基督敎會史』, 386-395를 참조.
68 한국기독교사연구회, 『한국 기독교의 역사II』, 41.

의 씨앗을 뿌린 것이다. 대한민국 임시정부는 저절로 된 것이 아니다. 우리 민족 스스로 "우리 조선은 독립국임과 조선인의 자주민임을 선언"하고, 당시 2천만 동포 가운데 2백만 동포가 목숨을 건 독립만세운동으로 분출된 결과로 이루어진 것이다.

그러니까 임정은 3.1독립운동과 떼려야 뗄 수 없는 관계다. 임정은 3.1독립운동으로 성립되었고, 따라서 임정은 3.1독립운동의 옥동자요 계승자다. 대한민국 헌법 전문에 새겨진 "우리 대한국민은 3·1운동으로 건립된 대한민국 임시정부의 법통을 계승"한다고 하는 생생한 이유도 바로 여기에 있다.[69]

3·1운동이 발발하자 국내·외 각지에서 임시정부 수립이 추진되었다. 임정 수립 운동은 노령·상해·서울 등 세 지역을 중심으로 진행되었다.

첫째, 최초의 임시정부 수립은 1919년 3월 21일, 러시아령 연해주 블라디보스토크에서 결성된 '대한국민의회'이다. '노령 임시정부'라 불리는 '대한국민의회'는 주로 무장투쟁을 기반으로 하는 독립운동가들이 중심이 되어 만들어진 단체다.

둘째, 세칭 '한성정부'는 서울과 인천에서 국민대회까지 열면서 만들어진 정부다. 구체적으로 민의가 발휘되었기 때문에 가장 강력한 정통성을 가지고 있었지만, 현실적으로 국내에서 정부 조직 활동을 하는 건 불가능했다. 결국 일제의 탄압으로 국민대회를 열지 못하고 취지서와 선포문만 살포하고 말았다.

셋째, 4월 11일 상하이(上海)에서 임시정부가 수립되었다. 신용하는 이 세 임시정부 중 "상하이 대한민국 임시정부는 '의정원'과 '행

---

69 김용달, 『대한민국 임시정부: 그 100년의 역사』, 13-17.

정부'를 모두 갖춘 국가 기구상 가장 완비된 임시정부였으며, '헌법'
도 '임시헌장'의 형식으로 러시아령 대한국의회의 '결의문'이나 한성
정부의 '약법'보다는 상대적으로 잘 갖춘 것이었다"[70]고 평가했다.

그런데 임시정부 수립 과정에서 사실상의 식민 지배인 위임통치
를 미국 대통령 윌슨에게 청원한 이승만 박사를 임시정부의 수반으
로 앉힐 수 없다는 거센 비판이 제기되었다. 신채호가 "이승만은 위
임통치를 제창하던 자이므로 국무총리로 신임키 불능하다"며 "이승
만은 이완용보다 더 큰 역적이다. 이완용은 있는 나라를 팔아먹었지
만, 이승만은 아직 나라를 찾지도 전에 팔아먹은 놈"이라고 강하게
비난하였다.[71]

앞선 3월 3일, 이 박사는 미국 윌슨 대통령에게 조선을 '위임통치'
하여 달라는 청원서를 제출한 바 있다. 비록 "조선의 완전한 독립을
보장한다"는 단서를 달기는 하였으나 "조선을 국제연맹의 위임통치
아래에 두는 조치" 등의 내용 때문에 식민 통치를 자처했다는 비판이
제기돼왔다. 이 박사의 위임통치론이 임정 수립 과정에서 자격 논란
으로 비화한 셈이다. 그럼에도 이 박사가 임시정부의 초대 총리로
추대되었다는 사실은 외교독립론의 기대가 만연한 상해에서 아직
위임통치 청원 문제는 큰 논란거리로 부각되지 못한 것으로 해석할
수 있다.[72]

---

70 신용하, 『일제 강점기 한국민족사(상)』, 328.

71 이때 이승만을 추대하는 1919년 9월부터 신채호는 임시정부와 결별하고 반 임시정부 활동을 전개
하였다. 그해 10월 상해에서 이승만 선출을 반대하는 동지들과 주간신문 「신대한」을 창간하여,
그 주간으로서 임시정부를 맹렬히 비판하고 공격하였다. 연갑수, "비타협적인 민족혁명가, 단재
신채호," 54.

72 오승훈 외, 『백투더 1919』, 317-319. 이승만은 자신의 책임은 외면한 채 활동 무대를 상하이에서
하와이로 옮겨버리는 무책임한 행동으로 일관했다. 임시정부는 1923년 국민대표회의를 열어

마침내 국회인 임시의정원을 구성하여 국무총리 이승만, 내무총장 안창호, 외무총장 김규식, 군무총장 이동휘 등을 각원으로 선출하여 성립했다. 여기서 중요한 결정은 국호를 '대한민국'으로 채택했다는 사실이다. "빼앗긴 국가를 되찾는다는 뜻에서 경술년에 잃어버린 국호인 대한제국에서 '대한'을 도로 찾아 사용하되 정치 체제는 '제국'이 아닌 '민국'을 지향한다는 뜻을 담은 것"이다.[73]

이렇게 난립한 세 임시정부를 통합하는데 빛나게 헌신한 인물이 있었으니 바로 도산 안창호다. 우선 국정을 운영하려면 조직과 인물과 자금이라는 삼박자가 갖추어져야 한다. 임시정부는 조직과 인물은 어느 정도 구비되었으나 문제는 자금이었다. 이를 해결한 인물이 바로 안창호다. 안창호의 헌신적 수고로 마침내 통합 임시정부가 출범하게 되었다.

9월 11일, 임시정부는 신헌법과 신내각의 성립을 공포하였다. 위치는 외교 활동을 하기에 유리한 상하이[74]로 정해졌다. 초기 임시정부는 대통령 이승만, 국무총리 이동휘, 노동국총판 안창호 등 세 인물이 이끌었기에 '삼각정부'(三脚政府)로 불렸다. 그런데 이들 세 사람은 출신 배경, 독립운동 노선, 활동 기반, 국제관계에 대한 인식, 리더십 스타일에서 크게 대비되는 사람들이었다.

이승만은 황해도 평산 출생의 몰락한 왕족 후예였고, 이동휘는 함남 단천의 한미(寒微)한 아전 집안 출신이었고, 안창호는 평남 강

임정 개혁을 논의했지만, 성과를 거두지 못하고 해산한 뒤 20년간 무기력 상태를 벗어나지 못했다. 다만 김구의 헌신적인 노력으로 명맥을 유지할 수 있었다. 최용범, 『하룻밤에 읽는 한국사』, 299.

73 오승훈 외, 『백투더 1919』, 313.

74 더 자세한 설명은 심용환, 『단박에 한국사: 근대편』, 337-341을 참조.

서의 평범한 농민 출신이었다. 그리고 이승만과 달리 이동휘와 안창호는 전통적인 차별 지역인 함경도와 평안도의 평민 출신이었다. 이 같은 지역적·출신적·신분적 차이에도 불구하고 이들 간에는 공통점이 있었다. 모두 조선왕조 말기에 태어난 민족운동 1세대로서 어린 시절 유학을 공부했고, 서구 문명과 그리스도교를 적극 수용한 사람들이었다.

하지만 1910년 나라가 주권을 상실한 이후 세 지도자들의 세력 기반과 독립운동 노선의 차이는 뚜렷해졌다. 이승만은 미국 하와이를 근거로 활동했고 미국식 공화제를 선호한 친미(親美) 외교론자였다.[75] 안창호는 미주 서부 지역을 활동 무대로 삼았고 역시 공화제를 선호했으나 외교에 의한 독립 달성에는 회의적이었다. 그는 실력 양성을 통해 독립전쟁 준비를 추구했다. 이동휘는 러시아와 북간도 지역을 지지기반으로 하였고 그리스도인이었지만 사회주의자로 전환한 이후에는 신흥 소련 정부의 지원과 협력을 바탕으로 무장투쟁에 의한 독립 달성을 목표로 했다.

정치이념적으로 보면 이승만과 안창호는 우파, 이동휘는 좌파에 속한 인물이었다. 세 사람은 모두 주권을 찾고자 노력한 독립운동가였지만, 이승만은 권력 지향의 정치가, 안창호는 조직 관리에 능한 조직가, 이동휘는 현실타파형의 혁명가였다.

통합 임시정부는 몇 개의 망명정부를 통합하는 성격을 띠었다. 만주, 미주, 연해주, 중국 관내 그리고 국내 인사들이 합류했으며, 복벽(復辟) 노선(군주정을 회복하려는 노선), 외교 노선, 무장투쟁 노

---

75 '우남(雩南) 이승만'에 대한 자세한 설명은 정병준, "이승만, 반공 건국과 분단 독재의 카리스마," 182-205; 김순덕, "다시 본 이승만의 삶과 활동," 133-154를 참조.

선, 실력 양성 노선 등 여러 노선을 추구한 세력들로 이루어졌다. 그리고 그 정체는 공화주의였다. 곧 군주제를 폐지하고 주권재민의 국민국가를 지향했다. 또 국명은 대한제국을 승계하되 정체에 따라 제국(帝國)이 아닌 민국(民國)을 내걸었다.[76]

임시정부에 대한 국내외의 기대와 열기는 대단히 높았다. 하지만 이질적 이념집단이 참여하고 각기 다른 노선을 가진 인사들이 결합한 탓으로 각자 패권을 잡으려고 하거나 주도권을 놓고 갈등을 빚었다. 무장투쟁 노선과 외교 노선으로 갈라졌으며, 고질적인 기호·서북 등 지방색과 양반·상놈 등 신분 갈등도 곁들어지면서 심각한 내홍을 겪어야 했다. 이때 큰 역할을 한 인물이 신규식(1879~1922) 선생이다.

신규식은 임시정부의 위기에서 헌신적인 노력을 한 사람이다. 1921년 5월 이승만이 하와이로 떠나자 신구식은 국무총리 대리를 맡았다. 이후 법무총장, 외무총장까지 함께 맡으면서 태평양회의 등을 위해 쑨원이 이끌던 광둥 정부에 각별한 노력을 기울이면서 자신이 직접 광둥에 특사로 다녀오기도 했다. 이 시기에 신구식은 사실상 임정의 전권을 장악하면서 홀로 여러 위기를 대처해 나갔다.

하지만 태평양회의는 아무런 성과 없이 끝났고, 임정의 갈등은 날로 심각해 갔다. 그런 가운데 신규식은 1922년 3월 말 임정을 사직했다. 병세가 매우 심각한 상태에서 임정의 심각한 내홍을 겪는 모습을 보면서 단식에 돌입했다. 음식과 약을 끊고 급기야는 입마저 닫아버렸는데, 이렇게 20여 일을 계속하다가 결국 순국했다.

마지막 순간에 '정부, 정부'를 되뇌이다가 숨을 거둔 신규식은 임

76 강준만, 『한국근대사산책 6』, 196-197.

정의 혼란기에 정부를 일으켜 세우고자 온몸으로 노력했다. 그가 없었다면 임시정부가 해방 때까지 생존할 수 있었을까.[77] 그런 의미에서 신규식의 헌신을 기억할 필요가 있다.[78]

대한민국 임시헌장이 갖는 의미

이질적인 이념집단으로 구성되었기에 임시정부는 많은 문제를 안고 있었지만, 임정이 갖는 역사적 의의는 이루 말할 수 없이 컸다. 특히 임시의정원이 선포한 '대한민국 임시헌장'은 우리 역사에 일대 전기가 아닐 수 없다. 전문 10조로 된 주요 내용을 보도록 하자.

제1조 대한민국은 민주공화제로 한다.

제2조 대한민국은 임시정부가 임시의정원의 결의에 의하여 통치한다.

제3조 대한민국의 인민은 남녀, 귀천 및 계급이 없고 일체 평등하다.

제4조 대한민국의 인민은 종교, 언론, 저작, 출판, 결사, 집회, 통신, 주소 이전, 신체 및 소유의 자유를 가진다.

제5조 대한민국의 인민으로 공민 자격이 있는 자는 선거권과 피선거권 이 있다.

제6조 대한민국의 인민은 교육, 납세 및 병역의 의무가 있다.

---

77 심용환, 『단박에 한국사: 근대편』, 346. 친일 잔재의 청산이나 분단극복의 문제 등에 대한 임시정부의 핵심적인 정책들은 해방 이후의 대한민국에서 계승되지 못했다. 임시정부로부터 인물의 계승은 물론이고, 정책의 계승도 하지 못했다. 더 자세한 설명은 한홍구, "대한민국의 법통을 말한다: 다시 생각하는 임시정부의 정통성 계승론," 『대한민국史』, 38-49를 참조.

78 민족 사랑의 참된 리더십을 보여준 신규식 선생처럼, 유대인 디아스포라로서 무너진 예루살렘 성벽을 재건하며 참된 리더십을 보여준 느헤미야에 대해서는 박호종, 『느헤미야: 무너진 인생의 성벽을 재건하라』를 참조.

제7조 대한민국은 신(神)의 의사에 의해 건국한 정신을 세계에 발휘하여
　　　나아가 인류 문화 및 평화에 공헌하기 위해 국제연맹에 가입한다.
제8조 대한민국은 구 황실을 우대한다.
제9조 생명형, 신체형 및 공창제(公娼制)를 전부 폐지한다.
제10조 임시정부는 국토 회복 후 만 1개년 내에 국회를 소집한다.

대한민국 임시헌장은 우리나라 최초의 근대 성문헌법이다. 제1조에 명시된 "대한민국은 민주공화제로 한다"는 대한민국의 정체이자 국체이다. 이 선언은 당대의 기준으로는 매우 독창적인 선언이 아닐 수 없다. 서양 국가들의 헌법에서도 그리고 중화민국의 헌법에서도 찾아볼 수 없는 표현이었다. 또한 30년 전 일본에서 제정된 메이지헌법은 천황을 중심으로 한 '입헌군주제'를 채택하였다.

그런데 임시정부가 '(군)왕의 나라'가 아닌 '국민의 나라', 즉 주권이 왕이 아닌 국민에게 있다는 국민주권주의에 입각한 '민주의 나라'를 선포한 것은 반만년 우리 역사에서 가장 큰 전환점을 이루는 놀라운 사건이 아닐 수 없다.

대한민국 임시정부가 정체로 민주공화제를 채택함으로써 고조선 건국 이래 반만년 지속된 전제군주 국가가 사라지고 민주공화제 국가가 새롭게 성립하게 된 것이다. 이로써 우리나라는 왕국(제국)에서 민국으로, 봉건국가의 신민(臣民)에서 근대국가의 국민으로, 나아가 무권리의 백성에서 주권을 가진 시민으로 거듭나게 되었다.

임시헌장을 보게 되면 제10조에 나오는 '국회'라는 단어가 오늘날 사용하고 있는 대한민국 국회의 기원이다. 그리고 자유민주주의 국가라면 응당 갖추어야 할 자유권(제4조)과 선거권(제5조) 등이 포

함되었고, 의회가 국가 운영의 주체임을 명시(제2조)하고 있다. 동시에 민족 구성원의 신분적, 경제적 '일체 평등'(제3조)을 강조하고 있다.[79]

마침내 한민족에게 의회가 만들어지고, 법적 절차를 통해 헌법이 만들어졌다. 모든 역사가 그렇듯이 이는 거저 이루어진 것이 아니다. 여기에 이르기까지 얼마나 많은 희생과 오랜 고투와 고뇌의 시간이 있었는지 모른다. 그런 의미에서 우리는 이분들에게 진정으로 감사하는 마음을 잊지 말아야 할 것이다.

임정과 관련하여 여기서 한 가지 주목해야 할 사실은 '임시사료편찬회'를 설치한 사실이다. 역사 편찬의 이유 가운데 하나는 과거의 사실을 현재나 미래의 교훈으로 삼기 위함이다. 그래서 역사는 과거로부터 미래를 비추는 빛이자, 현재의 자기를 이해할 수 있는 거울이다. 현재의 자기를 인식하는 잣대로, 바람직한 미래를 지향하는 가늠자로 역사는 반드시 필요하다는 말이다.

단재 신채호는 역사의 중요성을 "유사유국(有史有國)이요, 무사무국(無史無國)"이라고 했다. 한마디로 "역사가 있으면 나라가 있고, 역사가 없으면 나라가 없다"는 것이다. 제2차 세계대전을 승리로 이끈 윈스턴 처칠(W. Churchill)이 회고록에서 "역사를 잊은 나라에는 미래가 없다"고 말했다. 여기에 더하여 고난의 역사를 잊은 민족에게는 오직 절망만 있을 뿐이다.

임정도 국가이자 국내외 동포들과 함께 새로운 역사를 만들어가는 정부였다. 그래서 임정의 수립 이유와 당위성, 나아가 임정 수립 전후 국내외 동포들과 함께 만들어 온 역사를 기록할 필요가 있었다. 이것이 바로 임정이 1919년 7월 7일 임시사료편찬회를 설치한 이유

---

79 심용환, 『단박에 한국사: 근대편』, 341-344.

이다.[80]

일제하 '실력양성운동론' 및 자치론

한말과 일제하에서 뜻있는 사람들은 나라의 자주독립을 위해 애썼는데, 이것을 '실력양성운동론'이라고 부른다. 박찬승은 그 전개 과정을 4단계로 나누었다. 한말 보호국 치하에서 '외세 지배하에서의 실력양성운동론'이 처음 대두된 자강운동 단계, 1910년대 신지식층에 의해 실력양성운동론이 보다 이론화되는 단계, 1920년대 초반 실력양성운동론의 논리가 보다 완결되고 현실 속에서의 실행에 옮겨진 문화운동 단계, 1920년대 중반 실력양성운동론의 타협적 경향이 크게 강화된 자치운동 단계가 그것이다.

한말 보호국하에서 자강운동론은 크게 네 계열로 나누어 볼 수 있다. 첫째, 윤효정 등 헌정연구회계 인사와 권동진·오세창 등 천도교 인사, 정운복·최석하 등 서북학회계 인사 등 권력지향적 속성을 가진 '대한협회 계열', 둘째, 장지연·박은식·남궁억·류근 등 유교개혁론 입장의 '황성신문 계열', 셋째, 양기탁·신채호·장지연 등 '국수보전'(國粹保全)을 강조하는 '대한매일신보 계열', 넷째, 윤치호·안창호·이승훈·최광옥 등 실력양성을 통한 국권 회복을 가장 강조하고 또 인격 수양의 측면도 아울러 강조하는 '청년학우회 계열'이 그것이다.[81]

한편, 1919년 3·1운동이 실패로 끝나자 민족주의 운동은 1910

---

80 김용달, 『대한민국 임시정부: 그 100년의 역사』, 70-71.

81 '네 계열이 갖고 있던 각각의 현실 인식과 자강운동론'에 대해서는 박찬승, 『한국근대정치사상연구』, 367-384를 참조.

년대의 실력양성운동을 계승하여 경제적·문화적인 실력양성운동과 민족 개조를 통한 신문화 건설을 목표로 한 문화 운동으로 전개되었다. 1920년대 전반 문화 운동이 대두하게 된 배경에는 첫째, 3·1운동 이후 각종 외교 운동의 좌절, 둘째, 사회진화론의 재대두와 이 시기 국내에 소개된 개조론·문화주의·강력주의 등 각종 외래 사조의 영향, 셋째, 일제의 산업정책과 민족자본의 동요 등을 들 수 있다.[82]

이 시기 기독교 민족주의자들은 사회주의 세력과 해외 무장투쟁 세력들과 더불어 독립운동의 중요한 흐름을 이루었다. 3·1운동에 활발하게 참여했던 개신교 세력은 호남의 대지주층을 중심으로 한 동아일보 계열, 천도교 계열과 더불어 당시 민족주의 운동의 주요한 부분을 담당했다. 그들은 3·1운동 이후 1920년대 실시된 조선총독부의 소위 '문화통치'의 틈새를 이용하여 새로운 단체를 구성하여 세력을 재규합해 갔다.[83]

안창호의 흥사단의 국내 조직으로 이광수를 중심으로 한 '수양동맹회'와 김동원을 중심으로 한 '동우구락부'가 결합된 '수양동우회'가 있다. 여기에는 김윤경, 정인과, 조병옥, 김동원, 이윤재, 주요한, 박현환, 이대위, 송창근, 김성업 등 서북지방의 장로교 인사들이 참여했다. 그리고 이승만을 중심으로 한 '흥업구락부'가 있는데, 여기에는 이상재, 신흥우, 구자옥, 유억겸, 이갑성, 안재홍, 윤치호, 유성준, 박동완, 오화영, 홍종숙, 장두현, 김영섭, 정춘수, 신흥식, 신석구 등 YMCA[84]를 활동 무대로 하는 기호 지방 출신의 개신교 인사들이 참

82 양현혜, 『근대 한·일 관계사 속의 기독교』, 167-168.
83 위의 책, 166-167.

여했다.[85]

　수양동우회와 홍업구락부는 각기 안창호와 이승만으로 대표되는 평안도 지방과 기호 지방의 인사가 중심이 되었다는 점에서는 차이가 있었지만, 모두 미국 유학 경험을 통한 서구 지향적 가치관을 가진 개신교 인사들이 중심이었다는 점에서는 공통점을 가지고 있었다.[86]

　한편, 3·1운동 직후부터 자치론이 등장했다. 일제 지배하에서 자치운동은 "현재로서는 독립이 불가능하므로 독립의 기회에 대비한 준비가 필요하다"는 '준비론' 그리고 "독립에 도달하는 한 단계로서 자치권을 획득하는 것이 필요하다"는 '단계적 운동론' 등을 내세우고 있었다. "자치론자들은 비록 '실력양성 우선론', '단계적 운동론'의 이름으로 자치운동을 합리화하였지만, 당시 민족주의 좌파 측에서 지적하듯이 그것은 어디까지나 명백히 독립운동으로부터 일보 후퇴한 자치운동의 타협성을 은폐하기 위한 명분에 지나지 않은 것이었단다.[87]

　최린과 이광수 등은 자치론에 빠져들면서 민족주의 진영에서 이탈하였다. 이에 안재홍(1891~1965), 김병로(1887~1964) 등 비타협적 민족주의 노선은 새롭게 등장한 사회주의 독립노선과 연대하

---

84 1903년에 창립된 YMCA는 이상재, 윤치호, 김정식, 김규식, 이승만 등이 주요 간부로 참여하면서 '독립협회의 계승자'로 인식되었다. 민중과 유리된 지식층 위주로 점진적·개화자강적 노선을 지향했다는 한계는 있었지만, 보수적인 선교사들의 주도하에 한국 개신교가 정치 불간섭적인 입장으로 기울던 시점에서 기독교 현실 참여의 조직적·사상적 기반을 제공했다는 긍정적 측면이 적지 않다. 대한 YMCA연맹, 『한국YMCA운동사』, 로출판, 1986 참조.

85 양현혜, 『근대 한·일 관계사 속의 기독교』, 167-169.

86 김상태, "1920~1930년대 동우회 홍업구락부 연구," 「한국사론」 제28호, 211.

87 더 자세한 설명은 박찬승, 『한국근대정치사상연구』, 380-384를 참조.

며 신간회를 창립하는 등 새로운 방향을 모색하였다. 자치론을 주장했던 이들은 1930년대로 들어서면서 사실상 모두 친일파로 전락하였다. 그래서 이 시기를 '문화통치기'라는 말과 함께 '민족 분열통치기'라고도 한다.[88]

일제의 '문화통치'와 그 기만성

3·1운동에 놀란 일본 정부는 큰 낭패에 빠졌다. 그 충격 때문에 제1대 총독 데라우치 총독은 그해 11월 3일 급사했고, '105인 사건'의 저 악명 높은 아카시 겐지로(明石元二郞)는 10월 24일에 이미 죽었다.[89] 일제는 3·1운동 이후 무자비한 탄압정책이 갖는 한계를 인식하고 이른바 회유동화(懷柔同化)의 '문화통치'로 전환하고, 종래의 채찍에 의한 동화정책을 대신하여 당근과 채찍을 병용하고자 했다.

그러나 다이쇼 시대의 민본주의를 대표하는 지식인 '요시노 사쿠조'(吉野作造)는 1921년에 이에 대해 아주 적절히 표현했다. "일본 정치가의 조선에 대한 동화정책만큼 우매하고 기괴한 것은 없다. 동화정책이라고 말하면서도 실은 일본인과 똑같은 사람이 되라고 하는 것이 아니라 일본인이 지시하는 대로 따르는 사람이 되라"고 말하는 것이다.

1919년 8월 12일 하세가와 요시미치의 뒤를 이은 제3대 조선 총독으로 사이토 마코토(齊藤實)가 임명되었다. 일본의 군벌들은 원칙적으로 조선 총독을 육군 대장으로 임명하는 것을 하나의 불문율

---

88 심용환, 『단박에 한국사: 근대편』, 262.
89 민경배, 『韓國基督敎會史』, 320.

로 삼았지만, 사이토만이 유일하게 해군 대장 출신이었다.[90]

사이토는 9월 10일 헌병경찰제의 폐지, 조선인의 관리 임용 및 대우 개선, 언론 집회 출판의 고려, 지방자치 시행을 위한 조사 착수, 조선의 문화와 관습 존중 등을 시정방침으로 밝혔다. 이러한 회유책은 일제의 폭력성을 은폐하려는 의도였다.

시정방침 발표 이후 나온 사이토의 다음과 같은 발언들은 '문화통치'의 본질이 무엇인지를 잘 말해준다. "조선의 문화와 관습을 존중하고, 문화적 제도의 혁신으로써 조선인을 유도하여 그 행복과 이익 증진을 도모할 것이다. (⋯) 총칼로 지배하려는 것은 그 순간의 효과밖에 없다. 남을 지배하려면 철학과 종교와 교육 그리고 문화를 앞장세워서 정신을 지배해야 한다. 이 땅의 어린이들을 일본인으로 교육하겠다. 황은(皇恩)에 감읍하도록 조선 민중에게 온정을 베풀어야 한다. 그들을 세뇌시켜야 한다. 이것이 나의 문화정책이다."[91]

명목상으로는 문화정치를 표방했지만, 지배 정책의 본질이 바뀐 것은 결코 아니었다. 그러한 사실을 잘 나타내 주는 것이 경찰 수와 예산의 급격한 증가로 알 수 있다. 경찰서는 1918년에는 751개였는데, 1920년에는 2,761개소로 급증했다. 경찰 인원도 1918년에는 5,400여 명이었지만 1920년에는 18,400여 명으로 급증했다. 당연히 경찰 예산도 급증해서 1920년대 초 조선총독부 전체 교육 예산과 산업 예산을 합한 금액의 7배 이상에 이르렀다. 1925년 '치안유지법'을 공포한 이후에는 헌병 대신에 사상 사건만을 전담하는 고등 경찰이 민족 해방운동을 탄압하는 데 주역이 되었다.[92]

---

90 강준만, 『한국근대사산책 6』, 208.
91 이범경, 『한국방송사』, 108.

일제는 문화통치 정책에 따라 한국인이 발행하는 민간신문을 허용하였다. 그리하여 1920년 1월 6일 총독부는 「동아일보」, 「조선일보」, 「시사신문」 등 3개 신문을 허가했다. 1920년 3월 6일 「조선일보」가 먼저 창간되었다. 「조선일보」는 '신문명 진보의 주의'를 사시로 내걸었는데, 이는 뒤떨어진 새 문명을 발달시켜 향상시키겠다는 것으로 일제 문화정치의 구호와 상통하는 것이었다.

1920년 4월 1일에 창간된 「동아일보」는 「조선일보」와 달리 민족지를 자처하면서 "조선 민중의 표현기관지임을 자임하노라", "민주주의를 지지하노라", "문화주의를 제창하노라" 등과 같은 3대 주지(主旨)를 밝혔다. 또 전국 13도의 자산가 유지들을 발기인으로 삼는 등 제법 민족지로서의 형식도 갖추고자 했다. 「동아일보」는 그 주지(主旨)와 전국적인 주식모집으로 해서 다른 두 민간신문을 제쳐놓고 처음부터 국민에게 민족지로서 부각되었다.[93]

일제의 '친일파' 육성

친일파란 단지 일본에 우호적이고 일본 문화를 찬양·동조하는 자를 가리키는 말이 아니라 주로 반민족 행위자 또는 민족 반역자를 가리키는 말이다. 특히 강제 징용이나 징병으로, 일본군 위안부로 수많은 사람이 죽음의 현장으로 내몰리고 있을 때 앞장서서 일본을 대변하고 그들의 편을 들면서 자신의 이익과 출세를 얻은 사람들을 가리킬 때 사용하는 말이다.[94]

---

92 김정인 외, 『한국근대사 2: 식민지 근대화와 민족해방운동』, 117.
93 최민지·김민주, 『일제하 민족언론사론』, 47-51.

친일파는 역사적으로 크게 보아 세 단계를 거치면서 형성되었다. 처음에는 러일전쟁 전후로부터 보호조약, 병합조약에 의한 국권 상실 시기에 솔선하여 매국 행위를 수행한 일진회의 멤버 및 병합 후 총독부에 매수된 귀족·관료·양반 유생들이다. 두 번째는 3.1독립운동의 발생에 놀란 일본이 사태수습을 위해 민족분열정책을 취하면서 적극적으로 포섭한 민족자본가 및 지식인, 종교인 등이다. 세 번째는 중일전쟁 개시로부터 태평양전쟁 종료에 이르는 시기에 일본의 전쟁 협력 요구에 적극적으로 응한 문학자·지식인 그리고 이 무렵 급증한 조선인 출신의 행정관리·군인·경관 등이다.[95]

3·1운동 이후 일제가 가장 중점을 둔 사업은 친일파[96]를 적극 육성하여 조선인 사이의 분열을 도모하는 것이었다. 일제는 식민지 지배의 기본 원칙으로 동화주의·내지연장주의를 내세웠다. 그리고 일제는 조선인의 독립 의지를 약화시키기 위해 친일파를 적극 활용했다. 미끼는 자치권과 참정권이었다. 조선총독부는 수시로 조선인에게 자치권이나 참정권을 줄 것처럼 선전했다. 친일파는 일제의 기만술에 현혹되어 3·1운동 이후 공공연하게 정치 세력화를 도모하고 본격적인 친일 정치 활동을 벌였다. 거기에는 크게 두 흐름이 있었는데, 하나는 참정권 청원운동이고, 다른 하나는 자치론이었다.

참정권 청원운동은 일제의 식민 통치를 인정한 상태에서 참정권

---

94 김정인 외, 『한국근대사 2: 식민지 근대와 민족해방운동』, 247.

95 윤건차, 『韓日 근대사상의 교착』, 272-273.

96 임종국은 이렇게 말했다. "3·1운동은 우리 민족사에서 친일과 반일을 가르는 분수령이 되고 말았다. 만세를 배역한 친일 귀족·매판자본가·예속 지주·친일 관료·어용 종교인·직업적 친일분자·지식 계층 일부는 이후 두 번 다시 저항의 노선으로 돌아오지 않았다. 날로 예속을 더함으로써 민중적 저항노선에 배역하는 길을 걸었던 것이다. 임종국 / 반민족문제연구소 엮음, 『실록 친일파』, 97.

을 요구한 운동으로, 이는 일제가 민족운동 세력을 분열시키고 친일파를 양산하는 데 이용한 전략이었다. 조선인도 일본 의회에 진출해야 한다는 것을 목표로 내걸었던 이 운동은 내지연장주의를 내건 일본 정부의 입장과 일치하는 것이었다. 참정권 청원운동은 대개 일부 친일파가 일본 중의원에 청원을 하면 중의원에서는 이를 채택하되 일본 정부가 민도(民度)의 차이에 따른 시기상조론을 내세워 수용하지 않는 방식으로 진행되었다.

또한 자치론은 조선 의회 설립을 목표로 하고 있었다. 자치론에서 자치의 주체로 설정된 것은 조선총독부가 인정하는 정치 세력, 곧 친일파였다. 이때 자치란 한마디로 친일파의 정치 참여 욕구를 실현하기 위한 수단에 지나지 않은 것이었다. 조선총독부가 내지연장주의를 바탕으로 한 문화정치를 표방하자 자치론은 곧 침체 상태에 빠졌다.

그렇지만 자치론 자체는 결코 소멸한 것이 아니다. 일제는 자치론에 입각한 민족해방운동을 분열시키고 타협적 민족주의 세력을 포섭하는 전략으로 활용했다. 자치론을 주장했던 이들은 1930년대에 들어서면서 모두 친일파로 전락했다. 일제의 공작에 넘어간 인물도 적지 않았는데, 이광수와 최린이 대표적이다.[97]

'민족개조론'이 아닌 '영혼개조론'

3·1운동을 전후해 사회개조에 대한 관심이 높아졌다. 1919년

---

97 김정인 외, 『한국근대사 2: 식민지 근대와 민족해방운동』, 125-132. '최린과 이광수의 친일행각' 에 대해서는 정운현, 『친일파의 한국현대사』, 269-277, 294-302를 참조.

4월 일본에서 「개조」라는 이름의 잡지가 창간된 것으로도 알 수 있듯이 1910년대 말과 20년대 초는 전 세계적으로 사회개조 사상이 유행하였다. 이러한 때에 일제하에서 문학 작가로 일려진 춘원 이광수는 최린의 소개로 천도교계 잡지인 「개벽」 1922년 5월호에 '민족개조론'을 발표하였다. 30쪽이 넘는 장문의 이 글은 이렇게 시작한다.

"나는 많은 희망과 끓는 정성으로, 이 글을 조선 민족의 장래가 어떠할까, 어찌하면 이 민족을 현재의 쇠퇴(衰頹)에서 건져 행복과 번영의 장래에 인도할까 하는 것을 생각하는 형제와 자매에게 드립니다." 그리고 이 글은 이렇게 끝을 맺고 있다. "그래서 이것이 실현될 날이 멀지 아니할 것을 확신하매 넘치는 기쁨으로 내 작은 생명을 이 고귀한 사업의 기초에 한 줌의 흙이 되어지라고 바칩니다."[98]

춘원의 '민족개조론'은 프랑스의 제국주의 학자인 르봉(Gustave Le Bon, 1841~1931)의 학설, 즉 '사회진화론'에 의존하고 있다. '사회진화론'의 3대 지주는 약육강식·우승열패·적자생존인데, 춘원의 '민족개조론'은 이에 근거하고 있다. 춘원의 '민족개조론'의 문제점은 이렇다.

민족마다 나름대로 민족적 특성을 지니고 있다. 하나님은 각각의 '다름'을 통해 역사를 경영하신다. 필자는 이 책을 쓰기 위해 연구를 거듭할수록 '한국인과 일본인은 달라도 너무 다르다'는 사실에 도달했다. 정일성은 일본을 가리켜 '알수록 이상한 나라'[99]라고 했다. 필자는 그런 표현보다는 '알수록 우리와 달라도 너무 다른 나라'라고

98 이광수, "민족개조론," 『이광수 전집 10』, 116-147.
99 정일성, 『알수록 이상한 나라 일본』, 범우사(2018).

말하고 싶다. 머피의 『일본의 굴레』에 대한 추천 서문을 쓴 주진형은 일본에 대해 이렇게 말했다.

"나에게 일본은 가장 이해하기 어려운 나라다. 역사적으로, 문화적으로, 경제적으로 가장 가까운 나라이니 서양인에 비해 직관적으로 이해하기 쉬워야 한다. 개인적으로 친하게 지내는 일본인 친구들도 있다. 그러나 알면 알수록 이해하기 어려운 것이 한두 가지가 아니었다. 자살 행위라는 것을 모르지 않으면서도 제2차 세계대전을 도발한 것, 광기에 가까운 외국인 혐오증을 보이다가 항복 후엔 너무나 순종적 자세를 보인 것 등은 겉으로 드러난 현상으로서는 이미 잘 알려져 있다. 하지만 그것이 어떤 집단적 논리와 설득을 거쳐서 가능했는지는 외국인으로서 이해하기 어렵다. 2011년 후쿠시마 지진 때 일본인들이 보인 성숙한 시민의식에 비해 일본 정부와 도쿄전력이 보인 무책임하고 기만적인 일 처리를 보면서 이것이 어떻게 같은 사회 안에서 동시 병립이 가능한지 물을 수밖에 없었다. 아마 일본에서 가장 이해하기 어려운 것은 그 나라의 정치일 것이다. 제2차 세계대전의 잘못을 인정하지 않는 일본 정치인들 얘기는 잘 알려져 있다. 명색이 민주국가인데도 거의 60년간 자민당이 장기 집권하는 것도 이상하기 짝이 없는 현상이다. 2010년경 모처럼 정권을 잡은 민주당이 4년 만에 붕괴된 것도 미스터리다. 1980년대 이후 일본 총리들의 면면을 보면 최근까지 세계에서 두 번째, 지금도 여전히 세 번째로 경제 규모가 큰 나라인데, 저렇게 부실한 정치 지도자들을 돌아가며 선출하는 것도 신기할 정도다. 세계 3위인 경제 규모에 걸맞지 않게 일본이 국제 사회에서 전혀 영향력을 발휘하지 못하고 미국에 종속되어 끌려다니는 것 역시 누가 봐도 이해하기 어렵다."[100]

일본사람들은 열심히 일하는 것을 '잇쇼켄메이'(一生懸命)라고 하는데, 이 말뜻은 '일생의 목숨을 건다'는 뜻이다. 밥 속에 작은 뉘 하나만 들어가도 목이 잘리고 생배를 째고 죽어야 하는 그 엄격한 봉건제 사회 속에서 살아온 백성들은 아무리 작은 일이라도 늘 목숨을 걸고 일을 해야 하는 것이다.

일본인의 특징인 협력 단결심과 같은, 아름다운 풍습도 그것을 발생시킨 역사적 배경이나 사회적 환경을 분석해 보면 그 찬미가는 장송곡처럼 우울해진다. 일본 사회에서는 집단을 위해서 개인을 희생시키는 것을 아무렇지도 않게 생각해 왔다. 당하는 사람 쪽에서는 그것을 당연한 것으로 받아들이도록 길들여져 왔다.

형을 집행하는 데 있어서도 한국인은 인정주의 때문에 일본 사람과 같은 비정한 짓을 흉내 내지 못한다. 그러나 일본인들은 다르다. 상품을 만드는 데 있어서의 철저함과 형을 집행하는 데 있어서의 엄격함은 그 뿌리가 같다. 자식을 죽이는 비정함과 일개 집단인 기업을 위해 개인을 희생시키는 경영술은 결코 다른 가지의 잎이요 꽃이 아닌 것이다.[101]

동아시아 3국인 한·중·일은 유교라는 공동된 한자문화권을 가지고 있으면서도 상당히 다른 민족적 특성을 지닌다. 김용운(진순진)은 유교의 세 가지 얼굴로 한국은 '절대화', 일본은 '교양', 중국은 '생활'로 정리하였다. 유교를 수용할 때 한국은 옛것을 철저히 지키는 묵수(墨守)적 경향에 따라 '정통성'을 강조한다. 이에 반해 일본은 기존의 '신불습합'(신도와 불교의 융합)에서 볼 수 있듯이, 유교를 또

100 주진형, "추천 서문," R. Taggart Murphy, 『일본의 굴레』, 9-10.
101 이어령, 『축소지향의 일본인 그 이후』, 110-113.

하나의 '교양'으로 받아들이는 경향이 있다. 그리고 중국은 다양한 민족이 공존하는 관계로 종교(사상)를 자유롭게 수용하는 가운데, 유교가 '생활' 속에서 살아 숨 쉬고 있는 모습을 보인다.

한국은 문(文)의 나라, 즉 선비 정신을 중시하는 '명분'의 민족이라면, 일본은 무(武)의 나라, 즉 사무라이(무사도) 정신을 중시하는 '치밀'의 민족이다. 중국은 모든 것을 포용하는 중화사상을 지닌 '다양성'의 민족이다. 이러한 민족의 원형은 '효'(孝)의 한국문화, '의'(義)의 중국문화, '충'(忠)의 일본문화를 낳았다.[102]

한편, 가장 기본적인 의식주에 있어서 한국인과 일본인은 다르다. 한국인은 품을 넓게 해서 입는 데(치마, 저고리) 반해 일본인은 몸에 착 달라붙게 입는다(기모노). 이를 두고 이어령은 일본인은 긴장하는 '조이는 문화'라면, 한국인은 긴장을 하지 말라는 '푸는 문화'라고 말한다.[103] 식사할 때도 한국인은 밥공기를 놓고 먹는 데 반해 일본인은 밥공기를 들고 먹는다. 그래서 '들고 먹는 거지와 놓고 먹는 개'[104]라는 말이 나온다. 한국인의 집은 기본적으로 흙과 벽돌로 짓는 데 반해 일본인의 집은 목재로 짓는다.

이어령은 만화를 좋아하는 일본인의 사고는 일본인의 의식이나 사회구조가 이중구조로 짜여 있다고 말을 했다. 그림과 말로 되어 있는 만화의 이중구조는 한자를 보고 읽는 다중 구조와 같기 때문에 이것을 더 발전시키면 일본인의 사고 영역에까지 확산된다고 하였다. 문자적으로 히라가나와 가타가나가 그렇고, 혼네(본심)와 다테

---

102 김용운·진순신, 『韓·中·日의 역사와 미래를 말한다』, 15-76.
103 이어령, "조이는 문화와 푸는 문화," 『축소지향의 일본인 그 이후』, 232-242; 한수산, "치마저고리와 기모노," 『벚꽃도 사쿠라도 봄이면 핀다』, 260-276.
104 한수산, 위의 책, 39-52.

마에(명분)가 그렇다.105

『국화와 칼』의 저자 루스 베네딕트는 '예의 바르나 불손하고', '고루하나 순종적이고', '용감하나 소심한'이라는 일본인의 이면성을 지적하고, 일본인의 특질을 '집단주의', '의리', '수치의 문화'라는 개념으로 결론지었다.106 이러한 지극히 모순적인 일본인의 특성은 그들이 쓰는 언어의 이중구조에서도 잘 나타난다. 가령 시계가 고장 나면 '고장'이라고 쓰지 않고 '조정 중', 가게를 닫고도 '준비 중'이라고 한다. 교과서 문제에서도 '침략한 것'을 '진출했다'라고 한다.107

또한 '허구(신화)와 사실'이라는 모순적 이항 구조를 분별없이 동시에 끌어안고 사는 민족이 일본인이다. 이를 잘 대변해 주는 사례가 일본열도를 감동의 도가니로 몰아넣은 〈우동 한 그릇〉이라는 소설이다. 일본인들은 허구적 소설을 사실로 믿었고, 그것이 허구라는 사실이 알려지자 그토록 감동하던 그들은 금방 냉담해졌다. 이는 인간 천황을 신격화하는 천황제 이데올로기에서 여실히 나타난다.108

일본 상도(商道)의 격언에 "돈을 남기는 것은 下, 가게를 남기는 것은 中, 사람을 남기는 것은 上"이라는 말이 있다.109 그러한 상도를 중히 여기는 나라가 일본이지만 실제로 일본이라는 나라는 '이코노믹 에니멀'이라는 말이 있듯이 사람보다 돈을 최고의 가치, 모든 것의 기준으로 삼는 나라이다. 그래서 종군위안부 문제도 진정한 사과

---

105 이어령, 『축소지향의 일본인 그 이후』, 11-17.
106 Ruth Benedict, 『국화와 칼』, 173-228.
107 이어령, 『축소지향의 일본인 그 이후』, 189, 305.
108 위의 책, 87-92.
109 홍하상, 『일본의 상도』, 15.

보다는 이미 1965년에 한일협정에서 배상금 지불로 다 끝났다고 주장한다.[110]

특히 한국문화가 '관념적'이라면, 일본문화는 '감각적'이다. 하이 쿠(俳句)가 그 좋은 예이다. 한국의 시조는 3행시인데 반해 일본의 단시인 하이쿠는 1행시로서 감성의 순간적인 불꽃을 잡는데 뛰어난 시이다. 하이쿠는 단칼에 베는 무사도처럼 극도의 절제와 그 찰나의 미(美)에 탐닉하는 일본인들의 특성을 잘 나타내는 시 형식이다.[111]

한국인은 인위적인 것을 꺼려 자연을 있는 그대로 놔두고 보려고 한다. 반면에 일본인들은 만져 보지 않고는 믿을 수 없는 사람처럼 그것을 가까이 끌어들여 인위적으로 축소하여 만질 수 있도록 소형 으로 만드는 민족이다. 이를 이어령은 『축소지향의 일본인』이라는 책을 통해 잘 표현하고 있다. 일본인들은 작고 예쁜 물건을 만드는 데 탁월하다. 도시락, 분재, 꽃꽂이, 다실 등의 전통적 문화를 비롯하 여 소형화, 고성능화를 지향하는 트랜지스터 라디오 같은 현대의 사례를 들 수 있다. 결국 일본인들의 문화적 지향성은 사물을 축소하 여 넣는 데서 만족감과 안정을 얻으려는 경향이 있다고 지적했다.[112]

한국과 일본은 지연 환경과 국민성에서 차이가 난다. 가령 일본 의 경우 습도가 높아 목욕문화가 발달되어 있는 반면 우리나라는 기후가 건조한 탓에 목욕문화가 일찍부터 발전하지 못했다. 일본은 웬만한 집에 몸을 씻을 수 있는 시설이 마련되어 있고, 곳곳마다 공중 목욕탕도 많다. 그에 비해 우리나라는 경제발달로 주택 사정이 좋아

---

110 전여옥, 『일본은 없다 1』, 102-103.
111 이어령, 『축소지향의 일본인 그 이후』, 299.
112 일본의 장점이 '축소지향'에 있지만, 그것의 문제점에 대해서는 이어령, 『축소지향의 일본인』, 394-400을 참조.

지고 공중목욕탕이 보급되기 전까지는 청결한 인상을 주지 못했다. 일본인들은 마늘을 많이 먹지도 않고 먹더라도 냄새가 나지 않도록 조리해서 먹는다. 그러나 한국인들은 생마늘이 들어가는 김치를 항상 먹기 때문에 외국인들에게는 구취를 풍길 수밖에 없다.[113]

참으로 놀라운 사실은 한국과 일본은 같은 동아시아에 속하는 가장 가까운 나라임에도 불구하고, 민족성이 너무나도 다르다. 왜 이렇게 다를까? 그것은 하나님께서 '쓰임새'를 달리하셨기 때문이다. 따라서 두 민족은 일제가 강요하듯 '내선일체'로 하나가 될 수 없다.

서구인과 동양인을 비교하면 서구인은 이성적이고 합리적이라 과학을 발전시켰고, 동양인은 직관적이고 감성적이라 종교가 발전했다. 동양 삼국인 한·중·일은 동양인의 범주에 들어있기에 종교성이 매우 강한 특성을 지닌다.

그런데 일본은 '동양적인 집단주의'가 강하면서도 '서구적인 이성적 사고'를 지닌 민족적 특성이 있다. 그리하여 매사를 자기 노력에 의한 성취에 가치를 부여하는 '율법적 성향'을 지닌 민족이다.

이에 반해 한국은 '서구적인 개인주의'가 강하면서도 '히브리적인 사고'를 지닌 민족적 특성이 있다. 그래서 매사를 하늘이 내리는 복에 의한 행운에 가치를 부여하는 '은혜적 성향'을 지닌 민족이다. 즉, 일본인은 기본적 성향이 '율법 씨'와 결혼한 민족이고, 한국인은 기본적으로 '은혜 씨'와 결혼한 민족이다. 이러한 민족적 특성이 가장 극명하게 드러난 때가 조선의 최후를 전후로 한 105년 동안의 한일근대사다.

---

113 유기남, 『일본선교』, 126-127.

서구에 문호를 먼저 개방했다는 점에서 일본은 근대화와 복음화에서 조선보다 앞섰다. 그런데 일본인은 엄청난 자기 노력으로 압축적으로 근대화를 이룩한 반면에 복음화는 근대화를 따라가지 못했다. 이에 반해 한국은 근대화에 늦어 일본에 침략을 당하다가 끝내는 식민 지배를 당하는 비운을 맞이했다.

그런데 놀라운 사실은 근대화에 늦은 한국은 오히려 개항 이후 선교사들이 한국에 들어오면서 하나님의 거저 주시는 은혜 속에 압축적으로 복음화를 이루었다는 사실이다. 그리고 일제의 침략과 강점기 동안 숱한 질곡과 수난의 시대를 살면서 하나님의 오묘한 섭리 가운데 전 세계에 흩어지는 디아스포라가 되었다.

이는 한국인도 모르는 사이에 해방 이후 한국이 전 세계에 복음을 전하는 선교 대국으로 쓰이기에 적합한 민족이 되었다. 이는 하나님의 비밀스러운 역사 경륜이 아닐 수 없다. 그러니까 근대화에 앞선 일본은 복음화에 있어서는 한국보다 뒤진 지각생이 되었고, 근대화에서 일본보다 뒤진 한국은 오히려 복음화에 있어서는 앞선 민족이 되었다.[114]

그런 의미에서 일제 식민지 상황에서 한국인은 성격 개조, 즉 도덕적·정신적 개조가 필요하다는 춘원(春園) 이광수의 '민족개조론'은 내용적(text)으로도, 상황적(context)으로도 맞지 않다. 즉, 내용적으로 볼 때 한국인과 일본인은 각각의 독특한 민족적 특성을

---

114 여기서 중요한 포인트는 역사를 섭리하시는 하나님의 궁극적 뜻은 모든 민족들이 주를 찬송하게 하는 것이요(시 67:5), 하늘에 있는 자들과 땅에 있는 자들과 땅 아래 있는 자들로 모든 무릎을 예수의 이름에 꿇게 하시고 모든 입으로 예수 그리스도를 주라 시인하여 하나님 아버지께 영광을 돌리는 것이다(빌 2:10-11). 즉, 세상 나라가 주께서 통치하시는 그리스도의 나라가 되어 그가 세세토록 왕노릇 하시는 것이다(계 11:15).

갖고 있다는 점에서 그리고 생물학적 인종주의에 기초하여 인종이나 민족은 위계화 될 수 있다는 인식을 전제로 한 민족개조론은 맞지 않다.

또한 상황적으로도 식민 지배를 당하고 있는 한국은 무엇보다도 하나님이 주신 민족적 특성을 발휘하려면 먼저 자주적인 독립된 민족이 되어야 했다. 그런데 민족해방운동을 포기하도록 유도하는 민족개조론은 일본의 식민지정책에 부합하는 탈정치화의 논리를 깔고 있다는 점에서 식민지 지식인의 전형적인 곡학아세(曲學阿世)가 아닐 수 없다.

그의 말대로 한국인에게 민족개조론이 필요하다면, 그것은 일본인에게도 마찬가지로 요구된다. 왜냐하면 각 민족은 장점이 있는가 하면 단점이 있기 때문이다. 오늘날 세계최강 성공집단으로 일컬어지는 유대민족은 다른 민족들보다 크고 강한 뛰어난 민족성을 지닌 것으로 흔히 알고 있는 것과는 정반대다.

그들은 오히려 히브리인, 즉 고대 근동 지방을 떠돌아다니던 뿌리 없는 일군의 사람들이었다. 이러한 작고 힘없는 별 볼 일 없는 사람들을 하나님이 거저 베푼 은혜로 선택하여 성민(聖民)과 언약민(言約民)으로 삼으면서(신 7:6-11) 만민 가운데 독특한 민족이 되었다.

여기서 말하고자 하는 것은 하나님은 각 민족에게 독특한 민족성을 주셨기에 민족적 우열에 따른 민족개조론이 필요한 것이 아니라 각 민족의 영혼에 무엇을 담느냐가 중요하다는 의미에서 '영혼개조론'이 필요한 것이다.

일본은 압축적으로 근대화와 군국주의를 이룩하는 과정에서 민족 총화가 요구되었고, 이를 위해 일본 국민은 천황을 정점으로 하는

'천황의 신민'이 되었고, 그 결국은 일본의 패망을 가져왔다. 이를 복음화의 관점에서 보면 천황의 사슬에 묶인 일본인이 되었다는 점에서 일본의 근대화는 복이 아닌 화가 되었다는 것을 의미한다. 따라서 일본인들은 '하나님의 신민', 즉 '예수 그리스도의 자녀'로 영혼을 개조해야 할 필요성이 대두되었다.

이에 반해 한국은 근대화에 지각생이 되어 일제에 식민 지배를 받으면서 온갖 고초를 겪었지만, '군왕(천황)의 신민'이 되지 않았고, 오히려 복음화를 통한 '하나님의 신민', 즉 '예수 그리스도의 자녀'로 영혼이 개조되는 하나님의 은혜를 입은 국민이 되었다. 즉, '영혼개조론' 면에서 한국은 일본보다 앞서는 은혜를 입었다. 따라서 한국인에게는 그 은혜에 따른 책임, 즉 '천황의 신민'에 묶여 있는 일본을 위하여 '하나님의 신민', 즉 '예수 그리스도의 자녀'가 되도록 해야 하는 선교적 사명이 있다.

사회주의 열풍 및 조선공산당 창당

1920년대 한반도에는 사회주의 열풍이 휘몰아쳤다. 사회주의 사조(思潮)는 1917년 러시아혁명, 1919년 윌슨의 민족자결주의 등 1910년대 후반의 세계사적 정황으로부터 적잖은 영향을 받은 것이다. 특히 3·1운동은 '한국 사회주의의 어머니'라고 말할 수 있다. 그 까닭은 사회주의가 일제의 식민지 지배를 받는 조선인의 민족해방운동의 이념으로 정착되는 현상이 3·1운동 이후 일어났기 때문이다. 당시 러시아, 중국, 일본 등지에서 활동하던 조선인 혁명가들이 처음 받아들인 사회주의는 1920년대 들어 빠른 속도로 국내에서 확산되었다.

게다가 미국에 큰 기대를 걸었던 워싱턴회의(1921. 11.~1922. 2.) 에서 조선의 독립문제가 묵살되자 한국인들은 큰 실망과 좌절을 경험했다. 이 경험은 한국의 독립은 절망적이라는 판단을 내리게 한 반면, 일본은 세계 5대 강국의 반열에서 3대 강국의 하나라고 인식하게 되었고, 이런 생각은 많은 지식인들에 의해 공유되었다. 그 이후 그들은 친일노선을 택하거나 사회주의자가 되었다.[115]

사회주의가 최고 인기 상품이 되면서 한국 특유의 '쏠림 현상'이 나타났다. 1920년대에 들어서면서 사회주의를 신봉하고 사회혁명을 논하지 않는다면 사람 축에도 들지 못하는 시대 풍조가 나타났다. 사회주의는 젊은이들의 의식 속에 급속도로 파급되어 "입으로 사회주의를 말하지 않으면 시대에 뒤진 청년" 같이 생각될 정도로 영향력을 발휘했다. 심지어 사회주의는 일종의 '처세의 상식'이란 치장용의 지식으로 전락하기도 했다. 처세의 상식으로 행세하기 위해 유행병처럼 사회주의자를 자처하는 자가 늘어났다. 이러한 자들을 비아냥거려 일본 경찰은 "맑스보이 또는 겉만 빨간 홍당무나 사과"라고 말했다.[116]

한편, 1925년 4월 17일, 서울의 중국음식점 아서원에서 우리나라 최초의 공산당 창당대회가 비밀리에 치러졌다. 이 창당대회의 참가한 사람은 김재봉·김찬·김약수·조동우·조봉암·유진희 등 12명이었고, 당 이름은 김찬의 제의에 따라 '조선공산당'(조공)으로 정했다. 3·1운동이 이렇다 할 큰 성과 없이 실패로 돌아가자 좌절감

115 강준만, 『한국근대사산책 7』, 81-82.
116 김정인 외, 『한국근대사 2: 식민지 근대와 민족해방운동』, 169-170; 강준만, 위의 책, 89-90.

에 휩싸인 지식인들 사이에 소비에트 러시아 혁명은 큰 자극으로 다가왔다. 게다가 1920년대 사회주의가 널리 유포되기 시작했는데, 이 새로운 사조의 추종자들은 거의 일본 유학생들이었다.[117]

그런데 중국에서는 5·4운동을 전후로 북경대 교수 중 일부가 공산주의 이론에 접하고 있었다. 중국에 공산주의를 소개한 인물은 이대교·진독수와 같은 당대의 유명한 지식인들이었다. 공산주의 이론은 외세와 결탁한 군벌을 타도하고 민족국가를 수립하려는 중국의 반군벌·반제국주의 혁명운동에 힘이 되는 사상이었다.

마침내 1921년 7월, 상해의 프랑스 조계의 한 사립학교 기숙사에서 역사적인 중국공산당 창립모임을 가졌다. 이때 참가한 사람은 겨우 13명이었다. 나중에 중국공산당을 이끌고 국민당을 몰아내고 중국 공산혁명을 성공한 모택동도 이 13명 중의 한 사람이었다. 이렇게 적은 인원으로 은밀하게 창립대회를 가질 수밖에 없었던 것은 비합법 활동으로 당국의 추적을 피해야 했기 때문이다.[118]

이때로부터 공산혁명이 성공하여 1949년 9월 중화인민공화국이 수립될 때까지 공산주의자들은 28년이라는 긴 대장정의 험난한 길을 걸어야 했다. 1919년에 출발한 임시정부가 1945년 광복의 그날까지 27년간의 긴 대장정의 험난한 길을 걸은 것과 비슷하다고 할 수 있다.

이 무렵 사회주의를 표방한 주요 단체로는 김약수·서정희 등의 북풍회, 홍명희·홍증식 등의 화요회, 북풍회 계열의 토요회, 이영

117 정성희, 『한국사 101장면』, 333-334.

118 장영빙·범위, "May Fourth Movement and the Founding of the Communist Party of China(CPC)," 219-221; 미야자키 마사카츠, 『하룻밤에 읽는 중국사』, 260-261.

· 김사국 등의 서울청년회 등이 있었다. 조선공산당은 대체로 화요회와 북풍회 회원의 합작으로 이루어졌지만, 주도 세력은 김재봉과 김찬 등 화요회 멤버였다. 조선공산당은 창당 후 다음과 같은 당면과제를 내걸었다.

1) 일본제국주의의 완전 타도와 조선의 완전한 독립, 2) 8시간 노동제, 최저임금제, 실업자 구제, 사회보험제 실시, 3) 남녀의 정치적 · 경제적 평등, 노동부녀의 출산 후의 휴식과 임금 지급, 4) 국가에 의한 의무교육 · 직업교육 실시, 5) 언론 · 집회 · 결사의 자유, 식민지적 노예교육 폐지, 6) 타도 일본제국주의, 타도 봉건세력, 조선 민족 해방 만세, 국제공산당 만세.[119]

1920년대 한반도에 출현한 사회주의 · 공산주의는 일제와 조선인 또는 일제와 한국교회라는 양자구도에서 삼자구도로 구조가 바뀌는 대단히 중요한 의미를 지닌다. 일제로서는 지금까지 조선인 또는 한국교회와 싸우면 되었는데, 싸움의 대상이 하나 더 늘어 공산당과 싸워야 하는 처지가 되었다.

한국교회도 마찬가지다. 지금까지는 일제와 상대하면 되었는데, 이제부터는 싸움의 대상이 하나 더 늘어 공산당과 싸워야 하는 어려움에 봉착하게 되었다. 그리고 공산당의 출현은 이 시대의 싸움으로 끝나는 것이 아니라 해방 후 한반도의 분단을 초래하고, 한국교회는 반공을 기치로 내걸고 그들과 싸울 수밖에 없는 종교(사상) 전쟁이 되고 말았다. 그런 의미에서 공산주의의 출현은 한국 역사와 한국교회에는 커다란 불행이 아닐 수 없다.

---

119 '조선공산당'에 대한 자세한 설명은 이덕일, 『잊혀진 근대, 다시 읽는 해방前史』, 78-97을 참조.

1920년대의 한국교회의 모습

3·1운동 이후 한국교회에 대한 인식이 바뀌면서 교회는 1907년 대를 버금가는 급격한 발전을 이룩하였다. 이제 한국교회는 해외선 교도 하는 교회로 바뀌었다. 하와이 농업이민으로 시작된 미주지역 선교는 1920년대에 들어서면서 미국 본토에 한국 유학생이 증가하면서 해외 한인교회가 세워지게 되었다. 또한 일본에 있는 한국인 교포를 상대로 한 전도 및 선교활동이 전개되어 도쿄나 교토, 고베, 오사카 등지에 한인교회가 세워졌다.[120]

3·1운동 이후의 항일 독립운동의 주요 거점이었던 만주와 시베리아 지역은 한국 교회사와 민족사에 중요한 의미를 지닌다. 남감리교가 1920년 만주와 시베리아에, 북감리교가 만주에, 장로교가 1900년 이후부터 간도 지방에 교회와 학교를 세워 민족운동의 요람이 되었다.

그리고 장로교의 중국 산동 선교는 외국인을 대상으로 한 첫 번째 사례가 된다. 1913년 장로교 총회는 박태로·사병순·김영훈을 라이양(來陽)에 보냈으며, 이들이 1916년까지 모두 철수하자 1917년에 방효원·홍승한·김병규를 새로 산동에 파송했다.[121]

한편, 1920년대부터 교회는 외부에서 밀어닥쳐 오는 지적인 분위기의 변화(사회주의의 반기독교운동), 반미적(反美的) 경향, 경제적 시련 그리고 민족 분열과 말살을 획책하는 일제의 탄압 등 복잡하게 얽힌 문제로 인해 역사상 처음 심각한 자기반성의 시기를 통과해야

---

120 한국기독교사연구회, 『한국 기독교의 역사 II』, 69-113.
121 위의 책, 113-139.

했다.[122]

1925년 10월 25일 한영청년연맹이 개최하려고 한 반기독교대강연회는 "기독교는 미신이다", "양이랑심(洋而狼心)의 기독교", "현하(現下) 조선과 기독교의 해독", "악마의 기독교" 등의 강연을 준비하였다. 그러나 이 강연회가 일제 경찰의 탄압과 기독교의 방해로 무산되자, 청년연맹은 일제와 기독교가 유착돼 있는 증거라고 선전했다. 그러면서 12월 25일을 '반기독교데이'로 정하는가 하면, 김익두와 같은 부흥사들을 '고등 무당'이라고 비난했다.[123]

또한 3·1운동 전에는 종교 자체를 몹시 싫어했어도 유독 기독교만은 긍정적으로 보았던 신채호 역시 기독교를 비판하고 나섰다("용과 용의 대격전"[1928]). 신채호는 기독교가 일제와 맞서 싸우던 결기는 다 어디 가고, 오히려 '가진 자들의 종교'가 되어 '없는 자들'을 착취하는 '제국의 종교'로 전락했다고 꼬집으며, 급기야 기독, 곧 그리스도의 죽음을 선언한다. 이는 서구 역사에서 산업혁명 초기 마르크스가 기독교를 가리켜, 내세에 있을 천국의 복락이라는 '종교상품'으로 현세의 고통을 마비시키는 '민중의 아편' 노릇을 한다고 적나라하게 비판한 것과 일맥상통한다.[124]

여기서 우리가 한 가지 짚고 넘어가야 할 사실은 신앙의 두 속성, 즉 '초월성'과 '내재성'에 관한 것이다. 하나님은 인간과 동떨어진 초월적인 존재로 계시지만, 동시에 하나님은 자신의 아들을 인간의 역사 가운데 보내셨던 것처럼 항상 인간 역사에 내재하는 분이다.

---

122 민경배, 『韓國基督教會史』, 327.

123 한국기독교사연구회, 『한국 기독교의 역사 II』, 49.

124 구미정, 『십자가의 역사학』, 41-42.

이 두 가지가 변증법적 긴장 관계를 유지할 때 신앙의 균형을 유지할 수 있다는 점이다.

1920년대에 이르면 3·1운동의 좌절을 깔고 신앙의 내세 지향적 성향을 띤 새로운 부흥운동이 일어났는데, 이때 활약한 이들이 길선주·김익두·이용도 목사 등이다. 이들은 종교적 박해와 관계된 묵시 문서(다니엘서나 요한계시록)를 강조하면서 내세주의적, 초월주의적, 신비주의적인 신앙운동을 지향하고 있었다.

그런데 1920년대, 내세지향적 성향을 띤 새로운 부흥운동은 1930년대 이후 일제와의 신사참배 거부 투쟁에 큰 역할을 했다. 즉, 일제에 의한 민족적 수난과 혹독한 신앙의 핍박에도 불구하고, 초월 적인 내세 지향적 신앙은 모든 것을 상대화시키면서 결국 승리로 이끈 중요한 원동력이 되었다.[125]

1927년 7월 양주삼은 "교회는 이제 한국에서 위기에 직면하고 있다. 기독교에 대한 민족의 일반적인 태도는 전일과 판이하다. 이것 은 놀라움이 아니라 충격이다"라는 말을 했다.[126] 실제로 1925~27 년 사이에 교세는 크게 감소한 것으로 나타났다. 신도 수는 1925년 36만 2,141명에서 1927년 26만 5,075명으로 감소했다. 그러나 다 시 1929년에 30만 명을 넘어섰고, 1933년에는 40만 명을 넘어섰 다.[127] 대내외적인 많은 어려움 속에서도 한국교회가 유지·발전하 게 된 것은 그나마도 다행이라 할 정도로 하나님의 크신 은혜라 아니 할 수 없다.

---

125 이만열, 『한국기독교사특강』, 84-87.
126 한국기독교사연구회, 『한국 기독교의 역사 II』, 48.
127 위의 책, 260-261.

'식민지 근대화론'에 대하여

이 장을 마감하면서 꼭 짚고 넘어가야 할 문제는 '친일파의 이론적 대명사'라고 말할 수 있는 '식민지 근대화론'이다.[128] '식민지 수탈론'은 일제의 침략으로 인하여 한국 사회의 자주적 근대화의 가능성이 압살되고 일제의 민족 차별과 수탈로 인하여 생산력 발전이 제약되고 성장의 열매는 일본으로 유출되어 대다수 한국인이 정치적 굴종과 경제적 몰락을 강요당했다고 본다. 따라서 일제 강점기는 근대적 사회이기는커녕 민족의 생존조차 보장할 수 없었던 시기로 규정되었다.

이에 반하여 '식민지 근대화론' 논자들은 한국 사회 내부에서 자본주의화의 가능성을 찾는 것은 불가능했으며 한국은 서구 자본주의의 수용과 이식을 통해서 비로소 근대화의 계기를 맞이했다고 본다. 일본은 사회 간접 시설을 건설하고 근대적 제도를 도입·보급함으로써 식민지를 개발했고 한국인도 일본의 개발에 자극받아 근대적 기술과 제도를 수용했다. 그 결과 식민지 한국은 세계에서도 유례를 찾기 힘든 발전을 경험했으며, 이러한 경험이 있었기에 1960~70년대 한국경제의 고도성장이 가능했다고 주장한다.[129]

식민지 근대화론자들은 일제 강점기 동안 눈부신 경제 발전이 있었으며, 조선 백성에 대한 수탈은 없었다고 주장한다. 그런데 일제 강점기 때 조선에 온 일본인들은 풍족한 삶을 누린 반면 조선인들은

---

128 이 문제에 대해서는 강준만, "'식민지 근대화론'·'친일파' 논쟁을 넘어서," 『한국근대사산책 10』, 257-279를 참조.
129 김정인 외, 『한국근대사 2: 식민지 근대와 민족해방운동』, 11.

절대 빈곤 속에 허덕여야 했다. 이 모순을 어떻게 설명해야 할까?

'일제 강점기 일본인 토목청부업자의 부당 이익을 중심으로'라는 제목으로 박사학위를 받은 일본학자 '도리우미 유타카'(島海豊)는 『조선총독부 통계연보』의 1928년 일본인과 조선인의 인구와 우편저금 잔고를 보고는 충격을 받았다. 인구의 겨우 2.45%인 일본인이 우편저금의 86%를 가지고 있는 거의 믿을 수 없는 상황을 확인했다. 계산하면 1명당 조선인보다 245배 많은 자산을 소유하고 있는 상황이었다. 일본인 한 사람이 조선인 245명분의 경제력을 가진 셈이다.

만일 100명 정도의 상당히 우수한 일본인만이 조선에 와 있었다고 하면 말이 될지도 모르겠지만, 그때는 이미 40만 명 이상의 일본인이 조선에 와 있었다. 게다가 일본에서 상당히 가난했던 일본인이 온 경우도 많았음에도 그 차이는 상상을 초월한다. 이 압도적 차이가 수탈이나 착취, 부당한 이익 확보 없이 만들어질 수 있었을까. 그렇지는 않았을 것이다. 여기에는 무엇인가 중대한 문제가 있었다는 의구심이 들지 않을 수 없다. 그러면서 그는 식민지 근대화론에 대한 반론을 제기했다.[130]

우선 그는 식민지 근대화론 안에도 여러 가지 주장들이 혼재하고 있기 때문에 정리할 필요가 있다고 하면서 다섯 가지로 분류하고 있다. ① 식민지 조선의 경제가 발전하였다고 하는 식민지 조선 경제 발전론, ② 일제에 의해 경제가 발전했다고 하는 일제에 의한 경제 발전론, ③ 조직적, 구조적인 수탈은 없었다고 하는 조직적 수탈 부재론, ④ 일제 권력은 정치 분야에서는 악이었지만, 경제 분야에서는 악이 아니었다고 하는 일제 권력의 경제 악용 부정론, ⑤ 식민지 시

---

130 도미우리 유타카, 『일본학자가 본 식민지 근대화론』, 269-270.

대 경제 발전의 이익이 조선인에게도 평등하게 파급되었다고 하는 경제 이익의 평등 파급론이 그것이다.[131] 이에 대한 부연 설명과 도리우미의 반론을 따라가 보자.

식민지 시대에 조선의 경제가 발전했다는 데에는 이론이 없다. 많은 공장이 세워지고 일제의 병참기지로서 역할을 한 식민지 시대 후기와 비교할 때 근대적인 공장 등이 거의 없었던 구한말은 큰 차이가 있기 때문이다. 조선총독부의 많은 통계 수치도 식민지 조선의 경제 발전을 나타내고 있다. 이에 기초한 연구가 『한국의 경제 성장: 1910~1945』에 정리되어 있다.[132]

이에 대한 반론으로 도리우미는 식민지에서의 경제 발전은 인정해야 하지만 일제에 의한 것이 아니었다고 반론을 제기했다. 조선총독부 통계자료에 있는 조선인의 임금은 현실보다 너무 비싸게 위조된 것이기에 그 경제 발전의 수치도 더 낮게 수정해야 한다고 반론을 제기했다.

일제는 표면상으로는 조선의 경제 발전을 추진했지만 실은 조선의 경제 발전, 특히 공업의 발전을 상당히 경계했다. 조선 공업을 발전시키려고 노력하던 다가와 쓰네지로에게 시모오카 정무총감은 그렇게 되면 일본이 곤란해진다고 설명했다. 그는 일본에서도 휴업하고 있는 공장이 많은데, 조선에 공장을 세워 더 싼 제품을 만들면 일본이 곤란해지기 때문에 조선의 공업이 발전할만한 정책은 취하지 않도록 해 왔다고 고백했다.

만약 일제가 진정한 의미로 조선을 발전시키겠다고 했다면, 메이

---

131 위의 책, 265-269.
132 김낙년, 『한국의 경제 성장: 1910~1945』, 서울대학교출판부(2006).

지 시대에 일본 정부가 많은 관영 공장을 건설하여 민간에 불하하는 것처럼 조선총독부의 예산으로 공장을 지어 민간에 불하했겠지만, 그러한 일은 결코 하지 않았다. 공업을 발전하지 못하게 하면서도 조선 경제를 위해 진력했다는 대의명분을 내세울 수 있는 것이 인프라 정비였기 때문에, 인프라 정비, 즉 토목공사를 편중시켰다고 말할 수 있다. 더욱이 교통비나 전기요금 등을 일본보다 이상하리만치 비싸게 설정하여 공업 발전을 억제하였다.133

조직적 수탈 부재론에 대한 반론으로, 토지 조사 사업으로는 토지를 수탈당하지 않았다고 하여도, 동 시기 대량으로 시행된 철도 및 도로 공사 등에서는 용지에 해당하는 장소의 토지 기부가 강제되었으므로 수탈이 이루어지고 있었다. 또한 쌀이 일본으로 수출된 것은 일본에서 쌀이 30% 정도 더 비쌌기 때문에 수탈이 아니라고『반일종족주의』의 저자 이영훈은 주장하고 있다.134

하지만 대부분 10% 안팎의 가격 차밖에 나지 않았고, 그럼에도 불구하고 수송비 등을 들여서 일본까지 수출할 수 있었던 이유는 공동판매장에서 시장 가격과 관계없이 부당하게 싸게 매입했기 때문이다. 쌀은 공짜로 수탈당한 것은 아니지만 정당한 가격보다 훨씬 낮은 가격으로 빼앗긴 것이며, 그 가격 차만큼 수탈당한 것이 된다. 게다가 토목공사에서 조선인 노동자의 저임금과 수리조합사업의 부당한 비용에도 수탈에 해당하는 부분이 있음을 지적했다.135

『반일종족주의』에서 대표적인 식민지 근대화론자인 낙성대경

---

133 도미우리 유타카, 『일본학자가 본 식민지 근대화론』, 271-272.

134 이영훈, 『대한민국 이야기: 『해방전후사의 재인식』강의』, 70.

135 도미우리 유타카, 『일본학자가 본 식민지 근대화론』, 273-274.

제연구소장 김낙년은 "일제하 조선의 쌀은 수탈된 것이 아니라 통상적인 무역 거래를 통해 일본에 수출되었고, 조선의 농업은 수출산업이 되었다"고 주장했다. 또한 쌀 수출은 조선 농민의 소득증가에 기여했으며, 조선 농민이 빈곤하게 산 이유는 지주·소작 관계에서 기인하는 것이다, 쌀 수탈 때문이 아니라고 주장했다. 대량의 쌀 수출로 오히려 피해를 입은 것은 일본 농민이라고 주장했다.[136]

토지조사사업과 산미증산계획으로 하루아침에 농지를 빼앗겨 소작농으로 전락하고, 일본으로의 과도한 쌀 공출로 인해 쌀 대신 만주조와 초근목피로 끼니를 때워야 했던 우리 선조들의 고통과 피울음이 다시 살아날 판이다.

일제 권력의 경제 악용 부정론에 대한 반론으로, 경제 영역에서는 일상의 자발적 거래가 이루어지므로 수탈이 일반적이었다고 생각할 수 없겠지만, 여기서 두 가지 의문이 생긴다고 했다. 하나는 국가 주권이 개입하는 경제 분야가 있는데 재정과 금융이다. 세금을 징수하는 세입 그리고 그 모인 세금을 어떻게 사용하느냐는 세출, 이 재정이야말로 국가권력이 개입하는 최대의 경제 분야다.

나아가 금융도 살펴야 하는데, 일본인에게는 부당하게 유리하게, 조선인에게는 부당하게 불리하게 대출을 한다면 수탈이 성립된다고 할 수 있다. 가령 융자할 때 일본인에게는 이율이 5%이고, 조선인에게는 10%라면 조선인에게 7%로 대출해 주겠다는 일본인이 나타날 것이다. 그럴 경우 일본인은 돈을 빌려주는 것만으로도 이익이 발생하고 조선인은 부당한 손실을 입게 되는 것이다. 이러한 상황은 정치권력에 의한 금융정책에 따라 발생하는 것이기 때문에 충분히

---

136 김낙년, 『일제하 한국경제』, 2-3.

수탈이라고 부를 수 있다.[137]

끝으로 경제 이익의 평등 파급론에 대한 반론으로, 도리우미는 '이중구조론'을 문제 삼았다. 제2차 세계대전 뒤 일본 경제에서 이중구조가 상당히 문제가 되었다고 한다. 전후 일본 경제는 고도 경제 성장이 시작하게 될 때까지 기간, 즉 1950~60년대의 대기업과 중소기업, 또는 근대적 공업 부문과 전통적 공업 부문 그리고 도시와 농촌 사이의 상당히 큰 '임금 격차'를 '이중구조'라고 불렀다.

일본 정부가 발행한 경제백서에서도 1957년부터 그 구조를 설명하고 해소를 호소했을 만큼 큰 문제였다. 그때 임금 격차가 100 대 47 정도였고, 이 이중구조는 일본의 고도 경제 성장으로 해소되었다. 식민지 시대에 일본인 경제와 조선인 경제 사이에 약간의 거래가 있었다고 해서 너무나 큰 경제적인 차이를 무시하고 이중구조를 통째로 부정한다는 것은 모순된 태도라고 비판하고 있다.[138]

도리우미는 "왜 일본인이 일본의 악을 들추어내느냐"는 의문도 있을 테지만, 이에 대해서는 존경하는 사사가와 노리카쓰(笹川紀勝) 교수님은 "더 좋은 일본을 만들기 위해서"라고 하셨다면서 자신도 "그것이 한국을 위함과 동시에 일본을 위한 길이기도 하다"고 대답했다.[139] 정말 멋진 일본인이 아닌가!

137 도미우리 유타카, 『일본학자가 본 식민지 근대화론』, 274-277.
138 위의 책, 277-278.
139 위의 책, 284-285.

이 장을 마치면서

제1차 세계대전이 종결되고 미국 월슨 대통령이 민족자결주의를 말할 때 우리는 독립에 대한 희망을 걸었다. 그래서 10년 동안의 무단통치에 항거하는 거족적인 3·1운동을 통해 독립에 대한 우리의 의지를 만방에 알렸다. 그러나 일제는 무자비하게 3·1운동을 탄압했고 전 세계는 우리의 함성과 부르짖음을 외면했다.

선교사들도 그렇거니와 우리가 큰 기대를 걸었던 미국의 워싱턴 회의도 우리의 독립문제를 외면했다. 이로 인한 실망감은 이루 말할 수 없었다. 우리는 항일무장투쟁에 나섰고, 김원봉(1898~1958)을 중심으로 한 의열투쟁이나 홍범도(1868~1943)의 봉오동 전투(1919년 6월 7일)나 이제는 전설이 된 김좌진(1889~1930) 장군의 청산리 대첩(1920년 10월 21~26일)도 독립을 향해 가는 과정이었지 독립은 아직 멀었다.

선지자 스가랴의 말씀(슥 4:6)처럼 우리의 힘으로도, 능력으로도 아니 되고 오직 때가 차서 하나님의 능력으로, 하나님의 은혜로 주셔야만 독립은 이루어지는 것이다. 시인 이상화(1901~43)는 "지금은 남의 땅 빼앗긴 들에도 봄은 오는가?"라고 노래했지만 빼앗긴 들에 봄이 올 날은 아직 먼 상황이었다. 시편 시인의 기도(시 70:20)처럼, 그동안 우리 민족은 주께서 주신 심한 고난을 당했지만, 이제 주께서 우리 민족을 다시 살리시고 땅속 죽음의 깊은 곳에서 다시 이끌어 올리셔야만 우리 민족은 다시 소생할 수 있었다.

그러기 위해서는 이 민족이 치뤄야 할 마지막 고난의 시험이 남아 있었다. 그 시험은 민족말살정책을 들고나온 일제를 향해 "우리 민족이 이 지구상에 살아남느냐 아니면 없어지느냐"라는 절체절명의 시험이었는데, 그 시각이 째깍째깍 다가오고 있었다.

선지자 예레미야가 하나님의 말씀을 전하면서 "내가 쇠 멍에로 이 모든 나라의 목에 메워 바벨론의 왕 느부갓네살을 섬기게 하였으니 그들이 그를 섬기리라"(렘 28:14)고 말했을 때, 당시의 이스라엘 백성의 입장에서 예레미야는 거짓 선지자요 매국노로 여겨질 수밖에 없었다. 마찬가지로 하나님이 우리나라를 일본에 넘겨주어 때가 찰 때까지 그들을 섬기게 하였다면 그 누구도 그것을 거역할 수가 없다. 당장은 화가 나고 마음에 들지 않지만 말이다(시 60:3).

한국 개신교의 폭발적 급성장은 "조선의 최후"라는 막다른 골목에서 그 희망의 열쇠를 그리스도교에서 찾고자 한 데서 비롯되었다. 일제가 진정으로 원한 것은 아니나 그들도 하나님의 손길에 붙잡혀 근대화와 복음화의 미숙아인 조선을 인큐베이터에 넣고 키워준 셈이다. 일제 강점기라는 혹독한 시련의 기간에 교세 확장과 신앙 훈련을 받고 역량을 확보한 후에 해방 이후 세계선교를 위해 한민족을 쓰시려고 준비시켜 놓으신 것이다. 일생을 예수 사랑에 미쳐 산 이용도 목사의 '예수'[140]라는 신앙고백으로 이 장을 마치고자 한다.

예수다! 우리의 신앙의 초점은 예수다! 소망도 예수요, 인내도 예수요, 기도에도 예수요, 찬송에도 예수다. 떠들어도 예수요, 잠잠해도 그저 예수뿐이다. 생시에도 예수요, 꿈에도 예수 그리고 잠꼬대에도 예수다. 먹어도 예수요, 입어도 예수! 그저 우리 생활의 중심 초점은 예수뿐이다. 오, 예수는 곧 우리 모든 것의 모든 것이요 또 우리의 생명이다. 만일 사람

---

140 예수교회 엮음, 『是無言: 이용도 목사 글 모음』, 30.

이 온 천하를 얻고도 이 생명을 잃어버리면 아무 이익이 없게 되는 것이다.

오! 우리의 생명이신 예수여, 당신이 없어 우리는 살지 못합니다. 오! 우리의 진리이신 예수여, 당신이 없어 우리는 알 수 없습니다. 오! 우리의 길이신 예수여, 당신이 없어 우리는 행할 수 없습니다. 오, 우리의 길이요 진리요 생명이신 예수여! 영원히 우리와 같이하여 주옵소서(1931. 4. 19.).

제15장
일본 근대화의 비극적 종언 15년

<단가 15>

역사가 무엇입니까?

하나님은 살아 계시다는 것, 그래서 심판은 반드시 있다는 것.

그러면 신앙은 무엇입니까?

이 무서운 역사적 진실을 확실히 믿는 것.

이 장을 시작하며

역사드라마 작가인 신봉승은 "역사를 관장하는 신(神)이 있다"는 것을 확신했다.[1] 이 말은 역사는 어떤 경우에도 바르게 흘러간다는 것을 뜻하는 말이다. 또한 그리스 역사가 헤로도토스(Herodotos, 484~425? BC)는 『역사』를 기술하면서 "신(神)은 인간의 오만에 대해서 보복할 것이다"라고 말했다.

---

[1] 신봉승, 『신봉승의 조선사 나들이』, 137, 318.

혜로도토스는 동서분쟁(東西紛爭)의 클라이맥스라고 볼 수 있는 페르시아 전쟁에서 페르시아가 패망하게 된 원인은 크세르크세스의 오만 때문이라는 결론을 내렸다. 이는 인간의 의지가 빚어내는 영광과 오만이 불러들이는 패망의 이치를 소중히 하였음을 보여주는 것이다.

계속되는 전쟁에서 승리한 일제는 전쟁의 광기에 빠져들었고, 그 결국은 일본의 패망이었다. 인간의 오만을 역사가 심판할 것이라는 그의 탁견에 다시 한번 귀를 기울이게 된다.[2]

『일본의 굴레』의 저자 머피는 일본을 구속하고 있는 '굴레'를 벗기려면 역사에 대한 냉정한 분석이 필요하며, 일본이 1930년대와 1940년대의 역사를 다시 바라보는 작업이 필요한 까닭은 '한국을 위해서'가 아니라 바로 '일본을 위해서'라고 말했다.[3] 머피가 말했듯이 한국인이나 일본인이나 1930~40년대에 있었던 역사를 제대로 알고, 더욱 진지한 반성이 있어야 하리라고 여겨진다.

범아시아주의(대동아공영권론)의 허위(허상)

일본근대사는 아시아 침략의 역사이고, 식민지 지배의 역사였다. 그리고 일본의 식민지 지배와 관련된 최대의 문제는 민족 문제, 즉 이민족 지배 문제였다. 일본에 의한 조선 지배의 경우에는 여기에 천황·천황제의 문제도 포함된다.[4] 나아가 이민족 지배와 관련된

---

2 위의 책, 28.

3 R. T. Murphy, 『일본의 굴레』, 638-639.

4 윤건차는 일본 식민주의의 특징은 천황 숭배를 축으로 하는 신도(神道)국가와 국민문화의 강제였고, 또한 천황·민족·국가를 한 덩어리로 하는 '일본'이라고 하는 가치개념의 절대화가 그 기반이었

그 도달점이 소위 '대동아공영권론'이다. 윤건차는 도쿠가와 막부 말기·메이지유신 이후 근대 일본이 걸어온 길을 살펴볼 때 거기에는 세 개의 포인트가 있다고 말한다.

첫째, 구미 열강의 일본침략으로 이는 구미 선진제국의 입장에서 보면 새로운 자본주의 시장 획득을 말한다. 둘째, 구미 열강에 대항하여 천황제 국가를 창출하고 식민지로의 전락이 아닌 독립 국가를 건설하려는 것이었다. 이때 요시다 쇼인의 '일군만민론'(一君萬民論)에 나타나는 바와 같이 천황 신화를 비대화시켜 근대천황제를 창출하고 이를 기반으로 국민을 통합하려는 시도가 벌어졌다. 그러나 이것만으로는 현실의 강력한 변화에 대응하여 일본의 독립을 확보하기 어렵다는 판단 아래 아시아를 침략한 것이 세 번째 포인트다.

'통합의식'을 만들어 내는 국가 이데올로기 장치인 국민교육의 입장에서 말한다면 서양 숭배 사상, 천황제 이데올로기, 아시아 멸시관이라는 세 개의 구성요소로 '일본인의 아이덴티티(정체성)'를 만들어냈다.

근대 일본에서 '민족'이라는 말이 처음으로 사용된 것은 1880년대 후반으로 그것이 확립·정착된 것은 러일전쟁 사이였다. 근대 일본에서 '민족'의 관념(의식)이 성립되고 또 전전(戰前)의 일본인을 속박한 '일본 민족'이라는 범주가 형성된 것은 일본의 아시아 침략이 심화되던 시기, 특히 대규모 대외 침략전쟁이 전개되던 시기였다는 의미다.

근대 일본의 많은 지식인·사상가는 서양 열강의 압도적인 힘

다고 말하면서 조선 지배의 경우에는 천황(천황제)이 매우 큰 주제라고 말했다. 『韓日 근대사상의 교착』, 242.

앞에 정신적·내면적으로 또는 아이덴티티 형성이라는 측면에서 기본적으로 '피해자 의식'으로 일관했다. 즉, 아시아의 일원이어야 할 일본이 구미 열강에 대항하여 아시아를 침략한다는 '이중성'이 내포되어 있었기 때문에 유럽과 아시아 쌍방으로부터 내몰리는 역사에서 언제나 '피해자 의식'을 지녀왔다.

'후진제국주의' 일본은 '천황'과 '일본 민족' 이데올로기를 전면에 내세우면서 서양 지배에 저항하는 동양의 '연대', 동양의 '원리'를 주창하고 신화적으로 동양이라는 집단 아이덴티티를 창조하여 '서양 대 동양'이란 축으로 가치를 역전시키고, 그것을 아시아 침략의 대의로 삼았다고 총괄할 수 있다.[5]

일본의 '범아시아주의'(Pan-Asianism)는 20세기 초에 유행하다가 이제 첫 성공적인 비유럽국가로서의 일본의 책임감으로 새로운 활력을 얻게 되었다. 그리고 아시아의 해방을 위한 일본의 성전(聖戰)은 정당화되었다. 그런 의미에서 일본의 범아시아주의에 의한 일본의 팽창주의는 이지적인 독재의 성격을 띤 서구 제국주의와는 달랐다. 도덕적 우월성과 순수성을 지닌 아시아의 리더라는 일본인의 생각은 지성인들에게만 국한되지 않았다. 대중음악은 일본인들을 파고드는 깊이와 너비를 지녔다.

제2차 세계대전 동안 미국 노래들과 달리 일본 노래들은 거의 적들을 모욕하지 않았고 심지어 적의 이름조차 언급하지 않았다. 오히려 그들은 '붉고 흰' 색깔 이미지와 관련된 초월과 순수의 열망에 집중했다. 1938년의 대중음악은 애국심을 네 개의 꽃으로 묘사하였다. '순백색의 후지산 비탈에 핀 벚꽃', '겨울에 핀 붉은 매화', '진홍색

---

5 위의 책, 282-285.

의 동백나무', '불꽃 같은 국화'가 그것이다.

편지들과 문서들에 나타난 이러한 로맨틱한 이상주의와 순수성은 젊은 가미카제 자살 특공대와 관련된 뚜렷한 특징들을 보여준다. 그러나 '난징대학살'과 같은 중국에서의 일본의 행동은 협력과 우애의 약속들이 거짓임이 드러났다. 똑같은 모순들이 1940년에 외무상 마츠오카 요스케가 밝힌 '대동아공영권'(Greater East Asia Co-Prosperity Sphere)에서도 나타났다.6

한편, '대동아공영권'은 군사적 필요에 따라 내건 팽창정책의 슬로건이고, 거기에는 '동아 해방' 등 근대 일본의 굴절된 아시아 인식이 들어있다. 사실상 '대동아공영권론'에 내재된 원리는 황국을 핵심으로 한 '지배-복종'이라는 수직적 상하관계의 계층적 질서였다.

근대 일본의 아시아 인식을 한마디로 말한다면 그것은 '범아시아주의'였다. 아시아주의는 구미 열강의 아시아 침략에 대항하기 위해 아시아의 연대, 구미 식민지로부터의 해방, 일본의 맹주적 사명, 아시아의 아름다운 미래를 말하는 것이었지만, 실제로 아시아 여러 민족의 시점에서 본다면 그것은 일본 중심적 독선적 슬로건에 불과했다.7 이를 잘 말해 주는 역사적 실례가 있다.

하급장교로 태평양전쟁에 참가한 경험을 말한 야마모토 시치헤이는 "아시아는 없다"는 말로 아시아(대동아)공영권의 허위를 폭로

---

6 E. K. Tipton, *Modern Japan: A social and political history*, 153-154.

7 윤건차는 전후 일본근대사를 이렇게 정리했다. "1945년 8월 일본의 패전은 근대 행보의 좌절을 의미하는 것이었다. 전후 일본은 앞에서 언급한 일본근대사의 세 가지 특질 - 구미 열강의 일본 침략, 천황제국가의 창출, 아시아 침략 - 의 형태는 달라졌지만, 기본적으로 그 틀을 그대로 유지했다고 해도 과언이 아니다. 그러나 현시점에서 일본 전후사를 정리한다면, 그 특질은 미·일안보체제, 천황제 민주주의, 과거의 은폐·망각·미화라는 세 가지로 축약할 수 있을 것이다." 윤건차, 『韓日 근대사상의 교착』, 287-288.

했다. 이 말은 "우리가 머릿속에 제멋대로 만들어 낸 아시아 혹은 아시아인의 마음과 같은 개념에 부합하는 대상은 현실 어디에도 없다"는 말이다. 아직도 일본에서는 "미국은 아시아의 마음을 몰랐다"는 식의 말이 횡행하고 있다면서 이렇게 말했다.

"1944년, 수백만에 달하는 사람들이 너, 나 할 것 없이 동아시아 각지로 출발했다. 나도 그중 한 명이었다. 이때 자신이 만들어 낸 아시아인이라는 개념에 부합하지 않은 현지 사람들을 접한 뒤, '이거야 원, 우리가 보지도 않고 멋대로 추측한 아시아인이라는 개념이 잘못된 거였네. 아니 가만있자. 이 광대한 유라시아 대륙의 대부분을 차지한 지역을 가리켜 아시아라는 공통된 상이 있다고 일방적으로 단정 지은 것부터 잘못이었어. 이건 단순히 한 사람의 만족을 위한 허상이 아니었을까?'라고 반성했다면 일본이 저지른 과오는 한결 가벼워졌으리라 생각한다".

미국은 아시아의 마음을 몰랐다고 하는 사람들은 '아시아의 마음'이 무엇인지나 알고 있었던 걸까? 알고 있었다면, 그들은 과연 그 의미를 알아내기 위해 아시아 전체를 둘러보기라도 했던 걸까? 그 결과 형성된 개념일까? 미국 해병대가 실시한 베트남에서의 미국인 철수 작전 관련 보도는 나를 우울하게 만들었다. 수만 명의 난민이 그들을 따라서 탈출했으며 미군에게 돌을 던지는 자는 없었다. 나중에는 관련 기사를 하나하나 읽는 것조차 괴로웠다. 형태는 다르지만 30년 전 우리도 필리핀에서 철수했다. 그때 우리 뒤를 따라온 자가 있었던가. 우리는 미군과 다르게 문자 그대로 '돌멩이 세례'에 쫓겨 돌아왔다. 인간이 실의에 빠졌을 때 혹은 국가·민족이 패퇴했을 때 비로소 허식 없는 모습이 그대로 드러난다는 가정 아래 이 둘의 패퇴 모습을 비교해보니, 그야말로 우리 약점이 적나라하게 드러나는 듯해서 괴로웠다. 그리고 이런 고통을 아무도 느끼지 않는 듯한 현실이 의아했다. 왜냐하면 이 기사는 나로 하여금 30년 전 마닐라 부두에서 날아오던 돌맹이와 욕설에 관한 기억을 어제의 일인 양 떠오르게 했기 때문이다.[8]

세계 대공황 및 일본의 팽창 정책(만주사변)

대량소비 시대에 들어선 미국에서는 자동차, 라디오, 세탁기, 냉장고 등이 널리 보급되어 황금의 20년대를 구가했다. 그러나 과잉생산은 점차 건전성을 상실하여 이윽고 경제는 주가의 급등이라는 거품 국면으로 접어들었다. 세계 총생산의 42%를 점하는 공업은 과잉생산으로 막다른 곳에 다다랐다.

1929년 10월 24일 목요일 뉴욕 월가 증권거래소의 주가 대폭락(암흑의 목요일)을 계기로 파탄이 만천하에 드러났고, 10월 29일 화요일에는 경제가 완전히 붕괴되었다. 악순환은 계속되어 연내에 주식 가격은 반토막이 났으며 소비가 급속히 줄고 실업자가 급증했다. 그 후 4년 동안 공업생산은 절반으로 줄었다.[9]

1929년 미국에서 시작된 재정적 위기는 전 세계를 경제적 불황 속으로 몰고 갔다. 모든 나라들이 차례로 생산침체, 은행파산, 상거래의 불경기로 큰 타격을 받았다. 서방의 민주국가에서는 1920년대의 번영과 낙관은 사라졌다. 1930년대의 경제불황은 독재자들에게

---

8 야마모토 시치헤이, 『어느 하급장교가 바라본 일본제국의 육군』, 80-83.
9 마야자키 마사카츠, 『하룻밤에 읽는 세계사』, 302.

좋은 기회를 부여하였다. 히틀러는 독일의 정권을 장악했으며 일련의 사건을 일으켜 제3국의 영토를 확장해 갔다. 일본은 군부가 집권하여 1931년 만주를 침략하였다. 국제연맹은 여기에 대해 속수무책이었으므로 중국과 일본 간에 연이은 전쟁이 벌어졌다.[10]

일본은 만주를 중국 본토와 분리시켜 일본의 지배권을 확립하려는 음모를 집요하게 계속하던 중 1931년 9월 18일 오후 10시경, 봉천 북쪽 유조구(柳條溝)에서 만주 철도의 선로가 누군가에 의해 폭파되었다. 일본은 이 조작극을 통해 중국군을 공격할 구실을 잡고 만주를 침략, 이른바 '만주사변'(9.18사변)을 일으켰다.

일본 관동군은 중국군을 폐퇴시킨 뒤 1932년 3월 1일 청 왕조의 마지막 황제인 선통제(宣統帝) 부의(溥儀)를 집정으로 하는 만주국을 세웠다. 이어 1934년 3월 부의가 만주국 황제가 됨으로써 만주국은 일본의 식민지나 다름없는 존재가 되었다.[11]

2 · 26쿠데타와 '도조 히데키'의 등장

다른 나라 사람들은 물론 일본인들도 일본군이 1930년대 후반부터 왜 그렇게 확전을 거듭했는지 이해할 수 없었다. 그들은 마치 불나방처럼 전쟁에 뛰어들었다. 통제되지 않는 군부가 스스로 정치 세력이 되었을 때 발생할 수 있는 최악의 사태가 터진 것이다.[12] 그것이 이른바 1936년 2월 26일, 육군 내부에서 국가 개조운동을 추진하고

---

10 차하순, 『西洋史總論』, 647.
11 김희영, 『이야기 일본사』, 637-640.
12 이덕일, 『잊혀진 근대, 다시 읽는 해방前史』, 305.

있던 장교들이 일으킨 쿠데타 미수 사건이다. 20여 명의 청년 장교와 그들의 지휘 아래 있던 부사관 및 병사 1,500여 명이 참가한 대규모 쿠데타였다. 2·26사건은 육군 내부의 항쟁이라는 범위를 훌쩍 넘어 일본근대사의 전환점이 된 사건이다.

이들은 그날 오전 5시를 기해 정부 요인을 습격했다. 그들이 습격한 곳은 수상 관저, 스즈키 긴타로(鈴木貫太郎) 시종장 사저, 사이토 마코토 내대신 사저, 와타나베 조타로(渡邊錠太郎) 육군 교육 총감 사저, 다카하시 고레키요(高橋是淸) 대장상 사저, 마키노 노부아키(牧野伸顯) 전 내대신 사저 등이다. 그중 사이토, 와타나베, 다카하시는 참살되었다.

청년 장교인 무라나카 다키지(村中孝次), 이소베 아사이치(磯部淺一) 등은 육군 대신 관저에 모여 육군상 가와지마 요시유키(川島義之)를 앞에 두고 '궐기취의서'(蹶起趣意書)를 낭독하며 자신들의 7가지 요구 사항을 들이댔다. 26일 이른 새벽부터 29일 저녁 무렵까지 4일 동안 청년 장교들과 육군 지도자 사이에 줄다리기가 이어졌다.

천황은 청년 장교들이 자신의 명령 없이 병력을 움직였다는 것과 자신이 가장 믿고 중히 여기는 신하(고굉지신, 股肱之臣)들이 학살된 보고를 받고는 단호하게 토벌할 것을 주장하면서 쿠데타는 실패로 끝났다. 이 사건으로 '육군 주류파'(통제파)는 숙군 인사라는 명목으로 '청년 장교들'(황도파)을 몰아내고, 내각의 생사여탈권을 획득했다. 그리하여 언제라도 육군이 주도하는 내각을 만들 수 있게 되었다. 그래서 이 사건을 두고 '실패했지만 성공한 쿠데타'라고 말하는 이유이다.[13]

---

13 호사카 마사야스, 『쇼와 육군』, 137-140.

이 사건의 배경은 이러하다. '통제파'(統制派)의 뿌리는 태평양전쟁을 일으킨 '도조 히데키'(東條英機, 1884~1948)에게로 거슬러 올라간다. 그는 육군사관학교를 졸업하고 일본제국 육군의 엘리트 코스를 밟았다. 이후 스위스와 독일 등지에서 주재 무관으로 근무했는데, 스위스 대사관에서 육사 선배 나가다 데쓰잔과 교유하면서 큰 영향을 받게 되었다. 이들을 중심으로 조직된 '잇세키카이'(一夕會)는 훗날 통제파로 발전하여 황도파와 육군 내의 파벌 항쟁을 일으켰다.

육군 상층부에 많았던 통제파는 천황기관설(메이지헌법에 기초하여 '천황은 군림하되 통치하지 않는다'는 주의)을 신봉하고, 합법적으로 군부가 권력을 손에 넣은 다음 국가 총동원 체제를 갖추도록 하자고 주장하는 그룹이었다. 이들은 대소련전보다 오히려 중국 제압에 비중을 두고 실리적인 사고방식을 갖고 있었다.

반면에 청년 장교들이 많았던 '황도파'(皇道派)는 불법적으로라도 권력을 장악한 다음 천왕 친정('천황은 군림하고 통치한다')에 의한 국가를 목표로 삼는 그룹이었다. 이들은 공산주의 국가인 소련에 대해 격심한 적대감을 품고 있었는데, 그 까닭은 공산주의가 천황제 타도를 슬로건으로 내세우고 있었기 때문이다.[14]

만주사변 이후 두 세력은 군부의 지배권을 놓고 사사건건 대립했다. 1935년 8월 12일, 황도파 소속 아이자와 사부로(相澤三郎) 중좌가 통제파 지도자인 육군 소장 나가다 데쓰잔(永田鐵山)을 암살하였다. 이 사건으로 아이자와가 재판에 회부되면서 군 내부의 긴장이 고조되었고, 1사단 황도파 장교들이 만주로 이동했다. 이에 불만을 품은 황도파 장교들이 쿠데타를 일으킨 것이 2·26사건이다.

---

14 위의 책, 145.

2·26사건이 만주 지역으로 파급될 것을 우려한 통제파 군부는 자기 세력 장교를 만주 관동군 헌병사령관에 임명했는데, 이때 발탁된 인물이 '도조 히데키'였다. 그는 황도파 계열의 장교와 민간인을 대량 검거하여 순식간에 만주의 치안을 확보했다. '면도날'이라는 별칭이 붙을 정도로 꼼꼼한 성격에 원칙주의자였던 그는 자신의 재능을 유감없이 발휘하여 군사 행정가, 야전사령관으로 활약했다. 지휘 능력을 인정받은 그는 관동군을 완전히 장악했다.[15]

황도파의 젊은 장교들이 원한 정권은 천황을 정치·군사의 전면에 내세우는 천황 친정 국가 수립이었다. 이 경우 통치 형태는 천황의 직접적인 명령에 따라 움직일 것이고, 정치적·군사적 책임은 고스란히 천황에게 돌아간다. 그런 의미에서 청년 장교들의 주장은 천황을 떠받들려다가 오히려 궁지로 내모는 꼴이 되고, 전쟁에 패했을 경우 상대국으로부터 책임을 추궁당해 천황제의 존속 자체가 어려웠을 것으로 추측된다.[16]

쿠데타는 실패로 끝났지만, 군부는 이 사건을 빌미로 정계와 언론계를 협박했다. 쇼와유신을 모방한 10월유신이 의회와 정치권, 언론을 극도로 위축시켰던 것처럼 쇼와유신을 표방한 2·26사건 이후 일본 사회는 극도로 위축되었다. 그러면서 군부는 군수산업을 중심으로 하는 중공업 재벌과 결탁해 확전의 길로 나섰다. 조직폭력배에 불과한 군부와 무기상으로 변신한 중공업 재벌의 이른바 군상복합체가 이후 일본을 병영국가로 몰고 갔으니 확전은 불가피했다.[17]

---

15 양은경, 『일본사를 움직인 100인』, 488-499.
16 호사카 마사야스, 『쇼와 육군』, 150.
17 이덕일, 『잊혀진 근대, 다시 읽는 해방前사』, 304.

2·26사건에서 우리가 짚고 넘어가야 할 중요한 포인트는 천황이 공산주의 종주국인 러시아전에 무게를 둔 황도파가 아닌 중국전을 선택한 통제파의 손을 들어주었다는 사실이다. 이는 결국 중국과의 이해관계가 걸려있는 대미 관계의 악화를 가져왔다는 사실과 군부가 장기전으로 갈 수밖에 없는 중국전의 수렁에 빠짐으로써 일제의 패망을 가져왔다는 사실이다. 그들은 지금 자신들도 모르는 사이에 하나님의 시나리오에 따라 움직이고 있었던 것이다.

중일전쟁의 발발

1937년은 전면전의 도상에서 1931년처럼 또 다른 결정적 시점으로 간주된다. 그런데 1931년과 달리 1937년의 사건은 단지 군부에 의해 저질러진 것이라든가 의도적으로 전 중국을 인수하겠다는 것만을 의미하지 않는다. 확실히 그것은 예상치 못한 전쟁으로 확대되어 궁극적으로는 일본인들이 3백만 명이나 희생을 치른 사건이 되었다.18

중국에서의 배일·항일이 날로 고조되자 일본이 파시즘의 길로 내닫기 시작한 가운데 1937년 7월 7일 밤 10시, 베이징 교외의 루커우차오(蘆溝橋)에서 사소한 충돌이 있었다. 일본군은 이 사건을 구실로 선전포고도 없이 만주에 있던 병력을 동원하여 중국 전토에 대하여 침략을 감행했다. 이른바 '중일전쟁'이었다.

일본군은 파죽지세로 공격을 계속하여 전투 개시 1개월 후인 8월까지 북경과 천진 이북을 점령했다. 9월 이후에는 남하하면서 공세

---

18 E. K. Tipton, *Modern Japan: A social and political history*, 144.

를 가하여 11월 초에는 상해 전선을 무너뜨리고 남경을 위협했다. 11월 20일 장제스의 국민 정부는 천도를 선언하고 정부와 당 기관을 한구(漢口)로 옮겼다가 다시 중경(重慶)으로 옮기게 되었다.[19]

상해 전선을 무너뜨린 일본군은 국민당 정부의 수도인 난징을 목표로 진격하여 12월 13일, 난징을 점령하였다. 일본군 5만여 명은 무기를 들지 않은 일반 시민을 대상으로 약 40여 일간에 걸쳐 광란의 학살극을 연출하였다. 무려 30만 명이 살해되었다고 한다. 총살, 난자, 생매장, 불태워 죽이기 등 살해 수법도 잔혹하기 이를 데 없었던 바, 중국인들은 이를 '대도살'(大屠殺)이라고 불렀다.[20]

일본군의 대도살을 고발하는 목격자의 증언, 사진과 기록이 수두룩하다. 일본군은 비무장 중국인들을 상대로 목 베기 경쟁을 벌이고 신병들의 담력을 키우기 위해 중국인을 총검술 표적으로 삼았다. 여성 2만 명 이상이 강간, 살해당했고, 능욕한 여성의 외설 사진을 찍어 기념품으로 간직하고 다니다가 패전 후 포로가 되면서 압류당한 병사들도 있었다.[21]

그럼에도 일왕 히로히토는 난징 공략부대에 찬양 칙어를 내렸다.[22] 이미 중일전쟁의 반발과 함께 일왕이 사는 궁엔 전쟁을 지휘하는 최고 통수 기관인 대본영이 설치되었다. 대본영은 참모총장(육군)과 군령부 총장(해군)을 핵심으로 육·해·군 대신들이 참가한 군부 지도자들의 회의였으며, 이 회의를 주재하는 우두머리는 일왕이었다.[23]

---

19 김희영, 『이야기 일본사』, 648.

20 하종대, "난징대학살 70돌, 실리 앞에 숨죽인 反日," 「동아일보」(2007. 12. 15.).

21 황호택, "대학살 70주년 맞는 난징," 「동아일보」(2007. 7. 4.).

22 신동준, 『근대일본론: 군국 일본의 국가제도와 그 운용자들』, 28.

일본군은 1938년부터 중국의 주요 전투지역에서 독가스를 대규모로 사용하였는데, 2,000여 차례에 걸친 화학무기 사용으로 9만여 명의 중국 군인들이 피해를 입었다.[24] 계속된 일본의 만행은 생체실험과 세균전으로 이어졌다. 1939년 일제 관동군 731부대(방역 급수부대)는 중국과 몽골의 국경지대인 뉘먼한 전투에서 최초로 세균무기를 사용했다. 731부대는 그런 세균전을 위해 '마루타'(丸太, '통나무'라는 뜻)로 지칭하던 희생자들을 대상으로 생체 실험을 했다.

1933년 8월, 만주 하얼빈시 동남방 70km 지점에 비밀연구소를 설립한 뒤 수만 명이 넘는 사람들을 실험 도구로 사용했다. 세균무기를 개발하기 위해 마루타를 대상으로 31종류의 각종 실험을 자행했다. 1940년부터 731부대는 중국 남부 민간인 마을 등에 탄저병, 콜레라, 페스트 등의 세균을 살포, 최소 25만 명이 목숨을 잃었다.[25]

일본이 과학기술을 자랑하고 의술을 최고라고 내세우지만, 그 모두는 훔치고 조작하고, 인권을 유린한 결실이다. 만일 그것이 자랑거리가 된다면 인류사회의 정의와 인권의 원칙은 허상에 불과하다. 정의롭지 못한 힘은 폭력의 도구가 된다.[26]

23 한중일 3국공동역사편찬위원회, 『미래를 여는 역사: 한중일이 함께 만든 동아시아 3국의 근현대사』, 146.

24 위의 책, 155.

25 '731부대의 악행'에 대해서는 정일성, 『알수록 이상한 나라 일본』, 97-115; 조찬선·최영, 『일본의 죄악사』, 144-146을 참조.

26 조찬선·최영, 위의 책, 146

태평양전쟁 전야

1937년 7월 시작된 중일전쟁은 일제의 예상과는 달리 장기화되어 갔다. 거기에는 여러 요인이 작용했다. 독일은 1940년 9월 27일 일본과 함께 삼국동맹을 결성하지만. 그 이전인 1938년 5월 12일 만주국을 승인하며 중국에 가장 많은 무기를 팔았다. 중국은 독일로부터 공급받은 무기로 일본군을 괴롭혔다. 또한 중국과 러시아는 1937년 8월 21일 중소불가침조약을 맺고, 소련은 중국에 전투기 921대, 자동차 1,516대, 대포 1,140문, 기관총 9,720정, 지원병 형태의 소련인 조종사를 보냈다.

더욱 주목할 것은 미국과 영국의 중국 원조였다. 미국은 1938년 12월 중국에 2,500만 달러의 차관을 제공해 주었다. 중국은 일본에 의해 해안이 봉쇄되었지만, 이 차관으로 홍콩 등을 통해 물자를 얻을 수 있었다. 영국은 광저우, 홍콩, 프랑스령 인도차이나(현재의 베트남 지역) 루트를 통해 중국에 물자를 공급했는데, 이 루트를 '원장(援蔣) 루트'라고 부른다. '장제스(蔣介石)를 원조하기 위한 물자를 나르는 길'이라는 의미다.[27]

전쟁이 장기화되고 격화될수록 일본의 병참기지였던 조선의 노동자들과 농민의 삶은 더욱 열악해졌다. 일본은 중국의 주요 도시들을 점령했지만, 중국은 항복하지 않고 수도를 충칭으로 옮겨 계속 싸웠다. 농촌에서는 중국공산당이 게릴라전을 펼치며 일본군에 저항했다. 일본이 실제로 점령한 것은 도시 일부와 철도뿐이었다. 단기간에 점령하기에는 중국은 지나치게 넓은 대륙이었으며, 인구도 워

---

27 가토 요코, 『그럼에도 일본은 전쟁을 선택했다』, 376-378.

낙 많아서 일본이라고 해도 어쩔 수 없었다. 일중전쟁은 장기화될 수밖에 없었다.[28]

계속된 전쟁에서 승리한 도취감에 흠뻑 젖어 있던 일본 군부는 1938년부터 중국 전역으로 전선을 확대했다. 이로써 일본은 중국의 늪에 빠져 들어갔다. 그와 더불어 일본 군부는 정부에 압력을 가해 국민의 총력을 기울여 전쟁에 승리하기 위한 목적으로 '국가총동원법'(國家總動員法)을 통과시켰다. 이로써 일본 전체는 전시 비상 체제로 돌입하게 되었다. 국가총동원법을 계기로 정부는 의회의 승인 없이 모든 인적·물적 자원을 동원할 수 있는 권한을 손에 넣었다. 그러나 국제 정세는 일본에 불리해졌다.[29]

중일전쟁이 장기화됨에 따라 극심한 물자 부족에 봉착한 일본 정부는 독일·이탈리아와 삼국동맹을 체결한 것을 기회로 북부 인도차이나에 진격하여 중국으로의 물자 수송을 방지함과 동시에 남방 진격을 위한 근거지를 마련코자 하였다. 그러나 이 남방 진격을 감행할 경우 이 지역에 식민지를 소유하고 있는 미국·영국·네덜란드·프랑스를 모두 적국으로 만드는 결과를 초래한다는 것은 뻔한 일이었다.[30] 이를 일본 군부는 예상하지 못했다.

일찍부터 일본의 중국 침략을 비난해 오던 미국은 일본의 인도차이나 침공에 크게 흥분하였다. 미국의 루스벨트는 일본과 맺었던 조약을 무효화(1939. 7. 26.)하고 '중국에서 철수하여 만주사변 이전으로 돌아가라'고 일본에 경고했다. 이어 영국과 미국은 일본에 대한

---

28 전국역사교사모임, 『처음 읽는 일본사』, 309-311.

29 위의 책, 313.

30 김희영, 『이야기 일본사』, 652.

철강 및 석유 수출을 금지했다(1941. 8. 1.). 그 결과 일본의 석유 수입량은 90% 줄어들었다. 철강, 석유 등의 전쟁 물자를 수입에 크게 의존하고 있던 일본에 이 같은 조치는 치명적이었다.[31]

그러자 도조 내각은 미국에 대한 마지막 카드로써 "미국이 석유 수출 금지를 해제하고 네덜란드령 동인도차이나에서의 석유공급이 재개될 수 있도록 할 것과 중국과의 대립을 외교적으로 해결할 수 있도록 협조해 준다면 인도차이나에서 철군하겠다"고 미국에 제안했다. 이에 대해 미국 행정부는 이전의 주장을 전혀 굽히지 않았다. 협상이나 대화로써 해결할 길이 없음을 확인한 일본은 그해 10월부터 도조 내각 주도 아래 미국과의 전쟁 준비에 박차를 가했다.[32]

여기서 미국이 중국을 돕고 제2차 세계대전에 개입하게 된 데에는 다음과 같은 일이 있었다. 중국의 장제스는 1940년 10월 18일에 이렇게 말했다. "일본의 해안 봉쇄는 중국을 약하게 하고, 중국 국민의 항전 의식을 저하시키고 있습니다. 그러면 중국 국내에 있는 공산당이 생각하는 대로 될 것입니다. 저는 일본보다 공산당이 더욱 두려워해야 할 존재라고 생각합니다. 일본은 싱가포르를 공략하고 버마를 폐쇄할지도 모릅니다. 만약 미국이 더 많은 원조 그리고 미국인 의용병 조종사와 항공기를 제공해 주지 않는다면 중국은 붕괴될 것입니다."

먼저 장세스는 중국에서 공산당 세력이 퍼지고 있다는 말로 미국을 위협했다. 그다음으로 일본의 남진 가능성을 얘기하면서 일본이 대영제국의 요충지인 싱가포르로 향할 것 같다고 위협했다.[33]

---

31 전국역사교사모임, 『처음 읽는 일본사』, 313.
32 김희영, 『이야기 일본사』, 654-655.

또한 영국 총리 처칠은 루스벨트 대통령에게 두 통의 편지를 보냈다. "미국이 뭔가 행동을 해야 하지 않겠습니까? 그러지 않으면 영국은 독일과 협상을 시작할 수도 있습니다. 미국의 구축함이 꼭 필요합니다"(1940년 6월 15일).

"영국은 미국의 전쟁을 수행하고 있습니다. 영국은 더 이상 미국제 무기의 비용을 지불할 능력이 없습니다"(1940년 12월 7일). "영국은 미국의 전쟁을 수행하고 있다"는 처칠의 말은 원래 미국이 영국과 함께 독일을 막아야 하는데 영국이 혼자서 싸우고 있다는 뜻이다. 이러한 상황에서 루스벨트는 서둘러 무기대여법을 통과시켜 영국과 중국을 돕게 되었다.34

한편, 1939년 9월 1일, 독일이 폴란드를 침공하는 것으로 제2차 세계대전이 발발했고, 독일은 프랑스를 쉽게 점령하자 일본은 힘의 공백이 생긴 프랑스령 인도차이나 반도를 침공하는 남진 정책을 추진했다. 1940년 9월에 프랑스령 북부 인도차이나에 진군했고, 이듬해인 1941년 7월 2일 어전회의에서 프랑스령 남부 인도차이나에 진주를 결정했다. 일본이 본격적으로 남진 정책을 추진한 이유는 중일전쟁 장기화를 대비하여 원장루트의 차단과 스스로 동남아시아 자원을 획득하기 위해서였다.35

여기서 한 가지 짚고 넘어가야 할 것은 일본 최고사령부의 많은 이들은 진짜 적은 스탈린이라 여기고 '북벌'에 나서고 싶어했다는 사실이다. 그런데 1939년 5월, 만주와 몽골의 국경 지대의 도시 '할

---

33 가토 요코, 『그럼에도 일본은 전쟁을 선택했다』, 383-384.

34 위의 책, 385-388.

35 위의 책, 380-381.

힌골'(노몬한) 전투에서 일본이 소련에 참패했다. 당시 일본군의 사상자는 2만 5천 명이 넘었다. 일본군에 첫 패배를 안겨준 소련군의 승리는 일본에 동요를 일으켰다.

그해 8월에 나치-소련 간에 불가침 조약을 맺자, 일본과 소련 사이에도 불가침 조약을 맺었다. 이 사건 이후 일본은 북벌론을 접고, 군사적 우선순위를 다시 중국으로 돌렸다. 이때부터 수행된 전쟁은 매몰 비용에 대한 집착과 개별 전투에서 이뤄낸 전술의 성공에 가려진 장기적인 전략의 무모함, 그 어떤 시나리오에서도 일본의 목표는 달성 가능성이 없다는 현실을 인정하지 않으려는 아집일 뿐이었다(특히 히틀러가 그만의 무모한 전략으로 러시아 침공을 단행한 이후로 일본은 더욱 중국에 집착했다).[36]

1941년 10월 16일, 일본 군부는 고노에(近衛) 내각을 내몰고[37] 도조 히데키를 수상으로 하는 군사 정부를 수립하였다. 바로 그 이전 일본은 1941년 4월 13일에 소련과 중립 조약을 맺어 소련이 중국에 무기 원조를 중단한 것으로 인해 안심하면서 삼국동맹(1941. 9.)에다 러시아까지 포함해서 사국동맹이면 미국, 영국 등과 전쟁도 해볼만하다는 생각을 가졌다.[38]

그런데 이 전략은 빗나갔다. 당시 독일 나치스 정부는 소련이 전 세계의 공산화를 진지하게 생각하고 있다는 첩보를 받고는 반유태인 정책만이 아닌 반공(反共) 정책으로 돌아서면서 1941년 6월 22일

---

36 R. T. Murphy, 『일본의 굴레』, 161-162.

37 고노에 수상은 미국이 제시한 4원칙(1. 모든 나라의 영토 보존과 주권 존중. 2. 타국의 내정간섭 배제. 3. 기회균등의 지지. 4. 태평양지역에서의 현상 유지)을 전면적으로 받아들이겠다는 의사를 밝혔고, 다가오는 미국과의 충돌을 막으려고 애썼다. 그러나 육군은 이를 강력히 반대함으로써 고노에 수상은 난처해졌다. 김희영, 『이야기 일본사』, 654.

38 가토 요코, 『그럼에도 일본은 전쟁을 선택했다』, 389-390.

러시아를 침공하는 독소전쟁을 벌였다. 일본으로서는 삼국동맹으로 어쩔 수 없이 독일을 지지하다 보니 러시아를 적으로 만들어 버렸다. 1941년 9월 28일 미국과 영국은 소련과 협정을 맺고 소련에 군수물자를 보내기로 했다. 결국 미국은 일본의 남진에 강력한 보복 조치를 취함으로써 소련에 힘을 실어주었다.[39]

이전의 러일전쟁에서는 미국, 영국, 프랑스, 심지어 조선까지 합세하여 일본을 지원함으로써 일본이 승리할 수 있었다. 그런데 이번에는 반대로 일본은 미국, 영국, 프랑스, 네덜란드, 러시아 연합군과 싸워야 하는 신세로 전락했다.

미즈노 히로노리(水野廣德)는 1920년대에 "일본은 이러이러한 이유로 애당초 전쟁이 불가능한 나라니까 전쟁할 생각을 하지 마시오"라고 한 사람이다. 태평양전쟁을 앞두고 그가 이런 말을 했다. "현대의 전쟁은 반드시 지구전, 경제전이 될 것이다. 그런데 일본은 물자가 부족하고 기술이 저열하며, 주요 수출 품목은 생필품이 아닌 생사다. 전쟁에서 일본은 치명적인 약점을 가진 셈이다. 따라서 일본은 무력전에는 이겨도 지구전, 경제전에는 절대로 이길 수 없다. 그러므로 일본은 전쟁할 자격이 없다."[40]

그럼에도 불구하고 천황은 1941년 11월 15일 기습작전을 감행하면 승리할 수 있다는 연합함대 '야마모토 이소로쿠'(山本五十六)의 작전을 승인했다. 이때 당국자들은 천황에게 진주만 공격을 포함한

---

39 위의 책, 393-394. 전쟁 옹호론자들은 오늘날 일본에도 존재한다. 최근 퇴임한 아베 신조도 그중 한 사람인데, 그의 외조부 기시 노부스케(岸信介)는 만주국의 첫 번째 경제 책임자였고, 전시 내각에서는 군수 대신이었으며, 전후 일본에서는 정치질서의 핵심 설계자로 활동했다. R. T. Murphy, 『일본의 굴레』, 161.

40 가토 요코, 『그럼에도 일본은 전쟁을 선택했다』, 411.

모든 작전 계획을 설명했고, 특히 진주만 공격이 전국시대에 오다 노부나가가 구사한 '오케하자마전투'(桶狹間の戰)와도 비교할만한 '기습작전'이라고 설명하면서 천황을 설득했다.[41]

여기서 일본 군부가 결정적으로 오판한 것이 미국의 저력, 즉 일본과 미국의 생산량의 차이다. 태평양전쟁이 시작되던 1941년 12월 당시 일본의 생산 대수를 100이라고 하면 미국은 기껏해야 107 정도밖에 되지 않았다. 그러나 1943년 6월이 되면 일본이 100일 때 미국은 231이 되었고, 종전이 다가오는 1945년 7월이 되면 일본이 100일 때 미국은 1,509나 되었다.[42]

멈춰야 할 지점에서 멈추지 못하는 것이 히틀러의 특성이었듯이 일제의 군부 지도자들에게서도 똑같이 나타났다.[43] 하나님이 애굽의 바로 왕을 완전히 망할 때까지 그의 마음을 강퍅하게 하신 것처럼 그들의 마음을 그렇게 몰고 갔다. 절망감으로 이성을 잃은 일제는 도박심리에 빠져 들었고, 이는 일제의 하와이 진주만 기습으로 나타났다. 전쟁 귀신에 홀린 일본 군부는 최악의 시나리오를 써갔다. 아니 하나님이 그렇게 이끄신 것이다.

태평양전쟁 발발

1941년 12월 7일(한국시간 12월 8일) 일요일 아침 7시 55분, 일본

---

41 위의 책, 399-401.

42 위의 책, 397-398.

43 시편 기자는 이렇게 말했다. "존귀하나 깨닫지 못하는 사람은 멸망할 짐승 같도다"(시 49:20). 또한 주님은 떡 일곱 개로 4천 명을 먹이신 후 제자들에게 이렇게 말씀하셨다. "너희가 어찌 떡이 없음으로 수군거리느냐 아직도 알지 못하며 깨닫지 못하느냐 너희 마음이 둔하냐 너희가 눈이 있어도 보지 못하며 귀가 있어도 듣지 못하느냐 또 기억하지 못하느냐"(막 8:17-18).

은 하와이의 진주만에 정박해 있던 미 제7함대와 군사시설을 기습적으로 공격했다. 이로써 태평양전쟁의 막이 올랐다. 일본은 독일을 너무 과신했고, 미국을 과소평가했으며, 이제까지 점령한 중국 대륙에서 후퇴할 수 없었던 것이 전쟁으로 치닫게 된 이유다.[44]

제2차 세계대전을 미국의 입장에서 보면 진주만 공격은 일본의 '이중성', 즉 '고립의 끝'과 '준비 없음의 어리석음'의 상징이다. 이 '수치의 날'은 단번에 일본 군국주의를 '멸망'시킬 사명을 정당화시켰다. 그러나 일본의 입장에서 보면 그 공격은 평판이 나쁜 행동이 아니라 아시아에 있는 그들의 식민지와 반식민지 지배를 위하여 일본을 따돌린 서구 세력들에 대항한 일격이었다. 이러한 견해와 더불어 미국과의 일전을 감행한 궁극적 결정은 다음과 같다: 군사력을 의지하려는 것이 합리적 전략의 일부라는 믿음, 동북아시아의 최고 지위를 요구하는 민족적 안정과 자리의 의미 그리고 베르사이유 조약이후 시작된 1920년대와 30년대의 특별한 사건들로부터 야기된 불만들이 그것이다.

미국과의 전쟁(진주만 공격)은 20세기 시작으로부터 '불가피한' 것이 아니라 1894~5년의 청일전쟁으로부터 일본인에 의해 냉혹하고, 조직적이고, 계산된 계획의 결과였다. 그것은 19세기 서구 제국주의에 의해 자극 받은 아시아 민족주의의 한 부산물이었다. 그런 의미에서 제2차 세계대전은 아시아 민족주의와 서구 민족주의 간의 갈등으로 볼 수 있다.[45]

---

44 '태평양전쟁'에 대한 자세한 설명은 E. J. Drea, "The Asia-Pacific War," *Japan's Imperial Army* (大日本帝國陸軍), 222-252를 참조.

45 E. K. Tipton, *Modern Japan: A social and political history,* 137.

그런데 일본이 얼마나 무모한 전쟁에 나섰는가 하는 것은 미국과 일본의 군비 차이에서 확연히 드러난다. 전쟁 초기 일본의 해군 전투함이 배수량으로 따져 98만 4천 톤인 데 비해 미국은 144만 톤으로 일본은 미국의 68.3%에 불과했다. 2년 후인 1943년에는 일본이 97만 2천 톤으로 줄어든 반면 미국은 280만 7천 톤으로 늘어나 일본은 미국의 3분의 1밖에 되지 않았다.

미국과 일본의 국력 차이는 당시에도 잘 알려져 있었다. 개전 당시 미국의 국민총생산은 일본의 12배에 가까웠다. 또 중화학공업과 군수산업의 기초가 되는 철강은 일본의 12배, 자동차 보유 대수는 160배, 석유는 776배나 되었다. 이 같은 수치는 메이지대학 야마다 아키라(山田朗) 교수가 쓴 『군비확장의 근대사』라는 책에도 나온다.[46]

이 같은 절대적인 국력 차이에도 일본이 개전을 결단할 수 있었던 배경에는 개전을 적극적으로 지지하는 층이 있었기 때문이다. 그런 맥락에서 소개하고 싶은 한 인물이 있다. 다케우치 요시미(竹內好)라는 사람이다. 그는 1931년 도쿄제국대학 문학부 중문학 전공 학생으로서 1937년부터 2년간 베이징에서 유학도 한 사람이다. 그는 태평양전쟁 소식을 듣고 감동하기까지 했다. 개전 8일 후 다케우치는 자신이 주재하는 잡지에 "대동아전쟁과 우리의 결의"를 기고했는데, 그 글이 남아 있다.

"역사는 만들어졌다. 세계는 하룻밤 사이에 변모했다. 우리는 눈앞에서 그것을 보았다. 감동에 몸을 떨면서 무지개처럼 흐르는 한 줄기 빛의 행방을 지켜보았다. (…) 12월 8일 선전(宣戰)조서가 내려진 날, 일본 국민의 결의는 하나로 불타올랐다. 상쾌한 기분이었다.

---

46 가토 요코, 『그럼에도 일본은 전쟁을 선택했다』, 361.

(…) 솔직하게 말하면 우리는 지나사변(중일전쟁) 앞에서 하나가 되기 어려운 감정이었다. 의혹이 우리를 괴롭혔다. (…) 우리 일본이 동아 건설의 미명에 숨어서 약자를 괴롭히는 것은 아닌가 하고 지금껏 의심해왔다. (…) 이 장엄한 세계사의 변혁 앞에서 생각해 보면 지나사변은 하나의 희생으로서 견딜 수 있는 일이었다. (…) 대동아전쟁(태평양전쟁)은 훌륭하게 지나사변을 완수했고, 그 의의를 세계에 부활시켰다. 지금 대동아전쟁을 완수하는 것은 우리다"(「중국문학」80호, 1942년 1월 1일).[47]

개전과 함께 '역사가 만들어졌다'는 감성 그리고 현대의 우리들은 수렁에 빠진 중일전쟁이 더 나쁘게 태평양전쟁으로 확대됐다고 생각하는데, 그것과 인식이 완전히 다른 모습을 보게 된다. 이 학생은 자신도 모르는 사이에 전쟁을 '상쾌한 기분'으로 받아들이면서 인간이 아닌 하나님이 (일본이 망하도록) 역사를 만들어가고 있음을 말하고 있는 것이다.

일본 해군의 항공모함 6척에서 발진한 비행기 350대는 기습공격으로 미군에 큰 타격을 입혔다. 이때 일본 항공부대 총지휘관이 진주만 상공에서 "우리는 기습에 성공했다"고 전한 암호 전문이 '도라 도라 도라'다. 미국은 전함 8척 중 4척이 침몰했고, 3척이 큰 손상을 입었다. 비행기 570대 중 475대가 완전히 파괴되었다. 미 해군과 육군 사망자는 2,897명에 이르렀고 민간인 사망자도 68명이나 되었다. 미국은 이날을 '치욕의 날'로 선포하고 일본에 대하여 선전포고를 했다. 그리고 "진주만을 기억하라"(Remember Pearl Harbor!)라는 구호가 미국인을 단결시켰다.[48]

---

47 가토 요코, 『그럼에도 일본은 전쟁을 선택했다』, 362-364.

태평양전쟁 개전 2개월여 후인 1942년 2월 16일, 일본군이 싱가포르를 점령하자 일왕 히로히토는 연이은 승전 소식에 기쁨을 감추지 못했고, 전 일본은 흥분의 도가니에 빠졌다.[49] 그리고 일제의 '대동아공영권'(大東亞共榮圈) 환상은 더욱 부풀었다. 그런데 일본이 승승장구할 때마다 점점 '십자가'의 진리에서 멀어져갔다. 비극이 점점 쓰나미처럼 다가오고 있었지만 일본 조정은 전혀 눈치채지 못했다.[50]

일본군은 필리핀을 점령한 데 이어 남태평양까지 점령지를 확대해 나갔다. 연전연승[51] 파죽지세로 공격을 계속한 일본군은 전승에 들뜬 나머지 전선의 범위를 지나치게 확대함으로써 도처에서 고립 상태에 빠지게 되었다. 1942년 들어 반격의 준비를 갖춘 미국은 2월 마셜군도, 3월 뉴기니아 공습을 감행하였다. 승승장구하던 일본군은 6월 5일부터 2박 3일간 하와이 서북서 약 2,000km, 도쿄에서 약 4,200km 동쪽에 위치한 미드웨이 해전에서 대패했다. 이 해전에서 일본 해군은 정규 항공모함 4척과 비행기 322기를 잃었고, 3,500명이 전사했다.[52]

---

48 강준만, 『한국근대사산책 10』, 74-75.

49 위의 책, 84.

50 야마모토 시치헤이는 이렇게 말했다. "지금 와서 돌이켜보면 우스꽝스러운 일인지도 모른다. 그러나 일본은 전쟁 개시 이후 4개월간 진주만 군함 전투를 시작으로 마닐라 점령, 싱가포르 점령, 자와섬 점령을 이뤄내고 네덜란드군 항복, 양곤 점령, 뉴기니섬 상륙에 성공하는 등 신문에는 '연이은 전투의 대승리에 심취해서는 안 된다'는 경고문이 실릴 정도로 그야말로 하늘 높은 줄 모르고 기고만장해 있었다. 대일본제국(大日本帝國)이 임종을 앞둔 소강상태에 있다는 점은 가려진 채, 사람들은 그저 모든 상황이 좋아지고 있다는 착각에 빠져 있었다." 야마모토 시치헤이, 『어느 하급장교가 바라본 일본제국의 육군』, 9.

51 첫 6개월 동안의 놀라운 승리는 일본인들에게 흥분과 도취감을 가져다주었고, 신문들은 1면 기사에 제국 칙령으로 이 사실을 보도했다. 신문 기사는 보통 "우리는 깊이 만족한다"로 끝을 맺었다. 이를 지켜본 고노에(Konoe)는 앞으로 있을 일을 보다 깊이 예감하면서 "그들이 얼마나 천박한가!"라는 반응을 보였다. M. B. Jansen, *The Making of Modern Japan*, 642.

52 강준만, 『한국근대사산책 10』, 88-89.

이어 8월 7일 미군은 호주의 동북쪽 솔로몬군도의 최남단 과달카날섬 상륙을 시작으로 대반격이 시작되었다. 치열한 전투 끝에 8월 21일 일본군은 전멸에 가까운 참패를 당했다. 미드웨이 해전부터 밀리기 시작한 일본군은 1942년 12월 파푸아 뉴기니섬의 옥쇄(玉碎, 깨끗한 죽음)를 시작으로 본토에 이르는 각 섬에서 옥쇄를 명령하였다.

'옥쇄'(玉碎)를 일본인들은 '교쿠사이'라고 한다. 과달카날섬에서는 일본군 2만 4천 명이 '교쿠사이'했고, 이를 시작으로 알류산열도의 아투섬에서는 2천 5백 명이 '교쿠사이'했다. 일본 영토인 이오섬에서는 2만 3천 명, 오키나와섬에서는 일본 군인과 도민 의용군 9만명 그리고 비전투원 10만 명이 '교쿠사이'했다.[53]

야마모토 시치헤이는 동남아 전장에서 자신이 겪었던 기묘한 사실을 폭로했다. 1943년 8월 중순에 일어난 일이다. K 대위는 엄숙한 태도로 이렇게 말했다. "오늘부터 교육 변경이다. 대미 전투를 주체로 한다. 이것을 A호 교육(ア號敎育, 미국을 적국으로 상정한 교육)이라 한다." 전쟁은 분명 1941년 12월 8일에 시작되었고, 거의 2년이 다 되어 가는데 이제 와 미국을 상대로 전쟁을 한다니 이 말을 듣는 순간 참으로 놀라움과 의문, 분노가 뒤섞인 감정이었다고 한다.

방금 'A호 교육'이라는 말을 듣기 전까지 그들이 받아온 교육은 일관되게 대소비에트전이었으며, 상정한 전장 역시 언제나 북만주와 시베리아 벌판이었지 동남아 지역의 정글이 아니었다. 또한 대미 전투를 위한 도면 한 장 없었다. 그러니까 애초에 "일본 육군은 미국과 싸울 생각이 전혀 없었다"는 기묘한 사실이었다.[54] 그러면서 이렇

53 위의 책, 90-93.
54 야마모토 시치헤이, 『어느 하급장교가 바라본 일본제국의 육군』42-46.

게 덧붙였다. "필리핀이라는 국가를 점령해서 실질적으로 통치할 생각이 전혀 없었다. … 육군은 필리핀의 기본적인 경제력 및 특수성조차 파악하지 못했다. 이건 정말이지 제정신을 가지고 한 짓이라고 생각되지 않는다."[55]

패전을 거듭하는 상황 속에서도 1943년 11월, 도조 수상은 '대동아공영권'[56] 망상에서 벗어나지 못한 채 다음과 같은 '대동아 공동선언'을 발표하였다. "미국과 영국은 자국의 번영을 위해 타민족을 억압하고 대동아에 대해서는 침략, 착취를 자행하여 대동아를 예속화하고 안정을 헤치려고 했다. 이것이 대동아전쟁의 원인이다. 대동아 각국은 제휴하여 대동아전쟁을 완수하고 대동아를 미국과 영국의 속박으로부터 해방시켜 공존공영, 자주독립, 인종적 차별이 없는 공영권을 건설함으로써 세계평화의 확립에 이바지하고자 한다."[57]

정신착란(精神錯亂)이 아닐 수 없다. 섭리사관으로 보면 하나님은 일본이 완전히 망할 때까지 전쟁에 광분하도록 내몰았던 것이다. 엽기성의 극치라 할 가미카제(神風)가 처음 등장한 것은 1944년 10월 23일부터 26일까지 필리핀 동부 연안의 레이터 해전에서였다. 1944년 7월과 8월 사이판과 괌이 미군에 의해 함락되면서 미군의 B29에 의한 일본 본토 폭격이 가능해지자, 일본은 광기에 사로잡혔다. 그래서 나타난 것이 바로 '가미카제'(kamikaze)였다.[58]

자살 특공대인 가미카제는 전쟁의 막바지에 일본을 구하기 위하여 젊은 그들의 순수한 자기희생의 동기로서 행해졌다. 첫 가미카제

55 위의 책, 92-93.
56 서쪽은 미얀마, 동쪽은 하와이까지 미치는 지역을 하나로 뭉침.
57 강준만, 『한국근대사산책 10』, 91.
58 위의 책, 94-95.

단원 4명의 이름은 18세기 국학자로 잘 알려진 모토오리 노리나가(Motoori Norinaga)[59]의 와카(waka) 시의 단어들로부터 왔다. "일본 고유의 정신이 무엇이냐고 묻는다면, 아침 햇살에 빛나는 벚꽃이라고 대답할 것이다."[60] 이 시 속에는 조국 일본을 위해 한순간 화사하게 피었다가 일순간에 사라지는 벚꽃처럼 산화하는 것을 영광으로 여기라는 무서운 독설이 내포되어 있다.

가미카제는 일본군 조종사가 폭탄을 만재한 전투기를 타고 미군의 전함에 부딪힘으로써 수행하는 일종의 '너 죽고 나 죽자'는 수법이었다. 처음에 미군은 이 수법에 크게 당황했다. 패전까지 300여 차례에 걸친 출격으로 죽은 가미카제 특공대원은 해군 2,516명, 육군 1,329명이었으며, 미군의 피해는 함정 30여 척 침몰, 350척 이상 파손 등이었다. 그러나 미군이 가미카제에 대한 방비책을 강구하면서 가미카제의 위력도 떨어졌다.[61]

제2차 세계대전의 종결

유럽에서의 전쟁은 미국이 참전하고 소련이 동부 전선에서 나치를 압박하면서부터 독일의 패배가 명백해졌다. 더욱이 1944년 6월 서부전선에 미국의 아이젠하워가 이끄는 연합군이 프랑스 노르망디 상륙작전을 감행하여 8월 파리를 수복하였다. 1945년 초에 연합

---

59 일본의 국학을 집대성한 학자요 일본 신도 부흥자인 '모토오리 노리나가'(本居宣長, 1730~1801)에 대해서는 양은경, 『일본사를 움직인 100인』, 349-353; 이선민, "신도 발생과 부흥의 터전: 일본 이세와 마쓰자카," 『이선민 기자의 종교기행: 신앙의 고향을 찾아서』, 204-213을 참조.

60 E. K. Tipton, *Modern Japan: A social and political history*, 153-154.

61 이창위, 『우리의 눈으로 본 일본제국 흥망사』, 159-171.

국은 라인강을 넘어 독일 영토에 진군하고 소련이 동부 전선에서 압박해 들어오는 가운데 4월에 미군과 소련군이 엘베강에서 역사적인 악수를 교환하였다.[62]

4월 28일 공산 계열 파르티잔(Partizan, 빨치산)들이 무솔리니와 그의 정부(情婦) 클라라 페타치를 체포하여 코머 호숫가에서 살해한 후에 밀라노 광장에 매달았다. 이를 지켜본 히틀러는 4월 30일, 베를린의 지하 벙커에서 정부(情婦) 에바 브라운과 함께 자살하였다.[63] 5월 1일, 히틀러의 죽음을 보고받은 괴벨스(1897~1945)는 자기 아내와 여섯 자식에게 청산가리를 각각 나누어주었고, 전 가족이 몰살했다. 5월 7일에 독일은 연합국에 무조건 항복함으로써 유럽에서의 제2차 세계대전은 공식적으로 끝이 났다.[64]

하지만 일본의 패망은 이보다 조금 늦었다. 1945년 4월 오키나와가 마침내 미군의 손에 들어가자 최후 항전을 주장하던 고이소 수상이 물러가고 명예로운 평화를 주장했던 스즈키 간타로가 신임수상으로 임명되었다. 이에 강화파와 육군 강경파 간의 논쟁은 치열해졌다. 6월 말에 이르러 극비리에 소련과 접촉을 벌여 강화의 중재를 모색했으나 이미 2월에 있었던 얄타 회담에서 대일전(對日戰)을 약속한 바 있는 스탈린은 일본 측 요구에 냉담했다.

7월에 미국의 트루먼, 영국의 처칠, 소련의 스탈린은 베를린 교외에 있는 포츠담에서 일본의 '무조건 항복'을 권고하였다. 그러나 스즈키 내각은 협상에 대한 기대를 완전히 포기하고 이 선언을 거부했

---

62 김희영, 『이야기 일본사』, 658.

63 엄창현, "환상의 콤비-무솔리니와 히틀러," 192.

64 강준만, 『한국근대사산책 10』, 208-210.

다. 이 같은 상황에서도 육군 측은 패배를 인정할 수 없다며 강경한 태도를 보이자 결국 전쟁은 미국 측의 군사행동에 맡길 수밖에 없게 되었다.[65]

1945년 8월 5일까지 미국의 공습으로 225만 채의 건물이 파괴되었고, 900만 명의 이재민이 발생했으며, 27만 명이 죽었고, 부상자는 41만 명에 달했다.[66] 그럼에도 일본의 태도에는 변함이 없었다. 그러자 미국은 인류 역사를 뒤바꿀 신무기인 원자폭탄을 시험하고자 8월 6일 오전 8시 15분, 히로시마에 원자폭탄을 투하했다. 이 일은 20세기의 비극을 예고하는 사건이었다. 히로시마의 총인구 24만 5,000명 중 그날에만 10만 명이 죽었다. 이어서 사흘 후인 9일에 나가사키에 원자폭탄이 투하되었고, 7만 4,800명이 죽었다.[67] 또한 1945년 말까지 피폭으로 인해 21만 명이 숨졌고, 지금까지 26만 명의 피폭자들이 후유증으로 고생하고 있다.[68]

일본의 원자탄 피폭은 인류 역사상 초유의 비극이었다. 그럼에도 불구하고 하나님은 원자폭탄[69] 한 방으로 제2차 세계대전을 끝내고자 하셨다. 그러나 완전히 망할 때까지 마음을 강퍅하게 한 바로 왕처럼 일본의 군국주의자들은 죽을지언정 패배는 인정할 수 없다는 고집을 부렸다. 결국 하나님은 원자폭탄을 한 방 더 사용하심으로 저들로 하여금 더 이상 패배를 인정하지 않을 수 없도록 하셨다.

65 김희영, 『이야기 일본사』, 658-659.

66 P. Johnson, 『세계현대사 II』, 283.

67 위의 책, 285-286.

68 강준만, 『한국근대사산책 10』, 221.

69 '원자폭탄 투하'와 관련된 더 자세한 설명은 정일성, "일제는 왜 전쟁에서 패했나," 『알수록 이상한 나라 일본』, 78-93을 참조.

결국 정한론과 동양평화론(아시아 연대론)이라는 자국 이기주의에 기초한 기만적인 일제의 전략은 결국 하나님의 공의의 심판을 받게 되었다. 이는 역사를 누가 주관하시는가 하는 질문에 대한 가장 명쾌한 대답이었다.

또한 나치스 정권의 반유대인 정책으로 인해 많은 독일계 유대인들이 자유의 나라 미국으로 떠났다. 그 가운데 원자폭탄을 만드는 데 결정적으로 기여한 아인슈타인(Einstein, 1879~1955)이 있었다. 이는 역사의 아이러니가 아닐 수 없다. 만약 그가 독일에 남아 원자폭탄을 만들어 미국에 투하했다면 어떻게 되었을까? 아, 그러면 우리 민족의 독립과 해방은 요원했을 것이고, 한민족의 역사는 완전히 다른 길로 갔을 것이다. 여기에도 한민족을 향한 하나님의 깊고도 놀라운 섭리가 있다.

1945년 8월 15일 정오, 무조건 항복을 선언하는 쇼와 덴노의 떨리는 목소리가 방송을 타고 흘러나왔다. "태평양전쟁을 일으킨 것은 일본의 자존심과 아시아의 안정을 위한 것이었음을 이해해 주시기 바랍니다. 그리고 항복 후의 문제는 연합군 측의 계획에 따르겠습니다. 부디 일본 국민은 점령군인 미군에 협조해 주길 바랍니다." 항복은 하되 사죄와 반성은 없는 발표문이었다. 9월 2일, 도쿄만에 정박한 미주리호 위에서 정식으로 항복 문서에 조인했다.[70] 이로써 5년간 계속된 제2차 세계대전은 종지부를 찍었고, 일본군 점령하에 있던 아시아의 각 민족은 해방의 기쁨을 맞이하게 되었다.

제2차 세계대전은 인류 역사상 전쟁 사망자의 신기록을 수립했다. 전체 인명 피해는 약 5천만 명에 이르고, 히틀러가 일으킨 전쟁으

---

70 전국역사교사모임, 『처음 읽는 일본사』, 319.

로 독일인은 680만 명이 사망했다. 중일전쟁과 태평양전쟁으로 희생된 중국인은 군인 사상자 약 330만 명, 민간인 사상자가 약 800만 명이나 된다. 그리고 태평양전쟁으로 인한 아시아인의 피해는 안남이 200만 명, 필리핀이 100만 명, 기타 수백만 명에 달했다.

한국이나 중국에서 강제로 일본에 징용되어 탄광이나 공장에서 일한 사람의 수도 100만 명이 넘었다. 일본 측 피해를 보면 전사자나 병사자가 약 233만 명, 행방불명으로 추정된 자가 6만 3천 명, 기타 부상자는 헤아릴 수 없다. 일반 국민도 공습이나 전재(戰災)로 무려 80만 명 이상의 사상자를 냈다.[71]

전후 처리에 대한 미국의 실수

제2차 세계대전에 승리한 미국은 전후(戰後) 문제를 처리하면서 전쟁을 도발한 일본에 적어도 두 가지 실수를 범했다. 하나는 히로히토(쇼와, 昭和) 천황에게 전쟁책임을 묻지 않은 것이고, 다른 하나는 731부대원들을 도쿄 군사재판 심판대에 세우지 않고 '면죄부'를 준 잘못이다. 그것도 소련군에 붙잡힌 12명을 제외한 부대원 전원에게, 특히 히로히토는 전쟁책임은 그만두더라도 그의 칙령으로 '731부대'를 설립한 자체만으로도 반인도적 범죄혐의를 면할 수 없었다.

그럼에도 미국은 점령정책을 원활하게 추진한다는 명목하에 이들에 대한 소련 측의 전범 소추 요구도 묵살하고 반인도적 범죄행위를 전혀 문제 삼지 않았다. 미국은 심지어 "하바롭스크 군사재판은 소련이 37만 명의 일본인 억류 사실을 호도하려는 속임수에 불과하

---

71 김희영, 『이야기 일본사』, 661.

다"고 비난까지 했다. 아무리 자국 이익이 중요할지라도 피해를 당한 한국과 중국과 러시아로서는 도저히 이해할 수 없는 조치였다.

미국은 이와는 달리 1946년 10월 뉘른베르크에서 열린 군사재판에서 유태인 생체실험을 한 나치스 의사들을 모두 단죄했다. 그리고 일본 내에서 일어난 미국인 포로 생체실험 살해사건에 대해서도 관련자들 모두 붙잡아 처벌했다. 그런 사실에 비추면 '731부대'에 대한 면죄는 이성(理性)을 잃은 이중잣대라고 말하지 않을 수 없다.[72]

대역전 드라마를 연출하신 하나님

선지자 예레미야의 예언처럼 하나님이 이스라엘 백성을 70년(주전 609~539년) 동안 바벨론에 예속된 민족이 되게 한 것처럼 하나님이 제2의 이스라엘인 한민족을 70년(1875~1945) 동안 일본에 예속된 민족이 되게 하셨다. 또한 하나님이 고레스를 통해 이스라엘 백성을 바벨론 포로에서 해방시켜 고토로 귀환하도록 인도하셨듯이 하나님이 미국을 비롯한 연합국을 통해 한민족을 일제로부터 해방시켜 주셨다.

일본의 근대화 100년의 역사는 결국 그들의 바람과는 다르게 일본뿐 아니라 이웃 국가들에게 엄청난 상처와 피해를 주고 비극적 종언으로 막을 내렸다. 요시다 쇼인과 후쿠자와 선생이 주창한 정한론의 결국이 이런 결과로 막을 내렸다면, 그들에 대한 재평가가 이루어져야 할 것이다. "마지막에 웃는 자가 가장 크게 웃는다", "최후의

---

72 정일성,『알수록 이상한 나라 일본』, 121-122.

승자가 진짜 승자다"라는 말이 있듯이 일본은 모든 전쟁에서 다 이기다가 마지막 태평양전쟁에서 딱 한 번만 졌는데 이로써 일본은 승자가 아닌 패자가 된 셈이다. 하나님이 연출하신 이보다 더 멋진 대역전 드라마가 또 있을까.

하나님은 그동안 일본이 보여준 무례함, 오만함, 잔혹함을 일거에 심판하셨던 것이다. 그것이 우리만이 아니라 일본을 향한 '하나님의 최선'이었다. 그러나 일본은 이 같은 하나님의 주권적 섭리를 알지 못한 채 그들이 저지른 만행에 대해 속죄의 자리로 나올 생각이 없다. 일본의 불행은 바로 여기에 있다.

일제 말기의 기독교 상황과 일본 교회

쇼와기는 전체적으로 기독교회에 혹독한 겨울이었다고 말할 수 있다. 전쟁의 불길이 계속 확산되는 가운데 기독교인에 대한 편견과 탄압은 날로 심해갔다. 태평양전쟁이 있기 바로 전인 1938년에는 국가총동원법이 만들어졌고, 천황제에 부합하지 않는 모든 단체와 개인에게 혹독한 통제와 탄압이 가해졌다.

1943년 무렵부터는 기독교에 대한 군부와 경찰의 압력이 한층 거세져서 예배도 규조요하이(宮城遙拜), 즉 천황이 사는 궁성을 향해 절하는 것부터 시작해야 했다. 이 시기에 기독교회가 걸어간 역사는 커다란 시련의 길이었다. 그러나 아시아 모든 교회에 대해 일본 교회는 국가 시책에 협력한 가해자의 입장이었음을 일본 크리스천들은 잊어서는 안 될 것이다.

쇼와기에 들어 경제적으로 정체에 빠진 불안정한 시기에 기독교

회는 '하나님의 나라 운동'(神の國運動)이라는 대규모 운동을 전개했다. 이 운동은 국제선교협의회(IMC) 회장인 존 모트(J. R. Mott, 1865~1955)의 중재와 노력으로 가가와 도요히코가 제창하고, 일본 기독교연맹을 통해 추진된 대규모 전도 활동이다. 1930년부터 2기 5년에 걸쳐 실시된 이 전국적 운동은 "기도하라, 헌신하라, 일하라"를 표어로 하고 영혼 구원과 동시에 사회 구원을 목표했다. 특히 그때까지 교회의 전도 활동에서 그다지 관심을 받지 못한 노동자와 농민에게 눈을 돌렸다.

이 운동을 위해 중앙위원회와 전국 93개 지방위원회가 설치되고, 각 교파의 941개 교회가 참가했으며, 많은 기독교 단체들이 협력했다. 다이쇼기 '전국협동전도'의 규모와 성과를 넘어섰고, 일본 복음 선교의 역사에서 최대의 조직적 전도가 전개되었다. 1930~32년에 이르는 제1기에는 청중이 100만 명을 넘어섰고, 신앙을 수용하기로 결심한 사람들이 4만 5천여 명에 이르렀다.

1932년 11월 이 운동이 일단 종료되고, 제2기 2개년 계획이 실행될 무렵에 비상시체제(非常時體制)의 압력이 강화되는 가운데 점차 교육적 전도로 변해 갔다. 이 운동 과정에서 농촌·도시 복음 학교가 개설되었는데, 종래의 전도에 대한 반성을 토대로 사회 문제에 관심을 둔 것은 매우 주목할 만하다. 그러나 결과적으로 극히 일부를 제외하고 일본 교회가 노동자와 농어민층과 연결되는 데에는 이르지 못했다.[73]

전시체제에 돌입하면서 이른바 '일본적 기독교'의 수립을 목표했던 기독교계의 '일본적 기독교 운동'에 대해 살펴보자. 여기서 '일본

---

73 나카무라 사토시, 『일본 기독교 선교의 역사』, 236-238.

적 기독교'라고 할 때 일찍이 우치무라가 말한 '일본적'과 이 시기에 사용된 '일본적'이라는 말에는 상당한 의미상의 차이가 있다. 즉, 같은 어휘를 사용한 일제 말기의 어용적인 이른바 '일본적 기독교'는 우치무라가 사용한 어휘와는 그 의미를 달리한다.

'일본기독교단' 합동 전후, 차례로 한국에 강요된 '일본기독교 조선장로교단', '일본기독교 조선 감리교단' 등과, 1945년 7월에 강제 조직된 '일본기독교 조선교단'의 성립과정에서 나타난 용어 개념과는 그 출발부터가 다른 것이다. 시국이 전시(戰時) 색채를 띠자 많은 기독교 지도자 가운데 일본 정신과 국체(천황은 일본의 國體)에 융합되기를 겨냥한 활동이 두드러졌다.[74] 그러한 일본주의화의 움직임 가운데 몇몇 운동을 살펴보자.

먼저 '미쿠니' 운동이다. 이 운동은 이마이즈미 겐키치(今泉源吉, 1891~1969) 등이 발간한 월간지 「미쿠니」(みくに, '하나님의 나라')에 기초한다. 이 운동의 중심이 된 이마이즈미는 도쿄제국대학교 법학부를 졸업하고 도쿄지방법원 판사로 있던 법률가였다. 그는 1927년에 국회에 제출된 종교법안에 대한 반대운동에 앞장섰다.

이 운동의 중심이 된 월간지 「미쿠니」는 1935년 1월 창간, 이래 1943년 3월까지 매호 거르지 않고 800부씩 발행되었다. 이 월간지의 주장에 따르면 "그리스도로 말미암아 일본의 국체를 명확히 한다"고 하며, "황국(皇國)의 사명을 인식하여 이것을 돕는 일이 가장 하나님 뜻에 합당한 것이다"라고 결론짓고 있다.

만주사변 이래 일본의 대륙 진출 정책을 일본의 사명으로 긍정하고, 그것을 일본 기독교도로서 적극적으로 짊어져야 할 사명으로

---

74 위의 책, 246.

생각했다. 그리하여 성서보다 일본의 가장 오래된 역사서인『고지키』(高事記) 쪽이 중요한 위치를 차지하게 되었다.

미쿠니 운동에서는 하나님의 심판에 대해서는 명료하게 다루지 않았고, 일본의 민족사상에 기초한 '신국관'(神國觀)은 미화되고 이상화되어 갔다. 그리고 태평양전쟁 돌입 후에는 "대동아전쟁은 유대인들의 재앙에서 세계를 구원하는 성전(聖戰)"이라고 찬양하고, 기독교의 하나님 나라 사상은 전면적으로 일본 신국관으로 이해되었다. 1943년 3월, 이유가 분명히 밝혀지지 않은 채「미쿠니」는 돌연 폐간되고 미쿠니 운동은 붕괴되고 말았다.75

또한 조합교회를 결정적으로 방향 지은 구마모토밴드의 정신은 처음부터 국가주의적 지향이 강했다. 특히 그 지도자의 한 사람인 에비나 단조는 만인에게 보편적 종교의식을 궁극적으로 실현하는 것이 기독교라 했다. 대외적으로는 조합교회의 조선 전도를 조선 민족이 대일본제국 신민으로서 일본인과 동화되는 길을 여는 것이라며 추진했다. 에비나의 충실한 제자인 와타제 쓰네요시(渡瀨常吉, 1867~1944)는 조합교회의 조선 전도를 홀로 도맡아 추진한 인물이다.

전전(戰前) 도시샤의 지도적인 교수의 한 사람인 우오키 다다카즈(魚木忠一, 1892~1954)는 1941년『일본 기독교의 정신적 전통』을 저술했다. 이 책에서 그는 일본 기독교는 일본 국민의 종교적 정신이 기독교 정신에 의해 '촉발'됨으로써 탄생한 것이라고 주장하며, 불교·유교·신도와 기독교 정신의 관련을 논했다. 그러면서 일본 기독교에 기대되는 것은 동양과 서양의 종합이고, 이 참된 세계 문화를 새롭게 창조하는 일이 신동아건설로 나아가는 일본의 과제이며, 일본

---

75 위의 책, 246-248.

기독교의 사명이라고 했다.76

이러한 '일본적 기독교 운동'이란 쇼와 초기부터 태평양전쟁이 끝나기까지 비상시국 아래서 국수주의적 풍조 가운데 나타난 편향된 기독교 운동이다. 일본 기독교단이 1941년 6월에 결성되고, 태평양전쟁에 돌입한 후에는 목사 자격 취득을 위한 필기시험의 유일한 과목이 일본정신사(日本精神史)였다.

이러한 시대 정세에서 기독교계에서도 일본의 정신과 국체에 적극적으로 영합하거나 융합하는 경향이 대두된 것은 당연했다. 일본적 기독교의 주장은 개인이나 특정 그룹의 언설에 그치고, 나치 이데올로기에 복종하고 따른 기독교 운동인 독일의 '독일 그리스도인'(Deutsche Christen)과 같은 강력한 운동은 되지 못했으며, 태평양전쟁이 끝나면서 붕괴되었다.77

일본기독교단 성립

여기서 기독교회의 빗나간 열심·열정을 잘 보여주는 '일본기독교단' 성립에 대해 살펴보자. 1941년 6월, 당시 일본 개신교회 30여 교파가 하나가 되고, 합동교단인 '일본기독교단'(United Church of Christ in Japan)이 성립되었다. 1939년에 종교단체법이 만들어졌는데, 이 법은 신사(神社)를 제외한 모든 종교단체를 국가가 통제하기 위한 법률이었다. 과거에도 세 차례 동일한 법안이 국회에 제출되었지만, 안팎의 반대에 부딪혀 모두 성립되지 않고 종결되었다.

---

76 위의 책, 248-249.
77 위의 책, 250.

그러나 중일전쟁이 시작되고 비상시 체제가 되어 가는 가운데 이때 제출된 종교단체법은 이렇다 할 반대도 없이 통과되었다. 1941년 6월 24~25일, 도쿄 후지미초교회에서 일본기독교단 비상총회가 열렸다. 일본 개신교회 34개 교파가 가입하고, 정식으로 일본기독교단이 성립되었다. 창립총회에서 참석자들은 이렇게 선서했다. "우리는 기독교 신자임과 동시에 일본 신민이며, 황국(皇國)에 충성을 다하는 것을 제일로 삼는다." 그리고 종교단체법에 의해 막강한 권한을 갖는 교단 통리(統理)에는 일본기독교회 출신의 '도미타 미쓰루'(富田滿)가 선출되었다. 성립된 일본기독교단은 11부로 구성된 부제를 택했고, 여기에 참가한 신자는 25만 명이 넘는다.

1941년 12월 8일, 태평양전쟁을 개시하면서 국민의 사상, 종교 및 그 밖의 모든 분야에서 국가 통제가 일제히 강화되어 갔다. 기독교회도 전쟁 체제에 편입되어 교단총회에서 '애국기'(愛國機)라는 이름으로 군용 비행기 헌납을 결의하기도 하고, 부인회와 교회학교에서 전쟁터의 병사들을 위해 위문품 자루를 만들기도 했다. 다양한 형태로 기독교회도 적극적으로 국책에 협력하고 있음을 증명해야 했다.

국가에 대한 교단의 굴종 태도를 보여주는 예로 1942년 1월에 있었던 도미타 통리의 이세 신궁 참배가 있었다. 국가권력의 강한 압력이 있었다고는 하지만 한 나라 개신교회의 최고 지도자가 새로운 교단 발족을 우상 앞에 보고하고 교단의 발전을 희망한 것인데, 이는 국가신도와 하나로 엮인 군국주의 체제의 일부가 된 교단의 모습을 상징적으로 보여주는 것이었다.[78]

---

78 위의 책, 251-255. 일본기독교단 성립을 두고 적극적·긍정적 입장과 소극적·부정적 입장에 대한 더 자세한 설명은 위의 책, 255-260을 참조.

쇼와기의 기독교회 탄압

쇼와기의 기독교회 탄압은 1933년 기후현을 중심으로 전도하던 미노(美濃) 미션이 신사참배를 거부한 것이 이유였다. 또한 1939년에는 기독교 유사종교인 일본의 '도다이샤'(燈台社, 여호와의 증인) 그리고 1941년에는 '예수 그리스도의 신약교회'(耶蘇基督之新約教會)가 관헌의 탄압을 받았다. 그 까닭은 재림을 강조하고 신사참배를 거부했다는 것이다.

1942년 6월 26일, 성결교 교역자 97명이 치안유지법 위반 혐의로 전국에서 일제히 검거되었고, 이듬해 4월, 제2차 검거를 포함하여 모두 134명이 체포되었다. 일본기독교단 제6부(일본세이교회)가 60명, 제9부(구기요메교회)가 62명, 교단에 가입하지 않고 종교 결사가 된 동양선교회 기요메교회가 12명으로, 일본 기독교 역사상 개신교회에 대한 최대 규모의 탄압이었다. 특히 성결교가 당국의 표적이 된 것은 그들이 소속된 교회가 가르치는 재림교리가 1941년에 개악(改惡)된 치안유지법에서 규정하는 국체의 부정, 황실의 위엄에 대한 모독에 해당한다고 간주되었기 때문이다.

그러나 관헌의 압력에 저항할 수 없었던 사람들도 있었다. 제6부(일본세이교회) 목사인 '이즈미다 세이이치'(泉田精一)는 1944년 11월 재판소에 상신서를 냈다. 그는 야스쿠니 신사를 포함한 여러 신사를 몇 번이고 참배했으며, 신사참배는 기독교 신앙에 저촉되지 않는다고 썼다. 이는 전향의 뜻을 나타낸 것이며, 전시하의 비극의 한 단면을 보여주는 실례이다.[79]

---

79 위의 책, 262-266.

그 반면에 옥사자(獄死者)의 한 사람이 된 '스게노 도시'는 1884년 도쿄에서 태어나 도쿄성서학원에서 공부한 뒤에 각지에서 전도했다. 1920년 요코하마 성결교회 목사가 되어 세상을 떠나기까지 이 교회에서 봉사했다. 그는 1942년 제1차 일제 검거 때 체포되어 구치소 생활을 했다. 이듬해 12월 폐결핵이 재발하여 옥중에서 최후를 맞았다. 그의 예심조서(豫審調書)의 일부를 인용해 보자.

담당관: 그대의 말대로, 신조의 근거인 구약성서에는 모든 인간이 죄인이라고 쓰여 있는데, 그게 틀림없는가?

스게노: 틀림없습니다.

담당관: 그럼 천황폐하도 죄인인가?

스게노: 국민으로서 천황폐하의 일을 운운하는 것은 황송한 일입니다만, 질문에 답하겠습니다. 천황폐하가 인간이신 한, 죄인인 것을 피하지 못합니다.

담당관: 그렇다면 성서에는 죄인은 예수 그리스도에 의한 십자가의 속죄 없이는 구원받지 못한다고 쓰여 있는데, 천황폐하가 죄인이라면 천황폐하에게도 예수 그리스도의 속죄가 필요하다는 의미인가?

스게노: 황송한 말씀입니다만, 앞서 말씀드린 대로 천황폐하가 인간이신 한, 구원받기 위해서는 예수 그리스도의 속죄가 필요하다고 믿습니다.

스게노가 천황을 '현인신'(現人神, 아라히토가미)으로 삼은 당시 상황 가운데 능란하게 최선을 다해 답하고 있음을 알 수 있다. 그를 취조한 검사의 소견은 국가권력의 관점을 잘 대변해 주고 있다.[80]

1943년 4월, 문부성은 종교단체법에 근거하여 제6부와 제9부의 교회 설립 인가를 취소하고, 교역자는 사임시켜야 할 것을 일본기독교교단 도미타 통리에게 통지했다. 교단은 이를 받아들여 교회 설립 인가 취소 처분과 교역자의 자발적 사임을 요구하였다.

　　게다가 만일 응하지 않을 경우 교단 규칙에 따라 교역자 신분을 박탈하겠다는 것을 덧붙였다. 즉, 교단 당국은 그들을 옹호하기보다는 문부성 하청기관이 되었던 것이다. 1986년, 비로소 일본기독교단은 당시의 조치가 잘못된 것이었음을 인정하고 관계자들과 그 가족들을 교단총회에 초대하여 공식 사죄했다.

　　전전(戰前)의 사상과 정치·종교단체의 단속을 맡은 것이 특별고등경찰이다. 이들은 내부 자료로 매월 「특고월보」(特高月報)를 발간하였다. 이 책에 보면 전국 기독교회와 개인에게 철저한 감시가 행해지고 있으며, 약간의 반전적·반국체적 언동으로도 "친영미적(親英美的) 요주의 언동"이라 하여 가차 없이 단속 대상이 되는 것에 놀라게 된다. 전시하에서 기독교인은 프로테스탄트·가톨릭을 막론하고, 끊임없는 편견과 차별과 박해 가운데 신앙을 받아들이려는 사람들이 크게 줄어드는 어두운 겨울의 시기가 되었다.

　　전시하의 교회를 천황제 군국주의의 피해자로만 생각하기 쉬우나 결코 그렇지 않다. 탄압과 시련 가운데 교회는 조직을 지키기 위해 어쩔 수 없이 또는 자진해서 국책에 협력해 갔다. 특히 아시아의 여러 교회에 일본 교회, 즉 일본기독교단은 명백한 가해자였다.

　　1942년에 교단은 '전시(戰時) 포교 방침'을 발표했는데, 그 '강령'에서 "국체의 본의에 철저를 기하여 대동아전쟁의 목적 완수에 매진

---

80 위의 책, 266-267.

해야 한다"고 선언하였다. 그리고 실천 요목으로 "충군애국 정신 함양에 힘쓰고 신도를 멸공봉공의 실천자가 되게 하는 것"을 권하고, "나아가 국책 수행에 협력할 것"을 강조했다.[81]

아시아 교회에 대한 일본기독교단의 자세를 단적으로 보여주는 것으로, '일본기독교단에서 대동아공영권에 있는 기독교도에게 보내는 서한'이다. 교단 통리 도미타 미쓰루의 이름으로 1944년 부활절에 발표된 이 서한의 의도는 대동아공영권의 맹주(盟主)인 일본 교회로서 지도적 위치를 안팎에 보여주고, 아시아 전역에 걸친 교회 통합의 주도권을 과시하기 위해서였다.

서언과 네 장으로 이루어진 이 서한은 서언에서 '현대의 사도적 서한'임을 강조하고 있다. 그리고 제1장에서는 교단과 대동아공영권의 교회를 묶는 끈이 두 가지가 있는데, 하나는 "우리의 공공의 적(구미의 백인)에 대한 공동의 싸움이라는 운명적 과제"이고, 다른 하나는 "우리가 함께 주 그리스도를 믿어 영적으로 그의 소속이라고 하는 것"임을 말하고 있다. 그리고 대동아전쟁을 일본의 자위(自衛)를 위한 성전(聖戰)이라며 전적으로 긍정하고 있다.

제2장에서는 일본 제국이 천황을 우러러 섬기는 세계 제일의 대가족국가이며 일본 정신이 얼마나 탁월한지를 찬양하고 있다. 또한 제3장에서는 백인의 기독교에서 벗어나 "대동아에는 대동아의 전통과 역사와 민족성에 맞는 '대동아 기독교'가 수립되어야 한다"고 강조하고 있다.

제4장에서는 그리스도인은 위로와 희망을 공유하는 까닭에 "대동아공영권 건설이라는 지상(地上)의 다음 목표에 전심전력을 쏟아

---

81 위의 책, 269-271.

야 한다"고 말하고 있다. 그리고 마지막으로 "불의를 꺾고, 정의와 사랑의 공영권을 수립하기 위해 끝까지 싸우지 않으면 안 된다"며 아시아의 그리스도인에게 호소하고 있다.

서한 가운데에는 많은 성구를 인용하고 있는데, 그 성구들은 백인의 오만을 비난하고 일본과 일본 기독교의 탁월성을 과시하며 성전 수행을 촉구하는 대단히 아전인수(我田引水)격인 인용이다. 이 서한이 아시아 교회에 어느 정도 영향을 끼쳤는지는 명확하지 않으나 이 서한 가운데 아시아 교회에 대해 일본 교회가 취한 자세가 명확하게 드러나 있고 가해자로서 일본 교회의 죄는 명백하다.

1945년 8월 15일, 천황의 조칙(詔勅)으로 일본은 연합국 측에 항복했다. 개국 이래 미증유의 패전이었다. 도쿄, 오사카를 비롯하여 전국의 많은 도시는 미군의 폭격으로 철저히 파괴되고, 문자 그대로 초토화되었다. 일본의 패전은 전시 하에 전쟁에 협력하고 국가와 걸음을 함께했던 일본 교회에도 커다란 좌절이었다.[82]

일본 천황과 일본인의 태도

일본을 비극으로 몰아넣었으며, 일본인의 행동과 관련하여 가장 중요한 문제인 일본 천황과 일본인의 태도를 살펴보자. 이 문제와 관련하여 루스 베네딕트는 다음과 같은 견해를 피력하고 있다.

일본에서 봉건제가 시행되었던 700년 동안 천황은 그림자와 같은 상징적 인물에 불과했다. 모든 일본인의 즉각적인 충성심은 그의 영주인 다이묘를 향한 것이었고, 그보다 더 상급자는 대장군인 쇼군

---

82 위의 책, 275-277.

이었다. 중세 시대에 천황에 대한 충성은 별로 문제시되지 않았다. 천황은 뚝 떨어진 궁정에 철저히 격리되어 있었고, 그가 집행하는 예식이나 행위는 쇼군의 규정에 따라 엄격히 제한되어 있었다.

천황은 근대에 들어와 생겨난 국수주의적 신도(神道) 종교의 핵심이다. 따라서 미국이 천황의 신성함을 깎아내리고 제거해 버린다면 적국 일본의 사회 구조 전체가 일거에 무너져 내릴 것이다. 그러나 일본에서 살아본 적이 있는 사람들은 천황을 비하하는 말을 하거나 그를 대놓고 공격하는 일본인은 마치 급소를 찔린 것처럼 펄쩍 뛰며 격렬하게 반발한다고 한다.

일본인의 천황 숭배는 지고지순할 정도로 열렬하다고 한다. 나치 독일의 '하일 히틀러'라는 구호는 나치당의 흥망을 보여주는 기준이었고 파시스트 정부의 사악한 소행들과 긴밀히 연결된 것이었는데, 천황 숭배는 그런 히틀러 숭배와는 아예 차원이 다르다.

일본인 전쟁 포로들의 발언도 이런 숭배를 증언한다. 철저한 항전주의자들인 일본군 포로들은 그들의 극단적 군국주의를 모두 황은(皇恩)으로 돌렸다. 그들은 "천황의 뜻을 실천한다", "천황의 마음을 편안하게 한다", "천황의 명령을 따라 죽는다", "천황이 국민을 전쟁으로 이끌었으니 거기에 복종하는 것이 나의 의무다"라고 말했다.

전쟁을 피곤하게 여기는 사람들은 이렇게 말한다. "천황은 평화를 사랑하는 분이다", "천황은 늘 자유주의적이었고 전쟁을 반대했다", "천황은 도조 히데키에게 속았다", "만주사변 때 천황은 군부의 조치에 반대한다는 의사 표시를 했다", "전쟁은 천황의 인지나 허가 없이 시작되었다. 천황은 전쟁을 싫어하며 백성들이 전쟁에 끌려 들어가는 것을 허락하지 않았다. 천황은 병사들이 군내에서 그토록 학대당하는 것을 알지 못했다."

그리하여 천황은 일본인들에게 일본과 불가분의 존재로서 천황이 곧 일본이고, 일본이 곧 천황이다. "천황이 없는 일본은 일본이 아니다", "천황 없는 일본은 상상조차 할 수 없다", "천황은 일본 국민의 상징이며 종교 생활의 중심이다. 그는 초종교적 대상이다", "설사 일본이 전쟁에서 패배한다고 하더라도 천황이 패배의 책임을 뒤집어쓰는 일은 없을 것이다", "패배할 경우, 내각과 군부 지도자들이 책임을 져야 하고 천황에게 책임을 물어서는 안 된다", "설사 일본이 전쟁에서 진다 하더라도 일본인 열 명 중에 열 명은 여전히 천황을 숭배할 것이다."

천황은 "아예 비판의 대상이 아니다"라는 이런 전국적 만장일치는 미국인에게는 가짜로 보인다. 미국인들은 그 어떤 인간도 회의적 검증이나 비판으로부터 면제될 수 없다고 생각하기 때문이다. 하지만 일본이 전쟁에서 실제로 패배했을 때, 일본인들은 천황에 대하여 그런 절대적인 지지의 목소리를 보냈다.

따라서 일본군 지휘자들은 이런 총제적인 천황 숭배를 적절히 활용했다. 그래서 병사들에게 담배를 나눠 줄 때도 '천황으로부터'라는 말을 썼고, 천황의 생일 때에는 동쪽으로 세 번 머리를 조아리고 '반자이'(萬歲)라고 외치게 했다. 부대가 밤낮없이 폭격에 시달리고 있는 상황에서도 군대에 내려준 군인칙유(軍人勅諭) 속의 '성스러운 말씀'을 아침저녁으로 암송케 했다. 그러고는 "천황폐하의 뜻을 받들고", "천황을 위하여 죽을 것"을 요구했다.

그러나 이런 천황의 뜻에 대한 복종은 승전을 재촉하는 것이지만, 동시에 항복을 유도하는 양날의 칼이 될 수도 있다. 많은 일본인

포로들이 이렇게 말했다. "만약 천황이 명령한다면, 일본인들은 죽창을 들고서라도 망설임 없이 싸울 것이다. 그렇지만 싸움을 멈추라고 명령을 내린다면 그 즉시 멈출 것이다", "만약 천황이 그런 명령을 내린다면 일본은 그다음 날로 모든 무기를 내려놓을 것이다. 심지어 만주의 관동군-가장 호전적이고 국수적인 부대-도 무기를 내려놓을 것이다", "오로지 천황의 말만 일본인들로 하여금 패배를 받아들이고 전후 복구 사업에 적극 협조하게 할 것이다."[83] 이것이 일본인의 실상이다.

태평양전쟁에서 패전이 다가오는 가운데 1945년 2월, 고노에는 유명한 '고노에 상소문'을 올렸다. 그는 "패전은 유감이지만 바야흐로 분명한 사실이라고 생각된다"고 패전을 확실히 예견하면서 "국체의 호지(護持)라는 목표에서 볼 때 무엇보다도 우려되는 것은 패전보다도 패전에 수반하여 일어날 수 있는 공산혁명이다"는 입장에서 혁명에 의한 천황제 붕괴라는 최악의 사태를 회피하기 위해서라도 전쟁의 즉각 종결에 돌입해야 한다고 주장했다. 이는 결국 "일본은 망하더라도 천황만은 살려내야 한다"는 호소였던 것이다.[84]

윤건차는 일본은 서양 열강에 의해 강요된 근대성이라는 특질을 지녔다고 말하면서 '식민지 지배와 천황제'에 대해 이렇게 말했다.

> 메이지유신에 의한 천황제의 도입은 봉건적 속박의 부분적 해체 및 사민 평등의 창도 등의 면에서 당연히 근대성의 형성에 긍정적인 의미를 지니는 것이었다. 더욱이 천황에 대한 정치적 충성의 절대화를 전제로 메이

83 Ruth Benedict, 『국화와 칼』, 62-66.
84 강창일·하종문, 『한 권으로 보는 일본사 101장면』, 394-397.

지 일본은 군사력 구축을 포함하여 근대국가의 형성을 단기간에 수행하기에 이르렀다. 그러나 그와 동시에 다른 한편에서 천황제가 천손강림의 창세신화에 이데올로기적 기반을 두고 있는 한, 전근대적 체질을 면할 수 없는 것이기도 했다. … 사실 천황제는 근대적 국민의 형성 및 산업화, 각종 국가기구의 정비 등의 면에서 긍정적인 역할을 한 반면 그와 동시에 처음부터 아시아 멸시관을 배태한 식민주의를 이끌어 내는 것이었고, 더욱이 청일전쟁 후의 아시아 침략의 확대 과정에서 그 식민주의는 더욱 흉폭해질 따름이었다.[85]

윤건차는 "천황제 연구는 식민지 지배가 식민지 및 종주국 양측에 초래한 상처를 분명히 밝히고, 탈식민주의의 과제를 효과적으로 수행한 방도를 모색하는 데 중요한 의미를 지닌다"며 이렇게 덧붙였다.

"일본이 과거의 청산을 모호하게 흐리면서 전후 책임·전후 보상의 책임을 다하기는커녕, 오히려 자국의 역사를 찬미하며 재군비 강화, 군사력의 해외 전개의 방향으로 나아가는 것도 아시아 침략·식민지 지배 시 천황제가 수행한 의미를 이해하지 못함으로써 그에 얽힌 문제를 극복하지 못하고 있다는 점과 관련된다. 그런 뜻에서 천황제 국가의 식민지 지배라는 일본과 아시아가 공유한 역사적 경험을 어떻게 총괄하고 넘어설 것인가 하는 문제는 앞으로 점점 더 중요한 과제가 될 것이다."[86]

---

85 윤건차, 『韓日 근대사상의 교착』, 252-253.
86 위의 책, 280.

패전 일본인의 비참한 실상

한일합방이 이루어지자 일본인들은 춤을 추며 기뻐했다. "조선의 최후"을 맞이한 한국인은 슬픔과 비통함에 자결하거나 넋을 잃었다. 그런데 1945년 패전을 맞은 일본인의 최후를 그린 역사논픽션 『조선을 떠나며』라는 책은 일본인이 경험한 비참한 참상을 리얼하게 보여주고 있다. 여기서 두 가지만 소개하려고 한다.

천황의 항복 소식 직후 조선인들이 집단행동에 나서 경찰관서, 지방행정기관, 신사 등을 습격하자 당황한 조선총독부는 8월 18일 각 기관에 걸어둔 천황 사진을 불태울 것을 지시하는 한편, 각 지역 신사에 신속히 연락해 신령이 불경한 일을 당하지 않도록 위패를 불태우는 승신식(昇神式)을 거행하려고 했다.

일본 식민 지배의 상징인 천황 사진을 말할 것도 없고, 거류민에게 온갖 재앙을 막아 주는 액막이로써 정서적 안정감을 안겨 준 일상의 공간이자 일본 문화의 구현체였던 신사가 '불경'하기 그지없는 조선인들에 의해 파괴되는 것을 차마 두 손 놓고 지켜볼 수 없었기 때문이다. 일본인들은 사건의 경중과 다과를 떠나 이러한 초유의 사태를 경험하며 집단적 공포에 시달렸다.[87]

또한 조선총독부의 경찰 관료로서 치안 및 공작을 담당했던 '쓰보이 사치오'(坪井幸生)는 경성제국대학 법문학부를 졸업하고 1937년 고등문관시험에 합격해 자수성가한 인물이다. 쓰보이는 1945년 6월 함경북도에서 충청북도로 전보 발령을 받고 경찰부장으로서 관할 지역의 치안을 담당하게 되었다.

---

87 이연식, 『조선을 떠나며』, 24-26.

그는 8월 15일 제일 먼저 충북지사 정교원(鄭僑源)을 만나 향후 치안 유지 방안에 대해 상의했다. 당시 정교원은 "1919년 3·1운동 당시의 지사 경험을 토대로 보자면, 그때 군과 헌병을 출동시킨 지역은 오히려 나쁜 결과를 낳았다"고 귀띔해 주었다.

바로 다음 날인 8월 16일 진천 신사에 불이 났다. 17일에는 경성에서 내려온 청년들이 도청에 태극기를 내걸고 '치안유지회 설립 준비위원회'를 조직하는가 하면, 청주 중앙광장에서는 민중대회가 열렸다. 이렇게 치안 상황이 급박하게 돌아가자 그는 청주방송국에 달려가 전파와 방송을 독점 관리하고 있던 군 간부에게 애걸하다시피 하여 마이크를 잡았다. 그러고는 이렇게 말했다.

"불행하게도 우리 일본인은 전쟁에 패하여 큰 슬픔에 잠겨 있다. 이 슬픔 속에서도 그나마 기쁨이라 한다면 형제인 조선이 독립하는 것이다. 우리는 폭격당한 조국, 황폐한 고향으로 돌아가야만 한다. 이 애수에 찬 일본인의 심정을 살펴주었으면 한다."[88]

한편, 일본은 태평양전쟁에서 많은 사람이 죽은 것을 대개 수동형으로 표현하는데, 이는 죽은 일본인도 '피해자'라는 뉘앙스 때문이다. 그 가운데 '만주의 기억'이 있다. 8월 6일 미국이 히로시마에 원자폭탄을 투하하자 소련은 이틀 후인 8월 8일 만주를 침공했다. 당시 만주에는 150만 명의 민간인과 50만 명의 관동군 병사들이 있었다.

제2차 세계대전이 끝날 무렵 해외에 있던 일본인은 민간인 321만, 육·해·군이 대략 367만, 도합 688만 명이 있었다. 그 가운데 200만 명이 만주에 거주했다. 소련 침공 후 사망한 사람이 24만 5,400명이라고 한다. 만주에서의 철수는 남녀노소 200만 명이 동시

---

88 위의 책 62-64.

에 체험한 사건이라는 점에서 민족적으로 비참한 체험이었다. 게다가 해외 이민자는 일본 본토(내지) 사람들에게 원치 않는 천덕꾸러기 취급을 당함으로서 이중적인 고통을 당했다.[89]

한편, 1945년의 패배는 단지 한 전쟁에서의 패배가 아니었다. 그것은 19세기 중엽 이래 추구해 온 외교정책 목표의 패배를 나타낸다. 그것은 특수한 영토적인 목표가 아니라 서양 세력들과의 동등한 힘의 상태를 성취하고자 한 넓은 목표의 패배를 의미한다.

패전은 일본인들을 두려워 떨게 했으며, 그들은 일본 1,400년 역사에서의 첫 패배를 슬퍼했다. 연합국의 점령은 메이지 왕정복고 이후 현대 일본 역사의 제2의 커다란 전환점으로 간주되었다. 1945년은 '군국주의 일본과 새로운 민주국가'를 나누는 '분수령'으로 정의될 것이다.

패전은 일본인들에게 가혹한 경제적·정치적 상황들을 가져왔다. 한 가지만 예를 들면 전후(戰後)를 살았던 사람들은 기아에 허덕여야 했다. 6대 도시에 살았던 사람들은 하루 할당량으로 쌀과 보리 같은 주식을 고작 350그램을 받았다. 전전(戰前)에는 평균 하루 2,160칼로리로 살았는데 전후(戰後)에는 1,200칼로리로 살아야 했다.[90]

이 장을 마치면서

『빙점』의 작가 미우라 아야코는 일제 군국주의하에서 젊은 시절

89 가토 요코, 『그럼에도 일본은 전쟁을 선택했다』, 421-426.
90 E. K. Tipton, *Modern Japan: A social and political history*, 166-167.

교사 생활을 하면서 자신도 모르는 사이에 학생들에게 잘못된 것을 가르친 것에 대해 고백하며 반성했다. 그녀는 『돌멩이의 노래』(1974)에서 이런 말을 했다.

"나중에 어른이 되면 여러분도 나라를 위해 죽는 거예요." 그는 사랑하는 학생들에게 전쟁에서 죽으라고 말하는 것에 어떤 모순도 느끼지 않았다고 한다. "천황폐하께 도움이 되는 국민을 키운다"라는 사명감과 자부심으로 마음이 불타고 있었기 때문이다. 그러나 패전 후, 7년의 교사 생활에서 가르쳐 왔던 '진실'은 돌연 뒤집혔고, 지금까지 가르쳐 온 것은 무엇이었던가, 아야코는 불신과 허무의 구렁텅이에서 교단을 떠났다. 그러면서 이렇게 말했다. "나 또한 쓸모없는 전쟁에 청춘의 정열을 바치고 지냈던 사람이다. … 돌멩이는 밟히고 차이고 누가 뒤돌아봐 주지도 않는다. 어쨌든 한결같은 마음으로 살아가지만 결국은 거리의 돌에 지나지 않는다. … 돌멩이인 나의 청춘은 얼마나 바보이며 경박한지, 그러나 일생에 한 번뿐인 것이다."[91]

일본 현대사 연구의 최고 권위자로 꼽히는 호사카 마사야스는 '자성사관'(自省史觀)이라는 표현을 쓰면서 일본 사회의 치부를 정면으로 파고들었다. 그는 1945년(쇼와 20년) 8월 15일, 일본제국의 패망과 더불어 '쇼와 육군'이라는 조직이 소멸한 뒤 그것을 지탱한 의식이나 행동의 핵심을 과연 진정으로 극복했는가를 물으면서 이렇게 말했다.

"앞으로 일본은 '전쟁'이라는 정치적 선택을 해서는 안 된다. 과거 그 선택이 얼마나 많은 희생을 낳았는가를 보면 그 까닭을 알 수 있

---

91 포레스트북스, 『미우라 아야코를 만나는 여행』, 95.

다. 동시에 다시는 어떠한 형태로든 군사 주도 국가로 기울어서는 안 된다. 그 역사적 교훈을 바탕으로 새로운 시대가 나아가야 할 방향을 확인할 필요가 있다. 이 책의 주제는 결국 그 지점에 이르는 것이다."92

일본이 깨달아야 할 역사적 교훈은 이것이다. 삼손은 가장 힘이 센 사람이었지만 그 힘은 하나님이 기뻐하시는 영성과 도덕성을 갖추었을 때 가치가 있는 귀한 것이다. 반대로 영성과 도덕성이 결여된 힘은 결국 스스로를 파멸로 이끈다는 사실이다.

또한 하나님의 영광이 아닌 인간의 영광을 드러내고자 한 웅장한 바벨탑을 하나님께서 허물어뜨린 것처럼, 천황제 이데올로기는 하나님의 영광 대신에 인간 천황의 영광을 드높이고자 한 불순한 동기에서 비롯되었다. 그러기에 하나님께서 '일본의 패망'이라는 극약처방을 통해 그 모든 인간적 바벨탑을 일거에 허물어뜨려 버렸다.

지구상에서 가장 무섭게 빗나간 열심, 빗나간 열정을 지닌 두 집단, 두 이데올로기가 있다. 하나는 공산주의이고, 또 하나는 교황주의다. 공산주의란 말 그대로 재산을 공히 나누는 것을 이념으로 하는 사상이다. 그들은 "원하는 만큼 일하고 필요한 만큼 서로 나눈다"는 주의, 주장을 내세웠다. 그러나 그 말은 새빨간 거짓말이었다. 허울좋은 그럴듯한 구호에 지나지 않았다. 혁명에 성공한 공산주의자들은 권력과 금력을 동시에 쥐고 그들만의 공산독재를 행하였다. 교황주의는 일본의 천황처럼 하나님을 대신한 교황이 절대적 충성의 대상이다.

천황제는 하나님의 영광이 아닌 인간의 영광을 드높이는 가장

---

92 호사카 마사야스, 『쇼와 육군』, 7.

빗나간 열심과 열정을 보여주는 사악한 이데올로기이며, 그것을 실행한 집단은 군국주의자들이었다. 그래서 일제의 군국주의는 공의의 하나님으로부터 철저한 심판을 받아 한 방에 완전히 패망하고 말았음을 대하드라마 "조선의 최후"가 피날레로 실감나게 보여주었다. 최후의 명장면이 아닐 수 없다!

제16장
하나님이 쓴 대반전 드라마 15년

<단가 16>

아빠 아버지여, 되돌아보니

모든 것이 다 아버지의 뜻이었고

모든 것이 다 아버지의 은혜였나이다

이제 내가 아버지의 품에 평안히 안기나이다.

이 장을 시작하며

조선 세종 때에 우리나라는 세계 문화를 선도할 만큼 위대한 문화를 이룬 민족이었다. 그런데 400년이 지난 20세기 초엽 조선은 망했고, 우리 민족은 민족개조론을 들먹일 정도로 형편없는 민족으로 전락했다. 이것을 어떻게 설명해야 할까?

아시아인 최초로 노벨문학상을 수상한 인도의 시인 타고르(R. Tagore)는 1929년 일본을 방문하였다. 그때 조선의 지식인들은 그에게 일제 식민지 아래에서 신음하고 있는 조선을 방문해 주기를 간청했으나 뜻을 이루지 못했다. 이를 안타깝게 여긴 타고르는 한 편의 헌시(獻詩) 〈동방의 등불〉을 써서 압제에 시달리는 조선의 민초 들에게 자긍심을 심어 주었다.

파멸을 향해 질주하는 일제

1930년대부터 1945년까지의 15년 동안 일제는 파멸을 향해 질 주하는 군국주의 시대에 접어들었다. '문화통치'라는 기만정책으로 우리 민족을 동화시키려고 한 정책도 이젠 더 이상 필요 없고 아예 '민족말살통치'로 한민족을 없애고자 했다.

군대 귀신 들린 일제는 완전히 폭삭 망할 때까지 브레이크가 듣지 않는 차처럼 전쟁 광기에 사로잡혔다. 중국의 문화대혁명 (1966~76) 10년의 역사는 문화를 파괴한 악령의 역사였다. 마찬가 지로 일본 말기 15년의 역사는 문명의 탈을 쓴 야만의 극치이자 전쟁 광기에 사로잡힌 악령의 역사였다.

제국 일본은 전쟁에서 이길 때마다 환호하며 "천황폐하 만세"를 외쳤다. 그리고 악령 들린 사울 왕이 완전히 망할 때까지 다윗을 죽이 고자 쫓았듯이, 군대 귀신 들린 일제는 완전히 망할 때까지 전선을 더욱 확대시켜 나갔다. 그야말로 일본은 전쟁을 위해 태어난 나라 같았다.

윤치호는 일기(1932. 4. 17.)에 이런 말을 남겼다. "당파성이 조선 을 움직이는 기본요소라면, 전쟁은 일본을 움직이는 기본요소다."1

---

1 강준만, 『한국근대사산책 8』, 20

도대체 무엇이 그들을 그렇게 만들었을까? 결론부터 말하면 때가 차자 하나님이 그렇게 하셨다.

요즘 항간에 '지지지지'(知止止止)라는 말이 많이 회자되고 있다. 이 말은 도덕경의 한 구절인데, '그침을 알아 그칠 곳에서 그친다'는 말이다. 전쟁에서 승리를 맛본 일제는 그 달콤한 맛에 빠져 멈출 줄 모르고 계속 전쟁을 이어갔다. 그럴 때마다 저들의 죄악은 쌓여 갔고 파멸로 달려갔다. 이는 다 하나님의 모략에 속한 것이지만 저들은 이미 영적 소경이 되어 그것을 전혀 눈치채지 못했다.

성경에 이르기를 "욕심이 잉태한즉 죄를 낳고 죄가 장성한즉 사망을 낳느니라"(약 1:15)라고 했다. 결국 일제는 자국의 이익에 몰두하다가 사람도, 짐승도 아닌 괴물이나 악마처럼 반인륜적 만행을 자행하면서 인류 역사에 씻을 수 없는 죄악을 쌓아 나갔다. 마침내 그 죄악이 너무 커져 스스로 파멸에 이르고야 말았다.

우리 민족의 입장에서는 이 시기가 견디기 힘든 죽음 직전까지 가는 민족적 수난의 시기였다. 하나님이 사탄을 향해 욥의 자녀와 재산 및 건강마저도 다 네 손에 맡기지만 그의 생명만은 해하지 말도록 지시한 것처럼, 하나님이 우리 민족을 마지막 때에 찬란하게 들어 쓰시기 위해 생명 하나 남겨 놓으시고 일제에 다 내어주셨다.

이 모든 것은 "조선의 최후"의 마지막 대단원을 장식하는 하나님의 깊은 모략에 속하는 것이었다. 그러나 이 사실을 전혀 몰랐던 일본 군국주의자들은 애굽의 바로 왕처럼 마지막 재앙을 당할 때까지 끊임없이 마음을 강퍅하게 하다가 결국 대파국을 자초하고 말았다.

'내선일체'와 황국신민화 정책

1936년 8월, 일제 치하 우리 민족에게 가장 포악한 '미나미 지로' (南次郎, 1874~1955)가 제7대 조선 총독으로 부임하였다. 1937년 중일전쟁에 돌입하자 미나미 총독은 '내선일체'(內鮮一體)를 제창하면서 '황민화정책'을 강압적으로 추진하였다. '내선일체'는 조선인의 일본인화, 일본 민족 중심의 세계 일체화, 천황 중심의 정신 혁명의 강요를 뜻했다.

조선 전토에 신사가 설치되고, 신사참배가 강요되었으며, 학교 및 직장에서는 교육칙어의 정신 그대로 '황국신민의 서사(誓詞)' 낭독이 강제되었고, 또 도쿄의 황거를 향한 궁성요배가 의무로 되었다. 이후 1938년의 조선교육령 개정에 의한 일본어 상용의 강요, 육군특별지원병제도의 실시, 창씨개명, 강제 연행 등을 통해 전시체제의 폭력지배하에서 조선인에 대한 천황제 이데올로기의 주입이 시도되었다.[2]

3·1운동 이후 일제는 조선의 정신을 짓누르기 위해 전국 도처에 신사(神社)를 건립하여 1934년 무렵에는 282개에 이르렀다. 미나미는 부임하자마자 '1읍면 1신사주의'라는 신사 규칙을 발표했다. 이때부터 산간벽지에까지 신사가 세워지게 되었다. 신사제도는 조선인의 '황국신민화교육'을 추진하는 중요한 수단이었다. 기독교 신자들에게 신사참배를 강요한 것도 바로 이때부터다.[3]

중일전쟁이 일어나기 한 달 전인 1937년 6월, 일본 육군성은 조

---

2 김정인 외, 『한국근대사 2: 식민지 근대와 민족해방운동』, 231-244.
3 정성희, 『한국사 101장면』, 352-353.

선군사령부에 조선인의 병역 문제에 대한 의견 제출을 요구했다. 그러면서 "선인(鮮人)들의 삼천 년에 걸친 구습관을 떨쳐버리도록 해서 무의식까지 황민으로 만들고, 싸움이나 잠꼬대도 일본어로 하도록 하라"는 특명이 떨어졌다. 이는 징병과 징용을 함께 염두에 둔 것이지만 아무래도 징병의 요구가 심각했다. 여기서 일제의 고민은 "조선인을 징병으로 전장(戰場)에 내몰았을 경우 조선인 병대(兵隊)가 무기를 어느 쪽으로 향할 것인가"라는 우려였다. 이것이 바로 황국신민화정책의 가장 중요한 배경이다.[4]

중일전쟁을 앞둔 시점에서 미나미는 한국인을 일본 천황의 백성으로 만드는 이른바 '황국신민화정책'을 시작했다. 그는 '내선일체'를 주창했는데, 여기서 내(內)라 함은 일본이 해외식민지를 '외지'(外地)라 부른 데 대한 일본 본토를 가리키는 '내지'(內地)의 첫 자이며, 선(鮮)은 조선을 가리키는 말로 일본과 조선이 일체라는 말이다.

1930년대 들어서 대륙 침략을 본격화한 일제는 우리 민족을 침략 전쟁에 동원하기 위하여 한국인을 일본인으로 동화시키는 데 박차를 가했다. 이른바 한국인을 일본 '천황'에 충성하는 백성으로 동화시키겠다는 '황국 신민화 정책' 혹은 '민족 말살 정책'을 적극적으로 추진한 것이다. 일제는 한국을 병탄한 1910년부터 신사 정책을 수립하고, 각 지역에 관립 신사를 세우는 작업을 진행했다. 그리고 매일 아침 일본 궁성을 향해 허리 숙여 절을 하도록 강요했다. 더욱이 황국신민의 서사를 강제로 암송 제창하도록 했는데, 학교나 관공서뿐만 아니라 은행, 회사, 공장, 상점 등 모든 직장의 조회와 각종 집회 의식에서 강제로 낭송되었고, 모든 출판물에도 반드시 게재되었다.[5]

---

4 강준만, 『한국근대사산책 8』, 284.

조선인을 전쟁에 동원하기 위한 일제의 황민화정책은 교육 부분에서 시작되었다. 조선총독부는 "조선인이 일본 국민이라는 자각을 철저하게 갖도록 하기" 위해 1938년 '조선교육령'을 개정했다. 조선교육령은 '충성스러운 황국신민을 육성하는 것'을 목적으로 한 일제의 식민지정책이었다. 이를 위해 일본인 학교명과 조선인 학교명의 차이를 없애고 동일하게 소학교, 중학교, 고등학교라는 명칭으로 통일했다.[6]

조선총독부는 조선의 모든 중학교에서 한글 교육을 폐지한 데 이어 소학교에서도 한글 교육을 중지시키고, 일어 사용을 의무화했다. 일본말을 잘하는 아이에게는 타의 모범이 되라고 벚꽃 문양의 휘장까지 달아주고, 꿈도 일본말로 꿔야 한다고 가르쳤다.

별생각 없이 조선어가 튀어나온 경우 일본인 교사에게 발각되면 호된 처벌을 받아야만 했다. 조선어는 일주일에 한 시간씩만 하는 자유 선택 과목이 되었고, 그나마도 이듬해에는 전면 폐지되었으며, 조선어 소설을 가지고 있다는 것만으로도 사상이 불온하다는 판정을 받아야만 했다.[7]

1937년 중일전쟁이 발발하자 미나미는 전시체제를 더욱 강화시

---

5 〈황국신민서사〉 내용은 다음과 같다. ① 우리는 황국신민이다. 충성으로써 군국(君國)에 보답한다. ② 우리 황국신민은 서로 신애협력(信愛協力)함으로써 단결을 공고히 한다. ③ 우리 황국신민은 인고단련(忍苦鍛鍊)하여 힘을 길러서 황도(皇道)를 선양한다. 어린이용 서사도 있었다. ① 저희들은 대일본제국의 신민입니다. ② 저희들은 마음을 합하여 천황 폐께 충성을 다합니다. ③ 우리들은 인고단련하여 훌륭하고 강한 국민이 되겠습니다. 김정인 외, 『한국근대사 2: 식민지 근대와 민족해방운동』, 234-235.

6 위의 책, 232.

7 강준만, 『한국근대사산책 10』, 287. 여기서 우리가 기억해야 할 사실은 녹기연맹(綠旗聯盟) 이사장인 현영섭(1906~?)은 총독과의 면담 석상에서 '내선일체'의 실현을 위해 '조선어 사용의 전폐'를 요구했다는 사실이다. 김정인 외, 『한국근대사 2: 식민지 근대와 민족해방운동』, 248.

켜 매월 1일을 애국일로 정하고 신사참배 · 국기게양 · 근로봉사 등을 강요했다. 게다가 태평양전쟁이 극에 달했을 때 조선인 각 가정에 '가미다나'(神棚, 귀신 상자)라는 것을 설치하도록 했다. 조선인들은 이 가미다나를 집안 제일 높은 곳에 올려놓고 아침마다 두 손을 딱딱 치며 절을 해야만 했다.

미나미는 전국 39본산 사찰의 주지를 파면하고 일제에 아부하는 협잡배 승려들을 주지로 임명했다. 민족주의 색채가 짙은 천도교나, 일제 총독정치에 반항하는 그리스도교 세력을 억누르기 위해 백백교를 비롯한 사교들을 공공연히 비호 · 장려했다.[8]

호소카 유지는 일제 강점기 때 일본이 시행한 동화정책을 이렇게 비판했다. "일제 강점기, 일제는 한국, 대만, 중국 등에 동화정책을 시행했다. 동화정책은 피지배국의 문화와 언어를 말살하고 피지배 민족의 일본인화를 추진하는 정책이었다. 그 목적을 달성하기 위해 일제는 식민지에 내지연장정책을 시행했다. 내지연장정책이란 일본 본토의 법체계를 식민지에도 시행하면 타민족을 쉽게 동화시킬 수 있다는 이념이었다. 그러나 일제는 패망할 때까지 일본 본토와 똑같은 법을 식민지에 시행하지 않았다. 즉, 내지연장정책은 속임수였다. 일제는 본토에서 30~50년 전에 시행했던 묵은 법을 식민지에 시행했다. 그래서 일제는 패망할 때까지 내지와 식민지 사이에는 법적 불평등이 존재했다. 그랬던 이유는 일제가 본토와 식민지 사이에 법적 불평등을 두어 두 지역 사이의 불평등을 정당화하기 위해서였다. 바로 민족 차별이 법적으로 제도화되어 있었던 것이다. 그러므로 일제 강점기에 일본인과 식민지 민족 사이에 차별이 없었다는

---

8 정성희, 『한국사 101장면』, 353.

말은 엄청난 거짓이다."[9]

창씨개명의 강요

일제가 추진한 황민화정책 중 하나가 창씨개명(創氏改名)이었다. 창씨개명은 씨(氏)를 새로 만드는 것(創氏)과 이름을 바꾸는 것(改名)을 합한 말이다. 이 정책은 궁극적으로 조선인의 혈통에 대한 관념을 흐려 놓아 민족적 전통의 뿌리를 파괴하는 데 목적이 있었다.[10] 총독부는 1939년 '조선민사령 중 개정 건'(제령 제19호, 1939. 11. 10.)과 '조선인의 씨명에 관한 건'(제령 제20호, 1939. 11. 10.)을 공포해 조선인에게 '조선식 성'(姓名制)을 대신해 '일본식 씨'(氏名制)를 새로 만들고 이름도 일본식으로 바꾸도록 '창씨개명'을 실시했다.[11]

창씨개명 이전의 총독부 정책은 조선인의 이름과 일본인의 이름 사이에 '차이'를 주고 그것을 유지하는 것이었다. 그 까닭은 일본인과 조선인은 급료와 여비, 수당 등에서 차별이 있었기 때문이다. 총독부는 "일본인과 조선인을 구별하기 위해 이름으로 차이를 알 수 있게 하지 않으면, 안 된다"는 입장을 견지했다. 식민지 지배 질서를 유지하기 위해 지배자와 피지배자를 차별하는 근거로서 이름의 '차이화'를 도모했던 셈이다. 그런데 일제가 이제 일본인과 같은 이름을 갖도록 장려하는 조치로 선회하였다.[12] 일제의 창씨개명이란 조선 민족성을 없애버리려는 술책에 불과했다.[13]

---

9 호소카 유지, 『신친일파』, 320-321.

10 김정인 외, 『한국근대사 2: 식민지 근대와 민족해방운동』, 241.

11 위의 책, 236.

12 강준만, 『한국근대사산책 10』, 11.

총독부는 창씨개명이 "내선일체의 완성"으로서, 조선인과 일본인이 같은 핏줄에서 기원한 같은 민족이라는 역사 인식(日鮮同祖論)하에 "그간 사대사상에 입각해 붙였던 중국식 이름을 버리고 일본식 이름을 가져야 한다"고 선전했다. 그러나 실제로는 조선인이 창씨개명을 했다 하더라도 "내선인 사이에 상이한 방책을 필요로 하는" 부분이 있다는 이유로 일본 본국으로의 본적지 이동은 인정하지 않는 등 창씨개명은 일제가 선전하는 것과 같이 진정한 내선일체를 위한 정책은 아니었다. 무엇보다 창씨개명을 추진한 본질적 이유는 조선에서 징병제 실시를 염두에 두었기 때문이다.[14]

일제는 1940년 2월 11일부터 창씨개명 접수를 받기 시작했으며 8월 11일까지 완료하도록 요구했다. 접수 이틀 만에 87건이 접수되었는데, 그 가운데 이광수가 포함되어 있었다. 일제는 엄청난 홍보 공세를 퍼부은 뒤 창씨를 하지 않는 사람들에게는 불이익을 주었다. 자녀의 입학과 진학을 막는 것은 물론 총독부 관계기관에서 직원 채용 시 자격을 박탈했다. 식량과 물자 보급 대상에서 제외했는가 하면, 멀쩡하게 일하는 사람을 파면하기도 했고, 비국민 또는 불령선인으로 몰아 사찰과 미행을 하고, 노무징용 우선 대상자로 분류하기도 했다.

법정기간 동안 창씨한 호수는 322만 693호로 전체(400만 8,925호)의 80.3%로 나타났다. 그러나 "새로운 씨를 제출하지 않을 때는 호주의 성을 씨로 한다"는 조항에 따라 원래의 성을 씨로 삼았기 때문에 결과적으로는 100% 창씨가 되었다.[15]

---

13 정성희, 『한국사 101장면』, 377.
14 김정인 외, 『한국근대사 2』, 236-237.

창씨개명을 계기로 기존 신분제에 대한 동요도 일어났다. 최명희의 『혼불』엔 이런 이야기가 나온다. "양반 양반 허지 마시겨. 대대손손 영화 누린 양반이면 멋 헌다냐. 인자는 너나없이 창씨 다 해부리고, 왜놈들 시상이 된 지가 벌써 몇십 년인디. 무신 다 떨어진 양반이여? 천지가 개명을 허는 판에."16

일제의 강제 징용 · 징병 및 사상범의 양산

중일전쟁 이후 전시체제에 들어간 일제는 1938년 '국가총동원법'을 발표했다. 중국과의 전면전 그리고 미국과의 전쟁이 이어짐에 따라 징용, 징병, 위안부라는 끔찍한 강제 동원이 시작되었다. 2월에 '육군특별지원병령'을 공포하여 이 땅의 젊은이들을 전쟁터로 내몰았다. 태평양전쟁으로 조선인 총알받이가 더욱 필요해지자 일제는 1943년 10월 '육군특별지원병 임시채용규칙'을 공포하여 학생 및 졸업생들에게 군대 지원을 명령했다.

그러나 학사지원 모집 마감을 1주일 앞두고 전국의 지원율은 37.8%에 지나지 않았다. 그러자 일제는 학생지원을 부추기기 위해 갖가지 압력을 행사했고, 김팔봉, 이광수, 최남선, 김성수 등의 친일파를 앞세워 지원병 가입을 선동하고 강요했다.

많은 학생은 일제를 위해 총을 들 것을 거부하고, 탄광 또는 산으로 들어가 징병의 손길에서 벗어나고자 했다. 그럼에도 불구하고 이 무렵 징용당한 수는 40만 명에 이르렀다. 일제는 전쟁의 총알받이

---

15 강준만, 『한국근대사산책 10』, 17.
16 전경목, "『혼불』을 통해서 본 전통기의 종족제도와 신분제도," 293.

뿐 아니라 각 분야 및 군사공업시설의 노동자도 필요했다. 일제는 침략전쟁을 시작하면서 조선을 병참 기지화했는데, 태평양전쟁이 터지면서 보다 많은 노동력에 필요했다. 따라서 일제는 1942년 3월 '국민동원계획'을 세우고 '노동보국대'라는 이름으로 조선인을 강제로 동원하기 시작했다.[17]

전시체제기는 일제가 조선을 강점한 시기 중 가장 많은 인력과 물자, 자금을 동원하고 수탈한 시기다. 특히 일제의 조선인 강제 동원정책은 이민족에 대한 불법적이고 반인륜적인 강제 노동의 전형으로서, 한반도 구성원의 인권과 목숨을 송두리째 앗아갔다는 점에서 물자 수탈과 차원이 다른 문제다. 이 시기에 한민족은 지옥의 문으로 들어가 거기서 나올 때까지 필설로 다 말할 수 없는 치가 떨리는 만행의 시간을 견뎌내야 했다.

우선 물자가 총동원되었다. 조선총독부는 한반도 전체에서 생산되는 쌀의 50-60% 정도를 공출하려고 했다. 1942년 쌀 생산량이 1,568만 7천 석이었는데, 875만 석을 공출해 갔다. 또한 일명 '쇠붙이 공출'이라고 해서 집집마다 부엌칼 하나를 제외하고는 모든 쇠붙이를 징발해 갔다. 심지어 교회나 절의 종까지도 떼어갔다. 일본군을 보통 천황의 부대라는 의미에서 '황군'(皇軍)이라 불렀는데, 중국인들은 지나가는 곳마다 온갖 못된 짓을 일삼는다는 뜻으로 '황군'(蝗軍)이라 불렀다.

참으로 악독한 것은 징발되는 과정에서 발생하는 소요 경비, 가령 뱃삯, 배 안에서 먹는 식사 대금, 지급된 옷값 등등을 모두 조선인들에게 떠넘겼다는 점이다. 당장은 돈이 없으니 '선대금'이라는 이름

---

17 정성희, 『한국사 101장면』, 373-374.

으로 족쇄를 채워놓고 나중에 갚게 했다. 대부분 1년 이상 일을 해야 갚을 수 있는 정도의 빚을 짊어지고 시작했다고 하니 얼마나 억울했 겠는가. 또한 동원된 숫자를 보면 충격적이다. 당시 조선인 인구가 2천만 명 정도였는데, 징발된 인력이 총 600-700만 명에 이른다. 국내로 징발된 사람을 제외하고 200만 명 이상이 외국으로 끌려가 고초를 겪었다.

이들의 생활환경은 끔찍할 정도였다. 도망가지 못하도록 숙소의 모든 창문에는 격자가 끼워져 있었고 세퍼드를 풀어 항상 감시했다. 식사도 형편없었을 뿐 아니라 조선에서 먹던 양의 3분의 1 정도밖에 안 되었고 마실 물도 항상 부족했다. 또한 약속한 월급은 50엔 정도 였으나 이미 할당된 빚에 매일 들어가는 식비, 숙박비, 퇴직적립금 등 온갖 강제저축 등으로 원천 공제했다. 결국 매월 3-5엔 정도의 용돈이 지급됐으나 그것마저도 아예 주지 않는 경우가 허다했다니 지옥도 이보다는 덜 끔찍할 거라는 소리가 나왔다.[18]

강제 동원된 사람들은 일본이 점령한 모든 지역으로 끌려갔다. 우선 일본 본토와 중국이고, 동남아시아와 오늘날 미크로네시아라 불리는 남양군도 그리고 사할린까지 끌려갔다. 그런데 흥미로운 점 은 전 지역에 걸쳐서 나타나는 공통된 현상이 있다.

첫째, 무차별 구타가 일상적이었다는 점이다. 반 죽여 놓고 시작 하겠다는 심보였는지 징용으로 끌려간 모든 곳에서 무차별 폭력이 자행되었다. 둘째, 사고로 인한 사망이 흔했다는 점이다. 작업환경 이 워낙 나빠 사고가 많을 수밖에 없었다. 셋째, 분풀이식 학살이 줄을 이었다. 특히 전쟁 말기 징용으로 끌려온 조선인을 대상으로

---

18 심용환, 『단박에 한국사: 근대편』, 474-476.

이런 일이 숱하게 일어났다.

강제 징용에 나타난 지옥의 현장 중 한 곳을 소개해 보고자 한다. 나가사키현에는 '하시마 탄광'이 있다. 이곳은 강제 징용으로 끌려온 조선인 노동자들이 혹독한 노동에 시달렸던 지옥의 현장이기에 '지옥섬'이라고 불리는 곳이다. 섬 모양이 군함을 닮았다고 해서 일명 '군함도'라고도 한다. 2015년 이 악마의 섬이 유엔 유네스코에 의해 세계문화유산에 등재되면서 큰 반발을 불러일으켰다.[19]

전범 기업으로 가장 유명한 미쓰비시는 군함도의 하시마 탄광을 운영했다. 또한 나가사키에 조선소를 운영하면서 수천 명의 조선인 노동자를 동원했는데, 이들 대부분이 1945년 원자폭탄으로 죽었다. 또한 1944년 기준으로 미쓰이 계열의 탄광에만 최소 3만 3천 명이 재직했다는 기록이 남아 있는데, 실제로는 6만여 명이 강제 노역을 당했으리라고 추정된다.[20]

징용 외에도 징병도 대단했다. 육군 지원병으로 총 2만 723명이 동원됐고, 학도 지원병제도로 4,385명이 동원되었다. 전쟁 후반기가 되면 징병령에 의해 총 23만 명 정도가 부대로 편성되었는데, 절반은 한반도에 배치되었고, 나머지 절반은 주로 전선의 후방에서 활동하였다. 징병, 징용의 역사를 살펴보고 있자면 치를 떨게 한다. 일본에 대한 분노로 심장이 마구 쿵쾅거린다. 전쟁이 만들어 내는 파국 그리고 전쟁의 한 가운데서 벌어지는 인권 유린, 이 두 가지 분노를 잊어서는 안 된다.[21]

---

19 위의 책, 476-478.

20 위의 책, 487-488.

21 위의 책, 488-489.

1930년대 접어들면서 일제는 조선 독립을 위해 싸우는 자들을 사상범으로 여겨 검거, 투옥, 고문, 학살을 자행했는데, 그 수를 보면 1934~5년 6만 655명, 1936~7년 9만 2,588명, 1938~9년 16만 5,300명이나 된다. 이렇게 많은 범죄자를 양산했으니, 그들을 가둘 감옥은 얼마나 초만원을 이루었을 것이며, 또한 이들을 향해 얼마나 악마적인 고문과 살인을 자행했겠는가.

고려인 강제 이주

일제 말기에 우리 민족에게 '고려인 강제 이주'라는 특별한 사건이 있었다. 일찍이 러시아령 연해주로 건너간 조선인과 독립운동을 위해 연해주(沿海州, 블라디보스토크를 중심으로 한 시베리아 동해안 지방)로 간 한인들을 '고려인'(高麗人, 카레이스키)이라고 한다. 고려인의 형성은 1864년 연해주로 한민족 13가구가 이주하면서 시작되었다. 1869년 한반도 북부의 대기근으로 연해주 이주민이 급증했고, 1905년 을사조약 이후에는 의병기지로 변했다. 1914년 블라디보스토크에 한인 집단거주지인 '신한촌'(新韓村)이 건설되었다.[22]

그런데 스탈린은 비러시아 민족을 대상으로 대숙청과 강제 이주를 시행했는데, 이런 방법으로 적의 세력을 소탕하고, 소비에트 사회를 앞으로 다가오고 있는 전쟁(제2차 세계대전)에 대비하려는 심산이었다. 그 정책의 첫 번째가 엄청난 수의 고려인을 극동 러시아로부터 남부 카자흐스탄, 우즈베키스탄, 아랄해와 발하쉬호수 지역으로 이주시킨 것이다.

---

22 강준만, 『한국근대사산책 8』, 250-251.

1937년 9월부터 11월 사이에 17만 1,781명의 고려인들(16,272 가구)은 며칠간의 말미만 주는 이주명령서를 받았고, 바로 짐을 싸서 미지의 중앙아시아 지역으로 보내졌다. 20,170가구의 95,246명이 124개의 화물차 또는 가축 운반 열차에 실려서 카자흐스탄으로, 16,272가구의 76,525명은 우즈베키스탄으로 실려 갔다. 그중 많은 사람이 노쇠했거나 임산부 또는 질병 있는 사람들이었으므로 한 달 이상 걸린 이주(8,000km) 도중 굶주림과 질병으로 죽어 나갔다.

화장실도 숙식 시설도 없는 짐차로 떠난 여행길은 30일 내지, 45일이 걸렸다. 제정 러시아와 소비에트 정부에 충성을 다했던 고려인들은 그 긴 여행 중 질병과 부상으로 16.3%가 사망했다. 새로운 땅에서 다리를 뻗을 틈도 없이 그중의 60%는 다음 해 봄에 또 다른 미지의 고장으로 실려 갔다. 아무런 이유도 설명도 못 듣고, 두고 떠난 재산의 보상도 못 받고, 러시아 정부가 약속했던 정착금도 받지 못하고….[23]

2004년 현재 고려인은 약 55만 명이며, 중앙아시아, 러시아, 우크라이나 등 구소련 전역에 살고 있다. 이는 해외 한인 중 미국(215만 명), 중국(214만 명), 일본(63만 명)에 이어 네 번째를 차지하는 숫자이다. 고려인이 많은 곳은 우즈베키스탄, 카자흐스탄, 키르기스스탄 3국에 집중돼 있다.[24]

2004년 4월, 필자가 안식년을 맞아 고려인들의 초기 정착지인 카작의 '우슈또베'를 방문했다. '우슈또베'에는 원동에서 강제 이주

23 이혜옥, 『아리랑 민족의 다이아스포라』, 300-302.
24 이선민, "불모의 땅 달리며 울고 또 울었던 그들… 광복절에 돌아보는 '고려인 140년'," 「조선일보」 (2004. 8. 14.).

를 당한 고려인들의 초기 정착지를 알리는 비석이 새겨져 있었다. "이곳은 원동(遠東, 모스크바에서 멀리 동쪽으로 떨어져 있는 땅)에서 강제 이주된 고려인들이 1937년 10월 9일부터 1938년 4월 10일까지 토굴을 짓고 살았던 초기 정착지이다." 또한 그곳에는 고려인들의 묘지가 있었다. 왜 이런 어처구니없는 일들을 겪어야 했는지 그때는 몰랐다. 이들은 카자흐스탄, 키르기스스탄, 우즈베키스탄을 거쳐 러시아 전역으로 흩어졌다.

그 현장에서 필자는 허허벌판에서 생사를 넘나들며 생존을 위해 몸부림쳤던 우리 조상들을 떠올리면서 불행했던 20세기 한민족의 역사 속에서 아리랑 노래를 부르며 전 세계로 흩어져간 "한민족 디아스포라의 선교적 의의"를 생각해 보았다. 거기에는 한민족을 '제2의 이스라엘'로 들어 쓰기 위한 하나님의 깊은 초월적 의미가 있지 않겠는가!

일본군 위안부: 성노예

매주 수요일 낮, 12시가 되면 서울 일본 대사관 앞에 모여서 데모하는 사람들이 있다. 한국정신대연합회와 한국기독교여성회가 주관하면서 위안부 할머니들의 짓밟힌 인권을 회복하기 위해 눈이 오나 비가 오나 모이는 시위다.[25] 일본군 위안부 문제는 일제 강점기

---

25 조찬선·최영, 『일본의 죄악사』, 414. 최영은 이렇게 말했다. "나는 LA의 조찬선 교수(공동 저자)와 '일본의 죄악사'를 집필해 오면서 위안부에 대한 관심을 갖게 되었다. 일본 사람들은 자기네들이 얼마나 한국인에게 악행을 했는지 모르고 있고, 한국인은 얼마나 일본으로부터 당하고 짓밟혔는지 모르고 있다. 오직 당사자들인 위안부 할머니들만이 그 두터운 고통의 층을 알고 있다. 정부와 외교관 그리고 대부분의 사람들도 잘 모르는 현실이다. 그러나 남의 고통을 자기 고통으로 고백하는 윤리적 책임존재라면 알 수도 있다." idem., 396.

중 가장 비극적인 일이자 일본의 가장 큰 죄악이다. 전쟁하는 군인들의 성욕을 채우기 위해 어린 여성들을 강제로 동원한, 인간으로서는 도저히 생각조차 할 수 없는 짐승 같은 짓을 일제는 자행했다.[26]

먼저 주의할 점은 '위안부'와 '정신대'(挺身隊)는 구분해야 한다. 일제는 전쟁 막바지인 1944년 8월 23일 '여자정신대근무령'을 발표하였다. '정신대'란 '몸을 바쳐 일하는 사람들'이란 뜻으로, 25세 미만의 여자를 여자 정신대로 조직하고 1년간 근로 동원하는 것을 의무로 정한 것이 주요 내용이다. 일제는 여자 정신대 중 일부를 종군위안부로 만들기도 했다.[27]

한편, '위안부'는 '가라유키상'(唐行きさん)하고도 구분해야 한다. 가라유키상은 일본인 매춘부를 말한다. 전쟁의 특성상 대개 많은 남성이 전선에 파견되기 때문에 이를 따라다니며 성매매를 하는 여성들이 필연적으로 생기기 마련인데, 그녀들을 '가라유키상'이라고 부른다. 위안부는 이와는 별개로 강제 동원을 통해 어린 여성을 성노예로 삼는 것이기에 가라유키상과 같은 자발적 매춘부하고는 전혀 다르다.[28]

일본군 위안부는 일제에 의해 1930년대부터 1945년까지 만주사변, 중일전쟁, 태평양전쟁 시기에 강제로 군 위안소로 끌려가 성노예 생활을 강요당했던 여성들을 말한다. 총독부는 각 도·군·면에 동원 칙령을 하달하고 면장 책임하에 위안부를 동원하게 했는데,

---

26 심용환, 『단박에 한국사: 근대편』, 494. 이에 대한 자세한 설명은 호사카 유지, "일본군 '위안부' 제도는 최전선 성노예 제도," 『신친일파』, 105-272; '위안부 문제의 죄악상'에 대해서는 조찬선·최영, "일본에 짓밟힌 조선 소녀들," 『일본의 죄악사』, 89-122를 참조.

27 강준만, 『한국근대사산책 10』, 164.

28 심용환, 『단박에 한국사: 근대편』, 494.

10대 소녀로부터 40대 여성이 이에 해당되었다. 위안소의 설치·경영, 위안부의 모집·수송에 이르는 전 과정을 군이 주도하고 내무성·외무성 등과 조선총독부, 대만(타이완)총독부가 협력하는 체제를 갖추었다. 이후 민간업자가 진출했고 전선의 확대와 수요의 증대, 통제의 필요성이 커짐에 따라 점차 다시 군이 직영하거나 행정 당국의 협조를 얻어 운영했던 것으로 보인다.

위안부가 몇 명이 동원됐는지에 대한 정확한 자료는 없으나 일본군 부대가 가는 곳마다 위안소가 설치되었기 때문에 파견된 일본 군인들을 기준으로 숫자를 가늠해볼 뿐이다. 대략 20만 명 정도로 추산되는데, '성노예'의 70-80%가 조선 여성이었다. 일본 여성은 소수의 매춘 여성 외에 동원 대상이 되지 않았다. 1930~40년대에 일본 여성에게는 황국신민을 낳아 기르는 '모성 보호 정책'과 대조적으로 '성노예' 동원은 총동원 체제의 일환으로서 일제가 조선 여성을 상대로 무차별하게 행한 '모성 말살 정책'이었다.[29]

조선인 위안부들은 때로는 하루에 20명이 넘는 군인들을 상대로 성폭행을 당해야 했으며, 이를 거부하면 심하게 매질을 당했다. 다 써먹고 병들면 총살시켜 버렸다. 또한 전쟁 막바지에는 미군의 공습이 강화되자 일본군은 위안부들을 버리고 퇴각하는 경우가 다반사였다. 상황이 이렇다 보니 전쟁이 끝났어도 고국에 돌아오지 못하는 경우가 대부분이었고, 돌아와 혼인을 해도 임신할 수 없어 말 못할 수치심과 고통을 짊어지고 여생을 살아야 했다.[30]

일본군 위안부 문제가 국제적 쟁점으로 떠오른 것은 1991년 8월

29 김정인 외, 『한국근대사 2』, 285-286.
30 위의 책 287.

김학순 할머니가 자신이 '위안부'였음을 고백함으로써 최초의 '위안부' 피해자가 등장했고, 여성단체인 한국정신대문제대책협의회가 1992년 이 문제를 유엔 인권위원회에 제기하면서부터였다.[31] 이러한 문제 제기에 일본은 지금까지 진정성 있는 사죄와 배상을 하기보다는 변명과 역사 왜곡을 하면서 이 문제를 회피하고 있다.

이 문제는 협상의 대상이 아니며, 일본에 대한 관용과 용서로 해결될 문제도 아니다. 더 이상 일본에 매달려서 추근댈 것이 아니라 일본인들이 가장 무서워하는 수치심으로 대결해야 한다. 그래서 전 세계에 '소녀상' 세우는 일을 통해 일본인들이 얼마나 반인륜적인 범죄를 저질렀는가를 스스로 깨닫게 해야 할 것이다.[32]

호사카 유지는 그릇된 '위안부' 논리를 펴는 『반일종족주의』 저자들을 행해 이렇게 말했다. "'위안부' 모집에서도 일본군과 일본 정부는 포주(업자)를 극비에 선정하여 그들이 어린 여성들에게 취업 사기나 납치 같은 불법과 횡포를 자행해도 모두 허용해 주었다. 이처럼 일본군 '위안부' 문제의 본질은 범죄행위라는 데 있다. 게다가 같은 '위안부'라도 조선인 위안부들은 최전선에 배치하여 항상 생명의 위협을 받는 등 오로지 전쟁의 도구로만 이용했다.『반일종족주의』 저자들의 일본군 '위안부'에 관한 억지 논리는 고통받는 그분들을 두 번 죽이는 것과 다를 바가 없다. 일본이 저지른 끔찍한 전쟁 범죄를 왜 한국인인 그들이 대신 나서서 옹호해 주고 변호해 주는지 그 진의는 알 수 없지만, 동족의 여성들이 침략국의 전쟁 소모품으로 이용당하며 이루 말할 수 없는 힘든 세월을 보냈는데 보호해 주지는

---

31 김정인, "세계사 유례없는 '전쟁범죄," 「한겨레」 (2005.4.13.), 6.
32 조찬선·최영, "위안부는 협상의 대상이 아니다," 『일본의 죄악사』, 396-407.

못할망정 왜 또 괴롭히는지 이해할 수 없다. 다만 더는 '위안부' 피해자 할머니들을 괴롭히지 말기를 간절히 바라는 마음이다."[33]

친일 협력과 전향: 친일파 문제

1942년 3월 어느 날, 만주의 신경군관학교 졸업식장에서 '오카모토 이노부'(岡本實)라는 한 졸업생이 "어전강연"이란 답사를 하였다. 답사의 내용은 일본 천황과 만주 괴뢰국 황제 부의(溥儀)에게 충성을 다하겠다는 것으로 "대동아공영권을 이룩하기 위한 성전(聖戰)에서 나는 목숨을 바쳐 사쿠라와 같이 훌륭하게 죽겠습니다"라는 선서였다.

오카모토 이노부는 20년 뒤에 5.16쿠데타를 통해 한국의 대통령이 되었는데, 그가 바로 위대한 민족지도자(!) 박정희(1917~79)다. 중국인과 조선인 생도 240명 가운데 수석을 차지했기 때문에 그 대표로 답사를 하였고, 졸업식장에서 그는 우등상으로 만주 괴뢰국 부의 황제로부터 금시계를 선물로 받았다.[34]

필자는 인생을 비유적으로 말해서 "인생이란 저마다 자기의 노래를 부르다 가는 것이다"라고 정의해 본다. 인생이 저마다 자기의 노래를 부르다가 가는 것이라면 한 인간에 대한 평가, 그 인생에 대한 성패는 "그 사람이 무슨 노래를 불렀는가? 그리고 그 노래를 어떻게, 어떤 자세로 불렀는가?"에 따라 결정된다고 본다. 가령 일제 치하라면 한국인으로서 '대한민국 만세'를 불러야 한다. 그런데 그 시절에

---

33 호소카 유지, 『신친일파』, 322.

34 박정희에 대한 더 자세한 설명은 정해구, "박정희: 그 치욕과 영광의 삶," 『청산하지 못한 역사(1): 한국현대사를 움직인 친일파 60인』, 25-49; 홍석률, "박정희, 한국의 1960~70년대를 독점한 인물," 『63인의 역사학자가 쓴 한국사 인물 열전』, 443-464를 참조.

'일본 천황 만세'를 불러야 되겠는가. 그것은 한국인으로서 불러서는 안 될 노래이다.[35]

일본과 미국이 태평양전쟁으로 하고 있을 때 시인 노천명(盧天命, 1911~57)은 〈님의 부르심을 받들고서〉(1943. 8. 5.)라는 노래를 불렀다. "남아면 군복에, 총을 메고 / 나라 위해 전장에 나감이 소원이리니 / 이 영광의 날 / 나도 사나이였으면, 나도 사나이였으면 / 귀한 부르심 입는 것을- / 갑옷 떨쳐입고 머리에 투구 쓰고 / 창검을 휘두르며 싸움터로 나감이 / 남아의 장쾌한 기상이거든- / 이제 아세아의 큰 운명을 걸고 / 우리의 숙원을 뿜으며 / 저 영미(英米)를 치는 마당에랴 / 영문(營門)으로 들라는 우렁찬 나팔 소리 / 오랜만에 이 강산 골짜기와 마을 / 구석구석을 / 흥분 속에 흔드네."[36]

해방 이후 오늘에 이르기까지 남한 사회의 가장 뜨거운 감자는 '친일과 반공'의 문제다. 이 문제는 70년이 지났어도 과거의 문제가 아닌 오늘의 문제. 친일파 연구에 일생을 바친 임종국 선생은 "혼이 없는 사람이 시체이듯이, 혼이 없는 민족도 죽은 민족이다. 역사는 꾸며서도 과장해서도 안 되며 진실만을 밝혀서 혼의 양식으로 삼아야 한다"고 하면서 이렇게 말했다.

"해방된 지 겨우 4년 만에 우리는 또 한 번 매국을 했다. 민족의 혼과 정기를 송두리째 팔아버린 '반민족행위처벌법'(반민법)의 사실상의 폐기가 바로 그것이다. 정신이 굳건하면 잃은 땅도 되찾을 수 있지만 정신이 나가면 지닌 땅도 잃어버리기 십상이다. 민족혼을 팔아넘긴 반민법 폐기, 즉 제2의 매국은 땅덩이를 팔아넘긴 제1의 매국

35 박호용, "사람들이 불러야 할 노래(창 4:25-26)," 『창세기 강해설교』, 151-154.
36 김홍식, 『원문으로 보는 친일파 명문장 67선』, 240-241.

보다 더하면 더했지, 못 하지 않은 반민족의 엄청난 죄악이었다."37

총독부는 전향자들을 대상으로 단체를 조직해 협력을 강요하거나 이들을 통제해 나갔는데, 대표적인 친일 단체는 대동민우회(1936~?), 시국대응전선사상보국연맹(1938~40), 조선방공협회(1938~40), 대화숙(1940~45)이 그것이다. 조선 독립에 대한 희망을 잃어버린 일부 지식인들은 조선 문제는 오직 내선일체만 해결할 수 있다는 주장을 제기했다.

그러나 '내선일체론'의 가장 본질적인 모순은 일본인-지배자가 조선인에게 일방적인 동화를 강요하면서도 정작 자신들은 그 논리를 전혀 믿지 않았다는 점이다. 오히려 일본인들은 조선인과의 차별의 소지가 소멸되는 것을 거부했다. 이들에게 동화란 항상 앞서가는 일본인의 뒤를 따라 감사하는 마음으로 순종하며 따라오는 조선인을 의미했다. 이런 차별을 합리화하는 지배자의 논리는 '민도의 차이'였다.

중일전쟁 이후 친일파로 전향한 인물 중에는 일본의 선전을 진실로 믿고 속아 넘어간 어리석은 이들도 있었고, 그것을 확신하며 앞장선 이들도 있었으며, 거짓인 줄 알면서도 자신의 부귀영화와 출세를 위해 일본에 협조한 이들도 있었다. 어떤 이유에서건 이들의 행동은 어려운 상황에서도 민족의 독립을 위해 애쓰고 있는 민족 운동가를 배신하고 대다수 조선인의 독립에 대한 희망마저 짓밟는 반민족 행위였으며, 민족 내부의 계급적 분열을 용인하고 조장한 것이었다.38

---

37 임종국 / 반민족문제연구소, 『실록 친일파』, 3-7.
38 윤건차는 "식민지 말기의 조선에서 '친일'이란 민족에 대한 배신임과 동시에 인류에 대한 배신이었다"고 말한다. '윤치호와 이광수의 친일'에 대해서는 윤건차, 『韓日 근대사상의 교착』, 273-279를 참조.

해방 후 한국에서의 친일파 문제에 대해 지대한 관심을 가졌던 임종국(1929~89)에 따르면 '친일'이란 단지 일본에 친근한 감정을 갖는다는 것이 아니라 주체적 조건을 상실하고 맹목적이고 사대주의적인 추종을 의미하며, 또 '친일파'라는 규정은 해방 전 일본의 식민지 지배에 동조한 사람들을 가리키는 것이라고 말했다.[39] 친일은 극소수 사상 전력자 이외의 거의 절대다수가 피동이 아닌 능동이었다. 만주사변과 특히 중일전쟁 이후로 접어들면서 친일자들의 절대다수는 진심으로 동아공영권을 신봉하면서 '일본의 국민'으로서의 영광된(?) 내일을 몽상하였다.[40]

'친일파 문제'는 일제 강점기뿐만 아니라 해방 이후 지금까지 우리 사회, 민족, 역사를 왜곡시킨 가장 뿌리 깊은 모순이다. 반민족문제연구소장 김봉우는 『실록 친일파』라는 책의 후기에서 이 문제에 대해 이렇게 언급하고 있다.

일제의 식민지로부터 해방을 맞은 지 반세기가 되었지만, 우리에게 진정한 의미의 해방으로 다가오지 못한 까닭은 무엇이며, 그 원인은 어디에 있는가? 그 이유를 찾자면 전 세계를 부의 축적 대상으로만 여기는 냉혹한 자본의 법칙 때문일 수도 있고, 또는 세계를 약육강식의 장으로만 삼는 제국주의의 생리 때문일 수도 있다. 그러나 이에 선행하는 근본적인 이유는 해방을 맞이했던 우리들이 새로운 사회를 건설하려는 과정에서 첫 단추를 잘못 끼운 데서 찾아야 할 것이다. 잘못 끼워진 첫 단추란 수천 년 동안 자존을 지키며 살아왔던 제 민족을 일제에 팔아먹고 나아가 한국인을 일본인으로 만들고자 광분했던

39 임종국, 『친일문학론』(1966), 윤건차, 위의 책, 272.
40 임종국 / 반민족문제연구소, 『실록 친일파』, 19.

친일파, 즉 반민족 범죄자들을 올바로 처단하지 못한 것을 말한다.

친일파, 그들은 개인의 출세와 영달만을 위해 제국주의에 빌붙어 제 나라 민중들을 수탈하는 데 앞장섰을 뿐만 아니라 민중들을 제국주의의 총알받이로까지 몰고 갔다. 그리고 그들은 조선 민족을 열등하니 일제의 지배를 받을 수밖에 없다라든가, 실력이 없는 상태에서 독립을 추구한다는 것은 환상에 지나지 않는다라고 하여 일제의 식민 지배를 정당화하고 조선 민족의 반제의식을 파괴하는 데 광분하였던 민족 반역자들이었다.

따라서 해방 후 이들을 척결하는 것은 다른 어떤 문제보다도 앞서 해결해야 할 일차적 과제로 제기되었으며, 역사적 측면에서 보더라도 중요한 의미를 갖는 것이었다. 그 의미란 첫째, 친일파들을 척결함으로써 민족 내부에 다시는 외세에 빌붙어 민족을 배신하는 무리가 생기지 않도록 교훈을 주는 것이며, 둘째, 민족을 배신한 대가로 얻었던 친일파들의 경제적·정치적 지배력을 제거함으로써 자주적 독립 국가의 건설에 장애가 될 여지를 없앤다는 것이다.

그러나 우리의 현실은 정반대의 결과를 낳았다. 이 땅에 수립된 미군정과 그들을 등에 업은 이승만 정권은 자신들의 정치적 지배력을 확보하기 위해 반민족 범죄자들과 손을 잡음으로써 그들의 살길을 만들어 주었다. 상황은 여기서 끝나지 않았다. 친일파들은 다시금 친미파로 둔갑, 그 이름만 달리하여 자신들이 과거에 누렸던 모든 권력을 되찾았으며, 나아가 '반공'이라는 외피를 쓰고 오히려 민족 민주 세력들을 탄압함에 따라 우리의 현대사는 또 한 번의 굴절을 맞게 되었다. 즉, 독재와 부패, 탄압과 수탈, 사대와 분단 등 이 모든 현실의 모순들이 바로 여기에서 비롯된 것이다.

친일 세력의 재등장은 우리의 정신사에도 막대한 부정적 영향을 끼쳤다. 해방 후 친일파를 응징하지 못함에 따라 식민지 시대의 불건전한 가치 체제가 청산되지 못한 채 온존하게 되었고, 이들이 다시 모습만 바꿔 지배 세력으로 등장함에 따라 건전한 가치관이 자리 잡을 수 있는 구조마저 소멸되어 버렸다. 그 결과 기회주의·출세주의·이기주의·사대주의 등 온갖 부정적 가치관이 당연한 현상으로 받아들여지게 되었다. 반민족 범죄자들이 우리 사회에 끼친 악영향이 이렇게까지 심각한 데도 그에 대한 연구가 부진했던 까닭은 해방 이후 한국 사회를 지배해 왔던 인물들 대다수가 친일파였거나 그와 맥을 같이 하는 무리이었다는 점을 들 수 있다.

친일파 연구에 대한 의의는 단지 과거의 잘못되고 숨겨진 사실을 바로잡고 밝히는 데만 있는 것이 아니다. 과거의 잘못된 사실을 밝혀내고 친일파들의 반민족 범죄행위를 민족 앞에 고발함으로써 잠자고 있던 우리의 역사에 대한 분노를 일깨우는 데 더 큰 의미가 있다. 역사에 대한 분노, 그것은 곧 삶의 가치 기준을 요구하는 것이다. 그리고 역사에 있어 옳고 그른 것을 밝혀낸다는 것은 상실된 가치체계가 바로 섰을 때만 가능한 것이다.

임종국 선생께서 그토록 그리던 고향(문학)으로 돌아가지 못하고 평생을 바쳐 친일파 연구에 몰두하셨던 이유가 바로 여기에 있다. 그 누구도 관심을 기울이지 않았던 때 선생은 홀로 이 일에 전념하면서 선구의 길을 걸으셨다. 모든 일이 그렇듯이 선구자란 외롭고 고통스러우며 배고픈 것이리라. 그러나 선생은 흔쾌히 이 길을 택하여 우리에게 다음과 같은 교훈을 남기셨다. "과거의 잘못된 역사에 대해 분노하라. 그리고 그러한 잘못된 역사에 대해 분노할 줄 모르는 현실에 대해 분노하라"고. 그렇다, 분노가 없는 연구, 그것은 단순한 지식의 습득에 그칠 것이며, 민족에 대한 사랑이 담겨 있지 않은 연구 또한 분석된 논리에 불과할 것이다.[41]

일제의 역사 왜곡: 식민사관

"우리는 지금 일본과 '역사 전쟁'[42] 중이다. 그 어느 때보다 비이성적 감정보다는 더욱 철저한 논리적 근거가 필요한 시점이다. 일제 강점기 역사가 비록 부끄러운 과거사라 할지라도 보다 철저히 연구하고, 비판하고, 정리하여 일본의 역사 왜곡에 대비해야 할 것이다. '역사를 잊은 민족에게 미래는 없다'는 윈스턴 처칠(Winston Churchill)의 말을 다 함께 머리에 새겨야 할 교훈이다."[43]

일본이 저지른 무서운 죄 중 하나가 남의 나라 역사를 조작하고 왜곡한 것이다. 일본은 역사를 조작하여 침략을 비롯한 자국의 범죄 흔적을 지우거나 정당화하는 근거로 삼아왔다. 그렇다면 일본의 한국 침략과 역사 조작은 언제부터 시작되었을까? 일반적으로는 조선시대 선조 때의 임진왜란부터 시작되었다고 알려져 있으나 일본의 침략과 역사 조작은 그보다 훨씬 이전인 단군조선과 삼국시대와 고구려 때부터 시작되었다는 근거가 밝혀지고 있다.[44]

특히 한일합방 이후 일제는 한국 침략과 식민 통치를 정당화하기

---

41 임종국 / 반민족문제연구소 엮음, 『실록 친일파』, 363-366. '일제잔재 청산'에 대해서는 한홍구, "'친일파'에 관한 명상-일제잔재 청산에 몇 가지 편향에 관하여," 『대한민국史』, 100-109을 참조.
42 더 자세한 설명은 정일성, "역사전쟁," 『알수록 이상한 나라 일본』, 216-222을 참조.
43 위의 책, 13.
44 조찬선·최영, 『일본의 죄악사』, 26.

위해 정부 차원에서 한국의 역사를 철저히 왜곡·조작해 왔다. 조선 총독부 초대 총독 데라우치(1852~1919)는 취임하자마자 1910년 11월부터 전국의 경찰을 동원하여 1911년 12월 말까지 1년 2개월 동안 계속된 제1차 전국 서적 색출에서 '단군조선' 관련 고사서 등 51종 20여만 권의 사서를 수거하여 불태웠다. 효율적인 식민 통치를 위해 만든 일제의 식민사관과 열등민족론을 조선인들에게 주입시키기 위한 예비작업이었다.[45]

"너희는 원래 보잘것없는 민족이었어. 역사라고 해봤자 늘 패배주의적이고 사대주의적이었어. 이제 무릎을 꿇어라. 그러면 우리가 너희를 보살펴 식민지로 다스려주마. 그리고 우리를 고맙게 생각해야 한다. 별 볼 일 없는 너희 역사를 이제부터 윤택하게 만들어 줄테니까" 이런 식으로 몰아갔다. 이것이 바로 식민사관(植民史觀)이고 식민사학(植民史學)이다.[46]

일본인들은 조선인을 '옷을 잘 입은 아이', '두 발로 서서 걷는 원숭이'라고 비하해서 불렀고, '더럽고, 게으르고, 무지하고, 비위생적이고, 냄새나고, 심한 육체노동에는 적합하지만 복잡한 과제를 행할 능력은 없으며, 복종적이고, 따라서 어린애로 다루어져야 하는' 열등 인간으로 간주하였다. 역사적으로 조선인은 '글러 먹은 민족'이고, '놀기 좋아하고, 게으름이 습속이 되어 있고, 혐오스러운 풍속 습관을 가진 민족'으로 진단하였다.[47]

1910년대에 이 같은 식민사관을 제조한 공장들이 있었다. 그중

45 강준만, 『한국근대사산책 8』, 303.
46 최태성, 『역사멘토 최태성의 한국사: 근현대편』, 316.
47 박지향, 『제국주의: 신화와 현실』, 277.

첫 번째가 중추원이다. 원래 중추원은 의회 기능을 하는 자문기관이었으나 한국인을 앉혀 놓고 회유하기 위한 기관이 되었고, 식민사관을 제조하는 역할을 하였다. 그 산하에 조선사편찬 기구를 두어 일을 진행하다가 1923년 총독부 직할의 '조선사편찬위원회'로 바뀌고, 다시 1925년 '조선사편찬회'로 개명되었다.[48] 여기서 만들어 낸 식민사관이란 다음과 같은 것이었다.

첫째, 조선이 독립성을 유지하지 못하고 중국 등 외세에 종속돼 왔다는 '타율성론'이다. '타율성론'이란 한마디로 조선에 자율적 능력이 없다는 것이다. 타율성론에서 파생한 것이 '반도사관'(半島史觀)이다. 대륙에 붙은 반도라는 지형 자체가 어쩔 수 없이 타율성이라는 메커니즘(mechanism)을 만들었다는 논리다.[49]

그러면서 '임나일본부설'을 내세웠다. 삼국시대에 한반도 남쪽에 임나일본부가 있어 백제와 신라에 조공을 받았다는 설이다. 즉, 한반도 남쪽을 임나일본부가 실질적으로 지배하고 있었다는 얘기다. 옛날에도 그랬으니 지금 일본이 한반도를 지배하는 것은 하등 이상할 것이 없다는 주장이다.

둘째, 정쟁이 조선인의 체질이라는 '당파성론'이다. 조선 후기에 이르러 성리학자들이 당으로 쪼개져서 환국 정쟁을 펼쳤던 적이 분명히 있었다. 하지만 그런 일시적인 현상을 전체 역사로 확대하여 일반화시키는 것은 일반화의 오류를 범하는 것이다. 이 같은 당파싸움이 일본에서는 없었느냐 하면 그렇지 않다. 한때 일본도 좌막파와 양이파, 또는 정한론 지지파와 반대파로 나뉘어 격렬한 정권 투쟁을

---

48 최태성, 『역사멘토 최태성의 한국사: 근현대편』, 316-317.
49 강준만, 『한국근대사산책 8』, 304.

벌인 적이 있었다. 결론적으로 당파성론은 한국인의 본성을 폄훼하기 위해 만들어 낸 억지 이론일 뿐이다.

셋째, 근대사회로의 이행에 필요한 봉건사회를 거치지 못하는 등 사회발전이 정체돼 있다는 '정체성론'이다. 조선의 역사에서는 발전이란 없었고 옛날의 농업국가가 그대로 이어져 왔다는 이론이다. 우리나라를 '조용한 아침의 나라'라고 했다. 이 말은 썩 좋은 뜻이 아니다. 늘 조용히, 가만히 있다는 이야기인데, 역사 발전의 측면에서 보면 별로 좋은 의미가 아니다. 정체성론에 의하면 식민지 조선은 일본에 고마워해야 하는데, 그 까닭은 고대 수준에 머물러 있는 조선을 일본이 근대화시켜주었기 때문이다.[50]

넷째, 두 나라의 시조가 같다는 '일선동조론'(日鮮同祖論)이다. 일선동조론의 돌격대 역할을 한 최남선은 태양신 숭배가 조선과 일본 역사의 여명기에 나타난 공통적인 현상이라고 하였다. 그러면 일본의 태양신, 즉 황족의 조상인 '아마테라스 오미카미'(天照御神)는 신화상으로 보면 조선을 건국한 단군과 같다. 그래서 조선인들은 다른 신격보다 먼저 신도를 숭배해야 한다고 하였다. 일제는 시조가 같으니 일제의 지배를 자연스럽게 여기라는 뜻에서 일선동조론을 내세우면서도 감히 평등을 넘보거나 저항을 꿈꿀 생각은 하지 말라는 뜻에서 조선인은 일본인과는 전혀 다른 열등 민족이라는 것을 강조하는 데 주력했다.[51]

---

50 최태성, 『역사멘토 최태성의 한국사: 근현대편』, 317-318.
51 강준만, 『한국근대사산책 8』, 305.

민족사관: 박은식과 신채호

식민사관에 맞선 것이 '민족사관'(民族史觀)인데, 대표적인 인물로는 박은식(朴殷植, 1859~1925)과 신채호(申采浩, 1880~1936)가 있다.

1915년 박은식은 "나라는 멸할 수 있지만 역사는 멸할 수 없다. 나라는 형체이고 역사는 정신이기 때문이다. (…) 정신이 살아 소멸하지 않으면 나라는 언제고 되살아날 것이다"라고 말하면서, 상해에서 '태백광노'(太伯狂奴)라는 필명으로 『한국통사』(韓國痛史)를 발간했다. 여기서 '태백광노'란 말은 태백은 '한국'을, 광노는 '미친 노예'를 뜻하는 것으로 '태백광노'는 나라가 식민지로 전락해 타국에서 방황하는 자신과 동포의 상황을 통탄하는 심정으로 붙인 것이다.

『한국통사』는 대원군 시대부터 한일합방까지 50여 년의 뼈아픈 망국사로, 국가는 비록 망하였지만, 국혼(國魂, 국가의 정신적인 힘)과 국가(國歌) 등을 보존하고 교육과 독립투쟁으로 끊임없이 노력하면 결국 나라를 되찾을 수 있다는 정신사적인 관점에서 서술하고 있다.[52]

이어 박은식은 1920년 『한국독립운동지혈사』(韓國獨立運動之血史)를 간행했다. 이 책은 글자 그대로 피로 쓴 독립운동사이다. 1919년 3.1독립운동에 고무되어 1884년 갑신정변부터 1920년까지의 독립투쟁사를 서술했다. 이 책에서 민중의 힘과 민의의 결집이 독립 실현의 중요 수단임을 강조했다.[53] 이 두 권의 책에서 박은식이 강조한

---

52 위의 책, 306.

53 정옥자, "새로 쓰는 선비론(22) 백암 박은식: 애국계몽-항일무장투쟁 병행 지행합일 실천한 '노소년', 「동아일보」(1998. 3. 13.), 30.

것은 '혼'이다. 국혼(國魂)!, 즉 국혼만 잊지 않는다면 설령 나라를 잃었을지라도 곧 되찾게 될 것임을 강조했다.54

한편, 단재(丹齋) 신채호는 개화기로부터 일제 강점기 시기에 활동한 언론인이요 천재 사학자이자 민족의 울분을 대변한 지사요 어둠을 밝힌 선구자였다.55 그는 독립운동에 앞장선 한국적 선비의 모습을 보여준 대쪽같이 곧은 인물이었다. 그는 남에게 지는 것을 싫어하였고 머리를 굽히는 일이 없었다. 그래서 세수할 때도 머리를 굽히지 않아 온통 입고 있던 옷이 흠뻑 젖어 버린 일은 그의 꼬장꼬장한 불굴의 성격을 단적으로 잘 나타내 준다.56

단재 신채호는 역사라는 거울을 통하여 대승적 자아를 확립한 사가(史家)로 20세기 초엽부터 국권 회복에 전신(全身) 전령(全靈)을 내던진 주목할 만한 언론인이자 문필가였다. 1910년 봄, 망명한 뒤로 언관(言官)·사관(史官)으로 더욱 투철한 전사의 길에 나섰으며, 20년대에 신채호는 조선이 위기에 처했음을 시인하고, 풍전등화와 같은 나라를 구하기 위해서는 민족의 영웅이 출현해야 한다고 주장

---

54 최태성, 『역사멘토 최태성의 한국사: 근현대편』, 319. 엄두섭 목사는 기독교인에게 '예수의 얼'을 강조했다. "기독교인에게 필요한 것은 예수의 '얼'이다. 예수의 얼은 예배 속에서, 성서의 글자 속에서 살리지 못한다. 우리가 예수의 마음을 가지고, 예수의 정신을 내 정신으로 삼고, 예수의 호흡으로 호흡하고, 예수의 걸음으로 내 걸음을 걸을 때, 비로소 예수의 얼은 내 얼이 된다. 내가 소(小) 예수가 될 때 비로소 예수의 얼이 된다. 얼은 문자(文字)가 아니다. 얼(정신, 넋, 혼)은 문자로 설명할 수 없다. 기독교에 있어서는 지식, 학설, 신학, 교리, 건물이 중요한 것이 아니다. '얼'이 살아 있느냐, 예수 그리스도의 얼이 내 속에 살아 있느냐가 큰 문제이다. 성령은 그리스도의 영, 그리스도의 얼이다. 얼이 없는 사람을 '얼빠진 사람', '얼간이'라 부른다. 됨됨이가 모자라고 덜된 사람을 일컫는다. 나사렛 예수의 얼이 빠져 버린 기독교인들은 얼빠진 기독교인들, 얼간이 교인들이다." 엄두섭, 『예수의 얼』, 27-28.
55 조경달은 이렇게 말한다. "신채호만큼 전통적 조선 사상과 격투를 벌이면서 올바른 근대를 계속 추구했던 사상가는 없었다. 그러한 의미에서 그야말로 후쿠자와 유키치와 대비시킬 수 있는 근대 조선 최대의 사상가였다." 조경달, 『근대 조선과 일본』, 259.
56 이현희, "한민족에 용기 준 대쪽 인생: 민족사학자 신채호," 『인물 한국사』, 547.

하였다. 그리하여 중국의 변법자강운동가 양계초(梁啓超)의 『이태리건국삼걸전』을 번역, 간행하였다. 이탈리아 건국의 3걸인 마치니, 카브르, 가리발디를 모형으로 우리나라 역사의 대표적인 세 영웅 을지문덕, 최영, 이순신57의 전기를 간행했다. 그가 한국 역사상의 3걸로 한민족의 대외투쟁에서 빛나는 업적을 쌓은 무장과 영웅들을 뽑아 전기를 써낸 것은 조선의 청소년과 국민이 이러한 영웅의 사적을 읽고 본받아 일제 침략자를 몰아내고 국권을 회복하는 애국의 길에서 영웅적으로 투쟁하도록 고취하기 위한 것이었다.58

그러나 영웅은 나타나지 않았다. 그리고 마냥 영웅을 기다리고 있기에는 당시의 정세가 너무나도 급박하였다. 그래서 신채호는 모든 국민을 영웅으로 만들고자 하였다. 즉, '신국민'(新國民)을 만들고자 하였다. 그리고 그 계몽의 가장 중요한 수단으로 역사를 생각하였다. 우리나라 영웅의 전기를 간행하는 것도 이 때문이었지만 그보다 한 걸음 더 나아가 우리 민족사의 정수, 즉 '국수'(國粹)를 보전하고 이것에 의거하여 민족운동을 벌여나가고자 하였다.59

신채호는 한일 병합 이전인 1908년 8월, "대아(大我)와 소아(小我)"라는 글을 발표했다. '작은 나'(小我)는 의식주나 갖춰 사는 일상적인 나로 잠깐 있다가 죽어 없어지고 마는 존재다. 이와 달리 '큰

---

57 신채호는 『조선위인전』에서 〈이순신전〉을 가장 큰 비중을 두고 집필했다. 그는 〈이순신전〉의 제목을 '수군 제1위의 이순신전'으로 달았다. 단재가 말하는 1위는 조선 제일의 수군이 아니라 역대 세계 해군 장군 중 1위를 뜻한다. 이순신이 영국의 해군제독 넬슨보다 위대한 이유는 넬슨이 국가의 대대적인 지원을 받았던 반면 이순신은 전혀 그렇지 못한 상황에서 23전 23승이라는 불패의 신화를 이룩했기 때문이다. 최용범, 『하룻밤에 읽는 한국사』, 220-222.

58 이호룡, "신채호: 절대적 자유를 꿈꾼 영원한 혁명가," 『한국사인물열전3』, 237; 연갑수, "비타협적 민족혁명가, 단재 신채호," 48.

59 연갑수, "비타협적 민족혁명가, 단재 신채호," 『역사의 진실』, 49.

958 제5부 | 일본의 조선 식민 지배 35년(1910~1945년)

나(大我)는 정신과 영혼으로 된 참나로 일체 만물 중에서 죽지 아니하는 영원불멸의 존재다. 끝까지 정신이며 사상이며 목적이며 의리가 살아 넘치고 있는 큰 나는 한없이 자유 자재로운 실체로 모든 것을 초연하여 그 언제나, 영원한 생명을 누린다. 무한한 나는 동서와 상하와 전후, 좌우를 가림없이 도처에 있는 참모습을 지닌다. 나라를 위해 흘리는 눈물이며, 사회를 위해 뿌린 피 그 모두가 보배로운 큰 나의 바탕이 된다고 하였다. 그러면서 "큰 나(大我)와 작은 나(小我)"의 결론은 "반드시 죽는 나를 보면 마침내 반드시 죽을 것이요, 죽지 아니하는 나를 보면 반드시 길이 죽지 아니하리라"고 하는 명쾌한 불문율에 이른다. 길이 죽지 아니하는, 영원한 존재의 크나큰 참나를 사는 눈부신 인생관이 여기에 있다.[60]

신채호는 북경에서 3·1운동의 감격스러운 소식을 들었다. 이 소식은 그의 사상편력에서 일대 전환점이 되었다. 신채호는 기본적으로 민중을 불신하였다. 그런데 지식인들이 독립운동을 하자고 말만 하면서 우물쭈물하고 있을 때, 이 땅의 민중들은 자발적으로 일제에 항거하여 민족의 제단에 선혈을 바쳤다. 이것은 이후에 상해의 임시정부에서 나타나는 민족주의 지도자들의 파벌투쟁과 극명하게 대비되는 모습이었다. 그리하여 그의 사상은 애국 계몽가의 그것과 정반대의 방향으로 변천하였다. 즉, 철저히 민중에 의거하여 엘리트를 불신하는 방향이었다.[61]

의열단의 김원봉은 베이징에 있는 신채호를 방문하여 의열단의 행동강령 및 투쟁 목표를 써 달라고 요청하였다. 신채호가 이 요청에

60 신채호, "대아(大我)와 소아(小我)," 『단재 신채호 문집』, 154-159.
61 연갑수, "비타협적 민족혁명가, 단재 신채호," 53.

응해 1923년 1월에 내놓은 것이 '조선혁명선언'(朝鮮革命宣言)62이다. 의열단원들은 '조선혁명선언'에 감격했다. 이는 즉시 팸플릿 형태로 인쇄되어 국민대표회의에 참석한 각 단체 대표에게 배포되었다.63 이 글은 모두 6,400여 자에 달하는 명문으로 20세기 전반 민족운동 시기의 선언서 중 피로 쓴 대표적 백미 편의 압권이다. 여기서 그는 민중의 폭력에 의한 직접 혁명을 주장하면서 조선의 외교주의, 실력양성론, 타협적 문화 운동을 철저하게 규탄했다.64

그는 역사가 시(時), 지(地), 인(人)의 세 가지로 구성되어 있는데, 역사 발전의 주체인 인종이 지리적 환경과 시대적 상황에 제약을 받으면서 발전하므로 나라마다 발전 속도가 다른 것은 민족의 우수성을 떠나 지리적 환경과 시대의 차이에서 발생한다고 하였다.65

그는 『조선상고사』(1931)에서 역사는 "아(我)와 비아(非我)의 투쟁의 기록이다"라고 말하며 이렇게 말한다. "역사(歷史)란 무엇인가. 인류사회의 '아'(我: 나)와 '비아'(非我: 나 아닌 나의 상대)의 투쟁이 시간적으로 발전하고, 공간적으로 확대되는 심적(心的) 활동(活動)의 상대에 관한 기록이다. 세계사(世界史)란 세계의 인류가 그렇게

---

62 이광표는 이렇게 말했다. "한국독립운동사에 찬연히 빛나는 불후의 명문(名文) '조선혁명선언'은 민족주의자에서 아나키스트로, 단재의 일대 사상적 전환을 상징적으로 보여주는 의미심장한 글이다. 조국 독립과 민중혁명을 위해 일생을 바친 단재 신채호. 그 처절하고도 치열했던 혁명정신을 가장 잘 보여주는 것은 다름아닌 아나키즘 사상이다." 이광표, "단재 신채호(1880~1936)(새로 쓰는 선비론: 23·끝)," 「동아일보」(1998. 3. 27.), 26.

63 강준만, 『한국근대사산책 7』, 22-24.

64 "강도 일본이 우리의 국호(國號)를 없이하며, 우리의 정권을 빼앗으며, 우리의 생존적 필요조건을 박탈하였다…"로 시작하는 이 선언서는 혁명의 길은 건설하기 위해 파괴해야 한다(파괴적 정신이 곧 건설적 주장)는 하면서 다섯 가지의 파괴를 말하고 있다. 제1은 이족통치를 파괴하자. 제2는 특권계급을 파괴하자. 제3은 경제약탈제도를 파괴하자. 제4는 사회적 불균형을 파괴하자. 제5는 노예적 문화사상을 파괴하자. 신채호, 〈조선혁명선언〉, 『단재 신채호 문집』, 160-173.

65 김갑동, 『옛사람 72인에게 지혜를 구하다』, 325.

되어온 상태의 기록이며, 조선사(朝鮮史)란 조선 민족이 그렇게 되어온 상태의 기록이다."[66]

그는 역사란 이런 투쟁을 통해 역사가 발전해 왔다고 말한다. 여기서 아(我)는 항상 한민족이었고, 비아(非我)는 이민족이었으니 한국사란 다름 아닌 '한민족과 이민족의 투쟁사'라고 하였다. 역사가 주변 국가와의 투쟁 과정 속에서 발전하는 것이라면, 지금 우리도 일제와 맞서 싸워야 한다는 논리를 끌어 내고 있다.

신채호는 또 독립을 달성할 구체적인 방법으로 사상의 재무장을 강조하였는데, 『조선사 연구초』에서 전통적인 민족사상인 낭가사상(郎家思想)를 강조했다. 여기서 '낭'은 화랑도(花郎道)의 '낭'이다. 신채호가 화랑도를 주목한 까닭은 산천을 누비며 호연지기(浩然之氣)를 기르던 정신, 진취적인 기상, 이런 것들의 집약적인 표현이 화랑도라고 보았기 때문이다.

그런데 신채호가 우리 역사에 대해 안타깝게 생각한 것은 지나간 고대 역사를 쓰지 못하게 하거나 개인이 보는 것을 금지시킴으로 역사를 읽은 이가 없게 된 것이라는 사실이다. 더욱이 그는 새 왕조가 들어서면 이전 왕조의 역사적 사실들을 없앰으로 사료(史料)의 빈약을 가져왔음을 통탄하며 이렇게 말한다.

"송도(松都)를 지나다가 만월대(滿月臺)를 쳐다보라. 반쪽짜리 기와인들 남아 있더냐. 초석 돌 하나가 남아 있더냐. 넓은 밭에 이름만 만월대라 할 뿐 아니더냐. 아, 슬프다. 만월대는 이조(李朝)의 부항(父行, 아버지 항렬)으로 멀지 않은 고려조(高麗朝)의 궁궐인데, 무슨 병화(兵火)에 탔다는 전설도 없는데, 어찌 이같이 무정한 유허(遺墟)

---

66 신채호, 『조선상고사』, 24-25.

만 남았느냐. 이와 같은 예로서 부여에서 백제의 유물을 찾을 수 없고, 평양에서 고구려의 구형(舊型)을 볼 수 없는 실정이다. 이로부터 나오는 결론은 후에 일어난 왕조가 앞 왕조를 미워하여 역사적으로 자랑할 만한 것은 무엇이든 파괴하고 불살라 없애 버리기를 위주로 하므로 신라가 흥하자 고구려·백제 두 나라의 역사가 볼 것 없게 되었으며, 고려가 일어나자 신라의 역사가 볼 것 없게 되었으며, 이조가 일어나자 고려의 역사가 볼 것 없게 되어 언제나 현재로써 과거를 계속하려 하지 않고 말살하려고만 하였다. 그리하여 역사에 쓰일 재료가 빈약하게 된 것이다."[67]

『조선사 연구초』의 핵심 사론은 단연 '조선 역사상 1천 년 이래 제1대 사건'이라 할 수 있는데 묘청의 서경 천도에 대한 해석이 매우 독보적이다. 묘청 대 김부식의 싸움은 후자의 승리로 끝나고 말지만, 이는 단순한 정파 대결로 그치지 아니한다는 것이다. 화랑도와 불교 양가 대 유가의 싸움이며, 국풍파 대 한학파의 싸움이며, 진취사상 대 보수사상의 격전인 바, 낭불(郎佛) 양가와 국풍파 및 진취사상의 몰락으로 한국 역사는 사대적 패배주의가 두고두고 체질화되어 급기야 나라가 망하기까지 했다는 성찰이다.[68]

한편, 신채호 사학에 대해 한영우는 "신채호의 사학사상(史學史上)의 공적은 실로 혁명적인 것이라고 말해도 좋을 것이다. 이것은 그의 천재성에도 기인하는 것이지만, 무엇보다도 강렬한 민족주의에 기인되는 점이 크다"며 다음과 같이 주장했다.

"정신이 결여된 역사학이란 시체 해부와 같이 무미건조한 것인

---

67 위의 책, 44-45.
68 신채호, "조선 역사상 일천년래 제1대사건," 『단재 신채호 문집』, 127-153.

데, 단재 사학은 누가 읽어도 가슴을 뭉클하게 한다. 그러나 이 점은 단재 사학을 빛나게 하는 것이지만, 그것이 또한 단재 사학의 단점이라는 것도 간과해서는 안될 것이다. 민족주의의 지나친 역사에의 투영은 가치 평가를 급급하게 하고, 가치를 지나치게 양극화시킴으로써 가치 평가의 공정성을 잃게 하는 경우가 많은 것이다. 단재의 경우도 예외가 아니다. 예를 들면 요동 정벌에 앞장섰던 최영(1316~88)을 지나치게 위인화한 나머지 위화도 회군을 단행한 이성계(1335~1408) 일파를 사대주의자로 보는 것이나, 낭가(郎家)정신을 지나치게 강조한 나머지 그와 대립된 유교를 일률적으로 사대주의 사상으로 단순화시킨 것이 그것이다."[69]

비운의 혁명가 김산과 〈아리랑〉

'아리랑 아리랑 아라리오'로 시작되는 〈아리랑〉은 한국 문화와 한국 민족을 대표하는 민요(노래)이다.[70] 이 민요는 근대 민족사의 고난을 상징하는 노래인데, 민족적 애수를 띤 슬픈 노래 〈아리랑〉과 관련된 한 유명한 인물이 있으니, 비운의 혁명가 '김산'(1905~38)이다.

『중국의 붉은 별』을 쓴 에드가 스노우(Edgar P. Snow, 1905~72)의 부인이자 언론인이며 작가인 '님 웨일스'(Nym Wales, 1907~97. 본명 Helen F. Snow)는 1937년 초여름 어느 날, 중국 옌안

---

69 한영우, 『우리 역사와의 대화』, 239.

70 '아리랑'이라는 말이 유명해진 것은 영화 〈아리랑〉(1930)에서 비롯된다. 나운규(1902~37)의 대표작이자 한국영화사상 불멸의 명작으로 꼽히는 〈아리랑〉은 한마디로 일제 강점기를 살았던 한민족의 저항을 표현한 영화다. 속박당한 민족과 속박하는 민족의 대립을 '고양이와 개'로 상징하는 프롤로그, 그 주인공을 광인(狂人)으로 설정한 것 등은 현실에 대한 철저한 저항 심리의 상징이다. 나운규가 각본·감독·주연을 맡았다. 최태성, 『역사멘토 최태성의 한국사: 근현대편』, 326.

(延安)에서 우연히 김산(본명 장지학)[71]을 만나 나눈 이야기를 1941년 미국 뉴욕 소재, 존데이 출판사를 통해 펴낸 책『아리랑』으로 인해 '비운(悲運)의 혁명가'로 유명해진 인물이다.

김산의 독특한 삶에 매력을 느낀 님 웨일스는 20회 이상 만나 나눈 이야기를 가지고『아리랑』(Song of Ariran)을 썼다. 평북 용천 출신[72]인 김산은 장로교 계통의 학교에 다니던 중 3·1운동이 일어나자 만세시위운동에 참여하는 등 강한 민족의식을 지니고 있었다. 그해 그는 일본으로 건너가 동경제국대학 입학을 준비할 때 일본 노동자와 재일조선인의 열악한 처지를 목격하면서 마르크스주의와 무정부주의에 빠져들기 시작하였다.

1920년경 만주로 건너가 6개월간 신흥무관학교에서 군사학을 배우고, 상하이(上海)로 간 뒤, 임시정부 기관지인「독립신문」의 교정원 및 인쇄공으로 일하였다. 그 후 의열단을 거쳐 중국공산당원으로 만주와 베이징(北京), 광둥(廣東), 옌안(延安)을 누비며 조선의 독립과 중국 공산혁명을 추구하였다.

1930년 11월 베이징에서 장개석 국민당의 비밀경찰에 체포되어 1931년 4월까지 감옥생활을 하였다. 김산은 이때 감방의 벽과 기둥에 손톱으로 옥중가(아리랑)를 새겼고, 민족 수난사의 마지막 고개를 '열두 고개'로 설정하고 이를 극복하려는 각오를 피력하기도 했다. 『아리랑』에서 다룬 김산의 삶은 1937년 9월까지로 끝나는데, 김산은 1938년 가을 중국 공산당에게 트로츠키주의자와 일본 첩자로

---

71 그동안 김산의 본명을 장지락(張志洛)이라고 했으나 장지학(張志鶴)으로 밝혀졌다. 정철훈, "27세 때 김산의 모습, 홍정선 씨『아리랑…』의 주인공 사진공개,"「국민일보」(1998. 11. 13.).
72 김산이 기독교가 가장 왕성했던 서북지방 '평북 용천' 출신이라는 사실은 15세 이전 어린 시절의 그의 아이덴티티 형성에 중요한 의미를 갖는다.

오인 받아 캉성(康生, 1899~1975)의 지시에 의해 처형당했다.[73]

김산! 그는 어떤 사람인가? 평화적 시위를 행한 3·1운동이 실패로 끝나자 많은 사람은 엄청난 절망감과 좌절을 느꼈는데, 김산도 그런 사람 중의 하나였다. 그는 이렇게 말했다.

"1919년 어느 가을날, 조국을 빠져 나오면서 나는 조국을 원망했다. 그리고 울음소리가 투쟁의 함성으로 바뀔 때까지는 절대로 돌아가지 않겠다고 굳게 맹세했다. 조선은 평화를 원했으며, 그래서 평화를 얻었다. 저 '평화의 시위'가 피를 뿌리며 산산이 부서져 버리고 난 이후에…. 조선은 멍청하게도 세계열강을 향하여 '국제정의'의 실현과 '민족자결주의'의 약속 이행을 애원하고 있는 어리석은 늙은 할망구였다. 결국 우리는 그 어리석음에 배반당하고 말았다. 하필이면 조선 땅에 태어나서 수치스럽게도 이와 같이 버림받은 신세가 되어 버렸을까? 나는 분개했다. 러시아와 시베리아에서는 남자건, 여자건 모두가 싸우고 있었고, 또한 이기고 있었다. 그 사람들은 자유를 구걸하지 않았다. 그들은 치열한 투쟁이라는 권리를 행사하여 자유를 쟁취하였다. 나는 그곳에 가서 인간해방의 비책을 배우고 싶었다. 그런 후에 돌아와서 만주와 시베리아에 있는 200만의 조선 유민들을 지도하여 조국을 탈환하겠다고 생각했다."[74]

님 웨일즈는 김산을 이렇게 말한다. "김산은 진리를 추구하는 순례자였다. 나 자신이 그렇다. 나는 평생을 참된 사실과 진실 그리고 진실하고 고귀한 원리의 추구에 바쳐왔다. … 김산 역시 세계적 고전인 단테의 『신곡』을 탐독한 사람이었다. 그러나 단테의 『신곡』은

---

73 강준만, 『한국근대사산책 8』, 278-282.
74 님 웨일즈·김산, 『아리랑: 조선인혁명가 김산의 불꽃 같은 삶』, 56-57.

가톨릭 '서사시'이고 '혁신의 혼'이라고 불렸던 (존) 버니언의 글(『천로역정』)보다 시대적으로 훨씬 앞선 것이었다. 김산은 단테적 심리를 졸업하고 톨스토이즘과 아나키즘으로 나아갔고 곧 사회주의의 현대 철학인 마르크시즘에 이르게 된다. … 김산은 일본 경찰의 기록에서 보이는 '혼합된 마르크시즘'(Mixed Marxism) 혹은 1920~30년대의 동양이 겪은 상황 아래서 시대가 낳은 순교자였다. … 1980년대에 그의 완전무결함이 명백히 증명되었고 스파이 혹은 트로츠키주의자 따위의 누명을 말끔히 벗게 되었다. 혹자의 주장대로 그가 캉성에 의해 비밀 처형을 당한 것이 사실이라면 이 일이야말로 끔찍한 잔학 행위요 용서받을 수 없는 죄악이다. 이러한 행위를 나는 반문명 행위라고 못 박고 싶다. 33세의 김산은 일본의 억압 아래 있던 동시대 조선인들에게 영명한 지도자요 사상가였으며, 뜨거운 영혼과 가슴을 소유한 인도주의자요 더없이 고귀한 인물이었기 때문이다.75

『아리랑』의 해설을 쓴 조지 토튼(G. Totten) 교수는 이렇게 말했다. "김산은 무정부주의자, 공산주의, 민족주의 등에도 영향을 받았으나 헬렌 스노우가 느끼기에는 가장 궁극적인 영향은 어린 시절의 기독교적 영향, 즉 진리와 근면의 윤리로부터 온 것이었다. … 그는 성실했으며, 혁명의 이상을 위하여 신들린 사람처럼 열심히 일하였다. 그는 탐욕이나 이기심이 아닌 압박받는 사람들에 대한 사랑으로 고무되었다. 그는 일본 지배자들에 대항하여 아무 효과도 없는 기도를 올리는 것을 비웃었지만, 헬렌이 보기에는 그의 심연에는 종교적인 것으로 가득 차 있었다."76

---

75 위의 책, 20-22.
76 위의 책, 491-492.

『아리랑』에는 '아리랑'과 관련된 이런 말이 있다. "조선에는 민요가 하나 있다. 그것은 고통 받는 민중들의 뜨거운 가슴에서 우러나온 아름다운 옛 노래다. 심금을 울리는 아름다운 선율에는 슬픔이 담겨있듯이, 이것도 슬픈 노래다. 조선이 그렇게 오랫동안 비극적이었듯이 이 노래도 비극적이다. 아름답고 비극적이기 때문에 이 노래는 300년 동안이나 모든 조선 사람들에게 애창되어 왔다. … '아리랑'은 이 나라의 비극의 상징이 되었다. 이 노래의 내용은 끊임없이 어려움을 뛰어넘고 또 뛰어넘더라도 결국에 가서는 죽음만이 남게 될 뿐이라는 의미를 내포하고 있다. 이 노래는 죽음의 노래이지, 삶의 노래가 아니다. 그러나 죽음은 패배가 아니다. 수많은 죽음 가운데서 승리가 태어날 수도 있다. … '아리랑 고개는 열두 고개'라는 구절이 있다. 내가 처음 단테의『신곡』을 읽었을 때, 그가 똑같은 숫자―열두 천국과 열두 지옥―를 사용했으며, 또한 신곡의 말뜻 역시 '이곳에 들어가는 자는 모든 희망을 버리라'라는 것이어서 놀랐던 적이 있다. 내 생각에는 7이 신비의 숫자이듯이 12라는 숫자는 불운을 가리키는 만국 공통의 숫자인 것 같다. … 그렇지만 조선은 이미 열두 고개 이상의 아리랑 고개를 고통스럽게 넘어왔다. 우리의 작은 반도는 언제나 일본에서 중국으로, 중국에서 일본으로 혹은 시베리아에서 남쪽으로 진출해 나가기 위한 디딤돌이 되어왔다. … 내 짧은 인생살이 가운데서도 나는 조선이 아리랑 고개를 몇 고개나 올라가는 것을 보았는데, 그때마다 꼭대기에서 기다리고 있는 것은 오로지 죽음뿐이었다. 내가 태어났을 때, 조선은 러일전쟁의 와중에 외국군에게 한창 유린당하고 있었다. 1907년 일본의 보호국으로 된 뒤에는 7만의 조선 군대가 해체되어 어쩔 수 없이 국경 밖으로 퇴각하는 것을 내 눈으로 보았다. 1910년 조국이 식민지로 전락하는 것도 보았고, 해마다 100만 명 이상이 압록강을 건너 만주로, 시베리아로, 중국으로 유랑하는 것도 보았다. 지금 조선 유랑민의 수는 200만 명을 넘고 있는데, 이중 만주에 100만 명, 시베리아에 80만 명, 일본에 30만 명이 있고, 나머지는 중국, 멕시코, 하와이, 미국, 기타 지역에 흩어져 있다."[77]

임시정부(임정)와 독립운동

3.1독립만세운동으로 성립된 임정은 우리 민족의 대표기관이자 독립운동의 주도기관으로 1945년 8.15광복의 그 날까지 줄기차게 독립운동을 주도했다. 국제 사회에서 독립을 보장받기 위한 외교활동, 중국 만주와 러시아 연해주에서 일본군과 직접적인 무장투쟁, 동포 자제들을 위한 민족교육, 민족 독립과 함께 인류의 자유와 평화, 인도와 정의를 부르짖는 의열투쟁, 나아가 국내외 동포들을 아우르며 조국광복의 날을 열어갔다. 이 같은 가시밭길 독립운동의 역정에는 온갖 우여곡절이 있었지만 민족 독립을 포기한 적은 없었다.[78]

임정의 수립 이유는 다른 무엇보다도 독립운동이었다. 독립이 되어야만 민족 대중의 의지를 결집한 국민국가와 민주 정부를 세우고, 민족 발전을 이루며 세계 공영에 이바지할 수 있기 때문이다. 초기부터 만주 독립군의 무장투쟁을 지원하고, 국내 비밀결사와 연계하여 지속적인 의열투쟁을 전개한 이유가 여기에 있다.

---

77 위의 책, 60-64.
78 김용달, 『대한민국 임시정부: 그 100년의 역사』, 14.

한국독립운동사에서 '의열투쟁' 하면 떠오른 것이 '의열단'과 '한인애국단'이다. 의열단은 3·1운동 직후인 1919년 11월 만주 길림에서 김원봉이 결성한 단체이고, 한인애국단은 1931년 11월 김구가 임시정부의 특무조직으로 결성했다.[79]

바로 이즈음 1931년 7월 만주 길림성 장춘현에서 수로 문제를 둘러싸고 한국과 중국 국민의 충돌로 '만보산 사건'이 일어났다. 일제는 이를 침소봉대하여 한·중 양국의 민족분쟁으로 비화시켰다. 만주 침략을 앞둔 일제의 한·중 양 국민 이간책이자 분열책이었다. 그러고는 일제는 만주 침략전쟁인 '9.18만주사변'을 도발했다. 만보산 사건으로 한·중 양국 국민이 적전 분열 양상이 나타나자 김구는 비상 대책을 강구했다.[80] 이봉창(1901~32)의 일왕 저격 의거와 윤봉길(1908~32)의 홍구공원 의거가 대표적인 사건이다.

이봉창은 1932년 1월 8일 일본의 수도 도쿄에서 일본 국왕을 향해 폭탄을 던졌으나 실패하고, 이를 구실로 일제는 1월 28일 상해 침공, 즉 '1.28상해사변'을 일으켜 성공했다. 그리고 일본은 이를 기념하는 승전 기념식을 갖고자 했다. 이 소식을 전해 들은 김구는 절호의 기회라고 생각하고, 거사에 윤봉길을 택했다.

윤봉길은 1908년 충남 예산에서 태어나 1926년 농촌 계몽운동에 뜻을 두고 자신의 집 사랑방에 야학을 개설하였다. 그러던 중 1929년 11월 3일 봉기하여 전국으로 파급된 광주학생독립운동 소식을 듣고 각성하게 되었다. 드디어 1930년 3월 6일 윤봉길은 '장부출가생불환'(丈夫出家生不還), 즉 "대장부가 집을 떠나 뜻을 이루기 전

---

79 위의 책, 126-127.
80 위의 책, 130.

에는 살아서 돌아오지 않겠다"는 비장한 글을 남긴 채 중국 망명길에 올랐다.

4월 29일 일왕의 생일인 천장절 기념식을 일본군의 상해사변 전승 축하식과 겸하여 상해 홍구공원에서 거행할 예정이라는 소식을 접한 김구는 거사 계획을 치밀하게 진행하였다. 거사일인 4월 29일 홍구공원에는 수많은 인파가 운집했고 군경이 삼엄했다. 단상에는 일본군 사령관 시라카와 대장을 비롯하여 우에다 육군 중장과 노무라 해군 중장 및 주중 일본 공사 시게미쓰 마모루 등 침략의 원흉들이 도열해 있었다.

오전 11시 40분 전승 축하식 중 일본 국가가 거의 끝날 무렵 윤봉길은 물통형 폭탄의 덮개를 벗겨 안전핀을 뽑고 군중을 헤치고 나아가 단상 위로 폭탄을 던졌다. 식장은 순식간에 아수라장이 되었다. 일본군의 상해 침공을 30만 중국 정예군도 막지 못했는데, 윤봉길은 단신으로 적진에 들어가 승전 축하식장을 불바다로 만들었다.

중국 정부와 인민들은 모두 크게 놀라고 경탄해 마지 않았다. 장개석 사령관은 "중국의 백만 대군도 못 한 일을 일개 조선 청년이 해 냈다"고 감격하면서 임시정부에 대한 전폭적인 지원을 약속했다.

결국 윤봉길 의거는 만주와 상해 점령으로 기고만장하던 일제의 침략 기세를 꺾어버리고 우리 민족의 불굴의 독립 의지를 국제 사회에 재차 각인시킨 쾌거였다. 만보산 사건으로 야기된 한·중 양 국민의 불신과 갈등을 일거에 날려버린 효과도 있었다. 나아가 한·중 항일 연대투쟁의 계기를 마련하고 임시정부는 다시 독립운동의 구심체로 부활했다.[81]

---

81 위의 책, 136-143.

임정은 윤봉길의 의거로 혈안이 된 일본의 감시와 탄압을 피하기 위해 대장정의 길을 떠나야 했다. 상해(1919. 4.) → 항주(1932. 5.) → 진강(1935. 11.) → 장사(1937. 11.) → 광주(1938. 7.) → 유주 (1938. 10.) → 기강(1939. 3.)을 거쳐 마침내 중경(1940. 9.)에 도착했다. 임시정부가 대장정의 마지막 종착지인 중경으로 옮긴 때는 1940년 9월이다. 1932년 5월 상해를 떠나 중경에 정착하기까지 임시정부의 대장정 기간은 8년이 넘고, 그 거리는 3만 리에 달한다. 중국공산당의 대장정이 1934년 10월 서금을 떠나 1936년 10월 연안에 도착하기까지 2년이고, 그 거리도 2만 5천 리인 것에 비해 봐도 그야말로 대단한 역정이라고 할 수 있다.[82]

일제가 중일전쟁과 태평양전쟁을 도발하자 임정은 '한국광복군'을 창설했다. 이를 바탕으로 임정은 일본에 선전포고를 하고 연합군과 합세하여 싸웠다. 중국 국민군의 대일항전을 지원하고, 영국군을 도와 인도, 미얀마 전선에서 일본군과 맞서 싸우고, 미국 OSS(Office of Strategic Service, 전략첩보국)와 연합하여 국내 침투 작전을 추진했다. 조국광복을 성취하는 과정에서 임정이 이룬 역할 가치는 지대했다.[83]

대한민국 임시정부의 법통성을 폄하하고, 건국절을 1945년 8월 15일로 삼아야 한다고 주장하는 이들이 있다. 이들이 주장하는 논리는 근대 국가는 영토·국민·주권이라는 3요소를 갖춰야 하는데 임정은 그렇지 못했다는 것이다. 이러한 주장에 대해 김용달은 다섯 가지로 반박한다. 첫째, 대한민국의 헌법에 위배된다. 둘째, 실증적 역사

---

82 위의 책, 145-158.
83 위의 책, 181-182.

사실에 부합하지 않는다. 셋째, 독립운동사를 폄하하고 왜곡하는 것이다. 넷째, 민족사의 단절을 초래한다. 다섯째, 민족통일을 위해서도 바람직한 역사 인식이 아니라는 점이다.[84]

'진인사대천명'(盡人事待天命)이라는 말이 있다. 인간으로서 해야할 일을 다하고 하늘의 명을 기다린다는 뜻의 한자 성어인데, 그런다고 해서 뜻이 이루어지는 것은 아니다. 모든 것은 때가 차야 이루어지는 법이다. 하지만 인간이 최선을 다하다 보면 하늘도 감동하는 법이다. 그래서 8.15광복은 단지 연합국 승전의 부산물만은 아니다. 그안에는 우리 민족이 임정을 세워 피땀을 흘린 노력도 있었다.

일제 말 한국교회의 모습: 교회 분열의 징후들

한국선교 50주년을 전후로 한 1930년대 한국교회는 자체의 내적 위기에 봉착하였다. 요즘과 비슷한 사회적인 냉대와 사회적인 고립의 질고를 체험하기 시작했다. 더구나 교회 내의 숱한 분파 작용과 총독부의 교묘한 간접적 분파에의 방조 등은 교회가 설 땅을 잃은 아슬아슬한 분위기를 자아냈다.

이러한 분위기 속에서 백낙준(白樂濬, 1895~1985)은 1927년 예일대학교 박사논문을 영어로 출판하면서 총 결론의 마지막 페이지에서 이런 말을 했다. "사람이 더 좋은 것으로 변하지 않으면, 위대한 혁신자인 시간은 더 나쁜 것으로 변할 것이다."

백낙준은 개신교가 한국에 온 지 25년만인 1910년에 나라가 망해 식민지가 되었고, 3·1운동의 열기도 사라진 1920년대 후반 사회

---

84 위의 책, 4-5.

주의의 반기독교운동 등으로 개신교가 쇠퇴하던 위기를 보면서 그런 개악이 일어난 이유가 기독교 때문이 아니라 사람들의 개혁 부족 때문이라고 보았다.[85]

로마의 멸망을 기독교 때문으로 본 기번(E. Gibbon)과 달리 1910년대에는 조선의 멸망을 기독교 때문으로 보는 자는 거의 없었다. 그러나 1920년대에 교회가 보수화되고 노령화되자 국가 독립과 사회개혁 운동의 대안으로 떠오른 사회주의(공산주의)[86] 측에서는 기독교를 반시대적 종교로 공격했다.

그때 백낙준은 어거스틴(Augustinus)의 역사관을 따라 조선은 그 적폐와 개악으로 망했으나 기독교 때문에 새 국가, 새 민족, 새 문명, 새 신앙, 새 공동체인 교회가 태어났으며, 그 초기 역사가 증명하듯이 개신교가 한국 사회를 새롭게 개선할 미래의 희망이라고 주장했다.

1918년 백낙준이 유학을 떠날 때 교회는 한국 미래의 소망이었다. 그러나 그가 귀국하여 책을 출판하던 때(1929)와 그에 이은 15년간 교회는 타락했고, 개악의 길로 갔다. 교회는 물질주의와 교권주의에 매몰되면서 사회 지도력을 상실하고 대세에 떠밀려 마침내 신사참배와 태평양전쟁을 지지하는 무기력한 존재가 되고 말았다.[87]

한편, 1934~35년은 장로교와 감리교 '선교 50주년' 기념행사로 바쁜 해였다. 미국 북장로회는 첫 한국 의료 선교사 알렌(H. N. Allen)이 1884년 9월 20일에 내한한 것을, 미감리회에서는 일본에

---

85 백낙준에 대해서는 전미숙. "백낙준: 제자를 성전(聖戰)에 내몰고도 추앙받는 교육자," 49-64를 참조.
86 '공산주의에 의한 교회 피해'에 대해서는 민경배, 『韓國基督敎會史』, 404-408을 참조.
87 3·1운동 이후 '기독교의 변절'에 대해서는 구미정, 『십자가의 역사학』, 36-46을 참조.

있던 선교사 맥클레이(R. S. McLay)가 선교 가능성을 모색하기 위해 1884년 6월 24일에 각각 내한한 것을 기념하여 1934년을 '50주년'(희년)으로 삼았다. 그리고 1885년 4월 5일에 위의 두 선교부에서 파송한 '복음 선교사' 언더우드와 아펜젤러가 동시에 내한한 것을 기념하여 그 기념행사를 1935년까지 연장하여 행사를 치렀다.[88]

한편, 1930년대 들어 교회 분열의 징후들이 나타나기 시작했다. 그 요소들은 크게 지방적인 것과 신학적인 것, 두 가지였다. 첫째는 지방적인 문제다. 대다수 그리스도인의 분포가 주로 북쪽에 편중되어 있어서 남쪽의 교회들은 자신들의 의사가 반영되지 않음을 지적하였다.

이 지방적인 차이는 묘하게도 보수와 진보의 두 파의 차이로 나타났다. 평양을 중심한 해서(海西) 지방의 신학은 철저하게 보수주의로 기울어져 있었다. 1911년에 벌써 서울에 연희전문학교를 세워 보조하는 문제가 났을 때, 평양의 교회들이 이 학교가 서울에 소재한다는 이유로 그 계획에 반대했다.

이러한 암암리의 대립이 마침내 1934년에 표면화되었다. 1934년! 그해는 조선교회 역사 50년의 희년(禧年)이었다. 그해의 장로교 총회는 남부 지방에서 온 총대들을 '근대주의자들'이라고 비난했고, 한편 남부의 노회들에서는 북부가 전제(專制)하고 있는 이상, 그 총회에서 탈퇴하겠다고 위협했다.[89]

다음은 신학적인 문제다. 1934년 평양의 마펫 박사는 한국에 와 있는 '대부분'의 장로교 선교사들은 보수주의자들이라고 자찬하였

---

88 한국기독교사연구회, 『한국 기독교의 역사 II』, 242.
89 민경배, 『韓國基督敎會史』, 410.

다. 그러나 일본이나 구미에서 신학을 연구한 한국인 목사가 귀국하고 세계 신학의 조류를 소개하면서 한국교회 자체 안에도 진취적인 신학의 기상이 퍼지기 시작했다. 독일 신학의 영향을 받고 있었던 일본에 유학하는 신학생에 대해서 한국교회는 예민한 관찰을 하고 있었다. 장로교인 중에서 많은 젊은 신학도들이 감리교나 캐나다 교회 선교부 지역으로 옮겨 간 것이 이때였다.

게일(J. S. Gale)이 일찍이 평양신학교의 실질상의 주도역이었던 마펫에 반발하고 그 교수직을 사임하겠노라 위협했던 까닭이 여기에 있었다. 이러한 신·구의 신학적 대결이 표면화된 것이 산정현교회에서의 송창근 박사의 사직이다. 박형룡 박사 후임의 송 박사는 그의 진취적인 기상 때문에 조만식 장로를 비롯한 교인들의 배척을 받아 부산진으로 밀려 나갈 수밖에 없었다.[90]

그런데 가장 치열한 신학적인 대결은 역시 평양신학교의 박형룡(朴洞龍, 1897~1978) 박사와 숭인상업학교의 김재준(金在俊, 1901~87) 목사 사이에서 나타났다. 김 목사는 한국에서의 신학교육이 단일하고도 고루한 전통 신학과 교정된 사문(死文)의 교리 항목을 주입식으로 가르치는 데 그치고 있다고 공격하면서, 사상(思想)이 아닌 사물(事物)이 교수되었을 뿐이라고 비판하였다.

반대로 박형룡 박사는 미국의 설교가 포스딕(H. Fosdick)을 이단으로 정리하던 프린스턴 신학교에서 보수 진영의 영수인 메이첸(G. Machen, 1881~1937) 박사의 영향을 결정적으로 받았던 전형적인 근본주의자였다. 그는 한국교회의 신학이라는 것은 우리 나름의 신학적 '창작'이 아니라 사도적 전통의 정신앙(正信仰)을 그대로

---

90 위의 책, 411-412.

보수하는 것이라고 믿고 있었다. 그래서 '성서무오설'(聖書無誤說)과 축자영감설에 든든히 서서, 성서에 대한 비판적 해석을 단죄(斷罪) 하고, 1935년 5월 이후로는 김재준 목사의 글을 평양신학교의 「신학지남」에 더 이상 싣지 못하게 함으로써 정면으로 대결했다.

이 대결의 화해 중보에 나선 것이 1927년 한국 사람으로는 처음으로 평양신학교 교수가 된 남궁 혁(南宮爀) 박사였다. 김재준 목사가 그 예리한 신학 논문을 「신학지남」에 싣게 된 것도 이분의 포용성과 대범 때문이었다. 남궁 혁이 박형룡의 눈총을 받았다면 그것은 바로 여기에 이유가 있었다. 이러한 사상적 대결을 배경에 두고 1934년과 1935년의 장로교 총회는 심각한 신학적 분열을 노정했다.

1934년 당시 남대문교회의 김영주 목사가 창세기의 모세 저작설을 부인했다는 문제와 김춘배 목사의 여권(女權)에 대한 자유주의적 해석이 문제가 되어 총회에 기소된 일이 있었다. 김춘배 목사는 여권에 대해 "2천 년 전에 한 지방 교회의 교훈과 풍습을 만고불변의 진리로" 아는 것은 허황하다고 말했다.

이때 박형룡 박사는 "모세의 창세기 저작을 부인하는 사람은 장로교의 목사됨을 거절함이 가하다"고 유권적 해석을 총회에 제출했으며, 김춘배 목사에 대해서는 여권운동의 이론이 세상에 대두되는 시대사조에 영합해서 성경을 해석하려는 사람이기 때문에 교회의 징계에 처함이 옳다고 말하여 장로교 이단 심문관으로서의 보도(寶刀)를 휘둘렀다. 1935년 총회는 김영주 목사와 김춘배 목사에 대한 책벌을 성문화했으나 양자가 총회 결의에 추종한다는 견해 취소의 성명으로 문제는 일단락되었다.91

---

91 위의 책, 412-413.

또 하나는 길선주 목사와 황해노회의 헌의에 의해서 제기된 아빙돈(Abingdon) 『단권주석』의 정통성에 관한 시비였다. 이 주석책은 감리교가 선교 50주년을 기념하여 유형기 목사 편집 하에 번역·간행한 것인데, 그 번역진에 장로교의 송창근, 채필근, 한경직, 세 목사가 끼어 있었다.

박형룡 박사는 이 주석이 "성서를 파괴적인 고등비평의 원칙으로 해석하며 계시의 역사를 종교적 진화의 편견으로 분석하고 있다"고 단정한 까닭에 총회는 여기 따라 "그것이 장로교의 교리에 위배되는 점이 많음으로 교회로서는 강독치 않을 것이며" 집필진들에게는 공개 사과를 받기로 결의하였다.

사실 장로교에서는 유형기 목사가 세계주일학교대회에 한국 대표로 파송되게 된 경위에 불만을 품고, 평서, 평북, 황해의 제 노회가 앞장서 그의 대표권을 부인했고, 감리교의 충청, 경성 지방회는 이 처사에 격렬히 반항하여서 결국 양대 교회는 감정의 양극화를 보기에 이르렀다. 이렇게 안팎의 험악한 분열의 징후가 어둡게 맴도는 분위기 속에서 1936년의 총회가 광주에서 개최되자 축적되었던 문제들이 쏟아져 나왔다.[92]

"조선의 최후"의 클라이맥스: 신사참배

한국교회 130여 년의 역사는 절망 속에서 희망을 품고 눈물을 흘리며 씨를 뿌리러 나가는 시인의 발걸음 그것이었다. 그리 길지 않은 역사라고 할 수 있지만 그것이 남긴 절망과 희망의 발자취는

---

92 위의 책, 414-415.

차라리 '한 편의 장대한 대서사시'라고 부르고 싶다. 그 가운데서도 일제 말기 한국교회가 겪었던 신사참배 문제는 가장 드라마틱한 영욕의 역사였다.

그것은 오늘의 한국교회의 모습을 구형한 역사라 해도 지나친 말은 아닐 것이다. 그런 의미에서 일제 말기 신사참배 문제를 더듬어 보는 것은 오늘 우리 한국교회의 현주소를 찾는 작업인 동시에 내일의 한국교회의 바람직한 새 방향을 제시하는 이정표라는 점에서 의미 있는 작업이 아닐 수 없다.

장쾌한 대하드라마 "조선의 최후"는 '신사참배 문제'로 절정에 도달했다. 일제가 대외적으로는 '태평양전쟁'을 일으키고, 대내적으로는 '신사참배'를 강요했는데, 이는 일제가 최대의 악수를 둔 것이다. 최대의 악수를 두도록 인도하신 분은 하나님으로서, 이는 통쾌하고도 절묘한 신의 한 수였다. 이것은 인간의 지혜나 명철로도 하나님의 모략을 이길 수 없음(잠 21:30-31)을 극명하게 보여준 사건이다.

하나님은 당신의 거룩한 이름이 더럽힘을 당하는 것을 가장 못 견디어 하신다. 그래서 당신의 거룩한 이름을 스스로 보전하기 위해서 역사 속에 개입하신다(겔 36:20-23). 거룩한 땅 한반도와 거룩한 백성 한민족이 천황을 숭배하는 신사참배가 강요될 때 하나님의 거룩하신 이름이 더럽혀졌고, 하나님의 성소인 거룩한 땅이 더 이상 이방인에 의해 더럽혀질 수 없어 전격적으로 "조선의 최후"에 개입하셨다.

'신사참배' 문제는 누가 참 하나님이며 누가 참 왕인가를 놓고 벌인 최후의 일전이요 마지막 진검승부였다. 가이사가 왕이면 가이사께 충성하고 예수가 왕이면 예수께 충성하라, 천황이 신이면 천황을 숭배하고, 하나님이 신이면 하나님을 숭배하라는 영적 전쟁이었다.

엘리야 선지는 갈멜산에서 모든 백성 앞에서 이렇게 외쳤다. "너희가 어느 때까지 둘 사이에서 머뭇머뭇 하려느냐 여호와가 하나님이면 그를 따르고 바알이 하나님이면 그를 따를지니라"(왕상 18:21). 누가 진정한 왕이냐? 가이사 황제가 우리가 숭배해야 할 왕이면 그를 따르고 하나님의 아들 예수 그리스도가 우리가 숭배해야 할 왕이면 그를 따르라고 한 것처럼, "조선의 최후" 105년의 역사는 '천황과 그리스도 예수'와의 마지막 진검승부로 결말이 났다.

1930년대 중반 이후 희년을 갓 넘긴 한국교회는 1945년 해방이 될 때까지 일제의 전시체제와 민족말살정책 아래서 극심한 박해와 탄압을 받았다. 그들이 강요했던 '천황제 이데올로기'[93]와 신사참배는 근본적으로 그리스도교의 교의와 배치되는 것이기에 수용할 수 없는 것이었다. 그럼에도 대부분의 교단들이 일제의 강압에 못 이겨 신사참배를 결의함으로써 심각한 변질과 깊은 좌절을 가져다주었다. 그런 가운데 신사참배 거부 운동은 교회사적으로나 민족사적으로 중요한 의미를 갖는다.[94]

신사참배 강요의 역사

일제의 신사참배 강요의 역사는 한국인에게 천황제 이데올로기를 강요한 역사다. 이 역사는 한일합방 직후부터 일제가 끝날 때까지

---

93 '일제하 '천황제 이데올로기와 한국교회'에 대해서는 김승태, 『한국기독교의 역사적 반성』, 9-46 을 참조.
94 한국기독교사연구회, 『한국 기독교의 역사 II』, 273.

계속되었다. 이 역사를 첫째, 1910년대 무단통치하, 둘째, 1920년대의 문화통치하, 셋째, 1930년 이후의 전시체제하로 나누어 살펴보자.

첫째, 1910년 한국을 병탄한 일제는 어떻게 하면 한국인의 복종을 얻어내어 식민지 지배와 수탈을 용이하게 하느냐가 과제였다. 그리하여 저항하는 자에 대한 철저한 탄압과 함께 식민지 교육을 통하여 체계적으로 신도 사상에 입각한 천황제 이데올로기를 주입하는 데 광분하였다. 또한 신사 설립과 신사제도의 정비를 통하여 이것을 사회 일반에까지 확산하고자 했다.

그리하여 천황제 이데올로기 형성의 거점으로서 관립 신사 설립 계획을 세워 1912년부터 설립 준비를 하였다. 1919년 7월 일본 내각 고시 제12호로 조선 신사 창립을 공포하였다. 그런데 당시의 한국교회는 이러한 천황제 이데올로기를 주입하는 식민지 교육이나 신사 창립에 대하여 공식적인 항의를 하지 못하고 다만 '천황 사진 배례' 강요나 제일(祭日) 참가 강요에 대해서만 부분적인 저항을 하였다.

둘째, 1919년 3·1운동 후 일제는 '문화통치'라는 기만적인 통치 방법으로 언론과 결사의 자유를 허용하는 등 유화정책을 썼다. 그러나 천황제 이데올로기의 확산에 있어서는 조금도 후퇴하지 않고 오히려 더욱 강화하였다. 즉, 3·1운동 이전부터 계획 추진해 오던 조선 신사 건립을 확정하여 공사에 착수하는 한편, 1925년 이를 다시 조선 신궁으로 격상시키고 진좌제(鎭坐祭)를 대대적으로 거행했다.

교육계에서의 신사참배 강요는 각종 제일(祭日)과 축일(祝日), 심지어는 일본 황실의 경사 때에도 행해졌다. 그리하여 신사참배는 우상숭배라는 신념을 가지고 있던 크리스천들의 거부가 문제가 되었다. 그 대표적인 예가 1924년 강경공립보통학교생들의 신사참배 거부사건과 1925년 조선 신궁 진좌제를 전후한 기독교계의 학교의 '출영'(出迎) 및 신사참배 거부사건이다.

당시 이러한 기독교계의 반응은 이 문제를 근본적인 천황제 이데 올로기의 강요와 관련시키지 못하고 단지 종교 문제에 국한시킴으로써 총독부가 "신사는 종교가 아니다"라는 기만적인 논리로 신사참배를 강요할 수 있는 여지를 남겨두게 되었다.

셋째, 일제는 1930년대에 들어와 대륙 침략(1931년 만주 침략, 1932년 상해 침공, 1937년 중일전쟁, 1941년 태평양전쟁)을 재개하면서 민족 말살의 동화정책을 한층 강화시켰다. 이것이 소위 '황국신민화정책'(皇國臣民化政策)이다.

'황국신민화'의 특징은 '천황 신앙'의 강제를 축으로 하여 민족의 정체성을 빼앗아 민족성을 말살하려는 것이었다. 일제는 이러한 목적을 달성하기 위하여 신사참배와 동방요배의 강요, 황국신민서사의 제창, 창씨개명과 일본어 상용(常用) 등을 강요하였다.95

일제가 민족 말살적 '황민화'와 전쟁 협력을 강요하기 위해 적극적으로 내세운 논리가 소위 '내선일체론'(內鮮一體論)이다. 한국인에 대한 '황민화'는 1937년 중일전쟁의 발발로 보다 더 적극화되었다. 1938년 7월 중일전쟁 1주년을 기념하여 결성된 '국민정신총동원조선연맹'은 황민화의 중심적인 기구로서 각종 하부 동맹을 조직하고, 그 아래 10호 단위로 '애국반'을 조직하여 민중 생활의 전반을 통제하였다.

일제는 전선의 확대에 따라 부족한 병력과 노동력을 보충하기 위하여 조선 육군특별지원병제도(1937년), 국민징용령(1939년),

---

95 김승태, "일제하 '천황제 이데올로기와 한국교회," 『한국 기독교의 역사적 반성』, 9-25.

학도동원령(1943년), 징병령(1943년)을 공포하여 수많은 인력을 강제로 동원하였고, 급기야는 여자정신대근무령(1944년)을 공포하여 여성 인력까지 동원하는 등 막대한 비인도적 희생을 강요하였다.

특히 1930년대에 들어서서 일본 정부는 종교단체 법안 제정 노력을 계속하다가 1939년 제74회 일본제국의회에서 이를 통과시킴으로써 종교 통제를 본격화하였다. 이 법은 종교단체와 그 교화 활동에 대하여 정부의 감독을 엄중히 하고 황도(皇道)정신, 신국(神國) 사상 등 신도적 이데올로기를 고취하는 것을 목적으로 하였기 때문에, 이에 위배되는 그리스도교를 비롯한 제 종교는 가혹한 탄압을 받았으며, 그 존립을 위해 변절을 할 수밖에 없었다.[96]

한국교회의 신사참배와 부일 협력

순교 아니면 전향이라는 일제 말기의 암담한 상황에서 전향의 결과는 비극적이었다. 한국교회는 전향 이후 교회의 본질을 벗어나 천황제 이데올로기를 전파하는 일제의 교화 기관으로 전락하였고, 전쟁 협력 도구가 되었으며, 이를 이끌고 가던 친일적 교회 지도자들은 교회와 민족을 등지고서라도 이런 활동을 통해 그들의 충성심을 입증해 보이지 않을 수 없었다.[97]

그 단적인 예로 YMCA 총무를 역임한 신흥우(申興雨, 1883~1959)는 친일적 잡지인 「동양지광」(東洋之光) 1939년 2월호에 "朝鮮基督教徒의 國家的 使命"에서 이렇게 말했다. "우리는 宗教人이기 前에,

---

96 한국기독교사연구회, 『한국 기독교의 역사 II』, 274-279.
97 '기독교의 훼절과 부일협력'에 대해서는 김승태, 『한국 기독교의 역사적 반성』, 148-171을 참조.

朝鮮人이기 전에, 第一로 日本人이란 것을 잊어서는 안 된다. 天皇陛下의 忠誠스런 嫡子로서 다만 日本만을 사랑하라. 그리고 日本을 사랑하기 때문에 帝國의 國策에 충실히 順應 協力 突進하라. 이것이 우리들 朝鮮 基督教徒들에게 주어진 神의 命令이다. (…) 우리의 위대한 구주 예수는 먼저 그 '나라'를 사랑하라 가르치셨다. 그 나라는 大日本帝國이다."98

또한 복음교회 최태용도 「동양지광」(東洋之光) 1942년 10월호에 "조선기독교회의 재출발"이라는 논설에서 이렇게 말했다. "조선을 일본에 넘긴 것은 신이다. 그러므로 우리는 신을 섬기듯이 일본 국가를 섬겨야 한다고 나는 생각한다. 오늘날 우리들에게 있어서 국가는 일본 국가가 있을 뿐이다. 우리가 다해야 할 국가적 의무와 지성(至誠)은 이를 일본 국가에 바쳐야 마땅할 것이다. 우리는 가장 사랑하는 것을 일본국에 바치도록 신에게 명령을 받고 있는 것이다. 징병제 실시가 그것이다. 우리는 일본국을 사랑하지 않을 수 없는 것이다."99

1937년 9월 조선총독부가 실시한 각도 파견 시국강연회에 연사로 그리스도인 가운데 신흥우, 유형기, 윤치호, 박희도, 차재명 등이 동원되었다.100 1938년 여름부터는 경찰이 개별 교회에 대해서도 "천황이 높으냐 하나님이 높으냐? 신사참배는 종교의식이냐, 국가의식이냐? 국가 지상(至上)이냐, 종교 지상이냐?"라는 유치한 질문서를 보내 그 답변 여하에 따라 집회를 해산시키겠다고 위협했다.101

98 임종국, 『친일논설선집』, 333-334.
99 위의 책, 346. '최태용'에 대해서는 전병호, "최태용, 민족교회의 설립자," 『인물로 보는 연세신학 100년』, 304-324를 참조.
100 한국기독교사연구회, 『한국 기독교의 역사 II』, 320.

한국교회는 교파에 따라 신사참배에 대한 입장을 달리했다. 각기 시차의 차이는 있지만 천주교,[102] 감리교, 안식교, 성결교, 구세군, 성공회 등 대부분이 교파들이 일제에 굴복하여 일찍부터 신사참배에 응했다. 장로교만이 외롭게 반대하다가 결국 1938년 9월 제27회 총회에서 강제로 신사참배를 결의함으로써 교단적인 차원의 반대는 끝났다.[103]

더욱이 황량한 교회의 비극은 몇몇 기독교 인사들을 앞세워 국민의식의 부식과 그 와해에 비인도적으로 이용한 데서 더욱 서글프게 나타났다. 괴산의 남기종 목사와 박규호 장로는 "황국신민으로서의 핵심을 관철할" 구실로 기독교황도선양연맹을 결성했으며, 시국대응전선사상보국연맹이라든가 황도문화관이라는 어용 단체에는 사상전향을 강요받은 유형기 목사와 갈홍기 목사가 들어 있었다.

국민총력조선연맹(1940. 10. 16.)에는 정춘수, 정인과 목사가 문화부에서 "구라파 문화적인 요소를 일본적인 것으로 순화해 가는" 국책에 계몽하도록 소임을 부여받았다. 흥업구락부 사건으로 1938년 9월 기소유예 처분을 받았던 YMCA의 구자옥은 황도학회에, 임전대책협의회와 조선임전보국단(1941. 8. 20.)에는 윤치호와 구자옥을 비롯하여 동우회 사건에 몰렸던 정인과 장로교의 채필근, 감리

---

101 위의 책, 293.

102 절대적 교리주의와 교회전통, 전례문제에 있어서의 보수성을 자랑하던 가톨릭의 전향은 허무할 지경이었다. 그들은 1932년 개정한 교리해설에서 신사비종교론을 펴고 있다. "신사참배는 비록 그 시작은 종교적이라 할지라도 지금은 일반의 인정과 관계당국의 성명에 의하여 국가의 한 가지 예식으로 되어 있으니 유교식 제사와 혼동할 것이 아니며 천황폐하의 어진 앞에 예함도 이단이 아닌 즉 국민된 자 가히 행한 것이오"(『天主敎敎理』, 제1권, 1932, 274). 서정민, "우상예배를 어찌할꼬-신사참배를 가결한 교회의 회한," 『역사속의 그』, 278.

103 한국기독교사연구회, 『한국 기독교의 역사 II』, 299-301.

교의 정춘수, 양주삼 제 목사들과 신흥우 제씨가 동원되었다. 일제는 김활란 박사를 조선임전보국단의 지도위원으로 동원하고, 조선언론보국회의 이사로 징용하는 악덕을 부렸다.

더구나 1943년 11월에는 징병과 학병 독려를 목적으로 조선 전시 종교보국회를 조직하였는데, 여기에 감리교의 갈홍기, 장로교의 채필근, 천주교의 김한수가 각각 용역되었다. 1941년 1월 전화(轉化) 결의를 자체 이름으로 '일본적 기독교'를 표방하여 진행시키게 했던 악랄이 여기까지 이르렀다.[104]

한편, 1938년 신사참배 문제로 평양신학교가 폐쇄된 뒤 신학교들도 변질되었다. 장로교는 평양신학교의 폐교로 신학교육이 단절되자 1939년 장로교 신학교 기성회를 결성하고 총독부의 인가를 얻어 평양신학교를 개교했다. 서울에서도 1939년 3월 조선신학교 설립기성회가 조직되어 경기도 지사의 강습소 인가를 받아 1940년 승동교회에서 조선신학교를 열었다.

조선신학교의 목적은 "복음적 신앙에 기하여 기독교신학을 연구하고 충량유위한 황국의 기독교 교역자를 양성"하는 데 있었다. 신사참배를 인정하고 출발한 평양신학교도 1941년 2월부터 1개월간 이른바 황민화를 위한 목사 재교육을 실시함으로써 일제의 교화기관으로 변질되었다. 감리교 신학교는 1941년 6월 재개교하였다.[105]

임종국은 '친일파도 희생자'라고 말하면서 군대와 결탁한 총독부의 무한대한 권력 밑에서 황도조선을 외치지 않는다는 것은 사실상 불가능에 가까운 일이었다고 말했다. 그러나 개중에는 살기 위하여

---

104 민경배, 『韓國基督敎會史』, 441-443.
105 위의 책, 447-450.

어쩔 수 없었다는 변명이 통할 수 없는 과잉 충성의 경우가 있었다. 그런데 이들에게서 과거의 친일을 참회한 단 한 장의 성명서도 없었다는 것이 "우리를 분노하게 하는 것"이라고 역설하였다.

신사참배 거부로 인해 한국교회가 당한 피해는 이루 말할 수 없었다. 평양신학교와 200여 개의 교회가 폐쇄되었고, 2천여 명이 투옥되었으며, 50여 명이 순교를 당했다. 신사참배 반대로 지하로 번지는 교회와 민족주의 운동은 일본 정부에 쫓겼고, 검거된 교파는 16개 교단이었고, 민족주의 단체가 9개였다. 1940년 가을에는 약 400여 명의 미국인이 한국에서 철수했는데, 그들 대부분은 선교사들이었다.[106]

임박한 재림신앙과 천년왕국 사상

신사참배를 거부하며 신앙을 지키기 위해 은둔생활을 선택한 많은 이들이 있다. 이들이 모진 고난과 탄압에도 불구하고 자신의 양심을 지킬 수 있었던 것은 예수의 재림으로 이루어질 천년왕국 신앙 때문이다. 천년왕국 사상은 종말론의 한 부분으로 초대교회 때부터 기독교 역사에 지대한 영향을 미쳐왔다.

천년왕국 사상은 그리스도가 재림하여 천 년 동안 통치하리라는 믿음으로 계시록 20장 1-20절에 대한 문자적 해석에 기반을 두고 있는 사상이다. 그리스도가 재림하면 악한 세력은 사라지고 고통과

---

106 이에 대해서는 한국기독교사연구회, 『한국 기독교의 역사 II』, 331-338을 참조. 일찍이 1919년에 무어(E. C. Moore) 박사는 "한국 교회에 이제 시련은 닥쳐올 것인데 그것은 생사가 걸린 심각한 시련일 것이다"라는 말을 했다. E. C. Moore, *West and East*, The Dales Lectures, 333. 그러나 비참한 모습이 이 정도까지 이르리라고는 그도 예상하지 못했을 것이다. 민경배, 『韓國基督敎會史』, 432-433.

슬픔, 분쟁과 전쟁이 없는 천년왕국이 실현되리라는 희망을 품은 종말론 사상이다.

천년왕국 사상 가운데 특히 한국교회에 막대한 영향을 끼친 종말론은 '전천년주의'(전천년설)[107]였다. 전천년주의는 현 역사에 대한 철저한 부정을 전제로 삼았기 때문에 고통스러운 현실을 살아가는 이들에게 임박한 재림은 위로이자 희망으로 다가왔다. 전천년주의를 받아들인 이들은 성서의 묵시문학에서 희망을 찾았고, 가까운 미래에 있을 유토피아를 꿈꾸었다. 이들은 세상의 끝이 가까이 다가올수록 엄청난 환난이 찾아올 것이나 이 환난은 그리스도의 재림으로 끝나고 지상에 천년왕국이 시작된다고 믿었다.

한국교회가 전천년주의를 받아들인 계기는 1907년 평양 대부흥운동이었지만, 전국적으로 확산된 시기는 1920년대였다. 이때는 묵시적 기대가 폭발한 시기로 그야말로 대성황을 이루었다. 길선주, 이용도, 김익두 등의 부흥사들이 식민지 조선의 기독교를 한바탕 뒤집어 놓았다. 임박한 종말과 예수의 재림 그리고 천년왕국의 도래를 말하는 전천년주의 종말론은 수많은 기독교인의 관심을 사로잡았다.[108]

그중에 여수 애양원과 관계된 손양원 목사(1901~50)가 있다. 경남 함안 출신인 그는 일본 유학(1921~23) 중 나카다 주지(中田重治) 목사의 영향을 받아 '전천년설'을 받아들인 것으로 보인다. 귀국

---

107 계시록 20장에 나오는 천년왕국에 대한 세 주요 견해가 있다. '전천년설'은 천년왕국 '전에' 그리스도의 재림이 있다는 견해, '후천년설'은 천년왕국 '후에' 그리스도의 재림이 있다는 견해, '무천년설'은 본문의 '천년'을 상징적으로 해석'하여 그리스도의 승천부터 재림까지의 전 기간을 천년으로 생각하고 교회를 통한 그리스도의 영적 통치를 그리스도의 왕국으로 보는 견해이다. 더 자세한 설명은 박호용, 『요한복음에 비추어 본 요한계시록』, 809-818을 참조.

108 강성호, 『저항하는 그리스도인』, 92-94.

후 10여 년 동안 부산에서 전도사 활동을 했다. 흥미롭게도 그는 김교신이 발행하던 「성서조선」의 애독자이기도 했다. 그의 설교 주제 중 하나가 '재림의 임박성'이었다.

일제는 재림신앙을 강조하는 목사들을 문제 삼아 구속하기도 했다. 절망의 시대에 새로운 세계의 도래를 강조함으로써 신자들에게 희망을 주려고 한 행위는 제국 일본의 입장에서 볼 때 지배체제에 대한 도전으로 비쳤기 때문이었다. 일제 말기, 전쟁 상황으로 돌입하여 체제가 경직된 만큼 임박한 종말에 대한 강조는 체제 변혁적인 사상으로 여겨지기 십상이었기 때문이었다.[109]

주기철 목사와 '일사각오'(一死覺悟)

전 기독교계가 신사참배에 굴복해 가고 있을 때 순교할 각오로 신사참배를 거부하며 기독교 진리를 지키고자 한 일부 크리스천들이 있었다. 한국교회의 자존심을 지킨 이들은 밤하늘에 별처럼 빛난 참 신앙인들이었다. 특히 경남지역 신사참배 반대운동은 호주 장로회 출신의 테이트 선교사(M. G. Tait)를 중심으로 한 전도부인들에 의해 전개되었다.[110]

그 가운데 한 사람인 한국 최초의 여자 목사로 알려진 최덕지(1901~56)이다. 그는 "신사참배는 기독교 정신에 어긋날 뿐만 아니라 전쟁에 찬성하고 식민지 지배를 인정하는 것"이라며 신사참배 거부운동을 펼쳤다. 이 때문에 그녀는 1940년부터 4차례나 구속되었

109 위의 책, 92-99.
110 위의 책, 81-84.

고, 옥중에서도 금식기도와 예배를 통해 그 뜻을 굽히지 않았다.[111]

신사참배를 거부한 대표적인 인물로 주기철 목사(1897~1944)와 사모 오정모(1903~47)를 들 수 있다. 소양(蘇羊) 주기철(朱基徹) 목사는 1897년 11월 25일 경남 창원군 웅천면에서 부친 주현성과 모친 조재선 사이에 넷째 아들로 태어났다.

1913년 봄 정주 오산학교에 입학하여 남강 이승훈 선생으로부터 민족혼을 전수받았고, 1915년 11월 7일에 세례를 받았다. 그해 겨울에는 조만식 선생을 따라 전도여행을 다녀왔다. 1916년 연희전문학교 상과에 입학하였으며, 1917년 가을 김해 안기영의 넷째 딸 안갑수와 결혼했다. 1920년 9월 초 마산 문창교회 사경회에 참석해 김익두 목사로부터 큰 은혜를 받았다.

1922년 평양장로회신학교에 입학하여 1925년 12월 말 목사안수를 받고 부산 초량교회에 시무하였다. 1931년 마산 문창교회에 부임하여 목회하던 중 1933년 부인 안갑수 사모가 급서하였다. 1935년 오정모 집사와 재혼하였고, 그해 12월 19일 평신사경회 마지막 날 "일사각오"(一死覺悟)[112]라는 설교를 하였다. 평양 산정현교회의 임시당회장 박형룡 목사의 청빙으로 1936년 7월 평양 산정현교회에 부임하였다.

1939년 2월 5일, "5종목의 나의 기도"[113]라는 설교를 하였다. 이

---

111 지호일, "만세운동·광복군··· '남(男) 못잖은 항일투쟁': 3·1절 88돌-여성독립운동가 열전," 「국민일보」(2007. 3. 1.), 3.

112 요한복음 11장 16절을 가지고 행한 '일사각오' 설교에서 주 목사는 세 가지를 말씀했다. 첫째, 예수를 따라 일사각오, 둘째, 남을 위하여 일사각오, 셋째, 부활 진리를 위해 일사각오. 김요나, 『일사각오』, 247-250.

113 유언설교가 된 '5종목의 나의 기원'은 주 목사가 옥중에서도 늘 기도 제목으로 삼은 다섯 개의 기원이다. 첫째, 죽음의 권세를 이기게 하여 주시옵소서. 둘째, 장기간의 고난을 견디게 하여

설교 후 주 목사는 다시 검거되어 황실불경죄 및 치안유지법 위반으로 10년 형을 언도받았다. 그러자 평양노회는 주 목사를 감싸기는커녕 일제의 앞잡이가 되어 주 목사의 목사직을 파면하였고, 엄동설한에 주 목사의 부인 오 사모는 시어머니와 전처소생 네 아들과 함께 거리로 내쫓겼다.

1940년 3월 24일 부활주일에 산정현교회는 폐쇄되었다. 그동안 여러 차례 옥고를 치르다가 1940년 6월 초에 주 목사는 평양경찰서에 다섯 번째 마지막 구속을 당하였다. 1944년 4월 21일 밤 9시, 5년 4개월간의 옥고 끝에 48세의 일기로 순교하였다.[114]

주 목사님의 마지막 기도는 이것이었다. "하나님 아버지, 義에 살고 義에 죽게 하소서. … 내 여호와 하나님이시여, 나를 붙드시옵소서. … 주님 나 위해 十字家에 돌아가셨는데 내 어찌 죽음을 무서워 주님을 모른 체 하오리까. 一死覺悟 있을 분이외다." 눈물 없이는 들을 수 없는 주님을 따르는 길의 준엄함과 순교의 영광을 보여주는 기도였다.

한편, 주기철 목사와 후처 오정모 사모의 만남은 하나님의 섭리의 만남이 아닐 수 없다. 당시 지방색이 강한 시대에 남남북녀가 만난다는 것부터 쉽지 않았고, 노처녀가 아이가 넷이나 있는 홀아비에게 시집을 가는 것도 이해하기 힘든 일이었다. 그러나 이 두 분은 혼인을 맺었고, 혼인한 때부터 오정모는 주 목사의 옥바라지를 해야 했다.

병약한 오 집사에게 5년 4개월간의 긴 옥바라지는 실로 피눈물을

주시옵소서. 셋째, 노모와 처자와 교우를 주님께 부탁합니다. 넷째, 의에 살고 의에 죽게 하시옵소서. 다섯째, 내 영혼을 주께 부탁합니다. 위의 책, 337-348.
114 위의 책, 460.

자아내게 하는 혹독한 시련이었다. 첫 번째 구속에 27일간, 두 번째 전국 27개 노회 때 예비 검거 1개월, 세 번째 의성농우회 일로 6개월, 네 번째 목사 파면과 교회 폐쇄 전에 9개월, 다섯 번째 구속에 3년 11개월, 합하면 5년 4개월을 경찰서와 형무소의 문지방을 닳도록 들락날락했다. 이 긴 세월을 통해 아내 오 집사의 간장은 탈대로 탔고 마를 대로 말랐다. 한 가냘픈 여성의 몸으로 이런 시련은 감옥에 있는 주 목사보다 배 이상 더 고통스러웠고 잔인했다.[115]

주 목사와 함께 신사참배를 거부하며 싸우던 아내 오정모는 주기철 목사가 순교하던 그 날 새벽꿈을 꾸었다. 무성한 낙화생 한 그루를 뽑아보니 거기엔 땅콩들이 주렁주렁 달려 있는 꿈이었다. 순교하실 꿈이 틀림없다고 생각했다. 그날 밤, 5년 4개월의 긴 세월, 그렇게 모진 고문과 학대 속에서도 굽히지 않고 꿋꿋이 자기의 신앙 정조를 지킨 위대한 종 주기철 목사, 이 시대 조선교회의 큰 별은 그렇게 졌다. 우상숭배와의 끈질긴 투쟁에서 승리하면서 한국교회의 빛나는 별이 되었다.

1944년 4월 21일(금) 밤 9시경, 장엄한 순교의 장을 이룩하였다. 조선 교회사에 영원히 빛날 위대한 영계의 거목, 주 목사님의 최후의 한마디는 이것이었다. "내 영혼의 하나님이시여 나를 붙드소서." 그 한마디 외침에 방안이 진동하여 곁에 있던 사람들이 모두 놀랐다고 한다. 그는 향년 48세를 일기로 우상과의 끈질긴 싸움에서 최후의 승리를 장식했다. 간악한 일제는 끝까지 굴복시키려고 했으나 뜻을 이루지 못하고 그에게 결국은 승리를 가져다주었다. 할렐루야![116]

---

115 위의 책, 451-452.
116 위의 책, 460. 그다음 날 낮에 오 사모는 형무소에서 귀가하는 길에 유 장로님 댁을 방문했다.

뜻밖에 기쁜 소식: 대반전 드라마

시편의 시인은 "주께서 우리를 시험하시되 우리를 단련하시기를 은을 단련함 같이 하셨으며 / 우리를 끌어 그물에 걸리게 하시며 어려운 짐을 우리 허리에 매어 두셨으며"(시 66:10-11)라고 기도하였다. 하나님께서 아브라함을 믿음의 조상 삼으시기 위해 그를 시험하셨는데, 그 시험은 너무나도 혹독한 시험이었다. 약속의 씨인 그의 사랑하는 독자 이삭을 바치라는 시험이었다. 일제 35년의 시간은 은을 단련하듯 우리 민족을 복음의 민족으로 정화하기 위한 하나님의 시험 기간이었다. 우리가 짊어져야 할 짐은 너무나도 무거워 허리가 무너져 죽을 지경까지 갔다.

아브라함이 이삭을 찔러 죽이기 직전에 하나님이 개입하셔서 이삭이 죽지 않고 살 수 있었다. 마찬가지로 일제가 한민족을 말살하려고까지 했는데, 마지막 죽기 직전에 하나님이 개입하셔서 극적으로 살려주셨다. 하나님이 바벨론을 들어 유다 나라의 죄악을 심판하셨는데, 선민 이스라엘을 멸망시킨 바벨론의 죄악을 페르시아를 들어 심판하셨다. 마찬가지로 하나님이 일본을 들어 한민족의 죄악을 심판하셨는데, 선민 한민족을 멸망시킨 일본의 죄악을 미국을 들어 심판하셨다.

고종이 그렇게 오매불망하던 미국의 원조가 고종이 죽은 지 26년 만에 이루어진 셈이다. 미국의 원조만이 조선을 구제할 수 있다고 믿고 고종이 루스벨트 대통령에게 조선을 도와달라고 그렇게 애원

눈물이 하염없이 볼을 타고 흘러내리는 데도 웃음을 지어가면서 오 사모는 이렇게 말했다. "우리 목사님, 승리하셨습니다. 승리하셨습니다. 하나님, 감사합니다." 위의 책, 461.

하던 미국이 가장 앞장서서 고별의 인사도 없이 조선을 떠난 지 40년 만에 드라마와 같은 대역전극이 벌어질 줄을 누가 알았겠는가!

미국의 냉정한 태도에 실망한 헐버트가 "후세의 사가들이 오늘의 이 일을 되돌아보면 미국 정부가 한 민족의 운명이 달려 있는 중대한 문제에 얼마나 모욕적이고도 무책임한 태도를 취하였던가를 똑똑히 알게 될 것이다"[117]라고 미국의 배신 행위를 꾸짖은 지 40년 만에 이루어진 일이다. 대하드라마 "조선의 최후"에 대한 하나님의 대반전 드라마를 그 누구도 알지 못했다.

하나님은 이방 나라를 사용하여 이스라엘을 징계하시지만, 이방 나라가 선민 이스라엘을 하나님의 공의로 다스리지 아니하고 주의 백성인 이스라엘과 주의 성소가 있는 거룩한 시온을 짓밟고 우상으로 더럽힐 때 그들을 다시 징계하시는 하나님이다.

마찬가지로 한반도는 주의 거룩한 성소요 한민족은 하나님이 들어 쓰실 제2의 이스라엘, 곧 새 이스라엘이다. 그런데 이방 나라 일본이 하나님의 공의를 따르지 않고 거룩한 땅 한반도와 성민 한민족을 짓밟고 더럽히면서 천황을 숭배하도록 강요할 때 하나님은 한반도와 한민족을 극적으로 다시 소생시키셨다.

극적인 민족적 소생이 있을 때까지 왜 하나님은 우리 민족을 극한의 고난 상황으로 밀어 넣으셨을까? 선지자 이사야의 말씀(사 31:1-3)이 그 답이 될 것이다.[118] 우리 민족에게 있어 고약한 이웃

---

117 H. B. Hulbert, *The Passing of Korea*, 223; 윤경로, "헐버트의 한국에서의 활동과 한국관," 『한국근대사의 기독교사적 이해』, 228.

118 "도움을 구하러 애굽으로 내려가는 자들은 화 있을진저 그들은 말을 의지하며 병거의 많음과 마병의 심히 강함을 의지하고 이스라엘의 거룩하신 이를 앙모하지 아니하며 여호와를 구하지 아니하나니 · 여호와께서도 지혜로우신즉 재앙을 내리실 것이라 그의 말씀들을 변하게 하지 아니하시고 일어나사 악행하는 자들의 집을 치시며 행악을 돕는 자들을 치시리니 · 애굽은 사람이

일본은 지리적으로 애굽이며, 정치·군사적으로 바벨론이다. 천황은 사람이요 하나님이 아니며 그들의 군사력은 잠시 있다 사라질 육체이지 영원히 지속되는 영이 아니다. 그래서 하나님이 그의 손을 펴시면 일제와 일제에 의지하여 도움을 받으려는 모든 자들은 다 함께 멸망하는 것이다.

그래서 도움을 구하려고 일본에 의지하지 말며 그들의 군사력의 강함을 의지하지 말고, 지혜로우시고 거룩하신 이 여호와를 앙모하라고 하셨다. "만일 너희가 굳게 믿지 아니하면 굳게 서지 못하리라"(사 7:9)는 말씀을 우리 민족에게 주고자 하셨다.

또한 8.15 해방이 우리 민족에게 가져다준 가장 큰 선물은 인간의 노력에 의한 율법의 행위로 사는 민족이 아닌 위로부터 내려오는 하나님의 거저 주시는 은혜로 사는 민족임을 깨닫게 해 준 데 있다. 즉, 자기 의가 아닌 하나님의 의로 살아가는 민족임을 자각케 해 준 것이다. 이것이 그리스도교적 정신 문화다.

반면에 철저히 '자기 의'에 기초한 정신 문화 속에서 살아온 일본인들은 하나님의 의, 하나님의 은혜를 잘 모르는 민족이다. 따라서 일본인들은 자기 의를 이루지 못하거나 자기 의가 불의로 드러났을 때 그것을 '할복자살'이라는 것으로 해결하고자 했다.

필자의 제자가 내게 하나님을 두고 이런 말을 했다. "얄미운 하나님." 민족 말살이라는 절박한 묵시 문학적 박해상황 속에서 하나님은 우리 민족을 위해 무엇을 하셨을까? 시편의 시인은 극한의 고난 상황에서 절규하며 부르짖었다.[119] 그럴 때 기도를 들으시는 하늘의

요 신이 아니며 그들의 말은 육체요 영이 아니라 여호와께서 그의 손을 펴시면 돕는 자도 넘어지며 도움을 받는 자도 엎드러져서 다 함께 멸망하리라"(사 31:1-3).

하나님께서 그 탄식과 부르짖는 신음소리를 들으시고 구원 행동에 나섰다.

마찬가지로 신사참배를 반대하며 어두운 지하에서, 거친 산야에서 하나님을 향해 "일본이 망하게 해 주세요"라고 분노와 절규로 부르짖는 신음소리가 날로 높아갈 때 드디어 하나님이 구원 행동에 나설 때가 무르익었다. 천황이라는 우상을 숭배하면서 하나님의 백성인 한민족에게 신사참배를 강요하며 온갖 광기 어린 만행을 자행한 제국 일본의 끝이 다가온 것이다.

생각해 보면 참으로 묘한 일이다. 조선보다 근대화를 빨리 이루며 문명화되었다고 자부한 일본은 부국강병을 통한 강력한 군사력으로 조선을 병탄하고 조선을 야만으로 여겼는데, 일제가 강점기내내 조선에게 행한 것은 야만의 극치였다.

일제가 신사참배의 대상으로 삼은 제신(祭神) 중엔 1912년에 죽은 메이지 천황이 있었다. 죽은 인간을 8년 만에 신(神)으로 부활시킨 것도 웃기는 짓이지만, 그런 짓을 자기들끼리만 할 것이지 왜 조선으로까지 끌고 와서 조선인들에게 참배를 하라고 강요한단 말인가.

십자군 전쟁이 거룩을 가장한 세속의 극치이듯이, 문명의 탈을 쓴 야만, 이것이 바로 전쟁 기계 국가로 태어난 일본의 참모습이다. 제국 일본은 하나님과 복음과 성령을 떠난 문명이라는 것이 결국 어떤 모습으로 귀결되는지를 보여준 최고의 역사 교과서다.

---

119 "하나님이여 주께서 어찌하여 우리를 영원히 버리시나이까 어찌하여 주께서 기르시는 양을 향하여 진노의 연기를 뿜으시나이까"(시 74:1). "주께서 영원히 버리실까, 다시는 은혜를 베풀지 아니하실까, 그의 인자하심은 영원히 끝났는가, 그의 약속하심도 영구히 폐하였는가, 하나님이 그가 베푸실 은혜를 잊으셨는가, 노하심으로 그가 베푸실 긍휼을 그치셨는가"(시 77:7-9).

이 장을 마치면서

설악산 백담사에 가면 입구에 시인 고은이 쓴 시비가 하나 서 있다. "내려갈 때 보았네 올라갈 때 못 본 그 꽃." 꽃을 인생으로 비유하면 산을 올라갈 때, 즉 젊었을 때 그리고 모든 것이 순조롭고 평안할 때는 잘 보이지 않던 인생이 산을 내려갈 때, 즉 나이 들었을 때 그리고 슬프고 어렵고 불행한 일을 당했을 때 그때야 인생이 제대로 보인다. 인간은 누구나 고통과 슬픔이 없는 평안과 행복과 성공을 원하지만 우리네 인생에는 그와 정반대로 끊임없는 문제와 더불어 고통과 슬픔을 동반한 시련과 역경과 실패가 늘 상존한다. 여기서 중요한 것은 시련과 역경과 실패를 대하는 태도다.

'묵시(默示)의 시대'라는 말이 있다. 인간의 죄악이 극에 달해 의인이 박해를 당하고, 악인의 준동을 인간의 힘으로는 도저히 막을 수 없고 하나님만이 하실 수 있다고 할 바로 그때가 묵시의 시대다. 이런 상황에서 구약의 하박국 선지자는 파수하는 성루에 서서 하나님이 마르둑 신을 섬기며 겁탈과 강포를 자행하는 이방 나라 바벨론을 어떻게 하실는지 물으며 대답을 기다릴 때 하나님의 응답이 왔다.[120]

바벨론과 같이 천황이라는 인간신을 섬기며 겁탈과 강포를 자행하는 일본을 향해 한민족의 탄식과 신음소리가 하늘에 사무치는 바로 그 묵시의 시대에 하나님은 한민족의 역사 속에 전격적으로 개입해 들어오셨다. 시편에 "주의 말씀이 내가 정한 기약이 이르면 바르

---

120 "이 묵시는 정한 때가 있나니 그 종말이 속히 이르겠고 결코 거짓되지 아니하리라 비록 더딜지라도 기다리라 지체하지 않고 반드시 응하리라· 보라 그의 마음은 교만하며 그 속에서 정직하지 못하나 의인은 그의 믿음으로 말미암아 살리라"(합 2:3-4).

게 심판하리니"(시 75:2)라는 말씀이 있다. 감이 무르익으면 떨어지
듯 재판장이신 공의의 하나님은 때가 되면 인간이 행한 모든 것들에
대해 공의의 심판을 행하신다. 일제는 한국인을 적당히 괴롭힌 것이
아니라 죽음 직전까지 가도록 괴롭혔다.

마치 일제는 "네 하나님이 어디 있느냐"(시 42:3)며 하나님이 안
계시는 양 한민족을 말살하려 했다. 그들은 하늘만 남겨 놓고 우리
민족의 모든 것을 다 빼앗아 갔다. 그래서 우리 민족의 입에서는 "어
찌하여 이 백성이 종일 이토록 슬프게 다녀야 하는지요?", "내 하나
님이여, 내 하나님이여, 어찌 나를 버리셨나이까?(시 22:1)"라며 피
눈물을 흘리며 장탄식을 하지 않을 수 없었다.

욥기에 이런 말씀이 있다. "그러나 내가 가는 길을 그가 아시나니
그가 나를 단련하신 후에는 내가 순금 같이 되어 나오리라"(욥
23:10). 한민족이 혼돈과 죽음의 상황에 놓인 일제 강점기 35년 동안
하나님은 우리 민족을 고아처럼 버리신 것이 아니라 '갈대 상자'('방
주'의 의미를 갖는 '테바') 속에 넣어서 역청이라는 '성경 말씀'과 나무진
이라는 '성령 기도'를 통해 보호하시고 조타장치가 없는 이 배를 인도
하셔서 구원의 길로 인도하셨다.

이스라엘 백성들이 바로 왕의 압제와 고된 노동으로 말미암아 탄
식하며 부르짖고 있을 때 하나님은 그들의 고통 소리를 들으시고 보
고 계셨고 알고 계셨으며 아브라함과 이삭과 야곱과 맺은 언약을 기억하
신 것처럼(출 2:23-25), 한민족을 향한 하나님의 마음은 이러했다.

"네가 아파할 때에 나도 따라 아팠고, 네가 울 때에 나도 따라
울었다. 네가 고통으로 신음할 때 내가 곁에서 그 신음소리를 다 듣고
있었고, 네가 넘어졌을 때 네 곁에서 네가 일어나기를 바라며 지켜보

고 있었다. 네가 갈 길을 잃고 방황하고 있을 때 내가 가슴으로 너를 안고 내가 원하는 방향으로 너를 인도했다. 나는 너를 잊은 적이 없었고 너를 버린 적은 더더욱 없었다. 나는 끝까지 네 곁에서 너와 동행하기로 했다. 왜냐하면 너는 하나님의 구원사에 붙들린 나의 종으로 쓰임 받아야 하니까!"

하나님은 우리 민족이 당하고 있는 모든 고난을 보고 계셨고 알고 계셨다. 하나님은 고난의 풀무불에 이 민족을 단련하여 순금 같은 민족으로 재탄생하도록 시험을 하고 계셨다. 모든 것이 다 하나님이 하시는 것이라면 거기에는 반드시 깊은 뜻이 있다. "하나님은 땅에서 버림받은 이 백성을 주어다가 가슴에 품고 하늘로 데려가 하늘의 백성 삼기 위해서"라고.

바벨론 포로민 이스라엘 온 족속들이 이르기를 "우리의 뼈들이 말랐고 우리의 소망이 없어졌으니 우리는 다 멸절되었다"(겔 37:11) 하는 그 순간 하나님은 죽음의 골짜기에 하나님의 영을 보내어 이스라엘 민족을 부활시켰다. 마찬가지로 일제에 의해 한민족의 소망이 다 없어지고 멸절될 마지막 순간에 버저비터가 울리듯 하나님은 한민족을 부활시키심으로 감격적인 해방을 맞게 되었다. 이제 한국은 하나님께서 사랑하시는 자에게 거저 주시는 그의 은혜의 영광(엡 1:6)을 입은 민족이 되었다.

부활하신 예수께서 제자들을 찾아오신 것처럼 하나님께서 한민족의 부활을 위해 한반도에 찾아오셨다. 8.15해방은 하나님이 우리 민족에게 거저 주신 은혜의 선물이다. 또한 그것은 민족 말살이라는 극한의 묵시 문학적 고난과 위기 상황에서 살아난 찬란한 민족의 부활이다. 일곱 색깔 무지개빛이 폭풍우와 먹장구름이 없이는 생기지 않듯이 찬란한 민족의 부활도 고난과 죽음이 없이는 생기지 않는다.

폭풍우와 먹장구름 없이 쌍무지개를 보겠다고 언덕에 오르는 사람이 있다면 그는 어리석은 바보이든지 정신 나간 사람이다. 마찬가지로 우리 민족의 부활을 상징하는 8.15해방의 감격은 폭풍우와 같은 고난이 밀어닥치고, 먹장구름과 같은 시커먼 죽음의 절망 속에서 하나님이 거저 주신 은혜의 선물이라는 점에서 그분께 찬양과 경배와 영광을 돌려드려야 할 것이다. 할렐루야!

'일본 복음화'(일본 선교)를 위하여

1. 이웃 나라 일본, 그들은 누구인가?

1992년 1월 19일자 「조선일보」는 한민족과 가장 가까운 혈통에 있는 사람이 일본인이라는 연구 발표가 있었다고 보도했다. 그 원인으로는 한반도에서 많은 사람이 일본으로 이주했기 때문이다. 일본은 우리나라와 지리적으로나 혈통으로나 가깝지만, 감정적으로는 가장 먼 나라이다. 우리가 일본만큼 미워하는 나라는 이 지구상에 없을 것이다. 이웃사촌이 아니라 원수같이 생각하는 사람이 많다.[1]

김병종은 『화첩기행 2』에서 이렇게 말했다. "죽은 각오까지 하고 쓰는 것은 아니지만 일본은 이웃치고 참으로 위험하고 고약하기 짝이 없는 이웃이다. 그들은 지척의 우리와 중국에게 너무 잔혹했다. 난징대학살(1937~38) 때만 하더라도 두 달도 못 되는 사이에 무려 20만 명 이상을 죽였다. 집단적 사이코 현상을 드러낸 살인극이다. 근세사 속에서 그들이 우리에게 이런 광기와 살의의 발톱을 노골적으로 드러낸 것이 한일합방이었다."[2]

---

1 유기남, 『일본선교』, 123-124.

포로를 대하는 독일군과 일본군의 차이를 보면 일본군의 잔인함을 여실히 엿볼 수 있다. 어떤 미국 단체가 미군 포로 병사 398명을 조사한 적이 있다. 독일군의 포로가 된 미군 병사의 사망률은 1.2%에 불과했다. 그런데 일본군의 포로가 된 미군 병사의 사망률은 37.3%가 넘었다.3 신사도를 중시하는 독일과 달리 '강자에게 약하고 약자에게 강한' 일본의 섬나라 근성(島國根性)은 일제 강점기 때 한민족을 대하는 그들의 만행에서 적나라하게 드러났다. 일본인들은 강한 자의 말은 진실이고, 강한 자의 요구는 정당한 것이며, 강한 자의 행동은 선이라고 생각한다.4

『일본의 죄악사』에서 조찬선은 "일본인은 조선인을 괴롭히기 위해 태어난 사람들이다"라고 정의했고, 최영은 "일본은 조선을 죽이기 위해 태어난 민족이다"라고 정의하면서 "일본은 악성을 교정하려고 하기보다는 은폐하려고 한다. 그래서 대단히 위험한 이웃이다"라고 일갈했다.5

우리 속담에 '결초보은'(結草報恩)이라는 말이 있다. 이는 받은 은혜에 감사해서 긍정적인 해법으로 보답하는 것을 말한다. 그 반대로 우리 속담에 '배은망덕'(背恩忘德), 즉 "은혜를 원수로 갚는다"는 말이 있다. 이는 은혜를 베푼 자를 없앰으로써 빚겼다는 자신의 콤플렉스를 없애는 부정적인 해법으로 보복하는 것을 말한다.

중국은 한국에 문화를 전해 준 은인의 나라다. 그래서 한국은 중국에 '재조지은'(再造之恩)으로 은혜를 갚고자 했다. 이것은 받은 은

---

2 김병종, "지리산 옛 시인의 절명시가 우네 - 황현과 구례," 『화첩기행 2』, 113.
3 가토 요코, 『그럼에도 일본은 전쟁을 선택했다』, 429-430.
4 전여옥, 『일본은 없다 2』, 63.
5 조찬선·최영, 『일본의 죄악사』, 21.

혜에 감사하는 긍정적인 해법에 해당한다. 한국은 일본에 문화를 전해 준 은인의 나라다. 그런데 일본은 한국에 '배은망덕'을 자행했다. 이것은 은혜를 원수로 갚는 부정적인 해법이다. 일본의 불행이 여기에 있다.[6]

"조선의 최후"를 통해 우리는 일제가 한민족을 지구상에서 없애려는 말살정책을 자행했음을 보았다. 이를 통해 한민족은 정말 많이 망가졌다. 하지만 일본은 치가 떨리는 인권 유린과 인간 학살이라는 만행을 자행함으로써 더욱 많이 망가졌다. 그것은 오랜 세월에 걸쳐 영적·심리적 치료가 필요할 뿐 아니라 어쩌면 영원히 치료되지 않는 불행한 일로 남을지도 모른다.

히틀러 나치 정권은 유태인을 600만 명을 죽였다고 역사 교과서는 언급한다. 그리고 폴란드 크라코프에 있는 '아우슈비츠' 현장, 예루살렘에 있는 '야드 바셈' 현장을 통해 홀로코스트의 잔인성을 폭로하고 추모와 애도의 행사를 이어가고 있다.[7] 그런데 일본은 임진왜란과 일제 강점기를 통하여 한국인 약 800만 명을 잔인하게 학살했다. 그런데도 왜 일본은 자신들의 저지른 죄악상을 은폐하거나 모르쇠로 일관하려고 하는가? 이제 우리는 그들의 죄악상을 폭로하고 세계 교과서에 기록하고 알려야 한다. 우리는 일본인을 미워하지 않는다. 그러나 일본인의 악에 대해서는 미워한다.[8]

조찬선은 이렇게 말했다. "조선의 하늘만 남겨 놓고 땅과 그밖에

---

6 전여옥, 『일본은 없다 2』, 320.
7 독일인들은 자신들의 죄를 다시는 되풀이 하지 않기 위해 과거의 역사를 기억하려고 한다. 그래서 '아우슈비츠' 박물관 정문에 철학자 산타야나의 글이 암송되고 있다. "과거를 기억하지 못하는 국민은 그 과거를 반복할 수밖에 없다." 조찬선·최영, 『일본의 죄악사』, 398.
8 위의 책, 23.

모든 것을 훔쳐 가고 뜯어간 죄 그리고 강간하고 죽인 살인죄는 하늘에 닿을 것으로 믿는다. 그리고 어떤 계산기로도 계산할 수 없는 죄의 숫자를 누가 헤아릴 수 있을까? 아, 주홍글씨를 목에 건 일본이여! (…)" 그러면서 75개의 죄의 목록을 열거하였다. 우리 민족을 향해 저지른 일본의 죄악을 잊지 말고 기억해야 한다.9

예수님의 어머니와 동생들이 예수님을 찾아왔을 때 예수께서 이런 말씀을 하셨다. "누가 내 어머니이며 동생들이냐 하시고"는 "누구든지 하나님의 뜻대로 행하는 자가 내 형제요 자매요 어머니이니라"(막 3:31-35). 이는 지금까지 핏줄, 즉 육적 혈통에 의한 가족 개념을 부인하고 영적 신앙에 입각한 새로운 가족 개념을 제시한 혁명적 선언이다. 이것은 가족을 넘어 민족으로 확장해서 말하면 '육적 혈통에 의한 민족주의'라는 울타리를 넘어서지 못하면 보편적인 인류애로 나아갈 수 없다. 유대인의 불행이나 일본인의 불행은 바로 여기에 기인한다.

작가 조정래는 "민족주의는 배타적이고 폐쇄적이고 공격적이고 파괴적이다. 그러므로 폐기해야 한다"는 민족주의 폐기론자들의 공통 주장에 대해 분단상황에 놓인 약소국인 우리는 민족주의를 더욱 강화해야 한다고 주장한다. 약소국이 내세우는 민족주의는 개방적

---

9 75개의 죄의 목록 가운데 가장 중요한 15개만 여기에 열거하면 다음과 같다. 1. 임진년 조선 침략과 300만 명을 죽인 것. 2. 한일합병을 강제로 조약케 한 것. 3. 조선 말기 70년 동안 조선인 500만 명을 죽인 것. 4. 20만 명의 조선 처녀들을 끌고 가서 강간한 것. 5. 200만 명 한국인 노동자들을 강제로 끌고 간 것. 6. 태평양 전쟁이 끝난 후 섬에 조선인 징용자들을 버린 것. 7. 조선인 원폭 피해자들에게 차별과 치료를 방치한 것. 8. 관동대지진의 참사 원인을 조선인에게 돌린 것. 9. 731부대의 조선인에 대한 생체 실험한 것. 10. 명성황후를 시해하고 불에 태운 것. 11. 조선의 토지를 약탈한 것. 12. 이름과 언어를 빼앗아 민족문화를 말살하려 한 것. 13. 제암리 교인들과 마을 사람들을 죽인 것. 14. 신사참배를 강요한 것. 15. 3·1운동의 문서를 태우고 시위 군중을 총살한 것. 위의 책, 286-290.

민족주의, 공생적 민족주의, 방어적 민족주의, 저항적 민족주의라고 말했다. 그러면서 민족주의의 폐해를 다음과 같이 말했다.

"히틀러의 나치가 저지른 제2차 세계대전의 비인간적 범죄는 참혹하고 엄청났습니다. 그런 민족주의의 폐해는 마땅히 없어져야 합니다. 그러나 어디 독일뿐입니까. 영국을 비롯한 프랑스·스페인·네덜란드·미국 등도 자기네 민족의 우월성에 취해 끝없는 영토 탐욕을 앞세워 약한 나라를 식민지로 짓밟으면서 수백 년 동안 나쁜 짓을 얼마나 많이 저질렀습니까. 서구에 대한 열등감에 사로잡혀 그들의 모든 것을 닮고자 했던 동양의 나라가 있습니다. 일본입니다. 일본은 서구 나라의 제국주의 팽창술을 그대로 배워 시민지 확보 작전에 나섰던 동양의 유일한 나라입니다. 그 제국주의 국가가 저지른 인류사적 범죄 또한 히틀러가 저지른 범죄에 못지 않습니다. 일본은 과거의 범죄를 사죄하고 보상하라는 국제 압력에 대해 식민지를 거느렸던 유럽 여러 나라도 안 하는데 왜 우리만 하라는 거냐고 항변하기도 합니다. 그건 자기의 잘못을 희석하려는 교활하기 짝이 없는 기만술이고 물귀신 작전이기도 하지만, 일면으로는 일리가 없는 것도 아닙니다."[10]

일본인의 불행은 그 혼이 천황을 비롯한 민족적 위인이나 800만이나 되는 귀신들에 지배당하고 있다는 데 있다. 거의 700년 가까이 무사 정권 시대(막부 쇼군 시대)를 살아오면서 그들은 몸속에 칼을 모시는 사무라이의 기질이 체질화되어 칼이 신분이 되고 칼로 사람을 죽이거나 아니면 스스로 할복하고 애국이라는 명분 아래 가미카제(자살특공대)를 자행하는 풍토가 조성되었다. 귀신들에 의해 집단

---

10 조정래, 『황홀한 글감옥』, 381-382.

체면 속에 빠져 있고, 지도자라고 하는 사람들은 그것을 통해 국민을 통제 수단으로 삼고 있다. 이 얼마나 전근대적인 불행한 모습인가!

나카무라 사토시 목사는 자신의 저서 『일본 기독교 선교의 역사』를 마감하면서 그 소회를 이렇게 말했다. "최근 줄곧 생각하고 있는 것은 메이지유신이란 무엇이며, 아시아 태평양전쟁의 패전과 점령은 무엇이었나 하는 것이다. 전자는 일본을 봉건국가에서 구미와 대등한 근대국가로 변화시켰다고 언급된다. 그리고 후자는 일본을 군국주의 국가에서 민주주의적 평화 국가로 변화시켰다고 여겨진다. 분명히 겉모습은 변했다. 그러나 일본인의 내면적 정신 구조 자체는 근본적으로 변하지 않은 게 아닌가 생각하게 된다. 이 책을 정리하며 그런 느낌을 더한층 강하게 받았다."[11]

이어령은 『축소지향의 일본인』을 이런 말로 시작하고 있다. "일본에 지배당했던 우리 과거의 어두운 이야기는 잘 알면서도 우리를 괴롭혔던 그들이 누구인지를 잘 모르는 사람들, 특히 그런 젊은이들을 위해 이 작은 책자를 바친다. 이 책을 읽는 젊은이들이 지적 용기와 함께 일본인을 떳떳이 바라보는 시선을 가질 수 있게 되기를 빈다."[12] 우리에게 있어 "일본, 일본인은 누구인가?" 우리는 이제 그들을 잘 알도록 노력해야 한다.

한국에서 박사학위를 받은 일본학자 '도리우미 유타카(島海豊)'는 한국인과 일본인이 가지고 있는 생각의 차이를 이렇게 말했다.

"한국인이 가지고 있는 일본인에 대한 가장 큰 오해 가운데 하나는 '일본인들은 일제가 나쁜 짓을 많이 한 것을 알고 있으면서도 한국

---

11 나카무라 사토시, 『일본 기독교 선교의 역사』, 450-451.
12 이어령, 『축소지향의 일본인』, 9.

을 무시하고 독도를 일본 영토라고 하거나 식민지 시대에 일본이 오히려 좋은 일을 했다고 한다'라고 여기는 점이다. 그래서 한국인은 일본에 대한 강한 분노를 보여주면, 일본인이 각성하여 반성하리라고 생각하는 듯하다. 그러나 대다수 일본인은 한국에 대해서 너무나도 모르고 있다. 일본이 가해자라는 의식도 그다지 없다. 단지 일본에 유리한 정보만 알고 있을 뿐이다. 그래서 한국인의 분노를 봐도 이해하지 못하는 것이다. 다만 한국인이 감정적으로 화를 내고 있으니 양국의 관계를 위해 표면적으로 사과해 두는 것이 상책이라고 생각하는 사람도 많다. 딱 그 정도이다. 일부 예외는 있으나, 진심 어린 어떤 반성을 찾아보기는 어렵다. 그 때문에 한국인은 일본이 하는 사과에 진정성을 느끼지 못하고, 일본 쪽에서는 자신들이 잘못했다고 생각하지 않는데 사과와 보상을 계속 요구받으니까 오히려 반감만 쌓여가는 것이다."[13] 이것이 양국 간의 현실임을 우리는 직시해야 한다.

『일본은 없다』의 저자 전여옥은 우리의 광복절인 8월 15일이 일본에서는 '종전기념일'이라고 하면서 이날 일본의 모든 텔레비전은 특집방송을 마련하는데, 자신의 기억에 남는 뉴스와 특집에 대해 말했다. NHK의 여론조사에서 일본의 젊은이들이 과거에 대해 얼마나 알고 있는가를 알기 위해 "일본이 제2차 세계대전 때 필리핀을 침략한 사실이 있는가?"라는 질문에 응답자의 90%가 그런 일이 없다고 대답했다. 물론 종군위안부에 대해서는 고개를 내저으며 들은 적도 없다고 대답하였고, 창씨개명과 신사참배를 강요한 것에 대해 아무런 지식이 없었다. 더 크게 놀란 것은 한국인들에게 일본어를

---

13 도리우미 유타카, 『일본학자가 본 식민지 근대화론』, 7.

쓰도록 강요한 것에 대해 어떻게 생각하느냐고 물었더니 "제2외국어를 그냥 배우고 좋잖아요"라고 대답하였다. 과거를 묻지 말라는 것이 일본의 현주소이다.[14]

그런데 애증 가득한 이웃 나라 일본에 대해 우리는 알아야 한다. 강태웅은 이렇게 말한다. "일본에 대한 뉴스가 우리나라에 보도되지 않는 날이 있을까요? 일본 관련 뉴스는 거의 하루도 거르지 않는 것 같습니다. 지진이나 화산 같은 자연재해부터 일본 정치가들의 발언, 일본사람들의 급여나 실업률 같은 경제 이야기, 일본의 먹을거리에 대한 정보 그리고 한류 소식에 이르기까지 다양한 분야의 뉴스가 우리에게 매일 전해지지요. 그 까닭은 우리와 일본 사이에 비교할 점이 많기 때문일 것입니다. 두 나라는 동아시아 문화권에 속하면서 서로 오랫동안 교류를 해 왔기에 공유하는 문화가 상당합니다. 일본에 대한 우리의 관심도 클 수밖에 없지요. 하지만 감정이 앞선 편견을 갖고 있거나, 별로 알 것 없는 나라라고 무시하기도 해서 객관적 이해가 부족한 경우가 많습니다. 『이만큼 가까운 일본』은 일본에 대한 우리의 관심을 보다 폭넓고 깊은 이해로 끌어올리기 위해 쓰였습니다."[15]

2. 한민족 디아스포라(흩어짐)의 초월적 섭리

옆에 이웃한 나라와 사이가 안 좋을 수 있다. 하지만 일본과 같은 이웃을 둔 나라는 지구상에 한국밖에 없다. 왜 하나님은 이토록 고약

---

14 전여옥, 『일본은 없다 1』, 111-112.
15 강태웅, 『이만큼 가까운 일본』, 7.

하고 위험한 나라를 우리의 이웃 나라로 주셨을까? 그것은 '한민족 디아스포라'[16]라고 하는 '흩어짐의 초월적 의미'를 통한 하나님의 구원사를 이루기 위한 하나님의 비밀스러운 경륜 때문이리라.

그 옛날 이스라엘 백성을 출애굽을 통해 구원하신 하나님께서는 이제 이방인을 구원하시기 위해 때를 기다렸다가 아들 예수 그리스도를 이 세상에 보내주시고 그를 믿는 자들에게 하나님의 자녀가 되는 권세를 허락하셨다는 말씀이다. 이 모든 것이 하나님의 위대한 경륜, 놀라운 계획 속에서 한 치의 오차도 없이 수행되었다.

마찬가지로 "조선의 최후"는 '한민족 디아스포라'라고 하는 흩어짐의 초월적 의미를 이루시기 위한 하나님의 마스터 플랜이었다. 19세기 전반까지만 해도 우리 민족은 한반도를 떠날 줄 몰랐다. 그런데 19세기 후반 들어 한반도는 홍수와 기근, 관리들의 가렴주구, 신분제와 지역 차별 그리고 서구 열강, 특히 일본의 침략으로 한반도를 떠나지 않고는 살 수 없는 지경에 도달하였다.

하나님이 애굽에서 노예 생활을 하는 히브리 백성을 바로 왕의 고역으로 더 이상 그곳에서 살 수 없게 하여 '출애굽'하지 않을 수 없게 하신 것처럼 하나님은 온갖 방법을 다 동원하여 한민족으로 하여금 '출한국'을 하지 않을 수 없게 만드셨다. 가령 일제의 징병과 징용이 아니었으면 어떻게 우리 민족이 남태평양 나라에 갈 수 있겠으며, 스탈린의 강제 이주 정책이 아니었으면 어떻게 우리 민족이 중앙아시아를 비롯한 소련 전 지역에 갈 수 있었겠는가.

---

16 이형자는 이렇게 말한다. "한민족 디아스포라의 또 다른 이름은 선교사다. 우리 민족을 땅 끝까지 흩으신 하나님의 뜻은 100년 후 선교시대를 준비하신 하나님의 비전이다. 다시 복음을 들고 부름의 상을 위해 달려가는 한민족 디아스포라의 사명은, 그래서 더욱 빛난다." 이형자, 『한민족 디아스포라 1』, 216.

급기야 20세기 초엽 한일합방으로 식민지로 전락한 한국은 일제의 강압 정책으로 한반도에서 살기가 힘들어져 살길을 찾아 간도로, 하와이로 이민을 떠나야 했고, 독립운동하기 위해 만주로, 중국으로, 러시아 연해주로 떠나야 했고, 일자리를 찾아 또는 선진 문명을 배우고자 일본 본토로 떠나야 했다. 해방 후에는 이데올로기 대립으로 한반도가 남북으로 양분되면서 6.25한국전쟁을 겪고 이어지는 군사독재정권으로 세계 각 나라로 흩어져야 했다.

비록 초기에 어쩔 수 없이 한반도를 떠나야 했던 재외동포들의 고난은 이루 말할 수 없는 민족 수난사였다. 그러나 역사를 거시적인 안목에서 보면 이것은 내일의 영광을 잉태하기 위한 하나님의 섭리적 시련이었다고 말할 수 있으리라. 지난 20세기 우리 민족의 수난사가 안겨 준 여러 부산물 가운데 가장 소중한 부산물은 750만 재외동포를 만들어 냈다는 사실이다.

재외동포는 우리의 가장 큰 자산이다. 21세기 이후에 전개될 국제 사회는 국가가 아니라 민족이 생존경쟁의 단위가 된다. 우리는 한반도에 약 7,370만 명(남한 4,830만 명, 북한 2,540만 명), 해외에 약 750만 명, 도합 8,120만 명의 한민족을 이루고 있다. 현재 세계는 195개국의 나라와 수많은 민족으로 구성되어 있다. 그런데 우리 민족은 한 민족이 남북 두 나라로 분단되어 있고, 또 해외 180여 개국에 재외동포로 흩어져 살고 있는 특이한 민족이다.[17]

약 750만 명의 한인 재외동포는 전체 숫자로 볼 때 중국(화교 2,500만 명), 이스라엘(유태인 1,500만 명)에 이은 세계 제3위에 해당

---

17 '2014년 외교부발표자료'에 따르면 181개국 718만 4,872명의 재외동포 거주로 되어 있다. 이형자, 『한민족 디아스포라 1』, 11.

하지만 중요한 것은 분포도이다. 중국 화교가 대부분 동남아나 미국에 집중되어 있고, 유태인이 미국이나 구소련 지역에 집중되어 있는데 반해 한민족은 중국, 미국, 일본, 구소련 지역에 전체의 90% 이상이 살고 있지만 전 세계에 고루 분포되어 있다는 사실이다.[18]

부연 설명하면 이렇다. 1945년 해방을 맞이했건만 한반도는 남북으로 분단되고 5년 후인 1950년 한국전쟁을 치르면서 전쟁고아와 혼혈아 등 많은 이들이 미군을 따라 미국으로 건너갔다. 그리고 남북이 대치하고 있는 불안한 상황에서 많은 이들이 미국으로 유학 또는 이민을 떠났다. 이렇게 해서 미국에 거주한 재미동포가 무려 약 200만 명이나 된다.

1960년대 초 독일 정부의 요청으로 많은 광부와 간호사들이 독일로 갔다.[19] 이들이 유럽으로 퍼져 나갔다. 60년대 말 월남전에 참전한 따이한들이 전쟁 후 동남아시아와 호주, 뉴질랜드로 퍼져 나갔다. 70년대 중동 붐이 일자 사우디아라비아를 비롯한 여러 중동지역에 한국인들이 진출했다.

70년대와 80년대 박정희, 전두환, 노태우 군사 독재 시절 속에서도 하나님께서는 경제 성장과 교회 부흥을 허락하셨다. 이 힘을 발판으로 많은 이들이 복음을 들고 불교권인 동남아시아, 회교권인 서남아시아와 아프리카, 가톨릭권인 남미 등 전 세계로 흩어져 나갔다.

---

18 "재외동포 다수국가 거주현황"(2014년 12월 31일 기준)을 살펴보면 다음과 같다. 1. 중국 (2,585,993), 2. 미국(2,238,989), 3. 일본(855,725), 4. 캐나다(224,054), 5. 우즈베키스탄 (186,186), 6. 러시아(166,956), 7. 호주(153,653), 8. 베트남(108,850), 9. 카자흐스탄(107,613), 10. 필리핀(89,037), 11. 브라질(54,418), 12. 인도네시아(40,741), 13. 영국(40,741), 14. 독일 (39,047), 15. 뉴질랜드(30,174) 등이다. 이형자, 『한민족 다이스포라 1』, 17.

19 더 자세한 설명은 이형자, 『한민족 다이스포라 행전 2』, 122-131을 참조. 독일에 갔다가 돌아온 이들이 정착한 곳이 '남해 독일마을'이다.

게다가 80년대 이후 폭발적으로 늘어난 유학과 투자이민을 위해 미국, 캐나다, 호주, 뉴질랜드, 영국, 독일, 프랑스, 이탈리아 등 여러 나라로 흩어져 나갔다. 70년대 말의 박정희 독재정권과 80년대 초 전두환 독재정권을 피해 한반도를 떠난 이들은 조국으로 돌아오기를 원치 않았다.

지금 한국인이 살지 않는 나라가 없을 정도로 전 세계 구석구석에 한국인이 들어가 살고 있다. 이 같은 현실은 우리 민족이 원해서 자발적으로 흩어진 것이 아니다. 하나님께서 높은 뜻이 계셔서 우리 민족을 강제적으로 흩으셨다. 거기에는 흩으심의 초월적 섭리가 있다.

지도상으로 잘 보이지도 않는 이토록 작은 나라 백성이 전 세계에 흩어져 살게 하신 까닭은 무엇일까? 또한 해외에 나가면 중국인은 식당을 차리고, 일본인은 상점을 차리고, 한국인은 교회를 세운다고 하는데, 이것은 무엇을 말하는 것일까?

또한 오늘 우리 민족은 세계 유일의 분단국으로 남아 분단의 큰 고통을 당하고 있는데, 여기에는 무슨 뜻이 담겨 있을까? 그것은 우리 민족을 찬란하게 들어 쓰시기 위함 때문이리라. 우리 민족을 선민 이스라엘을 대신할 새로운 제사장의 나라, 거룩한 백성 삼기 위함 때문이리라. 21세기 예수 복음으로 Pax China를 이루기 전에 먼저 Pax Coreana를 이루기 위함 때문이리라.

덩샤오핑(鄧小平, 1904~97)의 개혁과 개방 이후 한국교회는 복음을 들고 중국을 향해 나아갔다. "Back to Jerusalem"이라는 기치 아래 서쪽을 향해서 나아갔다. 그런데 중국에 크리스천이 많아지고 교회가 부흥하자 시진핑(習近平) 정부는 공산주의 국체가 흔들린다는 생각 때문에 2018년부터 선교사들을 대대적으로 추방하고 중국

안에 있는 모든 교회를 탄압하기 시작했다. 복음으로 Pax China가 이루어지려는 순간 문을 닫아버렸다. 여기에도 하나님의 깊은 초월적 섭리가 있을 것이다.

지난 2천 년 동안 기독교의 선교 역사는 '만절필동'(萬折必東)[20]과 반대되는 '만절필서'(萬折必西)[21]의 역사였다. 즉, 일만 번 꺾이면서도 선교의 방향은 서쪽 방향을 향했다. 예루살렘에서 시작된 복음 선교의 역사는 유대와 사마리아를 거쳐 소아시아 지역인 터키로 나아갔다. 소아시아 지역에서 전도하던 사도 바울은 지금의 유럽 지역에 속하는 마케도냐 사람이 부르는 환상을 본 뒤에 서쪽 방향인 유럽으로 건너갔다(행 16:6-10).

그 후 복음 선교의 방향은 그리스를 지나 로마를 거쳐 독일로 나갔고, 다시 영국으로 건너갔다. 그 후 대서양을 건너 미국으로 전해진 복음은 다시 태평양을 거쳐 일본과 한국 그리고 중국으로 전해졌다. 지금은 중앙아시아를 거쳐 마침내 'Back to Jerusalem' 구호처럼 이스라엘까지 다다랐다. '만절필서'의 역사가 마무리된 것이다.

이제 복음은 대륙을 통한 '만절필서'(萬折必西)의 시대는 가고, 해양을 통한 '만절필동'(萬折必東)의 시대가 시작되었다는 것이 필자의 생각이다. 하나님은 그동안 일본을 복음화시키고자 얼마나 문을 두

---

20 중국의 역사는 북중국과 남중국으로 크게 대별된다. 북중국은 황하강에 의해 이룩된 문명이고, 남중국은 양쯔강, 즉 장강(6,300km)에 의해 이룩된 문명이다. 황하강은 청해성에서 발원하여 황해(서해) 바다로 빠져나갈 때까지 5,464km를 흐를 때까지 일만 번 꺾이면서도 결국 그 방향을 동쪽을 향해 나아간다고 해서 '만절필동'(萬折必東)이라는 말이 생기게 되었다. 박한제, 『강남의 낭만과 비극』, 256-289.

21 이 말은 '1만 번이나 수없이 꺾이면서도 필히 서쪽으로 흘러간다'는 뜻으로, 지난 2천 년 동안 기독교 복음의 역사는 그 지향하는 방향이 서쪽 방향이었다는 뜻이다. 황하강의 '만절필동(萬折必東)'과 대조되는 말로 필자가 만든 신조어이다.

드렸는지 모른다. 그러나 그들은 천황에 대한 절대적 충성에 사로잡힌 나머지 만왕의 왕, 만주의 주이신 그리스도 예수를 받아들이지 못하게 막았다. 이제 카이로스적 시간이 오고 있다.

하나님은 일제 군국주의를 패망케 하셨고, 천황은 한 인간에 불과하다는 것을 드러나게 하셨다. 그런데 제2차 세계대전에 패망한 독일은 동서로 나뉘었는데, 반해 일본은 나뉘지도 않았고, 최고 전범인 천황은 재판에 회부되지도 않았다. 오히려 일제로부터 해방된 한국이 남북으로 나뉘었다. 이를 어떻게 설명해야 할까? 그리고 패망 이후 일본을 세계 경제 대국과 문화 대국으로 만드셨다. 왜 그러셨을까? 마지막 때에 쓰시기 위함에서다.

이 일을 누가 해야 하는가 하면 앞서 복음화를 이룬 한국이 해야 한다. 한민족을 '일본의 복음화를 위한 불쏘시개'로 쓰시기 위해 그동안 준비시켜 놓으셨다. 야곱을 통해, 주님을 통해, 바울을 통해 한 치의 오차도 없이 구원사를 이루어 가도록 하신 하나님, 그 하나님이 우리 민족을, 한 치의 오차도 없이 세계 열방을 향해 구원사를 이루어 가도록 최고 명품으로 준비시켜 놓으셨다.

3. 한민족의 정체성: 일본의 복음화를 위한 불쏘시개

하나님은 이스라엘만을 위한 하나님이 아니요 모든 민족의 하나님이 되신다. 아브라함의 직계 자손(이삭, 야곱, 요셉)만이 아니라 방계 자손(이스마엘, 롯, 에돔, 그두라)도 사랑하신다. 그들이 회개하고 돌아오기를 아버지의 마음으로 기다리신다(눅 15장). 언약 백성인 이스라엘도 이스라엘만을 위함이 아니라 열방을 위해 존재하듯이

(창 12:3; 출 19:5-6) 새 언약 백성인 한민족도 열방을 위해 존재해야 한다.

그 열방 가운데 가장 가까운 이웃 나라가 바로 일본이다. 그 일본이 지금 복음을 간절히 필요로 하고 있다. 이 일에 쓰임 받도록 그동안 하나님은 복음의 심부름꾼으로서 한민족을 잘 준비시켜 놓으셨다. 지금 주님은 "가서 제자 삼으라"(마 28:19)고 긴급하게 명령하고 있다. 여기에 하나님이 바라시는 한민족의 정체성이 있다.

이스라엘 백성이 선민으로 택함 받았다는 특권만 강조하고 그들이 마땅히 행해야 할 사명과 책임을 망각했을 때 하나님을 여지없이 그들을 심판하셨다. 마찬가지로 하나님께서 한민족을 지극히 사랑하사 언약 백성으로 삼았고 제2의 이스라엘이 되어 온 세계에 복음을 전하는 제사장적 사명을 맡기셨는데, 이 은혜를 망각하고 이방의 빛으로서의 사명을 외면한다면 한민족도 이스라엘처럼 심판을 면치 못할 것이다.

하나님은 한국을 '선교 대국'을 만드셨고, 일본을 '경제 대국'으로 만들어 주셨다. 그 까닭은 일본이 한국을 통해 복음을 받고, 그 복음을 전 세계에 전하는 데 일본의 재원을 사용하여 '일본 선교'에서 '선교 일본'으로의 마지막 때 일본 민족을 복음의 전령으로 사용하기 위한 하나님의 오묘한 모략이 깃들어 있다는 것이 필자의 생각이다.

일본인들은 기본적으로 가신이 주군인 영주 다이묘에게 충성을 다하는 전통을 가지고 있는데, 이것이 막부의 쇼군에 대한 충성으로 옮겨갔다가 마침내 천황에 대한 충성으로 귀결되었다. 이것이 메이지유신이라는 일사불란한 중앙집권체제가 확립되면서 일본의 근대화를 이루는 원동력으로 작용하였다. 그러나 다른 한편으로는 이것은 일본의 복음화를 저해하는 결정적인 요인으로 작용하였다.

근대화를 통해 서구 열강과 어깨를 나란히 할 정도로 문명화가 되었다고 자부한 일본은 가장 반문명적인 인류 최악의 범죄를 자행한 집단이 되었다. 그 까닭은 서구의 기술문명을 받아들이는 데는 가까이했지만, 그 정신이 되는 그리스도 예수의 복음을 받아들이는 데에는 멀리했기 때문이다.

반면에 조선인은 구한말에 이르러 가렴주구(苛斂誅求)나 일삼는 임금을 비롯한 왕실이나 조정 중신 및 양반 사대부에 대한 원성이 너무나도 컸기에 그들을 충성의 대상으로 탐탁하게 생각지 않았다. 그런 상황에서 청나라, 일본 및 러시아를 비롯한 서구 열강이 한반도를 놓고 각축전을 벌이고 있을 때 서양 선교사를 비롯한 다양한 루트를 통해 그리스도교 복음이 들어왔다.

그리스도교 복음은 충성의 대상을 찾지 못하고 있었던 조선인에게 만왕의 왕이요 만주의 주가 되시는 그리스도 예수를 충성의 대상으로 삼도록 인도했다. 이는 조선의 복음화에 결정적으로 작용했다. 일본의 근대화에 맞서는 조선의 복음화는 하나님의 모략, 즉 하나님의 주권적 섭리에 속하는 것으로 이는 한일 간의 결정적 차이에 해당한다.

시편의 시인은 이렇게 노래했다. "이러한 백성은 복이 있나니 여호와를 자기 하나님으로 삼는 백성은 복이 있도다"(시 144:15). 이를 신약적으로 말하면 "예수 그리스도를 자기 하나님으로 삼는 백성은 복이 있다"는 말이다. 일본은 천왕을 섬기고 군사력을 의지하는 애굽이자 바벨론이다. 일본은 예수 그리스도를 자기 하나님으로 삼기보다는 천황과 군사력을 자기 하나님으로 삼았다.

그런데 하나님은 일본에 이웃하고 있는 한국을 예수 그리스도를 자기 하나님으로 삼는 백성 만드시기 위해 기나긴 시련으로 연단하셨다. 그리고 끝내 세계를 구원할 제사장의 나라인 제2의 이스라엘로 부르셨다. 그러고는 이스라엘을 심히 괴롭힌 적국 아시리아의 니느웨에 가서 그들을 구원하라고 보내신 요나처럼(욘 1:2), 지금 원수의 나라 일본에 가서 우상에 빠진 그들을 복음으로 구원하라고 한국인에게 사명을 부여하고 있는 것이다(막 16:15-16; 행 1:8).

한반도는 복음의 통로로 쓰임 받기 위해 창조되었다. 마찬가지로 한민족은 복음의 통로로 쓰임 받기 위해 연단받았다. 이스라엘을 괴롭힌 아시리아가 싫어서 니느웨로 가라고 한 하나님의 명령을 거부하고 다시스로 가려다가 폭풍을 만나 죽을 고생을 다한 후에 니느웨로 갔던 선지자 요나처럼 되어서는 안 된다. 한국을 괴롭힌 일본이 싫어서 일본으로 가라는 하나님의 선교 명령을 거부한다면 그것은 요나처럼 복음의 통로로 사용하시기를 원하시는 하나님의 뜻을 저버리는 셈이다.

신채호 선생은 "역사를 잊은 민족은 재생(再生)할 수 없다"고 했다. 한국교회는 1907년 대부흥운동 때 있었던 성령 폭발이라는 위대한 신앙의 역사를 간직하고 있다. 그때 무어(J. Z. Moore) 선교사가 했던 말을 우리는 잊지 말아야 한다. "한국은 하나님의 메신저가 되어 참된 기독교의 불빛을 캄캄한 어둠 속에 있는 동방에 비추어 주게 될 것이다."[22]

귀신을 섬기는 나라 일본을 하나님을 섬기는 나라 한국이 그리스도의 사랑과 복음을 그들에게 전해줄 때 우리는 진정으로 극일하는 것이고, 원수를 사랑하라는 하나님의 말씀을 성취하는 위대한 민족

---

22 J. Z. Moore, "The Vision and the Task," *Korea Mission Field*, 108.

이 될 것이다. 우리는 한민족에게 부여된 세계를 구원할 고귀한 하늘의 사명인 '한국천명론'을 안고 세계로 나가야 한다.

그런데 죄송하지만, 일본인들의 뇌 영혼 깊숙이 천황이 들어차서 그것을 빼내고 그 자리에 예수 그리스도를 심기란 여간 어려운 일이 아니다. 여기에 일본의 불행과 비극이 있다. 그런데 하나님께서 그 어려운 일을 한국인이 하라고 명하고 계신다. 요나처럼 가기 싫으나 주님이 명하시니 순명할 수밖에….

선교의 열매를 얻으려면 밀밭의 평화로움처럼 반드시 예수의 정신인 사랑과 평화의 방법으로 해야 한다. 예수의 복음은 화평의 복음, 화평의 복음의 신을 신고 나아가야 한다. 그렇지 않으면 선교의 길은 막힌다. 오늘날 서구 그리스도교가 선교의 결실을 얻지 못하고 있는데, 그 까닭은 그리스도교가 사랑과 평화의 종교가 아닌 침략과 정복의 종교로 비쳐지고 있기 때문이다.

1880년대 구한말 때 선교사들이 한국에 들어왔다. 그때 조선은 일제를 비롯한 열강들 틈 속에서 어려움을 겪고 있었다. 이때 그리스도교는 한민족을 구원하는 종교로 전해졌다. 그래서 한국에서는 서양 선교사에 대한 거부감이 없이 잘 받아들여졌다. 그리하여 한국 그리스도교는 선교 역사상 최고속 성장을 하였다.

그러나 중국은 사정이 달랐다. 서구 열강은 중국을 거대한 시장으로 보고 식민지로 만들기 위해 아편 전쟁을 비롯한 온갖 침략을 감행했다. 순수한 복음이 들어온 것이 아니라 선교사와 그리스도교가 군함과 함께 들어왔다. 일부 선교사가 침략의 주구(走狗) 역할을 했다. 그리하여 중국인들은 그리스도교와 서양 선교사에 대해 강한 거부감을 갖게 되었다.

결국 1901년 의화단 사건이 터졌다. 의화단이라고 불리는 약 20만 명의 비밀결사 조직원들이 "서양 귀신을 몰아내고 청나라를 지키자"는 슬로건을 내걸고 일으킨 운동이 의화단 사건이다. 이 사건으로 수많은 선교사와 교인들이 죽었고, 교회가 파손을 당하게 되었다. 이 사건은 그리스도교가 침략자의 종교로 비쳐지면서 이에 대한 반감을 극명하게 보여준 사건이다.

그래서 지금까지 중국인들은 서양의 종교인 그리스도교에 대해 뿌리 깊은 불신과 반감을 갖고 있다. 서양 선교사를 믿지 않기에 선교가 거의 불가능하게 되었다. 그런데 하나님께서 우리 한민족을 통해 중국에 복음을 전하게 했다. 우리는 약소국이기에 중국을 침략할 것으로 보이지 않기 때문이다. 전에는 우리가 전하는 복음을 중국인들이 받아들인 것처럼 이제는 일본이 우리가 전하는 복음을 받아들여야 할 때이다.

지금까지 세계사의 잣대는 무력이나 경제력으로 침략하고 지배하는 역사였으나 앞으로의 세계는 문화와 종교가 세계를 지배하는 시대로 바뀔 것이다. 한류 문화의 상징인 '대장금'이나 'BTS' 또는 '손흥민' 같은 문화 콘텐츠가 세계를 지배하는 날이 오고 있다. 오늘날 일본은 경제 대국이다. 하나님은 일본에게 경제 대국을 안겨 주었고, 애니메이션을 비롯한 최첨단 과학기술을 갖춘 민족으로 준비시켜 놓았다.

전후 50년이 지난 20세기 말, 일본은 세계 제2위의 경제 대국이 되었고, 반면에 한국은 세계 제2위의 선교 대국이 되었다. 이만큼 두 나라는 그 쓰임새가 다르다. 이것은 무엇을 말하는가. 이제 일본은 무엇을 해야 하며, 한국은 무엇을 해야 하는가.

하나님은 왜 일본을 이렇게 준비시켜 놓았을까? 그것은 복음을 증거하는 '선교 일본'이 되도록 하기 위해 그렇게 한 것이 아닌가. 그리고 그들을 선교 대국으로 만들려면 한국이 복음의 통로로써의 역할을 감당해야 하지 않겠는가. 그들은 우리를 악으로 대했지만 우리는 요셉처럼 그 악을 선으로 바꾸어 하나님의 위대한 뜻을 성취하는 더 높은 차원의 선교적 민족이 되어야 하지 않겠는가.

이런 상황에서 『일본의 굴레』의 저자 머피(R. T. Murphy)는 '한국어판 저자 후기'에서 일본 독자들을 행해 이렇게 말했다.

"오늘날 일본을 그 무엇보다 구속하고 있는 과거의 굴레라고 제가 여기고 있는 것을 더 깊게 들여다봐야 한다고 생각했습니다. 그 굴레란 바로 일본을 아시아의 국가가 아닌 근대적이고 선진화된 서구 열강의 국가로 인식시키고자 했던 메이지 시대의 성공적인 시도입니다. 메이지 지도자들은 세계의 모든 사람뿐 아니라 일본인 스스로도 그들의 나라를 유라시아 대륙의 동쪽 끝자락에 자리한, 다 같이 한자를 쓰는 이웃의 나라들과는 다른 존재로 여기게 되기를 원했습니다."[23]

오늘날 일본을 구속하고 있는 굴레란 한마디로 일본인이 과거 메이지 시대에 가졌던 아시아의 이웃 나라와 다른 존재로 여겼던 그 생각을 아직도 갖고 있다는 데 있음을 지적한 말이다. 그런데 다 같이 한자를 쓰는 한·중·일 삼국이 이제는 함께 손을 잡고 세계 복음화에 힘을 기울여야 할 동등의 책임이 있음을 생각해 본다.[24]

---

23 R. T. Murphy, 『일본의 굴레』, 634.
24 이사야 선지자는 이렇게 말했다. "그 날에 이스라엘이 애굽 및 앗수르와 더불어 셋이 세계 중에 복이 되리니 / 이는 만군의 여호와께서 복 주시며 이르시되 내 백성 애굽이여, 내 손으로 지은 앗수르여, 나의 기업 이스라엘이여, 복이 있을지어다 하실 것임이라"(사 19:24-25).

오늘 한국교회를 향한 시대적 소명, 그것은 두 가지로 나타난다. 그것은 바로 북한과 일본이다. 아이러니하게도 북한은 육지로 인접한 가장 가까운 나라이고, 일본은 바다로 인접한 가장 가까운 나라이다. 예수께서 땅끝까지 복음을 전하라 하셨을 때, 민족적 관점에서 가장 가까운 두 나라가 바로 하나님이 이 시대에 우리 한민족에게 나타내시는 시대적 소명이다.

그 소명 앞에 우리 모두는 먼저 은혜받은 나라로써, 거저 받은 복음화의 은혜를 북한과 일본에 흘러 보내야 할 책임과 의무가 있다. 그 책임과 의무를 하지 않은 채 살아가는 것은 역사의 주관자이신 하나님의 섭리를 인정하지 않는 것이다. 우리는 제사장 나라이며, 하나님의 시대적 소명에 부름 받은 민족이다. 그 시대적 소명은 바로 우리의 땅끝인 북한과 일본을 복음으로 섬기는 것이다. 그 일에 우리는 부름을 받았다.[25]

한편, 1992년 8월 24일, 한국과 중국은 국교를 수립한 이후 지난 30년 동안 한국교회는 중국에 엄청난 인적·물적 자원을 투입하며 중국 복음화에 매진하였다. 그 결과 오늘날 중국은 1억 명 이상의 크리스천 신자를 갖게 되었다. 이에 비한다면 일본 복음화를 위해서는 한국교회는 거의 관심을 기울이지 않았다. 그 이면에는 지난날 일본이 한국에 저지른 과오에 대한 한국인의 반일 감정이 크게 작용했기 때문이다.

지금 일본 교회는 빈사 상태에 있다고 해도 과언이 아니다. 정상적인 그리스도인이라면 이것을 그냥 두고 볼 수만은 없다. 이제 한국 교회는 일본 교회를 살려야 할 신앙적이고 복음적인 책임이 있다.

---

25 김성민, "구약과 신약," 12-14.

그리고 그것이 한국민이 사는 길이고 한국교회가 사는 길이라고 필자는 확신한다. 그래서 필자는 지난 7월 말에 「한국기독공보」에 "왜 지금 '일본 선교'인가?"라는 칼럼 하나를 썼다. 일부를 제외한 전문을 여기에 싣는다.

어느 정치가가 자신을 향해 늘 던진 질문은 "나는 왜 정치를 해야 하나?"라는 질문이었다고 한다. 마찬가지로 "왜 지금 일본 선교인가?"라는 질문을 기도 중에 던지면서 성령께서 주시는 응답은 이러하다. "한민족과 한국교회가 살길은 일본 선교에 있다. 지금이야말로 일본 복음화의 카이로스적 때가 찼다(막 1:15)."

그리스도교 복음의 역사는 지난 20세기 동안 서쪽 방향으로 흘러갔다. 즉, '만절필서'(萬折必西)의 역사였다(행 16:6-10). 그런데 때마침 하나님께서 시진핑 정부의 그리스도교 탄압을 계기로 서쪽으로 향하는 복음의 시대를 마감하게 하시고, 이제는 동쪽(태평양)을 향해 나아가도록 선교의 방향을 새롭게 계시하셨다. 즉, '만절필동'(萬折必東)의 시대가 도래했다는 것이 필자의 생각이다.

지난 세기 하나님은 우리 민족을 전 세계를 구원할 제사장적 사명을 지닌 민족으로 삼기 위해 온갖 고난과 더불어 8.15해방이라는 민족의 부활과 제2의 선교 대국이라는 교회의 부흥을 허락하셨다. 그리하여 중국을 비롯한 전 세계에 복음을 증언하는 교회와 민족이 되게 하셨다. "이제 한민족과 한국교회의 민족적, 교회적 사명은 무엇인가?"라는 중차대한 물음 앞에 우리는 서 있다. 그 물음에 대한 대답은 바로 일본의 복음화, 즉 '일본 선교'라고 생각한다.

역사상 일본은 우리 민족에게 말로 다 할 수 없는 고통과 피해를 안겨 준 고약하고 위험한 이웃 나라이다. 그런 일본에 왜 우리가 전력을 다해 그들에게 복음을 전해야 하는가? 그것은 하나님께서 일본의 엄청난 잠재력(경제 대국과 과학기술)을 세계 복음화를 위해 쓰시고자 준비하고 계시다는 사실이다. 하나님은 달라도 너무 다른 두 민족이 함께 손을 잡고(겔 37:15-21) 세계 복음화를 이루시기를 원하신다. 이를 위해 하나님은 먼저 한민족을 복음화시켰고, 한민족을 복음의 통로로써 일본 선교의 불쏘시개로 사용하시려고 그동안 잘 준비해 놓으셨다.

한국(교회)의 미래(희망)는 일본이나 중국처럼 경제 대국이나 군사 대국에 있지 않고, 전 세계에 복음을 전하는 제사장의 나라가 되는 데 있다는 것이 필자의 확신이다. 일본에 대한 미움 때문에 일본을 향해 가기 싫지만(욘 1:3), 하나님의 마음과 십자가 사랑으로 복음 들고 일본을 향해 나아가야 한다(행 7:60). 지난날 일본이 행한 잘못을 용서하고 그들을 품으면서 그들에게 복음을 전해 줄 때, 그것이 진정으로 하나님을 기쁘시게 해드리는 일이며, 한민족과 한국교회가 사는 길이자 번영하는 길임을 믿는다. Amore Pauli! Amore Japani![26]

『일본 기독교 선교의 역사』를 쓴 나카무라 사토시 목사는 일곱 차례 한국을 방문했는데, 그때마다 과거 일본의 식민지 지배에 대해 사죄했다. 그는 한일 간의 가교의 역할을 위해 헌신적으로 노력하고 있다. 그는 『사랑으로 잇다: 한국을 위해 다리가 된 일본인 10인』라는 책을 썼다. 이 책은 일제시대 이후 지금까지 우리 민족을 위해 헌신한 일본인 10인의 이야기이다. 이 책을 통해 우리는 고마운 일본인도 있구나! 하는 생각을 하면서 이제는 우리도 한일 간의 가교역할

---

26 박호용, "왜 지금 '일본선교'인가?" 「한국기독공보」 (2021.7.31.), 23면.

을 해야 한다는 의미에서 마지막으로 하고 싶은 말은 이것이다.
"피해자 한국은 가해자 일본을 용서는 하되 잊지는 말자. 그들이 한
없이 밉지만 '악에게 지지 말고 선으로 악을 이기라'(롬 13:21)는 말
씀에 따라 우리가 갖고 있는 가장 좋은 선물인 그리스도 예수의 복음
을 전해 주자. 그것이 한민족을 향한 하나님의 선하시고 기뻐하시고
온전하신 뜻이 아니겠는가!"

　　〈단가 17〉
　　당신 인생의 '마지막 말'은 무엇입니까?
　　"내 평생 열일곱 살 첫사랑
　　예수 그리스도를 사랑했으므로
　　난 진정 행복하였네라"

참고문헌

강귀일. 『숨은 그리스도인의 침묵』. 동연, 2019.

강만길. 『다시 고쳐 쓴 한국근대사』. 창비, 1994.

강상중/이경덕·임성모 옮김. 『오리엔탈리즘을 넘어서』. 이산, 1997.

강성호. 『저항하는 그리스도인: 세상을 밝힌 한국 기독교 저항사』. 복있는사람, 2019.

강준만. 『한국근대사산책』(전10권). 제1권(천주교 박해에서 갑신정변까지). 제2권(개신교 입국에서 을미사변까지). 제3권(아관파천에서 하와이 이민까지). 제4권(러일전쟁에서 한국군 해산까지). 제5권(교육구국론에서 경술국치까지). 제6권(사진신부에서 민족개조론까지). 제7권(간토대학살에서 광주학생운동까지). 제8권(만주사변에서 신사참배까지). 제9권(연애열풍에서 입시지옥까지). 제10권(창씨개명에서 8.15해방까지). 인물과사상사, 2007~2008.

강진아. 『문명제국에서 국민국가로』. 창비, 2009.

강창일·하종문. 『한 권으로 보는 일본사 101장면』. 가람기획, 1998.

강태웅. 『이만큼 가까운 일본』. 창비, 2016.

고창범. 『쉴러의 예술과 사상』. 일신사, 1979.

구미정. 『십자가의 역사학: 일제 강점기 민족지도자들의 역사관과 국가건설론 연구』. 한가람역사문화연구소, 2021.

권영민. 『하늘과 바람과 별과 시』. 문학사상사, 1995.

_____. 『윤동주 연구』. 문학사상사, 1995.

_____. "일제 암흑기의 찬란한 빛 ─ 그를 불러 민족 시인이라고 하는까닭을 윤동주의 삶과 문학을 간추려 살펴본다." 『하늘과 바람과 별과 시』, 문학사상사, 1995.

권오문. 『예수와 무하마드의 통곡』. 생각하는백성, 2001.

권재현. "리더십 부재로 국론 사분오열 망국 치달아: 제2강 '구한말 국망의 원인 다시보기.'" 「동아일보」. 2004. 10. 12, A15.

기획편찬(예장통합 양화진문제해결을위한대책위원회). 『내게 천 개의 목숨이 있다면: 양화진 선교사들의 삶과 선교 1』. 한국교회사학회·한국복음주의역사신학회, 2014.

길원필 편저. 『내 사랑 코리아: 초기 선교사 30선』. 탁사, 2002.

김갑동. 『옛사람 72인에게 지혜를 구하다』. 푸른역사, 2003.

김근주. 『소예언서 어떻게 읽을 것인가 2』. 성서유니온, 2016.

김낙년.『한국의 경제 성장: 1910~1945』. 서울대학교출판부, 2006.

_____.『일제하 한국경제』. 해남, 2003.

김남일. "땅 팔아 대부분 현금화…환수재산 1% 안 돼: 친일재산 국가귀속 결정."
「한겨레」. 2007. 5. 3, 6면,

김남조. "윤동주 연구 — 자아 인식의 변모 과정을 중심으로." 권영민 엮음.『윤동
주연구』. 문학사상사, 1995.

김도형. "대한제국 초기 문명개화론의 발전." 연세대학교국학연구원.『서구문화
의 수용과근대개혁』. 태학사, 2004.

김동건.『현대신학의 흐름: 종교개혁에서 틸리히까지』. 대한기독교서회, 2008.

김동노.『근대와 식민의 서곡』. 창비, 2009.

김동춘.『1997년 이후 한국사회의 성찰: 기업사회로의 변환과 과제』. 길, 2006.

김명배.『한국기독교사』. 북코리아, 2010.

김병종.『화첩기행 2』. 효형출판, 2000.

김삼웅.『사료로 보는 20세기 한국사』. 가람기획, 1997.

_____.『친일정치 100년사』. 동풍, 1995.

_____ · 정운현.『친일파 II: 일본 신국가주의의 전개와 친일파의 부활』. 학민사,
1992.

김상태. "1920~1930년대 동우회 흥업구락부 연구."「한국사론」제28호.

김석종. "한국교회 '제2부흥' 꿈꾼다: '평양대부흥' 100돌."「경향신문」2007.1.5,
24면.

김성민. "구약과 신약"(2021년 2학기 기말과제 노트). 대전신학대학교 신학대학
원: 1-15.

김성수.『함석헌평전: 신의 도시와 세속 도시 사이에서』. 삼인, 2001.

김세진.『요시다 쇼인(吉田松陰): 시대를 반역하다』. 호미밭, 2018.

김수진. "신한국교회사(2) 3 · 1운동과 기독교."「국민일보」2001. 2. 22.

김순덕. "다시 본 이승만의 삶과 활동."『역사의 진실』. 녹두, 1990.

김승철.『벚꽃과 그리스도』. 동연, 2012.

김승태.『한국기독교의 역사적 반성』. 다산글방, 1994.

김영환 편역. A. S. 드 동쿠르.『순교자의 꽃』. 춘추사, 1993.

김요나.『일사각오: 주기철목사 순교이야기』. 한국교회 뿌리찾기 선교회, 1992.

김용구.『세계관 충돌과 한말 외교사, 1866~1882』. 문학과 지성사,2001.

김용달.『대한민국 임시정부: 그 백년의 역사』. 역사공간, 2019.

김용삼.『지금, 천천히 고종을 읽는 이유: 국가는 어떻게 패망하는가』. 백년동안,
2020.

김용옥.『도올심득 東經大全 1: 플레타르키아의 신세계』. 통나무,2004.

_____.『삼봉 정도전의 건국철학』. 통나무, 2004.

_____. "'민본성' 추구한 동학은 한국사상사의 정점." 「중앙일보」(2004. 6. 26.), B8.

김용운 · 진순진.『韓 · 中 · 日의 역사와 미래를 말한다』. 문학사상사, 2000.

김우종. "암흑기 최후의 별 — 그의 문학사적 위치." 권영민 엮음.『윤동주 연구』. 문학사상사, 1995.

김윤식. "한국 근대시와 윤동주 — 비평적 心意 경향과 관련하여." 이건청 엮음. 『윤동주』. 문학세계사, 1995.

_____.『이광수와 그의 시대 2』. 솔, 1999.

김윤희 · 이욱 · 홍준화.『조선의 최후』. 다른 세상, 2004.

김정인. "세계사 유례없는 '전쟁범죄.'" 「한겨레」. 2005. 4. 13.

김정인 · 이준식 · 이송순.『한국근대사 2: 식민지 근대와 민족해방운동』. 푸른역사, 2016.

김정환.『金教臣: 그 삶과 믿음과 소망』. 한국신학연구소, 1994.

_____.『성서조선 명논설집』. 한국신학연구소, 2003.

김재명. "말씀 좀 살살 전하소서: 불지옥 같던 시에라리온에도 한국인선교사가··· 공격적인 선교 방식 성찰해야 할 때." 「한겨레 21」. 2007. 8. 2.

김재엽.『122년간의 동거: 전환기에 읽는 한미관계 이야기』. 살림, 2004.

김종빈.『갈등의 핵, 유태인』. 효형출판, 2001.

김종성.『반일종족주의: 무엇이 문제인가』. 위즈덤하우스, 2020.

김지하.『동학이야기』. 솔, 1994.

김진봉.『3 · 1운동사연구』. 국학자료원, 2000.

김태영.『일본의 문화』. 신아사, 2021.

김태훈.『이순신의 두 얼굴: '평범'에서 '비범'으로 나아간 진정한 영웅』. 창해, 2004.

김학준.『러시아 혁명사』. 문학과지성사, 1979.

김항.『제국 일본의 사상: 포스트 제국과 동아시아론의 새로운 지평을 위하여』. 창비, 2015.

김형민. "딸에게 들려주는 역사 이야기-나라를 망친 지도자들(고종황제)." 「시사IN」. 2020. 9. 29: 56-57.

김형석.『헤겔과 그의 철학』. 연세대학교 출판부, 1978,

김형수.『문익환평전』. 실천문학사, 2004.

김호일.『다시 쓴 한국개항 전후사』. 중앙대학교출판부, 2002.

김희영.『이야기 일본사: 야마토 시대부터 전후 일본까지』. 청아출판사, 2006.

김홍식.『원문으로 보는 친일파 명문장 67선』. 그림씨, 2019.

김홍호.『푸른 바위 위에 새긴 글(벽암록 풀이)』. 솔, 1999.

남경욱. "해외선교 개신교 — 동북아, 불교 — 북미 집중." 「한국일보」. 2004. 12.

31, A26면.

남창룡. "'안의사 동양평화우해 순국': 당시 거사 극찬 中언론자료본지서 독점입수." 「세계일보」. 1997. 1. 12.

노평구 편. 『金敎臣全集』(전7권). 일심사, 1988. 제1권(信仰과 人生 上). 제2권(信仰과 人生 下). 제3권(聖書槪要). 제4권(聖書硏究). 제5권(日記 上). 제6권(日記 下). 別卷(金敎臣과 韓國).

_____. "김교신 선생과 무교회 신앙." 「성서연구」 제222호.

님 웨일즈·김산/송영인 옮김. 『아리랑: 조선인 혁명가 김산의 불꽃 같은 삶』. 동녘, 2005.

다석학회. 『다석강의』. 현암사, 2006.

담양. 『양화진 순례길』. 쿰란출판사, 2016.

류광하. 『에도 시대를 알면 현대 일본이 보인다』. 책나무출판사, 2019.

류대영. 『초기 미국 선교사 연구(1884~1910)』. 한국기독교역사연구소, 2001.

마광수. "동양적 자연관을 통한 '부끄러움'의 극복 – 대표시 <별 헤는 밤>의 구조분석." 권영민 엮음. 『윤동주 연구』. 문학사상사, 1995.

문갑식. "'안중근, 세기적 재판 승리 월계관 쓰고 법정 떠났다': 오늘 순국 87주기 당시 영(英)기자의 참관르포 최초공개." 「조선일보」. 1997. 3. 26.

문익환. 『문익환 산문: 혁명의 해일』. 청노루출판사, 1988.

민경배. "3·1운동 비사(7)." 「기독교사상」.1966, 7.

_____. 『한국 민족교회 형성사론』.연세대학교출판부, 1974.

_____. 『한국의 기독교』. 세종대왕 기념사업회, 1975.

_____. 『韓國基督敎會史』. 대한기독교출판사, 1982.

_____. "기독교와 민족운동." 『한국현대사론』. 탐구당, 1987.

_____. 『알렌의 선교와 근대한미외교』. 연세대학교출판부, 1991.

박노자·허동현. 『우리역사 최전선』. 푸른역사, 2003.

박성수. 『역사학개론』. 삼영사, 1980.

_____. 『이야기 독립운동사: 121 가지 사건으로 보는 한국근대사』. 교문사, 1996.

박신배. 『평화학(Paxology)』. Promise Keepers Korea, 2011.

_____. 『평화비둘기』(수필집 2). 보혈문학회, 2021.

박영호. 『진리의 사람 다석 류영모(上, 下)』. 두레, 2001.

박용일 편저. 『明洞歷史展示館: 기념사진책』, 중국 길림성 연변, 2016.

박원길, 『유라시아대륙에 피어났던 야망의 바람: 칭기즈칸의 꿈과 길』, 민속원, 2003.

박은숙. 『갑신정변 연구: 조선의 근대적 개혁구상과 민중의 인식』. 역사비평사, 2005.

박재찬. "원로목사 40인 '저희부터 무릎꿇고 참회합니다'··· 목사안수 100주년 맞아 각성운동."「국민일보」. 2007. 8. 8.

박준서.『알렉산더 피터스: 최초의 구약성경 한국어 번역자』. 대한기독교서회, 2021.

박준서 엮음/김중은 해설.『시편촬요』. 대한기독교서회, 2021.

박지향.『제국주의: 신화와 현실』. 서울대학교출판부, 2000.

박찬기.『독일문학사』. 일지사, 1976.

박찬승.『한국근대정치사상사연구: 민족주의 우파의 실력양성운동론』. 역사비평사, 1992.

박한제.『강남의 낭만과 비극: 박한제 교수의 중국 기행 2』. 사계절, 2003.

박한제 · 김호동 · 한정숙 · 최갑수.『유라시아 천년을 가다: 역사학자 4인의 문명 비교 탐사기』. 사계절, 2002.

박한제 외 4인 공저. "1 · 2차 아편전쟁(중영전쟁)."『아틀라스 중국사』. 사계절, 2007.

박형룡.『교의신학 IV』. 은성문화사, 1973.

박형우. "알렌의 의료 선교사 지원과 내한 배경."「한국기독교의 역사」제40호 (2014년 3월호).

박호영. "저항과 희생의 남성적 톤: 대표시 간의 분석." 권영민 엮음.『윤동주 연구』. 문학사상사, 1995: 355-368.

박호종.『느헤미야: 무너진 인생의 성벽을 재건하라』. 킹스하이웨이, 2021.

박호용.『창세기 강해설교: 차원이 다른 행복』. 통전치유, 2021.

_____. "왜 지금 '일본선교'인가?"「한국기독공보」2021. 7. 31. 23면.

_____.『요한복음에 비추어 본 요한계시록』. 쿰란출판사, 2020.

_____.『유레카 · 익투스 요한복음』. 쿰란출판사, 2019.

_____. "숫자 17과 큰 물고기 153(요 21:11)의 의미." *Canon &Culture* 제13권 1호(2019년 봄): 229-260.

_____.『왕의 노래』. 쿰란출판사, 2018.

_____.『창세기 주석』. 예사빠전, 2015.

_____.『출애굽기 주석』. 예사빠전, 2015.

_____.『에스겔 주석』. 대한기독교서회, 2015.

_____. "샬롬의 신학자 제사장 에스겔."『에스겔 주석』. 예사빠전, 2015.

_____. "시인 윤동주의 삶과 문학."『첫사랑의 날카로운 추억』. 성지출판사, 2003.

_____. "통곡하는 지도자 모세를 기다리며." G. W. Coats.『모세: 영웅적 인간, 하나님의 사람』. 박호용 옮김. 성지출판사, 2000.

_____. "부르다가 내가 죽을 노래(빌 3:4-14)."『부르다가 내가 죽을 노래』. 성지

출판사, 1997.

박훈. 『메이지유신은 어떻게 가능했는가』. 민음사, 2014.

반민족문제연구소. 『청산하지 못한 역사: 한국현대사를 움직인 친일파 60인(1, 2, 3)』. 청년사, 1994.

배경식. "보릿고개를 넘어서." 『우리는 지난 100년 동안 어떻게 살았을까 3』. 한국 역사연구회, 1999.

백지원. 『백성편에서 쓴 조선왕조실록(下): 왕을 참하라』. 진명출판사, 2009.

백영서 · 박훈 · 미야자와 히로시. 『동아시아 근대이행의 세 갈래』. 창비, 2009.

산케이신문특별취재반/임홍빈 옮김. 『모택동비록(上, 下)』. 문학사상사, 2001.

서영석. "루비 R. 켄드릭, 감리교 여성선교사." 한국교회사학회 & 한국복음주의역 사신학회. 『내게 천 개의 목숨이 있다면: 양화진 선교사들의 삶과 선교 1』. 2014.

서영은. 『노란 화살표 방향으로 걸었다: 산티아고 순례기』. 열린원, 2019.

서영희. "개화파의 근대국가 구상과 실천." 『근대 국민국가와 민족문제』. 한국사 연구회(편). 지식산업사, 1995.

서정민. 『역사속의 그: 한일기독교사론』. 한들, 1994.

서중석. "김규식, 김규식과 항일통일전선 · 좌우합작운동." 『역사학자 63인이 쓴 한국사 인물열전 3』. 돌베개, 2003.

선우훈. 『민족의 수난』. 애국동지회 서울지회, 1955.

소병근. "일본 교육이 변하고 있다." 『독특해서 힘들었어요』. 쿰란출판사, 2021.

송우혜. "조선 장악의 가장 큰 장애물, 명성황후를 제거하라: 여우사냥 일의 조선 황후 시해작전." 『조선일보』. 2004. 7. 28.

_____. 『윤동주평전』. 열음사, 1988.

신동준. 『근대일본론: 군국 일본의 국가제도와 그 운용자들』. 지식산업사, 2004.

신복룡. "신복룡 교수의 한국사 새로 보기(18) 3 · 1운동." 「동아일보」 2001. 8. 4.

_____. 『東學思想과 甲午農民革命』. 평민사, 1985.

_____. "김옥균(金玉均) 그의 야망과 좌절." 『꿈과 일터』, 1984.11.

신봉승. 『신봉승의 조선사 나들이』. 답게, 1996.

_____. 『소설 한명회(전 7권)』. 갑인출판사, 1992.

신연우 · 신영란. 『제왕들의 책사(조선시대 편)』. 생각하는백성, 2001.

신용하. 『일제 강점기 한국민족사(상)』. 서울대학교출판부, 2002.

_____. 『갑오개혁과 독립협회운동의 사회사』. 서울대학교출판부, 2001.

_____. 『초기 개화사상과 갑신정변연구』. 지식산업사, 2000.

_____. 『세계체제변동과 현대한국』. 집문당, 1994.

신채호. 『단재 신채호 문집』. 범우사, 1999.

_____/박기봉 옮김. 『조선상고사』. 비봉출판사, 2006.

신현태. "김교신의 교회론 연구: 한국교회 개혁과 갱신의 차원에서."장로회 신학
대학 대학원 석사논문, 1990.

심용한.『(역사 무식자도 쉽게 맥을 잡는) 단박에 한국사: 근대편』. 위즈덤하우스,
2016.

안승일.『열정의 천재들, 광기의 천재들』. 을유문화사, 2000.

안영로.『한국교회의 선구자 언더우드』. 쿰란출판사, 2002.

안점식.『세계관과 영적전쟁: 예수의 유일성에 대한 비교종교학적 변증』. 죠이선
교회출판부, 1995.

안정애·양정현.『한권으로 읽는 중국사 100장면: 북경원인에서 한·중수교까지』.
가람기획, 2001.

양은경 엮음.『일본사를 움직인 100인: 쇼토쿠 태자부터 미야자키 하야오까지 일
본을 움직인 사람들』. 청아출판사, 2012.

양현혜.『윤치호와 김교신: 근대 조선의 민족적 아이덴티티와 기독교』. 한울,
2009.

_____. "재일대한기독교회의 역사와 상황." 이인하·양현혜 엮어 옮김.『기류민
의 신학: 일본인들이 말하는 "재일조선인"의 사회와 역사적 맥락에서』.
대한기독교서회, 1998.

엄두섭.『예수의 얼』. 은성, 1988.

연갑수. "대원군과 서양: 대원군은 쇄국론자였는가."「역사비평」통권50호(2000
년 봄).

_____. "비타협적 민족혁명가, 단재 신채호."『역사의 진실』. 녹두, 1990.

연세대학교 국학연구원(편).『서구문화의 수용과 근대개혁단재』. 태학사, 2004.

예수교회 엮음.『是無言: 이용도 목사 글 모음』. 다산글방, 1993.

오승훈·엄지원·최하얀.『백투더 1919: 신문기자, 100년 전으로 가다』. 철수와 영
희, 2020.

오한진.『하이네 研究』. 문학과 지성사, 1977.

옥성득.『한국기독교형성사: 한국종교와 개신교의 만남(1876~1910)』. 새물결플
러스, 2020.

왕대일.『묵시문학과 종말론: 다니엘의 묵시록, 새롭게 읽기』. 대한기독교서회,
2004.

원의범.『인도철학사상』. 집문당, 1977.

우윤.『우리 역사를 읽는 33가지 테마』. 푸른숲, 1997.

_____. "반제반봉건 투쟁의 선봉장, 녹두장군 전봉준."『역사의 진실』. 녹두,
1990.

유기남.『일본선교』. IVP, 2016.

유동식.『풍류도와 한국의 종교사상』. 연세대학교출판부, 1997.

_____.『한국신학의 광맥: 한국신학사상사 서설』. 전망사, 1982.

유석근.『또 하나의 선민: 알이랑민족』. 예루살렘, 2005.

유주현.『대원군』(전5권). 신원문화사, 1993.

유홍렬.『한국천주교회사(上, 下)』. 가톨릭출판사, 1994.

윤건차.『한일 근대사상의 교착』. 이지원 옮김. 문화과학사, 2003.

윤경로.『한국근대사의 기독교사적 이해』. 역민사, 1992.

_____. "百五人事件의 一硏究."「漢城史學」창간호(1983).

윤덕한.『이완용 평전: 애국과 매국의 두 얼굴』. 중심, 1999.

윤완준. "안주하지 마라… 독립선언서는 지금도 외친다: '21세기에 더 유용한' 선
언서의 가르침."「동아일보」2008. 3. 1.

윤재운·장희흥.『한국사를 움직인 100인: 단군부터 전태일까지 한국을 바꾼 사람
들』. 청아출판사, 2010.

이건청 편저.『윤동주: 윤동주 시선집·산문집·윤동주 평전·연구자료』. 문학세계
사, 1995.

이계형.『한줄로 읽는 한국근대사 연표 1863~1945』. 국민대학교출판부, 2020.

이계황.『일본 근세의 새벽 여는 사람들 II: 오다 노부나가·도요토미 히데요시 시
기』. 혜안, 2019.

이광수. "민족개조론."『이광수 전집 10』. 삼중당, 1971.

이광표. "단재 신채호(1880~1936)(새로 쓰는 선비론: 23·끝)."「동아일보」1998.
3. 27, 26.

이광훈.『조선을 탐한 사무라이: 상투 잡은 선비, 상투 자른 사무라이』. for book,
2016.

_____.『죽어야 사는 나라: 조선과 일본』. 따뜻한손, 2010.

이기용.『한일 근대사상사연구』. 국학자료원, 2007.

이기형 외 지음.『역사의 진실』. 녹두, 1990.

이기형. "여운형의 생애와 투쟁."『역사의 진실』. 녹두, 1990.

이덕일.『조선이 버린 천재들』. 옥당, 2016.

_____.『잊혀진 근대, 다시 읽는 해방前史』. 역사의아침, 2013.

_____.『근대를 말하다: 이덕일 역사평설』. 역사의아침, 2012.

_____. "허허, 어찌 야단스럽게 고문하느냐."「한겨레 21」2007. 3. 20.

_____.『송시열과 그들의 나라』. 김영사, 2000.

이덕주.『한국교회 처음 이야기』. 홍성사, 2006.

_____.『조선은 왜 일본의 식민지가 되었는가』. 에디터, 2002

이도형.『망국과 흥국: 19세기 말 한국과 일본』. 한국학술정보(주), 2012.

이만열.『한국기독교와 민족의식: 한국기독교사연구논고』. 지식산업사, 1991.

_____.『한국기독교사특강』. 성경읽기사, 1985.

_____. 『한국기독교와 역사의식』. 지식산업사, 1982.

_____. "한말 기독인의 민족의식 형성 과정." 『한국사론 I』, 1973.

이무열. 『러시아사 100장면』. 가람기획, 1994.

이민웅. 『이순신 평전: 420년 만에 다시 본 임진왜란과 이순신』. 책문, 2012.

이범경. 『한국방송사』. 범우사, 1994.

이상근. "노령지역에서의 한인 이주실태." 한국근현대사연구회 편. 「한국근현대사연구」 제2집(1995).

이선근. 『韓國史 最近世篇』. 진단학회발행, 1965.

이선민. 『이선민 기자의 종교기행: 신앙의 고향을 찾아서』. 조선일보사, 2001.

_____. "불모의 땅 달리며 울고 또 울었던 그들… 광복절에 돌아보는 '고려인 140년." 「조선일보」 2004. 8. 14.

이슬람 연구소 엮음. 『무슬림은 예수를 누구라 하느냐』. 예영, 1995.

이어령. 『축소지향의 일본인』. 문학사상, 2020.

_____. 『축소지향의 일본인과 그 이후: '한 그릇 메밀 국수'의 일곱가지 의미』. 기린원, 1994.

이연식. 『조선을 떠나며: 역사논픽션 1945년 패전을 맞은 일본인들의 최후』. 역사비평사, 2012.

이영훈. 『대한민국 이야기: 『해방전후사의 재인식』 강의』. 기파랑, 2007.

이영훈 외. 『반일종족주의』. 미래_H, 2019.

이이화. 『한국사 이야기 17: 조선의 문을 두드리는 세계열강』. 한길사, 2003.

이지훈. 『혼·창·통』. 쌤앤파커스, 2010.

이진구. "국치(國恥): 1910년 이완용, 한일 병합안 강제가결." 「동아일보」 2006. 8. 22. A31면.

이창기. 『한국교회 초기 부흥운동(1903~1907)』. 보이스사, 2006.

이창위. 『우리의 눈으로 본 일본제국 흥망사』. 궁리, 2005.

이치만. "사무엘 F. 무어: 백정 해방의 기수 장로교 선교사." 내게 천 개의 목숨이 있다면: 양화진 선교사들의 삶과 선교 1』. 한국교회사학회 & 한국복음주의역사신학회, 2014.

이태진. 『고종시대의 재조명』. 태학사, 2008.

이태형. 『미쳐야 통한다(發狂而通)』. 갤리온, 2006.

이태형. "지구촌 한인교회 124개국 4,449곳." 「국민일보」 2005. 1. 8.

이현희. 『인물한국사』. 청아출판사, 1986.

이형기. "근세 백년사의 심벌." 『소설 대원군 1』(유주현 대하장편소설). 신원문화사, 1993.

이형자. 『한민족 다아스포라 1(Story of Diaspora)』. 선교횃불, 2016.

_____. 『한민족 다아스포라 행전 2(History of Diaspora)』. 선교횃불, 2016.

이혜옥. 『아리랑 민족의 디아스포라: 극동 러시아와 만주, 1895~1937』. 글을읽다, 2021.

이호열. 『만주대륙의 역사와 기독교: 연신 100주년 기념 서적』. 한우리, 2015.

이희복. 『요시다 쇼인: 일본 민족주의의 원형』. 살림, 2019.

임종국. 『밤의 일제 침략사』. 한빛문화사, 2004.

＿＿＿＿. 『친일논설선집』. 실천문학사, 1886.

＿＿＿＿/반민족문제연구소 엮음. 『친일, 그 과거와 현재』. 아세아문화사, 1994.

＿＿＿＿/반민족문제연구소 엮음. 『실록 친일파』. 돌베개, 1991.

임지현·박노자. "대담·외길이 아닌 여러 갈래의 민주주의: 국가주의와 민족주의를 넘어." 당대비평 편집위원회 엮음. 『더 작은 민주주의를 상상한다』. 웅진지식하우스, 2007.

장석흥. "다시 보는 안중근의 사상." 「주간조선」 2003. 3. 13, 34-35면.

전경목. "『혼불』을 통해서 본 전통기의 종족제도와 신분제도." 전북대 전라문화연구소. 『혼불과 전통문화』. 신아출판사, 2003.

전국역사교사모임. 『처음 읽는 일본사』. Humanist, 2018.

전미숙. "백낙준: 제자를 성전에 내몰고도 추앙받는 교육자." 반민족문제연구소. 『청산하지 못한 역사(3): 한국현대사를 움직인 친일파 60인』. 청년사, 1994.

전여옥. 『일본은 없다 1, 2권』. 지식공작소, 1994~1995.

전춘길. "일제하 토지조사사업을 통한 소농생산과 지세의 근대화." 김호일 편저. 『한국근현대이행기 사회연구』. 신서원, 2000.

전택부. 『한국교회 발전사』. 대한기독교출판사, 1987.

정동주. "아들 왕위 오르자 부친묘 근처에 보덕사 지어: 대원위대감의상객 하(下)." 「서울신문」 2004. 3. 20, 22면.

정명환. "문명과 국가주의: 후쿠자와 유키치의 '문명론의 개략." 「조선일보」 2000. 10. 7.

정병준. "이승만, 반공 건국과 분단 독재의 카리스마." 『63인의 역사학자가 쓴 한국사 인물열전 3』. 돌베개, 2003.

정성희. 『한권으로 보는 한국사 101장면: 구석기시대에서 전·노 재판까지』. 가람기획, 1997.

정수일. 『이슬람문명』. 창작과비평사, 2002.

정옥자. "새로 쓰는 선비론(22) 백암 박은식: 애국계몽-항일무장투쟁병행 지행합일 실천한 '노소년." 「동아일보」 1998. 3. 13.

정용화. 『문명의 정치사상: 유길준과 근대 한국』. 문학과지성사, 2004.

정운현. 『친일파의 한국 현대사』. 인문서원, 2016.

＿＿＿＿. "친일의 군상: 명성황후 시해 가담 우범선(정직한 역사되찾기)." 「서울신

문」 1998. 12. 21.

정일성.『알수록 이상한 나라 일본』. 범우사, 2018.

_____.『후쿠자와 유키치: 탈아론(脫亞論)을 어떻게 펼쳤는가』. 지식산업사, 2001.

정철훈. "27세 때 김산의 모습, 홍정선 씨『아리랑···』의 주인공 사진 공개."「국민 일보」1998. 11. 13.

정해구. "박정희: 그 치욕과 영광의 삶." 반민족문제연구소.『청산하지 못한 역사 (1): 한국현대사를 움직인 친일파 60인』. 청년사, 1994.

제2종교개혁연구소 엮음.『제2종교개혁이 필요한 한국교회』. 기독교문사, 2015.

조경달/최덕수 옮김.『근대 조선과 일본』. 열린책들, 2015.

조동성. "1909년 오늘 하얼빈의 총성."「동아일보」2006. 10. 26, A. 34.

조재곤.『그래서 나는 김옥균을 쏘았다: 조선의 운명을 바꾼 김옥균 암살사건』. 푸른역사, 2005.

조정래.『황홀한 글감옥』. 시사 IN북, 2020.

조찬선 · 최영.『일본의 죄악사』. 풀잎향기, 2018.

조헌주 · 박원재. "關東대지진 조선인 학살 80주년 / 日 마쓰오 교수가 밝히는 사건 전모."「동아일보」2003. 8. 30.

조현범.『문명과 야만: 타자의 시선으로 본 19세기 조선』. 책세상, 2002.

조효근.『목사가 본 이슬람』. 들소리, 2007.

주진오. "19세기 후반 문명개화론의 형성과 전개." 연세대학교 국학연구원 편.『서 구문화의 수용과 근대개혁』. 태학사, 2004.

지원용 편.『루터선집 2(루터와 구약)』. 컨콜디아사, 1983,

지호일. "만세운동 · 광복군···'남(男) 못잖은 항일투쟁': 3 · 1절 88돌 ─ 여성 독립 운동가 열전."「국민일보」2007. 3. 1.

_____. "안중근 만든 건 어머니 리더십."「국민일보」2007. 3. 17.

차성수. "융합 · 잡종의 반도기질."「경향신문」2005. 5. 30.

차하순.『역사의 본질과 인식』. 학연사, 1988.

_____.『西洋史總論』. 탐구당. 1980.

최동희 · 김영철 · 신일철.『哲學』. 일신사, 1972.

최문형.『한국을 둘러싼 제국주의 열강의 각축』. 지식산업사, 2001.

최민지 · 김민주.『일제하 민족언론사론』. 일월서각, 1978.

최봉영. "유교문화와 한국사회의 근대화." 한국사회사학회 편.『사회와 역사 53』. 문학과지성사, 1998.

최태성.『역사멘토 최태성의 한국사: 근현대편』. 푸른들녘, 2018.

탁지일. "셔우드 홀: 감리교 의료 선교사, 크리스마스실 창시자."『내게 천 개의 목 숨이 있다면: 양화진 선교사들의 삶과 선교 1』. 한국교회사학회 & 한국복음주의역사신학회, 2014.

포레스트북스 기획/이윤정 옮김. 『미우라 아야코(三浦綾子)를 만나는 여행』. 클릭, 2005.

표영삼. 『동학 2: 해월의 고난 역정』. 통나무, 2005.

_____. 『동학 1: 수운의 삶과 생각』. 통나무, 2004

하원호. "국권이냐 왕권이냐 ― 고종과 민비." 우리시대의 역사학자 18인 씀. 『역사의 길목에 선 31인의 선택』. 푸른역사, 1999.

하종대. "난징대학살 70돌, 실리 앞에 숨죽인 反日." 「동아일보」 2007. 12. 15.

한겨레신문사. "김교신: 교회 밖에서 믿음을 찾다." 『발굴 한국현대사인물 1』. 1990.

한국교원대학교 역사교육과. 『아틀라스 한국사』. 사계절, 2004.

한국기독교사연구회. 『한국 기독교의 역사 (I, II)』. 기독교문사, 1989.

한국사연구회. 『근대 국민국가와 민족문제』. 지식산업사, 1995.

한수산. 『벚꽃도 사쿠라도 봄이면 핀다: 한일문화비교론』. 고려원, 1995.

한영우. 『명성황후와 대한제국』. 효형출판, 2001.

_____. 『왕조의 설계자 정도전』. 지식산업사, 1999.

_____. 『우리 역사와의 대화』. 을유문화사, 1991.

한영우선생정년기념논총 간행위원회 엮음. 『63인의 역사학자가 쓴 한국사 인물열전 3』. 돌베개, 2003.

한중일 3국 공동 역사편찬위원회. 『미래를 여는 역사: 한중일이 함께 만든 동아시아 3국의 근현대사』. 한겨레출판, 2005.

한태동. "부르크하르트의 사학과 위기의식." 「연세춘추」 제939호(1982. 11. 1).

한홍구. 『대한민국史: 단군에서 김두한까지』. 한겨레신문사, 2003.

함동주. 『천황제 근대국가의 탄생』. 창비, 2009.

함석헌. 『뜻으로 본 한국역사』(함석헌 전집 1권). 한길사, 1983.

함태경. "'교세 약하고 영적 지도력 부족 탓': 부산·경남서 평양대부흥운동 미미했던 이유." 「국민일보」 2007. 1. 5.

_____. "구한말~일제시대 반봉건 반외세 앞장: 한국학생선교운동의 여명기." 「국민일보」 2004. 4. 26.

허동현. "미국 끌어들여 청·일 견제한 생존전략." 『우리 역사 최전선』. 푸른역사, 2003.

홍원식 외. 『사단칠정론으로 본 조선 성리학의 전개』. 예문서원, 2019.

홍익희. 『유대인 이야기: 그들은 어떻게 부의 역사를 만들었는가』. 행성 B, 2013.

홍하상. 『일본의 상도(日本商道)』. 창해, 2011.

황요한·오한나. 『광야에 세우는 십자가』. 쿰란출판사, 2019.

황태연 외 5인 공저. 『일제종족주의』. NEEN(MEDIA), 2019.

황호택. "대학살 70주년 맞는 난징." 「동아일보」 2007. 7. 4.

가노 마사나오(鹿野正直)/김석근 옮김. 『근대 일본사상 길잡이』. 소화, 2004.
가토 요코(加藤陽子)/윤현명・이승혁 옮김. 『그럼에도 일본은 전쟁을 선택했다: 청일전쟁부터 태평양전쟁까지』. 서해문집, 2018.
나카무라 사토시(中村敏)/박창수 옮김. 『사랑으로 잇다: 한국을 위해 다리가 된 일본인 10인』. TOBIA, 2021.
_____ / 박창수 옮김. 『일본 기독교 선교의 역사』. 홍성사, 2016.
다나카 아키라(田中彰)/현명철 옮김. 『메이지유신과 서양 문명』. 소화, 2006.
도리우미 유타카(鳥海豊). 『일본학자가 본 식민지 근대화론: 일제 강점기 일본인 토목청부업자의 부당 이익을 중심으로』. 지식산업사, 2019.
도몬 후유지(童門冬二). 『오다 노부나가의 카리스마 경영』. 경영정신, 2000.
_____. 『도쿠가와 이에야스의 인간경영』. 작가정신, 2000.
도히 아키오(土肥昭夫). "3.1 독립운동과 일본기독교." 「기독교사상」 1990. 4.
마루야마 마사오(丸山眞男)/김석근 옮김. 『'문명론의 개략'을 읽는다』. 문학동네, 2007.
마루야마 마사오・가토 슈이치(加藤周一)/임성모 옮김. 『번역과 일본의 근대』. 이산, 2000.
미야자키 마사카츠(宮崎正勝)/오근영 옮김. 『하룻밤에 읽는 중국사』. 중앙M&B, 2001.
_____/이영주 옮김. 『하룻밤에 읽는 세계사』. RHK, 2000.
미타니 타이치로(三谷太一郎)/송병권・오미정 옮김. 『일본 근대는 무엇인가』. 평사리, 2020.
야마모토 시치헤이(山本七平)/최용우 옮김. 『어느 하급장교가 바라본 일본제국의 육군(一下級將校の見た帝國陸軍)』. 글항아리, 2016.
야스마루 요시오(安山良夫)/이원범 옮김. 『천황제 국가의 성립과 종교변혁』. 소화, 1979.
엔도 슈사쿠(遠藤周作)/김승철 옮김. 『침묵의 소리』. 동연, 2016.
오무라 마쓰오(大村益夫). "나는 왜 윤동주의 고향을 찾았는가." 권영민 엮음. 『윤동주 연구』. 문화사상사, 1995.
와다 하루키(和田春樹)/남상구・조윤수 옮김. 『한국병합 110년만의 진실: 조약에 의한 병합이라는 기만』. 지식산업사, 2020.
장영빙(張英聘)・범위(范蔚) 편저, "The Opium War." *The History and Civilization of China*. 중앙문헌출판사, 2003.
_____. "Taiping Heavenly Kingdom." *The History and Civilization of China*. 중앙문헌출판사, 2003.

카와이 아츠시(河合敦)/원지연 옮김.『하룻밤에 읽는 일본사』. 랜덤하우스, 2000.

호사카 마사야스(保阪正康)/정선태 옮김.『쇼와 육군: 제2차 세계대전을 주도한 일본 제국주의의 몸통』. 글항아리, 2016.

호사카 유지(保坂祐二).『신친일파:『반일종족주의』의 거짓을 파헤친다』. 봄이아트북스, 2020.

_____.『조선 선비와 일본 사무라이』. 김영사, 2007.

후쿠자와 유키치(福澤諭吉)/이동주 옮김.『학문을 권함』. 에크리, 2011.

_____.『후쿠자와 유키치 자서전』. 이산, 2006.

Abed-al Masih, *Dialogue with Muslim.* 이동주옮김.『무슬림과의 대화』. 기독교 문서선교회, 2001.

Anderson, B. W. *Understanding The Old Testament*(4th). New Jersey: Prentice-Hall, 1986.

Bainton, R. H. *Here I Stand: A Life of Martin Luther.* 이종태 옮김.『마틴 루터의 생애』. 생명의 말씀사, 1982.

Baird, W. W. "The Spirit Among Pyeng Yang Students." *Korean Mission Field.* III. No.4, May, 1907.

Berdyaev, N. *The Meaning of History.* 이경식 역.『歷史란 무엇인가』. 전망사, 1981.

Bloch, Marc/정남기 옮김.『역사를 위한 변명: 역사가의 사명』. 한길사, 1979.

Bono, Edward de/홍동선 옮김.『세계를 움직이는 30인의 사상가』. 정우사, 1995.

Bonoff, Nicolas.『일본: 내셔널 지오그래픽 테마 여행 시리즈 11』. YBM Si-sa, 2003.

Brown, Dan. *Angels & Demons.* 홍성영 옮김.『천사와 악마(1, 2)』. 문학수업, 2008.

Carr, E. H. *WHAT IS HISTORY?*『역사란 무엇인가』. 삼지사, 1979.

Coats, G. W. *Moses: Heroic Man, Man of God.* 박호용 옮김.『모세: 영웅적 인간, 하나님의 사람』. 성지출판사, 2000.

Collins, A. Y. *Crisis & Catharsis: The Power of the Apocalypse.* Philadelphia: Westminster Press, 1984.

Corrigan, Jim. *Business Leaders: Steve Jobs.* 권오열 옮김.『스티브 잡스 이야기』. 명진출판, 2009.

Coser, Lewis A. *Masters of Sociological Thought* (1971). 신용하 · 박명규 옮김. 『사회사상사』. 일지사, 1978.

Davis, G. T. B. *Korea for Christ,* Christian Worker's Depot, London, 1910.

Diamond, Jared. *Guns, Germs, and Steel.* 김진준 옮김.『총, 균, 쇠』. 문학사상사,

1998.

Dimont, Max I. *JEWS, GOD AND HISTORY*. 이희영 옮김.『세계 최고 성공집단 유대인: 불굴의 5,000년 지혜』. 동서문화사, 2002.

Drea, Edward J. *Japan's Imperial Army* (大日本帝國陸軍): *Its Rise and Fall, 1853~1945*. Lawrence: University Press of Kansas, 2009.

Ebrey, Patricia B. *The Cambridge Illustrated History of China*. 이동진 · 윤미경 옮김.『사진과 그림으로 보는 케임브리지 중국사』. 시공사, 2001.

Figes, Orlando/조준례 옮김.『혁명의 러시아(1891~1991)』. 어크로스, 2017.

Fromm, Erich. *The Heart of Man*. 이시하 옮김.『인간은 늑대인가 양인가』. 돌베 개, 1994.

Gandhi, Mahatma, *An Autobiography: The Story of My Experiments with Truth*. 함석헌 옮김.『간디자서전』. 한길사, 1983.

Gilmore, G. W./심복룡 옮김.『서울풍물지: 한말 외국인 기록 17』. 집문당, 1999.

Hall, Sherwood/김동열 옮김.『닥터 홀의 조선회상』. 좋은 씨앗, 2003.

Harari, Y. N. *Homo Deus*. 김명주 옮김.『호모 데우스: 미래의 역사』. 김영사, 2017.

Howes, John F. *Japan's Modern Prophet: Uchimura Kanzo(1861~1930)*. Vancouver · Toronto: UBC Press, 2005.

Hulbert, H. B. *The Passing of Korea*. New York, 1905.

Johnson, P./이희구 · 배상준 옮김.『세계현대사 II: 상대주의 비판의 관점에서 본 1920~1990』. 한마음사, 1993.

KBS역사저널 그날 제작팀.『역사저널 그날: 순조에서 순종까지』. 민음사, 2017.

Keene, D. *Emperor of Japan: Meiji and His World (1852~1921)*. 김유동 옮김.『메이지라는 시대: 유신과 천황 그리고 근대화』(1, 2권). 서커스, 2017.

Kreeft, Peter. *Jesus Shock*. 김성웅 옮김.『예수충격』. 김영사, 2009.

Kuhn, Thomas. S. *The Structure of Scientific Revolution* (1962). 김명자 옮김.『과학혁명의 구조』. 까치글방, 1999.

Latourette, Kenneth S. *The Great Century: North Africa and Asia,vol.6 of A History of the Expansion of Christianity*, NewYork: Meridian, 1959.

McKenzie, F. A./신복룡 역주.『한국의 독립운동: 한말 외국인 기록』. 집문당, 1999.

Mcvey, Steve. *Grace Walk Ministries*. NCD편집부 옮김.『은혜영성의 파워』. NCD출판부, 2002,

Moore, E. C. *West and East*, The Dales Lectures, Oxford, 1913.

Moore, J. Z. "The Vision and the Task." *Korea Mission Field II*. No.6, Apr., 1907.

_____. "The Great Revival Year." *Korean Mission Field III.* No. 8, Aug., 1907.

Mott, J. R. *Addresses and Papers, Vol. II, Student Volunteer Movement for Foreign Missions.* Association Press, 1946.

Muchulski, Konstantin/김현택 옮김. 『도스토예프스키 1』. 책세상, 2000.

Murphy, R. Taggart. *Japan and the Shackles of the Past.* 윤영수·박정환 옮김. 『일본의 굴레』. 글항아리, 2021.

Neill, Stephen. *A History of Christian Missions.* New York:Penguin, 1964.

Peterson, Eugene H. *THE MASSAGE: The New Testament.* 복있는사람, 2018.

Ruth Benedict/이종인 옮김. 『국화와 칼: 일본 문화의 패턴』. 연암서가, 2019.

Snow, Edgar P. *Red Star Over China.* 신홍범 옮김. 『중국의 붉은 별』. 두레, 1985.

"The Korea Situation(三一運動祕史)." 민경배 역. 「기독교사상」 1966년 1~12월 연재.

Von Schiller, J. C. F./고창범 옮김. 『쉴러의 예술과 사상』. 일신사, 1979.

Von Loewenich, W./박호용 옮김. 『마르틴 루터: 그 인간과 그의 업적』. 성지출판사, 2002.

The Report of the British and Foreign Bible Society. Vol. 106.London, 1920.

Tipton, Elise K. *Modern Japan: A social and political history.* London and New York: Routledge, 2016.

Toynbee, A. *A Study of History.* 강기철 옮김. 『역사의 연구 1』. 현대사상사, 1979.

Tucker, Ruth A. *From Jerusalem to Irian Jaya* (1983). 박해근 옮김. 『선교사열전』. 크리스챤다이제스트, 1990.

Wilson, D. *Rothschild.* 신상성 옮김. 『가난한 아빠 부자 아들』(전3권). 동서문화사, 1994.

Zweig, S. *Baumeister der Welt.* 원당희·이기식·장영은 옮김. 『천재와 광기』. 예하, 1994.